에듀윌과 함께 시작하면,
당신도 합격할 수 있습니다!

대학 진학 후 진로를 고민하다 1년 만에
서울시 행정직 9급, 7급에 모두 합격한 대학생

다니던 직장을 그만두고
어릴 적 꿈이었던 경찰공무원에 합격한 30세 퇴직자

용기를 내 계리직공무원에 도전해
4개월 만에 합격한 40대 주부

직장생활과 병행하며 7개월간 공부해
국가공무원 세무직에 당당히 합격한 51세 직장인까지

누구나 합격할 수 있습니다.
시작하겠다는 '다짐' 하나면 충분합니다.

마지막 페이지를 덮으면,

에듀윌과 함께
공무원 합격이 시작됩니다.

계리직공무원 교재

기본서
(우편상식_우편일반)

기본서
(금융상식_예금일반+보험일반)

기본서
(컴퓨터일반·기초영어)

단원별 문제집
(우편상식_우편일반)

단원별 문제집
(금융상식_예금일반+보험일반)

단원별 문제집
(컴퓨터일반_기초영어 포함)

소방공무원 교재

기본서
(소방학개론/소방관계법규
/행정법총론)

단원별 기출문제집
(소방학개론/소방관계법규
/행정법총론)

기출PACK
(소방학개론+소방관계법규
+행정법총론)

(ebook)파이널 적중 모의고사
(소방학개론/소방관계법규
/행정법총론)

국어 집중 교재

매일 기출한자(빈출순)

매일 푸는 비문학(4주 완성)

영어 집중 교재

빈출 VOCA

매일 3문 독해(4주 완성)

빈출 문법(4주 완성)

기출판례집(빈출순) 교재

행정법

헌법

형사법

단권화 요약노트 교재

국어 문법 단권화 요약노트

영어 단기 공략
(핵심 요약집)

한국사 흐름노트

행정학 단권화 요약노트

행정법 단권화 요약노트

* 에듀윌 공무원 교재 누적판매량 합산 기준(2012년 5월 14일~2023년 8월 31일)
* YES24 수험서 자격증 공무원 베스트셀러 1위 (2017년 3월, 2018년 4월~6월, 8월, 2019년 4월, 6월~12월, 2020년 1월~12월, 2021년 1월~12월, 2022년 1월~12월, 2023년 1~9월 월별 베스트, 매월 1위 교재는 다름)
* YES24 국내도서 해당분야 월별, 주별 베스트 기준 (좌측 상단부터 순서대로 2023년 7월, 2023년 8월, 2023년 2월, 2023년 8월, 2022년 11월 2주, 2023년 4월 2주, 2023년 4월, 2020년 6월 1주, 2023년 9월 3주, 2023년 9월, 2023년 6월 1주, 2023년 6월, 2021년 12월 3주, 2023년 9월 3주, 2023년 7월 3주, 2023년 9월, 2023년 5월 1주, 2023년 4월, 2023년 7월 1주, 2022년 6월 3주, 2022년 9월 2주, 2021년 9월)

더 많은
공무원 교재

1초 합격예측
모바일 성적분석표

1초 안에 '클릭' 한 번으로 성적을 확인하실 수 있습니다!

활용 GUIDE

실시간 성적분석 방법!

STEP 1: QR 코드 스캔 ▶ STEP 2: 모바일 OMR 입력 ▶ STEP 3: 자동채점 & 성적분석표 확인

STEP 1

QR 코드 스캔

- 교재의 QR 코드를 모바일로 스캔 후 에듀윌 회원 로그인
- QR 코드 하단의 바로가기 주소로도 접속 가능

STEP 2

모바일 OMR 입력

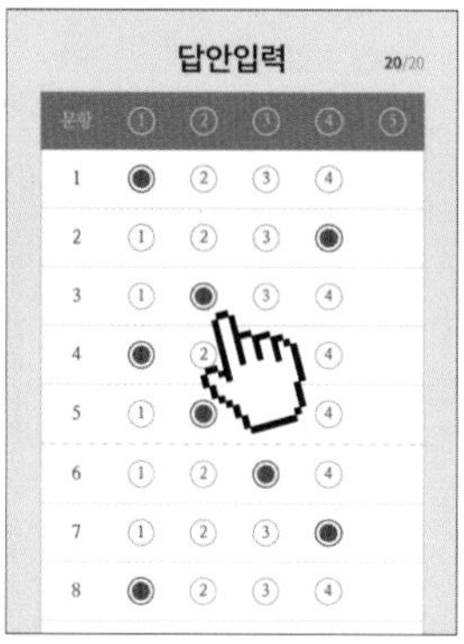

- 회차 확인 후 '응시하기' 클릭
- 모바일 OMR에 답안 입력
- 문제풀이 시간까지 측정 가능

STEP 3

자동채점 & 성적분석표 확인

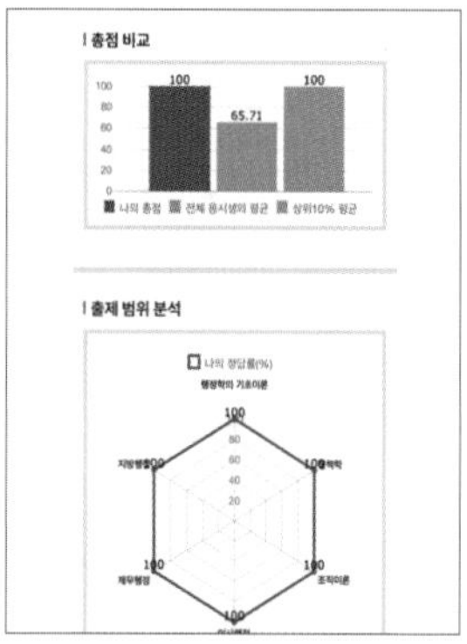

- 제출 시 자동으로 채점 완료
- 원점수, 백분위, 전체 평균, 상위 10% 평균 확인
- 영역별 정답률을 통해 취약점 파악

※ 본 서비스는 에듀윌 공무원 교재(연도별, 회차별 문항이 수록된 교재)를 구입하는 분에게 제공됨.

1위 에듀윌만의
체계적인 합격 커리큘럼

원하는 시간과 장소에서, 1:1 관리까지 한번에

온라인 강의

① 독한 교수진의 1:1 학습관리
② 과목별 테마특강, 기출문제 해설강의 무료 제공
③ 초보 수험생 필수 기초강의와 합격필독서 무료 제공

쉽고 빠른 합격의 첫걸음 합격필독서 무료 신청

최고의 학습 환경과 빈틈 없는 학습 관리

직영 학원

① 현장 강의와 온라인 강의를 한번에
② 확실한 합격관리 시스템, 아케르
③ 완벽 몰입이 가능한 프리미엄 학습 공간

COUPON
당일 등록 회원
시크릿 할인 혜택

합격전략 설명회 신청 시 당일 등록 수강 할인권 제공

친구 추천 이벤트

"친구 추천하고 한 달 만에 920만원 받았어요"

친구 1명 추천할 때마다 현금 10만원 제공
추천 참여 횟수 무제한 반복 가능

※ *a*o*h**** 회원의 2021년 2월 실제 리워드 금액 기준
※ 해당 이벤트는 예고 없이 변경되거나 종료될 수 있습니다.

친구 추천 이벤트 바로가기

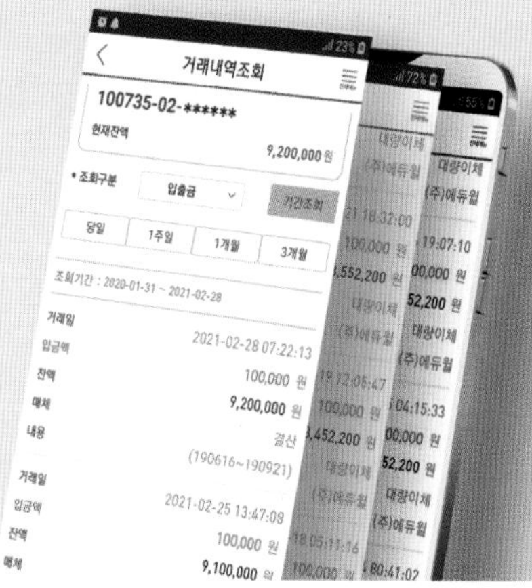

* 2023 대한민국 브랜드만족도 7·9급공무원 교육 1위 (한경비즈니스)

9급공무원 공통과목 7+3개년 기출PACK 5회독 플래너

국어

직렬	연도	1회독	2회독	3회독	4회독	5회독
국가직	2023	☐	☐	☐	☐	☐
	2022	☐	☐	☐	☐	☐
	2021	☐	☐	☐	☐	☐
	2020	☐	☐	☐	☐	☐
	2019	☐	☐	☐	☐	☐
	2018	☐	☐	☐	☐	☐
	2017	☐	☐	☐	☐	☐
	2017 추가	☐	☐	☐	☐	☐

직렬	연도	1회독	2회독	3회독	4회독	5회독
지방직	2023	☐	☐	☐	☐	☐
	2022	☐	☐	☐	☐	☐
	2021	☐	☐	☐	☐	☐
	2020	☐	☐	☐	☐	☐
	2019	☐	☐	☐	☐	☐
	2018	☐	☐	☐	☐	☐
	2017	☐	☐	☐	☐	☐
	2017 추가	☐	☐	☐	☐	☐

직렬	연도	1회독	2회독	3회독	4회독	5회독
서울시	2019	☐	☐	☐	☐	☐
	2018	☐	☐	☐	☐	☐
	2017	☐	☐	☐	☐	☐

영어

직렬	연도	1회독	2회독	3회독	4회독	5회독
국가직	2023	☐	☐	☐	☐	☐
	2022	☐	☐	☐	☐	☐
	2021	☐	☐	☐	☐	☐
	2020	☐	☐	☐	☐	☐
	2019	☐	☐	☐	☐	☐
	2018	☐	☐	☐	☐	☐
	2017	☐	☐	☐	☐	☐
	2017 추가	☐	☐	☐	☐	☐

직렬	연도	1회독	2회독	3회독	4회독	5회독
지방직	2023	☐	☐	☐	☐	☐
	2022	☐	☐	☐	☐	☐
	2021	☐	☐	☐	☐	☐
	2020	☐	☐	☐	☐	☐
	2019	☐	☐	☐	☐	☐
	2018	☐	☐	☐	☐	☐
	2017	☐	☐	☐	☐	☐
	2017 추가	☐	☐	☐	☐	☐

직렬	연도	1회독	2회독	3회독	4회독	5회독
서울시	2019	☐	☐	☐	☐	☐
	2018	☐	☐	☐	☐	☐
	2017	☐	☐	☐	☐	☐

한국사

직렬	연도	1회독	2회독	3회독	4회독	5회독
국가직	2023	☐	☐	☐	☐	☐
	2022	☐	☐	☐	☐	☐
	2021	☐	☐	☐	☐	☐
	2020	☐	☐	☐	☐	☐
	2019	☐	☐	☐	☐	☐
	2018	☐	☐	☐	☐	☐
	2017	☐	☐	☐	☐	☐
	2017 추가	☐	☐	☐	☐	☐

직렬	연도	1회독	2회독	3회독	4회독	5회독
지방직	2023	☐	☐	☐	☐	☐
	2022	☐	☐	☐	☐	☐
	2021	☐	☐	☐	☐	☐
	2020	☐	☐	☐	☐	☐
	2019	☐	☐	☐	☐	☐
	2018	☐	☐	☐	☐	☐
	2017	☐	☐	☐	☐	☐
	2017 추가	☐	☐	☐	☐	☐

직렬	연도	1회독	2회독	3회독	4회독	5회독
서울시	2023	☐	☐	☐	☐	☐
	2022	☐	☐	☐	☐	☐
	2021	☐	☐	☐	☐	☐
	2020	☐	☐	☐	☐	☐
	2019	☐	☐	☐	☐	☐
	2018	☐	☐	☐	☐	☐
	2017	☐	☐	☐	☐	☐

⊕기출

3개년(2016~2014년) 기출문제는 '에듀윌 도서몰 〉 도서자료실 〉 부가학습자료'에서 확인 가능합니다.

국어

직렬	연도	1회독	2회독	3회독	4회독	5회독
국가직	2016	☐	☐	☐	☐	☐
	2015	☐	☐	☐	☐	☐
	2014	☐	☐	☐	☐	☐
지방직	2016	☐	☐	☐	☐	☐
	2015	☐	☐	☐	☐	☐
	2014	☐	☐	☐	☐	☐
서울시	2016	☐	☐	☐	☐	☐
	2015	☐	☐	☐	☐	☐
	2014	☐	☐	☐	☐	☐

영어

직렬	연도	1회독	2회독	3회독	4회독	5회독
국가직	2016	☐	☐	☐	☐	☐
	2015	☐	☐	☐	☐	☐
	2014	☐	☐	☐	☐	☐
지방직	2016	☐	☐	☐	☐	☐
	2015	☐	☐	☐	☐	☐
	2014	☐	☐	☐	☐	☐
서울시	2016	☐	☐	☐	☐	☐
	2015	☐	☐	☐	☐	☐
	2014	☐	☐	☐	☐	☐

한국사

직렬	연도	1회독	2회독	3회독	4회독	5회독
국가직	2016	☐	☐	☐	☐	☐
	2015	☐	☐	☐	☐	☐
	2014	☐	☐	☐	☐	☐
지방직	2016	☐	☐	☐	☐	☐
	2015	☐	☐	☐	☐	☐
	2014	☐	☐	☐	☐	☐
서울시	2016	☐	☐	☐	☐	☐
	2015	☐	☐	☐	☐	☐
	2014	☐	☐	☐	☐	☐

시작하는 방법은
말을 멈추고
즉시 행동하는 것이다.

– 월트 디즈니(Walt Disney)

기출OX 문제풀이 APP

1 에듀윌 합격앱 접속하기

QR코드 스캔하기 또는 에듀윌 합격앱 다운받기

2 기출OX 퀴즈 무료로 이용하기

하단 딱풀 메뉴에서 기출OX 선택 ▸ 직렬 > 과목 선택 또는 교재 선택 ▸ 퀴즈 풀기

- 틀린 문제는 기출오답노트(기출 OX)에서 다시 확인할 수 있습니다.

3 교재 구매 인증하기

- 무료이용 후 7일이 지나면 교재 구매 인증을 해야 합니다(최초 1회 인증 필요).
- 교재 구매 인증화면에서 정답을 입력하면 기간 제한 없이 기출OX 퀴즈를 무료로 이용할 수 있습니다(정답은 교재에서 찾을 수 있음).

※에듀윌 합격앱 어플에서 회원 가입 후 이용하실 수 있는 서비스입니다.
※스마트폰에서만 이용 가능하며, 일부 단말기에서는 서비스가 지원되지 않을 수 있습니다.
※해당 서비스는 추후 다른 서비스로 변경될 수 있습니다.

설문조사에 참여하고 스타벅스 아메리카노를 받아가세요!

에듀윌 9급공무원 공통과목 7+3개년 기출PACK을 선택한 이유는 무엇인가요?

소중한 의견을 주신 여러분들에게 더욱더 완성도 있는 교재로 보답하겠습니다.

참여 방법 좌측 QR코드 스캔 ▸ 설문조사 참여(1분만 투자하세요!)
이벤트 기간 2023년 10월 4일 ~ 2024년 9월 30일
추첨 방법 매월 1명 추첨 후 당첨자 개별 연락
경품 스타벅스 아메리카노(tall)

2024

에듀윌 9급공무원 공통과목 7+3개년 기출PACK

국어 / 영어 / 한국사

eduwill

저자의 말

하나의 새로운 꿈은 새로운 시작을 만듭니다

바람이 불고 비가 내린다고 발걸음을 멈춘다면 앞으로 나아갈 수 없습니다. 바람이 불면 옷깃을 여며야 하고, 비가 내리면 우산을 펼쳐야 합니다. 한 발, 한 발 작은 걸음이라도 내디뎠을 때 우리는 목적지에 도착할 수 있습니다. 목적지가 우리의 새로운 꿈이라면 우리의 걸음은 노력과 열정입니다. 걸음을 멈추지 않는다면 우리는 우리의 꿈을 이룰 수 있습니다.

새로운 시작을 다시 한다는 것은 때로 우리에게 아주 어려운 일일 수 있습니다. 하지만 우리 모두는 살면서 다시 시작해야 하는 순간이 있습니다. 아주 작게는 초등학교를 입학하는 것이었고, 좀 더 크게는 결혼하여 새 가정을 이루는 것도 새로운 시작일 수 있습니다. 아울러 하나의 직업을 선택하여 직장 동료들과 공동의 일을 하는 것도 시작입니다. 우리는 이미 또 하나의 시작을 이루었습니다. 공무원이 되고자 공부를 시작했고, 그 시작은 다시 하나의 마무리가 될 것입니다.

모든 시작에는 끝이 있고, 그 끝을 이루기 위한 노력과 시간이 있었습니다. 모두 수험생 여러분들의 뜨거운 열정의 결과입니다. 그동안 갈고닦은 실력을 발휘하여 반드시 합격하기를 기원합니다.

– 에듀윌 국어 대표교수_ 송운학

수험의 시작과 끝은 기출입니다

수험의 목표는 '합격'입니다. 합격은 '성적'을 기반으로 결정되며, 그 성적은 '실력'을 바탕으로 결정됩니다. 그 합격의 근간이 되는 재료가 바로 기출입니다.
이미 출제된 문항은 시험의 역사가 되었고, 이 시험의 앞으로 나아갈 방향성을 명료하게 나타내고 있습니다. 시험의 현재와 앞으로의 방향성을 보여주는 그 재료가 〈에듀윌 9급공무원 공통과목 기출 PACK〉입니다.
기출문제를 통해 분석된 학습 범위 안에서, 출제의 방향성과 출제 요소를 파악하는 과정을 통해서 합격이라는 목표에 도달하는 것이 바로 이 교재 본래의 쓰임입니다.
수험생에게 하루에도 몇 번씩 불쑥 찾아오는 두려움과 불안을 지그시 누를 수 있는 것은 오직 '합격을 향해 변해가고 있는 스스로의 모습'입니다. 불확실한 상황에서 다시 책상을 향해 바짝 당겨 앉게 하는 힘도 결국은 '스스로에 대한 기대와 바람'입니다. 그 매일의 과정을 함께하겠다는 마음으로, 책에 실린 한 문항 한 문항을 해결하는 여러분의 노력과 일상을 지켜내는 꾸준함을 떠올리며 책의 만듦새에 정성을 다했습니다.
수험장에 입실해 OMR카드에 마킹하는 여러분의 손에 든든한 힘을 실어 드리겠습니다.
수험생 여러분께 경의를 표합니다.

– 에듀윌 영어 대표교수_ 성정혜

여러분의 잠재력을 믿고 조금만 더 힘내시길 바랍니다

많은 사람들이 공무원 시험을 준비합니다. 공무원 시험은 마라톤과 같아 금방 성과를 보기는 어렵습니다. 그래서 많은 수험생들이 중도에 공부를 포기합니다. 하지만 포기하지 않는다면 결국 '합격'합니다. 여러분들의 잠재력을 믿고 조금만 더 힘내시길 바랍니다.
시험은 경험하는 것이 아니라, '합격하는 것'이 목표입니다. 따라서 정확한 출제 경향을 파악하는 것이 무엇보다 중요하며, 이것은 '기출 분석'을 통해 확인할 수 있습니다.
이 책은 수험생들의 '합격'을 위해 최소한의 노력으로 최대의 효과를 볼 수 있도록 구성되어 있습니다.
수험생들이 짧은 시간에 고득점을 획득하게 하는 것은 전적으로 저자의 몫입니다. 따라서 저자는 '프로'여야 합니다. 그래서 저는 오늘도 한국사 공부를 합니다. 왜냐하면 수험생들의 절박함을 잘 알고 있기 때문이며, 여러분들의 '합격의 꿈'을 너무나도 염원하기 때문입니다.
여러분의 합격을 기원하며 항상 응원하겠습니다.

– 에듀윌 한국사 대표교수_ 신형철

이 책의 구성

7개년(2023~2017) 기출문제 61회

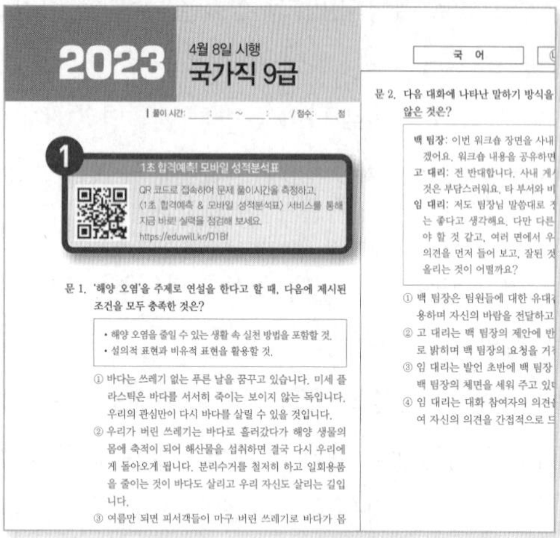

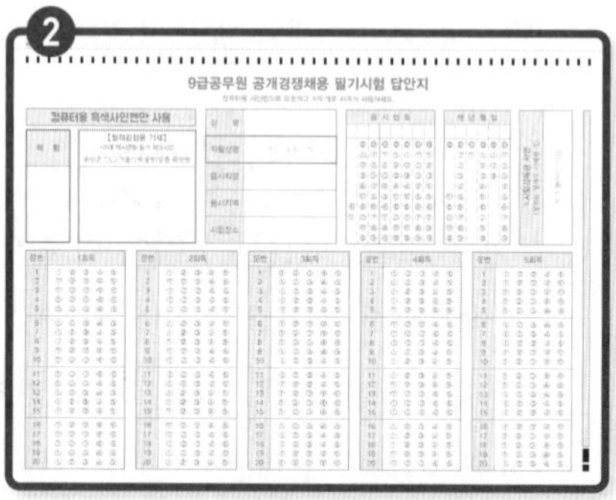

❶ **1초 합격예측 서비스** 회차별 QR코드 스캔 후, 모바일 OMR을 이용하여 기출문제를 실천처럼 풀이

❷ **회독용 OMR 카드** 여러 번 사용할 수 있는 특수 OMR 카드로 쉬운 회독 가능

수준&약점 체크가 가능한 기출분석 해설노트

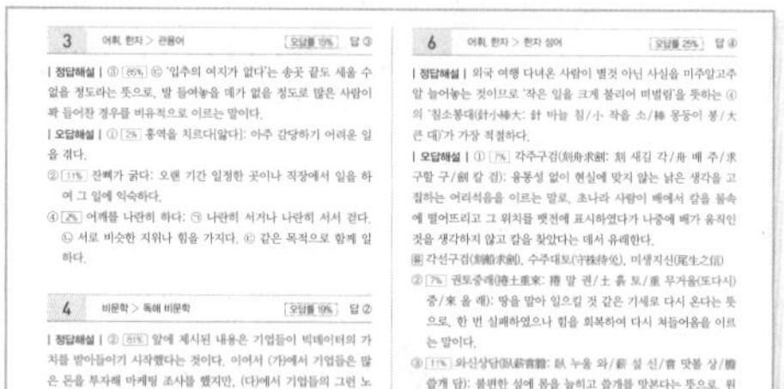

❶ **합격예상+취약영역 체크** 채점 후 나의 수준을 파악하고 취약영역을 체계적으로 분석

❷ **자세하고 풍부한 해설** 정답해설과 오답해설을 나누어 분석한 풍부한 해설노트

❸ **문항별 오답률+선택률** 선지별 선택률과 오답률 TOP 3를 제시하여 함정지문에 대한 이해도 강화

무료 합격팩

1 최신기출 해설특강

최근 3개년 주요 직렬 해설강의 무료제공

에듀윌 도서몰(book.eduwill.net) 접속 → 동영상강의실 → 공무원 → '9급공무원' 검색 → 수강
(또는 좌측 QR코드를 통해 바로 접속)

2 기출OX APP

기출OX 문제풀이 APP 무료제공

· 본인의 취약 파트를 빠르게 풀어볼 수 있는 기출OX 퀴즈 제공
· 7일 무료이용 후 교재인증을 통해 계속 이용 가능
· 에듀윌 합격앱 또는 좌측 QR코드를 통해 바로 접속
※ 자세한 내용은 2페이지를 확인하세요!

3 1초 합격예측 서비스

1초 합격예측! 모바일 성적분석표 발급 서비스

· 회차별 QR 스캔 후 모바일 OMR 자동채점으로 점수 확인
· 모바일 성적분석표 즉시 발급
(전체&상위 10% 평균, 백분위, 영역별 정답률 등)
※ 자세한 내용은 앞광고 4페이지를 확인하세요!

4 플러스 기출문제 PDF

플러스 기출문제 27회

· 2016~2014년 국가직/지방직/서울시 기출문제와 해설
· 더 많은 기출문제로 확실한 시험 대비

5 기출 핵심 자료집 PDF

기출에서 엄선한 과목별 특별자료

· 국어: 한자 성어&속담&한자어 수록
· 영어: 핵심 기출어휘 수록
· 한국사: 핵심 기출사료 수록

6 OMR 카드 + 빠른 정답표

실전 연습을 위한 OMR 카드+빠른 정답표

· 여러 번 사용할 수 있는 특수 OMR 카드로 쉬운 회독 가능
· 빠른 정답표로 스피드한 채점 가능

※ 1~5 서비스는 에듀윌 홈페이지 회원가입 후 이용하실 수 있습니다.

이 책의 차례

[맨 앞]

[맨 뒤]

| 국어 |

| 영어 |

국가직	기출	해설
2023	116	112
2022	122	119
2021	128	126
2020	133	133
2019	138	140
2018	143	146
2017 (=사회복지직)	148	152
2017 추가	153	158

지방직	기출	해설
2023 (=서울시)	160	164
2022 (=서울시)	165	171
2021 (=서울시)	170	178
2020 (=서울시)	174	184
2019	179	190
2018	184	196
2017	189	202
2017 추가	194	208

서울시	기출	해설
2019	200	214
2018	204	219
2017	208	224

| 한국사 |

국가직	기출	해설
2023	216	230
2022	220	234
2021	224	237
2020	228	241
2019	232	245
2018	236	249
2017 (=사회복지직)	240	252
2017 추가	244	256

지방직	기출	해설
2023 (=서울시)	250	260
2022 (=서울시)	254	264
2021 (=서울시)	258	268
2020 (=서울시)	262	272
2019	266	275
2018	270	279
2017	274	282
2017 추가	278	285

서울시	기출	해설
2023	284	288
2022	288	292
2021	292	295
2020	296	298
2019	300	301
2018	304	304
2017	308	308

9 급 공 무 원

공통과목 기출 PACK

국어

기출PACK 100% 활용법

1	1초 합격예측 서비스를 활용하여 효과적으로 학습하세요! QR코드 스캔 후 모바일 OMR에 답안 입력, 자동채점결과 및 성적분석표 확인 ▶QR코드는 회차별 시작페이지에 있어요.
2	1~2회독: 20문항을 빠짐없이 풀며 기출에 익숙해지세요! 3~5회독: 틀린 문항만 골라서 풀며 취약점을 보완하세요!
3	여러 번 사용할 수 있는 특수 OMR 카드에 마킹하며 회독하세요! ▶기출문제 맨 뒤에 있어요. ▶컴퓨터용 사인펜으로 마킹하고 지우개로 지워서 사용하세요.

국가직 9급 공개경쟁채용 필기시험

응 시 번 호	
성 명	

문 제 책 형

【시 험 과 목】

제1과목	국 어	제2과목	영 어	제3과목	한 국 사
제4·5과목	행정법총론, 행정학개론				

응시자 주의사항

1. **시험 시작 전**에 시험문제를 열람하는 행위나 **시험 종료 후** 답안을 작성하는 행위를 한 사람은 「지방공무원 임용령」 제65조 등 관련 법령에 의거 **부정행위자**로 처리됩니다.

2. 시험 시작 즉시 **과목편철 순서, 문제누락 여부, 인쇄상태 이상 유무 및 표지와 개별과목의 문제책형 일치 여부 등을 확인**한 후 문제책 표지에 응시번호, 성명을 기재합니다.

3. 반드시 본인의 **응시표에 인쇄된 시험과목 순서에 따라** 제4과목과 제5과목의 **답안을 표기**하여야 합니다. 과목 순서를 바꾸어 표기한 경우에도 **본인의 응시표에 기재된 과목 순서대로 채점**되므로 반드시 유의하시기 바랍니다.

4. 시험이 시작되면 문제를 주의 깊게 읽은 후, **문항의 취지에 가장 적합한 하나의 정답만을 고르며**, 문제 내용에 관한 질문은 받지 않습니다.

5. **시험시간 관리의 책임**은 전적으로 응시자 본인에게 있습니다.

2023 4월 8일 시행 국가직 9급

| 풀이 시간: ____:____ ~ ____:____ / 점수: ____점

문 1. '해양 오염'을 주제로 연설을 한다고 할 때, 다음에 제시된 조건을 모두 충족한 것은?

- 해양 오염을 줄일 수 있는 생활 속 실천 방법을 포함할 것.
- 설의적 표현과 비유적 표현을 활용할 것.

① 바다는 쓰레기 없는 푸른 날을 꿈꾸고 있습니다. 미세 플라스틱은 바다를 서서히 죽이는 보이지 않는 독입니다. 우리의 관심만이 다시 바다를 살릴 수 있을 것입니다.
② 우리가 버린 쓰레기는 바다로 흘러갔다가 해양 생물의 몸에 축적이 되어 해산물을 섭취하면 결국 다시 우리에게 돌아오게 됩니다. 분리수거를 철저히 하고 일회용품을 줄이는 것이 바다도 살리고 우리 자신도 살리는 길입니다.
③ 여름만 되면 피서객들이 마구 버린 쓰레기로 바다가 몸살을 앓는다고 합니다. 자기 집이라면 이렇게 함부로 쓰레기를 버렸을까요? 피서객들의 양심이 모래밭 위를 뒹굴고 있습니다. 자기 쓰레기는 자기가 집으로 되가져가도록 합시다.
④ 산업 폐기물이 바다로 흘러가 고래가 죽어 가는 장면을 다큐멘터리에서 본 적이 있습니다. 이대로 가다간 인간도 고통받게 되지 않을까요? 정부에서 산업 폐기물 관리 지침을 만들고 감독을 강화하지 않는다면 바다는 쓰레기 무덤이 되고 말 것입니다.

문 2. 다음 대화에 나타난 말하기 방식을 설명한 것으로 적절하지 <u>않은</u> 것은?

백 팀장: 이번 워크숍 장면을 사내 게시판에 올리는 게 좋겠어요. 워크숍 내용을 공유하면 좋을 것 같아서요.
고 대리: 전 반대합니다. 사내 게시판에 영상을 공개하는 것은 부담스러워요. 타 부서와 비교될 것 같기도 하고요.
임 대리: 저도 팀장님 말씀대로 정보를 공유한다는 취지는 좋다고 생각해요. 다만 다른 팀원들의 동의도 구해야 할 것 같고, 여러 면에서 우려되긴 하네요. 팀원들 의견을 먼저 들어 보고, 잘된 것만 시범적으로 한두 개 올리는 것이 어떨까요?

① 백 팀장은 팀원들에 대한 유대감을 드러내는 표현을 사용하며 자신의 바람을 전달하고 있다.
② 고 대리는 백 팀장의 제안에 반대하는 이유를 명시적으로 밝히며 백 팀장의 요청을 거절하고 있다.
③ 임 대리는 발언 초반에 백 팀장 발언의 취지에 공감하여 백 팀장의 체면을 세워 주고 있다.
④ 임 대리는 대화 참여자의 의견을 묻는 의문문을 사용하여 자신의 의견을 간접적으로 드러내고 있다.

문 3. 관용 표현 ㉠~㉣의 의미를 풀이한 것으로 적절하지 <u>않은</u> 것은?

- 그의 회사는 작년에 노사 갈등으로 ㉠<u>홍역을 치렀다</u>.
- 우리 교장 선생님은 교육계에서 ㉡<u>잔뼈가 굵은</u> 분이십니다.
- 유원지로 이어지는 국도에는 차가 밀려 ㉢<u>입추의 여지가 없었다</u>.
- 그분은 세계 유수의 연구자들과 ㉣<u>어깨를 나란히 하는</u> 물리학자이다.

① ㉠: 심한 어려움을 겪었다
② ㉡: 오랫동안 일을 하여 그 일에 익숙한
③ ㉢: 돌아서 갈 수 있는 방법이 없었다
④ ㉣: 비슷한 지위나 힘을 가지는

문 4. 다음 글에서 (가)~(다)의 순서를 자연스럽게 배열한 것은?

> 빅데이터가 부각된다는 것은 기업들이 빅데이터의 가치를 받아들이기 시작했다는 뜻이다. 여기에는 기업들이 데이터를 바라보는 시각이 변한 측면도 있다.
>
> (가) 기업들은 고객이 판촉 활동에 어떻게 반응하고 평소에 어떻게 행동하며 사물에 대해 어떤 태도를 보이는지 알기 위해 많은 돈을 투자해 마케팅 조사를 해 왔다.
>
> (나) 그런 상황에서 기업들은 SNS나 스마트폰 등 새로운 데이터 소스로부터 그러한 궁금증과 답답함을 해결할 수 있다는 것을 알게 되었다. 페이스북에 올리는 광고에 친구가 '좋아요'를 한 것에서 기업들은 궁금증과 답답함을 해결할 수 있다.
>
> (다) 그런데 기업들의 그런 노력이 효과가 있는 경우도 있었으나 아쉬운 점도 많았다. 쉬운 예로, 기업들은 많은 광고비를 쓰지만 그 돈이 구체적으로 어느 부분에서 효과를 내는지는 알지 못했다.
>
> 결국 데이터가 있는 곳에서 기업들은 점점 더 고객의 취향에 집중할 수 있게 되었으며, 이에 따라 기업들은 소셜 미디어의 빅데이터를 중요한 경영 수단으로 수용하기 시작한 것이다.

① (가) – (나) – (다)
② (가) – (다) – (나)
③ (나) – (가) – (다)
④ (다) – (나) – (가)

문 5. ㉠을 이해한 내용으로 적절하지 않은 것은?

> "㉠무진(霧津)엔 명산물이……뭐 별로 없지요?"
> 그들은 대화를 계속하고 있었다.
> "별게 없지요. 그러면서도 그렇게 많은 사람들이 살고 있다는 건 좀 이상스럽거든요."
> "바다가 가까이 있으니 항구로 발전할 수도 있었을 텐데요?"
> "가 보시면 아시겠지만 그럴 조건이 되어 있는 것도 아닙니다. 수심(水深)이 얕은 데다가 그런 얕은 바다를 몇 백 리나 밖으로 나가야만 비로소 수평선이 보이는 진짜 바다다운 바다가 나오는 곳이니까요."
> "그럼 역시 농촌이군요?"
> "그렇지만 이렇다 할 평야가 있는 것도 아닙니다."
> "그럼 그 오륙만이 되는 인구가 어떻게들 살아가나요?"
> "그러니까 그럭저럭이란 말이 있는 게 아닙니까!"
> 그들은 점잖게 소리 내어 웃었다.
> "원, 아무리 그렇지만 한 고장에 명산물 하나쯤은 있어야지."
> 웃음 끝에 한 사람이 말하고 있었다.
> 무진에 명산물이 없는 게 아니다. 나는 그것이 무엇인지 알고 있다. 그것은 안개다. 아침에 잠자리에서 일어나서 밖으로 나오면, 밤사이에 진주해 온 적군들처럼 안개가 무진을 빙 둘러싸고 있는 것이었다. 무진을 둘러싸고 있는 산들도 안개에 의하여 보이지 않는 먼 곳으로 유배당해 버리고 없었다.
>
> – 김승옥, 「무진기행」에서 –

① 수심이 얕아서 항구로 개발하기 어려운 공간이다.
② 산으로 둘러싸여 있고 평야가 발달하지 않은 공간이다.
③ 지역의 경제적 여건에 비해 인구가 적지 않은 공간이다.
④ 누구나 인정할 만한 지역의 명산물로 안개가 유명한 공간이다.

문 6. 다음 글의 빈칸에 들어갈 사자성어로 적절한 것은?

> 세상에는 어려운 일들이 많지만 외국 여행 다녀온 사람의 입을 막는 것도 그중 하나이다. 특히 그것이 그 사람의 첫 외국 여행이었다면, 입 막기는 포기하고 미주알고주알 늘어놓는 여행 경험을 들어 주는 편이 정신 건강에 좋다. 그 사람이 별것 아닌 사실을 (   ) 하거나 특수한 경험을 지나치게 일반화한들, 그런 수다로 큰 피해를 입는 것도 아니지 않은가?

① 刻舟求劍
② 捲土重來
③ 臥薪嘗膽
④ 針小棒大

문 7. 다음 글을 감상한 내용으로 가장 적절한 것은?

> 어이 못 오던가 무슴 일로 못 오던가
> 너 오는 길 위에 무쇠로 성(城)을 쏘고 성 안에 담 쏘고 담 안에란 집을 짓고 집 안에란 뒤주 노코 뒤주 안에 궤를 노코 궤 안에 너를 결박(結縛)ᄒᆞ여 너코 쌍(雙)비목 외걸쇠에 용(龍)거북 ᄌᆞ믈쇠로 수기수기 ᄌᆞᆷ갓더냐 네 어이 그리 아니 오던가
> ᄒᆞᆫ ᄃᆞᆯ이 서른 날이여니 날 보라 올 하루 업스랴
> – 작자 미상, 「어이 못 오던가」 –

① 동일 구절을 반복하여 '너'에 대한 섭섭한 감정을 표출하고 있다.
② 날짜 수를 대조하여 헤어진 기간이 길다는 것을 강조하고 있다.
③ 동일한 어휘를 연쇄적으로 나열하여 감정의 기복을 표현하고 있다.
④ 단계적으로 공간을 축소하여 '너'를 만날 수 있다는 희망을 표현하고 있다.

문 8. (가)와 (나)에 들어갈 말로 가장 적절한 것은?

> 특정한 작업을 수행하기 위해 신체 근육의 특정 움직임을 조작하는 능력을 운동 능력이라고 한다. 언어에 관한 운동 능력은 '발음 능력'과 '필기 능력' 두 가지인데 모두 표현을 위한 능력이다.
> 말로 표현하기 위해서는 발음 능력이 필요한데, 이는 음성 기관을 움직여 원하는 음성을 만들어 내는 능력이다. 이 능력은 영·유아기에 수많은 시행착오와 꾸준한 훈련을 통해 습득된다. 이렇게 발음 능력을 습득하면 음성 기관의 움직임은 자동화되어 음성 기관의 어느 부분을 언제 어떻게 움직일지를 화자가 거의 의식하지 않는다. 우리가 모어에 없는 외국어 음성을 발음하기 어려운 이유는 [(가)] 있기 때문이다.
> 글로 표현하기 위해서는 필기 능력이 필요하다. 필기에서는 글자의 모양을 서로 구별되게 쓰는 것은 기본이고 그 수준을 넘어서서 쉽게 알아볼 수 있는 모양으로 잘 쓰는 것도 필요하다. 글씨를 쓰기 위해 손을 놀리는 것은 발음을 하기 위해 음성 기관을 움직이는 것에 비해 상당히 의식적이라 할 수 있다. 그렇지만 개인의 의지와 관계없이 필체가 꽤 일정하다는 사실은 손을 놀리는 데에 [(나)] 의미한다.

① (가): 음성 기관의 움직임이 모어의 음성에 맞게 자동화되어
(나): 무의식적이고 자동적인 면이 있음을
② (가): 낯선 음성은 무의식적으로 발음하도록 훈련되어
(나): 유아기에 수행한 훈련이 효과적이지 않음을
③ (가): 음성 기관의 움직임이 모어의 음성에 맞게 자동화되어
(나): 유아기에 수행한 훈련이 효과적이지 않음을
④ (가): 낯선 음성은 무의식적으로 발음하도록 훈련되어
(나): 무의식적이고 자동적인 면이 있음을

문 9. ㉠~㉣ 중 한글 맞춤법에 맞게 쓰인 것만을 모두 고르면?

> • 혜인 씨에게 ㉠무정타 말하지 마세요.
> • 재아에게는 ㉡섭섭치 않게 사례해 주자.
> • 규정에 따라 딱 세 명만 ㉢선발토록 했다.
> • ㉣생각컨대 그의 보고서는 공정하지 못했다.

① ㉠, ㉡ ② ㉠, ㉢
③ ㉡, ㉣ ④ ㉢, ㉣

문 10. ㉠~㉣의 한자로 적절하지 않은 것은?

> 예정보다 지연되긴 했으나 열 시쯤에는 마애불에 ㉠도착할 수가 있었다. 맑은 날씨에 빛나는 햇살이 환히 비춰 ㉡불상들은 불그레 물들어 있었다. 만일 신비로운 ㉢경지라는 말을 할 수 있다면 바로 이런 경우가 아닐지 모르겠다. 꼭 보고 싶다는 숙원이 이루어진 기쁨에 가슴이 벅차왔다. 아마 잊을 수 없는 ㉣추억의 한 토막으로 남을 것 같다.

① ㉠: 到着 ② ㉡: 佛像
③ ㉢: 境地 ④ ㉣: 記憶

문 11. 다음 글을 이해한 내용으로 적절하지 않은 것은?

> 사람의 '지각과 생각'은 항상 어떤 맥락, 관점 혹은 어떤 평가 기준이나 가정하에서 일어난다. 이러한 맥락, 관점, 평가 기준, 가정을 프레임이라고 한다. 지각과 생각은 인간의 모든 정신 활동을 뜻한다. 따라서 우리의 모든 정신 활동은 진공 상태에서 일어나는 것이 아니라, 어떤 맥락이나 가정하에서 일어난다. 한마디로 우리가 프레임이라는 안경을 쓰고 세상을 보고 있음을 의미한다. 간혹 어떤 사람이 자신은 어떤 프레임의 지배도 받지 않고 세상을 있는 그대로, 객관적으로 본다고 주장한다면, 그 주장은 진실이 아닐 것이다.

① 인간의 정신 활동은 프레임 없이 일어나지 않는다.
② 프레임은 인간이 세상을 바라볼 때 어떤 편향성을 가지게 한다.
③ 인간의 지각과 사고를 확장하는 과정에서 프레임은 극복해야 할 대상이다.
④ 프레임은 인간의 정신 활동에 영향을 미치는 어떤 맥락이나 평가 기준이다.

문 12. 다음 글을 이해한 내용으로 가장 적절한 것은?

전 세계를 대표하는 항공기인 보잉과 에어버스의 중요한 차이점은 자동조종시스템의 활용 정도에 있다. 보잉의 경우, 조종사가 대개 항공기를 조종간으로 직접 통제한다. 조종간은 비행기의 날개와 물리적으로 연결되어 있어서 어떤 상황에서도 조종사가 조작한 대로 반응한다. 이와 다르게 에어버스는 조종간 대신 사이드스틱을 설치하여 컴퓨터가 조종사의 행동을 제한하거나 조종에 개입할 수 있게 설계되었다. 보잉에서는 조종사가 항공기를 통제할 수 있는 전권을 가지지만 에어버스에서는 컴퓨터가 조종사의 조작을 감시하고 제한한다.

보잉과 에어버스의 이러한 차이는 기계를 다루는 인간을 바라보는 관점이 서로 다른 데서 비롯된다. 보잉사를 창립한 윌리엄 보잉의 철학은 "비행기를 통제하는 최종 권한은 언제나 조종사에게 있다."이다. 시스템은 불안정하고 완벽하지 않기 때문에 컴퓨터가 조종사의 판단보다 우선시될 수 없다는 것이다. 반면 에어버스의 아버지라고 불리는 베테유는 "인간은 실수할 수 있는 존재"라고 전제한다. 베테유는 이런 자신의 신념을 토대로 에어버스를 설계함으로써 조종사의 모든 조작을 컴퓨터가 모니터링하고 제한하게 만든 것이다.

① 보잉은 시스템의 불완전성을, 에어버스는 인간의 실수 가능성을 고려하여 설계되었다.
② 베테유는 인간이 실수할 수 있는 존재라고 보지만 윌리엄 보잉은 그렇지 않다고 본다.
③ 에어버스의 조종사는 항공기 운항에서 자동조종시스템을 통제하고 조작한다.
④ 보잉의 조종사는 자동조종시스템을 사용하지 않고 항공기를 조종한다.

문 13. 다음 글에서 추론한 내용으로 가장 적절한 것은?

공포의 상태와 불안의 상태를 구분하는 것은 쉽지 않다. 왜냐하면 두 감정을 함께 느끼거나 한 감정이 다른 감정을 유발할 때가 많기 때문이다. 가령, 무시무시한 전염병을 목도하고 공포에 빠진 사람은 자신도 언젠가 그 병에 걸릴지 모른다는 불안 상태에 빠지게 된다. 이처럼 두 감정은 서로 밀접하게 얽혀 있다는 점에서 혼동하기 쉽다. 하지만 두 감정을 야기한 원인을 따져 보면 두 감정을 명확하게 구분할 수 있다. 공포는 실재하는 객관적 위협에 의해 야기된 상태를 의미하고, 불안은 현재 발생하지 않았으며 미래에 일어날지 모르는 불명확한 위협에 의해 야기된 상태를 의미한다. 공포와 불안의 감정은 둘 다 자아와 관련되어 있지만 여기에서도 차이를 찾을 수 있다. 공포를 느끼는 것은 '나 자신'이 위험한 상황에 놓여 있다는 사실을 아는 것이고, 불안의 경험은 '나 자신'이 위해를 입을까 봐 걱정하는 것이다.

① 자신이 처한 위험한 상황을 정확히 인식하는 경우에는 공포감에 비해 불안감이 더 크다.
② 전기·가스 사고가 날까 두려워 외출하지 못하는 사람은 불안한 상태에 있는 것이다.
③ 시험에 불합격할 수 있다는 생각에 사로잡힌 사람은 공포감에 빠져 있는 것이다.
④ 과거에 큰 교통사고를 경험한 사람은 공포감은 크지만 불안감은 작다.

문 14. 다음 글의 내용과 부합하지 않는 것은?

과학 혁명 이전 아리스토텔레스 철학은 로마 가톨릭교의 정통 교리와 결합되어 있었기 때문에 오랜 시간 동안 지배적인 영향력을 발휘하였다. 천문 분야 또한 예외는 아니었다. 아리스토텔레스의 세계관을 따라 우주의 중심은 지구이며, 모든 천체는 원운동을 하면서 지구의 주위를 공전한다는 천동설이 정설로 자리 잡고 있었다. 프톨레마이오스가 천체들의 공전 궤도를 관찰하던 도중, 행성들이 주기적으로 종전의 운동과는 반대 방향으로 움직인다는 관찰 결과를 얻었을 때도 그는 이를 행성의 역행 운동을 허용하지 않는 천동설로 설명하고자 하였다. 그래서 지구를 중심으로 공전하는 원 궤도에 중심을 두고 있는 원, 즉 주전원(周轉圓)을 따라 공전 궤도를 그리면서 행성들이 운동한다고 주장하였다.

과학과 아리스토텔레스 철학의 결별은 서서히 일어났다. 그 과정에서 일어난 가장 중요한 사건은 1543년 코페르니쿠스가 행성들의 운동 이론에 관한 책을 발간한 일이다. 코페르니쿠스는 천체의 중심에 지구 대신 태양을 놓고 지구가 태양의 주위를 공전한다고 주장하였다. 태양을 우주의 중심에 둔 코페르니쿠스의 지동설은 행성들의 운동에 대해 프톨레마이오스보다 수학적으로 단순하게 설명하였다.

① 과학 혁명 이전 시기에는 천동설이 정설로 받아들여졌다.
② 프톨레마이오스의 주전원은 지동설을 지지하고자 만든 개념이다.
③ 천동설과 지동설은 우주의 중심을 어디에 두느냐에 따라 구분된다.
④ 행성의 공전에 대한 프톨레마이오스의 설명은 코페르니쿠스의 설명보다 수학적으로 복잡하였다.

문 15. 밑줄 친 단어가 표준어 규정에 맞게 쓰인 것은?

① 저기 보이는 게 암염소인가, 수염소인가?
② 오늘 윗층에 사시는 분이 이사를 가신대요.
③ 봄에는 여기저기에서 아지랭이가 피어오른다.
④ 그는 수업을 마치면 으레 친구들과 운동을 한다.

문 16. ㉠~㉣을 문맥에 맞게 수정하는 방안으로 적절한 것은?

> 난독(難讀)을 해결하려면 정독을 해야 한다. 여기서 말하는 정독은 '뜻을 새겨 가며 자세히 읽음', 즉 '정교한 독서'라는 뜻으로 한자로는 '精讀'이다. '精讀'은 '바른 독서'를 의미하는 '正讀'과 ㉠소리는 같지만 뜻이 다르다. 무엇이 정교한 것일까? 모든 단어에 눈을 마주치면서 제대로 인식하는 것이다. 이와 같은 ㉡정독(精讀)의 결과로 생기는 어문 실력이 문해력이다. 문해력이 발달하면 결국 독서 속도가 빨라져, '빨리 읽기'인 속독(速讀)이 가능해진다. 빨리 읽기는 정독을 전제로 할 때 빛을 발한다. 짧은 시간에 같은 책을 제대로 여러 번 읽을 수 있기 때문이다. 그래서 문해력의 증가는 '정교하고 빠르게 읽기', 즉 ㉢정속독(正速讀)에서 일어나게 되어 있다. 정독이 생활화되면 자기도 모르게 정속독의 경지에 오르게 된다. 그런 경지에 오른 사람들은 뭐든지 확실히 읽고 빨리 이해한다. 자연스레 집중하고 여러 번 읽어도 빠르게 읽으므로 시간이 여유롭다. ㉣정독이 빠진 속독은 곧 빼먹고 읽는 습관, 즉 난독의 일종임을 잊지 말아야 한다.

① ㉠을 '다르게 읽지만 뜻이 같다'로 수정한다.
② ㉡을 '정독(正讀)'으로 수정한다.
③ ㉢을 '정속독(精速讀)'으로 수정한다.
④ ㉣을 '속독이 빠진 정독'으로 수정한다.

문 17. 다음 글을 감상한 내용으로 적절하지 않은 것은?

> 막바지 뙤약볕 속
> 한창 매미 울음은
> 한여름 무더위를 그 절정까지 올려놓고는
> 이렇게 다시 조용할 수 있는가.
> 지금은 아무 기척도 없이
> 정적의 소리인 듯 쟁쟁쟁
> 천지(天地)가 하는 별의별
> 희한한 그늘의 소리에
> 멍청히 빨려 들게 하구나.
>
> 사랑도 어쩌면
> 그와 같은 것인가.
> 소나기처럼 숨이 차게
> 정수리부터 목물로 들이붓더니
> 얼마 후에는
> 그것이 아무 일도 없었던 양
> 맑은 구름만 눈이 부시게
> 하늘 위에 펼치기만 하노니.
>
> – 박재삼, 「매미 울음 끝에」 –

① 갑작스럽게 변화한 자연 현상을 감각적으로 제시하고 있다.
② 청각적 이미지와 시각적 이미지를 활용하여 시상을 전개하고 있다.
③ 소나기가 그치고 맑은 구름이 펼쳐진 것을 통해 사랑의 속성을 드러내고 있다.
④ 매미 울음소리가 절정에 이르렀다가 사라진 직후의 상황을 반어법으로 표현하고 있다.

문 18. 다음 글을 이해한 내용으로 가장 적절한 것은?

> 루카치는 그리스 세계를 신과 인간의 결합 정도를 가리키는 '총체성' 개념을 기준으로 세 시대로 구분하였다. 첫 번째 시대에서 후대로 갈수록 총체성의 정도는 낮아진다. 첫째는 총체성이 완전히 구현되어 있는 '서사시의 시대'이다. 호메로스의 『일리아드』와 『오디세이아』에서는 신과 인간의 세계가 하나로 얽혀 있다. 인간들이 그리스와 트로이 두 패로 나뉘어 전쟁을 벌일 때 신들도 인간의 모습을 하고 두 패로 나뉘어 전쟁에 참여했다. 둘째는 '비극의 시대'이다. 소포클레스나 에우리피데스의 비극에서는 총체성이 흔들려 신과 인간의 세계가 분리된다. 하지만 두 세계가 완전히 분리되지는 않고 신탁이라는 약한 통로로 이어져 있다. 비극에서 신은 인간의 행위에 직접 개입하지 않고 신탁을 통해서 자신의 뜻을 그저 전달하는 존재로 바뀐다. 셋째는 플라톤으로 대표되는 '철학의 시대'이다. 이 시대는 이미 계몽된 세계여서 신탁 같은 것은 신뢰할 수 없게 되었다. 신과 인간의 세계가 완전히 분리됨으로써 신의 세계는 인격적 성격을 상실하여 '이데아'라는 추상성의 세계로 바뀐다. 신의 세계와 인간의 세계는 그 사이에 어떤 통로도 존재할 수 없는, 절대적으로 분리된 세계가 되었다.

① 계몽사상은 서사시의 시대에서 철학의 시대로의 전환을 이끌었다.
② 플라톤의 이데아는 신탁이 사라진 시대의 비극적 세계를 표현한다.
③ 루카치는 각기 다른 기준에 따라 그리스 세계를 세 시대로 구분하였다.
④ 에우리피데스의 비극에 비해 『오디세이아』에서는 신과 인간의 결합 정도가 높다.

문 19. 다음 글의 내용과 부합하지 않는 것은?

> 몽유록(夢遊錄)은 '꿈에서 놀다 온 기록'이라는 뜻으로, 어떤 인물이 꿈에서 과거의 역사적 인물을 만나 특정 사건에 대한 견해를 듣고 현실로 돌아온다는 특징이 있다. 이때 꿈을 꾼 인물인 몽유자의 역할에 따라 몽유록을 참여자형과 방관자형으로 구분할 수 있다. 참여자형에서는 몽유자가 꿈에서 만난 인물들의 모임에 초대를 받고 토론과 시연에 직접 참여한다. 방관자형에서는 몽유자가 인물들의 모임을 엿볼 뿐 직접 그 모임에 참여하지는 않는다. 16~17세기에 창작되었던 몽유록에는 참여자형이 많다. 참여자형에서는 몽유자와 꿈속 인물들이 동질적인 이념을 공유하고 현실의 고통스러운 문제에 대해 의견을 나누며 비판적 목소리를 낸다. 그러나 주로 17세기 이후에 창작된 방관자형에서는 몽유자가 꿈속 인물들과 함께 현실을 비판하는 것이 아니라 구경꾼의 위치에 서 있다. 이 시기의 몽유록이 통속적이고 허구적인 성격으로 변모하는 것은 몽유자의 역할 변화와 무관하지 않다.

① 몽유자가 꿈속 인물들의 모임에 직접 참여하는지, 참여하지 않는지에 따라 몽유록의 유형을 나눌 수 있다.
② 17세기보다 나중 시기의 몽유록에서는 몽유자가 현실을 비판하는 경향이 강하게 나타난다.
③ 몽유자가 모임의 구경꾼 역할을 하는 몽유록은 통속적이고 허구적인 성격이 강하다.
④ 몽유자가 꿈속 인물들과 함께 현실을 비판하는 몽유록은 참여자형에 해당한다.

문 20. 다음 글을 이해한 내용으로 적절한 것은?

> 디지털 트윈은 현실 세계와 똑같은 가상의 세계이다. 최근 주목받고 있는 메타버스와 개념은 유사하지만 활용 목적의 측면에서 구별된다. 메타버스는 가상 세계와 현실 세계가 융합된 플랫폼으로 이용자들에게 새로운 경제·사회·문화적 경험을 제공하는 데 목적을 둔다. 반면 디지털 트윈은 현실 세계에 존재하는 사물, 공간, 환경, 공정 등을 컴퓨터상에 디지털 데이터 모델로 표현하여 똑같이 복제하고 실시간으로 서로 반응할 수 있도록 한다. 그래서 디지털 트윈의 이용자는 가상 세계에서의 시뮬레이션을 통해 미래 상황을 예측할 수 있게 된다. 디지털 트윈에 대한 수요가 증가하면서 관련 시장도 확대되고 있으며, 국내외의 글로벌 기업들은 여러 산업 분야에서 디지털 트윈을 도입하여 사전에 위험 요소를 제거하고 수익 모델의 효율성을 높이고 있다. 디지털 트윈이 이렇게 주목받는 이유는 안정성과 경제성 때문인데 현실 세계를 그대로 옮겨 놓은 가상 세계에 데이터를 전송, 취합, 분석, 이해, 실행하는 과정은 실제 실험보다 매우 빠르고 정밀하며 안전할 뿐 아니라 비용도 적게 든다.

① 디지털 트윈을 활용함에 따라 글로벌 기업들의 고용률이 향상되었다.
② 디지털 트윈의 데이터 모델은 현실 세계의 각종 실험 모델보다 경제성이 낮다.
③ 디지털 트윈에서의 시뮬레이션으로 현실 세계의 위험 요소를 찾아내고 방지할 수 있다.
④ 디지털 트윈은 현실 세계의 이용자에게 새로운 문화적 경험을 제공하는 데 목적이 있다.

해설편 ▶ P.10

2022 4월 2일 시행 국가직 9급

| 풀이 시간: ____:____ ~ ____:____ / 점수: ____점

1초 합격예측! 모바일 성적분석표

QR 코드로 접속하여 문제 풀이시간을 측정하고, 〈1초 합격예측 & 모바일 성적분석표〉 서비스를 통해 지금 바로! 실력을 점검해 보세요.
https://eduwill.kr/aH6j

문 1. 밑줄 친 말의 쓰임이 옳지 않은 것은?

① 그는 아까운 능력을 썩히고 있다.
② 음식물 쓰레기를 썩혀서 거름으로 만들었다.
③ 나는 이제까지 부모님 속을 썩혀 본 적이 없다.
④ 그들은 새로 구입한 기계를 창고에서 썩히고 있다.

문 2. (가)~(라)를 고쳐 쓴 것으로 옳지 않은 것은?

> (가) 오빠는 생김새가 나하고는 많이 틀려.
> (나) 좋은 결실이 맺어졌으면 하는 바람입니다.
> (다) 내가 오직 바라는 것은 네가 잘됐으면 좋겠어.
> (라) 신은 인간을 사랑하기도 하지만 시련을 주기도 한다.

① (가): 오빠는 생김새가 나하고는 많이 달라.
② (나): 좋은 결실을 맺었으면 하는 바람입니다.
③ (다): 내가 오직 바라는 것은 네가 잘됐으면 좋겠다는 거야.
④ (라): 신은 인간을 사랑하기도 하지만 인간에게 시련을 주기도 한다.

문 3. 사자성어의 쓰임이 적절하지 않은 것은?

① 그는 구곡간장(九曲肝腸)이 끊어지는 듯한 슬픔에 빠졌다.
② 학문의 정도를 걷지 않고 곡학아세(曲學阿世)하는 이가 있다.
③ 이유 없이 친절한 사람은 구밀복검(口蜜腹劍)일 수 있으니 조심해야 한다.
④ 신중한 태도로 문제의 본질에 접근하는 당랑거철(螳螂拒轍)의 자세가 필요하다.

문 4. 다음 대화에서 나타난 '지민'의 의사소통 방식으로 가장 적절한 것은?

> **정수**: 지난번에 너랑 같이 들었던 면접 전략 강의가 정말 유익했어.
> **지민**: 그랬어? 나도 그랬는데.
> **정수**: 특히 아이스크림 회사의 면접 내용이 도움이 많이 됐어.
> **지민**: 맞아. 그중에서도 두괄식으로 답변하라는 첫 번째 내용이 정말 인상적이더라. 핵심 내용을 먼저 말하는 전략이 면접에서 그렇게 효과적일 줄 몰랐어.
> **정수**: 어! 그래? 나는 두 번째 내용이 훨씬 더 인상적이었는데.
> **지민**: 그랬구나. 하긴 아이스크림 매출 증가에 관한 통계 자료를 인용해서 답변한 전략도 설득력이 있었어. 하지만 초두 효과의 효용성도 크지 않을까 해.
> **정수**: 그렇긴 해.

① 자신의 면접 경험을 예로 들어 상대방을 설득하고 있다.
② 상대방의 약점을 공략하며 상대방의 이견을 반박하고 있다.
③ 상대방의 견해를 존중하면서 자신의 의견을 제시하고 있다.
④ 상대방과의 갈등 해소를 위해 자신의 감정을 표현하고 있다.

문 5. 다음 글에 대한 이해로 적절하지 않은 것은?

> 승상이 말을 마치기도 전에 구름이 걷히더니 노승은 간 곳이 없고 좌우를 돌아보니 팔낭자도 간곳이 없었다. 승상이 놀라 어찌할 바를 모르는 중에 높은 대와 많은 집들이 한순간에 사라지고 자기의 몸은 작은 암자의 포단 위에 앉아 있었는데, 향로의 불은 이미 꺼져 있었고 지는 달이 창가에 비치고 있었다.
> 자신의 몸을 보니 백팔염주가 걸려 있고 머리를 손으로 만져보니 갓 깎은 머리털이 까칠까칠하더라. 완연한 소화상의 몸이요, 전혀 대승상의 위의가 아니었으니, 이에 제 몸이 인간 세상의 승상 양소유가 아니라 연화도량의 행자 성진임을 비로소 깨달았다.
> 그리고 생각하기를, '처음에 스승에게 책망을 듣고 풍도옥으로 가서 인간 세상에 환도하여 양가의 아들이 되었지. 그리고 장원급제를 하여 한림학사가 된 후 출장입상하고 공명신퇴하여 두 공주와 여섯 낭자로 더불어 즐기던 것이 다 하룻밤 꿈이었구나. 이는 필시 사부가 나의 생각이 그릇됨을 알고 나로 하여금 이런 꿈을 꾸게 하시어 인간 부귀와 남녀 정욕이 다 허무한 일임을 알게 하신 것이로다.'
>
> – 김만중, 「구운몽」에서 –

① '양소유'는 장원급제를 하여 한림학사가 되었다.
② '양소유'는 인간 세상에 환멸을 느껴 스스로 '성진'의 모습으로 되돌아왔다.
③ '성진'이 있는 곳은 인간 세상이 아니다.
④ '성진'은 자신의 외양을 통해 꿈에서 돌아왔음을 인식한다.

문 6. (가)~(라)의 ㉠~㉣에 대한 설명으로 적절하지 않은 것은?

> (가) 간밤의 부던 ᄇᆞ람에 눈서리 치단 말가
> ㉠낙락장송(落落長松)이 다 기우러 가노ᄆᆡ라
> ᄒᆞ믈며 못다 픤 곳이야 닐러 무슴 ᄒᆞ리오.
>
> (나) 철령 노픈 봉에 쉬여 넘ᄂᆞᆫ 져 구름아
> 고신원루(孤臣寃淚)를 비 사마 씌여다가
> ㉡님 계신 구중심처(九重深處)에 ᄲᅳ려 본들 엇ᄃᆞ리.
>
> (다) 이화우(梨花雨) 흣ᄲᅮ릴 제 울며 잡고 이별ᄒᆞᆫ 님
> 추풍낙엽(秋風落葉)에 ㉢저도 날 ᄉᆡᆼ각ᄂᆞᆫ가
> 천리(千里)에 외로온 ᄭᅮᆷ만 오락가락 ᄒᆞ노매.
>
> (라) 삼동(三冬)의 뵈옷 닙고 암혈(巖穴)의 눈비 마자
> 구름 ᄭᅵᆫ 볏뉘도 ᄶᅬᆫ 적이 업건마ᄂᆞᆫ
> 서산의 ㉣ᄒᆡ 디다 ᄒᆞ니 그를 셜워 ᄒᆞ노라.

① ㉠은 억울하게 해를 입은 충신을 가리킨다.
② ㉡은 궁궐에 계신 임금을 가리킨다.
③ ㉢은 헤어진 연인을 가리킨다.
④ ㉣은 오랜 세월을 함께한 벗을 가리킨다.

문 7. ㉠~㉢에 들어갈 말로 가장 적절한 것은?

> • 그들의 끈기가 이 경기의 승패를 [㉠]했다.
> • 올해 영화제 시상식은 11개 [㉡]으로 나뉜다.
> • 그 형제는 너무 닮아서 누가 동생이고 누가 형인지 [㉢]할 수 없다.

	㉠	㉡	㉢
①	가름	부문	구별
②	가름	부분	구분
③	갈음	부문	구별
④	갈음	부분	구분

문 8. 다음 글의 '동기화 단계 조직'에 따라 (가)~(마)를 배열한 것으로 가장 적절한 것은?

> 설득하는 말하기의 메시지를 조직하는 방법으로 '동기화 단계 조직'이 있다. 이 방법의 세부 단계는 다음과 같다.
> 1단계: 주제에 대한 청자의 주의나 관심을 환기한다.
> 2단계: 특정 문제를 청자와 관련지어 설명함으로써 청자의 요구나 기대를 자극한다.
> 3단계: 해결 방안을 제시하여 청자의 이해와 만족을 유도한다.
> 4단계: 해결 방안이 청자에게 어떤 도움이 되는지 구체화한다.
> 5단계: 구체적인 행동의 내용과 방법을 제시하여 특정 행동을 요구한다.

> (가) 지난주 제 친구는 일을 마친 후 자전거를 타고 집으로 돌아오다가 사고를 당해 머리를 다쳤습니다.
> (나) 여러분이 자전거를 탈 때 헬멧을 착용하면 머리를 보호할 수 있습니다.
> (다) 아마 여러분도 가끔 자전거를 타는 경우가 있을 것입니다. 그런데 매년 2천여 명이 자전거를 타다가 머리를 다쳐 고생한다고 합니다.
> (라) 만약 자전거를 타는 모든 사람이 헬멧을 착용한다면 자전거 사고를 당해도 뇌손상을 비롯한 신체 피해를 75% 줄일 수 있습니다. 또 자전거 타기가 주는 즐거움과 편리함을 안전하게 누릴 수 있습니다.
> (마) 자전거를 탈 때는 안전을 위해서 반드시 헬멧을 착용하시기 바랍니다.

① (가) – (나) – (다) – (라) – (마)
② (가) – (다) – (나) – (라) – (마)
③ (가) – (다) – (라) – (나) – (마)
④ (가) – (라) – (다) – (나) – (마)

문 9. 다음 글에 대한 이해로 적절하지 않은 것은?

> 국가정보자원관리원과 ○○시는 빅데이터 기반의 맞춤형 복지 서비스 분석 사업을 수행했다. 국가정보자원관리원은 자체 확보한 공공 데이터와 ○○시로부터 받은 복지 사업 관련 데이터를 활용하여 '복지 공감 지도'를 제작하고, 복지 기관 접근성 분석을 통해 취약 지역 지원 방안을 제시했다.
>
> 복지 공감 지도는 공간 분석 시스템을 활용하여 ○○시에 소재한 복지 기관들의 다양한 지원 항목과 이를 필요로 하는 복지 대상자, 독거노인, 장애인 등의 수급자 현황을 한눈에 확인할 수 있도록 구현한 것이다. 이 지도를 활용하면 복지 혜택이 필요한 지역과 수급자를 빨리 찾아낼 수 있으며, 생필품 지원이나 방문 상담 등 복지 기관의 맞춤형 대응이 가능하고, 최적의 복지 기관 설립 위치를 선정할 수 있다.
>
> 이 사업을 통해 시는 그동안 복지 기관으로부터 도보로 약 15분 내 위치한 수급자에게 복지 혜택이 집중되고 있는 것도 확인했다. 이에 교통이나 건강 등의 문제로 복지 기관 방문이 어려운 수급자를 위해 맞춤형 복지 서비스가 절실하게 필요한 상황임을 발견하고, 복지 셔틀버스 노선을 4개 증설할 계획을 수립했다.

① 빅데이터를 활용하여 복지 사각지대를 줄이는 방안을 마련할 수 있다.
② 복지 기관과 수급자 거주지 사이의 거리는 복지 혜택의 정도에 영향을 준다.
③ 복지 기관 접근성 분석 결과는 복지 셔틀버스 노선 증설의 근거가 된다.
④ 복지 공감 지도로 복지 혜택에 대한 수급자들의 개별 만족도를 파악할 수 있다.

문 10. ㉠~㉣의 사례로 적절하지 않은 것은?

> 단어의 의미가 변화하는 양상은 다양하다. 첫째, "아침 먹고 또 공부하자."에서 '아침'은 본래의 의미인 '하루 중의 이른 시간'을 가리키지 않고 '아침에 먹는 밥'이라는 의미로 쓰인다. '밥'의 의미가 '아침'에 포함되어서 '아침'만으로도 '아침밥'의 의미를 표현하게 된 것으로, ㉠두 개의 단어가 긴밀한 관계여서 한쪽이 다른 한쪽의 의미까지 포함하는 의미로 변화하게 된 경우이다. 둘째, '바가지'는 원래 박의 껍데기를 반으로 갈라 썼던 물건을 가리켰는데, 오늘날에는 흔히 플라스틱 바가지를 가리킨다. 이것은 ㉡언어 표현은 그대로인데 시대의 변화에 따라 지시 대상 자체가 바뀌어서 의미 변화가 발생한 경우이다. 셋째, '묘수'는 본래 바둑에서 만들어진 용어이지만 일상적인 언어 생활에서도 '쉽게 생각해 내기 어려운 좋은 방안'이라는 의미로 사용된다. ㉢이는 특수한 영역에서 사용되던 말이 일반화되면서 단어의 의미가 변화한 경우에 해당한다. 넷째, 호랑이를 두려워하던 시절에 사람들은 '호랑이'라는 이름을 직접 부르기 꺼려서 '산신령'이라고 부르기도 했는데, 이는 ㉣심리적인 이유로 특정 표현을 피하려다 보니 그것을 대신하는 단어의 의미에 변화가 생긴 경우이다.

① ㉠: '아이들의 코 묻은 돈'에서 '코'는 '콧물'의 의미로 쓰인다.
② ㉡: '수세미'는 원래 식물의 이름이었지만 오늘날에는 '그릇을 씻는 데 쓰는 물건'이라는 의미로 쓰인다.
③ ㉢: '배꼽'은 일반적으로 '탯줄이 떨어지면서 배의 한가운데에 생긴 자리'를 가리키지만 바둑에서는 '바둑판의 한가운데'라는 의미로 쓰인다.
④ ㉣: 무서운 전염병인 '천연두'를 꺼려서 '손님'이라고 불렀다.

문 11. 다음 글에 대한 이해로 적절하지 않은 것은?

> △△시 시장님께
>
> 안녕하십니까? 저는 △△시에서 농장을 운영하는 □□□입니다. 이렇게 글을 쓰게 된 것은 우리 농장 근처에 신축된 골프장의 빛 공해 문제에 대해 말씀드리기 위함입니다. 빛이 공해가 될 수 있다는 말이 다소 생소하실 수도 있습니다. 하지만 지나친 야간 조명이 식물의 성장에 부정적인 영향을 끼쳐 작물 수확량을 감소시킬 수 있음은 이미 여러 연구를 통해 입증된 바 있습니다. 좀 늦었지만 △△시에서도 이 문제에 대해 경각심을 가질 필요가 있습니다. 실제로 골프장이 야간 운영을 시작했을 때를 기점으로 우리 농장의 수확률이 현저히 낮아졌음을 제가 확인했습니다. 물론, 이윤을 추구하는 골프장의 야간 운영을 무조건 막는다면 골프장 측에서 반발할 것입니다. 그래서 계절에 따라 야간 운영 시간을 조정하거나 운영 제한에 따른 손실금을 보전해 주는 등의 보완책도 필요합니다. 또한 ○○군에서도 빛 공해 문제를 해결하기 위해 야간 조명의 조도를 조정하는 프로젝트를 진행한 바 있으니 참고해 보시기 바랍니다. 모쪼록 시장님께서 이 문제에 관심을 가지고 농장과 골프장이 상생할 수 있는 정책을 펼쳐 주시기를 부탁드립니다.

① 시장에게 빛 공해로 농장이 겪는 어려움에 대해 관심을 촉구하고 있다.
② 건의에 대한 신뢰성을 높이기 위해 인용한 자료의 출처를 밝히고 있다.
③ 다른 지역에서 야간 조명으로 인한 폐해를 해결하기 위해 노력한 사례를 언급하고 있다.
④ 골프장의 야간 운영을 제한할 때 예상되는 문제점과 그 해결 방안에 대해 제시하고 있다.

문 12. 다음 대화의 ㉠~㉤에 대한 설명으로 적절하지 않은 것은?

> **이진**: 태민아, ㉠이 책 읽어 봤니?
> **태민**: 아니, ㉡그 책은 아직 읽어 보지 못했어.
> **이진**: 그렇구나. 이 책은 작가의 문체가 독특해서 읽어 볼 만해.
> **태민**: 응, 꼭 읽어 볼게. 한 권 더 추천해 줄래?
> **이진**: 그럼 ㉢저 책은 어때? 한국 대중문화를 다양한 시각에서 다룬 재미있는 책이야.
> **태민**: 그래, ㉣그 책도 함께 읽어 볼게.
> **이진**: (두 책을 들고 계산대로 간다.) 읽어 보겠다고 하니, 생일 선물로 ㉤이 책 두 권 사 줄게.
> **태민**: 고마워. 잘 읽을게.

① ㉠은 청자보다 화자에게, ㉡은 화자보다 청자에게 가까이 있는 대상을 가리킨다.
② ㉢은 화자보다 청자에게 멀리 있는 대상을 가리킨다.
③ ㉢과 ㉣은 같은 대상을 가리킨다.
④ ㉤은 ㉡과 ㉢ 모두를 가리킨다.

문 13. 다음 글에 대한 이해로 적절하지 않은 것은?

> 아동이 부모의 소유물 또는 종족의 유지나 국가의 방위를 위한 수단으로 간주되었던 전근대사회에서는 아동의 권리에 대한 인식이 존재하지 않았다. 산업혁명으로 봉건제도가 붕괴되고 자본주의가 탄생한 근대사회에 이르러 구빈법에 따른 국가 개입과 민간단체의 자발적인 참여로 아동보호가 시작되었다.
> 1922년 잽 여사는 아동권리사상을 담아 아동권리에 대한 내용을 성문화하였다. 이를 기초로 1924년 국제연맹에서는 전문과 5개의 조항으로 된 「아동권리에 관한 제네바 선언」을 채택하였다. 여기에는 "아동은 물질적으로나 정신적으로 정상적인 발달을 위해 필요한 조건이 충족되어야 한다."라든지 "아동의 재능은 인류를 위해 쓰인다는 자각 속에서 양육되어야 한다." 등의 내용이 포함되었다.
> 그러나 여기에서도 아동은 보호의 객체로만 인식되었을 뿐 생존, 보호, 발달을 위한 적극적인 권리의 주체로 인식되지는 않았다. 최근에 와서야 국제사회의 노력에 힘입어 아동은 보호되어야 할 수동적인 존재에서 자신의 권리를 주장할 수 있는 능동적인 존재로 자리매김할 수 있게 되었다. 1989년 유엔총회에서 채택된 「아동권리협약」이 그것이다.
> 우리나라는 이를 토대로 2016년 「아동권리헌장」 9개 항을 만들었다. 이 헌장은 '생존과 발달의 권리', '아동이 최선의 이익을 보장받을 권리', '차별받지 않을 권리', '자신의 의견이 존중될 권리' 등 유엔의 「아동권리협약」의 네 가지 기본 원칙을 포함하고 있다. 또한 전문에는 아동의 권리와 더불어 "부모와 사회, 국가와 지방자치단체는 아동의 이익을 최우선으로 고려해야 하며, 다음과 같은 아동의 권리를 확인하고 실현할 책임이 있다."라고 명시하여 아동을 둘러싼 사회적 주체들의 책임을 명확히 하였다.

① 아동의 권리에 대한 인식은 근대 이후에 형성되었다.
② 「아동권리헌장」은 「아동권리협약」을 토대로 만들어졌다.
③ 「아동권리에 관한 제네바 선언」, 「아동권리협약」, 「아동권리헌장」에는 모두 아동의 발달에 대한 내용이 들어가 있다.
④ 「아동권리에 관한 제네바 선언」은 아동을 적극적인 권리의 주체로 인식함으로써 아동의 권리에 대한 진전된 성과를 이루었다.

문 14. 다음 시에 대한 이해로 적절하지 않은 것은?

> 봄은
> 남해에서도 북녘에서도
> 오지 않는다.
>
> 너그럽고
> 빛나는
> 봄의 그 눈짓은,
> 제주에서 두만까지
> 우리가 디딘
> 아름다운 논밭에서 움튼다.
>
> 겨울은,
> 바다와 대륙 밖에서
> 그 매운 눈보라 몰고 왔지만
> 이제 올
> 너그러운 봄은, 삼천리 마을마다
> 우리들 가슴속에서
> 움트리라.
>
> 움터서,
> 강산을 덮은 그 미움의 쇠붙이들
> 눈 녹이듯 흐물흐물
> 녹여버리겠지.
>
> – 신동엽, 「봄은」 –

① 현실을 초월한 순수 자연의 세계를 노래하고 있다.
② 희망과 신념을 드러내는 단정적 어조로 표현하고 있다.
③ 시어들의 상징적인 의미를 통해 주제를 형성하고 있다.
④ '봄'과 '겨울'의 이원적 대립으로 시상을 전개하고 있다.

문 15. 다음 글의 전개 순서로 가장 자연스러운 것은?

> (가) 이 기관을 잘 수리하여 정련하면 그 작동도 원활하게 될 것이요, 수리하지 아니하여 노둔해지면 그 작동도 막혀 버릴 것이니 이런 기관을 다스리지 아니하고야 어찌 그 사회를 고취하여 발달케 하리오.
> (나) 이러므로 말과 글은 한 사회가 조직되는 근본이요, 사회 경영의 목표와 지향을 발표하여 그 인민을 통합시키고 작동하게 하는 기관과 같다.
> (다) 말과 글이 없으면 어찌 그 뜻을 서로 통할 수 있으며, 그 뜻을 서로 통하지 못하면 어찌 그 인민들이 서로 이어져 번듯한 사회의 모습을 갖출 수 있으리오.
> (라) 그뿐 아니라 그 기관은 점점 녹슬고 상하여 필경은 쓸 수 없는 지경에 이를 것이니 그 사회가 어찌 유지될 수 있으리오. 반드시 패망을 면하지 못할지라.
> (마) 사회는 여러 사람이 그 뜻을 서로 통하고 그 힘을 서로 이어서 개인의 생활을 경영하고 보존하는 데에 서로 의지하는 인연의 한 단체라.
>
> – 주시경, 「대한국어문법 발문」에서 –

① (마)–(가)–(다)–(나)–(라)
② (마)–(가)–(라)–(다)–(나)
③ (마)–(다)–(가)–(라)–(나)
④ (마)–(다)–(나)–(가)–(라)

문 16. 한자 표기가 옳지 <u>않은</u> 것은?

① 오늘 협상에서 만족(滿足)할 만한 성과를 거두었다.
② 김 위원의 주장을 듣고 그 의견에 동의하여 재청(再請)했다.
③ 우리 지자체의 해묵은 문제를 해결(解結)할 방안이 생각났다.
④ 다수가 그 의견에 동의하지 않았기에 재론(再論)이 필요하다.

문 17. 다음 문장이 들어가기에 가장 적절한 곳을 ㉠~㉣에서 고르면?

> 신분에 따라 문체를 고착화하는 것을 인정하지 않았던 것이다.

> 유럽이 교회로부터 정신적으로 해방된 것은 그리스와 로마의 고대 작가들에 대한 재발견을 통해서였다. [㉠] 그 이후 고대 작가들의 문체는 귀족 중심의 유럽 문화에서 모범으로 여겨졌다. [㉡] 이러한 상황은 대략 1770년대에 시작되는 낭만주의에서부터 변화하기 시작했다. [㉢] 이 낭만주의 시기에 평등과 민주주의를 꿈꿨던 신흥 시민계급은 문학에서 운문과 영웅적 운명을 귀족에게만 전속시키고 하층민에게는 산문과 우스꽝스러운 상황을 배정하는 전통 시학을 거부했다. [㉣] 고전문학은 더 이상 문학의 규범이 아니었으며, 문학을 현실의 모방으로 인식하는 태도도 포기되었다.

① ㉠ ② ㉡
③ ㉢ ④ ㉣

문 18. 다음 글에 대한 이해로 적절하지 <u>않은</u> 것은?

> 정거장에 나온 박은 수염도 깎은 지 오래어 터부룩한 데다 버릇처럼 자주 찡그려지는 비웃는 웃음은 전에 못 보던 표정이었다. 그 다니는 학교에서만 지싯지싯* 붙어 있는 것이 아니라 이 시대 전체에서 긴치 않게 여기는, 지싯지싯 붙어 있는 존재 같았다. 현은 박의 그런 지싯지싯함에서 선뜻 자기를 느끼고 또 자기의 작품들을 느끼고 그만 더 울고 싶게 괴로워졌다.
> 한참이나 붙들고 섰던 손목을 놓고, 그들은 우선 대합실로 들어왔다. 할 말은 많은 듯하면서도 지껄여 보고 싶은 말은 골라낼 수가 없었다. 이내 다시 일어나 현은,
> "나 좀 혼자 걸어 보구 싶네."
> 하였다. 그래서 박은 저녁에 김을 만나 가지고 대동강가에 있는 동일관이란 요정으로 나오기로 하고 현만이 모란봉으로 온 것이다.

오면서 자동차에서 시가도 가끔 내다보았다. 전에 본 기억이 없는 새 빌딩들이 꽤 많이 늘어섰다. 그중에 한 가지 인상이 깊은 것은 어느 큰 거리 한 뿌다귀*에 벽돌 공장도 아닐 테요 감옥도 아닐 터인데 시뻘건 벽돌만으로, 무슨 큰 분묘와 같이 된 건축이 웅크리고 있는 것이다. 현은 운전사에게 물어보니, 경찰서라고 했다.

– 이태준, 「패강랭」에서 –

※ 지싯지싯: 남이 싫어하는지는 아랑곳하지 아니하고 제가 좋아하는 것만 짓궂게 자꾸 요구하는 모양.
※ 뿌다귀: '뿌다구니'의 준말로, 쑥 내밀어 구부러지거나 꺾어져 돌아간 자리.

① '현'은 예전과 달라진 '박'의 태도가 자신의 작품 때문이라고 생각하고 있다.
② '현'은 자신과 비슷한 처지에 있는 '박'을 통해 자신을 연민하고 있다.
③ '현'은 새 빌딩들을 보고 도시가 많이 변화하고 있음을 인지하고 있다.
④ '현'은 시뻘건 벽돌로 만든 경찰서를 보고 암울한 분위기를 느끼고 있다.

문 19. 다음 규정에 근거할 때 옳지 않은 것은?

한글 맞춤법 제30항
사이시옷은 다음과 같은 경우에 받치어 적는다.
(가) 순우리말로 된 합성어로서 앞말이 모음으로 끝나면서 뒷말의 첫소리가 된소리로 나는 것
(나) 순우리말과 한자어로 된 합성어로서 앞말이 모음으로 끝나면서 뒷말의 첫소리가 된소리로 나는 것

① (가)에 따라 '아래 + 집'은 '아랫집'으로 적는다.
② (가)에 따라 '쇠 + 조각'은 '쇳조각'으로 적는다.
③ (나)에 따라 '전세 + 방'은 '전셋방'으로 적는다.
④ (나)에 따라 '자리 + 세'는 '자릿세'로 적는다.

문 20. 글쓴이의 견해에 부합하는 것은?

문화란 공동체의 구성원들이 공유하는 생각과 행동 양식의 총체라고 할 수 있다. 문화를 연구하는 사람들의 주된 관심사는 특정 생각과 행동 양식이 하나의 공동체 안에서 전파되는 기제이다.

이에 대한 견해 중 하나는 문화를 생각의 전염이라는 각도에서 바라보는 것이다. 예컨대, 리처드 도킨스는 '밈(meme)'이라는 개념을 통해 생각의 전염 과정을 설명하고자 했다. 그에 따르면 문화는 복수의 밈으로 이루어져 있는데, 유전자에 저장된 생명체의 주요 정보가 번식을 통해 복제되어 개체군 내에서 확산되듯이, 밈 역시 유전자와 마찬가지로 공동체 내에서 복제를 통해 확산된다.

그러나 문화 전파의 기제를 설명하는 이론으로는 밈 이론보다 의사소통 이론이 더 적절해 보인다. 일례로, 요크셔 지역에 내려오는 독특한 푸딩 요리법은 누군가가 푸딩 만드는 것을 지켜본 후 그것을 그대로 따라 하는 방식으로 전파되었다기보다는 요크셔 푸딩 요리법에 대한 부모와 친척, 친구들의 설명을 통해 입에서 입으로 전파되고 공유되었을 가능성이 크다.

생명체의 경우와 달리 문화는 완벽하게 동일한 형태로 전파되지 않는다. 전파된 문화와 그것을 수용한 결과는 큰 틀에서는 비슷하더라도 세부적으로는 다를 수밖에 없다. 다시 말해 요크셔 지방의 푸딩 요리법은 다른 지방의 푸딩 요리법과 변별되는 특색을 지니는 동시에 요크셔 지방 내부에서도 가정이나 개인에 따라 약간씩의 차이를 보인다. 이는 푸딩 요리법의 수신자가 발신자가 전해 준 정보에다 자신의 생각을 덧붙였기 때문인데, 복제의 관점에서 문화의 전파를 설명하는 이론으로는 이와 같은 현상을 설명하기 어렵다. 반면, 의사소통 이론으로는 설명 가능하다. 이에 따르면 사람들은 자신이 들은 이야기를 남에게 전달할 때 들은 이야기에다 자신의 생각을 더해서 그 이야기를 전달하기 때문이다.

① 문화의 전파 기제는 밈 이론보다는 의사소통 이론으로 설명하는 것이 적절하다.
② 의사소통 이론에 따르면 문화의 수용 과정에는 수용 주체의 주관이 개입하지 않는다.
③ 의사소통 이론에 따르면 특정 공동체의 문화는 다른 공동체로 복제를 통해 전파될 수 있다.
④ 요크셔 푸딩 요리법이 요크셔 지방의 가정이나 개인에 따라 세부적인 차이를 보이는 현상은 밈 이론에 의해 설명할 수 있다.

해설편 ▶ P.15

| 풀이 시간: ____:____ ~ ____:____ / 점수: ____점

문 1. 맞춤법에 맞는 것만으로 묶은 것은?

① 돌나물, 꼭지점, 페트병, 낚시꾼
② 흡입량, 구름양, 정답란, 칼럼난
③ 오뚝이, 싸라기, 법석, 딱다구리
④ 찻간(車間), 홧병(火病), 셋방(貰房), 곳간(庫間)

문 2. ㉠의 단어와 의미가 같은 것은?

> 친구에게 줄 선물을 예쁜 포장지에 ㉠싼다.

① 사람들이 안채를 겹겹이 싸고 있다.
② 사람들은 봇짐을 싸고 산길로 향한다.
③ 아이는 몇 권의 책을 싼 보퉁이를 들고 있다.
④ 내일 학교에 가려면 책가방을 미리 싸 두어라.

문 3. 가장 자연스러운 문장은?

① 날씨가 선선해지니 역시 책이 잘 읽힌다.
② 이렇게 어려운 책을 속독으로 읽는 것은 하늘의 별 따기이다.
③ 내가 이 일의 책임자가 되기보다는 직접 찾기로 의견을 모았다.
④ 그는 시화전을 홍보하는 일과 시화전의 진행에 아주 열성적이다.

문 4. 다음 글의 설명 방식으로 적절하지 않은 것은?

> 빛 공해란 인공조명의 과도한 빛이나 조명 영역 밖으로 누출되는 빛이 인간의 건강하고 쾌적한 생활을 방해하거나 환경에 피해를 주는 상태를 말한다. 국제 과학 저널인 『사이언스 어드밴스』의 '전 세계 빛 공해 지도'에 따르면, 우리나라는 빛 공해가 심각한 국가이다. 빛 공해는 멜라토닌 부족을 초래해 인간에게 수면 부족과 면역력 저하 등의 문제를 유발하고, 농작물의 생산량 저하, 생태계 교란 등의 문제를 일으킨다.

① 빛 공해의 정의를 제시하고 있다.
② 빛 공해의 주요 요인인 인공조명의 누출 원인을 제시하고 있다.
③ 자료를 인용하여 빛 공해가 심각한 국가로 우리나라를 제시하고 있다.
④ 사례를 들어 빛 공해의 악영향을 제시하고 있다.

문 5. ㉠, ㉡의 사례로 옳은 것만을 짝 지은 것은?

> 용언의 불규칙 활용은 크게 ㉠어간만 불규칙하게 바뀌는 부류, ㉡어미만 불규칙하게 바뀌는 부류, 어간과 어미 둘 다 불규칙하게 바뀌는 부류로 나눌 수 있다.

	㉠	㉡
①	걸음이 빠름	꽃이 노람
②	잔치를 치름	공부를 함
③	라면이 불음	합격을 바람
④	우물물을 품	목적지에 이름

문 6. ㉠~㉣의 의미로 적절하지 않은 것은?

> 二月ㅅ 보로매 아으 노피 ㉠현 燈ㅅ블 다호라
> 萬人 비취실 즈ᅀᅵ샷다 아으 動動다리
> 三月 나며 開ᄒᆞᆫ 아으 滿春 ᄃᆞᆯ욋고지여
> ᄂᆞᄆᆡ 브롤 ㉡즈슬 디녀 나샷다 아으 動動다리
> 四月 아니 ㉢니저 아으 오실셔 곳고리새여
> ㉣므슴다 錄事니ᄆᆞᆫ 녯 나ᄅᆞᆯ 닛고신뎌 아으 動動다리
>
> – 작자 미상, 「動動」에서 –

① ㉠은 '켠'을 의미한다.
② ㉡은 '모습을'을 의미한다.
③ ㉢은 '잊어'를 의미한다.
④ ㉣은 '무심하구나'를 의미한다.

문 7. **한자 표기가 옳은 것은?**

① 그분은 냉혹한 현실(現室)을 잘 견뎌 냈다.
② 첫 손님을 야박(野薄)하게 대해서는 안 된다.
③ 그에게서 타고난 승부 근성(謹性)이 느껴진다.
④ 그는 평소 희망했던 기관에 채용(債用)되었다.

문 8. **다음 토의에 대한 설명으로 적절하지 않은 것은?**

> **사회자**: 오늘의 토의 주제는 '통일 시대의 남북한 언어가 나아갈 길'입니다. 먼저 최○○ 교수님께서 '남북한 언어 차이와 의사소통'이라는 제목으로 발표해 주시겠습니다.
> **최 교수**: 남한과 북한의 말은 비슷하지만 다른 점이 있습니다. 남한과 북한의 어휘 차이가 대표적입니다. 남한과 북한의 어휘 차이를 분석한 결과, …(중략)… 앞으로도 남북한 언어 차이에 대한 연구가 지속되어야 합니다.
> **사회자**: 이로써 최 교수님의 발표를 마치겠습니다. 다음은 정○○ 박사님의 '남북한 언어의 동질성 회복 방안'에 대한 발표가 있겠습니다.
> **정 박사**: 앞으로 통일을 대비해 남북한 언어의 다른 점을 줄여 나가는 노력이 필요합니다. 실제로도 남한과 북한의 학자들로 구성된 '겨레말큰사전 편찬위원회'에서는 남북한 공통의 사전인 『겨레말큰사전』을 만들며 서로의 차이를 이해하고 받아들이기 위한 노력을 하고 있습니다.
> …(중략)…
> **사회자**: 그러면 질의응답이 있겠습니다. 시간상 간략하게 질문해 주시기 바랍니다.
> **청중 A**: 두 분의 말씀 잘 들었습니다. 남북한 언어의 차이와 이를 극복하는 방안을 말씀하셨는데요. 그렇다면 통일 시대에 대비한 언어 정책에는 무엇이 있을까요?

① 학술적인 주제에 대해 발표 형식으로 진행되고 있다.
② 사회자는 발표자 간의 이견을 조정하여 의사결정을 유도하고 있다.
③ 발표자는 주제에 대한 자신의 견해를 밝혀 청중에게 정보를 제공하고 있다.
④ 청중 A는 발표자의 발표 내용을 확인하고 주제와 관련된 질문을 하고 있다.

문 9. **㉠~㉣은 '공손하게 말하기'에 대한 설명이다. ㉠~㉣을 적용한 B의 대답으로 적절하지 않은 것은?**

> ㉠ 자신을 상대방에게 낮추어 겸손하게 말해야 한다.
> ㉡ 상대방의 처지를 고려하여 상대방이 부담을 갖지 않도록 말해야 한다.
> ㉢ 상대방이 관용을 베풀 수 있도록 문제를 자신의 탓으로 돌려 말해야 한다.
> ㉣ 상대방의 의견에서 동의하는 부분을 찾아 인정해 준 다음에 자신의 의견을 말해야 한다.

① ㉠ A: "이번에 제출한 디자인 시안 정말 멋있었어."
B: "아닙니다. 아직도 여러모로 부족한 부분이 많습니다."
② ㉡ A: "미안해요. 생각보다 길이 많이 막혀서 늦었어요."
B: "괜찮아요. 쇼핑하면서 기다리니 시간 가는 줄 몰랐어요."
③ ㉢ A: "혹시 내가 설명한 내용이 이해 가니?"
B: "네 목소리가 작아서 내용이 잘 안 들렸는데 다시 한 번 크게 말해 줄래?"
④ ㉣ A: "가원아, 경희 생일 선물로 귀걸이를 사주는 것은 어때?"
B: "그거 좋은 생각이네. 하지만 경희의 취향을 우리가 잘 모르니까 귀걸이 대신 책을 선물하는 게 어떨까?"

문 10. 하버마스의 주장에 부합하는 사례로 가장 적절한 것은?

> 하버마스는 18세기부터 현대까지 미디어의 등장 배경과 발전 과정을 분석하면서, 공공 영역의 부상과 쇠퇴를 추적했다. 하버마스에게 공공 영역은 일반적 쟁점에 대한 토론과 의견을 형성하는 공공 토론의 민주적 장으로서 역할을 한다.
>
> 하버마스는 17세기와 18세기 유럽 도시의 살롱에서 당시의 공공 영역을 찾았다. 비록 소수의 사람들만이 살롱 토론 문화에 참여했으나, 공공 토론을 통해 정치적 문제를 해결하는 논리를 도입할 수 있었기 때문에 살롱이 초기 민주주의 발전에 중요한 역할을 했다고 그는 주장한다. 적어도 살롱 문화의 원칙에서 공개적 토론을 위한 공공 영역은 각각의 참석자들에게 동등한 자격을 부여했다.
>
> 그러나 하버마스에 따르면, 현대 사회에서 민주적 토론은 문화 산업의 발달과 함께 퇴보했다. 대중매체와 대중오락의 보급은 공공 영역이 공허해지는 원인으로 작용했다. 상업적 이해관계는 공공의 이해관계에 우선하게 되었다. 공공 여론은 개방적이고 합리적 토론을 통해서가 아니라 광고에서처럼 조작과 통제를 통해 형성되고 있다.
>
> 미디어가 점차 상업화되면서 하버마스가 주장한 대로 공공 영역이 침식당하고 있다. 상업화된 미디어는 광고 수입에 기대어 높은 시청률과 수익을 보장하는 콘텐츠 제작만을 선호하게 되었다. 그 결과 공적 주제에 대한 시민들의 논의와 소통의 장이 줄어들어 결과적으로 공공 영역이 축소되었다. 많은 것을 약속한 미디어는 이제 민주주의 문제의 일부로 변해 버린 것이다.

① 살롱 문화에서 특정 사회 계층에 대한 비판적인 토론은 허용되지 않았다.
② 인터넷의 발달과 보급은 상업적 광고뿐만 아니라 공익 광고도 증가시켰다.
③ 글로벌 미디어가 발달하더라도 국제 사회의 공공 영역은 공허해지지 않는다.
④ 수익성 위주의 미디어 플랫폼과 콘텐츠가 더 많아지면서 민주적 토론이 감소되었다.

문 11. ㉠~㉤의 전개 순서로 가장 자연스러운 것은?

> 폭설, 즉 대설이란 많은 눈이 시간적, 공간적으로 집중되어 내리는 현상을 말한다.
>
> ㉠ 그런데 눈은 한 시간 안에 5cm 이상 쌓일 수 있어 순식간에 도심 교통을 마비시키는 위력을 가지고 있다.
>
> ㉡ 또한, 경보는 24시간 신적설이 20cm 이상 예상될 때이다.
>
> ㉢ 다만, 산지는 24시간 신적설이 30cm 이상 예상될 때 발령된다.
>
> ㉣ 이때 대설의 기준으로 주의보는 24시간 새로 쌓인 눈이 5cm 이상이 예상될 때이다.
>
> ㉤ 이뿐만 아니라 운송, 유통, 관광, 보험을 비롯한 서비스 업종과 사회 전반에 영향을 미친다.

① ㉠ − ㉤ − ㉡ − ㉢ − ㉣
② ㉠ − ㉣ − ㉤ − ㉢ − ㉡
③ ㉣ − ㉡ − ㉢ − ㉠ − ㉤
④ ㉣ − ㉠ − ㉤ − ㉢ − ㉡

문 12. 다음 글의 사례로 적절하지 <u>않은</u> 것은?

> 인간은 언어를 사용하며 언어는 인간의 사고, 사회, 문화를 반영한다. 인간의 지적 능력이 발달하게 된 것은 바로 언어를 사용하기 때문이다.
>
> 언어와 사고는 기본적으로 상호작용을 한다. 둘 중 어느 것이 먼저 발달하고 어떻게 영향을 주는지는 알 수 없다. 그러나 언어와 사고가 서로 깊은 관계를 맺고 있다는 사실은 여러 가지 근거를 통해서 뒷받침된다.

① 영어의 ‘쌀(rice)’에 해당하는 우리말에는 ‘모’, ‘벼’, ‘쌀’, ‘밥’ 등이 있다.
② 어떤 사람은 산도 파랗다고 하고, 물도 파랗다고 하고, 보행 신호의 녹색등도 파랗다고 한다.
③ 일상생활에서 어떠한 사물의 개념은 머릿속에서 맴도는데도 그 명칭을 떠올리지 못할 때가 있다.
④ 우리나라는 수박(watermelon)은 ‘박’의 일종으로 보지만 어떤 나라는 ‘멜론(melon)’에 가까운 것으로 파악한다.

문 13. 다음 글의 주된 서술 방식은?

> 변지의가 천 리 길을 마다하지 않고 나를 찾아왔다. 내가 그 뜻을 물었더니, 문장 공부를 하기 위해 나를 찾아왔다고 했다. 때마침 이날 우리 아이들이 나무를 심었기에 그 나무를 가리켜 이렇게 말해 주었다.
>
> "사람이 글을 쓰는 것은 나무에 꽃이 피는 것과 같다. 나무를 심는 사람은 가장 먼저 뿌리를 북돋우고 줄기를 바로잡는 일에 힘써야 한다. …(중략)… 나무의 뿌리를 북돋아 주듯 진실한 마음으로 온갖 정성을 쏟고, 줄기를 바로잡듯 부지런히 실천하며 수양하고, 진액이 오르듯 독서에 힘쓰고, 가지와 잎이 돋아나듯 널리 보고 들으며 두루 돌아다녀야 한다. 그렇게 해서 깨달은 것을 헤아려 표현한다면 그것이 바로 좋은 글이요, 사람들이 칭찬을 아끼지 않는 훌륭한 문장이 된다. 이것이야말로 참다운 문장이라고 할 수 있다."

① 서사 ② 분류
③ 비유 ④ 대조

문 14. 다음 글에 대한 이해로 적절하지 <u>않은</u> 것은?

> 언어마다 고유의 표기 체계가 있는데, 이는 읽기 과정에 영향을 미친다. 알파벳 언어는 표기 체계에 따라 철자 읽기의 명료성 수준이 달라진다. 철자 읽기가 명료하다는 것은 한 글자에 대응되는 소리가 규칙적이어서 글자와 소리의 대응이 거의 일대일이라는 것을 의미한다. 그 예로 이탈리아어와 스페인어가 있다. 이 두 언어의 사용자는 의미를 전혀 모르는 새로운 단어를 발견하더라도 보자마자 정확한 발음을 할 수 있다. 이에 비해 영어는 철자 읽기의 명료성이 낮은 언어이다. 영어는 발음이 아예 나지 않는 묵음과 같은 예외도 많은 편이고 글자에 대응하는 소리도 매우 다양하다.
>
> 한편 알파벳 언어를 읽을 때 사용하는 뇌의 부위는 유사하지만 뇌의 부위에 의존하는 방식에는 차이가 있다. 영어와 이탈리아어를 읽는 사람은 동일하게 좌반구의 읽기 네트워크를 사용한다. 하지만 무의미한 단어를 읽을 때 영어를 읽는 사람은 암기된 단어의 인출과 연관된 뇌 부위에 더 의존하는 반면 이탈리아어를 읽는 사람은 음운 처리에 연관된 뇌 부위에 더 의존한다. 왜냐하면 무의미한 단어를 읽을 때 이탈리아어를 읽는 사람은 규칙적인 음운 처리 규칙을 적용하는 반면에, 영어를 읽는 사람은 암기해 둔 수많은 예외들을 떠올리기 때문이다.

① 알파벳 언어의 철자 읽기는 소리와 표기의 대응과 관련되는데, 각 소리가 지닌 특성은 철자 읽기의 명료성을 판단하는 기준이 된다.
② 영어 사용자는 무의미한 단어를 읽을 때 좌반구의 읽기 네트워크를 활용하면서 암기된 단어의 인출과 연관된 뇌 부위에 더욱 의존한다.
③ 이탈리아어는 소리와 글자의 대응이 규칙적이어서 낯선 단어를 발음할 때 영어에 비해 철자 읽기의 명료성이 높다.
④ 영어는 음운 처리 규칙에 적용되지 않는 예외들이 많아서 스페인어에 비해 소리와 글자의 대응이 덜 규칙적이다.

문 15. (가) ~ (라)에 대한 이해로 적절하지 <u>않은</u> 것은?

> (가) 반중(盤中) 조홍(早紅)감이 고아도 보이ᄂᆞ다
> 유자 안이라도 품엄즉도 ᄒᆞ다마ᄂᆞᆫ
> 품어 가 반기리 업슬새 글노 설워ᄒᆞᄂᆞ이다
>
> (나) 동짓ᄃᆞᆯ 기나긴 밤을 한 허리를 버혀 내여
> 춘풍 니불 아래 서리서리 너헛다가
> 어론 님 오신 날 밤이여든 구뷔구뷔 펴리라
>
> (다) 말 업슨 청산(靑山)이오 태(態) 업슨 유수(流水)로다
> 갑 업슨 청풍(淸風)이오 님ᄌᆞ 업슨 명월(明月)이로다
> 이 중에 병 업슨 이 몸이 분별 업시 늘그리라
>
> (라) 농암(籠巖)에 올라보니 노안(老眼)이 유명(猶明)이로다
> 인사(人事)이 변ᄒᆞᆫ들 산천이ᄯᆞᆫ 가샐가
> 암전(巖前)에 모수 모구(某水 某丘)이 어제 본 ᄃᆞᆺᄒᆞ예라

① (가)는 고사의 인용을 통해 돌아가신 부모님에 대한 그리움을 표현하고 있다.
② (나)는 의태적 심상을 통해 임에 대한 기다림을 표현하고 있다.
③ (다)는 대구와 반복을 통해 자연에 귀의하려는 의지를 표현하고 있다.
④ (라)는 자연과의 대조를 통해 허약해진 노년의 무력함을 표현하고 있다.

문 16. 다음 글에 대한 이해로 가장 적절한 것은?

> 암소의 뿔은 수소의 그것보다도 한층 더 겸허하다. 이 애상적인 뿔이 나를 받을 리 없으니 나는 마음 놓고 그 곁 풀밭에 가 누워도 좋다. 나는 누워서 우선 소를 본다.
>
> 소는 잠시 반추를 그치고 나를 응시한다.
>
> '이 사람의 얼굴이 왜 이리 창백하냐. 아마 병인인가 보다. 내 생명에 위해를 가하려는 거나 아닌지 나는 조심해야 되지.'
>
> 이렇게 소는 속으로 나를 심리하였으리라. 그러나 오 분 후에는 소는 다시 반추를 계속하였다. 소보다도 내가 마음을 놓는다.
>
> 소는 식욕의 즐거움조차를 냉대할 수 있는 지상 최대의 권태자다. 얼마나 권태에 지질렸길래 이미 위에 들어간 식물을 다시 게워 그 시큼털털한 반소화물의 미각을 역설적으로 향락하는 체해 보임이리오?
>
> 소의 체구가 크면 클수록 그의 권태도 크고 슬프다. 나는 소 앞에 누워 내 세균 같이 사소한 고독을 겸손하면서 나도 사색의 반추는 가능할는지 불가능할는지 몰래 좀 생각해 본다.
>
> – 이상, 「권태」에서 –

① 대상의 행위를 통해 글쓴이의 심리가 투사되고 있다.
② 과거의 삶을 회상하며 글쓴이의 처지를 후회하고 있다.
③ 공간의 이동을 통해 글쓴이의 무료함을 표현하고 있다.
④ 현실에 대한 글쓴이의 불만이 반성적 어조로 표출되고 있다.

문 17. 다음 글에서 '황거칠'이 처한 상황에 어울리는 한자 성어로 가장 적절한 것은?

> 황거칠 씨는 더 참을 수가 없었다. 그는 거의 발작적으로 일어섰다.
>
> "이 개 같은 놈들아, 어쩌면 남이 먹는 식수까지 끊으려노?"
>
> 그는 미친 듯이 우르르 달려가서 한 인부의 괭이를 억지로 잡아서 저만큼 내동댕이쳤다. …(중략)…
>
> 경찰은 발포를 — 다행히 공포였지만 — 해서 겨우 군중을 해산시키고, 황거칠 씨와 청년 다섯 명을 연행해 갔다. 물론 강제집행도 일시 중단되었었다.
>
> 경찰에 끌려간 사람들은 밤에도 풀려나오지 못했다. 공무집행 방해에다, 산주의 권리행사 방해, 그리고 폭행죄까지 뒤집어쓰게 되었던 것이다. 그래서 그 이튿날도 풀려나오질 못했다. 쌍말로 썩어 갔다.
>
> 황거칠 씨는 모든 죄를 자기가 안아맡아서 처리하려고 했다. 그러나 그것이 뜻대로 되지 않았다. 면회를 오는 가족들의 걱정스런 얼굴을 보자, 황거칠 씨는 가슴이 아팠다. 그는 만부득이 담당 경사의 타협안에 도장을 찍기로 했다. 석방의 조건으로서, 다시는 강제집행을 방해하지 않겠다는 각서였다.
>
> 이리하여 황거칠 씨는 애써 만든 산수도를 포기하게 되고 '마삿등'은 한때 도로 물 없는 지대가 되고 말았다.
>
> – 김정한, 「산거족」에서 –

① 同病相憐
② 束手無策
③ 自家撞着
④ 輾轉反側

문 18. 다음 글의 특징으로 가장 적절한 것은?

살아가노라면
가슴 아픈 일 한두 가지겠는가

깊은 곳에 뿌리를 감추고
흔들리지 않는 자기를 사는 나무처럼
그걸 사는 거다

봄, 여름, 가을, 긴 겨울을
높은 곳으로
보다 높은 곳으로, 쉬임 없이
한결같이

사노라면
가슴 상하는 일 한두 가지겠는가

– 조병화, 「나무의 철학」 –

① 문답법을 통해 과거의 삶을 반추하고 있다.
② 반어적 표현을 활용하여 슬픔의 정서를 나타내고 있다.
③ 사물을 의인화하여 현실을 목가적으로 보여 주고 있다.
④ 설의적 표현을 활용하여 삶의 깨달음을 강조하고 있다.

문 19. ㉠에 들어갈 말로 가장 적절한 것은?

한 민족이 지닌 문화재는 그 민족 역사의 누적일 뿐 아니라 그 누적된 민족사의 정수로서 이루어진 혼의 상징이니, 진실로 살아 있는 민족적 신상(神像)은 이를 두고 달리 없을 것이다. 더구나 국보로 선정된 문화재는 우리 민족의 성력(誠力)과 정혼(精魂)의 결정으로 그 우수한 질과 희귀한 양에서 무비(無比)의 보(寶)가 된 자이다. 그러므로 국보 문화재는 곧 민족 전체의 것이요, 민족을 결속하는 정신적 유대로서 민족의 힘의 원천이라 할 것이다.

로마는 하루아침에 만들어지지 않는다는 말도 그 과거 문화의 존귀함을 말하는 것이요, (㉠)는 말도 국보 문화재가 얼마나 힘 있는가를 밝힌 예증이 된다.

① 구르는 돌에는 이끼가 끼지 않는다
② 지식은 나눌 수 있지만 지혜는 나눌 수 없다
③ 사람은 겪어 보아야 알고 물은 건너 보아야 안다
④ 그 무엇을 내놓는다고 해도 셰익스피어와는 바꾸지 않는다

문 20. 다음 글에서 추론한 내용으로 적절하지 않은 것은?

과학의 개념은 분류 개념, 비교 개념, 정량 개념으로 구분할 수 있다. 식물학과 동물학의 종, 속, 목처럼 분명한 경계를 가지고 대상들을 분류하는 개념들이 분류 개념이다. 어린이들이 맨 처음에 배우는 단어인 '사과', '개', '나무' 같은 것 역시 분류 개념인데, 하위 개념으로 분류할수록 그 대상에 대한 정보가 더 많이 전달된다. 또한, 현실 세계에 적용 대상이 하나도 없는 분류 개념도 있을 수 있다. 예를 들어 '유니콘'이라는 개념은 '이마에 뿔이 달린 말의 일종임' 같은 분명한 정의가 있기에 '유니콘'은 분류 개념으로 인정되는 것이다.

'더 무거움', '더 짧음' 등과 같은 비교 개념은 분류 개념보다 설명에 있어서 정보 전달에 더 효과적이다. 이것은 분류 개념처럼 자연의 사실에 적용되어야 하지만, 분류 개념과 달리 논리적 관계도 반드시 성립해야 한다. 예를 들면, 대상 A의 무게가 대상 B의 무게보다 더 무겁다면, 대상 B의 무게가 대상 A의 무게보다 더 무겁다고 말할 수 없는 것처럼 '더 무거움' 같은 비교 개념은 논리적 관계를 반드시 따라야 한다.

마지막으로 정량 개념은 비교 개념으로부터 발전된 것인데, 이것은 자연의 사실로부터 파악할 수 있는 물리량을 측정함으로써 만들어진다. 물리량을 측정하기 위해서는 몇 가지 규칙이 필요한데, 그 규칙에는 두 물리량의 크기를 비교하는 경험적 규칙과 물리량의 측정 단위를 정하는 규칙 등이 포함된다. 이러한 정량 개념은 자연에 의해서 주어지는 것이 아니라 우리가 자연현상에 수를 적용하는 과정에서 생겨나는 것이다. 정량 개념은 과학의 언어를 수많은 비교 개념 대신 수를 사용할 수 있게 하여 과학 발전의 기초가 되었다.

① '호랑나비'는 '나비'와 동일한 종에 속하지만, 나비에 비해 정보량이 적다.
② '용(龍)'은 현실 세계에 적용할 수 있는 지시물이 없더라도 분류 개념으로 인정된다.
③ '꽃'이나 '고양이'와 같은 개념은 논리적 관계를 따라야 하는 것은 아니기 때문에 비교 개념에 포함되지 않는다.
④ 물리량을 측정할 수 있는 'cm'나 'kg'과 같은 측정 단위는 자연현상에 수를 적용할 수 있게 해 주었다.

해설편 ▶ P.21

2020 7월 11일 시행 국가직 9급

| 풀이 시간: ____:____ ~ ____:____ / 점수: ____점

1초 합격예측! 모바일 성적분석표

문 1. 안긴문장이 없는 것은?

① 나는 동생이 시험에 합격하기를 고대한다.
② 착한 영호는 언제나 친구들을 잘 도와준다.
③ 해진이는 울산에 살고 초희는 광주에 산다.
④ 아버지께서는 나에게 내일 가족 여행을 가자고 말씀하셨다.

문 2. 밑줄 친 부분이 바르게 쓰이지 않은 것은?

① 지금쯤 골아떨어졌겠지?
② 그 친구, 생각이 깊던데 책깨나 읽었겠어.
③ 갖은 곤욕과 모멸과 박대는 각오한 바이다.
④ 김 과장은 그러고 나서 서류를 보완해 달라고 했다.

문 3. 문장 성분의 호응이 자연스러운 것은?

① 내가 강조하고 싶은 점은 우리가 고유 언어를 가졌다.
② 좋은 사람과 대화하며 함께한 일은 즐거운 시간이었다.
③ 내 생각은 집을 사서 이사하는 것이 좋겠다고 결정했다.
④ 그는 내 생각이 옳지 않다고 여러 사람 앞에서 말을 하였다.

문 4. ㉠~㉣의 고쳐 쓰기 방안으로 적절하지 않은 것은?

> ㉠ 공사하는 기간 동안 안전사고가 일어나지 않도록 유의해 주십시오.
> ㉡ 오늘 오후에 팀 전체가 모여 회의를 갖겠습니다.
> ㉢ 비상문이 열려져 있어 신속하게 대피할 수 있었다.
> ㉣ 지난밤 검찰은 그를 뇌물 수수 혐의로 구속했다.

① ㉠: '기간'과 '동안'은 의미가 중복되므로 '공사하는 기간 동안'은 '공사하는 동안'으로 고쳐 쓴다.
② ㉡: '회의를 갖겠습니다'는 번역 투이므로 '회의하겠습니다'로 고쳐 쓴다.
③ ㉢: '열려져'는 '－리－'와 '－어지다'가 결합한 이중 피동 표현이므로 '열려'로 고쳐 쓴다.
④ ㉣: 동작의 대상에게 행위의 효력이 미친다는 의미를 제시해야 하므로 '구속했다'는 '구속시켰다'로 고쳐 쓴다.

문 5. ㉠~㉣을 사전에 올릴 때 '한글 맞춤법 규정'에 따른 순서로 적절한 것은?

> ㉠ 곬　　　㉡ 규탄
> ㉢ 곳간　　㉣ 광명

① ㉠ → ㉢ → ㉡ → ㉣
② ㉠ → ㉢ → ㉣ → ㉡
③ ㉢ → ㉠ → ㉡ → ㉣
④ ㉢ → ㉠ → ㉣ → ㉡

문 6. 밑줄 친 말의 의미와 거리가 먼 것은?

> • 넌 얼마나 오지랖이 넓기에 남의 일에 그렇게 미주알고주알 캐는 거냐?
> • 강쇠네는 입이 재고 무슨 일에나 오지랖이 넓었지만, 무작정 덤벙거리고만 다니는 새줄랑이는 아니었다.

① 謁見　　② 干涉
③ 參見　　④ 干與

문 7. 다음 글에 대한 이해로 적절하지 않은 것은?

> 천국에 사는 사람들은 지옥을 생각할 필요가 없다. 그러나 우리 다섯 식구는 지옥에 살면서 천국을 생각했다. 단 하루라도 천국을 생각해 보지 않은 날이 없다. 하루하루의 생활이 지겨웠기 때문이다. 우리의 생활은 전쟁과 같았다. 우리는 그 전쟁에서 날마다 지기만 했다.
> 아버지가 평생을 통해 해 온 일은 다섯 가지이다. 채권 매매, 칼 갈기, 고층 건물 유리 닦기, 펌프 설치하기, 수도 고치기이다. 이 일들만 해 온 아버지가 갑자기 다른 일을 하겠다고 했다. 서커스단의 일이었다. 아버지는 처음 보는 꼽추 한 사람을 데리고 와 여러 가지 이야기를 했다. 처음 얼마 동안은 그의 조수로 일하면 된다고 했다. 두 사람은 자기들이 무대 위에서 해야 할 연기에 대해 이야기했다. 그러자 어머니가 아버지에게 대들었다. 우리들도 아버지를 성토했다. 아버지는 힘없이 물러섰다. 꼽추는 멍하니 앉아 우리를 보았다. 꼽추는 눈물이 핑 돌아 돌아갔다. 그의 뒷모습은 아주 쓸쓸해 보였다. 아버지의 꿈은 깨어졌다. 아버지는 무거운 부대를 메고 다시 일을 찾아 나갔다.
> …(중략)…
> 어머니가 울었다. 어머니는 인쇄소 제본 공장에 나가 접지 일을 했다. 고무 골무를 끼고 인쇄물을 접었다. 나는 겁이 났다. 나는 인쇄소 공무부 조역으로 출발했다. 땀을 흘리지 않고는 아무것도 얻을 수 없다는 것을 뒤늦게 알았다. 영호와 영희도 몇 달 간격을 두고 학교를 그만두었다. 마음이 차라리 편해졌다. 우리를 해치는 사람은 없었다. 우리는 보이지 않는 보호를 받고 있었다. 남아프리카의 어느 원주민들이 일정한 구역 안에서 보호를 받듯이 우리도 이질 집단으로서 보호를 받았다.

나는 우리가 이 구역 안에서 한 걸음도 밖으로 나갈 수 없다는 것을 깨달았다. 나는 조역, 공목, 약물, 해판의 과정을 거쳐 정판에서 일했다. 영호는 인쇄에서 일했다. 나는 우리가 한 공장에서 일하는 것이 싫었다. 영호도 마찬가지였다. 그래서 영호는 먼저 철공소 조수로 들어가 잔심부름을 했다. 가구 공장에서도 일했다. 그 공장에 가 일하는 영호를 보았다. 뽀얀 톱밥 먼지와 소음 속에 서 있는 작은 영호를 보고 나는 그만두라고 했다. 인쇄 공장의 소음도 무서운 것이었으나 그곳에는 톱밥 먼지가 없었다. 우리는 죽어라 하고 일했다. 우리의 팔목은 공장 안에서 굵어 갔다. 영희는 그때 큰길가 슈퍼마켓 한쪽에 자리 잡은 빵집에서 일했다. 우리가 고맙게 생각한 것은 환경이 깨끗하다는 것 하나뿐이었다.

우리는 무슨 일이 있든 공부는 해야 한다고 생각했다. 공부를 하지 않고는 우리 구역에서 벗어날 수가 없다고 생각했다. 세상은 공부를 한 자와 못 한 자로 너무나 엄격하게 나누어져 있었다. 끔찍할 정도로 미개한 사회였다. 우리가 학교 안에서 배운 것과는 정반대로 움직였다. 나는 무슨 책이든 손에 잡히는 대로 읽었다. 정판에서 식자로 올라간 다음에는 일을 하다 말고 원고를 읽는 버릇까지 생겼다. 동생들에게 필요하다고 느껴지는 것은 판을 들고 가 몇 벌씩 교정쇄를 내기도 했다. 영호와 영희는 나의 말을 잘 들었다. 내가 가져다준 교정쇄를 동생들은 열심히 읽었다. 실제로 우리가 이 노력으로 잃은 것은 하나도 없었다. 나는 고입 검정고시를 거쳐 방송 통신 고교에 입학했다.

– 조세희, 「난장이가 쏘아 올린 작은 공」 –

① '우리 다섯 식구'는 생존을 위해 애쓰지만 윤택한 삶을 누리기 어려운 처지에 있다.

② '아버지'는 가족들의 바람을 수용하여, 평생 해 온 일을 그만두고 새로운 일을 시작하기로 결심한다.

③ '보이지 않는 보호'는 말 그대로의 보호라기보다는 벗어날 수 없는 계층적 한계를 의미한다고 할 수 있다.

④ '우리'는 자신들의 '구역'에서 벗어날 길을 '공부를 한 자'가 됨으로써 찾을 수 있다고 여긴다.

문 8. 글쓴이의 견해에 부합하지 않는 것은?

사물 인터넷(IoT, Internet of Things)의 정의로 '수십 억 개의 사물이 서로 연결되는 것'이라고 설명하는 것은 그리 유용하지 않다. 사물 인터넷이 무엇인지 이해하기 위해서는 '사물'에서 출발하기보다는 '인터넷'에서 출발하는 것이 좋다. 인터넷이 전 세계의 컴퓨터를 서로 소통하도록 만든다는 생각이 실현된 것이라면, 사물 인터넷은 이제 전 세계의 사물들을 '컴퓨터로 만들어' 서로 소통하도록 만든다는 생각을 실현하는 것이다. 컴퓨터는 본래 전원이 있고 칩이 있고, 이것이 통신 장치와 프로토콜을 갖게 되어 연결된 것이다. 그렇다면 이제는 전원이 있었던 전자 기기나 기계 등은 그 자체로, 전원이 없었던 일반 사물들은 새롭게 센서와 배터리, 통신 모듈이 부착되면서 컴퓨터가 되고 이렇게 컴퓨터가 된 사물들이 그들 간에 또는 인간의 스마트 기기와 네트워크로 연결되는 것이다.

현재의 인터넷과 사물 인터넷의 차이를, 혹자는 사람이 개입되는 것은 사물 인터넷이 아니라고 이야기하면서 엄격한 M2M(Machine to Machine)이라는 개념에 근거해 설명한다. 또 혹자는 사물 인터넷이 실현되려면 사람만큼 사물이 판단할 수 있어야 한다고 주장하면서 사물의 지능성을 중요시하는 경우도 있는데, 두 가지 모두 그릇된 것이다. 사물 인터넷을 제대로 이해하려면 기존 인터넷과의 차이점에 주목하기보다는 오히려 공통점을 인식하는 것이 더 중요하다. 컴퓨터를 서로 연결하는 수준에서 출발한 것이 기존의 인터넷이라면, 이제는 사물 각각이 컴퓨터가 되고, 그 사물들이 사람과 손쉽게 닿는 스마트폰, 스마트 워치 등과 서로 소통하는 것이다.

① 사물 인터넷의 개념을 파악하기 위해서는 기존 인터넷과의 공통점을 이해하는 것이 필요하다.

② 센서와 배터리, 통신 모듈 등을 갖춘 사물들이 네트워크로 연결되어 사물 인터넷으로 기능한다.

③ 사물 인터넷은 사람 수준의 지능을 가진 사물들이 네트워크상에서 인간의 개입 없이 서로 소통하는 것으로 정의된다.

④ 사물 인터넷은 컴퓨터가 아니었던 사물도 네트워크로 연결될 수 있다는 점에서 기존의 인터넷과 다르다.

문 9. 〈보기〉는 다음 한시에 대한 감상이다. ㉠~㉣ 중 적절하지 않은 것은?

白犬前行黃犬隨 흰둥이가 앞서고 누렁이는 따라가는데
野田草際塚纍纍 들밭머리 풀섶에는 무덤이 늘어서 있네
老翁祭罷田間道 늙은이가 제사를 끝내고 밭 사이 길로 들어서자
日暮醉歸扶小兒 해 저물어 취해 돌아오는 길을 아이가 부축하네

– 이달, 「제총요(祭塚謠)」 –

〈보기〉

이달(李達, 1561~1618)이 살았던 시기를 고려할 때, 시인은 임진왜란을 겪었을 것이라 추정된다. ㉠이 시는 해질 무렵 두 사람이 제사를 지낸 뒤 집으로 돌아오는 상황을 노래하고 있다. ㉡이 시에서 무덤이 들밭머리에 늘어서 있다는 것은 전란을 겪은 마을에서 많은 이들이 갑작스러운 죽음을 맞이했음을 의미한다고 할 것이다. 여기 등장하는 늙은이와 아이는 할아버지와 손자의 관계로 파악할 수 있다. 아마도 이들은 아이의 부모이자 할아버지의 자식에 해당하는 이의 무덤에 다녀오는 길일 것이다. ㉢할아버지가 취한 까닭도 죽은 이에 대한 안타까움과 속상함 때문일 것이다. ㉣이 시는 전반부에서는 그림을 그리듯이 장면을 묘사하고 후반부에서는 정서를 표출하는 선경후정의 형식을 취하고 있다.

① ㉠ ② ㉡
③ ㉢ ④ ㉣

문 10. ㉠~㉣의 한자 표기로 옳은 것은?

과학사를 들춰 보면 기존의 학문 체계에 ㉠도전했다가 낭패를 본 인물들의 이야기를 자주 만날 수 있다. 대표적인 인물이 천동설을 부정하고 지동설을 주장한 갈릴레이이다. 천동설을 ㉡지지하던 당시의 권력층은 그들의 막강한 힘을 이용하여 갈릴레이를 신의 권위에 도전하는 이단자로 욕하고 목숨까지 위협했다. 갈릴레이가 영원한 ㉢침묵을 ㉣맹세하지 않고 계속 지동설을 주장했더라면 그는 단두대의 이슬로 사라졌을지도 모른다.

① ㉠ 逃戰 ② ㉡ 持地
③ ㉢ 浸默 ④ ㉣ 盟誓

문 11. 다음 대화에서 '정민'의 의사소통 방식으로 가장 적절한 것은?

상수: 요즘 짝꿍이랑 사이가 별로야.
정민: 왜? 무슨 일이 있었어?
상수: 그 애가 내 일에 자꾸 끼어들어. 사물함 정리부터 내 걸음걸이까지 하나하나 지적하잖아.
정민: 그런 일이 있었구나. 짝꿍한테 그런 말을 해 보지 그랬어.
상수: 해 봤지. 하지만 그때뿐이야. 아마 나를 자기 동생처럼 여기나 봐.
정민: 나도 그런 적이 있어. 작년의 내 짝꿍도 나한테 무척이나 심했거든. 자꾸 끼어들어서 너무 힘들었어. 네 얘기를 들으니 그때가 다시 생각난다. 그런데 생각을 바꿔 보니 그게 관심이다 싶더라고. 그랬더니 마음이 좀 편해졌어. 그리고 짝꿍과 솔직하게 얘기를 해 봤더니, 그 애도 자신의 잘못된 점을 고치더라고.
상수: 너도 그랬구나. 나도 생각을 바꾸려고 노력해 보고, 짝꿍하고 진솔한 대화를 나눠 봐야겠어.

① 상대방의 입장을 고려해 용서함으로써 갈등을 해결하고 있다.
② 자신의 경험을 들어 상대방이 해결점을 찾을 수 있도록 돕고 있다.
③ 상대방의 약점을 비판하면서 자신의 장점을 최대한 부각하고 있다.
④ 상대방이 말하는 내용을 경청하면서 그 타당성을 평가하고 있다.

문 12. 다음에서 제시한 글의 전개 방식의 예로 가장 적절한 것은?

'인과'는 원인과 결과를 서술하는 전개 방식이다. 어떤 현상이나 결과가 나타나게 된 원인이나 힘을 제시하고 그로 말미암아 초래된 결과를 나타내는 서술 방식이다.

① 온실 효과로 지구의 기온이 상승할 때 가장 심각한 영향은 해수면의 상승이다. 이러한 현상은 바다와 육지의 비율을 변화시켜 엄청난 기후 변화를 유발하며, 게다가 섬나라나 저지대는 온통 물에 잠기게 된다.
② 이 사회의 경제는 모두가 제로섬 요소로 구성되어 있다. 제로섬(zero-sum)이란 어떤 수를 합해서 제로가 된다는 뜻이다. 어떤 운동 경기를 한다고 할 때 이기는 사람이 있으면 반드시 지는 사람이 있게 마련이다.
③ 다음날도 찬호는 학교 담을 따라 돌았다. 그리고 고무신을 벗어 한 손에 한 짝씩 쥐고는 고양이 걸음으로 보초의 뒤를 빠져 팽이처럼 교문 안으로 뛰어들었다.
④ 벼랑 아래는 빽빽한 소나무 숲에 가려 보이지 않았다. 새털구름이 흩어진 하늘 아래 저 멀리 논과 밭, 강을 선물 세트처럼 끼고 들어앉은 소읍의 전경은 적막해 보였다.

문 13. 다음 진행자 'A'의 대화 진행 전략으로 적절하지 않은 것은?

> A: 여러분, 안녕하세요? 한 지방 자치 단체가 의료 취약 계층을 위한 의약품 공급 정보망 구축 사업을 진행해 오고 있는데요. 오늘은 그 관계자 한 분을 모시고 말씀을 들어 보기로 하겠습니다. 과장님, 안녕하세요?
> B: 네, 안녕하세요.
> A: 의약품 공급 정보망이라는 말이 다소 생소한데 이게 무슨 말인가요?
> B: 네, 약국이나 제약 회사가 의약품을 저희에게 기탁하면, 이 약품을 필요한 사회 복지 시설이나 국내외 의료 봉사 단체에 무상으로 줄 수 있도록 연결하는 사이버상의 네트워크입니다.
> A: 그렇군요. 그동안 이 사업에 성과가 있었다면 그럴 만한 이유가 있을 텐데요, 이에 대해 말씀해 주세요.
> B: 그렇습니다. 약국이나 제약 회사에서는 판매되지 않은 의약품을 기탁하고 세금 혜택을 받습니다. 그리고 복지 시설이나 봉사 단체에서는 필요한 의약품을 무상으로 지원받을 수 있습니다.
> A: 그렇군요. 혹시 이 사업에 걸림돌은 없나요?
> B: 의약품을 의사의 처방에 따라서 주는 것이 아니라 수요자가 요구하면 주는 방식이어서 전문 의약품을 제공하는 과정에 어려움이 있습니다. 처방전 발급을 부탁할 수도 없고…….
> A: 그러니까 앞으로 이런 문제를 해결하기 위한 제도 정비나 의료 전문가의 지원이 좀 더 필요하다는 말씀인 것 같군요. 끝으로 이 사업에 참여하려면 어떻게 해야 하나요?
> B: 그건 생각보다 쉽습니다. 저희 홈페이지에 접속하셔서 회원으로 가입하시면 기부하실 때나 받으실 때나 모두 쉽게 참여하실 수 있습니다.
> A: 네, 간편해서 좋군요. 모쪼록 이 의약품 공급 정보망 사업이 확대되어 국내외 의료 취약 계층에 많은 도움이 되기를 바랍니다. 감사합니다.

① 상대방의 말을 들었다는 반응을 보인다.
② 상대방의 대답에서 모순점을 찾아 논리적으로 대응한다.
③ 대화의 화제가 된 일을 홍보할 수 있는 대답을 유도한다.
④ 상대방의 말을 대화의 흐름에 맞게 해석하여 상대방의 말을 보충한다.

문 14. 다음 글에 대한 이해로 가장 적절한 것은?

> 용왕의 아들 이목(璃目)은 항상 절 옆의 작은 연못에 있으면서 남몰래 보양(寶壤) 스님의 법화(法化)를 도왔다. 문득 어느 해에 가뭄이 들어 밭의 곡식이 타들어 가자 보양 스님이 이목을 시켜 비를 내리게 하니 고을 사람들이 모두 흡족히 여겼다. 하늘의 옥황상제가 장차 하늘의 뜻을 모르고 비를 내렸다 하여 이목을 죽이려 하였다. 이목이 보양 스님에게 위급함을 아뢰자 보양 스님이 이목을 침상 밑에 숨겨 주었다. 잠시 후에 옥황상제가 보낸 천사(天使)가 뜰에 이르러 이목을 내놓으라고 하였다. 보양 스님이 뜰 앞의 배나무[梨木]를 가리키자 천사가 배나무에 벼락을 내리고 하늘로 올라갔다. 그 바람에 배나무가 꺾어졌는데 용이 쓰다듬자 곧 소생하였다(일설에는 보양 스님이 주문을 외워 살아났다고 한다). 그 나무가 근래에 땅에 쓰러지자 어떤 이가 빗장 막대기로 만들어 선법당(善法堂)과 식당에 두었다. 그 막대기에는 글귀가 새겨져 있다.
>
> – 일연, 『삼국유사』 –

① 천사의 벼락을 맞은 배나무는 저절로 소생했다.
② 천사는 이목을 죽이려다 실수로 배나무에 벼락을 내렸다.
③ 벼락 맞은 배나무로 만든 막대기가 글쓴이의 당대까지 전해졌다.
④ 제멋대로 비를 내린 보양 스님을 벌하려고 옥황상제가 천사를 보냈다.

문 15. ㉠에 들어갈 주장으로 가장 적절한 것은?

> 경상 지역 방언을 쓰는 사람들은 대체로 'ㅓ'와 'ㅡ'를 구별하지 못한다. 이들은 '증표(證票)'나 '정표(情表)'를 구별하여 듣지 못할 뿐만 아니라 구별하여 발음하지 못하기 십상이다. 또 이들은 'ㅅ'과 'ㅆ'을 구별하지 못하는 경우가 많다. 따라서 이들은 '살밥을 많이 먹어서 쌀이 많이 쪘다'고 말하든 '쌀밥을 많이 먹어서 살이 많이 쪘다'고 말하든 쉽게 그 차이를 알지 못한다. 한편 평안도 및 전라도와 경상도의 일부에서는 'ㅗ'와 'ㅓ'를 제대로 분별해서 발음하지 않는 경우가 종종 있다. 평안도 사람들의 'ㅈ' 발음은 다른 지역의 'ㄷ' 발음과 매우 비슷하다. 이처럼 (㉠)

① 우리말에는 지역마다 다양한 소리가 있다.
② 우리말은 지역에 따라 다양한 표준 발음법이 있다.
③ 우리말에는 지역에 따라 구별되지 않는 소리가 있다.
④ 자음보다 모음을 변별하지 못하는 지역이 더 많이 있다.

문 16. 글의 통일성을 고려할 때 ㉠에 들어갈 문장으로 가장 적절한 것은?

> 기술 혁신의 상징으로 화려하게 등장한 이후 글로벌 아이콘이 됐던 소위 스마트폰이 그 진화의 한계에 봉착한 듯하다. 게다가 최근 들어 중국 업체들의 성장세가 만만치 않은 상황이 펼쳐지고 있다. 이런 가운데 오랜 기간 스마트폰 생산량의 수위를 지켜 왔던 기업들의 호시절도 끝난 분위기다. (㉠)
> 그렇다면 스마트폰 이후 글로벌 주도 산업은 무엇일까. 첫손가락에 꼽히는 것은 페이스북, 아마존, 넷플릭스, 구글을 뜻하는 '팡(FANG)'이다. 모바일 퍼스트 시대에서 소프트웨어, 플랫폼 사업에 눈뜬 기업들이다. 이들은 지난해 매출과 순이익이 크게 늘었으며 주가도 폭등했다. 하지만 이들이라고 영속 불멸하지는 않을 것이다.

① 온 국민이 절치부심(切齒腐心)하여 반성하지 않으면 안 된다.
② 정보 기술 업계의 권불십년(權不十年)이라 하지 않을 수 없다.
③ 다른 나라의 기업들을 보고 아전인수(我田引水)해야 할 때다.
④ 글로벌 위기의 내우외환(內憂外患)에 국가 간 협력이 절실하다.

문 17. 다음 글에 대한 이해로 적절하지 <u>않은</u> 것은?

> 희극의 발생 조건에 대하여 베르그송은 집단, 지성, 한 개인의 존재 등을 꼽았다. 즉 집단으로 모인 사람들이 자신들의 감성을 침묵하게 하고 지성만을 행사하는 가운데 그들 중 한 개인에게 그들의 모든 주의가 집중되도록 할 때 희극이 발생한다고 보았다. 그러나 그가 말하는 세 가지 사항은 웃음을 유발하는 것이 아니라 그러한 것을 가능케 하는 조건들이다. 웃음을 유발하는 단순한 형태의 직접적인 장치는 대상의 신체적인 결함이나 성격적인 결함을 들 수 있다. 관객은 이러한 결함을 지닌 인물을 통하여 스스로 자기 우월성을 인식하고 즐거워질 수 있게 된다. 이와 관련해 "한 인물이 우리에게 희극적으로 보이는 것은 우리 자신과 비교해서 그 인물이 육체의 활동에는 많은 힘을 소비하면서 정신의 활동에는 힘을 쓰지 않는 경우이다. 어느 경우에나 우리의 웃음이 그 인물에 대하여 우리가 지니는 기분 좋은 우월감을 나타내는 것임은 부정할 수 없다."라는 프로이트의 말은 시사적이다.

① 베르그송에 의하면 희극은 관객의 감성이 집단적으로 표출된 결과이다.
② 베르그송에 의하면 집단, 지성, 한 개인의 존재는 희극 발생의 조건이다.
③ 한 개인의 신체적·성격적 결함은 집단의 웃음을 유발하는 직접적인 장치이다.
④ 프로이트에 의하면 상대적으로 정신 활동보다 육체 활동에 힘을 쓰는 상대가 희극적인 존재이다.

문 18. ㉠과 가장 유사한 정서가 드러나는 것은?

> 다시 방수액을 부어 완벽을 기하고 이음새 부분은 손가락으로 몇 번씩 문대어 보고 나서야 임 씨는 허리를 일으켰다. 임 씨가 일에 몰두해 있는 동안 그는 숨소리조차 내지 않고 일하는 양을 지켜보았다. ㉠<u>저 열 손가락에 박힌 공이의 대가가 기껏 지하실 단칸방만큼의 생활뿐이라면 좀 너무하지 않나 하는 안타까움</u>이 솟아오르기도 했다. 목욕탕 일도 그러했지만 이 사람의 손은 특별한 데가 있다는 느낌이었다. 자신이 주무르고 있는 일감에 한 치의 틈도 없이 밀착되어 날렵하게 움직이고 있는 임 씨의 열 손가락은 손가락 이상의 그 무엇이었다.
>
> － 양귀자, 「비 오는 날이면 가리봉동에 가야 한다」 －

① 즐거운 지상의 잔치에 / 금으로 타는 태양의 즐거운 울림 / 아침이면, / 세상은 개벽을 한다.
② 산에 / 산에 / 피는 꽃은 / 저만치 혼자서 피어 있네. // 산에서 우는 작은 새여. / 꽃이 좋아 / 산에서 / 사노라네.
③ 남편은 어디에 나가 있는지 / 아침에 소 끌고 산에 올랐는데 / 산 밭을 일구느라 고생을 하며 / 저물도록 돌아오지 못한다네.
④ 눈을 가만 감으면 굽이 잦은 풀밭 길이, / 개울물 돌돌돌 길섶으로 흘러가고, / 백양 숲 사립을 가린 초집들도 보이구요.

문 19. 다음 글의 시사점으로 적절하지 않은 것은?

> 기존의 의학적 연구는 건장한 성인 남성의 몸을 표준으로 삼아 이루어지는 경우가 많았다. 예를 들어 농약과 같은 화학 물질이 몸에 들어와 어떠한 변화를 일으키는지 검토한 연구에서 생리 주기에 따라 변화하는 여성 호르몬이 그 물질과 어떤 상호 작용을 일으킬 수 있는지는 고려되지 않았다. 자동차 충돌 사고를 인체 공학적으로 시뮬레이션할 때도 특정 연령대 남성의 몸이 연구 대상으로 사용되었고, 여성의 신체 특성이나 다양한 연령대 남성의 신체적 특성은 고려되지 않았다.
>
> 특정 연령대 성인 남성의 몸을 표준화된 인체로 여겼던 사고방식은 여러 문제점을 낳고 있다. 예를 들어 대사율, 피부와 조직 두께 등을 감안한, 사람이 가장 효과적으로 일할 수 있는 사무실 온도는 21℃로 알려져 있다. 그런데 한 연구에서 남성과 여성 직장인에게 각각 선호하는 사무실 온도를 조사한 결과는 남성은 평균 22℃, 여성은 평균 25℃였다. 남성은 기존의 적정 실내 온도에 가까운 답을 했고, 여성은 더 따뜻한 사무실에서 일하기를 원했다.
>
> 이러한 차이의 이유는 무엇일까? 현재 적정 사무실 온도로 알려진 21℃는 1960년대 측정된 자료를 바탕으로 하는데, 당시 몸무게 70kg인 40세 성인 남성을 기준으로 측정된 것이다. 이러한 '표준화된 신체'를 가진 남성의 대사율은 여성이나 다른 연령대 남성들의 대사율과 다르고, 당연히 체내 열 생산의 양도 차이가 있다.

① 표준으로 삼은 대상이 나머지 대상의 특성까지 대표하지 못하므로 앞으로 의학적 연구를 하려면 하나의 표준을 정하기보다 가능한 한 다양한 대상을 선정해서 하는 것이 바람직하다.

② 현재 우리가 알고 있는 의학 지식 중에는 특정 표준 대상만을 연구한 결과인 것이 있으므로 앞으로 이런 의학 지식을 활용하려면 연구한 대상을 살펴봐서 그대로 활용할지를 결정하는 것이 바람직하다.

③ 성별이나 연령대 등에 따라 신체 조건이 같지 않으므로 근무 환경을 조성할 때 근무자들의 성별이나 연령대를 고려하는 것이 바람직하다.

④ 기존의 사무실 적정 실내 온도가 조사된 것보다 낮게 설정되어 있으므로 향후에 모든 공공 기관의 사무실 온도를 조정할 때 현재보다 설정 온도를 일률적으로 높이는 것이 바람직하다.

문 20. 다음 글을 바탕으로 ㉠을 이해할 때 가장 적절한 것은?

> 나는 ㉠'연극에서의 관객의 공감'에 대해 강연한 일이 있다. 나는 관객이 공감하는 것을 직접 보여 주려고 시도했다. 먼저 나는 자원자가 있으면 나와서 배우처럼 읽어 주기를 청했다. 그리고 청중에게는 연극의 관객이 되어 들어 달라고 했다. 한 사람이 앞으로 나왔다. 나는 그에게 아우슈비츠를 소재로 한 드라마의 한 장면이 적힌 종이를 건네주었다. 자원자가 종이를 받아들고 그것을 훑어볼 때 청중들은 어수선했다. 그런데 자원자의 입에서 떨어진 첫 대사는 끔찍한 내용이었다. 아우슈비츠에 관한 적나라한 증언은 너무나 충격적이어서 청중들은 완전히 압도되었다. 자원자는 청중들의 얼어붙은 듯한 침묵 속에서 낭독을 계속했다. 자원자의 낭독은 세련되지도 능숙하지도 않았다. 그러나 관객들의 열렬한 공감을 이끌어 냈다. 과거 역사가 현재의 관객들에게 생생하게 공감되었다.
>
> 이것이 끝나고 이번에는 강연장에 함께 갔던 전문 배우에게 셰익스피어의 희곡 「헨리 5세」에서 발췌한 대사를 낭독해 달라고 부탁했다. 그 대본은 400년 전 아젱쿠르 전투(백년 전쟁 당시 벌어졌던 영국과 프랑스의 치열한 전투)에서 처참하게 사망한 자들의 명단과 그 숫자를 나열한 것이었다. 그는 셰익스피어의 위대한 희곡임을 알아보자 품위 있고 고풍스럽게 큰 목소리로 낭독했다. 그는 유려한 어조로 전쟁에서 희생된 이들의 이름을 읽어 내려갔다. 그러나 청중들은 듣는 둥 마는 둥 했다. 갈수록 청중들은 낭독자 따위는 안중에도 없다는 듯이 행동했다. 그들에게 아젱쿠르 전투는 공감할 수 없는 것으로 분리된 것 같아 보였다. 앞서의 경우와는 전혀 다른 반응이었다.

① 배우의 연기력이 관객의 공감을 좌우한다.

② 비참한 죽음을 다룬 비극적인 소재는 관객의 공감을 일으킨다.

③ 훌륭한 고전이라고 해서 항상 청중의 공감을 불러일으킬 수 있는 것은 아니다.

④ 현재와 가까운 역사적 사실을 극화했다고 해서 관객의 공감 가능성이 커지지는 않는다.

해설편 ▶ P.27

┃ 풀이 시간: ____:____ ~ ____:____ / 점수: ____점

문 1. 밑줄 친 단어의 품사를 같은 것끼리 묶은 것은?

> • 쌍둥이도 서로 성격이 ㉠다른 법이다.
> • 날씨가 건조하면 나무가 잘 ㉡크지 못한다.
> • 남부 지방에 홍수가 ㉢나서 많은 수재민이 생겼다.
> • 그 사람이 농담은 하지만 ㉣허튼 말은 하지 않는다.
> • 상대에게 자유를 주는 것이 진정한 사랑이 ㉤아닐까?

① ㉠, ㉡ ② ㉡, ㉢
③ ㉢, ㉣ ④ ㉣, ㉤

문 2. 다음의 여러 조건에 가장 잘 맞는 토론 논제는?

> • 긍정 평서문으로 제시되어야 한다.
> • 찬성과 반대의 대립이 분명하게 나타나야 한다.
> • 쟁점이 하나여야 한다.
> • 찬성이나 반대 어느 한 편에 유리하게 작용하는 정서적 표현을 사용해서는 안 된다.

① 징병제도는 유지해야 한다.
② 정보통신망법을 개선할 수는 없다.
③ 야만적인 두발 제한을 폐지해야 한다.
④ 내신 제도와 논술 시험을 개혁해야 한다.

문 3. 다음 글에 대한 설명으로 옳지 않은 것은?

> **해설자**: (관객들에게 무대와 등장인물을 설명한다.) 이곳은 황야입니다. 이리 떼의 내습을 알리는 망루가 세워져 있죠. 드높이 솟은 이 망루는 하늘로 둘러싸여 있습니다. 하늘은 연극의 진행에 따라 황혼, 초승달이 뜬 밤, 그리고 아침으로 변할 겁니다. 저기 위를 바라보십시오. 파수꾼이 앉아 있습니다. 높은 곳에서 하늘을 등지고 있기 때문에 그는 언제나 시커먼 그림자로만 보입니다. 그는 내가 태어나기 전부터 파수꾼이었습니다. 나의 늙으신 아버지께서도 어린 시절에 저 유명한 파수꾼의 이야기를 들으셨다 합니다.
>
> – 이강백, 「파수꾼」에서 –

① 공간적 배경은 망루가 세워져 있는 황야이다.
② 시간적 배경은 연극의 진행에 따라 변한다.
③ 해설자는 무대 위의 아버지를 소개한다.
④ 파수꾼의 얼굴은 분명하게 알 수 없다.

문 4. 두 사람의 대화에 적용된 공감적 듣기의 방법이 아닌 것은?

> "수빈 씨, 나 처음 한 프레젠테이션인데 엉망이었어."
> "정말? 무슨 일이 있었는지 자세히 말해 봐."
> "너무 긴장해서 팀장님 질문에 대답을 못했어."
> "팀장님 질문에 대답을 못했구나. 처음 하는 프레젠테이션이라 정아 씨가 긴장을 많이 했나 보다."

① 수빈은 정아의 말에 자신이 주의 집중하고 있음을 보여 주고 있다.
② 수빈은 정아가 계속 말을 할 수 있도록 격려하고 있다.
③ 수빈은 정아의 혼란스러운 감정을 정아 스스로 정리하게끔 도와주고 있다.
④ 수빈은 정아의 말을 자신의 처지로 바꾸어 의미를 재구성하고 있다.

문 5. 국어의 주요한 음운 변동을 다음과 같이 유형화할 때, '부엌일'에 일어나는 음운 변동 유형으로 옳은 것은?

	변동 전		변동 후
㉠	XaY	→	XbY(교체)
㉡	XY	→	XaY(첨가)
㉢	XabY	→	XcY(축약)
㉣	XaY	→	XY(탈락)

① ㉠, ㉡ ② ㉠, ㉣
③ ㉡, ㉢ ④ ㉡, ㉣

문 6. 토론자들의 말하기 방식에 대한 설명으로 적절한 것은?

> **사회자**: 학교 폭력 문제가 나날이 심각해지고 있습니다. 이와 관련해 오늘은 '학교 폭력을 방관한 학생에게도 책임을 물어야 한다'를 주제로 토론을 해 보도록 하겠습니다. 먼저 찬성 측 말씀해 주시죠.
> **찬성 측**: 친구가 학교 폭력에 의해 희생되고 있는데도 자신에게 피해가 올까 두려워 아무런 조치를 취하지 않는 학생들이 많다고 합니다. 이러한 행동으로 인해 학교 폭력은 점점 확산되고 있습니다. 학교 폭력을 행하는 것을 목격했음에도 어떤 조치도 취하지 않은 것은 폭력에 대해 묵시적으로 동의한 것과 같습니다. 폭력을 직접 행사하는 행위뿐 아니라, 불의에 저항하지 않는 정의롭지 못한 행위에 대해서도 합당한 책임을 물어야 할 것입니다.
> **사회자**: 다음으로 반대 측 의견 말씀해 주시죠.
> **반대 측**: 특정 학생에게 폭력을 직접 행사해서 피해를 준 사실이 명백할 때에만 책임을 물을 수 있을 것입니다. 또한 사건에 대한 개입과 방관은 개인의 자율적 의지에 달린 문제이므로 외부에서 규제할 성질의 문제가 아닙니다.
> **사회자**: 그럼 이번에는 반대 측부터 찬성 측에 대해 반론해 주시지요.
> **반대 측**: 과연 누구까지를 학교 폭력의 방관자라고 규정지을 수 있을까요? 집에 가는 길에 우연히 폭력을 목격했을 경우, 자신의 친구로부터 폭력에 관련된 소문을 접했을 경우 등 방관자라고 규정하기에는 애매한 경우가 많습니다. 어떠한 행위를 처벌하려면 확고한 기준이 필요한데, 방관자의 범위부터 규정하기가 불명확하다고 볼 수 있습니다.
> **찬성 측**: 불의를 방관한 행위에 대해 사회가 책임을 묻지 않는다면 이후로도 사람들은 아무런 죄책감 없이 불의를 모른 체하고 방관할 것입니다. 결국 이는 사회 전체의 건전성과 도덕성을 떨어뜨릴 것이고, 정의에 근거한 시민의 고발정신까지 약화시킬 것입니다.

① 찬성 측은 친숙한 상황을 빗대어 자신의 견해를 펼치고 있다.
② 찬성 측은 자신의 경험을 제시하여 논지를 보충하고 있다.
③ 반대 측은 윤리적 방법으로 해결책을 제시하고 있다.
④ 반대 측은 논제에 의문을 제기하여 주장을 강화하고 있다.

문 7. 괄호 안에 들어갈 단어를 순서대로 바르게 나열한 것은?

> 한국 문학의 미적 범주에서 눈에 띄는 전통으로 풍자와 해학이 있다. 풍자와 해학은 주어진 상황에 순종하기보다 그것을 극복하고자 하는 건강한 삶의 의지에서 나온 (㉠)을(를) 통해 드러난다. (㉠)은(는) '있어야 할 것'으로 행세해 온 관념을 부정하고, 현실적인 삶인 '있는 것'을 그대로 긍정한다. 이때 있어야 할 것을 깨뜨리는 것에 관심을 집중한 것이 (㉡)이고, 있는 것이 지닌 긍정에 관심을 집중하는 것이 (㉢)이다.

	㉠	㉡	㉢
①	골계(滑稽)	해학(諧謔)	풍자(諷刺)
②	해학(諧謔)	풍자(諷刺)	골계(滑稽)
③	풍자(諷刺)	해학(諧謔)	골계(滑稽)
④	골계(滑稽)	풍자(諷刺)	해학(諧謔)

문 8. 다음 글에서 〈보기〉가 들어가기에 가장 적절한 곳은?

〈보기〉

> 아침기도는 간략한 아침 뉴스로, 저녁기도는 저녁 종합 뉴스로 바뀌었다.

> 철학자 헤겔이 주장했듯이, 삶을 인도하는 원천이자 권위의 시금석으로서의 종교를 뉴스가 대체할 때 사회는 근대화된다. 선진 경제에서 뉴스는 이제 최소한 예전에 신앙이 누리던 것과 동등한 권력의 지위를 차지한다. 뉴스 타전은 소름이 돋을 정도로 정확하게 교회의 시간 규범을 따른다. (㉠) 뉴스는 우리가 한때 신앙심을 품었을 때와 똑같은 공손한 마음을 간직하고 접근하기를 요구하기도 한다. (㉡) 우리 역시 뉴스에서 계시를 얻기 바란다. (㉢) 누가 착하고 누가 악한지 알기를 바라고, 고통을 헤아려 볼 수 있기를 바라며, 존재의 이치가 펼쳐지는 광경을 이해하길 희망한다. (㉣) 그리고 이 의식에 참여하길 거부하는 경우 이단이라는 비난을 받기도 한다.

① ㉠ ② ㉡ ③ ㉢ ④ ㉣

문 9. ㉠과 ㉡에 대한 설명으로 적절한 것은?

헌 먼덕[1] 숙여 쓰고 축 없는 짚신에 설피설피 물러오니
풍채 적은 형용에 ㉠개 짖을 뿐이로다
와실(蝸室)에 들어간들 잠이 와서 누었으랴
북창(北窓)을 비겨 앉아 새벽을 기다리니
무정한 ㉡대승(戴勝)[2]은 이내 한을 돋우도다
종조(終朝) 추창(惆悵)[3]하며 먼 들을 바라보니
즐기는 농가(農歌)도 흥 없이 들리나다
세정(世情) 모르는 한숨은 그칠 줄을 모르도다

– 박인로, 「누항사(陋巷詞)」에서 –

※ 1) 먼덕: 짚으로 만든 모자.
2) 대승(戴勝): 오디새.
3) 추창(惆悵): 슬퍼하는 모습.

① ㉠은 실재하는 존재물이고, ㉡은 상상적 허구물이다.
② ㉠은 화자의 절망을 나타내고, ㉡은 화자의 희망을 나타낸다.
③ ㉠은 화자의 내면을 상징하고, ㉡은 화자의 외양을 상징한다.
④ ㉠은 화자의 초라함을 부각시키고, ㉡은 화자의 수심을 깊게 한다.

문 10. 화자의 상황을 적절하게 표현한 한자 성어는?

미인이 잠에서 깨어 새 단장을 하는데
향기로운 비단, 보배 띠에 원앙이 수놓였네
겹발을 비스듬히 걷으니 비취새가 보이는데
게으르게 은 아쟁을 안고 봉황곡을 연주하네
금 재갈, 꾸민 안장은 어디로 떠났는가?
다정한 앵무새는 창가에서 지저귀네
풀섶에 놀던 나비는 뜰 밖으로 사라지고
꽃잎에 가리운 거미줄은 난간 너머에서 춤추네
뉘 집의 연못가에서 풍악 소리 울리는가?
달빛은 금 술잔에 담긴 좋은 술을 비추네
시름겨운 이는 외로운 밤에 잠 못 이루는데
새벽에 일어나니 비단 수건에 눈물이 흥건하네

– 허난설헌, 「사시사(四時詞)」에서 –

① 琴瑟之樂 ② 輾轉不寐
③ 錦衣夜行 ④ 麥秀之嘆

문 11. 다음 글의 괄호 안에 들어갈 문장으로 적절한 것은?

국어의 높임법에는 말하는 이가 듣는 이에 대하여 높이거나 낮추어 말하는 상대 높임법, 서술어의 주체를 높이는 주체 높임법, 서술어의 객체를 높이는 객체 높임법 등이 있다. 이러한 높임 표현은 한 문장에서 복합적으로 실현되기도 하는데, (   )의 경우 대화의 상대, 서술어의 주체, 서술어의 객체를 모두 높인 표현이다.

① 아버지께서 할머니를 모시고 댁에 들어가셨다.
② 제가 어머니께 그렇게 말씀을 드리면 될까요?
③ 어머니께서 아주머니께 이 김치를 드리라고 하셨습니다.
④ 주민 여러분께서는 잠시만 제 이야기에 귀를 기울여 주시기 바랍니다.

문 12. 다음 글의 특징으로 적절하지 않은 것은?

가리워진 안개를 걷게 하라,
국경이며 탑이며 어용학(御用學)의 울타리며
죽 가래 밀어 바다로 몰아 넣라.

하여 하늘을 흐르는 날새처럼
한 세상 한 바람 한 햇빛 속에,
만 가지와 만 노래를 한 가지로 흐르게 하라.

보다 큰 집단은 보다 큰 체계를 건축하고,
보다 큰 체계는 보다 큰 악을 양조(釀造)한다.

조직은 형식을 강요하고
형식은 위조품을 모집한다.

하여, 전통은 궁궐안의 상전이 되고
조작된 권위는 주위를 침식한다.

국경이며 탑이며 일만년 울타리며
죽 가래 밀어 바다로 몰아 넣라.

– 신동엽, 「이야기하는 쟁기꾼의 대지」에서 –

① 직설적인 어조로써 메시지를 전달하고 있다.
② 고전적인 질서를 통해 새로운 희망을 추구하고 있다.
③ 인위적인 것과 자연적인 것이 대조적으로 제시되고 있다.
④ 농기구의 상징을 통해 체제 개혁을 역설하고 있다.

문 13. ㉠~㉣ 중 서술자가 개입되어 있지 않은 것은?

이때 춘향이는 사령이 오는지 군노가 오는지 모르고 주야로 도련님을 생각하여 우는데, ㉠생각지 못할 우환을 당하려 하니 소리가 화평할 수 있겠는가. 한때나마 빈방살이 할 계집아이라 목소리에 청승이 끼어 자연히 슬픈 애원성이 되니 ㉡보고 듣는 사람의 심장인들 아니 상할 것인가. 임 그리워 서러운 마음 밥맛 없어 밥 못 먹고 불안한 잠자리에 잠 못 자고 도련님 생각으로 상처가 쌓여 피골이 상접하고 양기가 쇠진하여 진양조 울음이 되어 노래를 부른다. 갈까 보다 갈까 보다, 임을 따라 갈까 보다. 천 리라도 갈까 보다. 만 리라도 갈까 보다. 바람도 쉬어 넘고 수진이 날진이 해동청 보라매도 쉬어 넘는 높은 고개 동선령 고개라도 임이 와 날 찾으면 신발 벗어 손에 들고 아니 쉬고 달려가리. ㉢한양 계신 우리 낭군 나와 같이 그리워하는가, 무정하여 아주 잊고 나의 사랑 옮겨다가 다른 임을 사랑하는가? ㉣이렇게 한참을 서럽게 울 때 사령 등이 춘향의 슬픈 목소리를 들으니 목석이라도 어찌 감동을 받지 않겠는가? 봄눈 녹듯 온몸에 맥이 탁 풀렸다.

– 작자 미상, 「춘향전」에서 –

① ㉠ ② ㉡ ③ ㉢ ④ ㉣

문 14. 다음 글에 대한 설명으로 옳지 않은 것은?

동네 사람들이 방앗간의 터진 두 면을 둘러쌌다. 그리고 방앗간 속을 들여다보았다. 과연 어둠 속에 움직이는 게 있었다. 그리고 그게 어둠 속에서도 흰 짐승이라는 걸 알 수 있었다. 분명히 그놈의 신둥이개다. 동네 사람들은 한 걸음 한 걸음 죄어들었다. 점점 뒤로 움직여 쫓기는 짐승의 어느 한 부분에 불이 켜졌다. 저게 산개의 눈이다. 동네 사람들은 몽둥이 잡은 손에 힘을 주었다. 이 속에서 간난이 할아버지도 몽둥이 잡은 손에 힘을 주었다. 한 걸음 더 죄어들었다. 눈앞의 새파란 불이 빠져나갈 틈을 엿보듯이 휙 한 바퀴 돌았다. 별나게 새파란 불이었다. 문득 간난이 할아버지는 이런 새파란 불이란 눈앞에 있는 신둥이개 한 마리의 몸에서 나오는 것이 아니고 여럿의 몸에서 나오는 것이 합쳐진 것이라는 생각이 들었다. 말하자면 지금 이 신둥이개의 뱃속에 든 새끼의 몫까지 합쳐진 것이라는. 그러자 간난이 할아버지의 가슴속을 흘러 지나가는 게 있었다. 짐승이라도 새끼 밴 것을 차마?

이때에 누구의 입에선가, 때레라! 하는 고함 소리가 나왔다. 다음 순간 간난이 할아버지의 양옆 사람들이 욱 개를 향해 달려들며 몽둥이를 내리쳤다. 그와 동시에 간난이 할아버지는 푸른 불꽃이 자기 다리 곁을 빠져나가는 것을 느꼈다.

뒤이어 누구의 입에선가, 누가 빈틈을 냈어? 하는 흥분에 찬 목소리가 들렸다. 그리고 저마다, 거 누구야? 거 누구야? 하고 못마땅해하는 말소리 속에 간난이 할아버지 턱밑으로 디미는 얼굴이 있어,

"아즈반이웨다레"

하는 것은 동장네 절가였다.

– 황순원, 「목넘이 마을의 개」에서 –

① 토속적이면서도 억센 삶의 현장을 그리고 있다.
② 신둥이의 새파란 불은 생의 욕구를 암시한다.
③ 간난이 할아버지에게서 생명에 대한 외경을 느낄 수 있다.
④ 동장네 절가는 간난이 할아버지의 행동에 동조하고 있다.

문 15. (가)와 (나)를 통해서 추정하기 어려운 내용은?

(가) 찬성공 형제께서 정경부인의 상(喪)을 당하였다. 부윤공의 부인 이 씨가 우연히 언문 소설을 읽다가 그 소리가 밖으로 들렸다. 찬성공이 기뻐하지 않으며 제수를 계단 아래에 서게 하고, "부녀자의 무식을 심하게 책망할 필요는 없지만, 어찌 상중(喪中)에 있으면서 예의에 어긋난 책을 소리 내어 읽어서 스스로 평민과 같아지려 할 수 있는가?" 하고 꾸짖었다.

(나) **전기수**: 늙은이가 동문 밖에 살면서 입으로 언문 소설을 읽었는데, 「숙향전」, 「소대성전」, 「심청전」, 「설인귀전」과 같은 전기소설이었다. …… 잘 읽었기 때문에 옆에서 구경하는 사람들이 빙 둘러섰다. 가장 재미있고 긴요하여 매우 들을 만한 구절에 이르면 갑자기 침묵하고 소리를 내지 않았다. 사람들이 다음 이야기를 듣고 싶어서 다투어 돈을 던졌다. 이를 바로 '요전법(돈을 요구하는 법)'이라 한다.

① 상층 남성들은 상중의 예법에 대해 매우 엄격하였다.
② 혼자 소설을 보면서 소리 내어 읽기도 하였다.
③ 하층에서도 소설을 창작하는 사람이 많았다.
④ 상층이 아닌 하층에서도 소설을 즐겼다.

문 16. 다음 글의 글쓰기 전략으로 볼 수 없는 것은?

고전파 음악은 어떤 음악인가? 서양 음악의 뿌리는 종교 음악에서 비롯되었다. 바로크 시대까지는 음악이 종교에 예속되어 있었으며, 음악가들 또한 종교에 예속되어 있었다. 고전파는 이렇게 종교에 예속되었던 음악을, 음악을 위한 음악으로 정립하려는 예술 운동에서 출발하였다. 따라서 종래의 신을 위한 음악에서 탈피해 형식과 내용의 일체화를 꾀하고 균형 잡힌 절대 음악을 추구하였다. 즉 '신'보다는 '사람'을 위한 음악, '음악'을 위한 음악을 이루어 나가겠다는 굳은 결의를 보여 준 것이다.

또한 고전파 음악은 음악적 형식과 내용의 완숙을 이룬 음악이기도 하다. 이 시기에는 하이든, 모차르트, 베토벤 등 음악의 역사에서 가장 위대한 작곡가들이 배출되기도 하였다. 이때에는 성악이 아닌 기악만으로도 음악이 가능하게 되었으며, 교향곡의 기본을 이루는 소나타 형식이 완성되었다. 특히 옛 그리스나 로마 때처럼 보다 정돈된 형식을 가진 음악을 해 보자고 주장하였기에 '옛것에서 배우자는 의미의 고전'과 '청정하고 우아하며 흐림 없음, 최고의 예술적 경지에 다다름으로서의 고전'을 모두 지향하게 되었다.

이렇듯 역사적으로 고전파 음악은 종교의 영역에서 음악 자체의 영역을 확보하였으며 최고 수준의 음악적 내용과 형식을 수립하였다. 고전파 음악이 서양 전통 음악 전체를 대표하게 된 것은 고전파 음악이 이룩한 역사적인 성과에서 비롯된 것일지도 모른다. 따라서 고전 음악의 개념을 이해하기 위해서는 고전파 음악의 성격과 특질에 대한 이해가 선행되어야 할 것이다.

① 고전파 음악이 지닌 음악사적 의의를 밝힌다.
② 고전파 음악의 음악가를 예시하여 이해를 돕는다.
③ 고전파 음악의 특징이 형식과 내용의 분리에 있음을 강조한다.
④ 질문을 통해 화제를 제시함으로써 호기심을 유발한다.

문 17. (가)를 바탕으로 (나)에 담긴 글쓴이의 생각을 적절히 추론한 것은?

(가) 철학사에서 합리론의 전통은 감각에 대해 매우 비판적이었다. 예컨대 플라톤은 감각이 보여 주는 세계를 끊임없이 변화하는, 전적으로 불안정한 세계로 간주하고 이에 근거하여 지식을 얻는 것은 불가능하다고 생각했다. 반대로 경험론자들은 우리의 모든 관념과 판단은 감각 경험에서 출발한다고 주장하면서 어떤 지식도 절대적으로 확실할 수는 없다고 결론짓는다.

(나) 모든 사람은 착시 현상 등을 경험해 본 적이 있기에 감각이 우리를 속일 수 있다는 것을 분명히 알고 있고 감각에 대한 어느 정도의 경계심을 지니고 있다. 하지만 그렇다고 해서 일상생활에서 자신의 감각을 신뢰하고 이에 따라 행동하는 것은 잘못이 아니다. 모든 감각적 정보를 검증 절차를 거친 후 받아들이다가는 정상적 생활을 영위하는 것 자체가 불가능해질 것이기 때문이다. 반대로, 실용적 기술 개발이나 평범한 일상적 행동과는 달리 과학적 연구는 상당한 정도의 정확성을 요구하므로 경험적 자료에 대해 어느 정도의 경계심을 유지하는 것도 당연하다.

① 실용적 기술을 개발하는 것은 일차적으로 경험론적 사고에 토대를 둔다.
② 세계는 끊임없이 변화하므로 일상생활에서는 합리론적 사고를 우선하여야 한다.
③ 과학 연구는 합리론을 버리고 철저히 경험론을 바탕으로 이루어져야 한다.
④ 감각에 대한 신뢰는 어느 분야에나 전적으로 차별 없이 요구된다.

문 18. 다음 글에 대한 설명으로 적절하지 않은 것은?

믿기 어렵겠지만 자장면 문화와 미국의 피자 문화는 닮은 점이 많다. 젊은 청년들이 오토바이를 타고 배달한다는 점에서 참으로 닮은꼴이다. 이사한다고 짐을 내려놓게 되면 주방 기구들이 부족하게 되고 이때 자장면은 참으로 편리한 해결책이다. 미국에서의 피자도 마찬가지다. 갑자기 아이들의 친구들이 많이 몰려왔을 때 피자는 참으로 편리한 음식이다.

남자들이 군에 가 훈련을 받을 때 비라도 추적추적 오게 되면 자장면 생각이 제일 많이 난다고 한다. 비가 오는 바깥을 보며 따뜻한 방에서 입에 자장을 묻히는 장면은 정겨울 수밖에 없다. 프로 농구 원년에 수입된 미국 선수들은 하루도 빠지지 않고 피자를 시켜 먹었다고 한다. 음식이 맞지 않는 탓도 있겠지만 향수를 달래고자 함이 아닐까?

싸게 먹을 수 있는 이국 음식이란 점에서 자장면과 피자는 특별한 의미를 갖는다. 외식을 하기엔 부담되고 한번쯤 식단을 바꾸어 보고 싶을 즈음이면 중국식 자장면이나 이탈리아식 피자는 한국이나 미국의 서민에겐 안성맞춤이다. 그런데 한국에서나 미국에서나 변화가 생기기 시작했다. 한국에서는 피자 배달이 보편화되기 시작했다. 피자를 간식이 아닌 주식으로 삼고자 하는 아이들도 생겼다. 졸업식을 마치고 중국집으로 향하던 발걸음들이 이제 피자집으로 돌려졌다. 피자보다 자장면을 좋아하는 아이들을 찾아보기가 힘들어졌다.

① 피자는 쉽게 배달시켜 먹을 수 있는 편리한 음식이다.
② 자장면과 피자는 이국적인 음식이다.
③ 자장면과 피자는 값이 싸면서도 기분 전환이 되는 음식이다.
④ 자장면은 특별한 날에 어린이들에게 여전히 가장 사랑받는 음식이다.

문 19. 글의 내용을 구체적으로 설명하기 위한 예로 적절하지 않은 것은?

하나의 개념에 두 개 이상의 단어가 필요한 것은 아니다. 따라서 동의어는 서로 경쟁을 통해 하나가 없어지거나 각기 다른 의미 영역을 확보하는 등의 다양한 양상을 보인다. 현실 언어에서 동의어로 공존하면서 경쟁을 계속하는 경우가 있으며, 한쪽은 살아남고 다른 쪽은 소멸하는 경우가 있다. 동의 충돌의 결과 의미 영역이 바뀌는 경우도 있다. 이는 의미 축소, 의미 확대, 의미 교체 등으로 구분된다.

① '가을걷이'와 '추수'는 공존하며 경쟁하고 있다.
② '말미'는 쓰지 않고 '휴가'라는 말을 사용하고 있다.
③ '얼굴'은 '형체'의 뜻에서 '안면'의 뜻으로 의미가 축소되었다.
④ '겨레'는 '친척'의 뜻에서 '민족'의 뜻으로 의미가 확대되었다.

문 20. 다음 글에 대한 설명으로 적절하지 않은 것은?

(가) 20세기 들어서 생태학자들은 지속성 농약이 자연 생태계에 어떤 악영향을 미치는지를 밝힐 수 있었다. 예컨대 제2차 세계대전 이후 전 세계에서 해충 구제용으로 널리 사용됨으로써 농업 생산량 향상에 커다란 기여를 한 디디티(DDT)는 유기 염소계 살충제의 대명사이다.

(나) 그렇지만 이 유기 염소계 살충제는 물에 잘 녹지 않고 자연에서 햇빛에 의한 광분해나 미생물에 의한 생물학적 분해가 거의 이루어지지 않는다. 그래서 디디티는 토양이나 물속의 퇴적물 속에 수십 년간 축적된다. 게다가 디디티는 지방에는 잘 녹아서 먹이사슬을 거치는 동안 지방 함량이 높은 동물 체내에 그 농도가 높아진다. 이렇듯 많은 양의 유기 염소계 살충제를 체내에 축적하게 된 맹금류는 물질대사에 장애를 일으켜서 껍질이 매우 얇은 알을 낳기 때문에, 포란 중 대부분의 알이 깨져 버려 멸종의 길을 걷게 된다.

(다) 디디티는 쉽게 분해되지 않기 때문에 한번 뿌려진 디디티는 물과 공기, 생물체 등을 매개로 세계 전역으로 퍼질 수 있다. 그래서 디디티에 한 번도 노출된 적이 없는 알래스카 지방의 에스키모 산모의 젖에서도 디디티가 검출되었고, 남극 지방의 펭귄 몸속에서도 디디티가 발견되었다. 이러한 생물 농축과 잔존성의 특성이 밝혀짐으로써 미국에서는 1972년부터 디디티 생산이 전면 중단되었고, 1980년대에 이르러서는 유기 염소계 농약의 사용이 대부분 금지되었다.

(라) 이와 같이 디디티의 생물 농축 현상에서처럼 생태학자들은 한 생물 종에 미치는 오염의 영향이 오랫동안 누적되면 전체 생태계를 훼손시킬 수 있다는 사실을 발견하였다. 그래서인지 최근 우리나라에서도 사소한 환경오염 행위가 장차 어떠한 재앙을 몰고 올 수 있는지에 대한 연구가 활발히 이루어지고 있다.

① (가)는 중심 화제를 소개하고, 핵심어를 제시함으로써 전개될 내용을 암시하고 있다.
② (나)는 디디티가 끼칠 생태계의 영향을 인과 분석의 방법으로 설명하고 있다.
③ (다)는 디디티의 악영향을 제시하고, 그것의 사용 금지를 주장하고 있다.
④ (라)는 환경오염에 대한 경각심을 암시적으로 드러내고 있다.

해설편 ▶ P.32

| 풀이 시간: ____:____ ~ ____:____ / 점수: ____점

1초 합격예측! 모바일 성적분석표

QR 코드로 접속하여 문제 풀이시간을 측정하고, 〈1초 합격예측 & 모바일 성적분석표〉 서비스를 통해 지금 바로! 실력을 점검해 보세요.
http://eduwill.kr/B746

문 1. 로마자 표기법에 관한 다음 규정이 적용된 것은?

> 발음상 혼동의 우려가 있을 때에는 음절 사이에 붙임표(-)를 쓸 수 있다.

① 독도: Dok-do
② 반구대: Ban-gudae
③ 독립문: Dok-rip-mun
④ 인왕리: Inwang-ri

문 2. 다음 글의 중심 내용으로 가장 적절한 것은?

> '언문'은 실용 범위에 제약이 있었는데, 이런 현실은 '언간'에도 적용된다. '언간' 사용의 제약은 무엇보다 이것을 주고받은 사람의 성별(性別)에서 뚜렷이 드러난다. 15세기 후반 이래로 숱한 언간이 현전하지만 남성 간에 주고받은 언간은 찾아보기 어렵다. 이는 남성 간에는 한문 간찰이 오간 때문이나 남성이 공적인 영역을 독점했던 당시의 현실을 감안하면 '언문'이 공식성을 인정받지 못했던 사실과 상통한다. 결국 조선시대에는 언간의 발신자나 수신자 어느 한쪽으로 반드시 여성이 관여하는 특징을 보인다고 할 수 있다.
> 이러한 사용자의 성별 특징으로 인하여 종래 '언간'은 '내간'으로 일컬어지기도 하였다. 그러나 이러한 명칭 때문에 내간이 부녀자만을 상대로 하거나 부녀자끼리만 주고받은 편지로 오해되어서는 안 된다. 16, 17세기의 것만 하더라도 수신자는 왕이나 사대부를 비롯하여 한글 해독 능력이 있는 하층민에 이르기까지 거의 전 계층의 남성이 될 수 있었기 때문이다. 한문 간찰이 사대부 계층 이상 남성만의 전유물이었다면 언간은 특정 계층에 관계없이 남녀 모두의 공유물이었다고 할 수 있다.

① 조선시대에는 언간의 발신자나 수신자 어느 한쪽으로 반드시 여성이 관여하는 특징을 보인다.
② 언간은 특정 계층과 성별에 관계없이 이용된 의사소통 수단이었다.
③ 사용자의 성별 특징으로 인해 '언간'은 '내간'으로 일컬어졌다.
④ '언문'과 마찬가지로 '언간'의 실용 범위에는 제약이 있었다.

문 3. (가)~(라)에 대한 고쳐쓰기 방안으로 옳지 않은 것은?

> (가) 수학 성적은 참 좋군. 국어 성적도 좋고.
> (나) 친구가 "난 학교에 안 가겠다."고 말했다.
> (다) 동생은 가던 길을 멈추면서 나에게 달려왔다.
> (라) 대통령은 진지한 연설로서 국민을 설득했다.

① (가): '수학 성적은 참 좋군.'은 국어 성적이 좋을 가능성을 배제하는 의미가 포함되어 있다. 따라서 보조사 '은'을 주격 조사 '이'로 바꿔 쓴다.
② (나): 직접 인용문 다음이므로 인용 조사는 '고'가 아닌 '라고'를 쓴다.
③ (다): 어미 '-면서'는 두 동작의 동시성을 나타내지 못하므로 '-고'로 바꿔 쓴다.
④ (라): '로서'는 자격을 나타내는 기능을 하므로 수단을 나타내는 기능을 하는 조사 '로써'로 바꿔 쓴다.

문 4. 〈보기〉를 근거로 판단할 때, ㉠~㉣ 중 적절하지 않은 것은?

〈보기〉

> 통일성은 글의 내용이 하나의 주제로 긴밀하게 관련되는 특성을 말한다. 초고의 적절성을 평가할 때에는 글의 내용이 하나의 주제를 드러낼 수 있도록 선정되었는지, 그리고 중심 내용에 부합하는 하위 내용들로 선정되었는지를 검토한다.

> 사람들은 대개 수학 과목이 어렵다고 한다. 하지만 나는 수학 시간이 재미있다. ㉠바로 수업을 재미있게 진행하시는 수학 선생님 덕분이다. 수학 선생님은 유머로 딱딱한 수학 시간을 웃음바다로 만들곤 한다. ㉡졸리는 오후 시간에 뜬금없이 외국으로 수학여행을 가자고 하여 분위기를 부드럽게 만든 후 어려운 수학 문제를 쉽게 설명한 적도 있다. 그래서 우리 학교에서는 수학 선생님의 인기가 시들 줄 모른다. ㉢그리고 수학 선생님의 아들이 수학을 굉장히 잘한다는 소문이 나 있다. ㉣내 수학 성적이 좋아진 것도 수학 선생님의 재미있는 수업 덕택이다.

① ㉠ ② ㉡ ③ ㉢ ④ ㉣

문 5. 다음 글에 대한 이해로 가장 적절한 것은?

> (가) 내 마음 베어 내어 저 달을 만들고져
> 구만 리 장천(長天)의 번듯이 걸려 있어
> 고운 님 계신 곳에 가 비추어나 보리라
>
> (나) 열다섯 아리따운 아가씨가
> 남부끄러워 이별의 말 못 하고
> 돌아와 겹겹이 문을 닫고는
> 배꽃 비친 달 보며 흐느낀다

① (가)의 '장천(長天)'은 사랑하는 임이 머무르는 공간이고, (나)의 '문'은 사랑하는 임에 대한 마음을 숨기는 공간이다.
② (가)의 '나'는 적극적인 태도로, (나)의 '아가씨'는 소극적인 태도로 정서를 드러낸다.
③ (가)의 '고운 님'과, (나)의 '아리따운 아가씨'는 화자가 사랑하는 대상이다.
④ (가)와 (나)에서 '달'은 사랑하는 마음을 임에게 전달하는 매개체이다.

문 6. ㉠~㉣에 대한 이해로 가장 적절한 것은?

> 막차는 좀처럼 오지 않았다
> 대합실 밖에는 밤새 송이눈이 쌓이고
> ㉠흰 보라 수수꽃 눈시린 유리창마다
> 톱밥난로가 지펴지고 있었다
> 그믐처럼 몇은 졸고
> 몇은 감기에 쿨럭이고
> 그리웠던 순간들을 생각하며 나는
> 한 줌의 톱밥을 불빛 속에 던져 주었다
> 내면 깊숙이 할 말들은 가득해도
> ㉡청색의 손바닥을 불빛 속에 적셔 두고
> 모두들 아무 말도 하지 않았다
> 산다는 것이 때론 술에 취한 듯
> 한 두름의 굴비 한 광주리의 사과를
> 만지작거리며 귀향하는 기분으로
> 침묵해야 한다는 것을
> 모두들 알고 있었다
> ㉢오래 앓은 기침소리와
> 쓴 약 같은 입술담배 연기 속에서
> 싸륵싸륵 눈꽃은 쌓이고
> 그래 지금은 모두들
> 눈꽃의 화음에 귀를 적신다
> 자정 넘으면
> 낯설음도 뼈아픔도 다 설원인데
> 단풍잎 같은 몇 잎의 차창을 달고
> 밤열차는 또 어디로 흘러가는지
> ㉣그리웠던 순간들을 호명하며 나는
> 한 줌의 눈물을 불빛 속에 던져 주었다
>
> – 곽재구, 「사평역에서」 –

① ㉠ – 여러 개의 난로가 지펴져 안온한 대합실의 상황을 비유적으로 표현하였다.
② ㉡ – 대조적 색채 이미지를 통해, 눈 오는 겨울 풍경의 서정적 정취를 강조하였다.
③ ㉢ – 오랜 병마에 시달린 이들의 비관적 심리와 무례한 행동을 묘사하였다.
④ ㉣ – 화자가 그리워하는 지난 때를 떠올리며 느끼는 정서를 화자의 행위에 투영하였다.

문 7. 다음 글에 대한 이해로 적절하지 않은 것은?

> 우리 장인님은 약이 오르면 이렇게 손버릇이 아주 못됐다. 또 사위에게 이 자식 저 자식 하는 이놈의 장인님은 어디 있느냐. 오죽해야 우리 동리에서 누굴 물론하고 그에게 욕을 안 먹는 사람은 명이 짜르다 한다. 조그만 아이들까지도 그를 돌아세 놓고 욕필이(본 이름이 봉필이니까), 욕필이, 하고 손가락질을 할 만치 두루 인심을 잃었다. 하나 인심을 정말 잃었다면 욕보다 읍의 배참봉 댁 마름으로 더 잃었다. 번이 마름이란 욕 잘 하고 사람 잘 치고 그리고 생김 생기길 호박개 같아야 쓰는 거지만 장인님은 외양에 똑 됐다. 장인께 닭 마리나 좀 보내지 않는다든가 애벌논 때 품을 좀 안 준다든가 하면 그해 가을에는 영락없이 땅이 뚝뚝 떨어진다. 그러면 미리부터 돈도 먹이고 술도 먹이고 안달재신으로 돌아치던 놈이 그 땅을 슬쩍 돌아앉는다.
>
> – 김유정, 「봄·봄」 –

① 마름의 특성을 동물의 외양에 빗대어 낮잡아 표현했다.
② 비속어와 존칭어를 혼용하여 해학적 표현을 구사했다.
③ 여러 정황을 거론하며 장인의 됨됨이가 마땅치 않음을 드러냈다.
④ 장인과 소작인들 사이의 뒷거래 장면을 생생하게 묘사하여 제시했다.

문 8. 밑줄 친 부분에 들어갈 한자어로 가장 적절한 것은?

> _____(이)란 이익과 관련된 갈등을 인식한 둘 이상의 주체들이 이를 해결할 의사를 가지고 모여서 합의에 이르기 위해 대안들을 조정하고 구성하는 공동 의사 결정 과정을 말한다.

① 協商 ② 協助
③ 協奏 ④ 協贊

문 9. 밑줄 친 한자어의 쓰임이 문맥상 적절한 것은?

① 초고를 校訂하여 책을 완성하였다.
② 내용이 올바른지 서로 交差 검토하시오.
③ 전자 문서에 決濟를 받아 합격자를 확정하겠습니다.
④ 지금 제안한 계획은 수용할 수 없으니 提高 바랍니다.

문 10. ㉠~㉣의 예를 추가할 때 가장 적절한 것은?

> 논리학에서 비형식적 오류 유형에는 우연의 오류, 애매어의 오류, 결합의 오류, 분해의 오류 등이 있다.
> 우선 ㉠우연의 오류란 거의 대부분의 경우에 적용되는 일반적인 원리나 규칙을 우연적인 상황으로 인해 생긴 예외적인 특수한 경우에까지도 무차별적으로 적용할 때 생기는 오류이다. 그 예로 "인간은 이성적인 동물이다. 중증 정신 질환자는 인간이다. 그러므로 중증 정신 질환자는 이성적인 동물이다."를 들 수 있다. ㉡애매어의 오류는 동일한 한 단어가 한 논증에서 맥락마다 서로 다른 의미를 지니는 것으로 사용될 때 생기는 오류를 말한다. "김 씨는 성격이 직선적이다. 직선적인 모든 것들은 길이를 지닌다. 고로 김 씨의 성격은 길이를 지닌다."가 그 예이다. 한편 각각의 원소들이 개별적으로 어떤 성질을 지니고 있다는 내용의 전제로부터 그 원소들을 결합한 집합 전체도 역시 그 성질을 지니고 있다는 결론을 도출하는 경우가 ㉢결합의 오류이고, 반대로 집합이 어떤 성질을 지니고 있다는 내용의 전제로부터 그 집합의 각각의 원소들 역시 개별적으로 그 성질을 지니고 있다는 결론을 도출하는 경우가 ㉣분해의 오류이다. 전자의 예로는 "그 연극단 단원들 하나하나가 다 훌륭하다. 고로 그 연극단은 훌륭하다."를, 후자의 예로는 "그 연극단은 일류급이다. 박 씨는 그 연극단 일원이다. 그러므로 박 씨는 일류급이다."를 들 수 있다.

① ㉠ – 모든 사람은 죽는다. 소크라테스는 사람이다. 그러므로 소크라테스는 죽는다.
② ㉡ – 부패하기 쉬운 것들은 냉동 보관해야 한다. 세상은 부패하기 쉽다. 고로 세상은 냉동 보관해야 한다.
③ ㉢ – 미국 아이스하키 선수단이 이번 올림픽에서 금메달을 차지했다. 그러므로 미국 선수 각자는 세계 최고 기량을 갖고 있다.
④ ㉣ – 그 학생의 논술 시험 답안은 탁월하다. 그의 답안에 있는 문장 하나하나가 탁월하기 때문이다.

문 11. 다음 글의 주된 설명 방식이 적용된 것으로 가장 적절한 것은?

> 문학이 구축하는 세계는 실제 생활과 다르다. 즉 실제 생활은 허구의 세계를 구축하는 데 필요한 재료가 되지만 이 재료들이 일단 한 구조의 구성 분자가 되면 그 본래의 재료로서의 성질과 모습은 확연히 달라진다. 건축가가 집을 짓는 것을 떠올려 보자. 건축가는 어떤 완성된 구조를 생각하고 거기에 필요한 재료를 모아서 적절하게 집을 짓게 되는데, 이때 건물이라고 하는 하나의 구조를 완성하게 되면 이 완성된 구조의 구성 분자가 된 재료들은 본래의 재료와 전혀 다른 것이 된다.

① 르네상스 시대의 화가들은 원근법을 사용하여 세상을 향한 창과 같은 사실적인 그림을 그렸다. 현대 회화를 출발시켰다고 평가되는 인상주의자들이 의식적으로 추구한 것도 이러한 사실성이었다.
② 소설을 구성하는 요소는 물론 많지만 그중에서도 인물, 배경, 사건을 들 수 있다. 인물은 사건의 주체, 배경은 인물이 행동을 벌이는 시간과 공간, 분위기 등이고, 사건은 인물이 배경 속에서 벌이는 행동의 세계이다.
③ 목적을 지닌 인생은 의미 있다. 목적 없이 살아가는 사람은 험난한 인생의 노정을 완주하지 못한다. 목적을 갖고 뛰어야 마라톤에서 완주가 가능한 것처럼 우리의 인생에서도 목표를 가지고 꾸준히 노력하는 사람이 성공한다.
④ 신라의 육두품 출신 가운데 학문적으로 출중한 자들이 많았다. 가령, 강수, 설총, 녹진, 최치원 같은 사람들은 육두품 출신이었다. 이들은 신분적 한계 때문에 정계보다는 예술과 학문 분야에 일찌감치 몰두하게 되었다.

문 12. 다음 글의 내용과 부합하지 않는 것은?

> 세잔이, 사라졌다고 느낀 것은 균형과 질서의 감각이다. 인상주의자들은 순간순간의 감각에만 너무 사로잡힌 나머지 자연의 굳건하고 지속적인 형태는 소홀히했다고 느꼈던 것이다. 반 고흐는 인상주의가 시각적 인상에만 집착하여 빛과 색의 광학적 성질만을 탐구한 나머지 미술의 강렬한 정열을 상실하게 될 위험에 처했다고 느꼈다. 마지막으로 고갱은 그가 본 인생과 예술 전부에 대해 철저하게 불만을 느꼈다. 그는 더 단순하고 더 솔직한 어떤 것을 열망했고 그것을 원시인들 속에서 발견할 수 있으리라고 기대했다. 이 세 사람의 화가가 모색했던 제각각의 해법은 세 가지 현대 미술 운동의 이념적 바탕이 되었다. 세잔의 해결 방법은 프랑스에 기원을 둔 입체주의(cubism)를 일으켰고, 반 고흐의 방법은 독일 중심의 표현주의(expressionism)를 일으켰다. 고갱의 해결 방법은 다양한 형태의 프리미티비즘(primitivism)을 이끌어 냈다.

① 세잔, 고흐, 고갱은 인상주의의 문제를 극복하고자 각자 새로운 해결 방법을 모색했다.
② 고갱은 인상주의가 충분히 솔직하고 단순했다고 생각했다.
③ 고흐는 인상주의가 강렬한 정열을 상실할 위험에 처했다고 생각했다.
④ 세잔은 인상주의가 균형과 질서의 감각을 잃었나고 생각했다.

문 13. 밑줄 친 부분의 띄어쓰기가 옳지 않은 것은?

① 이처럼 좋은 걸 어떡해?
② 제 3장의 내용을 요약해 주세요.
③ 공사를 진행한 지 꽤 오래되었다.
④ 결혼 10년 차에 내 집을 장만했다.

문 14. '깎다'의 활용형에 적용된 음운 변동에 대한 설명으로 옳은 것은?

> • 교체: 한 음운이 다른 음운으로 바뀌는 현상
> • 탈락: 한 음운이 없어지는 현상
> • 첨가: 없던 음운이 생기는 현상
> • 축약: 두 음운이 합쳐져서 또 다른 음운 하나로 바뀌는 현상
> • 도치: 두 음운의 위치가 서로 바뀌는 현상

① '깎는'은 교체 현상에 의해 '깡는'으로 발음된다.
② '깎아'는 탈락 현상에 의해 '까까'로 발음된다.
③ '깎고'는 도치 현상에 의해 '깍꼬'로 발음된다.
④ '깎지'는 축약 현상과 첨가 현상에 의해 '깍찌'로 발음된다.

문 15. 다음 글에서 추론할 수 있는 내용으로 적절하지 않은 것은?

> '포스트휴먼'은 그 기본적인 능력이 근본적으로 현재의 인간을 넘어서기 때문에 현재의 기준으로는 더 이상 인간이라 부를 수 없는 존재를 가리키는 표현이다. 스웨덴 출신의 철학자 보스트롬은 건강 수명, 인지, 감정이라는, 인간의 세 가지 주요 능력 중 최소한 하나 이상의 능력에서 현재의 인간이 도달할 수 있는 최대한의 한계를 엄청나게 넘어설 경우 이를 '포스트휴먼'으로 부르자고 제안하였다.
>
> 현재 가장 뛰어난 인간이 가질 수 있는 지능보다 훨씬 더 뛰어난 지능을 가지며, 더 이상 질병에 시달리지 않고, 노화가 완전히 제거되어서 젊음과 활력을 계속 유지하는 어떤 존재를 생각해 볼 수 있다. 이 존재는 스스로의 심리 상태에 대한 조절도 자유롭게 할 수 있어서 피곤함이나 지루함을 거의 느끼지 않으며, 미움과 같은 감정을 피하고, 즐거움, 사랑, 미적 감수성, 평정 등의 태도를 유지한다. 이러한 존재가 어떤 존재일지 지금은 정확하게 상상하기 어렵지만 현재 인간의 상태로 접근할 수 없는 새로운 신체나 의식 상태에 놓여 있을 것임은 분명하다.
>
> 이러한 포스트휴먼은 완전히 인위적으로 만들어진 인공지능일 수도 있고, 신체를 버리고 슈퍼컴퓨터 안의 정보 패턴으로 살기를 선택한 업로드의 형태일 수도 있으며, 또는 생물학적 인간에 대한 개선들이 축적된 결과일 수도 있다. 만약 생물학적 인간이 포스트휴먼이 되고자 한다면 유전 공학, 신경약리학, 항노화술, 컴퓨터-신경 인터페이스, 기억 향상 약물, 웨어러블 컴퓨터, 인지 기술과 같은 다양한 과학 기술을 이용해 우리의 두뇌나 신체에 근본적인 기술적 변형을 가해야만 할 것이다. '포스트휴먼'은 '내가 이런 능력을 가지고 있었으면 얼마나 좋을까' 하고 누구나 한 번쯤 상상해 보았을 법한 슈퍼 인간의 모습을 기술한 용어이다.

① 포스트휴먼은 건강 수명, 인지 능력, 감정 등의 측면에서 현재의 인간보다 뛰어나기 때문에 포스트휴먼 사회에서는 인간에 대한 개념이 새로 구성될 것이다.
② 포스트휴먼은 인간의 현재 상태를 뛰어넘는 능력을 가진 새로운 존재일 것으로 예측되지만 그 형태가 어떠할지 여하는 다양한 가능성에 열려 있다.
③ 포스트휴먼 개념은 인간의 신체적 결함을 다양한 과학 기술을 이용해 보완하여 기술적 한계를 극복한 새로운 인간형의 탄생에 귀결될 것이다.
④ 포스트휴먼 개념에 따라 제시되는 미래의 존재는 과학 기술의 발전 양상에 따른 영향을 현재의 인간에 비해 더 크게 받을 것이다.

문 16. 반의 관계 어휘에 대한 설명으로 옳지 않은 것은?

① '크다/작다'의 경우, 두 단어를 동시에 긍정하거나 부정하면 모순이 발생한다.

② '출발/도착'의 경우, 한 단어의 부정이 다른 쪽 단어의 부정과 모순되지 않는다.

③ '참/거짓'의 경우, 한 단어의 부정은 다른 쪽 단어의 긍정을 함의한다.

④ '넓다/좁다'의 경우, 한 단어의 의미가 다른 쪽 단어의 부정을 함의한다.

문 17. 밑줄 친 부분에 대한 설명으로 적절한 것은?

> 말ᄊᆞᄆᆞᆯ ㉠ᄉᆞᆯᄫᆞ리 하ᄃᆡ 天命을 疑心ᄒᆞ실ᄊᆡ ᄭᅮ므로 ㉡뵈아시니
> 놀애ᄅᆞᆯ 브르리 ㉢하ᄃᆡ 天命을 모ᄅᆞ실ᄊᆡ ᄭᅮ므로 ㉣알외시니
>
> (말씀을 아뢸 사람이 많지만, 天命을 의심하시므로 꿈으로 재촉하시니
> 노래를 부를 사람이 많지만, 天命을 모르므로 꿈으로 알리시니)
>
> –「용비어천가」 13장 –

① ㉠에서 '이'는 주격을 나타내는 조사로 기능한다.

② ㉡에서 '-아시-'는 높임을 나타내는 선어말 어미로 기능한다.

③ ㉢에서 '-ᄃᆡ'는 이유를 나타내는 연결 어미로 기능한다.

④ ㉣에서 '-외-'는 사동을 나타내는 접미사로 기능한다.

문 18. 다음 글의 내용과 부합하는 것은?

> 동양의 음식 중에는 특별한 의미가 담긴 것들이 있다. 우리나라 대표적인 명절 음식 중 하나인 송편은 반달의 모습을 본뜬 음식으로 풍년과 발전을 상징한다. 『삼국사기』에 따르면, 백제 의자왕 때 궁궐 땅속에서 파낸 거북이 등에 쓰여 있는 '백제는 만월(滿月) 신라는 반달'이라는 글귀를 두고 점술사가 백제는 만월이라서 다음 날부터 쇠퇴하고 신라는 앞으로 크게 발전할 징표라고 해석했다고 한다. 결과적으로 점술가의 예언이 적중했다. 이때부터 반달은 더 나은 미래를 기원하는 뜻으로 쓰이며, 그러한 뜻을 담아 송편도 반달 모양의 떡으로 빚었다고 한다.
>
> 중국에서는 반달이 아닌 보름달 모양의 월병을 빚어 즐겨 먹었다. 옛날에 월병은 송편과 마찬가지로 제수 용품이었다. 점차 제례 음식으로서 위상을 잃었지만 모든 가족이 모여 보름달을 바라보면서 함께 나눠 먹는 음식으로 자리 잡았다. 이 때문에 보름달 모양의 월병은 둥근 원탁에 온가족이 모인 것을 상징한다. 한국에서 지역의 단합을 위해 수천 명 분의 비빔밥을 만들듯이 중국에서는 수천 명이 먹을 수 있는 월병을 만들 정도로 이는 의미 있는 음식으로 대접받고 있다.

① 『삼국사기』에 따르면 점술가의 예언 덕분에 신라가 크게 발전할 수 있었다.

② 중국의 월병은 한국에서 비빔밥을 만들어 먹는 것을 본떠 만든 음식이다.

③ 신라인들은 더 나은 미래를 기원하는 마음을 담아 송편을 빚었다.

④ 중국의 월병은 제수 음식으로서의 명맥을 유지하고 있다.

※ 다음 글을 읽고 물음에 답하시오. [문 19 ~ 문 20]

> 잔을 씻어 다시 술을 부으려 하는데 ㉠갑자기 석양에 막대기 던지는 소리가 나거늘 괴이하게 여겨 생각하되, '어떤 사람이 올라오는고.' 하였다. 이윽고 한 중이 오는데 눈썹이 길고 눈이 맑고 얼굴이 특이하더라. 엄숙하게 자리에 이르러 승상을 보고 예하여 왈,
> "산야(山野) 사람이 대승상께 인사를 드리나이다."
> 승상이 이인(異人)인 줄 알고 황망히 답례하여 왈,
> "사부는 어디에서 오신고?"
> 중이 웃으며 왈,
> "평생의 낯익은 사람을 몰라보시니 귀인이 잘 잊는다는 말이 옳도소이다."
> 승상이 자세히 보니 과연 낯이 익은 듯하거늘 문득 깨달아 능파 낭자를 돌아보며 왈,
> "소유가 전에 토번을 정벌할 때 꿈에 동정 용궁에 가서 잔치하고 돌아오는 길에 남악에 가서 놀았는데 한 화상이 법좌에 앉아서 불경을 강론하더니 노부께서 바로 그 노화상이냐?"
> 중이 박장대소하고 말하되,
> "옳다. 옳다. 비록 옳지만 ㉡꿈속에서 잠깐 만나 본 일은 생각하고 ㉢십 년을 같이 살던 일은 알지 못하니 누가 양 장원을 총명하다 하더뇨?"
> 승상이 어리둥절하여 말하되,
> "소유가 ㉣열대여섯 살 전에는 부모 슬하를 떠나지 않았고, 열여섯에 급제하여 줄곧 벼슬을 하였으니 동으로 연국에 사신을 갔고 서로 토번을 정벌한 것 외에는 일찍이 서울을 떠나지 않았으니 언제 사부와 십 년을 함께 살았으리오?"
> 중이 웃으며 왈,
> "상공이 아직 춘몽에서 깨어나지 못하였도소이다."
> 승상이 왈,
> "사부는 어떻게 하면 소유를 춘몽에게 깨게 하리오?"
> 중이 왈,
> "어렵지 않으니이다."
> 하고 손 가운데 돌 지팡이를 들어 난간을 두어 번 치니 갑자기 사방 산골짜기에서 구름이 일어나 누대 위에 쌓여 지척을 분변하지 못했다. 승상이 정신이 아득하여 마치 꿈에 취한 듯하더니 한참 만에 소리 질러 말하되,
> "사부는 어찌 소유를 정도로 인도하지 않고 환술(幻術)로 희롱하나뇨?"
> 대답을 듣기도 전에 구름이 날아가니 중은 간 곳이 없고 좌우를 돌아보니 여덟 낭자 또한 간 곳이 없는지라.
>
> – 김만중, 「구운몽」 –

문 19. ㉠ ~ ㉣을 사건의 시간 순서에 따라 가장 적절하게 배열한 것은?

① ㉠ → ㉢ → ㉣ → ㉡
② ㉠ → ㉣ → ㉢ → ㉡
③ ㉢ → ㉣ → ㉡ → ㉠
④ ㉣ → ㉢ → ㉡ → ㉠

문 20. 윗글에 대한 이해로 가장 적절한 것은?

① '승상'은 꿈에 남악에서 '중'을 보았던 기억을 떠올리며 낯이 익은 듯하다고 여기기 시작한다.
② '승상'은 본디 남악에서 '중'의 문하생으로 불도를 닦던 승려였음을 인정한 뒤 꿈에서 깨게 된다.
③ '승상'은 '중'이 여덟 낭자를 사라지게 한 환술을 부렸음을 확인하고서 그의 진의를 의심한다.
④ '승상'은 능파 낭자와 어울려 놀던 죄를 징벌한 이가 '중'임을 깨닫고서 '중'과의 관계를 부정하게 된다.

해설편 ▶ P.37

| 풀이 시간: ____:____ ~ ____:____ / 점수: ____점

문 1. 다음 시가의 전개 방식으로 옳은 것은?

> 龜何龜何
> 首其現也
> 若不現也
> 燔灼而喫也
>
> –「구지가」–

① 요구 – 위협 – 환기 – 조건
② 환기 – 요구 – 조건 – 위협
③ 위협 – 조건 – 환기 – 요구
④ 조건 – 요구 – 위협 – 환기

문 2. 화자의 처지나 행위에 대한 분석으로 옳지 않은 것은?

> 흐르는 것이 물뿐이랴
> 우리가 저와 같아서
> 강변에 나가 삽을 씻으며
> 거기 슬픔도 퍼다 버린다.
> 일이 끝나 저물어
> 스스로 깊어 가는 강을 보며
> 쭈그려 앉아 담배나 피우고
> 나는 돌아갈 뿐이다.
> 삽자루에 맡긴 한 생애가
> 이렇게 저물고, 저물어서
> 샛강 바닥 썩은 물에
> 달이 뜨는구나
> 우리가 저와 같아서
> 흐르는 물에 삽을 씻고
> 먹을 것 없는 사람들의 마을로
> 다시 어두워 돌아가야 한다.
>
> – 정희성, 「저문 강에 삽을 씻고」 –

① 화자는 일을 마치고, 해 지는 강변에 나와 삽을 씻는다.
② 화자는 강물에 슬픔을 퍼다 버리고, '먹을 것 없는 사람들의 마을'로 돌아가야 한다.
③ 화자는 '삽자루에 맡긴 한 생애'라는 표현을 통해 자신의 삶을 압축적으로 드러낸다.
④ 화자는 주관적인 감정을 배제하고, 해 지는 강가의 풍경을 객관적으로 전달하려 한다.

문 3. 밑줄 친 부분과 관련된 사자성어로 가장 적절한 것은?

> 전국 시대 말, 진나라의 공격을 받은 조나라 혜문왕은 동생인 평원군을 초나라에 보내어 구원군을 청하기로 했다. 이십 명의 수행원이 필요한 평원군은 그의 삼천여 식객 중에서 십구 명은 쉽게 뽑았으나, 나머지 한 명을 뽑지 못한 채 고심했다. 이때에 모수라는 식객이 나섰다. 평원군은 어이없어하며 자신의 집에 언제부터 있었는지 물었다. 모수가 삼 년이 되었다고 대답하자 평원군은 재능이 뛰어난 사람은 숨어 있어도 저절로 사람들에게 알려지게 되는 법인데, 모수의 이름을 들어 본 적이 없다고 답했다. 그러자 모수는 "나리께서 이제까지 저를 단 한 번도 주머니 속에 넣어 주시지 않았기 때문입니다. 하지만 이번에 주머니 속에 넣어 주신다면 끝뿐이 아니라 자루까지 드러날 것입니다." 하고 재치 있는 답변을 했다. 만족한 평원군은 모수를 수행원으로 뽑았고, 초나라에 도착한 평원군은 모수가 활약한 덕분에 국빈으로 환대받고, 구원군도 얻을 수 있었다.

① 吳越同舟　② 囊中之錐
③ 馬耳東風　④ 近墨者黑

문 4. 다음 글을 읽고 추론한 내용으로 적절하지 않은 것은?

> 사방이 어두워지자 그들도 얘기를 그쳤다. 어디에나 눈이 덮여 있어서 길을 잘 분간할 수가 없었다. 뒤에 처졌던 백화가 눈 덮인 길의 고랑에 빠져 버렸다. 발이라도 삐었는지 백화는 꼼짝 못하고 주저앉아 신음을 했다. 영달이가 달려들어 싫다고 뿌리치는 백화를 업었다. 백화는 영달이의 등에 업히면서 말했다.
> "무겁죠?"
> 영달이는 대꾸하지 않았다. 백화가 어린애처럼 가벼웠다. 등이 불편하지도 않았고 어쩐지 가뿐한 느낌이었다. 아마 쇠약해진 탓이리라 생각하니, 영달이는 어쩐지 대전에서의 옥자가 생각나서 눈시울이 화끈했다. 백화가 말했다.
> "어깨가 참 넓으네요. 한 세 사람쯤 업겠어."
> "댁이 근수가 모자라니 그렇다구."
>
> – 황석영, 「삼포 가는 길」 중에서 –

① '눈 덮인 길의 고랑'은 백화가 신음하는 계기로 작용하기도 한다.
② 등에 업힌 백화는 영달이가 '옥자'를 떠올리는 계기로 작용하기도 한다.
③ 영달이는 '대전에서의 옥자'를, 어린애처럼 생각이 깊지 않은 존재로 인식하고 있다.
④ 백화는 처음에는 영달이의 등에 업히기를 싫어했으나, 영달이의 등에 업힌 이후 싫어하는 내색이 없어 보인다.

문 5. 밑줄 친 말의 문맥적 의미가 같은 것은?

> 고장 난 시계를 <u>고치다</u>.

① 부엌을 입식으로 <u>고치다</u>.
② 상호를 순우리말로 <u>고치다</u>.
③ 정비소에서 자동차를 <u>고치다</u>.
④ 국민 생활에 불편을 주는 낡은 법을 <u>고치다</u>.

문 6. 밑줄 친 말의 사전적 의미로 가장 적절한 것은?

> 아이들이야 학교 가는 시간을 빼고는 내내 밖에서만 노는데, 놀아도 여간 <u>시망스럽게</u> 놀지 않았다.
>
> – 최일남, 「노새 두 마리」 중에서 –

① 몹시 짓궂은 데가 있다.
② 생기 있고 힘차며 시원스럽다.
③ 어수선하여 질서나 통일성이 없다.
④ 보기에 태도나 행동이 가벼운 데가 있다.

문 7. 밑줄 친 접두사가 한자에서 온 말이 <u>아닌</u> 것은?

① <u>강</u>염기
② <u>강</u>타자
③ <u>강</u>기침
④ <u>강</u>행군

문 8. 밑줄 친 말의 기본형이 옳지 <u>않은</u> 것은?

① 무를 강판에 <u>가니</u> 즙이 나온다. (기본형: 갈다)
② 오래되어 <u>불은</u> 국수는 맛이 없다. (기본형: 불다)
③ 아이들에게 위험한 데서 놀지 말라고 <u>일렀다</u>. (기본형: 이르다)
④ 퇴근하는 길에 포장마차에 <u>들렀다</u>가 친구를 만났다. (기본형: 들르다)

문 9. 다음 글에서 드러나지 <u>않는</u> 것은?

> 일주일에 한 번쯤 돼지고기를 반 근, 혹은 반의 반 근 사러 가는 푸줏간이었다. 어머니는 돈을 들려 보내며 매양 같은 주의를 잊지 않았다.
>
> 적게 주거든, 애라고 조금 주느냐고 말해라, 그리고 또 비계는 말고 살로 주세요, 해라.
>
> 푸줏간에서는 한쪽 볼에 힘껏 쥐어질린 듯 여문 밤톨만 한 혹이 달리고 그 혹부리에, 상기도 보이지 않는 손에 의해 끄들리고 있는 듯 길게 뻗힌 수염을 기른 홀아비 중국인이 고기를 팔았다.
>
> 애라고 조금 주세요?
>
> 키가 작아 발돋움질로 간신히 진열대에 턱을 올려놓고 돈을 밀어 넣는 것과 동시에 나는 총알처럼 내뱉었다.
>
> 고기를 자르기 위해 벽에 매단 가죽 끈에 칼을 문질러 날을 세우던 중국인은 미처 무슨 말인지 몰라 뚱한 얼굴로 나를 바라보았다. 나는 비계는 말고 살로 달래라 하던 어머니가 일러준 말을 하기 전 중국인이 고기를 자를까 봐 허겁지겁 내쏘았다.
>
> 고기로 달래요.
>
> 중국인은 꾸룩꾸룩 웃으며 그때야 비로소 고기를 덥석 베어 내었다.
>
> 왜 고기만 주니, 털도 주고 가죽도 주지.
>
> – 오정희, 「중국인 거리」 중에서 –

① 어머니의 주의에 대한 '나'의 수용
② '나'에게 심부름을 시키는 어머니의 태도
③ 시간적 배경의 특성과 공간적 배경의 역할
④ '나'의 말에 대해 푸줏간의 '중국인'이 보여 주는 정서

문 10. 필자의 견해로 볼 수 없는 것은?

우리는 우리가 생각한 것을 말로 나타낸다. 또 다른 사람의 말을 듣고, 그 사람이 무슨 생각을 가지고 있는가를 짐작한다. 그러므로 생각과 말은 서로 떨어질 수 없는 깊은 관계를 가지고 있다.

그러면 말과 생각이 얼마만큼 깊은 관계를 가지고 있을까? 이 문제를 놓고 사람들은 오랫동안 여러 가지 생각을 하였다. 그 가운데 가장 두드러진 것이 두 가지 있다. 그 하나는 말과 생각이 서로 꼭 달라붙은 쌍둥이인데 한 놈은 생각이 되어 속에 감추어져 있고 다른 한 놈은 말이 되어 사람 귀에 들리는 것이라는 생각이다. 다른 하나는 생각이 큰 그릇이고 말은 생각 속에 들어가는 작은 그릇이어서 생각에는 말 이외에도 다른 것이 더 있다는 생각이다.

이 두 가지 생각 가운데서 앞의 것은 조금만 깊이 생각해 보면 틀렸다는 것을 즉시 깨달을 수 있다. 우리가 생각한 것은 거의 대부분 말로 나타낼 수 있지만, 누구든지 가슴속에 응어리진 어떤 생각이 분명히 있기는 한데 그것을 어떻게 말로 표현해야 할지 애태운 경험을 가지고 있을 것이다. 이것 한 가지만 보더라도 말과 생각이 서로 안팎을 이루는 쌍둥이가 아님은 쉽게 판명된다.

인간의 생각이라는 것은 매우 넓고 큰 것이며 말이란 결국 생각의 일부분을 주워 담는 작은 그릇에 지나지 않는다. 그러나 아무리 인간의 생각이 말보다 범위가 넓고 큰 것이라고 하여도 그것을 가능한 한 말로 바꾸어 놓지 않으면 그 생각의 위대함이나 오묘함이 다른 사람에게 전달되지 않기 때문에 생각이 형님이요, 말이 동생이라고 할지라도 생각은 동생의 신세를 지지 않을 수가 없게 되어 있다. 그러니 말을 통하지 않고는 생각을 전달할 수가 없는 것이다.

① 말은 생각보다 범위가 좁다.
② 말은 생각을 나타내는 매개체이다.
③ 말과 생각은 불가분의 관계에 놓여 있다.
④ 말을 통하지 않고도 얼마든지 생각을 전달할 수 있다.

문 11. 다음 시에 대한 감상으로 적절하지 않은 것은?

아무도 그에게 수심(水深)을 일러준 일이 없기에
흰나비는 도무지 바다가 무섭지 않다.

청(靑)무우밭인가 해서 내려갔다가는
어린 날개가 물결에 절어서
공주처럼 지쳐서 돌아온다.

삼월(三月)달 바다가 꽃이 피지 않아서 서글픈
나비 허리에 새파란 초생달이 시리다.

– 김기림, 「바다와 나비」 –

① '청(靑)무우밭'은 '바다'와 대립되는 이미지로 쓰였다.
② '흰나비'는 '바다'의 실체에 대해 정확하게 모르고 있었다.
③ 화자는 '공주처럼' 나약한 나비의 의지 부족과 방관적 태도를 비판한다.
④ '삼월(三月)달 바다'와 '새파란 초생달'은 모두 차가운 이미지로 사용되었다.

문 12. 〈보기〉를 참고할 때, ㉠~㉣에 대한 분석으로 적절하지 않은 것은?

〈보기〉

어떤 특정한 시기의 풍속이나 세태의 한 단면을 그리는 소설 양식을 세태 소설이라 한다. 세태 소설은 당대 사회의 모순이나 부조리 등을 있는 그대로 묘사하여 그 사회에 대한 비판 의식을 드러낸다. 그 대표적인 소설로 박태원의 「소설가 구보 씨의 일일」이 있다.

㉠개찰구 앞에 두 명의 사내가 서 있었다. 낡은 파나마에 모시 두루마기 노랑 구두를 신고, 그리고 손에 조그만 보따리 하나도 들지 않은 그들을, 구보는, 확신을 가져 무직자라고 단정한다. 그리고 이 시대의 무직자들은, 거의 다 ㉡금광 브로커에 틀림없었다. 구보는 새삼스러이 대합실 안팎을 둘러본다. 그러한 인물들은, 이곳에도 저곳에도 눈에 띄었다.

㉢황금광 시대(黃金狂時代).

저도 모를 사이에 구보의 입술에서는 무거운 한숨이 새어 나왔다. 황금을 찾아, 황금을 찾아, 그것도 역시 숨김없는 인생의, 분명히, 일면이다. 그것은 적어도, 한 손에 단장과 또 한 손에 공책을 들고, 목적 없이 거리로 나온 자기보다는 좀 더 진실한 인생이었을지도 모른다. 시내에 산재한 무수한 광무소(鑛務所). 인지대 백 원. 열람비 오 원. 수수료 십 원. 지도대 십팔 전……. 출원 등록된 광구, 조선 전토(全土)의 칠 할. 시시각각으로 사람들은 졸부가 되고, 또 몰락해 갔다. 황금광 시대. 그들 중에는 평론가와 시인, 이러한 문인들조차 끼어 있었다. 구보는 일찍이 창작을 위해 그의 벗의 광산에 가 보고 싶다 생각하였다. 사람들의 사행심, 황금의 매력, 그러한 것들을 구보는 보고, 느끼고, 하고 싶었다. 그러나 고도의 금광열은, 오히려, ㉣총독부 청사, 동측 최고층, 광무과 열람실에서 볼 수 있었다…….

– 박태원, 「소설가 구보 씨의 일일」 중에서 –

① ㉠: 세태의 단면이 드러나는 공간적 배경이다.
② ㉡: 적극성을 지닌 존재들로 서술자의 예찬 대상이다.
③ ㉢: '무거운 한숨'을 유발하는 부조리한 현실로 서술자의 비판 대상이다.
④ ㉣: 서술자가 '금광열'이 고조되어 있는 것으로 설정한 대상이나 공간이다.

문 13. ㉠ ~ ㉣에 대한 풀이로 옳지 않은 것은?

빌기를 다 함에 지성이면 감천이라 황천인들 무심할까. 단상의 오색구름이 사면에 옹위하고 산중에 ㉠백발 신령이 일제히 하강하여 정결케 지은 제물 모두 다 흠향한다. 길조(吉兆)가 여차(如此)하니 귀자(貴子)가 없을쏘냐. 빌기를 다한 후에 만심 고대하던 차에 일일은 한 꿈을 얻으니, ㉡천상으로서 오운(五雲)이 영롱하고, 일원(一員) 선관(仙官)이 청룡(靑龍)을 타고 내려와 말하되,

"나는 청룡을 다스리던 선관이더니 익성(翼星)이 무도(無道)한 고로 상제께 아뢰되 익성을 치죄하야 다른 방으로 귀양을 보냈더니 익성이 이걸로 함심(含心)하야 ㉢백옥루 잔치 시에 익성과 대전(對戰)한 후로 상제전에 득죄하여 인간에 내치심에 갈 바를 모르더니 남악산 신령들이 부인 댁으로 지시하기로 왔사오니 부인은 애휼(愛恤)하옵소서."

하고 타고 온 청룡을 오운 간(五雲間)에 방송(放送)하며 왈,

"㉣일후 풍진(風塵) 중에 너를 다시 찾으리라."

하고 부인 품에 달려들거늘 놀래 깨달으니 일장춘몽이 황홀하다.

정신을 진정하야 정언주부를 청입(請入)하야 몽사를 설화(說話)한대 정언주부가 즐거운 마음 비할 데 없어 부인을 위로하야 춘정(春情)을 부쳐 두고 생남(生男)하기를 만심 고대하더니 과연 그달부터 태기 있어 십 삭이 찬 연후에 옥동자를 탄생할 제, 방 안에 향취 있고 문 밖에 서기(瑞氣)가 뻗질러 생광(生光)은 만지(滿地)하고 서채(瑞彩)는 충천하였다.

…(중략)…

이때에 조정에 두 신하가 있으니 하나는 도총대장 정한담이요, 또 하나는 병부상서 최일귀라. 본대 천상 익성으로 자미원 대장성과 백옥루 잔치에 대전한 죄로 상제께 득죄하여 인간 세상에 적강(謫降)하여 대명국 황제의 신하가 되었는지라 본시 천상지인(天上之人)으로 지략이 유여하고 술법이 신묘한 중에 금산사 옥관도사를 데려다가 별당에 거처하게 하고 술법을 배웠으니 만부부당지용(萬夫不當之勇)이 있고 백만군중대장지재(百萬軍中大將之才)라 벼슬이 일품이요 포악이 무쌍이라 일상 마음이 천자를 도모코자 하되 다만 정언주부인 유심의 직간을 꺼려하고 또한 퇴재상(退宰相) 강희주의 상소를 꺼려 주저한 지 오래라.

– 「유충렬전」 중에서 –

① ㉠: 길조(吉兆)가 일어날 것임을 암시한다.
② ㉡: '부인'이 꾼 꿈의 상황이다.
③ ㉢: '선관'이 인간 세상에 귀양을 오게 되는 계기이다.
④ ㉣: '남악산 신령'이 후일 청룡을 타고 천상 세계로 복귀할 것임을 암시한다.

문 14. ㉠ ~ ㉣의 한자가 모두 바르게 표기된 것은?

〈보기〉

글의 진술 방식에는 ㉠설명, ㉡묘사, ㉢서사, ㉣논증 등 네 가지 방식이 있다.

	㉠	㉡	㉢	㉣
①	說明	描寫	敍事	論證
②	說明	描寫	敍事	論症
③	說明	猫鯊	徐事	論症
④	說明	猫鯊	徐事	論證

문 15. 밑줄 친 부분이 어문 규정에 맞는 것은?

① 병이 씻은 듯이 낳았다.
② 넉넉치 못한 선물이나 받아 주세요.
③ 그는 자물쇠로 책상 서랍을 잠갔다.
④ 옷가지를 이여서 밧줄처럼 만들었다.

문 16. 훈민정음의 28 자모(字母) 체계에 들지 않는 것은?

① ㆆ ② ㅿ
③ ㅠ ④ ㅸ

문 17. 밑줄 친 부분의 띄어쓰기가 옳은 것은?

① 한밤중에 전화가 왔다.
② 그는 일도 잘할 뿐더러 성격도 좋다.
③ 친구가 도착한 지 두 시간만에 떠났다.
④ 요즘 경기가 안 좋아서 장사가 잘 안 된다.

문 18. 독음이 모두 바른 것은?

① 探險(탐험) – 矛盾(모순) – 貨幣(화폐)
② 詐欺(사기) – 惹起(야기) – 灼熱(치열)
③ 荊棘(형자) – 破綻(파탄) – 洞察(통찰)
④ 箴言(잠언) – 惡寒(악한) – 奢侈(사치)

문 19. 설명이 옳지 않은 것은?

① 'ㄴ, ㅁ, ㅇ'은 유음이다.
② 'ㅅ, ㅆ, ㅎ'은 마찰음이다.
③ 'ㅡ, ㅓ, ㅏ'는 후설 모음이다.
④ 'ㅟ, ㅚ, ㅗ, ㅜ'는 원순 모음이다.

문 20. 내용의 전개에 따라 바르게 배열한 것은?

(가) 사물은 저것 아닌 것이 없고, 또 이것 아닌 것이 없다. 이쪽에서 보면 모두가 저것, 저쪽에서 보면 모두가 이것이다.
(나) 그러므로 저것은 이것에서 생겨나고, 이것 또한 저것에서 비롯된다고 한다. 이것과 저것은 저 혜시(惠施)가 말하는 방생(方生)의 설이다.
(다) 그래서 성인(聖人)은 이런 상대적인 방법에 의하지 않고, 그것을 절대적인 자연의 조명(照明)에 비추어 본다. 그리고 커다란 긍정에 의존한다. 거기서는 이것이 저것이고 저것 또한 이것이다. 또 저것도 하나의 시비(是非)이고 이것도 하나의 시비이다. 과연 저것과 이것이 있다는 말인가. 과연 저것과 이것이 없다는 말인가.
(라) 그러나 그, 즉 혜시(惠施)도 말하듯이 삶이 있으면 반드시 죽음이 있고, 죽음이 있으면 반드시 삶이 있다. 역시 된다가 있으면 안 된다가 있고, 안 된다가 있으면 된다가 있다. 옳다에 의거하면 옳지 않다에 기대는 셈이 되고, 옳지 않다에 의거하면 옳다에 의지하는 셈이 된다.

① (가) – (나) – (다) – (라)
② (가) – (나) – (라) – (다)
③ (가) – (다) – (나) – (라)
④ (가) – (라) – (나) – (다)

해설편 ▶ P.42

| 풀이 시간: ____:____ ~ ____:____ / 점수: ____점

문 1. 밑줄 친 단어의 쓰임이 옳지 않은 것은?

① 금방 비가 올 것처럼 하늘이 어둡다.
할머니는 방금 전에 난 소리에 깜짝 놀라셨다.
② 그는 근본이 미천하여 남들의 업신여김을 받았다.
자발적 참여자를 근간으로 하여 조직이 결성되었다.
③ 친구들에게 그는 완전히 타락한 사람으로 알려졌다.
그는 역모 사건에 휘말려 몰락한 집안의 자손이었다.
④ 비가 올 때에는 순회공연을 지연하기로 하였다.
시험 시작 날짜가 9월 5일에서 9월 7일로 연장되었다.

문 2. 띄어쓰기가 옳지 않은 것은?

① 조금 의심스러운 부분이 있어서 물어도 보았다.
② 매일같이 지각하던 김 선생이 직장을 그만두었다.
③ 이번 시험에서 우리 중 안 되어도 세 명은 합격할 듯하다.
④ 지난주에 발생한 사고를 어떻게 해결해야 할지 회의를 했다.

문 3. 높임법에 대한 설명으로 옳지 않은 것은?

ㄱ. 할아버지께서 노인정에 가셨습니다.
ㄴ. 선생님께서는 휴일에는 댁에 계십니다.
ㄷ. 여러분, 아이들을 자리에 앉혀 주십시오.
ㄹ. 우리는 할머니를 모시고 산책을 다녀왔다.

① ㄱ, ㄴ: 문장의 주체를 높이고 있다.
② ㄱ, ㄴ, ㄷ: 듣는 이를 높이고 있다.
③ ㄴ, ㄹ: 특수한 어휘를 사용하여 높임을 표현하고 있다.
④ ㄷ, ㄹ: 목적어를 높이고 있으므로 객체를 높이는 표현이다.

문 4. 밑줄 친 단어의 품사가 같은 것은?

① 모두 제 잘못입니다.
심판은 규칙을 잘못 적용하여 비난을 받았다.
② 집에 도착하는 대로 편지를 쓰다.
큰 것은 큰 것대로 따로 모아 두다.
③ 비교적 교통이 편리한 곳에 사무실이 있다.
우리나라의 출산율은 비교적 낮은 편이다.
④ 이 사과가 맛있게 생겼다.
이보다 더 좋을 수는 없다.

문 5. 밑줄 친 한자 성어의 쓰임이 적절하지 않은 것은?

① 그는 이번 실패에 굴하지 않고 捲土重來를 꿈꾸고 있다.
② 그는 魚魯不辨으로 부당 이득을 취한 혐의를 받고 있다.
③ 그는 이번 사건에 吾不關焉하면서 책임을 회피하고 있다.
④ 그의 말이 羊頭狗肉으로 평가받는 것은 겉만 그럴듯해서이다.

문 6. 다음 글에 대한 설명으로 가장 적절한 것은?

나는 이때 온몸으로, 그리고 마음속으로 절절히 느끼게 되었다. 집착이 괴로움인 것을. 그렇다. 나는 난초에게 너무 집념해 버린 것이다. 이 집착에서 벗어나야겠다고 결심했다. 난을 가꾸면서는 산철에도 나그넷길을 떠나지 못한 채 꼼짝을 못 했다. 밖에 볼일이 있어 잠시 방을 비울 때면 환기가 되도록 들창문을 열어 놓아야 했고, 분(盆)을 내놓은 채 나가다가 뒤미처 생각하고는 되돌아와 들여놓고 나간 적도 한두 번이 아니었다.

우리들의 소유 관념이 때로는 우리들의 눈을 멀게 한다. 그래서 자기의 분수까지도 돌볼 새 없이 들뜬다. 그러나 우리는 언젠가 한 번은 빈손으로 돌아갈 것이다. 내 이 육신마저 버리고 훌훌히 떠나갈 것이다. 하고많은 물량일지라도 우리를 어떻게 하지 못할 것이다.

크게 버리는 사람만이 크게 얻을 수 있다는 말이 있다. 물건으로 인해 마음을 상하고 있는 사람들에게는 한번쯤 생각해 볼 말씀이다. 아무것도 갖지 않을 때 비로소 온 세상을 갖게 된다는 것은 무소유의 역리(逆理)이니까.

① 역설과 예시를 사용해 주제를 강조하고 있다.
② 전문적인 지식을 통해 논증을 뒷받침하고 있다.
③ 난초를 의인화하여 소유의 가치를 깨우치고 있다.
④ 단호한 어조로 독자의 반성을 촉구하고 있다.

문 7. ㉠에 들어갈 시조로 적절한 것은?

> 우리말에서 공간적 개념은 흔히 시간적 개념으로 바뀌어 표현되곤 한다. 예컨대 공간 표현인 '뒤'가 시간 표현으로 '나중'을 의미하기도 한다. 한편 문학 작품에서 시간적 개념이 공간적 개념으로 바뀌어 표현되는 경우도 있다. 그 예로 다음 시조를 보자.
>
> ㉠

① 어져 내 일이야 그릴 줄을 모로ᄃᆞ냐
이시랴 ᄒᆞ더면 가랴마ᄂᆞᆫ 제 구ᄐᆞ여
보내고 그리ᄂᆞᆫ 情은 나도 몰라 ᄒᆞ노라

② 靑山은 내 뜻이오 綠水ᄂᆞᆫ 님의 情이
綠水 흘러간들 靑山이야 變ᄒᆞᆯ손가
綠水도 靑山을 못 니져 우러 예어 가ᄂᆞᆫ고

③ 冬至ㅅᄃᆞᆯ 기나긴 밤을 한 허리를 버혀 내여
春風 니불 아ᄅᆡ 서리서리 너헛다가
어론 님 오신 날 밤이여든 구뷔구뷔 펴리라

④ 山은 녯 山이로되 물은 녯 물이 안이로다
晝夜에 흘으니 녯 물이 이실쏜야
人傑도 물과 ᄀᆞᆺᄋᆞ야 가고 안이 오노ᄆᆡ라

문 8. 밑줄 친 단어의 불규칙 활용 유형이 같은 것은?

① 나뭇잎이 <u>누르니</u> 가을이 왔다.
나무가 높아 <u>오르기</u> 힘들다.

② 목적지에 <u>이르기</u>는 아직 멀었다.
앞으로 <u>구르기</u>를 잘한다.

③ 주먹을 <u>휘두르지</u> 마라.
머리를 짧게 <u>자른다</u>.

④ 그를 불운한 천재라 <u>부른다</u>.
색깔이 아주 <u>푸르다</u>.

문 9. 다음 글에 나타난 필자의 견해로 볼 수 <u>없는</u> 것은?

> 서양에서 주인공을 '히어로(hero)', 즉 '영웅'이라고 부른 것은 고대 서사시나 희곡의 소재가 되던 주인공들이 초인간적인 능력을 가진 인물들이었기 때문이다. 신화적 세계관 속에서 영웅들은 신과 밀접한 관계를 맺거나 신의 후손이기도 하였다.
>
> 신화와 달리 문학 작품은 인물의 행위를 단일한 것으로 통일시킨다. 영웅들의 초인간적이고 신적인 행위는 차차 문학 작품의 구조에 제한되어 훨씬 인간화되었다. 문학 작품의 통일된 구조에 적합하지 않은 것은 대폭 수정되거나 제거되는 수밖에 없었다.
>
> 아리스토텔레스는 비극이 '보통보다 우수한 인물'을 모방한다고 하였는데, 이는 문학의 인물이 신화의 영웅이 아닌 보통의 인간임을 지적한 것이다. 극의 주인공은 작품의 통일성을 기하는 데 기여하는 중심적인 인물이면 된다고 한 것으로 볼 수 있다.
>
> 낭만주의 및 역사주의 비평가들은 작중 인물을 실제 인물인 양 따로 떼어 내어, 그의 개인적인 역사를 재구성해 보려고도 하였다. 그들은 영웅이라는 표현 대신 '성격(인물, character)'이라는 개념을 즐겨 썼는데, 이 용어는 지금도 비평계에서 애용되고 있다.

① 영웅이라는 말은 고대의 예술적 조건과 자연스럽게 관련된다.
② 신화의 영웅은 문학 작품에 와서 점차 인간화되었다.
③ 아리스토텔레스가 말한 '보통보다 우수한 인물'은 신화적 영웅과 다르다.
④ 역사주의 비평가들은 작중 인물을 역사적 영웅으로 재평가하려고 했다.

문 10. ㉠～㉣에 들어갈 한자어를 순서대로 바르게 나열한 것은?

> 토론은 어떤 의견이나 제안에 대해 찬성과 반대의 뚜렷한 의견 대립을 가지는 사람들이 논리적으로 상대방을 설득하는 (㉠) 형태이다. 찬성자와 반대자는 각기 (㉡)를 밝히고, 상대방의 주장을 비판하며, 주장의 정당성과 합리성이 상대방에게 인정될 수 있도록 자기의 주장을 펴 나간다. 토론에서 자기 주장이 옳다는 것을 상대방이 인정하도록 하려면, 상대로 하여금 (㉢)의 여지를 가지지 못하게 해야 한다. 따라서 토론 참가자는 (㉣)에 대한 충분한 자료 수집 및 정보 검토를 통해 자신의 주장에 대해 충분히 생각하고, 자기 의견을 논리적으로 분명하게 드러내기 위한 화법(話法)을 연구하는 것이 필요하다.

	㉠	㉡	㉢	㉣
①	論議	論據	論駁	論題
②	論議	論制	論遽	論搏
③	論意	論旨	論難	論述
④	論意	論志	論據	論題

문 11. 다음을 모두 만족시키는 표어로 적절한 것은?

> • 공중도덕 지키기를 홍보한다.
> • 대구의 표현 방식을 활용한다.
> • 행위의 긍정적 효과를 비유적으로 표현한다.

① 신호 위반, 과속 운전 / 모든 것을 앗아 갑니다
② 아파트를 뒤흔드는 음악 소리 / 이웃들을 괴롭히는 고문 장치
③ 노약자에게 양보하는 한 자리 / 당신에게 찾아오는 행복의 문
④ 공공장소에서 실천하는 금연 / 우리의 건강을 지켜 줍니다

문 12. 다음 한글 맞춤법 제6항에 대한 설명으로 옳지 않은 것은?

> 'ㄷ, ㅌ' 받침 뒤에 종속적 관계를 가진 '-이(-)'나 '-히-'가 올 적에는, 그 'ㄷ, ㅌ'이 'ㅈ, ㅊ'으로 소리 나더라도 'ㄷ, ㅌ'으로 적는다.

① 예시로는 '해돋이, 같이'가 있다.
② 위 조항은 한글 맞춤법 총칙 중 '어법에 맞게 적는다'는 원리를 따른 것이다.
③ 종속적 관계란 체언, 어근, 용언 어간 등에 조사, 접사, 어미 등이 결합하는 관계를 말한다.
④ '잔디, 버티다'는 하나의 형태소에서 'ㄷ, ㅌ'과 'ㅣ'가 만난 것으로서 위 조항의 예에 해당된다.

문 13. 밑줄 친 부분의 쓰임이 모두 옳은 것은?

① 일이 채 끝나기도 전에 그는 일어나 나갔다.
그는 여전히 들은 체도 하지 않고 앉아 있다.
② 가을 논의 벼가 한참 무르익고 있었다.
그는 가방을 한창 바라보더니 가 버렸다.
③ 둘 사이는 친분이 두껍다.
우리나라의 야구 선수층은 매우 두텁다.
④ 나이가 들어 머리가 많이 벗겨졌다.
바나나 껍질이 잘 벗어지지 않았다.

문 14. 단어에 대한 설명으로 옳지 않은 것은?

① '바다', '맑다'는 어근이 하나인 단일어이다.
② '회덮밥'은 파생어 '덮밥'에 새로운 어근 '회'가 결합된 합성어이다.
③ '결눈질'은 합성어 '곁눈'에 접미사 '-질'이 결합된 파생어이다.
④ '웃음'은 어근 '웃-'에 접미사 '-음'이 붙어 명사가 된 파생어이다.

문 15. 다음 글을 고쳐 쓰기 위한 방안으로 적절하지 않은 것은?

> 산업 폐기물 처리장이 들어서게 될 지역 주민들도 그 시설의 필요성은 인정하고 있다. ㉠그리고 그런 시설이 자기 고장에 들어서는 것을 받아들이려는 사람은 많지 않다. ㉡그 필요성은 인정하지만, 내 고장에는 안 된다는 것이다. 이러한 태도는 공공의 이익을 외면하는 ㉢지역 이기주의에 다름 아니다. 잊지 말아야 할 사실은 폐기물 처리장 건설을 뒤로 미루면 그로 인한 피해가 결국 ㉣우리 모두에게 돌아온다. 나와 내 이웃이 공존할 수 있는 사회를 만들기 위해서는 지역 이기주의를 타파해야 한다.

① ㉠은 앞뒤 문장을 자연스럽게 연결하기 위해 '그러나'로 바꾼다.
② ㉡은 주제와 상관없는 내용이므로 문단의 통일성을 위해 삭제한다.
③ ㉢은 우리말답지 않은 표현으로 '지역 이기주의이다'로 순화한다.
④ ㉣은 주어와 호응하지 않으므로 '우리 모두에게 돌아온다는 것이다'로 고친다.

문 16. 다음 글에 대한 설명으로 적절하지 않은 것은?

> 무진에 명산물이 없는 게 아니다. 나는 그것이 무엇인지 알고 있다. 그것은 안개다. 아침에 잠자리에서 일어나서 밖으로 나오면, 밤사이에 진주해 온 적군들처럼 안개가 무진을 빙 둘러싸고 있는 것이었다. 무진을 둘러싸고 있는 산들도 안개에 의하여 보이지 않는 먼 곳으로 유배당해 버리고 없었다. 안개는 마치 이승에 한(恨)이 있어서 매일 밤 찾아오는 여귀(女鬼)가 뿜어 내놓은 입김과 같았다. 해가 떠오르고, 바람이 바다 쪽에서 방향을 바꾸어 불어오기 전에는 사람들의 힘으로써는 그것을 헤쳐 버릴 수가 없었다.
> 손으로 잡을 수 없으면서도 그것은 뚜렷이 존재했고 사람들을 둘러쌌고 먼 곳에 있는 것으로부터 사람들을 떼어 놓았다. 안개, 무진의 안개, 무진의 아침에 사람들이 만나는 안개, 사람들로 하여금 해를, 바람을 간절히 부르게 하는 무진의 안개, 그것이 무진의 명산물이 아닐 수 있을까!
>
> – 김승옥, 「무진기행」 –

① 소재의 의미를 비유적 표현을 통해 드러낸다.
② 무진이라는 지역의 특징을 짐작할 수 있게 한다.
③ '나'의 시선으로 전개되는 1인칭 시점의 서술이다.
④ 과거 시제를 사용하여 사건을 객관적으로 묘사한다.

문 17. 다음 글의 중심 내용으로 가장 적절한 것은?

> 책 없이도 인간은 기억하고 생각하고 상상하고 표현한다. 그런데 책과 책 읽기는 인간이 이 능력을 키우고 발전시키는 데 중대한 차이를 가져온다. 책을 읽는 문화와 책을 읽지 않는 문화는 기억, 사유, 상상, 표현의 층위에서 상당히 다른 개인들을 만들어 내고, 상당한 질적 차이를 가진 사회적 주체들을 생산한다. 누구도 맹목적인 책 예찬자가 될 필요는 없다. 그러나 중요한 것은 인간을 더욱 인간적이게 하는 소중한 능력들을 지키고 발전시키기 위해서는 책은 결코 희생할 수 없는 매체라는 사실이다. 그 능력의 지속적 발전에 드는 비용은 싸지 않다. 무엇보다도 책 읽기는 손쉬운 일이 아니다. 거기에는 상당량의 정신 에너지가 투입돼야 하고, 훈련이 요구되고, 읽기의 즐거움을 경험하는 정신 습관의 형성이 필요하다.

① 인간의 기억과 상상
② 독서의 필요성과 어려움
③ 맹목적인 책 예찬론의 위험성
④ 책 읽기 능력 개발에 드는 비용

문 18. ㉠～㉢에 들어갈 적절한 접속어를 순서대로 나열한 것은?

> 역사의 연구는 개별성을 추구하는 것이라고 할 수가 있다. (㉠) 구체적인 과거의 사실 자체에 대해 구명(究明)을 꾀하는 것이 역사학인 것이다. (㉡) 고구려가 한족과 투쟁한 일을 고구려라든가 한족이라든가 하는 구체적인 요소들을 빼 버리고, 단지 "자주적 대제국이 침략자와 투쟁하였다."라고만 진술해 버리는 것은 한국사일 수가 없다. (㉢) 일정한 시대에 활약하던 특정한 인간 집단의 구체적인 활동을 서술하지 않는다면 그것을 역사라고 말할 수 없는 것이다.

	㉠	㉡	㉢
①	즉	가령	요컨대
②	가령	한편	역시
③	이를테면	역시	결국
④	다시 말해	만약	그런데

문 19. 다음 시에 대한 감상으로 적절하지 않은 것은?

> 마음도 한자리 못 앉아 있는 마음일 때,
> 친구의 서러운 사랑 이야기를
> 가을 햇볕으로나 동무 삼아 따라가면,
> 어느새 등성이에 이르러 눈물 나고나.
>
> 제삿날 큰집에 모이는 불빛도 불빛이지만,
> 해질녘 울음이 타는 가을 강을 보겠네.
>
> 저것 봐, 저것 봐,
> 네보담도 내보담도
> 그 기쁜 첫사랑 산골 물소리가 사라지고
> 그다음 사랑 끝에 생긴 울음까지 녹아나고
> 이제는 미칠 일 하나로 바다에 다 와 가는
> 소리 죽은 가을 강을 처음 보것네.
>
> – 박재삼, 「울음이 타는 가을 강」 –

① 공감각적 이미지를 활용해 시상을 전개하고 있군.
② 첫사랑과 관련된 시어를 반복하여 운율을 형성하고 있군.
③ 대조적 속성을 지닌 소재를 통해 정서를 부각하고 있군.
④ 전통적 어조를 사용해 예스러운 정감을 살리고 있군.

문 20. 다음 글에 대한 설명으로 적절하지 않은 것은?

> 길동이 "형님께서는 염려하지 마시고, 내일 소제(小弟)를 잡아 보내시되, 장교 중에 부모와 처자 없는 자를 가리어 소제를 호송하시면 좋은 묘책이 있습니다."라고 말하였다. 감사가 그 뜻을 알고자 하나 길동이 대답을 아니 하니, 감사가 그 생각을 알지 못해도 호송원을 그 말과 같이 뽑아 길동을 호송해 한양으로 올려 보냈다.
> 조정에서 길동이 잡혀 온다는 말을 듣고 훈련도감의 포수 수백을 남대문에 매복시키고는, "길동이 문 안에 들어오거든 일시에 총을 쏘아 잡으라." 하고 명했다.
> 이때에 길동이 풍우같이 잡혀 오지만 어찌 그 기미를 모르리오. 동작 나루를 건너며 '비 우(雨)' 자 셋을 써 공중에 날리고 왔다. 길동이 남대문 안에 드니 좌우의 포수가 일시에 총을 쏘았지만 총구에 물이 가득하여 할 수 없이 계획을 이루지 못했다.
> 길동이 대궐 문 밖에 다다라 자기를 잡아온 장교를 돌아보면서 말하기를, "너희는 날 호송하여 이곳까지 왔으니 문죄 당해 죽지는 아니하리라." 하고, 수레에서 내려 천천히 걸어갔다. 오군영(五軍營)의 기병들이 말을 달려 길동을 쏘려 했으나 말을 아무리 채찍질해 몬들 길동의 축지하는 법을 어찌 당하랴. 성 안의 모든 백성들이 그 신기한 수단을 헤아릴 수 없더라.

① 서술자가 길동의 장면 묘사에 직접적으로 개입하고 있다.
② 호송하는 장교를 배려하는 길동의 면모가 드러나고 있다.
③ 비현실적 요소를 도입하여 길동의 남다름을 나타내고 있다.
④ 길동이 수레에서 탈출하는 모습을 비유적으로 표현하고 있다.

해설편 ▶ P.47

지방직 9급 공개경쟁채용 필기시험

응 시 번 호	
성 명	

문 제 책 형

【시 험 과 목】

제1과목	국 어	제2과목	영 어	제3과목	한 국 사
제4·5과목	행정법총론, 행정학개론				

응시자 주의사항

1. **시험 시작 전**에 시험문제를 열람하는 행위나 **시험 종료 후** 답안을 작성하는 행위를 한 사람은 「지방공무원 임용령」 제65조 등 관련 법령에 의거 **부정행위자**로 처리됩니다.

2. 시험 시작 즉시 **과목편철 순서, 문제누락 여부, 인쇄상태 이상 유무 및 표지와 개별과목의 문제책형 일치 여부 등을 확인**한 후 문제책 표지에 응시번호, 성명을 기재합니다.

3. 반드시 본인의 **응시표에 인쇄된 시험과목 순서에 따라** 제4과목과 제5과목의 **답안을 표기**하여야 합니다. 과목 순서를 바꾸어 표기한 경우에도 **본인의 응시표에 기재된 과목 순서대로 채점**되므로 반드시 유의하시기 바랍니다.

4. 시험이 시작되면 문제를 주의 깊게 읽은 후, **문항의 취지에 가장 적합한 하나의 정답만을 고르며**, 문제 내용에 관한 질문은 받지 않습니다.

5. **시험시간 관리의 책임**은 전적으로 응시자 본인에게 있습니다.

2023 6월 10일 시행 지방직(= 서울시) 9급

| 풀이 시간: ____:____ ~ ____:____ / 점수: ____점

1초 합격예측! 모바일 성적분석표

QR 코드로 접속하여 문제 풀이시간을 측정하고, 〈1초 합격예측 & 모바일 성적분석표〉 서비스를 통해 지금 바로! 실력을 점검해 보세요.
https://eduwill.kr/51Bf

문 1. ㉠~㉣의 말하기 방식을 설명한 내용으로 가장 적절한 것은?

> **김 주무관**: AI에 대한 국민 이해도를 높이기 위해 설명회를 개최할 필요가 있다고 생각해요.
> **최 주무관**: ㉠저도 요즘 그 필요성을 절감하고 있어요.
> **김 주무관**: ㉡그런데 어떻게 준비해야 효과적으로 전달할 수 있을지 고민이에요.
> **최 주무관**: 설명회에 참여할 청중 분석이 먼저 되어야겠지요.
> **김 주무관**: 청중이 주로 어떤 분야에 관심이 있는지 알면 준비할 때 유용하겠네요.
> **최 주무관**: ㉢그럼 청중의 관심 분야를 파악하려면 청중의 특성 중에서 어떤 것들을 조사하면 좋을까요?
> **김 주무관**: ㉣나이, 성별, 직업 등을 조사할까요?

① ㉠: 상대의 의견에 대해 공감을 표현하고 있다.
② ㉡: 정중한 표현을 사용하여 직접 질문하고 있다.
③ ㉢: 자신의 반대 의사를 우회적으로 드러내고 있다.
④ ㉣: 의문문을 통해 상대의 의견을 반박하고 있다.

문 2. (가)~(다)를 맥락에 따라 가장 자연스럽게 배열한 것은?

> 독서는 아이들의 전반적인 뇌 발달에 큰 영향을 미친다.
> (가) 그에 따르면 뇌의 전두엽은 상상력을 관장하는데, 책을 읽으면 상상력이 자극되어 전두엽을 많이 사용하게 된다.
> (나) A교수는 책을 읽을 때와 읽지 않을 때의 뇌 변화를 연구해서 세계적인 명성을 얻었다.
> (다) 이처럼 책을 많이 읽으면 전두엽이 훈련되어 전반적인 뇌 발달의 가능성이 높아지는데, 그 결과는 교육 현장에서 실증된 바 있다.
> 독서를 많이 한 아이는 학교에서 더 좋은 성적을 낼 뿐 아니라 언어 능력도 발달한다는 사실이 밝혀진 것이다.

① (나) – (가) – (다)　② (나) – (다) – (가)
③ (다) – (가) – (나)　④ (다) – (나) – (가)

문 3. ㉠~㉣을 설명한 내용으로 적절하지 않은 것은?

> • ㉠지원은 자는 동생을 깨웠다.
> • 유선은 도자기를 ㉡만들었다.
> • 물이 ㉢얼음이 되었다.
> • ㉣어머나, 현지가 언제 이렇게 컸지?

① ㉠: 동작의 주체를 나타내는 주어이다.
② ㉡: 주어와 목적어를 요구하는 서술어이다.
③ ㉢: 서술어를 꾸며주는 부사어이다.
④ ㉣: 문장의 다른 성분과 직접적으로 관련을 맺지 않는 독립어이다.

문 4. ㉠~㉣과 바꿔 쓸 수 있는 유사한 표현으로 적절하지 않은 것은?

> • 서구의 문화를 ㉠맹종하는 이들이 많다.
> • 안일한 생활에서 ㉡탈피하여 어려운 일에 도전하고 싶다.
> • 회사의 생산성을 ㉢제고하기 위해 노력하자.
> • 연못 위를 ㉣부유하는 연잎을 바라보며 여유를 즐겼다.

① ㉠: 무분별하게 따르는
② ㉡: 벗어나
③ ㉢: 끌어올리기
④ ㉣: 헤엄치는

문 5. (가)와 (나)를 이해한 내용으로 적절하지 않은 것은?

> (가) 청산(靑山)은 내 뜻이오 녹수(綠水)ᄂᆞᆫ 님의 정(情)이
> 녹수(綠水) ㅣ 흘너간들 청산(靑山)이야 변(變)ᄒᆞᆯ손가
> 녹수(綠水)도 청산(靑山)을 못 니저 우러 녜여 가ᄂᆞᆫ고.
> (나) 청산(靑山)ᄂᆞᆫ 엇뎨ᄒᆞ야 만고(萬古)애 프르르며
> 유수(流水)ᄂᆞᆫ 엇뎨ᄒᆞ야 주야(晝夜)애 긋디 아니ᄂᆞᆫ고
> 우리도 그치디 마라 만고상청(萬古常靑)호리라.

① (가)는 '청산'과 '녹수'의 대조를 활용하여 화자가 처한 상황을 제시하고 있다.
② (나)는 시각적 심상과 청각적 심상을 활용하여 주제를 강조하고 있다.
③ (가)와 (나) 모두 대구를 활용하여 시상을 전개하고 있다.
④ (가)와 (나) 모두 설의적 표현을 활용하여 화자의 정서를 드러내고 있다.

문 6. 다음 글의 중심내용으로 가장 적절한 것은?

> 교환가치는 거래를 통해 발생하는 가치이며, 사용가치는 어떤 상품을 사용할 때 느끼는 가치이다. 전자가 시장에서 결정된다는 점에서 객관적이라면, 후자는 개인에 따라 다르다는 점에서 주관적이다. 상품에는 사용가치와 교환가치가 섞여 있는데, 교환가치가 아무리 높아도 '나'에게 사용가치가 없다면 해당 상품을 구매하지 않을 것이다.
> 하지만 이 같은 상식이 통하지 않는 경우를 종종 볼 수 있다. 예를 들어 보자. 인터넷 커뮤니티에서 백만 원짜리 공연 티켓을 판매하는데, 어떤 사람이 "이 공연의 가치는 돈으로 환산할 수 없어요." 등의 댓글들을 보고서 애초에 관심도 없던 이 공연의 티켓을 샀다. 그에게 그 공연의 사용가치는 처음에는 없었으나 많은 댓글로 인해 사용가치가 있을 것으로 잘못 판단한 것이다. 안타깝게도, 그는 그 공연에서 조금도 만족하지 못했다.
> 이 사례에서 볼 때 건강한 소비를 위해서는 구매하려는 상품의 사용가치가 어떤 과정을 거쳐 결정된 것인지 곰곰이 생각해봐야 한다. '나'에게 얼마나 필요한가에 대한 고민 없이 다른 사람들의 말에 휩쓸려 어떤 상품의 사용가치가 결정될 때, 그 상품은 '나'에게 쓸모없는 골칫덩이가 될 수 있다.

① 사용가치보다 교환가치가 큰 상품을 구매해야 한다.
② 상품을 구매할 때 사용가치와 교환가치를 두루 고려해야 한다.
③ 상품에 대한 다른 사람들의 평가를 반영해서 상품을 구매해야 한다.
④ 상품을 구매할 때 사용가치가 자신의 필요에 의해 결정된 것인지 신중하게 따져야 한다.

문 7. ㉠~㉣ 중 어색한 곳을 찾아 수정하는 방안으로 가장 적절한 것은?

> 조선 후기에 서학으로 불린 천주학은 '학(學)'이라는 말에서도 짐작할 수 있듯이 ㉠<u>종교적인 관점에서보다 학문적인 관점에서</u> 받아들여졌다. 당시의 유학자 중 서학 수용에 적극적인 이들까지도 서학을 무조건 따르자고 ㉡<u>주장하지는 않았는데</u>, 서학은 신봉의 대상이 아니라 분석의 대상이었기 때문이다. 그들은 조선 사회를 바로잡고 발전시키기 위해 새로운 학문과 지식이 필요하다고 생각했지만, 외부에서 유입된 사유 체계에는 양명학이나 고증학 등도 있어서 서학이 ㉢<u>유일한 대안은 아니었다</u>. 그들은 서학을 검토하며 어떤 부분은 수용했지만, 반대로 어떤 부분은 ㉣<u>지향했다</u>.

① ㉠: '학문적인 관점에서보다 종교적인 관점에서'로 수정한다.
② ㉡: '주장하였는데'로 수정한다.
③ ㉢: '유일한 대안이었다'로 수정한다.
④ ㉣: '지양했다'로 수정한다.

문 8. 다음 글의 맥락을 고려할 때 빈칸에 들어갈 말로 가장 적절한 것은?

> 능숙한 필자와 미숙한 필자는 글쓰기 과정 중 '계획하기'에서 뚜렷한 차이를 보인다. 전자는 이 과정에 오랜 시간 공을 들이는 반면, 후자는 그렇지 않다. 글쓰기에서 계획하기는 글쓰기의 목적 수립, 주제 선정, 예상 독자 분석 등을 포함한다. 이 중 예상 독자 분석이 중요한 이유는 [   ] 때문이다. 글을 쓸 때 독자의 수준에 비해 너무 어려운 개념과 전문용어를 사용한다면 독자가 글을 이해하기 어렵게 된다. 글쓰기는 필자가 글을 통해 자신의 메시지를 독자에게 전달하는 행위라는 점을 고려하면 계획하기 단계에서 반드시 예상 독자를 분석해야 한다.

① 계획하기 과정이 글쓰기 전체 과정의 첫 단계이기
② 글에 어려운 개념이나 전문용어를 어느 정도 포함해야 하기
③ 필자의 메시지를 독자에게 효과적으로 전달하는 데 도움이 되기
④ 독자의 배경지식 수준을 고려해야 글의 목적과 주제가 결정되기

문 9. 다음 시를 이해한 내용으로 적절하지 <u>않은</u> 것은?

> 사랑을 잃고 나는 쓰네
>
> 잘 있거라, 짧았던 밤들아
> 창밖을 떠돌던 겨울 안개들아
> 아무것도 모르던 촛불들아, 잘 있거라
> 공포를 기다리던 흰 종이들아
> 망설임을 대신하던 눈물들아
> 잘 있거라, 더 이상 내 것이 아닌 열망들아
>
> 장님처럼 나 이제 더듬거리며 문을 잠그네
> 가엾은 내 사랑 빈집에 갇혔네
>
> ─ 기형도, 「빈집」 ─

① 대상들을 호명하며 안타까운 심정을 표현하고 있다.
② '빈집'은 상실감으로 공허해진 내면을 상징하고 있다.
③ 영탄형 어조를 활용해 이별에 따른 정서를 부각하고 있다.
④ 글 쓰는 행위를 통해 잃어버린 사랑의 회복을 열망하고 있다.

문 10. 다음 글을 이해한 내용으로 가장 적절한 것은?

> 반드시 갚는 조건임을 강조하면서 그는 마치 성경책 위에다 오른손을 얹고 말하듯이 엄숙한 표정을 했다. 하마터면 나는 잊을 뻔했다. 그가 적시에 일깨워 주었기 망정이지 안 그랬더라면 빌려주는 어려움에만 골똘한 나머지 빌려줬다 나중에 돌려받는 어려움이 더 클 거라는 사실은 생각도 못 할 뻔했다. 그렇다. 끼니조차 감당 못 하는 주제에 막벌이 아니면 어쩌다 간간이 얻어걸리는 출판사 싸구려 번역 일 가지고 어느 해가*에 빚을 갚을 것인가. 책임이 따르는 동정은 피하는 게 상책이었다. 그리고 기왕 피할 바엔 저쪽에서 감히 두말을 못 하도록 야멸치게 굴 필요가 있었다.
>
> "병원 이름이 뭐죠?"
>
> "원 산부인괍니다."
>
> "지금 내 형편에 현금은 어렵군요. 원장한테 바로 전화 걸어서 내가 보증을 서마고 약속할 테니까 권 선생도 다시 한번 매달려 보세요. 의사도 사람인데 설마 사람을 생으로 죽게야 하겠습니까. 달리 변통할 구멍이 없으시다면 그렇게 해 보세요."
>
> 내 대답이 지나치게 더디 나올 때 이미 눈치를 챈 모양이었다. 도전적이던 기색이 슬그머니 죽으면서 그의 착하디착한 눈에 다시 수줍음이 돌아왔다. 그는 고개를 좌우로 흔들어 보였다.
>
> "원장이 어리석은 사람이길 바라고 거기다 희망을 걸기엔 너무 늦었습니다. 그 사람은 나한테서 수술 비용을 받아 내기가 수월치 않다는 걸 입원시키는 그 순간에 벌써 알아차렸어요."
>
> — 윤흥길, 「아홉 켤레의 구두로 남은 사내」에서 —
>
> * 해가(奚暇): 어느 겨를.

① 서술자가 등장인물의 심리를 전지적 위치에서 전달하고 있다.
② 서술자가 등장인물이 되어 다른 등장인물의 행동을 진술하고 있다.
③ 서술자가 주인공으로서 유년 시절을 회상하며 갈등 원인을 해명하고 있다.
④ 서술자가 주관을 배제하고 외부 관찰자의 시선으로 사건을 이야기하고 있다.

문 11. 다음 대화를 분석한 내용으로 적절하지 않은 것은?

> **은지**: 최근 국민 건강 문제와 관련해 '설탕세' 부과 여부가 논란인데, 나는 설탕세를 부과해야 한다고 생각해. 그러면 당 함유 식품의 소비가 감소하게 되고, 비만이나 당뇨병 등의 질병이 예방되니까 국민 건강 증진에 도움이 되기 때문이야.
>
> **운용**: 설탕세를 부과하면 당 소비가 감소한다고 믿을 만한 근거가 있니?
>
> **은지**: 세계보건기구 보고서를 보면 당이 포함된 음료에 설탕세를 부과하면 이에 비례해 소비가 감소한다고 나와 있어.
>
> **재윤**: 그건 나도 알아. 그런데 설탕세 부과가 질병을 예방한다는 것은 타당하지 않아. 여러 연구 결과를 보면 당 섭취와 질병 발생은 유의미한 상관관계가 없어.

① 은지는 첫 번째 발언에서 화제를 제시하고 있다.
② 운용은 은지의 주장에 반대하고 있다.
③ 은지는 두 번째 발언에서 자신의 주장에 대한 근거를 제시하고 있다.
④ 재윤은 은지가 제시한 주장의 근거를 부정하고 있다.

문 12. ㉠~㉣에 들어갈 단어로 적절하지 않은 것은?

> • 우리 회사는 올해 최고 수익을 창출해서 전성기를 [㉠] 하고 있다.
> • 그는 오래 살아온 자기 명의의 집을 [㉡]하려 했는데 사려는 사람이 없다.
> • 그들 사이에 [㉢]이 심해서 중재자가 필요하다.
> • 제가 부족하니 앞으로 많은 [㉣]을 부탁드립니다.

① ㉠: 구가(謳歌)　　② ㉡: 매수(買受)
③ ㉢: 알력(軋轢)　　④ ㉣: 편달(鞭撻)

문 13. 밑줄 친 단어의 쓰임이 올바르지 않은 것은?

① 이 일은 정말 힘에 <u>부치는</u> 일이다.
② 그와 나는 전부터 <u>알음</u>이 있던 사이였다.
③ 대문 앞에 서 있는데 대문이 저절로 <u>닫혔다</u>.
④ 경기장에는 <u>겉잡아서</u> 천 명이 넘게 온 듯하다.

문 14. ㉠~㉢의 한자 표기로 올바른 것은?

- 복지부 ㉠장관은 의료시설이 대도시에 편중된 문제에 대해 대책을 마련하라고 지시하였다.
- 박 주무관은 사유지의 국유지 편입으로 발생한 주민들의 피해를 ㉡보상하는 업무를 맡고 있다.
- 김 주무관은 이 팀장에게 부서 운영비와 관련된 ㉢결재를 올렸다.

	㉠	㉡	㉢
①	長官	補償	決裁
②	將官	報償	決裁
③	長官	報償	決濟
④	將官	補償	決濟

문 15. 다음 글에서 추론한 내용으로 적절하지 않은 것은?

우리는 개별적으로 고립된 채 살아가는 존재일 수 없다. 사회 속에서 여럿이 모여 '복수(複數)'의 상태로 살아갈 수밖에 없는 존재라는 것이다. 복수의 상태로 살아가는 우리는 종(種)적인 차원에서 보면 보편적이고 동등한 존재이다. 그러나 우리는 각각 유일무이성을 지닌 '단수(單數)'이기도 하다. 즉 모든 인간은 개인으로서 고유한 인격체라는 특수성을 지닌다. 사회 속에서 우리는 보편적 복수성과 특수한 단수성을 겸비한 채 살아가고 있는 셈이다. 바로 이러한 이유로 우리는 다원적 존재이다. 이러한 존재들로 구성된 다원적 사회에서는 어떠한 획일화도 시도되어서는 안 된다. 우리가 이 같은 사회에서 살아가기 위해서는 타인을 포용하는 공존의 태도가 필요하다. 공동체 정화 등을 목적으로 개별적 유일무이성을 제거하는 것은 우리가 살아가는 사회의 다원성을 파괴하는 일이다.

① 우리는 고립된 상태에서 '단수'로 살아가는 존재가 아니다.
② 우리는 다원성을 지닌 존재로서 포용적으로 공존해야 한다.
③ 개인의 유일무이성을 보존하려는 제도는 개인의 보편적 복수성을 침해한다.
④ 개인의 특수한 단수성을 제거하려는 시도는 사회의 다원성을 파괴하는 결과로 이어질 수 있다.

문 16. 다음 글을 이해한 내용으로 적절하지 않은 것은?

매우 치라 소리 맞춰, 넓은 골에 벼락치듯 후리쳐 딱 붙이니, 춘향이 정신이 아득하여,
"애고 이것이 웬일인가?"
일자(一字)로 운을 달아 우는 말이,
"일편단심 춘향이 일정지심 먹은 마음 일부종사 하쟀더니 일신난처 이 몸인들 일각인들 변하리까? 일월 같은 맑은 절개 이리 힘들게 말으시오."
"매우 치라."
"꽤 때리오."
또 하나 딱 부치니,
"애고."
이자(二字)로 우는구나.
"이부불경 이내 마음 이군불사와 무엇이 다르리까? 이 몸이 죽더라도 이도령은 못 잊겠소. 이 몸이 이러한들 이 소식을 누가 전할까? 이왕 이리 되었으니 이 자리에서 죽여 주오."
"매우 치라."
"꽤 때리오."
또 하나 딱 부치니,
"애고."
삼자(三字)로 우는구나.
"삼청동 도련님과 삼생연분 맺었는데 삼강을 버리라 하소? 삼척동자 아는 일을 이내 몸이 조각조각 찢겨져도 삼종지도 중한 법을 삼생에 버리리까? 삼월삼일 제비같이 훨훨 날아 삼십삼천 올라가서 삼태성께 하소연할까? 애고애고 서러운지고."

－「춘향전」에서－

① 동일한 글자를 반복함으로써 리듬감을 조성하고 있다.
② 숫자를 활용하여 주인공이 처한 상황을 제시하고 있다.
③ 등장인물 간의 대화를 통해 주인공의 내적 갈등이 해결되고 있다.
④ 유교적 가치를 담고 있는 말을 활용하여 주인공의 의지를 드러내고 있다.

문 17. 다음 글을 이해한 내용으로 적절하지 않은 것은?

> 고소설의 유통 방식은 '구연에 의한 유통'과 '문헌에 의한 유통'으로 나눌 수 있다. 구연에 의한 유통은 구연자가 소설을 사람들에게 읽어 주는 방식으로, 글을 모르는 사람들과 글을 읽을 수 있지만 남이 읽어 주는 것을 선호하는 이들을 대상으로 이루어졌다. 구연자는 '전기수'로 불렸으며, 소설 구연을 통해 돈을 벌던 전문적 직업인이었다. 하지만 이 방식은 문헌에 의한 유통에 비해 시간과 공간의 제약이 많아서 유통 범위를 넓히는 데 뚜렷한 한계가 있었다.
>
> 문헌에 의한 유통은 차람, 구매, 상업적 대여로 나눌 수 있다. 차람은 소설을 소유하고 있는 사람에게 직접 빌려서 보는 것으로, 알고 지내던 개인들 사이에서 이루어졌다. 구매는 서적 중개인에게 돈을 지불하고 책을 사는 것인데, 책값이 상당히 비쌌기 때문에 소설을 구매할 수 있는 사람은 그리 많지 않았다. 상업적 대여는 세책가에 돈을 지불하고 일정 기간 동안 소설을 빌려 보는 것이다. 세책가에서는 소설을 구매하는 것보다 훨씬 적은 비용으로 빌려 볼 수 있었기 때문에 경제적으로 넉넉하지 않은 사람도 소설을 쉽게 접할 수 있었다. 이로 인해 조선 후기 사회에서 세책가가 성행하게 되었다.

① 전기수는 글을 모르는 사람들에게 소설을 구연하였다.
② 차람은 알고 지내던 사람에게 대가를 지불하고 책을 빌려 보는 방식이다.
③ 문헌에 의한 유통은 구연에 의한 유통에 비해 시간과 공간의 제약이 적었다.
④ 조선 후기에 세책가가 성행한 원인은 소설을 구매하는 비용보다 세책가에서 빌리는 비용이 적다는 데 있다.

문 18. 다음 글을 이해한 내용으로 가장 적절한 것은?

> 『삼국사기』는 본기 28권, 지 9권, 표 3권, 열전 10권의 체제로 되어 있다. 이 중 열전은 전체 분량의 5분의 1을 차지하며, 수록된 인물은 86명으로, 신라인이 가장 많고, 백제인이 가장 적다. 수록 인물의 배치에는 원칙이 있는데, 앞부분에는 명장, 명신, 학자 등을 수록했고, 다음으로 관직에 있지는 않았으나 기릴 만한 사람을 실었다.
>
> 반신(叛臣)의 경우 열전의 끝부분에 배치되어 있다. 이들을 수록한 까닭은 왕을 죽인 부정적 행적을 드러내어 반면교사로 삼는 데에 있었으나, 그 목적에 부합하지 않는 내용이 있어 흥미롭다. 가령 고구려의 연개소문은 반신이지만, 당나라에 당당히 대적한 민족적 영웅의 모습도 포함되어 있다. 흔히 『삼국사기』에 대해, 신라 정통론에 기반해 있으며, 유교적 사관에 따라 당시의 지배 질서를 공고히 하고자 했다고 평가한다. 하지만 연개소문의 사례에서 볼 수 있듯 『삼국사기』는 기존 평가와 달리 다면적이고 중층적인 역사 텍스트라고 할 수 있다.

① 『삼국사기』 열전에 고구려인과 백제인도 수록되었다는 점은 이 책이 신라 정통론을 계승하지 않았다는 것을 보여준다.
② 『삼국사기』 열전에 수록된 반신 중에는 이 책에 대한 기존 평가를 다르게 할 수 있는 사례가 있다.
③ 『삼국사기』 열전에는 기릴 만한 업적이 있더라도 관직에 오르지 못한 사람은 수록되지 않았다.
④ 『삼국사기』의 체제 중에서 열전이 가장 많은 권수를 차지한다.

문 19. 다음 글에서 추론한 내용으로 적절하지 않은 것은?

> 프랑스에서 의무교육 제도를 실시하면서 정규학교에 입학하기 어려운 지적장애아, 학습부진아를 가려내고자 하였다. 이에 기초 학습 능력 평가를 목적으로, 1905년 최초의 IQ 검사가 이루어졌다. 이 검사를 통해 비로소 인간의 지능을 구체적으로 수치화하고 객관적으로 비교할 수 있게 되었다.
>
> 이후 오랫동안 IQ가 높으면 똑똑한 사람, 그렇지 않으면 머리가 좋지 않고 학습에도 부진한 사람으로 판단했다. 물론 IQ가 높은 아이는 그렇지 않은 아이에 비해 읽기나 계산 등 사고 기능과 관련된 과목에서 높은 성취도를 보이는 경우가 많다. 이는 IQ 검사가 기초 학습에 필요한 최소 능력인 언어 이해력, 어휘력, 수리력 등을 측정하기 때문이다. 학습의 기초 능력을 측정하는 IQ 검사에서 높은 점수를 받은 아이는 동일한 능력을 측정하는 학업 평가에서도 높은 점수를 받을 가능성이 크다. 하지만 문제는 IQ 검사가 인간의 지능 중 일부만을 측정한다는 점이다.

① 최초의 IQ 검사는 학습 능력이 우수한 아이를 고르기 위해 시행되었다.
② IQ 검사가 만들어지기 전에는 인간의 지능을 수치로 비교할 수 없었다.
③ IQ가 높은 아이라도 전체 지능은 높지 않을 수 있다.
④ IQ가 높은 아이가 읽기 능력이 좋을 확률이 높다.

문 20. 다음 글에서 추론한 내용으로 적절하지 않은 것은?

> 한글은 소리를 나타내는 표음문자여서 한국어 문장을 읽는 데 학습해야 할 글자가 적지만, 한자는 음과 상관없이 일정한 뜻을 나타내는 표의문자여서 한문을 읽는 데 익혀야 할 글자 수가 훨씬 많다. 이러한 번거로움에도 한글과 달리 한자가 갖는 장점이 있다. 한글에서는 동음이의어, 즉 형태와 음이 같은데 뜻이 다른 단어가 많아 글자만으로 의미를 파악하지 못하는 경우가 많다. 하지만 한자는 그렇지 않다. 예컨대, 한글로 '사고'라고만 쓰면 '뜻밖에 발생한 사건'인지 '생각하고 궁리함'인지 구별할 수 없다. 한자로 전자는 '事故', 후자는 '思考'로 표기한다. 그런데 한자는 문맥에 따라 같은 글자가 다른 뜻으로 쓰이지는 않지만 다른 문장성분으로 사용되기도 해 혼란을 야기한다. 가령 '愛人'은 문맥에 따라 '愛'가 '人'을 수식하는 관형어일 때도, '人'을 목적어로 삼는 서술어일 때도 있는 것이다.

① 한문은 한국어 문장보다 문장성분이 복잡하다.
② '淨水'가 문맥상 '깨끗하게 한 물'일 때 '淨'은 '水'를 수식한다.
③ '愛人'에서 '愛'의 문장성분이 바뀌더라도 '愛'는 동음이의어가 아니다.
④ '의사'만으로는 '병을 고치는 사람'인지 '의로운 지사'인지 구별할 수 없다.

해설편 ▶ P.52

2022 6월 18일 시행 지방직(= 서울시) 9급

| 풀이 시간: ____:____ ~ ____:____ / 점수: ____점

문 1. 언어 예절로 가장 적절한 것은?

① 지금부터 회장님의 말씀이 계시겠습니다.
② (시누이에게) 고모, 오늘 참 예쁘게 차려 입으셨네요?
③ (처음 자신을 소개하면서) 처음 뵙겠습니다. 박혜정입니다.
④ (다른 사람에게 자기 아내를 가리키며) 이쪽은 제 부인입니다.

문 2. 다음 글의 주된 서술 방식은?

> 이지러는 졌으나 보름을 가제 지난 달은 부드러운 빛을 흐뭇이 흘리고 있다. 대화까지는 칠십 리의 밤길, 고개를 둘이나 넘고 개울을 하나 건너고, 벌판과 산길을 걸어야 된다. 길은 지금 긴 산허리에 걸려 있다. 밤중을 지난 무렵인지 죽은 듯이 고요한 속에서 짐승 같은 달의 숨소리가 손에 잡힐 듯이 들리며, 콩 포기와 옥수수 잎새가 한층 달에 푸르게 젖었다.

① 묘사　　② 설명
③ 유추　　④ 분석

문 3. 다음 글에 대한 이해로 적절하지 않은 것은?

> 연출자가 자신의 저작권을 침해당했다고 주장하기 위해서는 우선 그가 유효한 저작권을 소유하고 있어야 한다. 즉 저작권 보호 가능성이 있는 창작물이 필요하다. 다음으로 창작적인 표현을 도용당했는지 밝혀야 하는데, 이것이 쉽지 않다. 왜냐하면 연출자가 주관적으로 창작성이 있다고 느끼는 부분일지라도 객관적인 시각에서는 이미 공연 예술 무대에서 흔히 사용되는 표현 기법일 수 있고, 저작권법상 보호 대상이 아닌 아이디어의 요소와 보호 가능한 요소인 표현이 얽혀 있는 경우가 있기 때문이다. 쉬운 예로 셰익스피어를 보자. 그의 명작 중에 선대에 있었던 작품에 의거하지 않고 탄생한 작품이 있는가. 대부분의 연출자는 선행 예술가로부터 영향을 받아 창작에 임하는 것이 너무도 당연하고 자연스럽다. 따라서 무대연출 작업 중에서 독보적인 창작을 걸러내서 배타적인 권한인 저작권을 부여하는 것은 매우 흔치 않은 경우이고, 후발 창작을 방해하는 요소로 작용할 수도 있다. 저작권법은 창작자에게 개인적인 인센티브를 제공하여 창작을 장려함과 동시에 일반 공중이 저작물을 원활하게 이용할 수 있도록 해야 하는 두 가지 가치의 균형을 이루는 것이 목표다.

① 무대연출의 창작적인 표현의 도용 여부를 밝히기는 쉽지 않다.
② 저작권 침해를 당했다고 주장하려면 유효한 저작권을 소유하고 있어야 한다.
③ 독보적인 무대연출 작업에 저작권을 부여한다고 해서 후발 창작에 방해가 되지는 않는다.
④ 저작권법의 목표는 창작자의 창작을 장려하고 일반 공중의 저작물 이용을 원활하게 하는 것이다.

문 4. ㉠~㉣의 고쳐 쓰기로 적절하지 않은 것은?

파놉티콘(panopticon)은 원형 평면의 중심에 감시탑을 설치해 놓고, 주변으로 빙 둘러서 죄수들의 방이 배치된 감시 시스템이다. 감시탑의 내부는 어둡게 되어 있는 반면 죄수들의 방은 밝아 교도관은 죄수를 볼 수 있지만, 죄수는 교도관을 바라볼 수 없다. 죄수가 잘못했을 때 교도관은 잘 보이는 곳에서 처벌을 가한다. 그렇게 수차례의 처벌이 있게 되면 죄수들은 실제로 교도관이 자리에 ㉠있을 때조차도 언제 처벌을 받을지 모르는 공포감에 의해서 스스로를 감시하게 된다. 이렇게 권력자에 의한 정보 독점 아래 ㉡다수가 통제된다는 점에서 파놉티콘의 디자인은 과거 사회 구조와 본질적으로 같았다.

현대사회는 다수가 소수의 권력자를 동시에 감시할 수 있는 시놉티콘(synopticon)의 시대가 되었다. 시놉티콘에 가장 크게 기여한 것은 인터넷의 ㉢동시성이다. 권력자에 대한 비판을 신변 노출 없이 자유롭게 표현할 수 있게 되었기 때문이다. 정보화 시대가 오면서 언론과 통신이 발달했고, ㉣특정인이 정보를 수용하고 생산하게 되었다. 그로 인해 사회에서 일어나는 일에 대한 비판적 인식 교류와 부정적 현실 고발 등 네티즌의 활동으로 권력자들을 감시하는 전환이 일어났다.

① ㉠을 '없을'로 고친다.
② ㉡을 '소수'로 고친다.
③ ㉢을 '익명성'으로 고친다.
④ ㉣을 '누구나가'로 고친다.

문 5. ㉠~㉣에 대한 이해로 가장 적절한 것은?

㉠산(山)새도 오리나무
위에서 운다
산새는 왜 우노, 시메산골
영(嶺) 넘어가려고 그래서 울지

눈은 내리네, 와서 덮이네
오늘도 하룻길은
㉡칠팔십 리(七八十里)
돌아서서 육십 리는 가기도 했소

㉢불귀(不歸), 불귀, 다시 불귀
삼수갑산에 다시 불귀
사나이 속이라 잊으련만
십오 년 정분을 못 잊겠네

산에는 오는 눈, 들에는 녹는 눈
산새도 오리나무
㉣위에서 운다
삼수갑산 가는 길은 고개의 길

– 김소월, 「산」 –

① ㉠은 시적 화자와 상반되는 처지에 놓여 있다.
② ㉡은 시적 화자에게 놓인 방랑길을 비유한다.
③ ㉢은 시적 화자의 이국 지향 의식을 강조한다.
④ ㉣은 시적 화자가 지닌 분노의 정서를 대변한다.

문 6. 다음 글에 대한 감상으로 적절하지 않은 것은?

"같이 가시지. 내 보기엔 좋은 여자 같군."
"그런 거 같아요."
"또 알우? 인연이 닿아서 말뚝 박구 살게 될지. 이런 때 아주 뜨내기 신셀 청산해야지."
영달이는 시무룩해져서 역사 밖을 멍하니 내다보았다. 백화는 뭔가 쑤군대고 있는 두 사내를 불안한 듯이 지켜보고 있었다. 영달이가 말했다.
"어디 능력이 있어야죠."
"삼포엘 같이 가실라우?"
"어쨌든……."
영달이가 뒷주머니에서 꼬깃꼬깃한 오백 원짜리 두 장을 꺼냈다.
"저 여잘 보냅시다."
영달이는 표를 사고 삼립빵 두 개와 찐 달걀을 샀다. 백화에게 그는 말했다.
"우린 뒤차를 탈 텐데……. 잘 가슈."
영달이가 내민 것들을 받아 쥔 백화의 눈이 붉게 충혈되었다. 그 여자는 더듬거리며 물었다.
"아무도……안 가나요?"
"우린 삼포루 갑니다. 거긴 내 고향이오."
영달이 대신 정 씨가 말했다. 사람들이 개찰구로 나가고 있었다. 백화가 보통이를 들고 일어섰다.
"정말, 잊어버리지……않을게요."
백화는 개찰구로 가다가 다시 돌아왔다. 돌아온 백화는 눈이 젖은 채로 웃고 있었다.
"내 이름 백화가 아니에요. 본명은요……이점례예요."
여자는 개찰구로 뛰어나갔다. 잠시 후에 기차가 떠났다.

– 황석영, 「삼포 가는 길」에서 –

① 정 씨는 영달이 백화와 함께 떠날 것을 권유했군.
② 백화는 영달의 선택이 어떤 것일지 몰라 불안했군.
③ 영달은 백화를 신뢰할 수 없었기 때문에 같이 떠나지 않았군.
④ 백화가 자신의 본명을 말한 것은 정 씨와 영달에 대한 고마움의 표현이었군.

문 7. 다음 글의 전개 순서로 가장 자연스러운 것은?

(가) 과거에는 고통만을 안겨 주었던 지정학적 조건이 이제는 희망의 조건이 되고 있습니다. 이제 한반도는 사람과 물자가 모여드는 동북아 물류와 금융, 비즈니스의 중심지가 될 것입니다. 우리가 주도해서 평화와 번영의 동북아 시대를 열어 나가야 합니다.
(나) 100년 전 우리는 수난과 비극의 역사를 겪었습니다. 해양으로 나가려는 세력과 대륙으로 진출하려는 세력이 한반도를 가운데 놓고 싸움을 벌였습니다. 마침내 우리는 국권을 상실하는 아픔을 감수해야 했습니다.
(다) 지금은 무력이 아니라 경제력이 국력을 좌우하는 시대입니다. 우리나라는 전쟁의 폐허를 극복하고 세계적인 경제 강국을 건설하고 있습니다. 우수한 인력과 세계 선두권의 정보화 기반을 갖추고 있습니다. 바다와 하늘과 땅을 연결하는 물류 기반도 손색이 없습니다.
(라) 그 아픔은 분단으로 이어져서 오늘에 이르고 있습니다. 그 과정에서는 정의가 패배하고 기회주의가 득세하는 불행한 역사를 겪었습니다. 그러나 이제 우리에게도 새로운 희망의 시대가 열리고 있습니다. 세계의 변방으로 머물러 왔던 동북아시아가 북미 · 유럽 지역과 함께 세계 경제의 3대 축으로 떠오르고 있습니다.

① (가) – (나) – (다) – (라)
② (가) – (라) – (나) – (다)
③ (나) – (가) – (라) – (다)
④ (나) – (라) – (다) – (가)

문 8. 다음 대화에 대한 설명으로 가장 적절한 것은?

A: 예은 씨. 오늘 회의 내용을 팀원들에게 공유해 주시면 좋겠네요.
B: 네. 알겠습니다. 팀장님, 오늘 회의 내용을 요약 정리해서 메일로 공유하면 되겠지요?
A: (고개를 끄덕이며) 맞습니다.
B: 네. 그럼 회의 내용은 개조식으로 요약하고, 팀장님을 포함해서 전체 팀원에게 메일로 보내도록 하겠습니다.
A: 예은 씨. 그런데 개조식으로 회의 내용을 요약하는 방식에는 문제가 있지 않을까요?
B: (고개를 끄덕이며) 그렇겠네요. 개조식으로 요약할 경우 회의 내용이 과도하게 생략되어 이해가 어려울 수 있겠네요.

① A는 B에게 내용 요약 방식을 제안하고 있다.
② A와 B는 대화 중에 공감의 표지를 드러내며 상대방의 말을 듣고 있다.
③ B는 회의 내용 요약 방식에 대한 A의 문제 제기에 대해 자신이 다른 입장임을 드러내고 있다.
④ A는 개조식 요약 방식이 회의 내용을 과도하게 생략하여 이해에 어려움을 줄 수 있다고 명시하고 있다.

문 9. 다음 글에 대한 이해로 적절하지 않은 것은?

올해 A시는 '청소년 의회 교실' 운영에 관한 조례를 발표함으로써 청소년들이 지방의회의 역할과 기능을 이해하고 민주 시민으로서의 소양과 자질을 함양할 수 있는 근거를 마련하였다. 청소년 의회 교실이란 청소년을 대상으로 실시하는 의회 체험 프로그램을 의미한다. 여기에 참여할 수 있는 대상은 A시에 있는 학교에 재학 중인 만 19세 미만의 청소년이다. 이 조례에 따르면 시의회 의장은 의회 교실의 참가자 선정 및 운영 방안을 결정할 수 있다. 운영 방안에는 지방자치 및 의회의 기능과 역할, 민주 시민의 소양과 자질 등에 관한 교육 내용이 포함된다. 또한 시의회 의장은 고유 권한으로 본회의장 시설 사용이 가능하도록 지원할 수 있다. 최근 A시는 '수업 시간 스마트폰 사용 제한에 관한 조례안'을 주제로 본회의장에서 첫 번째 의회 교실을 운영하였다. 참석 학생들은 1일 시의원이 되어 의원 선서를 한 후 주제에 관한 자유 발언 시간을 가졌다. 이어서 관련 조례안을 상정한 후 찬반 토론을 거쳐 전자 투표로 표결 처리하였다. 학생들이 의회 과정 전반에 대해 체험할 수 있었던 뜻깊은 시간이었다.

① A시에 있는 학교의 만 19세 미만 재학생은 청소년 의회 교실에 참여할 수 있는 대상이다.
② A시의 시의회 의장은 청소년 의회 교실의 민주 시민 소양과 관련된 교육 내용을 결정할 수 있다.
③ A시에서 시행된 청소년 의회 교실에서 시의회 의장은 본회의장 시설을 사용하도록 지원해 주었다.
④ A시의 올해 청소년 의회 교실은 의원 선서, 조례안 상정, 자유 발언, 찬반 토론, 전자 투표의 순서로 진행되었다.

문 10. 단어에 대한 설명으로 적절하지 않은 것은?

① 가난: 한자어 '간난'에서 'ㄴ'이 탈락하면서 된 말이다.
② 어리다: '어리석다'는 뜻에서 '나이가 적다'는 뜻으로 바뀐 말이다.
③ 수탉: 'ㅎ'을 종성으로 갖고 있던 '숳'에 '돍'이 합쳐져 이루어진 말이다.
④ 점잖다: '의젓함'을 나타내는 '점잖이'에 '하다'가 붙어 형성된 말이다.

문 11. 다음 글의 주제로 가장 적절한 것은?

예전에 '혐오'는 대중에게 관심을 끄는 말이 아니었지만, 요즘에는 익숙하게 듣는 말이 되었다. 이는 과거에 혐오가 존재하지 않았다는 말이 아니다. 단지 최근 몇 년 사이에 이 문제가 폭발하듯 가시화되었다는 뜻이다. 혐오 현상은 외계에서 뚝 떨어진 괴물이 만들어 낸 것이 아니라, 거기엔 자체의 역사와 사회적 배경이 반드시 선행한다.

이 문제를 바라볼 때 주의 사항이 있다. 혐오나 증오라는 특정 감정에 집착해선 안 된다는 것이다. 혐오가 주제인데 거기에 집중하지 말라니, 얼핏 이율배반처럼 들리지만 이는 매우 중요한 포인트다. 왜 혐오가 나쁘냐고 물어보면 많은 사람들은 이렇게 답한다. "나쁜 감정이니까 나쁘다.", "약자와 소수자를 차별하게 만드니까 나쁘다." 이 대답들은 분명 선량한 마음에서 나온 것이다. 하지만 문제의 성격을 오인하게 만들 수 있다. 혐오나 증오라는 감정에 집중할수록 우린 '달을 가리키는 손가락만 바라보는' 잘못을 범하기 쉬워진다.

인과관계를 혼동하면 곤란하다. 우리가 문제시하고 있는 각종 혐오는 자연 발생한 게 아니라 사회적으로 형성된 감정이다. 사회문제의 기원이나 원인이 아니라, 발현이며 결과다. 더 정확히 말하자면 혐오는 증상이다. 증상을 관찰하는 일은 중요하지만 거기에만 매몰되면 곤란하다. 우리는 혐오나 증오 그 자체를 사회악으로 지목해 도덕적으로 지탄하는 데서 그치지 말아야 한다.

① 혐오 현상에는 인과관계가 존재하지 않는다.
② 혐오 현상은 선량한 마음으로 바라보아야 한다.
③ 혐오 현상을 만들어 내는 근본 원인을 찾아야 한다.
④ 혐오라는 감정에 집중할수록 사회문제는 잘 보인다.

문 12. ㉠~㉣에 대한 이해로 적절하지 않은 것은?

有此茅亭好	이 멋진 ㉠초가 정자 있고
綠林細徑通	수풀 사이로 오솔길 나 있네
微吟一杯後	술 한 잔 하고 시를 읊조리면서
高座百花中	온갖 꽃 속에서 ㉡높다랗게 앉아 있네
丘壑長看在	산과 계곡은 언제 봐도 그대로건만
樓臺盡覺空	㉢누대는 하나같이 비어 있구나
莫吹紅一點	붉은 꽃잎 하나라도 흔들지 마라
老去惜春風	늙어갈수록 ㉣봄바람이 안타깝구나

– 심환지, 「육각지하화원소정염운(六閣之下花園小亭拈韻)」 –

① ㉠: 시간적 흐름에 따른 시상 전개를 매개하고 있다.
② ㉡: 시적 화자의 초연한 태도를 드러내고 있다.
③ ㉢: 자연에 대비되는 쇠락한 인간사를 암시하고 있다.
④ ㉣: 꽃잎을 흔드는 부정적 이미지로 기능하고 있다.

문 13. 밑줄 친 단어 중 사람의 몸을 지시하는 말이 포함되지 않은 것은?

① 선생님께서는 슬하에 세 명의 자녀를 두셨다고 한다.
② 그는 수완이 좋아서 사람들에게 인정을 받는다.
③ 여러 팀이 우승을 위해 긴 시간 동안 각축을 벌였다.
④ 사업단의 발족으로 미뤄 뒀던 일들이 진행되기 시작했다.

문 14. ㉠과 ㉡에 대한 설명으로 가장 적절한 것은?

(가) ㉠계월이 여자 옷을 벗고 갑옷과 투구를 갖춘 후 용봉황월(龍鳳黃鉞)과 수기를 잡아 행군해 별궁에 자리를 잡았다. 그리고 군사를 시켜 보국에게 명령을 전하니 보국이 전해져 온 명령을 보고 화가 머리끝까지 났다. 그러나 보국은 예전에 계월의 위엄을 보았으므로 명령을 거역하지 못해 갑옷과 투구를 갖추고 군문에 대령했다.

이때 계월이 좌우를 돌아보며 말했다.

"보국이 어찌 이다지도 거만한가? 어서 예를 갖추어 보이라."

호령이 추상과 같으니 군졸의 대답 소리로 장안이 울릴 정도였다. 보국이 그 위엄을 보고 겁을 내어 갑옷과 투구를 끌고 몸을 굽히고 들어가니 얼굴에서 땀이 줄줄 흘러내렸다.

– 작자 미상, 「홍계월전」에서 –

(나) 장끼 고집 끝끝내 굽히지 아니하여 ㉡까투리 홀로 경황없이 물러서니, 장끼란 놈 거동 보소. 콩 먹으러 들어갈 제 열두 장목 펼쳐 들고 꾸벅꾸벅 고개 조아 조츰조츰 들어가서 반달 같은 혀뿌리로 들입다 꽉 찍으니, 두 고패 둥그레지며 …(중략)… 까투리 하는 말이

"저런 광경 당할 줄 몰랐던가. 남자라고 여자의 말 잘 들어도 패가하고, 계집의 말 안 들어도 망신하네."

까투리 거동 볼작시면, 상하평전 자갈밭에 자락머리 풀어 놓고 당굴당굴 뒹굴면서 가슴치고 일어앉아 잔디풀을 쥐어뜯어 애통하며, 두 발로 땅땅 구르면서 붕성지통(崩城之痛) 극진하니, 아홉 아들 열두 딸과 친구 벗님네들도 불쌍타 의논하며 조문 애곡하니 가련 공산 낙망천에 울음소리뿐이로다.

– 작자 미상, 「장끼전」에서 –

① ㉠과 ㉡은 모두 상대에 비해 우월한 지위를 가지고 있다.
② ㉠이 상대의 행동을 비판하는 반면, ㉡은 옹호하고 있다.
③ ㉠이 갈등 상황을 타개하는 데 적극적인 반면, ㉡은 소극적이다.
④ ㉠이 주변으로부터 호의적인 반응을 얻은 반면, ㉡은 적대적인 반응을 얻는다.

문 15. 밑줄 친 말의 쓰임이 올바른 것은?

① 습관처럼 중요한 말을 되뇌이는 버릇이 있다.
② 나는 친구 집을 찾아 골목을 헤매이고 다녔다.
③ 너무 급하게 밥을 먹으면 목이 메이기 마련이다.
④ 그는 어린 시절 기계에 손가락이 끼이는 사고를 당했다.

문 16. 밑줄 친 부분의 한자 표기가 옳지 않은 것은?

① 우리 시대 영웅으로 소방관(消防官)이 있다.
② 과학자(科學者)는 청소년들이 선망하는 직업이다.
③ 그는 인공지능 연구소의 연구원(研究員)이 되었다.
④ 그는 법원의 명령에 따라 변호사(辯護事)로 선임되었다.

문 17. 다음 글에 대한 이해로 적절하지 않은 것은?

르네상스가 일어나게 된 요인으로 많은 것들이 거론되어 왔지만, 의학사의 관점에서 볼 때 흥미롭고 논쟁적인 원인은 페스트이다. 페스트가 유럽의 인구를 격감시킴으로써 사회 경제 구조가 급변하게 되었고, 사람들은 재래의 전통이 지니고 있던 강력한 권위에 의문을 품기 시작했다. 예컨대 사람들은 이 무시무시한 질병을 예측하지 못한 기존의 의학적 전통을 불신하게 되었으며, 페스트로 인해 '사악한 자'들만이 아니라 '선량한 자'들까지 무차별적으로 죽는 것을 보고 이전까지 의심하지 않았던 신과 교회의 막강한 권위에 대해서도 회의하게 되었다.

속수무책으로 당할 수밖에 없었던 죽음에 대한 경험은 사람들을 여러 방향에서 변화시켰다. 사람들은 거리에 시체가 널려 있는 광경에 익숙해졌고, 인간의 유해에 대한 두려움 또한 점차 옅어졌다. 교회에서 제시한 세계관 및 사후관에 대한 신뢰가 떨어지고, 삶과 죽음 같은 인간의 본질적인 문제에 대해 새롭게 사유하기 시작했다. 중세의 지적 전통에 대한 의구심은 고대의 학문과 예술, 언어에 대한 재평가로 이어졌으며, 이에 따라 신에 대한 무조건적 찬양과 복종 대신 인간에 대한 새로운 관심과 사유가 활발해졌다.

이러한 움직임은 미술사에서 두드러지게 포착된다. 인간에 대한 관심의 증대에 따라 인체의 아름다움이 재발견되었고, 인체를 묘사하는 다양한 화법도 등장했다. 인체에 대한 관심은 보이는 부분뿐만 아니라 보이지 않는 부분에 대한 관심으로 이어졌다. 기존의 의학적 전통을 여전히 신봉하던 의사들에게 해부학적 지식은 불필요한 것으로 인식되었던 반면, 당시의 미술가들은 예술가이면서 동시에 해부학자이기도 할 만큼 인체의 내부 구조를 탐색하는 데 골몰했다.

① 전염병의 창궐은 르네상스의 발생을 설명하는 다양한 요인 가운데 하나이다.
② 페스트로 인한 선인과 악인의 무차별적인 죽음은 교회가 유지하던 막강한 권위를 약화시켰다.
③ 예술가들이 인체의 아름다움을 재발견함으로써 고대의 학문과 언어에 대한 재평가도 이루어졌다.
④ 르네상스 시기에 해부학은 의사들보다도 미술가들의 관심을 끌었다.

문 18. 밑줄 친 부분에 어울리는 한자 성어로 가장 적절한 것은?

추사 김정희의 '세한도'는 글씨를 쓰다 남은 먹을 버리기 아까워 그린 듯이 갈필(渴筆)의 거친 선 몇 개로 이루어져 있다. 정말 큰 기교는 겉으로 보기에는 언제나 서툴러 보이는 법이다. 그러나 대가의 덤덤한 듯, 툭 던지는 한마디는 예리한 비수가 되어 독자의 의식을 헤집는다.

① 巧言令色
② 寸鐵殺人
③ 言行一致
④ 街談巷說

문 19. 다음 글에서 추론한 내용으로 가장 적절한 것은?

> 논리실증주의자들에 따르면, 만약 어떤 것이 과학일 경우 거기에서 사용되는 문장은 유의미하다. 그들은 유의미한 문장의 기준으로 소위 '검증 원리'라고 불리는 것을 제안했다. 검증 원리란, 경험을 통해 참이나 거짓을 검증할 수 있는 문장은 유의미하고 그렇지 않은 문장은 유의미하지 않다는 것이다. 다음 두 문장을 예로 생각해 보자.
>
> (가) 달의 다른 쪽 표면에 산이 있다.
> (나) 절대자는 진화와 진보에 관계하지만, 그 자체는 진화하거나 진보하지 않는다.
>
> 위 두 문장 중 경험을 통해 검증할 수 있는 것은 무엇인가? 비록 현실적으로 큰 비용이 들기는 하지만 (가)는 분명히 경험을 통해 진위를 밝힐 수 있다. 즉 우리는 (가)의 진위를 확정하기 위해서 무엇을 경험해야 하는지 알고 있다는 것이다. 이런 점에 근거하여 논리실증주의자들은 (가)는 검증할 수 있고, 유의미한 문장이라고 판단한다. 그럼 (나)는 어떠한가? 우리는 무엇을 경험해야 (나)의 진위를 확정할 수 있는가? 논리실증주의자들은 그런 것은 없다고 주장하고, 이에 (나)는 검증할 수 없고 과학에서 사용될 수 없는 무의미한 문장이라고 말한다.

① 논리실증주의자들에 따르면 무의미한 문장을 사용하는 것은 과학이 아니다.
② 논리실증주의자들에 따르면 과학의 문장들만이 유의미하다.
③ 검증 원리에 따르면 아직까지 경험되지 않은 것을 언급한 문장은 무의미하다.
④ 검증 원리에 따르면 거짓인 문장은 무의미하다.

문 20. 다음 글에서 추론할 수 있는 것만을 〈보기〉에서 모두 고르면?

> 컴퓨터에는 자유의지가 있을까? 나아가 컴퓨터에 도덕적 의무를 귀속시킬 수 있을까? 컴퓨터는 다양한 전기회로로 구성되어 있고, 물리법칙, 프로그래밍 방식, 하드웨어의 속성 등에 따라 필연적으로 특정한 초기 상태로부터 다음 상태로 넘어간다. 마찬가지로 두 번째 상태에서 세 번째 상태로 이동하고, 이러한 과정이 계속해서 이어진다. 즉 컴퓨터는 결정론적 법칙의 지배를 받는 시스템이라는 것이다. 그럼 이러한 시스템에는 자유의지가 있을까?
>
> 결정론적 법칙의 지배를 받는 시스템의 중요한 특징은 주어진 조건에 따라 결과가 하나로 고정된다는 점이다. 다시 말해, 이러한 시스템에는 항상 하나의 선택지만 있을 뿐이다. 그런 뜻에서 결정론적 지배를 받는다는 것과 자유의지를 가진다는 것은 양립할 수 없음이 분명하다. 어떤 선택을 할 때 그것과 다른 선택을 할 수도 있다는 것은 자유의지의 필요조건이기 때문이다. 결국 결정론적 법칙의 지배를 받는 시스템은 자유의지를 가지지 않는다. 또한 자유의지를 가지지 않는 시스템에 도덕적 의무를 귀속시킬 수 없음은 당연하다.

〈보기〉

ㄱ. 컴퓨터는 자유의지를 가지지 않으며 도덕적 의무의 귀속 대상일 수도 없다.
ㄴ. 도덕적 의무를 귀속시킬 수 있는 시스템은 결정론적 법칙의 지배를 받지 않는다.
ㄷ. 어떤 선택을 할 때 그것과 다른 선택을 할 수 없는 시스템은 자유의지를 가지지 않는다.

① ㄱ, ㄴ ② ㄱ, ㄷ
③ ㄴ, ㄷ ④ ㄱ, ㄴ, ㄷ

해설편 ▶ P.57

┃ 풀이 시간: ____:____ ~ ____:____ / 점수: ____점

문 1. 밑줄 친 부분이 바르게 쓰이지 않은 것은?

① 바쁘다더니 여긴 웬일이야?
② 결혼식이 몇 월 몇 일이야?
③ 굳은살이 박인 오빠 손을 보니 안쓰럽다.
④ 그는 주말이면 으레 친구들과 야구를 한다.

문 2. 밑줄 친 조사의 쓰임이 옳은 것은?

① 언니는 아버지의 딸로써 부족함이 없다.
② 대화로서 서로의 갈등을 풀 수 있을까?
③ 드디어 오늘로써 그 일을 끝내고야 말았다.
④ 시험을 치는 것이 이로서 세 번째가 됩니다.

문 3. 단어의 뜻풀이가 옳지 않은 것은?

① 반나절: 하루 낮의 반
② 달포: 한 달이 조금 넘는 기간
③ 그끄저께: 오늘로부터 사흘 전의 날
④ 해거리: 한 해를 거른 간격

문 4. 밑줄 친 부분과 바꿔 쓸 수 있는 관용 표현으로 적절하지 않은 것은?

① 몹시 가난한 형편에 누구를 돕겠느냐? – 가랑이가 찢어질
② 그가 중간에서 연결해 주어 물건을 쉽게 팔았다. – 호흡을 맞춰
③ 그는 상대편을 보고는 속으로 깔보며 비웃었다. – 코웃음을 쳤다
④ 주인의 말에 넘어가 실제보다 비싸게 이 물건을 샀다. – 바가지를 쓰고

문 5. ㉠~㉣에 대한 설명으로 옳지 않은 것은?

> 이때는 오월 단옷날이렷다. 일 년 중 가장 아름다운 시절이라. ㉠이때 월매 딸 춘향이도 또한 시서 음률이 능통하니 천중절을 모를쏘냐. 추천을 하려고 향단이 앞세우고 내려올 제, 난초같이 고운 머리 두 귀를 눌러 곱게 땋아 봉황 새긴 비녀를 단정히 매었구나. …(중략)… 장림 속으로 들어가니 ㉡녹음방초 우거져 금잔디 좌르르 깔린 곳에 황금 같은 꾀꼬리는 쌍쌍이 날아든다. 버드나무 높은 곳에서 그네 타려 할 때, 좋은 비단 초록 장옷, 남색 명주 홑치마 훨훨 벗어 걸어 두고, 자주색 비단 꽃신을 썩썩 벗어 던져두고, 흰 비단 새 속옷 턱밑에 훨씬 추켜올리고, 삼껍질 그넷줄을 섬섬옥수 넌지시 들어 두 손에 갈라 잡고, 흰 비단 버선 두 발길로 훌쩍 올라 발 구른다. …(중략)… ㉢한 번 굴러 힘을 주며 두 번 굴러 힘을 주니 발밑에 작은 티끌 바람 좇아 펄펄, 앞뒤 점점 멀어 가니 머리 위의 나뭇잎은 몸을 따라 흔들흔들. 오고갈 제 살펴보니 녹음 속의 붉은 치맛자락 바람결에 내비치니, 높고 넓은 흰 구름 사이에 번갯불이 쏘는 듯 잠깐 사이에 앞뒤가 바뀌는 구나. …(중략)… 무수히 진퇴하며 한참 노닐 적에 시냇가 반석 위에 옥비녀 떨어져 쟁쟁하고, '비녀, 비녀' 하는 소리는 산호채를 들어 옥그릇을 깨뜨리는 듯. ㉣그 형용은 세상 인물이 아니로다.
>
> – 작자 미상, 「춘향전」에서 –

① ㉠: 설의적 표현을 통해 춘향이도 천중절을 당연히 알 것이라는 점을 서술하고 있다.
② ㉡: 비유법을 사용하고 음양이 조화를 이룬 아름다운 봄날의 풍경을 서술하고 있다.
③ ㉢: 음성상징어를 사용하여 춘향의 그네 타는 모습을 시각적으로 서술하고 있다.
④ ㉣: 서술자의 편집자적 논평을 통해 춘향이의 내면적 아름다움을 서술하고 있다.

문 6. 다음 대화에 대한 설명으로 적절한 것은?

> A: 지난번 제안서 프레젠테이션을 마친 후 "검토하고 연락드리겠습니다."라고 답변을 받았는데 아직 별다른 연락이 없어서 고민이에요.
> B: 어떤 연락을 기다리신다는 거예요?
> A: 해당 사업에 관하여 제 제안서를 승낙했다는 답변이잖아요. 그런데 후속 사업 진행을 위해 지금쯤 연락이 와야 할 텐데 싶어서요.
> B: 글쎄요. 보통 그런 상황에서는 완곡하게 거절하는 의사 표현이라 볼 수 있어요. 그리고 해당 고객이 제안서 내용은 정리가 잘되었지만, 요즘 같은 코로나 시기에는 이전과 동일한 사업적 효과가 있을지 궁금하다고 말한 것을 보면 알 수 있죠.
> A: 네, 기억납니다. 하지만 궁금하다고 말한 것이지 사업을 수용하지 않는다는 것은 아니지 않나요? 답변을 할 때도 굉장히 표정도 좋고 박수도 쳤는데 말이죠. 목소리도 부드러웠고요.

① A와 B는 고객의 답변에 대해 제안서 승낙이라는 의미로 동일하게 이해한다.
② A는 동일한 사업적 효과가 있을지 궁금하다는 표현을 제안한 사업에 대한 부정적 평가라고 판단한다.
③ B는 고객이 제안서에 의문을 제기한 내용을 근거로 고객의 답변에 대해 판단한다.
④ A는 비언어적 표현을 바탕으로 하여 고객의 답변을 제안서에 대한 완곡한 거절로 해석한다.

문 7. 다음 글의 내용과 부합하지 <u>않는</u> 것은?

> 무슈 리와 엄마는 재혼한 부부다. 내가 그를 아버지라고 부르기 어려운 것은 거의 그런 말을 발음해 본 적이 없는 습관의 탓이 크다.
> 나는 그를 좋아할뿐더러 할아버지 같은 이로부터 느끼던 것의 몇 갑절이나 강한 보호 감정 — 부친다움 같은 것도 느끼고 있다.
> 그러나 나는 그의 혈족은 아니다.
> 무슈 리의 아들인 현규와도 마찬가지다. 그와 나는 그런 의미에서는 순전한 타인이다. 스물두 살의 남성이고 열여덟 살의 계집아이라는 것이 진실의 전부이다. 왜 나는 이 일을 그대로 알아서는 안 되는가?
> 나는 그를 영원히 아무에게도 주기 싫다. 그리고 나 자신을 다른 누구에게 바치고 싶지도 않다. 그리고 우리를 비끄러매는 형식이 결코 '오누이'라는 것이어서는 안 될 것을 알고 있다.
> 나는 또 물론 그도 나와 마찬가지로 같은 일을 생각하고 있기를 바란다. 같은 일을 — 같은 즐거움일 수는 없으나 같은 이 괴로움을.
> 이 괴로움과 상관이 있을 듯한 어떤 조그만 기억, 어떤 조그만 표정, 어떤 조그만 암시도 내 뇌리에서 사라지는 일은 없다. 아아, 나는 행복해질 수는 없는 걸까? 행복이란, 사람이 그것을 위하여 태어나는 그 일을 말함이 아닌가?
> 초저녁의 불투명한 검은 장막에 싸여 짙은 꽃향기가 흘러든다. 침대 위에 엎드려서 나는 마침내 느껴 울고 만다.
> — 강신재, 「젊은 느티나무」에서 —

① '나'는 '현규'도 '나'와 같은 감정을 갖고 있기를 기대하고 있다.
② '나'와 '현규'는 혈연적으로는 아무런 관계가 없는 타인이며, 법률상의 '오누이'일 뿐이다.
③ '나'는 '현규'에 대한 감정 때문에 '무슈 리'를 아버지로 부르는 것에 거부감을 갖고 있다.
④ '나'는 사회적 인습이나 도덕률보다는 '현규'에 대한 '나'의 감정에 더 충실해지고 싶어 한다.

문 8. 글쓴이의 견해에 부합하는 대응으로 가장 적절한 것은?

> 정중하고 단호한 태도를 보이는 것과, 수동적이거나 공격적인 반응을 하는 것은 엄청난 차이가 있다. 수동적인 사람들은 마음속에 있는 자신의 생각을 표현하면 분란이 일어날까 봐 두려워한다. 그러나 자신의 의견을 말하지 않는 한 자신이 원하는 것을 얻을 수는 없다. 이와 반대로 공격적인 태도는 자신의 권리를 앞세워 생각해서 남을 희생시켜서라도 자신이 원하는 것을 얻으려는 것이다. 공격적인 사람은 사람들이 싫어하는 행동을 하곤 한다. 그러나 단호한 반응은 공격적인 반응과 다르다. 단호한 반응은 다른 사람의 권리를 침해하지 않으면서 자신의 권리를 존중하고 지키겠다는 것이다. 이것은 상대방을 배려하는 태도를 보여 준다. 상대방을 존중하면서도 얼마든지 자신의 의견을 내세울 수 있다. 단호한 주장은 명쾌하고 직접적이며 요점을 찌른다.
> 그럼 실제로 연습해 보자. 어느 흡연자가 당신의 차 안에서 담배를 피워도 되는지 묻는다. 당신은 담배 연기를 싫어하고 건강에 해롭다는 것도 잘 알고 있어 달갑지 않다. 어떻게 대응하는 것이 좋을까?

① 좀 그러긴 하지만, 괜찮아요. 창문 열고 피우세요.
② 안 되죠. 흡연이 얼마나 해로운데요. 좀 참아 보시겠어요.
③ 안 피우시면 좋겠어요. 연기가 해롭잖아요. 피우고 싶으시면 차를 세워 드릴게요.
④ 물어봐 줘서 고마워요. 피워도 그렇고 안 피워도 좀 그러네요. 생각해 보시고서 좋은 대로 결정하세요.

문 9. (가)에 들어갈 한자성어로 적절한 것은?

> "집안 내력을 알고 보믄 동기간이나 진배없고, 성환이도 이자는 대학생이 됐으니께 상의도 오빠겉이 그렇게 알아놔라."
> 하고 장씨 아저씨는 말하는 것이었다. 그러나 상의는 처음 만났을 때도 그랬지만 두 번째도 거부감을 느꼈다. 사람한테 거부감을 느꼈기보다 제복에 거부감을 느꼈는지 모른다. 학교규칙이나 사회의 눈이 두려웠는지 모른다. 어쨌거나 그들은 청춘남녀였으니까. 호야 할매 입에서도 성환의 이름이 나오기론 이번이 처음이 아니었다.
> "(가), 손주 때문에 눈물로 세월을 보내더니, 이자는 성환이도 대학생이 되었으니 할매가 원풀이 한풀이를 다 했을 긴데 아프기는 와 아프는고, 옛말 하고 살아야 하는 긴데."
>
> — 박경리, 「토지」에서 —

① 오매불망(寤寐不忘)
② 망운지정(望雲之情)
③ 염화미소(拈華微笑)
④ 백아절현(伯牙絕絃)

문 10. (가)와 (나)에 대한 설명으로 적절하지 않은 것은?

> (가) 오백년 도읍지를 필마로 돌아드니
> 산천은 의구하되 인걸은 간 데 없네.
> 어즈버 태평연월이 꿈이런가 하노라.
>
> (나) 벌레먹은 두리기둥 빛 낡은 단청(丹靑) 풍경 소리 날러간 추녀 끝에는 산새도 비둘기도 둥주리를 마구쳤다. 큰 나라 섬기다 거미줄 친 옥좌(玉座) 위엔 여의주(如意珠) 희롱하는 쌍룡(雙龍) 대신에 두 마리 봉황(鳳凰)새를 틀어 올렸다. 어느 땐들 봉황이 울었으랴만 푸르른 하늘 밑 추석을 밟고 가는 나의 그림자. 패옥(佩玉) 소리도 없었다. 품석(品石) 옆에서 정일품(正一品) 종구품(從九品) 어느 줄에도 나의 몸둘 곳은 바이 없었다. 눈물이 속된 줄을 모를 양이면 봉황새야 구천(九泉)에 호곡(呼哭)하리라.

① (가)는 '산천'과 '인걸'을 대비함으로써 인생의 무상함을 드러내고 있다.
② (나)는 '쌍룡'과 '봉황'을 대비함으로써 사대주의적 역사에 대한 비판적 시각을 드러내고 있다.
③ (가)와 (나) 모두 선경후정의 기법을 사용하고 있다.
④ (가)와 (나) 모두 정해진 율격과 음보에 맞춰 시상을 전개하고 있다.

문 11. 다음 글의 내용과 부합하는 것은?

> 미국의 어머니들은 자녀와 함께 놀이를 할 때 특정 사물에 초점을 맞추고 그 사물의 속성을 아이들에게 가르친다. 사물의 속성 자체에 관심을 기울이도록 훈련받은 아이들은 스스로 독립적인 행동을 하도록 교육받는다. 미국에서는 아이들에게 의사소통을 가르칠 때 자신의 생각을 분명하게 표현하고 말하는 사람의 입장에서 대화에 임해야 하며, 대화 과정에서 오해가 발생하면 그것은 말하는 사람의 잘못이라고 강조한다.
> 반면에 일본의 어머니들은 대상의 '감정'에 특별히 신경을 써서 가르친다. 특히 자녀가 말을 안 들을 때에 그러하다. 예를 들어 "네가 밥을 안 먹으면, 고생한 농부 아저씨가 얼마나 슬프겠니?", "인형을 그렇게 던져 버리다니, 저 인형이 울잖아. 담장도 아파하잖아." 같은 말들로 꾸중하는 모습을 자주 볼 수 있다. 다른 사람과의 관계에 초점을 맞춘 훈련을 받은 아이들은 자신의 생각을 드러내기보다는 행동에 영향을 받는 다른 사람들의 감정을 미리 예측하도록 교육받는다. 곧 일본에서는 아이들에게 듣는 사람의 입장에서 말할 것을 강조한다.

① 미국의 어머니는 듣는 사람의 입장, 일본의 어머니는 말하는 사람의 입장을 강조한다.
② 일본의 어머니는 사물의 속성을 아는 것이 관계를 아는 것보다 더 중요하다고 생각한다.
③ 미국의 어머니는 어떤 일을 있는 그대로 보지 말고 이면에 있는 감정을 읽어야 한다고 생각한다.
④ 미국의 어머니는 자녀가 독립적인 행동을 하도록 교육하며, 일본의 어머니는 자녀가 타인의 감정을 예측하도록 교육한다.

문 12. 다음 글의 결론으로 가장 적절한 것은?

> 인공지능(AI)은 비즈니스 패러다임을 획기적으로 바꾸고 있다. 인공지능은 생물학 분야에도 광범위하게 영향을 미칠 것이며, 애완동물이 인공지능(AI)으로 대체될 수도 있을 것이다. 인공지능(AI)은 스스로 수학도 풀고 글도 쓰고 바둑을 두며 사람을 이길 수도 있다. 어느 영화에서처럼 실제로 인간관계를 대신할 수도 있다. 인공지능(AI)은 배우면서 성장할 수도 있다. 인공지능(AI)이 사람보다 똑똑해질 수 있을지도 모른다.
> 인공지능(AI)이 사람보다 똑똑해질 수 있는지는 차치하고, 인공지능(AI)이 사람을 게으르게 만들 수도 있지 않을까? 이 게으름은 우리의 건강과 행복, 그리고 일상생활의 패턴을 바꿔 놓을 수도 있다.
> 인공지능(AI)이 앱을 통해 좀 더 편리한 삶을 제공하여 사람의 뇌를 어떻게 바꾸는지를 일상에서 보여 주는 대표적 사례가 바로 GPS다. 불과 몇 년 전만 해도 지도를 보고 스스로 거리를 가늠하고 도착 시간을 계산했던 운전자

들은 이 내비게이션의 등장으로 어디에서 어떻게 가라는 기계 속 음성에 전적으로 의존하기 시작했다. 예전의 방식으로도 충분히 잘 찾아가던 길에서조차 습관적으로 내비게이션을 켠다. 이것이 없으면 자주 다니던 길도 제대로 찾지 못하고 멀쩡한 어른도 길을 잃는다.

이와 같이 기계에 의존해서 인간이 살아가는 사례는 오늘날 우리의 두뇌가 게을러진 것을 보여 주는 여러 사례 가운데 하나일 뿐이다. 삶을 더 편하게 해 준다며 지름길을 제시하는 도구들이 도리어 우리의 기억력과 창조력을 퇴보시키고 있다. 인간을 태만하고 나태하게 만들어 뇌의 가장 뛰어난 영역인 상상력을 활용하지 않도록 만드는 것이다.

① 인간의 인공지능(AI)에 대한 독립성은 지속적으로 증가하게 될 것이다.
② 인공지능(AI)으로 인해 인간의 두뇌가 게을러지는 부작용이 발생하게 될 것이다.
③ 인공지능(AI)은 인간을 능가하는 사고력을 가질 것이다.
④ 인공지능(AI)은 궁극적으로 상상력을 가지게 될 것이다.

문 13. 다음 글에 대한 이해로 적절한 것은?

국제기구인 유엔은 영어, 중국어, 러시아어, 프랑스어, 스페인어, 아랍어 등이 공용어로 사용되나 그곳에 근무하는 모든 외교관들이 이 공용어들을 전부 다 잘해야 하는 것은 아니다. 유럽연합에서의 공용어 개념도 유엔에서의 경우와 마찬가지로 여러 공용어 중 하나만 알아도 공식 업무상 불편이 없게끔 한다는 것이지 모든 유럽연합인들이 열 개가 넘는 공용어를 전부 다 배워야 하는 것은 아니다.

마찬가지 논리로 우리가 만일 한국어와 영어를 공용어로 지정한다면 이는 한국에서는 한국어와 영어 중 어느 하나를 알기만 하면 공식 업무상 불편이 없게끔 국가에서 보장한다는 뜻이지 모든 한국인들이 영어를 할 줄 알아야 된다는 뜻은 아니다. 따라서 우리가 영어를 한국어와 함께 공용어로 지정하기만 하면 모든 한국인이 영어를 잘할 수 있게 되리라는 믿음은 공용어의 개념을 제대로 이해하지 못한 데서 오는 망상에 불과하다.

① 유엔에서 근무하는 외교관들은 유엔의 공용어를 다 구사하지 않으면 안 된다.
② 유럽연합은 복수의 공용어를 지정하여 공무상 편의를 도모하였다.
③ 한국에서 영어를 공용어로 지정하면 한국인들은 영어를 다 잘할 수 있을 것이다.
④ 한국에서 머지않아 영어가 공용어로 지정될 것이다.

문 14. 다음 글의 내용과 부합하지 <u>않는</u> 것은?

인터넷이 있는 곳이면 어디나 악플이 있기 마련이지만, 한국은 정도가 심하다. 악플러들 가운데는 피해의식과 열등감에 시달리는 이들이 많다고 한다. 그들에게 악플의 즐거움은 무엇인가. 자신이 올린 글 한 줄에 다른 사람들이 동요하는 모습을 보면서 자기 효능감(self-efficacy)을 맛볼 수 있다. 아무에게도 영향력을 행사하지 못하고 자신의 삶과 환경을 통제하지도 못하면서 무력감에 시달리는 사람일수록 공격적인 발설로 자기 효능감을 느끼려 한다.

그런데 자기 효능감은 상대방의 반응에 좌우된다. 마구 욕을 퍼부었는데 상대방이 별로 개의치 않는다면, 계속할 마음이 사라질 것이다. 무시당했다는 생각에 오히려 자괴감에 빠질 수도 있다. 개인주의가 안착된 사회에서는 자신을 향한 비판에 대해 '그건 너의 생각'이라면서 넘겨 버리는 사람들이 많다. 말도 안 되는 욕설이나 험담이 날아오면 제정신이 아닌 사람의 소행으로 웃어넘기거나 법적인 조치를 취할 것이다.

개인주의는 여러 속성을 지니고 있지만, 자신의 존재 가치를 스스로 매긴다는 긍정적 측면이 있다. 한국에는 그런 의미에서의 개인주의가 뿌리내리지 못했다. 남에 대해 신경을 너무 곤두세운다. 그것은 두 가지 차원으로 나뉘는데, 한편으로 타인에게 필요 이상의 관심을 보이면서 참견하고 타인의 영역을 침범한다. 다른 한편으로 자기에 대한 타인의 평가와 반응에 너무 예민하다. 이 두 가지 특성이 인터넷 공간에서 맞물려 악플을 양산한다. 우선 다른 사람들에게 너무 쉽게 험담을 늘어놓고 당사자에게 악담을 던진다. 그렇게 약을 올리면 상대방이 발끈하거나 움츠러든다. 이따금 일파만파로 사회가 요동을 치기도 한다. 악플러 입장에서는 재미가 쏠쏠하다. 예상했던 피드백을 즉각적으로 받으면서 자기 효능감을 맛볼 수 있기 때문이다.

① 악플러는 자신의 말에 타인이 동요하는 것을 보면서 자기 효능감을 느낀다.
② 개인주의자는 악플에 무반응함으로써 악플러를 자괴감에 빠지게 할 수 있다.
③ 자신의 삶을 잘 통제하는 악플러일수록 타인을 더욱 엄격한 잣대로 비판한다.
④ 한국에서 악플이 양산되는 것은 한국인들이 타인에 대해 신경을 많이 쓰는 것과 관계가 있다.

문 15. 다음 글의 밑줄 친 부분이 지시하는 대상이 다른 것은?

수박을 먹는 기쁨은 우선 식칼을 들고 이 검푸른 ㉠구형의 과일을 두 쪽으로 가르는 데 있다. 잘 익은 수박은 터질 듯이 팽팽해서, 식칼을 반쯤만 밀어 넣어도 나머지는 저절로 열린다. 수박은 천지개벽하듯이 갈라진다. 수박이 두 쪽으로 벌어지는 순간, '앗!' 소리를 지를 여유도 없이 초록은 ㉡빨강으로 바뀐다. 한 번의 칼질로 이처럼 선명하게도 세계를 전환시키는 사물은 이 세상에 오직 수박뿐이다. 초록의 껍질 속에서, ㉢새까만 씨앗들이 별처럼 박힌 선홍색의 바다가 펼쳐지고, 이 세상에 처음 퍼져나가는 비린 향기가 마루에 가득 찬다. 지금까지 존재하지 않던, ㉣한바탕의 완연한 아름다움의 세계가 칼 지나간 자리에서 홀연 나타나고, 나타나서 먹히기를 기다리고 있다. 돈과 밥이 나오지 않았다 하더라도, 이것은 필시 흥부의 박이다.

– 김훈, 「수박」에서 –

① ㉠ ② ㉡
③ ㉢ ④ ㉣

문 16. (가) ~ (라)에 들어갈 말로 가장 적절한 것은?

정철, 윤선도, 황진이, 이황, 이조년 그리고 무명씨. 우리말로 시조나 가사를 썼던 이들이다. 황진이는 말할 것도 없고 무명씨도 대부분 양반이 아니었겠지만 정철, 윤선도, 이황은 양반 중에 양반이었다. (가) 그들이 우리말로 작품을 썼던 걸 보면 양반들도 한글 쓰는 것을 즐겨 했다는 것을 부정할 수는 없다. (나) 허균이나 김만중은 한글로 소설까지 쓰지 않았던가. (다) 이들이 특별한 취향을 가진 소수의 양반이었다면 이야기는 달라진다. 우리말로 된 문학 작품을 만들겠다는 생각을 가진 특별한 양반들을 제외하고 대다수 양반들은 한문을 썼기 때문에 한글을 모를 수도 있었기 때문이다. 실학자 박지원이 당시 양반 사회를 풍자한 작품 『호질』은 한문으로 쓰여 있다. (라) 한 가지 분명한 것은 양반 대부분이 한글을 이해하지 못하는 상황이었다면 정철도 이황도 윤선도도 한글로 작품을 쓰지는 않았을 것이란 사실이다.

	(가)	(나)	(다)	(라)
①	그런데	게다가	그렇지만	그러나
②	그런데	그리고	그래서	또는
③	그리고	그러나	하지만	즉
④	그래서	더구나	따라서	하지만

문 17. (가) ~ (라)의 고쳐 쓰기 방안으로 적절하지 않은 것은?

(가) 현재 우리 구청 조직도에는 기획실, 홍보실, 감사실, 행정국, 복지국, 안전국, 보건소가 있었다.
(나) 오늘은 우리 시청이 지양하는 '누구나 행복한 ○○시'를 실현하기 위한 추진 방안을 논의합니다.
(다) 지난달 수해로 인한 준비 기간이 짧았기 때문에 지역 축제는 예년보다 규모가 줄어들었다.
(라) 공과금을 기한 내에 지정 금융 기관에 납부하지 않으면 연체료를 내야 한다.

① (가): '있었다'는 문맥상 시제 표현이 적절하지 않으므로 '있다'로 고쳐 쓴다.
② (나): '지양'은 어떤 목표로 뜻이 쏠리어 향한다는 의미인 '지향'으로 고쳐 쓴다.
③ (다): '지난달 수해로 인한'은 '준비 기간'을 수식하는 절이 아니므로 '지난달 수해로 인하여'로 고쳐 쓴다.
④ (라): '납부'는 맥락상 금융 기관이 돈이나 물품 따위를 받아 거두어들인다는 '수납'으로 고쳐 쓴다.

문 18. 다음 글을 잘못 이해한 것은?

서연: 여보게, 동연이.
동연: 왜?
서연: 자네가 본뜨려는 부처님 형상은 누가 언제 그렸는지 몰라도 흔히 있는 것을 베껴 놓은 걸세. 그런데 자네는 그 형상을 또다시 베껴 만들 작정이군. 자넨 의심도 없는가? 심사숙고해 보게. 그런 형상이 진짜 부처님은 아닐세.
동연: 나에겐 전혀 의심이 없네.
서연: 의심이 없다니……?
동연: 무엇 때문에 의심해서 아까운 시간을 낭비해야 하는가?
서연: 음…….
동연: 공부를 하게, 괜히 의심 말고! (허공에 걸려 있는 탱화를 가리키며) 자넨 얼마나 형상 공부를 했는가? 이 십일면관세음보살의 머리 위에는 열한 개의 얼굴들이 있는데, 그 얼굴 하나하나를 살펴나 봤었는가? 귀고리, 목걸이, 손에 든 보병과 기현화란 꽃의 형태를 꼼꼼히 연구했었는가? 자네처럼 게으른 자들은 공부는 안 하고, 아무 의미 없다 의심만 하지!
서연: 자넨 정말 열심히 공부했네. 그렇다면 그 형태 속에 부처님 마음은 어디 있는지 가르쳐 주게.

– 이강백, 「느낌, 극락 같은」에서 –

① 불상 제작에 대한 동연과 서연의 입장은 다르다.
② 서연은 전해지는 부처님 형상을 의심하는 인물이다.
③ 동연은 부처님 형상을 독창적으로 제작하는 인물이다.
④ 동연과 서연의 대화는 예술에 있어서 형식과 내용의 논쟁을 연상시킨다.

문 19. 글의 통일성을 고려할 때 (가)에 들어갈 말로 가장 적절한 것은?

> 혼정신성(昏定晨省)이란 저녁에는 부모님의 잠자리를 봐 드리고 아침에는 문안을 드린다는 뜻으로 자식이 아침저녁으로 부모의 안부를 물어 살핌을 뜻하는 말로 '예기(禮記)'의 '곡례편(曲禮篇)'에 나오는 말이다. 아랫목 요에 손을 넣어 방 안 온도를 살피면서 부모님께 문안을 드리던 우리의 옛 전통은 온돌을 통한 난방 방식과 관련 깊다. 온돌을 통한 난방 방식은 방바닥에 깔려 있는 돌이 열기로 인해 뜨거워지고, 뜨거워진 돌의 열기로 방바닥이 뜨거워지면 방 전체에 복사열이 전달되는 방법이다. 방바닥 쪽의 차가운 공기는 온돌에 의해 따뜻하게 데워지므로 위로 올라가고, 위로 올라간 공기가 다시 식으면 아래로 내려와 다시 데워져 위로 올라가는 대류 현상으로 인해 결국 방 전체가 따뜻해진다. 벽난로를 통한 서양식의 난방 방식은 복사열을 이용하여 상체와 위쪽 공기를 데우는 방식인데, 대류 현상으로 바닥 바로 위 공기까지는 따뜻해지지 않는다. 그 이유는 [(가)].

① 벽난로에 의한 난방은 방바닥의 따뜻한 공기가 위로 올라가 식으면 복사열로 위쪽의 공기만을 따뜻하게 하기 때문이다

② 벽난로에 의한 난방이 복사열에 의한 난방에서 대류 현상으로 인한 난방이라는 순서로 이루어졌기 때문이다

③ 대류 현상을 통한 난방 방식은 상체와 위쪽의 공기만 따뜻하게 하기 때문이다

④ 상체와 위쪽의 따뜻한 공기는 차가운 바닥으로 내려오지 않기 때문이다

문 20. 다음 글에서 추론할 수 있는 것은?

> 포도주는 유럽 문명을 대표하는 술이자 동시에 음료수다. 우리는 대개 포도주를 취하기 위해 마시는 술로만 생각하기 쉬우나 유럽에서는 물 대신 마시는 '음료수'로서의 역할이 크다. 유럽의 많은 지역에서는 물이 워낙 안 좋아서 맨 물을 그냥 마시면 위험하기 때문에 제조 과정에서 안전성이 보장된 포도주나 맥주를 마시는 것이다. 이런 용도로 일상적으로 마시는 식사용 포도주로는 당연히 고급 포도주와는 다른 저렴한 포도주가 쓰이며, 술이 약한 사람들은 여기에 물을 섞어서 마시기도 한다.
>
> 소비의 확대와 함께, 포도주의 생산을 다른 지역으로 확산시키려는 노력도 계속되어 왔다. 포도주 생산의 확산에서 가장 큰 문제는 포도 재배가 추운 북쪽 지역으로 확대되기 힘들다는 점이다. 자연 상태에서는 포도가 자라는 북방 한계가 이탈리아 정도에서 멈춰야 했지만, 중세 유럽에서 수도원마다 온갖 노력을 기울인 결과 포도 재배가 상당히 북쪽까지 올라갔다. 대체로 대서양의 루아르강 하구로부터 크림반도와 조지아를 잇는 선이 상업적으로 포도를 재배할 수 있는 북방한계선이다.
>
> 적정한 기온은 포도주 생산 가능 여부뿐 아니라 생산된 포도주의 질을 결정하는 중요한 요인이다. 너무 추운 지역이나 너무 더운 지역에서는 포도주의 품질이 떨어질 수밖에 없다. 추운 지역에서는 포도에 당분이 너무 적어서 그것으로 포도주를 담그면 신맛이 강하게 된다. 반면 너무 더운 지역에서는 섬세한 맛이 부족해서 '흐물거리는' 포도주가 생산된다(그 대신 이를 잘 활용하면 포르토나 셰리처럼 도수를 높인 고급 포도주를 만들 수 있다). 그러므로 고급 포도주 주요 생산지는 보르도나 부르고뉴처럼 너무 덥지도 않고 너무 춥지도 않은 곳이다. 다만 달콤한 백포도주의 경우는 샤토 디켐(Chateau d'Yquem)처럼 뜨거운 여름 날씨가 지속하는 곳에서 명품이 만들어진다.
>
> 포도주의 수요는 전 유럽적인 데 비해 생산은 이처럼 지리적으로 제한됐기 때문에 포도주는 일찍부터 원거리 무역 품목이 됐고, 언제나 고가품 취급을 받았다. 그런데 한 가지 기억해야 할 점은 이렇게 수출되는 고급 포도주는 오래된 포도주가 아니라 바로 그해에 만든 술이라는 점이다. 우리는 포도주는 오래될수록 좋아진다고 믿는 경향이 있지만, 대부분의 백포도주 혹은 중급 이하 적포도주는 시간이 지날수록 오히려 품질이 떨어진다. 시간이 흐를수록 품질이 개선되는 것은 일부 고급 적포도주에만 한정된 이야기이며, 그나마 포도주를 병에 담아 코르크 마개를 끼워 보관한 이후의 일이다.

① 고급 포도주는 모두 너무 덥지도 춥지도 않은 곳에서 재배된 포도로 만들어졌다.

② 루아르강 하구로부터 크림반도와 조지아를 잇는 선은 이탈리아보다 남쪽에 있을 것이다.

③ 유럽에서 일상적으로 마시는 식사용 포도주는 저렴한 포도주거나 고급 포도주에 물을 섞은 것이다.

④ 병에 담겨 코르크 마개를 끼운 고급 백포도주는 보관 기간에 비례하여 품질이 개선되지는 않을 것이다.

해설편 ▶ P.65

2020 6월 13일 시행 지방직(= 서울시) 9급

| 풀이 시간: ____:____ ~ ____:____ / 점수: ____점

국 어	Ⓑ책형	1쪽

문 1. 다음에 해당하는 사례로 적절하지 않은 것은?

> '역전앞'과 마찬가지로 '피해(被害)를 당하다'에도 의미의 중복이 나타난다. '피해'의 '피(被)'에 이미 '당하다'라는 의미가 포함되어 있기 때문이다.

① 형부터 먼저 해라.
② 채훈이는 오로지 빵만 좋아한다.
③ 발언자마다 각각 다른 주장을 편다.
④ 그는 예의가 바를 뿐더러 무척 부지런하다.

문 2. 다음 대화에서 밑줄 친 부분의 표현 효과에 대한 설명으로 적절한 것은?

> 김 대리: 늦어서 죄송합니다. 일이 좀 많았습니다.
> 이 부장: 괜찮아요. 오랜만에 최 대리하고 오붓하게 대화도 나누고 시간 가는 줄 몰랐네요. 허허허.
> 김 대리: 박 부장님은 오늘 못 나오신다고 전해 달라셨어요.
> 이 부장: 그럼, 우리끼리 출발합시다.

① 자신과 상대방의 의견 차이를 최소화한다.
② 상대방에게 부담이 되는 표현을 최소화한다.
③ 화자 자신에게 혜택을 주는 표현을 최소화한다.
④ 상대방에 대한 비방을 최소화하고 칭찬을 최대화한다.

문 3. '청소년 인터넷 중독의 현황과 문제 해결'에 대한 글을 작성하고자 한다. 글의 내용으로 포함하기에 적절하지 않은 것은?

① 국내 최대 게임 업체의 고객 개인 정보가 유출되어 청소년들에게 성인 광고 문자가 대량 발송된 사건을 예로 제시한다.
② 인터넷에 중독되는 청소년의 비율이 해마다 증가한다는 통계를 활용하여 해당 사안이 시급히 해결되어야 할 문제임을 강조한다.
③ 사회성 결여, 의사소통 장애, 집중력 저하 등 인터넷 중독이 야기할 수 있는 부정적 현상들을 열거하여 문제의 심각성을 환기한다.
④ 청소년 대상 인터넷 중독 상담 프로그램의 개발 및 운영을 위해 할당된 예산이 부족하다는 전문가의 의견을 인용하여 해당 문제에 대한 대처가 미온적임을 지적한다.

문 4. 밑줄 친 단어의 쓰임이 옳은 것은?

① 하노라고 한 것이 이 모양이다.
② 물품 대금은 나중에 예치금에서 자동으로 결재된다.
③ 예산을 대충 걷잡아서 말하지 말고 잘 뽑아 보세요.
④ 행운이 가득하기를 기원하는 것으로 치사를 가름합니다.

문 5. 다음 시에 대한 감상으로 적절하지 않은 것은?

> 네 집에서 그 샘으로 가는 길은 한 길이었습니다. 그래서 새벽이면 물 길러 가는 인기척을 들을 수 있었지요. 서로 짠 일도 아닌데 새벽 제일 맑게 고인 물은 네 집이 돌아가며 길어 먹었지요. 순번이 된 집에서 물 길어 간 후에야 찌리 끈 입에 물고 삽짝 들어서시는 어머니나 물지게 진 아버지 모습을 볼 수 있었지요. 집안에 일이 있으면 그 순번이 자연스럽게 양보되기도 했었구요. 넉넉하지 못한 물로 사람들 마음을 넉넉하게 만들던 그 샘가 미나리꽝에서는 미나리가 푸르고 앙금 내리는 감자는 잘도 썩어 구린내 훅 풍겼지요.
>
> – 함민복, 「그 샘」 –

① '샘'을 매개로 공동체의 삶을 표현했다.
② 과거 시제로 회상의 분위기를 표현했다.
③ 공감각적 이미지로 이웃 간의 배려를 표현했다.
④ 구어체로 이웃 간의 정감 어린 분위기를 표현했다.

문 6. 다음 글의 주장으로 가장 적절한 것은?

> 우리에게 친숙한 동물들의 사소한 행동을 살펴보면 그들이 자신의 환경을 개조한다는 것을 알 수 있다. 가장 단순한 생명체는 먹이가 그들에게 헤엄쳐 오게 만들고, 고등동물은 먹이를 구하기 위해 땅을 파거나 포획 대상을 추적하기도 한다. 이처럼 동물들은 자신의 목적을 위해 행동함으로써 환경을 변형시킨다. 이러한 생존 방식을 흔히 환경에 적응하는 것으로 설명한다. 그러나 이러한 설명은 생명체들이 그들의 환경 개변(改變)에 능동적으로 행동한다는 중요한 사실을 놓치고 있다.
>
> 가장 고등한 동물인 인간도 다른 생명체와 마찬가지로 생존이나 적응을 넘어서 환경에 대해 적극성을 보인다. 이는 인간의 세 가지 충동－사는 것, 잘 사는 것, 더 잘 사는 것－으로 인하여 가능하다. 잘 살기 위한 노력은 순응적이기보다는 능동적인 모습으로 나타나게 된다. 인간도 생명체이다. 더 잘 살기 위해서는 환경에 순응할 수만은 없다.

① 인간은 환경에 적응해 왔다.
② 삶의 기술은 생존을 위한 것이다.
③ 생명체는 환경을 능동적으로 변형한다.
④ 인간은 잘 사는 것을 삶의 목표로 한다.

문 7. 밑줄 친 부분의 활용형이 옳지 않은 것은?

① 집에 오면 그는 항상 사랑채에 머물었다.
② 나는 고향 집에 한 사나흘 머무르면서 쉴 생각이다.
③ 일에 서툰 것은 연습이 부족한 까닭이다.
④ 그는 외국어가 서투르므로 해외 출장을 꺼린다.

문 8. 다음에 서술된 A사의 상황을 가장 적절하게 표현한 한자성어는?

> 최근 출시된 A사의 신제품이 뜨거운 호응을 얻고 있다. 이번 신제품의 성공으로 A사는 B사에게 내주었던 업계 1위 자리를 탈환했다.

① 兎死狗烹　② 捲土重來
③ 手不釋卷　④ 我田引水

문 9. 다음 글의 주장으로 가장 적절한 것은?

> 예술 작품의 복제 기술이 좋아지고 있음에도 불구하고 원본을 보러 가는 이유는 무엇인가? 예술 작품의 특성상 원본 고유의 예술적 속성을 복제본에서는 느낄 수 없다고 생각하는 경향이 강하기 때문이다. 사진은 원본인지 복제본인지 중요하지 않지만, 회화는 붓 자국 하나하나가 중요하기 때문에 복제본이 원본을 대체할 수 없다고 생각하는 사람들이 많다.
>
> 그러나 이러한 생각은 잘못이다. 회화와 달리 사진의 경우, 보통은 '그 작품'이라고 지칭되는 사례들이 여러 개 있을 수 있다. 20세기 위대한 사진작가 빌 브란트가 마음만 먹었다면, 런던에 전시한 인화본의 조도를 더 낮추는 방식으로 다른 곳에 전시한 것과 다른 예술적 속성을 갖게 할 수 있었을 것이다. 이것은 사진의 경우, 작가가 재현적 특질을 선택하고 변형할 수 있는 방법이 다양함을 의미한다.

① 복제본의 예술적 가치는 원본을 뛰어넘을 수 없다.
② 복제 기술 덕분에 예술의 매체적 특성이 비슷해졌다.
③ 복제본의 재현적 특질을 변형하는 방법은 제한적이다.
④ 복제본도 원본과는 다른 별개의 예술적 특성을 담보할 수 있다.

문 10. 밑줄 친 단어와 바꿔 쓸 수 있는 한자어로 가장 적절한 것은?

① 그는 가수가 되려는 꿈을 버리고 직장을 구했다.
→ 遺棄하고
② 휴가철인 7～8월에 버려지는 반려견들이 가장 많다.
→ 根絕되는
③ 그는 집 앞에 몰래 쓰레기를 버리고 간 사람을 찾고 있다.
→ 投棄하고
④ 취직하려면 그녀는 우선 지각하는 습관을 버려야 할 것이다.
→ 拋棄해야

문 11. 다음 글의 ㉠~㉣에 대한 고쳐 쓰기 방안으로 적절하지 않은 것은?

> 현재 리셋 증후군이 인터넷 중독의 한 유형으로 ㉠꼽혀지고 있다. 리셋 증후군 환자들은 현실에서 잘못을 하더라도 버튼만 누르면 해결될 수 있다고 생각해서 아무런 죄의식이나 책임감 없이 행동한다. ㉡'리셋 증후군'이라는 말은 1990년 일본에서 처음 생겨났는데, 국내에선 1990년대 말부터 쓰이기 시작했다. 리셋 증후군 환자들은 현실과 가상을 구분하지 못하여 게임에서 실행했던 일을 현실에서 저지르고 뒤늦게 후회하는 경우가 많다. 특히, 이러한 특성을 지닌 청소년들은 무슨 일이든지 쉽게 포기하고 책임감 없는 행동을 하며, 마음에 들지 않는 사람이 있으면 ㉢막다른 골목으로 몰 듯 관계를 쉽게 끊기도 한다.
> 리셋 증후군은 행동 양상이 명확히 나타나지 않는 편이라 쉽게 판별하기 어렵고 진단도 쉽지 않다. ㉣이와 같이 예방을 위해 지속적으로 주위 사람들과 대화를 나누고, 현실과 인터넷 공간을 구분하는 능력을 길러야 한다.

① 불필요한 이중 피동 표현으로 어법에 맞게 ㉠을 '꼽고'로 수정한다.
② 글의 맥락상 자연스럽지 않으므로 ㉡은 첫 번째 문장 뒤로 옮긴다.
③ 앞뒤 문맥을 고려할 때 ㉢은 '칼로 무를 자르듯'으로 수정한다.
④ 앞 문장과의 연결을 고려하여 ㉣을 '그러므로'로 수정한다.

문 12. 다음 글에서 의인화하고 있는 사물은?

> 姓은 楮이요, 이름은 白이요, 字는 無玷이다. 회계 사람이고, 한나라 중상시 상방령 채륜의 후손이다. 태어날 때 난초탕에 목욕하여 흰 구슬을 희롱하고 흰 띠로 꾸렸으므로 빛이 새하얗다. … (중략) … 성질이 본시 정결하여 武人은 좋아하지 않고 文士와 더불어 노니는데, 毛學士가 그 벗으로 매양 친하게 어울려서 비록 그 얼굴에 점을 찍어 더럽혀도 씻지 않았다.

① 대나무 ② 백옥
③ 엽전 ④ 종이

문 13. 다음 보도 기사별 마무리 표현으로 적절하지 않은 것은?

보도 기사	마무리 표현
소송이나 다툼에 관한 소식	㉠
어느 쪽이 옳다고 말하기 애매한 소식	㉡
사건이 터지고 결과가 드러나기 전 소식	㉢
연예 스캔들 소식	㉣

① ㉠: 모쪼록 원만히 해결되기 바랍니다.
② ㉡: 그 의미를 새삼 돌아보게 됩니다.
③ ㉢: 현재 귀추가 주목되고 있습니다.
④ ㉣: 호사가들의 입방아에 오르내리고 있습니다.

문 14. 다음 글에 대한 이해로 적절하지 않은 것은?

> **말뚝이**: (벙거지를 쓰고 채찍을 들었다. 굿거리장단에 맞추어 양반 삼 형제를 인도하여 등장.)
> **양반 삼 형제**: (말뚝이 뒤를 따라 굿거리장단에 맞추어 점잔을 피우나, 어색하게 춤을 추며 등장. 양반 삼 형제 맏이는 샌님[生員], 둘째는 서방님[書房], 끝은 도련님[道令]이다. 샌님과 서방님은 흰 창옷에 관을 썼다. 도련님은 남색 쾌자에 복건을 썼다. 샌님과 서방님은 언청이이며(샌님은 언청이 두 줄, 서방님은 한 줄이다.) 부채와 장죽을 가지고 있고, 도련님은 입이 삐뚤어졌고 부채만 가졌다. 도련님은 대사는 일절 없으며, 형들과 동작을 같이하면서 형들의 면상을 부채로 때리며 방정맞게 군다.)
> **말뚝이**: (가운데쯤에 나와서) 쉬이. (음악과 춤 멈춘다.) 양반 나오신다아! 양반이라고 하니까 노론, 소론, 호조, 병조, 옥당을 다 지내고 삼정승, 육판서를 다 지낸 퇴로 재상으로 계신 양반인 줄 알지 마시오. 개잘량이라는 '양' 자에 개다리소반이라는 '반' 자 쓰는 양반이 나오신단 말이오.
> **양반들**: 야아, 이놈, 뭐야아!
> **말뚝이**: 아, 이 양반들, 어찌 듣는지 모르갔소. 노론, 소론, 호조, 병조, 옥당을 다 지내고 삼정승, 육판서 다 지내고 퇴로 재상으로 계신 이 생원네 삼 형제 분이 나오신다고 그리 하였소.
> **양반들**: (합창) 이 생원이라네. (굿거리장단으로 모두 춤을 춘다. 도령은 때때로 형들의 면상을 치며 논다. 끝까지 그런 행동을 한다.)
>
> – 작자 미상, 「봉산탈춤」에서 –

① 양반들이 자신들을 조롱하는 말뚝이에게 야단쳤군.
② 샌님과 서방님이 부채와 장죽을 들고 춤을 추며 등장했군.
③ 말뚝이가 굿거리장단에 맞춰 양반을 풍자하는 사설을 늘어놓았군.
④ 도련님이 방정맞게 굴면서 샌님과 서방님의 얼굴을 부채로 때렸군.

문 15. 밑줄 친 부분의 띄어쓰기가 옳은 것은?

① 해도해도 너무한다.
② 빠른 시일 내 지원해 줄 것이다.
③ 이 그릇은 귀한 거라 손님 대접하는데나 쓴다.
④ 소비 절약을 호소하는 정공법 밖에 달리 도리는 없다.

문 16. 다음 글의 공간에 대한 설명으로 적절하지 않은 것은?

시(市)를 남북으로 나누며 달리는 철도는 항만의 끝에 이르러서야 잘려졌다. 석탄을 싣고 온 화차(貨車)는 자칫 바다에 빠뜨릴 듯한 머리를 위태롭게 사리며 깜짝 놀라 멎고 그 서슬에 밑구멍으로 주르르 석탄 가루를 흘려보냈다.

집에 가 봐야 노루꼬리만큼 짧다는 겨울 해에 점심이 기다리고 있는 것도 아니어서 우리들은 학교가 파하는 대로 책가방만 던져둔 채 떼를 지어 선창을 지나 항만의 북쪽 끝에 있는 제분 공장에 갔다.

제분 공장 볕 잘 드는 마당 가득 깔린 멍석에는 늘 덜 건조된 밀이 널려 있었다. 우리는 수위가 잠깐 자리를 비운 틈을 타서 마당에 들어가 멍석의 귀퉁이를 밟으며 한 움큼씩 밀을 입 안에 털어 넣고는 다시 걸었다. 올올이 흩어져 대글대글 이빨에 부딪치던 밀알들이 달고 따뜻한 침에 의해 딱딱한 껍질을 불리고 속살을 풀어 입 안 가득 풀처럼 달라붙다가 제법 고무질의 질긴 맛을 낼 때쯤이면 철로에 닿게 마련이었다.

우리는 밀껌으로 푸우푸우 풍선을 만들거나 침목(枕木) 사이에 깔린 잔돌로 비사치기를 하거나 전날 자석을 만들기 위해 선로 위에 얹어 놓았던 못을 뒤지면서 화차가 닿기를 기다렸다.

드디어 화차가 오고 몇 번의 덜컹거림으로 완전히 숨을 놓으면 우리들은 재빨리 바퀴 사이로 기어 들어가 석탄 가루를 훑고 이가 벌어진 문짝 틈에 갈퀴처럼 팔을 들이밀어 조개탄을 후벼내었다. 철도 건너 저탄장에서 밀차를 밀며 나오는 인부들이 시커멓게 모습을 나타낼 즈음이면 우리는 대개 신발주머니에, 보다 크고 몸놀림이 잽싼 아이들은 시멘트 부대에 가득 든 석탄을 팔에 안고 낮은 철조망을 깨금발로 뛰어넘었다.

선창의 간이음식점 문을 밀고 들어가 구석 자리의 테이블을 와글와글 점거하고 앉으면 그날의 노획량에 따라 가락국수, 만두, 찐빵 등이 날라져 왔다.

석탄은 때로 군고구마, 딱지, 사탕 따위가 되기도 했다. 어쨌든 석탄이 선창 주변에서는 무엇과도 바꿀 수 있는 현금과 마찬가지라는 것을 우리는 알고 있었고, 때문에 우리 동네 아이들은 사철 검정 강아지였다.

– 오정희, 「중국인 거리」에서 –

① 철길 때문에 도시가 남북으로 나뉘어 있다.
② 항만 북쪽에는 제분 공장이 있고, 철도 건너에는 저탄장이 있다.
③ 선로 주변에 아이들이 넘을 수 없는 철조망이 있다.
④ 석탄을 먹을거리와 바꿀 수 있는 간이음식점이 있다.

문 17. 다음 밑줄 친 부분의 의미를 풀어 쓴 것으로 적절한 것은?

2004년 1월 태국에서는 한 소년이 극심한 폐렴 증세로 사망했다. 소년의 폐는 완전히 망가져 흐물흐물해져 있었다. 분석 결과, 이전까지 인간이 감염된 적이 없는 인플루엔자 바이러스가 원인으로 밝혀졌다. 소년은 공식적으로 고병원성 조류 인플루엔자 바이러스, H5N1의 첫 사망자가 되었다. 계절 독감으로 익숙한 인플루엔자 바이러스가 이렇게 치명적일 수 있었던 것은 인간의 면역 반응 때문이다. 인류 역사상 단 한 번도 만나본 적이 없는 새로운 바이러스가 침입하자 면역계가 과민 반응을 일으켜 도리어 인체에 해를 끼친 것이다. 이런 현상을 '사이토카인 폭풍'이라 부른다. 사이토카인 폭풍은 면역 능력이 강한 젊은 층일수록 더 세게 일어난다.

만약 집에 ㉠좀도둑이 들었다면 작은 손해를 각오하고 인기척을 내 도둑 스스로 도망가게 하는 것이 상책이다. 그런데 만약 ㉡몽둥이를 들고 도둑과 싸우려 든다면 도둑은 ㉢강도로 돌변한다. 인체가 H5N1에 감염되면 똑같은 일이 벌어진다. 처음으로 새가 아닌 다른 숙주 몸속에 들어온 바이러스는 과민 반응한 면역계와 죽기 살기로 싸운다. 그 결과 50%가 넘는 승률로 바이러스가 승리한다. 그러나 ㉣승리의 대가는 비싸다. 숙주가 죽어 버렸기 때문에 바이러스 역시 함께 죽어야만 한다. 이것이 바로 악명을 떨치면서도 조류 독감의 사망 환자 수가 전 세계에서 400명을 넘기지 않는 이유다. 이 질병이 아직 사람 사이에서 감염되는 사례가 나타나지 않은 이유도 바이러스가 인체라는 새로운 숙주에 적응하지 못했기 때문으로 추정할 수 있다.

① ㉠: 면역계의 과민 반응
② ㉡: 계절 독감
③ ㉢: 치명적 바이러스
④ ㉣: 극심한 폐렴 증세

문 18. 다음 글의 전개 순서로 가장 자연스러운 것은?

ㄱ. 1700년대 중반에 이미 미국 이주민들의 평균 소득은 영국인들의 평균 소득을 넘어섰다.
ㄴ. 그러나 미국은 사실 그러한 분야에서는 다른 산업 국가들에 비해 특별한 우위를 갖고 있지 않았다.
ㄷ. 미국 이주민들의 평균 소득이 높아지게 된 배경에는 좋은 환경으로부터 비롯된 낙관성과 자신감이 있었다. 이후로도 다소 불안정하기는 했지만 미국인들의 소득은 계속해서 크게 증가했다.
ㄹ. 대부분의 미국인들은 남북 전쟁 이후 급속히 경제가 성장한 이유를 농업적 환경뿐만 아니라 19세기의 과학적, 기술적 대전환, 기업가 정신과 규제가 없는 시장 경제 때문이라고 단순하게 생각하는 경향이 있다.
ㅁ. 미국인들이 이처럼 초기 정착기에 풍요로움을 누릴 수 있었던 것은 비옥한 토지, 풍부한 천연자원, 흑인 노동력에 힘입은 농산물 수출 덕분이었다.

① ㄱ－ㄷ－ㅁ－ㄹ－ㄴ
② ㄱ－ㄹ－ㄷ－ㄴ－ㅁ
③ ㄹ－ㄴ－ㅁ－ㄱ－ㄷ
④ ㄹ－ㅁ－ㄴ－ㄷ－ㄱ

문 19. 다음 글을 통해 추론할 수 없는 것은?

자신의 신념과 일치하는 정보는 받아들이고 그렇지 않은 정보는 무시하는 경향을 확증 편향(confirmation bias)이라 한다. 자신의 믿음이나 견해와 일치하는 정보는 수용하고 그에 반대되는 정보는 무시하거나 부정하는 심리 경향이다. 사회 심리학자인 로버트 치알디니는 자신이 가진 기존의 견해와 일치하는 정보는 두 가지 이점을 가지고 있다고 한다. 첫째, 그러한 정보는 어떤 문제에 대해 더 이상 고민하지 않고 마음의 휴식을 취할 수 있게 해준다. 둘째, 그러한 정보는 우리를 추론의 결과에서 자유롭게 해 준다. 즉 추론의 결과 때문에 행동을 바꿔야 할 필요가 없다. 첫째는 생각하지 않게 하고, 둘째는 행동하지 않게 함을 말한다.

일례로 특정 정치 성향을 가진 사람들을 대상으로 조사했을 때, 사람들은 반대당 후보의 주장에서는 모순을 거의 완벽하게 찾은 반면, 지지하는 당 후보의 주장에서는 모순을 절반 정도만 찾아냈다. 이 판단의 과정을 자기 공명 영상 장치로도 촬영했다. 그 결과, 자신이 동의하지 않는 정보를 접했을 때는 뇌 회로가 활성화되지 않았고, 자신이 동의하는 주장을 접했을 때는 긍정적인 반응을 보이면서 뇌 회로가 활성화되는 것을 확인할 수 있었다.

① 사람에게는 자신의 신념이나 행동을 바꾸려 하지 않는 경향이 있다.
② 사람에게는 정보를 객관적으로 판단하지 못하는 심리적 특성이 있다.
③ 사람에게는 지지자들의 말만을 듣고 자기 신념을 강화하는 경향이 있다.
④ 사람에게는 새로운 정보를 접했을 때 심리적 불안을 느끼는 특성이 있다.

문 20. 밑줄 친 부분에서 행위의 주체가 같은 것으로만 묶은 것은?

금와왕이 이상히 여겨 유화를 방 안에 가두어 두었더니 햇빛이 방 안을 비추는데 ㉠몸을 피하면 다시 쫓아와서 비추었다. 이로 해서 태기가 있어 알[卵] 하나를 낳으니, 크기가 닷 되들이만 했다. 왕이 그것을 버려서 개와 돼지에게 주게 했으나 모두 먹지 않았다. 다시 길에 ㉡내다 버리게 했더니 소와 말이 피해서 가고 들에 내다 버리니 새와 짐승들이 덮어 주었다. 왕이 쪼개 보려고 했으나 아무리 해도 쪼개지지 않아 그 어미에게 돌려주었다. 어미가 이 알을 천으로 싸서 따뜻한 곳에 놓아두었더니 한 아이가 ㉢껍질을 깨고 나왔는데, 골격과 외모가 영특하고 기이했다. 겨우 일곱 살이 되었을 때, 이미 기골이 뛰어나서 범인(凡人)과 달랐다. 스스로 활과 화살을 만들어 쏘았는데 백발백중이었다. 나라 풍속에 ㉣활 잘 쏘는 사람을 주몽이라고 하므로 그 아이를 '주몽'이라 했다.

금와왕에게는 일곱 아들이 있어 항상 주몽과 함께 놀았는데, 재주가 주몽을 따르지 못했다. 맏아들 대소가 왕에게 말했다. "주몽은 사람의 자식이 아닙니다. 일찍 ㉤없애지 않는다면 후환이 있을까 두렵습니다." 왕이 듣지 않고 주몽을 시켜 말을 기르게 하니 주몽은 좋은 말을 알아보고 적게 먹여서 여위게 기르고, 둔한 말을 ㉥잘 먹여서 살찌게 했다.

① ㉠, ㉡　　② ㉡, ㉣
③ ㉢, ㉥　　④ ㉣, ㉤

해설편 ▶ P.70

2019 6월 15일 시행 지방직 9급

| 풀이 시간: ____:____ ~ ____:____ / 점수: ____점

문 1. 다음에 해당하는 사례로 적절하지 않은 것은?

> 대립 쌍을 이루는 단어들이 일정한 방향성을 이루고 있다.

① 성공(成功) : 실패(失敗) ② 시상(施賞) : 수상(受賞)
③ 판매(販賣) : 구매(購買) ④ 공격(攻擊) : 방어(防禦)

문 2. 토론에서 사회자가 하는 역할에 대한 설명으로 가장 적절한 것은?

① 토론을 시작하면서 논제가 타당한지 토론자들의 의견을 묻는다.
② 토론자들에게 토론의 전반적인 방향과 유의점에 대해 안내한다.
③ 청중의 의견을 수렴하여 대안을 제시함으로써 쟁점을 약화시킨다.
④ 토론자의 주장과 논거를 비판하는 견해를 개진하여 논쟁의 확산을 꾀한다.

문 3. 다음 글의 글쓰기 방식에 대한 설명으로 적절한 것은?

> 멕시코의 환경 운동가로 유명한 가브리엘 과드리는 1960년대 이후 중앙아메리카 숲의 25% 이상이 목초지 조성을 위해 벌채되었으며 1970년대 말에는 중앙아메리카 전체 농토의 2/3가 축산 단지로 점유되었다고 주장했다. 실제로 1987년 이후로도 멕시코에만 1,497만 3,900ha의 열대 우림이 파괴되었는데, 이렇게 중앙아메리카의 열대 림을 희생하면서까지 생산된 소고기는 주로 유럽과 미국으로 수출되었다. 그렇지만 이 소고기들은 지방분이 적고 미국인의 입맛에 그다지 맞지 않아 대부분 햄버거의 재료로 사용되었다.

① 통계 수치를 활용하여 논거의 타당성을 높이고 있다.
② 이론적 근거를 나열하여 주장의 전문성을 강화하고 있다.
③ 전문 용어의 뜻을 쉽게 풀이하여 독자의 이해를 돕고 있다.
④ 예측할 수 없는 결과를 나열하여 사태의 심각성을 알리고 있다.

문 4. 밑줄 친 부분이 어법에 맞는 것은?

① 이 가곡의 노래말은 아름답다.
② 그 집의 순대국은 아주 맛있다.
③ 하교길은 늘 아이들로 북적인다.
④ 선생님은 간단한 인사말을 건넸다.

문 5. (가)의 관점에서 (나)를 감상할 때 가장 적절한 것은?

> (가) 반영론은 문학 작품이 사회를 반영하여 현실의 문제를 비판적으로 성찰할 수 있게 하는 매개체라는 관점을 취한 비평적 입장이다.
>
> (나) 강나루 건너서
> 밀밭 길을
>
> 구름에 달 가듯이
> 가는 나그네
>
> 길은 외줄기
> 남도 삼백리
>
> 술 익는 마을마다
> 타는 저녁 놀
>
> 구름에 달 가듯이
> 가는 나그네
>
> – 박목월, 「나그네」 –

① 전통적 민요의 율격을 바탕으로 한 정형적 형식을 통해 정제된 시상이 효과적으로 드러났군.
② 삶의 고통스러운 단면을 외면한 채 유유자적한 삶만을 그린 것은 아닌지 비판할 여지가 있군.
③ 낭만적 감성을 불러일으키는 시적 분위기가 시조에서 보이는 선경후정과 비슷한 양상을 띠는군.
④ 해질 무렵 강가를 거닐며 조망한 풍경의 이미지가 한 폭의 그림을 보는 듯한 감각을 자아내는군.

문 6. 다음 글에 대한 이해로 가장 적절한 것은?

> 책은 벗입니다. 먼 곳에서 찾아온 반가운 벗입니다. 배움과 벗에 관한 이야기는 『논어』의 첫 구절에도 있습니다. '배우고 때때로 익히니 어찌 기쁘지 않으랴. 벗이 먼 곳에서 찾아오니 어찌 즐겁지 않으랴.'가 그런 뜻입니다.
> 그러나 오늘 우리의 현실은 그렇지 못합니다. 인생의 가장 빛나는 시절을 수험 공부로 보내야 하는 학생들에게 독서는 결코 반가운 벗이 아닙니다. 가능하면 빨리 헤어지고 싶은 불행한 만남일 뿐입니다. 밑줄 그어 암기해야 하는 독서는 진정한 의미의 독서가 못 됩니다.
> 독서는 모름지기 자신을 열고, 자신을 확장하고, 자신을 뛰어넘는 비약이어야 합니다. 그렇기 때문에 독서는 삼독(三讀)입니다. 먼저 글을 읽고 다음으로 그 글을 집필한 필자를 읽어야 합니다. 그 글이 제기하고 있는 문제뿐만 아니라 필자가 어떤 시대, 어떤 사회에 발 딛고 있는지를 읽어야 합니다. 그리고 최종적으로 그것을 읽고 있는 독자 자신을 읽어야 합니다. 그렇게 함으로써 자신의 처지와 우리 시대의 문맥을 깨달아야 합니다.

① 독서는 타인의 경험이나 생각 등을 자기화(自己化)하는 과정이다.
② 반가운 벗과의 독서야말로 진정한 독자로 거듭날 수 있는 첩경(捷徑)이다.
③ 시대와 불화(不和)한 독자일수록 독서를 통해 자신의 위치를 발견하기 쉽다.
④ 자신이 배운 것을 제때에 적용하기 위해서는 친밀한 교우(交友) 관계가 중요하다.

문 7. 밑줄 친 부분의 띄어쓰기가 옳은 것은?

① <u>그 중에</u> 깨끗한 옷만 골라 입으세요.
② 어제는 밤이 늦도록 <u>옛 책</u>을 뒤적였다.
③ 시간 날 때 낚시나 <u>한 번</u> 같이 갑시다.
④ 사람들은 황급히 <u>굴 속으로</u> 모여들었다.

문 8. 다음에 대한 설명으로 적절한 것은?

㉠ 가을일[가을릴]	㉡ 텃마당[턴마당]
㉢ 입학생[이팍쌩]	㉣ 흙먼지[흥먼지]

① ㉠: 한 가지 유형의 음운 변동이 나타난다.
② ㉡: 인접한 음의 영향을 받아 조음 위치가 같아지는 동화 현상이 나타난다.
③ ㉢: 음운 변동 전의 음운 개수와 음운 변동 후의 음운 개수가 서로 다르다.
④ ㉣: 음절 끝에 'ㄱ, ㄴ, ㄷ, ㄹ, ㅁ, ㅂ, ㅇ' 이외의 자음이 오면 이 7개의 자음 중 하나로 바뀌는 규칙이 적용된다.

문 9. 어법에 어긋난 문장을 수정하고 설명한 예로 적절하지 <u>않은</u> 것은?

① 유사한 내용의 제안이 접수되었을 때에는 먼저 접수된 것이 우선한다.
→ '접수되었을 때에는'은 사건이나 행위가 완료된 상황을 나타내므로 '접수될 때에는'으로 바꾼다.
② 안내서 및 과업 지시서 교부는 참가 신청자에게만 교부한다.
→ '과업 지시서 교부'와 서술어 '교부하다'는 의미상 중복되며 호응하지 않으므로 앞의 '교부'를 삭제한다.
③ 해안선에서 200미터 이내의 수역을 제외된 상태에서 논의를 진행하겠습니다.
→ 목적어 '수역을'과 서술어 '제외되다'는 호응하지 않으므로 '제외된'은 '제외한'으로 바꾼다.
④ 관련 도서는 해당 부서에 비치하고 관계자에게 열람한다.
→ 서술어 '열람하다'는 부사어 '관계자에게'와 호응하지 않으므로 '열람하게 한다.'와 같이 바꾼다.

문 10. (가) ~ (라)에 대한 설명으로 적절하지 <u>않은</u> 것은?

> (가) 고인(古人)도 날 몯 보고 나도 고인(古人) 몯 뵈
> 고인(古人)을 몯 뵈도 녀던 길 알ᄑᆡ 잇ᄂᆡ
> 녀던 길 알ᄑᆡ 잇거든 아니 녀고 엇뎔고
>
> (나) 술은 어이ᄒᆞ야 됴ᄒᆞ니 누룩 섯글 타시러라
> 국은 어이ᄒᆞ야 됴ᄒᆞ니 염매(鹽梅) ᄐᆞᆯ 타시러라
> 이 음식 이 뜯을 알면 만수무강(萬壽無疆)ᄒᆞ리라
>
> (다) 우레ᄀᆞᆺ치 소ᄅᆡ나ᄂᆞᆫ 님을 번ᄀᆡᄀᆞᆺ치 번뜻 만나
> 비ᄀᆞᆺ치 오락ᄀᆡ락 구름ᄀᆞᆺ치 헤여지니
> 흉중(胸中)에 ᄇᆞᄅᆞᆷᄀᆞᆺ튼 ᄒᆞᆫ숨이 안ᄀᆡ 피듯 ᄒᆞ여라
>
> (라) 하하 허허 ᄒᆞᆫ들 내 우음이 정 우움가
> 하 어쳑 업서셔 늣기다가 그리 되게
> 벗님ᄂᆡ 웃디들 말구려 아귀 ᄢᅵ여디리라

① (가): 연쇄법을 활용하여 고인의 길을 따르겠다는 의지를 드러내고 있다.
② (나): 문답법과 대조법을 활용하여 임의 만수무강을 기원하고 있다.
③ (다): 'ᄀᆞᆺ치'를 반복적으로 표현하여 운율감을 더하고 있다.
④ (라): 냉소적 어조를 통해 상대에 대한 불편한 심기를 표출하고 있다.

문 11. 다음에 제시된 단어의 의미에 맞게 쓴 문장으로 적절하지 않은 것은?

단어	의미	문장
살다	경기나 놀이에서, 상대편에게 잡히지 않고 제 기능을 하다.	㉠
	어떤 직분이나 신분의 생활을 하다.	㉡
	마음이나 의식 속에 남아 있거나 생생하게 일어나다.	㉢
	움직이던 물체가 멈추지 않고 제 기능을 하다.	㉣

① ㉠: 장기에서 포는 죽고 차만 살아 있다.
② ㉡: 그는 벼슬을 살기 싫어 속세를 버렸다.
③ ㉢: 옷에 풀기가 아직 살아 있다.
④ ㉣: 그렇게 세게 부딪혔는데도 시계가 살아 있다.

문 12. 진행자의 말하기 방식에 대한 설명으로 적절하지 않은 것은?

진행자: 안녕하십니까? 오늘은 고령자의 운전면허 자진 반납 제도에 대해 홍○○ 교수님 모시고 말씀 들어 보겠습니다.
홍 교수: 네, 반갑습니다.
진행자: 나와 주셔서 감사합니다. 우선 이 제도가 어떤 제도인가요?
홍 교수: 지자체마다 조금씩 다르기는 하지만 고령 운전자들이 운전면허를 자발적으로 반납하게 유도하여 고령 운전자에 의한 교통사고를 줄이고자 하는 제도입니다.
진행자: 고령 운전자에 의한 교통사고가 심각한가요? 뒷받침할 만한 자료가 있나요?
홍 교수: 네. 도로교통공단의 통계에 따르면, 전체 교통사고 대비 고령 운전자에 의한 교통사고 비율이 2014년에는 9.0%였으나 매년 조금씩 증가하여 2017년에는 12.3%를 차지하고 있습니다.
진행자: 그렇군요. 아무래도 고령화 사회로 진입하다 보니 전체 운전자 중에서 고령 운전자에 해당하는 비율이 늘었기 때문인 것 같은데요.
홍 교수: 네, 그렇습니다. 이전보다 차량 성능이 월등히 좋아진 점도 하나의 요인이 될 것입니다.
진행자: 그렇다고 해도 무작정 운전면허를 반납하라고만 할 수는 없을 테고, 뭔가 보완책이 있나요?
홍 교수: 네. 지자체마다 차이가 있지만 소정의 교통비를 지급함으로써 대중교통 이용을 권장하고 있습니다.
진행자: 취지 자체만으로는 긍정적으로 평가할 수 있을 것 같은데, 혹시 제도 시행상의 문제점은 없나요?
홍 교수: 일회성이 문제라고 생각합니다.
진행자: 아, 운전면허를 반납한 당시에만 교통비가 한 차례 지원된다는 말씀이군요.
홍 교수: 네. 이분들이 더 이상 운전을 하지 않아도 이동권을 확보할 수 있도록 지속적인 지원이 이루어져야 이 제도가 효과를 얻을 수 있습니다.
진행자: 그에 더해 장기적으로는 고령자 친화적인 대중교통 인프라를 구축하는 일도 필요할 듯합니다. 교수님, 오늘 말씀 감사합니다.

① 상대방의 의견이 합리적이지 않음을 지적하며 인터뷰를 마무리 짓는다.
② 상대방이 인용한 통계 자료에 대해 자기 나름대로의 해석을 제시한다.
③ 상대방이 제시한 정보 이외에 추가적인 정보를 요구한다.
④ 상대방에게 해당 제도의 시행 배경에 대한 객관적인 근거를 요구한다.

문 13. 다음 글의 제목으로 가장 적절한 것은?

계몽주의 사상가들은 명백히 모순되는 두 개의 견해를 취했다. 그들은 인간의 위치를 자연계 안에서 해명하려고 애썼다. 역사의 법칙이란 것을 자연의 법칙과 동일한 것으로 여겼다. 다른 한편, 그들은 진보를 믿었다. 그렇다면 그들이 자연을 진보하는 것으로, 다시 말해 끊임없이 어떤 목적을 향해서 전진하는 것으로 받아들인 데에는 어떤 근거가 있었던가? 헤겔은 역사는 진보하는 것이고 자연은 진보하지 않는 것이라고 뚜렷이 구분했다. 반면, 다윈은 진화와 진보를 동일한 것으로 주장함으로써 모든 혼란을 정리한 듯했다. 자연도 역사와 마찬가지로 진보하는 것으로 본 것이다. 그러나 이것은 진화의 원천인 생물학적인 유전(biological inheritance)을 역사에서의 진보의 원천인 사회적인 획득(social acquisition)과 혼동함으로써 훨씬 더 심각한 오해에 이를 수 있는 길을 열어 놓았다. 오늘날 그 둘이 분명히 구별된다는 것은 익히 알려진 것이다.

① 자연의 진보에 대한 증거
② 인간 유전의 사회적 의미
③ 역사의 법칙과 자연의 법칙
④ 진보와 진화에 관한 견해들

문 14. 다음 글에 대한 이해로 가장 적절한 것은?

> 유 소사가 말하기를, "신부(新婦)가 이제 내 집에 들어 왔으니 어떻게 남편을 도울꼬?"
> 사씨 대답하여 말하기를, "첩(妾)이 일찍 아비를 여의고 자모(慈母)의 사랑을 입사와 본래 배운 것이 없으니 물으시는 말씀에 대답치 못하옵거니와 어미 첩을 보낼 제 중문(中門)에 임(臨)하여 경계하여 말씀하시기를 '반드시 공경(恭敬)하며 반드시 경계(警戒)하여 남편을 어기오지 말라.' 하시니 이 말씀이 경경(耿耿)하여 귓가에 있나이다."
> 유 소사가 말하기를, "남편의 뜻을 어기오지 말면 장부(丈夫) 비록 그른 일이 있을지라도 순종(順從)하랴?"
> 사씨 대 왈, "그런 말이 아니오라 부부(夫婦)의 도(道) 오륜(五倫)을 겸(兼)하였으니 아비에게 간(諫)하는 자식이 있고 나라에 간하는 신하 있고 형제(兄弟) 서로 권하고 붕우(朋友) 서로 책(責)하나니 어찌 부부라고 간쟁(諫諍)치 않으리이까? 그러하나 자고로 장부(丈夫) 부인(婦人)의 말을 편청(偏聽)하면 해로움이 있삽고 유익(有益)함이 없으니 어찌 경계 아니 하리이까?"
> 유 소사가 모든 손님을 돌아보며 말하기를, "나의 며느리는 가히 조대가*에 비할 것이니 어찌 시속(時俗) 여자가 미칠 바리오."라고 하였다.
>
> – 김만중, 「사씨남정기」에서 –
>
> * 조대가: 『한서(漢書)』를 지은 반고(班固)의 누이동생인 반소(班昭). 학식이 뛰어나고 덕망이 높아 왕실 여성의 스승으로 칭송이 자자했다.

① 사씨의 어머니는 딸이 남편에게 맞섰던 일을 비판하고 있다.
② 사씨는 홀어머니를 모시느라 제대로 배우지 못한 것을 안타까워하고 있다.
③ 사씨는 부부의 예에 따라, 남편이 잘못하면 이를 지적해야 한다고 생각한다.
④ 유 소사는 며느리와의 대화를 통해, 효성이 지극한 사씨의 모습에 흡족해하고 있다.

문 15. 다음 글에서 '소리'에 대한 이해로 적절하지 <u>않은</u> 것은?

> 바깥은 어둡고 뜰 변두리의 늙은 나무들은 바람에 불려 서늘한 소리를 내었다. 처마 끝 저편에 퍼진 하늘에는 별이 총총하게 박혀 있으나, 아스무레한 초여름 기운에 잠겨 있었다. 집은 전체로 조용하고 썰렁했다.
> 꽝 당 꽝 당.
> 먼 어느 곳에서는 이따금 여운이 긴 쇠붙이 두드리는 소리가 들려왔다. 밑 거리의 철공소나 대장간에서 벌겋게 단 쇠를 쇠망치로 두드리는 소리 같았다.
> 근처에는 그런 곳은 없을 것이었다. 그렇다면 굉장히 먼 곳일 것이었다. 굉장히 굉장히 먼 곳일 것이었다.
> 꽝 당 꽝 당.
> 단조로운 소리이면서 송곳처럼 쑤시는 구석이 있는, 밤중에 간헐적으로 들려오는 그 소리는 이상하게 신경을 자극했다.
> "참, 저거 무슨 소리유?"
> 영희가 미간을 찌푸리면서 말했다.
> "글쎄, 무슨 소릴까……."
> 정애가 심드렁하게 대답했다.
> "이 근처에 철공소는 없을 텐데."
> "……."
> 정애는 표정으로만 수긍을 했다.
> 꽝 당 꽝 당.
> 그 쇠붙이에 쇠망치 부딪치는 소리는 여전히 간헐적으로 이어지고 있었다. 밤내 이어질 모양이었다. 자세히 그 소리만 듣고 있으려니까 바깥의 선들대는 늙은 나무들도 초여름 밤의 바람에 불려서 그런 것이 아니라 저 소리의 여운에 울려 흔들리고 있었다. 저 소리는 이 방안의 벽 틈서리를 쪼개고도 있었다. 형광등 바로 위의 천장에 비수가 잠겨 있을 것이었다.
>
> – 이호철, 「닮아지는 살들」에서 –

① '서늘한 소리'는 예사롭지 않은 분위기를 조성하기 시작한다.
② '꽝 당 꽝 당' 소리는 인물의 심리적 상태의 변화를 촉발한다.
③ '단조로운 소리'는 반복적으로 드러남으로써 모종의 의미가 부여된다.
④ '소리의 여운'은 단선적 구성에 변화를 주어 갈등 해소의 기미를 강화한다.

문 16. 다음 글에 대한 이해로 적절하지 않은 것은?

그동안 나는 〈일 포스티노〉를 세 번쯤 빌려 보았다. 그 이유는 이 아름다운 영화 속에 아스라이 문학이 똬리를 틀고 앉아 있기 때문이다. 특히 시란 무엇인가에 대한 해답을 이처럼 쉽고도 절실하게 설명해 놓은 문학 교과서를 나는 아직까지 보지 못했다. 그래서 학생들에게 시를 가르칠 때 나는 종종 영화 〈일 포스티노〉를 활용한다. 수백 마디의 말보다 〈일 포스티노〉를 함께 보고 토론하는 것이 시의 본질에 훨씬 깊숙이, 훨씬 빨리 가 닿을 수 있다는 것을 경험하기도 했다.

시를 공부하면서 은유에 시달려 본 사람이라면 이 영화를 보고 수차례 무릎을 쳤을 것이다. 마리오 루폴로가 네루다에게 보내기 위해 고향의 여러 가지 소리를 녹음하는 인상적인 장면이 있다. 여기서 해변의 파도 소리를 녹음하는 것이 은유의 출발이라면 어부들이 그물을 걷어 올리는 소리를 담고자 하는 모습은 은유의 확장이라고 할 수 있다. 더 나아가 밤하늘의 별빛을 녹음하는 기막히게 아름다운 장면에 이르면 은유는 절정에 달한다. 더 이상의 구차한 설명이 필요하지 않다.

① 영화 〈일 포스티노〉는 시를 이해하는 데 도움이 되는 교과서와도 같다.
② 영화 〈일 포스티노〉의 인물들은 문학적 은유의 본질과 의미를 잘 알고 있다.
③ 시의 본질에 대해 질문하고 답을 얻기 위해 영화 〈일 포스티노〉를 참고할 만하다.
④ 문학의 미적 자질과 영화 〈일 포스티노〉의 미적 자질 사이에서 공통점을 찾을 수 있다.

문 17. 다음 ( ) 속에 들어갈 말로 가장 적절한 것은?

방랑시인 김삿갓의 시는 해학과 풍자로 가득 차 있는데, 무슨 시든 단숨에 써 내리는 一筆揮之인 데다 가히 ( ) 의 상태라서 일부러 꾸미지 않았는데도 자연스럽고 아름답다.

① 花朝月夕 ② 韋編三絕
③ 天衣無縫 ④ 莫無可奈

문 18. 밑줄 친 부분의 한자 표기가 잘못된 것은?

① 그는 여러 차례 TV 출연으로 유명세(有名勢)를 치렀다.
② 누가 먼저 할 것인지 복불복(福不福)으로 정하기로 했다.
③ 긴박한 상황이라 대증요법(對症療法)을 쓸 수밖에 없었다.
④ 사건의 경위(經緯)는 알 수 없지만, 결과만 본다면 우리에게 유리하다.

문 19. 다음 글에서 추론한 바로 적절하지 않은 것은?

우리는 도시화, 산업화, 고도성장 과정에서 우리 경제의 뒷방살이 신세로 전락한 한국 농업의 새로운 가치에 주목해야 한다. 농업은 경제적 효율성이 뒤처져서 사라져야 할 사양 산업이 아니다. 전 지구적인 기후 변화와 식량 및 에너지 등 자원 위기에 대응하여 나라와 생명을 살릴 미래 산업으로서 농업의 전략적 가치가 크게 부각되고 있다. 농본주의의 기치를 앞세우고 농업 르네상스 시대의 재연을 통해 우리 경제가 당면한 불확실성의 터널을 벗어나야 한다.

우리는 왜 이런 주장을 하는가? 농업은 자원 순환적이고 환경 친화적인 산업이기 때문이다. 땅의 생산력에 기초해서 한계적 노동력을 고용하는 지연(地緣) 산업인 동시에 식량과 에너지를 생산하는 원천적인 생명 산업이기 때문이다. 물질적인 부의 극대화를 위해서 한 지역의 자원을 개발하여 이용한 뒤에 효용 가치가 떨어지면 다른 곳으로 이동하는 유목민적 태도가 오늘날 위기를 낳고 키워 왔는지 모른다. 급변하는 시대의 흐름에 부응하지 못하는 구시대의 경제 패러다임으로는 오늘날의 역사에 동승하기 어렵다. 이런 맥락에서, 지키고 가꾸어 후손에게 넘겨주는 정주민의 문화적 지속성을 존중하는 농업의 가치가 새롭게 조명받는 이유에 주목할 만하다. 과학 기술의 눈부신 발전 성과를 수용하여 새로운 상품과 시장을 창출할 수 있는 녹색 성장 산업으로서 농업의 잠재적 가치가 중시되고 있는 것이다.

① 고도성장을 도모하는 경제 정책을 추진하는 과정에서 농업 중심의 경제 패러다임을 지양하였다.
② 효율성을 중요한 가치로 내세우는 경제 시스템은 미래 사회를 대비하는 데 한계가 있다.
③ 유목 생활을 하는 민족에 비해 정주 생활을 하는 민족이 농업의 가치 증진에 더 기여할 수 있다.
④ 녹색 성장 산업으로서 농업의 효용성을 드높이기 위해서 과학 기술의 부작용을 성찰할 필요가 있다.

문 20. 다음 글쓴이의 입장에 부합하는 것은?

효(孝)가 개인과 가족, 곧 일차적인 인간관계에서 일어나는 행위를 규정한 것이라면, 충(忠)은 가족이 아닌 사람들과의 관계, 곧 이차적인 인간관계에서 일어나는 사회적 행위를 규정한 것이었다. 그런데 언제부터인가 우리는 효를 순응적 가치관을 주입하는 봉건 가부장제 사회의 유습이라고 오해하는가 하면, 충과 효를 동일시하는 오류를 저지르는 경향이 많아졌다. 다음을 보자.

"부모에게 효도하고 형제를 사랑하는 사람은 윗사람의 명령을 거역하는 경우가 드물다. 또 윗사람의 명령을 어기지 않는 사람은 난동을 일으키는 경우도 드물다. 군자는 근본에 힘쓴다. 근본이 확립되면 도가 생기기 때문이다. 효도와 우애는 인(仁)의 근본이다."

위 구절에 담긴 입장을 기준으로 보면 효는 윗사람에 대한 절대 복종으로 연결된다. 곧 종족 윤리의 기본이 되는 연장자에 대한 예우는 물론이고 신분 사회의 엄격한 상하 관계까지 포괄적으로 인정하는 것이다. 하지만 이 구절만을 근거로 효를 복종의 윤리라고 보는 것은 성급한 판단이다. 왜냐하면 원래부터 효란 가족 윤리 또는 종족 윤리로서 사회 윤리였던 충보다 우선시되었을 뿐만 아니라, 유교의 기본 입장은 설사 부모의 명령이라 하더라도 옳고 그름을 가리지 않는 맹목적인 복종은 그 자체가 불효라고 보았기 때문이다.

유교에서는 부모와 자식의 관계가 자연에 의해서 결정된다고 한다. 이 때문에 부모와 자식의 관계는 인위적으로 끊을 수 없다고 본다. 이에 비해 임금과 신하의 관계는 공동의 목표를 위한 관계로서 의리에 의해서 맺어진 관계로 본다. 의리가 맞지 않는다면 언제라도 끊을 수 있다고 생각하는 것이다.

① 효는 봉건 가부장제 사회에서 비롯한 일차적 인간관계이다.
② 효는 부모와 자식 간의 관계이므로 조건 없는 신뢰에 기초한 덕목이다.
③ 윗사람에 대한 복종을 절대시하지 않는 것이 유교적 윤리의 한 바탕이다.
④ 충의 도리를 다함으로써 효의 도리에 도달할 수 있다는 것이 인의 이치다.

해설편 ▶ P.75

2018 5월 19일 시행 지방직 9급

| 풀이 시간: ____:____ ~ ____:____ / 점수: ____점

문 1. 밑줄 친 부분과 같은 의미로 사용된 것은?

> 지도 위에 손가락을 짚어 가며 여행 계획을 설명하였다.

① 이마를 짚어 보니 열이 있었다.
② 그는 두 손으로 땅을 짚어야 했다.
③ 그들은 속을 짚어 낼 수가 없는 사람들이었다.
④ 시험 문제를 짚어 주었는데도 성적이 좋지 않다.

문 2. 사동법의 특징을 고려할 때 밑줄 친 단어의 쓰임이 옳은 것은?

① 그는 김 교수에게 박 군을 소개시켰다.
② 돌아오는 길에 병원에 들러 아이를 입원시켰다.
③ 생각이 다른 타인을 설득시킨다는 건 참 힘든 일이다.
④ 우리는 토론을 거쳐 다양한 사회적 갈등을 해소시킨다.

문 3. 밑줄 친 부분의 이유에 대한 필자의 견해로 볼 수 없는 것은?

> 관리가 본디부터 간악한 것이 아니다. 그들을 간악하게 만드는 것은 법이다. 간악함이 생기는 이유는 이루 다 열거할 수 없다. 대체로 직책은 하찮은데도 재주가 넘치면 간악하게 되며, 지위는 낮은데도 아는 것이 많으면 간악하게 되며, 노력을 조금 들였는데도 효과가 신속하면 간악하게 되며, 자신은 그 자리에 오랫동안 있는데 자신을 감독하는 사람이 자주 교체되면 간악하게 되며, 자신을 감독하는 사람의 행동이 또한 정도에서 나오지 않으면 간악하게 되며, 아래에 자신의 무리는 많은데 윗사람이 외롭고 어리석으면 간악하게 되며, 자신을 미워하는 사람이 자신보다 약하여 두려워하면서 잘못을 밝히지 않으면 간악하게 되며, 자신이 꺼리는 사람이 같이 죄를 범하였는데도 서로 버티면서 죄를 밝히지 않으면 간악하게 되며, 형벌에 원칙이 없고 염치가 확립되지 않으면 간악하게 된다. …… 간악함이 일어나기 쉬운 것이 대체로 이러하다.

① 노력은 적게 들이고 성과를 빨리 얻는다.
② 자신이 범한 과오를 감추고 남의 잘못을 드러낸다.
③ 자신은 같은 자리에 있으나 감독자가 자주 교체된다.
④ 자신의 세력이 밑에서 강한 반면 상부는 외롭고 우매하다.

문 4. 다음 시에 대한 설명으로 적절하지 않은 것은?

> 머언 산 청운사
> 낡은 기와집
>
> 산은 자하산
> 봄눈 녹으면
>
> 느릅나무
> 속잎 피어나는 열두 구비를
>
> 청노루
> 맑은 눈에
>
> 도는
> 구름
>
> – 박목월, 「청노루」 –

① 묘사된 자연이 상상적, 허구적이다.
② 이상적 세계에 대한 그리움을 노래하고 있다.
③ 시적 공간이 원경에서 근경으로 옮아오고 있다.
④ 사건 발생의 시간적 순서에 따라 제재가 배열되고 있다.

문 5. ㉠～㉣에 대한 설명으로 적절하지 않은 것은?

> ㉠공방(孔方)의 자는 관지(貫之, 꿰미)이다. …… 처음 황제(黃帝) 때에 뽑혀 쓰였으나, 성질이 굳세어 세상일에 그리 익숙하지 못하였다. 황제가 ㉡관상을 보는 사람[相工]을 불러 보이니, 그가 한참 동안 들여다보고 말했다. "산야(山野)의 성질이어서 비록 쓸 만하지 못하오나, 만일 만물을 조화하는 폐하의 풀무와 망치 사이에 놀아 때를 긁고 빛을 갈면 그 자질이 마땅히 점점 드러날 것입니다. ㉢왕자(王者)는 사람을 그릇[器]으로 만듭니다. 원컨대 ㉣폐하께서는 저 완고한 구리[銅]와 함께 내버리지 마옵소서." 이로 말미암아 그가 세상에 이름을 드러냈다.

① ㉠은 ㉣의 결정에 의해 세상에 이름이 드러나게 되었다.
② ㉡은 ㉠의 단점보다는 앞으로의 발전 가능성에 주목하였다.
③ ㉢은 ㉡에게 자신의 견해를 펼칠 기회를 제공하였다.
④ ㉣은 ㉢의 이상적인 모습을 본받고 있다.

문 6. 다음 글의 전개 순서로 가장 자연스러운 것은?

(가) 생명체들은 본성적으로 감각을 갖고 태어나지만, 그들 가운데 일부의 경우에는 감각으로부터 기억이 생겨나지 않는 반면 일부의 경우에는 생겨난다. 그리고 그 때문에 후자의 경우에 해당하는 생명체들은 기억 능력이 없는 것들보다 분별력과 학습력이 더 뛰어난데, 그중 소리를 듣는 능력이 없는 것들은 분별은 하지만 배움을 얻지는 못하고, 기억에 덧붙여 청각 능력이 있는 것들은 배움을 얻는다.

(나) 앞에서 말했듯이, 유경험자는 어떤 종류의 것이든 감각을 가지고 있는 사람들보다 더 지혜롭고, 기술자는 유경험자들보다 더 지혜로우며, 이론적인 지식들은 실천적인 것들보다 더 지혜롭다는 것이 일반적인 견해이다. 그러므로 지혜는 어떤 원리들과 원인들에 대한 학문적인 인식임이 분명하다.

(다) 하지만 발견된 다양한 기술 가운데 어떤 것들은 필요 때문에, 어떤 것들은 여가의 삶을 위해서 있으니, 우리는 언제나 후자의 기술들을 발견한 사람들이 전자의 기술들을 발견한 사람들보다 더 지혜롭다고 생각한다. 그 이유는 그들이 가진 여러 가지 인식은 유용한 쓰임을 위한 것이 아니기 때문이다. 그러므로 그런 종류의 모든 발견이 이미 이루어지고 난 뒤, 여가의 즐거움이나 필요, 그 어느 것에도 매이지 않는 학문들이 발견되었으니, 그 일은 사람들이 여가를 누렸던 여러 곳에서 가장 먼저 일어났다. 그러므로 이집트 지역에서 수학적인 기술들이 맨 처음 자리 잡았으니, 그곳에서는 제사장(祭司長) 가문이 여가의 삶을 허락받았기 때문이다.

(라) 인간 종족은 기술과 추론을 이용해서 살아간다. 인간의 경우에는 기억으로부터 경험이 생겨나는데, 그 까닭은 같은 일에 대한 여러 차례의 기억은 하나의 경험 능력을 만들어 내기 때문이다. 그리고 경험은 학문적인 인식이나 기술과 거의 비슷해 보이지만, 사실 학문적인 인식과 기술은 경험의 결과로서 사람들에게 생겨나는 것이다. 그 까닭은 폴로스가 말하듯 경험은 기술을 만들어 내지만, 무경험은 우연적 결과를 낳기 때문이다. 기술은, 경험을 통해 안에 쌓인 여러 관념들로부터 비슷한 것들에 대해 하나의 일반적인 관념이 생겨날 때 생긴다.

① (가) – (다) – (나) – (라)
② (가) – (다) – (라) – (나)
③ (가) – (라) – (나) – (다)
④ (가) – (라) – (다) – (나)

문 7. 다음 글에서 알 수 <u>없는</u> 것은?

되새김 동물인 무스(moose)의 경우, 위에서 음식물이 잘 소화되게 하려면 움직여서는 안 된다. 무스의 위는 네 개의 방으로 나누어져 있는데, 위에서 나뭇잎, 풀줄기, 잡초 같은 섬유질이 많은 먹이를 소화하려면 꼼짝 않고 한 곳에 가만히 있어야 하는 것이다. 한편, 미국 남서부의 사막 지대에 사는 갈퀴발도마뱀은 모래 위로 눈만 빼꼼 내놓고 몇 시간 동안이나 움직이지 않는다. 그렇게 있으면 따뜻한 모래가 도마뱀의 기운을 북돋아 준다. 곤충이 지나가면 도마뱀이 모래에서 나가 잡아먹을 수 있도록 에너지를 충전해 주는 것이다. 반대로 갈퀴발도마뱀의 포식자인 뱀이 다가오면, 그 도마뱀은 사냥할 기운을 얻기 위해 움직이지 않았을 때의 경험을 되살려 호흡과 심장 박동을 일시적으로 멈추고 죽은 시늉을 한다. 갈퀴발도마뱀은 모래 속에 몸을 묻고 움직이지 않기 때문에 수분의 손실을 줄이고 사막 짐승들의 끊임없는 위협에서 벗어날 수 있는 것이다.

① 무스가 움직이지 않는 것은 생존을 위한 선택이다.
② 무스는 소화를 잘 시키기 위해 식물을 가려먹는 습성을 가지고 있다.
③ 갈퀴발도마뱀은 움직이지 않는 방식으로 먹이를 구한다.
④ 갈퀴발도마뱀은 모래 속에 몸을 묻을 때 생존 확률을 높일 수 있다.

문 8. (가)와 (나)를 비교한 설명으로 적절한 것은?

(가) 문밖에 가랑비 오면 방 안은 큰비 오고 부엌에 불을 때면 천장은 굴뚝이요 흙 떨어진 욋대궁기* 바람은 살 쏜 듯이 들이불고 틀만 남은 헌 문짝 멍석으로 창과 문을 막고 방에 반듯 드러누워 가만히 바라보면 천장은 하늘 별자리를 그려놓은 그림이요, 이십팔수(二十八宿)를 세어본다. 이렇게 곤란이 더욱 심할 제, 철모르는 자식들은 음식 노래로 조르는데, 아이고, 어머니! 나는 용미봉탕에 잣죽 좀 먹었으면 좋겠소.

(나) 한 달에 아홉 끼를 얻거나 못 얻거나
십 년 동안 갓 하나를 쓰거나 못 쓰거나
안표누공(顔瓢屢空)*인들 나같이 비었으며
원헌(原憲)*의 가난인들 나같이 심할까.
봄날이 길고 길어 소쩍새가 재촉커늘
동쪽 집에 따비 얻고 서쪽 집에 호미 얻어
집 안에 들어가 씨앗을 마련하니
올벼 씨 한 말은 반 넘어 쥐 먹었고
기장 피 조 팥은 서너 되 붙었거늘
많고 많은 식구 이리하여 어이 살리.

* 욋대궁기: 나뭇가지 등으로 엮어 흙을 바른 벽에 생긴 구멍.
* 안표누공(顔瓢屢空): 공자(孔子)의 제자 안회(顔回)의 표주박이 자주 빔.
* 원헌(原憲): 공자의 제자.

① (가)와 달리 (나)는 읽을 때의 리듬이 규칙적이다.
② (가)와 (나)는 모두 상황을 사실적으로 묘사하고 있다.
③ (가)와 (나)는 현재의 상황을 운명으로 수용하고 있다.
④ (가)는 상황을 긍정적으로, (나)는 부정적으로 인식하고 있다.

문 9. 다음 시조의 내용으로 가장 적절한 것은?

마을 사람들아 옳은 일 하자스라
사람이 되어나서 옳지옷 못하면
마소를 갓 고깔 씌워 밥 먹이나 다르랴

① 鄕閭有禮 ② 相扶相助
③ 兄友弟恭 ④ 子弟有學

문 10. ㉠, ㉡에 들어갈 한자를 순서대로 바르게 나열한 것은?

• 근무 여건이 개선(㉠)되자 업무 효율이 크게 올랐다.
• 금융 당국은 새로운 통화(㉡) 정책을 제안하였다.

	㉠	㉡
①	改善	通貨
②	改選	通話
③	改善	通話
④	改選	通貨

문 11. 다음 글의 내용을 잘못 이해한 사람은?

심리학에서는 동조(同調)가 일어나는 이유를 크게 두 가지로 설명한다. 첫째는, 사람들은 자기가 확실히 알지 못하는 일에 대해 남이 하는 대로 따라 하면 적어도 손해를 보지는 않는다고 생각한다는 것이다. 둘째는, 어떤 집단이 그 구성원들을 이끌어 나가는 질서나 규범 같은 힘을 가지고 있을 때, 그러한 집단의 압력 때문에 동조 현상이 일어난다는 것이다. 만약 어떤 개인이 그 힘을 인정하지 않는다면 그는 집단에서 배척당하기 쉽다. 이런 사정 때문에 사람들은 집단으로부터 소외되지 않기 위해서 동조를 하게 된다. 여기서 주목할 것은 자신이 믿지 않거나 옳지 않다고 생각하는 문제에 대해서도 동조의 입장을 취하게 된다는 것이다.

동조는 개인의 심리 작용에 영향을 미치는 요인이 무엇이냐에 따라 그 강도가 다르게 나타난다. 가지고 있는 정보가 부족하여 어떤 판단을 내리기 어려운 상황일수록, 자신의 판단에 대한 확신이 들지 않을수록 동조 현상은 강하게 나타난다. 또한 집단의 구성원 수가 많거나 그 결속력이 강할 때, 특정 정보를 제공하는 사람의 권위와 지위, 그에 대한 신뢰도가 높을 때도 동조 현상은 강하게 나타난다. 그리고 어떤 문제에 대한 집단 구성원들의 만장일치 여부도 동조에 큰 영향을 미치게 되는데, 만약 이때 단 한 명이라도 이탈자가 생기면 동조의 정도는 급격히 약화된다.

① 영희: 줄 서기의 경우, 줄을 서 있는 사람이 많을수록 나중에 오는 사람들이 그 줄 뒤에 설 확률이 더 높아.
② 철수: 특히 응집력이 강한 집단에 항거하는 것은 더 어려운 일이야. 이런 경우, 동조 압력은 더 강할 수밖에 없겠지.
③ 갑순: 동조 현상에 영향을 미치는 요인은 우매한 조직의 결속력보다 개인의 신념이라고 볼 수 있겠군.
④ 갑돌: 아침에 수많은 정류장 중 어디에서 공항버스를 타야 할지 몰랐는데 스튜어디스 차림의 여성이 향하는 정류장 쪽으로 따라갔었어. 이 경우, 그 스튜어디스 복장이 신뢰도를 높였다고 할 수 있겠네.

문 12. 다음 대화 상황에서 의사소통에 장애가 일어났다고 한다면, 그 이유로 가장 적절한 것은?

> **교사**: 동아리 보고서를 오늘까지 내라고 하지 않았니?
> **학생1**: 네, 선생님. 다정이가 다 가지고 있는데, 아직 안 왔어요.
> **교사**: 이거, 큰일이네. 오늘이 마감인데.
> **학생1**: 그러게요. 큰일이네요. 다정이가 집에도 없는 것 같아요.
> **학생2**: 어떡해? 다정이 때문에 우리 모두 점수 깎이는 거 아니야? 네가 동아리 회장이니까 네가 책임져.
> **학생1**: 아니, 뭐라고? 다정이가 보고서 작성하기로 지난 회의에서 결정한 거잖아.
> **교사**: 자, 그만들 해. 이럴 때가 아니잖아. 어서 빨리 다정이한테 연락이나 해 봐. 지금 누구 잘잘못을 따질 상황이 아니야.
> **학생3**: 제가 다정이 연락처를 아니까 연락해 볼게요.

① 교사가 권위적인 태도로 상황을 무마하려 하고 있다.
② 학생1이 자신의 책임을 면하기 위해 변명으로 일관함으로써 의사소통이 단절되고 있다.
③ 학생2가 대화 맥락을 고려하지 않고 끼어들어 책임을 언급함으로써 갈등이 생겨나고 있다.
④ 학생3이 본질과 관계없는 말을 언급함으로써 상황을 무마하려고 하고 있다.

문 13. 화자의 진정한 발화 의도를 파악할 때, 밑줄 친 부분을 고려하지 않아도 되는 것은?

> 일상 대화에서는 직접 발화보다는 간접 발화가 더 많이 사용되지만, 그 의미는 <u>맥락</u>에 의해 파악될 수 있다. 화자는 상대방이 충분히 그 의미를 파악할 수 있다고 판단될 때 간접 발화를 전략적으로 사용함으로써 의사소통을 원활하게 하기도 한다.

① (친한 사이에서 돈을 빌릴 때) 돈 가진 것 좀 있니?
② (창문을 열고 싶을 때) 얘야, 방이 너무 더운 것 같구나.
③ (갈림길에서 방향을 물을 때) 김포공항은 어느 쪽으로 가야 합니까?
④ (선생님이 과제를 내주고 독려할 때) 우리 반 학생들은 선생님 말씀을 아주 잘 듣습니다.

문 14. 띄어쓰기가 옳지 않은 것은?

① 졸지에 부도를 맞았다니 참 안됐어.
그렇게 독선적으로 일을 처리하면 안 돼.
② 그건 사실 아무것도 아니니 걱정하지 말게.
지금 네가 본 것은 실상의 절반에도 못 미쳐.
③ 저 집은 부부 간에 금실이 좋아.
집을 살 때 부모님이 얼마간을 보태 주셨어.
④ 저 사람은 아무래도 믿을 만한 인물이 아니야.
지난번 해일이 밀어닥칠 때 집채만 한 파도가 해변을 덮쳤다.

문 15. 어법에 어긋난 문장을 수정하고 설명한 예로 옳지 않은 것은?

① 전철 내에서 뛰지 말고, 문에 기대거나 강제로 열려고 하지 마십시오.
→ '열다'는 타동사이므로 '강제로'와 '열려고' 사이에 목적어 '문을'을 보충하여야 한다.
② ○○시에서 급증하는 생활용수를 안정적으로 공급하기 위하여 시행하는 사업임.
→ 생활용수에 대한 수요가 급증하는 것이지 생활용수가 급증하는 것이 아니므로, '급증하는 생활용수의 수요에 대응하여 생활용수를 안정적으로 공급하기 위하여'로 고쳐야 한다.
③ 사고 원인 파악과 재발 방지 대책을 조속히 마련하여
→ '사고 원인 파악을 마련하여'로 해석될 수 있으므로 앞의 명사구를 '사고 원인을 파악하고'로 고쳐 절과 절의 접속으로 바꾸어야 한다.
④ 도량형은 미터법 사용을 원칙으로 하되 각종 증빙 서류 등을 미터법 이외의 도량형으로 작성할 경우 미터법으로 환산한 수치를 병기함.
→ '하되'는 앞뒤 문장의 내용을 연결하는 어미로 적합하지 않으므로 '하며'로 고쳐야 한다.

문 16. 다음 한글 맞춤법 규정의 예로 옳지 않은 것은?

> (가) **제19항** 어간에 '-이'나 '-음/ㅁ'이 붙어서 명사로 된 것과 '-이'나 '-히'가 붙어서 부사로 된 것은 그 어간의 원형을 밝히어 적는다.
> (나) **제19항** [붙임] 어간에 '-이'나 '-음' 이외의 모음으로 시작된 접미사가 붙어서 다른 품사로 바뀐 것은 그 어간의 원형을 밝히어 적지 아니한다.
> (다) **제20항** 명사 뒤에 '-이'가 붙어서 된 말은 그 명사의 원형을 밝히어 적는다.
> (라) **제20항** [붙임] '-이' 이외의 모음으로 시작된 접미사가 붙어서 된 말은 그 명사의 원형을 밝히어 적지 아니한다.

① (가): 미닫이, 졸음, 익히
② (나): 마개, 마감, 지붕
③ (다): 육손이, 집집이, 곰배팔이
④ (라): 끄트머리, 바가지, 이파리

문 17. 발음 기관에 따라 '아음(牙音)', '설음(舌音)', '순음(脣音)', '치음(齒音)', '후음(喉音)'으로 구별하고 있는 훈민정음의 자음 체계를 참조할 때, 다음 휴대 전화의 자판에 대한 설명으로 옳지 않은 것은?

ㄱ ㅋ	ㅣ ㅡ	ㅏ ㅑ
ㄷ ㅌ	ㄴ ㄹ	ㅓ ㅕ
ㅁ ㅅ	ㅂ ㅍ	ㅗ ㅛ
ㅈ ㅊ	ㅇ ㅎ	ㅜ ㅠ

① 훈민정음의 자음 체계에 따른다면, 'ㅅ'은 'ㅈㅊ' 칸에 함께 배치할 수 있다.
② 'ㅁㅅ' 칸은 조음 위치와 조음 방식의 양면을 모두 고려하여 같은 성질의 소리끼리 묶은 것이다.
③ 'ㄷㅌ'과 'ㄴㄹ' 칸은 훈민정음 창제 당시 적용된 가획 등의 원리에 따른 제자 순서보다 소리의 유사성을 중시하여 배치한 것이다.
④ 훈민정음의 자음 체계에서 'ㅇ'과 'ㆁ'은 구별되었다. 훈민정음의 자음 체계에 따른다면, 이 중에서 'ㆁ'은 'ㄱㅋ' 칸에 함께 배치할 수 있다.

문 18. 다음 글의 서술상의 특징으로 적절한 것은?

> 덕기는 분명히 조부의 이런 목소리를 들은 법하다. 꿈이 아니었던가 하며 소스라쳐 깨어 눈을 떠보니 머리맡 창에 볕이 쨍쨍히 비친 것이 어느덧 저녁때가 된 것 같다. 벌써 새로 세 시가 넘었다. 아침 먹고 나오는 길로 따뜻한 데 누웠으려니까 잠이 폭폭 왔던 것이다. 어쨌든 머리를 쳐드니, 인제는 거뜬하고 몸도 풀린 것 같다.
> "네 처두 묵으라고 하였다만 모레는 너두 들를 테냐? 들르면 무얼 하느냐마는……."
> 조부의 못마땅해하는, 어떻게 들으면 말을 만들어 보려고 짓궂이 비꼬는 강강한 어투가 또 들린다.
> 덕기는 부친이 왔나 보다 하고 가만히 유리 구멍으로 내다보았다. 수달피 깃을 댄 검정 외투를 입은 홀쭉한 뒷모양이 뜰을 격하여 툇마루 앞에 보이고 조부는 창을 열고 내다보고 앉았다. 덕기는 일어서려다가 조부가 문을 닫은 뒤에 나가리라 하고 주저앉았다.
> "저야 오지요마는 덕기는 붙드실 게 무엇 있습니까. 공부하는 애는 그보다 더한 일이 있더라도 날짜를 대서 하루바삐 보내야지요……."
> 이것은 부친의 소리다. 부친은 가냘프고 신경질적인 체격 보아서는 목소리라든지 느리게 하는 어조가 퍽 딴판인 인상을 주는 것이었다.
>
> \- 염상섭, 「삼대」 -

① 서술자가 등장인물의 시선을 빌려 이야기를 전개하고 있다.
② 시대적 배경과 밀접한 어휘를 사용하여 주제 의식을 강화하고 있다.
③ 편집자적 논평을 통해 인물들에 대한 서술자의 태도를 드러내고 있다.
④ 공간적 배경에 따라 서술자를 달리하여 상황을 입체적으로 그리고 있다.

문 19. 다음 조건을 모두 참조하여 쓴 글은?

- 대구(對句)의 기법을 사용할 것
- 삶에 대한 통찰을 우의적으로 표현할 것

① 낙엽: 낙엽은 항상 패배한다. 시간이 지나고 낙엽이 지는 것은 어쩔 수 없는 일이다. 그리고 계절의 객석에 슬픔과 추위가 찾아온다. 하지만 이 패배가 없더라면, 어떻게 봄의 승리가 가능할 것인가.

② 비: 프랑스어로 '비가 내린다'는 한 단어라고 한다. 내리는 것은 비의 숙명인 것이다. 세월이 아무리 흘러도, 비는 주룩주룩 내리고, 토끼는 깡충깡충 뛴다. 자연은 모두 한 단어이다. 우리의 삶도 자연을 닮는다면 어떨까.

③ 하늘: 하늘은 언젠가 자기 얼굴이 알고 싶었다. 하지만 어디에도 자신을 비춰줄 만큼 큰 거울을 발견할 수 없었다. 그러다 어느 날 어떤 소녀를 발견했다. 포근한 얼굴로 자신을 바라보는 소녀의 눈동자를 하늘은 바라보았다. 거기에 자신이 있었다.

④ 새: 높이 나는 새는 낮게 나는 새를 놀려 댔다. "어째서 그대는 멀리 보는 것을 선택하지 않는가? 기껏 날개가 있는 존재로 태어났는데." 그러자 낮게 나는 새가 대답했다. "높은 곳의 구름은 멀리를 바라보고, 낮은 곳의 산은 세심히 보듬는다네."

문 20. 다음 글에서 알 수 <u>없는</u> 것은?

소설의 출현은 사적 생활이라는 개념의 출현과 밀접한 관련이 있다. 왜냐하면 소설 읽기와 쓰기에 있어 사적 생활은 필수적인 까닭이다. 어쩌면 사적 생산과 소비 형태 탓에 사생활은 소설이라는 장르의 태동 때부터 소설의 중심 주제였는지도 모른다. 혹은 이와는 반대로 사적 경험이라는 비교적 새로운 개념을 탐색해야 할 필요 탓에 소설이 생긴 것인지도 모른다. …… 사적 공간은 개인, 가족, 친구, 그리고 자기 자신 등과의 교류에 필요한 은밀한 공간이 실제 생활 속에 구현되도록 도왔다. 자기만의 내적인 것에 대한 추구는 사람들의 이상이 되었고 점점 그 중요성이 커지면서 사람들의 존재 방식과 글쓰기 행태에 변화를 요구하였다.

이전의 지배적 문학 형태인 서사시, 서정시, 희곡 등과는 달리 소설은 낭독하는 전통이 없었다. 또한 낭독을 이상으로 삼지도 않고, 청중의 참여를 전제로 하지도 않았다. 소설 장르는 여럿이 함께 모여 문학 작품을 감상하는 청중 개념의 붕괴와 밀접한 관련이 있다. 19세기는 르네상스 시대와 17세기와는 달리 공통의 규범과 가치를 나누는 단일 사회가 아니었다. 따라서 청중이 한자리에 모여 동일한 가치를 나누는 일이 점차 불가능해졌다. 혼자 소리 내지 않고 책을 읽기 시작했다는 것은 사람들이 이미 사적 생활에 상당한 의미를 두게 되었음을 뜻한다. ……

이러한 사적 경험으로서의 책 읽기에 대응되어 나타난 것이 사적인 글쓰기였다. 사적으로 글을 쓸 경우 작가는 이야기꾼, 음유 시인, 극작가들과 달리 청중들로부터 아무런 즉각적 반응도 얻을 수 없다. 인류학자, 언어학자들에 의하면 언어의 의미는 그것을 쓸 때의 상황에 크게 좌우된다고 한다. 그러나 글쓰기, 그중에도 특히 인쇄에 의해 복제된 글쓰기는 작가에게서 떨어져 나와 결국 아무에게도 속하지 않는 자율적 담론을 창조하게 되었다.

① 사적인 글쓰기의 출현으로 작가는 독자와 직접 소통할 수 있게 되었다.

② 자기만의 내적인 것에 대한 추구가 새로운 형태의 글쓰기를 요구하였다.

③ 소설은 사적 공간에서의 책 읽기와 글쓰기가 가능해진 시기에 출현하였다.

④ 희곡 작가는 낭독을 통해 청중들과 교류하며 공통의 규범과 가치를 나누고자 하였다.

해설편 ▶ P.80

| 풀이 시간: ____:____ ~ ____:____ / 점수: ____점

문 1. 밑줄 친 말이 어법에 맞는 것은?

① 바닷물이 퍼레서 무서운 느낌이 든다.
② 또아리 튼 뱀은 쳐다보지 마라.
③ 머릿말에 쓸 내용을 생각해 둬라.
④ 문을 잘 잠궈야 한다.

문 2. 밑줄 친 말의 의미는?

> 몇 달 만에야 말길이 되어 겨우 상대편을 만나 보았다.

① 남의 말이 끝나자마자 이어 말하다.
② 자신을 소개하는 길이 트이다.
③ 어떤 말이 상정되거나 토론이 되다.
④ 마음에 당겨 재미를 붙이다.

문 3. 괄호에 들어갈 숫자의 합은?

> • 쌈: 바늘 ( )개를 묶어 세는 단위.
> • 제(劑): 한약의 분량을 나타내는 단위. 한 제는 탕약(湯藥) ( )첩.
> • 거리: 한 거리는 오이나 가지 ( )개.

① 80　② 82
③ 90　④ 94

문 4. 밑줄 친 시어에서 '외롭고 쓸쓸한 화자의 심정'을 나타내기 위해 동원된 객관적 상관물로서 화자 자신과 동일시되는 소재는?

> ㉠春雨暗西池　봄비 내리니 서쪽 못은 어둑한데
> 輕寒襲㉡羅幕　찬바람은 비단 장막으로 스며드네.
> 愁依小㉢屛風　시름에 겨워 작은 병풍에 기대니
> 墻頭㉣杏花落　담장 위에 살구꽃이 떨어지네.

① ㉠　② ㉡
③ ㉢　④ ㉣

문 5. 다음 시조에 대한 설명으로 적절하지 않은 것은?

> 재 너머 셩권농(成勸農) 집의 술 닉닷 말 어제 듯고
> 누은 쇼 발로 박차 언치 노하 지즐ᄐᆞ고
> 아히야 네 권농 겨시냐 뎡좌슈(鄭座首) 왓다 ᄒᆞ여라

① 화자는 소박한 풍류를 즐기며 살고 있다.
② '박차'라는 표현에서 역동성과 생동감을 느낄 수 있다.
③ '언치 노하'는 엄격한 격식을 갖추려는 태도를 드러낸다.
④ '아히'는 화자의 의사를 간접적으로 전달하는 존재이면서도, 대화체로 이끄는 영탄적 어구이다.

문 6. 밑줄 친 말을 한자로 바르게 표기한 것은?

> • 지루한 ㉠장광설로 인해 관중들은 하나씩 자리를 뜨기 시작했다.
> • 정보화 사회일수록 ㉡유언비어가 떠돌 수 있는 가능성도 높다.
> • 잘못을 저질렀다면 궁색한 ㉢변명보다 정직한 시인이 현명한 대응이다.

	㉠	㉡	㉢
①	長廣舌	流言蜚語	辨明
②	長廣舌	流言非語	辯明
③	長廣說	流言蜚語	辯明
④	長廣說	流言非語	辨明

문 7. 다음 시에 대한 설명으로 적절하지 않은 것은?

> 老主人의 腸壁에
> 無時로 忍冬 삼긴 물이 나린다.
>
> 자작나무 덩그럭 불이
> 도로 피여 붉고,
>
> 구석에 그늘 지여
> 무가 순 돋아 파릇하고,
>
> 흙냄새 훈훈히 김도 사리다가
> 바깥 風雪 소리에 잠착하다.
>
> 山中에 冊曆도 없이
> 三冬이 하이얗다.
>
> – 정지용, 「忍冬茶」 –

① 산중의 고적한 공간이 배경이다.
② 시각적 대조의 방법이 사용되었다.
③ 한 폭의 그림과 같은 인상을 준다.
④ '잠착하다'는 '여러모로 고려하다'의 의미다.

문 8. **"숙희야, 내가 선생님께 꽃다발을 드렸다."의 문장을 다음 규칙에 따라 옳게 표시한 것은?**

> 우리말에는 주체 높임, 객체 높임, 상대 높임 등이 있다. 주체 높임과 객체 높임의 경우 높임은 +로, 높임이 아닌 것은 −로 표시하고 상대 높임의 경우 반말체를 −로, 해요체를 +로 표시한다.

① [주체−], [객체+], [상대−]
② [주체+], [객체−], [상대+]
③ [주체−], [객체+], [상대+]
④ [주체+], [객체−], [상대−]

문 9. **'시'에 대한 견해 중에서 밑줄 친 칸트의 입장과 부합하는 것은?**

> 미적인 것이란 내재적이고 선험적인 예술 작품의 특성을 밝히는 데서 더 나아가 삶의 풍부하고 생동적인 양상과 가치, 목표를 예술 형식으로 변환한 것이다. 미(美)는 어떤 맥락으로부터도 자율적이기도 하지만 타율적이다. 미에 대한 자율적 견해를 지닌 <u>칸트</u>도 일견 타당하지만, 미를 도덕이나 목적론과 연관시킨 톨스토이나 마르크스도 타당하다. 우리가 길을 지나다 이름 모를 곡을 듣고서 아름답다고 느끼는 것처럼 순수미의 영역이 없는 것은 아니다. 하지만 그 곡이 독재자를 열렬히 지지하기 위한 선전곡이었음을 안 다음부터 그 곡을 혐오하듯 미(美) 또한 사회 경제적, 문화적 맥락의 영향을 받기도 한다.

① 시는 정제된 시어와 운율을 통하여 감상해야 한다.
② 시는 사회의 모순을 고발할 수 있고, 개혁의 전망도 제시할 수 있다.
③ 시를 읽으면 시인과의 대화를 통해 정서적 성장을 도모할 수 있다.
④ 시를 감상하기 위해서는 당시의 사회 상황을 알아야 한다.

문 10. **밑줄 친 말의 뜻이 옳지 <u>않은</u> 것은?**

> 때는 한창 바쁠 추수 때이다. 농군치고 송이 ㉠<u>파적</u> 나올 놈은 생겨나도 않았으리라. 하나 그는 꼭 해야만 할 일이 없었다. 싶으면 하고 말면 말고 그저 그뿐. 그러함에는 먹을 것이 더러 있느냐면 있기는커녕 부쳐 먹을 농토조차 없는, 계집도 없고 자식도 없고. 방은 있대야 남의 곁방이요 잠은 ㉡<u>새우잠</u>이요. 하지만 오늘 아침만 해도 한 친구가 찾아와서 벼를 털 텐데 일 좀 와 해 달라는 걸 마다하였다. 몇 푼 바람에 그까짓 걸 누가 하느냐보다는 송이가 좋았다. 왜냐면 이 땅 삼천리강산에 늘여 놓인 곡식이 말짱 뉘 것이람. 먼저 먹는 놈이 임자 아니냐. 먹다 걸릴 만치 그토록 양식을 쌓아 두고 일이 다 무슨 ㉢<u>난장</u> 맞을 일이람. 걸리지 않도록 먹을 궁리나 할 게지. 하기는 그도 한 세 번이나 걸려서 구메밥으로 ㉣<u>사관</u>을 틀었다마는 결국 제 밥상 위에 올라앉은 제 몫도 자칫하면 먹다 걸리긴 매일반…….
>
> − 김유정, 「만무방」 중에서 −

① ㉠: 심심풀이
② ㉡: 안잠
③ ㉢: 몰매
④ ㉣: 양쪽 팔꿈치와 무릎 관절

문 11. **다음 시조의 주제로 적절한 것은?**

> 내ᄒᆡ 죠타 ᄒᆞ고 ᄂᆞᆷ 슬흔 일 ᄒᆞ지 말며
> ᄂᆞᆷ이 ᄒᆞᆫ다 ᄒᆞ고 義 아니면 좃지 말니
> 우리ᄂᆞᆫ 天性을 직희여 삼긴 대로 ᄒᆞ리라

① 率性　② 善交
③ 遵法　④ 篤學

문 12. **밑줄 친 말이 표준어인 것은?**

① 큰 죄를 짓고도 그는 <u>뉘연히</u> 대중 앞에 나섰다.
② 아주머니는 부엌에서 갖가지 양념을 <u>뒤어내고</u> 있었다.
③ 사업에 실패했던 원인을 이제야 <u>깨단하게</u> 되었다.
④ 그 사람은 <u>허구헌</u> 날 팔자 한탄만 한다.

문 13. **밑줄 친 말의 한자 표기가 옳지 <u>않은</u> 것은?**

> 지조란 것은 순일한 정신을 지키기 위한 불타는 신념이요, 눈물겨운 정성이며, 냉철한 ㉠<u>확집(確執)</u>이요, 고귀한 투쟁이기까지 하다. 지조가 교양인의 ㉡<u>위의(威儀)</u>를 위하여 얼마나 값지고 그것이 국민의 교화에 미치는 힘이 얼마나 크며, 따라서 지조를 지키기 위한 괴로움이 얼마나 가혹한가를 헤아리는 사람들은 한 나라의 지도자를 평가하는 기준으로서 먼저 그 지조의 ㉢<u>강도(强度)</u>를 살피려 한다. 지조가 없는 지도자는 믿을 수가 없고 믿을 수 없는 지도자는 따를 수가 없기 때문이다. 자기의 명리만을 위하여 그 동지와 지지자와 추종자를 ㉣<u>일조(日照)</u>에 함정에 빠뜨리고 달아나는 지조 없는 지도자의 무절제와 배신 앞에 우리는 얼마나 많이 실망하였는가.
>
> − 조지훈, 「지조론」 중에서 −

① ㉠　② ㉡
③ ㉢　④ ㉣

문 14. **밑줄 친 말의 품사가 같은 것으로만 묶은 것은?**

> 개나리꽃이 ㉠<u>흐드러지게</u> 핀 교정에서 친구들과 ㉡<u>찍은</u> 사진은, 그때 느꼈던 ㉢<u>설레는</u> 행복감은 물론, 대기 중에 ㉣<u>충만한</u> 봄의 기운, 친구들과의 악의 ㉤<u>없는</u> 농지거리, 벌들의 잉잉거림까지 현장에 있는 것과 다름없이 느끼게 해 준다.

① ㉠, ㉢, ㉣　② ㉠, ㉣, ㉤
③ ㉡, ㉢, ㉤　④ ㉢, ㉣, ㉤

문 15. 밑줄 친 말에 대한 설명으로 적합한 것은?

> 하나의 패러다임의 형성은 당초에는 불완전하며, 다만 이후 연구의 방향을 제시하고 소수 특정 부분의 성공적인 결과를 약속할 수 있을 뿐이다. 그러나 패러다임의 정착은 연구의 정밀화, 집중화 등을 통하여 자기 지식을 확장해 가며 차츰 폭넓은 이론 체계를 구축한다.
> 이처럼 과학자들이 패러다임을 기반으로 하여 연구를 진척시키는 것을 쿤은 '정상 과학'이라고 부른다. 기초적인 전제가 확립되었으므로 과학자들은 이 시기에 상당히 심오한 문제의 작은 영역들에 집중함으로써, 그렇지 않았더라면 상상조차 못했을 자연의 어느 부분을 깊이 있게 탐구하게 된다. 그에 따라 각종 실험 장치들도 정밀해지고 다양해지며, 문제를 해결해 가는 특정 기법과 규칙들이 만들어진다. 연구는 이제 혼란으로서의 다양성이 아니라, 이론과 자연 현상을 일치시켜 가는 지식의 확장으로서의 다양성을 이루게 된다.
> 그러나 정상 과학은 완성된 과학이 아니다. 과학적 사고방식과 관습, 기법 등이 하나의 기반으로 통일돼 있다는 것일 뿐 해결해야 할 과제는 무수하다. 패러다임이란 과학자들 사이의 세계관의 통일이지 세계에 대한 해석의 끝은 아닌 것이다.
> 그렇다면 정상 과학의 시기에는 어떤 연구가 어떻게 이루어지는가? 정상 과학의 시기에는 이미 이론의 핵심 부분들은 정립돼 있다. 따라서 과학자들의 연구는 근본적인 새로움을 좇아가지는 않으며, 다만 연구의 세부 내용이 좀 더 깊어지거나 넓어질 뿐이다. 이러한 시기에 과학자들의 열정과 헌신성은 무엇으로 유지될 수 있을까? 연구가 고작 예측된 결과를 좇아갈 뿐이고, 예측된 결과가 나오지 않으면 실패라고 규정되는 상태에서 과학의 발전은 어떻게 이루어지는가?
> 쿤은 이 물음에 대하여 '수수께끼 풀이'라는 대답을 준비한다. 어떤 현상의 결과가 충분히 예측된다 할지라도 정작 그 예측이 달성되는 세세한 과정은 대개 의문 속에 있게 마련이다. 자연 현상의 전 과정을 우리가 일목요연하게 알고 있는 것은 아니기 때문이다. 이론으로서의 예측 결과와 실제의 현상을 일치시켜 보기 위해서는 여러 복합적인 기기적, 개념적, 수학적인 방법이 필요하다. 이것이 수수께끼 풀이이다.

① 여러 가지 상반된 시각의 학설이 등장하여 이론이 다양해지고 풍성해진다.
② 과학적 패러다임의 정착으로 이론의 핵심 부분들이 정립되어 있다.
③ 이 시기의 패러다임의 형성은 처음에는 불완전하나 후속 연구를 통해 세계를 완전히 해석할 수 있는 과학으로 발전된다.
④ 예측된 결과만을 좇을 수밖에 없기 때문에 과학자들의 열정과 헌신성이 낮아진다.

문 16. '잡다'의 유의어에 해당하는 예문으로 적절하지 않은 것은?

유의어	예문
죽이다	㉠
쥐다	㉡
어림하다	㉢
진압하다	㉣

① ㉠: 할아버지는 돼지를 잡아 잔치를 베푸셨다.
② ㉡: 그들은 멱살을 잡고 싸우고 있다.
③ ㉢: 술집 주인은 손님의 시계를 술값으로 잡았다.
④ ㉣: 산불이 난 지 열 시간 만에 불길을 잡았다.

문 17. 다음 글을 통해서 답을 찾을 수 없는 질문은?

> 해안에서 밀물에 의해 해수가 해안선에 제일 높게 들어온 곳과 썰물에 의해 제일 낮게 빠진 곳의 사이에 해당하는 부분을 조간대라고 한다. 지구상에서 생물이 살기에 열악한 환경 중 한 곳이 바로 이 조간대이다. 이곳의 생물들은 물에 잠겨 있을 때와 공기 중에 노출될 때라는 상반된 환경에 삶을 맞춰야 한다. 또한 갯바위에 부서지는 파도의 파괴력도 견뎌 내야 한다. 또한 빗물이라도 고이면 민물이라는 환경에도 적응해야 하며, 강한 햇볕으로 바닷물이 증발하고 난 다음에는 염분으로 범벅된 몸을 추슬러야 한다. 이러한 극단적이고 변화무쌍한 환경에 적응할 수 있는 생물만이 조간대에서 살 수 있다.
> 조간대는 높이에 따라 상부, 중부, 하부로 나뉜다. 바다로부터 가장 높은 곳인 상부는 파도가 강해야만 물이 겨우 닿는 곳이다. 그래서 조간대 상부에 사는 생명체는 뜨거운 태양열을 견뎌 내야 한다. 중부는 만조 때에는 물에 잠기지만 간조 때에는 공기 중에 노출되는 곳이다. 그런데 물이 빠져 공기 중에 노출되었다 해도 파도에 의해 어느 정도의 수분은 공급된다. 가장 아래에 위치한 하부는 간조 시를 제외하고는 항상 물에 잠겨 있다. 땅 위 환경의 영향을 적게 받는다는 점에선 다소 안정적이긴 해도 파도의 파괴력을 이겨 내기 위해 강한 부착력을 지녀야 한다는 점에서 생존이 쉽지 않은 곳이다.
> 조간대에 사는 생물들은 불안정하고 척박한 바다 환경에 적응하기 위해 높이에 따라 수직으로 종이 분포한다. 조간대를 찾았을 때 총알고둥류와 따개비들을 발견했다면 그곳이 조간대에서 물이 가장 높이 올라오는 지점인 것이다. 이들은 상당 시간 물 밖에 노출되어도 수분 손실을 막기 위해 패각과 덮개 판을 꼭 닫은 채 물이 밀려올 때까지 버텨 낼 수 있다.

① 조간대에서 총알고둥류가 사는 곳은 어느 지점인가?
② 조간대의 중부에 사는 생물에는 어떠한 것이 있는가?
③ 조간대에서 높이에 따라 생물의 종이 수직으로 분포하는 이유는 무엇인가?
④ 조간대에 사는 생물들이 견뎌야 하는 환경적 조건에는 어떠한 것이 있는가?

문 18. 다음의 개요를 기초로 하여 글을 쓸 때, 주제문으로 가장 적절한 것은?

> **서론**: 최근의 수출 실적 부진 현상
> **본론**: 수출 경쟁력의 실태 분석
> 1. 가격 경쟁력 요인
> ㄱ. 제조 원가 상승
> ㄴ. 고금리
> ㄷ. 환율 불안정
> 2. 비가격 경쟁력 요인
> ㄱ. 기업의 연구 개발 소홀
> ㄴ. 품질 개선 부족
> ㄷ. 판매 후 서비스 부족
> ㄹ. 납기의 지연
> **결론**: 분석 결과의 요약 및 수출 경쟁력 향상 방안 제시

① 정부가 수출 분야 산업을 적극 지원해야 한다.
② 내수 시장의 기반을 강화하는 데 역량을 모아야 한다.
③ 기업이 연구 개발비 투자를 늘리고 품질 향상에 많은 노력을 기울여야 한다.
④ 수출 경쟁력을 좌우하는 요인을 분석한 후 그에 맞는 방안을 마련해야 한다.

문 19. ㉠~㉦에 대한 설명으로 옳은 것은?

> ㉠그쪽에서 물건 하나를 맡아 주었으면 해요. 그건 ㉡우리 할머니의 유품이에요. ㉢저는 할머니의 유지에 따라 당신에게 그것을 전해야 할 책임을 느껴요. ㉣할머니께서는 ㉤본인의 생각을 저에게 누차 말씀하신 바 있기 때문이죠. 부디 ㉥당신이 할머니가 품었던 호의를 거절하지 않기를 바랍니다. 아시다시피 할머니는 결코 말씀이 많으신 분은 아니었지요. ㉦당신께서 생전에 표현하지 못했던 심정이 거기에 절실히 아로새겨져 있을 거예요.

① ㉠과 ㉢은 1인칭 대명사이다.
② ㉡은 ㉢과 ㉣을 아우르는 말이다.
③ ㉣과 ㉦은 같은 사람을 가리키는 말이다.
④ ㉤과 ㉥은 같은 사람을 가리키는 말이다.

문 20. 다음 글의 논증 구조를 옳게 파악한 것은?

> ㉠동물들의 행동을 잘 살펴보면 동물들도 우리가 사용하는 말 못지않은 의사소통 수단을 가지고 있는 듯이 보인다. ㉡즉, 동물들도 여러 가지 소리를 내거나 몸짓을 함으로써 자신들의 감정과 기분을 나타낼 뿐 아니라 경우에 따라서는 인간과 다를 바 없이 의사를 교환하고 있는 듯하다. ㉢그러나 그것은 단지 겉모습의 유사성에 지나지 않을 뿐이고 사람의 말과 동물의 소리에는 아주 근본적인 차이가 존재한다는 점을 잊어서는 안 된다. ㉣동물들이 사용하는 소리는 단지 배고픔이나 고통 같은 생물학적인 조건에 대한 반응이거나, 두려움이나 분노 같은 본능적인 감정들을 표현하기 위한 것에 지나지 않는다. ㉤따라서, 동물들이 내는 소리가 때때로 의사소통의 수단으로 이용된다고 해서 그것을 대화나 토론이나 회의와 같은 언어활동이라고 할 수는 없다.

① ㉠은 논증의 결론으로 주제문이다.
② ㉡은 ㉠의 논리적 결함을 지적한 것이다.
③ ㉢은 ㉠, ㉡을 부정하고 새로운 논점을 제시한 것이다.
④ ㉤은 ㉢, ㉣에 대한 근거이다.

해설편 ▶ P.85

| 풀이 시간: ____:____ ~ ____:____ / 점수: ____점

문 1. 밑줄 친 어휘의 표기가 옳은 것은?

① 과거에 대해서는 너무 괴념치 않는 것이 좋다.
② 필요한 부분만 책에서 발체해서 발표할 수 있다.
③ 고집대로만 했다간 문화제 계획마저도 와훼될 판이다.
④ 나는 설명서에서 그 기계의 제원을 꼼꼼히 확인하였다.

문 2. 호칭어와 지칭어의 사용이 적절한 것은?

① (남편의 형에게) 큰아빠, 전화 받으세요.
② (시부모에게 남편을) 오빠는 요즘 무척 바빠요.
③ (남편의 누나에게) 형님, 어떤 것이 좋을까요?
④ (다른 사람에게 자기 배우자를) 이쪽은 제 부인입니다.

문 3. 다음 글에서 '칸트'의 견해로 볼 수 없는 것은?

칸트는 계몽이란 인간이 자신의 과오로 인한 미성년 상태로부터 벗어나는 것이라고 했다. 이때 '미성년 상태'는 타인의 지도 없이는 스스로의 이성을 사용할 수 없는 상태를 뜻하며, 이를 벗어나는 데 필요한 것은 용기를 내어 스스로의 이성을 사용하려고 하는 것이다.

칸트에 의하면 계몽은 두 가지 양상으로 이루어진다. 하나는 개인적 계몽으로 각자 스스로 미성년 상태를 벗어나서 이성 능력을 발휘하는 것이다. 하지만 모든 사람이 개인적 계몽을 이룰 수 있는 것은 아니다. 미성년 상태는 편하다. 이 상태의 개인은 스스로 생각하고 판단함으로써 저지를지 모르는 실수의 위험을 과장해서 생각한다. 한 개인이 실수의 두려움으로 인해 미성년 상태에 머무르기를 선택하면 편안함에 대한 유혹과 실수에 대한 공포심을 극복하며 스스로를 계몽하기는 힘들다.

대중 일반의 계몽은 이보다는 쉽게 이루어질 수 있다. 어느 시대에나 개인적 계몽에 성공한 독립적인 정신의 사상가들이 있기 마련이고, 이들은 편안함에 안주하며 두려움의 방패 뒤에 도피하려는 사람들의 의식을 일깨워 자각의 계기를 제공해 줄 수 있다. 개인적 계몽에 성공한 이들에게 자신의 생각을 표현하고 발표하는 자유가 주어진다면 계몽 정신은 자연스레 널리 전파될 것이고 사람들은 독립에의 공포심에서 벗어나 스스로 생각하는 성년 단계로 진입하게 될 것이다.

칸트는 대중 일반의 계몽을 위해 필요한 이성의 사용을 이성의 공적 사용이라 일컫는다. 이성의 사용은 사적 사용과 공적 사용으로 구분된다. 이성의 사적 사용은 각자가 개인이나 소규모 공동체의 이익을 위해 이성을 사용하는 것을 말한다. 그러나 한 개인이 몸담고 있는 공동체의 범위를 벗어나 세계 시민의 한 사람으로서 그리고 학자로서 글을 통해 자신의 생각을 대중에게 전달하게 되면 그는 이성을 공적으로 사용하는 것이 된다.

① 개인적 계몽을 모든 사람이 이룰 수 있는 것은 아니다.
② 대중 일반의 계몽을 위한 이성의 사용을 이성의 공적 사용이라 불렀다.
③ 미성년 상태에서 벗어나기 위해서는 스스로의 이성을 사용하려고 해야 한다.
④ 개인적 계몽을 이룬 이들에게 자유가 주어진다면 독립에 대한 공포심에 빠지게 된다.

문 4. 다음 시에 대한 감상으로 적절한 것은?

가야 할 때가 언제인가를
분명히 알고 가는 이의
뒷모습은 얼마나 아름다운가.

봄 한철
격정을 인내한
나의 사랑은 지고 있다.

분분한 낙화……
결별이 이룩하는 축복에 싸여
지금은 가야 할 때,

무성한 녹음과 그리고
머지않아 열매 맺는
가을을 향하여

나의 청춘은 꽃답게 죽는다.

헤어지자
섬세한 손길을 흔들며
하롱하롱 꽃잎이 지는 어느 날

나의 사랑, 나의 결별,
샘터에 물 고이듯 성숙하는
내 영혼의 슬픈 눈.

– 이형기, 「낙화」 –

① 계절의 순환을 통해 자연의 위대함을 자각하고 있군.
② 결별의 슬픔을 자신의 영혼이 성숙하는 계기로 삼고 있군.
③ 이별을 받아들이지 않으려는 의지적 자세를 엿볼 수 있군.
④ 흩어져 떨어지는 꽃잎을 통해 인생의 무상함을 강조하고 있군.

문 5. 띄어쓰기가 옳은 것은?

① 일이 얽히고 설켜서 풀기가 어렵다.
② 나를 알아 주는 사람은 너 밖에 없다.
③ 그는 고향을 등지고 정처 없이 떠돌아다녔다.
④ 잃어버린 물건을 찾겠다는 생각은 속절 없는 짓이었다.

문 6. 한자 성어의 뜻풀이로 옳지 않은 것은?

① 결초보은(結草報恩): 죽은 뒤에라도 은혜를 잊지 않고 갚음을 이르는 말.
② 방약무인(傍若無人): 어떤 약으로도 치료할 수 없는 상태임.
③ 절치부심(切齒腐心): 몹시 분하여 이를 갈며 속을 썩임.
④ 점입가경(漸入佳境): 들어갈수록 점점 재미가 있음.

문 7. 외래어 표기가 옳은 것만을 모두 고른 것은?

ㄱ. yellow: 옐로　ㄴ. cardigan: 카디건
ㄷ. lobster: 롭스터　ㄹ. vision: 비전
ㅁ. container: 콘테이너

① ㄱ, ㅁ　② ㄷ, ㄹ
③ ㄱ, ㄴ, ㄹ　④ ㄴ, ㄷ, ㅁ

문 8. ㉠~㉣의 한자 병기가 옳지 않은 것은?

㉠열악(劣惡)한 환경에 굴하지 않고, 희망을 현실로 만든 그의 노력에 우리는 ㉡경의(敬意)를 표하였다. 그의 ㉢태도(態道)는 우리에게 ㉣귀감(龜鑑)이 될 만하다.

① ㉠　② ㉡
③ ㉢　④ ㉣

문 9. 밑줄 친 말의 의미에 대응하는 단어로 적절하지 않은 것은?

① 이번 국경일에 국기를 단 집이 많았다. – 揭載
② 차에 에어컨을 달고 싶지만 돈이 없다. – 設置
③ 오늘의 음식 값은 장부에 달아 두세요. – 記錄
④ 그는 어디에 가든 친구를 달고 다닌다. – 帶同

문 10. 문맥에 따른 배열로 가장 적절한 것은?

(가) 그러나 사람들은 소유에서 오는 행복은 소중히 여기면서 정신적 창조와 인격적 성장에서 오는 행복은 모르고 사는 경우가 많다.
(나) 소유에서 오는 행복은 낮은 차원의 것이지만 성장과 창조적 활동에서 얻는 행복은 비교할 수 없이 고상한 것이다.
(다) 부자가 되어야 행복해진다고 생각하는 사람은 스스로 부자라고 만족할 때까지는 행복해지지 못한다.
(라) 하지만 최소한의 경제적 여건에 자족하면서 정신적 창조와 인격적 성장을 꾀하는 사람은 얼마든지 차원 높은 행복을 누릴 수 있다.
(마) 자기보다 더 큰 부자가 있다고 생각될 때는 여전히 불만과 불행에 사로잡히기 때문이다.

① (나) – (라) – (가) – (다) – (마)
② (나) – (가) – (마) – (라) – (다)
③ (다) – (마) – (라) – (나) – (가)
④ (다) – (라) – (마) – (가) – (나)

문 11. ㉠~㉢에 들어갈 말을 바르게 연결한 것은?

많은 사람들에게 유일한 현실은 '타이타닉 호'라는 배뿐입니다. 타이타닉 호 속에는 판에 박은 일상사가 있습니다. (㉠) 선원은 엔진에 연료를 넣지 않으면 안 되고, 배가 전진하기 위해서는 온갖 기계를 확실히 관리하지 않으면 안 됩니다. 모두 각자 일상사를 가지고 있고 그것을 계속하는 사람이 현실주의자입니다.

누군가가 "엔진을 멈추어야 한다."라고 말하면, 그것은 비현실주의적입니다. 왜냐하면 타이타닉 호라는 배는 전진하도록 되어 있어서 전진하지 않으면 저마다의 일거리가 없어지기 때문입니다. 오늘날 세계 경제에 퍼져 있는 현실주의는 바로 그러한 현실주의라고 생각됩니다. 현실주의적인 경제학자가 타이타닉 호에 "전속력으로!"라는 명령을 하려고 합니다. 이것이 타이타닉 호의 논리입니다.

이 논리는 타이타닉 호가 전 세계라는 점을 전제로 성립합니다. 마찬가지로 경제학자의 논리도 세계 경제 시스템 이외에 아무런 현실이 없다고 한다면 합리적인 논리라고 할 수 있습니다. (㉡) 타이타닉 호의 바깥에는 바다가 있고 빙산이 있습니다. 세계 경제의 바깥에는 재난이 있습니다. 바로 이것이 문제입니다. 여기서 타이타닉 호의

> 비유가 갖는 한계를 알 수 있는데, 타이타닉 호의 경우는 하나의 빙산이 있고, 장래에 배가 거기에 부딪힌다는 것입니다. 그러나 우리들의 세계 경제 시스템은 장래에 빙산이 기다리고 있는 게 아닙니다. 재난은 이미 시작되었습니다. (㉢) 차례차례 빙산에 부딪히고 있는 중입니다.

	㉠	㉡	㉢
①	그리고	그러면	만약
②	그리고	그렇지만	만약
③	예를 들면	그러면	말하자면
④	예를 들면	그렇지만	말하자면

문 12. ㉠~㉣의 고쳐 쓰기로 적절하지 않은 것은?

> 봄이면 어김없이 나타나 우리를 괴롭히는 황사가 본래 나쁘기만 한 것은 아니었다. ㉠황사의 이동 경로는 매우 다양하다. 황사는 탄산칼슘, 마그네슘, 칼륨 등을 포함하고 있어 봄철의 산성비를 중화시켜 토양의 산성화를 막는 역할을 했다. 또 황사는 무기물을 포함하고 있어 해양 생물에게도 도움을 줬다. ㉡그리고 지금의 황사는 생태계에 심각한 해를 끼치는 애물단지가 되어 버렸다. 이처럼 황사가 재앙의 주범이 된 것은 인간의 환경 파괴 ㉢덕분이다.
>
> 현대의 황사는 각종 중금속을 포함하고 있는 독성 황사이다. 황사에 포함된 독성 물질 중 대표적인 것으로 다이옥신을 들 수 있다. 다이옥신은 발암 물질이며 기형아 출산을 일으킬 수도 있는 것이다. 이러한 독성 물질을 다수 포함하고 있는 ㉣황사를 과거보다 자주 발생하고 정도도 훨씬 심해지고 있어 문제이다.

① ㉠은 글의 논리적인 흐름을 방해하고 있으므로 삭제한다.
② ㉡은 앞뒤 내용을 자연스럽게 연결해 주지 못하므로 '그러므로'로 바꾼다.
③ ㉢은 어휘가 잘못 사용된 것이므로 '때문이다'로 고친다.
④ ㉣은 서술어와 호응하지 않으므로 '황사가'로 고친다.

문 13. 다음 글의 전개 방식에 대한 설명으로 적절한 것은?

> 유럽의 18~19세기는 혁신적 지성의 열기로 가득 찬 시대였다. 혁신적 지성은 정치적, 경제적, 사회적 여건의 성숙과 더불어 서양 근대 사회의 확립에 주도적 역할을 하였다. 수많은 개혁 사상과 혁명 사상의 제공자는 물론이요, 실천 면에서도 개혁가와 혁명가는 지성인 출신이었다. 그들은 새로운 미래를 제시하고, 그것을 뒷받침할 이데올로기를 마련하고, 그것을 실현할 구체적인 방안을 제시하는 동시에, 현실의 모순을 과감하게 비판하고 몸소 실천에 뛰어들기도 하였다.
>
> 하지만 20세기에 이르러 사태는 달라지기 시작하였다. 근대 사회 성립에 주도적 역할을 담당했던 혁신적 지성은 그 혁신적 성격과 개혁적 정열을 점차로 상실하고, 직업적이고 기술적인 지성으로 변모하였다. 이는 근대 사회가 완성되고 성숙함에 따른 당연한 귀결일지도 모르며, 오늘날 고도로 발달한 서구 사회에 직업적이고 기술적인 지성이 필요 불가결하기도 하다. 그러나 지성이 고도로 발달한 사회에서 직업적이고 전문적인 지식과 기술을 제공하는 것으로 만족할 것인가의 문제는 다시 한 번 생각해 봄 직하다.
>
> 만일 서구 사회가 현재에 안주하고 현상 유지를 계속할 수가 있다면 문제는 다르다. 그러나 그것은 사회의 전면적인 침체를 가지고 올 것이며, 그것은 또한 불길한 몰락의 징조일지도 모른다.
>
> 현재의 모순과 문제를 파헤치고 이를 개혁하여 새로운 미래로 나아가는 구체적 방안을 모색하는 임무는 누가 져야 할 것인가? 그것은 역시 지성의 임무이다. 지성은 거의 영구불변의 기능이라고 할 수 있는 문화 창조의 기능을 가져야 한다. 현대의 지성은 전문 지식과 기술을 제공하는 데 그치지 말고, 현실을 비판하며 실현 가능한 구체적 방안을 모색하여 새로운 미래를 제시하는 혁신적 성격을 상실해서는 안 될 것이다.

① 자신의 주장을 밝히고 이와 상반된 견해를 반박하고 있다.
② 상호 대립된 견해를 제시하고 자신의 입장을 밝히고 있다.
③ 용어에 대한 개념 차이를 밝히며 자신의 주장을 펼치고 있다.
④ 시대적 변천 양상을 살피면서 바람직한 방향을 제시하고 있다.

문 14. 다음 작품에 대한 설명으로 적절한 것은?

> 생사(生死) 길은
> 예 있으매 머뭇거리고
> 나는 간다는 말도
> 못다 이르고 어찌 갑니까.
> 어느 가을 이른 바람에
> 이에 저에 떨어질 잎처럼
> 한 가지에 나고
> 가는 곳 모르온저.
> 아아, 미타찰(彌陀刹)에서 만날 나
> 도(道) 닦아 기다리겠노라.
>
> – 월명사, 「제망매가(祭亡妹歌)」 –

① 시적 대상과의 재회에 대한 소망을 담고 있다.
② 반어적 표현을 통해 화자의 정서를 부각하고 있다.
③ 세속의 인연에 미련을 두지 않은 구도자의 자세를 드러내고 있다.
④ 상황 인식 – 객관적 서경 묘사 – 종교적 기원의 3단 구성으로 되어 있다.

문 15. 다음 글을 참고할 때, 〈보기〉에서 아이의 말에 대한 엄마의 말이 '반영하기'에 해당하는 것은?

> 적극적인 듣기의 방법에는 '요약하기'와 '반영하기'가 있다. 화자가 자신의 상태에 대해 직접적으로 말하는 경우에는 요약하기와 같은 재진술이 가능하지만 그렇지 않으면 불가능하다. 한편 반영하기는 상대의 생각을 수용하고 상대의 현재 상태에 감정 이입을 하여 의미를 재구성하는 방법으로, 상대를 이해하고 있다는 청자의 적극적인 표현이기 때문에 원활한 의사소통에 도움이 된다.

〈보기〉

> **아이:** 엄마, 모레가 시험인데 내일 꼭 치과에 가야 하나요?
> **엄마:** ______________________

① 너, 치과에 가기가 싫어서 그러지?
② 네가 치료보다 시험에 집중하고 싶구나.
③ 내일 꼭 치과에 가야 하는지가 궁금했구나.
④ 약속은 지켜야 하는 거니까 치과에 가야겠지.

문 16. 밑줄 친 부분에 해당하는 것은?

> '–ㅁ/–음'은 'ㄹ'을 제외한 받침 있는 용언의 어간이나 어미 '–었–', '–겠–' 뒤에 붙어, 그 말이 명사 구실을 하게 하는 어미로 쓰이는 경우와, 어간 말음이 자음인 용언 어간 뒤에 붙어 명사를 만드는 접미사로 쓰이는 경우가 있다.

① 그는 수줍음이 많은 사람이다.
② 그는 죽음을 각오하고 일에 매달렸다.
③ 태산이 높음을 사람들은 알지 못한다.
④ 나라를 위해 젊음을 바친 사람이 애국자다.

문 17. ㉠~㉢에 대한 설명으로 적절하지 않은 것은?

> • 형님은 ㉠자기 자신을 애국자라고 생각했다.
> • 형님은 ㉡당신 스스로 애국자라고 생각했다.
> • 형님은 ㉢그의 선물을 나에게 주었다.

① ㉠과 ㉡은 모두 형님을 가리킨다.
② ㉠은 1인칭이고 ㉡은 2인칭이다.
③ ㉡은 ㉠보다 높임 표현이다.
④ ㉢은 ㉠과 달리 형님 이외의 다른 대상을 가리킬 수 있다.

문 18. ㉠~㉢에 대한 설명으로 적절한 것은?

> ㉠르네상스 이래 화가들은 자신의 그림이 세상을 향한 창처럼 보이기를 바랐다. 그리하여 그림의 장면이나 주제를 하나의 고정된 시점에서 본 것처럼 그렸으며, 이러한 환영을 더욱 심화하기 위해 원근법적인 형태 묘사를 택했다. 그러나 1907년부터 피카소와 브라크는 전통적인 원근법의 관례를 버리고 리얼리티를 묘사하기 위한 새로운 방식을 실험하기 시작했다. 정물화에서 그들은 눈이 카메라 렌즈처럼 하나의 시점으로 세상을 인식한다는 기존의 믿음에 도전하여 뇌가 어떻게 다양한 시점과 연속적인 시간에 걸친 시각적인 정보를 점진적으로 축적해 나가는지를 보여 주고자 했다.
>
> 피카소와 브라크의 혁명적인 그림은 과거의 어떤 그림과도 완전히 다르게 보이지만, 두 화가는 모두 ㉡세잔의 작업 방식에서 영향을 받았다. 과거의 화가들은 일관된 원근법 체계를 이용해 그림에 안정성과 깊이감을 부여하고자 했으나, 세잔은 회화적 공간을 의도적으로 왜곡하고 불안한 각도로 면을 기울여 안정적인 정물화에 역동감과 긴장감을 부여했다. 그는 정물의 적절한 위치를 찾기 위해 고심하며 매우 조심스럽게 화면을 구성했다. 다양한 각도와 시점을 미묘하게 결합하여 세잔은 세심하게 배열한 정물에 더욱 완벽한 시점을 부여하고자 노력했다.
>
> 세잔이 죽은 지 1년 후 파리에서 열린 세잔의 대규모 회고전은 피카소와 브라크에게 커다란 영향을 끼쳤으며, ㉢피카소와 브라크는 즉각 세잔의 발상을 도입하여 초기 입체주의 회화로 발전시켰다. 이들은 초기 정물화에 동시적인 시점의 결합 가능성을 지속적으로 실험했다. 피카소와 브라크는 사물의 형태를 파편화할 때까지 왜곡했으며, 그림을 그리는 동안 정물의 주위를 걸어 다니며 각 단계의 다양한 세부 사항을 관찰하는 것 같은 인상을 만들어 냈다. 결과적으로 이들의 그림은 시간과 공간에 따른 움직임의 감각을 만들어 냈다.

① ㉠과 달리 ㉡과 ㉢은 대상을 바라보는 관점의 다양성을 인정한다.
② ㉡과 달리 ㉠과 ㉢은 단일한 시간과 공간을 기준으로 대상을 파악한다.
③ ㉢과 달리 ㉠과 ㉡은 대상을 있는 그대로 묘사하는 것이 회화의 목적이라 여긴다.
④ ㉠, ㉡, ㉢은 모두 가까이 있는 대상은 크게, 멀리 있는 대상은 작게 표현하는 방식을 취한다.

문 19. 다음 글에서 알 수 있는 내용이 아닌 것은?

단어란 흔히 문장을 구성하는 단위 가운데 분리하면 본래의 뜻을 잃어버리게 되는 최소의 자립 형식이라고 정의한다. '오늘 작은언니는 새 옷을 입었다.'라는 문장에서 '오늘, 새, 옷'은 단어들이다. '작은언니'는 '작은'과 '언니'로 분리할 수는 있지만 이렇게 분리하면 본래의 뜻과는 다른 뜻이 되기 때문에 '작은언니'는 한 단어이다. '입었다'는 '입-었-다'로 구성되어 있지만 이들 각각 홀로 쓰일 수 없고 세 단위가 모여서 하나의 자립 형식을 이루기 때문에 '입었다'는 그대로 한 단어가 된다.

그러나 단어의 정의가 그렇게 간단한 일은 아니다. '작은언니는, 옷을'의 '는, 을'과 같은 조사는 '작은언니, 옷'과 분리하여도 제 뜻을 잃어버리지 않는다. 그러나 조사는 홀로 쓰이지 못하고 반드시 체언 등에 붙어서만 쓰인다. 이런 까닭으로 국어의 조사를 단어로 인정하기도 하고 인정하지 않기도 한다. 이와 유사한 어려움은 의존 명사에서도 볼 수 있다. '한 그루, 줄 것'의 '그루, 것'은 의존 명사인데, 이들은 분리는 가능하지만 홀로 쓰이지 못하고 반드시 관형어의 수식을 받아서만 쓰일 수 있다. 그러나 의존 명사는 관형어의 수식을 받는다는 점에서 그 통사적 성격이 명사와 동일하다. 따라서 의존 명사는 명사와 동일한 성격을 지니는 단어로 취급한다.

국어 단어는 그 형성 방식에 따라 크게 두 가지로 구성된다. 하나는 '구름, 겨우, 먹다'처럼 단일한 요소가 곧 한 단어가 되는 경우이다. '구름, 겨우'와 같은 단어들은 더 이상 나뉠 수 없는 단일한 구성을 보이는 예들로서 이들은 단일어라고 한다. '먹다'는 어간 '먹-'에 어미 '-다'가 붙어 이루어진 구성이지만 '먹-'은 의존 형태소로서 단독으로는 쓰일 수 없으며, '-다'는 순수하게 문법적 기능만을 나타내는 어미로서 단어의 구성에는 관여하지 않는다.

다른 하나는 다양한 요소들이 결합하여 한 단어가 되는 경우이다. 이들은 단일어와 구별하여 복합어라고 한다. 복합어는 다시 두 가지 종류로 나뉜다. '샛노랗다, 무덤, 잠'은 어휘 형태소인 '노랗다, 묻-, 자-'에 '샛-, -엄, -ㅁ'과 같은 접사가 덧붙어서 파생된 단어들이다. 이처럼 어휘 형태소에 접사가 결합하여 형성된 단어들을 파생어라고 한다. '손목, 고무신, 빛나다, 날짐승'과 같은 단어는 각각 '손-목, 고무-신, 빛-나다, 날-짐승'으로 분석된다. 이들은 각각 어근인 어휘 형태소끼리 결합하여 한 단어가 된 경우로 이를 합성어라고 한다.

① '작은언니'는 최소의 자립 형식이다.
② '는, 을'은 체언 등에 붙어서만 쓰이므로 단어이다.
③ '그루, 것'은 그 통사적 성격이 명사와 동일하다.
④ '샛노랗다, 손목'은 복합어이다.

문 20. 다음 글의 ㉠~㉣에 대한 이해로 적절하지 않은 것은?

사람들은 아버지를 난쟁이라고 불렀다. 사람들은 옳게 보았다. ㉠아버지는 난쟁이였다. 불행하게도 사람들은 아버지를 보는 것 하나만 옳았다. 그 밖의 것들은 하나도 옳지 않았다. 나는 아버지, 어머니, 영호, 영희, 그리고 나를 포함한 다섯 식구의 모든 것을 걸고 그들이 옳지 않다는 것을 언제나 말할 수 있다. 나의 '모든 것'이라는 표현에는 '다섯 식구의 목숨'이 포함되어 있다. 천국에 사는 사람들은 지옥을 생각할 필요가 없다. 그러나 우리 다섯 식구는 지옥에 살면서 천국을 생각했다. 단 하루라도 천국을 생각해 보지 않은 날이 없다. 하루하루의 생활이 지겨웠기 때문이다. ㉡우리의 생활은 전쟁과 같았다. 우리는 그 전쟁에서 날마다 지기만 했다. 그런데도 어머니는 모든 것을 잘 참았다. 그러나 그날 아침 일만은 참기 어려웠던 것 같다.

"통장이 이걸 가져왔어요."

내가 말했다. 어머니는 조각 마루 끝에 앉아 아침 식사를 하고 있었다.

"그게 뭐냐?" / "철거 계고장이에요."

"기어코 왔구나!" / 어머니가 말했다.

"그러니까 집을 헐라는 거지? 우리가 꼭 받아야 할 것 중의 하나가 이제 나온 셈이구나!"

어머니는 식사를 중단했다. 나는 어머니의 밥상을 내려다 보았다. 보리밥에 까만 된장, 그리고 시든 고추 두어 개와 조린 감자.

나는 어머니를 위해 철거 계고장을 천천히 읽었다.

…(중략)…

어머니는 조각 마루 끝에 앉아 말이 없었다. ㉢벽돌 공장의 높은 굴뚝 그림자가 시멘트 담에서 꺾어지며 좁은 마당을 덮었다. 동네 사람들이 골목으로 나와 뭐라고 소리 치고 있었다. 통장은 그들 사이를 비집고 나와 방죽 쪽으로 걸음을 옮겼다. 어머니는 식사를 끝내지 않은 밥상을 들고 부엌으로 들어갔다. 어머니는 두 무릎을 곧추세우고 앉았다. 그리고 손을 들어 부엌 바닥을 한 번 치고 가슴을 한 번 쳤다. 나는 동사무소로 갔다. ㉣행복동 주민들이 잔뜩 몰려들어 자기의 의견들을 큰 소리로 말하고 있었다. 들을 사람은 두셋밖에 안 되는데 수십 명이 거의 동시에 떠들어 대고 있었다. 쓸데없는 짓이었다. 떠든다고 해결될 문제는 아니었다.

나는 바깥 게시판에 적혀 있는 공고문을 읽었다. 거기에는 아파트 입주 절차와 아파트 입주를 포기할 경우 탈 수 있는 이주 보조금 액수 등이 적혀 있었다. 동사무소 주위는 시장 바닥과 같았다.

– 조세희, 「난쟁이가 쏘아 올린 작은 공」 –

① ㉠: 산업화 과정에서 소외된 '아버지'의 왜소함을 드러낸다.
② ㉡: 가난한 도시 빈민의 힘겨운 삶을 전쟁에 비유한다.
③ ㉢: 맹목적이고 무리한 산업화의 위압적 분위기를 나타낸다.
④ ㉣: 주민들의 노력으로 삶이 개선될 것임을 암시한다.

해설편 ▶ P.90

서울시 9급 공개경쟁채용 필기시험

응 시 번 호			문 제 책 형
성 명			

【시 험 과 목】

제1과목	국 어	제2과목	영 어	제3과목	한 국 사
제4·5과목	행정법총론, 행정학개론				

응시자 주의사항

1. **시험 시작 전**에 시험문제를 열람하는 행위나 **시험 종료 후** 답안을 작성하는 행위를 한 사람은「지방공무원 임용령」제65조 등 관련 법령에 의거 **부정행위자**로 처리됩니다.

2. 시험 시작 즉시 **과목편철 순서, 문제누락 여부, 인쇄상태 이상 유무 및 표지와 개별과목의 문제책형 일치 여부 등을 확인**한 후 문제책 표지에 응시번호, 성명을 기재합니다.

3. 반드시 본인의 **응시표에 인쇄된 시험과목 순서에 따라** 제4과목과 제5과목의 **답안을 표기**하여야 합니다. 과목 순서를 바꾸어 표기한 경우에도 **본인의 응시표에 기재된 과목 순서대로 채점**되므로 반드시 유의하시기 바랍니다.

4. 시험이 시작되면 문제를 주의 깊게 읽은 후, **문항의 취지에 가장 적합한 하나의 정답만을 고르며**, 문제 내용에 관한 질문은 받지 않습니다.

5. **시험시간 관리의 책임**은 전적으로 응시자 본인에게 있습니다.

eduwill

| 풀이 시간: ____:____ ~ ____:____ / 점수: ____점

문 1. 밑줄 친 부분의 문장 성분이 다른 하나는?

① 그는 밥도 안 먹고 일만 한다.
② 몸은 아파도 마음만은 날아갈 것 같다.
③ 그는 그녀에게 물만 주었다.
④ 고향의 사투리까지 싫어할 이유는 없었다.

문 2. 한글 맞춤법에 따라 바르게 표기된 것만 나열한 것은?

① 새까맣다 – 싯퍼렇다 – 샛노랗다
② 시뻘겋다 – 시허옇다 – 싯누렇다
③ 새퍼렇다 – 새빨갛다 – 샛노랗다
④ 시하얗다 – 시꺼멓다 – 싯누렇다

문 3. 〈보기〉는 시의 일부분이다. 시의 제목으로 가장 적절한 한자어는?

〈보기〉

세상에는, 자신이 믿는 단단한 무엇을 위해
목숨을 걸 수 있는 사람과 그럴 수 없는 사람이 있다
말이 많은 사람과 그렇지 않은 사람이 있다
짜장면을 좋아하는 사람과 그렇지 않은 사람이 있다
테니스에 미친 사람과 그렇지 않은 사람이 있다
유에프오가 있다고 생각하는 사람과 그렇지 않은 사람이 있다
술을 좋아하는 사람과 그렇지 않은 사람이 있다
…(중략)…
사람들을 두 가지로 나눌 수 있다고 믿는 사람과 그렇지 않은 사람이 있다

① 편견(偏見) ② 불화(不和)
③ 오해(誤解) ④ 독선(獨善)

문 4. 서로 의미가 유사한 속담과 한자 성어를 짝 지은 것이다. 관련이 없는 것끼리 묶은 것은?

① 원님 덕에 나팔 분다 – 狐假虎威
② 소 잃고 외양간 고친다 – 晩時之歎
③ 언 발에 오줌 누기 – 雪上加霜
④ 낫 놓고 기역 자도 모른다 – 目不識丁

문 5. 〈보기〉의 밑줄 친 ㉠에 해당하는 글자가 아닌 것은?

〈보기〉

한글 중 초성자는 기본자, 가획자, 이체자로 구분된다. 기본자는 조음 기관의 모양을 상형한 글자이다. ㉠가획자는 기본자에 획을 더한 것으로, 획을 더할 때마다 그 글자가 나타내는 소리의 세기는 세어진다는 특징이 있다. 이체자는 획을 더한 것은 가획자와 같지만 가획을 해도 소리의 세기가 세어지지 않는다는 차이가 있다.

① ㄹ ② ㄷ ③ ㅂ ④ ㅊ

문 6. 외래어 표기 용례로 올바른 것은?

① dot – 다트 ② parka – 파카
③ flat – 플래트 ④ chorus – 코루스

문 7. 〈보기〉의 ㉠~㉣을 현행 로마자 표기법에 따라 표기한 것으로 가장 적절한 것은?

〈보기〉

㉠ 다락골 ㉡ 국망봉
㉢ 낭림산 ㉣ 한라산

① ㉠ – Dalakgol ② ㉡ – Gukmangbong
③ ㉢ – Nangrimsan ④ ㉣ – Hallasan

문 8. 〈보기〉는 황진이가 지은 시조이다. 빈칸에 들어갈 알맞은 낱말끼리 짝 지은 것은?

〈보기〉

冬至ㅅ둘 기나긴 밤을 한 (㉠)를 버혀 내여
(㉡) 니불 아레 서리서리 너헛다가
어론 님 오신 날 밤이여든 구뷔구뷔 펴리라.

	㉠	㉡
①	허리	春風
②	허리	秋風
③	머리	春風
④	머리	秋風

문 9. 다음 중 띄어쓰기가 옳지 않은 것은?

① 불이 꺼져 간다.
② 그 사람은 잘 아는척한다.
③ 강물에 떠내려 가 버렸다.
④ 그가 올 듯도 하다.

문 10. 맞춤법 사용이 올바르지 않은 것으로만 묶인 것은?

① 웃어른, 사흗날, 베갯잇
② 닐리리, 남존녀비, 혜택
③ 적잖은, 생각건대, 하마터면
④ 홑몸, 밋밋하다, 선율

문 11. 〈보기〉의 설명에 따라 올바르게 표기된 경우가 아닌 것은?

〈보기〉

- 어간의 끝음절 '하'의 'ㅏ'가 줄고 'ㅎ'이 다음 음절의 첫 소리와 어울려 거센소리로 될 적에는 거센소리로 적는다.
- 어간의 끝음절 '하'가 아주 줄 적에는 준 대로 적는다.

① 섭섭지 ② 흔타
③ 익숙치 ④ 정결타

문 12. 〈보기 1〉의 사례와 〈보기 2〉의 언어 특성이 가장 잘못 짝지어진 것은?

〈보기 1〉

(가) '방송(放送)'은 '석방'에서 '보도'로 의미가 변하였다.
(나) '밥'이라는 의미의 말소리 [밥]을 내 마음대로 [법]으로 바꾸면 다른 사람들은 '밥'이라는 의미로 이해할 수 없다.
(다) '종이가 찢어졌어'라는 말을 배운 아이는 '책이 찢어졌어'라는 새로운 문장을 만들어 낸다.
(라) '오늘'이라는 의미를 가진 말을 한국어에서는 '오늘[오늘]', 영어에서는 'today(투데이)'라고 한다.

〈보기 2〉

㉠ 규칙성 ㉡ 역사성
㉢ 창조성 ㉣ 사회성

① (가) – ㉡ ② (나) – ㉣
③ (다) – ㉢ ④ (라) – ㉠

문 13. 〈보기〉의 밑줄 친 시어를 현대어로 옮길 때 가장 적절하지 않은 것은?

〈보기〉

매운 계절의 ㉠챗죽에 갈겨
㉡마츰내 북방으로 휩쓸려오다

하늘도 그만 지쳐 끝난 고원
서리빨 칼날진 ㉢그우에서다

어데다 무릎을 꾸러야하나?
한발 ㉣재겨디딜 곳조차 없다

이러매 눈깜아 생각해볼밖에
겨울은 강철로된 무지갠가보다

– 이육사, 「절정」 –

① ㉠: 채찍 ② ㉡: 마침내
③ ㉢: 그 위 ④ ㉣: 재껴 디딜

문 14. 밑줄 친 부분의 품사가 다른 하나는?

① 옷 색깔이 아주 밝구나!
② 이 분야는 전망이 아주 밝단다.
③ 내일 날이 밝는 대로 떠나겠다.
④ 그는 예의가 밝은 사람이다.

문 15. 〈보기〉의 ( ) 안에 들어갈 가장 알맞은 말을 차례로 나열한 것은?

〈보기〉

지난여름 작가 회의에서 북한 동포 돕기 시 낭송회를 한 적이 있다. 시인들만 참석하는 줄 알았더니 각계 원로들도 자기가 평소에 애송하던 시를 낭송하는 순서가 있다고, 나한테도 한 편 낭송해 달라고 했다. 내가 (㉠) 소리를 듣게 된 것이 당혹스러웠지만, 북한 돕기라는 데 핑계를 둘러대고 빠질 만큼 빤질빤질하지는 못했나 보다. 하겠다고 했다. 그러나 거역할 수 없는 명분보다 더 중요한 것은 (㉡) 아니었을까. 그 무렵 나는 김용택의 「그 여자네 집」이라는 시에 사로잡혀 있었다. 김용택은 내가 좋아하는 시인 중의 한 사람일 뿐 가장 좋아하는 시인이라고는 말 못 하겠다. 마찬가지로 「그 여자네 집」이 그의 많은 시 중 빼어난 시인지 아닌지도 잘 모르겠다.

	㉠	㉡
①	원로	낭송하고 싶은 시가 있었다는 게
②	아쉬운	서로가 만족하게 될 실리가
③	시인	잠깐의 수고로 동포를 도울 수 있다는 것이
④	입에 발린	원로들에 대한 예의가

문 16. 〈보기〉의 밑줄 친 어휘들 가운데 문맥적 의미가 다른 하나는?

〈보기〉

불문곡직하는 직설은 사람을 찌른다. 깜짝 놀라게 해서 제압하는 방식이다. 거기 비해 완곡함은 뜸을 들이면서 에두른다. 듣고 읽는 이가 비켜갈 틈을 준다. 그렇다고 완곡함이 곡필인 것도 아니다. 잘못된 길로 접어들도록 하는 게 아니라 화자와 독자의 교행이 이루어지는 공간을 준다. 곱씹어 볼 말이 사라지고 상상의 여지를 박탈하는 글이 군림하는 세상은 살풍경하다. 말과 글이 세상을 따라갈진대 세상을 갈아엎지 않고 말과 글이 세상과 함께 아름답기는 난망한 일인가. 아마 아닐 것이다. 막힐수록 옛것을 더듬으라고 했다. 물태와 인정이 극으로 나뉘는 세상에서 다산은 선인들이 왜 산을 바라보며 즐기되 그 흥취의 반을 항상 남겨 두는지 궁금했다. 그는 미인을 만났던 사람이 적어 놓은 글에서 그 까닭을 발견했다. 그가 본 글은 이러했다. '얼굴은 아름다웠으나 그 자태는 기록하지 않았다.'

① 틈 ② 공간
③ 여지 ④ 세상

문 17. 〈보기〉의 소설에 대한 설명으로 가장 적절하지 않은 것은?

〈보기〉

"혼자 있기가 싫습니다."라고 아저씨가 중얼거렸다.
"혼자 주무시는 게 편하실 거예요." 안이 말했다.
우리는 복도에서 헤어져서 사환이 지적해 준, 나란히 붙은 방 세 개에 각각 한 사람씩 들어갔다.
"화투라도 사다가 놉시다." 헤어지기 전에 내가 말했지만, "난 아주 피곤합니다. 하시고 싶으면 두 분이나 하세요."라고 안은 말하고 나서 자기의 방으로 들어가 버렸다.
"나도 피곤해 죽겠습니다. 안녕히 주무세요."라고 나는 아저씨에게 말하고 나서 내 방으로 들어갔다. 숙박계엔 거짓 이름, 거짓 주소, 거짓 나이, 거짓 직업을 쓰고 나서 사환이 가져다 놓은 자리끼를 마시고 나는 이불을 뒤집어썼다. 나는 꿈도 안 꾸고 잘 잤다.
다음날 아침 일찍이 안이 나를 깨웠다.

① 물화된 도시의 삶이 만든 비정함, 절망감, 권태 등이 바탕에 깔려 있다.
② 주인공들은 자기 지위나 이름을 버린 익명적 존재로 기호화되어 있다.
③ 잠은 현실을 초월한 삶에 대한 강렬한 동경을 환기하는 매개체다.
④ 화투는 절망과 권태를 견디는 의미 없는 놀이의 상징으로 볼 수 있다.

문 18. 〈보기〉의 밑줄 친 부분과 가장 가까운 내용을 담은 시조는?

〈보기〉

성현의 경전을 읽고 자기를 돌이켜 보아서 환히 이해되지 않는 것이 있거든 모름지기 성현이 준 가르침이란 반드시 사람이 알 수 있고 행할 수도 있는 것에 대하여 말한 것임을 생각하라. 성현의 말과 나의 소견이 다르다면 이것은 내가 힘쓴 노력이 철저하지 못한 까닭이다. 성현이 어찌 알기 어렵고 행하기 어려운 것으로 나를 속이겠는가? 성현의 말을 더욱 믿어서 딴 생각이 없이 간절히 찾으면 장차 얻는 바가 있을 것이다.

① 십년 ᄀᆞ온 칼이 갑리(匣裏)에 우ᄂᆞ미라.
관산(關山)을 ᄇᆞ라보며 ᄢᅢᄢᅢ로 ᄆᆞ져 보니
장부(丈夫)의 위국공훈(爲國功勳)을 어ᄂᆡ ᄢᅢ에 드리올고.
② 구곡(九曲)은 어드ᄆᆡ고 문산(文山)에 세모(歲暮)커다.
기암괴석(奇巖怪石)이 눈속에 뭇쳣세라.
유인(遊人)은 오지 안이ᄒᆞ고 볼썻업다 ᄒᆞ드라.
③ 강호(江湖)에 겨월이 드니 눈 기픠 자히 남다.
삿갓 빗기 쓰고 누역으로 오슬 삼아,
이 몸이 칩지 아니히옴도 역군은(亦君恩)이샷다.
④ 고인(古人)도 날 못 보고 나도 고인 못 뵈.
고인을 못 봐도 녀ᄃᆞᆫ 길 알픠 잇ᄂᆡ.
녀ᄃᆞᆫ 길 알픠 잇거든 아니 녀고 엇졀고.

문 19. 밑줄 친 부분이 〈보기〉의 ㉠ '쇠항아리'와 의미가 통하는 시어로 가장 적절한 것은?

〈보기〉

누가 하늘을 보았다 하는가
누가 구름 한 송이 없이 맑은
하늘을 보았다 하는가.

네가 본 건, 먹구름
그걸 하늘로 알고
일생을 살아갔다.

네가 본 건, 지붕 덮은
㉠쇠항아리,
그걸 하늘로 알고
일생을 살아갔다.

닦아라, 사람들아
네 마음속 구름
찢어라, 사람들아,
네 머리 덮은 쇠항아리.

– 신동엽, 「누가 하늘을 보았다 하는가」 中 –

① 조국아 / 한번도 우리는 우리의 심장 / 남의 발톱에 주어본 적 / 없었나니 (「조국」 中)
② 아사달과 아사녀가 / 중립의 초례청 앞에 서서 / 부끄럼 빛내며 / 맞절할지니 (「껍데기는 가라」 中)
③ 꽃피는 반도는 / 남에서 북쪽 끝까지 / 완충지대 (「술을 많이 마시고 잔 어젯밤은」 中)
④ 마을 사람들은 되나 안 되나 쑥덕거렸다. / 봄은 발병 났다커니 / 봄은 위독하다커니 (「봄의 소식」 中)

문 20. 밑줄 친 부분의 발음이 현행 표준 발음법에서 표준 발음으로 인정되지 않는 것은? (단, ':'은 장모음 표시임.)

① 비가 많이 내려서 물난리가 났다. – 물난리[물랄리]
② 그는 줄곧 신문만 읽고 있었다. – 신문[심문]
③ 겨울에는 보리를 밟는다. – 밟는다[밤:는다]
④ 날씨가 벌써 한여름과 같다. – 한여름[한녀름]

해설편 ▶ P.95

2018 6월 23일 시행 서울시 9급

| 풀이 시간: ____:____ ~ ____:____ / 점수: ____점

문 1. 표준어끼리 묶인 것으로 가장 옳지 않은 것은?

① 등물, 남사스럽다, 쌉싸름하다, 복숭아뼈
② 까탈스럽다, 걸판지다, 주책이다, 겉울음
③ 찰지다, 잎새, 꼬리연, 푸르르다
④ 개발새발, 이쁘다, 덩쿨, 마실

문 2. 문장쓰기 어법이 가장 옳은 것은?

① 한국 정부는 독도 영유권 문제에 대하여 일본에 강력히 항의하였다.
② 경쟁력 강화와 생산성의 향상을 위해 경영 혁신이 요구되어지고 있다.
③ 이것은 아직도 한국 사회가 무사안일주의를 벗어나지 못했다는 생각이 든다.
④ 냉정하게 전력을 평가해 봐도 한국이 자력으로 16강 티켓 가능성은 높은 편이다.

문 3. 6·25 전쟁과 가장 거리가 먼 소설은?

① 손창섭, 「비오는 날」
② 박경리, 「토지」
③ 장용학, 「요한시집」
④ 박완서, 「엄마의 말뚝」

문 4. '권력의 무상함'을 나타내는 속담으로 가장 옳지 않은 것은?

① 달도 차면 기운다
② 열흘 붉은 꽃이 없다
③ 물도 가다 구비를 친다
④ 꽃이 시들면 오던 나비도 안 온다

문 5. 〈보기〉에 대한 설명으로 가장 옳은 것은?

〈보기〉

내가 어렸을 때만 하더라도 미국의 어린이들은 원래 북아메리카에는 100만 명가량의 인디언밖에 없었다고 배웠다. 이렇게 적은 수라면 거의 빈 대륙이라고 할 수 있으므로 백인들의 정복을 정당화하는 데 유용했다. 그러나 고고학적인 발굴과 미국의 해안 지방을 처음 밟은 유럽인 탐험가들의 기록을 자세히 검토한 결과 인디언들이 처음에는 약 2,000만 명에 달했다는 것을 알게 되었다. 신세계 전체를 놓고 보았을 때 콜럼버스가 도착한 이후 한두 세기에 걸쳐 인디언의 인구는 최대 95%가 감소했을 것으로 추정된다.

인디언들이 죽은 주된 요인은 구세계의 병원균이었다. 인디언들은 그런 질병에 노출된 적이 없었으므로 면역성이나 유전적인 저항력이 전혀 없었다. 살인적인 질병의 1위 자리를 놓고 다투었던 것은 천연두, 홍역, 인플루엔자, 발진티푸스 등이었고, 그것으로도 충분하지 않다는 듯 디프테리아, 말라리아, 볼거리, 백일해, 페스트, 결핵, 황열병 등이 그 뒤를 바싹 따랐다. 병원균이 보인 파괴력을 백인들이 직접 목격한 경우도 헤아릴 수 없이 많았다. 1837년 대평원에서 가장 정교한 문화를 가지고 있던 만단족 인디언들은 세인트루이스에서 미주리강을 타고 거슬러 올라온 한 척의 증기선 때문에 천연두에 걸렸다. 만단족의 한 마을은 몇 주 사이에 인구 2,000명에서 40명으로 곤두박질쳤다.

– 재레드 다이아몬드, 「총·균·쇠」 중에서 –

① 유럽은 신세계였고, 아메리카는 구세계였다.
② 인디언들은 구세계의 병원균에 대한 면역성이 없었다.
③ 만단족 인디언들의 인구 감소는 백인들의 무기 때문이었다.
④ 콜럼버스 이전에 북아메리카에는 100만 명가량의 인디언이 있었다.

문 6. 〈보기〉의 괄호에 알맞은 한자 성어는?

〈보기〉

일을 하다 보면 균형과 절제가 필요하다는 것을 알게 된다. 일의 수행 과정에서 부분적 잘못을 바로잡으려다 정작 일 자체를 뒤엎어 버리는 경우가 왕왕 발생하기 때문이다. 흔히 속담에 "빈대 잡으려다 초가삼간 태운다"는 말은 여기에 해당할 것이다. 따라서 부분적 결점을 바로잡으려다 본질을 해치는 (   )의 어리석음을 저질러서는 안 된다.

① 개과불린(改過不吝)
② 경거망동(輕擧妄動)
③ 교각살우(矯角殺牛)
④ 부화뇌동(附和雷同)

문 7. 〈보기〉의 단어에 공통으로 적용된 음운 변동은?

〈보기〉

- 꽃내음[꼰내음]
- 바깥일[바깐닐]
- 학력[항녁]

① 중화 ② 첨가
③ 비음화 ④ 유음화

문 8. 밑줄 친 단어의 품사로 가장 옳지 않은 것은?

① 나도 참을 만큼 참았다. 〈의존 명사〉
나도 그 사람만큼 할 수 있다. 〈조사〉
② 오늘은 바람이 아니 분다. 〈부사〉
아니, 이럴 수가 있단 말인가? 〈감탄사〉
③ 그 아이는 열을 배우면 백을 안다. 〈명사〉
열 사람이 백 말을 한다. 〈관형사〉
④ 그는 이지적이다. 〈명사〉
그는 이지적 인간이다. 〈관형사〉

문 9. 1960년대 한국 문학의 특징으로 가장 옳지 않은 것은?

① 전후 문학의 한계에 대한 극복이 주요한 과제로 제기되었다.
② 4·19 혁명의 영향으로 현실 비판 문학이 가능하게 되었다.
③ 참여 문학과 순수 문학 진영 간의 논쟁이 발생하였다.
④ 민족 문학과 민중 문학에 대한 논의가 활발히 전개되었다.

문 10. 〈보기〉에서 밑줄 친 부분의 발음으로 가장 옳지 않은 것은?

〈보기〉

손자: 할아버지, 여기 있는 ㉠밭을 우리가 다 매야 해요?
할아버지: 응, 이 ㉡밭만 매면 돼.
손자: 이 ㉢밭 모두요?
할아버지: 왜? ㉣밭이 너무 넓으니?

① ㉠: [바슬] ② ㉡: [반만]
③ ㉢: [받] ④ ㉣: [바치]

문 11. 〈보기〉의 비판 대상으로 가장 옳지 않은 것은?

〈보기〉

폴 매카트니는 도축장의 벽이 유리로 되어 있다면 모든 사람이 채식주의자가 될 거라고 말한 적이 있다. 우리가 식육 생산의 실상을 안다면 계속해서 동물을 먹을 수 없으리라고 그는 믿었다. 그러나 어느 수준에서는 우리도 진실을 알고 있다. 식육 생산이 깔끔하지도 유쾌하지도 않은 사업이라는 것을 안다. 다만 그게 어느 정도인지는 알고 싶지 않다. 고기가 동물에게서 나오는 줄은 알지만 동물이 고기가 되기까지의 단계들에 대해서는 짚어 보려 하지 않는다. 그리고 동물을 먹으면서 그 행위가 선택의 결과라는 사실조차 생각하려 들지 않는 수가 많다. 이처럼 우리가 어느 수준에서는 불편한 진실을 의식하지만 동시에 다른 수준에서는 의식을 못하는 일이 가능할 뿐 아니라 불가피하도록 조직되어 있는 게 바로 폭력적 이데올로기다.

① 채식주의자 ② 식육 생산의 실상
③ 동물을 먹는 행위 ④ 폭력적 이데올로기

문 12. 나이와 한자어가 바르게 연결된 것은?

① 62세 – 화갑(華甲) ② 77세 – 희수(喜壽)
③ 88세 – 백수(白壽) ④ 99세 – 미수(米壽)

문 13. 맞춤법 표기가 가장 옳은 것은?

① 이렇게 하면 되?
② 이번에는 꼭 합격할께요.
③ 서로 도우고 사는 게 좋다.
④ 그 사람은 제가 잘 압니다.

문 14. 밑줄 친 단어의 품사가 다른 하나는?

① 그곳에서 갖은 고생을 다 겪었다.
② 우리가 찾던 것이 바로 이것이구나.
③ 인천으로 갔다. 그리고 배를 탔다.
④ 아기가 방글방글 웃는다.

문 15. 띄어쓰기가 가장 옳은 것은?

① 창조적 독해가 현실적인 문제 해결 방안으로 활용될 수 밖에 없다.
② 사소한 오해로 철수가 나하고 사이가 멀어졌다.
③ 아는 체하는 걸 보니 공부 깨나 했나 보다.
④ 동해로 가는김에 평창에도 들렀다 가자.

문 16. 〈보기〉에 나타난 작품 감상의 관점으로 가장 옳은 것은?

〈보기〉

나는 지금도 이광수의 「무정」 작품을 읽으면 가슴이 뜨거워지는 것을 느껴. 특히 결말 부분에서 주인공 이형식이 "옳습니다. 우리가 해야지요! 우리가 공부하러 가는 뜻이 여기 있습니다. 우리가 지금 차를 타고 가는 돈이며 가서 공부할 학비를 누가 주나요? 조선이 주는 것입니다. 왜? 가서 힘을 얻어 오라고, 지식을 얻어 오라고, 문명을 얻어 오라고 …… 그리해서 새로운 문명 위에 튼튼한 생활의 기초를 세워 달라고 …… 이러한 뜻이 아닙니까?"라고 부르짖는 부분에 가면 금방 내 가슴도 울렁거려 나도 모르게 "네, 네, 네"라고 대답하고 싶단 말이야. 이 작품은 이 소설이 나왔던 1910년대 독자들의 가슴만이 아니라 아직 강대국에 싸여 있는 21세기 우리 시대 독자들에게도 조국을 생각하는 마음에 큰 감동을 주고 있다고 생각해.

① 반영론적 관점 ② 효용론적 관점
③ 표현론적 관점 ④ 객관론적 관점

문 17. '본용언 + 보조 용언' 구성이 아닌 것은?

① 영수는 쓰레기를 주워서 버렸다.
② 모르는 사람이 나를 아는 척한다.
③ 요리 맛이 어떤지 일단 먹어는 본다.
④ 우리는 공부를 할수록 더 많은 것을 알아 간다.

문 18. 〈보기〉에 대한 설명으로 가장 옳은 것은?

〈보기〉

화랑도(花郞道)란, 신라 때의 청소년들이 자신의 마음과 몸을 닦고 목숨을 바쳐 나라를 지키려는 우리 고유의 정신적 흐름을 말한다. 그리고 이를 실천하기 위하여 조직된 단체를 화랑도(花郞徒)라 한다. 그 사회의 중심인물이 되기 위하여 마음과 몸을 단련하고, 올바른 사회생활의 규범을 익히며, 나라가 어려운 시기에 처할 때 싸움터에서 목숨을 바치려는 기풍은 고구려나 백제에도 있었지만, 특히 신라에서 가장 활발하였다.

– 변태섭, 「화랑도」 중에서 –

① 용어 정의를 통해 독자의 이해를 돕고 있다.
② 자신의 체험담을 제시하여 독자의 이해를 돕고 있다.
③ 반론을 위한 전제를 제시하여 독자의 이해를 돕고 있다.
④ 통계적 사실이나 사례 제시를 통해 독자의 이해를 돕고 있다.

문 19. 〈보기〉의 시조를 이해한 내용으로 가장 옳지 않은 것은?

〈보기〉

가노라 ㉠三角山아 다시 보쟈 ㉡漢江水야
㉢故國山川을 떠나고쟈 ᄒᆞ랴마는
時節이 하 ㉣殊常ᄒᆞ니 올동 말동 ᄒᆞ여라

– 김상헌 –

① ㉠의 다른 명칭은 '인왕산'이다.
② ㉡은 여전히 사용하는 명칭이다.
③ ㉢의 당시 국호는 '조선'이다.
④ ㉣은 병자호란 직후의 상황을 뜻한다.

문 20. 〈보기〉는 어떤 소설의 마지막 부분이다. 괄호 안에 들어갈 소설 속 지명은?

〈보기〉

그러나 나는 돌아서서 전보의 눈을 피하여 편지를 썼다. '갑자기 떠나게 되었습니다. 찾아가서 말로써 오늘 제가 먼저 가는 것을 알리고 싶었습니다만 대화란 항상 의외의 방향으로 나가 버리기를 좋아하기 때문에 이렇게 글로써 알리는 바입니다. 간단히 쓰겠습니다. 사랑하고 있습니다. 왜냐하면 당신은 제 자신이기 때문에 적어도 제가 어렴풋이나마 사랑하고 있는 옛날의 저의 모습이기 때문입니다. 저는 옛날의 저를 오늘의 저로 끌어다 놓기 위하여 갖은 노력을 다하였듯이 당신을 햇볕 속으로 끌어 놓기 위하여 있는 힘을 다할 작정입니다. 저를 믿어 주십시오. 그리고 서울에서 준비가 되는 대로 소식 드리면 당신은 (　　　)을/를 떠나서 제게 와 주십시오. 우리는 아마 행복할 수 있을 것입니다.' 쓰고 나서 다시 나는 그 편지를 읽어 봤다. 또 한번 읽어 봤다. 그리고 찢어 버렸다.

덜컹거리며 달리는 버스 속에 앉아서 나는 어디쯤에선가 길가에 세워진 하얀 팻말을 보았다. 거기에는 선명한 검은 글씨로 '당신은 (　　　)읍을 떠나고 있습니다. 안녕히 가십시오'라고 씌어 있었다. 나는 심한 부끄러움을 느꼈다.

① 삼포 ② 서울
③ 거제 ④ 무진

해설편 ▶ P.100

2017 6월 24일 시행 서울시 9급

| 풀이 시간: ____:____ ~ ____:____ / 점수: ____점

문 1. 다음 중 제시된 단어의 표준 발음과 로마자 표기가 모두 옳은 것은?

① 선릉[선능] – Seonneung
② 학여울[항녀울] – Hangnyeoul
③ 낙동강[낙똥강] – Nakddonggang
④ 집현전[지편전] – Jipyeonjeon

문 2. 다음 밑줄 친 부분 중 한글 맞춤법에 따라 바르게 표기된 것은?

① 방학 동안 몸이 부는 바람에 작년에 산 옷이 맞지 않았다.
② 넉넉치 않은 형편에도 불구하고 도움을 주셔서 감사합니다.
③ 오늘 뒤풀이는 길 건너에 있는 맥줏집에서 하도록 하겠습니다.
④ 한문을 한글로 풀이한 이 책은 중세 국어의 자료로써 가치가 있다.

문 3. 다음 중 국어의 역사에 대한 설명으로 옳은 것은?

① 띄어쓰기는 1933년 한글 맞춤법 통일안에서 규범화되었다.
② 주격 조사 '가'는 고대 국어에서부터 등장한다.
③ 'ㆍ'는 17세기 이후의 문헌에서부터 나타나지 않는다.
④ 'ㅸ'은 15세기 중반까지 사용되다가 'ㅃ'으로 변하였다.

문 4. 다음 문장들을 두괄식 문단으로 구성하고자 할 때, 문맥상 가장 먼저 와야 할 문장은?

㉠신라의 진평왕 때 눌최는 백제국의 공격을 받았을 때 병졸들에게, "봄날 온화한 기운에는 초목이 모두 번성하지만 겨울의 추위가 닥쳐오면 소나무와 잣나무는 늦도록 잎이 지지 않는다. ㉡이제 외로운 성은 원군도 없고 날로 더욱 위태로우니, 이것은 진실로 지사·의부가 절개를 다하고 이름을 드러낼 때이다."라고 훈시하였으며 분전하다가 죽었다. ㉢선비 정신은 의리 정신으로 표현되는 데서 그 강인성이 드러난다. ㉣죽죽(竹竹)도 대야성에서 백제 군사에 의하여 성이 함락될 때까지 항전하다가 항복을 권유받자, "나의 아버지가 나에게 죽죽이라 이름 지어 준 것은 내가 추운 겨울에도 잎이 지지 않으며 부러질지언정 굽힐 수 없도록 하려는 것이었다. 어찌 죽음을 두려워하여 살아서 항복할 수 있겠는가."라고 결의를 밝혔다.

① ㉠ ② ㉡ ③ ㉢ ④ ㉣

문 5. 다음 중 〈보기〉의 시에 대한 감상으로 가장 적절한 것은?

〈보기〉

계절이 지나가는 하늘에는
가을로 가득 차 있습니다.

나는 아무 걱정도 없이
가을 속의 별들을 다 헤일 듯합니다.

가슴 속에 하나 둘 새겨지는 별을
이제 다 못 헤는 것은
쉬이 아침이 오는 까닭이요,
내일 밤이 남은 까닭이요,
아직 나의 청춘이 다하지 않은 까닭입니다.

별 하나에 추억과 / 별 하나에 사랑과
별 하나에 쓸쓸함과 / 별 하나에 동경과
별 하나에 시와 / 별 하나에 어머니, 어머니

① 화자는 어린 시절 친구들을 청자로 설정하여 내면을 고백하고 있다.
② 화자의 내면과 갈등 관계에 있는 현실에 비판적 시각을 드러내고 있다.
③ 별은 시적 화자가 지향하는 내적 세계를 나타낸다.
④ 별은 현실 상황의 변화를 바라는 화자의 현실적 욕망을 상징한다.

문 6. 다음 중 반의 관계의 성격이 다른 하나는?

① 살다 – 죽다 ② 높다 – 낮다
③ 늙다 – 젊다 ④ 뜨겁다 – 차갑다

문 7. 다음 〈보기〉에 제시된 단어들과 단어 형성 원리가 같은 것은?

〈보기〉

개살구, 헛웃음, 낚시질, 지우개

① 건어물(乾魚物) ② 금지곡(禁止曲)
③ 한자음(漢字音) ④ 핵폭발(核爆發)

문 8. 다음 중 한글 창제 당시 초성 17자에 포함되지 않는 글자가 쓰인 것은?

① 님금 ② 늣거사
③ 바올 ④ 가비야븐

문 9. 다음 예문과 같은 유형의 논리적 오류가 나타난 것은?

> 이 식당은 요즘 SNS에서 굉장히 뜨고 있어. 그러니까 엄청 맛있을 거야.

① 이 식당 음식을 꼭 먹어 보도록 해. 만나는 사람들마다 이 집 이야기를 하는 걸 보니 맛이 괜찮은가 봐.
② 누구도 이 식당이 맛없다고 말한 사람은 없어. 그러니까 엄청 맛있는 집이란 소리지.
③ 여기는 유명한 개그맨이 맛있다고 한 식당이니까 당연히 맛있겠지. 그러니까 꼭 여기서 먹어야 해.
④ 이번에는 이 식당에서 밥을 먹자. 내가 얼마나 여기서 먹어 보고 싶었는지 몰라. 꼭 한번 오게 되기를 간절하게 바랐어.

문 10. 다음 글에 나타난 서술자에 대한 설명으로 가장 옳은 것은?

> 내 이상과 계획은 이렇거든요.
> 우리집 다이쇼*가 나를 자별히 귀애하고 신용을 하니까 인제 한 십 년만 더 있으면 한밑천 들여서 따로 장사를 시켜 줄 그런 눈치거든요.
> 그러거들랑 그것을 언덕삼아 가지고 나는 삼십 년 동안 예순 살 환갑까지만 장사를 해서 꼭 십만 원을 모을 작정이지요. 십만 원이면 죄선* 부자로 쳐도 천석꾼이니, 뭐 떵떵거리고 살 게 아니라구요?
> 그리고 우리 다이쇼도 한 말이 있고 하니까, 나는 내지인* 규수한테로 장가를 들래요. 다이쇼가 다 알아서 얌전한 자리를 골라 중매까지 서 준다고 그랬어요. 내지 여자가 참 좋지요.
> 나는 죄선 여자는 거저 주어도 싫어요.
> 구식 여자는 얌전은 해도 무식해서 내지인하고 교제하는 데 안됐고, 신식 여자는 식자나 들었다는 게 건방져서 못쓰고, 도무지 그래서 죄선 여자는 신식이고 구식이고 다 제바리여요.
> 내지 여자가 참 좋지 뭐. 인물이 개개 일자로 이쁘겠다, 얌전하겠다, 상냥하겠다, 지식이 있어도 건방지지 않겠다, 좀이나 좋아!
> 그리고 내지 여자한테 장가만 드는 게 아니라 성명도 내지인 성명으로 갈고 집도 내지인 집에서 살고 옷도 내지 옷을 입고 밥도 내지식으로 먹고 아이들도 내지인 이름을 지어서 내지인 학교에 보내고…….
> 내지인 학교라야지 죄선 학교는 너절해서 아이들 버려 놓기나 꼭 알맞지요.
> 그리고 나도 죄선말은 싹 걷어치우고 국어만 쓰고요.
> 이렇게 다 생활법식부터도 내지인처럼 해야만 돈도 내지인처럼 잘 모으게 되거든요.
>
> * 다이쇼: 주인. * 죄선: 조선. * 내지인: 일본인.

① 서술자가 내지인을 비판함으로써 자기 주장을 강화하고 있다.
② 서술자가 전지적 존재로서 인물과 사건을 모두 조망할 수 있다.
③ 서술자가 작품 속에 등장하는 다른 인물의 내면을 추리하고 있다.
④ 서술자가 신뢰할 수 없는 존재로서, 독자로 하여금 서술자를 비판적으로 바라보게 한다.

문 11. 다음 〈보기〉의 속담과 가장 관련이 깊은 말은?

> 〈보기〉
> ㉠ 가물에 도랑 친다
> ㉡ 까마귀 미역 감듯

① 헛수고 ② 분주함
③ 성급함 ④ 뒷고생

문 12. 다음 중 한자어와 독음이 바르게 연결된 것은?

① 陶冶 – 도치 ② 改悛 – 개전
③ 殺到 – 살도 ④ 汨沒 – 일몰

문 13. 다음 〈보기〉 중 띄어쓰기가 옳은 것은?

> 〈보기〉
> ㉠창 밖은 가을이다. 남쪽으로 난 창으로 햇빛은 하루하루 깊이 안을 넘본다. 창가에 놓인 우단 의자는 부드러운 잿빛이다. 그러나 손으로 ㉡우단천을 결과 반대 방향으로 쓸면 슬쩍 녹둣빛이 돈다. 처음엔 짙은 쑥색이었다. 그 의자는 아무짝에도 쓸모가 없다. ㉢30년 동안을 같은 자리에서 움직이지 않은 채 하는 일이라곤 햇볕에 자신의 몸을 잿빛으로 바래는 ㉣일 밖에 없다.

① ㉠ ② ㉡ ③ ㉢ ④ ㉣

문 14. 다음 〈보기〉의 ㉠ ~ ㉣ 중 주어가 다른 하나는?

> 〈보기〉
> 진찰의 첫 단계로 임상심리 검사를 시작해 보니 환자의 증세가 참으로 특이하더군요. 도대체 이야기를 하지 않으려는 진술 거부증이 있었어요. 그리고 아까 말씀대로 터무니없이 불안해하거나 자기 생각을 거짓말로 슬슬 ㉠속여넘기려고 한단 말입니다. 그러면서 덮어놓고 자기의 머리가 이상해진 게 틀림없다고 고집이지 뭡니까. 아니 거짓말을 하거나 불안해하는 것도 모두 그렇게 자기의 머리가 이상해진 것을 확인시키려는 노력에서 ㉡그러는 것 같았어요. 하지만 우리도 물론 나중까지 환자의 이름이나 주소를 받아 놓지 않은 건 아니었지요. 한데 나중에 보호자 ㉢연락을 취해 보니 그것도 모두가 거짓말이었단 말입니다. 그런 주소에 그런 사람이 살고 있지 않다는 거예요. 환자에게 다시 진짜를 대 보라고 했지만 어디 대답이 쉽습니까. 게다가 이 환자는 소지품 중에서 자신의 신분이 드러날 만한 것을 ㉣지니고 있지 않았어요.

① ㉠ ② ㉡ ③ ㉢ ④ ㉣

문 15. 다음 예문에 제시된 시사(詩史)의 전개가 순서에 맞게 배열된 것은?

> ㉠ 농민의 애환을 다룬 신경림의 「농무」를 비롯하여, 고은이나 김지하 등 참여 시인들의 작품은 현실에 저항하는 문학의 실천성을 보여 주었다.
> ㉡ 한용운의 시집 『님의 침묵』이 출간되어 이 시기를 대표하는 시인으로 떠올랐고, 다른 한편으로는 조선 프롤레타리아 예술가 동맹(KAPF)이 결성되어 리얼리즘 계열의 시가 창작되기도 했다.
> ㉢ 전쟁에 참여한 시인들은 선전 선동시 등을 창작하기도 했으나 구상의 「초토의 시」처럼 황폐화된 국토의 모습을 통해 전쟁이 남긴 비극을 그려 내는 작품들이 나타났다.
> ㉣ 모더니즘 시운동을 선도한 시인들이 도시적 감수성을 세련된 기교로 노래했다. 김기림은 장시 「기상도」를 통해 현대 문명을 비판했다.

① ㉡ – ㉣ – ㉠ – ㉢ ② ㉡ – ㉣ – ㉢ – ㉠
③ ㉣ – ㉡ – ㉠ – ㉢ ④ ㉣ – ㉡ – ㉢ – ㉠

문 16. 다음 중 단어의 뜻풀이가 옳지 않은 것은?

① 가닐대다 – 벌레가 기어가는 것처럼 살갗에 간지럽고 자릿한 느낌이 자꾸 들다.
② 굼적대다 – 느리고 폭이 넓게 자꾸 물결치다.
③ 꼬약대다 – 음식 따위를 한꺼번에 입에 많이 넣고 잇따라 조금씩 씹다.
④ 끌끌대다 – 마음에 마땅찮아 혀를 차는 소리를 자꾸 내다.

문 17. 다음 밑줄 친 단어의 한자어로 적합한 것은?

> 토의는 최적의 해결 방안을 선택하기 위한 공동의 사고 과정이다. 이 과정이 효율적으로 진행되기 위해서는 공동체가 해결해야 할 문제와 문제의 원인을 인식하고 가능한 대안들을 도출해야 한다. 그리고 대안의 선택에 필요한 판단 준거를 토대로 대안을 분석해 최적의 대안을 선택해야 한다.

① 토의 – 討義 ② 사고 – 思考
③ 선택 – 先擇 ④ 준거 – 準擧

문 18. 음운 현상은 변동의 양상에 따라 크게 다섯 가지로 구분된다. 다음 중 음운 현상의 유형이 나머지 셋과 가장 다른 하나는?

> ㉠ 대치 – 한 음소가 다른 음소로 바뀌는 음운 현상
> ㉡ 탈락 – 한 음소가 없어지는 음운 현상
> ㉢ 첨가 – 없던 음소가 새로 끼어드는 음운 현상
> ㉣ 축약 – 두 음소가 합쳐져 다른 음소로 바뀌는 음운 현상
> ㉤ 도치 – 두 음소가 서로 자리를 바꾸는 음운 현상

① 국 + 만 → [궁만] ② 물 + 난리 → [물랄리]
③ 입 + 고 → [입꼬] ④ 한 + 여름 → [한녀름]

문 19. 문맥상 다음 ㉠에 들어갈 문장으로 가장 적절한 것은?

> 인간의 역사가 발전과 변화의 가능성을 내포하고 있는 반면, 자연사는 무한한 반복 속에서 반복을 반복할 뿐이다. 그런데 마르크스는 「1844년의 경제학 철학 수고」 말미에, "역사는 인간의 진정한 자연사이다"라고 적은 바 있다. 또한 인간의 활동에 대립과 통일이 있듯이, 자연의 내부에서도 대립과 통일은 존재한다. (㉠) 마르크스의 진의(眞意) 또한 인간의 역사와 자연사의 변증법적 지양과 일여(一如)한 합일을 지향했다는 것에 있을 것이다.

① 즉 인간과 자연은 상호 간에 필연적으로 경쟁할 수밖에 없다.
② 따라서 인간의 역사와 자연의 역사를 이분법적 대립 구도로 파악하는 것은 위험하다.
③ 즉 자연이 인간의 세계에 흡수·통합됨으로써 인간의 역사가 시작된다.
④ 그러나 인간사를 연구하는 일은 자연사를 연구하는 일보다 많은 노력이 요구된다.

문 20. 다음 〈보기〉의 글 다음에 나올 내용으로 가장 적절한 것은?

〈보기〉

> 재작년이던가 여름날에 있었던 일이다. 날씨가 화창하여 밀린 빨래를 해치웠었다. 성미가 비교적 급한 나는 빨래를 하더라도 그날로 풀을 먹여 다려야지 그렇지 않으면 찜찜해서 심기가 홀가분하지 않다. 그날도 여름 옷가지를 빨아 다리고 나서 노곤해진 몸으로 마루에 누워 쉬려던 참이었다. 팔베개를 하고 누워서 서까래 끝에 열린 하늘을 무심히 바라보고 있었다. 그러다가 모로 돌아누워 산봉우리에 눈을 주었다. 갑자기 산이 달리 보였다. 하, 이것 봐라 하고 나는 벌떡 일어나, 이번에는 가랑이 사이로 산을 내다보았다. 우리들이 어린 시절 동무들과 어울려 놀이를 하던 그런 모습으로.

① 자연 속에서 무소유의 교훈을 찾아야 한다.
② 성실한 삶의 자세를 가져야 한다.
③ 종교적 의지를 통해 현실을 초월해야 한다.
④ 틀에 박힌 고정 관념을 극복해야 한다.

해설편 ▶ P.106

에듀윌이
너를
지지할게

ENERGY

기회가 있다고 믿는 사람은 반드시 기회를 붙들고
기회가 없다고 생각하는 사람은 눈앞의 기회도 놓칩니다.

기회는 오고 가는 것이 아니라 내가 눈 뜨는 것입니다.

– 조정민, 『고난이 선물이다』, 두란노

9 급 공 무 원

공통과목 기 출 PACK

영어

기출PACK 100% 활용법

1	1초 합격예측 서비스를 활용하여 효과적으로 학습하세요! QR코드 스캔 후 모바일 OMR에 답안 입력, 자동채점결과 및 성적분석표 확인 ▶ QR코드는 회차별 시작페이지에 있어요.
2	1~2회독: 20문항을 빠짐없이 풀며 기출에 익숙해지세요! 3~5회독: 틀린 문항만 골라서 풀며 취약점을 보완하세요!
3	여러 번 사용할 수 있는 특수 OMR 카드에 마킹하며 회독하세요! ▶ 기출문제 맨 뒤에 있어요. ▶ 컴퓨터용 사인펜으로 마킹하고 지우개로 지워서 사용하세요.

국가직 9급 공개경쟁채용 필기시험

응 시 번 호	
성 명	

문 제 책 형

【시 험 과 목】

제1과목	국 어	제2과목	영 어	제3과목	한 국 사
제4·5과목	행정법총론, 행정학개론				

응시자 주의사항

1. **시험 시작 전**에 시험문제를 열람하는 행위나 **시험 종료 후** 답안을 작성하는 행위를 한 사람은 「지방공무원 임용령」 제65조 등 관련 법령에 의거 **부정행위자**로 처리됩니다.

2. 시험 시작 즉시 **과목편철 순서, 문제누락 여부, 인쇄상태 이상 유무 및 표지와 개별과목의 문제책형 일치 여부 등을 확인**한 후 문제책 표지에 응시번호, 성명을 기재합니다.

3. 반드시 본인의 **응시표에 인쇄된 시험과목 순서에 따라** 제4과목과 제5과목의 **답안을 표기**하여야 합니다. 과목 순서를 바꾸어 표기한 경우에도 **본인의 응시표에 기재된 과목 순서대로 채점**되므로 반드시 유의하시기 바랍니다.

4. 시험이 시작되면 문제를 주의 깊게 읽은 후, **문항의 취지에 가장 적합한 하나의 정답만을 고르며**, 문제 내용에 관한 질문은 받지 않습니다.

5. **시험시간 관리의 책임**은 전적으로 응시자 본인에게 있습니다.

eduwill

2023 4월 8일 시행 국가직 9급

| 풀이 시간: ____:____ ~ ____:____ / 점수: ____점

1초 합격예측! 모바일 성적분석표

QR 코드로 접속하여 문제 풀이시간을 측정하고, 〈1초 합격예측 & 모바일 성적분석표〉 서비스를 통해 지금 바로! 실력을 점검해 보세요.
https://eduwill.kr/p40f

※ 밑줄 친 부분의 의미와 가장 가까운 것을 고르시오. [문 1 ~ 문 4]

문 1.

> Jane wanted to have a small wedding rather than a fancy one. Thus, she planned to invite her family and a few of her intimate friends to eat delicious food and have some pleasant moments.

① nosy ② close
③ outgoing ④ considerate

문 2.

> The incessant public curiosity and consumer demand due to the health benefits with lesser cost has increased the interest in functional foods.

① rapid ② constant
③ significant ④ intermittent

문 3.

> Because of the pandemic, the company had to hold off the plan to provide the workers with various training programs.

① elaborate ② release
③ modify ④ suspend

문 4.

> The new Regional Governor said he would abide by the decision of the High Court to release the prisoner.

① accept ② report
③ postpone ④ announce

문 5. 밑줄 친 부분 중 어법상 옳지 않은 것은?

> While advances in transplant technology have made ① it possible to extend the life of individuals with end-stage organ disease, it is argued ② that the biomedical view of organ transplantation as a bounded event, which ends once a heart or kidney is successfully replaced, ③ conceal the complex and dynamic process that more ④ accurately represents the experience of receiving an organ.

문 6. 어법상 옳지 않은 것은?

① All assignments are expected to be turned in on time.
② Hardly had I closed my eyes when I began to think of her.
③ The broker recommended that she buy the stocks immediately.
④ A woman with the tip of a pencil stuck in her head has finally had it remove.

문 7. 우리말을 영어로 잘못 옮긴 것은?

① 내 고양이 나이는 그의 고양이 나이의 세 배이다.
→ My cat is three times as old as his.
② 우리는 그 일을 이번 달 말까지 끝내야 한다.
→ We have to finish the work until the end of this month.
③ 그녀는 이틀에 한 번 머리를 감는다.
→ She washes her hair every other day.
④ 너는 비가 올 경우에 대비하여 우산을 갖고 가는 게 낫겠다.
→ You had better take an umbrella in case it rains.

문 8. 다음 글의 내용과 일치하지 않는 것은?

Are you getting enough choline? Chances are, this nutrient isn't even on your radar. It's time choline gets the attention it deserves. A shocking 90 percent of Americans aren't getting enough choline, according to a recent study. Choline is essential to health at all ages and stages, and is especially critical for brain development. Why aren't we getting enough? Choline is found in many different foods but in small amounts. Plus, the foods that are rich in choline aren't the most popular: think liver, egg yolks and lima beans. Taylor Wallace, who worked on a recent analysis of choline intake in the United States, says, "There isn't enough awareness about choline even among health-care professionals because our government hasn't reviewed the data or set policies around choline since the late '90s."

① A majority of Americans are not getting enough choline.
② Choline is an essential nutrient required for brain development.
③ Foods such as liver and lima beans are good sources of choline.
④ The importance of choline has been stressed since the late '90s in the U.S.

문 9. 다음 글의 내용과 일치하는 것은?

Around 1700 there were, by some accounts, more than 2,000 London coffeehouses, occupying more premises and paying more rent than any other trade. They came to be known as penny universities, because for that price one could purchase a cup of coffee and sit for hours listening to extraordinary conversations. Each coffeehouse specialized in a different type of clientele. In one, physicians could be consulted. Others served Protestants, Puritans, Catholics, Jews, literati, merchants, traders, Whigs, Tories, army officers, actors, lawyers, or clergy. The coffeehouses provided England's first egalitarian meeting place, where a man chatted with his tablemates whether he knew them or not.

① The number of coffeehouses was smaller than that of any other business.
② Customers were not allowed to stay for more than an hour in a coffeehouse.
③ Religious people didn't get together in a coffeehouse to chat.
④ One could converse even with unknown tablemates in a coffeehouse.

※ 밑줄 친 부분에 들어갈 말로 알맞은 것을 고르시오. [문 10 ~ 문 11]

문 10.

A: I got this new skin cream from a drugstore yesterday. It is supposed to remove all wrinkles and make your skin look much younger.
B: ______________________________
A: Why don't you believe it? I've read in a few blogs that the cream really works.
B: I assume that the cream is good for your skin, but I don't think that it is possible to get rid of wrinkles or magically look younger by using a cream.
A: You are so pessimistic.
B: No, I'm just being realistic. I think you are being gullible.

① I don't buy it.
② It's too pricey.
③ I can't help you out.
④ Believe it or not, it's true.

문 11.

A: I'd like to go sightseeing downtown. Where do you think I should go?
B: I strongly suggest you visit the national art gallery.
A: Oh, that's a great idea. What else should I check out?
B: ______________________________
A: I don't have time for that. I need to meet a client at three.
B: Oh, I see. Why don't you visit the national park, then?
A: That sounds good. Thank you!

① This is the map that your client needs. Here you go.
② A guided tour to the river park. It takes all afternoon.
③ You should check it out as soon as possible.
④ The checkout time is three o'clock.

문 12. 두 사람의 대화 중 자연스럽지 않은 것은?

① A: He's finally in a hit movie!
B: Well, he's got it made.
② A: I'm getting a little tired now.
B: Let's call it a day.
③ A: The kids are going to a birthday party.
B: So, it was a piece of cake.
④ A: I wonder why he went home early yesterday.
B: I think he was under the weather.

문 13. 다음 글의 제목으로 알맞은 것은?

The feeling of being loved and the biological response it stimulates is triggered by nonverbal cues: the tone in a voice, the expression on a face, or the touch that feels just right. Nonverbal cues — rather than spoken words — make us feel that the person we are with is interested in, understands, and values us. When we're with them, we feel safe. We even see the power of nonverbal cues in the wild. After evading the chase of predators, animals often nuzzle each other as a means of stress relief. This bodily contact provides reassurance of safety and relieves stress.

① How Do Wild Animals Think and Feel?
② Communicating Effectively Is the Secret to Success
③ Nonverbal Communication Speaks Louder than Words
④ Verbal Cues: The Primary Tools for Expressing Feelings

문 14. 다음 글의 주제로 알맞은 것은?

There are times, like holidays and birthdays, when toys and gifts accumulate in a child's life. You can use these times to teach a healthy nondependency on things. Don't surround your child with toys. Instead, arrange them in baskets, have one basket out at a time, and rotate baskets occasionally. If a cherished object is put away for a time, bringing it out creates a delightful remembering and freshness of outlook. Suppose your child asks for a toy that has been put away for a while. You can direct attention toward an object or experience that is already in the environment. If you lose or break a possession, try to model a good attitude ("I appreciated it while I had it!") so that your child can begin to develop an attitude of nonattachment. If a toy of hers is broken or lost, help her to say, "I had fun with that."

① building a healthy attitude toward possessions
② learning the value of sharing toys with others
③ teaching how to arrange toys in an orderly manner
④ accepting responsibility for behaving in undesirable ways

문 15. 다음 글의 요지로 알맞은 것은?

Many parents have been misguided by the "self-esteem movement," which has told them that the way to build their children's self-esteem is to tell them how good they are at things. Unfortunately, trying to convince your children of their competence will likely fail because life has a way of telling them unequivocally how capable or incapable they really are through success and failure. Research has shown that how you praise your children has a powerful influence on their development. Some researchers found that children who were praised for their intelligence, as compared to their effort, became overly focused on results. Following a failure, these same children persisted less, showed less enjoyment, attributed their failure to a lack of ability, and performed poorly in future achievement efforts. Praising children for intelligence made them fear difficulty because they began to equate failure with stupidity.

① Frequent praises increase self-esteem of children.
② Compliments on intelligence bring about negative effect.
③ A child should overcome fear of failure through success.
④ Parents should focus on the outcome rather than the process.

문 16. 밑줄 친 부분에 들어갈 말로 알맞은 것은?

In recent years, the increased popularity of online marketing and social media sharing has boosted the need for advertising standardization for global brands. Most big marketing and advertising campaigns include a large online presence. Connected consumers can now zip easily across borders via the internet and social media, making it difficult for advertisers to roll out adapted campaigns in a controlled, orderly fashion. As a result, most global consumer brands coordinate their digital sites internationally. For example, Coca-Cola web and social media sites around the world, from Australia and Argentina to France, Romania, and Russia, are surprisingly ____________. All feature splashes of familiar Coke red, iconic Coke bottle shapes, and Coca-Cola's music and "Taste the Feeling" themes.

① experimental
② uniform
③ localized
④ diverse

문 17. 다음 글의 흐름상 어색한 문장은?

In our monthly surveys of 5,000 American workers and 500 U.S. employers, a huge shift to hybrid work is abundantly clear for office and knowledge workers. ① An emerging norm is three days a week in the office and two at home, cutting days on site by 30 % or more. You might think this cutback would bring a huge drop in the demand for office space. ② But our survey data suggests cuts in office space of 1 % to 2 % on average, implying big reductions in density not space. We can understand why. High density at the office is uncomfortable and many workers dislike crowds around their desks. ③ Most employees want to work from home on Mondays and Fridays. Discomfort with density extends to lobbies, kitchens, and especially elevators. ④ The only sure-fire way to reduce density is to cut days on site without cutting square footage as much. Discomfort with density is here to stay according to our survey evidence.

문 18. 주어진 문장이 들어갈 위치로 가장 알맞은 곳은?

They installed video cameras at places known for illegal crossings, and put live video feeds from the cameras on a Web site.

Immigration reform is a political minefield. (①) About the only aspect of immigration policy that commands broad political support is the resolve to secure the U.S. border with Mexico to limit the flow of illegal immigrants. (②) Texas sheriffs recently developed a novel use of the Internet to help them keep watch on the border. (③) Citizens who want to help monitor the border can go online and serve as "virtual Texas deputies." (④) If they see anyone trying to cross the border, they send a report to the sheriff's office, which follows up, sometimes with the help of the U.S. Border Patrol.

문 19. 주어진 글 다음에 이어질 글의 순서로 알맞은 것은?

All civilizations rely on government administration. Perhaps no civilization better exemplifies this than ancient Rome.

(A) To rule an area that large, the Romans, based in what is now central Italy, needed an effective system of government administration.
(B) Actually, the word "civilization" itself comes from the Latin word civis, meaning "citizen."
(C) Latin was the language of ancient Rome, whose territory stretched from the Mediterranean basin all the way to parts of Great Britain in the north and the Black Sea to the east.

① (A) − (B) − (C)
② (B) − (A) − (C)
③ (B) − (C) − (A)
④ (C) − (A) − (B)

문 20. 밑줄 친 부분에 들어갈 말로 알맞은 것은?

Over the last fifty years, all major subdisciplines in psychology have become more and more isolated from each other as training becomes increasingly specialized and narrow in focus. As some psychologists have long argued, if the field of psychology is to mature and advance scientifically, its disparate parts (for example, neuroscience, developmental, cognitive, personality, and social) must become whole and integrated again. Science advances when distinct topics become theoretically and empirically integrated under simplifying theoretical frameworks. Psychology of science will encourage collaboration among psychologists from various sub-areas, helping the field achieve coherence rather than continued fragmentation. In this way, psychology of science might act as a template for psychology as a whole by integrating under one discipline all of the major fractions/factions within the field. It would be no small feat and of no small import if the psychology of science could become a model for the parent discipline on how to combine resources and study science ______________________.

① from a unified perspective
② in dynamic aspects
③ throughout history
④ with accurate evidence

해설편 ▶ P.112

| 풀이 시간: ____:____ ~ ____:____ / 점수: ____점

※ 밑줄 친 부분의 의미와 가장 가까운 것을 고르시오. [문 1 ~ 문 3]

문 1.

For years, detectives have been trying to unravel the mystery of the sudden disappearance of the twin brothers.

① solve ② create
③ imitate ④ publicize

문 2.

Before the couple experienced parenthood, their four-bedroom house seemed unnecessarily opulent.

① hidden ② luxurious
③ empty ④ solid

문 3.

The boss hit the roof when he saw that we had already spent the entire budget in such a short period of time.

① was very satisfied
② was very surprised
③ became extremely calm
④ became extremely angry

※ 밑줄 친 부분에 들어갈 말로 가장 적절한 것을 고르시오. [문 4 ~ 문 5]

문 4.

A mouse potato is the computer ______ of television's couch potato: someone who tends to spend a great deal of leisure time in front of the computer in much the same way the couch potato does in front of the television.

① technician ② equivalent
③ network ④ simulation

문 5.

Mary decided to ______ her Spanish before going to South America.

① brush up on
② hear out
③ stick up for
④ lay off

문 6. 어법상 옳은 것은?

① A horse should be fed according to its individual needs and the nature of its work.
② My hat was blown off by the wind while walking down a narrow street.
③ She has known primarily as a political cartoonist throughout her career.
④ Even young children like to be complimented for a job done good.

문 7. 다음 글의 내용과 일치하지 않는 것은?

Umberto Eco was an Italian novelist, cultural critic and philosopher. He is widely known for his 1980 novel *The Name of the Rose*, a historical mystery combining semiotics in fiction with biblical analysis, medieval studies and literary theory. He later wrote other novels, including *Foucault's Pendulum* and *The Island of the Day Before*. Eco was also a translator: he translated Raymond Queneau's book *Exercices de style* into Italian. He was the founder of the Department of Media Studies at the University of the Republic of San Marino. He died at his Milanese home of pancreatic cancer, from which he had been suffering for two years, on the night of February 19, 2016.

① *The Name of the Rose* is a historical novel.
② Eco translated a book into Italian.
③ Eco founded a university department.
④ Eco died in a hospital of cancer.

문 8. 밑줄 친 부분 중 어법상 옳지 않은 것은?

To find a good starting point, one must return to the year 1800 during ① <u>which</u> the first modern electric battery was developed. Italian Alessandro Volta found that a combination of silver, copper, and zinc ② <u>were</u> ideal for producing an electrical current. The enhanced design, ③ <u>called</u> a Voltaic pile, was made by stacking some discs made from these metals between discs made of cardboard soaked in sea water. There was ④ <u>such</u> talk about Volta's work that he was requested to conduct a demonstration before the Emperor Napoleon himself.

문 9. 다음 글의 제목으로 가장 적절한 것은?

Lasers are possible because of the way light interacts with electrons. Electrons exist at specific energy levels or states characteristic of that particular atom or molecule. The energy levels can be imagined as rings or orbits around a nucleus. Electrons in outer rings are at higher energy levels than those in inner rings. Electrons can be bumped up to higher energy levels by the injection of energy — for example, by a flash of light. When an electron drops from an outer to an inner level, "excess" energy is given off as light. The wavelength or color of the emitted light is precisely related to the amount of energy released. Depending on the particular lasing material being used, specific wavelengths of light are absorbed (to energize or excite the electrons) and specific wavelengths are emitted (when the electrons fall back to their initial level).

① How Is Laser Produced?
② When Was Laser Invented?
③ What Electrons Does Laser Emit?
④ Why Do Electrons Reflect Light?

문 10. 다음 글의 흐름상 가장 어색한 문장은?

> Markets in water rights are likely to evolve as a rising population leads to shortages and climate change causes drought and famine. ① But they will be based on regional and ethical trading practices and will differ from the bulk of commodity trade. ② Detractors argue trading water is unethical or even a breach of human rights, but already water rights are bought and sold in arid areas of the globe from Oman to Australia. ③ Drinking distilled water can be beneficial, but may not be the best choice for everyone, especially if the minerals are not supplemented by another source. ④ "We strongly believe that water is in fact turning into the new gold for this decade and beyond," said Ziad Abdelnour. "No wonder smart money is aggressively moving in this direction."

※ 밑줄 친 부분에 들어갈 말로 가장 적절한 것을 고르시오. [문 11 ~ 문 12]

문 11.

> A: I heard that the university cafeteria changed their menu.
> B: Yeah, I just checked it out.
> A: And they got a new caterer.
> B: Yes. Sam's Catering.
> A: ______________________________?
> B: There are more dessert choices. Also, some sandwich choices were removed.

① What is your favorite dessert
② Do you know where their office is
③ Do you need my help with the menu
④ What's the difference from the last menu

문 12.

> A: Hi there. May I help you?
> B: Yes, I'm looking for a sweater.
> A: Well, this one is the latest style from the fall collection. What do you think?
> B: It's gorgeous. How much is it?
> A: Let me check the price for you. It's $120.
> B: ______________________________.
> A: Then how about this sweater? It's from the last season, but it's on sale for $50.
> B: Perfect! Let me try it on.

① I also need a pair of pants to go with it
② That jacket is the perfect gift for me
③ It's a little out of my price range
④ We are open until 7 p.m. on Saturdays

※ 우리말을 영어로 잘못 옮긴 것을 고르시오. [문 13 ~ 문 14]

문 13. ① 우리가 영어를 단시간에 배우는 것은 결코 쉬운 일이 아니다.
→ It is by no means easy for us to learn English in a short time.

② 우리 인생에서 시간보다 더 소중한 것은 없다.
→ Nothing is more precious as time in our life.

③ 아이들은 길을 건널 때 아무리 조심해도 지나치지 않다.
→ Children cannot be too careful when crossing the street.

④ 그녀는 남들이 말하는 것을 쉽게 믿는다.
→ She easily believes what others say.

문 14. ① 커피 세 잔을 마셨기 때문에, 그녀는 잠을 이룰 수 없다.
→ Having drunk three cups of coffee, she can't fall asleep.
② 친절한 사람이어서, 그녀는 모든 이에게 사랑받는다.
→ Being a kind person, she is loved by everyone.
③ 모든 점이 고려된다면, 그녀가 그 직위에 가장 적임인 사람이다.
→ All things considered, she is the best-qualified person for the position.
④ 다리를 꼰 채로 오랫동안 앉아 있는 것은 혈압을 상승시킬 수 있다.
→ Sitting with the legs crossing for a long period can raise blood pressure.

문 15. 밑줄 친 (A), (B)에 들어갈 말로 가장 적절한 것은?

Beliefs about maintaining ties with those who have died vary from culture to culture. For example, maintaining ties with the deceased is accepted and sustained in the religious rituals of Japan. Yet among the Hopi Indians of Arizona, the deceased are forgotten as quickly as possible and life goes on as usual. ____(A)____, the Hopi funeral ritual concludes with a break-off between mortals and spirits. The diversity of grieving is nowhere clearer than in two Muslim societies — one in Egypt, the other in Bali. Among Muslims in Egypt, the bereaved are encouraged to dwell at length on their grief, surrounded by others who relate to similarly tragic accounts and express their sorrow. ____(B)____, in Bali, bereaved Muslims are encouraged to laugh and be joyful rather than be sad.

	(A)	(B)
①	However	Similarly
②	In fact	By contrast
③	Therefore	For example
④	Likewise	Consequently

문 16. 밑줄 친 부분에 들어갈 말로 가장 적절한 것은?

Scientists have long known that higher air temperatures are contributing to the surface melting on Greenland's ice sheet. But a new study has found another threat that has begun attacking the ice from below: Warm ocean water moving underneath the vast glaciers is causing them to melt even more quickly. The findings were published in the journal *Nature Geoscience* by researchers who studied one of the many "ice tongues" of the Nioghalvfjerdsfjorden Glacier in northeast Greenland. An ice tongue is a strip of ice that floats on the water without breaking off from the ice on land. The massive one these scientists studied is nearly 50 miles long. The survey revealed an underwater current more than a mile wide where warm water from the Atlantic Ocean is able to flow directly towards the glacier, bringing large amounts of heat into contact with the ice and ____________ the glacier's melting.

① separating
② delaying
③ preventing
④ accelerating

문 17. 다음 글의 제목으로 가장 적절한 것은?

Do people from different cultures view the world differently? A psychologist presented realistic animated scenes of fish and other underwater objects to Japanese and American students and asked them to report what they had seen. Americans and Japanese made about an equal number of references to the focal fish, but the Japanese made more than 60 percent more references to background elements, including the water, rocks, bubbles, and inert plants and animals. In addition, whereas Japanese and American participants made about equal numbers of references to movement involving active animals, the Japanese participants made almost twice as many references to relationships involving inert, background objects. Perhaps most tellingly, the very first sentence from the Japanese participants was likely to be one referring to the environment, whereas the first sentence from Americans was three times as likely to be one referring to the focal fish.

① Language Barrier Between Japanese and Americans
② Associations of Objects and Backgrounds in the Brain
③ Cultural Differences in Perception
④ Superiority of Detail-oriented People

문 18. 주어진 문장이 들어갈 위치로 가장 적절한 곳은?

Thus, blood, and life-giving oxygen, are easier for the heart to circulate to the brain.

People can be exposed to gravitational force, or g-force, in different ways. It can be localized, affecting only a portion of the body, as in getting slapped on the back. It can also be momentary, such as hard forces endured in a car crash. A third type of g-force is sustained, or lasting for at least several seconds. (①) Sustained, body wide g-forces are the most dangerous to people. (②) The body usually withstands localized or momentary g-force better than sustained g-force, which can be deadly because blood is forced into the legs, depriving the rest of the body of oxygen. (③) Sustained g-force applied while the body is horizontal, or lying down, instead of sitting or standing tends to be more tolerable to people, because blood pools in the back and not the legs. (④) Some people, such as astronauts and fighter jet pilots, undergo special training exercises to increase their bodies' resistance to g-force.

문 19. 다음 글의 요지로 가장 적절한 것은?

If someone makes you an offer and you're legitimately concerned about parts of it, you're usually better off proposing all your changes at once. Don't say, "The salary is a bit low. Could you do something about it?" and then, once she's worked on it, come back with "Thanks. Now here are two other things I'd like..." If you ask for only one thing initially, she may assume that getting it will make you ready to accept the offer (or at least to make a decision). If you keep saying "and one more thing...," she is unlikely to remain in a generous or understanding mood. Furthermore, if you have more than one request, don't simply mention all the things you want A, B, C, and D; also signal the relative importance of each to you. Otherwise, she may pick the two things you value least, because they're pretty easy to give you, and feel she's met you halfway.

① Negotiate multiple issues simultaneously, not serially.
② Avoid sensitive topics for a successful negotiation.
③ Choose the right time for your negotiation.
④ Don't be too direct when negotiating salary.

문 20. 주어진 글 다음에 이어질 글의 순서로 가장 적절한 것은?

Today, Lamarck is unfairly remembered in large part for his mistaken explanation of how adaptations evolve. He proposed that by using or not using certain body parts, an organism develops certain characteristics.

(A) There is no evidence that this happens. Still, it is important to note that Lamarck proposed that evolution occurs when organisms adapt to their environments. This idea helped set the stage for Darwin.

(B) Lamarck thought that these characteristics would be passed on to the offspring. Lamarck called this idea *inheritance of acquired characteristics*.

(C) For example, Lamarck might explain that a kangaroo's powerful hind legs were the result of ancestors strengthening their legs by jumping and then passing that acquired leg strength on to the offspring. However, an acquired characteristic would have to somehow modify the DNA of specific genes in order to be inherited.

① (A) − (C) − (B)
② (B) − (A) − (C)
③ (B) − (C) − (A)
④ (C) − (A) − (B)

해설편 ▶ P.119

2021 4월 17일 시행 국가직 9급

| 풀이 시간: ____:____ ~ ____:____ / 점수: ____점

※ 밑줄 친 부분의 의미와 가장 가까운 것을 고르시오. [문 1 ~ 문 3]

문 1. Privacy as a social practice shapes individual behavior in conjunction with other social practices and is therefore central to social life.

① in combination with ② in comparison with
③ in place of ④ in case of

문 2. The influence of Jazz has been so pervasive that most popular music owes its stylistic roots to jazz.

① deceptive ② ubiquitous
③ persuasive ④ disastrous

문 3. This novel is about the vexed parents of an unruly teenager who quits school to start a business.

① callous ② annoyed
③ reputable ④ confident

문 4. 밑줄 친 부분에 들어갈 말로 가장 적절한 것은?

A group of young demonstrators attempted to ____________ the police station.

① line up ② give out
③ carry on ④ break into

문 5. 다음 글의 내용과 일치하는 것은?

The most notorious case of imported labor is of course the Atlantic slave trade, which brought as many as ten million enslaved Africans to the New World to work the plantations. But although the Europeans may have practiced slavery on the largest scale, they were by no means the only people to bring slaves into their communities: earlier, the ancient Egyptians used slave labor to build their pyramids, early Arab explorers were often also slave traders, and Arabic slavery continued into the twentieth century and indeed still continues in a few places. In the Americas some native tribes enslaved members of other tribes, and slavery was also an institution in many African nations, especially before the colonial period.

① African laborers voluntarily moved to the New World.
② Europeans were the first people to use slave labor.
③ Arabic slavery no longer exists in any form.
④ Slavery existed even in African countries.

문 6. 어법상 옳은 것은?

① This guide book tells you where should you visit in Hong Kong.
② I was born in Taiwan, but I have lived in Korea since I started work.
③ The novel was so excited that I lost track of time and missed the bus.
④ It's not surprising that book stores don't carry newspapers any more, doesn't it?

문 7. 다음 글의 제목으로 가장 적절한 것은?

Warming temperatures and loss of oxygen in the sea will shrink hundreds of fish species — from tunas and groupers to salmon, thresher sharks, haddock and cod — even more than previously thought, a new study concludes. Because warmer seas speed up their metabolisms, fish, squid and other water-breathing creatures will need to draw more oxygen from the ocean. At the same time, warming seas are already reducing the availability of oxygen in many parts of the sea. A pair of University of British Columbia scientists argue that since the bodies of fish grow faster than their gills, these animals eventually will reach a point where they can't get enough oxygen to sustain normal growth. "What we found was that the body size of fish decreases by 20 to 30 percent for every 1 degree Celsius increase in water temperature," says author William Cheung.

① Fish Now Grow Faster than Ever
② Oxygen's Impact on Ocean Temperatures
③ Climate Change May Shrink the World's Fish
④ How Sea Creatures Survive with Low Metabolism

문 8. 밑줄 친 부분 중 어법상 옳지 않은 것은?

Urban agriculture (UA) has long been dismissed as a fringe activity that has no place in cities; however, its potential is beginning to ① be realized. In fact, UA is about food self-reliance: it involves ② creating work and is a reaction to food insecurity, particularly for the poor. Contrary to ③ which many believe, UA is found in every city, where it is sometimes hidden, sometimes obvious. If one looks carefully, few spaces in a major city are unused. Valuable vacant land rarely sits idle and is often taken over — either formally, or informally — and made ④ productive.

문 9. 주어진 문장이 들어갈 위치로 가장 적절한 것은?

For example, the state archives of New Jersey hold more than 30,000 cubic feet of paper and 25,000 reels of microfilm.

Archives are a treasure trove of material: from audio to video to newspapers, magazines and printed material — which makes them indispensable to any History Detective investigation. While libraries and archives may appear the same, the differences are important. (①) An archive collection is almost always made up of primary sources, while a library contains secondary sources. (②) To learn more about the Korean War, you'd go to a library for a history book. If you wanted to read the government papers, or letters written by Korean War soldiers, you'd go to an archive. (③) If you're searching for information, chances are there's an archive out there for you. Many state and local archives store public records — which are an amazing, diverse resource. (④) An online search of your state's archives will quickly show you they contain much more than just the minutes of the legislature — there are detailed land grant information to be found, old town maps, criminal records and oddities such as peddler license applications.

*treasure trove 귀중한 발굴물(수집물)
**land grant (대학 · 철도 등을 위해) 정부가 주는 땅

문 10. 다음 글의 흐름상 가장 어색한 문장은?

The term burnout refers to a "wearing out" from the pressures of work. Burnout is a chronic condition that results as daily work stressors take their toll on employees. ① The most widely adopted conceptualization of burnout has been developed by Maslach and her colleagues in their studies of human service workers. Maslach sees burnout as consisting of three interrelated dimensions. The first dimension — emotional exhaustion — is really the core of the burnout phenomenon. ② Workers suffer from emotional exhaustion when they feel fatigued, frustrated, used up, or unable to face another day on the job. The second dimension of burnout is a lack of personal accomplishment. ③ This aspect of the burnout phenomenon refers to workers who see themselves as failures, incapable of effectively accomplishing job requirements. ④ Emotional labor workers enter their occupation highly motivated although they are physically exhausted. The third dimension of burnout is depersonalization. This dimension is relevant only to workers who must communicate interpersonally with others (e.g. clients, patients, students) as part of the job.

※ 밑줄 친 부분에 들어갈 말로 가장 적절한 것을 고르시오. [문 11 ~ 문 12]

문 11.

A: Were you here last night?
B: Yes. I worked the closing shift. Why?
A: The kitchen was a mess this morning. There was food spattered on the stove, and the ice trays were not in the freezer.
B: I guess I forgot to go over the cleaning checklist.
A: You know how important a clean kitchen is.
B: I'm sorry. ______________________

① I won't let it happen again.
② Would you like your bill now?
③ That's why I forgot it yesterday.
④ I'll make sure you get the right order.

문 12.

A: Have you taken anything for your cold?
B: No, I just blow my nose a lot.
A: Have you tried nose spray?
B: ______________________
A: It works great.
B: No, thanks. I don't like to put anything in my nose, so I've never used it.

① Yes, but it didn't help.
② No, I don't like nose spray.
③ No, the pharmacy was closed.
④ Yeah, how much should I use?

문 13. 다음 글의 내용과 일치하지 않는 것은?

Deserts cover more than one-fifth of the Earth's land area, and they are found on every continent. A place that receives less than 25 centimeters (10 inches) of rain per year is considered a desert. Deserts are part of a wider class of regions called drylands. These areas exist under a "moisture deficit," which means they can frequently lose more moisture through evaporation than they receive from annual precipitation. Despite the common conceptions of deserts as hot, there are cold deserts as well. The largest hot desert in the world, northern Africa's Sahara, reaches temperatures of up to 50 degrees Celsius (122 degrees Fahrenheit) during the day. But some deserts are always cold, like the Gobi Desert in Asia and the polar deserts of the Antarctic and Arctic, which are the world's largest. Others are mountainous. Only about 20 percent of deserts are covered by sand. The driest deserts, such as Chile's Atacama Desert, have parts that receive less than two millimeters (0.08 inches) of precipitation a year. Such environments are so harsh and otherworldly that scientists have even studied them for clues about life on Mars. On the other hand, every few years, an unusually rainy period can produce "super blooms," where even the Atacama becomes blanketed in wildflowers.

① There is at least one desert on each continent.
② The Sahara is the world's largest hot desert.
③ The Gobi Desert is categorized as a cold desert.
④ The Atacama Desert is one of the rainiest deserts.

※ 우리말을 영어로 가장 잘 옮긴 것을 고르시오. [문 14 ~ 문 15]

문 14. ① 나는 너의 답장을 가능한 한 빨리 받기를 고대한다.
→ I look forward to receive your reply as soon as possible.
② 그는 내가 일을 열심히 했기 때문에 월급을 올려 주겠다고 말했다.
→ He said he would rise my salary because I worked hard.
③ 그의 스마트 도시 계획은 고려할 만했다.
→ His plan for the smart city was worth considered.
④ Cindy는 피아노 치는 것을 매우 좋아했고 그녀의 아들도 그랬다.
→ Cindy loved playing the piano, and so did her son.

문 15. ① 당신이 부자일지라도 당신은 진실한 친구들을 살 수는 없다.
→ Rich as if you may be, you can't buy sincere friends.
② 그것은 너무나 아름다운 유성 폭풍이어서 우리는 밤새 그것을 보았다.
→ It was such a beautiful meteor storm that we watched it all night.
③ 학위가 없는 것이 그녀의 성공을 방해했다.
→ Her lack of a degree kept her advancing.
④ 그는 사형이 폐지되어야 하는지 아닌지에 대한 에세이를 써야 한다.
→ He has to write an essay on if or not the death penalty should be abolished.

※ 밑줄 친 부분에 들어갈 말로 가장 적절한 것을 고르시오. [문 16 ~ 문 17]

문 16.

Social media, magazines and shop windows bombard people daily with things to buy, and British consumers are buying more clothes and shoes than ever before. Online shopping means it is easy for customers to buy without thinking, while major brands offer such cheap clothes that they can be treated like disposable items — worn two or three times and then thrown away. In Britain, the average person spends more than £1,000 on new clothes a year, which is around four percent of their income. That might not sound like much, but that figure hides two far more worrying trends for society and for the environment. First, a lot of that consumer spending is via credit cards. British people currently owe approximately £670 per adult to credit card companies. That's 66 percent of the average wardrobe budget. Also, not only are people spending money they don't have, they're using it to buy things __________________. Britain throws away 300,000 tons of clothing a year, most of which goes into landfill sites.

① they don't need
② that are daily necessities
③ that will be soon recycled
④ they can hand down to others

문 17.

Excellence is the absolute prerequisite in fine dining because the prices charged are necessarily high. An operator may do everything possible to make the restaurant efficient, but the guests still expect careful, personal service: food prepared to order by highly skilled chefs and delivered by expert servers. Because this service is, quite literally, manual labor, only marginal improvements in productivity are possible. For example, a cook, server, or bartender can move only so much faster before she or he reaches the limits of human performance. Thus, only moderate savings are possible through improved efficiency, which makes an escalation of prices __________. (It is an axiom of economics that as prices rise, consumers become more discriminating.) Thus, the clientele of the fine-dining restaurant expects, demands, and is willing to pay for excellence.

① ludicrous ② inevitable
③ preposterous ④ inconceivable

문 18. 주어진 글 다음에 이어질 글의 순서로 가장 적절한 것은?

To be sure, human language stands out from the decidedly restricted vocalizations of monkeys and apes. Moreover, it exhibits a degree of sophistication that far exceeds any other form of animal communication.

(A) That said, many species, while falling far short of human language, do nevertheless exhibit impressively complex communication systems in natural settings.
(B) And they can be taught far more complex systems in artificial contexts, as when raised alongside humans.
(C) Even our closest primate cousins seem incapable of acquiring anything more than a rudimentary communicative system, even after intensive training over several years. The complexity that is language is surely a species-specific trait.

① (A) – (B) – (C) ② (B) – (C) – (A)
③ (C) – (A) – (B) ④ (C) – (B) – (A)

문 19. 다음 글의 주제로 가장 적절한 것은?

During the late twentieth century socialism was on the retreat both in the West and in large areas of the developing world. During this new phase in the evolution of market capitalism, global trading patterns became increasingly interlinked, and advances in information technology meant that deregulated financial markets could shift massive flows of capital across national boundaries within seconds. 'Globalization' boosted trade, encouraged productivity gains and lowered prices, but critics alleged that it exploited the low-paid, was indifferent to environmental concerns and subjected the Third World to a monopolistic form of capitalism. Many radicals within Western societies who wished to protest against this process joined voluntary bodies, charities and other non-governmental organizations, rather than the marginalized political parties of the left. The environmental movement itself grew out of the recognition that the world was interconnected, and an angry, if diffuse, international coalition of interests emerged.

① The affirmative phenomena of globalization in the developing world in the past
② The decline of socialism and the emergence of capitalism in the twentieth century
③ The conflict between the global capital market and the political organizations of the left
④ The exploitative characteristics of global capitalism and diverse social reactions against it

문 20. 다음 글에 나타난 Johnbull의 심경으로 가장 적절한 것은?

In the blazing midday sun, the yellow egg-shaped rock stood out from a pile of recently unearthed gravel. Out of curiosity, sixteen-year-old miner Komba Johnbull picked it up and fingered its flat, pyramidal planes. Johnbull had never seen a diamond before, but he knew enough to understand that even a big find would be no larger than his thumbnail. Still, the rock was unusual enough to merit a second opinion. Sheepishly, he brought it over to one of the more experienced miners working the muddy gash deep in the jungle. The pit boss's eyes widened when he saw the stone. "Put it in your pocket," he whispered. "Keep digging." The older miner warned that it could be dangerous if anyone thought they had found something big. So Johnbull kept shoveling gravel until nightfall, pausing occasionally to grip the heavy stone in his fist. Could it be?

① thrilled and excited
② painful and distressed
③ arrogant and convinced
④ detached and indifferent

해설편 ▶ P.126

2020 7월 11일 시행 국가직 9급

| 풀이 시간: ____:____ ~ ____:____ / 점수: ____점

※ 밑줄 친 부분의 의미와 가장 가까운 것을 고르시오. [문 1 ~ 문 4]

문 1.

> Extensive lists of microwave oven models and styles along with candid customer reviews and price ranges are available at appliance comparison websites.

① frank ② logical
③ implicit ④ passionate

문 2.

> It had been known for a long time that Yellowstone was volcanic in nature and the one thing about volcanoes is that they are generally conspicuous.

① passive ② vaporous
③ dangerous ④ noticeable

문 3.

> He's the best person to tell you how to get there because he knows the city inside out.

① eventually ② culturally
③ thoroughly ④ tentatively

문 4.

> All along the route were thousands of homespun attempts to pay tribute to the team, including messages etched in cardboard, snow and construction paper.

① honor ② compose
③ publicize ④ join

문 5. 어법상 옳은 것은?

① The traffic of a big city is busier than those of a small city.
② I'll think of you when I'll be lying on the beach next week.
③ Raisins were once an expensive food, and only the wealth ate them.
④ The intensity of a color is related to how much gray the color contains.

문 6. 우리말을 영어로 가장 잘 옮긴 것은?

① 몇 가지 문제가 새로운 회원들 때문에 생겼다.
→ Several problems have raised due to the new members.
② 그 위원회는 그 건물의 건설을 중단하라고 명했다.
→ The committee commanded that construction of the building cease.
③ 그들은 한 시간에 40마일이 넘는 바람과 싸워야 했다.
→ They had to fight against winds that will blow over 40 miles an hour.
④ 거의 모든 식물의 씨앗은 혹독한 날씨에도 살아남는다.
→ The seeds of most plants are survived by harsh weather.

문 7. 우리말을 영어로 잘못 옮긴 것은?

① 인간은 환경에 자신을 빨리 적응시킨다.
→ Human beings quickly adapt themselves to the environment.
② 그녀는 그 사고 때문에 그녀의 목표를 포기할 수밖에 없었다.
→ She had no choice but to give up her goal because of the accident.
③ 그 회사는 그가 부회장으로 승진하는 것을 금했다.
→ The company prohibited him from promoting to vice-president.
④ 그 장난감 자동차를 조립하고 분리하는 것은 쉽다.
→ It is easy to assemble and take apart the toy car.

문 8. 다음 글의 요지로 가장 적절한 것은?

Listening to somebody else's ideas is the one way to know whether the story you believe about the world — as well as about yourself and your place in it — remains intact. We all need to examine our beliefs, air them out and let them breathe. Hearing what other people have to say, especially about concepts we regard as foundational, is like opening a window in our minds and in our hearts. Speaking up is important. Yet to speak up without listening is like banging pots and pans together: even if it gets you attention, it's not going to get you respect. There are three prerequisites for conversation to be meaningful: 1. You have to know what you're talking about, meaning that you have an original point and are not echoing a worn-out, hand-me-down or pre-fab argument; 2. You respect the people with whom you're speaking and are authentically willing to treat them courteously even if you disagree with their positions; 3. You have to be both smart and informed enough to listen to what the opposition says while handling your own perspective on the topic with uninterrupted good humor and discernment.

① We should be more determined to persuade others.
② We need to listen and speak up in order to communicate well.
③ We are reluctant to change our beliefs about the world we see.
④ We hear only what we choose and attempt to ignore different opinions.

문 9. 다음 글의 제목으로 가장 적절한 것은?

The future may be uncertain, but some things are undeniable: climate change, shifting demographics, geopolitics. The only guarantee is that there will be changes, both wonderful and terrible. It's worth considering how artists will respond to these changes, as well as what purpose art serves, now and in the future. Reports suggest that by 2040 the impacts of human-caused climate change will be inescapable, making it the big issue at the centre of art and life in 20 years' time. Artists in the future will wrestle with the possibilities of the post-human and post-Anthropocene — artificial intelligence, human colonies in outer space and potential doom. The identity politics seen in art around the #MeToo and Black Lives Matter movements will grow as environmentalism, border politics and migration come even more sharply into focus. Art will become increasingly diverse and might not 'look like art' as we expect. In the future, once we've become weary of our lives being visible online for all to see and our privacy has been all but lost, anonymity may be more desirable than fame. Instead of thousands, or millions, of likes and followers, we will be starved for authenticity and connection. Art could, in turn, become more collective and experiential, rather than individual.

① What will art look like in the future?
② How will global warming affect our lives?
③ How will artificial intelligence influence the environment?
④ What changes will be made because of political movements?

문 10. 다음 글의 내용과 일치하지 않는 것은?

The Second Amendment of the U.S. Constitution states: "A well-regulated Militia, being necessary to the security of a free State, the right of the people to keep and bear Arms, shall not be infringed." Supreme Court rulings, citing this amendment, have upheld the right of states to regulate firearms. However, in a 2008 decision confirming an individual right to keep and bear arms, the court struck down Washington, D.C. laws that banned handguns and required those in the home to be locked or disassembled. A number of gun advocates consider ownership a birthright and an essential part of the nation's heritage. The United States, with less than 5 percent of the world's population, has about 35~50 percent of the world's civilian-owned guns, according to a 2007 report by the Switzerland-based Small Arms Survey. It ranks number one in firearms per capita. The United States also has the highest homicide-by-firearm rate among the world's most developed nations. But many gun-rights proponents say these statistics do not indicate a cause-and-effect relationship and note that the rates of gun homicide and other gun crimes in the United States have dropped since highs in the early 1990's.

① In 2008, the U.S. Supreme Court overturned Washington, D.C. laws banning handguns.
② Many gun advocates claim that owning guns is a natural-born right.
③ Among the most developed nations, the U.S. has the highest rate of gun homicides.
④ Gun crimes in the U.S. have steadily increased over the last three decades.

문 11. 두 사람의 대화 중 가장 어색한 것은?

① A: When is the payment due?
B: You have to pay by next week.
② A: Should I check this baggage in?
B: No, it's small enough to take on the plane.
③ A: When and where shall we meet?
B: I'll pick you up at your office at 8:30.
④ A: I won the prize in a cooking contest.
B: I couldn't have done it without you.

문 12. 밑줄 친 부분에 들어갈 말로 가장 적절한 것은?

A: Thank you for calling the Royal Point Hotel Reservations Department. My name is Sam. How may I help you?
B: Hello, I'd like to book a room.
A: We offer two room types: the deluxe room and the luxury suite.
B: ______________________________?
A: For one, the suite is very large. In addition to a bedroom, it has a kitchen, living room and dining room.
B: It sounds expensive.
A: Well, it's $200 more per night.
B: In that case, I'll go with the deluxe room.

① Do you need anything else
② May I have the room number
③ What's the difference between them
④ Are pets allowed in the rooms

문 13. 밑줄 친 (A), (B)에 들어갈 말로 가장 적절한 것은?

Advocates of homeschooling believe that children learn better when they are in a secure, loving environment. Many psychologists see the home as the most natural learning environment, and originally the home was the classroom, long before schools were established. Parents who homeschool argue that they can monitor their children's education and give them the attention that is lacking in a traditional school setting. Students can also pick and choose what to study and when to study, thus enabling them to learn at their own pace. ____(A)____, critics of homeschooling say that children who are not in the classroom miss out on learning important social skills because they have little interaction with their peers. Several studies, though, have shown that the home-educated children appear to do just as well in terms of social and emotional development as other students, having spent more time in the comfort and security of their home, with guidance from parents who care about their welfare. ____(B)____, many critics of homeschooling have raised concerns about the ability of parents to teach their kids effectively.

	(A)	(B)
①	Therefore	Nevertheless
②	In contrast	In spite of this
③	Therefore	Contrary to that
④	In contrast	Furthermore

문 14. 다음 글의 주제로 가장 적절한 것은?

For many people, work has become an obsession. It has caused burnout, unhappiness and gender inequity, as people struggle to find time for children or passions or pets or any sort of life besides what they do for a paycheck. But increasingly, younger workers are pushing back. More of them expect and demand flexibility — paid leave for a new baby, say, and generous vacation time, along with daily things, like the ability to work remotely, come in late or leave early, or make time for exercise or meditation. The rest of their lives happens on their phones, not tied to a certain place or time — why should work be any different?

① ways to increase your paycheck
② obsession for reducing inequity
③ increasing call for flexibility at work
④ advantages of a life with long vacations

문 15. 주어진 글 다음에 이어질 글의 순서로 가장 적절한 것은?

Past research has shown that experiencing frequent psychological stress can be a significant risk factor for cardiovascular disease, a condition that affects almost half of those aged 20 years and older in the United States.

(A) Does this mean, though, that people who drive on a daily basis are set to develop heart problems, or is there a simple way of easing the stress of driving?
(B) According to a new study, there is. The researchers noted that listening to music while driving helps relieve the stress that affects heart health.
(C) One source of frequent stress is driving, either due to the stressors associated with heavy traffic or the anxiety that often accompanies inexperienced drivers.

① (A) − (C) − (B)　　② (B) − (A) − (C)
③ (C) − (A) − (B)　　④ (C) − (B) − (A)

문 16. 다음 글의 흐름상 가장 어색한 문장은?

When the brain perceives a threat in the immediate surroundings, it initiates a complex string of events in the body. It sends electrical messages to various glands, organs that release chemical hormones into the bloodstream. Blood quickly carries these hormones to other organs that are then prompted to do various things. ① The adrenal glands above the kidneys, for example, pump out adrenaline, the body's stress hormone. ② Adrenaline travels all over the body doing things such as widening the eyes to be on the lookout for signs of danger, pumping the heart faster to keep blood and extra hormones flowing, and tensing the skeletal muscles so they are ready to lash out at or run from the threat. ③ The whole process is called the fight-or-flight response, because it prepares the body to either battle or run for its life. ④ Humans consciously control their glands to regulate the release of various hormones. Once the response is initiated, ignoring it is impossible, because hormones cannot be reasoned with.

문 17. 주어진 문장이 들어갈 위치로 가장 적절한 것은?

It was then he remembered his experience with the glass flask, and just as quickly, he imagined that a special coating might be applied to a glass windshield to keep it from shattering.

In 1903 the French chemist, Edouard Benedictus, dropped a glass flask one day on a hard floor and broke it. (①) However, to the astonishment of the chemist, the flask did not shatter, but still retained most of its original shape. (②) When he examined the flask he found that it contained a film coating inside, a residue remaining from a solution of collodion that the flask had contained. (③) He made a note of this unusual phenomenon, but thought no more of it until several weeks later when he read stories in the newspapers about people in automobile accidents who were badly hurt by flying windshield glass. (④) Not long thereafter, he succeeded in producing the world's first sheet of safety glass.

문 18. 다음 글의 내용과 일치하지 않는 것은?

Dubrovnik, Croatia, is a mess. Because its main attraction is its seaside Old Town surrounded by 80-foot medieval walls, this Dalmatian Coast town does not absorb visitors very well. And when cruise ships are docked here, a legion of tourists turn Old Town into a miasma of tank-top-clad tourists marching down the town's limestone-blanketed streets. Yes, the city of Dubrovnik has been proactive in trying to curb cruise ship tourism, but nothing will save Old Town from the perpetual swarm of tourists. To make matters worse, the lure of making extra money has inspired many homeowners in Old Town to turn over their places to Airbnb, making the walled portion of town one giant hotel. You want an "authentic" Dubrovnik experience in Old Town, just like a local? You're not going to find it here. Ever.

① Old Town은 80피트 중세 시대 벽으로 둘러싸여 있다.
② 크루즈 배가 정박할 때면 많은 여행객이 Old Town 거리를 활보한다.
③ Dubrovnik 시는 크루즈 여행을 확대하려고 노력해 왔다.
④ Old Town에서는 많은 집이 여행객 숙소로 바뀌었다.

문 19. 밑줄 친 (A), (B)에 들어갈 말로 가장 적절한 것은?

When an organism is alive, it takes in carbon dioxide from the air around it. Most of that carbon dioxide is made of carbon-12, but a tiny portion consists of carbon-14. So the living organism always contains a very small amount of radioactive carbon, carbon-14. A detector next to the living organism would record radiation given off by the carbon-14 in the organism. When the organism dies, it no longer takes in carbon dioxide. No new carbon-14 is added, and the old carbon-14 slowly decays into nitrogen. The amount of carbon-14 slowly ___(A)___ as time goes on. Over time, less and less radiation from carbon-14 is produced. The amount of carbon-14 radiation detected for an organism is a measure, therefore, of how long the organism has been ___(B)___. This method of determining the age of an organism is called carbon-14 dating. The decay of carbon-14 allows archaeologists to find the age of once-living materials. Measuring the amount of radiation remaining indicates the approximate age.

	(A)	(B)
①	decreases	dead
②	increases	alive
③	decreases	productive
④	increases	inactive

문 20. 밑줄 친 부분에 들어갈 말로 가장 적절한 것은?

All creatures, past and present, either have gone or will go extinct. Yet, as each species vanished over the past 3.8-billion-year history of life on Earth, new ones inevitably appeared to replace them or to exploit newly emerging resources. From only a few very simple organisms, a great number of complex, multicellular forms evolved over this immense period. The origin of new species, which the nineteenth-century English naturalist Charles Darwin once referred to as "the mystery of mysteries," is the natural process of speciation responsible for generating this remarkable ________________ with whom humans share the planet. Although taxonomists presently recognize some 1.5 million living species, the actual number is possibly closer to 10 million. Recognizing the biological status of this multitude requires a clear understanding of what constitutes a species, which is no easy task given that evolutionary biologists have yet to agree on a universally acceptable definition.

① technique of biologists
② diversity of living creatures
③ inventory of extinct organisms
④ collection of endangered species

해설편 ▶ P.133

2019 4월 6일 시행 국가직 9급

| 풀이 시간: ____:____ ~ ____:____ / 점수: ____점

※ 밑줄 친 부분의 의미와 가장 가까운 것을 고르시오. [문 1 ~ 문 2]

문 1.

> *Natural Gas World* subscribers will receive accurate and reliable key facts and figures about what is going on in the industry, so they are fully able to discern what concerns their business.

① distinguish ② strengthen
③ undermine ④ abandon

문 2.

> Ms. West, the winner of the silver in the women's 1,500m event, stood out through the race.

① was overwhelmed ② was impressive
③ was depressed ④ was optimistic

문 3. 두 사람의 대화 중 가장 어색한 것은?

① A: I'm traveling abroad, but I'm not used to staying in another country.
B: Don't worry. You'll get accustomed to it in no time.
② A: I want to get a prize in the photo contest.
B: I'm sure you will. I'll keep my fingers crossed!
③ A: My best friend moved to Sejong City. I miss her so much.
B: Yeah. I know how you feel.
④ A: Do you mind if I talk to you for a moment?
B: Never mind. I'm very busy right now.

문 4. 밑줄 친 부분에 들어갈 말로 가장 적절한 것은?

> A: Would you like to try some dim sum?
> B: Yes, thank you. They look delicious. What's inside?
> A: These have pork and chopped vegetables, and those have shrimps.
> B: And, um, ______________________?
> A: You pick one up with your chopsticks like this and dip it into the sauce. It's easy.
> B: Okay. I'll give it a try.

① how much are they ② how do I eat them
③ how spicy are they ④ how do you cook them

※ 우리말을 영어로 잘못 옮긴 것을 고르시오. [문 5 ~ 문 6]

문 5. ① 제가 당신께 말씀드렸던 새로운 선생님은 원래 페루 출신입니다.
→ The new teacher I told you about is originally from Peru.
② 나는 긴급한 일로 자정이 5분이나 지난 후 그에게 전화했다.
→ I called him five minutes shy of midnight on an urgent matter.
③ 상어로 보이는 것이 산호 뒤에 숨어 있었다.
→ What appeared to be a shark was lurking behind the coral reef.
④ 그녀는 일요일에 16세의 친구와 함께 산 정상에 올랐다.
→ She reached the mountain summit with her 16-year-old friend on Sunday.

문 6. ① 개인용 컴퓨터를 가장 많이 가지고 있는 나라는 종종 바뀐다.
→ The country with the most computers per person changes from time to time.
② 지난 여름 나의 사랑스러운 손자에게 일어난 일은 놀라웠다.
→ What happened to my lovely grandson last summer was amazing.
③ 나무 숟가락은 아이들에게 매우 좋은 장난감이고 플라스틱 병 또한 그렇다.
→ Wooden spoons are excellent toys for children, and so are plastic bottles.
④ 나는 은퇴 후부터 내내 이 일을 해 오고 있다.
→ I have been doing this work ever since I retired.

※ 밑줄 친 부분 중 어법상 옳지 않은 것을 고르시오. [문 7 ~ 문 8]

문 7.

Domesticated animals are the earliest and most effective 'machines' ① available to humans. They take the strain off the human back and arms. ② Utilizing with other techniques, animals can raise human living standards very considerably, both as supplementary foodstuffs (protein in meat and milk) and as machines ③ to carry burdens, lift water, and grind grain. Since they are so obviously ④ of great benefit, we might expect to find that over the centuries humans would increase the number and quality of the animals they kept. Surprisingly, this has not usually been the case.

문 8.

A myth is a narrative that embodies — and in some cases ① helps to explain — the religious, philosophical, moral, and political values of a culture. Through tales of gods and supernatural beings, myths ② try to make sense of occurrences in the natural world. Contrary to popular usage, myth does not mean "falsehood." In the broadest sense, myths are stories — usually whole groups of stories — ③ that can be true or partly true as well as false; regardless of their degree of accuracy, however, myths frequently express the deepest beliefs of a culture. According to this definition, the *Iliad* and the *Odyssey*, the Koran, and the Old and New Testaments can all ④ refer to as myths.

문 9. 다음 글의 제목으로 가장 적절한 것은?

Mapping technologies are being used in many new applications. Biological researchers are exploring the molecular structure of DNA ("mapping the genome"), geophysicists are mapping the structure of the Earth's core, and oceanographers are mapping the ocean floor. Computer games have various imaginary "lands" or levels where rules, hazards, and rewards change. Computerization now challenges reality with "virtual reality," artificial environments that simulate special situations, which may be useful in training and entertainment. Mapping techniques are being used also in the realm of ideas. For example, relationships between ideas can be shown using what are called concept maps. Starting from a general or "central" idea, related ideas can be connected, building a web around the main concept. This is not a map by any traditional definition, but the tools and techniques of cartography are employed to produce it, and in some ways it resembles a map.

① Computerized Maps vs. Traditional Maps
② Where Does Cartography Begin?
③ Finding Ways to DNA Secrets
④ Mapping New Frontiers

문 10. 다음 글의 요지로 가장 적절한 것은?

When giving performance feedback, you should consider the recipient's past performance and your estimate of his or her future potential in designing its frequency, amount, and content. For high performers with potential for growth, feedback should be frequent enough to prod them into taking corrective action, but not so frequent that it is experienced as controlling and saps their initiative. For adequate performers who have settled into their jobs and have limited potential for advancement, very little feedback is needed because they have displayed reliable and steady behavior in the past, knowing their tasks and realizing what needs to be done. For poor performers — that is, people who will need to be removed from their jobs if their performance doesn't improve — feedback should be frequent and very specific, and the connection between acting on the feedback and negative sanctions such as being laid off or fired should be made explicit.

① Time your feedback well.
② Customize negative feedback.
③ Tailor feedback to the person.
④ Avoid goal-oriented feedback.

문 11. 다음 글의 내용과 일치하지 않는 것은?

Langston Hughes was born in Joplin, Missouri, and graduated from Lincoln University, in which many African-American students have pursued their academic disciplines. At the age of eighteen, Hughes published one of his most well-known poems, "Negro Speaks of Rivers." Creative and experimental, Hughes incorporated authentic dialect in his work, adapted traditional poetic forms to embrace the cadences and moods of blues and jazz, and created characters and themes that reflected elements of lower-class black culture. With his ability to fuse serious content with humorous style, Hughes attacked racial prejudice in a way that was natural and witty.

① Hughes는 많은 미국 흑인들이 다녔던 대학교를 졸업하였다.
② Hughes는 실제 사투리를 그의 작품에 반영하였다.
③ Hughes는 하층 계급 흑인들의 문화적 요소를 반영한 인물을 만들었다.
④ Hughes는 인종편견을 엄숙한 문체로 공격하였다.

문 12. 밑줄 친 부분 중 글의 흐름상 가장 어색한 것은?

In 2007, our biggest concern was "too big to fail." Wall Street banks had grown to such staggering sizes, and had become so central to the health of the financial system, that no rational government could ever let them fail. ① <u>Aware of their protected status, banks made excessively risky bets on housing markets and invented ever more complicated derivatives.</u> ② <u>New virtual currencies such as bitcoin and ethereum have radically changed our understanding of how money can and should work.</u> ③ <u>The result was the worst financial crisis since the breakdown of our economy in 1929.</u> ④ <u>In the years since 2007, we have made great progress in addressing the too-big-to-fail dilemma.</u> Our banks are better capitalized than ever. Our regulators conduct regular stress tests of large institutions.

문 13. 다음 글의 주제로 가장 적절한 것은?

Imagine that two people are starting work at a law firm on the same day. One person has a very simple name. The other person has a very complex name. We've got pretty good evidence that over the course of their next 16 plus years of their career, the person with the simpler name will rise up the legal hierarchy more quickly. They will attain partnership more quickly in the middle parts of their career. And by about the eighth or ninth year after graduating from law school the people with simpler names are about seven to ten percent more likely to be partners — which is a striking effect. We try to eliminate all sorts of other alternative explanations. For example, we try to show that it's not about foreignness because foreign names tend to be harder to pronounce. But even if you look at just white males with Anglo-American names — so really the true in-group, you find that among those white males with Anglo names they are more likely to rise up if their names happen to be simpler. So simplicity is one key feature in names that determines various outcomes.

① the development of legal names
② the concept of attractive names
③ the benefit of simple names
④ the roots of foreign names

※ 밑줄 친 부분의 의미와 가장 가까운 것을 고르시오. [문 14 ~ 문 15]

문 14.

Schooling is <u>compulsory</u> for all children in the United States, but the age range for which school attendance is required varies from state to state.

① complementary ② systematic
③ mandatory ④ innovative

문 15.

Although the actress experienced much turmoil in her career, she never <u>disclosed</u> to anyone that she was unhappy.

① let on ② let off
③ let up ④ let down

문 16. 밑줄 친 (A), (B)에 들어갈 말로 가장 적절한 것은?

Visionaries are the first people in their industry segment to see the potential of new technologies. Fundamentally, they see themselves as smarter than their opposite numbers in competitive companies — and, quite often, they are. Indeed, it is their ability to see things first that they want to leverage into a competitive advantage. That advantage can only come about if no one else has discovered it. They do not expect, ____(A)____, to be buying a well-tested product with an extensive list of industry references. Indeed, if such a reference base exists, it may actually turn them off, indicating that for this technology, at any rate, they are already too late. Pragmatists, ____(B)____, deeply value the experience of their colleagues in other companies. When they buy, they expect extensive references, and they want a good number to come from companies in their own industry segment.

(A)	(B)
① therefore	on the other hand
② however	in addition
③ nonetheless	at the same time
④ furthermore	in conclusion

문 17. 주어진 문장이 들어갈 위치로 가장 적절한 것은?

Some of these ailments are short-lived; others may be long-lasting.

For centuries, humans have looked up at the sky and wondered what exists beyond the realm of our planet. (①) Ancient astronomers examined the night sky hoping to learn more about the universe. More recently, some movies explored the possibility of sustaining human life in outer space, while other films have questioned whether extraterrestrial life forms may have visited our planet. (②) Since astronaut Yuri Gagarin became the first man to travel in space in 1961, scientists have researched what conditions are like beyond the Earth's atmosphere, and what effects space travel has on the human body. (③) Although most astronauts do not spend more than a few months in space, many experience physiological and psychological problems when they return to the Earth. (④) More than two-thirds of all astronauts suffer from motion sickness while traveling in space. In the gravity-free environment, the body cannot differentiate up from down. The body's internal balance system sends confusing signals to the brain, which can result in nausea lasting as long as a few days.

문 18. 밑줄 친 부분에 들어갈 말로 가장 적절한 것은?

Why bother with the history of everything? ______________________. In literature classes you don't learn about genes; in physics classes you don't learn about human evolution. So you get a partial view of the world. That makes it hard to find *meaning* in education. The French sociologist Emile Durkheim called this sense of disorientation and meaninglessness *anomie*, and he argued that it could lead to despair and even suicide. The German sociologist Max Weber talked of the "disenchantment" of the world. In the past, people had a unified vision of their world, a vision usually provided by the origin stories of their own religious traditions. That unified vision gave a sense of purpose, of meaning, even of enchantment to the world and to life. Today, though, many writers have argued that a sense of meaninglessness is inevitable in a world of science and rationality. Modernity, it seems, means meaninglessness.

① In the past, the study of history required disenchantment from science
② Recently, science has given us lots of clever tricks and meanings
③ Today, we teach and learn about our world in fragments
④ Lately, history has been divided into several categories

문 19. 다음 글의 내용과 일치하지 않는 것은?

The earliest government food service programs began around 1900 in Europe. Programs in the United States date from the Great Depression, when the need to use surplus agricultural commodities was joined to concern for feeding the children of poor families. During and after World War II, the explosion in the number of working women fueled the need for a broader program. What was once a function of the family — providing lunch — was shifted to the school food service system. The National School Lunch Program is the result of these efforts. The program is designed to provide federally assisted meals to children of school age. From the end of World War II to the early 1980s, funding for school food service expanded steadily. Today it helps to feed children in almost 100,000 schools across the United States. Its first function is to provide a nutritious lunch to all students; the second is to provide nutritious food at both breakfast and lunch to underprivileged children. If anything, the role of school food service as a replacement for what was once a family function has been expanded.

① The increase in the number of working women boosted the expansion of food service programs.
② The US government began to feed poor children during the Great Depression despite the food shortage.
③ The US school food service system presently helps to feed children of poor families.
④ The function of providing lunch has been shifted from the family to schools.

문 20. 주어진 문장 다음에 이어질 글의 순서로 가장 적절한 것은?

South Korea boasts of being the most wired nation on earth.

(A) This addiction has become a national issue in Korea in recent years, as users started dropping dead from exhaustion after playing online games for days on end. A growing number of students have skipped school to stay online, shockingly self-destructive behavior in this intensely competitive society.
(B) In fact, perhaps no other country has so fully embraced the Internet.
(C) But such ready access to the Web has come at a price as legions of obsessed users find that they cannot tear themselves away from their computer screens.

① (A) − (B) − (C) ② (A) − (C) − (B)
③ (B) − (A) − (C) ④ (B) − (C) − (A)

해설편 ▶ P.140

2018 4월 7일 시행 국가직 9급

| 풀이 시간: ____:____ ~ ____:____ / 점수: ____점

1초 합격예측! 모바일 성적분석표

QR 코드로 접속하여 문제 풀이시간을 측정하고, 〈1초 합격예측 & 모바일 성적분석표〉 서비스를 통해 지금 바로! 실력을 점검해 보세요.
http://eduwill.kr/Uqy6

※ 밑줄 친 부분에 들어갈 말로 가장 적절한 것을 고르시오. [문 1 ~ 문 2]

문 1.

A: Can I ask you for a favor?
B: Yes, what is it?
A: I need to get to the airport for my business trip, but my car won't start. Can you give me a lift?
B: Sure. When do you need to be there by?
A: I have to be there no later than 6 : 00.
B: It's 4 : 30 now. ________________________. We'll have to leave right away.

① That's cutting it close
② I took my eye off the ball
③ All that glitters is not gold
④ It's water under the bridge

문 2.

Fear of loss is a basic part of being human. To the brain, loss is a threat and we naturally take measures to avoid it. We cannot, however, avoid it indefinitely. One way to face loss is with the perspective of a stock trader. Traders accept the possibility of loss as part of the game, not the end of the game. What guides this thinking is a portfolio approach; wins and losses will both happen, but it's the overall portfolio of outcomes that matters most. When you embrace a portfolio approach, you will be ________________________ because you know that they are small parts of a much bigger picture.

① less inclined to dwell on individual losses
② less interested in your investments
③ more averse to the losses
④ more sensitive to fluctuations in the stock market

문 3. 다음 글의 제목으로 가장 적절한 것은?

Over the last years of traveling, I've observed how much we humans live in the past. The past is around us constantly, considering that, the minute something is manifested, it is the past. Our surroundings, our homes, our environments, our architecture, our products are all past constructs. We should live with what is part of our time, part of our collective consciousness, those things that were produced during our lives. Of course, we do not have the choice or control to have everything around us relevant or conceived during our time, but what we do have control of should be a reflection of the time in which we exist and communicate the present. The present is all we have, and the more we are surrounded by it, the more we are aware of our own presence and participation.

① Travel: Tracing the Legacies of the Past
② Reflect on the Time That Surrounds You Now
③ Manifestation of a Hidden Life
④ Architecture of a Futuristic Life

문 4. 밑줄 친 부분 중 어법상 옳지 않은 것은?

It would be difficult ① to imagine life without the beauty and richness of forests. But scientists warn we cannot take our forest for ② granted. By some estimates, deforestation ③ has been resulted in the loss of as much as eighty percent of the natural forests of the world. Currently, deforestation is a global problem, ④ affecting wilderness regions such as the temperate rainforests of the Pacific.

문 5. 밑줄 친 부분의 의미와 가장 가까운 것은?

Robert J. Flaherty, a legendary documentary filmmaker, tried to show how indigenous people gathered food.

① native ② ravenous
③ impoverished ④ itinerant

문 6. 밑줄 친 부분에 들어갈 말로 가장 적절한 것은?

Listening to music is ____________ being a rock star. Anyone can listen to music, but it takes talent to become a musician.

① on a par with ② a far cry from
③ contingent upon ④ a prelude to

문 7. 다음 글의 흐름상 가장 어색한 문장은?

Biologists have identified a gene that will allow rice plants to survive being submerged in water for up to two weeks — over a week longer than at present. Plants under water for longer than a week are deprived of oxygen and wither and perish. ① The scientists hope their discovery will prolong the harvests of crops in regions that are susceptible to flooding. ② Rice growers in these flood-prone areas of Asia lose an estimated one billion dollars annually to excessively waterlogged rice paddies. ③ They hope the new gene will lead to a hardier rice strain that will reduce the financial damage incurred in typhoon and monsoon seasons and lead to bumper harvests. ④ This is dreadful news for people in these vulnerable regions, who are victims of urbanization and have a shortage of crops. Rice yields must increase by 30 percent over the next 20 years to ensure a billion people can receive their staple diet.

문 8. 밑줄 친 부분에 들어갈 말로 가장 적절한 것은?

A: Do you know how to drive?
B: Of course. I'm a great driver.
A: Could you teach me how to drive?
B: Do you have a learner's permit?
A: Yes, I got it just last week.
B: Have you been behind the steering wheel yet?
A: No, but I can't wait to ________________.

① take a rain check ② get my feet wet
③ get an oil change ④ change a flat tire

문 9. 다음 글의 내용과 일치하는 것은?

Sharks are covered in scales made from the same material as teeth. These flexible scales protect the shark and help it swim quickly in water. A shark can move the scales as it swims. This movement helps reduce the water's drag. Amy Lang, an aerospace engineer at the University of Alabama, studies the scales on the shortfin mako, a relative of the great white shark. Lang and her team discovered that the mako shark's scales differ in size and in flexibility in different parts of its body. For instance, the scales on the sides of the body are tapered — wide at one end and narrow at the other end. Because they are tapered, these scales move very easily. They can turn up or flatten to adjust to the flow of water around the shark and to reduce drag. Lang feels that shark scales can inspire designs for machines that experience drag, such as airplanes.

① A shark has scales that always remain immobile to protect itself as it swims.
② Lang revealed that the scales of a mako shark are utilized to lessen drag in water.
③ A mako shark has scales of identical size all over its body.
④ The scientific designs of airplanes were inspired by shark scales.

문 10. 밑줄 친 부분 중 어법상 옳지 않은 것은?

Focus means ① getting stuff done. A lot of people have great ideas but don't act on them. For me, the definition of an entrepreneur, for instance, is someone who can combine innovation and ingenuity with the ability to execute that new idea. Some people think that the central dichotomy in life is whether you're positive or negative about the issues ② that interest or concern you. There's a lot of attention ③ paying to this question of whether it's better to have an optimistic or pessimistic lens. I think the better question to ask is whether you are going to do something about it or just ④ let life pass you by.

문 11. 밑줄 친 부분 중 글의 흐름상 가장 어색한 것은?

Most people like to talk, but few people like to listen, yet listening well is a ① rare talent that everyone should treasure. Because they hear more, good listeners tend to know more and to be more sensitive to what is going on around them than most people. In addition, good listeners are inclined to accept or tolerate rather than to judge and criticize. Therefore, they have ② fewer enemies than most people. In fact, they are probably the most beloved of people. However, there are ③ exceptions to that generality. For example, John Steinbeck is said to have been an excellent listener, yet he was hated by some of the people he wrote about. No doubt his ability to listen contributed to his capacity to write. Nevertheless, the result of his listening didn't make him ④ unpopular.

문 12. 다음 글의 주제로 가장 적절한 것은?

Worry is like a rocking horse. No matter how fast you go, you never move anywhere. Worry is a complete waste of time and creates so much clutter in your mind that you cannot think clearly about anything. The way to learn to stop worrying is by first understanding that you energize whatever you focus your attention on. Therefore, the more you allow yourself to worry, the more likely things are to go wrong! Worrying becomes such an ingrained habit that to avoid it you consciously have to train yourself to do otherwise. Whenever you catch yourself having a fit of worry, stop and change your thoughts. Focus your mind more productively on what you do want to happen and dwell on what's already wonderful in your life so more wonderful stuff will come your way.

① What effects does worry have on life?
② Where does worry originate from?
③ When should we worry?
④ How do we cope with worrying?

문 13. 다음 글의 내용과 일치하지 않는 것은?

Students at Macaulay Honors College (MHC) don't stress about the high price of tuition. That's because theirs is free. At Macaulay and a handful of other service academies, work colleges, single-subject schools and conservatories, 100 percent of the student body receive a full tuition scholarship for all four years. Macaulay students also receive a laptop and $7,500 in "opportunities funds" to pursue research, service experiences, study abroad programs and internships. "The most important thing is not the free tuition, but the freedom of studying without the burden of debt on your back," says Ann Kirschner, university dean of Macaulay Honors College. The debt burden, she says, "really compromises decisions students make in college, and we are giving them the opportunity to be free of that." Schools that grant free tuition to all students are rare, but a greater number of institutions provide scholarships to enrollees with high grades. Institutions such as Indiana University Bloomington offer automatic awards to high-performing students with stellar GPAs and class ranks.

① MHC에서는 모든 학생이 4년간 수업료를 내지 않는다.
② MHC에서는 학생들에게 컴퓨터 구입 비용과 교외활동 비용을 합하여 $7,500를 지급한다.
③ 수업료로 인한 빚 부담이 있으면 학생들이 자유롭게 공부할 수 없다고 Kirschner 학장은 말한다.
④ MHC와 달리 학업 우수자에게만 장학금을 주는 대학도 있다.

※ 밑줄 친 부분의 의미와 가장 가까운 것을 고르시오. [문 14 ~ 문 15]

문 14.

> The police spent seven months working on the crime case but were never able to determine the identity of the <u>malefactor</u>.

① culprit ② dilettante
③ pariah ④ demagogue

문 15.

> While at first glance it seems that his friends are just leeches, they prove to be the ones he can depend on <u>through thick and thin</u>.

① in no time
② from time to time
③ in pleasant times
④ in good times and bad times

문 16. 주어진 문장이 들어갈 위치로 가장 적절한 것은?

> Some remain intensely proud of their original accent and dialect words, phrases and gestures, while others accommodate rapidly to a new environment by changing their speech habits, so that they no longer "stand out in the crowd."

> Our perceptions and production of speech change with time. (①) If we were to leave our native place for an extended period, our perception that the new accents around us were strange would only be temporary. (②) Gradually, we will lose the sense that others have an accent and we will begin to fit in — to accommodate our speech patterns to the new norm. (③) Not all people do this to the same degree. (④) Whether they do this consciously or not is open to debate and may differ from individual to individual, but like most processes that have to do with language, the change probably happens before we are aware of it and probably couldn't happen if we were.

문 17. 다음 글의 내용과 일치하지 않는 것은?

> Insomnia can be classified as transient, acute, or chronic. Transient insomnia lasts for less than a week. It can be caused by another disorder, by changes in the sleep environment, by the timing of sleep, severe depression, or by stress. Its consequences such as sleepiness and impaired psychomotor performance are similar to those of sleep deprivation. Acute insomnia is the inability to consistently sleep well for a period of less than a month. Acute insomnia is present when there is difficulty initiating or maintaining sleep or when the sleep that is obtained is not refreshing. These problems occur despite adequate opportunity and circumstances for sleep and they can impair daytime functioning. Acute insomnia is also known as short term insomnia or stress related insomnia. Chronic insomnia lasts for longer than a month. It can be caused by another disorder, or it can be a primary disorder. People with high levels of stress hormones or shifts in the levels of cytokines are more likely than others to have chronic insomnia. Its effects can vary according to its causes. They might include muscular weariness, hallucinations, and/or mental fatigue. Chronic insomnia can also cause double vision.
>
> *cytokines: groups of molecules released by certain cells of the immune system

① Insomnia can be classified according to its duration.
② Transient insomnia occurs solely due to an inadequate sleep environment.
③ Acute insomnia is generally known to be related to stress.
④ Chronic insomnia patients may suffer from hallucinations.

문 18. 밑줄 친 부분에 들어갈 말로 가장 적절한 것은?

Kisha Padbhan, founder of Everonn Education, in Mumbai, looks at his business as nation-building. India's student-age population of 230million (kindergarten to college) is one of the largest in the world. The government spends $83 billion on instruction, but there are serious gaps. "There aren't enough teachers and enough teacher-training institutes," says Kisha. "What children in remote parts of India lack is access to good teachers and exposure to good-quality content." Everonn's solution? The company uses a satellite network, with two-way video and audio ______________. It reaches 1,800 colleges and 7,800 schools across 24 of India's 28 states. It offers everything from digitized school lessons to entrance exam prep for aspiring engineers and has training for job-seekers, too.

① to improve the quality of teacher training facilities
② to bridge the gap through virtual classrooms
③ to get students familiarized with digital technology
④ to locate qualified instructors across the nation

문 19. 주어진 문장 다음에 이어질 글의 순서로 가장 적절한 것은?

A technique that enables an individual to gain some voluntary control over autonomic, or involuntary, body functions by observing electronic measurements of those functions is known as biofeedback.

(A) When such a variable moves in the desired direction (for example, blood pressure down), it triggers visual or audible displays – feedback on equipment such as television sets, gauges, or lights.
(B) Electronic sensors are attached to various parts of the body to measure such variables as heart rate, blood pressure, and skin temperature.
(C) Biofeedback training teaches one to produce a desired response by reproducing thought patterns or actions that triggered the displays.

① (A) – (B) – (C)　② (B) – (C) – (A)
③ (B) – (A) – (C)　④ (C) – (A) – (B)

문 20. 우리말을 영어로 잘못 옮긴 것은?

① 그 연사는 자기 생각을 청중에게 전달하는 데 능숙하지 않았다.
→ The speaker was not good at getting his ideas across to the audience.
② 서울의 교통 체증은 세계 어느 도시보다 심각하다.
→ The traffic jams in Seoul are more serious than those in any other city in the world.
③ 네가 말하고 있는 사람과 시선을 마주치는 것은 서양 국가에서 중요하다.
→ Making eye contact with the person you are speaking to is important in western countries.
④ 그는 사람들이 생각했던 만큼 인색하지 않았다는 것이 드러났다.
→ It turns out that he was not so stingier as he was thought to be.

해설편 ▶ P.146

2017 4월 8일 시행 국가직(=사회복지직) 9급

| 풀이 시간: ____:____ ~ ____:____ / 점수: ____점

※ 밑줄 친 부분과 의미가 가장 가까운 것을 고르시오. [문 1 ~ 문 2]

문 1.

> I absolutely <u>detested</u> the idea of staying up late at night.

① abandoned ② confirmed
③ abhorred ④ defended

문 2.

> I had an <u>uncanny</u> feeling that I had seen this scene somewhere before.

① odd ② ongoing
③ obvious ④ offensive

※ 밑줄 친 부분에 들어갈 말로 가장 적절한 것을 고르시오. [문 3 ~ 문 4]

문 3.

> A: May I help you?
> B: I bought this dress two days ago, but it's a bit big for me.
> A: ______________________
> B: Then I'd like to get a refund.
> A: May I see your receipt, please?
> B: Here you are.

① I'm sorry, but there's no smaller size.
② I feel like it fits you perfectly, though.
③ That dress sells really well in our store.
④ I'm sorry, but this purchase can't be refunded.

문 4.

> A: Every time I use this home blood pressure monitor, I get a different reading. I think I'm doing it wrong. Can you show me how to use it correctly?
> B: Yes, of course. First, you have to put the strap around your arm.
> A: Like this? Am I doing this correctly?
> B: That looks a little too tight.
> A: Oh, how about now?
> B: Now it looks a bit too loose. If it's too tight or too loose, you'll get an incorrect reading.
> A: ______________________
> B: Press the button now. You shouldn't move or speak.
> A: I get it.
> B: You should see your blood pressure on the screen in a few moments.

① Should I check out their website?
② Right, I need to read the book.
③ Oh, okay. What do I do next?
④ I didn't see anything today.

문 5. 어법상 옳은 것은?

① They didn't believe his story, and neither did I.
② The sport in that I am most interested is soccer.
③ Jamie learned from the book that World War I had broken out in 1914.
④ Two factors have made scientists difficult to determine the number of species on Earth.

문 6. 어법상 옳지 않은 것은?

① A few words caught in passing set me thinking.
② Hardly did she enter the house when someone turned on the light.
③ We drove on to the hotel, from whose balcony we could look down at the town.
④ The homeless usually have great difficulty getting a job, so they are losing their hope.

※ 밑줄 친 부분에 들어갈 말로 가장 적절한 것을 고르시오. [문 7 ~ 문 9]

문 7.

Why might people hovering near the poverty line be more likely to help their fellow humans? Part of it, Keltner thinks, is that poor people must often band together to make it through tough times — a process that probably makes them more socially astute. He says, "When you face uncertainty, it makes you orient to other people. You build up these strong social networks." When a poor young mother has a new baby, for instance, she may need help securing food, supplies, and childcare, and if she has healthy social times, members of her community will pitch in. But limited income is hardly a prerequisite for developing this kind of empathy and social responsiveness. Regardless of the size of our bank accounts, suffering becomes a conduit to altruism or heroism when our own pain compels us to be ________________ other people's needs and to intervene when we see someone in the clutches of the kind of suffering we know so well.

① more indifferent to ② more attentive to
③ less preoccupied with ④ less involved in

문 8.

The Soleil department store outlet in Shanghai would seem to have all the amenities necessary to succeed in modern Chinese retail: luxury brands and an exclusive location. Despite these advantages, however, the store's management thought it was still missing something to attract customers. So next week they're unveiling a gigantic, twisting, dragon-shaped slide that shoppers can use to drop from fifth-floor luxury boutiques to first-floor luxury boutiques in death-defying seconds. Social media users are wondering, half-jokingly, whether the slide will kill anyone. But Soleil has a different concern that Chinese shopping malls will go away completely. Chinese shoppers, once seemingly in endless supply, are no longer turning up at brick-and-mortar outlets because of the growing online shopping, and they still go abroad to buy luxury goods. So, repurposing these massive spaces for consumers who have other ways to spend their time and money is likely to require a lot of creativity. ________________.

① Luxury brands are thriving at Soleil
② Soleil has decided against making bold moves
③ Increasing the online customer base may be the last hope
④ A five-story dragon slide may not be a bad place to start

문 9.

It is easy to devise numerous possible scenarios of future developments, each one, on the face of it, equally likely. The difficult task is to know which will actually take place. In hindsight, it usually seems obvious. When we look back in time, each event seems clearly and logically to follow from previous events. Before the event occurs, however, the number of possibilities seems endless. There are no methods for successful prediction, especially in areas involving complex social and technological changes, where many of the determining factors are not known and, in any event, are certainly not under any single group's control. Nonetheless, it is essential to ________________________. We do know that new technologies will bring both dividends and problems, especially human, social problems. The more we try to anticipate these problems, the better we can control them.

① work out reasonable scenarios for the future
② legitimize possible dividends from future changes
③ leave out various aspects of technological problems
④ consider what it would be like to focus on the present

문 10. 다음 글의 내용과 일치하는 것은?

Taste buds got their name from the nineteenth-century German scientists Georg Meissner and Rudolf Wagner, who discovered mounds made up of taste cells that overlap like petals. Taste buds wear out every week to ten days, and we replace them, although not as frequently over the age of forty-five: our palates really do become jaded as we get older. It takes a more intense taste to produce the same level of sensation, and children have the keenest sense of taste. A baby's mouth has many more taste buds than an adult's, with some even dotting the cheeks. Children adore sweets partly because the tips of their tongues, more sensitive to sugar, haven't yet been blunted by trying to eat hot soup before it cools.

① Taste buds were invented in the nineteenth century.
② Replacement of taste buds does not slow down with age.
③ Children have more sensitive palates than adults.
④ The sense of taste declines by eating cold soup.

문 11. 밑줄 친 부분과 의미가 가장 가까운 것은?

At this company, we will not put up with such behavior.

① evaluate ② tolerate
③ record ④ modify

문 12. 밑줄 친 부분 중 의미상 옳지 않은 것은?

① I'm going to take over his former position.
② I can't take on any more work at the moment.
③ The plane couldn't take off because of the heavy fog.
④ I can't go out because I have to take after my baby sister.

문 13. 다음 글의 제목으로 가장 적절한 것은?

Drama is doing. Drama is being. Drama is such a normal thing. It is something that we all engage in every day when faced with difficult situations. You get up in the morning with a bad headache or an attack of depression, yet you face the day and cope with other people, pretending that nothing is wrong. You have an important meeting or an interview coming up, so you talk through the issues with yourself beforehand and decide how to present a confident, cheerful face, what to wear, what to do with your hands, and so on. You've spilt coffee over a colleague's papers, and immediately you prepare an elaborate excuse. Your partner has just run off with your best friend, yet you cannot avoid going in to teach a class of inquisitive students. Getting on with our day-to-day lives requires a series of civilized masks if we are to maintain our dignity and live in harmony with others.

① Dysfunctions of Drama
② Drama in Our Daily Lives
③ Drama as a Theatrical Art
④ Dramatic Changes in Emotions

문 14. 다음 글의 요지로 가장 적절한 것은?

How on earth will it help the poor if governments try to strangle globalization by stemming the flow of trade, information, and capital — the three components of the global economy? That disparities between rich and poor are still too great is undeniable. But it is just not true that economic growth benefits only the rich and leaves out the poor, as the opponents of globalization and the market economy would have us believe. A recent World Bank study entitled "Growth Is Good for the Poor" reveals a one-for-one relationship between income of the bottom fifth of the population and per capita GDP. In other words, incomes of all sectors grow proportionately at the same rate. The study notes that openness to foreign trade benefits the poor to the same extent that it benefits the whole economy.

① Governments must control the flow of trade to revive the economy.
② Globalization can be beneficial regardless of one's economic status.
③ The global economy grows at the expense of the poor.
④ Globalization deepens conflicts between rich and poor.

※ 우리말을 영어로 잘못 옮긴 것을 고르시오. [문 15 ~ 문 16]

문 15. ① 이 편지를 받는 대로 곧 본사로 와 주십시오.
→ Please come to the headquarters as soon as you receive this letter.
② 나는 소년 시절에 독서하는 버릇을 길러 놓았어야만 했다.
→ I ought to have formed a habit of reading in my boyhood.
③ 그는 10년 동안 외국에 있었기 때문에 영어를 매우 유창하게 말할 수 있다.
→ Having been abroad for ten years, he can speak English very fluently.
④ 내가 그때 그 계획을 포기했었다면 이렇게 훌륭한 성과를 얻지 못했을 것이다.
→ Had I given up the project at that time, I should have achieved such a splendid result.

문 16. ① 그 회의 후에야 그는 금융 위기의 심각성을 알아차렸다.
→ Only after the meeting did he recognize the seriousness of the financial crisis.
② 장관은 교통문제를 해결하기 위해 강 위에 다리를 건설해야 한다고 주장했다.
→ The minister insisted that a bridge be constructed over the river to solve the traffic problem.
③ 비록 그 일이 어려운 것이었지만, Linda는 그것을 끝내기 위해 최선을 다했다.
→ As difficult a task as it was, Linda did her best to complete it.
④ 그는 문자 메시지에 너무 정신이 팔려서 제한속도보다 빠르게 달리고 있다는 것을 몰랐다.
→ He was so distracted by a text message to know that he was going over the speed limit.

문 17. 빈칸 (A), (B)에 들어갈 말로 가장 적절한 것은?

The amount of information gathered by the eyes as contrasted with the ears has not been precisely calculated. Such a calculation not only involves a translation process, but scientists have been handicapped by lack of knowledge of what to count. A general notion, however, of the relative complexities of the two systems can be obtained by ____(A)____ the size of the nerves connecting the eyes and the ears to the centers of the brain. Since the optic nerve contains roughly eighteen times as many neurons as the cochlear nerve, we assume it transmits at least that much more information. Actually, in normally alert subjects, it is probable that the eyes may be as much as a thousand times as effective as the ears in ____(B)____ information.

*cochlear 달팽이관의

	(A)	(B)
①	comparing	sweeping up
②	comparing	reducing
③	adding	disseminating
④	adding	clearing up

문 18. 글의 흐름상 가장 어색한 문장은?

Children's book awards have proliferated in recent years; today, there are well over 100 different awards and prizes by a variety of organizations. ① The awards may be given for books of a specific genre or simply for the best of all children's books published within a given time period. An award may honor a particular book or an author for a lifetime contribution to the world of children's literature. ② Most children's book awards are chosen by adults, but now a growing number of children's choice book awards exist. The larger national awards given in most countries are the most influential and have helped considerably to raise public awareness about the fine books being published for young readers. ③ An award ceremony for outstanding services to the publishing industry is put on hold. ④ Of course, readers are wise not to put too much faith in award-winning books. An award doesn't necessarily mean a good reading experience, but it does provide a starting place when choosing books.

문 19. 주어진 문장이 들어갈 가장 적절한 위치는?

> This inequality is corrected by their getting in their turn better portions from kills by other people.

Let us examine a situation of simple distribution such as occurs when an animal is killed in a hunt. One might expect to find the animal portioned out according to the amount of work done by each hunter to obtain it. (①) To some extent this principle is followed, but other people have their rights as well. (②) Each person in the camp gets a share depending upon his or her relation to the hunters. (③) When a kangaroo is killed, for example, the hunters have to give its main parts to their kinfolk and the worst parts may even be kept by the hunters themselves. (④) The net result in the long run is substantially the same to each person, but through this system the principles of kinship obligation and the morality of sharing food have been emphasized.

문 20. 주어진 글 다음에 이어질 글의 순서로 가장 적절한 것은?

> The most innovative of the group therapy approaches was psychodrama, the brainchild of Jacob L. Moreno. Psychodrama as a form of group therapy started with premises that were quite alien to the Freudian world view that mental illness essentially occurs within the psyche or mind.

(A) But he also believed that creativity is rarely a solitary process but something brought out by social interactions. He relied heavily on theatrical techniques, including role-playing and improvisation, as a means to promote creativity and general social trust.

(B) Despite his theoretical difference from the mainstream viewpoint, Moreno's influence in shaping psychological consciousness in the twentieth century was considerable. He believed that the nature of human beings is to be creative and that living a creative life is the key to human health and well-being.

(C) His most important theatrical tool was what he called role reversal — asking participants to take on another's persona. The act of pretending "as if" one were in another's skin was designed to help bring out the empathic impulse and to develop it to higher levels of expression.

① (A) − (C) − (B)　　② (B) − (A) − (C)

③ (B) − (C) − (A)　　④ (C) − (B) − (A)

해설편 ▶ P.152

2017 10월 21일 시행 국가직 9급 추가

| 풀이 시간: ____:____ ~ ____:____ / 점수: ____점

※ 밑줄 친 부분에 들어갈 말로 가장 적절한 것을 고르시오. [문 1 ~ 문 2]

문 1.

> Mary: Hi, James. How's it going?
> James: Hello, Mary. What can I do for you today?
> Mary: How can I arrange for this package to be delivered?
> James: Why don't you talk to Bob in Customer Service?
> Mary: ______________________.

① Sure. I will deliver this package for you.
② OK. Let me take care of Bob's customers.
③ I will see you at the Customs office.
④ I tried calling his number, but no one is answering.

문 2.

> A: Wow! Look at the long line. I'm sure we have to wait at least 30 minutes.
> B: You're right. ______________________
> A: That's a good idea. I want to ride the roller coaster.
> B: It's not my cup of tea.
> A: How about the Flume Ride then? It's fun and the line is not so long.
> B: That sounds great! Let's go!

① Let's find seats for the magic show.
② Let's look for another ride.
③ Let's buy costumes for the parade.
④ Let's go to the lost and found.

※ 우리말을 영어로 잘못 옮긴 것을 고르시오. [문 3 ~ 문 4]

문 3. ① 그 클럽은 입소문을 통해서 인기를 얻었다.
→ The club became popular by word of mouth.
② 무서운 영화를 좋아한다면 이것은 꼭 봐야 할 영화이다.
→ If you like scary movies, this is a must-see movie.
③ 뒤쪽은 너무 멀어요. 중간에 앉는 걸로 타협합시다.
→ The back is too far away. Let's promise and sit in the middle.
④ 제 예산이 빠듯합니다. 제가 쓸 수 있는 돈은 15달러뿐입니다.
→ I am on a tight budget. I only have fifteen dollars to spend.

문 4. ① 식사가 준비됐을 때, 우리는 식당으로 이동했다.
→ The dinner being ready, we moved to the dining hall.
② 저쪽에 있는 사람이 누구인지 알겠니?
→ Can you tell who that is over there?
③ 이 질병이 목숨을 앗아가는 일은 좀처럼 없다.
→ It rarely happens that this disease proves fatal.
④ 과정을 관리하면서 발전시키는 것이 나의 목표였다.
→ To control the process and making improvement was my objectives.

※ 밑줄 친 부분과 의미가 가장 가까운 것을 고르시오. [문 5 ~ 문 7]

문 5.

> These days, Halloween has drifted far from its roots in pagan and Catholic festivals, and the spirits we <u>appease</u> are no longer those of the dead: needy ghosts have been replaced by costumed children demanding treats.

① assign ② apprehend
③ pacify ④ provoke

문 6.

I usually <u>make light of</u> my problems, and that makes me feel better.

① consider something as serious
② treat something as unimportant
③ make an effort to solve a problem
④ seek an acceptable solution

문 7.

A hamburger and French fries became the <u>quintessential</u> American meal in the 1950s, thanks to the promotional efforts of the fast food chains.

① healthiest ② affordable
③ typical ④ informal

문 8. 주어진 문장이 들어갈 위치로 가장 적절한 곳은?

Only New Zealand, New Caledonia and a few small islands peek above the waves.

Lurking beneath New Zealand is a long-hidden continent called Zealandia, geologists say. But since nobody is in charge of officially designating a new continent, individual scientists will ultimately have to judge for themselves. (①) A team of geologists pitches the scientific case for the new continent, arguing that Zealandia is a continuous expanse of continental crust covering around 4.9 million square kilometers. (②) That's about the size of the Indian subcontinent. Unlike the other mostly dry continents, around 94 percent of Zealandia hides beneath the ocean. (③) Except those tiny areas, all parts of Zealandia submerge under the ocean. "If we could pull the plug on the world's oceans, it would be quite clear that Zealandia stands out about 3,000 meters above the surrounding ocean crust," says a geologist. (④) "If it wasn't for the ocean level, long ago we'd have recognized Zealandia for what it was — a continent."

문 9. 다음 글의 내용과 일치하지 않는 것은?

The first decades of the 17th century witnessed an exponential growth in the understanding of the Earth and heavens, a process usually referred to as the Scientific Revolution. The older reliance on the philosophy of Aristotle was fast waning in universities. In the Aristotelian system of natural philosophy, the movements of bodies were explained 'causally' in terms of the amount of the four elements (earth, water, air, fire) that they possessed, and objects moved up or down to their 'natural' place depending on the preponderance of given elements of which they were composed. Natural philosophy was routinely contrasted with 'mixed mathematical' subjects such as optics, hydrostatics, and harmonics, where numbers could be applied to measurable external quantities such as length or duration.

① There was an increase in the knowledge of the Earth and heavens in the early 17th century.
② Dependence on the philosophy of Aristotle was on the decline in universities in the 17th century.
③ Natural philosophy proposed four elements to explain the movements of bodies.
④ In natural philosophy, numbers were routinely put to use for measurable external quantities.

문 10. 다음 글의 내용과 가장 일치하는 것은?

Stressful events early in a person's life, such as neglect or abuse, can have psychological impacts into adulthood. New research shows that these effects may persist in their children and even their grandchildren. Larry James and Lorena Schmidt, biochemists at the Tufts School of Medicine, caused chronic social stress in adolescent mice by regularly relocating them to new cages over the course of seven weeks. The researchers then tested these stressed mice in adulthood using a series of standard laboratory measures for rodent anxiety, such as how long the mice spent in open areas of a maze and how frequently they approached mice they had never met before. Female mice showed more anxious behaviors compared with control animals, whereas the males did not. Both sexes' offspring displayed more anxious behaviors, however, and the males who had been stressed as adolescents even transmitted these behavior patterns to their female grandchildren and great-grandchildren.

① Your grandfather's stress when he was an adolescent might make you more anxious.
② Early stressful experiences alleviate anxiety later in life.
③ Constant moving from one place to another can benefit offspring.
④ Chronic social stress cannot be caused by relocation.

문 11. 밑줄 친 부분에 공통으로 들어갈 말로 가장 적절한 것은?

• She's disappointed about their final decision, but she'll _________ it eventually.
• It took me a very long time to _________ the shock of her death.

① get away ② get down
③ get ahead ④ get over

문 12. 주어진 글 다음에 이어질 글의 순서로 가장 적절한 것은?

Through the ages, industrious individuals have continuously created conveniences to make life easier. From the invention of the wheel to the lightbulb, inventions have propelled society forward.

(A) In addition, interactive media can be used to question a lecturer or exchange opinions with other students via e-mail. Such computerized lectures give students access to knowledge that was previously unavailable.
(B) One recent modern invention is the computer, which has improved many aspects of people's lives. This is especially true in the field of education. One important effect of computer technology on higher education is the availability of lectures.
(C) As a result of the development of computer networks, students can obtain lectures from many universities in real time. They are now able to sit down in front of a digital screen and listen to a lecture being given at another university.

① (A) – (B) – (C) ② (B) – (C) – (A)
③ (C) – (A) – (B) ④ (C) – (B) – (A)

※ 어법상 옳은 것을 고르시오. [문 13 ~ 문 14]

문 13. ① Undergraduates are not allowed to using equipments in the laboratory.
② The extent of Mary's knowledge on various subjects astound me.
③ If she had been at home yesterday, I would have visited her.
④ I regret to inform you that your loan application has not approved.

문 14. ① My father was in the hospital during six weeks.
② The whole family is suffered from the flu.
③ She never so much as mentioned it.
④ She would like to be financial independent.

※ 밑줄 친 부분에 들어갈 말로 가장 적절한 것을 고르시오. [문 15 ~ 문 17]

문 15. As a middle-class Jew growing up in an ethnically mixed Chicago neighborhood, I was already in danger of being beaten up daily by rougher working-class boys. Becoming a bookworm would only have given them a decisive reason for beating me up. Reading and studying were more permissible for girls, but they, too, had to be careful not to get too ____________, lest they acquire the stigma of being 'stuck up.'

① athletic ② intellectual
③ hospitable ④ inexperienced

문 16. You asked us, "What keeps satellites from falling out of the sky?" Over the last half-century, more than 2,500 satellites have followed the first one into space. What keeps them all afloat? It is a delicate balance between a satellite's speed and the pull of gravity. Satellites are __________________. Crazy, right? They fall at the same rate that the curve of the Earth falls away from them if they're moving at the right speed. Which means instead of racing farther out into space or spiraling down to Earth, they hang out in orbit around the planet. Corrections are often needed to keep a satellite on the straight and narrow. Earth's gravity is stronger in some places than others. Satellites can get pulled around by the sun, the moon and even the planet Jupiter.

① created to shut off once they are in orbit
② designed to intensify the Earth's gravity
③ theoretically pulling other planets
④ basically continuously falling

문 17. Rosberg observed that color advertisements in the trade publication Industrial Marketing produced more attention than black and white advertisements. It is an interesting historical sidelight to note that the color advertisements in Rosberg's study were considerably more expensive to run than corresponding black and white advertisements. Although the color advertisements did produce more attention, they did not attract as many readers per dollar as the black and white advertisements. Today, the technology, economy, and efficiency of printing has progressed to the point where color advertisements are no longer so rare. As a result, color advertisements may no longer be an 'exception.' In some color, glossy magazines, or on television, color advertisements may be so common that the rare black and white advertisement now attracts attention due to ____________.

① contrast ② hostility
③ deportation ④ charity

문 18. 다음 글의 흐름상 가장 어색한 문장은?

Researchers have developed a new model they said will provide better estimates about the North Atlantic right whale population, and the news isn't good. ① The model could be critically important to efforts to save the endangered species, which is in the midst of a year of high mortality, said Peter Corkeron, who leads the large whale team for the National Oceanic and Atmospheric Administration's Northeast Fisheries Science Center. ② The agency said the analysis shows the probability the population has declined since 2010 is nearly 100 percent. ③ "One problem was, are they really going down or are we not seeing them? They really have gone down, and that's the bottom line," Corkeron said. ④ The new research model has successfully demonstrated that the number of right whales has remained intact despite the worrisome, widening population gap between whale males and females.

문 19. 다음 글의 내용과 일치하지 않는 것은?

When the gong sounds, almost every diner at Beijing restaurant Duck de Chine turns around. That's because one of the city's greatest culinary shows is about to begin — the slicing of a Peking duck. Often voted by local guides in China as the best Peking duck in the city, the skin on Duck de Chine's birds is crispy and caramelized, its meat tender and juicy. "Our roasted duck is a little different than elsewhere," says An Ding, manager of Duck de Chine. "We use jujube wood, which is over 60 years old, and has a strong fruit scent, giving the duck especially crispy skin and a delicious flavor." The sweet hoisin sauce, drizzled over sliced spring onions and cucumbers and encased with the duck skin in a thin pancake, is another highlight. "The goal of our service is to focus on the details," says Ding. "It includes both how we present the roasted duck, and the custom sauces made for our guests." Even the plates and the chopsticks holders are duck-shaped. Duck de Chine also boasts China's first Bollinger Champagne Bar. Though Peking duck is the star, there are plenty of other worthy dishes on the menu. The restaurant serves both Cantonese and Beijing cuisine, but with a touch of French influence.

① The restaurant presents a culinary performance.
② The restaurant is highly praised in Beijing.
③ The restaurant features a special champagne bar.
④ The restaurant only serves dishes from the Beijing region.

문 20. 밑줄 친 부분에 들어갈 말로 가장 적절한 것은?

Since dog baths tend to be messy, time-consuming and not a whole lot of fun for everyone involved, it's natural to wonder, "How often should I bathe my dog?" As is often the case, the answer is "____________." "Dogs groom themselves to help facilitate the growth of hair follicles and to support skin health," says Dr. Adam Denish of Rhawnhurst Animal Hospital. "However, bathing is needed for most dogs to supplement the process. But bathing too often can be detrimental to your pet as well. It can irritate the skin, damage hair follicles, and increase the risk of bacterial or fungal infections." Dr. Jennifer Coates, veterinary advisor with petMD, adds, "the best bath frequency depends on the reason behind the bath. Healthy dogs who spend most of their time inside may only need to be bathed a few times a year to control natural 'doggy odors.' On the other hand, frequent bathing is a critical part of managing some medical conditions, like allergic skin disease."

① It depends
② Just once
③ Bathing is never necessary
④ When the bath is detrimental to your dog

해설편 ▶ P.158

지방직 9급 공개경쟁채용 필기시험

응시번호	
성 명	

문제책형

【시험과목】

제1과목	국 어	제2과목	영 어	제3과목	한국사
제4·5과목	행정법총론, 행정학개론				

응시자 주의사항

1. **시험 시작 전**에 시험문제를 열람하는 행위나 **시험 종료 후** 답안을 작성하는 행위를 한 사람은 「지방공무원 임용령」 제65조 등 관련 법령에 의거 **부정행위자**로 처리됩니다.

2. 시험 시작 즉시 **과목편철 순서, 문제누락 여부, 인쇄상태 이상 유무 및 표지와 개별과목의 문제책형 일치 여부 등을 확인**한 후 문제책 표지에 응시번호, 성명을 기재합니다.

3. 반드시 본인의 **응시표에 인쇄된 시험과목 순서에 따라** 제4과목과 제5과목의 **답안을 표기**하여야 합니다. 과목 순서를 바꾸어 표기한 경우에도 **본인의 응시표에 기재된 과목 순서대로 채점**되므로 반드시 유의하시기 바랍니다.

4. 시험이 시작되면 문제를 주의 깊게 읽은 후, **문항의 취지에 가장 적합한 하나의 정답만을 고르며**, 문제 내용에 관한 질문은 받지 않습니다.

5. **시험시간 관리의 책임**은 전적으로 응시자 본인에게 있습니다.

eduwill

2023 6월 10일 시행 지방직(= 서울시) 9급

| 풀이 시간: ____:____ ~ ____:____ / 점수: ____점

1초 합격예측! 모바일 성적분석표

QR 코드로 접속하여 문제 풀이시간을 측정하고, 〈1초 합격예측 & 모바일 성적분석표〉 서비스를 통해 지금 바로! 실력을 점검해 보세요.
https://eduwill.kr/q40f

※ 밑줄 친 부분의 의미와 가장 가까운 것을 고르시오. [문 1 ~ 문 4]

문 1.

> Further explanations on our project will be given in subsequent presentations.

① required ② following
③ advanced ④ supplementary

문 2.

> Folkways are customs that members of a group are expected to follow to show courtesy to others. For example, saying "excuse me" when you sneeze is an American folkway.

① charity ② humility
③ boldness ④ politeness

문 3.

> These children have been brought up on a diet of healthy food.

① raised ② advised
③ observed ④ controlled

문 4.

> Slavery was not done away with until the nineteenth century in the U.S.

① abolished ② consented
③ criticized ④ justified

문 5. 밑줄 친 부분에 들어갈 말로 가장 적절한 것은?

> Voters demanded that there should be greater ____________ in the election process so that they could see and understand it clearly.

① deception ② flexibility
③ competition ④ transparency

문 6. 밑줄 친 부분 중 어법상 옳지 않은 것은?

> One reason for upsets in sports — ① in which the team ② predicted to win and supposedly superior to their opponents surprisingly loses the contest — is ③ what the superior team may not have perceived their opponents as ④ threatening to their continued success.

문 7. 밑줄 친 부분이 어법상 옳지 않은 것은?

① I should have gone this morning, but I was feeling a bit ill.
② These days we do not save as much money as we used to.
③ The rescue squad was happy to discover an alive man.
④ The picture was looked at carefully by the art critic.

문 8. 우리말을 영어로 잘못 옮긴 것은?

① 우리는 그의 연설에 감동하게 되었다.
→ We were made touching with his speech.

② 비용은 차치하고 그 계획은 훌륭한 것이었다.
→ Apart from its cost, the plan was a good one.

③ 그들은 뜨거운 차를 마시는 동안에 일몰을 보았다.
→ They watched the sunset while drinking hot tea.

④ 과거 경력 덕분에 그는 그 프로젝트에 적합하였다.
→ His past experience made him suited for the project.

※ 밑줄 친 부분에 들어갈 말로 가장 적절한 것을 고르시오. [문 9 ~ 문 10]

문 9.

A: Pardon me, but could you give me a hand, please?
B: ______________________________
A: I'm trying to find the Personnel Department. I have an appointment at 10.
B: It's on the third floor.
A: How can I get up there?
B: Take the elevator around the corner.

① We have no idea how to handle this situation.
② Would you mind telling us who is in charge?
③ Yes. I could use some help around here.
④ Sure. Can I help you with anything?

문 10.

A: You were the last one who left the office, weren't you?
B: Yes. Is there any problem?
A: I found the office lights and air conditioners on this morning.
B: Really? Oh, no. Maybe I forgot to turn them off last night.
A: Probably they were on all night.
B: ______________________________

① Don't worry. This machine is working fine.
② That's right. Everyone likes to work with you.
③ I'm sorry. I promise I'll be more careful from now on.
④ Too bad. You must be tired because you get off work too late.

문 11. 두 사람의 대화 중 자연스럽지 않은 것은?

① A: How would you like your hair done?
B: I'm a little tired of my hair color. I'd like to dye it.

② A: What can we do to slow down global warming?
B: First of all, we can use more public transportation.

③ A: Anna, is that you? Long time no see! How long has it been?
B: It took me about an hour and a half by car.

④ A: I'm worried about Paul. He looks unhappy. What should I do?
B: If I were you, I'd wait until he talks about his troubles.

문 12. 다음 글의 제목으로 가장 적절한 것은?

Well-known author Daniel Goleman has dedicated his life to the science of human relationships. In his book *Social Intelligence* he discusses results from neuro-sociology to explain how sociable our brains are. According to Goleman, we are drawn to other people's brains whenever we engage with another person. The human need for meaningful connectivity with others, in order to deepen our relationships, is what we all crave, and yet there are countless articles and studies suggesting that we are lonelier than we ever have been and loneliness is now a world health epidemic. Specifically, in Australia, according to a national Lifeline survey, more than 80% of those surveyed believe our society is becoming a lonelier place. Yet, our brains crave human interaction.

① Lonely People
② Sociable Brains
③ Need for Mental Health Survey
④ Dangers of Human Connectivity

문 13. 다음 글의 주제로 가장 적절한 것은?

Certainly some people are born with advantages (e.g., physical size for jockeys, height for basketball players, an "ear" for music for musicians). Yet only dedication to mindful, deliberate practice over many years can turn those advantages into talents and those talents into successes. Through the same kind of dedicated practice, people who are not born with such advantages can develop talents that nature put a little farther from their reach. For example, even though you may feel that you weren't born with a talent for math, you can significantly increase your mathematical abilities through mindful, deliberate practice. Or, if you consider yourself "naturally" shy, putting in the time and effort to develop your social skills can enable you to interact with people at social occasions with energy, grace, and ease.

① advantages some people have over others
② importance of constant efforts to cultivate talents
③ difficulties shy people have in social interactions
④ need to understand one's own strengths and weaknesses

문 14. 다음 글의 요지로 가장 적절한 것은?

Dr. Roossinck and her colleagues found by chance that a virus increased resistance to drought on a plant that is widely used in botanical experiments. Their further experiments with a related virus showed that was true of 15 other plant species, too. Dr. Roossinck is now doing experiments to study another type of virus that increases heat tolerance in a range of plants. She hopes to extend her research to have a deeper understanding of the advantages that different sorts of viruses give to their hosts. That would help to support a view which is held by an increasing number of biologists, that many creatures rely on symbiosis, rather than being self-sufficient.

① Viruses demonstrate self-sufficiency of biological beings.
② Biologists should do everything to keep plants virus-free.
③ The principle of symbiosis cannot be applied to infected plants.
④ Viruses sometimes do their hosts good, rather than harming them.

문 15. 다음 글의 내용과 일치하지 않는 것은?

The traditional way of making maple syrup is interesting. A sugar maple tree produces a watery sap each spring, when there is still lots of snow on the ground. To take the sap out of the sugar maple tree, a farmer makes a slit in the bark with a special knife, and puts a "tap" on the tree. Then the farmer hangs a bucket from the tap, and the sap drips into it. That sap is collected and boiled until a sweet syrup remains—forty gallons of sugar maple tree "water" make one gallon of syrup. That's a lot of buckets, a lot of steam, and a lot of work. Even so, most of maple syrup producers are family farmers who collect the buckets by hand and boil the sap into syrup themselves.

① 사탕단풍나무에서는 매년 봄에 수액이 생긴다.
② 사탕단풍나무의 수액을 얻기 위해 나무껍질에 틈새를 만든다.
③ 단풍나무시럽 1갤론을 만들려면 수액 40갤론이 필요하다.
④ 단풍나무시럽을 만들기 위해 기계로 수액 통을 수거한다.

문 16. 다음 글의 흐름상 어색한 문장은?

I once took a course in short-story writing and during that course a renowned editor of a leading magazine talked to our class. ① He said he could pick up any one of the dozens of stories that came to his desk every day and after reading a few paragraphs he could feel whether or not the author liked people. ② "If the author doesn't like people," he said, "people won't like his or her stories." ③ The editor kept stressing the importance of being interested in people during his talk on fiction writing. ④ Thurston, a great magician, said that every time he went on stage he said to himself, "I am grateful because I'm successful." At the end of the talk, he concluded, "Let me tell you again. You have to be interested in people if you want to be a successful writer of stories."

문 17. 주어진 글 다음에 이어질 글의 순서로 가장 적절한 것은?

Just a few years ago, every conversation about artificial intelligence (AI) seemed to end with an apocalyptic prediction.

(A) More recently, however, things have begun to change. AI has gone from being a scary black box to something people can use for a variety of use cases.
(B) In 2014, an expert in the field said that, with AI, we are summoning the demon, while a Nobel Prize winning physicist said that AI could spell the end of the human race.
(C) This shift is because these technologies are finally being explored at scale in the industry, particularly for market opportunities.

① (A) – (B) – (C)
② (B) – (A) – (C)
③ (B) – (C) – (A)
④ (C) – (A) – (B)

문 18. 주어진 문장이 들어갈 위치로 가장 적절한 것은?

Yet, requests for such self-assessments are pervasive throughout one's career.

The fiscal quarter just ended. Your boss comes by to ask you how well you performed in terms of sales this quarter. How do you describe your performance? As excellent? Good? Terrible? (①) Unlike when someone asks you about an objective performance metric (e.g., how many dollars in sales you brought in this quarter), how to subjectively describe your performance is often unclear. There is no right answer. (②) You are asked to subjectively describe your own performance in school applications, in job applications, in interviews, in performance reviews, in meetings—the list goes on. (③) How you describe your performance is what we call your level of self-promotion. (④) Since self-promotion is a pervasive part of work, people who do more self-promotion may have better chances of being hired, being promoted, and getting a raise or a bonus.

※ 밑줄 친 부분에 들어갈 말로 가장 적절한 것을 고르시오. [문 19 ~ 문 20]

문 19. We live in the age of anxiety. Because being anxious can be an uncomfortable and scary experience, we resort to conscious or unconscious strategies that help reduce anxiety in the moment—watching a movie or TV show, eating, video-game playing, and overworking. In addition, smartphones also provide a distraction any time of the day or night. Psychological research has shown that distractions serve as a common anxiety avoidance strategy. ___________, however, these avoidance strategies make anxiety worse in the long run. Being anxious is like getting into quicksand — the more you fight it, the deeper you sink. Indeed, research strongly supports a well-known phrase that "What you resist, persists."

① Paradoxically
② Fortunately
③ Neutrally
④ Creatively

문 20. How many different ways do you get information? Some people might have six different kinds of communications to answer — text messages, voice mails, paper documents, regular mail, blog posts, messages on different online services. Each of these is a type of in-box, and each must be processed on a continuous basis. It's an endless process, but it doesn't have to be exhausting or stressful. Getting your information management down to a more manageable level and into a productive zone starts by _______________________________. Every place you have to go to check your messages or to read your incoming information is an in-box, and the more you have, the harder it is to manage everything. Cut the number of in-boxes you have down to the smallest number possible for you still to function in the ways you need to.

① setting several goals at once
② immersing yourself in incoming information
③ minimizing the number of in-boxes you have
④ choosing information you are passionate about

해설편 ▶ P.164

2022 6월 18일 시행 지방직(= 서울시) 9급

| 풀이 시간: ____:____ ~ ____:____ / 점수: ____점

1초 합격예측! 모바일 성적분석표

QR 코드로 접속하여 문제 풀이시간을 측정하고, 〈1초 합격예측 & 모바일 성적분석표〉 서비스를 통해 지금 바로! 실력을 점검해 보세요.
http://eduwill.kr/nH6j

※ 밑줄 친 부분의 의미와 가장 가까운 것을 고르시오. [문 1 ~ 문 3]

문 1.

> School teachers have to be <u>flexible</u> to cope with different ability levels of the students.

① strong ② adaptable
③ honest ④ passionate

문 2.

> Crop yields <u>vary</u>, improving in some areas and falling in others.

① change ② decline
③ expand ④ include

문 3.

> I don't feel inferior to anyone <u>with respect to</u> my education.

① in danger of ② in spite of
③ in favor of ④ in terms of

문 4. 밑줄 친 부분에 들어갈 말로 가장 적절한 것은?

> Sometimes we ______________ money long before the next payday.

① turn into ② start over
③ put up with ④ run out of

※ 어법상 옳지 않은 것을 고르시오. [문 5 ~ 문 6]

문 5. ① He asked me why I kept coming back day after day.
② Toys children wanted all year long has recently discarded.
③ She is someone who is always ready to lend a helping hand.
④ Insects are often attracted by scents that aren't obvious to us.

문 6. ① You can write on both sides of the paper.
② My home offers me a feeling of security, warm, and love.
③ The number of car accidents is on the rise.
④ Had I realized what you were intending to do, I would have stopped you.

※ 우리말을 영어로 잘못 옮긴 것을 고르시오. [문 7 ~ 문 8]

문 7. ① 나는 단 한 푼의 돈도 낭비할 수 없다.
→ I can afford to waste even one cent.
② 그녀의 얼굴에서 미소가 곧 사라졌다.
→ The smile soon faded from her face.
③ 그녀는 사임하는 것 외에는 대안이 없었다.
→ She had no alternative but to resign.
④ 나는 5년 후에 내 사업을 시작할 작정이다.
→ I'm aiming to start my own business in five years.

문 8. ① 식사를 마치자마자 나는 다시 배고프기 시작했다.
→ No sooner I have finishing the meal than I started feeling hungry again.
② 그녀는 조만간 요금을 내야만 할 것이다.
→ She will have to pay the bill sooner or later.
③ 독서와 정신의 관계는 운동과 신체의 관계와 같다.
→ Reading is to the mind what exercise is to the body.
④ 그는 대학에서 의학을 공부했으나 결국 회계 회사에서 일하게 되었다.
→ He studied medicine at university but ended up working for an accounting firm.

문 9. 두 사람의 대화 중 가장 어색한 것은?
① A: I like this newspaper because it's not opinionated.
B: That's why it has the largest circulation.
② A: Do you have a good reason for being all dressed up?
B: Yeah, I have an important job interview today.
③ A: I can hit the ball straight during the practice but not during the game.
B: That happens to me all the time, too.
④ A: Is there any particular subject you want to paint on canvas?
B: I didn't do good in history when I was in high school.

문 10. 밑줄 친 부분에 들어갈 말로 가장 적절한 것은?

A: Hey! How did your geography test go?
B: Not bad, thanks. I'm just glad that it's over! How about you? How did your science exam go?
A: Oh, it went really well. ____________________. I owe you a treat for that.
B: It's my pleasure. So, do you feel like preparing for the math exam scheduled for next week?
A: Sure. Let's study together.
B: It sounds good. See you later.

① There's no sense in beating yourself up over this
② I never thought I would see you here
③ Actually, we were very disappointed
④ I can't thank you enough for helping me with it

문 11. 주어진 글 다음에 이어질 글의 순서로 가장 적절한 것은?

For people who are blind, everyday tasks such as sorting through the mail or doing a load of laundry present a challenge.

(A) That's the thinking behind Aira, a new service that enables its thousands of users to stream live video of their surroundings to an on-demand agent, using either a smartphone or Aira's proprietary glasses.
(B) But what if they could "borrow" the eyes of someone who could see?
(C) The Aira agents, who are available 24/7, can then answer questions, describe objects or guide users through a location.

① (A) − (B) − (C) ② (A) − (C) − (B)
③ (B) − (A) − (C) ④ (C) − (A) − (B)

문 12. 주어진 문장이 들어갈 위치로 가장 적절한 곳은?

The comparison of the heart to a pump, however, is a genuine analogy.

An analogy is a figure of speech in which two things are asserted to be alike in many respects that are quite fundamental. Their structure, the relationships of their parts, or the essential purposes they serve are similar, although the two things are also greatly dissimilar. Roses and carnations are not analogous. (①) They both have stems and leaves and may both be red in color. (②) But they exhibit these qualities in the same way; they are of the same genus. (③) These are disparate things, but they share important qualities: mechanical apparatus, possession of valves, ability to increase and decrease pressures, and capacity to move fluids. (④) And the heart and the pump exhibit these qualities in different ways and in different contexts.

문 13. 다음 글의 제목으로 가장 적절한 것은?

One of the areas where efficiency can be optimized is the work force, through increasing individual productivity — defined as the amount of work (products produced, customers served) an employee handles in a given time. In addition to making sure you have invested in the right equipment, environment, and training to ensure optimal performance, you can increase productivity by encouraging staffers to put an end to a modern-day energy drain: multitasking. Studies show it takes 25 to 40 percent longer to get a job done when you're simultaneously trying to work on other projects. To be more productive, says Andrew Deutscher, vice president of business development at consulting firm The Energy Project, "do one thing, uninterrupted, for a sustained period of time."

① How to Create More Options in Life
② How to Enhance Daily Physical Performance
③ Multitasking is the Answer for Better Efficiency
④ Do One Thing at a Time for Greater Efficiency

문 14. 글의 흐름상 가장 어색한 문장은?

The skill to have a good argument is critical in life. But it's one that few parents teach to their children. ① We want to give kids a stable home, so we stop siblings from quarreling and we have our own arguments behind closed doors. ② Yet if kids never get exposed to disagreement, we may eventually limit their creativity. ③ Children are most creative when they are free to brainstorm with lots of praise and encouragement in a peaceful environment. ④ It turns out that highly creative people often grow up in families full of tension. They are not surrounded by fistfights or personal insults, but real disagreements. When adults in their early 30s were asked to write imaginative stories, the most creative ones came from those whose parents had the most conflict a quarter-century earlier.

※ 다음 글의 내용과 일치하지 않는 것을 고르시오. [문 15 ~ 문 16]

문 15.

Christopher Nolan is an Irish writer of some renown in the English language. Brain damaged since birth, Nolan has had little control over the muscles of his body, even to the extent of having difficulty in swallowing food. He must be strapped to his wheelchair because he cannot sit up by himself. Nolan cannot utter recognizable speech sounds. Fortunately, though, his brain damage was such that Nolan's intelligence was undamaged and his hearing was normal; as a result, he learned to understand speech as a young child. It was only many years later, though, after he had reached 10 years, and after he had learned to read, that he was given a means to express his first words. He did this by using a stick which was attached to his head to point to letters. It was in this 'unicorn' manner, letter-by-letter, that he produced an entire book of poems and short stories, *Dam-Burst of Dreams*, while still a teenager.

① Christopher Nolan은 뇌 손상을 갖고 태어났다.
② Christopher Nolan은 음식을 삼키는 것도 어려웠다.
③ Christopher Nolan은 청각 장애로 인해 들을 수 없었다.
④ Christopher Nolan은 10대일 때 책을 썼다.

문 16.

In many Catholic countries, children are often named after saints; in fact, some priests will not allow parents to name their children after soap opera stars or football players. Protestant countries tend to be more free about this; however, in Norway, certain names such as Adolf are banned completely. In countries where infant mortality is very high, such as in Africa, tribes only name their children when they reach five years old, the age in which their chances of survival begin to increase. Until that time, they are referred to by the number of years they are. Many nations in the Far East give their children a unique name which in some way describes the circumstances of the child's birth or the parents' expectations and hopes for the child. Some Australian aborigines can keep changing their name throughout their life as the result of some important experience which has in some way proved their wisdom, creativity or determination. For example, if one day, one of them dances extremely well, he or she may decide to re-name him/herself 'supreme dancer' or 'light feet'.

① Children are frequently named after saints in many Catholic countries.
② Some African children are not named until they turn five years old.
③ Changing one's name is totally unacceptable in the culture of Australian aborigines.
④ Various cultures name their children in different ways.

문 17. 다음 글의 요지로 가장 적절한 것은?

In one study, done in the early 1970s when young people tended to dress in either "hippie" or "straight" fashion, experimenters donned hippie or straight attire and asked college students on campus for a dime to make a phone call. When the experimenter was dressed in the same way as the student, the request was granted in more than two-thirds of the instances; when the student and requester were dissimilarly dressed, the dime was provided less than half the time. Another experiment showed how automatic our positive response to similar others can be. Marchers in an antiwar demonstration were found to be more likely to sign the petition of a similarly dressed requester and to do so without bothering to read it first.

① People are more likely to help those who dress like themselves.
② Dressing up formally increases the chance of signing the petition.
③ Making a phone call is an efficient way to socialize with other students.
④ Some college students in the early 1970s were admired for their unique fashion.

문 18. (A)와 (B)에 들어갈 말로 가장 적절한 것은?

Duration shares an inverse relationship with frequency. If you see a friend frequently, then the duration of the encounter will be shorter. Conversely, if you don't see your friend very often, the duration of your visit will typically increase significantly. ___(A)___, if you see a friend every day, the duration of your visits can be low because you can keep up with what's going on as events unfold. If, however, you only see your friend twice a year, the duration of your visits will be greater. Think back to a time when you had dinner in a restaurant with a friend you hadn't seen for a long period of time. You probably spent several hours catching up on each other's lives. The duration of the same dinner would be considerably shorter if you saw the person on a regular basis. ___(B)___, in romantic relationships the frequency and duration are very high because couples, especially newly minted ones, want to spend as much time with each other as possible. The intensity of the relationship will also be very high.

	(A)	(B)
①	For example	Conversely
②	Nonetheless	Furthermore
③	Therefore	As a result
④	In the same way	Thus

※ 밑줄 친 부분에 들어갈 말로 가장 적절한 것을 고르시오. [문 19 ~ 문 20]

문 19.

One of the most frequently used propaganda techniques is to convince the public that the propagandist's views reflect those of the common person and that he or she is working in their best interests. A politician speaking to a blue-collar audience may roll up his sleeves, undo his tie, and attempt to use the specific idioms of the crowd. He may even use language incorrectly on purpose to give the impression that he is "just one of the folks." This technique usually also employs the use of glittering generalities to give the impression that the politician's views are the same as those of the crowd being addressed. Labor leaders, businesspeople, ministers, educators, and advertisers have used this technique to win our confidence by appearing to be ______________________.

① beyond glittering generalities
② just plain folks like ourselves
③ something different from others
④ better educated than the crowd

문 20.

As a roller coaster climbs the first lift hill of its track, it is building potential energy — the higher it gets above the earth, the stronger the pull of gravity will be. When the coaster crests the lift hill and begins its descent, its potential energy becomes kinetic energy, or the energy of movement. A common misperception is that a coaster loses energy along the track. An important law of physics, however, called the law of conservation of energy, is that energy can never be created nor destroyed. It simply changes from one form to another. Whenever a track rises back uphill, the cars' momentum — their kinetic energy — will carry them upward, which builds potential energy, and roller coasters repeatedly convert potential energy to kinetic energy and back again. At the end of a ride, coaster cars are slowed down by brake mechanisms that create ______________ between two surfaces. This motion makes them hot, meaning kinetic energy is changed to heat energy during braking. Riders may mistakenly think coasters lose energy at the end of the track, but the energy just changes to and from different forms.

① gravity ② friction
③ vaccum ④ acceleration

해설편 ▶ P.171

2021 6월 5일 시행 지방직(= 서울시) 9급

| 풀이 시간: ____:____ ~ ____:____ / 점수: ____점

문 1. 밑줄 친 부분의 의미와 가장 가까운 것은?

> For many compulsive buyers, the act of purchasing, rather than what they buy, is what leads to <u>gratification</u>.

① liveliness　② confidence
③ tranquility　④ satisfaction

※ 밑줄 친 부분에 들어갈 말로 가장 적절한 것을 고르시오. [문 2 ~ 문 4]

문 2.

> Globalization leads more countries to open their markets, allowing them to trade goods and services freely at a lower cost with greater __________.

① extinction　② depression
③ efficiency　④ caution

문 3.

> We're familiar with the costs of burnout: Energy, motivation, productivity, engagement, and commitment can all take a hit, at work and at home. And many of the __________ are fairly intuitive: Regularly unplug. Reduce unnecessary meetings. Exercise. Schedule small breaks during the day. Take vacations even if you think you can't afford to be away from work, because you can't afford not to be away now and then.

① fixes　② damages
③ prizes　④ complications

문 4.

> The government is seeking ways to soothe salaried workers over their increased tax burdens arising from a new tax settlement system. During his meeting with the presidential aides last Monday, the President __________ those present to open up more communication channels with the public.

① fell on　② called for
③ picked up　④ turned down

문 5. 밑줄 친 부분의 의미와 가장 가까운 것은?

> In studying Chinese calligraphy, one must learn something of the origins of Chinese language and of how they were originally written. However, except for those brought up in the artistic traditions of the country, its aesthetic significance seems to be very difficult to <u>apprehend</u>.

① encompass　② intrude
③ inspect　④ grasp

※ 우리말을 영어로 잘못 옮긴 것을 고르시오. [문 6 ~ 문 7]

문 6. ① 그의 소설들은 읽기가 어렵다.
→ His novels are hard to read.
② 학생들을 설득하려고 해 봐야 소용없다.
→ It is no use trying to persuade the students.
③ 나의 집은 5년마다 페인트칠된다.
→ My house is painted every five years.
④ 내가 출근할 때 한 가족이 위층에 이사 오는 것을 보았다.
→ As I went out for work, I saw a family moved in upstairs.

문 7. ① 경찰 당국은 자신의 이웃을 공격했기 때문에 그 여성을 체포하도록 했다.
→ The police authorities had the woman arrested for attacking her neighbor.
② 네가 내는 소음 때문에 내 집중력을 잃게 하지 말아라.
→ Don't let me distracted by the noise you make.
③ 가능한 한 빨리 제가 결과를 알도록 해 주세요.
→ Please let me know the result as soon as possible.
④ 그는 학생들에게 모르는 사람들에게 전화를 걸어 성금을 기부할 것을 부탁하도록 시켰다.
→ He had the students phone strangers and ask them to donate money.

문 8. 어법상 옳은 것은?

① My sweet-natured daughter suddenly became unpredictably.
② She attempted a new method, and needless to say had different results.
③ Upon arrived, he took full advantage of the new environment.
④ He felt enough comfortable to tell me about something he wanted to do.

문 9. 다음 글의 제목으로 가장 적절한 것은?

The definition of 'turn' casts the digital turn as an analytical strategy which enables us to focus on the role of digitalization within social reality. As an analytical perspective, the digital turn makes it possible to analyze and discuss the societal meaning of digitalization. The term 'digital turn' thus signifies an analytical approach which centers on the role of digitalization within a society. If the linguistic turn is defined by the epistemological assumption that reality is constructed through language, the digital turn is based on the assumption that social reality is increasingly defined by digitalization. Social media symbolize the digitalization of social relations. Individuals increasingly engage in identity management on social networking sites(SNS). SNS are polydirectional, meaning that users can connect to each other and share information.

*epistemological 인식론의

① Remaking Identities on SNS
② Linguistic Turn Versus Digital Turn
③ How to Share Information in the Digital Age
④ Digitalization Within the Context of Social Reality

문 10. 주어진 글 다음에 이어질 글의 순서로 가장 적절한 것은?

Growing concern about global climate change has motivated activists to organize not only campaigns against fossil fuel extraction consumption, but also campaigns to support renewable energy.

(A) This solar cooperative produces enough energy to power 1,400 homes, making it the first large-scale solar farm cooperative in the country and, in the words of its members, a visible reminder that solar power represents "a new era of sustainable and 'democratic' energy supply that enables ordinary people to produce clean power, not only on their rooftops, but also at utility scale."

(B) Similarly, renewable energy enthusiasts from the United States have founded the Clean Energy Collective, a company that has pioneered "the model of delivering clean power-generation through medium-scale facilities that are collectively owned by participating utility customers."

(C) Environmental activists frustrated with the UK government's inability to rapidly accelerate the growth of renewable energy industries have formed the Westmill Wind Farm Co-operative, a community-owned organization with more than 2,000 members who own an onshore wind farm estimated to produce as much electricity in a year as that used by 2,500 homes. The Westmill Wind Farm Co-operative has inspired local citizens to form the Westmill Solar Co-operative.

① (C) − (A) − (B)　② (A) − (C) − (B)
③ (B) − (C) − (A)　④ (C) − (B) − (A)

문 11. 밑줄 친 부분에 들어갈 말로 가장 적절한 것은?

A: Did you have a nice weekend?
B: Yes, it was pretty good. We went to the movies.
A: Oh! What did you see?
B: *Interstellar*. It was really good.
A: Really? ______________________
B: The special effects. They were fantastic. I wouldn't mind seeing it again.

① What did you like the most about it?
② What's your favorite movie genre?
③ Was the film promoted internationally?
④ Was the movie very costly?

문 12. 두 사람의 대화 중 가장 어색한 것은?

① A: I'm so nervous about this speech that I must give today.
B: The most important thing is to stay cool.

② A: You know what? Minsu and Yujin are tying the knot!
B: Good for them! When are they getting married?

③ A: A two-month vacation just passed like one week. A new semester is around the corner.
B: That's the word. Vacation has dragged on for weeks.

④ A: How do you say 'water' in French?
B: It is right on the tip of my tongue, but I can't remember it.

문 13. 다음 글의 내용과 일치하지 않는 것은?

Women are experts at gossiping, and they always talk about trivial things, or at least that's what men have always thought. However, some new research suggests that when women talk to women, their conversations are far from frivolous, and cover many more topics (up to 40 subjects) than when men talk to other men. Women's conversations range from health to their houses, from politics to fashion, from movies to family, from education to relationship problems, but sports are notably absent. Men tend to have a more limited range of subjects, the most popular being work, sports, jokes, cars, and women. According to Professor Petra Boynton, a psychologist who interviewed over 1,000 women, women also tend to move quickly from one subject to another in conversation, while men usually stick to one subject for longer periods of time. At work, this difference can be an advantage for men, as they can put other matters aside and concentrate fully on the topic being discussed. On the other hand, it also means that they sometimes find it hard to concentrate when several things have to be discussed at the same time in a meeting.

① 남성들은 여성들의 대화 주제가 항상 사소한 것들이라고 생각해 왔다.
② 여성들의 대화 주제는 건강에서 스포츠에 이르기까지 매우 다양하다.
③ 여성들은 대화하는 중에 주제의 변환을 빨리한다.
④ 남성들은 회의 중 여러 주제가 논의될 때 집중하기 어렵다.

문 14. 다음 글의 흐름상 적절하지 않은 문장은?

There was no divide between science, philosophy, and magic in the 15th century. All three came under the general heading of 'natural philosophy'. ① Central to the development of natural philosophy was the recovery of classical authors, most importantly the work of Aristotle. ② Humanists quickly realized the power of the printing press for spreading their knowledge. ③ At the beginning of the 15th century Aristotle remained the basis for all scholastic speculation on philosophy and science. ④ Kept alive in the Arabic translations and commentaries of Averroes and Avicenna, Aristotle provided a systematic perspective on mankind's relationship with the natural world. Surviving texts like his *Physics*, *Metaphysics*, and *Meteorology* provided scholars with the logical tools to understand the forces that created the natural world.

문 15. 어법상 옳지 않은 것은?

① Fire following an earthquake is of special interest to the insurance industry.
② Word processors were considered to be the ultimate tool for a typist in the past.
③ Elements of income in a cash forecast will be vary according to the company's circumstances.
④ The world's first digital camera was created by Steve Sasson at Eastman Kodak in 1975.

※ 밑줄 친 부분에 들어갈 말로 가장 적절한 것을 고르시오. [문 16 ~ 문 17]

문 16.

The slowing of China's economy from historically high rates of growth has long been expected to ______________ growth elsewhere. "The China that had been growing at 10 percent for 30 years was a powerful source of fuel for much of what drove the global economy forward", said Stephen Roach at Yale. The growth rate has slowed to an official figure of around 7 percent. "That's a concrete deceleration", Mr. Roach added.

① speed up ② weigh on
③ lead to ④ result in

문 17.

As more and more leaders work remotely or with teams scattered around the nation or the globe, as well as with consultants and freelancers, you'll have to give them more ___________. The more trust you bestow, the more others trust you. I am convinced that there is a direct correlation between job satisfaction and how empowered people are to fully execute their job without someone shadowing them every step of the way. Giving away responsibility to those you trust can not only make your organization run more smoothly but also free up more of your time so you can focus on larger issues.

① work ② rewards
③ restrictions ④ autonomy

문 18. 다음 글의 요지로 가장 적절한 것은?

"In Judaism, we're largely defined by our actions," says Lisa Grushcow, the senior rabbi at Temple Emanu-El-Beth Sholom in Montreal. "You can't really be an armchair do-gooder." This concept relates to the Jewish notion of tikkun olam, which translates as "to repair the world." Our job as human beings, she says, "is to mend what's been broken. It's incumbent on us to not only take care of ourselves and each other but also to build a better world around us." This philosophy conceptualizes goodness as something based in service. Instead of asking "Am I a good person?" you may want to ask "What good do I do in the world?" Grushcow's temple puts these beliefs into action inside and outside their community. For instance, they sponsored two refugee families from Vietnam to come to Canada in the 1970s.

① We should work to heal the world.
② Community should function as a shelter.
③ We should conceptualize goodness as beliefs.
④ Temples should contribute to the community.

문 19. (A)와 (B)에 들어갈 말로 가장 적절한 것은?

Ancient philosophers and spiritual teachers understood the need to balance the positive with the negative, optimism with pessimism, a striving for success and security with an openness to failure and uncertainty. The Stoics recommended "the premeditation of evils," or deliberately visualizing the worst-case scenario. This tends to reduce anxiety about the future: when you soberly picture how badly things could go in reality, you usually conclude that you could cope. ____(A)____, they noted, imagining that you might lose the relationships and possessions you currently enjoy increases your gratitude for having them now. Positive thinking, ____(B)____, always leans into the future, ignoring present pleasures.

(A)	(B)
① Nevertheless	in addition
② Furthermore	for example
③ Besides	by contrast
④ However	in conclusion

문 20. 주어진 문장이 들어갈 위치로 가장 적절한 것은?

And working offers more than financial security.

Why do workaholics enjoy their jobs so much? Mostly because working offers some important advantages. (①) It provides people with paychecks — a way to earn a living. (②) It provides people with self-confidence; they have a feeling of satisfaction when they've produced a challenging piece of work and are able to say, "I made that". (③) Psychologists claim that work also gives people an identity; they work so that they can get a sense of self and individualism. (④) In addition, most jobs provide people with a socially acceptable way to meet others. It could be said that working is a positive addiction; maybe workaholics are compulsive about their work, but their addiction seems to be a safe — even an advantageous — one.

해설편 ▶ P.178

2020 6월 13일 시행 지방직(= 서울시) 9급

| 풀이 시간: ____:____ ~ ____:____ / 점수: ____점

문 1. 밑줄 친 부분에 들어갈 말로 가장 적절한 것은?

> The issue with plastic bottles is that they're not ____________, so when the temperatures begin to rise, your water will also heat up.

① sanitary ② insulated
③ recyclable ④ waterproof

※ 밑줄 친 부분의 의미와 가장 가까운 것을 고르시오. [문 2 ~ 문 4]

문 2.

> The cruel sights touched off thoughts that otherwise wouldn't have entered her mind.

① looked after ② gave rise to
③ made up for ④ kept in contact with

문 3.

> Strategies that a writer adopts during the writing process may alleviate the difficulty of attentional overload.

① complement ② accelerate
③ calculate ④ relieve

문 4.

> The school bully did not know what it was like to be shunned by the other students in the class.

① avoided ② warned
③ punished ④ imitated

문 5. 어법상 옳은 것은?

① Of the billions of stars in the galaxy, how much are able to hatch life?
② The Christmas party was really excited and I totally lost track of time.
③ I must leave right now because I am starting work at noon today.
④ They used to loving books much more when they were younger.

문 6. 밑줄 친 부분의 의미와 가장 가까운 것은?

> After Francesca made a case for staying at home during the summer holidays, an uncomfortable silence fell on the dinner table. Robert was not sure if it was the right time for him to tell her about his grandiose plan.

① objected to
② dreamed about
③ completely excluded
④ strongly suggested

문 7. 우리말을 영어로 잘못 옮긴 것은?

① 보증이 만료되어서 수리는 무료가 아니었다.
→ Since the warranty had expired, the repairs were not free of charge.
② 설문지를 완성하는 누구에게나 선물카드가 주어질 예정이다.
→ A gift card will be given to whomever completes the questionnaire.
③ 지난달 내가 휴가를 요청했더라면 지금 하와이에 있을 텐데.
→ If I had asked for a vacation last month, I would be in Hawaii now.
④ 그의 아버지가 갑자기 작년에 돌아가셨고, 설상가상으로 그의 어머니도 병에 걸리셨다.
→ His father suddenly passed away last year, and, what was worse, his mother became sick.

문 8. 밑줄 친 부분 중 어법상 옳지 않은 것은?

Elizabeth Taylor had an eye for beautiful jewels and over the years amassed some amazing pieces, once ① declaring "a girl can always have more diamonds." In 2011, her finest jewels were sold by Christie's at an evening auction ② that brought in $115.9 million. Among her most prized possessions sold during the evening sale ③ were a 1961 bejeweled timepiece by Bulgari. Designed as a serpent to coil around the wrist, with its head and tail ④ covered with diamonds and having two hypnotic emerald eyes, a discreet mechanism opens its fierce jaws to reveal a tiny quartz watch.

문 9. 밑줄 친 (A), (B)에 들어갈 말로 가장 적절한 것은?

Assertive behavior involves standing up for your rights and expressing your thoughts and feelings in a direct, appropriate way that does not violate the rights of others. It is a matter of getting the other person to understand your viewpoint. People who exhibit assertive behavior skills are able to handle conflict situations with ease and assurance while maintaining good interpersonal relations. ___(A)___, aggressive behavior involves expressing your thoughts and feelings and defending your rights in a way that openly violates the rights of others. Those exhibiting aggressive behavior seem to believe that the rights of others must be subservient to theirs. ___(B)___, they have a difficult time maintaining good interpersonal relations. They are likely to interrupt, talk fast, ignore others, and use sarcasm or other forms of verbal abuse to maintain control.

	(A)	(B)
①	In contrast	Thus
②	Similarly	Moreover
③	However	On one hand
④	Accordingly	On the other hand

문 10. 다음 글의 주제로 가장 적절한 것은?

The e-book applications available on tablet computers employ touchscreen technology. Some touchscreens feature a glass panel covering two electronically-charged metallic surfaces lying face-to-face. When the screen is touched, the two metallic surfaces feel the pressure and make contact. This pressure sends an electrical signal to the computer, which translates the touch into a command. This version of the touchscreen is known as a resistive screen because the screen reacts to pressure from the finger. Other tablet computers feature a single electrified metallic layer under the glass panel. When the user touches the screen, some of the current passes through the glass into the user's finger. When the charge is transferred, the computer interprets the loss in power as a command and carries out the function the user desires. This type of screen is known as a capacitive screen.

① how users learn new technology
② how e-books work on tablet computers
③ how touchscreen technology works
④ how touchscreens have evolved

문 11. 밑줄 친 부분에 들어갈 말로 가장 적절한 것은?

A: Oh, another one! So many junk emails!
B: I know. I receive more than ten junk emails a day.
A: Can we stop them from coming in?
B: I don't think it's possible to block them completely.
A: ________________________?
B: Well, you can set up a filter on the settings.
A: A filter?
B: Yeah. The filter can weed out some of the spam emails.

① Do you write emails often
② Isn't there anything we can do
③ How did you make this great filter
④ Can you help me set up an email account

문 12. 두 사람의 대화 중 가장 자연스러운 것은?

① A: Do you know what time it is?
  B: Sorry, I'm busy these days.
② A: Hey, where are you headed?
  B: We are off to the grocery store.
③ A: Can you give me a hand with this?
  B: OK. I'll clap for you.
④ A: Has anybody seen my purse?
  B: Long time no see.

문 13. 우리말을 영어로 잘못 옮긴 것은?

① 나는 네 열쇠를 잃어버렸다고 네게 말한 것을 후회한다.
  → I regret to tell you that I lost your key.
② 그 병원에서의 그의 경험은 그녀의 경험보다 더 나빴다.
  → His experience at the hospital was worse than hers.
③ 그것은 내게 지난 24년의 기억을 상기시켜준다.
  → It reminds me of the memories of the past 24 years.
④ 나는 대화할 때 내 눈을 보는 사람들을 좋아한다.
  → I like people who look me in the eye when I have a conversation.

문 14. 다음 글의 제목으로 가장 적절한 것은?

> Louis XIV needed a palace worthy of his greatness, so he decided to build a huge new house at Versailles, where a tiny hunting lodge stood. After almost fifty years of labor, this tiny hunting lodge had been transformed into an enormous palace, a quarter of a mile long. Canals were dug to bring water from the river and to drain the marshland. Versailles was full of elaborate rooms like the famous Hall of Mirrors, where seventeen huge mirrors stood across from seventeen large windows, and the Salon of Apollo, where a solid silver throne stood. Hundreds of statues of Greek gods such as Apollo, Jupiter, and Neptune stood in the gardens; each god had Louis's face!

① True Face of Greek Gods
② The Hall of Mirrors vs. the Salon of Apollo
③ Did the Canal Bring More Than Just Water to Versailles?
④ Versailles: From a Humble Lodge to a Great Palace

문 15. 글의 흐름상 가장 어색한 문장은?

> Philosophers have not been as concerned with anthropology as anthropologists have with philosophy. ① Few influential contemporary philosophers take anthropological studies into account in their work. ② Those who specialize in philosophy of social science may consider or analyze examples from anthropological research, but do this mostly to illustrate conceptual points or epistemological distinctions or to criticize epistemological or ethical implications. ③ In fact, the great philosophers of our time often drew inspiration from other fields such as anthropology and psychology. ④ Philosophy students seldom study or show serious interest in anthropology. They may learn about experimental methods in science, but rarely about anthropological fieldwork.

문 16. 밑줄 친 부분에 들어갈 말로 가장 적절한 것은?

> All of us inherit something: in some cases, it may be money, property or some object — a family heirloom such as a grandmother's wedding dress or a father's set of tools. But beyond that, all of us inherit something else, something ______________, something we may not even be fully aware of. It may be a way of doing a daily task, or the way we solve a particular problem or decide a moral issue for ourselves. It may be a special way of keeping a holiday or a tradition to have a picnic on a certain date. It may be something important or central to our thinking, or something minor that we have long accepted quite casually.

① quite unrelated to our everyday life
② against our moral standards
③ much less concrete and tangible
④ of great monetary value

문 17. 다음 글의 요지로 가장 적절한 것은?

Evolutionarily, any species that hopes to stay alive has to manage its resources carefully. That means that first call on food and other goodies goes to the breeders and warriors and hunters and planters and builders and, certainly, the children, with not much left over for the seniors, who may be seen as consuming more than they're contributing. But even before modern medicine extended life expectancies, ordinary families were including grandparents and even great-grandparents. That's because what old folk consume materially, they give back behaviorally — providing a leveling, reasoning center to the tumult that often swirls around them.

① Seniors have been making contributions to the family.
② Modern medicine has brought focus to the role of old folk.
③ Allocating resources well in a family determines its prosperity.
④ The extended family comes at a cost of limited resources.

문 18. 주어진 글 다음에 이어질 글의 순서로 가장 적절한 것은?

Nowadays the clock dominates our lives so much that it is hard to imagine life without it. Before industrialization, most societies used the sun or the moon to tell the time.

(A) For the growing network of railroads, the fact that there were no time standards was a disaster. Often, stations just some miles apart set their clocks at different times. There was a lot of confusion for travelers.
(B) When mechanical clocks first appeared, they were immediately popular. It was fashionable to have a clock or a watch. People invented the expression "of the clock" or "o'clock" to refer to this new way to tell the time.
(C) These clocks were decorative, but not always useful. This was because towns, provinces, and even neighboring villages had different ways to tell the time. Travelers had to reset their clocks repeatedly when they moved from one place to another. In the United States, there were about 70 different time zones in the 1860s.

① (A) − (B) − (C)
② (B) − (A) − (C)
③ (B) − (C) − (A)
④ (C) − (A) − (B)

문 19. 주어진 문장이 들어갈 위치로 가장 적절한 것은?

> But there is also clear evidence that millennials, born between 1981 and 1996, are saving more aggressively for retirement than Generation X did at the same ages, 22 ~ 37.

> Millennials are often labeled the poorest, most financially burdened generation in modern times. Many of them graduated from college into one of the worst labor markets the United States has ever seen, with a staggering load of student debt to boot. (①) Not surprisingly, millennials have accumulated less wealth than Generation X did at a similar stage in life, primarily because fewer of them own homes. (②) But newly available data providing the most detailed picture to date about what Americans of different generations save complicates that assessment. (③) Yes, Gen Xers, those born between 1965 and 1980, have a higher net worth. (④) And that might put them in better financial shape than many assume.

문 20. 다음 글의 내용과 일치하지 않는 것은?

> Carbonate sands, which accumulate over thousands of years from the breakdown of coral and other reef organisms, are the building material for the frameworks of coral reefs. But these sands are sensitive to the chemical make-up of sea water. As oceans absorb carbon dioxide, they acidify — and at a certain point, carbonate sands simply start to dissolve. The world's oceans have absorbed around one-third of human-emitted carbon dioxide. The rate at which the sands dissolve was strongly related to the acidity of the overlying seawater, and was ten times more sensitive than coral growth to ocean acidification. In other words, ocean acidification will impact the dissolution of coral reef sands more than the growth of corals. This probably reflects the corals' ability to modify their environment and partially adjust to ocean acidification, whereas the dissolution of sands is a geochemical process that cannot adapt.

① The frameworks of coral reefs are made of carbonate sands.

② Corals are capable of partially adjusting to ocean acidification.

③ Human-emitted carbon dioxide has contributed to the world's ocean acidification.

④ Ocean acidification affects the growth of corals more than the dissolution of coral reef sands.

해설편 ▶ P.184

2019 6월 15일 시행 지방직 9급

| 풀이 시간: ____:____ ~ ____:____ / 점수: ____점

※ 밑줄 친 부분의 의미와 가장 가까운 것을 고르시오. [문 1 ~ 문 2]

문 1.

I came to see these documents as relics of a sensibility now dead and buried, which needed to be excavated.

① exhumed ② packed
③ erased ④ celebrated

문 2.

Riding a roller coaster can be a joy ride of emotions: the nervous anticipation as you're strapped into your seat, the questioning and regret that comes as you go up, up, up, and the sheer adrenaline rush as the car takes that first dive.

① utter ② scary
③ occasional ④ manageable

문 3. 두 사람의 대화 중 가장 어색한 것은?

① A: What time are we having lunch?
B: It'll be ready before noon.
② A: I called you several times. Why didn't you answer?
B: Oh, I think my cell phone was turned off.
③ A: Are you going to take a vacation this winter?
B: I might. I haven't decided yet.
④ A: Hello. Sorry I missed your call.
B: Would you like to leave a message?

문 4. 밑줄 친 부분에 들어갈 말로 가장 적절한 것은?

A: Hello. I need to exchange some money.
B: Okay. What currency do you need?
A: I need to convert dollars into pounds. What's the exchange rate?
B: The exchange rate is 0.73 pounds for every dollar.
A: Fine. Do you take a commission?
B: Yes, we take a small commission of 4 dollars.
A: ____________________?
B: We convert your currency back for free. Just bring your receipt with you.

① How much does this cost
② How should I pay for that
③ What's your buy-back policy
④ Do you take credit cards

문 5. 밑줄 친 부분 중 어법상 옳지 않은 것은?

Each year, more than 270,000 pedestrians ① lose their lives on the world's roads. Many leave their homes as they would on any given day never ② to return. Globally, pedestrians constitute 22% of all road traffic fatalities, and in some countries this proportion is ③ as high as two thirds of all road traffic deaths. Millions of pedestrians are non-fatally ④ injuring — some of whom are left with permanent disabilities. These incidents cause much suffering and grief as well as economic hardship.

문 6. 어법상 옳은 것은?

① The paper charged her with use the company's money for her own purposes.
② The investigation had to be handled with the utmost care lest suspicion be aroused.
③ Another way to speed up the process would be made the shift to a new system.
④ Burning fossil fuels is one of the lead cause of climate change.

문 7. 주어진 글 다음에 이어질 글의 순서로 가장 적절한 것은?

There is a thought that can haunt us: since everything probably affects everything else, how can we ever make sense of the social world? If we are weighed down by that worry, though, we won't ever make progress.

(A) Every discipline that I am familiar with draws caricatures of the world in order to make sense of it. The modern economist does this by building *models*, which are deliberately stripped down representations of the phenomena out there.
(B) The economist John Maynard Keynes described our subject thus: "Economics is a science of thinking in terms of models joined to the art of choosing models which are relevant to the contemporary world."
(C) When I say "stripped down," I really mean stripped down. It isn't uncommon among us economists to focus on one or two causal factors, exclude everything else, hoping that this will enable us to understand how just those aspects of reality work and interact.

① (A) − (B) − (C) ② (A) − (C) − (B)
③ (B) − (C) − (A) ④ (B) − (A) − (C)

문 8. 다음 글의 내용과 일치하는 것은?

Prehistoric societies some half a million years ago did not distinguish sharply between mental and physical disorders. Abnormal behaviors, from simple headaches to convulsive attacks, were attributed to evil spirits that inhabited or controlled the afflicted person's body. According to historians, these ancient peoples attributed many forms of illness to demonic possession, sorcery, or the behest of an offended ancestral spirit. Within this system of belief, called *demonology*, the victim was usually held at least partly responsible for the misfortune. It has been suggested that Stone Age cave dwellers may have treated behavior disorders with a surgical method called *trephining*, in which part of the skull was chipped away to provide an opening through which the evil spirit could escape. People may have believed that when the evil spirit left, the person would return to his or her normal state. Surprisingly, trephined skulls have been found to have healed over, indicating that some patients survived this extremely crude operation.

*convulsive 경련의
**behest 명령

① Mental disorders were clearly differentiated from physical disorders.
② Abnormal behaviors were believed to result from evil spirits affecting a person.
③ An opening was made in the skull for an evil spirit to enter a person's body.
④ No cave dwellers survived trephining.

문 9. 다음 글의 주제로 가장 적절한 것은?

As the digital revolution upends newsrooms across the country, here's my advice for all the reporters. I've been a reporter for more than 25 years, so I have lived through a half dozen technological life cycles. The most dramatic transformations have come in the last half dozen years. That means I am, with increasing frequency, making stuff up as I go along. Much of the time in the news business, we have no idea what we are doing. We show up in the morning and someone says, "Can you write a story about (pick one) tax policy/immigration/climate change?" When newspapers had once-a-day deadlines, we said a reporter would learn in the morning and teach at night — write a story that could inform tomorrow's readers on a topic the reporter knew nothing about 24 hours earlier. Now it is more like learning at the top of the hour and teaching at the bottom of the same hour. I'm also running a political podcast, for example, and during the presidential conventions, we should be able to use it to do real-time interviews anywhere. I am just increasingly working without a script.

① a reporter as a teacher
② a reporter and improvisation
③ technology in politics
④ fields of journalism and technology

문 10. 글의 흐름상 가장 어색한 문장은?

Children's playgrounds throughout history were the wilderness, fields, streams, and hills of the country and the roads, streets, and vacant places of villages, towns, and cities. ① The term *playground* refers to all those places where children gather to play their free, spontaneous games. ② Only during the past few decades have children vacated these natural playgrounds for their growing love affair with video games, texting, and social networking. ③ Even in rural America few children are still roaming in a free-ranging manner, unaccompanied by adults. ④ When out of school, they are commonly found in neighborhoods digging in sand, building forts, playing traditional games, climbing, or playing ball games. They are rapidly disappearing from the natural terrain of creeks, hills, and fields, and like their urban counterparts, are turning to their indoor, sedentary cyber toys for entertainment.

※ 밑줄 친 부분의 의미와 가장 가까운 것을 고르시오. [문 11 ~ 문 12]

문 11.

Time does seem to slow to a trickle during a boring afternoon lecture and race when the brain is engrossed in something highly entertaining.

① enhanced by ② apathetic to
③ stabilized by ④ preoccupied with

문 12.

These daily updates were designed to help readers keep abreast of the markets as the government attempted to keep them under control.

① be acquainted with ② get inspired by
③ have faith in ④ keep away from

※ 밑줄 친 (A), (B)에 들어갈 말로 가장 적절한 것을 고르시오. [문 13 ~ 문 14]

문 13.

In the 1840s, the island of Ireland suffered famine. Because Ireland could not produce enough food to feed its population, about a million people died of ___(A)___; they simply didn't have enough to eat to stay alive. The famine caused another 1.25 million people to ___(B)___; many left their island home for the United States; the rest went to Canada, Australia, Chile, and other countries. Before the famine, the population of Ireland was approximately 6 million. After the great food shortage, it was about 4 million.

	(A)	(B)
①	dehydration	be deported
②	trauma	immigrate
③	starvation	emigrate
④	fatigue	be detained

문 14.

Today the technology to create the visual component of virtual-reality (VR) experiences is well on its way to becoming widely accessible and affordable. But to work powerfully, virtual reality needs to be about more than visuals. ___(A)___ what you are hearing convincingly matches the visuals, the virtual experience breaks apart. Take a basketball game. If the players, the coaches, the announcers, and the crowd all sound like they're sitting midcourt, you may as well watch the game on television — you'll get just as much of a sense that you are "there." ___(B)___, today's audio equipment and our widely used recording and reproduction formats are simply inadequate to the task of re-creating convincingly the sound of a battlefield on a distant planet, a basketball game at courtside, or a symphony as heard from the first row of a great concert hall.

	(A)	(B)
①	If	By contrast
②	Unless	Consequently
③	If	Similarly
④	Unless	Unfortunately

문 15. 주어진 문장이 들어갈 위치로 가장 적절한 것은?

> The same thinking can be applied to any number of goals, like improving performance at work.

> The happy brain tends to focus on the short term. (①) That being the case, it's a good idea to consider what short-term goals we can accomplish that will eventually lead to accomplishing long-term goals. (②) For instance, if you want to lose thirty pounds in six months, what short-term goals can you associate with losing the smaller increments of weight that will get you there? (③) Maybe it's something as simple as rewarding yourself each week that you lose two pounds. (④) By breaking the overall goal into smaller, shorter-term parts, we can focus on incremental accomplishments instead of being overwhelmed by the enormity of the goal in our profession.

문 16. 우리말을 영어로 잘못 옮긴 것은?

① 혹시 내게 전화하고 싶은 경우에 이게 내 번호야.
→ This is my number just in case you would like to call me.

② 나는 유럽 여행을 준비하느라 바쁘다.
→ I am busy preparing for a trip to Europe.

③ 그녀는 남편과 결혼한 지 20년 이상 되었다.
→ She has married to her husband for more than two decades.

④ 나는 내 아들이 읽을 책을 한 권 사야 한다.
→ I should buy a book for my son to read.

※ 다음 글의 내용과 일치하지 않는 것을 고르시오. [문 17 ~ 문 18]

문 17.

> In the nineteenth century, the most respected health and medical experts all insisted that diseases were caused by "miasma," a fancy term for bad air. Western society's system of health was based on this assumption: to prevent diseases, windows were kept open or closed, depending on whether there was more miasma inside or outside the room; it was believed that doctors could not pass along disease because gentlemen did not inhabit quarters with bad air. Then the idea of germs came along. One day, everyone believed that bad air makes you sick. Then, almost overnight, people started realizing there were invisible things called microbes and bacteria that were the real cause of diseases. This new view of disease brought sweeping changes to medicine, as surgeons adopted antiseptics and scientists invented vaccines and antibiotics. But, just as momentously, the idea of germs gave ordinary people the power to influence their own lives. Now, if you wanted to stay healthy, you could wash your hands, boil your water, cook your food thoroughly, and clean cuts and scrapes with iodine.

① In the nineteenth century, opening windows was irrelevant to the density of miasma.

② In the nineteenth century, it was believed that gentlemen did not live in places with bad air.

③ Vaccines were invented after people realized that microbes and bacteria were the real cause of diseases.

④ Cleaning cuts and scrapes could help people to stay healthy.

문 18.

Followers are a critical part of the leadership equation, but their role has not always been appreciated. For a long time, in fact, "the common view of leadership was that leaders actively led and subordinates, later called followers, passively and obediently followed." Over time, especially in the last century, social change shaped people's views of followers, and leadership theories gradually recognized the active and important role that followers play in the leadership process. Today it seems natural to accept the important role followers play. One aspect of leadership is particularly worth noting in this regard: Leadership is a social influence process shared among all members of a group. Leadership is not restricted to the influence exerted by someone in a particular position or role; followers are part of the leadership process, too.

① For a length of time, it was understood that leaders actively led and followers passively followed.
② People's views of subordinates were influenced by social change.
③ The important role of followers is still denied today.
④ Both leaders and followers participate in the leadership process.

※ 밑줄 친 부분에 들어갈 말로 가장 적절한 것을 고르시오. [문 19 ~ 문 20]

문 19.

Language proper is itself double-layered. Single noises are only occasionally meaningful: mostly, the various speech sounds convey coherent messages only when combined into an overlapping chain, like different colors of ice-cream melting into one another. In birdsong also, ________________: the sequence is what matters. In both humans and birds, control of this specialized sound-system is exercised by one half of the brain, normally the left half, and the system is learned relatively early in life. And just as many human languages have dialects, so do some bird species: in California, the white-crowned sparrow has songs so different from area to area that Californians can supposedly tell where they are in the state by listening to these sparrows.

① individual notes are often of little value
② rhythmic sounds are important
③ dialects play a critical role
④ no sound-system exists

문 20.

Nobel Prize-winning psychologist Daniel Kahneman changed the way the world thinks about economics, upending the notion that human beings are rational decision-makers. Along the way, his discipline-crossing influence has altered the way physicians make medical decisions and investors evaluate risk on Wall Street. In a paper, Kahneman and his colleagues outline a process for making big strategic decisions. Their suggested approach, labeled as "Mediating Assessments Protocol," or MAP, has a simple goal: To put off gut-based decision-making until a choice can be informed by a number of separate factors. "One of the essential purposes of MAP is basically to __________ intuition," Kahneman said in a recent interview with *The Post*. The structured process calls for analyzing a decision based on six to seven previously chosen attributes, discussing each of them separately and assigning them a relative percentile score, and finally, using those scores to make a holistic judgment.

① improve　② delay
③ possess　④ facilitate

해설편 ▶ P.190

2018 5월 19일 시행 지방직 9급

| 풀이 시간: ____:____ ~ ____:____ / 점수: ____점

※ 밑줄 친 부분의 의미와 가장 가까운 것을 고르시오. [문 1 ~ 문 2]

문 1.

> The paramount duty of the physician is to do no harm. Everything else — even healing — must take second place.

① chief ② sworn
③ successful ④ mysterious

문 2.

> It is not unusual that people get cold feet about taking a trip to the North Pole.

① become ambitious ② become afraid
③ feel exhausted ④ feel saddened

문 3. 밑줄 친 부분 중 어법상 옳지 않은 것은?

> I am writing in response to your request for a reference for Mrs. Ferrer. She has worked as my secretary ① for the last three years and has been an excellent employee. I believe that she meets all the requirements ② mentioned in your job description and indeed exceeds them in many ways. I have never had reason ③ to doubt her complete integrity. I would, therefore, recommend Mrs. Ferrer for the post ④ what you advertise.

문 4. 우리말을 영어로 잘못 옮긴 것은?

① 모든 정보는 거짓이었다.
→ All of the information was false.
② 토마스는 더 일찍 사과했어야 했다.
→ Thomas should have apologized earlier.
③ 우리가 도착했을 때 영화는 이미 시작했었다.
→ The movie had already started when we arrived.
④ 바깥 날씨가 추웠기 때문에 나는 차를 마시려 물을 끓였다.
→ Being cold outside, I boiled some water to have tea.

문 5. 밑줄 친 부분의 의미와 가장 가까운 것은?

> The student who finds the state-of-the-art approach intimidating learns less than he or she might have learned by the old methods.

① humorous ② friendly
③ convenient ④ frightening

문 6. 밑줄 친 부분에 들어갈 말로 가장 적절한 것은?

> Since the air-conditioners are being repaired now, the office workers have to ____________ electric fans for the day.

① get rid of ② let go of
③ make do with ④ break up with

문 7. 어법상 옳은 것은?

① Please contact to me at the email address I gave you last week.
② Were it not for water, all living creatures on earth would be extinct.
③ The laptop allows people who is away from their offices to continue to work.
④ The more they attempted to explain their mistakes, the worst their story sounded.

문 8. 우리말을 영어로 옳게 옮긴 것은?

① 그는 며칠 전에 친구를 배웅하기 위해 역으로 갔다.
→ He went to the station a few days ago to see off his friend.

② 버릇없는 그 소년은 아버지가 부르는 것을 못 들은 체했다.
→ The spoiled boy made it believe he didn't hear his father calling.

③ 나는 버팔로에 가본 적이 없어서 그곳에 가기를 고대하고 있다.
→ I have never been to Buffalo, so I am looking forward to go there.

④ 나는 아직 오늘 신문을 못 읽었어. 뭐 재미있는 것 있니?
→ I have not read today's newspaper yet. Is there anything interested in it?

문 9. 다음 글의 흐름상 가장 어색한 문장은?

The Renaissance kitchen had a definite hierarchy of help who worked together to produce the elaborate banquets. ① At the top, as we have seen, was the *scalco*, or steward, who was in charge of not only the kitchen, but also the dining room. ② The dining room was supervised by the butler, who was in charge of the silverware and linen and also served the dishes that began and ended the banquet — the cold dishes, salads, cheeses, and fruit at the beginning and the sweets and confections at the end of the meal. ③ This elaborate decoration and serving was what in restaurants is called "the front of the house." ④ The kitchen was supervised by the head cook, who directed the undercooks, pastry cooks, and kitchen help.

문 10. 다음 글의 요지로 가장 적절한 것은?

My students often believe that if they simply meet more important people, their work will improve. But it's remarkably hard to engage with those people unless you've already put something valuable out into the world. That's what piques the curiosity of advisers and sponsors. Achievements show you have something to give, not just something to take. In life, it certainly helps to know the right people. But how hard they go to bat for you, how far they stick their necks out for you, depends on what you have to offer. Building a powerful network doesn't require you to be an expert at networking. It just requires you to be an expert at something. If you make great connections, they might advance your career. If you do great work, those connections will be easier to make. Let your insights and your outputs — not your business cards — do the talking.

① Sponsorship is necessary for a successful career.
② Building a good network starts from your accomplishments.
③ A powerful network is a prerequisite for your achievement.
④ Your insights and outputs grow as you become an expert at networking.

문 11. 밑줄 친 부분에 들어갈 말로 가장 적절한 것은?

A: My computer just shut down for no reason. I can't even turn it back on again.
B: Did you try charging it? It might just be out of battery.
A: Of course, I tried charging it.
B: ________________________
A: I should do that, but I'm so lazy.

① I don't know how to fix your computer.
② Try visiting the nearest service center then.
③ Well, stop thinking about your problems and go to sleep.
④ My brother will try to fix your computer because he's a technician.

문 12. 다음 글에 나타난 화자의 심경으로 가장 적절한 것은?

My face turned white as a sheet. I looked at my watch. The tests would be almost over by now. I arrived at the testing center in an absolute panic. I tried to tell my story, but my sentences and descriptive gestures got so confused that I communicated nothing more than a very convincing version of a human tornado. In an effort to curb my distracting explanation, the proctor led me to an empty seat and put a test booklet in front of me. He looked doubtfully from me to the clock, and then he walked away. I tried desperately to make up for lost time, scrambling madly through analogies and sentence completions. "Fifteen minutes remain," the voice of doom declared from the front of the classroom. Algebraic equations, arithmetic calculations, geometric diagrams swam before my eyes. "Time! Pencils down, please."

① nervous and worried ② excited and cheerful
③ calm and determined ④ safe and relaxed

문 13. 주어진 문장 다음에 이어질 글의 순서로 가장 적절한 것은?

Devices that monitor and track your health are becoming more popular among all age populations.

(A) For example, falls are a leading cause of death for adults 65 and older. Fall alerts are a popular gerotechnology that has been around for many years but have now improved.
(B) However, for seniors aging in place, especially those without a caretaker in the home, these technologies can be lifesaving.
(C) This simple technology can automatically alert 911 or a close family member the moment a senior has fallen.

*gerotechnology 노인을 위한 양로 기술

① (B) − (C) − (A) ② (B) − (A) − (C)
③ (C) − (A) − (B) ④ (C) − (B) − (A)

※ 밑줄 친 부분에 들어갈 말로 가장 적절한 것을 고르시오. [문 14 ~ 문 15]

문 14.

A: Where do you want to go for our honeymoon?
B: Let's go to a place that neither of us has been to.
A: Then, why don't we go to Hawaii?
B: ______________________________

① I've always wanted to go there.
② Isn't Korea a great place to live?
③ Great! My last trip there was amazing!
④ Oh, you must've been to Hawaii already.

문 15.

The secret of successful people is usually that they are able to concentrate totally on one thing. Even if they have a lot in their head, they have found a method that the many commitments don't impede each other, but instead they are brought into a good inner order. And this order is quite simple: ____________________. In theory, it seems to be quite clear, but in everyday life it seems rather different. You might have tried to decide on priorities, but you have failed because of everyday trivial matters and all the unforeseen distractions. Separate off disturbances, for example, by escaping into another office, and not allowing any distractions to get in the way. When you concentrate on the one task of your priorities, you will find you have energy that you didn't even know you had.

① the sooner, the better
② better late than never
③ out of sight, out of mind
④ the most important thing first

문 16. 다음 글의 제목으로 가장 적절한 것은?

With the help of the scientist, the commercial fishing industry has found out that its fishing must be done scientifically if it is to be continued. With no fishing pressure on a fish population, the number of fish will reach a predictable level of abundance and stay there. The only fluctuation would be due to natural environmental factors, such as availability of food, proper temperature, and the like. If a fishery is developed to take these fish, their population can be maintained if the fishing harvest is small. The mackerel of the North Sea is a good example. If we increase the fishery and take more fish each year, we must be careful not to reduce the population below the ideal point where it can replace all of the fish we take out each year. If we fish at this level, called the *maximum sustainable* yield, we can maintain the greatest possible yield, year after year. If we catch too many, the number of fish will decrease each year until we fish ourselves out of a job. Examples of severely overfished animals are the blue whale of the Antarctic and the halibut of the North Atlantic. Fishing just the correct amount to maintain a maximum annual yield is both a science and an art. Research is constantly being done to help us better understand the fish population and how to utilize it to the maximum without depleting the population.

① Say No to Commercial Fishing
② Sea Farming Seen As a Fishy Business
③ Why Does the Fishing Industry Need Science?
④ Overfished Animals: Cases of Illegal Fishing

문 17. 밑줄 친 (A), (B)에 들어갈 말로 가장 적절한 것은?

Does terrorism ever work? 9/11 was an enormous tactical success for al Qaeda, partly because it involved attacks that took place in the media capital of the world and the actual capital of the United States, ____(A)____ ensuring the widest possible coverage of the event. If terrorism is a form of theater where you want a lot of people watching, no event in human history was likely ever seen by a larger global audience than the 9/11 attacks. At the time, there was much discussion about how 9/11 was like the attack on Pearl Harbor. They were indeed similar since they were both surprise attacks that drew America into significant wars. But they were also similar in another sense. Pearl Harbor was a great tactical success for Imperial Japan, but it led to a great strategic failure: Within four years of Pearl Harbor the Japanese empire lay in ruins, utterly defeated. ____(B)____, 9/11 was a great tactical success for al Qaeda, but it also turned out to be a great strategic failure for Osama bin Laden.

	(A)	(B)
①	thereby	Similarly
②	while	Therefore
③	while	Fortunately
④	thereby	On the contrary

문 18. 다음 글의 내용과 일치하지 않는 것은?

We entered a new phase as a species when Chinese scientists altered a human embryo to remove a potentially fatal blood disorder — not only from the baby, but all of its descendants. Researchers call this process "germline modification." The media likes the phrase "designer babies." But we should call it what it is, "eugenics." And we, the human race, need to decide whether or not we want to use it. Last month, in the United States, the scientific establishment weighed in. A National Academy of Sciences and National Academy of Medicine joint committee endorsed embryo editing aimed at genes that cause serious diseases when there is "no reasonable alternative." But it was more wary of editing for "enhancement," like making already-healthy children stronger or taller. It recommended a public discussion, and said that doctors should "not proceed at this time." The committee had good reason to urge caution. The history of eugenics is full of oppression and misery.

*eugenics 우생학

① Doctors were recommended to immediately go ahead with embryo editing for enhancement.
② Recently, the scientific establishment in the U.S. joined a discussion on eugenics.
③ Chinese scientists modified a human embryo to prevent a serious blood disorder.
④ "Designer babies" is another term for the germline modification process.

문 19. 주어진 문장이 들어갈 위치로 가장 적절한 것은?

If neither surrendered, the two exchanged blows until one was knocked out.

The ancient Olympics provided athletes an opportunity to prove their fitness and superiority, just like our modern games. (①) The ancient Olympic events were designed to eliminate the weak and glorify the strong. Winners were pushed to the brink. (②) Just as in modern times, people loved extreme sports. One of the favorite events was added in the 33rd Olympiad. This was the pankration, or an extreme mix of wrestling and boxing. The Greek word *pankration* means "total power." The men wore leather straps with metal studs, which could make a terrible mess of their opponents. (③) This dangerous form of wrestling had no time or weight limits. In this event, only two rules applied. First, wrestlers were not allowed to gouge eyes with their thumbs. Secondly, they could not bite. Anything else was considered fair play. The contest was decided in the same manner as a boxing match. Contenders continued until one of the two collapsed. (④) Only the strongest and most determined athletes attempted this event. Imagine wrestling "Mr. Fingertips," who earned his nickname by breaking his opponents' fingers!

문 20. 밑줄 친 부분에 들어갈 말로 가장 적절한 것은?

In our time it is not only the law of the market which has its own life and rules over man, but also the development of science and technique. For a number of reasons, the problems and organization of science today are such that a scientist does not choose his problems; the problems force themselves upon the scientist. He solves one problem, and the result is not that he is more secure or certain, but that ten other new problems open up in place of the single solved one. They force him to solve them; he has to go ahead at an ever-quickening pace. The same holds true for industrial techniques. The pace of science forces the pace of technique. Theoretical physics forces atomic energy on us; the successful production of the fission bomb forces upon us the manufacture of the hydrogen bomb. We do not choose our problems, we do not choose our products; we are pushed, we are forced — by what? By a system which has no purpose and goal transcending it, and which ___________________.

① makes man its appendix
② creates a false sense of security
③ inspires man with creative challenges
④ empowers scientists to control the market laws

해설편 ▶ P.196

2017 6월 17일 시행 지방직 9급

| 풀이 시간: ____:____ ~ ____:____ / 점수: ____점

※ 밑줄 친 부분에 들어갈 말로 가장 적절한 것을 고르시오. [문 1 ~ 문 2]

문 1.

A: I just received a letter from one of my old high school buddies.
B: That's nice!
A: Well, actually it's been a long time since I heard from him.
B: To be honest, I've been out of touch with most of my old friends.
A: I know. It's really hard to maintain contact when people move around so much.
B: You're right. ______________________. But you're lucky to be back in touch with your buddy again.

① The days are getting longer
② People just drift apart
③ That's the funniest thing I've ever heard of
④ I start fuming whenever I hear his name

문 2.

A: What are you getting Ted for his birthday? I'm getting him a couple of baseball caps.
B: I've been ______________________ trying to think of just the right gift. I don't have an inkling of what he needs.
A: Why don't you get him an album? He has a lot of photos.
B: That sounds perfect! Why didn't I think of that? Thanks for the suggestion!

① contacted by him
② sleeping all day
③ racking my brain
④ collecting photo albums

※ 밑줄 친 부분의 의미와 가장 가까운 것을 고르시오. [문 3 ~ 문 5]

문 3.

Some of the newest laws authorize people to appoint a surrogate who can make medical decisions for them when necessary.

① proxy
② sentry
③ predecessor
④ plunderer

문 4.

A: He thinks he can achieve anything.
B: Yes, he needs to keep his feet on the ground.

① live in a world of his own
② relax and enjoy himself
③ be brave and confident
④ remain sensible and realistic about life

문 5.

She is on the fence about going to see the Mona Lisa at the Louvre Museum.

① anguished
② enthusiastic
③ apprehensive
④ undecided

문 6. 어법상 옳지 않은 것은?

① You might think that just eating a lot of vegetables will keep you perfectly healthy.
② Academic knowledge isn't always that leads you to make right decisions.
③ The fear of getting hurt didn't prevent him from engaging in reckless behaviors.
④ Julie's doctor told her to stop eating so many processed foods.

문 7. 어법상 옳은 것은?

① The oceans contain many forms of life that has not yet been discovered.
② The rings of Saturn are so distant to be seen from Earth without a telescope.
③ The Aswan High Dam has been protected Egypt from the famines of its neighboring countries.
④ Included in this series is "The Enchanted Horse," among other famous children's stories.

문 8. 다음 글의 내용과 일치하는 것은?

Soils of farmlands used for growing crops are being carried away by water and wind erosion at rates between 10 and 40 times the rates of soil formation, and between 500 and 10,000 times soil erosion rates on forested land. Because those soil erosion rates are so much higher than soil formation rates, that means a net loss of soil. For instance, about half of the top soil of Iowa, the state whose agriculture productivity is among the highest in the U.S., has been eroded in the last 150 years. On my most recent visit to Iowa, my hosts showed me a churchyard offering a dramatically visible example of those soil losses. A church was built there in the middle of farmland during the 19th century and has been maintained continuously as a church ever since, while the land around it was being farmed. As a result of soil being eroded much more rapidly from fields than from the churchyard, the yard now stands like a little island raised 10 feet above the surrounding sea of farmland.

① A churchyard in Iowa is higher than the surrounding farmland.
② Iowa's agricultural productivity has accelerated its soil formation.
③ The rate of soil formation in farmlands is faster than that of soil erosion.
④ Iowa has maintained its top soil in the last 150 years.

문 9. 다음 글의 흐름상 가장 어색한 문장은?

Whether you've been traveling, focusing on your family, or going through a busy season at work, 14 days out of the gym takes its toll — not just on your muscles, but your performance, brain, and sleep, too. ① Most experts agree that after two weeks, you're in trouble if you don't get back in the gym. "At the two week point without exercising, there are a multitude of physiological markers that naturally reveal a reduction of fitness level," says Scott Weiss, a New York-based exercise physiologist and trainer who works with elite athletes. ② After all, despite all of its abilities, the human body (even the fit human body) is a very sensitive system and physiological changes (muscle strength or a greater aerobic base) that come about through training will simply disappear if your training load dwindles, he notes. Since the demand of training isn't present, your body simply slinks back toward baseline. ③ More protein is required to build more muscles at a rapid pace in your body. ④ Of course, how much and how quickly you'll decondition depends on a slew of factors like how fit you are, your age, and how long sweating has been a habit. "Two to eight months of not exercising at all will reduce your fitness level to as if you never exercised before," Weiss notes.

문 10. 다음 글의 내용과 일치하지 않는 것은?

Before the fifteenth century, all four characteristics of the witch (night flying, secret meetings, harmful magic, and the devil's pact) were ascribed individually or in limited combination by the church to its adversaries, including Templars, heretics, learned magicians, and other dissident groups. Folk beliefs about the supernatural emerged in peasant confessions during witch trials. The most striking difference between popular and learned notions of witchcraft lay in the folk belief that the witch had innate supernatural powers not derived from the devil. For learned men, this bordered on heresy. Supernatural powers were never human in origin, nor could witches derive their craft from the tradition of learned magic, which required a scholarly training at the university, a masculine preserve at the time. A witch's power necessarily came from the pact she made with the devil.

① The folk and learned men had different views on the source of the witch's supernatural powers.
② According to the folk belief, supernatural powers belonged to the essential nature of the witch.
③ Four characteristics of the witch were attributed by the church to its dissident groups.
④ Learned men believed that the witch's power came from a scholarly training at the university.

문 11. 주어진 문장이 들어갈 위치로 가장 적절한 것은?

> Fortunately, however, the heavy supper she had eaten caused her to become tired and ready to fall asleep.

> Various duties awaited me on my arrival. I had to sit with the girls during their hour of study. (①) Then it was my turn to read prayers; to see them to bed. Afterwards I ate with the other teachers. (②) Even when we finally retired for the night, the inevitable Miss Gryce was still my companion. We had only a short end of candle in our candlestick, and I dreaded lest she should talk till it was all burnt out. (③) She was already snoring before I had finished undressing. There still remained an inch of candle. (④) I now took out my letter; the seal was an initial F. I broke it; the contents were brief.

문 12. 다음 글의 제목으로 가장 적절한 것은?

> Fear and its companion pain are two of the most useful things that men and animals possess, if they are properly used. If fire did not hurt when it burnt, children would play with it until their hands were burnt away. Similarly, if pain existed but fear did not, a child would burn himself again and again, because fear would not warn him to keep away from the fire that had burnt him before. A really fearless soldier — and some do exist — is not a good soldier, because he is soon killed; and a dead soldier is of no use to his army. Fear and pain are therefore two guards without which human beings and animals might soon die out.

① Obscurity of Fear and Pain in Soldiers
② Indispensability of Fear and Pain
③ Disapproval of Fear and Pain
④ Children's Association with Fear and Pain

※ 우리말을 영어로 잘못 옮긴 것을 고르시오. [문 13 ~ 문 14]

문 13. ① 나는 매달 두세 번 그에게 전화하기로 규칙을 세웠다.
→ I made it a rule to call him two or three times a month.
② 그는 나의 팔을 붙잡고 도움을 요청했다.
→ He grabbed me by the arm and asked for help.
③ 폭우로 인해 그 강은 120cm만큼 상승했다.
→ Owing to the heavy rain, the river has risen by 120cm.
④ 나는 눈 오는 날 밖에 나가는 것보다 집에 있는 것을 더 좋아한다.
→ I prefer to staying home than to going out on a snowy day.

문 14. ① 그를 당황하게 한 것은 그녀의 거절이 아니라 그녀의 무례함이었다.
→ It was not her refusal but her rudeness that perplexed him.
② 부모는 아이들 앞에서 그들의 말과 행동에 대해 아무리 신중해도 지나치지 않다.
→ Parents cannot be too careful about their words and actions before their children.
③ 환자들과 부상자들을 돌보기 위해 더 많은 의사가 필요했다.
→ More doctors were required to tend sick and wounded.
④ 설상가상으로, 또 다른 태풍이 곧 올 것이라는 보도가 있다.
→ To make matters worse, there is a report that another typhoon will arrive soon.

※ 밑줄 친 부분에 들어갈 말로 가장 적절한 것을 고르시오. [문 15 ~ 문 16]

문 15.

Our main dish did not have much flavor, but I made it more ____________ by adding condiments.

① palatable ② dissolvable
③ potable ④ susceptible

문 16.

London taxi drivers have to undertake years of intense training known as "the knowledge" to gain their operating license, including learning the layout of over twenty-five thousand of the city's streets. A researcher and her team investigated the taxi drivers and the ordinary people. The two groups were asked to watch videos of routes unfamiliar to them through a town in Ireland. They were then asked to take a test about the video that included sketching out routes, identifying landmarks, and estimating distances between places. Both groups did well on much of the test, but the taxi drivers did significantly better on identifying new routes. This result suggests that the taxi drivers' mastery can be _________ to new and unknown areas. Their years of training and learning through deliberate practice prepare them to take on similar challenges even in places they do not know well or at all.

① confined ② devoted
③ generalized ④ contributed

문 17. 주어진 글 다음에 이어질 글의 순서로 가장 적절한 것은?

I remember the day Lewis discovered the falls. They left their camp at sunrise and a few hours later they came upon a beautiful plain and on the plain were more buffalo than they had ever seen before in one place.

(A) A nice thing happened that afternoon, they went fishing below the falls and caught half a dozen trout, good ones, too, from sixteen to twenty-three inches long.
(B) After a while the sound was tremendous and they were at the great falls of the Missouri River. It was about noon when they got there.
(C) They kept on going until they heard the faraway sound of a waterfall and saw a distant column of spray rising and disappearing. They followed the sound as it got louder and louder.

① (A) – (B) – (C) ② (B) – (C) – (A)
③ (C) – (A) – (B) ④ (C) – (B) – (A)

문 18. 다음 글의 요지로 가장 적절한 것은?

Novelty-induced time expansion is a well-characterized phenomenon which can be investigated under laboratory conditions. Simply asking people to estimate the length of time they are exposed to a train of stimuli shows that novel stimuli simply seem to last longer than repetitive or unremarkable ones. In fact, just being the first stimulus in a moderately repetitive series appears to be sufficient to induce subjective time expansion. Of course, it is easy to think of reasons why our brain has evolved to work like this — presumably novel and exotic stimuli require more thought and consideration than familiar ones, so it makes sense for the brain to allocate them more subjective time.

① Response to stimuli is an important by-product of brain training.
② The intensity of stimuli increases with their repetition.
③ Our physical response to stimuli influences our thoughts.
④ New stimuli give rise to subjective time expansion.

※ 밑줄 친 부분에 들어갈 말로 가장 적절한 것을 고르시오. [문 19 ~ 문 20]

문 19.

One of the tricks our mind plays is to highlight evidence which confirms what we already believe. If we hear gossip about a rival, we tend to think "I knew he was a nasty piece of work"; if we hear the same about our best friend, we're more likely to say "that's just a rumour." Once you learn about this mental habit — called confirmation bias — you start seeing it everywhere. This matters when we want to make better decisions. Confirmation bias is OK as long as we're right, but all too often we're wrong, and we only pay attention to the deciding evidence when it's too late. How ______________ depends on our awareness of why, psychologically, confirmation bias happens. There are two possible reasons. One is that we have a blind spot in our imagination and the other is we fail to ask questions about new information.

① we make our rivals believe us
② our blind spot helps us make better decisions
③ we can protect our decisions from confirmation bias
④ we develop exactly the same bias

문 20.

For many big names in consumer product brands, exporting and producing overseas with local labor and for local tastes have been the right thing to do. In doing so, the companies found a way to improve their cost structure, to grow in the rapidly expanding consumer markets in emerging countries. But, Sweets Co. remains stuck in the domestic market. Even though its products are loaded with preservatives, which means they can endure long travel to distant markets, Sweets Co. ____________, let alone produce overseas. The unwillingness or inability to update its business strategy and products for a changing world is clearly damaging to the company.

① is intent on importing
② does very little exporting
③ has decided to streamline operations
④ is expanding into emerging markets

해설편 ▶ P.202

| 풀이 시간: ____:____ ~ ____:____ / 점수: ____점

※ 밑줄 친 부분과 의미가 가장 가까운 것을 고르시오. [문 1 ~ 문 3]

문 1.

> During both World Wars, government subsidies and demands for new airplanes vastly improved techniques for their design and construction.

① financial support ② long-term planning
③ technical assistance ④ non-restrictive policy

문 2.

> Tuesday night's season premiere of the TV show seemed to be trying to strike a balance between the show's convoluted mythology and its more human, character-driven dimension.

① ancient ② unrelated
③ complicated ④ otherworldly

문 3.

> By the time we wound up the conversation, I knew that I would not be going to Geneva.

① initiated ② resumed
③ terminated ④ interrupted

문 4. 밑줄 친 부분에 들어갈 말로 가장 적절한 것은?

> A police sergeant with 15 years of experience was dismayed after being ____________ for promotion in favor of a young officer.

① run over ② asked out
③ carried out ④ passed over

문 5. 밑줄 친 부분 중 어법상 옳은 것은?

> Last week I was sick with the flu. When my father ① heard me sneezing and coughing, he opened my bedroom door to ask me ② that I needed anything. I was really happy to see his kind and caring face, but there wasn't ③ anything he could do it to ④ make the flu to go away.

문 6. 어법상 옳은 것은?

① A week's holiday has been promised to all the office workers.
② She destined to live a life of serving others.
③ A small town seems to be preferable than a big city for raising children.
④ Top software companies are finding increasingly challenging to stay ahead.

※ 밑줄 친 부분에 들어갈 말로 가장 적절한 것을 고르시오. [문 7 ~ 문 8]

문 7.

> A: How do you like your new neighborhood?
> B: It's great for the most part. I love the clean air and the green environment.
> A: Sounds like a lovely place to live.
> B: Yes, but it's not without its drawbacks.
> A: Like what?
> B: For one, it doesn't have many different stores. For example, there's only one supermarket, so food is very expensive.
> A: ______________________________
> B: You're telling me. But thank goodness. The city is building a new shopping center now. Next year, we'll have more options.

① How many supermarkets are there?
② Are there a lot of places to shop there?
③ It looks like you have a problem.
④ I want to move to your neighborhood.

문 8.

A: So, Mr. Wong, how long have you been living in New York City?
B: I've been living here for about seven years.
A: Can you tell me about your work experience?
B: I've been working at a pizzeria for the last three years.
A: What do you do there?
B: I seat the customers and wait on them.
A: How do you like your job?
B: It's fine. Everyone's really nice.
A: ______________________
B: It's just that I want to work in a more formal environment.
A: Okay. Is there anything else you would like to add?
B: I am really good with people. And I can also speak Italian and Chinese.
A: I see. Thank you very much. I'll be in touch shortly.
B: I hope to hear from you soon.

① So, what is the environment like there?
② Then, why are you applying for this job?
③ But are there any foreign languages you are good at?
④ And what qualities do you think are needed to work here?

문 9. 우리말을 영어로 옳게 옮긴 것은?

① 내가 열쇠를 잃어버리지 않았더라면 모든 것이 괜찮았을 텐데.
→ Everything would have been OK if I haven't lost my keys.
② 그 영화가 너무 지루해서 나는 삼십 분 후에 잠이 들었어.
→ The movie was so bored that I fell asleep after half an hour.
③ 내가 산책에 같이 갈 수 있는지 네게 알려줄게.
→ I will let you know if I can accompany with you on your walk.
④ 내 컴퓨터가 작동을 멈췄을 때, 나는 그것을 고치기 위해 컴퓨터 가게로 가져갔어.
→ When my computer stopped working, I took it to the computer store to get it fixed.

문 10. 우리말을 영어로 잘못 옮긴 것은?

① 예산은 처음 기대했던 것보다 약 25퍼센트 더 높다.
→ The budget is about 25% higher than originally expecting.
② 시스템 업그레이드를 위해 해야 될 많은 일이 있다.
→ There is a lot of work to be done for the system upgrade.
③ 그 프로젝트를 완성하는 데 최소 한 달, 어쩌면 더 긴 시간이 걸릴 것이다.
→ It will take at least a month, maybe longer to complete the project.
④ 월급을 두 배 받는 그 부서장이 책임을 져야 한다.
→ The head of the department, who receives twice the salary, has to take responsibility.

문 11. 밑줄 친 (A), (B)에 들어갈 말로 가장 적절한 것은?

The decline in the number of domestic adoptions in developed countries is mainly the result of a falling supply of domestically adoptable children. In those countries, the widespread availability of safe and reliable contraception combined with the pervasive postponement of childbearing as well as with legal access to abortion in most of them has resulted in a sharp reduction of unwanted births and, consequently, in a reduction of the number of adoptable children. ___(A)___, single motherhood is no longer stigmatized as it once was and single mothers can count on State support to help them keep and raise their children. ___(B)___, there are not enough adoptable children in developed countries for the residents of those countries wishing to adopt, and prospective adoptive parents have increasingly resorted to adopting children abroad.

	(A)	(B)
①	However	Consequently
②	However	In summary
③	Furthermore	Nonetheless
④	Furthermore	As a consequence

문 12. 글의 흐름상 가장 어색한 것은?

A story that is on the cutting edge of modern science began in an isolated part of northern Sweden in the 19th century. ① This area of the country had unpredictable harvests through the first half of the century. In years that the harvest failed, the population went hungry. However, the good years were very good. ② The same people who went hungry during bad harvests overate significantly during the good years. A Swedish scientist wondered about the long-term effects of these eating patterns. He studied the harvest and health records of the area. He was astonished by what he found. ③ Boys who overate during the good years produced children and grandchildren who died about six years earlier than the children and grandchildren of those who had very little to eat. Other scientists found the same result for girls. ④ Both boys and girls benefited greatly from the harvests of the good years. The scientists were forced to conclude that just one reason of overeating could have a negative impact that continued for generations.

※ 다음 글의 내용과 일치하지 않는 것을 고르시오. [문 13 ~ 문 14]

문 13.

There is a basic principle that distinguishes a hot medium like radio from a cool one like the telephone, or a hot medium like the movie from a cool one like TV. A hot medium is one that extends one single sense in "high definition." High definition is the state of being well filled with data. A photograph is visually "high definition." A cartoon is "low definition," simply because very little visual information is provided. Telephone is a cool medium, or one of low definition, because the ear is given a meager amount of information. And speech is a cool medium of low definition, because so little is given and so much has to be filled in by the listener. On the other hand, hot media do not leave so much to be filled in or completed by the audience.

① Media can be classified into hot and cool.
② A hot medium is full of data.
③ Telephone is considered high definition.
④ Cool media leave much to be filled in by the audience.

문 14.

December usually marks the start of humpback whale season in Hawaii, but experts say the animals have been slow to return this year. The giant whales are an iconic part of winter on the islands and a source of income for tour operators. But officials at the Humpback Whale Marine Sanctuary said they've been getting reports that the whales have been difficult to spot so far. "One theory was that something like this happened as whales increased. It's a product of their success. With more animals, they're competing against each other for food resources, and it takes an energy of reserve to make the long trip back," said Ed Lyman, a Maui-based resource protection manager and response coordinator for the sanctuary. He was surprised by how few of the animals he saw while responding to a call about a distressed calf on Christmas Eve, saying "We've just seen a handful of whales." It will be a while before officials have hard numbers because the annual whale counts don't take place until the last Saturday of January, February and March, according to former sanctuary co-manager Jeff Walters.

① Humpback whale season in Hawaii normally begins at the end of the year.
② Humpback whales are profitable for tour operators in Hawaii.
③ The drop in the number of humpback whales spotted in Hawaii may be due to their success.
④ The number of humpback whales that have returned to Hawaii this whale season has been officially calculated.

문 15. 주어진 문장이 들어갈 위치로 가장 적절한 곳은?

> However, should understanding not occur, you will find yourself soon becoming drowsy.

> Dictionaries are your most reliable resources for the study of words. Yet the habit of using them needs to be cultivated. Of course, it can feel like an annoying interruption to stop your reading and look up a word. You might tell yourself that if you keep going, you would eventually understand it from the context. (①) Indeed, reading study guides often advise just that. (②) Often it's not the need for sleep that is occurring but a gradual loss of consciousness. (③) The knack here is to recognize the early signs of word confusion before drowsiness takes over when it is easier to exert sufficient willpower to grab a dictionary for word study. (④) Although this special effort is needed, once the meaning is clarified, the perceptible sense of relief makes the effort worthwhile.

문 16. 다음 글의 주제로 가장 적절한 것은?

> It is easy to look at the diverse things people produce and to describe their differences. Obviously a poem is not a mathematical formula, and a novel is not an experiment in genetics. Composers clearly use a different language from that of visual artists, and chemists combine very different things than do playwrights. To characterize people by the different things they make, however, is to miss the universality of how they create. For at the level of the creative process, scientists, artists, mathematicians, composers, writers, and sculptors use a common set of what we call "tools for thinking," including emotional feelings, visual images, bodily sensations, reproducible patterns, and analogies. And all imaginative thinkers learn to translate ideas generated by these subjective thinking tools into public languages to express their insights, which can then give rise to new ideas in others' minds.

① obstacles to imaginative thinking
② the difference between art and science
③ the commonality of the creative process
④ distinctive features of various professions

※ 밑줄 친 부분에 들어갈 말로 가장 적절한 것을 고르시오. [문 17 ~ 문 19]

문 17.

> There are few simple answers in science. Even seemingly straightforward questions, when probed by people in search of proof, lead to more questions. Those questions lead to nuances, layers of complexity and, more often than we might expect, ____________________. In the 1990s, researchers asking "How do we fight oxygen-hungry cancer cells?" offered an obvious solution: Starve them of oxygen by cutting off their blood supply. But as Laura Beil describes in "Deflating Cancer," oxygen deprivation actually drives cancer to grow and spread. Scientists have responded by seeking new strategies: Block the formation of collagen highways, for instance, or even, as Beil writes, give the cells "more blood, not less."

① plans that end up unrealized
② conclusions that contradict initial intuition
③ great inventions that start from careful observations
④ misunderstandings that go against scientific progress

문 18.

> Before the lecture began, the speaker of the day distributed photocopies of his paper to each of the audience, and I got one and leafed through it and grasped the main idea of the text. Waiting for him to begin, I prayed in silence that this speaker would not read but speak instead directly to the audience with his own words about what he knew on the subject. But to my great disappointment, he ________________________________. Soon I found I was mechanically following the printed words on the paper in my hand.

① was afraid of making his lecture too formal
② elaborated on his theories without looking at his paper
③ began to read his lengthy and well-prepared paper faithfully
④ made use of lots of humorous gestures to attract the audience

문 19.

In a famous essay on Tolstoy, the liberal philosopher Sir Isaiah Berlin distinguished between two kinds of thinkers by harking back to an ancient saying attributed to the Greek lyric poet Archilochus (seventh century BC): "The fox knows many things, but the hedgehog knows one big thing." Hedgehogs have one central idea and see the world exclusively through the prism of that idea. They overlook complications and exceptions, or mold them to fit into their world view. There is one true answer that fits at all times and all circumstances. Foxes, for whom Berlin had greater sympathy, have a variegated take on the world, which prevents them from ________________. They are skeptical of grand theories as they feel the world's complexity prevents generalizations. Berlin thought Dante was a hedgehog while Shakespeare was a fox.

① behaving rationally
② finding multiple solutions
③ articulating one big slogan
④ grasping the complications of the world

문 20. 다음 글에서 Locke의 주장으로 가장 적절한 것은?

In Locke's defense of private property, the significant point is what happens when we mix our labor with God's land. We add value to the land by working it; we make fertile what once lay fallow. In this sense, it is our labor that is the source of the value, or the added value, of the land. This value-creating power of my labor makes it right that I own the piece of land which I have made valuable by clearing it, the well I have made full by digging it, the animals I have raised and fattened. With Locke, *Homo faber* — the man of labor — becomes for the first time in the history of political thought a central rather than peripheral figure. In Locke's world, status and honor still flowed to the aristocrats, who were entitled to vast landholdings but were letting history pass them by precisely because new economic realities were in the process of shifting wealth to a bourgeoisie that actually created value by work. In time, Locke's elevation of the significance of labor was bound to appeal to the rising bourgeoisie.

① Ownership of property comes from labor.
② Labor is the most important ideal to aristocratic society.
③ The accumulation of private property is a source of happiness.
④ A smooth transition to bourgeois society is essential for social progress.

해설편 ▶ P.208

서울시 9급 공개경쟁채용 필기시험

응 시 번 호	
성　　　명	

문 제 책 형

【시 험 과 목】

제1과목	국　어	제2과목	영　어	제3과목	한 국 사
제4·5과목	행정법총론, 행정학개론				

응시자 주의사항

1. **시험 시작 전**에 시험문제를 열람하는 행위나 **시험 종료 후** 답안을 작성하는 행위를 한 사람은 「지방공무원 임용령」 제65조 등 관련 법령에 의거 **부정행위자**로 처리됩니다.

2. 시험 시작 즉시 **과목편철 순서, 문제누락 여부, 인쇄상태 이상 유무 및 표지와 개별과목의 문제책형 일치 여부 등을 확인**한 후 문제책 표지에 응시번호, 성명을 기재합니다.

3. 반드시 본인의 **응시표에 인쇄된 시험과목 순서에 따라** 제4과목과 제5과목의 **답안을 표기**하여야 합니다. 과목 순서를 바꾸어 표기한 경우에도 **본인의 응시표에 기재된 과목 순서대로 채점**되므로 반드시 유의하시기 바랍니다.

4. 시험이 시작되면 문제를 주의 깊게 읽은 후, **문항의 취지에 가장 적합한 하나의 정답만을 고르며**, 문제 내용에 관한 질문은 받지 않습니다.

5. **시험시간 관리의 책임**은 전적으로 응시자 본인에게 있습니다.

eduwill

2019 6월 15일 시행 서울시 9급

| 풀이 시간: ____ : ____ ~ ____ : ____ / 점수: ____ 점

1초 합격예측! 모바일 성적분석표

QR 코드로 접속하여 문제 풀이시간을 측정하고, 〈1초 합격예측 & 모바일 성적분석표〉 서비스를 통해 지금 바로! 실력을 점검해 보세요.
http://eduwill.kr/Kiy6

※ 밑줄 친 부분의 의미와 가장 가까운 것은? [문 1 ~ 문 2]

문 1.

> At least in high school she made one decision where she finally saw eye to eye with her parents.

① quarreled ② disputed
③ parted ④ agreed

문 2.

> Justifications are accounts in which one accepts responsibility for the act in question, but denies the pejorative quality associated with it.

① derogatory ② extrovert
③ mandatory ④ redundant

※ 밑줄 친 부분에 들어갈 말로 가장 적절한 것은? [문 3 ~ 문 5]

문 3.

> Tests ruled out dirt and poor sanitation as causes of yellow fever, and a mosquito was the __________ carrier.

① suspected ② uncivilized
③ cheerful ④ volunteered

문 4.

> Generally speaking, people living in 2018 are pretty fortunate when you compare modern times to the full scale of human history. Life expectancy ____________ at around 72 years, and diseases like smallpox and diphtheria, which were widespread and deadly only a century ago, are preventable, curable, or altogether eradicated.

① curtails ② hovers
③ initiates ④ aggravates

문 5.

> To imagine that there are concrete patterns to past events, which can provide ____________ for our lives and decisions, is to project on to history a hope for a certainty which it cannot fulfill.

① hallucinations ② templates
③ inquiries ④ commotion

문 6. 대화 중 가장 어색한 것은?

① A: What was the movie like on Saturday?
B: Great. I really enjoyed it.
② A: Hello. I'd like to have some shirts pressed.
B: Yes, how soon will you need them?
③ A: Would you like a single or a double room?
B: Oh, it's just for me, so a single is fine.
④ A: What time is the next flight to Boston?
B: It will take about 45 minutes to get to Boston.

※ 밑줄 친 부분 중 어법상 가장 옳지 않은 것은? [문 7 ~ 문 10]

문 7.

> Inventor Elias Howe attributed the discovery of the sewing machine ① for a dream ② in which he was captured by cannibals. He noticed as they danced around him ③ that there were holes at the tips of spears, and he realized this was the design feature he needed ④ to solve his problem.

문 8.

> By 1955 Nikita Khrushchev ① had been emerged as Stalin's successor in the USSR, and he ② embarked on a policy of "peaceful coexistence" ③ whereby East and West ④ were to continue their competition, but in a less confrontational manner.

문 9.

Squid, octopuses, and cuttlefish are all ① types of cephalopods. ② Each of these animals has special cells under its skin that ③ contains pigment, a colored liquid. A cephalopod can move these cells toward or away from its skin. This allows it ④ to change the pattern and color of its appearance.

문 10.

There is a more serious problem than ① maintaining the cities. As people become more comfortable working alone, they may become ② less social. It's ③ easier to stay home in comfortable exercise clothes or a bathrobe than ④ getting dressed for yet another business meeting!

문 11. 글의 제목으로 가장 적절한 것은?

Economists say that production of an information good involves high fixed costs but low marginal costs. The cost of producing the first copy of an information good may be substantial, but the cost of producing(or reproducing) additional copies is negligible. This sort of cost structure has many important implications. For example, cost-based pricing just doesn't work: a 10 or 20 percent markup on unit cost makes no sense when unit cost is zero. You must price your information goods according to consumer value, not according to your production cost.

① Securing the Copyright
② Pricing the Information Goods
③ Information as Intellectual Property
④ The Cost of Technological Change

문 12. 밑줄 친 부분이 지칭하는 대상이 다른 것은?

Dracula ants get their name for the way they sometimes drink the blood of their own young. But this week, ① the insects have earned a new claim to fame. Dracula ants of the species *Mystrium camillae* can snap their jaws together so fast, you could fit 5,000 strikes into the time it takes us to blink an eye. This means ② the blood-suckers wield the fastest known movement in nature, according to a study published this week in the journal *Royal Society Open Science*. Interestingly, the ants produce their record-breaking snaps simply by pressing their jaws together so hard that ③ they bend. This stores energy in one of the jaws, like a spring, until it slides past the other and lashes out with extraordinary speed and force — reaching a maximum velocity of over 200 miles per hour. It's kind of like what happens when you snap your fingers, only 1,000 times faster. Dracula ants are secretive predators as ④ they prefer to hunt under the leaf litter or in subterranean tunnels.

문 13. 밑줄 친 부분에 들어갈 말로 가장 옳은 것은?

I am writing to you from a train in Germany, sitting on the floor. The train is crowded, and all the seats are taken. However, there is a special class of "comfort customers" who are allowed to make those already seated ____________ their seats.

① give up
② take
③ giving up
④ taken

※ 글의 흐름상 빈칸에 들어갈 말로 가장 적절한 것은? [문 14 ~ 문 16]

문 14.

A country's wealth plays a central role in education, so lack of funding and resources from a nation-state can weaken a system. Governments in sub-Saharan Africa spend only 2.4 percent of the world's public resources on education, yet 15 percent of the school-age population lives there. ____________, the United States spends 28 percent of all the money spent in the world on education, yet it houses only 4 percent of the school-age population.

① Nevertheless ② Furthermore
③ Conversely ④ Similarly

문 15.

"Highly conscientious employees do a series of things better than the rest of us," says University of Illinois psychologist Brent Roberts, who studies conscientiousness. Roberts owes their success to "hygiene" factors. Conscientious people have a tendency to organize their lives well. A disorganized, unconscientious person might lose 20 or 30 minutes rooting through their files to find the right document, an inefficient experience conscientious folks tend to avoid. Basically, by being conscientious, people ____________ they'd otherwise create for themselves.

① deal with setbacks ② do thorough work
③ follow norms ④ sidestep stress

문 16.

Climate change, deforestation, widespread pollution and the sixth mass extinction of biodiversity all define living in our world today — an era that has come to be known as "the Anthropocene". These crises are underpinned by production and consumption which greatly exceeds global ecological limits, but blame is far from evenly shared. The world's 42 wealthiest people own as much as the poorest 3.7 billion, and they generate far greater environmental impacts. Some have therefore proposed using the term "Capitalocene" to describe this era of ecological devastation and growing inequality, reflecting capitalism's logic of endless growth and ____________ ____________.

① the better world that is still within our reach
② the accumulation of wealth in fewer pockets
③ an effective response to climate change
④ a burning desire for a more viable future

문 17. 글의 흐름상 빈칸에 들어갈 말로 가장 적절한 것은?

Ever since the time of ancient Greek tragedy, Western culture has been haunted by the figure of the revenger. He or she stands on a whole series of borderlines: between civilization and barbarity, between ____________ and the community's need for the rule of law, between the conflicting demands of justice and mercy. Do we have a right to exact revenge against those who have destroyed our loved ones? Or should we leave vengeance to the law or to the gods? And if we do take action into our own hands, are we not reducing ourselves to the same moral level as the original perpetrator of murderous deeds?

① redemption of the revenger from a depraved condition
② divine vengeance on human atrocities
③ moral depravity of the corrupt politicians
④ an individual's accountability to his or her own conscience

문 18. 글의 흐름상 가장 적절하지 않은 문장은?

It seems to me possible to name four kinds of reading, each with a characteristic manner and purpose. The first is reading for information — reading to learn about a trade, or politics, or how to accomplish something. ① We read a newspaper this way, or most textbooks, or directions on how to assemble a bicycle. ② With most of this material, the reader can learn to scan the page quickly, coming up with what he needs and ignoring what is irrelevant to him, like the rhythm of the sentence, or the play of metaphor. ③ We also register a track of feeling through the metaphors and associations of words. ④ Courses in speed reading can help us read for this purpose, training the eye to jump quickly across the page.

문 19. 〈보기〉의 문장이 들어갈 위치로 가장 적절한 것은?

〈보기〉

In this situation, we would expect to find less movement of individuals from one job to another because of the individual's social obligations toward the work organization to which he or she belongs and to the people comprising that organization.

Cultural differences in the meaning of work can manifest themselves in other aspects as well. (①) For example, in American culture, it is easy to think of work simply as a means to accumulate money and make a living. (②) In other cultures, especially collectivistic ones, work may be seen more as fulfilling an obligation to a larger group. (③) In individualistic cultures, it is easier to consider leaving one job and going to another because it is easier to separate jobs from the self. (④) A different job will just as easily accomplish the same goals.

문 20. 글을 문맥에 가장 어울리는 순서대로 배열한 것은?

㉠ To navigate in the dark, a microbat flies with its mouth open, emitting high-pitched squeaks that humans cannot hear. Some of these sounds echo off flying insects as well as tree branches and other obstacles that lie ahead. The bat listens to the echo and gets an instantaneous picture in its brain of the objects in front of it.

㉡ Microbats, the small, insect-eating bats found in North America, have tiny eyes that don't look like they'd be good for navigating in the dark and spotting prey.

㉢ From the use of echolocation, or sonar, as it is also called, a microbat can tell a great deal about a mosquito or any other potential meal. With extreme exactness, echolocation allows microbats to perceive motion, distance, speed, movement, and shape. Bats can also detect and avoid obstacles no thicker than a human hair.

㉣ But, actually, microbats can see as well as mice and other small mammals. The nocturnal habits of bats are aided by their powers of echolocation, a special ability that makes feeding and flying at night much easier than one might think.

① ㉠ – ㉢ – ㉡ – ㉣　　② ㉡ – ㉣ – ㉠ – ㉢
③ ㉡ – ㉢ – ㉣ – ㉠　　④ ㉠ – ㉣ – ㉢ – ㉡

해설편 ▶ P.214

2018 6월 23일 시행 서울시 9급

| 풀이 시간: ____:____ ~ ____:____ / 점수: ____점

문 1. 글의 흐름상 빈칸에 들어갈 단어로 가장 옳은 것은?

> Social learning theorists offer a different explanation for the counter-aggression exhibited by children who experience aggression in the home. An extensive research on aggressive behavior and the coercive family concludes that an aversive consequence may also elicit an aggressive reaction and accelerate ongoing coercive behavior. These victims of aggressive acts eventually learn via modeling to ____________ aggressive interchanges. These events perpetuate the use of aggressive acts and train children how to behave as adults.

① stop ② attenuate
③ abhor ④ initiate

문 2. 밑줄 친 인물(Marcel Mauss)에 대한 설명으로 가장 옳지 않은 것은?

> <u>Marcel Mauss</u> (1872~1950), French sociologist, was born in Épinal (Vosges) in Lorraine, where he grew up within a close-knit, pious, and orthodox Jewish family. Emile Durkheim was his uncle. By the age of 18 Mauss had reacted against the Jewish faith; he was never a religious man. He studied philosophy under Durkheim's supervision at Bordeaux; Durkheim took endless trouble in guiding his nephew's studies and even chose subjects for his own lectures that would be most useful to Mauss. Thus Mauss was initially a philosopher (like most of the early Durkheimians), and his conception of philosophy was influenced above all by Durkheim himself, for whom he always retained the utmost admiration.

① He had a Jewish background.
② He was supervised by his uncle.
③ He had a doctrinaire faith.
④ He was a sociologist with a philosophical background.

문 3. 글의 문맥에 가장 어울리는 순서대로 배열한 것은?

> ⓐ Today, however, trees are being cut down far more rapidly. Each year, about 2 million acres of forests are cut down. That is more than equal to the area of the whole of Great Britain.
> ⓑ There is not enough wood in these countries to satisfy the demand. Wood companies, therefore, have begun taking wood from the forests of Asia, Africa, South America, and even Siberia.
> ⓒ While there are important reasons for cutting down trees, there are also dangerous consequences for life on earth. A major cause of the present destruction is the worldwide demand for wood. In industrialized countries, people are using more and more wood for paper.
> ⓓ There is nothing new about people cutting down trees. In ancient times, Greece, Italy, and Great Britain were covered with forests. Over the centuries those forests were gradually cut back. Until now almost nothing is left.

① ⓐ－ⓑ－ⓒ－ⓓ ② ⓓ－ⓐ－ⓑ－ⓒ
③ ⓑ－ⓐ－ⓒ－ⓓ ④ ⓓ－ⓐ－ⓒ－ⓑ

※ 밑줄 친 부분과 의미가 가장 가까운 것은? [문 4 ~ 문 6]

문 4.

> Man has continued to be disobedient to authorities who tried to <u>muzzle</u> new thoughts and to the authority of long-established opinions which declared a change to be nonsense.

① express ② assert
③ suppress ④ spread

문 5.

Don't be pompous. You don't want your writing to be too informal and colloquial, but you also don't want to sound like someone you're not — like your professor or boss, for instance, or the Rhodes scholar teaching assistant.

① presumptuous ② casual
③ formal ④ genuine

문 6.

Surgeons were forced to call it a day because they couldn't find the right tools for the job.

① initiate ② finish
③ wait ④ cancel

문 7. 대화 중 가장 어색한 것은?

① A: I'd like to make a reservation for tomorrow, please.
B: Certainly. For what time?
② A: Are you ready to order?
B: Yes, I'd like the soup, please.
③ A: How's your risotto?
B: Yes, we have risotto with mushroom and cheese.
④ A: Would you like a dessert?
B: Not for me, thanks.

문 8. 밑줄 친 부분 중 어법상 가장 옳지 않은 것은?

His survival ① over the years since independence in 1961 does not alter the fact that the discussion of real policy choices in a public manner has hardly ② never occurred. In fact, there have always been ③ a number of important policy issues ④ which Nyerere has had to argue through the NEC.

문 9. 밑줄 친 부분 중 어법상 가장 옳은 것은?

More than 150 people ① have fell ill, mostly in Hong Kong and Vietnam, over the past three weeks. And experts ② are suspected that ③ another 300 people in China's Guangdong province had the same disease ④ begin in mid-November.

문 10. 글의 흐름상 빈칸에 들어갈 가장 적절한 문장은?

What became clear by the 1980s, however, as preparations were made for the 'Quincentenary Jubilee', was that many Americans found it hard, if not impossible, to see the anniversary as a 'jubilee'. There was nothing to celebrate the legacy of Columbus. ______________________.

① According to many of his critics, Columbus had been the harbinger not of progress and civilization, but of slavery and the reckless exploitation of the environment.
② The Chicago World's Fair of 1893 reinforced the narrative link between discovery and the power of progress of the United States.
③ This reversal of the nineteenth-century myth of Columbus is revealing.
④ Columbus thus became integrated into Manifest Destiny, the belief that America's progress was divinely ordained.

문 11. 글의 흐름상 빈칸에 들어갈 단어로 가장 옳지 않은 것은?

Following his father's imprisonment, Charles Dickens was forced to leave school to work at a boot-blacking factory alongside the River Thames. At the run-down, rodent-ridden factory, Dickens earned six shillings a week labeling pots of "blacking," a substance used to clean fireplaces. It was the best he could do to help support his family. Looking back on the experience, Dickens saw it as the moment he said goodbye to his youthful innocence, stating that he wondered "how he could be so easily cast away at such a young age." He felt ____________ by the adults who were supposed to take care of him.

① abandoned ② betrayed
③ buttressed ④ disregarded

문 12. 글의 내용과 일치하는 것은?

A family hoping to adopt a child must first select an adoption agency. In the United States, there are two kinds of agencies that assist with adoption. Public agencies generally handle older children, children with mental or physical disabilities, or children who may have been abused or neglected. Prospective parents are not usually expected to pay fees when adopting a child from a public agency. Fostering, or a form of temporary adoption, is also possible through public agencies. Private agencies can be found on the Internet. They handle domestic and international adoption.

① Public adoption agencies are better than private ones.
② Parents pay huge fees to adopt a child from a foster home.
③ Children in need cannot be adopted through public agencies.
④ Private agencies can be contacted for international adoption.

문 13. 글의 흐름상 빈칸에 들어갈 표현으로 가장 옳은 것은?

Contemporary art has in fact become an integral part of today's middle class society. Even works of art which are fresh from the studio are met with enthusiasm. They receive recognition rather quickly — too quickly for the taste of the surlier culture critics. ____________, not all works of them are bought immediately, but there is undoubtedly an increasing number of people who enjoy buying brand new works of art. Instead of fast and expensive cars, they buy the paintings, sculptures and photographic works of young artists. They know that contemporary art also adds to their social prestige. ____________, since art is not exposed to the same wear and tear as automobiles, it is a far better investment.

① Of course − Furthermore
② Therefore − On the other hand
③ Therefore − For instance
④ Of course − For example

문 14. 밑줄 친 부분과 의미가 가장 먼 것은?

As a prerequisite for fertilization, pollination is <u>essential</u> to the production of fruit and seed crops and plays an important part in programs designed to improve plants by breeding.

① crucial ② indispensable
③ requisite ④ omnipresent

문 15. 글의 흐름상 빈칸에 들어갈 단어로 가장 옳은 것은?

Mr. Johnson objected to the proposal because it was founded on a ____________ principle and also was ____________ at times.

① faulty − desirable
② imperative − reasonable
③ conforming − deplorable
④ wrong − inconvenient

※ 밑줄 친 부분 중 어법상 가장 옳지 않은 것은? [문 16 ~ 문 17]

문 16.

I'm ① <u>pleased</u> that I have enough clothes with me. American men are generally bigger than Japanese men so ② <u>it's</u> very difficult to find clothes in Chicago that ③ <u>fits</u> me. ④ <u>What</u> is a medium size in Japan is a small size here.

문 17.

Blue Planet II, a nature documentary ① <u>produced</u> by the BBC, left viewers ② <u>heartbroken</u> after showing the extent ③ <u>to which</u> plastic ④ <u>affects on</u> the ocean.

문 18. 글의 내용과 가장 부합하는 속담은?

It is one thing to believe that our system of democracy is the best, and quite another to impose it on other countries. This is a blatant breach of the UN policy of non-intervention in the domestic affairs of independent nations. Just as Western citizens fought for their political institutions, we should trust the citizens of other nations to do likewise if they wish to. Democracy is also not an absolute term — Napoleon used elections and referenda to legitimize his hold on power, as do leaders today in West Africa and Southeast Asia. States with partial democracy are often more aggressive than totally unelected dictatorships which are too concerned with maintaining order at home. The differing types of democracy make it impossible to choose which standards to impose. The U.S. and European countries all differ in terms of restraints on government and the balance between consensus and confrontation.

① The grass is always greener on the other side of the fence.
② One man's food is another's poison.
③ There is no rule but has exceptions.
④ When in Rome, do as the Romans do.

문 19. 글의 흐름상 빈칸에 들어갈 단어로 가장 옳은 것은?

Moths and butterflies both belong to the order Lepidoptera, but there are numerous physical and behavioral differences between the two insect types. On the behavioral side, moths are ___________ and butterflies are diurnal (active during the day). While at rest, butterflies usually fold their wings back, while moths flatten their wings against their bodies or spread them out in a "jet plane" position.

① nocturnal ② rational
③ eternal ④ semi-circular

문 20. 글의 흐름상 빈칸에 들어갈 표현으로 가장 옳은 것은?

The idea of clowns frightening people started gaining strength in the United States. In South Carolina, for example, people reported seeing individuals wearing clown costumes, often hiding in the woods or in cities at night. Some people said that the clowns were trying to lure children into empty homes or the woods. Soon, there were reports of threatening-looking clowns trying to frighten both children and adults. Although there were usually no reports of violence, and many of the reported sightings were later found to be false, this ______________________________.

① benefited the circus industry
② promoted the use of clowns in ads
③ caused a nationwide panic
④ formed the perfect image of a happy clown

해설편 ▶ P.219

2017 6월 24일 시행 서울시 9급

| 풀이 시간: ____:____ ~ ____:____ / 점수: ____점

1초 합격예측! 모바일 성적분석표

QR 코드로 접속하여 문제 풀이시간을 측정하고, 〈1초 합격예측 & 모바일 성적분석표〉 서비스를 통해 지금 바로! 실력을 점검해 보세요.
http://eduwill.kr/ziy6

※ 빈칸에 들어갈 가장 적절한 단어는? [문 1 ~ 문 2]

문 1.

Again and again we light on words used once in a good, but now in an unfavorable sense. Until the late Eighteenth century this word was used to mean serviceable, friendly, very courteous and obliging. But a(n) ________________ person nowadays means a busy uninvited meddler in matters which do not belong to him/her.

① servile ② officious
③ gregarious ④ obsequious

문 2.

A faint odor of ammonia or vinegar makes one-week-old infants grimace and __________ their heads.

① harness ② avert
③ muffle ④ evoke

문 3. 밑줄 친 부분 중 어법상 가장 옳지 않은 것은?

The first coffeehouse in western Europe ① opened not in ② a center of trade or commerce but in the university city of Oxford, ③ in which a Lebanese man ④ naming Jacob set up shop in 1650.

문 4. 다음 문장 중 어법상 가장 옳지 않은 것은?

① John promised Mary that he would clean his room.
② John told Mary that he would leave early.
③ John believed Mary that she would be happy.
④ John reminded Mary that she should get there early.

문 5. 대화의 흐름으로 보아 빈칸에 들어갈 가장 적절한 것은?

A: Why don't you let me treat you to lunch today, Mr. Kim?
B: ____.

① No, I'm not. That would be a good time for me
② Good. I'll put it on my calendar so I don't forget
③ OK. I'll check with you on Monday
④ Wish I could but I have another commitment today

문 6. 글의 흐름으로 보아 빈칸에 들어갈 단어를 순서대로 고른 것은?

For centuries, people gazing at the sky after sunset could see thousands of vibrant, sparkling stars. But these days, you'll be lucky if you can view the Big Dipper. The culprit: electric beams pouring from homes and street lamps, whose brightness obscures the night sky. In the U.S., so-called light pollution has gotten so bad that by one estimate, 8 out of 10 children born today will never encounter a sky __________ enough for them to see the Milky Way. There is hope, however, in the form of astrotourism, a small but growing industry centered on stargazing in the worlds' darkest places. These remote sites, many of them in national parks, offer views for little more than the cost of a campsite. And the people who run them often work to reduce light pollution in surrounding communities. __________ astrotourism may not be as luxurious as some vacations, travelers don't seem to mind.

① dark – Although ② bright – Because
③ dark – Since ④ bright – In that

※ 밑줄 친 부분과 의미가 가장 가까운 것은? [문 7 ~ 문 8]

문 7.

Leadership and strength are inextricably bound together. We look to strong people as leaders because they can protect us from threats to our group.

① inseparably ② inanimately
③ ineffectively ④ inconsiderately

문 8.

Prudence indeed will dictate that governments long established should not be changed for light and transient causes.

① transparent ② momentary
③ memorable ④ significant

※ 밑줄 친 부분 중 어법상 가장 옳지 않은 것은? [문 9 ~ 문 10]

문 9.

The idea that justice ① in allocating access to a university has something to do with ② the goods that ③ universities properly pursue ④ explain why selling admission is unjust.

문 10.

Strange as ① it may seem, ② the Sahara was once an expanse of grassland ③ supported the kind of animal life ④ associated with the African plains.

문 11. 대화의 흐름으로 보아 빈칸에 들어갈 가장 적절한 것은?

A: Do you think we can get a loan?
B: Well, it depends. Do you own any other property? Any stocks or bonds?
A: No.
B: I see. Then you don't have any __________. Perhaps you could get a guarantor — someone to sign for the loan for you.

① investigation ② animals
③ collateral ④ inspiration

문 12. 다음 글의 주제로 가장 적절한 것은?

In 1782, J. Hector St. John De Crèvecoeur, a French immigrant who had settled in New York before returning to Europe during the Revolutionary War, published a series of essays about life in the British colonies in North America, *Letters from an American Farmer*. The book was an immediate success in England, France, and the United States. In one of its most famous passages, Crèvecoeur describes the process by which people from different backgrounds and countries were transformed by their experiences in the colonies and asks, "What then is the American?" In America, Crèvecoeur suggests, "individuals of all nations are melted into a new race of men, whose labors and posterity will one day cause great changes in the world." Crèvecoeur was among the first to develop the popular idea of America as that would come to be called "melting pot".

① Crèvecoeur's book became an immediate success in England.
② Crèvecoeur developed the idea of melting pot in his book.
③ Crèvecoeur described and discussed American individualism.
④ Crèvecoeur explained where Americans came from in his book.

문 13. 빈칸에 공통으로 들어갈 가장 적절한 것은?

In some cultures, such as in Korea and Egypt, politeness norms require that when someone is offered something to eat or drink, it must be refused the first time around. However, such a refusal is often viewed as a rejection of someone's hospitality and thoughtlessness in other cultures, particularly when no __________ is made for the refusal. Americans and Canadians, for instance, expect refusals to be accompanied by a reasonable __________.

① role ② excuse
③ choice ④ situation

문 14. 다음 주어진 문장이 들어갈 가장 적절한 곳은?

> Instead, these employees spoke first of the sincerity of the relationships at work, that their work culture felt like an extension of home, and that their colleagues were supportive.

> (①) There is a clear link between job satisfaction and productivity. However, job satisfaction also depends on the service culture of an organization. (②) This culture comprises the things that make a business distinctive and make the people who work there proud to do so. (③) When employees of the Top 10 Best Companies to Work For were asked by *Fortune* magazine why they loved working for these companies, it was notable that they didn't mention pay, reward schemes, or advancing to a more senior position. (④)

문 15. 다음 글의 내용과 일치하는 것은?

> Why Orkney of all places? How did this scatter of islands off the northern tip of Scotland come to be such a technological, cultural, and spiritual powerhouse? For starters, you have to stop thinking of Orkney as remote. For most of history, Orkney was an important maritime hub, a place that was on the way to everywhere. It was also blessed with some of the richest farming soils in Britain and a surprisingly mild climate, thanks to the effects of the Gulf Stream.

① Orkney people had to overcome a lot of social and natural disadvantages.
② The region was one of the centers of rebellion that ultimately led to the annihilation of the civilization there.
③ Orkney did not make the best of its resources because it was too far from the mainland.
④ Orkney owed its prosperity largely to its geographical advantage and natural resources.

문 16. 다음 글의 제목으로 가장 적절한 것은?

> Initially, papyrus and parchment were kept as scrolls that could be unrolled either vertically or horizontally, depending on the direction of the script. The horizontal form was more common, and because scrolls could be quite long, a scribe would typically refrain from writing a single line across the entire length, but instead would mark off columns of a reasonable width. That way the reader could unroll one side and roll up the other while reading. Nevertheless, the constant need to re-roll the scroll was a major disadvantage to this format, and it was impossible to jump to various places in the scroll the way we skip to a particular page of a book. Moreover, the reader struggled to make notes while reading since both hands (or weights) were required to keep the scroll open.

① The inconvenience of scrolls
② The evolution of the book
③ The development of writing and reading
④ The ways to overcome disadvantages in scrolls

문 17. 다음 글을 문맥에 맞게 순서대로 배열한 것은?

> ㉠ Millions of people suffering from watery and stinging eyes, pounding headaches, sinus issues, and itchy throats, sought refuge from the debilitating air by scouring stores for air filters and face masks.
> ㉡ The outrage among Chinese residents and the global media scrutiny impelled the government to address the country's air pollution problem.
> ㉢ Schools and businesses were closed, and the Beijing city government warned people to stay inside their homes, keep their air purifiers running, reduce indoor activities, and remain as inactive as possible.
> ㉣ In 2013, a state of emergency in Beijing resulting from the dangerously high levels of pollution led to chaos in the transportation system, forcing airlines to cancel flights due to low visibility.

① ㉡ − ㉠ − ㉣ − ㉢　② ㉡ − ㉢ − ㉣ − ㉠
③ ㉣ − ㉡ − ㉢ − ㉠　④ ㉣ − ㉢ − ㉠ − ㉡

※ 글의 흐름으로 보아 빈칸에 들어갈 가장 적절한 것은? [문 18 ~ 문 20]

문 18. Both novels and romances are works of imaginative fiction with multiple characters, but that's where the similarities end. Novels are realistic; romances aren't. In the 19th century, a romance was a prose narrative that told a fictional story dealt with its subjects and characters in a symbolic, imaginative, and nonrealistic way. ____________, a romance deals with plots and people that are exotic, remote in time or place from the reader, and obviously imaginary.

① Typically ② On the other hand
③ Nonetheless ④ In some cases

문 19. Definitions are especially ____________ to children. There's an oft-cited 1987 study in which fifth graders were given dictionary definitions and asked to write their own sentences using the words defined. The results were discouraging. One child given the word *erode* wrote "Our family erodes a lot," because the definition given was "eat out, eat away."

① beneficial ② disrespectful
③ unhelpful ④ forgettable

문 20. Modern banking has its origins in ancient England. In those days people wanting to safeguard their gold had two choices — hide it under the mattress or turn it over to someone else for safekeeping. The logical people to turn to for storage were the local goldsmiths, since they had the strongest vaults. The goldsmiths accepted the gold for storage, giving the owner a receipt stating that the gold could be redeemed at a later date. When a payment was due, the owner went to the goldsmith, redeemed part of the gold and gave it to the payee. After all that, the payee was very likely to turn around and give the gold back to the goldsmith for safekeeping. Gradually, instead of taking the time and effort to physically exchange the gold, business people ____________________.

① began to exchange the goldsmith's receipts as payment
② saw the potential for profit in this arrangement
③ warned the depositors against redeeming their gold
④ lent the gold to somebody else for a fee

해설편 ▶ P.224

무엇이든 넓게 경험하고 파고들어
스스로를 귀한 존재로 만들어라.

– 세종대왕

9급공무원

공통과목 기출 PACK

한국사

기출PACK 100% 활용법

1	1초 합격예측 서비스를 활용하여 효과적으로 학습하세요! QR코드 스캔 후 모바일 OMR에 답안 입력, 자동채점결과 및 성적분석표 확인 ▶QR코드는 회차별 시작페이지에 있어요.
2	1~2회독: 20문항을 빠짐없이 풀며 기출에 익숙해지세요! 3~5회독: 틀린 문항만 골라서 풀며 취약점을 보완하세요!
3	여러 번 사용할 수 있는 특수 OMR 카드에 마킹하며 회독하세요! ▶기출문제 맨 뒤에 있어요. ▶컴퓨터용 사인펜으로 마킹하고 지우개로 지워서 사용하세요.

국가직 9급 공개경쟁채용 필기시험

응시번호	
성　　명	

문제책형

【시험과목】

제1과목	국　어	제2과목	영　어	제3과목	한국사
제4·5과목	행정법총론, 행정학개론				

응시자 주의사항

1. **시험 시작 전**에 시험문제를 열람하는 행위나 **시험 종료 후** 답안을 작성하는 행위를 한 사람은 「지방공무원 임용령」 제65조 등 관련 법령에 의거 **부정행위자**로 처리됩니다.

2. 시험 시작 즉시 **과목편철 순서, 문제누락 여부, 인쇄상태 이상 유무 및 표지와 개별과목의 문제책형 일치 여부 등을 확인**한 후 문제책 표지에 응시번호, 성명을 기재합니다.

3. 반드시 본인의 **응시표에 인쇄된 시험과목 순서에 따라** 제4과목과 제5과목의 **답안을 표기**하여야 합니다. 과목 순서를 바꾸어 표기한 경우에도 **본인의 응시표에 기재된 과목 순서대로 채점**되므로 반드시 유의하시기 바랍니다.

4. 시험이 시작되면 문제를 주의 깊게 읽은 후, **문항의 취지에 가장 적합한 하나의 정답만을 고르며**, 문제 내용에 관한 질문은 받지 않습니다.

5. **시험시간 관리의 책임**은 전적으로 응시자 본인에게 있습니다.

eduwill

| 풀이 시간: ____:____ ~ ____:____ / 점수: ____점

문 1. 다음 유물이 사용된 시대에 대한 설명으로 옳은 것은?

> 미송리식 토기, 팽이형 토기, 붉은 간 토기

① 비파형 동검이 사용되었다.
② 오수전 등의 화폐가 사용되었다.
③ 아슐리안형 주먹도끼가 사용되었다.
④ 철이 많이 생산되어 낙랑과 왜에 수출되었다.

문 2. 밑줄 친 '왕'에 대한 설명으로 옳은 것은?

> 16년 겨울 10월, 왕이 질양(質陽)으로 사냥을 갔다가 길에 앉아 우는 자를 보았다. 왕이 말하기를 "아! 내가 백성의 부모가 되어 백성들이 이 지경에 이르게 하였으니 나의 죄로다." …(중략)… 그리고 관리들에게 명하여 매년 봄 3월부터 가을 7월까지 관청의 곡식을 내어 백성들의 식구 수에 따라 차등 있게 빌려주었다가, 10월에 이르러 상환하게 하는 것을 법규로 정하였다.
>
> -『삼국사기』-

① 낙랑군을 축출하였다.
② 진대법을 시행하였다.
③ 백제의 침입으로 전사하였다.
④ 영락이라는 독자적인 연호를 사용하였다.

문 3. (가)에 대한 설명으로 옳은 것은?

> 신돈이 (가) 을/를 설치하자고 요청하자, …(중략)… 이제 도감이 설치되었다. …(중략)… 명령이 나가자 권세가 중에 전민을 빼앗은 자들이 그 주인에게 많이 돌려주었으며, 전국에서 기뻐하였다.
>
> -『고려사』-

① 시전의 물가를 감독하는 임무를 담당하였다.
② 국가 재정의 출납과 회계 업무를 총괄하였다.
③ 불법적으로 점유된 토지와 노비를 조사하였다.
④ 부족한 녹봉을 보충하고자 관료에게 녹과전을 지급하였다.

문 4. 다음과 같이 말한 인물에 대한 설명으로 옳은 것은?

> 우리나라가 곧 고구려의 옛 땅이다. 그리고 압록강의 안팎 또한 우리의 지역인데 지금 여진이 그 사이에 몰래 점거하여 저항하고 교활하게 대처하고 있어서 …(중략)… 만일 여진을 내쫓고 우리 옛 땅을 되찾아서 성보(城堡)를 쌓고 도로를 통하도록 하면 우리가 어찌 사신을 보내지 않겠는가?
>
> -『고려사』-

① 목종을 폐위하였다.
② 귀주에서 거란군을 물리쳤다.
③ 여진을 몰아내고 동북 9성을 쌓았다.
④ 소손녕과 담판하여 강동 6주를 획득하였다.

문 5. 밑줄 친 '이곳'에 대한 설명으로 옳은 것은?

> • 장수왕은 남진 정책의 일환으로 수도를 이곳으로 천도하였다.
> • 묘청은 이곳으로 수도를 옮길 것을 주장하였다.

① 쌍성총관부가 설치되었다.
② 망이·망소이가 반란을 일으켰다.
③ 제너럴셔먼호 사건이 발생하였다.
④ 1923년 조선 형평사가 결성되었다.

문 6. 다음 전투 이후에 일어난 사건으로 옳은 것만을 모두 고르면?

> 이근행이 군사 20만 명의 대군을 이끌고 매소성(買肖城)에 머물렀다. 우리 군사가 공격하여 달아나게 하고 전마 30,380필을 얻었는데, 남겨놓은 병장기도 그 정도 되었다.
> -『삼국사기』-

> ㄱ. 웅진도독부가 설치되었다.
> ㄴ. 김흠돌이 반란을 일으켰다.
> ㄷ. 교육 기관인 국학이 설립되었다.
> ㄹ. 복신과 도침이 부여풍과 함께 백제 부흥 운동을 일으켰다.

① ㄱ, ㄴ　② ㄱ, ㄹ
③ ㄴ, ㄷ　④ ㄷ, ㄹ

문 7. 다음 사건을 시기순으로 바르게 나열한 것은?

> (가) 신라의 우산국 복속
> (나) 고구려의 서안평 점령
> (다) 백제의 대야성 점령
> (라) 신라의 금관가야 병합

① (가) → (나) → (다) → (라)
② (가) → (라) → (나) → (다)
③ (나) → (가) → (라) → (다)
④ (나) → (다) → (가) → (라)

문 8. 고려 시대 문화유산에 대한 설명으로 옳지 않은 것은?

① 황해도 사리원 성불사 응진전은 다포 양식의 건물이다.
② 월정사 팔각 9층 석탑은 원의 석탑을 모방하여 제작하였다.
③ 여주 고달사지 승탑은 통일 신라의 팔각원당형 양식을 계승하였다.
④『직지심체요절』은 세계기록유산으로 등재된 현존하는 가장 오래된 금속활자본이다.

문 9. 조선 시대 지도와 천문도에 대한 설명으로 옳지 않은 것은?

① 대동여지도는 거리를 알 수 있도록 10리마다 눈금을 표시하였다.
② 혼일강리역대국도지도는 중국에서 들여온 곤여만국전도를 참고하였다.
③ 천상열차분야지도는 하늘을 여러 구역으로 나누고 별자리를 표시한 그림이다.
④ 동국지도는 정상기가 실제 거리 100리를 1척으로 줄인 백 리척을 적용하여 제작하였다.

문 10. (가)에 대한 설명으로 옳지 않은 것은?

> 임진왜란 이후에 우의정 유성룡도 역시 미곡을 거두는 것이 편리하다고 주장하였으나, 일이 성취되지 못하였다. 1608년에 이르러 좌의정 이원익의 건의로 (가) 을/를 비로소 시행하여, 민결(民結)에서 미곡을 거두어 서울로 옮기게 하였다.
> -『만기요람』-

① 장시의 확대에 기여하였다.
② 지주에게 결작을 부과하였다.
③ 공납의 폐단을 막기 위해 실시하였다.
④ 공인에게 비용을 지급하고 필요 물품을 조달하였다.

문 11. (가) 인물이 추진한 정책으로 옳지 않은 것은?

> 선비들 수만 명이 대궐 앞에 모여 만동묘와 서원을 다시 설립할 것을 청하니, (가) 이/가 크게 노하여 한성부의 조례(皂隷)와 병졸로 하여금 한강 밖으로 몰아내게 하고 드디어 천여 곳의 서원을 철폐하고 그 토지를 몰수하여 관에 속하게 하였다.
> -『대한계년사』-

① 사창제를 실시하였다.
②『대전회통』을 편찬하였다.
③ 비변사의 기능을 강화하였다.
④ 통상 수교 거부 정책을 추진하였다.

문 12. 다음과 같은 선포문을 발표하면서 성립한 정부의 정책으로 옳지 않은 것은?

> 제1조 대한민국은 민주공화제로 함
> …(중략)…
> 민국 원년 3월 1일 우리 대한민족이 독립을 선언한 뒤 …(중략)… 이제 본 정부가 전 국민의 위임을 받아 조직되었으니 전 국민과 더불어 전심(專心)으로 힘을 모아 국토 광복의 대사명을 이룰 것을 선서한다.

① 독립 공채를 발행하였다.
② 기관지로 〈독립신문〉을 발간하였다.
③ 비밀 행정 조직인 연통부를 설치하였다.
④ 재정 확보를 위하여 전환국을 설립하였다.

문 13. 밑줄 친 '나'가 집권하여 추진한 사실로 옳은 것은?

> 나는 우리 국민이 선천적으로 타고난 재질을 최대한으로 활용하여 다각적인 생산 활동을 더욱 활발하게 하고, …(중략)… 공산품 수출을 진흥시키는 데 가일층 노력할 것을 요망합니다. 끝으로 나는 오늘 제1회 수출의 날 기념식에 즈음하여 …(중략)… 이 뜻 깊은 날이 자립경제를 앞당기는 또 하나의 계기가 될 것을 기원합니다.

① 대통령 직선제 개헌을 추진하였다.
② 3·1 민주 구국 선언을 발표하였다.
③ 반민족 행위 특별 조사 위원회를 구성하였다.
④ 베트남 파병에 필요한 조건을 명시한 브라운 각서를 체결하였다.

문 14. 다음과 같이 상소한 인물이 속한 붕당에 대한 설명으로 옳은 것만을 모두 고르면?

> 상소하여 아뢰기를, "신이 좌참찬 송준길이 올린 차자를 보았는데, 상복(喪服) 절차에 대하여 논한 것이 신과는 큰 차이가 있었습니다. 장자를 위하여 3년을 입는 까닭은 위로 '정체(正體)'가 되기 때문이고 또 전중(傳重: 조상의 제사나 가문의 법통을 전함)하기 때문입니다. …(중략)… 무엇보다 중요한 것은 할아버지와 아버지의 뒤를 이은 '정체'이지, 꼭 첫째이기 때문에 참최 3년복을 입는 것은 아닙니다."라고 하였다.
>
> –『현종실록』–

> ㄱ. 기사환국으로 정권을 장악하였다.
> ㄴ. 인조반정을 주도하여 집권 세력이 되었다.
> ㄷ. 정조 시기에 탕평 정치의 한 축을 이루었다.
> ㄹ. 이이와 성혼의 문인을 중심으로 형성되었다.

① ㄱ, ㄴ ② ㄱ, ㄷ
③ ㄴ, ㄹ ④ ㄷ, ㄹ

문 15. (나) 시기에 일어난 사실로 옳은 것은?

(가) 삼포왜란이 발발하였다.
↓
(나)
↓
(다) 임진왜란이 발발하였다.

① 을사사화가 일어났다.
② 『경국대전』이 반포되었다.
③ 『향약집성방』이 편찬되었다.
④ 금속활자인 갑인자가 주조되었다.

문 16. 다음 법령이 시행된 시기에 있었던 사실로 옳은 것은?

> 제1조 회사의 설립은 조선 총독의 허가를 받아야 한다.
> 제5조 회사가 본령이나 본령에 따라 나오는 명령과 허가 조건을 위반하거나 공공질서와 선량한 풍속에 반하는 행위를 할 때 조선 총독은 사업의 정지, 지점의 폐쇄 또는 회사의 해산을 명할 수 있다.

① 산미 증식 계획이 폐지되었다.
② 국가총동원법이 제정되었다.
③ 원료 확보를 위한 남면북양 정책이 추진되었다.
④ 보통학교 수업 연한을 4년으로 정한 조선교육령이 공포되었다.

문 17. 다음과 같은 결의문에 근거하여 시행된 조치로 옳은 것은?

> 소총회는 …(중략)… 한국 인민의 대표가 국회를 구성하여 중앙정부를 수립할 수 있도록 선거를 시행함이 긴요하다고 여기며, 총회의 의결에 따라 국제연합 한국 임시위원단이 접근할 수 있는 지역에서 결의문 제2호에 기술된 계획을 시행함이 동 위원단에 부과된 임무임을 결의한다.

① 미군정청이 설치되었다.
② 5·10 총선거가 실시되었다.
③ 좌우 합작 위원회가 구성되었다.
④ 미·소 공동 위원회가 개최되었다.

문 18. (가), (나) 조약 사이의 시기에 있었던 사실로 옳은 것은?

> (가) 제10관 일본국 인민이 조선국 지정의 각 항구에 머무는 동안에 죄를 범한 것이 조선국 인민에 관계되는 사건일 때에는 일본국 관원이 재판한다.
>
> (나) 제4관 중국 상인이 조선의 양화진 및 한성에 영업소를 개설할 경우를 제외하고, 각종 화물을 내륙으로 운반하여 상점을 차리고 파는 것을 허가하지 않는다. 단, 내륙행상이 필요한 경우 지방관의 허가서를 받아야 한다.

① 개항장에서는 일본 화폐가 통용되었다.
② 러시아가 압록강 유역의 산림 채벌권을 획득하였다.
③ 황국 중앙 총상회가 조직되어 상권 수호 운동을 전개하였다.
④ 함경도의 방곡령에 불복하여 일본 상인이 손해 배상을 요구하였다.

문 19. 밑줄 친 '14개 조목'에 해당하는 것만을 모두 고르면?

> 이제부터는 다른 나라를 의지하지 않으며 융성하도록 나라의 발걸음을 넓히고 백성의 복리를 증진하여 자주독립의 터전을 공고하게 할 것입니다. …(중략)… 이에 저 소자는 14개 조목의 홍범(洪範)을 하늘에 계신 우리 조종의 신령 앞에 맹세하노니, 우러러 조종이 남긴 업적을 잘 이어서 감히 어기지 않을 것입니다.

> ㄱ. 탁지아문에서 조세 부과
> ㄴ. 왕실과 국정 사무의 분리
> ㄷ. 지계 발급을 위한 지계아문 설치
> ㄹ. 대한 천일 은행 등 금융기관 설립

① ㄱ, ㄴ　　② ㄱ, ㄹ
③ ㄴ, ㄷ　　④ ㄷ, ㄹ

문 20. (가) 시기에 볼 수 있었던 모습으로 옳지 않은 것은?

(가): 만주 사변 발생 ~ 태평양 전쟁 발발

① 소학교에 등교하는 조선인 학생
② 황국 신민 서사를 암송하는 청년
③ 〈제국신문〉 기사를 작성하는 기자
④ 쌍성보에서 항전하는 한국독립당 군인

해설편 ▶ P.230

2022 4월 2일 시행 국가직 9급

| 풀이 시간: ____:____ ~ ____:____ / 점수: ____점

문 1. 다음 풍습이 있었던 나라에 대한 설명으로 옳은 것은?

> • 가족이 죽으면 시체를 가매장하였다가 나중에 그 뼈를 추려서 가족 공동 무덤인 커다란 목곽에 안치하였다.
> • 목곽 입구에는 죽은 자가 먹을 양식으로 쌀을 담은 항아리를 매달아 놓기도 하였다.
>
> －『삼국지』 위서 동이전－

① 민며느리제라는 혼인 풍습이 있었다.
② 제가가 별도로 사출도를 다스렸다.
③ 소도라는 신성 구역이 존재하였다.
④ 무천이라는 제천 행사를 열었다.

문 2. 우리나라 유네스코 세계 유산에 대한 설명으로 옳지 <u>않은</u> 것은?

① 미륵사지에는 목탑 양식의 석탑이 있다.
② 정림사지에는 백제의 5층 석탑이 남아 있다.
③ 능산리 고분군에는 계단식 돌무지무덤이 있다.
④ 무령왕릉에는 무덤 주인공을 알려주는 지석이 있었다.

문 3. 조선 시대의 관청에 대한 설명으로 옳은 것은?

① 사간원 – 교지를 작성하였다.
② 한성부 – 시정기를 편찬하였다.
③ 춘추관 – 외교 문서를 작성하였다.
④ 승정원 – 국왕의 명령을 출납하였다.

문 4. (가)에 대한 설명으로 옳은 것은?

> 3·1 운동 직후에 만들어진 (가) 은/는 연통제라는 비밀 행정 조직을 만들었으며, 국내 인사와의 연락과 이동을 위해 교통국을 두었다. 또 외교 선전물을 간행하여 일제 침략의 부당성을 널리 알리고자 하였다. 그러나 이러한 활동은 뚜렷한 성과를 내지 못하였다. 그러한 가운데 (가) 의 활동 방향을 두고 외교 운동 노선과 무장 투쟁 노선 사이에서 갈등이 빚어지기도 하였다.

① 외교 운동을 위해 미국에 구미 위원부를 설치하였다.
② 비밀 결사 운동을 추진하고자 독립 의군부를 만들었다.
③ 이인영, 허위 등을 중심으로 서울 진공 작전을 추진하였다.
④ 영국인 베델을 발행인으로 한 〈대한매일신보〉를 창간하였다.

문 5. 다음 (가), (나) 승려에 대한 설명으로 옳은 것은?

> (가) 중국 유학에서 돌아와 부석사를 비롯한 여러 사원을 건립하였으며, 문무왕이 경주에 성곽을 쌓으려 할 때 만류한 일화로 유명하다.
> (나) 진골 귀족 출신으로 대국통을 역임하였으며, 선덕 여왕에게 황룡사 9층탑의 건립을 건의하였다.

① (가)는 모든 것이 한마음에서 나온다는 일심 사상을 제시하였다.
② (가)는 「화엄일승법계도」를 만들었다.
③ (나)는 『왕오천축국전』이라는 여행기를 남겼다.
④ (나)는 이론과 실천을 같이 강조하는 교관겸수를 제시하였다.

문 6. (가) 왕에 대한 설명으로 옳은 것은?

> 당 현종 개원 7년에 대조영이 죽으니, 그 나라에서 사사로이 시호를 올려 고왕(高王)이라 하였다. 아들 (가) 이/가 뒤이어 왕위에 올라 영토를 크게 개척하니, 동북의 모든 오랑캐가 겁을 먹고 그를 섬겼으며, 또 연호를 인안(仁安)으로 고쳤다.
>
> －『신당서』－

① 수도를 상경성으로 옮겼다.
② '해동성국'이라고 불릴 만큼 전성기를 이루었다.
③ 장문휴를 시켜 당의 등주(산둥성)를 공격하였다.
④ 고구려 유민과 말갈족을 이끌고 동모산에 도읍을 정하였다.

문 7. (가)~(라) 국왕 대에 있었던 사실로 옳지 않은 것은?

> 조선 시대 국가를 운영하는 핵심 법전인 『경국대전』은 세조 대에 그 편찬이 시작되어 (가) 대에 완성되었다. 이후 여러 차례의 전쟁으로 혼란에 빠진 국가 체제를 수습하고 새로운 정치·사회적 변화에 대응하기 위해 법전 정비가 필요하게 되었다. 이에 따라 (나) 대에 『속대전』을 편찬하였으며, (다) 대에 『대전통편』을, 그리고 (라) 대에는 『대전회통』을 편찬하였다.

① (가) – 홍문관을 두어 집현전을 계승하였다.
② (나) – 서원을 붕당의 근거지로 인식하여 대폭 정리하였다.
③ (다) – 사도세자의 무덤을 옮기고 화성을 축조하였다.
④ (라) – 삼정의 문란을 바로잡기 위해 삼정이정청을 설치했다.

문 8. 밑줄 친 '사건'의 명칭은?

> 중종에 의해 등용된 조광조는 현량과를 통해 사림을 대거 등용하였다. 그는 3사의 언관직을 통해 개혁을 추진해 나갔고, 위훈 삭제를 주장하기도 하였다. 이러한 움직임은 반발을 불러일으켰으며, 중종도 급진적인 개혁 조치에 부담을 느껴 조광조 등을 제거하였다. 이 사건으로 사림은 큰 피해를 입었다.

① 갑자사화
② 기묘사화
③ 무오사화
④ 을사사화

문 9. (가), (나)에 대한 설명으로 옳은 것은?

> (가) 역사서의 저자는 다음과 같은 글을 지어 왕에게 바쳤다. "성상 전하께서 옛 사서를 널리 열람하시고, '지금의 학사 대부는 모두 오경과 제자의 책과 진한(秦漢) 역대의 사서에는 널리 통하여 상세히 말하는 이는 있으나, 도리어 우리나라의 사실에 대하여서는 망연하고 그 시말(始末)을 알지 못하니 심히 통탄할 일이다. 하물며 신라·고구려·백제가 나라를 세우고 정립하여 능히 예의로써 중국과 통교한 까닭으로 범엽의 『한서』나 송기의 『당서』에는 모두 열전이 있으나 국내는 상세하고 국외는 소략하게 써서 자세히 실리지 않았다. …(중략)… 일관된 역사를 완성하고 만대에 물려주어 해와 별처럼 빛나게 해야 하겠다.'라고 하셨다."
> (나) 역사서에는 다음과 같은 서문이 실려 있다. "부여씨와 고씨가 망한 다음에 김씨의 신라가 남에 있고, 대씨의 발해가 북에 있으니 이것이 남북국이다. 여기에는 마땅히 남북국사가 있어야 할 터인데, 고려가 그것을 편찬하지 않은 것은 잘못이다."

① (가)는 동명왕의 업적을 칭송한 영웅 서사시이다.
② (가)는 불교를 중심으로 고대 설화를 수록하였다.
③ (나)는 만주 지역까지 우리 역사의 범위를 확장하였다.
④ (나)는 고조선부터 고려에 이르는 역사를 체계적으로 정리하였다.

문 10. 다음 주장을 한 실학자가 쓴 책은?

> 토지를 겸병하는 자라고 해서 어찌 진정으로 빈민을 못 살게 굴고 나라의 정치를 해치려고 했겠습니까? 근본을 다스리고자 하는 자라면 역시 부호를 심하게 책망할 것이 아니라 관련 법제가 세워지지 않은 것을 걱정해야 할 것입니다. …(중략)… 진실로 토지의 소유를 제한하는 법령을 세워, "어느 해 어느 달 이후로는 제한된 면적을 초과해 소유한 자는 더는 토지를 점하지 못한다. 이 법령이 시행되기 이전부터 소유한 것에 대해서는 아무리 광대한 면적이라 해도 불문에 부친다. 자손에게 분급해 주는 것은 허락한다. 만약에 사실대로 고하지 않고 숨기거나 법령을 공포한 이후에 제한을 넘어 더 점한 자는 백성이 적발하면 백성에게 주고, 관(官)에서 적발하면 몰수한다."라고 하면, 수십 년이 못 가서 전국의 토지 소유는 균등하게 될 것입니다.

① 『반계수록』
② 『성호사설』
③ 『열하일기』
④ 『목민심서』

문 11. (가) 시기에 있었던 사실로 옳은 것은?

> 한국을 식민지로 삼은 일제는 헌병에게 경찰 업무를 부여한 헌병 경찰제를 시행했다. 헌병 경찰은 정식 재판 없이 한국인에게 벌금 등의 처벌을 가하거나 태형에 처할 수도 있었다. 한국인은 이처럼 강압적인 지배에 저항해 3·1 운동을 일으켰으며, 일제는 이를 계기로 지배 정책을 전환했다. 일제가 한국을 병합한 직후부터 3·1 운동이 벌어진 때까지를 (가) 시기라고 부른다.

① 토지 조사령이 공포되었다.
② 창씨개명 조치가 시행되었다.
③ 초등 교육 기관의 명칭이 국민학교로 변경되었다.
④ 전쟁 물자 동원을 내용으로 한 국가 총동원법이 적용되었다.

문 12. 밑줄 친 '그'에 대한 설명으로 옳은 것은?

> 한국 국민당을 이끌던 그는 독립운동 세력을 통합하고자 한국 독립당을 결성해 항일 운동을 주도하였다. 광복 직후 귀국한 그는 정부 수립을 위한 활동을 이어나갔으며, 남한 단독 선거가 결정되자 김규식과 더불어 남북 협상을 위해 평양을 방문하기도 하였다.

① 좌우 합작 위원회를 구성해 좌우 합작 7원칙을 발표하였다.
② 광복 직후 안재홍 등과 함께 조선 건국 준비 위원회를 만들었다.
③ 무장 항일 투쟁을 위해 하와이로 건너가 대조선 국민 군단을 결성하였다.
④ 모스크바 3국 외상 회의의 결정 사항이 알려지자 신탁 통치 반대 운동을 펼쳤다.

문 13. 제헌 국회에 대한 설명으로 옳은 것은?

① 반민족 행위 특별 조사 위원회를 구성하였다.
② 한·일 기본 조약 체결에 반대하는 성명을 내놓았다.
③ 통일 3대 원칙이 언급된 7·4 남북 공동 성명을 발표하였다.
④ 통일 주체 국민 회의에서 대통령을 뽑는다는 내용의 개헌안을 통과시켰다.

문 14. 밑줄 친 '그'에 대한 설명으로 옳은 것은?

> 고종이 즉위한 직후에 실권을 장악한 그는 러시아를 견제하기 위해 천주교 선교사를 통해 프랑스와 교섭하려 했다. 하지만 천주교를 금지해야 한다는 유생의 주장이 높아지자 다수의 천주교도와 선교사를 잡아들여 처형한 병인박해를 일으켰다. 이후 고종의 친정이 시작됨에 따라 물러난 그는 임오군란이 일어났을 때 잠시 권력을 장악했지만, 청군의 개입으로 곧 물러났다.

① 미국에 보빙사라는 사절단을 파견하였다.
② 전국 여러 곳에 척화비를 세우도록 했다.
③ 국경을 획정하고자 백두산정계비를 세웠다.
④ 통리기무아문을 설치하고 그 아래에 12사를 두었다.

문 15. 밑줄 친 '이 왕'에 대한 설명으로 옳은 것은?

> 백제 개로왕은 장기와 바둑을 좋아하였는데, 도림이 고하기를 "제가 젊어서부터 바둑을 배워 꽤 묘한 수를 알게 되었으니 개로왕께 알려드리기를 원합니다."라고 하였다. …(중략)… 개로왕이 (도림의 말을 듣고) 나라 사람을 징발하여 흙을 쪄서 성(城)을 쌓고 그 안에는 궁실, 누각, 정자를 지으니 모두가 웅장하고 화려하였다. 이로 말미암아 창고가 비고 백성이 곤궁하니, 나라의 위태로움이 알을 쌓아 놓은 것보다 더 심하게 되었다. 그제야 도림이 도망을 쳐 와서 그 실정을 고하니 이 왕이 기뻐하여 백제를 치려고 장수에게 군사를 나누어 주었다.
>
> -『삼국사기』-

① 평양으로 도읍을 천도하였다.
② 진대법을 처음으로 시행하였다.
③ 낙랑군을 점령하고 한 군현 세력을 몰아내었다.
④ 신라에 침입한 왜군을 낙동강 유역에서 물리쳤다.

문 16. 다음 설명에 해당하는 문화유산은?

> 이 건물은 주심포 양식에 맞배지붕 건물로 기둥은 배흘림 양식이다. 1972년 보수 공사 중에 공민왕 때 중창하였다는 상량문이 나와 우리나라에서 가장 오래된 목조 건물로 보고 있다.

① 서울 흥인지문
② 안동 봉정사 극락전
③ 영주 부석사 무량수전
④ 합천 해인사 장경판전

문 17. (가) 단체에 대한 설명으로 옳은 것은?

> 아관파천 이후 러시아의 영향력이 강화되고 열강의 이권 침탈이 가속화되었다. 이러한 가운데 서재필 등은 (가) 을/를 만들었다. (가) 은/는 고종에게 자주 독립을 굳건히 하고 내정 개혁을 단행하라는 내용이 담긴 상소문을 제출하였으며, 만민 공동회를 개최하여 외국의 간섭과 일부 관리의 부정부패를 비판하였다.

① 「교육 입국 조서」를 작성해 공포하였다.
② 영은문이 있던 자리 부근에 독립문을 세웠다.
③ 개혁의 기본 강령인 「홍범 14조」를 발표하였다.
④ 일본에 진 빚을 갚자는 국채 보상 운동을 일으켰다.

문 18. (가) 시기의 사실로 옳지 않은 것은?

무신정권 몰락
↓
(가)
↓
공민왕 즉위

① 만권당이 만들어졌다.
② 정동행성이 설치되었다.
③ 쌍성총관부가 수복되었다.
④ 『제왕운기』가 저술되었다.

문 19. 밑줄 친 '이 나라'의 경제 상황에 대한 설명으로 옳지 않은 것은?

> 이 나라에는 관리에게 정해진 면적의 토지에서 조세를 거둘 수 있는 권리를 나누어주는 전시과라는 제도가 있었다. 농민은 소를 이용해 깊이갈이를 하기도 했으며, 시비법의 발달로 휴경지가 점차 줄어들었다. 밭농사는 2년 3작의 윤작법이 점차 보급되었다. 이 나라의 말기에는 직파법 대신 이앙법이 남부 지방 일부에 보급될 정도로 논농사에 변화가 나타났다. 또한 이암에 의해 중국 농서인 『농상집요』도 소개되었다.

① 재정을 운영하는 관청으로 삼사를 두었다.
② 공물 부과 기준이 가호에서 토지로 바뀌었다.
③ 생산량의 10분의 1에 해당하는 조세를 거두었다.
④ '소'라는 행정 구역의 주민이 국가에서 필요로 하는 물품을 생산하였다.

문 20. (가) 시기에 있었던 일로 옳은 것은?

신미양요	(가)	갑오개혁

① 을사늑약 체결
② 정미의병 발생
③ 오페르트 도굴 미수 사건
④ 조·미 수호 통상 조약 체결

해설편 ▶ P.234

2021 4월 17일 시행 국가직 9급

| 풀이 시간: ____:____ ~ ____:____ / 점수: ____점

문 1. 다음 시가를 지은 왕의 재위 기간에 있었던 사실은?

> 펄펄 나는 저 꾀꼬리
> 암수 서로 정답구나
> 외로울사 이 내 몸은
> 뉘와 더불어 돌아가랴

① 진대법을 시행하였다.
② 낙랑군을 축출하였다.
③ 졸본에서 국내성으로 천도하였다.
④ 율령을 반포하여 중앙 집권 체제를 강화하였다.

문 2. 밑줄 친 '유학자'에 대한 설명으로 옳은 것은?

> 풍기군수 주세붕은 고려 시대 유학자의 고향인 경상도 순흥면 백운동에 회헌사(晦軒祠)를 세우고, 1543년에 교육 시설을 더해서 백운동 서원을 건립하였다.

① 해주향약을 보급하였다.
② 원 간섭기에 성리학을 국내로 소개하였다.
③ 『성학십도』를 저술하여 경연에서 강의하였다.
④ 일본의 동정을 담은 『해동제국기』를 저술하였다.

문 3. 밑줄 친 '왕'에 대한 설명으로 옳은 것은?

> 1919년 3월 1일 탑골 공원에서 민족대표 33인이 서명한 독립선언서가 낭독되었다. 이 공원에 있는 탑은 왕이 세운 것으로 경천사 10층 석탑의 영향을 받았다.

① 우리나라 전쟁사를 정리한 『동국병감』을 편찬하였다.
② 우리나라 역대 문장의 정수를 모은 『동문선』을 편찬하였다.
③ 6조 직계제를 실시하여 국왕 중심의 정치 체제를 구축하였다.
④ 한양으로 다시 천도하면서 이궁인 창덕궁을 창건하였다.

문 4. (가) 인물에 대한 설명으로 옳은 것은?

> (가) 이/가 올립니다. "지방의 경우에는 관찰사와 수령, 서울의 경우에는 홍문관과 육경(六卿), 그리고 대간(臺諫)들이 모두 능력 있는 사람을 천거하게 하십시오. 그 후 대궐에 모아 놓고 친히 여러 정책과 관련된 대책 시험을 치르게 한다면 인물을 많이 얻을 수 있을 것입니다. 이는 역대 선왕께서 하지 않으셨던 일이요, 한나라의 현량과와 방정과의 뜻을 이은 것입니다. 덕행은 여러 사람이 천거하는 바이므로, 반드시 헛되거나 그릇되는 일이 없을 것입니다."

① 기묘사화로 탄압받았다.
② 「조의제문」을 사초에 실었다.
③ 문정왕후의 수렴청정을 지지하였다.
④ 연산군의 생모 윤씨를 폐비하는 데 동조하였다.

문 5. 신석기 시대 유적과 유물을 바르게 연결한 것만을 모두 고르면?

> ㄱ. 양양 오산리 유적 – 덧무늬 토기
> ㄴ. 서울 암사동 유적 – 빗살무늬 토기
> ㄷ. 공주 석장리 유적 – 미송리식 토기
> ㄹ. 부산 동삼동 유적 – 아슐리안형 주먹도끼

① ㄱ, ㄴ　② ㄱ, ㄹ
③ ㄴ, ㄷ　④ ㄷ, ㄹ

문 6. (가) 시기에 신라에서 있었던 사실은?

고구려의 침입으로 한성이 함락되자, 수도를 웅진으로 옮겼다.
↓
(가)
↓
성왕은 사비로 도읍을 옮겼다.

① 대가야를 정복하였다.
② 황초령 순수비를 세웠다.
③ 거칠부가 『국사』를 편찬하였다.
④ 이차돈의 순교를 계기로 불교가 공인되었다.

문 7. 시기별 대외 교류에 관한 설명으로 옳지 않은 것은?

① 백제: 노리사치계가 일본에 불경과 불상을 전하였다.
② 통일 신라: 장보고가 청해진을 설치하여 해상권을 장악하였다.
③ 고려: 예성강 하구의 벽란도가 국제항으로 번성하였다.
④ 조선: 명과의 교류에서 중강개시와 책문후시가 전개되었다.

문 8. 우리나라 세계 유산과 세계 기록 유산에 대한 설명으로 옳은 것만을 모두 고르면?

ㄱ. 공주 송산리 고분군에는 전축분인 6호분과 무령왕릉이 있다.
ㄴ. 양산 통도사는 금강계단 불사리탑이 있는 삼보 사찰이다.
ㄷ. 남한산성은 병자호란 때 인조가 피난했던 산성이다.
ㄹ. 『승정원일기』는 역대 왕의 훌륭한 언행을 『실록』에서 뽑아 만든 사서이다.

① ㄱ, ㄴ　② ㄴ, ㄷ
③ ㄱ, ㄴ, ㄷ　④ ㄱ, ㄷ, ㄹ

문 9. 다음은 발해 수도에 대한 답사 계획이다. 각 수도에 소재하는 유적에 대한 탐구 내용으로 옳은 것만을 모두 고르면?

발해 유적
답사 계획서

일시: 출발 0000년 0월 00일 / 귀국 0000년 0월 00일

인원: 00명

장소:

탐구 내용:
㉠ 정효 공주 무덤을 찾아 벽화에 그려진 인물들의 복식을 탐구한다.
㉡ 용두산 고분군을 찾아 벽돌무덤의 특징을 탐구한다.
㉢ 오봉루 성문터를 찾아 성의 구조를 당의 장안성과 비교해 본다.
㉣ 정혜 공주 무덤을 찾아 고구려 무덤과의 계승성을 탐구한다.

① ㉠, ㉡　② ㉠, ㉣
③ ㉡, ㉢　④ ㉢, ㉣

문 10. 다음 상소문을 올린 왕대에 있었던 사실은?

석교(釋敎)를 행하는 것은 수신(修身)의 근본이요, 유교를 행하는 것은 이국(理國)의 근원입니다. 수신은 내생의 자(資)요, 이국은 금일의 요무(要務)로서, 금일은 지극히 가깝고 내생은 지극히 먼 것인데도 가까움을 버리고 먼 것을 구함은 또한 잘못이 아니겠습니까.

① 양경과 12목에 상평창을 설치하였다.
② 균여를 귀법사 주지로 삼아 불교를 정비하였다.
③ 국자감에 7재를 두어 관학을 부흥하고자 하였다.
④ 전지(田地)와 시지(柴地)를 지급하는 경정 전시과를 실시하였다.

문 11. 이승만 정부의 경제 정책으로 옳지 않은 것은?

① 한·미 원조 협정을 체결하였다.
② 농지 개혁에 따른 지가증권을 발행하였다.
③ 제분, 제당, 면방직 등 삼백 산업을 적극 지원하였다.
④ 제1차 경제 개발 5개년 계획을 추진하였다.

문 12. 중·일 전쟁 이후 조선 총독부가 시행한 민족 말살 정책이 아닌 것은?

① 아침마다 궁성 요배를 강요하였다.
② 일본에 충성하자는 황국 신민 서사를 암송하게 하였다.
③ 공업 자원의 확보를 위하여 남면북양 정책을 시행하였다.
④ 황국 신민 의식을 강화하고자 소학교를 국민학교로 개칭하였다.

문 13. 밑줄 친 '조약'에 대한 설명으로 옳지 않은 것은?

> 1905년 8월 4일 오후 3시, 우리가 앉아 있는 곳은 새거모어 힐의 대기실. 루스벨트의 저택이다. 새거모어 힐은 루스벨트의 여름용 대통령 관저로 3층짜리 저택이다. …(중략)… 대통령과 마주하자 나는 말했다. "감사합니다. 각하. 저는 대한 제국 황제의 친필 밀서를 품고 지난 2월에 헤이 장관을 만난 사람입니다. 그 밀서에서 우리 황제는 1882년에 맺은 조약의 거중조정 조항에 따른 귀국의 지원을 간곡히 부탁했습니다."

① 영사 재판권이 인정되었다.
② 임오군란을 계기로 체결되었다.
③ 최혜국 대우 조항이 포함되었다.
④ 『조선책략』의 영향을 받았다.

문 14. 고려 시대 향리에 대한 설명으로 옳은 것만을 모두 고르면?

> ㄱ. 부호장 이하의 향리는 사심관의 감독을 받았다.
> ㄴ. 상층 향리는 과거로 중앙 관직에 진출할 수 있었다.
> ㄷ. 일부 향리의 자제들은 기인으로 선발되어 개경으로 보내졌다.
> ㄹ. 속현의 행정 실무는 향리가 담당하였다.

① ㄱ　　② ㄱ, ㄴ
③ ㄴ, ㄷ, ㄹ　　④ ㄱ, ㄴ, ㄷ, ㄹ

문 15. 밑줄 친 '이 농법'에 대한 설명으로 옳은 것만을 모두 고르면?

> 대개 이 농법을 귀중하게 여기는 이유는 다음과 같다. 두 땅의 힘으로 하나의 모를 서로 기르는 것이고, …(중략)… 옛 흙을 떠나 새 흙으로 가서 고갱이를 씻어 내어 더러운 것을 제거하는 것이다. 무릇 벼를 심는 논에는 물을 끌어들일 수 있는 하천이나 물을 댈 수 있는 저수지가 꼭 필요하다. 이러한 것이 없다면 볏논이 아니다.
>
> −『임원경제지』−

> ㄱ. 세종 때 편찬된 『농사직설』에도 등장한다.
> ㄴ. 고랑에 작물을 심도록 하였다.
> ㄷ. 『경국대전』의 수령 칠사 항목에서도 강조되었다.
> ㄹ. 직파법보다 풀 뽑는 노동력을 절약할 수 있었다.

① ㄱ, ㄴ　　② ㄱ, ㄹ
③ ㄴ, ㄷ　　④ ㄷ, ㄹ

문 16. 밑줄 친 '헌법'이 시행 중인 시기에 일어난 사건은?

> 이 헌법은 한 사람의 집권자가 긴급 조치라는 형식적인 법 절차와 권력 남용으로 양보할 수 없는 국민의 기본 인권과 존엄성을 억압하였다. 그리고 이러한 권력 남용에 형식적인 합법성을 부여하고자 …(중략)… 입법, 사법, 행정 3권을 한 사람의 집권자에게 집중시키고 있다.

① 부·마 민주 항쟁이 일어났다.
② 국민 교육 헌장을 선포하였다.
③ 7·4 남북 공동 성명이 발표되었다.
④ 한·일 협정 체결을 반대하는 6·3 시위가 있었다.

문 17. 밑줄 친 '회의'에서 있었던 사실은?

> 본 회의는 2천만 민중의 공정한 뜻에 바탕을 둔 국민적 대화합으로 최고의 권위를 가지고 국민의 완전한 통일을 공고하게 하며, 광복 대업의 근본 방침을 수립하여 우리 민족의 자유를 만회하며 독립을 완성하기를 기도하고 이에 선언하노라. …(중략)… 본 대표 등은 국민이 위탁한 사명을 받들어 국민적 대단결에 힘쓰며 독립운동이 나아갈 방향을 확립하여 통일적 기관 아래에서 대업을 완성하고자 하노라.

① 대한민국 건국 강령이 상정되었다.
② 박은식이 임시 대통령으로 선출되었다.
③ 민족 유일당 운동 차원에서 조선 혁명당이 참가하였다.
④ 임시 정부를 대체할 새로운 조직을 만들자는 주장이 나왔다.

문 18. 다음 법령에 따라 시행된 사업에 대한 설명으로 옳은 것은?

> 제1조 토지의 조사 및 측량은 본령에 따른다.
> 제4조 토지 소유자는 조선 총독이 정한 기간 내에 주소, 성명 또는 명칭 및 소유지의 소재, 지목, 자번호, 사표, 등급, 지적, 결수를 임시 토지 조사국장에게 신고해야 한다. 단, 국유지는 보관 관청이 임시 토지 조사국장에게 통지해야 한다.

① 농상공부를 주무 기관으로 하였다.
② 역둔토, 궁장토를 총독부 소유로 만들었다.
③ 토지 약탈을 위해 동양 척식 회사를 설립하였다.
④ 춘궁 퇴치, 농가 부채 근절을 목표로 내세웠다.

문 19. 개항기 무역에 대한 설명으로 옳지 않은 것은?

① 개항장에서 조선인 객주가 중개 활동을 하였다.
② 조·청 무역 장정으로 청국에서의 수입액이 일본을 앞질렀다.
③ 일본 상인은 면제품을 팔고, 쇠가죽·쌀·콩 등을 구입하였다.
④ 조·일 통상 장정의 개정으로 곡물 수출이 금지되기도 하였다.

문 20. 밑줄 친 '그'에 대한 설명으로 옳은 것은?

> 군역에 뽑힌 장정에게 군포를 거두었는데, 그 폐단이 많아서 백성들이 뼈를 깎는 원한을 가졌다. 그런데 사족들은 한평생 한가하게 놀며 신역(身役)이 없었다. …(중략)… 그러나 유속(流俗)에 끌려 이행되지 못하였으나 갑자년 초에 그가 강력히 나서서 귀천이 동일하게 장정 한 사람마다 세납전(歲納錢) 2민(緡)을 바치게 하니, 이를 동포전(洞布錢)이라고 하였다.
>
> -『매천야록』-

① 만동묘 건립을 주도하였다.
② 군국기무처 총재를 역임하였다.
③ 통리기무아문을 폐지하고 5군영을 부활하였다.
④ 탕평 정치를 정리한 『만기요람』을 편찬하였다.

해설편 ▶ P.237

| 풀이 시간: ____:____ ~ ____:____ / 점수: ____점

문 1. (가) 시기의 생활상에 대한 설명으로 옳은 것은?

> 1935년 두만강 가의 함경북도 종성군 동관진에서 한반도 최초로 (가) 시대 유물인 석기와 골각기 등이 발견되었다. 발견 당시 일본에서는 (가) 시대 유물이 출토되지 않은 상황이었다.

① 반달 돌칼을 이용하여 벼를 수확하였다.
② 넓적한 돌 갈판에 옥수수를 갈아서 먹었다.
③ 사냥이나 물고기잡이 등을 통해 식량을 얻었다.
④ 영혼 숭배 사상이 있어 사람이 죽으면 흙 그릇 안에 매장하였다.

문 2. (가) 인물에 대한 설명으로 옳은 것은?

> 신종 원년 사노비 만적 등이 북산에서 땔나무를 하다가 공사의 노비들을 모아 모의하기를, "우리가 성 안에서 봉기하여 먼저 (가) 등을 죽인다. 이어서 각각 자신의 주인을 죽이고 천적(賤籍)을 불태워 삼한에서 천민을 없게 하자. 그러면 공경장상이라도 우리가 모두 할 수 있을 것이다."라고 하였다.

① 정방을 설치하여 인사권을 장악하였다.
② 치안유지를 위해 야별초를 설립하였다.
③ 이의방을 제거하고 권력을 장악하였다.
④ 봉사십조를 올려 사회 개혁안을 제시하였다.

문 3. 조선 전기 문화에 대한 설명으로 옳은 것은?

① 『어우야담』을 비롯한 야담·잡기류가 성행하였다.
② 유서(類書)로 불리는 백과사전이 널리 편찬되었다.
③ 『동문선』이 편찬되어 우리 문학의 독자성을 강조하였다.
④ 중인층을 중심으로 시사가 결성되어 문학 활동을 벌였다.

문 4. 다음 자료에 나타난 사상에 대한 설명으로 옳은 것은?

> 군신, 부자, 부부, 붕우, 장유의 윤리는 인간의 본성에 부여된 것으로서 천지를 통하는 만고불변의 이치이고, 위에 존재하는 것으로서 도(道)가 됩니다. 이에 대해 배, 수레, 군사, 농사, 기계가 국민에게 편리하고 나라에 이롭게 하는 것은 외형적인 것으로서 기(器)가 됩니다. 신이 변혁을 꾀하고자 하는 것은 기(器)이지 도(道)가 아닙니다.

① 왜양일체론(倭洋一體論)을 주장하였다.
② 근대 문물 수용의 사상적 기반이 되었다.
③ 갑신정변 주도 세력의 견해를 대변하였다.
④ 우등한 사회가 열등한 사회를 지배하는 것이 당연하다고 보았다.

문 5. (가)에 들어갈 기관으로 옳은 것은?

> 5월에 조서를 내리기를 "개경 내의 사람들이 역질에 걸렸으니 마땅히 (가) 을/를 설치하여 이들을 치료하고, 또한 시신과 유골은 거두어 묻어서 비바람에 드러나지 않게 할 것이며, 신하를 보내어 동북도와 서남도의 굶주린 백성을 진휼하라."라고 하였다.
>
> -『고려사』-

① 의창
② 제위보
③ 혜민국
④ 구제도감

문 6. 밑줄 친 '이 지역'에 대한 설명으로 옳은 것은?

> 장수왕은 군사 3만을 거느리고 백제를 침공하여 왕도인 <u>이 지역</u>을 함락시켜, 개로왕을 살해하고 남녀 8천 명을 사로잡아 갔다.

① 망이, 망소이가 반란을 일으켰다.
② 고려 문종 대에 남경이 설치되었다.
③ 보조국사 지눌이 수선사 결사를 주도하였다.
④ 고려 태조가 북진 정책의 전진 기지로 삼았다.

문 7. 다음 사건이 일어난 왕의 재위 기간에 있었던 사실로 옳은 것은?

> 그들 조선군은 비상한 용기를 가지고 응전하면서 성벽에 올라 미군에게 돌을 던졌다. 창칼로 상대하는데 창칼이 없는 병사들은 맨손으로 흙을 쥐어 적군 눈에 뿌렸다. 모든 것을 각오하고 한 걸음 한 걸음 다가드는 적군에게 죽기로 싸우다 마침내 총에 맞아 죽거나 물에 빠져 죽었다.

① 군포에 대한 양반들의 면세특권이 폐지되었다.
② 금난전권을 제한하려는 통공정책이 시작되었다.
③ 결작세가 신설되면서 지주들의 부담이 증가하였다.
④ 영정법이 제정되어 복잡한 전세 방식이 일원화되었다.

문 8. (가) ~ (라)에 해당하는 사실로 옳지 않은 것은?

낙랑군 축출	(가)	광개토대왕릉비 건립	(나)	살수대첩 승리	(다)	안시성 전투 승리	(라)	고구려 멸망

① (가) – 백제 침류왕이 불교를 받아들였다.
② (나) – 고구려 영양왕이 요서 지방을 선제공격하였다.
③ (다) – 백제가 신라 대야성을 공격하여 함락시켰다.
④ (라) – 신라가 매소성에서 당군을 격파하였다.

문 9. 밑줄 친 '이 책'에 대한 설명으로 옳은 것은?

> 신(臣)이 이 책을 편수하여 바치는 것은 …(중략)… 중국은 반고부터 금국에 이르기까지, 동국은 단군으로부터 본조(本朝)에 이르기까지 처음 일어나게 된 근원을 간책에서 다 찾아보아 같고 다른 것을 비교하여 요점을 취하고 읊조림에 따라 장을 이루었습니다.

① 성리학적 유교 사관이 반영되어 대의명분을 강조하였다.
② 국왕, 훈신, 사림이 서로 합의하여 통사 체계를 구성하였다.
③ 원 간섭기에 중국과 구별되는 우리 역사의 독자성을 강조하였다.
④ 왕명으로 단군 조선에서 고려 말까지의 역사를 노래 형식으로 정리하였다.

문 10. 다음 그래프에 표시된 시기에 일어난 사회 현상으로 옳지 않은 것은?

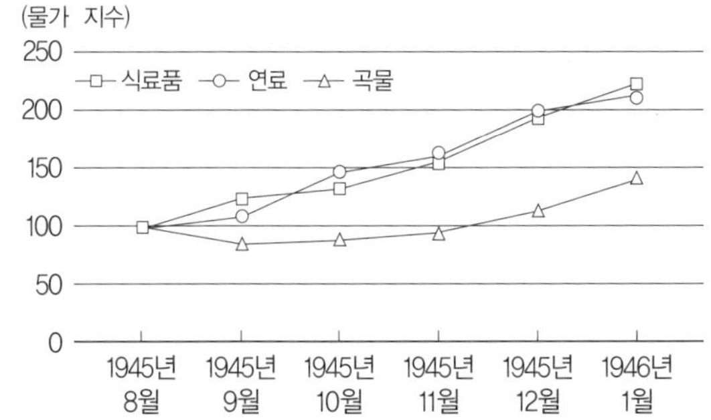

(서울 신문 1946. 2. 6.)

① 해외로부터 귀환인이 급증하여 식량이 부족했다.
② 38도선 분할 점령 이후 식료품 부문의 생산이 크게 위축되었다.
③ 미군정이 재정적자를 메우기 위해 화폐를 과도하게 발행했다.
④ 미곡 수집제 폐지, 토지 개혁 실시를 주장하는 대규모 시위가 일어났다.

문 11. 밑줄 친 '왕'의 재위 기간에 있었던 사실로 옳은 것은?

> 나라 안의 여러 군현에서 공부(貢賦)를 바치지 않으니 창고가 비어 버리고 나라의 쓰임이 궁핍해졌다. 왕이 사신을 보내어 독촉하자, 이로 말미암아 곳곳에서 도적이 벌떼처럼 일어났다. 이때 원종과 애노 등이 사벌주에 웅거하여 반란을 일으켰다.

① 발해가 멸망하였다.
② 국학을 설치하였다.
③ 최치원이 시무책 10여 조를 건의하였다.
④ 장보고의 건의에 따라 청해진이 설치되었다.

문 12. 독도가 대한민국의 영토임을 알 수 있는 자료로 옳은 것만을 모두 고르면?

> ㄱ. 일본의 은주시청합기(1667년)
> ㄴ. 일본의 삼국접양지도(1785년)
> ㄷ. 일본의 태정관 지령문(1877년)
> ㄹ. 일본의 시마네현 고시(1905년)

① ㄱ, ㄴ, ㄷ　　② ㄱ, ㄴ, ㄹ
③ ㄱ, ㄷ, ㄹ　　④ ㄴ, ㄷ, ㄹ

문 13. (가)에 대한 설명으로 옳은 것은?

> 문화통치의 일환으로 한글 신문의 발행이 허용되었다. 이에 따라 (가) 이/가 창간되었다. (가) 은/는 자치운동을 모색하던 이광수의 「민족적 경륜」을 실어 비판받기도 하였으나, '일장기 말소사건'으로 일제로부터 정간 처분을 받기도 하였다.

① 한글 보급 운동에 앞장서 『한글원본』을 만들었다.
② 브나로드 운동이라는 농촌 계몽 운동을 전개하였다.
③ 『개벽』, 『신여성』, 『어린이』 등의 잡지를 발행하였다.
④ 신간회가 결성되자 신간회 본부와 같은 역할을 하게 되었다.

문 14. (가) 인물에 대한 설명으로 옳은 것은?

> 김춘추가 당나라에 들어가 군사 20만을 요청해 얻고 돌아와서 (가) 을/를 보며 말하기를, "죽고 사는 것이 하늘의 뜻에 달렸는데, 살아 돌아와 다시 공과 만나게 되니 얼마나 다행한 일입니까?"라고 하였다.
> 이에 (가) 이/가 대답하기를, "저는 나라의 위엄과 신령함에 의지하여 두 차례 백제와 크게 싸워 20성을 빼앗고 3만여 명을 죽이거나 사로잡았습니다. 그리고 품석 부부의 유골이 고향으로 되돌아왔으니 천행입니다."라고 하였다.
> —『삼국사기』—

① 황산벌에서 백제군을 물리쳤다.
② 화랑이 지켜야 할 세속오계를 제시하였다.
③ 진덕여왕의 뒤를 이어 신라왕으로 즉위하였다.
④ 당에서 숙위 활동을 하다가 부대총관이 되어 신라로 돌아왔다.

문 15. (가), (나) 신분층에 대한 설명으로 옳지 않은 것은?

> 오래도록 막혀 있으면 반드시 터놓아야 하고, 원한은 쌓이면 반드시 풀어야 하는 것이 하늘의 이치다. (가) 와/과 (나) 에게 벼슬길이 막히게 된 것은 우리나라의 편벽된 일로 이제 몇백 년이 되었다. (가) 은/는 다행히 조정의 큰 성덕을 입어 문관은 승문원, 무관은 선전관에 임명되고 있다. 그런데도 우리들 (나) 은/는 홀로 이 은혜를 함께 입지 못하니 어찌 탄식조차 없겠는가?

① (가)의 신분 상승 운동은 (나)에게 자극을 주었다.
② (가)는 수차례에 걸친 집단 상소를 통해 관직 진출의 제한을 없애 줄 것을 요구하였다.
③ (나)에 해당하는 인물로는 정조 때 규장각 검서관으로 등용된 유득공, 박제가, 이덕무 등이 있다.
④ (나)는 주로 기술직에 종사하며 축적한 재산과 탄탄한 실무 경력을 바탕으로 신분 상승을 추구하였다.

문 16. 다음 자료에 나타난 사상에 대한 설명으로 옳은 것은?

> 사람이 곧 하늘이라. 그러므로 사람은 평등하며 차별이 없나니, 사람이 마음대로 귀천을 나눔은 하늘을 거스르는 것이다. 우리 도인은 차별을 없애고 선사의 뜻을 받들어 생활하기를 바라노라.

① 이 사상에 대해 순조 즉위 이후 대탄압이 가해졌다.
② 이 사상을 바탕으로 『동경대전』과 『용담유사』가 편찬되었다.
③ 이 사상을 근거로 몰락한 양반의 지휘 아래 평안도에서 난이 일어났다.
④ 이 사상을 근거로 단성에서 시작된 농민봉기는 진주로 이어졌다.

문 17. 다음은 우리나라 경제 성장 과정을 시간 순으로 나열한 것이다. (가)에 들어갈 내용으로 옳은 것은?

수출액 100억 달러를 돌파하다.
↓
제2차 석유파동으로 경제가 침체에 빠지다.
↓
(가)
↓
경제 협력 개발 기구에 가입하다.

① 제3차 경제개발 5개년 계획이 실시되다.
② 저금리, 저유가, 저달러의 3저 호황을 경험하다.
③ 베트남 파병을 시작하고 브라운 각서를 체결하다.
④ 일본과 대일 청구권 문제에 합의하고 한일 기본 조약을 체결하다.

문 18. 다음 법령이 실시된 기간에 있었던 사실로 옳은 것은?

> 제1조 국체를 변혁 또는 사유재산제를 부인할 목적으로 결사를 조직하거나 그 정을 알고 이에 가입하는 자는 10년 이하의 징역 또는 금고에 처함
> 제2조 전조의 제1항의 목적으로 그 목적한 사항의 실행에 관하여 협의한 자는 7년 이하의 징역 또는 금고에 처함

① 조선 태형령이 공포되었다.
② 경성 제국 대학이 설립되었다.
③ 물산 장려 운동이 시작되었다.
④ 학도 지원병 제도가 실시되었다.

문 19. 다음 사실이 있었던 시기의 향촌 사회에 대한 설명으로 옳지 않은 것은?

> 황해도 봉산 사람 이극천이 향전(鄕戰) 때문에 투서하여 그와 알력이 있는 사람들을 무고하였는데, 내용이 감히 말할 수 없는 문제에 저촉되었다.

① 향전의 전개 속에서 수령의 권한이 강화되었다.
② 신향층은 수령과 그를 보좌하는 향리층과 결탁하였다.
③ 수령은 경재소와 유향소를 연결하여 지방 통치를 강화하였다.
④ 재지사족은 동계와 동약을 통해 향촌 사회에 대한 영향력을 유지하려 하였다.

문 20. 다음 자료가 발표된 이후의 사실에 해당하지 않는 것은?

> 우리는 3천만 한국 인민과 정부를 대표하여 삼가 중·영·미·소·캐나다 기타 제국의 대일 선전이 일본을 격파하고 동아를 재건하는 가장 유효한 수단이 됨을 축하하여 이에 특히 다음과 같이 성명한다.
> 1. 한국 전 인민은 현재 이미 반침략 전선에 참가하였으니 한 개의 전투 단위로서 추축국에 선전한다.
> 2. 1910년의 합방 조약과 일체의 불평등 조약의 무효를 거듭 선포하며 아울러 반(反) 침략 국가인 한국에 있어서의 합리적 기득권익을 존중한다.
> …(중략)…
> 5. 루스벨트·처어칠 선언의 각조를 견결히 주장하며 한국 독립을 실현키 위하여 이것을 적용하여 민주 진영의 최후 승리를 축원한다.

① 한국광복군은 김원봉이 이끌던 조선 의용대의 병력을 통합하였다.
② 영국군의 요청에 따라 인도, 미얀마 전선에 한국광복군이 파견되었다.
③ 조선 독립 동맹은 조선 의용대 화북 지대를 기반으로 조선 의용군을 조직하였다.
④ 대한민국 임시 정부는 김구를 주석으로 하는 단일 지도 체제를 만들고 「대한민국 건국 강령」을 제정하였다.

해설편 ▶ P.241

2019 4월 6일 시행 국가직 9급

| 풀이 시간: ____:____ ~ ____:____ / 점수: ____점

문 1. 청동기 시대의 유적과 유물에 대한 설명으로 옳은 것은?

① 연천 전곡리에서는 사냥도구인 주먹도끼가 출토되었다.
② 창원 다호리에서는 문자를 적는 붓이 출토되었다.
③ 강화 부근리에서는 탁자식 고인돌이 발견되었다.
④ 서울 암사동에서는 곡물을 담는 빗살무늬 토기가 나왔다.

문 2. (가), (나)의 나라에 대한 설명으로 옳은 것은?

> (가) 음력 12월에 지내는 제천행사가 있는데, 이를 영고라고 한다. 이때에는 형옥을 중단하고 죄수를 풀어 주었다.
> (나) 해마다 10월 하늘에 제사를 지내는데, 밤낮으로 술 마시며 노래 부르고 춤추니 이를 무천이라고 한다.
> –『삼국지』–

① (가) – 5부가 있었으며, 계루부에서 왕위를 차지하였다.
② (가) – 정치적 지배자로 신지, 읍차 등이 있었다.
③ (나) – 죄를 지은 사람이 소도에 들어가면 잡아가지 못하였다.
④ (나) – 다른 부족의 영역을 침범하면 책화라 하여 노비나 소, 말로 변상하였다.

문 3. (가) 왕의 시기에 일어난 사실로 옳은 것은?

> 이자겸, 척준경이 말하기를 "금이 예전에는 작은 나라여서 요와 우리나라를 섬겼으나, 지금은 갑자기 흥성하여 요와 송을 멸망시켰다. …(중략) … 작은 나라로서 큰 나라를 섬기는 것은 선왕의 도이니, 마땅히 우선 사절을 보내야 합니다."라고 하니 [(가)] 이/가 그 의견을 따랐다.
> –『고려사』–

① 도평의사사를 중심으로 정치를 주도하였다.
② 성리학을 수용하면서『주자가례』를 보급하였다.
③ 서경에 대화궁을 짓게 하고 칭제건원을 주장하였다.
④ 몽골의 침략에 대응하기 위해 강화도로 도읍을 옮겼다.

문 4. 밑줄 친 ㉠ 이후에 일어난 사실로 옳지 <u>않은</u> 것은?

> 상쾌한 아침의 나라라는 뜻을 지닌 조선은 일본의 총칼 아래 민족정신을 무참하게 유린당했다. …(중략)… 조선 민족은 독립항쟁을 줄기차게 계속하였다. 그 중에서도 중요한 것은 ㉠ <u>1919년의 독립만세운동</u>이었다.
> –네루,『세계사 편력』–

① '암태도 소작쟁의'가 일어났다.
② '정우회 선언'이 발표되었다.
③ 임병찬이 독립의군부를 조직하였다.
④ 조선 민립대학 기성회가 창립되었다.

문 5. 밑줄 친 '성상(聖上)'대에 편찬된 서적에 대한 설명으로 옳은 것은?

> 세조가 신하들에게 말씀하시기를, "법의 과목(科目)이 너무 번잡하고 앞뒤가 맞지 않았기 때문에 상세히 살펴 다듬어 자손만대의 성법(成法)을 만들고자 한다."라고 하셨다.『형전(刑典)』과『호전(戶典)』은 이미 반포되어 시행하고 있으나 나머지 네 법전은 미처 교정을 마치지 못했다. 이에 <u>성상(聖上)</u>께서 세조의 뜻을 받들어 여섯 권의 법전을 완성하게 하여 중외에 반포하셨다.

①『동국병감』은 고조선에서 고려 말까지의 전쟁을 정리한 병서이다.
②『동몽선습』은 중국과 우리나라의 역사를 담은 아동교육서이다.
③『삼강행실도』는 모범적인 효자, 충신, 열녀를 다룬 윤리서이다.
④『국조오례의』는 국가의 여러 행사에 필요한 의례를 정비한 의례서이다.

문 6. (가) 토지 제도에 대한 설명으로 옳은 것은?

> 비로소 직관(職官)·산관(散官) 각 품(品)의 [(가)] 을/를 제정하였는데, 관품의 높고 낮은 것은 논하지 않고 다만 인품만 가지고 그 등급을 결정하였다.
> –『고려사』–

① 4색 공복을 기준으로 문반, 무반, 잡업으로 나누어 지급 결수를 정하였다.
② 산관이 지급 대상에서 제외되었으며 무반의 차별 대우가 개선되었다.
③ 전임 관료와 현임 관료를 대상으로 경기 지방에 한하여 지급하였다.
④ 고려의 건국 과정에서 충성도와 공로에 따라 차등 지급되었다.

문 7. (가), (나) 시기에 있었던 사실로 옳은 것은?

	(가)		(나)	
을미사변 발발		을사조약 강제 체결		13도 창의군 서울진공작전 전개

① (가) – 시전 상인을 중심으로 황국중앙총상회가 조직되었다.
② (가) – 신민회는 일제가 날조한 105인 사건으로 와해되었다.
③ (나) – 함경도 관찰사 조병식이 곡물 수출을 막는 방곡령을 내렸다.
④ (나) – 일제의 황무지 개간권 요구를 반대하기 위해 보안회가 창설되었다.

문 8. (가) 왕대의 사실에 대한 설명으로 옳은 것은?

> (가) 은/는 흑수말갈이 당과 통하려고 하자 군사를 동원하여 흑수말갈을 치게 하였다. 또한 일본에 사신 고제덕 등을 보내 "여러 나라를 관장하고 여러 번(蕃)을 거느리며, 고구려의 옛 땅을 회복하고 부여의 옛 습속을 지니고 있다."라고 하여 강국임을 자부하였다.

① 국호를 진국에서 발해로 바꾸었다.
② 신라는 급찬 숭정을 발해에 사신으로 보냈다.
③ 대흥이라는 독자적인 연호를 사용하였다.
④ 장문휴가 당의 등주를 공격하였다.

문 9. 다음 전투를 이끈 한국인 부대에 대한 설명으로 옳은 것은?

> 아군은 사도하자에 주둔 병력을 증강시키면서 훈련에 여념이 없었다. 새벽에 적군은 황가둔에서 이도하 방면을 거쳐 사도하로 진격하여 왔다. 그런데 적군은 아군이 세운 작전대로 함정에 들어왔고, 이에 일제히 포문을 열어 급습함으로써 적군은 응전할 사이도 없이 격파되었다.

① 양세봉이 총사령관이었다.
② 미쓰야 협정이 체결되기 직전까지 활약하였다.
③ 한국 독립당의 산하 부대로 동경성 전투도 수행하였다.
④ 조선 민족 전선 연맹이 중국 국민당의 지원을 받아 창설하였다.

문 10. 밑줄 친 ㉠~㉣과 관련된 임란 이후 경제에 대한 설명으로 옳지 않은 것은?

> • ㉠ 서울 안팎과 번화한 큰 도시에 파, 마늘, 배추, 오이밭 따위는 10묘의 땅에서 얻은 수확이 돈 수만을 헤아리게 된다. 서도 지방의 ㉡ 담배밭, 북도 지방의 삼밭, 한산의 모시밭, 전주의 생강밭, 강진의 ㉢ 고구마밭, 황주의 지황밭에서의 수확은 모두 상상등전(上上等田)의 논에서 나는 수확보다 그 이익이 10배에 이른다.
> • 작은 보습으로 이랑에다 고랑을 내는데, 너비 1척, 깊이 1척이다. 이렇게 한 이랑, 즉 1묘마다 고랑 3개와 두둑 3개를 만들면, 두둑의 높이와 너비는 고랑의 깊이와 너비와 같아진다. 그 뒤 ㉣ 고랑에 거름 재를 두껍게 펴고, 구멍 뚫린 박에 조를 담고서 파종한다.

① ㉠ – 신해통공을 반포하여 육의전의 금난전권을 폐지하였다.
② ㉡ – 인삼과 더불어 대표적인 상업작물로 재배되었다.
③ ㉢ – 『감저보』, 『감저신보』에서 재배법을 기술하였다.
④ ㉣ – 밭농사에서 농업 생산력의 발전을 가져온 농법이었다.

문 11. 단군에 대한 인식을 설명한 것으로 옳지 않은 것은?

① 이승휴의 『제왕운기』에서는 우리 역사를 단군부터 서술하였다.
② 홍만종의 『동국역대총목』은 단군 정통론의 입장에서 기술하였다.
③ 이규보의 『동명왕편』은 단군의 건국 과정을 다루고 있다.
④ 기미독립선언서에는 '조선건국 4252년'으로 연도를 표기하였다.

문 12. 다음 내용이 실린 사서에 대한 설명으로 옳은 것은?

> 제왕이 장차 일어날 때는 하늘의 명령과 상서로운 기운을 받아서 반드시 보통 사람과는 다른 점이 있으니, 그런 뒤에야 능히 큰 변화를 타서 제왕의 지위를 얻고 대업을 이루었다. …(중략)… 삼국의 시조들이 모두 신이(神異)한 일로 탄생했음이 어찌 괴이하겠는가. 이것이 책 첫머리에 「기이(紀異)」편이 실린 까닭이며, 그 의도도 여기에 있는 것이다.

① 불교 승려의 전기를 수록한 고승전이다.
② 불교 중심의 고대 민간 설화를 수록하였다.
③ 고조선부터 고려 말까지의 역사를 정리하였다.
④ 유교적 사관에 기초하여 기전체로 서술하였다.

문 13. (가)의 체결 이후에 일어난 사실로 옳은 것은?

> 청군과 일본군의 개입으로 사태가 악화되자 농민군은 폐정 개혁을 제시하며 정부와 (가) 을/를 맺었다. 이에 따라 농민군은 해산하였다.

① 농민군이 황토현에서 감영군을 격파하였다.
② 고부군수 조병갑이 만석보를 쌓아 수세를 강제로 거두었다.
③ 안핵사 이용태가 농민을 동학도로 몰아 처벌하였다.
④ 남접군과 북접군이 논산에서 합류하여 연합군을 형성하였다.

문 14. (가) 시기의 경제 상황에 대한 설명으로 옳은 것은?

국호 '신라' 확정 | 9주 5소경 설치 | (가) | 대공의 난 발발 | 독서삼품과 실시

① 백성에게 정전을 처음으로 지급하였다.
② 시장을 감독하는 관청인 동시전을 신설하였다.
③ 백성의 구휼을 위하여 진대법을 제정하였다.
④ 청주(菁州)의 거로현을 국학생의 녹읍으로 삼았다.

문 15. 우리나라 문화 유산에 대한 설명으로 옳지 <u>않은</u> 것은?

① 개성 경천사지 10층 석탑은 원의 석탑을 본떠 만들어졌다.
② 영주 부석사 무량수전은 주심포식 목조 건물이다.
③ 부여 정림사지 5층 석탑에서는 백제 무왕의 왕후가 넣은 사리기가 발견되었다.
④ 김제 금산사 미륵전은 다층 건물이나 내부가 하나로 통한다.

문 16. (가) 교육기관에 대한 설명으로 옳은 것은?

> 주세붕이 비로소 (가) 을/를 창건할 적에 세상에서 자못 의심했으나, 그의 뜻은 더욱 독실해져 무리들의 비웃음을 무릅쓰고 비방을 극복하여 전례 없던 장한 일을 이루었습니다. …(중략)… 최충, 우탁, 정몽주, 길재, 김종직, 김굉필 같은 이가 살던 곳에 (가) 을/를 건립하게 될 것입니다.
> –『퇴계집』–

① 지방의 군현에 있던 유일한 관학이다.
② 선비와 평민의 자제에게 『천자문』 등을 가르쳤다.
③ 성적 우수자는 문과의 초시를 면제해 주었다.
④ 학문 연구와 선현의 제사를 위해 설립된 사설 교육기관이다.

문 17. (가), (나)가 설명하는 조약을 옳게 짝지은 것은?

> (가) 강화도 조약에 이어 몇 달 뒤 체결되었다. 양곡의 무제한 유출을 가능하게 한 규정과 일본 정부에 소속된 선박은 항세를 납부하지 않는다는 규정이 들어 있었다.
> (나) 김홍집이 일본에서 황준헌의 『조선책략』을 가져오면서 그 내용의 영향으로 체결되었으며, 청의 적극적인 알선이 있었다. 거중조정 조항과 최혜국 대우의 규정이 포함되어 있었다.

	(가)	(나)
①	조·일 무역 규칙	조·미 수호 통상 조약
②	조·일 무역 규칙	조·러 수호 통상 조약
③	조·일 수호 조규 부록	조·미 수호 통상 조약
④	조·일 수호 조규 부록	조·러 수호 통상 조약

문 18. 다음은 어떤 인물에 대한 연보이다. 밑줄 친 ㉠~㉣의 설명으로 옳은 것은?

> 1566년(31세) ㉠ <u>사간원</u> 정언에 제수되다.
> 1568년(33세) ㉡ <u>이조좌랑</u>이 되었으나 외할머니 이씨의 병환 소식을 듣고 사퇴하다.
> 1569년(34세) 동호독서당에 머물면서 『동호문답』을 찬진하다.
> 1574년(39세) ㉢ <u>승정원</u> 우부승지에 제수되어 『만언봉사』를 올리다.
> 1575년(40세) ㉣ <u>홍문관</u> 부제학에서 사퇴하고 『성학집요』를 편찬하다.

① ㉠ – 왕명을 출납하면서 왕의 비서기관의 업무를 하였다.
② ㉡ – 삼사의 관리를 추천하는 권한이 있었다.
③ ㉢ – 왕의 정책을 간쟁하고 관원의 비행을 감찰하였다.
④ ㉣ – 서적 출판 및 간행의 업무를 전담하였다.

문 19. 다음 글의 저자에 대한 설명으로 옳은 것은?

> 무릇 동양의 수천 년 교화계(敎化界)에서 바르고 순수하며 광대 정밀하여 많은 성현들이 전해주고 밝혀 준 유교가 끝내 인도의 불교와 서양의 기독교와 같이 세계에 큰 발전을 하지 못함은 어째서이며 …(중략)… 유교계에 3대 문제가 있는지라. 그 3대 문제에 대하여 개량하고 구신(求新)을 하지 않으면 우리 유교는 흥왕할 수가 없을 것이다.

① '조선얼'을 강조하며 '조선학 운동'을 펼쳤다.
② '나라는 형(形)이고 역사는 신(神)'이라고 주장하였다.
③ 주석, 부주석 체제하의 대한민국 임시 정부에서 주석을 역임하였다.
④『독사신론』에서 민족을 역사 서술의 주체로 설정하고 사대주의를 비판하였다.

문 20. (가) ~ (라)를 시기순으로 바르게 나열한 것은?

> (가) 좌우합작 7원칙이 발표되었다.
> (나) 조선 건국 준비 위원회가 결성되었다.
> (다) 모스크바 3국 외상회의가 개최되었다.
> (라) 김구와 김규식이 남북협상을 제의하였다.

① (나) → (가) → (라) → (다)
② (나) → (다) → (가) → (라)
③ (다) → (가) → (나) → (라)
④ (다) → (나) → (가) → (라)

해설편 ▶ P.245

2018 4월 7일 시행 국가직 9급

한 국 사	㉰책형	1쪽

| 풀이 시간: ____:____ ~ ____:____ / 점수: ____점

문 1. 시대별 지방 행정 제도에 대한 설명으로 옳은 것은?

① 통일 신라 – 촌의 행정은 촌주가 담당하였다.
② 발해 – 전국 330여 개의 모든 군현에 수령을 파견하였다.
③ 고려 – 촌락 지배 방식으로 면리제가 확립되었다.
④ 조선 – 향리 통제를 위하여 사심관을 파견하였다.

문 2. 다음 (갑)과 (을)의 담판 이후에 있었던 (을)의 활동으로 옳은 것은?

> (갑) 그대 나라는 신라 땅에서 일어났고 고구려 땅은 우리의 소유인데 그대들이 침범했다.
> (을) 아니다. 우리야말로 고구려를 이은 나라이다. 그래서 나라 이름도 고려라 했고, 평양에 도읍하였다. 만일 땅의 경계로 논한다면 그대 나라 동경도 모두 우리 강역에 들어 있는 것인데 어찌 침범이라 하겠는가.

① 천리장성 축조
② 강동 6주 경략
③ 귀주 대첩
④ 9성 설치

문 3. 밑줄 친 ㉠의 결과에 해당하는 사실로 옳은 것은?

> (영락) 6년 병신(丙申)에 왕이 직접 수군을 이끌고 백제를 토벌하였다. (백제왕이) 우리 왕에게 항복하면서 "지금 이후로는 영원히 노객(奴客)이 되겠습니다."라고 맹세하였다. …(중략)… ㉠ 10년 경자(庚子)에 왕이 보병과 기병 5만 명을 보내어 신라를 구원하게 하였다.

① 고구려가 신라 내정 간섭을 강화하였다.
② 백제가 고구려의 평양성을 공격하였다.
③ 신라가 관산성 전투에서 백제 성왕을 살해하였다.
④ 금관가야가 가야 지역의 중심 세력으로 대두하였다.

문 4. (가)와 (나)를 주장한 각 인물에 대한 설명으로 옳은 것은?

> (가) 우리는 남방만이라도 임시 정부 혹은 위원회 같은 것을 조직하여 38도선 이북에서 소련이 철퇴하도록 세계 공론에 호소해야 할 것이다.
> (나) 나는 통일된 조국을 달성하려다 38도선을 베고 쓰러질지언정 일신의 구차한 안일을 위하여 단독 정부를 세우는 데는 협력하지 아니하겠다.

① (가) – 5·10 총선거에 불참하였다.
② (가) – 좌우 합작 7원칙을 지지하였다.
③ (나) – 탁치 반대 국민 총동원 위원회를 조직하였다.
④ (나) – 남조선 과도입법의원의 의장을 역임하였다.

문 5. 다음 (가)에 대한 설명으로 옳지 않은 것은?

> 예전에 성종이 (가) 시행에 따르는 잡기가 정도(正道)에 어긋나는데다가 번거롭고 요란스럽다 하여 이를 모두 폐지하였다. …(중략)… 이것을 폐지한 지가 거의 30년이나 되었는데, 이때에 와서 정당문학 최항이 청하여 이를 부활시켰다.

① 훈요 10조에서 시행할 것을 강조하였다.
② 토속 신에게 제사를 지냈다.
③ 정월 보름에 개최되었다.
④ 국제 교류의 장이었다.

문 6. 다음과 같이 주장한 인물에 대한 설명으로 옳은 것은?

> 달은 하나이나 냇물의 갈래는 만 개가 된다. …(중략)… 나는 그 냇물이 세상 사람들이라는 것을 안다. 빛을 받아 비추어서 드러나는 것은 사람들의 상이다. 달이라는 것은 태극이요, 태극은 나이다.

① 『해동농서』를 편찬하도록 하였다.
② 갑인예송에서 왕권을 강조하며 기년복을 주장하였다.
③ 이순신에게 현충이라는 시호를 내리고 강감찬 사당을 건립하였다.
④ 민간의 광산개발 참여를 허용하는 설점수세제를 처음 실시하였다.

문 7. 밑줄 친 '국왕'의 재위 기간에 있었던 일로 옳은 것은?

> 지금 국왕께서 풍속을 바꾸려는 데에 뜻이 있으므로 신은 지극하신 뜻을 받들어 완악한 풍속을 고치고자 합니다. …(중략)… 이륜행실(二倫行實)로 말하면 신이 전에 승지가 되었을 때에 간행할 것을 청했습니다. 삼강이 중한 것은 아무리 어리석은 부부라도 모두 알고 있으나, 붕우·형제의 이륜에 이르러서는 평범한 사람들이 제대로 모르는 경우가 있습니다.

① 주세붕이 백운동 서원을 세웠다.
② 김시습이 「금오신화」를 저술하였다.
③ 『국조오례의』가 편찬되고 『동국여지승람』이 만들어졌다.
④ 문화와 제도를 유교식으로 갖추기 위해 집현전을 창설하였다.

문 8. 다음의 법률에 근거하여 실시된 식민지 정책으로 옳지 않은 것은?

> 제4조 정부는 전시에 국가총동원상 필요하다고 인정될 때에는 칙령이 정하는 바에 따라서 제국 신민을 징용하여 총동원 업무에 종사하도록 할 수 있다.
> 제7조 정부는 칙령이 정하는 바에 따라 노동 쟁의의 예방 혹은 해결에 관한 명령, 작업소 폐쇄, 작업 혹은 노무의 중지 …(중략)… 등을 명할 수 있다.

① 국민징용령을 공포하여 강제적인 노무 동원을 실시하였다.
② 금속류회수령을 제정하여 주요 군수 물자를 공출하였다.
③ 육군특별지원병령을 제정하여 지원병을 선발하였다.
④ 물자통제령을 공포하여 배급제를 확대하였다.

문 9. (가) 시기에 해당되는 사실로 옳은 것은?

> 방금 안핵사 이용태의 보고에 따르면 "죄인들이 대다수 도망치는 바람에 조사하지 못하였다."라고 하였다.
> —『승정원일기』—
>
> ↓
>
> (가)
>
> ↓
>
> 전봉준은 금구 원평에 앉아 (전라) 우도에 호령하였으며, 김개남은 남원성에 앉아 좌도를 통솔하였다.
> —『갑오약력』—

① 논산에서 남·북접의 동학군이 집결하였다.
② 우금치 전투에서 동학군이 일본군과 격전을 벌였다.
③ 동학교도가 궁궐 앞에서 교조 신원을 주장하는 집회를 열었다.
④ 백산에서 전봉준이 보국안민을 위해 궐기하라는 통문을 보냈다.

문 10. (가) 기구가 존속한 시기의 사람들이 볼 수 있었던 사실로 적절한 것은?

> 지주는 조선 총독이 정하는 기간 내에 (가) 혹은 그것의 출장소 직원에게 신고해야 한다. 만약 제출을 태만히 하거나 신고서를 제출하지 않을 시에는 당국에서 해당 토지에 대해 소유권의 유무 등을 조사하다가 소유자를 알지 못하는 경우에 지주가 없는 것으로 간주하여 국유지로 편입할 수 있다.

① 조선청년연합회에 출입하는 일본인 고문
② 신문에 연재 중인 소설 「무정」을 읽는 학생
③ 연초 전매 제도에 따라 조합에 수매되는 담배
④ 의열단에 가입하는 신흥 무관 학교 출신 청년

문 11. 밑줄 친 '이 지도'에 대한 설명으로 옳지 않은 것은?

> 1402년 제작된 이 지도는 조선 학자들에 의해 제작된 세계 지도이다. 권근의 글에 의하면 중국에서 수입한 '성교광피도'와 '혼일강리도'를 기초로 하고, 우리나라와 일본의 지도를 합해서 제작하였다고 한다.

① 유럽과 아프리카 대륙까지 묘사하였다.
② 중국이 세계의 중심이라는 중화 사상이 반영되었다.
③ 이 지도의 작성에는 이슬람 지도학의 영향이 있었다.
④ 우리나라에 해당하는 부분은 백리 척을 사용하여 과학화에 기여하였다.

문 12. 다음 왕의 재위 기간에 있었던 사실로 옳은 것은?

> • 왕 원년: 소판 김흠돌, 파진찬 흥원, 대아찬 진공 등이 반역을 도모하다가 사형을 당하였다.
> • 왕 9년: 달구벌로 서울을 옮기려다 실현하지 못하였다.
> —『삼국사기』—

① 관료에게 지급하는 녹읍을 부활하였다.
② 국학을 설치하여 유학을 교육하였다.
③ 수도에 서시와 남시를 설치하였다.
④ 사방에 우역을 설치하였다.

문 13. 다음은 발해사에 대한 중국과 러시아 입장이다. 한국사의 입장에서 이를 반박하는 증거로 적절한 것은?

> • 중국: 소수 민족 지역의 분리 독립 의식을 약화시키려고, 국가라기보다는 당 왕조에 예속된 지방 민족 정권 차원에서 본다.
> • 러시아: 중국 문화보다는 중앙아시아나 남부 시베리아의 영향을 강조하여 러시아의 역사에 편입시키려 한다.

① 신라와의 교통로
② 상경성 출토 온돌 장치
③ 유학 교육 기관인 주자감
④ 3성 6부의 중앙 행정 조직

문 14. 신라 문무왕의 유언이다. 밑줄 친 ㉠~㉣의 내용과 부합하지 않는 것은?

> 과인은 운수가 어지럽고 전쟁을 하여야 하는 때를 만나서 ㉠ 서쪽을 정벌하고 ㉡ 북쪽을 토벌하여 영토를 안정시켰고, ㉢ 배반하는 무리를 토벌하고 ㉣ 협조하는 무리를 불러들여 멀고 가까운 곳을 모두 안정시켰다.
> -『삼국사기』-

① ㉠ - 태자로서 참전하여 백제를 멸망시켰다.
② ㉡ - 당나라 군대와 함께 고구려를 멸망시켰다.
③ ㉢ - 백제 부흥 운동을 주도한 복신을 공격하였다.
④ ㉣ - 임존성에서 저항하던 지수신의 투항을 받아주었다.

문 15. 다음은 대한 제국 시기에 설립된 어느 회사에 관한 내용이다. 밑줄 친 '이 회사'에 대한 설명으로 옳은 것은?

> • 이 회사의 고금(股金, 주권)은 액면 50원씩이고, 총 1천만 원을 발행하고, 주당 불입금은 5년간 총 10회 5원씩 나눠서 낸다.
> • 이 회사는 국내 진황지 개간, 관개 사무와 산림천택(山林川澤), 식양채벌(殖養採伐) 등의 사무 이외에 금·은·동·철·석유 등의 각종 채굴 사무에 종사한다.

① 외국 상인과의 상권 경쟁을 위해 시전 상인이 만든 척식 회사였다.
② 황무지 개간권 요구에 대응하여 설립된 특허 회사였다.
③ 역둔토나 국유 미간지를 약탈하려는 국책 회사였다.
④ 종로의 백목전 상인이 주도가 된 직조 회사였다.

문 16. 조선 성리학의 학설이나 동향을 시기순으로 바르게 나열한 것은?

> ㄱ. 현실 세계를 구성하는 기를 중시하여 경장(更張)을 주장하였다.
> ㄴ. 우주를 무한하고 영원한 기로 보는 '태허(太虛)설'을 제기하였다.
> ㄷ. 정지운의 『천명도』 해석을 둘러싸고 사단칠정 논쟁이 시작되었다.
> ㄹ. 향약 보급 운동과 함께 일상에서의 실천 윤리가 담긴 『소학』을 중시하였다.

① ㄴ → ㄱ → ㄹ → ㄷ
② ㄴ → ㄹ → ㄱ → ㄷ
③ ㄹ → ㄴ → ㄷ → ㄱ
④ ㄹ → ㄷ → ㄴ → ㄱ

문 17. 일제 강점기 조선인의 생활 모습으로 옳지 않은 것은?

① 도시 외곽의 토막촌에는 빈민이 살았다.
② 번화가에서 최신 유행의 모던걸과 모던보이가 활동하였다.
③ 몸뻬를 입은 여성들이 근로보국대에서 강제 노동을 하였다.
④ 상류층이 한식 주택을 2층으로 개량한 영단 주택에 모여 살았다.

문 18. (가)와 (나)는 외국과 맺은 각서이다. 두 각서 사이에 있었던 사실로 옳은 것은?

> (가) 일본 측은 한국 측에 무상원조 3억 달러, 유상원조(해외경제협력기금) 2억 달러, 그리고 수출입은행 차관 1억 달러 이상을 제공한다.
> (나) 미국 정부가 한국과 약속했던 1억 5천만 달러 규모의 차관 공여와 더불어 …(중략)… 한국의 경제 발전을 돕기 위한 추가 AID차관을 제공한다.

① 유엔의 지원으로 충주에 비료 공장을 설립하였다.
② 국가 기간 산업인 울산 정유 공장이 가동되었다.
③ 마산에 수출 자유 지역이 건설되었다.
④ 경부 고속 국도가 개통되었다.

문 19. 다음은 고려 시대 진화의 시이다. 이 시인과 교류를 통해 자부심을 공유한 인물의 작품은?

> 서쪽 송나라는 이미 기울고 북쪽 오랑캐는 아직 잠자고 있네. 앉아서 문명의 아침을 기다려라. 하늘의 동쪽에서 태양이 떠오르네.

① 『삼국사기』
② 「동명왕편」
③ 『제왕운기』
④ 『삼국유사』

문 20. 다음 해외 견문 기록을 시기순으로 바르게 나열한 것은?

> ㄱ. 『표해록』
> ㄴ. 『열하일기』
> ㄷ. 『서유견문』
> ㄹ. 『해동제국기』

① ㄱ → ㄴ → ㄹ → ㄷ
② ㄱ → ㄹ → ㄷ → ㄴ
③ ㄹ → ㄱ → ㄴ → ㄷ
④ ㄹ → ㄷ → ㄱ → ㄴ

해설편 ▶ P.249

| 풀이 시간: ____:____ ~ ____:____ / 점수: ____점

문 1. ㉠과 ㉡ 두 인물의 공통된 신분상의 특징으로 옳은 것은?

> • ㉠은(는) 신문왕에게 화왕계를 통하여 조언하였다.
> • ㉡은(는) 진성여왕에게 시무책 10여 조를 올렸다.

① 관등 승진에서 중위제(重位制)를 적용받았다.
② 중앙 관부의 최고 책임자를 독점하였다.
③ 자색(紫色)의 공복을 착용하였다.
④ 왕이 될 수 있는 신분이었다.

문 2. (가)~(다)는 고구려의 발전 과정을 시기순으로 나열한 것이다. (나)에 들어갈 내용으로 옳은 것만을 〈보기〉에서 모두 고른 것은?

> (가) 낙랑군을 차지하여 한반도로 진출하는 발판을 마련하였다.
> (나) [   ]
> (다) 평양으로 도읍을 옮기고, 백제의 수도인 한성을 함락하였다.

〈보기〉

> ㄱ. 태학을 설립하였다.
> ㄴ. 진대법을 도입하였다.
> ㄷ. 천리장성을 축조하였다.
> ㄹ. 신라를 도와 왜를 격퇴하였다.

① ㄱ, ㄴ　　② ㄱ, ㄹ
③ ㄴ, ㄷ　　④ ㄷ, ㄹ

문 3. 다음 제도를 시행한 목적에 해당하는 것만을 〈보기〉에서 모두 고른 것은?

> • 무릇 민호(民戶)는 그 이웃과 더불어 모으되, 가족 숫자의 다과(多寡)와 재산의 빈부에 관계없이 다섯 집마다 한 통(統)을 만들고, 통 안에 한 사람을 골라서 통수(統帥)로 삼아 통 안의 일을 맡게 한다.
> • 1리(里)마다 5통 이상에서 10통까지는 소리(小里)를 삼고, …(중략)… 리(里) 안에서 또 이정(里正)을 임명한다.
>
> -『비변사등록』-

〈보기〉

> ㄱ. 농민들의 도망과 이탈 방지
> ㄴ. 부세와 군역의 안정적인 확보
> ㄷ. 재지사족 중심의 향촌 자치 활성화
> ㄹ. 향권을 둘러싼 구향과 신향 간의 향전 억제

① ㄱ, ㄴ　　② ㄱ, ㄹ
③ ㄴ, ㄷ　　④ ㄷ, ㄹ

문 4. 다음 발의로 개최된 ㉠에 대한 설명으로 옳은 것은?

> 베이징 방면의 인사는 분열을 통탄하며 통일을 촉진하는 단체를 출현시키고 상하이 일대의 인사는 이를 고려하여 개혁을 제창하고 있다. …(중략)… 근본적 대해결로써 통일적 재조를 꾀하여 독립운동의 신국면을 타개하려고 함에는 다만 민의뿐이므로 이에 __㉠__의 소집을 제창한다.

① 파리 강화 회의에 김규식을 파견하는 것이 논의되었다.
② 삼균주의를 바탕으로 한 건국강령이 채택되었다.
③ 한국 국민당을 통한 정당 정치 실시가 결정되었다.
④ 창조파와 개조파 등의 주장이 대립되었다.

문 5. (가)~(라) 시기에 있었던 사실로 옳은 것은?

연산군 즉위	(가)	중종 즉위	(나)	효종 즉위	(다)	영조 즉위	(라)	정조 즉위

① (가)-현량과를 실시하였다.
② (나)-무오사화와 갑자사화가 일어났다.
③ (다)-두 차례에 걸친 예송이 일어났다.
④ (라)-신해통공으로 금난전권을 폐지하였다.

문 6. 다음 자료에 나타난 나라에 대한 설명으로 옳은 것은?

> 해마다 10월이면 하늘에 제사를 지내는데, 밤낮으로 술을 마시고 노래 부르며 춤을 추니 이를 무천이라 한다. 또 호랑이를 신(神)으로 여겨 제사지낸다. 읍락을 함부로 침범하면 노비와 소, 말로 변상하는데, 이를 책화라 한다.

① 후·읍군·삼로 등이 하호를 통치하였다.
② 국읍마다 천신에 대한 제사를 주관하는 천군이 있었다.
③ 사람이 죽으면 가매장한 다음 뼈만 추려 목곽에 안치하였다.
④ 아이가 출생하면 돌로 머리를 눌러 납작하게 하는 풍습이 있었다.

문 7. 다음 건의문이 결의된 이후에 일어난 사실로 옳은 것은?

> 1. 외국인에게 의지하지 말고, 관·민이 힘을 합하여 전제 황권을 견고하게 할 것
> 2. 외국과의 이권에 관한 조약은 각 대신과 중추원 의장이 합동 날인하여 시행할 것
> 3. 국가 재정은 탁지부에서 전관하고, 예산과 결산을 국민에게 공포할 것
> 4. 중대 범죄를 공판하되, 피고의 인권을 존중할 것
> 5. 칙임관을 임명할 때에는 정부의 자문을 받아 다수의 의견에 따를 것
> 6. 정해진 규정을 실천할 것

① 서재필을 중심으로 민중 계몽을 위한 〈독립신문〉이 창간되었다.
② 고종이 러시아 공사관으로 거처를 옮기게 되었다.
③ 황제권 강화 작업의 일환으로 원수부가 설치되었다.
④ 군국기무처를 중심으로 개혁이 추진되었다.

문 8. 밑줄 친 '이 기구'가 설치된 왕 대에 있었던 사실로 옳은 것은?

> 조정은 중국의 화약 제조 기술을 터득하여 <u>이 기구</u>를 두고, 대장군포를 비롯한 20여 종의 화기를 생산하였으며, 화약과 화포를 제작하였다.

① 복원궁을 건립하여 도교를 부흥시켰다.
② 흥덕사에서 『직지심체요절』을 간행하였다.
③ 교장도감을 설치하여 『속장경』을 간행하였다.
④ 시무 28조를 수용하여 유교 정치를 구현하였다.

문 9. 갑신정변 이후 국내외 정세로 옳지 <u>않은</u> 것은?

① 독일 부영사 부들러는 조선의 영세 중립국화를 건의하였다.
② 러시아의 남하 정책에 대응하여 영국 함대가 거문도를 불법 점령하였다.
③ 조·청 상민 수륙 무역 장정을 체결하여 청나라 상인에게 통상 특혜를 허용하였다.
④ 청·일 양국 군대가 조선에서 철수하는 것 등을 내용으로 하는 톈진 조약이 체결되었다.

문 10. 독도가 우리나라 영토임을 입증하는 근거로만 옳게 짝지어진 것은?

① 이범윤의 보고문 – 은주시청합기
② 대한 제국 칙령 제41호 – 삼국접양지도
③ 미쓰야 협정 – 시마네 현 고시 제40호
④ 조선국교제시말내탐서 – 어윤중의 서북경략사 임명장

문 11. 다음에서 설명하는 화폐가 사용된 시기의 경제 상황으로 옳은 것은?

> 초기에는 은 1근으로 우리나라 지형을 본떠 만들었는데 그 가치는 포목 100필에 해당하는 고액이었다. 주로 외국과의 교역에 사용되었으며 후에 은의 조달이 힘들어지고 동을 혼합한 위조가 성행하자, 크기를 축소한 소은병을 만들었다.

① 청해진이 설치되어 무역권을 장악하였다.
② 동시전이 설치되어 시장을 감독하였다.
③ 책, 차 등을 파는 관영 상점을 두었다.
④ 이앙법이 전국적으로 보급되었다.

문 12. 밑줄 친 '그'에 대한 설명으로 옳은 것은?

> 그는 이성계를 추대하여 조선 왕조를 개창한 공으로 개국 1등 공신이 되었으며, 의정부를 중심으로 하는 재상 중심의 관료정치를 주창하였다. 그리고 『불씨잡변』을 저술하여 불교의 사회적 폐단을 비판하였다.

① 왜구의 소굴인 쓰시마섬을 정벌하였다.
② 백성들의 윤리서인 『삼강행실도』를 편찬하였다.
③ 여진족을 두만강 밖으로 몰아내고 6진을 개척하였다.
④ 『조선경국전』을 편찬하여 왕조의 통치 규범을 마련하였다.

문 13. 밑줄 친 '이곳'에서 전개된 민족 운동으로 옳은 것은?

> 1903년에 우리나라 공식 이민단이 이곳에 도착하였다. 이주 노동자들은 사탕수수 농장, 개간 사업장, 철도 공사장 등에서 일하며 한인 사회를 형성하여 갔다. 노동 이민과 함께 사진결혼에 의한 부녀자들의 이민도 이루어졌다. 또한 한인합성협회 등과 같은 한인 단체가 결성되었다.

① 독립운동 기지인 한흥동이 건설되었다.
② 독립운동 단체인 권업회가 조직되었다.
③ 자치 기관인 경학사와 부민단이 만들어졌다.
④ 군사 양성 기관인 대조선 국민군단이 창설되었다.

문 14. 다음과 같이 주장한 조선 후기의 실학자에 대한 설명으로 옳은 것은?

> 천체가 운행하는 것이나 지구가 자전하는 것은 그 세가 동일하니, 분리해서 설명할 필요가 없다. 생각건대 9만 리의 둘레를 한 바퀴 도는 데 이처럼 빠르며, 저 별들과 지구와의 거리는 겨우 반경(半徑)밖에 되지 않는데도 오히려 몇 천만 억의 별들이 있는지 알 수가 없다. 하물며 은하계 밖에도 또 다른 별들이 있지 않겠는가!

① 『우서』에서 상업적 경영을 통해 농업 생산성을 높여야 한다고 주장하였다.
② 『반계수록』에서 신분에 따라 토지를 차등 있게 재분배하자고 주장하였다.
③ 『임하경륜』에서 성인 남자에게 2결의 토지를 나누어 주자고 주장하였다.
④ 『북학의』에서 소비를 권장하여 생산을 촉진하자고 주장하였다.

문 15. 다음 조칙이 발표된 이후의 상황에 대한 설명으로 옳은 것만을 〈보기〉에서 모두 고른 것은?

> ≪관보≫ 호외
> 짐이 생각건대 쓸데없는 비용을 절약하여 이용후생에 응용함이 급무라. 현재 군대는 용병으로서 상하의 일치와 국가 안전을 지키는 방위에 부족한지라. 훗날 징병법을 발표하여 공고한 병력을 구비할 때까지 황실시위에 필요한 자를 빼고 모두 일시에 해산하노라.

〈보기〉

ㄱ. 신돌석과 같은 평민 출신의 의병장이 처음으로 등장하였다.
ㄴ. 단발령의 실시로 위정척사 사상에 바탕을 둔 의병 운동이 시작되었다.
ㄷ. 연합 의병 부대인 13도 창의군이 결성되어 서울 진공 작전을 계획하였다.
ㄹ. 일본군의 '남한 대토벌 작전'으로 의병 부대의 근거지가 초토화되었다.

① ㄱ, ㄴ ② ㄱ, ㄹ
③ ㄴ, ㄷ ④ ㄷ, ㄹ

문 16. 국권이 침탈되기까지의 과정을 시기순으로 바르게 나열한 것은?

> ㄱ. 헤이그 특사 파견을 문제 삼아 고종 황제를 강제로 퇴위시켰다.
> ㄴ. 일본인 메가타를 재정 고문으로, 미국인 스티븐스를 외교 고문으로 임명하도록 하였다.
> ㄷ. 대한 제국의 사법권을 빼앗고 감옥 사무를 장악하였다.
> ㄹ. 통감이 추천한 일본인을 대한 제국의 관리로 임명하도록 하였다.

① ㄱ → ㄴ → ㄷ → ㄹ
② ㄴ → ㄱ → ㄹ → ㄷ
③ ㄴ → ㄷ → ㄱ → ㄹ
④ ㄹ → ㄴ → ㄱ → ㄷ

문 17. 다음의 자료에 보이는 시기의 경제 상황에 대한 설명으로 옳지 않은 것은?

> 황해도 관찰사의 보고에 따르면, 수안군에는 본래 금광이 다섯 곳이 있었다. 올해 여름에 새로 39개소의 금혈을 뚫었는데, 550여 명의 광꾼들이 모여들었다. 도내의 무뢰배들이 농사를 짓지 않고 다투어 모여들 뿐만 아니라 다른 지방에서 이익을 좇는 무리들도 소문을 듣고 몰려온다. …(중략)… 금점을 설치한 지 이미 여러 해가 된 곳에는 촌락이 즐비하고 상인들이 물품을 유통시켜 큰 도회지를 이루고 있다.

① 개간을 장려하기 위해 사패전을 부농층에 분급하였다.
② 일부 지방에서 도조법으로 지대를 납부하였다.
③ 면화, 담배 등 상품 작물을 재배하였다.
④ 밭농사에서는 견종법이 보급되었다.

문 18. 다음에 나타난 사상에 대한 설명으로 옳지 않은 것은?

> 신(臣)들이 서경의 임원역 지세를 관찰하니, 이곳이 곧 음양가들이 말하는 매우 좋은 터입니다. 만약 궁궐을 지어서 거처하면 천하를 병합할 수 있고, 금나라가 폐백을 가지고 와 스스로 항복할 것이며, 36국이 모두 신하가 될 것입니다.

① 서경 천도 운동의 배경이 되었다.
② 문종 때 남경 설치의 배경이 되었다.
③ 하늘에 제사 지내는 초제의 사상적 근거가 되었다.
④ 공민왕과 우왕 때 한양 천도 주장의 근거가 되었다.

문 19. 다음 주장을 한 인물에 대한 설명으로 옳은 것은?

> 계급 투쟁은 민족의 내부 분열을 초래할 것이며, 민족의 내쟁은 필연적으로 민족의 약화에 따르는 다른 민족으로부터의 수모를 초래할 것이다. 계급 투쟁의 길은 우리가 반드시 취해야 할 필요는 없고, 민족 균등이 실현되는 날 그것은 자연 해소되는 문제다. …(중략)… 이 세계적 기운과 민족적 요청에서 민족사관은 출발하는 것이며, 민족사는 그 향로와 방법을 명백하게 과학적으로 지시 하여야 할 것이다.
>
> –『조선민족사 개론』–

① 『조선상고사』와 『조선사연구초』를 저술하였다.
② 대동사상을 수용한 유교 구신론을 주장하였다.
③ 〈진단학보〉를 발간한 진단학회의 발기인으로 활동하였다.
④ 「5천년간 조선의 얼」이라는 글을 동아일보에 연재하였다.

문 20. 고려 시대 의주에 대한 설명으로 옳지 않은 것은?

① 청천강변에 위치하며 도호부가 설치된 곳이다.
② 강동 6주 가운데 하나인 흥화진이 있던 곳이다.
③ 요(遼)와 물품을 거래하던 각장이 설치된 곳이다.
④ 요(遼)와 금(金)의 분쟁을 이용하여 회복하려고 시도한 곳이다.

해설편 ▶ P.252

| 풀이 시간: ____:____ ~ ____:____ / 점수: ____점

1초 합격예측! 모바일 성적분석표

QR 코드로 접속하여 문제 풀이시간을 측정하고, 〈1초 합격예측 & 모바일 성적분석표〉 서비스를 통해 지금 바로! 실력을 점검해 보세요.
http://eduwill.kr/GG46

문 1. 밑줄 친 ‘이 시기’에 해당하는 사실로 옳은 것은?

> 이 시기에는 반달 돌칼 등 다양한 간석기가 사용되었고 민무늬 토기를 비롯한 토기의 종류도 다양해졌으며, 고인돌과 돌널무덤이 만들어졌다.

① 목을 길게 단 미송리식 토기가 사용되었다.
② 용호동 유적에서 불 땐 자리가 확인되었다.
③ 주로 동굴이나 강가의 막집에 거주하였다.
④ 농경과 목축이 시작되었다.

문 2. 다음은 고구려에 대한 내용이다. (가), (나) 사이에 있었던 사실로 옳지 않은 것은?

> (가) 전진에서 불교를 받아들였고, 유학 교육기관으로 태학을 설립하였으며, 율령을 공포하였다.
> (나) 수도를 평양으로 옮기고, 백제의 수도 한성을 공격하여 개로왕을 죽였다.

① 모용황의 공격을 받았다.
② 후연을 공격하여 요동 지역에 진출하였다.
③ 북쪽으로 숙신을 정복하였다.
④ 신라를 도와 낙동강 유역에서 왜병을 대파하였다.

문 3. 다음은 원의 세조가 고려에 약속한 내용의 일부이다. 이 약속 이후에 일어난 사실로 옳지 않은 것은?

> • 옷과 머리에 쓰는 관은 고려의 풍속을 유지하고 바꿀 필요가 없다.
> • 압록강 둔전과 군대는 가을에 철수한다.
> • 몽고에 자원해 머문 사람들은 조사하여 모두 돌려보낸다.

① 정동행성을 설치하였다.
② 2차 여몽 연합군은 일본 원정에 실패하였다.
③ 쌍성총관부를 설치하였다.
④ 사림원을 설치하였다.

문 4. 다음 족보가 편찬된 시기의 사회상으로 가장 적절한 것은?

> 우리나라는 자고로 종법이 없고 보첩(譜牒)도 없어서 비록 거가대족(巨家大族)이라도 가승(家乘)이 전혀 없어서 겨우 몇 대를 전할 뿐이므로 고조나 증조의 이름도 호(號)도 기억하지 못하는 이가 있다.
> —『안동 권씨 성화보』 서문—

① 윤회봉사·외손봉사 등이 행해졌다.
② 아들을 먼저 기록하고 딸을 그 다음에 기록하였다.
③ 자손이 없으면 무후(無後)라 하고 양자를 널리 맞아들였다.
④ 남자는 대개 결혼 후에 바로 친가에서 거주하였다.

문 5. 밑줄 친 ‘왕’의 재위 기간에 있었던 사실로 옳은 것은?

> 왕 7년 5월에 왕이 하교하여 문무관료전을 차등 있게 지급하였다. …… 왕 9년 정월에 하교하여 중외 관리들의 녹읍을 파하고 세조(歲租)를 차등 있게 지급하는 것을 항식(恒式)으로 삼도록 했다.
> —『삼국사기』—

① 독서삼품과가 시행되었다.
② 백성들에게 정전을 지급하였다.
③ 중앙군을 9개의 서당으로 개편하였다.
④ 관직과 주군현의 명칭을 중국식 한자명으로 바꾸었다.

문 6. 밑줄 친 ‘이 나라’에 대한 설명으로 옳은 것은?

> 이 나라는 서쪽에 자리 잡고 있다. 그 민인은 토착하여 곡식을 심고 누에치기와 뽕나무를 가꿀 줄 알며 면포를 만든다. 각기 장수(長帥)가 있어 큰 세력을 지닌 이는 스스로 신지(臣智)라 하고 그 다음은 읍차(邑借)라 한다.
> —『삼국지』—

① 남의 물건을 훔친 자는 12배의 배상을 하게 하였다.
② 집집마다 부경이라는 창고를 두었다.
③ 특산물인 단궁, 과하마, 반어피 등을 수출하였다.
④ 파종한 5월과 추수한 10월에는 제의를 행하였다.

문 7. 다음은 『고려사』의 일부 내용이다. 이 시기에 대한 설명으로 옳지 않은 것은?

> • 명학소를 충순현으로 승격시켰다. 수령까지 두어 위무하더니 태도를 바꿔 군대를 보내와서 토벌하니 어찌된 까닭인가?
> • 순비 허씨는 일찍이 평양공 왕현에게 시집가서 3남 4녀를 낳았는데, 왕현이 죽은 후 충선왕의 비가 되었다.
> • 윤수는 매와 사냥개를 잘 다루어 응방 관리가 되었으며, 그의 가문은 권세가가 되었다.

① 향·소·부곡 등 특수 행정 구역이 주현으로 승격되기도 하였다.
② 여성의 재혼을 규제하려는 움직임이 나타났다.
③ 향리 이하의 층도 문·무반으로 신분 상승을 할 수 있었다.
④ 충선왕 대 이후에도 왕실 족내혼이 널리 행해졌다.

문 8. 다음 상소 이후에 나타난 사실로 옳지 않은 것은?

> 윤집(尹集)이 상소하기를 "화의가 나라를 망친 것은 어제 오늘의 일이 아니고 옛날부터 그러하였으나 오늘날처럼 심한 적은 없었습니다. 명나라는 우리나라에 있어서 부모의 나라이고 노적은 우리나라에 있어서 부모의 원수입니다.
> …… 지난날 성명께서 크게 분발하시어 의리에 의거하여 화의를 물리치고 중외에 포고하고 명나라에 알리시니, 온 동토(東土) 수천 리가 모두 크게 기뻐하여 서로 고하기를 '우리가 오랑캐가 됨을 면하였다.'고 하였습니다."
>
> –『인조실록』–

① 소현세자는 청에서 서양의 문물에 관심을 가지고, 천문 관련 서적 등을 가져왔다.
② 조선은 청과 굴욕적인 형제의 맹약을 맺었다.
③ 조선은 복수설치(復讐雪恥)를 과제로 삼았다.
④ 숭정처사(崇禎處士), 대명거사(大明居士)로 자처하며 출사를 거부하는 인물이 있었다.

문 9. 다음은 연대별 인구 정책을 상징하는 표어이다. 각 연대별로 일어난 일에 대한 설명으로 옳은 것만을 〈보기〉에서 모두 고른 것은?

연대	표어
(가)	덮어 놓고 낳다 보면 거지꼴을 못 면한다.
(나)	딸 아들 구별 말고 둘만 낳아 잘 기르자.
(다)	잘 키운 딸 하나 열 아들 안 부럽다.

〈보기〉

> ㄱ. (가) 군사 정부가 '경제개발 5개년 계획'을 추진하였다.
> ㄴ. (나) 유신 체제가 성립되었고, 2차례의 오일쇼크와 중화학 공업 과잉 중복 투자에 따른 경제 불황이 있었다.
> ㄷ. (다) 6월 민주 항쟁과 저금리, 저유가, 저달러의 3저 호황이 있었다.

① ㄱ, ㄴ
② ㄱ, ㄷ
③ ㄴ, ㄷ
④ ㄱ, ㄴ, ㄷ

문 10. 다음 선언으로 결성된 단체에 대한 설명으로 옳은 것은?

> 민족주의적 세력에 대하여는 그 부르주아 민주주의적 성질을 분명히 인식함과 동시에 과정상의 동맹자적 성질도 충분히 승인하여, 그것이 타락하지 않는 한 적극적으로 제휴하여 대중의 이익을 위해서도 종래의 소극적인 태도를 버리고 싸워야 할 것이다.

① 조선인 본위의 교육 제도 실시를 주장하였고, 원산 노동자 총파업을 지원하였다.
② 민중의 직접 폭력 혁명으로 강도 일본을 무너뜨리는 목표를 설정하였다.
③ 언론을 통한 국민 계몽과 문맹 퇴치 운동, 민립 대학 설립 운동 등을 추진하였다.
④ 민족 자본의 육성을 위해 자급자족, 토산품 애용 등을 주장하며 물산 장려 운동을 벌였다.

문 11. 밑줄 친 '왕'이 재위하던 시기에 편찬되지 않은 것은?

> 지금 우리 왕께서도 밝은 가르침을 계승하시고 다스리는 도리를 도모하시어 더욱 백성들의 일에 뜻을 두셨다. 여러 지방의 풍토가 같지 않아 심고 가꾸는 방법이 지방에 따라서 차이가 있기 때문에 옛 글의 내용과 모두 같을 수가 없었다. 이에 각 도의 감사들에게 명령하시어, 주·현의 노농(老農)을 방문하여 그 땅에서 몸소 시험한 결과를 자세히 듣게 하시었다. 또 신 정초(鄭招)에게 명하시어 말의 순서를 보충케 하시고, 신 종부소윤 변효문(卞孝文) 등이 검토해 살피고 참고하게 하여, 그 중복된 것은 버리고 절실하고 중요한 것은 취해서 한 편의 책을 만들었다.

① 『의방유취』
② 『향약채취월령』
③ 『향약집성방』
④ 『향약제생집성방』

문 12. 발해에서 일어난 일을 시기순으로 바르게 나열한 것은?

> ㄱ. 장문휴가 당의 산동 지방 등주를 공격하였다.
> ㄴ. 수도를 중경현덕부에서 북쪽의 상경용천부로 옮겼다.
> ㄷ. 당으로부터 '발해군왕'에서 '발해국왕'으로 봉해졌다.
> ㄹ. '건흥'이라는 연호를 사용하였다.

① ㄱ → ㄴ → ㄷ → ㄹ
② ㄱ → ㄷ → ㄹ → ㄴ
③ ㄴ → ㄱ → ㄹ → ㄷ
④ ㄱ → ㄷ → ㄴ → ㄹ

문 13. 남북 관계에 대한 역대 정부의 합의로 옳지 않은 것은?

① 박정희 정부 – 7·4 남북 공동 선언
② 김영삼 정부 – 남북 기본 합의서
③ 김대중 정부 – 6·15 남북 공동 선언
④ 노무현 정부 – 10·4 남북 공동 선언

문 14. 다음 자료 내용이 시행되기 전에 있었던 사실에 대한 설명으로 옳은 것은?

> 제1조 일본국 정부는 동경의 외무성을 경유하여 금후 한국의 외국과의 관계 및 사무를 감리·지휘할 수 있고, 일본국의 외교 대표자와 영사는 외국에 있는 한국의 신민 및 이익을 보호할 수 있다.

① 의병 부대들은 간도와 연해주로 이동하여 의병 기지를 건설하였다.
② 명성 황후 시해 사건과 단발령으로 의병 운동이 확산되었다.
③ 유생과 전직 관료, 평민 출신 등 다양한 계층에서 의병을 일으켰다.
④ 유생 출신 의병장을 중심으로 13도 연합 의병 부대가 결성되었다.

문 15. ㉠~㉣에 대한 설명으로 옳지 않은 것은?

> 고려는 국가가 주도하여 산업을 재편하면서 ㉠ 경작지를 확대하고, ㉡ 상업과 수공업의 체제를 확립하여 안정된 경제 기반을 확보하였다. 또 ㉢ 수취 체제를 정비하면서 양전 사업을 실시하고 ㉣ 토지 제도를 정비하였다.

① ㉠ 농민이 황무지를 개간하면 일정 기간 소작료나 조세를 감면해 주었고, 여러 수리 시설도 개축하였다.
② ㉡ 개경에 시전을 만들어 관영 점포를 열었고, 소는 생산한 물품을 일정하게 공물로 납부하였다.
③ ㉢ 국초부터 군현 단위로 20년마다 양전을 실시하여 1/10의 조세를 거두었다.
④ ㉣ 경종 때의 전시과 제도는 문무 관리의 지위와 직역, 인품에 따라 전지와 시지를 지급하였다.

문 16. 다음 법령에 대한 설명으로 옳지 않은 것은?

> (가) 제5조 회사가 본령이나 본령에 의거하여 발하는 명령과 허가 조건에 위반하거나 공공질서와 선량한 풍속에 반하는 행위를 할 때 조선총독은 사업의 정지와 금지, 지점의 폐쇄, 또는 회사의 해산을 명할 수 있다.
> (나) 제1조 국가총동원이란 전시에 국방 목적을 달성하기 위해 국가의 전력을 가장 유효하게 발휘하도록 인적 및 물적 자원을 운용하는 것이다.
> 제4조 정부는 전시에 국가총동원상 필요할 때에는 칙령이 정하는 바에 따라 제국 신민을 징용하여 총동원 업무에 종사하게 할 수 있다.

① (가) – '회사령'이다.
② (가) – 1920년대에 폐지되었다.
③ (나) – '국가총동원법'이다.
④ (나) – 일제가 태평양 전쟁을 일으킨 이후 제정하였다.

문 17. 밑줄 친 '나'에 대한 설명으로 옳은 것은?

> 나의 조선경제사의 기도(企圖)는 사회의 경제적 구성을 기축으로 대체로 다음과 같은 제 문제를 취급하려 하였다.
> 제1. 원시 씨족 공산체의 태양(態樣)
> 제2. 삼국의 정립 시대의 노예 경제
> 제3. 삼국 시대 말기 경부터 최근세에 이르기까지의 아시아적 봉건 사회의 특질
> 제4. 아시아적 봉건 국가의 붕괴 과정과 자본주의 맹아 형태
> 제5. 외래 자본주의 발전의 일정과 국제적 관계
> 제6. 이데올로기 발전의 총 과정

① 순수 학문을 표방하면서 식민주의 사학에 학문적으로 대항하려 하였다.
② 실학에서 자주적인 근대 사상과 우리 학문의 주체성을 찾으려 하였다.
③ 일제 식민사학의 정체성론을 극복하는 근거를 제공하였다.
④ 우리 고대사를 중국 민족에 필적하는 강건한 민족의 역사로 서술했다.

문 18. 밑줄 친 '왕'의 정책으로 옳지 않은 것은?

> 대관(大觀) 경인년에 천자께서 저 먼 변방에서 신묘한 도(道)를 듣고자 함을 돌보시어 신사(信使)를 보내시고 우류(羽流) 2인을 딸려 보내어 교법에 통달한 자를 골라 훈도하게 하였다. 왕은 신앙이 돈독하여 정화(政和) 연간에 비로소 복원관(福源觀)을 세워 도가 높은 참된 도사 10여 인을 받들었다. 그러나 그 도사들은 낮에는 재궁(齋宮)에 있다가 밤에는 집으로 돌아가고는 하였다. 그래서 후에 간관이 지적, 비판하여 다소간 법으로 금하는 조치를 취하게 되었다. 간혹 듣기로는, 왕이 나라를 다스렸을 때는 늘 도가의 도록을 보급하는 데 뜻을 두어 기어코 도교로 호교(胡教)를 바꿔 버릴 생각을 하고 있었으나 그 뜻을 이루지 못해 무엇인가를 기다리는 것이 있는 듯하였다고 한다.
> –『고려도경』–

① 우봉·파평 등의 지역에 감무관을 파견하였다.
② 국학 7재를 설치하여 관학을 진흥하였다.
③ 김위제의 건의로 남경 건설을 추진하였다.
④ 윤관을 원수로 하여 여진 정벌을 단행하였다.

문 19. 다음 법을 시행하기 이전 상황에 대한 설명으로 옳은 것은?

> 제1조 본법은 헌법에 의거하여 농지를 농민에게 적절히 분배함으로써 농가 경제의 자립과 농업 생산력의 증진으로 인한 농민 생활의 향상 내지 국민 경제의 균형과 발전을 기함을 목적으로 한다.
> 제17조 일체의 농지는 소작, 임대차 또는 위탁경영 등 행위를 금지한다.

① '반민족행위처벌법'의 시효가 단축되었다.
② 제2대 국회 의원 총선거가 실시되었다.
③ 미국의 공법 480호(PL 480)에 따른 잉여 농산물이 도입되었다.
④ 국민 방위군 사건이 일어났다.

문 20. 19세기 부세 제도인 도결(都結)에 대한 설명으로 옳은 것을 모두 고른 것은?

> ㄱ. 군역, 환곡, 잡역 중 일부 또는 전부를 토지에 부과하여 화폐로 징수하였다.
> ㄴ. 노비신공과 결세는 그해의 작황을 참작하여 중앙에서 일방적으로 도별 총액을 할당하였다.
> ㄷ. 양전하는 자[尺]를 통일하였고, 전세율을 1결당 4말~6말로 고정시켰다.
> ㄹ. 제도적으로는 신분에 따른 부세의 차별이 거의 남지 않게 되었음을 의미한다.
> ㅁ. 수령과 아전이 횡령한 관곡을 민의 토지에 부세로 부과하는 수단이 되었다.

① ㄴ, ㄷ, ㄹ　　② ㄷ, ㄹ, ㅁ
③ ㄴ, ㄷ, ㅁ　　④ ㄱ, ㄹ, ㅁ

해설편 ▶ P.256

지방직 9급 공개경쟁채용 필기시험

응시번호	
성 명	

문제책형

【시험과목】

제1과목	국 어	제2과목	영 어	제3과목	한국사
제4·5과목	행정법총론, 행정학개론				

응시자 주의사항

1. **시험 시작 전**에 시험문제를 열람하는 행위나 **시험 종료 후** 답안을 작성하는 행위를 한 사람은 「지방공무원 임용령」 제65조 등 관련 법령에 의거 **부정행위자**로 처리됩니다.

2. 시험 시작 즉시 **과목편철 순서, 문제누락 여부, 인쇄상태 이상 유무 및 표지와 개별과목의 문제책형 일치 여부 등을 확인**한 후 문제책 표지에 응시번호, 성명을 기재합니다.

3. 반드시 본인의 **응시표에 인쇄된 시험과목 순서에 따라** 제4과목과 제5과목의 **답안을 표기**하여야 합니다. 과목 순서를 바꾸어 표기한 경우에도 **본인의 응시표에 기재된 과목 순서대로 채점**되므로 반드시 유의하시기 바랍니다.

4. 시험이 시작되면 문제를 주의 깊게 읽은 후, **문항의 취지에 가장 적합한 하나의 정답만을 고르며**, 문제 내용에 관한 질문은 받지 않습니다.

5. **시험시간 관리의 책임**은 전적으로 응시자 본인에게 있습니다.

2023 6월 10일 시행 지방직(= 서울시) 9급

| 풀이 시간: ____:____ ~ ____:____ / 점수: ____점

문 1. 밑줄 친 '주먹도끼'가 사용된 시대에 대한 설명으로 옳은 것은?

> 이 유적은 경기도 연천군 한탄강 언저리에 넓게 위치하고 있다. 이곳에서 아슐리안 계통의 <u>주먹도끼</u>가 다량으로 출토되어 더욱 많은 관심이 집중되었다. 이곳에서 발견된 <u>주먹도끼</u>는 그 존재 유무로 유럽과 동아시아 문화가 나누어진다고 한 모비우스의 학설을 무너뜨리는 결정적 증거가 되었다.

① 동굴이나 바위 그늘, 강가의 막집 등에서 살았다.
② 내부에 화덕이 있는 움집이 일반적인 주거 형태였다.
③ 토기를 만들어 음식을 조리하거나 식량을 저장하였다.
④ 구릉에 마을을 형성하고 그 주변에 도랑을 파고 목책을 둘렀다.

문 2. (가) 군사 조직에 대한 설명으로 옳은 것은?

> 고려 정부는 몽골과 강화를 맺고 개경으로 환도하였다. 대몽 항전에 적극적이었던 [(가)] 은/는 개경 환도를 반대하고 반란을 일으켰다. 이어 진도로 근거지를 옮기면서 항쟁을 전개하였다.

① 포수, 사수, 살수의 삼수병으로 편제되었다.
② 윤관의 건의로 편성된 기병 중심의 부대였다.
③ 도적을 잡기 위해 설치한 야별초에서 시작되었다.
④ 양계 지방에서 국경 지역 방어를 맡았던 상비적인 전투부대였다.

문 3. 다음과 같은 주장을 한 인물은?

> 일단 강화를 맺고 나면 저 적들의 욕심은 물화를 교역하는 데 있습니다. …(중략)… 저들이 비록 왜인이라고 하나 실은 양적(洋賊)입니다. 강화의 일이 한번 이루어지면 사학(邪學)의 서적과 천주의 상(像)이 교역하는 가운데 섞여 들어갈 것입니다.

① 박규수 ② 최익현
③ 김홍집 ④ 김윤식

문 4. 다음에서 설명하는 신문은?

> • 서재필이 정부 지원을 받아 창간하였다.
> • 한글판을 발행하여 서양의 문물과 제도를 소개하였다.
> • 영문판을 발행하여 국내 사정을 외국인에게도 전달하였다.

① 〈제국신문〉 ② 〈독립신문〉
③ 〈한성순보〉 ④ 〈황성신문〉

문 5. (가), (나)에 들어갈 왕의 업적으로 옳은 것은?

> 삼국의 역사서로는 고구려에 『유기』가 있었는데, 영양왕 때 이문진이 이를 간추려 『신집』 5권을 편찬하였다. 백제에서는 [(가)] 시기에 고흥이 『서기』를, 신라에서는 [(나)] 시기에 거칠부가 『국사』를 편찬하였다.

① (가) – 국호를 남부여로 바꾸었다.
② (가) – 동진으로부터 불교를 받아들여 공인하였다.
③ (나) – 화랑도를 국가적 조직으로 개편하였다.
④ (나) – 병부를 처음으로 설치하여 군권을 장악하였다.

문 6. 다음 문화재와 이를 통해 알 수 있는 내용의 연결이 옳지 않은 것은?

① 사택지적비 – 백제가 영산강 유역까지 영역을 확장하였다.
② 임신서기석 – 신라에서 청년들이 유교 경전을 공부하였다.
③ 충주 고구려비 – 고구려가 5세기에 남한강 유역까지 진출하였다.
④ 호우명 그릇 – 5세기 초 고구려와 신라가 밀접한 관계를 맺고 있었다.

문 7. 밑줄 친 '곽재우'에 대한 설명으로 옳지 않은 것은?

> 여러 도에서 의병이 일어났다. …(중략)… 도내의 거족(巨族)으로 명망 있는 사람과 유생 등이 조정의 명을 받들어 의(義)를 부르짖고 일어나니 소문을 들은 자들은 격동하여 원근에서 이에 응모하였다. …(중략)… 호남의 고경명·김천일, 영남의 곽재우·정인홍, 호서의 조헌이 가장 먼저 일어났다.
>
> –『선조수정실록』–

① 홍의장군이라 칭하였다.
② 의령을 거점으로 봉기하였다.
③ 행주산성에서 일본군을 크게 무찔렀다.
④ 익숙한 지리를 활용한 기습 작전으로 일본군에 타격을 주었다.

문 8. 다음과 같은 취지로 전개된 운동에 대한 설명으로 옳은 것은?

> 지금 우리들은 정신을 새로이 하고 충의를 떨칠 때이니, 국채 1,300만 원은 우리 대한 제국의 존망에 직결된 것입니다. 이것을 갚으면 나라가 보존되고 이것을 갚지 못하면 나라가 망할 것은 필연적인 사실이나 지금 국고에서는 도저히 갚을 능력이 없으며, 만일 나라에서 갚지 못한다면 그때는 이미 삼천리강토는 내 나라 내 민족의 소유가 못 될 것입니다.
>
> –『대한매일신보』–

① 조선 형평사를 조직하였다.
② 조선 물산 장려회를 조직하였다.
③ 신사 참배 거부 운동을 전개하였다.
④ 1907년 대구에서 시작되어 전국으로 확산되었다.

문 9. (가), (나)에 들어갈 말을 바르게 연결한 것은?

> 조선 시대 과거 제도에는 문과·무과·잡과가 있었는데, 이 가운데 문과를 가장 중시하였다. 『경국대전』에 따르면 문과 시험 업무는 (가) 에서 주관하고, 정기 시험인 식년시는 (나) 마다 실시하는 것이 원칙이었다.

	(가)	(나)
①	이조	2년
②	이조	3년
③	예조	2년
④	예조	3년

문 10. 다음 원칙이 발표된 이후에 있었던 사실로 옳지 않은 것은?

> • 조선의 민주 독립을 보장한 삼상 회의 결정에 의하여 남북을 통한 좌우 합작으로 민주주의 임시 정부를 수립할 것
> • 토지 개혁에 있어서 몰수, 유조건 몰수, 체감매상 등으로 토지를 농민에게 무상으로 나누어 주며, …(중략)… 민주주의 건국 과업 완수에 매진할 것
> • 입법 기구에 있어서는 일체 그 권능과 구성 방법 운영에 관한 대안을 본 합작 위원회에서 작성하여 적극적으로 실행을 기도할 것

① 3·15 부정선거에 대항하여 4·19 혁명이 일어났다.
② 친일파를 청산하기 위한 반민족 행위 처벌법이 공포되었다.
③ 제헌 국회에서 대통령에 이승만, 부통령에 이시영을 선출하였다.
④ 임시 민주 정부 수립을 논의하기 위해 제1차 미·소 공동 위원회가 개최되었다.

문 11. 밑줄 친 '그'에 대한 설명으로 옳은 것은?

> 그는 화엄종을 중심으로 교종을 통합하고 해동 천태종을 창시하여 선종까지 포섭하려 하였다. 그러나 그의 사후에 교단은 다시 분열되었고, 권력층과 밀착되어 타락하는 양상까지 나타났다.

① 이론적인 교리 공부와 실천적인 수행을 아우를 것을 주장하였다.
② 참선과 독경은 물론 노동에도 힘을 쓰자고 하면서 결사를 제창하였다.
③ 삼국 시대 이래 고승들의 전기를 정리하여 『해동고승전』을 편찬하였다.
④ 백련사를 결성하여 극락왕생을 기원하는 참회와 염불 수행을 강조하였다.

문 12. (가) 시기에 있었던 사실로 옳지 않은 것은?

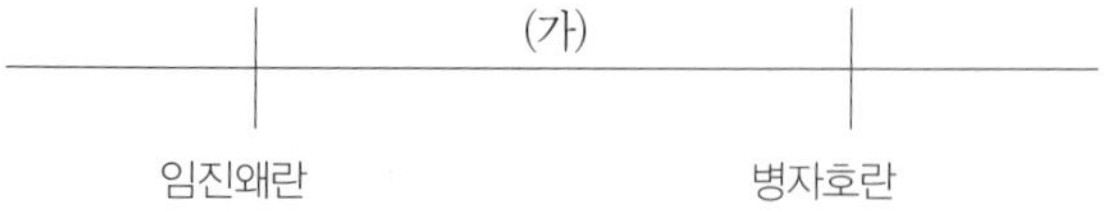

① 인조반정이 발생하였다.
② 영창 대군이 사망하였다.
③ 강홍립이 후금에 항복하였다.
④ 청에 인질로 끌려갔던 봉림 대군이 귀국하였다.

문 13. 여름휴가를 맞아 강화도로 답사 여행을 떠나고자 한다. 다음 중 유적(지)과 주제의 연결이 옳지 않은 것은?

	유적(지)	주제
①	외규장각	동학 농민 운동
②	고려 궁지	대몽 항쟁
③	고인돌	청동기 문화
④	광성보	신미양요

문 14. 조선 시대 붕당의 상황에 대한 설명으로 옳지 않은 것은?

① 선조 대 – 사림이 동인과 서인으로 분열하였다.
② 광해군 대 – 북인이 집권하였다.
③ 인조 대 – 남인이 정권을 독점하였다.
④ 숙종 대 – 서인이 노론과 소론으로 갈라졌다.

문 15. 조선 세종 대에 있었던 사실로 옳지 않은 것은?

① 갑인자를 주조하였다.
② 화통도감을 설치하였다.
③ 역법서인 『칠정산』을 편찬하였다.
④ 간의를 만들어 천체를 관측하였다.

문 16. 다음과 같은 강령을 발표한 단체의 활동으로 옳은 것은?

> 一. 우리는 정치적, 경제적 각성을 촉진함
> 一. 우리는 단결을 공고히 함
> 一. 우리는 기회주의를 일체 부인함

① 조선 민립대학 기성회를 창립하였다.
② 파리 강화 회의에 대표를 파견하였다.
③ 6·10 만세 운동을 사전에 계획하였다.
④ 광주 학생 항일 운동이 일어나자 조사단을 파견하였다.

문 17. 다음 글을 쓴 인물에 대한 설명으로 옳은 것은?

> 세상에서 동명왕의 신이(神異)한 일을 많이 말한다. …(중략)… 지난 계축년 4월에 『구삼국사』를 얻어 「동명왕 본기」를 보니 그 신기한 사적이 세상에서 얘기하는 것보다 더하였다. 그러나 처음에는 믿지 못하고 귀신이나 환상이라고만 생각하였는데, 두세 번 반복하여 읽어서 점점 그 근원에 들어가니 환상이 아닌 성스러움이며, 귀신이 아닌 신성한 이야기였다.

① 사실의 기록보다 평가를 강조한 강목체 사서를 편찬하였다.
② 단군부터 고려 충렬왕 때까지의 역사를 서사시로 기록하였다.
③ 단군 신화와 전설 등 민간에서 전승되는 자료를 광범위하게 수록하였다.
④ 김부식의 『삼국사기』에 동명왕의 신이한 사적이 생략되어 있다고 평하였다.

문 18. 1910년대에 있었던 사실로 옳은 것은?

① 중국 화북 지방에서 조선 독립 동맹이 결성되었다.
② 만주에서 참의부, 정의부, 신민부 등 3부가 조직되었다.
③ 임병찬이 주도한 독립 의군부는 항일 운동을 전개하였다.
④ 조선 혁명군이 양세봉의 지휘 아래 영릉가에서 일본군을 격파하였다.

문 19. 다음 주장을 한 인물에 대한 설명으로 옳은 것은?

> 우리 조선의 역사적 발전의 전 과정은 가령 지리적 조건, 인종학적 골상, 문화 형태의 외형적 특징 등 다소의 차이는 인정되더라도, 다른 문화 민족의 역사적 발전 법칙과 구별되어야 하는 독자적인 것이 아니다. 세계사적인 일원론적 역사 법칙에 의해 다른 민족과 거의 같은 궤도로 발전 과정을 거쳐왔다.

① 민족정신으로서 조선 국혼을 강조하였다.
② 민족주의 사학을 계승하여 조선의 얼을 강조하였다.
③ 마르크스 유물 사관을 바탕으로 한국사를 연구하였다.
④ 진단 학회를 조직하여 문헌 고증을 중시하는 실증주의 사학을 정립하였다.

문 20. 6·25 전쟁 중 있었던 사실로 옳지 않은 것은?

① 국군과 유엔군이 인천 상륙 작전을 감행하였다.
② 대통령 직선제를 포함한 발췌 개헌안이 국회에서 통과되었다.
③ 이승만 정부가 북한 송환을 거부하는 반공 포로를 석방하였다.
④ 미국이 한반도를 미국의 태평양 지역 방위선에서 제외한다는 애치슨 선언을 발표하였다.

해설편 ▶ P.260

2022 6월 18일 시행 지방직(= 서울시) 9급

한 국 사	Ⓐ책형	1쪽

| 풀이 시간: ____:____ ~ ____:____ / 점수: ____점

문 1. 밑줄 친 '그'에 대한 설명으로 옳은 것은?

> 이날 소정방이 부총관 김인문 등과 함께 기벌포에 도착하여 백제 군사와 마주쳤다. …(중략)… 소정방이 신라군이 늦게 왔다는 이유로 군문에서 신라 독군 김문영의 목을 베고자 하니, 그가 군사들 앞에 나아가 "황산 전투를 보지도 않고 늦게 온 것을 이유로 우리를 죄주려 하는구나. 죄도 없이 치욕을 당할 수는 없으니, 결단코 먼저 당나라 군사와 결전을 한 후에 백제를 쳐야겠다."라고 말하였다.

① 살수에서 수의 군대를 물리쳤다.
② 김춘추의 신라 왕위 계승을 지원하였다.
③ 청해진을 설치하고 해상 무역을 전개하였다.
④ 대가야를 정벌하여 낙동강 유역을 확보하였다.

문 2. 다음 사건이 있었던 시기의 신라 국왕에 대한 설명으로 옳은 것은?

> 이찬 이사부가 하슬라주 군주가 되어, '우산국 사람이 우매하고 사나워서 위엄으로 복종시키기는 어려우니 계책을 써서 굴복시키는 것이 좋겠다.'라고 생각하였다. 이에 나무로 사자 모형을 많이 만들어 배에 나누어 싣고 우산국 해안에 이르러, 속임수로 통고하기를 "만약에 너희가 항복하지 않는다면 곧바로 이 맹수들을 풀어 너희를 짓밟아 죽이겠다."라고 하였다. 그 나라 사람이 두려워 즉시 항복하였다.

① 독서삼품과를 실시하였다.
② 국호를 '신라'로 확정하였다.
③ 관료전을 지급하고 녹읍을 폐지하였다.
④ 장문휴를 보내 당의 등주를 공격하였다.

문 3. 밑줄 친 '이 나라'에 대한 설명으로 옳은 것은?

> • 이 나라에서 귀하게 여기는 것에는 태백산의 토끼, 남해부의 다시마, 책성부의 된장, 부여부의 사슴, 막힐부의 돼지, 솔빈부의 말, 현주의 베, 옥주의 면, 용주의 명주, 위성의 철, 노성의 쌀 등이 있다.
>
> –『신당서』–
>
> • 이 나라의 땅은 영주(營州)의 동쪽 2천 리에 있으며, 남으로는 신라와 서로 접한다. 월희말갈에서 동북으로 흑수말갈에 이르는데, 사방 2천 리, 호는 십여 만, 병사는 수만 명이다.
>
> –『구당서』–

① 중앙에 6좌평의 관제를 마련하였다.
② 9서당 10정의 군사 조직을 갖추었다.
③ 지방을 5경 15부 62주로 편성하였다.
④ 제가 회의에서 국가의 중대사를 결정하였다.

문 4. 밑줄 친 '왕'의 업적으로 옳은 것은?

> 풍토에 따라 곡식을 심고 가꾸는 법이 다르니, 고을의 경험 많은 농부를 각 도의 감사가 방문하여 농사짓는 방법을 알아본 후 아뢰라고 왕께서 명령하셨다. 이어 왕께서 정초와 변효문 등을 시켜 감사가 아뢴 바 중에서 꼭 필요하고 중요한 것만을 뽑아 『농사직설』을 편찬하게 하셨다.

① 공법을 제정하였다.
② 한양으로 도읍을 옮겼다.
③ 『경국대전』을 완성하였다.
④ 조광조를 등용하여 개혁 정치를 실시하였다.

문 5. 밑줄 친 '이들'에 해당하는 것은?

> 이들의 과거 응시와 벼슬을 제한한 것은 우리나라의 옛법이 아니다. 그런데 『경국대전』을 편찬한 뒤부터 이들을 금고(禁錮)하였으니, 아직 백 년이 채 되지 않았다. 또한 다른 나라에 이러한 법이 있다는 말은 듣지 못했다. 경대부(卿大夫)의 자식인데 오직 어머니가 첩이라는 이유만으로 대대로 이들의 벼슬길을 막아, 비록 훌륭한 재주와 쓸 만한 자질이 있어도 이를 발휘할 수 없게 하였으니, 참으로 안타깝다.

① 향리
② 노비
③ 서얼
④ 백정

문 6. 밑줄 친 '왕'의 재위 기간에 있었던 일로 옳은 것은?

> • 평농서사 권신(權信)이 대상(大相) 준홍(俊弘)과 좌승(佐丞) 왕동(王同) 등이 반역을 꾀한다고 참소하자 왕이 이들을 내쫓았다.
> • 왕이 쌍기의 건의를 받아 처음으로 과거를 실시하였다. 시(詩)·부(賦)·송(頌) 및 시무책을 시험하여 진사를 뽑았으며, 더불어 명경업·의업·복업 등도 뽑았다.

① 노비안검법을 제정하였다.
② 전민변정도감을 설치하였다.
③ 토지 제도로서 전시과를 시행하였다.
④ 12목을 설치하고 지방관을 파견하였다.

문 7. 다음 글은 어떤 사건이 일어났을 때 발표되었는가?

> 1. 마산, 서울 기타 각지의 데모는 주권을 빼앗긴 국민의 울분을 대신하여 궐기한 학생들의 순수한 정의감의 발로이며 부정과 불의에는 언제나 항거하는 민족정기의 표현이다.
>
> …(중략)…
>
> 3. 합법적이고 평화적인 데모 학생에게 총탄과 폭력을 거리낌 없이 남용하여 참극을 빚어낸 경찰은 자유와 민주를 기본으로 한 대한민국의 국립 경찰이 아니라 불법과 폭력으로 권력을 유지하려는 일부 정부 집단의 사병이다.
>
> -「대학 교수단 4·25 선언문」-

① 4·19 혁명
② 5·18 민주화 운동
③ 6·3 시위
④ 6·29 민주화 선언

문 8. 밑줄 친 '이 시기'에 있었던 사실로 옳은 것은?

> 이 시기의 불교 조각은 지역에 따라 다양하게 제작되었다. 처음에는 하남 하사창동의 철조 석가여래 좌상과 같은 대형 철불이 많이 제작되었다. 또한 덩치가 큰 석불이 유행하였는데, 논산 관촉사 석조 미륵보살 입상이 대표적이다. 이 불상은 큰 규모에 비해 조형미는 다소 떨어지지만, 소박한 지방 문화의 모습을 잘 보여 준다.

① 성골 출신의 국왕이 재위하였다.
② 지방 세력으로 호족이 존재하였다.
③ 풍양 조씨 등 특정 가문이 정권을 장악하였다.
④ 성리학에 투철한 사림 세력이 정국을 주도하였다.

문 9. 역사서에 대한 설명으로 옳은 것만을 모두 고르면?

> ㄱ. 김부식의『삼국사기』에는 단군 신화가 수록되어 있다.
> ㄴ. 이규보의『동명왕편』은 고구려 계승 의식을 강조하였다.
> ㄷ. 안정복의『동사강목』은 기사 본말체로 역사를 서술하였다.
> ㄹ. 유득공의『발해고』에는 남북국이라는 용어가 사용되었다.

① ㄱ, ㄴ ② ㄱ, ㄷ
③ ㄴ, ㄹ ④ ㄷ, ㄹ

문 10. 밑줄 친 '나'가 국왕으로 재위하던 기간에 있었던 일은?

> 팔순 동안 내가 한 일을 만약 나 자신에게 묻는다면
> 첫째는 탕평책인데, 스스로 '탕평'이란 두 글자가 부끄럽다.
> 둘째는 균역법인데, 그 효과가 승려에게까지 미쳤다.
> 셋째는 청계천 준설인데, 만세에 이어질 업적이다.
>
> …(하략)…
>
> -『어제문업(御製問業)』-

① 장용영이 창설되었다.
② 나선 정벌이 단행되었다.
③ 홍경래의 난이 발생하였다.
④『동국문헌비고』가 편찬되었다.

문 11. (가) 시기에 있었던 사실로 옳은 것은?

을미사변
↓
(가)
↓
러·일 전쟁

① 독립문이 건립되었다.
② 통감부가 설치되었다.
③ 동양 척식 주식회사가 설립되었다.
④ 임진왜란 때 소실된 경복궁이 중건되었다.

문 12. 밑줄 친 '왕'의 재위 기간에 있었던 일로 옳은 것은?

> 왕의 어릴 때 이름은 모니노이며, 신돈의 여종 반야의 소생이었다. 어떤 사람은 "반야가 낳은 아이가 죽어서 다른 아이를 훔쳐서 길렀는데, 공민왕이 자신의 아들이라고 칭하였다."라고 하였다. 왕은 공민왕이 죽은 뒤 이인임의 추대로 왕위에 올랐다. 이후 이인임, 염흥방, 임견미 등이 권력을 잡아 극심하게 횡포를 부렸다.

① 이종무가 왜구의 소굴인 대마도를 정벌하였다.
② 삼별초가 반란을 일으켜 대몽 항쟁을 계속하였다.
③ 쌍성총관부를 공격해 철령 이북 지역을 수복하였다.
④ 요동 정벌을 위해 출병한 이성계가 위화도에서 회군하였다.

문 13. 다음과 관련된 운동에 대한 설명으로 옳은 것은?

① 가뭄과 홍수로 인해 중단되었다.
② 조선 총독부의 회사령에 맞서기 위해 전개되었다.
③ 일부 사회주의자는 자본가 계급을 위한 운동이라고 비판하였다.
④ 조선에 사는 일본인이 일본 자본에 대항하기 위해 일으켰다.

문 14. 다음과 같은 대통령 선출 방식이 포함된 헌법의 내용으로 옳지 않은 것은?

> 제39조 ① 대통령은 통일 주체 국민 회의에서 토론없이 무기명 투표로 선거한다.
> ② 통일 주체 국민 회의에서 재적 대의원 과반수의 찬성을 얻은 자를 대통령 당선자로 한다.

① 대통령은 국회를 해산할 수 있다.
② 대통령의 임기는 7년으로 하며, 중임할 수 없다.
③ 대법원장은 대통령이 국회의 동의를 얻어 임명한다.
④ 대통령은 국정 전반에 걸쳐 필요한 긴급 조치를 할 수 있다.

문 15. 다음 사건을 시기 순으로 바르게 나열한 것은?

> (가) 신라의 한강 유역 확보
> (나) 관산성 전투
> (다) 백제의 웅진 천도
> (라) 고구려의 평양 천도

① (가) → (라) → (나) → (다)
② (나) → (다) → (가) → (라)
③ (다) → (나) → (가) → (라)
④ (라) → (다) → (가) → (나)

문 16. (가) 인물에 대한 설명으로 옳은 것은?

> 군대를 이끌고 통주성 남쪽으로 나가 진을 친 (가) 은/는 거란군에게 여러 번 승리를 거두었다. 하지만 자만하게 된 그는 결국 패해 거란군의 포로가 되었다. 거란의 임금이 그의 결박을 풀어 주며 "내 신하가 되겠느냐?"라고 물으니, (가) 은/는 "나는 고려 사람인데 어찌 너의 신하가 되겠느냐?"라고 대답하였다. 재차 물었으나 같은 대답이었으며, 칼로 살을 도려내며 물어도 대답은 같았다. 거란은 마침내 그를 처형하였다.

① 묘청의 난을 진압하였다.
② 별무반의 편성을 건의하였다.
③ 목종을 폐위하고 현종을 옹립하였다.
④ 거란과 협상하여 강동 6주 지역을 고려 영토로 확보하였다.

문 17. 밑줄 친 '저'에 대한 설명으로 옳은 것은?

> 올해 초가을에 비로소 저는 책을 완성하여 그 이름을 『성학집요』라고 하였습니다. 이 책에는 임금이 공부해야 할 내용과 방법, 정치하는 방법, 덕을 쌓아 실천하는 방법과 백성을 새롭게 하는 방법이 실려 있습니다. 또한 작은 것을 미루어 큰 것을 알게 하고 이것을 미루어 저것을 밝혔으니, 천하의 이치가 여기에서 벗어나지 않을 것입니다. 따라서 이것은 저의 글이 아니라 성현의 글이옵니다.

① 예안향약을 만들었다.
② 「동호문답」을 저술하였다.
③ 백운동 서원을 건립하였다.
④ 왕자의 난 때 죽임을 당했다.

문 18. 밑줄 친 '나'에 대한 설명으로 옳은 것만을 모두 고르면?

> 오늘날 사람은 모두 법에 의하여 생활하고 있는데 실제로 사람을 죽인 자가 벌을 받지 않고 생존할 도리는 없는 것이다. …(중략)… 나는 한국의 의병이며 지금 적군의 포로가 되어 와 있으므로 마땅히 만국공법에 의해 처단되어야 할 것으로 생각한다.

> ㄱ. 일본에서 순국하였다.
> ㄴ. 한인 애국단 소속이었다.
> ㄷ. 「동양평화론」을 집필하였다.
> ㄹ. 연해주에서 의병 투쟁을 전개하였다.

① ㄱ, ㄴ ② ㄱ, ㄹ
③ ㄴ, ㄷ ④ ㄷ, ㄹ

문 19. 다음 조항을 포함한 법률에 대한 설명으로 옳지 않은 것은?

> 제1조 일본 정부와 통모하여 한·일 합병에 적극 협력한 자, 한국의 주권을 침해하는 조약 또는 문서에 조인한 자와 이를 모의한 자는 사형 또는 무기 징역에 처하고, 그 재산과 유산의 전부 혹은 2분의 1 이상을 몰수한다.

① 이 법률은 제헌 국회에서 제정되었다.
② 이 법률은 농지 개혁법이 제정된 후 제정되었다.
③ 이 법률에 의해 반민특위와 특별 재판부가 구성되었다.
④ 이 법률에 의해 친일 경력을 지닌 고위 경찰 간부가 체포되었다.

문 20. 다음 글은 (가)의 부탁을 받고 (나)가 지은 것이다. (가)와 (나)에 대한 설명으로 옳은 것은?

> 우리는 '외교', '준비' 등의 미련한 꿈을 버리고 민중 직접 혁명의 수단을 취함을 선언하노라. 조선 민족의 생존을 유지하자면 강도 일본을 쫓아내야 하고, 강도 일본을 쫓아내려면 오직 혁명으로써만 가능하니, 혁명이 아니고는 강도 일본을 쫓아낼 방법이 없는 바이다.

① (가)는 조선 의용대를 결성하였고, (나)는 '국혼'을 강조하였다.
② (가)는 신흥 무관 학교를 세웠고, (나)는 형평사를 창립하였다.
③ (가)는 조선 건국 동맹을 조직하였고, (나)는 식민 사학의 한국사 정체성론을 반박하였다.
④ (가)는 황포 군관 학교에서 훈련받았고, (나)는 민족주의 역사 서술의 기본 틀을 제시하였다.

해설편 ▶ P.264

2021 6월 5일 시행 지방직(= 서울시) 9급

| 풀이 시간: ____:____ ~ ____:____ / 점수: ____점

1초 합격예측! 모바일 성적분석표

QR 코드로 접속하여 문제 풀이시간을 측정하고, 〈1초 합격예측 & 모바일 성적분석표〉 서비스를 통해 지금 바로! 실력을 점검해 보세요.
http://eduwill.kr/RfmF

문 1. 다음에 해당하는 나라에 대한 설명으로 옳은 것은?

> • 은력(殷曆) 정월에 지내는 제천 행사는 나라에서 여는 대회로 날마다 먹고 마시고 노래하고 춤추는데, 이를 영고라 하였다. 이때 형옥을 중단하고 죄수를 풀어주었다.
> • 국내에 있을 때의 의복은 흰색을 숭상하며, 흰 베로 만든 큰 소매 달린 도포와 바지를 입고 가죽신을 신는다. 외국에 나갈 때는 비단옷·수 놓은 옷·모직옷을 즐겨 입는다.
>
> –『삼국지』 위서 동이전–

① 사람이 죽으면 뼈만 추려 가족 공동 무덤인 목곽에 안치하였다.
② 읍군이나 삼로라고 불린 군장이 자기 영역을 다스렸다.
③ 가축 이름을 딴 마가, 우가, 저가, 구가 등이 있었다.
④ 천신을 섬기는 제사장인 천군이 있었다.

문 2. (가) 나라에 대한 설명으로 옳은 것은?

> 북쪽 구지에서 이상한 소리로 부르는 것이 있었다. …(중략)… 구간(九干)들은 이 말을 따라 모두 기뻐하면서 노래하고 춤을 추었다. 자줏빛 줄이 하늘에서 드리워져서 땅에 닿았다. 그 줄이 내려온 곳을 따라가 붉은 보자기에 싸인 금으로 만든 상자를 발견하고 열어보니, 해처럼 둥근 황금알 여섯 개가 있었다. 알 여섯이 모두 변하여 어린아이가 되었다. …(중략)… 가장 큰 알에서 태어난 수로(首露)가 왕위에 올라 [(가)]를/을 세웠다.
>
> –『삼국유사』–

① 해상 교역을 통해 우수한 철을 수출하였다.
② 박, 석, 김씨가 교대로 왕위를 계승하였다.
③ 경당을 설치하여 학문과 무예를 가르쳤다.
④ 정사암 회의를 통해 재상을 선발하였다.

문 3. (가)에 들어갈 기구로 옳은 것은?

> 고려 시대 중서문하성과 중추원의 고위 관료들은 도병마사와 [(가)]에서 국가의 중요한 일을 논의하였다. 도병마사에서는 국방과 군사 문제를 다루었고, [(가)]에서는 제도와 격식을 만들었다.

① 삼사
② 상서성
③ 어사대
④ 식목도감

문 4. (가)에 대한 설명으로 옳은 것은?

> 건국 초부터 북진 정책을 추진한 고려는 발해를 멸망시킨 [(가)]를/을 견제하고 송과 친선 관계를 맺었다. 이에 송과 대립하던 [(가)]는/은 고려를 경계하여 여러 차례 고려에 침입하였다.

① 강조의 정변을 구실로 고려를 침략하였다.
② 고려에 동북 9성을 돌려달라고 요구하였다.
③ 다루가치를 배치하여 고려의 내정을 간섭하였다.
④ 쌍성총관부를 두어 철령 이북의 땅을 지배하였다.

문 5. (가)에 들어갈 기구로 옳은 것은?

> • 무릇 관직을 받은 자의 고신(임명장)은 5품 이하일 때는 [(가)]과/와 사간원의 서경(署經)을 고려하여 발급한다.
> • [(가)]는/은 시정(時政)을 논하고, 모든 관원을 규찰하며, 풍속을 바르게 하는 등의 일을 맡는다.
>
> –『경국대전』–

① 사헌부
② 교서관
③ 승문원
④ 승정원

문 6. 밑줄 친 '그'에 대한 설명으로 옳은 것은?

> 그가 왕에게 아뢰었다. "삼교는 솥의 발과 같아서 하나라도 없어서는 안 됩니다. 지금 유교와 불교는 모두 흥하는데 도교는 아직 번성하지 않으니, 소위 천하의 도술(道術)을 갖추었다고 할 수 없습니다. 엎드려 청하오니 당에 사신을 보내 도교를 구해 와서 나라 사람들을 가르치게 하소서."
>
> -『삼국사기』-

① 당나라와 동맹을 체결하였다.
② 천리장성의 축조를 맡아 수행하였다.
③ 수나라의 군대를 살수에서 격퇴하였다.
④ 남진 정책을 추진하여 한성을 점령하였다.

문 7. (가) 인물에 대한 설명으로 옳은 것은?

> (가) 가/이 귀산 등에게 말하기를 "세속에도 5계가 있으니, 첫째는 충성으로써 임금을 섬기는 것, 둘째는 효도로써 어버이를 섬기는 것, 셋째는 신의로써 벗을 사귀는 것, 넷째는 싸움에 임하여 물러서지 않는 것, 다섯째는 생명 있는 것을 죽이되, 가려서 한다는 것이다. 그대들은 이를 실행함에 소홀하지 말라."라고 하였다.
>
> -『삼국사기』-

① 모든 것이 한마음에서 나온다는 일심 사상을 제시하였다.
② 화엄 사상을 연구하여 「화엄일승법계도」를 작성하였다.
③ 왕에게 수나라에 군사를 청하는 글을 지어 바쳤다.
④ 인도를 여행하여 『왕오천축국전』을 썼다.

문 8. (가), (나)에 들어갈 이름을 바르게 연결한 것은?

> (가) 는/은 『북학의』를 저술하여 청의 선진 기술을 적극적으로 수용할 것과 상공업 육성 등을 역설하였다. 한편, (나) 는/은 중국 및 일본의 방대한 자료를 참고하여 『해동역사』를 편찬함으로써, 한·중·일 간의 문화 교류를 잘 보여주었다.

	(가)	(나)
①	박지원	한치윤
②	박지원	안정복
③	박제가	한치윤
④	박제가	안정복

문 9. 다음 사건을 시기순으로 바르게 나열한 것은?

> (가) 정중부와 이의방이 정변을 일으켰다.
> (나) 최충헌이 이의민을 제거하고 권력을 잡았다.
> (다) 충주성에서 천민들이 몽골군에 맞서 싸웠다.
> (라) 이자겸이 척준경과 더불어 난을 일으켰다.

① (가) → (나) → (라) → (다)
② (가) → (다) → (나) → (라)
③ (라) → (가) → (나) → (다)
④ (라) → (가) → (다) → (나)

문 10. (가) 지역에 대한 설명으로 옳은 것은?

> 나는 삼한(三韓) 산천의 음덕을 입어 대업을 이루었다. (가) 는/은 수덕(水德)이 순조로워 우리나라 지맥의 뿌리가 되니 대업을 만대에 전할 땅이다. 왕은 춘하추동 네 계절의 중간 달에 그곳에 가 100일 이상 머물러서 나라를 안녕케 하라.
>
> -『고려사』-

① 이곳에 대장도감을 설치하여 재조대장경을 만들었다.
② 지눌이 이곳에서 수선사 결사 운동을 펼쳤다.
③ 망이·망소이가 이곳에서 봉기하였다.
④ 몽골이 이곳에 동녕부를 두었다.

문 11. 다음 내용의 역사서에 대한 설명으로 옳은 것은?

> 왕께서는 "우리나라 사람들은 유교 경전과 중국 역사에 대해서는 자세히 말하는 사람이 있으나 우리나라의 사실에 이르러서는 잘 알지 못하니 매우 유감이다. 중국 역사서에 우리 삼국의 열전이 있지만 상세하게 실리지 않았다. 또한, 삼국의 고기(古記)는 문체가 거칠고 졸렬하며 빠진 부분이 많으므로, 이런 까닭에 임금의 선과 악, 신하의 충과 사악, 국가의 안위 등에 관한 것을 다 드러내어 그로써 후세에 권계(勸戒)를 보이지 못했다. 마땅히 일관된 역사를 완성하고, 만대에 물려주어 해와 별처럼 빛나도록 해야 하겠다."라고 하셨습니다.

① 불교를 중심으로 신화와 설화를 정리하였다.
② 유교적인 합리주의 사관에 따라 기전체로 서술되었다.
③ 단군조선을 우리 역사의 시작으로 본 통사이다.
④ 진흥왕의 명을 받아 거칠부가 편찬하였다.

문 12. 밑줄 친 '이 왕'에 대한 설명으로 옳은 것은?

> 문무왕이 왜병을 진압하고자 감은사를 처음 창건하려 했으나, 끝내지 못하고 죽어 바다의 용이 되었다. 뒤이어 즉위한 이 왕이 공사를 마무리하였다. 금당 돌계단 아래에 동쪽을 향하여 구멍을 하나 뚫어 두었으니, 용이 절에 들어와서 돌아다니게 하려고 마련한 것이다. 유언에 따라 유골을 간직해 둔 곳은 대왕암(大王岩)이라고 불렀다.
> -『삼국유사』-

① 건원이라는 독자적인 연호를 사용하였다.
② 국학을 설립하여 유학을 교육하였다.
③ 백성에게 처음으로 정전을 지급하였다.
④ 진골 출신으로서 처음 왕위에 올랐다.

문 13. 밑줄 친 '왕'의 재위 기간에 있었던 사실로 옳은 것은?

> 왕은 노론과 소론, 남인을 두루 등용하였으며 젊은 관료들을 재교육하기 위해 초계문신제를 시행하였다. 또 서얼 출신의 유능한 인사를 규장각 검서관으로 등용하였다.

① 동학이 창시되었다.
②『대전회통』이 편찬되었다.
③ 신해통공이 시행되었다.
④ 홍경래의 난이 발생하였다.

문 14. (가) 인물에 대한 설명으로 옳은 것은?

> 철종이 죽고 고종이 어린 나이로 왕이 되자, 고종의 아버지인 (가) 가/이 실권을 장악하였다. (가) 는/은 임진왜란 때 불탄 후 방치되어 있던 경복궁을 중건하였다. 이때 원납전이라는 기부금을 징수하는 일이 벌어졌으며 당백전이라는 화폐도 발행되었다.

① 대한국 국제를 만들어 공포하였다.
② 서원을 대폭 줄이는 정책을 추진하였다.
③ 우정총국 개국 축하연을 이용해 정변을 일으켰다.
④ 황쭌셴의『조선책략』을 가져와 널리 유포하였다.

문 15. (가) 단체의 활동에 대한 설명으로 옳은 것은?

> 탑골 공원에 모인 수많은 학생과 시민이 독립 선언식을 거행하고 만세를 부르며 거리를 행진하였다. 이후 만세 시위는 전국으로 확산하였다. 이 운동을 계기로 독립운동가 사이에는 독립운동을 더욱 조직적으로 전개하자는 공감대가 형성되어 (가) 가/이 만들어졌다. (가) 는/은 구미위원부를 설치하는 등 적극적으로 독립운동을 펼쳐 나갔다.

①「대동단결선언」을 발표하였다.
② 국내와의 연락을 위해 교통국을 두었다.
③ 독립군을 양성하기 위해 신흥 무관 학교를 설립하였다.
④「조선 혁명 선언」을 강령으로 삼아 의열 투쟁을 전개하였다.

문 16. (가) 시기에 있었던 사실로 옳은 것은?

평양의 관민이 제너럴 셔먼호를 불태웠다.
↓
(가)
↓
미군이 광성보를 공격해 점령하였다.

① 고종이 홍범 14조를 발표하였다.
② 일본의 운요호가 초지진을 포격하였다.
③ 오페르트가 남연군의 묘 도굴을 시도하였다.
④ 차별 대우에 불만을 품은 군인이 임오군란을 일으켰다.

문 17. 밑줄 친 '이 단체'에 대한 설명으로 옳은 것은?

> 1920년대 국내에서는 일본과 타협해 실익을 찾자는 자치 운동이 대두하였다. 비타협적인 민족주의자들은 이를 경계하면서 사회주의 세력과 연대하고자 하였다. 사회주의 세력도 정우회 선언을 발표해 비타협적 민족주의 세력과 제휴를 주장하였다. 그 결과 비타협적 민족주의 세력과 사회주의 세력은 1927년 2월에 이 단체를 창립하고 이상재를 회장으로 추대하였다.

① 조선 물산 장려회를 조직해 물산 장려 운동을 펼쳤다.
② 고등 교육 기관을 설립하기 위해 민립대학 설립 운동을 시작하였다.
③ 문맹 퇴치와 미신 타파를 목적으로 브나로드 운동을 전개하였다.
④ 광주 학생 항일 운동의 진상을 조사하고 이를 알리는 대회를 개최하고자 하였다.

문 18. 다음과 같은 내용이 담긴 조약에 대한 설명으로 옳은 것은?

> 일본 정부는 그 대표자로 한국 황제 밑에 1명의 통감을 두되, 통감은 전적으로 외교에 관한 사항을 관리하기 위하여 경성에 주재하고 친히 한국 황제를 만날 수 있는 권리를 가진다. 또한, 일본 정부는 한국의 개항장 및 일본 정부가 필요하다고 인정하는 지역에 이사관을 설치할 권리를 가지며, 이사관은 통감의 지휘하에 종래 재(在)한국 일본 영사에게 속하였던 모든 권리를 집행한다.

① 조선 총독부를 설치한다는 조항이 포함되어 있다.
② 헤이그 특사 사건 이후 일제의 강요로 체결되었다.
③ 방곡령 시행 전에 미리 통보해야 한다는 합의가 실려 있다.
④ 일본의 중재 없이 국제적 성격을 가진 조약을 체결할 수 없다는 내용이 담겨있다.

문 19. (가)에 대한 설명으로 옳은 것은?

> 1945년 12월 모스크바에서 미국, 소련, 영국의 외무장관들은 한국 문제를 논의하였다. 이 회의에서 미국, 소련, 영국, 중국이 최장 5년간 신탁통치를 시행한다는 합의가 이루어졌다. 또 미국과 소련이 (가) 를/을 개최해 민주주의 임시 정부 수립 문제에 대해 논의하기로 했다. 이 합의에 따라 1946년 3월 서울에서 (가) 를/을 이 시작되었다.

① 미·소 양측의 의견 차이로 결렬되었다.
② 조선 건국 준비 위원회를 조직하는 성과를 냈다.
③ 민주 공화제를 핵심으로 한 제헌 헌법을 만들었다.
④ 유엔 감시하의 총선거로 정부를 수립한다는 결정을 내렸다.

문 20. (가) 시기에 있었던 사실로 옳은 것은?

4·19 혁명이 일어나다.	(가)	유신 헌법이 공포되다.

① 반민족 행위 처벌법이 제정되다.
② 7·4 남북 공동 성명이 발표되다.
③ 남북한이 유엔에 동시 가입하다.
④ 5·18 민주화 운동이 일어나다.

해설편 ▶ P.268

2020 6월 13일 시행 지방직(= 서울시) 9급

| 풀이 시간: ____:____ ~ ____:____ / 점수: ____점

문 1. 밑줄 친 '왕'의 재위 기간에 있었던 사실로 옳은 것은?

> 이찬 이사부가 왕에게 "국사라는 것은 임금과 신하들의 선악을 기록하여, 좋고 나쁜 것을 만대 후손들에게 보여 주는 것입니다. 이를 책으로 편찬해 놓지 않는다면 후손들이 무엇을 보고 알겠습니까?"라고 아뢰었다. 왕이 깊이 동감하고 대아찬 거칠부 등에게 명하여 선비들을 널리 모아, 그들로 하여금 역사를 편찬하게 하였다.
>
> —『삼국사기』—

① 정전 지급
② 국학 설치
③ 첨성대 건립
④ 북한산 순수비 건립

문 2. 다음과 같은 활동을 펼친 인물에 대한 설명으로 옳은 것은?

> • 〈대한매일신보〉에 애국적인 논설을 썼다.
> • 유교 개혁의 뜻을 담은 「유교구신론」을 집필하였다.

① 적극적인 의열 활동을 위해 한인 애국단을 만들었다.
② 일본의 침략상을 폭로하는 『한국통사』를 저술하였다.
③ 실증사학의 입장에서 연구하는 진단학회를 조직하였다.
④ 김원봉의 요청을 받아들여 「조선혁명선언」을 작성하였다.

문 3. 다음 정책을 시행한 국왕 대에 있었던 사실로 옳은 것은?

> • 광덕, 준풍 등의 연호를 사용하였다.
> • 개경을 고쳐 황도라 하고 서경을 서도라고 하였다.

① 노비안검법을 시행하였다.
② 전시과 제도를 시행하였다.
③ 개경에 국자감을 설립하였다.
④ 12목을 설치하고 지방관을 파견하였다.

문 4. (가) 단체로 옳은 것은?

> (가) 발기취지(發起趣旨)
>
> 인간 사회는 많은 불합리를 산출한 동시에 그 해결을 우리에게 요구하고 있다. 여성 문제는 그중의 하나이다. …… 과거의 조선 여성운동은 분산되어 있었다. 그것에는 통일된 조직이 없었고 통일된 지도 정신도 없었고 통일된 항쟁이 없었다. …… 우리는 우선 조선 자매 전체의 역량을 공고히 단결하여 운동을 전반적으로 전개하지 아니하면 아니 된다.
>
> —〈동아일보〉, 1927. 5. 11.—

① 근우회
② 신간회
③ 신민회
④ 정우회

문 5. 다음 글에서 설명하고 있는 문화유산은?

> 이곳은 원래 성종의 형인 월산대군(月山大君)의 집이 있던 곳으로, 선조가 임진왜란 뒤 임시거처로 사용하면서 정릉동 행궁으로 불리었고, 광해군 때는 경운궁이라 하였다. 아관파천 후 고종이 이곳에 머물렀다. 주요 건물로는 중화전, 함녕전, 석조전 등이 있다.

① 경복궁
② 경희궁
③ 창덕궁
④ 덕수궁

문 6. 밑줄 친 '이 나라'에서 볼 수 있는 모습으로 적절한 것은?

> 이 나라는 대군왕이 없으며, 읍락에는 각각 대를 잇는 장수(長帥)가 있다. …… 이 나라의 토질은 비옥하며, 산을 등지고 바다를 향해 있어 오곡이 잘 자라며 농사짓기에 적합하다. 사람들의 성질은 질박하고, 정직하며 굳세고 용감하다. 소나 말이 적고, 창을 잘 다루며 보전(步戰)을 잘한다. 음식, 주거, 의복, 예절은 고구려와 흡사하다. 그들은 장사를 지낼 적에는 큰 나무 곽(槨)을 만드는데 길이가 십여 장(丈)이나 되며 한쪽 머리를 열어놓아 문을 만든다.
>
> —『삼국지』 위서 동이전—

① 민며느리를 받아들이는 읍군
② 위만에게 한나라의 침입을 알리는 장군
③ 5월에 씨를 뿌리고 하늘에 제사를 지내는 천군
④ 국가의 중요한 일을 논의하고 있는 마가와 우가

문 7. 밑줄 친 '이 부대'에 대한 설명으로 옳은 것은?

> 윤관이 아뢰기를, "신이 적의 기세를 보건대 예측하기 어려울 정도로 굳세니, 마땅히 군사를 쉬게 하고 군관을 길러서 후일을 기다려야 할 것입니다. 또 신이 싸움에서 진 것은 적은 기병(騎兵)인데 우리는 보병(步兵)이라 대적할 수가 없었기 때문입니다."라 하였다. 이에 그가 건의하여 처음으로 이 부대를 만들었다.

① 정종 2년에 설치되었다.
② 귀주대첩에서 큰 활약을 하였다.
③ 여진족에 대처하기 위해 조직되었다.
④ 응양군, 용호군, 신호위 등의 2군과 6위로 편성되었다.

문 8. 다음 사건이 일어난 왕의 재위 기간에 대한 설명으로 옳은 것은?

> 임꺽정은 양주 백정으로, 성품이 교활하고 날래고 용맹스러웠다. 그 무리 수십 명이 함께 다 날래고 빨랐는데, 도적이 되어 민가를 불사르고 소와 말을 빼앗고, 만약 항거하면 몹시 잔혹하게 사람을 죽였다. 경기도와 황해도의 아전과 백성들이 임꺽정 무리와 은밀히 결탁하여, 관에서 잡으려 하면 번번이 먼저 알려주었다.

① 동인과 서인의 붕당이 형성되었다.
② 문정왕후가 수렴청정하며 불교를 옹호하였다.
③ 삼포에서 4~5천 명의 일본인이 난을 일으켰다.
④ 조광조가 내수사 장리의 폐지, 소격서 폐지 등을 주장하였다.

문 9. 밑줄 친 '이 나라'에 대한 설명으로 옳은 것은?

> 이 나라는 삼한의 종족이며, 지금의 고령에 있었다. 건원 원년(479)에 그 국왕 하지(荷知)는 사신을 보내 남제에 공물을 바쳤다. 남제에서는 국왕 하지에게 "보국장군 본국왕"을 제수하였다.

① 관산성 전투에서 국왕이 전사하였다.
② 울릉도를 정복해서 영토로 편입하였다.
③ 호남 동부 지역까지 세력을 확장하였다.
④ 신라를 도와 낙동강 유역에 진출한 왜를 격파하였다.

문 10. 다음 설명에 해당하는 발해 왕의 재위 기간에 통일 신라에서 일어난 상황으로 옳은 것은?

> • 대흥이란 독자적인 연호를 사용하였다.
> • 수도를 중경 → 상경 → 동경으로 옮겼다.
> • 일본에 보낸 외교 문서에 천손(하늘의 자손)이라 표현하였다.
> • 당과 친선 관계를 맺으며 당의 문물을 도입하여 체제를 정비하였다.

① 녹읍 폐지
② 청해진 설치
③ 『삼대목』 편찬
④ 독서삼품과 설치

문 11. 밑줄 친 '그'의 저술로 옳은 것은?

> 서울의 노론 집안에서 태어난 그는 양반전을 지어 양반 사회의 허위를 고발하였다. 그는 또한 한전론을 주장하였으며, 상공업 진흥에도 관심을 기울여 수레와 선박의 이용 등에 대해서도 주목하였다.

① 『북학의』
② 『과농소초』
③ 『의산문답』
④ 『지봉유설』

문 12. (가) 시기에 있었던 일로 옳은 것은?

> 강화도 조약을 체결하였다.
> ↓
> (가)
> ↓
> 청에 영선사를 파견하였다.

① 군국기무처를 두고 여러 건의 개혁안을 처리하였다.
② 개화 정책을 추진할 기구로 통리기무아문을 설치하였다.
③ 국정 개혁의 기본 방향을 담은 홍범 14조를 공포하였다.
④ 구본신참의 개혁 원칙을 정하고 대한국 국제를 선포하였다.

문 13. (가) 시기에 있었던 일로 옳은 것은?

	(가)	

이종무의 대마도 정벌 — 전분 6등법과 연분 9등법 시행

① 과전법 공포
② 이시애의 반란
③ 『농사직설』 편찬
④ 정도전의 요동정벌 추진

문 14. 세계유산으로 등재된 것이 아닌 것은? (2019년 12월 31일 기준)

① 종묘
② 화성
③ 한양 도성
④ 남한산성

문 15. 다음과 같은 주제로 토론회를 개최한 단체에 대한 설명으로 옳은 것은?

일자	주제
1897. 8. 29.	조선에 급선무는 인민의 교육
1897. 9. 5.	도로 수정하는 것이 위생에 제일 방책
⋮	⋮
1897. 12.26.	인민의 귀로 듣고 눈으로 보는 것을 개명케 하려면 우리나라 신문지며 다른 나라 신문지들을 널리 반포하는 것이 제일 긴요함.

① 헌정연구회의 활동을 계승하여 월보를 간행하고 지회를 설치하였다.
② 국민 계몽을 위해 회보를 발간하고 만민공동회 등 대규모 집회를 열었다.
③ 보부상 중심의 단체로 황권 강화를 통한 부국강병을 행동 지침으로 삼았다.
④ 일본이 황무지 개간을 구실로 토지를 약탈하려 하자 대중적 반대 운동을 벌였다.

문 16. 밑줄 친 '그'의 활동으로 옳은 것은?

> 경술년(1910)에 여러 형제들이 모여서 같이 만주로 갈 준비를 하였다. …… 그(1867~1932)는 1만여 석의 재산과 가옥을 모두 팔고 큰집, 작은집이 함께 압록강을 건너 떠났다. 그는 만주에서 독립군 양성 기관인 신흥 강습소를 설립하였다.

① 조선어학회 사건으로 옥고를 치렀다.
② 독립운동 단체인 경학사를 조직하였다.
③ 3·1운동 민족대표 33인 중 한 명이었다.
④ '삼균주의'에 입각한 한국 국민당을 결성하였다.

문 17. 밑줄 친 '새 헌법'에 대한 설명으로 옳은 것은?

> 정부에서는 6월 15일 국회에서 통과된 개헌안을 이송받자 이날 긴급 국무회의를 소집하고 정식으로 이를 공포하였다. 이로써 개정된 새 헌법은 16일 0시를 기해 효력을 발생케 되었다. 새 헌법이 공포됨으로써 16일부터는 실질적인 내각책임체제의 정부를 갖게 되었으며 허정 수석국무위원은 자동으로 국무총리가 된다.
>
> -〈경향신문〉, 1960. 6. 16.-

① 임시 수도 부산에서 개정되었다.
② '사사오입'의 논리로 통과되었다.
③ 통일 주체 국민 회의 설치를 규정한 조항이 있다.
④ 민의원과 참의원으로 구성된 국회 조항이 있다.

문 18. 다음 사건 이후에 일어난 일로 옳은 것은?

> 개경을 떠나 피난 중인 왕이 안성현을 안성군으로 승격시켰다. 홍건적이 양광도를 침입하자 수원은 항복하였는데, 작은 고을인 안성만이 홀로 싸워 승리함으로써 홍건적이 남쪽으로 내려오지 못하게 하였기 때문이다.

① 화약 무기를 사용해 진포해전에서 승리하였다.
② 처인성 전투에서 적의 장수 살리타를 사살하였다.
③ 기철 일파를 제거하고 쌍성총관부의 관할 지역을 수복하였다.
④ 적의 침략을 물리치기 위한 염원에서 팔만대장경을 만들었다.

문 19. (가)와 (나) 사이의 시기에 있었던 일로 옳은 것은?

> (가) 남인들이 대거 관직에서 쫓겨나고 허적과 윤휴 등이 처형되었다.
> (나) 인현왕후가 복위되고 노론과 소론이 정계에 복귀하였다.

① 송시열과 김수항 등이 처형당하였다.
② 서인과 남인이 두 차례에 걸쳐 예송을 전개하였다.
③ 서인 정치에 한계를 느낀 정여립이 모반을 일으켰다.
④ 청의 요구에 따라 조총 부대를 영고탑으로 파견하였다.

문 20. 다음의 사건을 시기순으로 바르게 나열한 것은?

> (가) 제헌국회가 구성되어 헌법을 제정하였다.
> (나) 여운형과 김규식은 좌우 합작 위원회를 조직하였다.
> (다) 조선 건국 동맹을 기반으로 조선 건국 준비 위원회가 조직되었다.
> (라) 민주주의 임시 정부 수립을 논의하기 위해 제1차 미·소 공동 위원회가 열렸다.

① (가) → (다) → (나) → (라)
② (나) → (다) → (라) → (가)
③ (다) → (라) → (나) → (가)
④ (라) → (나) → (가) → (다)

해설편 ▶ P.272

2019 6월 15일 시행 지방직 9급

| 풀이 시간: ____:____ ~ ____:____ / 점수: ____점

문 1. (가), (나) 국가에 대한 설명으로 옳은 것은?

> (가) 그 나라의 혼인풍속에 여자의 나이가 열 살이 되면 서로 혼인을 약속하고, 신랑 집에서는 (그 여자를) 맞이하여 장성하도록 길러 아내로 삼는다. (여자가) 성인이 되면 다시 친정으로 돌아가게 한다. 여자의 친정에서는 돈을 요구하는데, (신랑 집에서) 돈을 지불한 후 다시 신랑 집으로 돌아온다.
>
> (나) 은력(殷曆) 정월에 하늘에 제사를 지내며 나라에서 대회를 열어 연일 마시고 먹고 노래하고 춤추는데, 영고(迎鼓)라고 한다. 이때 형옥(刑獄)을 중단하여 죄수를 풀어 주었다.

① (가) – 무천이라는 제천 행사가 있었다.
② (가) – 계루부 집단이 권력을 장악하였다.
③ (나) – 사출도라는 구역이 있었다.
④ (나) – 철이 많이 생산되어 낙랑과 왜에 수출하였다.

문 2. (나) 시기에 발생한 사건으로 옳은 것은?

> (가) 백제왕이 병력 3만 명을 거느리고 평양성을 공격해 왔다. 왕이 출병하여 막다가 날아오는 화살에 맞아 서거하였다.

↓

> (나)

↓

> (다) 왕이 보병과 기병 5만 명을 보내 신라를 구원하게 하였다. (고구려군이) 남거성을 통해 신라성에 이르렀는데 그곳에 왜가 가득하였다. 관군이 도착하자 왜적이 퇴각하였다.

① 태학을 설립하고 율령을 반포하였다.
② 평양으로 도읍을 옮기고 한성을 함락하였다.
③ 관구검이 이끄는 위나라 군대의 침략을 받았다.
④ 왕이 직접 말갈 병사를 거느리고 요서지방을 공격하였다.

문 3. 통일 신라의 경제 상황에 대한 설명으로 옳지 <u>않은</u> 것은?

① 시비법과 이앙법 등의 발달로 농민층에서 광작이 성행하였다.
② 촌락의 토지 결수, 인구 수, 소와 말의 수 등을 파악하였다.
③ 어아주, 조하주 등 고급 비단을 생산하여 당나라에 보냈다.
④ 왕경에 서시전과 남시전이 설치되었다.

문 4. 다음 서적을 편찬된 시기순으로 바르게 나열한 것은?

> ㄱ. 『의방유취』
> ㄴ. 『동의보감』
> ㄷ. 『향약구급방』
> ㄹ. 『향약집성방』

① ㄱ → ㄴ → ㄷ → ㄹ
② ㄱ → ㄷ → ㄴ → ㄹ
③ ㄷ → ㄱ → ㄹ → ㄴ
④ ㄷ → ㄹ → ㄱ → ㄴ

문 5. 삼국 시대 문화에 대한 설명으로 옳지 <u>않은</u> 것은?

① 선덕여왕 때에 첨성대를 세웠다.
② 목탑 양식의 미륵사지 석탑이 건립되었다.
③ 가야 출신의 우륵에 의해 가야금이 신라에 전파되었다.
④ 사신도가 그려진 강서대묘는 돌무지무덤으로 축조되었다.

문 6. 다음과 같은 글을 남긴 국왕의 업적에 해당하는 것은?

> 우리 동방은 옛날부터 중국의 풍속을 흠모하여 문물과 예악이 모두 그 제도를 따랐으나, 지역이 다르고 인성도 각기 다르므로 꼭 같게 할 필요는 없다. 거란은 짐승과 같은 나라로 풍속이 같지 않고 말도 다르니 의관 제도를 삼가 본받지 말라.
>
> –『고려사』에서 –

① 광군 30만을 조직하여 거란의 침략에 대비하였다.
② 혼인 정책과 사성 정책을 통해 호족을 포섭하였다.
③ 기인·사심관제와 함께 과거제를 실시하였다.
④ 물가 조절을 위해 상평창을 설치하였다.

문 7. 다음 ㉠~㉣에 들어갈 인물을 바르게 연결한 것은?

> • (㉠)는/은 『신편제종교장총록』을 편찬하였다.
> • (㉡)는/은 원의 불교인 임제종을 들여와서 전파시켰다.
> • (㉢)는/은 강진에 백련사를 결사하여 법화 신앙을 내세웠다.
> • (㉣)는/은 『목우자수심결』을 지어 마음을 닦고자 하였다.

	㉠	㉡	㉢	㉣
①	수기	보우	요세	지눌
②	의천	각훈	요세	수기
③	의천	보우	요세	지눌
④	의천	요세	각훈	수기

문 8. 다음 정책을 추진한 국왕 대에 있었던 사실로 옳은 것은?

> 옛적에 관가의 노비는 아이를 낳은 지 7일 후에 입역(立役)하였는데, 아이를 두고 입역하면 어린 아이에게 해로울 것이라 걱정하여 100일간의 휴가를 더 주게 하였다. 그러나 출산에 임박하여 일하다가 몸이 지치면 미처 집에 도착하기 전에 아이를 낳는 경우가 있다. 만일 산기에 임하여 1개월간의 일을 면제하여 주면 어떻겠는가. 가령 저들이 속인다 할지라도 1개월까지야 넘길 수 있겠는가. 상정소(詳定所)로 하여금 이에 대한 법을 제정하게 하라.

① 사형의 판결에는 삼복법을 적용하였다.
② 주자소를 설치하여 계미자를 주조하였다.
③ 국방력 강화를 위해 진관 체제를 실시하였다.
④ 도평의사사를 개편하여 의정부를 설치하였다.

문 9. 밑줄 친 '그'에 대한 설명으로 옳은 것은?

> 그는 중국 유학을 마치고 귀국한 다음, 국왕에게 황룡사에 9층탑을 세울 것을 건의했다. 그가 9층탑 건립을 건의한 데에는 주변 나라의 침입을 막고자 하는 호국정신이 담겨 있다.

① 일심(一心) 사상을 주장하여 불교 교리의 대립을 극복하고자 하였다.
② 통일 이후의 사회 갈등을 통합으로 이끄는 화엄 사상을 강조하였다.
③ 대국통으로 있으면서 계율을 지키는 일에 힘을 보탰다.
④ 화랑이 지켜야 할 세속오계를 지었다.

문 10. 다음 자료에 나타난 상황과 관련 있는 사건은?

> 경성에는 종묘, 사직, 궁궐과 나머지 관청들이 또한 하나도 남아 있는 것이 없으며, 사대부의 집과 민가들도 종루 이북은 모두 불탔고 이남만 다소 남은 것이 있으며, 백골이 수북이 쌓여서 비록 치우고자 해도 다 치울 수 없다. 경성의 수많은 백성들이 도륙을 당했고 남은 이들도 겨우 목숨만 붙어 있다. 굶어 죽은 시체가 길에 가득하고 진제장(賑濟場)에 나아가 얻어먹는 자가 수천 명이며 매일 죽는 자가 60~70명 이상이다.
>
> –성혼, 『우계집』에서–

① 병자호란
② 임진왜란
③ 삼포왜란
④ 이괄의 난

문 11. 밑줄 친 '그'에 대한 설명으로 옳지 않은 것은?

> 그와 남은이 임금을 뵈옵고 요동을 공격하기를 요청하였고, 그리하여 급하게 『진도(陣圖)』를 익히게 하였다. 이보다 먼저 좌정승 조준이 휴가를 받아 집에 있을 때, 그와 남은이 조준을 방문하여, "요동을 공격하는 일은 지금 이미 결정되었으니 공(公)은 다시 말하지 마십시오."라고 말하였다.

① 만권당에서 원의 학자들과 교류하였다.
② 맹자의 역성혁명론을 조선건국에 적용하였다.
③ 한양 도성의 성문과 궁궐 등의 이름을 지었다.
④ 『경제문감』을 저술하여 재상 중심의 정치를 주장하였다.

문 12. 조약 (가), (나) 사이 시기의 경제 상황으로 옳은 것은?

(가)	(나)
• 조선국 항구에 머무르는 일본은 쌀과 잡곡을 수출·수입할 수 있다. • 일본국 정부에 소속된 모든 선박은 항세(港稅)를 납부하지 않는다.	• 입항하거나 출항하는 각 화물이 세관을 통과할 때에는 세칙에 따라 관세를 납부해야 한다. • 조선 정부가 쌀 수출을 금지하고자 할 때에는 반드시 먼저 1개월 전에 지방관이 일본 영사관에게 통고해야 한다.

① 메가타 재정고문이 화폐 정리 사업을 시도하였다.
② 혜상공국의 폐지 등을 주장한 정변이 발생하였다.
③ 양화진에 청국인 상점을 허용하는 조약이 체결되었다.
④ 함경도 방곡령 사건으로 일본과 외교적 마찰이 일어났다.

문 13. 대한 제국 시기에 추진된 정책으로 옳지 않은 것은?

① 황실 재정을 담당하는 내장원의 기능을 확대하였다.
② 화폐 제도의 개혁과 중앙은행의 창립을 추진하였다.
③『독립신문』의 창간을 지원하였다.
④ 시위대와 진위대를 증강하였다.

문 14. 조선 후기 서학과 관련한 설명으로 옳지 않은 것은?

① 이승훈이 북경에서 영세를 받았다.
② 윤지충 사건을 계기로 하여 기해박해가 일어났다.
③ 안정복이 천주교를 비판하는『천학문답』을 저술하였다.
④ 최초의 한국인 신부 김대건이 귀국하여 포교 중 순교하였다.

문 15. 다음과 같은 강령을 발표한 조직의 활동으로 옳은 것은?

> 건국 시기의 헌법상 경제 체계는 국민 각개의 균등생활 확보 및 민족 전체의 발전 그리고 국가를 건립 보위함과 연환(連環)관계를 가진다. 그러므로 다음에 나오는 기본 원칙에 따라서 경제 정책을 집행하고자 한다.
>
> 가. 규모가 큰 생산기관의 공구와 수단 …(중략)… 은행·전신·교통 등과 대규모 농·공·상 기업 및 성시(城市) 공업 구역의 주요한 공용 방산(房産)은 국유로 한다.
> 나. 적이 침략하여 점령 혹은 시설한 일체 사유자본과 부역자의 일체 소유자본 및 부동산은 몰수하여 국유로 한다.

① 이승만을 대통령, 이시영을 부통령으로 선출하였다.
② 자유시 참변을 겪고 러시아 적군에 무장해제를 당하였다.
③ 좌우 합작 위원회를 구성하고 좌우 합작 7원칙을 발표하였다.
④ 미군전략정보국(OSS) 지원 아래 국내 진공작전을 준비하였다.

문 16. 다음 선언문의 강령에 따라 활동한 단체에 대한 설명으로 옳은 것은?

> 민중은 우리 혁명의 대본영(大本營)이다. 폭력은 우리 혁명의 유일한 무기이다. 우리는 민중 속으로 가서 민중과 손을 맞잡아 끊임없는 폭력－암살, 파괴, 폭동－으로써 강도 일본의 통치를 타도하고 우리 생활에 불합리한 일체의 제도를 개조하여 인류로써 인류를 압박하지 못하며, 사회로써 사회를 박탈하지 못하는 이상적 조선을 건설할지니라.

① 원산에서 일본인이 한국인 노동자를 구타한 사건을 계기로 총파업을 일으켰다.
② 한국 독립당, 조선 혁명당 등과 함께 민족 혁명당을 결성하였다.
③ 청산리 지역에서 일본군과 접전을 벌여 대승을 거두었다.
④ 임시 정부 활동에 활기를 불어넣고자 결성하였다.

문 17. 밑줄 친 ㉠, ㉡에 대한 설명으로 옳은 것은?

> 신고산이 우르르 함흥차 가는 소리에
> ㉠ 지원병 보낸 어머니 가슴만 쥐어뜯고요
> …(중략)…
> 신고산이 우르르 함흥차 가는 소리에
> ㉡ 정신대 보낸 어머니 딸이 가엾어 울고요

① ㉠－학생들도 모집 대상이었다.
② ㉠－처음에는 징병제에 따라 동원되기 시작하였다.
③ ㉡－국민징용령에 근거한 조직이었다.
④ ㉡－물자 공출 장려를 목표로 결성하였다.

문 18. 밑줄 친 '이때' 재위한 국왕 대에 있었던 사실로 옳은 것은?

> 이때 거두어들인 돈을 '스스로 내는 돈'이라는 뜻에서 원납전이라 하였다. 그런데 백성들은 입을 삐쭉거리면서 '원납전 즉 원망하며 바친 돈이다.' 라고 하였다.
> －『매천야록』에서－

① 세한도가 제작되었다.
② 삼정이정청이 설치되었다.
③ 삼군부가 부활되고 삼수병이 강화되었다.
④ 비변사 당상들이 중요한 권력을 장악하였다.

문 19. 다음 법령과 관련한 설명으로 옳은 것은?

> 제5조 정부는 다음에 의하여 농지를 취득한다.
> 1. 다음의 농지는 정부에 귀속한다.
> (가) 법령 및 조약에 의하여 몰수 또는 국유로 된 토지
> (나) 소유권의 명의가 분명하지 않은 농지

① 분배받은 농민은 평년 생산량의 30%를 5년간 상환하였다.
② 중앙토지행정처가 분배 업무를 주무하였다.
③ 신한공사가 보유하던 토지를 분배하였다.
④ 농지 이외 임야도 포함되었다.

문 20. 다음은 1960년대 어느 일간지에 실린 사설이다. 밑줄 친 '파병'에 대한 설명으로 옳은 것만을 모두 고르면?

> 우리는 원했든 원하지 안했든 이미 이 전쟁에 직접적인 관계를 맺었고 <u>파병</u>을 찬반(贊反)하던 국민이 이젠 다 힘과 마음을 합해서 <u>파병</u>된 용사들을 성원하고 있거니와 근대 전쟁이 전투하는 사람만의 전쟁이 아니라 온 국민이 참가하는 '총력전'이라는 것을 알고 이 전쟁의 승리를 위해 모든 국민의 단합을 호소하는 바이다.

> ㄱ. 발췌 개헌안 통과에 영향을 주었다.
> ㄴ. 브라운 각서를 체결하는 이유가 되었다.
> ㄷ. 1960년대 경제 개발 계획의 추진에 기여하였다.
> ㄹ. 한·미 상호 방위 원조 협정을 체결하는 계기가 되었다.

① ㄱ, ㄴ ② ㄱ, ㄷ
③ ㄴ, ㄷ ④ ㄷ, ㄹ

해설편 ▶ P.275

| 풀이 시간: ____:____ ~ ____:____ / 점수: ____점

문 1. 다음은 각 유물과 그것이 사용되던 시기의 사회 모습에 대한 설명이다. 옳은 것만을 모두 고르면?

> ㄱ. 슴베찌르개－벼농사를 짓기 시작하였고 나무로 만든 농기구를 사용하였다.
> ㄴ. 붉은 간 토기－거친무늬 거울을 사용하여 제사를 지내거나 의식을 거행하였다.
> ㄷ. 반달 돌칼－농사를 짓기 시작했지만 아직 지배와 피지배 관계는 발생하지 않았다.
> ㄹ. 눌러찍기무늬 토기－가락바퀴와 뼈바늘을 이용하여 옷이나 그물을 만들어 사용하였다.

① ㄱ, ㄴ　② ㄱ, ㄷ
③ ㄴ, ㄹ　④ ㄷ, ㄹ

문 2. 다음과 같은 불교 사상의 영향을 받아 만들어진 문화재는?

> 이 불교 사상은 개인적 정신 세계를 추구하는 경향이 강하였기 때문에 지방에서 독자적인 세력을 이루어 성주나 장군을 자처하던 자들로부터 큰 호응을 받았다.

① 성덕 대왕 신종
② 쌍봉사 철감선사탑
③ 경천사지 십층 석탑
④ 금동 미륵보살 반가사유상

문 3. 밑줄 친 '이곳'에서 일어난 일로 옳은 것은?

> 고려 정종 때 이곳으로 천도 계획을 세웠으나 실현되지 못했고, 문종 때 이곳 주위에 서경기 4도를 두었다.

① 이곳에서 현존 세계 최고의 『직지심체요절』이 간행되었다.
② 지눌이 이곳을 중심으로 수선사 결사 운동을 전개하였다.
③ 조위총이 정중부 등의 타도를 위해 이곳에서 반란을 일으켰다.
④ 강조가 군사를 이끌고 이곳으로 들어와 김치양 일파를 제거하였다.

문 4. 밑줄 친 '운동'에 대한 설명으로 옳은 것은?

> 조선 사람은 조선 사람이 만든 물건만 쓰고 살자고 하는 운동이 일어나고 있다. 그렇게 하면 조선인 자본가의 공업이 일어난다고 한다. …(중략)… 이 운동이 잘 되면 조선인 공업이 발전해야 하지만 아직 그렇지 않다. …(중략)… 이 운동을 위해 곧 발행된다는 잡지에 회사를 만들라고 호소하지만 말고 기업을 하는 방법 같은 것을 소개해야 한다.
>
> －〈개벽〉－

① 조선 총독부가 회사령을 폐지하는 계기가 되었다.
② 원산 총파업을 계기로 조직적으로 전개될 수 있었다.
③ 조만식 등에 의해 평양에서 시작되어 전국으로 확산되었다.
④ 조선 노농 총동맹의 적극적 참여로 대중적인 기반이 확충되었다.

문 5. (가) 시기에 해당되는 사실로 옳은 것만을 〈보기〉에서 모두 고르면?

> 문무왕이 왕위에 올랐다.
> ↓
> (가)
> ↓
> 신라가 기벌포에서 당의 수군을 격파하였다.

〈보기〉

> ㄱ. 신라가 안승을 고구려왕에 봉했다.
> ㄴ. 당나라가 신라를 계림대도독부로 삼았다.
> ㄷ. 신라가 황산벌 전투에서 백제군을 무찔렀다.
> ㄹ. 보장왕이 요동 지역에서 고구려 부흥을 꾀했다.

① ㄱ, ㄴ　② ㄱ, ㄷ
③ ㄴ, ㄹ　④ ㄷ, ㄹ

문 6. 삼국 시대의 정치 제도에 대한 설명으로 옳은 것만을 모두 고르면?

> ㄱ. 삼국의 관등제와 관직 제도 운영은 신분제에 의하여 제약을 받았다.
> ㄴ. 고구려는 대성(大城)에는 처려근지, 그 다음 규모의 성에는 욕살을 파견하였다.
> ㄷ. 백제는 도성에 5부, 지방에 방(方)－군(郡) 행정 제도를 시행하였다.
> ㄹ. 신라는 10정 군단을 바탕으로 영역을 확장하고 삼국 통일을 이룩하였다.

① ㄱ, ㄴ　② ㄱ, ㄷ
③ ㄴ, ㄹ　④ ㄷ, ㄹ

문 7. 성격이 유사한 것끼리 옳게 짝지은 것은?

① 대대로－대내상
② 중정대－승정원
③ 2성 6부－5경 15부
④ 기인 제도－녹읍 제도

문 8. 다음 각 문화재에 대한 설명으로 옳지 않은 것은?

① 화엄사 각황전은 다층식 외형을 지녔다.
② 수덕사 대웅전은 주심포 양식의 건물이다.
③ 부석사 무량수전은 배흘림 기둥을 갖고 있다.
④ 덕수궁 석조전은 서양 고딕 양식의 건물이다.

문 9. 다음에서 설명하는 인물의 저술로 옳은 것은?

> • 종래의 조선 농학과 박물학을 집대성하였다.
> • 전국 주요 지역에 국가 시범 농장인 둔전을 설치하여 혁신적 농법과 경영 방법으로 수익을 올려서 국가 재정을 보충할 것을 제안했다.

①『색경』
②『산림경제』
③『과농소초』
④『임원경제지』

문 10. 고려에서 행한 국가 제사에 대한 설명으로 옳지 않은 것은?

① 태조 때에 환구단(圜丘壇)에서 풍년을 기원하는 제사를 올렸다.
② 성종 때에 사직(社稷)을 세워 지신과 오곡 신에게 제사를 지냈다.
③ 숙종 때에 기자(箕子) 사당을 세워 국가에서 제사하였다.
④ 예종 때에 도관(道觀)인 복원궁을 세워 초제를 올렸다.

문 11. 밑줄 친 '대의(大義)'를 이루기 위해 효종이 한 일로 옳은 것은?

> 병자년 일이 완연히 어제와 같은데, 날은 저물고 갈 길은 멀다고 하셨던 성조의 하교를 생각하니 나도 모르게 눈물이 솟는구나. 사람들은 그것을 점점 당연한 일처럼 잊어가고 있고 대의(大義)에 대한 관심도 점점 희미해져 북녘 오랑캐를 가죽과 비단으로 섬겼던 일을 부끄럽게 생각지 않고 있으니 그것을 생각한다면 그 아니 가슴 아픈 일인가.
>
> －『조선왕조실록』－

① 남한산성을 복구하고 어영청을 확대하였다.
② 훈련별대를 정초군과 통합하여 금위영을 발족시켰다.
③ 명과 후금 사이에서 실리를 추구하는 중립외교 정책을 펼쳤다.
④ 호위청, 총융청, 수어청 등의 부대를 창설하여 국방력을 강화하였다.

문 12. 대한 제국 정부가 시행한 정책으로 옳은 것은?

① 별기군을 폐지하고 5군영을 복구하였다.
② 양전 사업을 시행하고자 양지아문을 설치하였다.
③ 통리기무아문을 설치하여 개화 정책을 추진하였다.
④ 화폐 제도를 은본위제로 개혁하고자 신식화폐발행장정을 공포하였다.

문 13. ㉠ 조직에 대한 설명으로 옳은 것은?

> 1922년 3월, 중국 상하이에서 (㉠)이/가 일본 육군 대장 타나카 기이치(田中義一)를 암살하고자 한 사건이 발생했다. 이때 체포된 독립운동가들은 일본 경찰에 인도되어 심문을 받게 되었는데, 그 심문 과정에서 (㉠)에 속한 김익상이 1921년 9월 조선 총독부 건물에 폭탄을 던진 의거의 당사자라는 사실이 밝혀졌다.

① 공화주의를 주창하는 내용의 대동단결선언을 작성해 발표하였다.
② 이 조직에 속한 이봉창이 일왕이 탄 마차 행렬에 폭탄을 던졌다.
③ 일부 구성원을 황푸 군관 학교에 보내 군사 훈련을 받도록 하였다.
④ 새로 부임하는 사이토 조선 총독에게 폭탄을 투척하는 의거를 일으켰다.

문 14. 다음과 같은 특징을 가진 조선 후기 역사서는?

> • 단군으로부터 고려에 이르기까지의 우리 역사를 치밀한 고증에 입각하여 엮은 통사이다.
> • 마한을 중시하고 삼국을 무통(無統)으로 보는 입장에서 우리 역사를 체계화하였다.

① 허목의 『동사』
② 유계의 『여사제강』
③ 한치윤의 『해동역사』
④ 안정복의 『동사강목』

문 15. 다음 사건을 발생한 순서대로 바르게 나열한 것은?

> ㄱ. 이순신이 명량에서 일본 수군을 격파하였다.
> ㄴ. 의주로 피난했던 국왕 일행이 한성으로 돌아왔다.
> ㄷ. 권율이 행주산성에서 일본군의 공격을 격파하였다.
> ㄹ. 원균이 이끄는 조선 수군이 칠천량에서 크게 패배하였다.

① ㄴ → ㄷ → ㄱ → ㄹ
② ㄴ → ㄷ → ㄹ → ㄱ
③ ㄷ → ㄴ → ㄱ → ㄹ
④ ㄷ → ㄴ → ㄹ → ㄱ

문 16. 고려 전기의 문산계와 무산계에 대한 설명으로 옳지 않은 것은?

① 중앙 문반에게 문산계를 부여하였다.
② 성종 때에 문산계를 정식으로 채택하였다.
③ 중앙 무반에게 무산계를 제수하였다.
④ 탐라의 지배층과 여진 추장에게 무산계를 주었다.

문 17. 밑줄 친 '그'에 대한 설명으로 옳은 것은?

> 그는 신민회 회원으로 활동하면서 해서교육총회에 가담해 교육 사업에 힘을 기울였으며, 안악사건에 연루되어 일제 경찰에 체포되었다. 1923년에 열린 국민 대표 회의에서 창조파와 개조파가 대립했을 때, 그는 국민 대표 회의의 해산을 명하는 내무부령을 공포하였다. 그 뒤 그는 한국 국민당을 조직하는 등 독립운동 정당을 만들기 위해 노력하였다.

① 평양에서 열린 남북 협상 회의에 참석하였다.
② 조선 민족 혁명당을 조직하고 조선 의용대를 이끌었다.
③ 안재홍과 함께 조선 건국 준비 위원회를 주도적으로 조직하였다.
④ 대통령 직선제를 골자로 하는 발췌 개헌안을 국회에 제출하였다.

문 18. ㉠ 부대에 대한 설명으로 옳은 것은?

> (㉠)은/는 1933년에 중국인 부대와 연합하여 동경성 전투 등을 치르며 큰 전과를 올렸고, 대전자령에서는 일본군을 기습 공격하여 승리를 거두었다.

① 하와이에 대조선 국민군단을 창설하였다.
② 양세봉의 지휘하에 흥경성 전투에 참여하였다.
③ 만주 지역에서 활동했던 한국 독립당의 산하 조직이었다.
④ 중국 의용군과 연합하여 영릉가 전투에서 일본군을 물리쳤다.

문 19. 밑줄 친 '이 협약'에 대한 설명으로 옳은 것은?

> 일제는 군대를 증강해 강압적 분위기를 조성한 다음 친일 내각과 이 협약을 체결했다. 이 협약을 체결할 때, 일제는 대한 제국 군대의 해산을 요구해 관철시켰다. 이때 해산된 군인의 상당수는 일본군과 격전을 벌인 후 의병 부대에 합류하였다.

① 고종이 헤이그에 특사를 파견하는 계기가 되었다.
② 최익현이 의병 운동을 처음 시작한 원인이 되었다.
③ 재정고문 메가타가 화폐 정리 사업을 실시하는 근거가 되었다.
④ 통감이 추천하는 일본인을 한국 관리에 임명한다는 내용을 담고 있다.

문 20. 다음 합의문에 대한 설명으로 옳은 것은?

> 쌍방은 오랫동안 서로 만나보지 못한 결과로 생긴 남북 사이의 오해와 불신을 풀고 긴장의 고조를 완화시키며 나아가서 조국 통일을 촉진시키기 위하여 다음과 같은 문제들에 완전한 견해의 일치를 보았다.
>
> 1. 쌍방은 다음과 같은 조국 통일 원칙들에 합의를 보았다.
> 첫째, 통일은 외세에 의존하거나 외세의 간섭을 받음이 없이 자주적으로 해결하여야 한다.
> 둘째, 통일은 서로 상대방을 반대하는 무력 행사에 의거하지 않고 평화적 방법으로 실현하여야 한다.
>
> …(중략)…
>
> 4. 쌍방은 지금 온 민족의 거대한 기대 속에 진행되고 있는 남북적십자회담이 하루빨리 성사되도록 적극 협조하는 데 합의하였다.
>
> …(후략)

① 남북 기본 합의서와 동시에 작성된 문서이다.
② 남북 조절 위원회를 구성하기로 합의한 내용이 담겨 있다.
③ 분단 후 최초로 열린 남북 정상 회담의 결과로 발표된 성명서이다.
④ 금강산 관광 사업을 추진하기로 결정했다는 내용이 수록되어 있다.

해설편 ▶ P.279

2017 6월 17일 시행 지방직 9급

| 풀이 시간: ____:____ ~ ____:____ / 점수: ____점

문 1. 한반도 선사 시대에 대한 설명으로 옳지 않은 것은?

① 구석기 시대 전기에는 주먹 도끼와 슴베찌르개 등이 사용되었다.
② 신석기 시대 집터는 대부분 움집으로 바닥은 원형이나 모서리가 둥근 사각형이다.
③ 신석기 시대 사람들은 조개류를 많이 먹었으며, 때로는 장식으로 이용하기도 하였다.
④ 청동기 시대의 전형적인 유물로는 비파형 동검·붉은 간토기·반달 돌칼·홈자귀 등이 있다.

문 2. 다음 자료를 쓴 역사가의 활동으로 옳은 것은?

> 역사란 무엇이뇨. 인류 사회의 아와 비아의 투쟁이 시간부터 발전하며 공간부터 확대하는 심적 활동의 상태의 기록이니, 세계사라 하면 세계 인류의 그리되어 온 상태의 기록이며, 조선사라 하면 조선 민족의 그리되어 온 상태의 기록이니라.

①「5천 년간 조선의 얼」이라는 글을 〈동아일보〉에 연재하여 민족정신을 고취하였다.
②『조선사회경제사』를 저술하여 세계사적 보편성 속에서 한국사를 해석하였다.
③ 을지문덕, 최영, 이순신 등 애국명장의 전기를 써서 애국심을 고취하였다.
④『여유당전서』를 발간하여 조선 후기 실학자들을 재평가하였다.

문 3. 군사 제도가 실시된 시기순으로 바르게 나열한 것은?

	중앙	지방
ㄱ	9서당	10정
ㄴ	5위	진관 체제
ㄷ	5군영	속오군
ㄹ	2군과 6위	주현군과 주진군

① ㄱ → ㄴ → ㄷ → ㄹ
② ㄱ → ㄹ → ㄴ → ㄷ
③ ㄴ → ㄱ → ㄷ → ㄹ
④ ㄴ → ㄹ → ㄱ → ㄷ

문 4. (가), (나)의 특징을 가진 국가에 대한 설명으로 옳은 것은?

> (가) 옷은 흰색을 숭상하며, 흰 베로 만든 큰 소매 달린 도포와 바지를 입고 가죽신을 신는다.
> (나) 부여의 별종(別種)이라 하는데, 말이나 풍속 따위는 부여와 많이 같지만 기질이나 옷차림이 다르다.
> –『삼국지』 위서 동이전–

① (가) – 혼인 풍속으로 민며느리제가 있었다.
② (나) – 제사장인 천군이 다스리는 소도가 있었다.
③ (가) – 남의 물건을 훔쳤을 때는 12배로 배상하게 하였다.
④ (나) – 단궁이라는 활과 과하마·반어피 등이 유명하였다.

문 5. 다음 글을 지은 사람들의 공통점으로 옳은 것은?

> (가) 낭혜화상백월보광탑비문(朗慧和尙白月葆光塔碑文)
> (나) 대견훤기고려왕서(代甄萱寄高麗王書)
> (다) 낭원대사오진탑비명(郎圓大師悟眞塔碑銘)

① 당나라에 유학하여 빈공과(賓貢科)에 급제하였다.
② 신라뿐만 아니라 고려 왕조에서도 벼슬하였다.
③ 국립 교육 기관인 태학(太學)에서 공부하였다.
④ 골품제를 비판하고 호족 억압을 주장하였다.

문 6. 다음 밑줄 친 '대사'에 대한 내용으로 옳지 않은 것은?

> 이 엔닌은 대사의 어진 덕을 입었기에 삼가 우러러 뵙지 않을 수 없습니다. 저는 이미 뜻한 바를 이루기 위해 당나라에 머물러 왔습니다. 부족한 이 사람은 다행히도 대사께서 발원하신 적산원(赤山院)에 머물 수 있었던 것에 대해 감경(感慶)한 마음을 달리 비교해 말씀드리기가 어렵습니다.
>
> -『입당구법순례행기』-

① 법화원을 건립하고 이를 지원하였다.
② 당나라에 가서 서주 무령군 소장이 되었다.
③ 회역사, 견당매물사 등의 교역 사절을 파견하였다.
④ 웅주를 근거지로 반란을 일으켜 장안(長安)이라는 나라를 세웠다.

문 7. 다음 (가)에서 이루어진 합의 제도를 시행한 국가의 통치체제로 옳은 것은?

> 호암사에는 (가) (이)라는 바위가 있다. 나라에서 장차 재상을 뽑을 때에 후보 3, 4명의 이름을 써서 상자에 넣고 봉해 바위 위에 두었다가 얼마 후에 가지고 와서 열어 보고 그 이름 위에 도장이 찍혀 있는 사람을 재상으로 삼았다.
>
> -『삼국유사』-

> ㄱ. 중앙 정치는 대대로를 비롯하여 10여 등급의 관리들이 나누어 맡았다.
> ㄴ. 중앙 관청을 22개로 확대하고 수도는 5부, 지방은 5방으로 정비하였다.
> ㄷ. 16품의 관등제를 시행하고, 품계에 따라 옷의 색을 구별하여 입도록 하였다.
> ㄹ. 지방 행정 조직을 9주 5소경 체제로 정비하였다.
> ㅁ. 중앙에 3성 6부를 두고, 정당성을 관장하는 대내상이 국정을 총괄하도록 하였다.

① ㄱ, ㄴ ② ㄴ, ㄷ
③ ㄷ, ㄹ ④ ㄹ, ㅁ

문 8. 다음 글을 쓴 사람에 대한 설명으로 옳은 것은?

> 오늘날 백성을 다스리는 자는 백성에게서 걷어 들이는 데만 급급하고 백성을 부양하는 방법은 알지 못한다. …… '심서(心書)'라고 이름 붙인 까닭은 무엇인가? 백성을 다스릴 마음은 있지만 몸소 실행할 수 없기 때문에 그렇게 이름 붙인 것이다.

① 조선 시대의 역사를 서술한 『열조통기』를 편찬하였다.
② 홍역 관련 의서를 종합해 『마과회통』을 저술하였다.
③ 『농가집성』을 펴내 이앙법 보급에 공헌하였다.
④ 우리나라에서 처음으로 지전설을 주장하였다.

문 9. (가)와 (나)의 인물에 대한 〈보기〉의 설명으로 옳은 것은?

> (가)는 "교(敎)를 배우는 이는 대개 안의 마음을 버리고 외면에서 구하고, 선(禪)을 익히는 이는 인연을 잊고 안의 마음을 밝히기를 좋아하니, 모두 한쪽에 치우친 것으로 두 극단에 모두 막힌 것이다."라고 주장하였다.
> (나)는 "정(定)은 본체이고 혜(慧)는 작용이다. 작용은 본체를 바탕으로 존재하므로 혜가 정을 떠나지 않고, 본체가 작용을 가져오게 하므로 정은 혜를 떠나지 않는다."라고 주장하였다.

〈보기〉

> ㄱ. (가)와 (나)는 서로 다른 방법으로 교종과 선종의 통합을 시도하였다.
> ㄴ. (가)와 (나)는 지방 호족과 연합하여 신라 정부의 권위를 약화시켰다.
> ㄷ. (가)는 불교와 유교 모두 도를 추구한다는 점에서 같다는 유·불 일치설을 주장하였다.
> ㄹ. (나)는 수선사 결성을 제창하여 불교계의 개혁을 추진하였다.

① ㄱ, ㄴ ② ㄱ, ㄹ
③ ㄴ, ㄷ ④ ㄴ, ㄹ

문 10. 다음 상황이 나타난 시기에 볼 수 있는 모습으로 옳은 것은?

> 대외 무역이 발전하면서 예성강 어귀의 벽란도가 국제 무역항으로 번성했으며, 대식국(大食國)으로 불리던 아라비아 상인들도 들어와 수은·향료·산호 등을 팔았다.

① 해동통보와 은병(銀甁)같은 화폐를 만들어 사용하였다.
② 인구·토지 면적 등을 기록한 장적(帳籍, 촌락문서)이 작성되었다.
③ 개성의 송상은 전국에 송방(松房)이라는 지점을 개설해서 활동하였다.
④ 지방 장시의 객주와 여각은 상품의 매매뿐 아니라 숙박·창고·운송 업무까지 운영하였다.

문 11. 조선 시대 도성 한양에 대한 설명으로 옳지 않은 것은?

① 경복궁 근정전의 이름은 정도전이 지었다.
② 경복궁의 동쪽에 사직이, 서쪽에 종묘가 각각 배치되었다.
③ 유교 사상인 인·의·예·지 덕목을 담아 도성 4대문의 이름을 지었다.
④ 도성 밖 10리 안에는 개인의 무덤을 쓰거나 벌채를 하지 못하도록 규제하였다.

문 12. 밑줄 친 '제도'에 대한 설명으로 옳은 것은?

> 국왕이 말했다. "나는 일찍부터 이 제도를 시행해 여러 해의 평균을 파악하고 답험(踏驗)의 폐단을 영원히 없애려고 해왔다. 신하들부터 백성까지 두루 물어보니 반대하는 사람은 적고 찬성하는 사람이 많았으므로 백성의 뜻도 알 수 있다."

① 토지 소유자에게 수확량의 10분의 1을 조세로 징수하였다.
② 토지 소유자에게 1결당 미곡 12두를 조세로 징수하였다.
③ 풍흉에 상관없이 1결당 4～6두를 조세로 징수하였다.
④ 토지의 비옥도에 따라 조세를 차등 징수하였다.

문 13. 다음 지시에 따라 실시된 제도로 옳은 것은?

> 왕이 양역을 절반으로 줄이라고 명령했다. "…… 호포(戸布)나 결포(結布) 모두 문제가 있다. 이제 1필을 줄이는 것으로 온전히 돌아갈 것이니 경들은 1필을 줄였을 때 생기는 세입 감소분을 보충할 방법을 강구하라."

① 지조법을 시행하고 호조로 재정을 일원화하였다.
② 토산물로 징수하던 공물을 쌀이나 무명, 동전 등으로 통일하였다.
③ 황폐해진 농지를 개간하도록 권장하고 전국적인 양전 사업을 시행하였다.
④ 일부 양반층에게 선무군관이라는 칭호를 주고 군포 1필을 납부하게 하였다.

문 14. 임진왜란의 전개 과정에 대한 설명으로 옳지 않은 것은?

① 휴전협상이 진행되는 동안 조선은 훈련도감을 설치해 군대의 편제를 바꾸었다.
② 조선군은 명나라 지원군과 연합하여 일본군에게 빼긴 평양성을 탈환하였다.
③ 전세가 불리해지고 도요토미 히데요시가 죽자 일본군이 철수함으로써 전란이 끝났다.
④ 첨사 정발은 부산포에서, 도순변사 신립은 상주에서 일본군과 맞서 싸웠지만 패배하였다.

문 15. 우리나라 족보에 대한 설명으로 옳지 않은 것은?

① 조선 시대에는 족보가 배우자를 구하거나 붕당을 구별하는 데 중요한 자료로 활용되기도 하였다.
② 현존하는 가장 오래된 족보는 성종 7년에 간행된 『문화류씨 가정보』이다.
③ 조선 초기의 족보는 친손과 외손을 구별하지 않고 모두 수록하였다.
④ 조선 후기에 부유한 농민들은 족보를 사거나 위조하기도 하였다.

문 16. 다음 (가)～(라)를 내용으로 하는 헌법이 적용되던 시기에 일어난 사건으로 바르게 연결한 것은?

> (가) 대통령의 임기는 7년이며 중임할 수 없다.
> (나) 대통령과 부통령은 국회에서 무기명 투표로 각각 선거한다.
> (다) 대통령과 부통령의 임기는 4년으로 하며, 1차 중임할 수 있다. 단, 이 헌법 공포 당시의 대통령에 대하여 중임 제한을 적용하지 아니한다.
> (라) 6년 임기의 대통령은 통일 주체 국민 회의에서 선출된다.

① (가) – 남한과 북한은 함께 유엔에 가입하였다.
② (나) – 판문점에서 휴전협정이 체결되었다.
③ (다) – 평화통일론을 주장한 진보당의 정당 등록이 취소되었다.
④ (라) – 민족 통일을 위한 남북 공동 성명이 발표되었다.

문 17. 다음 자료가 조선 조정에 소개된 이후에 일어난 사건으로 옳지 않은 것은?

> 러시아를 막을 수 있는 조선의 책략은 무엇인가? 중국과 친하고〔親中〕 일본과 맺고〔結日〕 미국과 연합해〔聯美〕 자강을 도모하는 길뿐이다.

① 육영공원(育英公院)을 설립해 서양의 새 학문을 교육했다.
② 임오군란이 일어나고 제물포 조약이 체결되어 일본에 배상금을 지불하였다.
③ 개화파가 우정총국 개국 축하연을 이용해 정변을 일으켜 정권을 장악하였다.
④ 최익현은 일본과 통상을 반대하는 오불가소(五不可疏)를 올렸다.

문 18. 다음 자료에 나타난 사상을 정립한 인물에 대한 설명으로 옳지 않은 것은?

> 우리나라의 건국정신은 삼균제도(三均制度)의 역사적 근거를 두었으니 선조들이 분명히 명한 바 수미균평위(首尾均平位)하야 흥방보태평(興邦保泰平)하리라 하였다. 이는 사회 각층 각급의 지력과 권력과 부력의 향유를 균평하게 하야 국가를 진흥하며 태평을 보유(保維)하려 함이니 홍익인간(弘益人間)과 이화세계(理化世界)하자는 우리 민족의 지킬 바 최고 공리(公理)임

① 정치·경제·교육의 균등을 주장하였다.
② 제헌 국회 의원에 당선되었다.
③ 임시 정부의 국무위원이었다.
④ 한국 독립당을 창당하였다.

문 19. 시대별 교육문화의 변화에 대한 설명으로 옳지 않은 것은?

① 미군정기: 미국식 민주주의 교육과 6-3-3학제가 도입되었다.
② 1950년대: 경제적 어려움 속에서도 초등학교 의무교육제가 시행되었다.
③ 1960년대: 입시과열을 막기 위해 중학교 무시험 추첨제가 도입되었다.
④ 1970년대: 국가주의 이념을 강조한 국민교육헌장이 제정되었다.

문 20. 다음 법령에 대한 설명으로 옳지 않은 것은?

> 제1조 일본 정부와 통모하여 한·일 합병에 적극 협력한 자, 한국의 주권을 침해하는 조약 또는 문서에 조인한 자와 모의한 자는 사형 또는 무기 징역에 처하고, 그 재산과 유산의 전부 혹은 2분의 1 이상을 몰수한다.
> 제2조 일본 정부로부터 작위를 받은 자 또는 일본 제국 의회의 의원이 되었던 자는 무기 또는 5년 이상의 징역에 처하고 그 재산과 유산의 전부 혹은 2분의 1 이상을 몰수한다.
> 제3조 일본 치하 독립운동자나 그 가족을 악의로 살상·박해한 자 또는 이를 지휘한 자는 사형, 무기 또는 5년 이상의 징역에 처하고 그 재산의 전부 혹은 일부를 몰수한다.

① 이 법령에 따라 특별 재판부가 설치되었다.
② 이 법령의 제정은 제헌헌법에 명시된 사항이었다.
③ 이 법령에 따라 반민족행위자들이 실형을 선고받았다.
④ 이 법령은 여수·순천 10·19 사건 직후에 국회에서 통과되었다.

해설편 ▶ P.282

2017 12월 16일 시행 지방직 9급 추가

| 풀이 시간: ____:____ ~ ____:____ / 점수: ____점

1초 합격예측! 모바일 성적분석표

QR 코드로 접속하여 문제 풀이시간을 측정하고, 〈1초 합격예측 & 모바일 성적분석표〉 서비스를 통해 지금 바로! 실력을 점검해 보세요.
http://eduwill.kr/LG46

문 1. 신라 촌락(민정) 문서를 통해서 알 수 있는 내용으로 옳지 않은 것은?

① 인구를 중시하여 소아의 수까지 파악했다.
② 내시령과 같은 관료에게 토지가 지급되었다.
③ 촌락의 경제력을 파악할 때 유실수의 상황을 반영했다.
④ 촌락을 통제하기 위해서 지방관으로 촌주가 파견되었다.

문 2. 다음과 같은 명을 내린 왕에 대한 설명으로 옳은 것은?

> 삼강은 인도의 근본이니, 군신·부자·부부의 도리를 먼저 알아야 할 것이다. 이제 내가 유신에게 명하여 고금의 사적을 편집하고 아울러 그림을 붙여 만들어 이름을 '삼강행실'이라 하고, 인쇄하게 하여 서울과 외방에 널리 펴고자 한다.

① 압록강과 두만강 지역에 4군 6진을 설치하였다.
② 훈구 세력을 견제하기 위해 사림을 적극 중용하였다.
③ 『국조오례의』를 편찬하여 국가의 예법과 절차를 정하였다.
④ 토지 등급을 대부분 하등으로 정하여 전세를 경감해 주었다.

문 3. 밑줄 친 '왕'의 재위 기간에 있었던 사실로 옳은 것은?

> 왕 30년, 달솔 노리사치계를 왜에 보내 석가여래상과 불경을 전했다.

① 불교를 공인하였다.
② 국호를 남부여로 고쳤다.
③ 평양성까지 진군하여 고국원왕을 전사시켰다.
④ 북위에 국서를 보내 고구려를 공격해줄 것을 요청했다.

문 4. 고려 시대 토지 종류 중 ㉠에 해당하는 것은?

> 원종 12년 2월에 도병마사가 아뢰기를, "근래 병란이 일어남으로 인해 창고가 비어서 백관의 녹봉을 지급하지 못하여 사인(士人)을 권면할 수 없었습니다. 청컨대 경기 8현을 품등에 따라 (　㉠　)으로 지급하소서."라고 하였다.
>
> -『고려사』-

① 공음전
② 구분전
③ 녹과전
④ 사패전

문 5. 다음 자료에 해당하는 나라에 대한 설명으로 옳지 않은 것은?

> • 대가(大家)들은 농사를 짓지 않고, 앉아서 먹는 좌식자[坐食者]가 1만여 명이나 된다. 하호가 멀리서 쌀, 곡물, 물고기, 소금을 져서 날라 공급한다.
> • 큰 창고가 없고 집집마다 작은 창고가 있어 부경(桴京)이라고 부른다.

① 전쟁에 나갈 때 우제점(牛蹄占)을 쳐서 승패를 예측했다.
② 거처의 좌우에 큰 집을 지어 귀신을 제사하고, 영성과 사직에도 제사했다.
③ 금, 은의 폐물로써 후하게 장례를 치렀으며 돌무지무덤(적석총)을 만들었다.
④ 신랑은 처가 쪽에 머물며 자식이 장성한 다음에야 부인을 데리고 본가로 돌아왔다.

문 6. 밑줄 친 '탑'에 대한 설명으로 옳은 것은?

> 신인(神人)이 말하기를, "황룡사의 호법룡은 나의 아들로서 범왕(梵王)의 명을 받아 그 절을 보호하고 있으니, 본국에 돌아가 그 절에 탑을 세우시오. 그렇게 하면 이웃 나라가 항복하고 구한(九韓)이 와서 조공하여 왕업이 길이 태평할 것이오."라고 하였다. …… 백제에서 아비지(阿非知)라는 공장을 초빙하여 이 탑을 건축하고 용춘이 이를 감독했다.
>
> -『삼국유사』-

① 자장 율사가 건의하여 세워졌다.
② 돌을 벽돌 모양으로 다듬어 쌓았다.
③ 목조탑의 양식을 간직하고 있는 석탑이다.
④ 선종이 보급되면서 승려의 사리를 봉안하기 위해 세웠다.

문 7. 다음 사건으로 즉위한 왕의 재위 기간에 있었던 사실로 옳지 않은 것은?

> 목종의 모후(母后)인 천추태후와 김치양이 불륜 관계를 맺고 왕위를 엿보자, 서북면도순검사 강조가 군사를 일으켜 김치양 일파를 제거하고 목종을 폐위시켰다.

① 대장경 조판 사업을 시작하였다.
② 지방관이 없는 속군에 감무를 파견하였다.
③ 부모의 명복을 빌고자 현화사를 창건하였다.
④ 개성부를 경중(京中) 5부와 경기로 구획하였다.

문 8. 『신편제종교장총록』을 편찬한 승려에 대한 설명으로 옳은 것은?

① 선종의 일파인 임제종을 들여와 전파하였다.
② 거조암, 길상사 등에서 정혜결사를 주도하였다.
③ 우리나라 천태교학의 전통을 원효에게서 찾았다.
④ 성속무애 사상을 주장하면서 종단을 통합하려 하였다.

문 9. 발해의 통치 체제에 대한 설명으로 옳은 것은?

① 사정부를 두어 관리를 감찰하였다.
② 중앙의 핵심 군단으로 9서당이 있었다.
③ 정당성 아래에 있는 6부가 정책을 집행하였다.
④ 중앙과 지방에 각각 6부와 9주를 두어 다스렸다.

문 10. 밑줄 친 인물들이 속한 신분층에 대한 설명으로 옳은 것은?

> • 진덕 여왕 2년, 김춘추가 돌아오는 길에 고구려의 순라병을 만났는데, 종자인 온군해가 대신 피살되었고 그는 무사히 신라로 귀국했다.
> • 마침 알천의 물이 불어 김주원이 왕궁으로 건너오지 못하니, 상대등 김경신이 왕위에 올랐다.
>
> –『삼국사기』–

① 관등과 상관없이 특정 색깔의 관복을 입었다.
② 골품제의 모순을 비판하며 과거제 도입을 주장하였다.
③ 죄를 지으면 본관지로 귀향시키는 형벌이 적용되었다.
④ 중앙 관부와 지방 행정 조직의 장관직에 오를 수 있었다.

문 11. 다음 사건에 대한 설명으로 옳은 것은?

> 미국이 제너럴 셔먼호 사건을 구실로 광성보를 침공하였다. 어재연이 이끄는 조선군은 격렬히 항전했지만, 미군에 패하고 말았다. 그러나 조선 정부는 굴복하지 않았고, 결국 미군은 물러갔다.

①『조선책략』에 대한 반발로 발생한 사건이었다.
② 전국 여러 곳에 척화비가 세워지는 계기가 되었다.
③ 오페르트가 남연군 묘 도굴 사건을 일으킨 원인이 되었다.
④ 이 사건 당시 정족산성에서 양헌수 부대가 승리를 거두었다.

문 12. 다음 강령을 채택한 단체에 대한 설명으로 옳은 것은?

> • 우리는 정치적·경제적 각성을 촉구함
> • 우리는 단결을 공고히 함
> • 우리는 기회주의를 일체 부인함

① 조선 물산 장려회를 조직하였다.
② 한글 맞춤법 통일안을 제정하였다.
③ 암태도 소작 쟁의를 주도적으로 이끌었다.
④ 광주 학생 항일 운동의 진상 조사 활동을 벌였다.

문 13. 다음 글의 ㉠에 해당하는 것은?

> 국내·외에서 줄기차게 전개된 독립운동은 연합국이 한국의 독립을 약속하는 데에 영향을 미쳤다. 1943년에 미국의 루스벨트 대통령과 영국의 처칠 수상, 중국의 장제스 총통은 '한국인이 노예적 상태에 있음을 유의하여 적당한 절차(in due course)를 밟아 한국을 독립시키기로 결의한다.' 는 내용이 담긴 (㉠)을 발표하였다.

① 얄타 협정
② 카이로 선언
③ 포츠담 선언
④ 트루먼 독트린

문 14. 밑줄 친 '시기'에 있었던 사실에 대한 설명으로 옳은 것은?

> 제1차 경제 개발 5개년 계획을 시행할 무렵에 우리나라 정부는 국내에서 산업 개발 자금을 확보하려 하였다. 이에 통화 개혁을 실시했으나 목적을 달성하지 못했고, 결국 외국 차관을 들여왔다. 이러한 배경 속에서 섬유·가발 등의 수출 산업이 육성되었다. 제2차 경제 개발 5개년 계획이 적용된 때에는 화학, 철강 산업에 대한 투자도 이루어졌다. 이 두 차례의 경제 개발 계획이 시행된 시기에 수출 주도 성장 전략이 자리를 잡았다.

① 경부 고속 국도가 건설되었다.
② 금융 실명제가 전격적으로 실시되었다.
③ 경제 협력 개발 기구(OECD)에 가입하였다.
④ 연 수출 총액이 늘어나 100억 달러를 돌파하였다.

문 15. 조선 시대 의궤에 대한 설명으로 옳지 않은 것은?

① 『가례도감의궤』는 임진왜란 이후부터 편찬되기 시작하였다.
② 『조선왕조의궤』는 유네스코 세계 기록 유산으로 등재되었다.
③ 정조 때 화성 행차 일정, 참가자 명단, 행차 그림 등을 수록한 의궤가 편찬되었다.
④ 『가례도감의궤』의 말미에 그려진 반차도에는 당시 왕실 혼례의 행렬 모습이 담겨 있다.

문 16. 조선 후기 평안도에 대한 설명으로 옳지 않은 것은?

① 평안도 사람들은 서북인이라 하여 차별을 받았다.
② 두 차례의 호란 직후 사회가 불안정해져 인구가 급감하였다.
③ 영·정조 대에 들어서 문과 합격자 중 평안도 출신자의 비중이 높아졌다.
④ 중국과의 무역량이 증가하면서 의주, 평양, 정주 등지의 상인들이 많은 부를 축적하였다.

문 17. (가), (나) 시기에 있었던 사실에 대한 설명으로 옳은 것은?

	(가)	(나)	
러·일 전쟁 발발 ↑		고종 강제 퇴위 ↑	대동단결선언 발표 ↑

① (가) – 독립 협회가 개최한 관민 공동회에서 헌의 6조가 결의되었다.
② (가) – 독도를 울릉군 관할로 한다는 내용의 대한 제국 칙령 제41호가 공포되었다.
③ (나) – 일제가 '105인 사건'을 일으켜 윤치호 등을 체포하였다.
④ (나) – 일본인 메가타가 재정 고문으로 부임하여 화폐 정리 사업을 시작하였다.

문 18. 조선 후기의 사상 동향에 대한 설명으로 옳은 것만을 모두 고른 것은?

> ㄱ. 서울 부근의 일부 남인 학자는 천주교를 수용하였다.
> ㄴ. 정조는 기존의 문체에 얽매이지 않는 신문체를 장려하였다.
> ㄷ. 복상 기간에 대한 견해차로 인해 예송(禮訟)이 전개되었다.
> ㄹ. 노론과 남인 간에 인성(人性)·물성(物性) 논쟁이 전개되었다.

① ㄱ, ㄴ ② ㄱ, ㄷ
③ ㄴ, ㄹ ④ ㄷ, ㄹ

문 19. 밑줄 친 '단체'의 활동에 대한 설명으로 옳은 것은?

> 1919년 김원봉, 윤세주 등이 만주 지린성에서 조직한 이 단체는 일제(日帝)의 요인 암살과 식민 지배 기관 파괴를 목표로 삼았다. 이 단체는 신채호가 작성한 조선혁명선언을 이념적 지표로 내세웠다.

① 중국 충칭에서 한국광복군을 조직하였다.
② 대한민국 임시 정부를 주도한 한국 독립당을 결성하였다.
③ 중국 의용군과 힘을 합쳐 영릉가 전투에서 일본군을 물리쳤다.
④ 이 단체에 속한 김익상이 조선 총독부에 폭탄을 투척하였다.

문 20. 다음 사실들을 시기순으로 바르게 나열한 것은?

ㄱ. 남북이 유엔에 동시 가입하였다.
ㄴ. 분단 후 처음으로 금강산 관광 사업이 실현되었다.
ㄷ. '남북 사이의 화해와 불가침 및 교류·협력에 관한 합의서'가 체결되었다.
ㄹ. 북한 핵시설 동결과 경수로 발전소 건설 지원 등을 명시한 '북·미 제네바 기본 합의서'가 채택되었다.

① ㄱ → ㄴ → ㄷ → ㄹ
② ㄱ → ㄷ → ㄹ → ㄴ
③ ㄷ → ㄱ → ㄹ → ㄴ
④ ㄷ → ㄹ → ㄱ → ㄴ

해설편 ▶ P.285

서울시 9급 공개경쟁채용 필기시험

응 시 번 호	
성 명	

문 제 책 형

【시 험 과 목】

제1과목	국 어	제2과목	영 어	제3과목	한 국 사
제4·5과목	행정법총론, 행정학개론				

응시자 주의사항

1. **시험 시작 전**에 시험문제를 열람하는 행위나 **시험 종료 후** 답안을 작성하는 행위를 한 사람은 「지방공무원 임용령」 제65조 등 관련 법령에 의거 **부정행위자**로 처리됩니다.

2. 시험 시작 즉시 **과목편철 순서, 문제누락 여부, 인쇄상태 이상 유무 및 표지와 개별과목의 문제책형 일치 여부 등을 확인**한 후 문제책 표지에 응시번호, 성명을 기재합니다.

3. 반드시 본인의 **응시표에 인쇄된 시험과목 순서에 따라** 제4과목과 제5과목의 **답안을 표기**하여야 합니다. 과목 순서를 바꾸어 표기한 경우에도 **본인의 응시표에 기재된 과목 순서대로 채점**되므로 반드시 유의하시기 바랍니다.

4. 시험이 시작되면 문제를 주의 깊게 읽은 후, **문항의 취지에 가장 적합한 하나의 정답만을 고르며**, 문제 내용에 관한 질문은 받지 않습니다.

5. **시험시간 관리의 책임**은 전적으로 응시자 본인에게 있습니다.

eduwill

2023 6월 10일 시행 서울시 9급

| 풀이 시간: ____:____ ~ ____:____ / 점수: ____점

| 해당 〈2023 서울시 9급〉 문제는 서울시가 출제한 방호, 시설관리, 기계시설, 전기시설 9급 직렬에 해당하는 문제입니다.

문 1. 청동기 시대에 대한 설명으로 가장 옳지 않은 것은?

① 금속 도구가 만들어지면서 석기 농기구는 사라지고 농업이 발전하였다.
② 동검, 청동 거울, 청동 방울 등을 제작하였다.
③ 생산력이 발전하면서 사유재산제와 계급이 발생하였다.
④ 일상생활에서 민무늬 토기가 이용되었다.

문 2. 〈보기〉의 유물·유적에 대한 설명으로 가장 옳지 않은 것은?

〈보기〉

(가) 무령왕릉

(나) 영광탑

(다) 강서 대묘

(라) 미륵사지 석탑

① (가) – 중국 남조의 영향을 받은 벽돌무덤이다.
② (나) – 발해 때 세워진 5층 벽돌탑이다.
③ (다) – 도교의 영향을 받은 벽화가 그려져 있다.
④ (라) – 「무구정광대다라니경」이 발견되었다.

문 3. 〈보기〉의 ㉠에 들어갈 것으로 가장 옳은 것은?

〈보기〉

고종 12년(1225)에 최우(崔瑀)가 자신의 집에 ___㉠___을 두고 백관의 인사를 다루었는데 문사(文士)를 뽑아 이에 속하게 하고 필자적(必者赤)이라 불렀다.

–『고려사』–

① 교정도감 ② 도방
③ 중방 ④ 정방

문 4. 〈보기〉의 ㉠에 들어갈 책으로 가장 옳은 것은?

〈보기〉

세종이 예문제학 정인지 등에 명하여 ___㉠___을/를 지었다. 처음에 고려 최성지가 충선왕을 따라 원나라에 들어가서 『수시력』을 얻어 돌아와서 추보하여 사용하였다. 그러나 일월교식(일식과 월식이 같이 생기는 것)과 오행성이 움직이는 도수에 관해 곽수경의 산술을 알지 못하였다. 조선이 개국해서도 역법은 『수시력』을 그대로 썼다. 『수시력』에 일월교식 등이 빠졌으므로 임금이 정인지·정초·정흠지 등에게 명하여 추보하도록 하니 …(하략)

–『연려실기술』–

① 『향약채취월령』 ② 『의방유취』
③ 『농사직설』 ④ 『칠정산』 내외편

문 5. 〈보기 1〉의 밑줄 친 ‘이 왕’이 시행한 정책을 〈보기 2〉에서 모두 고른 것은?

〈보기 1〉

이 왕은 반대 세력을 무력으로 제압하고 자신의 신변을 보호하기 위한 친위부대로 장용영을 설치하였다. 장용영은 기존에 국왕의 호위를 담당하던 숙위소를 폐지하고 새롭게 조직을 갖추어 편성된 부대다.

〈보기 2〉

ㄱ. 탕평의 의지를 반영하여 성균관 입구에 탕평비를 세웠다.
ㄴ. 상공업을 진흥시키기 위해 통공정책을 단행하였다.
ㄷ. 젊은 관료의 재교육을 위해 초계문신제도를 시행하였다.

① ㄴ ② ㄷ
③ ㄴ, ㄷ ④ ㄱ, ㄴ, ㄷ

문 6. 〈보기〉의 내용과 시기적으로 가장 먼 것은?

〈보기〉

신고산이 우루루 화물차 가는 소리에
금붙이 쇠붙이 밥그릇마저 모조리 긁어 갔고요
어랑어랑 어허야
이름 석 자 잃고서 족보만 들고 우누나

① 조선 식량 관리령을 시행하여 곡물을 강제로 공출하였다.
② 여자 정신 근로령을 통해 여성에 대한 강제 동원이 이루어졌다.
③ 기업 정비령과 기업 허가령을 시행하여 기업 통제를 강화하였다.
④ 어업령, 삼림령, 광업령 등을 제정하여 각종 자원을 독점하기 시작하였다.

문 7. 〈보기〉는 광복 전후의 사건들을 나열한 것이다. 사건을 시간순으로 바르게 나열한 것은?

〈보기〉

ㄱ. 카이로 선언
ㄴ. 모스크바 3국 외상 회의
ㄷ. 포츠담 선언
ㄹ. 얄타회담
ㅁ. 5·10 총선거

① ㄱ – ㄷ – ㄹ – ㄴ – ㅁ
② ㄱ – ㄹ – ㄷ – ㄴ – ㅁ
③ ㄹ – ㄱ – ㄷ – ㅁ – ㄴ
④ ㄹ – ㄷ – ㄱ – ㅁ – ㄴ

문 8. 〈보기〉의 밑줄 친 '나'에 대한 설명으로 가장 옳은 것은?

〈보기〉

지금 농사를 하고자 하는 사람은 토지를 얻고, 농사를 하지 않는 사람은 토지를 얻지 못하도록 한다. 즉 여전(閭田)의 법을 시행하면 나의 뜻을 이룰 수 있을 것이다. …(중략)… 무릇 1여의 토지는 1여의 사람들로 하여금 공동으로 경작하게 하고, 내 땅 네 땅의 구분 없이 오직 여장의 명령만을 따른다. 매 사람마다의 노동량은 매일 여장이 장부에 기록한다. 가을이 되면 무릇 오곡의 수확물을 모두 여장의 집으로 보내어 그 식량을 분배한다. 먼저 국가에 바치는 공세를 제하고, 다음으로 여장의 녹봉을 제하며, 그 나머지를 날마다 일한 것을 기록한 장부에 의거하여 여민들에게 분배한다.

① 『북학의』를 저술하였다.
② 『성호사설』을 저술하였다.
③ 『반계수록』을 저술하였다.
④ 『목민심서』를 저술하였다.

문 9. 〈보기〉의 밑줄 친 '이 사건'에 대한 설명으로 가장 옳지 않은 것은?

〈보기〉

(가) 전에는 개화당을 꾸짖는 자도 많이 있었으나, 개화가 이롭다는 것을 말하면 듣는 사람들도 감히 크게 반대하지 않았다. 그런데 이 사건을 겪은 뒤부터 조정과 민간에서 모두 "이른바 개화당이라고 하는 자들은 충의를 모르고 외국인과 연결하여 나라를 팔고 겨레를 배반하였다."라고 말하고 있다.

–『윤치호 일기』–

(나) 임오군란 이후부터 청은 우리나라에 자주 내정간섭을 하였다. 나는 청나라 당으로 지목되었고, 청국이 우리의 자주권을 침해하는 데 분노해 이 사건을 일으켰던 이는 일본 당으로 지목되었다. 그 후 일이 허사로 돌아가자 세상은 그를 역적이라 하였는데, 나는 정부에 몸을 담고 있어 그를 공격할 수밖에 없었다. 그러나 그 마음은 결코 다른 나라에 있지 않았고, 애국하는 데 있었다.

–『속음청사』–

① 이 사건을 진압한 청은 조선과 조·청 상민 수륙 무역 장정을 체결하였다.
② 우정총국의 낙성 축하연을 기회로 정변을 일으켜 새로운 정부를 수립하였다.
③ 이 사건의 주모자들은 청과 종속 관계를 청산하여 자주독립을 확고히 하고자 하였다.
④ 이 사건 이후 청과 일본은 톈진 조약을 체결해 향후 조선으로 군대 파견 시 상대국에게 알리도록 하였다.

문 10. 〈보기〉의 밑줄 친 '법'에 대한 설명으로 가장 옳은 것은?

〈보기〉

12월에 새 왕이 즉위하자, 대사헌(大司憲) 조준(趙浚) 등이 또 상소하여 토지제도에 대해 논하여 말하기를, "하늘이 재앙을 내린 것을 후회하시어 흉악한 무리들을 이미 멸망시켰으며 신돈(辛旽)이 이미 제거되었으니, 마땅히 사전(私田)을 모두 없애 이 민(民)이 부유하고 장수하는 영역을 여는 것, 이것이 그 기회입니다. …(중략)… 이를 규정된 법으로 정하셔서 백성과 더불어 다시 시작하십시오. ……"라고 하였다.

3년 5월 도평의사사(都評議使司)에서 토지를 지급하는 법을 정할 것을 청하니, 그 의견대로 하였다.

① 전지와 시지를 지급하였다.
② 경기 지역의 토지만 지급하였다.
③ 현직 관리에게만 토지를 지급하였다.
④ 토지에 부과하는 세금을 4~6두로 고정하였다.

문 11. 〈보기〉의 제도를 시행한 국가에 대한 설명으로 가장 옳은 것은?

〈보기〉

나라에서 장차 재상을 뽑을 때에 후보 서너 명의 이름을 써서 상자에 넣고 봉해 이를 호암사에 있는 바위에 두었다. 얼마 뒤에 가지고 와서 열어보고 이름 위에 도장이 찍혀 있는 사람을 재상으로 삼았다.

① 지방 통치를 위해 욕살과 처려근지를 파견하였다.
② 전국을 5방으로 나누고 그 책임자를 방령이라고 불렀다.
③ 각 주에 정을 두고 진골 출신의 장군이 지휘하였다.
④ 제5관등 이상의 귀족들이 모여 주요 국사를 처리하였다.

문 12. 〈보기 1〉의 사건이 있었던 시대의 화폐를 〈보기 2〉에서 모두 고른 것은?

〈보기 1〉

왕이 명령하기를, "백성들을 부유하게 하고 나라에 이익을 가져오게 하는 데 돈보다 중요한 것은 없다. …(중략)… 그러므로 이제 비로소 금속을 녹여 돈을 만드는 법령을 제정한다. 부어서 만든 돈 15,000꾸러미를 재추와 문무 양반과 군인들에게 나누어 주어 돈 통용의 시초로 삼고 돈에 새기는 글은 해동통보라 한다. ……"라고 하였다.

〈보기 2〉

ㄱ. 조선통보　　ㄴ. 해동중보
ㄷ. 십전통보　　ㄹ. 삼한통보

① ㄱ, ㄷ　　② ㄱ, ㄹ
③ ㄴ, ㄷ　　④ ㄴ, ㄹ

문 13. 〈보기〉에서 동학 농민군의 폐정개혁 12개 조항으로 옳지 않은 것을 모두 고른 것은?

〈보기〉

ㄱ. 횡포한 부호를 엄히 다스린다.
ㄴ. 불량한 유림과 양반의 무리를 징벌한다.
ㄷ. 외국인에게 의지하지 말고 관민이 협력하여 전제황권을 공고히 한다.
ㄹ. 무명의 잡세는 모두 폐지한다.
ㅁ. 중대 범죄를 공판하되 피고의 인권을 존중한다.

① ㄱ, ㄷ　　② ㄷ, ㅁ
③ ㄱ, ㄴ, ㄹ　　④ ㄴ, ㄷ, ㅁ

문 14. 〈보기〉의 기록은 독립운동에 참여한 인물의 회고록이다. 이 인물이 소속된 단체로 가장 옳은 것은?

〈보기〉

나는 목숨을 걸고 탈출하여 …(중략)… 충칭으로 가는 길에 6,000리 장정의 길에 나섰고 …(중략)… 이범석 장군의 부관이 되어 시안에 있는 제2지대로 찾아가서 OSS 특별 훈련을 받았다. 국내 지하 공작원으로 진입하려고 하던 때에 투항을 맞이하였다.

① 조선 의용군　　② 한인 애국단
③ 한국광복군　　④ 동북 항일 연군

문 15. 〈보기〉의 내용이 발표된 이후의 일제 정책으로 가장 옳은 것은?

〈보기〉

1. 우리는 황국 신민이다. 충성으로써 군국(君國)에 보답한다.
2. 우리들 황국 신민은 서로 믿고 아끼고 협력하여 단결을 공고히 한다.
3. 우리들 황국 신민은 괴로움을 참고 몸과 마음을 굳세게 하는 힘을 길러 황도(皇道)를 선양한다.

① 토지 조사 사업을 실시하였다.
② 치안 유지법을 제정하였다.
③ 조선 사상범 예방 구금령을 제정하였다.
④ 공업화로 인한 일본 내 식량 부족 문제 해결을 위한 산미 증식 계획을 실시하였다.

문 16. 〈보기〉의 ㉠ 인물에 대한 설명으로 가장 옳은 것은?

〈보기〉

6월 27일에 사람들이 말하기를, ___㉠___의 교역선 2척이 단산포(旦山浦)에 도착했다고 한다. …(중략)… 28일 당의 천자가 보내는 사신들이 이곳으로 와 만나보았다. …(중략)… 밤에 ___㉠___의 견대당매물사(遣大唐賣物使)인 최훈(崔量) 병마사(兵馬使)가 찾아와서 위문하였다.

－『입당구법순례행기』－

①『화랑세기』를 저술하였다.
② 당의 등주를 공격하였다.
③ 적산 법화원을 건립하였다.
④ 웅천주를 근거지로 반란을 일으켰다.

문 17. 〈보기〉의 조약이 체결된 해에 일어난 사건으로 가장 옳은 것은?

〈보기〉

> 제3국의 침해나 내란으로 인하여 대한제국 황실의 안녕과 영토 보전에 위험이 있을 경우 대일본제국 정부는 신속하게 상황에 따라 필요한 조치를 취할 수 있다. 그리고 대한제국 정부는 이러한 대일본제국의 행동이 용이하도록 충분한 편의를 제공한다. 대일본제국 정부는 앞 조관의 목적을 성취하기 위하여 군사 전략상 필요한 지점을 상황에 따라 수용할 수 있다.

① 일본이 제물포에 있는 러시아 군함을 공격하며 러·일 전쟁을 일으켰다.
② 일본이 불법으로 독도를 자국 영토로 편입하였다.
③ 일본이 대한 제국 군대를 강제 해산시켰다.
④ 일본이 헤이그특사 파견을 빌미삼아 고종을 강제 퇴위시켰다.

문 18. 〈보기〉의 인물이 활동하던 시기에 해당하는 설명으로 가장 옳은 것은?

〈보기〉

> • 새로 창건한 귀법사의 주지가 되었다.
> • 불교 대중화에 관심이 있어 「보현십원가」를 지었다.
> • 화엄학에 대한 주석서를 쓰는 등 화엄 교학을 정비하였다.

① 강조를 토벌한다는 명분으로 거란이 침략하였다.
② 대장경에 대한 주석서인 교장을 간행하였다.
③ 중국에 승려들을 보내 법안종을 수용하였다.
④ 현화사를 창건하였다.

문 19. 〈보기〉의 사건을 시간순으로 바르게 나열한 것은?

〈보기〉

> ㄱ. 이여송이 거느린 5만여 명의 명나라 지원군이 조선군과 합하여 평양성을 탈환하였다.
> ㄴ. 왜군이 총공격을 가해오자 이순신 함대는 한산도 앞바다로 적을 유인하여 대파하였다.
> ㄷ. 권율이 행주산성에서 1만여 명의 병력으로 전투를 벌여 3만여 명의 병력으로 공격해 온 일본군을 물리쳤다.
> ㄹ. 진주에서 목사 김시민이 3,800여 명의 병력으로 2만여 명의 일본군을 맞아 성을 방어하는 데 성공했다.

① ㄴ – ㄹ – ㄱ – ㄷ
② ㄴ – ㄹ – ㄷ – ㄱ
③ ㄹ – ㄴ – ㄱ – ㄷ
④ ㄹ – ㄴ – ㄷ – ㄱ

문 20. 대한민국 임시정부가 〈보기〉의 체제 개편을 하기 이전에 한 활동으로 가장 옳은 것은?

〈보기〉

> 대한민국 임시정부는 헌법을 개정하여 집단 지도 체제인 국무위원제를 채택했다. 즉, 5~11인의 국무위원 가운데 한 사람을 주석으로 선출하되, 주석은 대통령이나 국무령과 같이 특별한 권한을 갖지 않고 다만 회의를 주재하는 권한만 갖게 했다.

① 이승만을 탄핵하고 박은식을 임시 대통령으로 추대했다.
② 조소앙의 삼균주의에 기초한 건국 강령을 반포하였다.
③ 의열 투쟁을 전개하고자 한인 애국단을 조직하였다.
④ 한국 국민당을 조직하여 정당정치를 운영하였다.

해설편 ▶ P.288

2022 6월 18일 시행 서울시 9급

| 풀이 시간: ____:____ ~ ____:____ / 점수: ____점

| 해당 〈2022 서울시 9급〉 문제는 서울시가 출제한 방호, 시설관리, 기계시설, 전기시설 9급 직렬에 해당하는 문제입니다.

문 1. 〈보기〉의 밑줄 친 '이 시대'와 가장 관련이 없는 것은?

〈보기〉

이 시대에는 농경이 더욱 발달하여 조, 기장, 수수 등 다양한 잡곡이 재배되었다. 한반도 남부 지역에는 벼농사도 보급되었다. 한편 돼지와 같은 가축을 우리에 가두고 기르는 일도 흔해졌다. 사람들은 농경이 이루어지는 강가나 완만한 구릉에 마을을 이루어 살았다. 농경의 발달로 생산력이 늘어나자 인구가 늘어나고 빈부 차이와 계급이 발생하였다. 또한 식량을 둘러싼 집단 간의 싸움이 자주 일어나면서 마을에는 방어 시설이 만들어지기도 하였다.

① 고인돌
② 반달 돌칼
③ 민무늬 토기
④ 슴베찌르개

문 2. 〈보기〉의 정책을 실시한 신라의 왕에 대한 설명으로 가장 옳은 것은?

〈보기〉

- 병부를 설치하여 왕이 직접 병권을 장악하고, 상대등을 설치하여 재상의 지위를 부여하였다.
- 김해 지역의 금관가야를 정복하여 낙동강으로 진출하는 길을 열었다.

① 백제 성왕과 동맹하여 고구려가 장악했던 한강 유역을 차지했다.
② 우산국으로 불리던 울릉도를 정복하여 영토로 편입하였다.
③ 백관의 공복을 제정하여 귀족을 관료로 등급화시켰다.
④ 신라 역사상 최대 영역을 확보했다.

문 3. 문화 통치 시기 일제의 조선 통치에 대한 설명으로 가장 옳은 것은?

① 토지 조사 사업을 실시하여 근대적 토지 소유 관계를 확립하고, 식민지 지주 소작제를 수립하였다.
② 식량 생산을 대폭 늘려 일본으로 더 많은 쌀을 가져가기 위해 이른바 산미 증식 계획을 세워 추진하였다.
③ 일본 자본가들의 과잉 자본을 조선에 투자하고, 전쟁에 필요한 필수품 조달을 위해 군수 공업을 위주로 하는 공업화 정책이 추진되었다.
④ 우리 민족을 일본 국민으로 동화시키기 위해 민족 말살 정책을 추진했다.

문 4. 〈보기〉의 상황을 한국 전쟁의 전개 과정에 따라 순서대로 바르게 나열한 것은?

〈보기〉

ㄱ. 유엔군이 인천 상륙 작전에 성공하였다.
ㄴ. 중국군이 대규모 병력을 파견하기 시작하였다.
ㄷ. 판문점 부근에서 휴전 회담이 열리기 시작하였다.
ㄹ. 이승만 정부가 반공 포로 석방 조치를 실행하였다.

① ㄱ → ㄴ → ㄷ → ㄹ
② ㄱ → ㄷ → ㄹ → ㄴ
③ ㄴ → ㄱ → ㄷ → ㄹ
④ ㄴ → ㄹ → ㄱ → ㄷ

문 5. 고려 시대 왕들의 교육 제도 정비 내용으로 가장 옳은 것은?

① 숙종 대에 서적포라는 국립 출판사를 두어 책을 간행하였다.
② 예종 대에는 사립 학교 구재(九齋)를 설치하였다.
③ 문종은 양현고라는 장학 재단을 설치하여 운영하였다.
④ 고려의 국립대학 국자감은 충선왕 대에 국학으로 개칭되었다.

문 6. 조선 시기의 과거 제도에 대한 설명으로 가장 옳지 않은 것은?

① 생원과 진사를 선발하는 사마시의 1차 시험(초시)에서는 합격자의 수를 각 도의 인구 비율로 배분하였다.
② 문과의 정기 시험에는 현직 관원도 응시할 수 있었고, 합격하면 관품을 1 ~ 4계 올려주었다.
③ 조선 시기에는 고려 시기와 달리 과거를 보지 않고 관직으로 진출할 수 있는 음서 제도가 폐지되었다.
④ 무과 식년시는 3년에 한 번씩 시행했고, 서얼도 응시할 수 있었다.

문 7. 〈보기〉의 ㉠에 들어갈 단체의 활동에 대한 설명으로 가장 옳지 않은 것은?

〈보기〉

1896년 4월 7일에 창간된 이 신문은 1899년 12월 4일 폐간될 때까지 약 3년 8개월 동안 발간되었다. 최초의 민간 신문인 동시에 처음으로 한글 전용과 띄어쓰기를 시도하며 한글판, 영문판을 발행하였다. ___㉠___ 와/과 만민 공동회의 정치적 활동을 옹호하고 대변하였다.

① 대한국 국제를 반포하였다.
② 반러 운동을 적극적으로 전개하였다.
③ 독립문 건립과 독립공원 조성을 추진하였다.
④ 계몽적, 사회적, 정치적 주제의 토론회를 개최하였다.

문 8. 〈보기〉는 어느 동포의 강제 이주에 대한 회고록이다. 이 동포가 강제 이주되기 전에 거주하던 '㉠ 지역'에 대한 설명으로 가장 옳은 것은?

〈보기〉

우즈베키스탄의 늪지대에 내팽겨쳐진 고려인들은 땅굴 속에서 겨울을 난 후 늪지를 메워 목화 농사를 해야만 했다. 그러나 우리 가족을 먹여 살릴 삼촌 두 명은 농장에서 일한 경험도 없는 데다, ___㉠___ 에 살 때 광부 일을 했기 때문에 일자리를 찾아 탄광 도시 카라칸다로 갔다. …(중략)… 고려인들의 주식인 쌀은 물론이고 간장, 된장도 전혀 구할 수가 없었다. 할 수 없이 우즈베키스탄 사람들이 먹는 보리빵으로 끼니를 때웠다. 그것도 아주 부족했다.

① 일제는 독립군을 토벌한다는 명목으로 조선인 마을을 파괴하였으며, 경신참변을 일으켜 조선인들을 대량 살육하기도 하였다.
② 1905년 이후 민족 운동가들이 독립운동을 위한 정치적 망명을 시작해 여러 곳에 한인 집단촌이 형성되고 많은 민족 단체와 학교가 설립되었으며, 항일 의병 및 독립운동이 활발히 전개되었다.
③ 1923년 대지진이 발생했는데, 조선인들이 우물에 독을 탔다는 유언비어가 퍼져 적어도 6,000여 명의 조선인들이 학살당하였다.
④ 태평양 전쟁 발발 후에는 수백 명의 조선인 청년들이 미군에 입대하여 일본군과 싸웠다.

문 9. 〈보기〉와 관련된 왕에 대한 설명으로 가장 옳은 것은?

〈보기〉

• 종친을 정치에 참여시켜 왕실의 울타리를 튼튼하게 만들었다.
• 진관 체제를 실시하여 변방 중심의 방어 체제를 전국적인 지역 중심 방어 체제로 바꾸었다.
• 퇴직 관료에게도 지급하던 과전을 현직 관료에게만 지급하는 직전법으로 바꾸었다.
• 호적 사업과 호패법을 강화하고 보법을 실시하였다.

① 왕자들의 권력 투쟁이 일어난 경복궁을 피하여 응봉산 자락에 창덕궁을 새로 건설하였다.
② 이종무를 파견하여 왜구의 소굴인 쓰시마(대마도)를 정벌하게 하였다.
③ 조카를 몰아내고 왕위를 차지했으나, 왕권을 안정시키고 중앙 집권 체제를 강화하는 데 기여하였다.
④ 『경국대전』 편찬을 완료하여 반포하고, 우리나라 통사인 『동국통감』 편찬을 완료했다.

문 10. 〈보기〉에 해당하는 기관으로 가장 옳은 것은?

〈보기〉

• 1894년 국정 전반에 걸쳐 개혁을 수행하기 위해 신설된 기관
• 3개월 동안 개혁 법령을 토의, 공포한 입법 기구
• 총재 김홍집을 비롯하여 유길준 등 개혁 관료들이 주도

① 교전소
② 집강소
③ 군국기무처
④ 삼정이정청

문 11. 〈보기〉에서 설명하는 기록물에 해당하는 것은?

〈보기〉

• 조선 후기 국정 운영 내용을 매일 정리한 기록이다.
• 국왕의 일기 형식으로 작성되었다.
• 유네스코 세계 기록 유산으로 등재되었다.

① 『승정원일기』
② 『비변사등록』
③ 『조선왕조실록』
④ 『일성록』

문 12. 〈보기〉의 내용과 직접적인 관련이 가장 없는 것은?

〈보기〉

조선은 실로 아시아의 요충을 차지하여 지리적으로 반드시 쟁탈의 대상이 될 것인 바, 조선이 위태로워지면 중앙 및 동아시아의 정세도 날로 위급해질 것이므로 러시아가 영토를 확장하려 한다면 반드시 조선으로부터 시작할 것이다. …(중략)… 그렇다면, 오늘날 조선의 책략은 러시아를 막는 일보다 더 급한 것이 없을 것이다. 러시아를 막는 책략은 무엇인가? 중국과 친하고 일본과 맺고, 미국과 연결함으로써 자강을 도모할 따름이다.

① 이만손 등이 만인소를 올렸다.
② 일본과 제물포 조약을 체결하였다.
③ 고종은 척사윤음을 내려 유생들의 불만을 달랬다.
④ 청나라 사람 황준헌이 작성한 『조선책략』의 내용이다.

문 13. 고려의 중앙 정치 제도에 대한 설명으로 가장 옳지 않은 것은?

① 중서문하성과 추밀원의 합좌 기구인 식목도감은 국가의 재정 회계를 관장하였다.
② 상서성의 6부가 각기 국무를 분담하였지만, 중서문하성에 강하게 예속되어 있었다.
③ 추밀원은 추부라고도 불렸는데 군기를 관장하고 왕명을 출납하는 등 중요한 기능을 담당했다.
④ 고려는 중서성과 문하성을 합해 중서문하성이라는 단일 기구를 만들어 정치의 최고 관부로 삼았다.

문 14. 〈보기〉의 사건을 시간순으로 바르게 나열한 것은?

〈보기〉

ㄱ. 고구려의 평양 천도
ㄴ. 백제군의 평양성 공격
ㄷ. 고구려의 낙랑군·대방군 축출
ㄹ. 위군의 침략으로 환도성 함락

① ㄱ → ㄴ → ㄷ → ㄹ
② ㄴ → ㄱ → ㄹ → ㄷ
③ ㄷ → ㄹ → ㄱ → ㄴ
④ ㄹ → ㄷ → ㄴ → ㄱ

문 15. 〈보기 1〉에서 나타나는 폐단을 해결하기 위한 정책과 관련하여 바르게 서술한 것을 〈보기 2〉에서 모두 고른 것은?

〈보기 1〉

여러 도감에 바치는 물품은 각 고을에서 현물로 바치려고 해도 여러 궁방에서 방납하는 것을 이롭게 여겨 각 고을에다 협박을 가하여 손을 쓸 수 없도록 합니다. 그러고는 그들의 사물(私物)로 자신에게 납부하게 하고 억지로 높은 값을 정하는데 거위나 오리 한 마리의 값이 소나 말 한 마리이며 조금만 시일을 지체하면 갑절로 징수합니다.

-『선조실록』-

〈보기 2〉

ㄱ. 풍흉에 관계없이 토지 1결당 4～6두의 세금을 징수했다.
ㄴ. 공물을 토지의 결수에 따라 쌀, 무명, 동전 등으로 납부하게 했다.
ㄷ. 이 정책의 실시로 정부에 관수품을 조달하는 공인이 등장했다.

① ㄱ
② ㄴ
③ ㄱ, ㄴ
④ ㄴ, ㄷ

문 16. 〈보기〉의 조선 후기 호락논쟁에 대한 설명 중 성격이 다른 것은?

〈보기〉

ㄱ. 조선을 중화로, 청을 오랑캐로 보는 명분론으로 이어진다.
ㄴ. 조선 후기 실학 운동으로 이어지는 사상적 기반이 되었다.
ㄷ. 주로 충청도 지역의 학자들이 중심이 되었다.
ㄹ. 대표적인 학자로는 한원진이 있다.

① ㄱ
② ㄴ
③ ㄷ
④ ㄹ

문 17. 〈보기〉의 선언문이 발표된 이후에 일어난 변화로 가장 옳은 것은?

〈보기〉

오늘 우리는 전 세계 이목이 우리를 주시하는 가운데 40년 독재 정치를 청산하고 희망찬 민주 국가를 건설하기 위한 거보를 전 국민과 함께 내딛는다. 국가의 미래요 소망인 꽃다운 젊은이를 야만적인 고문으로 죽여 놓고 그것도 모자라 뻔뻔스럽게 국민을 속이려 했던 현 정권에게 국민의 분노가 무엇인지를 분명히 보여주고, 국민적 여망인 개헌을 일방적으로 파기한 4·13 폭거를 철회시키기 위한 민주 장정을 시작한다.

① 해방 이후 단절되었던 일본과의 국교가 정상화되었다.
② 내각 책임제와 양원제 국회를 특징으로 하는 개헌이 이루어졌다.
③ 장기적인 경제 발전을 위해 경제 개발 5개년 계획을 수립하였다.
④ 연임이 안 되는 임기 5년의 대통령을 직선제로 선출하게 되었다.

문 18. 〈보기〉의 밑줄 친 '왕'의 재위 기간에 일어난 일이 아닌 것은?

〈보기〉

재위 12년 신미년에 왕이 거칠부 및 대각찬 구진, 각찬 비태, 잡찬 탐지, 잡찬 비서, 파진찬 노부, 파진찬 서력부, 대아찬 비차부, 아찬 미진부 등 여덟 장군에게 명하여 백제와 더불어 고구려를 공격하도록 하였다. 백제인들이 먼저 평양을 공격하여 깨뜨리자, 거칠부 등은 승기를 타서 죽령 바깥, 고현 이내의 10군을 빼앗았다.

-『삼국사기』-

① 대가야를 정벌하여 가야 연맹을 소멸시켰다.
② 인재를 양성하기 위하여 화랑도를 국가적 조직으로 개편하였다.
③ 자장의 건의를 받아들여 황룡사 9층 목탑을 건립하였다.
④ 신라의 역사를 정리하여 국사를 편찬하였다.

문 19. 〈보기〉에서 일제 강점기의 의식주 변화에 해당하는 것을 모두 고른 것은?

〈보기〉

ㄱ. 음식 조리 과정에서 왜간장, 조미료 등을 사용하였다.
ㄴ. 도시 인구 급증의 후유증으로 토막(土幕)집이 등장하였다.
ㄷ. 일제 말 여성들이 일본식 노동복인 몸뻬의 착용을 강요당하였다.
ㄹ. 경성의 경우, 북촌에는 조선인이, 남촌에는 일본인이 주로 거주하였다.

① ㄱ, ㄷ
② ㄱ, ㄹ
③ ㄴ, ㄷ, ㄹ
④ ㄱ, ㄴ, ㄷ, ㄹ

문 20. 〈보기〉에서 ㉠에 들어갈 나라에 대한 설명으로 가장 옳은 것은?

〈보기〉

신(臣) 아무개가 아룁니다. 본국 숙위원의 보고를 접하니, 지난 건녕 4년 7월에 ㉠ 의 하정사(賀正使)인 왕자 대봉예가 호소문을 올려 그들이 우리보다 위에 있도록 허락해 주기를 청했다고 합니다. 삼가 칙지를 받들건대, "나라 이름의 선후는 본래 강약을 따져서 칭하는 것이 아니다. 조정 제도의 등급을 지금 어떻게 성쇠를 가지고 고칠 수가 있겠는가. 그동안의 관례대로 함이 당연하니, 이 지시를 따르도록 하라."라는 내용이었습니다.

-『고운집』-

① 마진, 태봉 등의 국호를 사용하였다.
② 당으로부터 해동성국이라는 칭호를 들었다.
③ 백제의 부흥을 내걸고 완산주에 도읍을 정했다.
④ 지금의 황해도 지역에 패강진이라는 군진을 개설하였다.

해설편 ▶ P.292

2021 6월 5일 시행 서울시 9급

한 국 사	Ⓐ책형	1쪽

| 풀이 시간: ____:____ ~ ____:____ / 점수: ____점

| 해당 〈2021 서울시 9급〉 문제는 서울시가 출제한 방호, 시설 관리, 기계시설, 전기시설 9급 직렬에 해당하는 문제입니다.

문 1. 〈보기〉에서 설명하는 시대의 문화유산으로 옳은 것은?

〈보기〉

- 주로 움집에서 거주하였다.
- 유적은 주로 큰 강이나 해안 지역에서 발견된다.
- 농경 생활을 시작하였고, 조·피 등을 재배하였다.

① 고인돌
② 세형동검
③ 거친무늬 거울
④ 빗살무늬 토기

문 2. 〈보기〉는 대한민국 헌법 개정을 시기순으로 나열한 것이다. (가)와 (나)에 들어갈 내용으로 옳은 것은?

〈보기〉

제6차 1969년	제7차 1972년	제8차 1980년	제9차 1987년
대통령 3선 허용	유신 헌법 대통령 간선제 (임기 6년)	(가) (7년 단임)	(나) (5년 단임)

	(가)	(나)
①	대통령 간선제	대통령 직선제
②	대통령 직선제	대통령 직선제
③	대통령 간선제	대통령 간선제
④	대통령 직선제	대통령 간선제

문 3. 〈보기〉의 밑줄 친 '이 법'을 제정한 왕의 업적으로 옳은 것은?

〈보기〉

임진왜란 이후 군역 대신 군포를 징수하여 1년에 2필을 납부하게 하였다. 그런데 군적이 제대로 정리되지 않았고, 지방관의 농간까지 겹쳐 실제 납부액이 훨씬 많았다. 이에 이 법을 제정하여 군포 부담을 절반으로 줄여 주었다.

① 『속대전』을 편찬하였다.
② 『대전통편』을 편찬하였다.
③ 『대전회통』을 편찬하였다.
④ 『경국대전』을 편찬하였다.

문 4. 〈보기〉는 동학 농민 전쟁에 관련된 주요 사건을 표로 나타낸 것이다. 청·일 전쟁이 발발된 시기는?

〈보기〉

고부현 봉기		황토현 전투		전주 화약		삼례 2차 봉기		우금치 전투
	(가)		(나)		(다)		(라)	

① (가)　② (나)
③ (다)　④ (라)

문 5. 〈보기〉의 사건이 있었던 시기의 사실로 가장 옳은 것은?

〈보기〉

가을 9월에 고구려 왕 거련(巨璉)이 군사 3만 명을 이끌고 왕도(王都) 한성을 포위하였다. 왕은 성문을 닫고 나가 싸우지 않았다. …(중략)… 왕은 곤궁하여 어찌할 바를 모르다가, 기병 수십을 거느리고 성문을 나가 서쪽으로 도망쳤다. 고구려인이 쫓아가 그를 살해하였다.

–『삼국사기』–

① 성왕이 신라군에게 살해되었다.
② 신라가 건원이라는 연호를 사용하였다.
③ 을지문덕이 살수에서 수의 군대를 물리쳤다.
④ 고구려가 중국의 남북조와 동시에 교류하였다.

문 6. 〈보기〉에서 발해 문화가 고구려를 계승하였음을 보여주는 문화유산을 모두 고른 것은?

〈보기〉

ㄱ. 온돌 장치
ㄴ. 벽돌무덤
ㄷ. 굴식 돌방무덤
ㄹ. 주작대로

① ㄱ, ㄴ
② ㄱ, ㄷ
③ ㄴ, ㄹ
④ ㄷ, ㄹ

문 7. 〈보기〉의 (가)～(라)에 대한 설명으로 가장 옳은 것은?

〈보기〉

(가) 한국광복군
(나) 한인 애국단
(다) 한국 독립군
(라) 조선 혁명군

① (가) – 미 전략 사무국(OSS)과 협력하여 국내 진공 작전을 계획하였다.
② (나) – 중국 관내 최초의 한인 무장 부대로, 중국 국민당 정부의 지원을 받았다.
③ (다) – 양세봉이 이끄는 군대로, 영릉가 전투와 흥경성 전투에서 일본군을 격퇴하였다.
④ (라) – 지청천이 이끄는 군대로, 항일 중국군과 함께 쌍성보 전투, 동경성 전투 등에서 일본군을 격퇴하였다.

문 8. 〈보기〉와 같이 기록된 고려 무신정권기 집권자는?

〈보기〉

경주 사람이다. 아버지는 소금과 체(篩)를 파는 것을 업(業)으로 하였고, 어머니는 연일현(延日縣) 옥령사(玉靈寺)의 노비였다. …(중략)… 그는 수박(手搏)을 잘했기에 의종의 총애를 받아 대정에서 별장으로 승진하였고, …(중략)… 그가 무신정변 때 참여하여 죽인 사람이 많으므로 중랑장(中郎將)으로 임명되었다가 얼마 후 장군으로 승진하였다.

–『고려사』 권128, 반역전–

① 최충헌
② 김준
③ 임연
④ 이의민

문 9. 〈보기〉의 법령이 실시된 시기에 일어난 민주화 운동으로 가장 옳은 것은?

〈보기〉

모두 9차례 발표된 법령으로 마지막으로 선포된 9호에 따르면 헌법을 부정·반대 또는 개정을 요구하거나 이를 보도하면 영장 없이 체포할 수 있었다. 이로 인해 많은 학생, 지식인, 야당 정치인, 기자 등이 구속되었다.

① 3선 개헌 반대 운동이 일어났다.
② 3·1 민주 구국 선언이 발표되었다.
③ 민주헌법쟁취 국민운동본부가 결성되었다.
④ 신민당이 직선제 개헌을 위한 서명 운동을 전개하였다.

문 10. 〈보기〉의 밑줄 친 '왕'이 재위하던 시기에 대한 설명으로 가장 옳은 것은?

〈보기〉

<u>왕</u>이 명령하여 노비를 안검하고 시비를 살펴 분별하게 하였다. (이 때문에) 종이 그 주인을 배반하는 자가 헤아릴 수 없을 정도였다. 이 때문에 윗사람을 능멸하는 기풍이 크게 행해지니, 사람들이 모두 원망하였다. 왕비가 간절히 말렸는데도 듣지 않았다.

① 서경 천도를 추진하였다.
② 광덕, 준풍 등의 연호를 사용하였다.
③ 지방관을 파견하고 향리 제도를 마련하였다.
④ 기인 제도를 최초로 실시하여 호족들을 통제하였다.

문 11. 〈보기〉의 (가), (나) 문서에 대한 설명으로 가장 옳지 <u>않은</u> 것은?

〈보기〉

(가) 대한 제국의 정치는 이전으로 보면 500년 전래하시고 이후로 보면 만세에 걸쳐 불변하오실 전제 정치니라.
(나) 외국인에게 의부 아니하고 관민이 동심 합력하여 전제 황권을 견고케 할 것.

① (가)에서는 입법·사법·행정의 모든 권력이 황제에게 있음을 천명하였다.
② (나)에서는 정부의 예산과 결산을 인민에게 공표할 것을 주장하였다.
③ (나)를 수용한 고종은 조칙 5조를 반포하였다.
④ (가)에 따른 전제 정치 선포에 반발하며 독립 협회는 의회 개설 운동을 전개하였다.

문 12. 〈보기〉의 (가), (나) 시기 사이에 있었던 사실로 가장 옳은 것은?

〈보기〉

(가) 고구려는 백제를 선제공격하였다가 패하고, 고국원왕이 전사하는 위기를 맞았다.
(나) 왜의 침입을 받은 신라를 구원하기 위해 원병을 보내고 낙동강 하류까지 진출하였다.

① 수도를 평양성으로 천도하였다.
② 낙랑군을 축출하고 대동강 유역을 차지하였다.
③ 요서 지역에 대해 선제공격을 감행하였다.
④ 태학을 설립하고 율령을 반포하여 체제 안정화 정책을 실시하였다.

문 13. 〈보기〉의 (가) 인물에 대한 설명으로 가장 옳은 것은?

〈보기〉

- 태조는 정예 기병 5천 명을 거느리고 공산(公山) 아래에서 ＿(가)＿을/를 맞아서 크게 싸웠다. 태조의 장수 김락과 신숭겸은 죽고 모든 군사가 패하였으며, 태조는 겨우 죽음을 면하였다.
- ＿(가)＿이/가 크게 군사를 일으켜 고창군(古昌郡)의 병산 아래에 가서 태조와 싸웠으나 이기지 못하였다. 전사자가 8천여 명이었다.

① 오월에 사신을 보내 교류하였다.
② 송악에서 철원으로 도읍을 옮겼다.
③ 기훤, 양길의 휘하에서 세력을 키웠다.
④ 예성강을 중심으로 성장한 해상 세력이다.

문 14. 〈보기〉의 사건들을 일어난 순서대로 바르게 나열한 것은?

〈보기〉

ㄱ. 〈동아일보〉와 〈조선일보〉가 창간되었다.
ㄴ. 동경 유학생들이 2·8 독립 선언을 하였다.
ㄷ. 순종의 국장일에 만세 시위 사건이 일어났다.
ㄹ. 조선어 학회가 한글 맞춤법 통일안을 발표하였다.

① ㄱ－ㄷ－ㄴ－ㄹ
② ㄴ－ㄱ－ㄷ－ㄹ
③ ㄷ－ㄹ－ㄴ－ㄱ
④ ㄹ－ㄱ－ㄷ－ㄴ

문 15. 〈보기〉의 사건들을 일어난 순서대로 바르게 나열한 것은?

〈보기〉

ㄱ. 남인이 제2차 예송을 통해 집권하였다.
ㄴ. 노론과 소론이 민비를 복위하는 과정을 거쳐 집권하였다.
ㄷ. 서인은 허적이 역모를 꾸몄다고 고발하여 남인을 축출하고 집권하였다.
ㄹ. 남인은 장희빈이 낳은 왕자가 세자로 책봉되는 과정을 거쳐 집권하였다.

① ㄱ－ㄷ－ㄹ－ㄴ
② ㄴ－ㄹ－ㄷ－ㄱ
③ ㄷ－ㄱ－ㄴ－ㄹ
④ ㄹ－ㄷ－ㄱ－ㄴ

문 16. 〈보기〉에서 고려 시대 회화 작품을 모두 고른 것은?

〈보기〉

ㄱ. 고사관수도
ㄴ. 부석사 조사당 벽화
ㄷ. 예성강도
ㄹ. 송하보월도

① ㄱ, ㄷ
② ㄱ, ㄹ
③ ㄴ, ㄷ
④ ㄴ, ㄹ

문 17. 〈보기〉에 나타난 사건과 시기상 가장 먼 것은?

〈보기〉

처음 충주 부사 우종주가 매양 장부와 문서로 인하여 판관 유홍익과 틈이 있었는데, 몽골군이 장차 쳐들어온다는 말을 듣고 성 지킬 일을 의논하였다. 그런데 의견상 차이가 있어서 우종주는 양반 별초를 거느리고, 유홍익은 노군과 잡류 별초를 거느리고 서로 시기하였다. 몽골군이 오자 우종주와 유홍익은 양반 등과 함께 다 성을 버리고 도주하고, 오직 노군과 잡류만이 힘을 합하여 쳐서 이를 쫓았다.

① 처인성에서 몽골 장수를 사살하였다.
② 진주의 공·사노비와 합주의 부곡민이 합세하였다.
③ 수도를 강화도로 옮기고 주민을 산성과 섬으로 피난시켰다.
④ 몽골군이 경주의 황룡사 9층탑을 불태웠다.

문 18. 〈보기〉의 제도가 처음 시행된 시기의 군사 제도에 대한 설명으로 가장 옳은 것은?

〈보기〉

경성과 지방의 군사에 보인을 지급하는데 차등이 있다. 장기 복무하는 환관도 2보를 지급한다. 장정 2인을 1보로 하고, 갑사에게는 2보를 지급한다. 기병, 수군은 1보 1정을 준다. 보병, 봉수군은 1보를 준다. 보인으로서 취재에 합격하면 군사가 될 수 있다.

① 중앙군을 5군영으로 편성하였다.
② 2군 6위가 중앙과 국경을 수비하였다.
③ 지방군은 진관 체제를 바탕으로 조직되었다.
④ 양반부터 노비까지 모두 속오군에 편입시켰다.

문 19. 〈보기〉와 같은 주장을 편 인물에 대한 설명으로 가장 옳은 것은?

〈보기〉

토지 소유를 제한하는 법령을 세우십시오. 모년 모월 이후부터 제한된 토지보다 많은 자는 더 가질 수 없고, 그 법령 이전부터 소유한 것은 비록 광대한 면적이라 해도 불문에 부치며, 그 자손에게 분급해 주는 것은 허락하고, 혹시 사실대로 하지 않고 숨기거나 법령 이후에 제한을 넘어 더 점유한 자는 백성이 적발하면 백성에게 주고, 관아에서 적발하면 관아에서 몰수하십시오. 이렇게 한다면 수십 년이 못 가서 전국의 토지는 균등하게 될 것입니다.

-「한민명전의」-

① 『북학의』를 저술하여 청 문물의 수용을 역설하였다.
② 「양반전」, 「호질」 등을 지어 놀고먹는 양반을 비판하였다.
③ 화폐 제도의 문제점을 지적하며 폐전론을 주장하였다.
④ 마을 단위로 토지를 공동 경작하여 분배할 것을 제안하였다.

문 20. 〈보기〉의 자료와 관련된 개혁의 내용으로 가장 옳은 것은?

〈보기〉

- 청나라에 의존하는 생각을 끊어버리고 자주독립의 터전을 튼튼히 세운다.
- 왕실에 관한 사무와 나라 정사에 관한 사무는 반드시 분리시키고 서로 뒤섞지 않는다.
- 조세나 세금을 부과하는 것과 경비를 지출하는 것은 모두 탁지아문에서 관할한다.
- 의정부와 각 아문의 직무와 권한을 명백히 제정한다.
- 지방 관제를 빨리 개정하여 지방 관리의 직권을 제한한다.

① 지방에 진위대를 설치하고, 건양이라는 연호를 제정하였다.
② 내각 제도를 수립하고, 인민 평등권 확립과 조세 개혁 등을 추진하였다.
③ 의정부를 내각으로 개편하고, 지방 제도를 8도에서 23부로 바꾸었다.
④ 전라도 53군에 자치적 민정 기구인 집강소가 설치되었다.

해설편 ▶ P.295

2020 6월 13일 시행 서울시 9급

| 풀이 시간: ____:____ ~ ____:____ / 점수: ____점

| 해당 〈2020 서울시 9급〉 문제는 서울시가 출제한 방호, 시설관리, 기계시설, 전기시설 9급 직렬에 해당하는 문제입니다.

문 1. 조선 후기 광업에 대한 설명으로 가장 옳지 않은 것은?

① 정부의 통제 정책으로 잠채가 사라졌다.
② 자본과 경영이 분리된 생산 방식이었다.
③ 청과의 무역으로 은의 수요가 증가하였다.
④ 17세기 이후 민간인의 광산 채굴을 허용하였다.

문 2. 고려의 지방 제도에 대한 설명으로 옳은 것을 〈보기〉에서 모두 고른 것은?

〈보기〉

ㄱ. 양계 지역은 계수관이 관할하였다.
ㄴ. 수령이 파견된 주현보다 수령이 파견되지 않은 속현의 수가 많았다.
ㄷ. 성종 때 12목이 설치되었다.
ㄹ. 향·소·부곡 등의 특수 행정 조직이 있었다.

① ㄱ, ㄴ, ㄷ　② ㄱ, ㄴ, ㄹ
③ ㄱ, ㄷ, ㄹ　④ ㄴ, ㄷ, ㄹ

문 3. 〈보기〉의 ㉠에 해당하는 인물에 대한 설명으로 가장 옳은 것은?

〈보기〉

(㉠)의 노비인 만적 등 여섯 명이 북산(北山)에 나무하러 갔다가 공사(公私) 노비들을 모아 놓고 말하기를, "장군과 재상이 어찌 타고난 씨가 따로 있겠는가? 때만 만나면 누구나 될 수 있는 것이다. 우리라고 어찌 뼈 빠지게 일만 하고 채찍 아래에서 고통만 당하겠는가?"라고 하였다. (중략) "각자 자기 주인들을 때려 죽이고 노비 문서를 불태워버리자. 이로써 이 나라에 다시는 천인이 없게 하면, 공경장상을 우리들이 모두 차지할 수 있을 것이다."라고 하였다.

① 교정도감을 설치하여 국정을 장악하는 한편 도방을 통해 군사적 기반을 강화하였다.
② 노비안검법을 실시하여 억울하게 노비가 된 자를 해방하였다.
③ 풍수지리설을 앞세워 서경 천도를 적극 추진하였다.
④ 딸들을 왕에게 시집보내어 권력을 잡고 척준경과 함께 난을 일으켰다.

문 4. 〈보기〉의 밑줄 친 '그'의 저술로 가장 옳은 것은?

〈보기〉

그는 당나라로 가던 도중 진리는 마음속에 있음을 깨닫고 유학을 포기하였다. 여러 종파의 갈등을, 보다 높은 수준에서 융화·통일시키려 하였으므로, 훗날 화쟁국사(和諍國師)로 추앙받았다.

①『해동고승전』
②『대승기신론소』
③『왕오천축국전』
④『화엄일승법계도』

문 5. 〈보기〉의 개헌 시기를 순서대로 바르게 나열한 것은?

〈보기〉

ㄱ. 대통령 3회 연임 허용
ㄴ. 대통령 직선제 및 5년 단임
ㄷ. 대통령 직선제, 국회 양원제
ㄹ. 대통령은 통일 주체 국민 회의에서 간선

① ㄱ → ㄴ → ㄹ → ㄷ
② ㄴ → ㄷ → ㄱ → ㄹ
③ ㄷ → ㄱ → ㄹ → ㄴ
④ ㄹ → ㄴ → ㄷ → ㄱ

문 6. 〈보기〉의 글을 쓴 학자의 주장에 대한 설명으로 가장 옳은 것은?

〈보기〉

검소하다는 것은 물건이 있어도 남용하지 않는 것을 말하는 것이지 자신에게 물건이 없다 하여 스스로 단념하는 것을 말하는 것이 아니다. 지금 우리나라 안에는 구슬을 캐는 집이 없고 시장에 산호 따위의 보배가 없다. 또 금과 은을 가지고 가게에 들어가도 떡을 살 수 없는 형편이다. …… 이것은 물건을 이용하는 방법을 모르기 때문이다. 이용할 줄 모르니 생산할 줄 모르고, 생산할 줄 모르니 백성은 나날이 궁핍해지는 것이다.

① 균전론을 내세워 사농공상 직업에 따라 토지를 분배하여 자영농을 육성할 것을 주장하였다.
② 상공업을 육성하고 선박, 수레, 벽돌 등 발달된 청의 기술을 적극적으로 수용하자고 제안하였다.
③ 처음에는 여전론, 이후에는 정전제를 내세워 자영농 육성을 위한 토지 제도 개혁을 주장하였다.
④ 통일 신라와 발해가 병립한 시기를 남북국 시대로 설정하여 발해를 우리 역사의 체계 속에 적극적으로 포용하였다.

문 7. 〈보기〉의 정책이 시행된 왕대에 대한 설명으로 가장 옳은 것은?

〈보기〉

백성들이 육전[육의전(六矣廛)] 이외에는 허가받은 시전 상인들과 같이 장사를 할 수 있도록 하셨다. 채제공이 아뢰기를 "(전략) 마땅히 평시서(平市署)로 하여금 20, 30년 사이에 새로 벌인 영세한 가게 이름을 조사해 내어 모조리 없애도록 하고, 형조와 한성부에 분부하여 육전이 아니라면 난전이라 하여 잡혀 오는 자들을 처벌하지 말도록 할 뿐만 아니라 잡아 온 자를 처벌하시면, 장사하는 사람들은 서로 매매하는 이익이 있을 것이고 백성들도 가난에 대한 걱정이 없어질 것입니다. 그 원망은 신이 스스로 감당하겠습니다."라고 하니 왕께서 따랐다.

① 법령을 정비하여 속대전을 편찬하였다.
② 청과 국경선을 정하고 백두산정계비를 세웠다.
③ 조세 제도를 개편하여 영정법을 시행하였다.
④ 인재를 양성하기 위해 초계문신제를 시행하였다.

문 8. 〈보기〉에서 설명하는 책의 제목으로 가장 옳은 것은?

〈보기〉

- 1433년(세종 15)에 편찬되었다.
- 각종 병론(病論)과 처방을 적었다.
- 전통적인 경험에 기초했다.
- 조선의 약재를 중시했다.

①『향약집성방』
②『동의보감』
③『금양잡록』
④『칠정산』

문 9. 〈보기 1〉의 밑줄 친 '이 법'에 대한 옳은 설명을 〈보기 2〉에서 모두 고른 것은?

〈보기 1〉

영의정 이원익이 아뢰기를, "각 고을에서 바치는 공물이 각급 관청의 방납인들에 의해 중간에서 막혀 물건 하나의 가격이 몇 배 또는 몇 십 배, 몇 백 배가 되어 그 폐단이 이미 고질화하였습니다. 그러니 지금 마땅히 별도로 하나의 청을 설치하여 이 법을 시행하도록 하소서."라고 하니 왕이 따랐다.

〈보기 2〉

ㄱ. 이 법이 실시된 뒤 현물 징수가 완전히 없어졌다.
ㄴ. 처음에는 경기도에서 시험적으로 시행되었다.
ㄷ. 과세 기준을 가호 단위에서 토지 결수로 바꾸었다.
ㄹ. 풍흉의 정도에 따라 조세 액수를 조정하였다.

① ㄱ, ㄴ ② ㄱ, ㄷ
③ ㄴ, ㄷ ④ ㄷ, ㄹ

문 10. 〈보기〉의 사설이 발표되는 계기가 된 사건에 대한 설명으로 가장 옳은 것은?

〈보기〉

…… 그러나 슬프도다. 저 개돼지만도 못한 이른바 우리 정부의 대신이란 자들은 자기 일신의 영달과 이익이나 바라면서 위협에 겁먹어 머뭇대거나 벌벌 떨며 나라를 팔아먹는 도적이 되기를 감수하였다. 아, 4,000년의 강토와 500년의 사직을 다른 나라에 갖다 바치고, 2,000만 국민을 타국의 노예가 되게 하였으니, …… 아! 원통한지고, 아! 분한지고. 우리 2,000만 타국인의 노예가 된 동포여! 살았는가, 죽었는가? 단군, 기자 이래 4,000년 국민정신이 하룻밤 사이에 갑자기 망하고 말 것인가. 원통하고 원통하다. 동포여! 동포여!

① 친러 성향의 내각이 수립되어 러시아의 정치적 간섭이 강화되었고, 열강의 이권 침탈도 심해졌다.
② 러일 전쟁 승리 이후 일본은 대한 제국의 외교권을 박탈하는 조약을 체결하여 대한 제국을 일본의 보호국으로 만들었다.
③ 일본은 헤이그 특사 파견을 문제 삼아 고종 황제를 강제로 퇴위시키고, 대한 제국의 군대를 해산하는 조약을 체결했다.
④ 총리대신 이완용과 조선 통감 데라우치 사이에 조약이 체결되어 국권을 상실하였다.

문 11. 〈보기〉의 고려 토지 제도 (가)~(라) 각각에 대한 설명으로 가장 옳지 않은 것은?

〈보기〉

(가) 조신(朝臣)이나 군사들의 관계(官階)를 따지지 않고 그 사람의 성품, 행동의 선악(善惡), 공로의 크고 작음을 보고 차등 있게 역분전을 지급하였다.
(나) 경종 원년 11월에 비로소 직관(職官), 산관(散官)의 각 품(品)의 전시과를 제정하였다.
(다) 목종 원년 12월에 양반 및 군인들의 전시과를 개정하였다.
(라) 문종 30년에 양반 전시과를 다시 개정하였다.

① (가) – 후삼국 통일 전쟁에 공이 있는 사람들에게 지급하였다.
② (나) – 인품을 반영하여 토지를 지급하였다.
③ (다) – 실직이 없는 산관은 토지 지급 대상에서 제외되었다.
④ (라) – 현직 관리에게만 토지가 지급되고, 문·무관의 차별이 거의 사라졌다.

문 12. 〈보기〉의 사건들을 시간순으로 바르게 나열한 것은?

〈보기〉

ㄱ. 신라 – 건원(建元)이라는 독자적인 연호를 만들었다.
ㄴ. 가야 – 대가야가 멸망하면서 가야 연맹이 완전히 해체되었다.
ㄷ. 고구려 – 낙랑군을 완전히 몰아내고 대동강 유역을 확보하였다.
ㄹ. 백제 – 수도인 한성이 함락되고 왕이 죽자 도읍을 웅진으로 옮겼다.

① ㄱ → ㄴ → ㄷ → ㄹ
② ㄴ → ㄷ → ㄹ → ㄱ
③ ㄷ → ㄹ → ㄱ → ㄴ
④ ㄹ → ㄱ → ㄴ → ㄷ

문 13. 〈보기〉의 밑줄 친 '왕'에 대한 설명으로 가장 옳은 것은?

〈보기〉

왕이 행차에서 돌아와 그 대나무로 피리를 만들어 월성의 천존고(天尊庫)에게 간직하였다. 이 피리를 불면 적병이 물러가고 병이 나으며, 가뭄에는 비가 오고 장마에는 날씨가 개며, 바람이 잦아지고 물결이 평온해졌다. 이를 만파식적으로 부르고 나라의 보물이라 칭하였다.

–『삼국유사』–

① 녹읍을 부활시켰다.
② 9주 5소경을 설치하였다.
③ 정전을 지급하였다.
④ 고구려 부흥 운동을 지원하였다.

문 14. 〈보기〉의 조약이 체결된 이후에 일어난 사건으로 가장 옳지 않은 것은?

〈보기〉

〈제1관〉 조선국은 자주국으로서 일본국과 평등한 권리를 보유한다.
〈제7관〉 조선의 연해 도서는 지극히 위험하므로 일본의 항해자가 자유로이 해안을 측량함을 허가한다.

① 만동묘가 철폐되었다.
② 이범윤이 간도 시찰원으로 파견되었다.
③ 통리기무아문이 설치되었다.
④ 영남 유생들이 만인소를 올렸다.

문 15. 〈보기〉의 유물들이 발견되는 시대에 대한 설명으로 가장 옳은 것은?

〈보기〉

• 이른 민무늬 토기 • 덧무늬 토기
• 눌러찍기무늬 토기 • 빗살무늬 토기

① 세형동검, 잔무늬 거울 등을 사용하였다.
② 고인돌과 돌널무덤을 사용하였다.
③ 공주 석장리 유적과 청원 두루봉 동굴 유적이 대표적인 유적지이다.
④ 갈돌과 갈판 등 간석기를 사용하였다.

문 16. 〈보기〉에서 설명하는 나라의 법률로 가장 옳지 않은 것은?

〈보기〉

은력(殷曆) 정월에 하늘에 제사를 지내며 나라에서 대회를 열어 연일 마시고 먹고 노래하고 춤추는데, 영고(迎鼓)라 고 한다. 이때 형옥(刑獄)을 중단하여 죄수를 풀어 주었다.
－『삼국지』 권30, 「위서」 30 오환선비동이전－

① 남에게 상처를 입힌 자는 곡식으로 갚게 했다.
② 도둑질을 하면 그 물건의 12배를 변상케 했다.
③ 형벌이 매우 엄하여 사람을 죽인 사람은 사형에 처하고 그 집안사람은 노비로 삼았다.
④ 남녀 간에 간음을 하거나 투기하는 부인은 모두 죽였다.

문 17. 〈보기〉의 글을 쓴 인물의 주장과 같은 입장에 대한 설명으로 가장 옳은 것은?

〈보기〉

우리 조선의 역사적 발전의 전 과정은 가령, 지리적 조건, 인종학적 골상, 문화 형태의 외형적 특징 등에서 다소의 차이는 인정되더라도, 외관적인 소위 특수성은 다른 문화 민족의 역사적 발전 법칙과 구별되어야 하는 독자적인 것은 아니며, 세계사적·일원론적인 역사 법칙에 의해 다른 여러 민족과 거의 같은 궤도로 발전 과정을 거쳐 온 것이다.

① 민족정신을 강조하여 우리의 고유한 특색과 전통을 찾았다.
② 신채호와 박은식의 사학을 계승하였다.
③ 역사학의 주관적 해석을 배제하고 문헌 고증을 중시하였다.
④ 한국사의 발전 과정을 사회경제 사학의 관점에서 서술하였다.

문 18. 〈보기〉의 독립운동 단체 결성 시기를 순서대로 바르게 나열한 것은?

〈보기〉

ㄱ. 조선 의용대
ㄴ. 의열단
ㄷ. 참의부
ㄹ. 대한 광복회
ㅁ. 근우회

① ㄱ → ㄴ → ㄷ → ㅁ → ㄹ
② ㄴ → ㄷ → ㅁ → ㄱ → ㄹ
③ ㄷ → ㄹ → ㅁ → ㄴ → ㄱ
④ ㄹ → ㄴ → ㄷ → ㅁ → ㄱ

문 19. 〈보기〉의 조선 시대 사건을 시간순으로 바르게 나열한 것은?

〈보기〉

ㄱ. 기묘사화
ㄴ. 을묘왜변
ㄷ. 계유정난
ㄹ. 무오사화

① ㄱ → ㄴ → ㄷ → ㄹ
② ㄴ → ㄷ → ㄹ → ㄱ
③ ㄷ → ㄹ → ㄱ → ㄴ
④ ㄹ → ㄱ → ㄴ → ㄷ

문 20. 〈보기〉는 동학 농민군이 제시한 폐정개혁안 12개조 중 일부이다. 이 중 갑오개혁에 반영된 것을 모두 고른 것은?

〈보기〉

ㄱ. 무명의 잡다한 세금은 일체 거두지 않는다.
ㄴ. 토지는 균등히 나누어 경작한다.
ㄷ. 왜와 통하는 자는 엄중히 징벌한다.
ㄹ. 젊어서 과부가 된 여성의 재혼을 허용한다.

① ㄱ, ㄴ ② ㄱ, ㄹ
③ ㄴ, ㄷ ④ ㄷ, ㄹ

해설편 ▶ P.298

2019 6월 15일 시행 서울시 9급

| 풀이 시간: ____:____ ~ ____:____ / 점수: ____점

문 1. 고조선을 주제로 한 학술 대회를 개최할 경우, 언급될 내용으로 가장 적절하지 않은 것은?

① 위만의 이동과 집권 과정
② 진대법과 빈민 구제
③ 범금 8조(8조법)에 나타난 사회상
④ 비파형 동검 문화권과 국가의 성립

문 2. 〈보기〉에서 백제의 발전 과정을 순서대로 바르게 나열한 것은?

〈보기〉

ㄱ. 6좌평제와 16관등제 및 백관의 공복을 제정하였다.
ㄴ. 고구려의 평양성을 공격하였다.
ㄷ. 지방에 22담로를 설치하였다.
ㄹ. 불교를 받아들여 통치 이념을 정비하였다.

① ㄱ → ㄴ → ㄷ → ㄹ
② ㄱ → ㄴ → ㄹ → ㄷ
③ ㄴ → ㄹ → ㄷ → ㄱ
④ ㄹ → ㄴ → ㄷ → ㄱ

문 3. 〈보기〉에서 밑줄 친 '이 나라'에 대한 설명으로 가장 옳은 것은?

〈보기〉

천지가 개벽한 뒤로 이곳에는 아직 나라가 없고 또한 왕과 신하도 없었다. 단지 아홉 추장이 각기 백성을 거느리고 농사를 지으며 살았다. …… 아홉 추장과 사람들이 노래하고 춤추면서 하늘을 보니 얼마 뒤 자주색 줄이 하늘로부터 내려와서 땅에 닿았다. 줄 끝을 찾아보니 붉은 보자기에 금빛 상자가 싸여 있었다. 상자를 열어 보니 황금색 알 여섯 개가 있었다. …… 열 사흘째 날 아침에 다시 모여 상자를 열어 보니 여섯 알이 어린아이가 되어 있었다. 용모가 뛰어나고 바로 앉았다. 아이들이 나날이 자라십 수 일이 지나니 키가 9척이나 되었다. 얼굴은 한고조, 눈썹은 당의 요임금, 눈동자는 우의 순임금과 같았다. 그 달 보름에 맏이를 왕위에 추대하였는데, 그가 곧 이 나라의 왕이다.

—『삼국유사』—

① 중국 동진으로부터 불교를 받아들여 왕실의 권위를 높였다.
② 재상을 뽑을 때 정사암에 후보 이름을 써서 넣은 상자를 봉해두었다.
③ 큰일이 있을 때에는 반드시 화백 제도를 통해 여러 사람의 의견을 따랐다.
④ 철기를 만들 때 사용하는 덩이쇠를 화폐와 같은 교환 수단으로 이용하기도 하였다.

문 4. 발해의 사회 모습에 대한 설명으로 가장 옳지 않은 것은?

① 주민은 고구려 유민과 말갈인으로 구성되었다.
② 중앙 문화는 고구려 문화를 바탕으로 당의 문화가 가미된 형태를 보였다.
③ 당, 신라, 거란, 일본 등과 무역하였는데, 대신라 무역의 비중이 가장 컸다.
④ 유학 교육 기관인 주자감을 설치하여 귀족 자제에게 유교 경전을 가르쳤다.

문 5. 삼국의 사회·문화에 관한 설명으로 가장 옳지 않은 것은?

① 고구려는 영양왕 때 이문진이 『유기』를 간추려 『신집』 5권을 편찬했다.
② 백제의 승려 원측은 당나라에 가서 유식론(唯識論)을 발전시켰다.
③ 신라의 진흥왕은 두 아들의 이름을 동륜 등으로 짓고 자신은 전륜성왕으로 자처했다.
④ 백제 말기에는 미래에 중생을 구제한다는 미륵신앙이 유행하기도 하였다.

문 6. 고려 시대 군사 제도에 대한 설명으로 가장 옳지 않은 것은?

① 북방의 양계 지역에는 주현군을 따로 설치하였다.
② 2군(二軍)인 응양군과 용호군은 왕의 친위 부대였다.
③ 6위(六衛) 중의 감문위는 궁성과 성문 수비를 맡았다.
④ 직업 군인인 경군에게 군인전을 지급하고 그 역을 자손에게 세습시켰다.

문 7. 〈보기〉의 (가), (나)와 같은 건의를 받은 국왕에 대한 설명으로 가장 옳은 것은?

〈보기〉

(가) 우리 태조께서는 나라를 통일한 뒤에 외관을 두고자 하였으나, 대개 초창기이므로 일이 번거로워 겨를이 없었습니다. 이제 가만히 보건대, 향호가 매양 공무를 빙자하여 백성을 침해하여 횡포를 부리어 백성이 견디지 못하니, 청컨대 외관을 두도록 하십시오.
(나) 겸손한 마음을 가지고 항상 조심하고 두려워하며 신하를 예로써 대우할 때 신하는 충성으로써 임금을 섬기는 것입니다.

① 호족과의 혼인 정책을 적극적으로 추진하였다.
② 노비안검법을 실시하여 호족의 경제력을 약화시켰다.
③ 양현고를 설치하고 보문각과 청연각을 세워 유학을 진흥시켰다.
④ 연등회를 축소하고 팔관회를 폐지하여 국가적인 불교 행사를 억제하였다.

문 8. 고려 시대 불교계의 동향과 관련된 설명으로 가장 옳지 않은 것은?

① 백련결사를 제창한 요세는 참회와 수행에 중점을 두는 등 복잡한 이론보다 종교적 실천을 강조했다.
② 재조대장경은 고려 전기에 만들어졌던 대장경 판목이 거란의 침입으로 불타버렸기 때문에 무신집권기에 다시 만든 것이다.
③ 각훈은 삼국 시대 이래 승려들의 전기를 정리하여 『해동고승전』을 지었다.
④ 지눌은 깨달음과 더불어 실천을 강조하는 돈오점수를 주장했다.

문 9. 〈보기〉에서 밑줄 친 '그'가 활동하던 시대 상황에 대한 설명으로 가장 옳지 않은 것은?

〈보기〉

그가 북산에서 나무하다가 공, 사노비를 불러 모아 모의하기를, "나라에서 경인, 계사년 이후로 높은 벼슬이 천한 노비에게서 많이 나왔으니, 장수와 재상이 어찌 씨가 따로 있으랴. 때가 오면 누구나 할 수 있는데, 우리들이 어찌 고생만 하면서 채찍 밑에 곤욕을 당해야 하겠는가?"라고 하니, 여러 노비들이 모두 그렇게 여겼다.

-『고려사』-

① 최충의 9재 학당을 비롯한 사학 12도가 융성하였다.
② 경주 일대에서 고려 왕조를 부정하는 신라 부흥 운동이 일어났다.
③ 정혜쌍수와 돈오점수를 주장하는 수선 결사 운동이 전개되었다.
④ 소(所)의 거주민은 금, 은, 철 등 광업품이나 수공업 제품을 생산하여 바치기도 하였다.

문 10. 조선 태종 대의 주요 정책에 대한 설명으로 가장 옳은 것은?

① 사섬서를 두어 지폐인 저화를 발행하였다.
② 상평통보를 발행하여 화폐 경제를 촉진하였다.
③ 지계를 발급하여 토지 소유권을 공고히 하였다.
④ 연분 9등법과 전분 6등법을 시행하여 조세 제도를 개편하였다.

문 11. 〈보기〉와 같은 폐단을 해결하기 위해 실시한 제도에 대한 설명으로 가장 옳지 않은 것은?

〈보기〉

각 고을에서 공물을 상납하려 할 때 각 관청의 사주인들이 여러 가지로 농간을 부려 좋은 것도 불합격 처리를 하기 때문에 바칠 수가 없게 되었습니다. 이리하여 사주인은 자기가 갖고 있는 물품으로 관청에 대신 내고 그 고을 농민들에게는 자기가 낸 물건 값을 턱없이 높게 쳐서 열 배의 이득을 취하니, 이것은 백성의 피와 땀을 짜내는 것입니다.

-『선조실록』-

① 광해군 시기에 실시하였다.
② 토지 결수를 기준으로 1결당 쌀 12두를 납부하게 하였다.
③ 왕실과 관청에서 필요한 수요품을 구해 납품하는 덕대가 등장하였다.
④ 물품 구매와 상품 수요가 증가하면서 상품 화폐 경제가 한층 발전하였다.

문 12. 〈보기〉의 토지 개혁안을 주장한 조선 후기 실학자를 옳게 짝지은 것은?

〈보기〉

ㄱ. 지금 농사를 하고자 하는 사람은 토지를 얻고, 농사를 하지 않는 사람은 토지를 얻지 못하도록 한다. 즉 여전(閭田)의 법을 시행하면 나의 뜻을 이룰 수 있을 것이다. …… 무릇 1여의 토지는 1여의 사람들로 하여금 공동으로 경작하게 하고, 내 땅 네 땅의 구분 없이 오직 여장의 명령만을 따른다. 매 사람마다의 노동량은 매일 여장이 장부에 기록한다. 가을이 되면 무릇 오곡의 수확물을 모두 여장의 집으로 보내어 그 식량을 분배한다. 먼저 국가에 바치는 공세를 제하고, 다음으로 여장의 녹봉을 제하며, 그 나머지를 날마다 일한 것을 기록한 장부에 의거하여 여민들에게 분배한다.

ㄴ. 국가는 마땅히 한 집의 재산을 헤아려 전(田) 몇 부(負)를 한정하여 1호(戶)의 영업전(永業田)을 삼기를 당나라의 조제(租制)처럼 해야 한다. 그렇다고 해서 많이 소유한 자의 것을 줄이거나 빼앗지 않고, 모자라게 소유한 자라고 해서 더 주지 않는다. 돈이 있어 사고자 하는 자는 비록 천백 결(結)이라도 모두 허가 하고, 토지가 많아 팔고자 하는 자도 단지 영업전 몇 부 이외에는 역시 허가한다.

	ㄱ	ㄴ
①	정약용	이익
②	박지원	유형원
③	정약용	유형원
④	이익	박지원

문 13. 〈보기〉의 의서(醫書)를 편찬된 순서대로 바르게 나열한 것은?

〈보기〉

ㄱ. 『동의보감(東醫寶鑑)』
ㄴ. 『마과회통(麻科會通)』
ㄷ. 『의방유취(醫方類聚)』
ㄹ. 『향약구급방(鄕藥救急方)』

① ㄱ → ㄴ → ㄷ → ㄹ
② ㄷ → ㄹ → ㄴ → ㄱ
③ ㄹ → ㄷ → ㄱ → ㄴ
④ ㄹ → ㄷ → ㄴ → ㄱ

문 14. 조선 후기 지도 편찬에 대한 설명으로 가장 옳지 않은 것은?

① 김정호는 대동여지도를 편찬하기 이전에 이미 청구도 등을 제작하였다.
② 정상기는 백리 척을 이용하여 동국지도를 제작하였다.
③ 모눈종이를 이용한 정밀한 지도도 제작되었다.
④ 대동여지도가 완성되자 나라의 기밀을 누설시킬 우려가 있다고 하여 판목은 압수 소각되었다.

문 15. 위정척사 운동에 대한 설명으로 가장 옳지 않은 것은?

① 최익현은 왜양일체론을 내세우며 개항 반대 운동을 전개하였다.
② 이항로는 척화주전론을 주장하며 통상 반대 운동을 전개하였다.
③ 기정진 등 영남 유생들이 만인소를 올려 『조선책략』을 들여온 김홍집의 처벌을 요구하였다.
④ 홍재학은 주화매국의 신료를 처벌하고 서양 물품과 서양 서적을 불태울 것을 주장하였다.

문 16. 〈보기〉의 밑줄 친 (가) 국가에 대한 설명으로 가장 옳은 것은?

〈보기〉

정부는 (가) 공사의 서울 부임에 답례할 겸 서구의 근대 문물을 시찰하기 위해 1883년 (가) 에 보빙사를 파견하였다. 보빙사의 구성원은 민영익, 홍영식, 서광범 등 11명이었다.

① 삼국 간섭에 참여하였다.
② 용암포를 강제 점령하고 조차를 요구하였다.
③ 거문도를 불법으로 점령하였다.
④ 운산 금광 채굴권을 차지하였다.

문 17. 〈보기〉의 협약 이후 일어난 사실로 가장 옳지 않은 것은?

〈보기〉

제1조 한국 정부는 시정 개선에 관하여 통감의 지도를 받는다.
제2조 한국의 법령 제정 및 중요한 행정상의 처분은 미리 통감의 승인을 거친다.
제4조 한국 고등 관리의 임면은 통감의 동의로써 이를 시행한다.
제5조 한국 정부는 통감이 추천하는 일본인을 한국 관리에 임명한다.

① 각 부의 차관에 일본인이 임명되어 이른바 차관 정치가 시작되었다.
② 대한 제국 군대가 해산되었다.
③ 사법권과 경찰권을 빼앗겼다.
④ 만국 평화 회의에 이상설 등이 파견되었다.

문 18. 〈보기〉에서 일제 강점기의 사건을 발생한 순서대로 바르게 나열한 것은?

〈보기〉

ㄱ. 물산 장려 운동
ㄴ. 3·1 운동
ㄷ. 광주 학생 항일 운동
ㄹ. 6·10 만세 운동

① ㄱ → ㄴ → ㄷ → ㄹ
② ㄱ → ㄷ → ㄴ → ㄹ
③ ㄴ → ㄱ → ㄹ → ㄷ
④ ㄴ → ㄹ → ㄷ → ㄱ

문 19. 〈보기〉 선언문의 발표 후에 있었던 사건으로 가장 적합하지 않은 것은?

〈보기〉

상아의 진리탑을 박차고 거리에 나선 우리는 질풍과 같은 역사의 조류에 자신을 참여시킴으로써 이성과 진리, 그리고 자유의 대학정신을 현실의 참담한 박토에 뿌리려 하는 바이다. …(중략)… 무릇 모든 민주주의 정치사는 자유의 투쟁사다. 그것은 또한 여하한 형태의 전제로 민중 앞에 군림하든 '종이로 만든 호랑이'같이 헤슬픈 것임을 교시한다. …(중략)… 근대적 민주주의의 근간은 자유다. …(하략)

–서울대학교 문리과대학 학생 일동–

① 이승만 대통령이 하야하였다.
② 장면 정권이 수립되었다.
③ 민족자주통일중앙협의회가 조직되었다.
④ 조봉암이 진보당을 결성하였다.

문 20. 〈보기〉와 같은 내용의 헌법으로 개정된 이후 발생한 사건으로 가장 옳은 것은?

〈보기〉

제39조 대통령은 통일주체국민회의에서 토론 없이 무기명 투표로 선거한다.
제40조 통일주체국민회의는 국회의원 정수의 1/3에 해당하는 수의 국회의원을 선거한다.
제43조 대통령은 조국의 평화적 통일을 위한 성실한 의무를 진다.

① 굴욕적인 한일회담에 반대하는 학생 시위가 전개되었다.
② 재야인사들이 명동성당에 모여 '3·1 민주구국선언'을 발표하였다.
③ 친일파 청산을 위해 반민족행위특별조사위원회를 설치하였다.
④ 민생안정을 위해 농가 부채 탕감, 화폐 개혁 등을 실시하였다.

해설편 ▶ P.301

2018 6월 23일 시행 서울시 9급

| 풀이 시간: ____:____ ~ ____:____ / 점수: ____점

문 1. 1965년 6월 22일 체결된 한일 기본 조약에 대한 설명으로 가장 옳은 것은?

> 제2조 1910년 8월 22일 및 그 이전에 대한 제국과 일본 제국 간에 체결된 모든 조약 및 협정이 이미 무효임을 확인한다.
> 제3조 대한민국 정부가 국제 연합 총회의 결의 제195(Ⅲ)호에 명시된 바와 같이 한반도에 있어서의 유일한 합법정부임을 확인한다.

① 위안부 문제가 주요한 의제로 논의되었다.
② 조약에 반대하여 학생들이 6·10 민주 항쟁을 일으켰다.
③ 조약 협의를 위해 중앙정보부장 이후락이 특사로 파견되었다.
④ 재일 교포의 법적 지위 및 대우에 관한 협정도 함께 체결되었다.

문 2. 고려 시대의 경제 생활에 대한 설명으로 옳은 것을 〈보기〉에서 모두 고른 것은?

〈보기〉

> ㄱ. 성종은 건원중보를 만들어 전국적으로 사용하게 하려 했으나 성공하지 못하였다.
> ㄴ. 고려 후기 관청 수공업이 쇠퇴하면서 민간 수공업이 발달하였다.
> ㄷ. 예성강 어귀의 벽란도는 고려의 국제 무역항이었다.
> ㄹ. 원 간섭 시기에는 원의 지폐인 보초가 들어와 유통되기도 하였다.

① ㄱ, ㄴ, ㄷ ② ㄱ, ㄷ, ㄹ
③ ㄴ, ㄷ, ㄹ ④ ㄱ, ㄴ, ㄷ, ㄹ

문 3. 〈보기〉의 조선 시대의 국방 정책을 시간순으로 바르게 나열한 것은?

〈보기〉

> ㄱ. 서울 주변의 네 유수부가 서울을 엄호하는 체제를 구축하였다.
> ㄴ. 금위영을 발족시켜 5군영 제도가 성립되었다.
> ㄷ. 하멜이 가져온 조총 기술을 도입하여 서양식 무기를 제조하였다.
> ㄹ. 수도 방어 체계를 강화하고 '수성윤음'을 반포하였다.

① ㄱ → ㄴ → ㄷ → ㄹ
② ㄴ → ㄹ → ㄱ → ㄷ
③ ㄷ → ㄴ → ㄹ → ㄱ
④ ㄹ → ㄷ → ㄱ → ㄴ

문 4. 구석기 시대 사람들의 생활상에 대한 설명으로 가장 옳은 것은?

① 대체로 동굴이나 바위그늘에서 생활하였으며 불을 사용할 줄 알았다.
② 단양 수양개, 연천 전곡리, 공주 석장리 등 강가에 살던 사람들은 주로 고기잡이와 밭농사를 하며 생활하였다.
③ 이 시기의 대표적인 무덤 형식은 고인돌과 돌널무덤이다.
④ 주먹도끼, 가로날 도끼, 민무늬 토기 등의 도구를 사용했다.

문 5. 통일 신라에 대한 설명으로 가장 옳은 것은?

① 통일 후에는 주로 진골 귀족으로 구성된 9서당을 국왕이 장악함으로써 왕실이 주도하는 교육 제도를 구축하였다.
② 불교가 크게 융성한 통일 신라의 수도인 경주에서는 주로 천태종이 권력과 밀착하며 득세하였다.
③ 신라 중대 때는 주로 원성왕의 후손들이 즉위하면서 비교적 강력한 왕권을 행사하였다.
④ 넓어진 영토를 관리하기 위해 지방 행정을 구획하였는데, 5소경도 이에 해당한다.

문 6. 고려의 문화에 대한 설명 중 가장 옳은 것은?

① 고려의 귀족 문화를 대표하는 백자는 상감기법을 이용한 것이다.
② 고려는 세계 최초로 금속 활자를 발명하였다.
③ 팔만대장경판은 거란의 침입을 물리치기 위한 염원을 담아 만든 것이다.
④ 고려는 불교 국가여서 유교문화가 발전하지 못하였다.

문 7. 조선 전기에 편찬된 서적으로 가장 옳지 <u>않은</u> 것은?

①『본조편년강목』
②『의방유취』
③『삼국사절요』
④『농사직설』

문 8. 〈보기〉의 통일 신라 시대의 경제 제도를 시간순으로 바르게 나열한 것은?

〈보기〉

ㄱ. 중앙과 지방의 여러 관리에게 매달 주던 녹봉을 없애고 다시 녹읍을 주었다.
ㄴ. 중앙과 지방 관리들의 녹읍을 폐지하고 해마다 조(租)를 차등 있게 주었으며 이를 일정한 법으로 삼았다.
ㄷ. 처음으로 백성들에게 정전(丁田)을 지급하였다.
ㄹ. 교서를 내려 문무 관료들에게 토지를 차등 있게 주었다.

① ㄴ → ㄱ → ㄹ → ㄷ
② ㄴ → ㄹ → ㄱ → ㄷ
③ ㄹ → ㄷ → ㄴ → ㄱ
④ ㄹ → ㄴ → ㄷ → ㄱ

문 9. 무신집권기 지방민과 천민의 동요에 대한 설명으로 가장 옳지 <u>않은</u> 것은?

① 조위총은 백제 부흥을 위해 봉기하였다.
② 망이·망소이의 난은 일반 군현이 아닌 소에서 일어났다.
③ 경주를 중심으로 한 지역에서는 신라 부흥을 내걸고 반란이 일어나기도 했다.
④ 만적은 노비 해방을 내세우며 반란을 모의하였다.

문 10. 〈보기〉의 사건을 시간순으로 바르게 나열한 것은?

〈보기〉

ㄱ. 아관 파천
ㄴ. 전주화약 체결
ㄷ. 홍범 14조 발표
ㄹ. 군국기무처 설치

① ㄱ → ㄷ → ㄴ → ㄹ
② ㄴ → ㄹ → ㄷ → ㄱ
③ ㄷ → ㄱ → ㄹ → ㄴ
④ ㄹ → ㄴ → ㄱ → ㄷ

문 11. 조선 시대의 대외 관계에 대한 설명으로 가장 옳은 것은?

① 태조는 북방의 여진족을 몰아내고 4군 6진을 개척하였다.
② 왜란이 끝난 후 조선은 일본에 통신사를 파견하여 국교 재개를 요청하였다.
③ 조선 후기 북학운동의 한계를 느낀 지식인들은 북벌운동을 전개하였다.
④ 조선 후기 중국과의 외교와 무역에 은이 대거 소비되면서 은광이 활발하게 개발되었다.

문12. 두 차례의 양요에 대한 설명으로 가장 옳은 것은?

① 어재연이 이끄는 조선군은 프랑스군을 상대로 승리를 거두었다.
② 미국 상선 제너럴 셔먼호는 평양 주민을 약탈하였다.
③ 양헌수 부대는 광성보 전투에서 결사항전하였으나 퇴각하였다.
④ 박규수는 화공 작전을 펴서 프랑스 군대를 공격하였다.

문13. 조선 시대 신분제에 대한 설명으로 가장 옳지 않은 것은?

① 중앙 관직에 진출할 수 있던 고려 시대의 향리와 달리 조선의 향리는 수령을 보좌하는 아전으로 격하되었다.
② 유교의 적서구분에 의해 서얼에 대한 차별이 심했기 때문에 서얼은 관직에 진출하지 못하였다.
③ 뱃사공, 백정 등은 법적으로는 양인으로 취급되기도 했으나 노비처럼 천대받으며 특수 직업에 종사하였다.
④ 순조는 공노비 중 일부를 양인으로 해방시켜 주었다.

문 14. 근대 교육기관에 대한 설명으로 가장 옳지 않은 것은?

① 배재 학당: 선교사 아펜젤러가 서울에 설립한 사립 학교이다.
② 동문학: 정부가 설립한 외국어 교육 기관으로 통역관을 양성하였다.
③ 경신 학교: 고종의 교육입국조서에 따라 설립된 관립 학교이다.
④ 원산 학사: 함경도 덕원 주민들이 기금을 조성하여 설립한 학교이다.

문 15. 왕의 수신 교과서인 『성학십도』를 집필한 인물에 대한 설명으로 가장 옳은 것은?

① 아동용 수신서인 『동몽선습』을 편찬하였다.
② 그의 학설을 따르는 이들이 처음에는 서인을 형성하였다.
③ 기(氣)보다는 이(理)를 중시했고, 예안향약을 만들었다.
④ 『주자대전』의 중요 부분을 발췌하여 『주자문록』을 편찬하였다.

문 16. 대한민국의 민주화 여정에 대한 설명으로 가장 옳은 것은?

① 1960년대: 장기 집권을 획책한 박정희의 사사오입 개헌에 맞서 학생들과 재야인사들이 그 반대투쟁을 전개하였다.
② 1970년대: 유신개헌을 통해 평화적으로 민주화를 추진할 수 있는 법률적 기틀을 제공하였다.
③ 1980년대: 6월 민주 항쟁을 통해 군사 정권을 종식시키고 선거를 통해 문민정부가 출범하였다.
④ 1990년대: 대선결과에 따라 평화적 정권 교체가 실현되었다.

문 17. 〈보기〉에서 제시된 인물의 공통점으로 가장 옳은 것은?

〈보기〉

ㄱ. 김운경
ㄴ. 최치원
ㄷ. 최언위
ㄹ. 최승우

① 고려 출신으로 당나라에서 유학했다.
② 7세기와 8세기에 활약했던 신라의 대문장가이다.
③ 숙위학생으로 당 황제의 호위무사가 되었다.
④ 당나라의 빈공과에 급제한 후 귀국하였다.

문 18. 〈보기〉의 어록을 남긴 인물의 활동으로 가장 옳은 것은?

〈보기〉

"대전자령의 공격은 이천만 대한인민을 위하여 원수를 갚는 것이다. 총알 한 개 한 개가 우리 조상 수천, 수만의 영혼이 보우하여 주는 피의 사자이니 제군은 단군의 아들로 굳세게 용감히 모든 것을 희생하고 만대 자손을 위하여 최후까지 싸우라."

① 화북 조선 독립 동맹의 주석으로 선출되어 활동하였다.
② 조선 혁명군을 이끌고 영릉가 전투에서 대승을 거두었다.
③ 한국 독립군을 이끌고 쌍성보 전투에서 일본군을 격파하였다.
④ 조선 의용대를 결성하고 대적 심리전 등에서 크게 활약하였다.

문 19. 〈보기〉의 빈칸에 공통적으로 해당하는 국가와 관련하여 고려 시대에 발생한 일로 가장 옳은 것은?

〈보기〉

• 모든 관리들을 소집해 [　　　　]을/를 상국으로 대우하는 일의 가부를 의논하게 하자 모두 불가하다고 했으나, 이자겸과 척준경만이 찬성하고 나섰다.
• [　　　　]은/는 전성기를 맞아 우리 조정이 그들의 신하임을 칭하도록 하고자 하였다. 여러 의견들이 뒤섞여 어지러운 가운데, 윤언이가 홀로 간쟁하여 말하기를 …… 여진은 본래 우리 조정 사람들의 자손이기 때문에 신하가 되어 차례로 우리 임금께 조공을 바쳐왔고, 국경 근처에 사는 사람들은 모두 우리 조정의 호적에 올라있는 지 오래 되었습니다. 우리 조정이 어찌 거꾸로 그들의 신하가 될 수 있겠습니까?

① 이 국가의 침입으로 인해 국왕은 나주로 피난하였다.
② 묘청 일파는 이 국가의 정벌을 주장하였다.
③ 이 국가와 함께 강동성에 포위된 거란족을 격파하였다.
④ 이 국가의 침략에 대비하여 광군을 설치하였다.

문 20. 〈보기 1〉의 (가)와 (나)가 발표된 시기의 사이에 있었던 사실을 〈보기 2〉에서 모두 고른 것은?

〈보기 1〉

(가) 첫째, 통일은 외세에 의존하거나 외세의 간섭을 받음이 없이 자주적으로 해결하여야 한다.
둘째, 통일은 서로 상대방을 반대하는 무력행사에 의거하지 않고 평화방법으로 실현하여야 한다.
셋째, 사상과 이념, 제도의 차이를 초월하여 우선 하나의 민족으로서 민족적 대단결을 도모하여야 한다.

(나) 1. 남과 북은 나라의 통일 문제를 그 주인인 우리 민족끼리 서로 힘을 합쳐 자주적으로 해결한다.
2. 남과 북은 남측의 연합제 안과 북측의 낮은 단계의 연방제 안이 서로 공통성이 있다고 인정한다.

〈보기 2〉

ㄱ. 금강산 관광이 시작되었다.
ㄴ. 남북 조절 위원회를 설치하였다.
ㄷ. 경의선과 동해선 철도가 연결되었다.
ㄹ. 남과 북이 동시에 유엔에 가입하였다.

① ㄱ, ㄴ, ㄷ
② ㄱ, ㄴ, ㄹ
③ ㄱ, ㄷ, ㄹ
④ ㄴ, ㄷ, ㄹ

해설편 ▶ P.304

2017 6월 24일 시행 서울시 9급

| 풀이 시간: ____:____ ~ ____:____ / 점수: ____점

문 1. 거문도 사건이 전개된 동안, 당시 사람들이 볼 수 있었던 모습은?

① 당오전을 발행하는 기사
② 〈한성순보〉를 배포하는 공무원
③ 『서유견문』을 출간한 유길준
④ 일본과의 무관세 무역을 항의하는 동래 부민

문 2. 다음은 『고려사』에 나타난 고려 중기 두 세력의 대표적 인물의 주장이다. 이들에 대한 설명으로 옳은 것을 〈보기〉에서 고르면?

(가) 제가 보건대 서경 임원역의 땅은 풍수지리를 하는 사람들이 말하는 아주 좋은 땅입니다. 만약 이곳에 궁궐을 짓고 전하께서 옮겨 앉으시면 천하를 다스릴 수 있습니다. 또한 금나라가 선물을 바치고 스스로 항복할 것이고 주변의 36나라가 모두 머리를 조아릴 것입니다.
(나) 금년 여름 서경 대화궁에 30여 개소나 벼락이 떨어졌습니다. 서경이 만일 좋은 땅이라면 하늘이 이렇게 하였을리 없습니다. 또 서경은 아직 추수가 끝나지 않았습니다. 지금 거동하시면 농작물을 짓밟을 것이니 이는 백성을 사랑하고 물건을 아끼는 뜻과 어긋납니다.

〈보기〉
ㄱ. (가) 국호를 대위, 연호를 천개로 정하고 반란을 일으켰다.
ㄴ. (가) 칭제 건원과 요나라 정벌을 주장하였다.
ㄷ. (나) 개경 중심의 문벌 귀족 세력의 대표였다.
ㄹ. (나) 편년체 역사서인 『삼국사기』를 편찬하였다.

① ㄱ, ㄷ ② ㄱ, ㄴ, ㄷ
③ ㄱ, ㄷ, ㄹ ④ ㄱ, ㄴ, ㄷ, ㄹ

문 3. 밑줄 친 '그'에 대한 설명으로 옳은 것은?

그는 『묘종초』를 설법하기 좋아하여 언변과 지혜가 막힘이 없었고, 대중에게 참회를 닦기를 권하였다. …(중략)… 대중의 청을 받아 교화시키고 인연을 맺은 지 30년이며, 결사에 들어온 자들이 3백여 명이 되었다.

① 강진의 토호 세력의 도움을 받아 백련사를 결성하였다.
② 불교계 폐단을 개혁하기 위해 9산 선문의 통합을 주장하였다.
③ 이론의 연마와 실천을 아울러 강조하는 교관겸수를 제창하였다.
④ 깨달은 후에도 꾸준한 실천이 필요하다는 돈오점수를 중시하였다.

문 4. 다음과 같은 남북 합의가 이루어진 정부에서 일어난 사실은?

제1조 남과 북은 서로 상대방의 체제를 인정하고 존중한다.
제2조 남과 북은 상대방의 내부 문제에 간섭하지 아니한다.
제3조 남과 북은 상대방에 대한 비방, 중상을 하지 아니한다.
제4조 남과 북은 상대방을 파괴, 전복하는 일체 행위를 하지 아니한다.

① 남북 조절 위원회 회담
② 금융 실명제 전면 실시
③ 남북 정상 회담 개최
④ 북방 외교의 적극 추진

문 5. 다음 중 단군 조선의 역사를 다룬 책으로 옳은 것은?

① 『삼국사기』
② 『표제음주동국사략』
③ 『연려실기술』
④ 『고려사절요』

문 6. 조선 후기에 전개된 국학 연구에 대한 설명으로 옳지 않은 것은?

① 유희는『언문지』를 지어 우리말의 음운을 연구하였다.
② 이의봉은『고금석림』을 편찬하여 우리의 어휘를 정리하였다.
③ 한치윤은『기언』을 지어 토지 제도의 개혁을 주장하였다.
④ 이종휘는『동사』를 지어 고구려사에 대한 관심을 고조시켰다.

문 7. 다음 지도와 같이 영토 수복이 이루어진 왕대에 일어난 사실은?

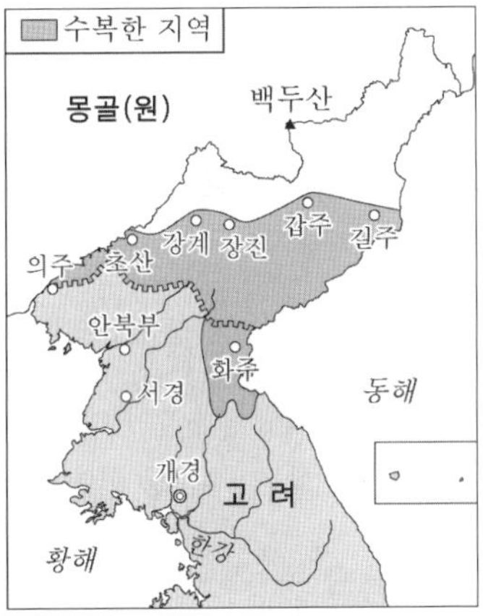

① 과전법의 시행
② 철령위의 설치
③ 이승휴의『제왕운기』편찬
④ 전민변정도감의 설치

문 8. 조선 후기 경제 변화에 대한 설명으로 옳지 않은 것은?

① 소라 불리는 특수 지역에서 수공업이 이루어졌다.
② 도고라 불리는 독점적 도매상인이 활동하였다.
③ 인삼·담배 등의 상품 작물이 널리 재배되었다.
④ 금광·은광을 몰래 개발하는 잠채가 번창하였다.

문 9. 고려 시대 토지 제도에 대한 설명으로 옳은 것은?

① 6품 이상의 관리는 전시과 이외에도 공음전을 받아 자손에게 물려줄 수 있었다.
② 전시과에서는 문무관리, 군인, 향리 등을 9등급으로 나누어, 토지를 주었다.
③ 후삼국을 통일한 태조 왕건은 공신, 군인 등을 대상으로 그들의 공로에 따라 차등을 두어 역분전을 지급하였다.
④ 국가는 왕실 경비를 마련하기 위해서 공해전을 지급하였다.

문 10. (가), (나) 문서에 대한 설명으로 옳은 것은?

> (가) 조선 인민의 노예 상태에 유의하여 적당한 시기에 맹세코 조선을 자주독립시킬 것을 결의한다.
> (나) 조선 임시 정부의 구성을 원조할 목적으로 먼저 그 적절한 방안을 마련하기 위하여 남조선 합중국 관구와 북조선 소련 관구의 대표자들로 공동 위원회가 설치될 것이다.

① (가)는 포츠담 회담에서 발표되었다.
② (나)의 결정에는 미국, 영국, 소련이 참여하였다.
③ (나)의 결정에 따라 좌우 합작 위원회가 만들어졌다.
④ (가), (나)는 8·15 해방 직전에 발표되었다.

문 11. 밑줄 친 '왕'에 대한 설명으로 옳은 것은?

> 왕은 왕권 강화를 위해 중앙 집권 체제를 강화하고, 변방 중심에서 전국적인 지역 중심 방어 체제로 바꾸는 등 국방을 강화하였다. 또 국가 재정을 안정시키기 위해 과전을 현직 관료에게만 지급하기 시작하였다.

①『경국대전』의 편찬을 마무리하여 반포하였다.
② 간경도감을 두어『월인석보』를 언해하여 간행하였다.
③ 6조 직계제를 채택하고 사간원을 독립시켜 대신을 견제하였다.
④ 대마도주와 계해약조를 맺어 1년에 50척으로 제한하였다.

문 12. 밑줄 친 '이 책'의 저자에 대한 설명으로 옳은 것은?

> 이 책은 왕과 사대부를 위해 왕도정치의 규범을 체계화한 것으로 통설, 수기, 정가, 위정, 성현도통 등으로 구성되어 있다. 이 책은 성리학의 정치 이론서인『대학연의』를 보완함으로써 조선의 사상계에 널리 영향을 미쳤다.

① 경과 의를 근본으로 하는 실천적 성리학풍을 강조하였다.
② 기대승과 8차례 편지를 통해 4단과 7정에 대한 논쟁을 벌였다.
③ 이보다 기를 중심으로 세계를 이해하고 노장 사상에 개방적이었다.
④ 사림이 추구하는 왕도정치가 기자에서 시작되었다는 평가를 담은『기자실기』를 저술하였다.

문 13. 밑줄 친 '그'의 활동에 대한 설명으로 옳은 것은?

> 그는 만동묘와 폐단이 큰 서원을 철폐하도록 명령을 내렸다. 선비들 수만 명이 대궐 앞에 모여 만동묘와 서원을 다시 설립할 것을 청하니, 그가 크게 노하여 병졸로 하여금 한강 밖으로 몰아내도록 하였다.

① 갑오개혁 당시 군국기무처의 총재관으로 활동하였다.
② 갑신정변 당시 청군의 원조를 요청하였다.
③ 임오군란 직후 통리기무아문을 폐지하였다.
④ 강화도 조약 체결 직전 화서 학파의 적극적인 지지를 받았다.

문 14. 대한민국 임시 정부에 대한 설명으로 옳지 않은 것은?

① 국내 항일 세력들과 연락하기 위해 연통제를 운영하였다.
② 국외 거주 동포에게 독립 공채를 발행하였다.
③ 만주 지역의 무장 투쟁 세력들도 참여하였다.
④ 임시 정부 수립 직후 임시 의정원을 구성하였다.

문 15. ㉠~㉣에 대한 설명이 바르게 연결된 것은?

> ㉠ 농경이 발달하였고, 어물과 소금 등 해산물이 풍부하였다.
> ㉡ 도둑질을 하면 물건 값의 12배를 변상하게 하였다.
> ㉢ 산과 내마다 각기 구분이 있어서 함부로 들어가지 못하였다.
> ㉣ 국읍에 각각 한 사람씩 세워 천신의 제사를 주관하게 하였다.

① ㉠ – 10월에 동맹이라는 제천 행사를 실시하였다.
② ㉡ – 형이 죽으면 형수를 아내로 삼는 풍습이 있었다.
③ ㉢ – 족내혼과 함께 민며느리제라는 혼인 풍속이 있었다.
④ ㉣ – 상가, 고추가 등이 제가회의를 열어 국가 대사를 결정하였다.

문 16. 삼국 통일 과정에서 나타난 사건을 순서대로 바르게 나열한 것은?

> (가) 나·당 연합군이 평양성을 함락시켰다.
> (나) 신라가 매소성에서 당군을 크게 물리쳤다.
> (다) 계백의 저항에도 불구하고 사비성이 함락되었다.
> (라) 백제·왜 연합군이 나·당 연합군과 백강에서 전투를 벌였다.

① (나) → (가) → (다) → (라)
② (나) → (다) → (가) → (라)
③ (다) → (라) → (가) → (나)
④ (라) → (다) → (가) → (나)

문 17. 임진왜란으로 발생한 문제를 해결하기 위해 광해군 재위기간 중에 추진된 정책에 해당하지 않는 것은?

① 토지 대장과 호적을 새로 정비하였다.
② 공납 제도의 문제점을 보완하기 위해 대동법을 실시하였다.
③ 임진왜란 때 활약한 충신과 열녀를 조사하여 추앙하였다.
④ 진관 체제에서 제승방략 체제로 변경하였다.

문 18. (가)의 사건에 대한 설명으로 옳은 것은?

> 심문자: 작년 3개월간 무슨 사연으로 고부 등지에서 민중을 크게 모았는가?
> 답변자: 고부 군수의 수탈이 심하여 민심이 억울하고 통한스러워 의거를 하였다.
> 심문자: 흩어져 돌아간 후에는 무슨 일로 봉기하였는가?
> 답변자: 안핵사 이용태가 의거 참가자 대다수를 동학도로 몰아 체포하여 살육하였기 때문이다.
> 심문자: (가) 이후 다시 봉기를 일으킨 이유는 무엇인가?
> 답변자: 일본이 군대를 거느리고 경복궁을 침범하였기 때문이다.

① 일본군이 풍도의 청군을 공격하면서 성립하였다.
② 법규교정소를 설치한다는 내용이 들어 있었다.
③ 집강소 및 폐정개혁에 관한 규정이 포함되었다.
④ 제물포 조약을 근거로 실행한 것이다.

문 19. 다음 자료와 관련된 사건을 순서대로 바르게 나열한 것은?

> ㉠ 무엇보다 우리는 이른바 4·13 대통령의 특별 조치를 국민의 이름으로 무효임을 선언한다.
> ㉡ 우리 시민군은 온갖 방해에도 불구하고 여러분의 안전을 끝까지 지킬 것입니다. 또한 협상이 올바른 방향대로 진행되면 우리는 즉각 총을 놓겠습니다.
> ㉢ 오늘의 이 시점에서 저는 사회적 혼란을 극복하고, 국민적 화해를 이룩하기 위하여 대통령 직선제를 택하지 않을 수 없다는 결론에 이르게 되었습니다.

① ㉠ → ㉡ → ㉢
② ㉡ → ㉠ → ㉢
③ ㉡ → ㉢ → ㉠
④ ㉢ → ㉡ → ㉠

문 20. 다음의 협약 이후 일어난 일로 옳지 않은 것은?

> • 한국 정부는 시정 개선에 관하여 통감의 지도를 받을 것
> • 한국 정부의 법령 제정 및 중요한 행정상의 처분은 미리 통감의 승인을 거칠 것
> • 한국 고등 관리의 임면은 통감의 동의로써 이를 행할 것
> • 한국 정부는 통감이 추천하는 일본인을 한국 관리에 임명할 것

① 13도 창의군의 서울 진공 작전
② 고종의 헤이그 특사 파견
③ 대한 제국 군대 해산
④ 대한 제국 경찰권 박탈

해설편 ▶ P.308

에듀윌이
너를
지지할게

ENERGY

끝이 좋아야 시작이 빛난다.

– 마리아노 리베라(Mariano Rivera)

편저자 **송운학**

■ 약력
국어교육학 석사 전공의 정통파 교수
대학교 공무원학과 교수 역임
(現) 에듀윌 국어 대표 교수

편저자 **성정혜**

■ 약력
누적 수강생 68만 명*, 에듀윌 공무원 영어 수강생 수 1위
(現) 에듀윌 공무원 영어 대표 교수
(前) EBS 영어 전임 강사
(前) 이투스 영어 전임 강사

*에듀윌 공무원 영어 온라인 수강생 누적 기준(2018.01.–2023.09.)

편저자 **신형철**

■ 약력
(現) 에듀윌 한국사 대표 교수
(前) 농협대학교 한국사 겸임교수
(前) EBS 명품공무원 한국사 대표 강사

2024 에듀윌 9급공무원 공통과목 7+3개년 기출PACK

발 행 일	2023년 10월 4일 초판
편 저 자	송운학, 성정혜, 신형철
펴 낸 이	김재환
펴 낸 곳	(주)에듀윌
등록번호	제25100-2002-000052호
주　　소	08378 서울특별시 구로구 디지털로34길 55 코오롱싸이언스밸리 2차 3층

www.eduwill.net

대표전화 1600-6700

여러분의 작은 소리
에듀윌은 크게 듣겠습니다.

본 교재에 대한 여러분의 목소리를 들려주세요.
공부하시면서 어려웠던 점, 궁금한 점,
칭찬하고 싶은 점, 개선할 점, 어떤 것이라도 좋습니다.

에듀윌은 여러분께서 나누어 주신 의견을
통해 끊임없이 발전하고 있습니다.

에듀윌 도서몰 book.eduwill.net

- 부가학습자료 및 정오표: 에듀윌 도서몰 → 도서자료실
- 교재 문의: 에듀윌 도서몰 → 문의하기 → 교재(내용, 출간) / 주문 및 배송

✂ 자르는 선

9급공무원 공개경쟁채용 필기시험 답안지

컴퓨터용 사인펜으로 마킹하고 지우개로 지워서 사용하세요.

컴퓨터용 흑색사인펜만 사용

책 형

【필적감정용 기재】
*아래 예시문을 옮겨 적으시오
본인은 ○○○(응시자성명)임을 확인함

기 재 란

성 명	
자필성명	본인 성명 기재
응시직렬	
응시지역	
시험장소	

응 시 번 호

	⓪	⓪	⓪	⓪	⓪	⓪
	①	①	①	①	①	①
	②	②	②	②	②	②
	③	③	③	③	③	③
	④	④	④	④	④	④
	⑤	⑤	⑤	⑤	⑤	⑤
⑥	⑥	⑥	⑥	⑥	⑥	⑥
⑦	⑦	⑦	⑦	⑦	⑦	⑦
	⑧	⑧	⑧	⑧	⑧	⑧
	⑨	⑨	⑨	⑨	⑨	⑨

생 년 월 일

⓪	⓪	⓪	⓪	⓪	⓪
	①	①	①	①	①
	②		②	②	②
	③		③	③	③
	④		④		④
⑤	⑤		⑤		⑤
⑥	⑥		⑥		⑥
⑦	⑦		⑦		⑦
⑧	⑧		⑧		⑧
⑨	⑨		⑨		⑨

※시험감독관 서명
(성명을 정자로 기재할 것)

문번	1회독	2회독	3회독	4회독	5회독
1	① ② ③ ④ ⑤	① ② ③ ④ ⑤	① ② ③ ④ ⑤	① ② ③ ④ ⑤	① ② ③ ④ ⑤
2	① ② ③ ④ ⑤	① ② ③ ④ ⑤	① ② ③ ④ ⑤	① ② ③ ④ ⑤	① ② ③ ④ ⑤
3	① ② ③ ④ ⑤	① ② ③ ④ ⑤	① ② ③ ④ ⑤	① ② ③ ④ ⑤	① ② ③ ④ ⑤
4	① ② ③ ④ ⑤	① ② ③ ④ ⑤	① ② ③ ④ ⑤	① ② ③ ④ ⑤	① ② ③ ④ ⑤
5	① ② ③ ④ ⑤	① ② ③ ④ ⑤	① ② ③ ④ ⑤	① ② ③ ④ ⑤	① ② ③ ④ ⑤
6	① ② ③ ④ ⑤	① ② ③ ④ ⑤	① ② ③ ④ ⑤	① ② ③ ④ ⑤	① ② ③ ④ ⑤
7	① ② ③ ④ ⑤	① ② ③ ④ ⑤	① ② ③ ④ ⑤	① ② ③ ④ ⑤	① ② ③ ④ ⑤
8	① ② ③ ④ ⑤	① ② ③ ④ ⑤	① ② ③ ④ ⑤	① ② ③ ④ ⑤	① ② ③ ④ ⑤
9	① ② ③ ④ ⑤	① ② ③ ④ ⑤	① ② ③ ④ ⑤	① ② ③ ④ ⑤	① ② ③ ④ ⑤
10	① ② ③ ④ ⑤	① ② ③ ④ ⑤	① ② ③ ④ ⑤	① ② ③ ④ ⑤	① ② ③ ④ ⑤
11	① ② ③ ④ ⑤	① ② ③ ④ ⑤	① ② ③ ④ ⑤	① ② ③ ④ ⑤	① ② ③ ④ ⑤
12	① ② ③ ④ ⑤	① ② ③ ④ ⑤	① ② ③ ④ ⑤	① ② ③ ④ ⑤	① ② ③ ④ ⑤
13	① ② ③ ④ ⑤	① ② ③ ④ ⑤	① ② ③ ④ ⑤	① ② ③ ④ ⑤	① ② ③ ④ ⑤
14	① ② ③ ④ ⑤	① ② ③ ④ ⑤	① ② ③ ④ ⑤	① ② ③ ④ ⑤	① ② ③ ④ ⑤
15	① ② ③ ④ ⑤	① ② ③ ④ ⑤	① ② ③ ④ ⑤	① ② ③ ④ ⑤	① ② ③ ④ ⑤
16	① ② ③ ④ ⑤	① ② ③ ④ ⑤	① ② ③ ④ ⑤	① ② ③ ④ ⑤	① ② ③ ④ ⑤
17	① ② ③ ④ ⑤	① ② ③ ④ ⑤	① ② ③ ④ ⑤	① ② ③ ④ ⑤	① ② ③ ④ ⑤
18	① ② ③ ④ ⑤	① ② ③ ④ ⑤	① ② ③ ④ ⑤	① ② ③ ④ ⑤	① ② ③ ④ ⑤
19	① ② ③ ④ ⑤	① ② ③ ④ ⑤	① ② ③ ④ ⑤	① ② ③ ④ ⑤	① ② ③ ④ ⑤
20	① ② ③ ④ ⑤	① ② ③ ④ ⑤	① ② ③ ④ ⑤	① ② ③ ④ ⑤	① ② ③ ④ ⑤

응시자 준수사항

□ 답안지 작성요령

※다음 사항을 준수하지 않을 경우에 발생하는 불이익은 응시자의 귀책사유가 되므로 기재된 내용대로 이행하여 주시기 바랍니다.

1. **득점은 OCR 스캐너 판독결과에 따라 산출합니다.** 모든 기재 및 표기사항은 **"컴퓨터용 흑색 사인펜"을 사용**하여 **반드시 〈보기〉의 올바른 표기 방식으로 답안을 작성**해야 합니다.
   이를 준수하지 않아 발생하는 불이익(득점 불인정 등)은 응시자 본인 책임입니다.
   특히, 답란을 전부 채우지 않고 점만 찍어 표기한 경우, 번짐 등으로 두 개 이상의 답란에 표기된 경우, **농도가 옅은 컴퓨터용 사인펜을 사용하여 답안을 흐리게 표기**한 경우 등에는 불이익(득점 불인정 등)을 받을 수 있으니 유의하시기 바랍니다.
   〈보기〉 올바른 표기: ● 잘못된 표기: ⓥ ⊗ ◑ ⊙ ⦶ ◌ ◌ ② ③

2. **적색볼펜, 연필, 샤프펜 등 펜의 종류와 상관없이 예비표기를 하여 중복 답안으로 판독된 경우에는 불이익을 받을 수 있으므로 각별히 주의**하시기 바랍니다.

3. 답안지를 받으면 상단에 인쇄된 **성명, 응시직렬, 응시지역, 시험장소, 응시번호, 생년월일**이 **응시자 본인 정보와 일치하는지 확인**하시기 바랍니다.
   가. **(책 형)** 응시자는 **시험 시작 전** 감독관 지시에 따라 **문제책 앞면에 인쇄된 책형**을 **확인**한 후, **답안지 책형란에 해당 책형(1개)을 "●"로 표기**하여야 합니다.
   ※ 책형 및 인적사항을 기재하지 않을 경우 불이익(당해시험 무효 처리 등)을 받을 수 있습니다.
   나. **(필적감정용 기재) 예시문**과 **동일한 내용**을 **본인의 필적**으로 직접 **작성**해야 합니다.
   다. **(자필성명)** 본인의 한글성명을 **정자로 직접 기재**하여야 합니다.
   라. **(교체답안지 작성)** 답안지를 교체하면 반드시 **교체답안지 상단 책형란에 해당 책형(1개)을 "●"로 표기하고,** 필적감정용 기재란, 성명, 응시직렬, 응시지역, 시험장소, 응시번호, 생년월일을 빠짐없이 **작성(표기)**해야 하며, 작성한 답안지는 **1인 1매**만 유효합니다.

4. 시험이 시작되면 **문제책 편철과 표지의 과목순서의 일치 여부, 문제 누락 · 파손 등 문제책 인쇄상태를 반드시 확인하여야 합니다.**

5. **답안은 반드시 문제책 표지의 과목순서에 맞추어 표기**하여야 하며, 과목 순서를 바꾸어 표기한 경우에도 **문제책 표지의 과목순서대로 채점**되므로 각별히 유의하시기 바랍니다.
   – **선택과목이 있는 행정직군 응시자는 본인의 응시표에 인쇄된 선택과목 순서에 따라 제4과목과 제5과목의 답안을 표기**하여야 합니다. 원서접수 시 선택한 과목이 아닌 다른 과목을 선택하여 답안을 표기하거나, 선택과목 순서를 바꾸어 표기한 경우에도 **응시표에 기재된 선택과목 순서대로 채점**되므로 유의하시기 바랍니다.

6. 답안을 매 문항마다 반드시 **하나의 답만**을 골라 그 숫자에 "●"로 표기해야 하며, **답안을 잘못 표기하였을 경우에는 답안지를 수정하거나 교체하여 작성할 수 있습니다.**
   – 표기한 답안을 수정하는 경우에는 **응시자 본인이 가져온 수정테이프만을 사용**하여 해당 부분을 완전히 지우고 부착된 수정테이프가 떨어지지 않도록 눌러 주어야 합니다**(수정액 또는 수정스티커 등은 사용 불가).**
   – **불량 수정테이프의 사용과 불완전한 수정**처리로 인해 발생하는 **문제**는 **응시자 본인에게 책임이 있음**을 유념하시기 바랍니다.

7. 답안지는 **훼손 · 오염되거나 구겨지지 않도록 주의**해야 하며, 특히 **답안지 상단의 타이밍 마크(▮▮▮▮▮)를 절대 훼손해서는 안됩니다.**

□ 부정행위 등 금지

※다음 사항을 위반한 경우에는 공무원임용시험령 제51조(부정행위자 등에 대한 조치)에 따라 그 시험의 정지, 무효, 합격취소, 5년간 공무원임용시험 응시자격정지 등의 불이익 처분을 받게 됩니다.

1. 시험시작 전까지 문제내용을 보아서는 안됩니다.

2. 시험시간 중 일체의 **통신기기**(휴대폰, 태블릿PC, 스마트시계, 이어폰, 등) 및 **전자기기**(전자계산기, 전자사전 등)를 **소지할 수 없습니다.**

3. 응시표 출력사항 외 시험과 관련된 내용이 인쇄 또는 메모된 응시표를 시험시간 중 소지하고 있는 경우 당해시험 무효 처분을 받을 수 있으며, 특히 부정한 자료로 판단되는 경우에는 **5년간 공무원 임용시험 응시자격 정지 처분**을 받을 수 있습니다.

4. **시험종료 후에도 계속하여 답안지를 작성하거나, 시험감독관의 답안지 제출 지시에 불응할 경우에는 무효처분을 받게 됩니다.**
   – 답안, 책형 및 인적사항 등 모든 기재(표기) 사항 작성은 시험종료 전까지 해당 시험실에서 완료하여야 하며, 특히 답안지 교체 작성 시 누락되는 항목이 없도록 유의하시기 바랍니다.

5. 답안 기재가 끝났더라도 시험종료 후 **시험감독관의 지시가 있을 때까지 퇴실할 수 없으며, 사용한 모든 답안지는 반드시 제출해야 합니다.**

6. 그 밖에 **공고문의 응시자 준수사항**이나 **시험감독관의 정당한 지시** 등을 따르지 않을 경우 부정행위자로 간주될 수 있습니다.

에듀윌에서 꿈을 이룬
합격생들의 진짜 합격스토리

에듀윌 강의·교재·학습시스템의 우수성을
합격으로 입증하였습니다!

에듀윌만의 커리큘럼과 학습 관리 프로그램 덕분에 공시 3관왕 달성

김○은 국가직 9급 일반행정직 최종 합격

혼자서 공부하다 보면 지금쯤 뭘 해야 하는지, 내가 잘하고 있는지 걱정이 될 때가 있는데 에듀윌 커리큘럼은 정말 잘 짜여 있어 고민할 필요 없이 그대로 따라가면 되는 시스템이었습니다. 또한 학습 매니저님이 요즘 공부는 어떻게 하고 있는지, 어려운 점은 없는지 전화로 관리해 주셔서 학원에 다니지 않고 인강만으로도 국가직, 지방직, 군무원 3개 직렬에 충분히 합격할 수 있었습니다. 혼자 공부하다 보면 내 위치를 스스로 가늠하기 어려운데, 매달 제공되는 에듀윌 모의고사를 통해서 제 수준이 어느 정도인지 파악할 수 있어서 좋았습니다.

아케르 시스템으로 생활 패턴까지 관리해 주는 에듀윌

황○규 국가직 9급 세무직 최종 합격

공무원 시험을 준비하려고 마음먹었을 때 에듀윌이 가장 먼저 떠올랐습니다. 특히 에듀윌 학원은 교수님 선택 폭도 넓고 세무직은 현강에서 스터디까지 해 주기 때문에 선택했습니다. 학원에서는 옆에 앉은 학생들의 공부하는 모습을 보면서 자극을 받고 집중해서 공부할 수 있었습니다. 무엇보다 잘 짜인 에듀윌 학원 커리큘럼과 매니저님들의 스케줄 관리, 아케르 출석 체크를 활용한 규칙적인 생활 패턴 덕분에 합격할 수 있었다고 생각합니다.

에듀윌의 강의 + 교재 + 집중 관리로 경찰 공무원 합격

편○혁 일반 순경 최종 합격

에듀윌 학원의 매니저님과 파트장님이 일대일로 밀착 관리해 주시고 게을러지지 않게끔 도움을 많이 주셨습니다. 그리고 교수님들이 수업 시간에 친절하고 자세하게 설명해 주셔서 초반에 어려움 없이 학업을 이어갈 수 있었습니다. 또한, 에듀윌 경찰 교재의 내용이 좋아서 다른 교재를 학습하지 않고도 합격할 수 있었습니다. 열심히 하다 보면 붙는다는 말이 처음에는 미덥지 않았지만, 열심히 하다 보니까 합격까지 오게 되었습니다. 여러분들도 에듀윌을 믿고 따라가다 보면 분명히 합격할 수 있을 것입니다.

다음 합격의 주인공은 당신입니다!

더 많은
합격스토리

SPEED CHECK 빠른 정답표

2023 국가직 9급

1	2	3	4	5
③	①	③	②	④
6	7	8	9	10
④	①	①	②	④
11	12	13	14	15
③	①	②	②	④
16	17	18	19	20
③	④	④	②	③

2022 국가직 9급

1	2	3	4	5
③	②	④	③	②
6	7	8	9	10
④	①	②	④	③
11	12	13	14	15
②	②	④	①	④
16	17	18	19	20
③	④	①	③	①

2021 국가직 9급

1	2	3	4	5
②	③	①	②	④
6	7	8	9	10
④	②	②	③	④
11	12	13	14	15
③	③	③	①	④
16	17	18	19	20
①	②	④	④	①

2020 국가직 9급

1	2	3	4	5
③	①	④	④	②
6	7	8	9	10
①	②	③	④	④
11	12	13	14	15
②	①	②	③	③
16	17	18	19	20
②	①	③	④	③

2019 국가직 9급

1	2	3	4	5
②	①	③	④	①
6	7	8	9	10
④	④	①	④	②
11	12	13	14	15
③	②	③	④	③
16	17	18	19	20
③	①	④	②	③

2018 국가직 9급

1	2	3	4	5
②	②	③	③	②
6	7	8	9	10
④	④	①	①	②
11	12	13	14	15
③	②	②	①	③
16	17	18	19	20
①	④	③	③	①

2017 국가직 9급

1	2	3	4	5
②	④	②	③	③
6	7	8	9	10
①	③	②	③	④
11	12	13	14	15
③	②	④	①	③
16	17	18	19	20
④	①	①	①	②

2017 국가직 9급(추가)

1	2	3	4	5
④	③	④	③	②
6	7	8	9	10
①	③	③	④	①
11	12	13	14	15
③	④	①	②	②
16	17	18	19	20
④	②	①	②	④

2023 지방직 9급

1	2	3	4	5
①	①	③	④	②
6	7	8	9	10
④	④	③	④	②
11	12	13	14	15
②	②	④	①	③
16	17	18	19	20
③	②	②	①	①

2022 지방직 9급

1	2	3	4	5
③	①	③	②	②
6	7	8	9	10
③	④	②	④	④
11	12	13	14	15
③	①	③	③	④
16	17	18	19	20
④	③	②	①	④

2021 지방직 9급

1	2	3	4	5
②	③	정답 없음	②	④
6	7	8	9	10
③	③	③	①	④
11	12	13	14	15
④	②	②	③	①
16	17	18	19	20
①	④	③	④	④

2020 지방직 9급

1	2	3	4	5
④	②	①	①	③
6	7	8	9	10
③	①	②	④	③
11	12	13	14	15
①	④	②	③	②
16	17	18	19	20
③	③	①	④	③

2019 지방직 9급

1	2	3	4	5
①	②	①	④	②
6	7	8	9	10
①	②	③	①	②
11	12	13	14	15
③	①	④	③	④
16	17	18	19	20
②	③	①	④	③

2018 지방직 9급

1	2	3	4	5
④	②	②	④	③
6	7	8	9	10
④	②	①	①	①
11	12	13	14	15
③	③	③	③	④
16	17	18	19	20
②	②	①	④	①

2017 지방직 9급

1	2	3	4	5
①	②	④	④	③
6	7	8	9	10
①	④	①	①	②
11	12	13	14	15
①	③	④	②	②
16	17	18	19	20
③	②	④	③	③

2017 지방직 9급(추가)

1	2	3	4	5
④	③	④	②	③
6	7	8	9	10
②	③	③	①	③
11	12	13	14	15
④	②	④	①	②
16	17	18	19	20
③	②	①	②	④

2019 서울시 9급

1	2	3	4	5
②	②	①	③	①
6	7	8	9	10
②	④	①	③	②
11	12	13	14	15
③	④	④	③	①
16	17	18	19	20
④	③	④	①	②

2018 서울시 9급

1	2	3	4	5
④	①	②	③	②
6	7	8	9	10
③	③	③	④	①
11	12	13	14	15
①	②	④	①	②
16	17	18	19	20
②	①	①	①	④

2017 서울시 9급

1	2	3	4	5
②	③	①	③	③
6	7	8	9	10
①	①	④	①	④
11	12	13	14	15
①	②	③	③	②
16	17	18	19	20
②	②	④	②	④

SPEED CHECK **빠른 정답표**

2024 9급공무원
공통과목 기출PACK
영 어

2023 국가직 9급

1	2	3	4	5
②	②	④	①	③
6	7	8	9	10
④	②	④	④	①
11	12	13	14	15
②	③	③	①	②
16	17	18	19	20
②	③	③	③	①

2022 국가직 9급

1	2	3	4	5
①	②	④	②	①
6	7	8	9	10
①	④	②	①	③
11	12	13	14	15
④	③	②	④	②
16	17	18	19	20
④	③	④	①	③

2021 국가직 9급

1	2	3	4	5
①	②	②	④	④
6	7	8	9	10
②	③	③	④	④
11	12	13	14	15
①	②	④	④	②
16	17	18	19	20
①	②	③	④	①

2020 국가직 9급

1	2	3	4	5
①	④	③	①	④
6	7	8	9	10
②	③	②	①	④
11	12	13	14	15
④	③	②	③	③
16	17	18	19	20
④	④	③	①	②

2019 국가직 9급

1	2	3	4	5
①	②	④	②	②
6	7	8	9	10
①	②	④	④	③
11	12	13	14	15
④	②	③	③	①
16	17	18	19	20
①	④	③	②	④

2018 국가직 9급

1	2	3	4	5
①	①	②	③	①
6	7	8	9	10
②	④	②	②	③
11	12	13	14	15
④	④	②	①	④
16	17	18	19	20
④	②	②	③	④

2017 국가직 9급

1	2	3	4	5
③	①	①	③	①
6	7	8	9	10
②	②	④	①	③
11	12	13	14	15
②	④	②	②	④
16	17	18	19	20
④	①	③	④	②

2017 국가직 9급(추가)

1	2	3	4	5
④	②	③	④	③
6	7	8	9	10
②	③	③	④	①
11	12	13	14	15
④	②	③	③	②
16	17	18	19	20
④	①	④	④	①

2023 지방직 9급

1	2	3	4	5
②	④	①	①	④
6	7	8	9	10
③	③	①	④	③
11	12	13	14	15
③	②	②	④	④
16	17	18	19	20
④	②	②	①	③

2022 지방직 9급

1	2	3	4	5
②	①	④	④	②
6	7	8	9	10
②	①	①	④	④
11	12	13	14	15
③	③	④	③	③
16	17	18	19	20
③	①	①	②	②

2021 지방직 9급

1	2	3	4	5
④	③	①	②	④
6	7	8	9	10
④	②	②	④	①
11	12	13	14	15
①	③	②	②	③
16	17	18	19	20
②	④	①	③	②

2020 지방직 9급

1	2	3	4	5
②	②	④	①	③
6	7	8	9	10
④	②	③	①	③
11	12	13	14	15
②	②	①	④	③
16	17	18	19	20
③	①	③	④	④

2019 지방직 9급

1	2	3	4	5
①	①	④	③	④
6	7	8	9	10
②	②	②	②	④
11	12	13	14	15
④	①	③	④	④
16	17	18	19	20
③	①	③	①	②

2018 지방직 9급

1	2	3	4	5
①	②	④	④	④
6	7	8	9	10
③	②	①	③	②
11	12	13	14	15
②	①	②	①	④
16	17	18	19	20
③	①	①	④	①

2017 지방직 9급

1	2	3	4	5
②	③	①	④	④
6	7	8	9	10
②	④	①	③	④
11	12	13	14	15
③	②	④	③	①
16	17	18	19	20
③	④	④	③	②

2017 지방직 9급(추가)

1	2	3	4	5
①	③	③	④	①
6	7	8	9	10
①	③	②	④	①
11	12	13	14	15
④	④	③	④	②
16	17	18	19	20
③	②	③	③	①

2019 서울시 9급

1	2	3	4	5
④	①	①	②	②
6	7	8	9	10
④	①	①	③	④
11	12	13	14	15
②	③	①	③	④
16	17	18	19	20
②	④	③	③	②

2018 서울시 9급

1	2	3	4	5
④	③	④	③	①
6	7	8	9	10
②	③	②	③	①
11	12	13	14	15
③	④	①	④	④
16	17	18	19	20
③	④	②	①	③

2017 서울시 9급

1	2	3	4	5
②	②	④	③	④
6	7	8	9	10
①	①	②	④	③
11	12	13	14	15
③	②	②	④	④
16	17	18	19	20
①	④	①	③	①

SPEED CHECK **빠른 정답표**

2024 9급공무원
공통과목 기출PACK
한 국 사

2023 국가직 9급

1	2	3	4	5
①	②	③	④	③
6	7	8	9	10
③	③	①②	②	②
11	12	13	14	15
③	④	④	②	①
16	17	18	19	20
④	②	①	①	③

2022 국가직 9급

1	2	3	4	5
①	③	④	①	②
6	7	8	9	10
③	④	②	③	③
11	12	13	14	15
①	④	①	②	①
16	17	18	19	20
②	②	③	②	④

2021 국가직 9급

1	2	3	4	5
③	②	③	①	①
6	7	8	9	10
④	④	③	③	①
11	12	13	14	15
④	③	②	④	②
16	17	18	19	20
①	④	②	②	③

2020 국가직 9급

1	2	3	4	5
③	④	③	②	④
6	7	8	9	10
②	①	④	③	④
11	12	13	14	15
③	①	②	①	③
16	17	18	19	20
②	②	④	③	④

2019 국가직 9급

1	2	3	4	5
③	④	③	③	④
6	7	8	9	10
①	①	④	③	①
11	12	13	14	15
③	②	④	①	③
16	17	18	19	20
④	①	②	②	②

2018 국가직 9급

1	2	3	4	5
①	②	①	③	③
6	7	8	9	10
①	①	③	④	②
11	12	13	14	15
④	②	②	④	②
16	17	18	19	20
③	④	②	②	③

2017 국가직 9급

1	2	3	4	5
①	②	①	④	③
6	7	8	9	10
①	③	②	③	②
11	12	13	14	15
③	④	④	③	④
16	17	18	19	20
②	①	③	③	①

2017 국가직 9급(추가)

1	2	3	4	5
①	①	③	①	③
6	7	8	9	10
④	④	②	④	①
11	12	13	14	15
④	①	②	②	③
16	17	18	19	20
④	③	③	①	④

2023 지방직 9급

1	2	3	4	5
①	③	②	②	③
6	7	8	9	10
①	③	④	④	④
11	12	13	14	15
①	④	①	③	②
16	17	18	19	20
④	④	③	③	④

2022 지방직 9급

1	2	3	4	5
②	②	③	①	③
6	7	8	9	10
①	①	②	③	④
11	12	13	14	15
①	④	③	②	④
16	17	18	19	20
③	②	④	②	④

2021 지방직 9급

1	2	3	4	5
③	①	④	①	①
6	7	8	9	10
②	③	③	③	④
11	12	13	14	15
②	②	③	②	②
16	17	18	19	20
③	④	④	①	②

2020 지방직 9급

1	2	3	4	5
④	②	①	①	④
6	7	8	9	10
①	③	②	③	④
11	12	13	14	15
②	②	③	③	②
16	17	18	19	20
②	④	①	①	③

2019 지방직 9급

1	2	3	4	5
③	①	①	④	④
6	7	8	9	10
②	③	①	③	②
11	12	13	14	15
①	③	③	②	④
16	17	18	19	20
②	①	③	①	③

2018 지방직 9급

1	2	3	4	5
③	②	③	③	①
6	7	8	9	10
②	①	④	④	①
11	12	13	14	15
①	②	③	④	④
16	17	18	19	20
③	①	③	④	②

2017 지방직 9급

1	2	3	4	5
①	③	②	③	①
6	7	8	9	10
④	②	②	②	①
11	12	13	14	15
②	④	정답 없음	④	②
16	17	18	19	20
③	④	②	④	④

2017 지방직 9급(추가)

1	2	3	4	5
④	①	②	③	①
6	7	8	9	10
①	②	③	③	④
11	12	13	14	15
②	④	②	①	①
16	17	18	19	20
②	③	②	④	②

2023 서울시 9급

1	2	3	4	5
①	④	④	④	③
6	7	8	9	10
④	②	④	①	②
11	12	13	14	15
②	④	②	③	③
16	17	18	19	20
③	①	③	①	①

2022 서울시 9급

1	2	3	4	5
④	③	②	①	①
6	7	8	9	10
③	①	②	③	③
11	12	13	14	15
④	②	①	④	④
16	17	18	19	20
②	④	③	④	②

2021 서울시 9급

1	2	3	4	5
④	①	①	③	④
6	7	8	9	10
②	①	④	②	②
11	12	13	14	15
④	④	①	②	①
16	17	18	19	20
③	②	③	②	③

2020 서울시 9급

1	2	3	4	5
①	④	①	②	③
6	7	8	9	10
②	④	①	③	②
11	12	13	14	15
③	③	②	①	④
16	17	18	19	20
①	④	④	③	②

2019 서울시 9급

1	2	3	4	5
②	②	④	③	②
6	7	8	9	10
①	④	②	①	①
11	12	13	14	15
③	①	③	④	③
16	17	18	19	20
④	④	③	④	②

2018 서울시 9급

1	2	3	4	5
④	④	③	①	④
6	7	8	9	10
②	①	④	①	②
11	12	13	14	15
④	②	②	③	③
16	17	18	19	20
④	④	③	②	②

2017 서울시 9급

1	2	3	4	5
①	①	①	④	②
6	7	8	9	10
③	④	①	③	②
11	12	13	14	15
②	④	③	④	②
16	17	18	19	20
③	④	③	②	②

2024

에듀윌 9급공무원 공통과목 7+3개년 기출PACK

기출분석 해설노트

eduwill

기출OX 문제풀이 APP

1 에듀윌 합격앱 접속하기

QR코드 스캔하기 또는 에듀윌 합격앱 다운받기

2 기출OX 퀴즈 무료로 이용하기

하단 딱풀 메뉴에서 기출OX 선택 ▸ 직렬 > 과목 선택 또는 교재 선택 ▸ 퀴즈 풀기

- 틀린 문제는 기출오답노트(기출 OX)에서 다시 확인할 수 있습니다.

3 교재 구매 인증하기

- 무료이용 후 7일이 지나면 교재 구매 인증을 해야 합니다(최초 1회 인증 필요).
- 교재 구매 인증화면에서 정답을 입력하면 기간 제한 없이 기출OX 퀴즈를 무료로 이용할 수 있습니다(정답은 교재에서 찾을 수 있음).

※에듀윌 합격앱 어플에서 회원 가입 후 이용하실 수 있는 서비스입니다.
※스마트폰에서만 이용 가능하며, 일부 단말기에서는 서비스가 지원되지 않을 수 있습니다.
※해당 서비스는 추후 다른 서비스로 변경될 수 있습니다.

설문조사에 참여하고 스타벅스 아메리카노를 받아가세요!

에듀윌 9급공무원 공통과목 7+3개년 기출PACK을 선택한 이유는 무엇인가요?

소중한 의견을 주신 여러분들에게 더욱더 완성도 있는 교재로 보답하겠습니다.

참여 방법	좌측 QR코드 스캔 ▸ 설문조사 참여(1분만 투자하세요!)
이벤트 기간	2023년 10월 4일 ~ 2024년 9월 30일
추첨 방법	매월 1명 추첨 후 당첨자 개별 연락
경품	스타벅스 아메리카노(tall)

9급공무원

공통과목 기출 PACK

국어

기출분석 해설노트 100% 활용법

1	기출문제 하나하나를 철저하게 분석하세요! ▶상세한 해설과 더 알아보기 보충이론으로 철저한 학습을 할 수 있어요. ▶문항별 오답률과 선택지별 선택률을 확인하여 함정지문이 무엇인지를 알 수 있어요.
2	채점 후 나의 수준을 파악하고 취약영역을 체크하세요! ▶취약영역 체크표를 활용하여 나의 취약영역을 확인할 수 있어요. ▶맞힌 개수와 점수를 표기하여 합격 여부를 확인할 수 있어요.
3	헷갈리거나 모르는 이론은 기출 영역을 확인하여 기본서 발췌독을 하세요!

2023 4월 8일 시행
국가직 9급 (㉯책형)

합격예상 체크

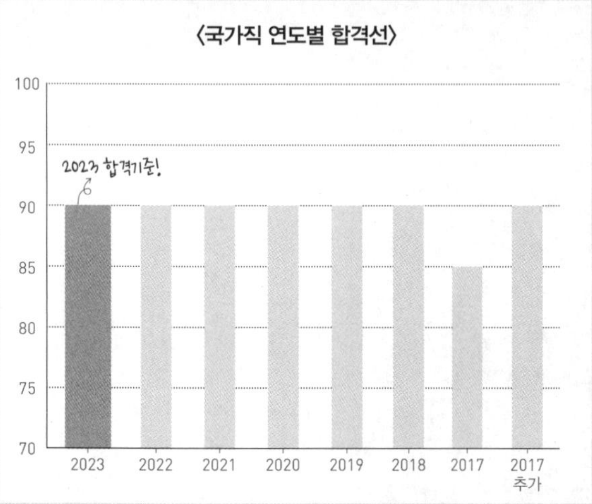

맞힌 개수	/20문항	점수	/100점

➡ □합격 □불합격

취약영역 체크

문항	정답	영역	문항	정답	영역
1	③	비문학 > 이론 비문학	11	③	비문학 > 독해 비문학
2	①	비문학 > 이론 비문학	12	①	비문학 > 독해 비문학
3	③	어휘, 한자 > 관용어	13	②	비문학 > 독해 비문학
4	②	비문학 > 독해 비문학	14	②	비문학 > 독해 비문학
5	④	문학 > 현대 소설	15	④	어문 규정 > 표준어 사정 원칙
6	④	어휘, 한자 > 한자 성어	16	③	비문학 > 독해 비문학
7	①	문학 > 고전 운문(시조)	17	④	문학 > 현대 시
8	①	비문학 > 독해 비문학	18	④	비문학 > 독해 비문학
9	②	어문 규정 > 한글 맞춤법	19	②	비문학 > 독해 비문학
10	④	어휘, 한자 > 한자어	20	③	비문학 > 독해 비문학

⬇ 영역별 틀린 개수로 취약영역을 확인하세요!

문법과 어문 규정	/2	비문학	/12	문학	/3	어휘, 한자	/3

➡ 나의 취약영역: ____________

※ [정답해설]과 [오답해설] 선지의 50% 표시는 〈에듀윌 합격예측 풀서비스〉를 통해 수집된 선지 선택률을 나타냅니다.

1 비문학 > 이론 비문학 오답률 14% 답 ③

| 정답해설 | ③ 86% 피서지에서 자기 쓰레기는 자기가 집으로 되가져가도록 하자는 생활 속 실천 방법을 제시하였고, '이렇게 함부로 쓰레기를 버렸을까요?'에서 설의적 표현이 쓰였다. 또한 '바다가 몸살을 앓는다'에서 의인법이 쓰였고, '양심이 모래밭 위를 뒹굴고 있습니다'에서 쓰레기를 마구 버리는 사람들의 '양심'을 구체적 사물로 비유하여 표현하였다.

| 오답해설 | ① 3% '미세 플라스틱'을 '보이지 않는 독'으로 비유하여 표현하였다. 그러나 생활 속 실천 방안과 설의적 표현은 확인할 수 없다.

② 3% '분리수거를 철저히 하고 일회용품을 줄이는 것'은 생활 속 실천 방안이다. 그러나 설의적 표현과 비유적 표현은 쓰이지 않았다.

④ 8% '인간도 고통받게 되지 않을까요?'는 설의적 표현이며, '쓰레기 무덤'은 '오염된 바다'를 비유하여 표현한 것이다. 그러나 정부의 관리·감독 방안을 제시했을 뿐 생활 속 실천 방안은 제시하지 않았다.

2 비문학 > 이론 비문학 오답률 19% 답 ①

| 정답해설 | ① 81% 백 팀장은 워크숍 장면을 사내 게시판에 올려 워크숍 내용을 공유하면 좋을 것 같다는 자신의 의견을 제시하였다. 그러나 팀원들에 대한 유대감을 드러내는 표현은 사용하지 않았다.

| 오답해설 | ② 3% 고 대리는 백 팀장의 의견에 반대하면서, 사내 게시판에 영상을 공개하는 것은 부담스럽고 타 부서와 비교될 것 같다고 이유를 명시적으로 밝혔다.

③ 7% 앞서 고 대리는 백 팀장의 의견에 대해 직설적으로 반대하고 있다. 그러나 임 대리는 백 팀장의 의견에 대해 먼저 '저도 팀장님 말씀대로 정보를 공유한다는 취지는 좋다고 생각'한다고 하면서 백 팀장의 의견에 공감을 표현하며 백 팀장의 체면을 세워 주고 있다.

④ 9% 임 대리는 '팀원들 의견을 먼저 들어 보고, 잘된 것만 시범적으로 한두 개 올리는 것이 어떨까요?'라고 의문문을 사용하여 자신의 의견을 간접적으로 제시하고 있다.

| 더 알아보기 | 화법

> 화법은 '말하기'와 '듣기'와 관련된 영역이다. 화자(말하는 이)는 청자(듣는 이)를 고려하여 말해야 하고, 청자(듣는 이)도 화자(말하는 이)를 배려하여 잘 들어야 한다. 어려운 영역이 아니므로 절대 틀려선 안 된다. 문제를 풀 때는 화자가 어떠한 말하기 방식을 사용했는지, 청자는 어떠한 듣기 자세를 보이는지 선지를 통해 확인해 보아야 한다.

3 어휘, 한자 > 관용어 오답률 15% 답 ③

| 정답해설 | ③ 85% ㉢ '입추의 여지가 없다'는 송곳 끝도 세울 수 없을 정도라는 뜻으로, 발 들여놓을 데가 없을 정도로 많은 사람이 꽉 들어찬 경우를 비유적으로 이르는 말이다.

| 오답해설 | ① 2% 홍역을 치르다[앓다]: 아주 감당하기 어려운 일을 겪다.

② 11% 잔뼈가 굵다: 오랜 기간 일정한 곳이나 직장에서 일을 하여 그 일에 익숙하다.

④ 2% 어깨를 나란히 하다: ㉠ 나란히 서거나 나란히 서서 걷다. ㉡ 서로 비슷한 지위나 힘을 가지다. ㉢ 같은 목적으로 함께 일하다.

4 비문학 > 독해 비문학 오답률 19% 답 ②

| 정답해설 | ② 81% 앞에 제시된 내용은 기업들이 빅데이터의 가치를 받아들이기 시작했다는 것이다. 이어서 (가)에서 기업들은 많은 돈을 투자해 마케팅 조사를 했지만, (다)에서 기업들의 그런 노력에도 불구하고 마케팅이 어느 부분에서 효과를 내는지는 알지 못했다는 내용이 나온다. 그리고 (나)에서 기업들은 SNS나 스마트폰 등 새로운 데이터 소스로부터 그러한 궁금증과 답답함을 해결할 수 있다는 것을 알게 되었다는 내용으로 연결하는 것이 자연스럽다.

5 문학 > 현대 소설 오답률 26% 답 ④

| 정답해설 | ④ 74% 대화를 하는 그들은 무진(霧津)에는 명산물이 별로 없다고 말하고 있다. 따라서 무진의 '안개'가 누구나 인정할 만한 지역의 명산물이라고 볼 수는 없다. 무진의 명산물이 '안개'라는 것은 '나'의 생각이다.

| 오답해설 | ① 3% "항구로 발전할 수도 있었을 텐데요?"라는 물음에 '수심(水深)이 얕은 데다가 그런 얕은 바다를 몇백 리나 밖으로 나가야만 비로소 수평선이 보이는 진짜 바다다운 바다가 나오는 곳'이기 때문에 '그럴 조건이 되어 있는 것도 아니'라고 말하고 있다.

② 15% "이렇다 할 평야가 있는 것도 아닙니다."와 '무진을 둘러싸고 있는 산들'이란 표현에서 확인할 수 있다.

③ 8% 무진은 명산물도 별게 없고 항구로 발전할 수 있는 조건이 되는 것도 아닌데, 많은 사람들이 그럭저럭 살아간다고 한 부분에서 확인할 수 있다.

| 더 알아보기 | 김승옥, 「무진기행」

- 주제: 이상과 현실 사이에서 갈등하는 허무주의적 의식
- 해제: 1960년대는 안개가 낀 듯이 미래가 보이지 않는 시대, 전통적인 가치가 모두 파괴되어 버리고 모든 것이 세속화된 시대였다. 무진은 이 같은 혼돈의 시대를 상징적으로 보여 준다. 즉, '무진'은 안개가 자주 덮이는 곳으로, 권태와 단조로움, 절망의 추억만을 불러일으키는 죽음의 이미지를 갖고 있다.

6 어휘, 한자 > 한자 성어 오답률 25% 답 ④

| 정답해설 | 외국 여행 다녀온 사람이 별것 아닌 사실을 미주알고주알 늘어놓는 것이므로 '작은 일을 크게 불리어 떠벌림'을 뜻하는 ④의 '침소봉대(針小棒大: 針 바늘 침/小 작을 소/棒 몽둥이 봉/大 큰 대)'가 가장 적절하다.

| 오답해설 | ① 7% 각주구검(刻舟求劍: 刻 새길 각/舟 배 주/求 구할 구/劍 칼 검): 융통성 없이 현실에 맞지 않는 낡은 생각을 고집하는 어리석음을 이르는 말로, 초나라 사람이 배에서 칼을 물속에 떨어뜨리고 그 위치를 뱃전에 표시하였다가 나중에 배가 움직인 것을 생각하지 않고 칼을 찾았다는 데서 유래한다.

유 각선구검(刻船求劍), 수주대토(守株待兔), 미생지신(尾生之信)

② 7% 권토중래(捲土重來: 捲 말 권/土 흙 토/重 무거울(또다시) 중/來 올 래): 땅을 말아 일으킬 것 같은 기세로 다시 온다는 뜻으로, 한 번 실패하였으나 힘을 회복하여 다시 쳐들어옴을 이르는 말이다.

③ 11% 와신상담(臥薪嘗膽: 臥 누울 와/薪 섶 신/嘗 맛볼 상/膽 쓸개 담): 불편한 섶에 몸을 눕히고 쓸개를 맛본다는 뜻으로, 원수를 갚거나 마음먹은 일을 이루기 위하여 온갖 어려움과 괴로움을 참고 견딤을 비유적으로 이르는 말이다.

오답률 TOP 2

7 문학 > 고전 운문(시조) 오답률 34% 답 ①

| 정답해설 | ① 66% 초장에서 '못 오던가'를 반복하여 오지 않는 임('너')에 대한 화자의 섭섭한 감정을 표출하고 있다.

| 오답해설 | ② 10% 종장에서는 'ᄒᆞᆫ 둘이 서른 날'인데 그중 단 '하루'도 시간을 낼 수 없느냐고 임을 책망하고 있으나, 이를 통해 헤어진 기간이 길다는 것을 강조하고 있는 것은 아니다.

③ 10% 중장에서는 연쇄법과 과장법을 통해서 임이 오지 못하는 까닭을 추측하여 나타내고 있다. 즉 '성, 담, 집, 뒤주' 등의 어휘를 연쇄적으로 나열하고 있으나 화자는 처음부터 끝까지 오지 않는 임에 대한 그리움을 원망조로 표현하고 있으므로 감정의 기복을 표현하고 있는 것이 아니다.

④ 14% 화자는 '성－담－집－뒤주－궤'로 점차 좁아지는 공간을 연쇄적으로 제시하며, 그와 같은 외부의 장애물이 가로막고 있지 않는 한 자신을 만나러 왔어야 한다는 원망을 표현하고 있다. 따라서 '너'를 만날 수 있다는 희망을 표현한 것이 아니다.

| 더 알아보기 | 작자 미상, 「어이 못 오던가」

- 주제: 자신을 찾지 않는 임을 향한 원망
- 해제: 작자 미상의 이 작품은 자신을 찾지 않는 임에 대한 원망을 해학적으로 드러내고 있는 작품이다. 화자는 '성－담－집－뒤주－궤'로 점차 좁아지는 공간을 연쇄적으로 제시하며, 그와 같은 극단적인 외부의 장애물이 가로막고 있지 않는 한 자신을 만나러 왔어야 한다는 원망을 전달하고 있다. 상상력을 통해 극단적인 폐쇄 공간을 설정하여 제시함으로써, 화자가 느끼고 있는 상대와의 단절감을 극대화하여 표현하고 있다.

8 비문학 > 독해 비문학 오답률 11% 답 ①

| 정답해설 | (가): 영·유아기에 발음 능력을 습득하면 음성 기관의 움직임은 자동화되어 음성 기관의 어느 부분을 언제 어떻게 움직일지를 화자가 거의 의식하지 않는다. 따라서 우리가 모어에 없는 외국어 음성을 발음하기 어려운 이유는 '음성 기관의 움직임이 모어의 음성에 맞게 자동화되어' 있기 때문이다.

(나): 글씨를 쓰기 위해 손을 놀리는 것은 의식적이라 할 수 있지만, 개인의 의지와 관계없이 필체가 꽤 일정하다는 사실은 손을 놀리는 데에 '무의식적'이고 '자동적'인 면이 있다는 것을 보여준다.

오답률 TOP 1

9 어문 규정 > 한글 맞춤법 오답률 41% 답 ②

| 정답해설 | ② 59% 어간의 끝음절 '하' 앞의 받침의 소리가 [ㄱ, ㅂ, ㅅ(ㄷ)]이면 '하'가 통째로 줄고, 그 외의 경우에는 모음 'ㅏ'만 준 뒤 'ㅎ'은 뒤에 오는 예사소리와 축약되어 거센소리가 된다.

- 어간 받침의 울림소리+하='하'의 모음 'ㅏ'만 탈락
- 어간 받침의 ㄱ, ㅂ, ㅅ(ㄷ)+하='하'가 통째로 줄어듦

㉠ 무정하다=무정타: 울림소리 'ㅇ' 뒤에서 '하'의 'ㅏ'만 탈락

㉢ 선발하도록=선발토록: 울림소리 'ㄹ' 뒤에서 '하'의 'ㅏ'만 탈락

| 오답해설 | ㉡ 섭섭하지=섭섭지: 받침 'ㅂ' 뒤에서 '하'가 통째로 탈락

㉣ 생각하건대=생각건대: 받침 'ㄱ' 뒤에서 '하'가 통째로 탈락

| 더 알아보기 | 어간의 끝음절 '하'의 준말

어간의 끝음절 '하'가 줄어드는 기준은 '하' 앞에 오는 받침의 소리이다. '하' 앞의 받침의 소리가 [ㄱ, ㄷ, ㅂ]이면 '하'가 통째로 줄고 그 외의 경우에는 'ㅎ'이 남는다.

본말	준말	본말	준말
간편하게	간편케	다정하다	다정타
연구하도록	연구토록	정결하다	정결타
가하다	가타	흔하다	흔타

10 어휘, 한자 > 한자어 오답률 29% 답 ④

| 정답해설 | ④ 71% 기억(記憶) → 추억(追憶)

- 기억(記憶: 記 기록할(기억하다) 기/憶 생각할(기억하다, 추억하다) 억): 이전의 인상이나 경험을 의식 속에 간직하거나 도로 생각해 냄
- 추억(追憶: 追 쫓을(거슬러 올라가다) 추/憶 생각할(기억하다, 추억하다) 억): 지나간 일을 돌이켜 생각함. 또는 그런 생각이나 일

| 오답해설 | ① 10% 도착(到着: 到 이를 도/着 붙을(다다르다) 착): 목적한 곳에 다다름

② 9% 불상(佛像: 佛 부처(불교) 불/像 모양(본뜬 형상) 상): 부처의 형상을 표현한 상

③ 10% 경지(境地: 境 지경(땅의 가장자리, 상태) 경/地 땅(신분, 지위) 지): ㉠ 일정한 경계 안의 땅. ㉡ 학문, 예술, 인품 따위에서 일정한 특성과 체계를 갖춘 독자적인 범주나 부분. ㉢ 몸이나 마음, 기술 따위가 어떤 단계에 도달해 있는 상태

11 비문학 > 독해 비문학 오답률 10% 답 ③

| 정답해설 | ③ 90% 제시된 글에 따르면, 사람의 '지각과 생각'은 프레임이라는 안경을 통해 세상을 보면서 일어난다고 하였다. 하지만 인간의 지각과 사고를 확장하는 과정에 대한 내용은 확인할 수 없으며, 프레임을 극복해야 할 대상으로 제시하고 있지도 않다.

| 오답해설 | ① 4% 마지막 문장에서, 어떤 프레임의 지배도 받지 않고 세상을 객관적으로 본다는 주장은 진실이 아닐 것이라고 말하고 있다. 따라서 인간의 모든 정신 활동은 프레임 없이 일어나지 않는다는 것을 알 수 있다.

② 4% 어떤 프레임의 지배도 받지 않고 세상을 객관적으로 본다는 주장이 진실이 아니라는 것은 프레임이란 안경이 인간이 세상을 바라볼 때 객관적이 아닌 주관적인 시각, 즉 어떤 편향성을 가지게 한다는 뜻이다.

④ 2% 제시된 글의 앞부분에서, 사람의 '지각과 생각'은 항상 어떤 맥락, 관점 혹은 어떤 평가 기준이나 가정하에서 일어나고, 이러한 맥락, 관점, 평가 기준, 가정을 프레임이라고 한다고 설명하였다.

12 비문학 > 독해 비문학 오답률 15% 답 ①

| 정답해설 | ① 85% 보잉은 시스템이 불안정하고 완벽하지 않기 때문에 컴퓨터가 조종사의 판단보다 우선시될 수 없다고 여겨 조종사가 항공기를 조종간으로 직접 통제하게 한다. 반면에 에어버스는 '인간은 실수할 수 있는 존재'라고 전제하여 조종사의 모든 조작을 컴퓨터가 모니터링하고 제한하게 만들었다.

| 오답해설 | ② 4% 베테유는 '인간은 실수할 수 있는 존재'라고 전제하였지만, 윌리엄 보잉은 컴퓨터가 조종사의 판단보다 우선시될 수 없다는 것을 전제로 하였을 뿐 인간의 실수에 대해서는 판단하지 않았다.

③ 4% 에어버스는 컴퓨터가 조종사의 행동을 제한하거나 조종에 개입할 수 있게 설계되었다. 따라서 조종사가 자동조종시스템을 통제하고 조작한다는 설명은 적절하지 않다.

④ 7% 첫째 문단의 "전 세계를 대표하는 항공기인 보잉과 에어버스의 중요한 차이점은 자동조종시스템의 활용 정도에 있다."라는 내용을 통해 보잉의 조종사도 자동조종시스템을 활용한다는 것을 알 수 있다.

13 비문학 > 독해 비문학 오답률 7% 답 ②

| 정답해설 | ② 93% 불안은 현재 발생하지 않았으며 미래에 일어날지 모르는 불명확한 위협에 의해 야기된 상태를 의미한다고 하였다. 따라서 전기·가스 사고가 날까 두려워하는 것은 현재 발생하지 않았으며 미래에 일어날지 모르는 불명확한 위협에 의한 것이므로

불안한 상태라고 할 수 있다.

| 오답해설 | ① 4% '나 자신'이 위험한 상황에 놓여 있다는 사실을 아는 경우에는 공포감이 클 것이다.

③ 2% 시험에 불합격할 수 있다는 생각은 현재 발생하지 않았으며 미래에 일어날지 모르는 불명확한 위협에 의한 것이므로 공포감이 아니라 불안감에 빠져 있게 된다.

④ 1% 과거에 큰 교통사고를 경험한 사람은 실재한 경험이 있었고, 미래에 또다시 교통사고가 일어날지 모른다는 불명확한 위협으로부터 '나 자신'이 위해를 입을까 봐 걱정하게 되므로 공포감과 불안감 모두 클 것이다.

14 비문학 > 독해 비문학 오답률 14% 답 ②

| 정답해설 | ② 86% 주전원(周轉圓)은 지구를 중심으로 공전하는 원 궤도에 중심을 두고 있는 원이다. 따라서 프톨레마이오스의 주전원(周轉圓)은 지동설이 아니라 천동설을 지지하는 개념이다.

| 오답해설 | ① 2% 과학 혁명 이전 시기에는 아리스토텔레스의 세계관을 따라 모든 천체는 원운동을 하면서 지구의 주위를 공전한다는 천동설이 정설로 자리 잡고 있었다.

③ 5% 천동설은 우주의 중심은 지구이며 모든 천체는 원운동을 하면서 지구의 주위를 공전한다는 이론이고, 지동설은 태양을 우주의 중심에 두고 지구가 태양의 주위를 공전한다고 말한다. 따라서 천동설과 지동설은 우주의 중심을 어디에 두느냐에 따라 구분된다.

④ 7% 둘째 문단의 "코페르니쿠스의 지동설은 행성들의 운동에 대해 프톨레마이오스보다 수학적으로 단순하게 설명하였다."를 통해 행성의 공전에 대한 프톨레마이오스의 설명은 코페르니쿠스의 설명보다 수학적으로 복잡하였다는 것을 알 수 있다.

오답률 TOP 3

15 어문 규정 > 표준어 사정 원칙 오답률 30% 답 ④

| 정답해설 | ④ 70% '두말할 것 없이 당연히 / 틀림없이 언제나'를 나타내는 단어는 '으레'이다. '으레'는 원래 '의례(依例)'에서 '으레'가 되었던 것인데, 모음이 단순화한 형태를 표준어로 삼아 '으례'는 버리고 '으레'만을 표준어로 한다.

| 오답해설 | ① 6% 수염소(×) → 숫염소(○): 수컷을 이르는 접두사는 '수-'로 통일한다. 다만, '숫양, 숫염소'는 발음이 [순냥], [순념소]이지 [수양], [수염소]가 아니므로 '수양, 수염소'와 같은 형태를 비표준어로 규정하였다. 또 '숫쥐'는 발음이 [숟쮜]이지 [수쥐]가 아니므로 '수쥐'와 같은 형태를 비표준어로 규정하였다.

② 20% 윗층(×) → 위층(○): '웃-', '윗-'은 명사 '위'에 맞추어 '윗-'으로 통일한다. 다만, '아래, 위'의 대립이 없는 단어는 '웃-'으로 발음되는 형태를 표준어로 삼고, 된소리나 거센소리 앞에서는 '위'로 한다.

예 위짝, 위쪽, 위채, 위층, 위치마, 위턱, 위팔

③ 4% 아지랭이(×) → 아지랑이(○): 'ㅣ' 역행 동화가 일어나지 아니한 형태인 '아지랑이'가 표준어이다.

| 더 알아보기 | 모음이 단순화한 형태의 표준어

비표준어	표준어
미류나무	미루나무
왼달	온달
으례	으레
켸켸묵다	케케묵다
허위대	허우대
허위적허위적	허우적허우적

16 비문학 > 독해 비문학 오답률 17% 답 ③

| 정답해설 | ③ 83% 제시된 글의 앞부분에서 정독은 '정교한 독서'라는 뜻으로 한자로는 '정독(精讀)'이라고 설명하였고, ㉢의 앞에서도 '정교하고 빠르게 읽기'라고 설명하고 있다. 따라서 문맥에 맞게 정속독(正速讀)이 아니라 정속독(精速讀)으로 수정해야 한다. '정독(正讀)'은 '바른 독서'를 의미한다.

- 정속독(正速讀: 正 바를 정 / 速 빠를 속 / 讀 읽을 독)
- 정속독(精速讀: 精 정할(정밀하다) 정 / 速 빠를 속 / 讀 읽을 독)

| 오답해설 | ① 3% '정독(精讀)'과 '정독(正讀)'은 소리는 같지만 뜻이 다르다. 따라서 ㉠은 수정할 필요가 없다.

② 11% ㉡의 앞에서 '무엇이 정교한 것일까?'라는 의문문을 통해서 '정교한 독서'를 제시하고 있으므로 '정독(精讀)'은 올바른 표현이다.

④ 3% 문해력의 증가는 '정교하고 빠르게 읽기'에 해당하는 '정속독(精速讀)'에서 일어난다. ㉣의 뒤에서 '빼먹고 읽는 습관'은 난독이라고 말하고 있다. 따라서 문맥상 '정독이 빠진 속독'이 올바른 표현이다.

17 문학 > 현대 시 오답률 19% 답 ④

| 정답해설 | ④ 81% 1연에서, 매미 울음소리가 절정에 이르렀다가 사라진 직후의 상황을 표현한 '정적의 소리인 듯 쟁쟁쟁'은 반어법이 아니라 역설법에 해당한다.

| 오답해설 | ① 7% 1연에서 매미 울음이 한여름 무더위를 그 절정까지 올려놓은 뒤 지금은 아무 기척도 없이 고요한 시기로 바뀌었음을 감각적 이미지로 나타냈다. '매미 울음'과 '정적의 소리인 듯 쟁쟁쟁'은 청각적 심상, '그늘의 소리'는 매미 울음소리가 사라진 고요한 상황에서 듣는 내면의 소리로서 공감각적 심상(시각의 청각화)에 해당한다.

② 7% 1연의 '매미 울음'과 '정적의 소리인 듯 쟁쟁쟁'은 청각적 이미지, 2연의 '맑은 구름만 눈이 부시게 / 하늘 위에 펼치기만 하노니'는 시각적 이미지를 활용한 표현이다.

③ 5% 2연에서는 사랑에 한여름 소나기처럼 숨차게 다가와 몸과 마음을 적셔 놓고는 아무 일도 없었던 양 사라진다는 속성이 있음을 드러내고 있다. '소나기처럼 숨이 차게'는 열정적인 사랑을 비유한 표현이고, 소나기가 그치고 난 뒤 상황인 '맑은 구름만 눈

이 부시게 / 하늘 위에 펼치기만 하노니.'는 사랑이 끝난 후 고요한 마음 상태를 의미한다.

| 더 알아보기 | 박재삼, 「매미 울음 끝에」

- 주제: 매미 울음을 통해 깨달은 사랑의 본질과 속성(사랑이 끝난 후의 고요함)
- 해제: 이 작품은 매미 울음과 사랑의 공통적 속성에 주목한 연상 기법을 통해 사랑의 본질적 특성에 대한 깨달음을 드러낸 시이다. 작가는 사랑도 매미 울음처럼 한때는 열정적으로 다가오지만 시간이 지나면 맑은 구름처럼 차분하고 원숙한 사랑으로 변한다는 것을 표현하고 있다.

18 비문학 > 독해 비문학 오답률 29% 답 ④

| 정답해설 | ④ 71% 호메로스의 『일리아드』와 『오디세이아』에서는 신과 인간의 세계가 하나로 얽혀 있다. 반면에 소포클레스나 에우리피데스의 비극에서는 신과 인간의 세계가 분리된다. 따라서 에우리피데스의 비극에 비해 『오디세이아』에서는 신과 인간의 결합 정도가 높다고 할 수 있다.

| 오답해설 | ① 11% '셋째'의 내용에서 플라톤으로 대표되는 '철학의 시대'는 이미 계몽된 세계라는 언급은 등장한다. 그러나 '서사시의 시대 – 비극의 시대 – 철학의 시대' 순으로 구분되므로 계몽사상이 서사시의 시대에서 철학의 시대로의 전환을 이끌었다고 볼 수는 없다.

② 5% 두 번째 시대인 '비극의 시대'는 신과 인간의 세계가 완전히 분리되지는 않고 신탁이라는 약한 통로로 이어져 있다. 세 번째 시대인 '철학의 시대'는 신과 인간의 세계가 완전히 분리되고 신의 세계는 '이데아'라는 추상성의 세계로 바뀐다고 하였다. 따라서 플라톤의 이데아는 신탁이 사라진 시대인 철학의 세계를 표현한다.

③ 13% 첫 번째 문장을 보면, 루카치는 그리스 세계를 신과 인간의 결합 정도를 가리키는 '총체성' 개념을 기준으로 세 시대로 구분하였다. 따라서 각기 다른 기준에 따라 구분한 것이 아니다.

19 비문학 > 독해 비문학 오답률 7% 답 ②

| 정답해설 | ② 93% 16~17세기에 창작되었던 몽유록은 참여자형이 많은데, 이는 몽유자가 현실의 고통스러운 문제에 대해 의견을 나누며 비판적 목소리를 낸다. 이와 달리 17세기 이후에 창작된 방관자형에서는 몽유자가 꿈속 인물들과 함께 현실을 비판하는 것이 아니라 구경꾼의 위치에 서 있다.

| 오답해설 | ① 2% 몽유록의 유형을 몽유자가 직접 참여하는 참여자형과 모임에 참여하지 않는 방관자형으로 구분하였다.

③ 3% 몽유자가 모임의 구경꾼 역할을 하는 몽유록은 방관자형이며, 17세기 이후에 창작된 방관자형은 통속적이고 허구적인 성격으로 변모한다.

④ 2% 참여자형에서는 몽유자와 꿈속 인물들이 동질적인 이념을 공유하고 현실의 고통스러운 문제에 대해 의견을 나누며 비판적 목소리를 낸다.

20 비문학 > 독해 비문학 오답률 10% 답 ③

| 정답해설 | ③ 90% '국내외의 글로벌 기업들은 여러 산업 분야에서 디지털 트윈을 도입하여 사전에 위험 요소를 제거'한다는 설명을 통해, 디지털 트윈에서의 시뮬레이션으로 현실 세계의 위험 요소를 찾아내고 방지할 수 있다는 것을 알 수 있다.

| 오답해설 | ① 4% 국내외의 글로벌 기업들이 디지털 트윈을 주목하는 이유는 안정성과 경제성 때문이라고 설명하고 있다. 고용률에 관해서는 어떠한 설명도 제시하지 않았다.

② 2% 디지털 트윈이 주목받는 이유는 안정성과 경제성 때문이며, 데이터 모델의 실행 과정은 실제 시험보다 비용도 적게 든다고 하였다. 따라서 데이터 모델은 현실의 실험 모델보다 경제성이 높을 것이다.

④ 4% 이용자들에게 새로운 경제 · 사회 · 문화적 경험을 제공하는 데 목적을 둔 것은 디지털 트윈이 아니라 메타버스이다.

2022 4월 2일 시행 국가직 9급 (㉮책형)

합격예상 체크

〈국가직 연도별 합격선〉

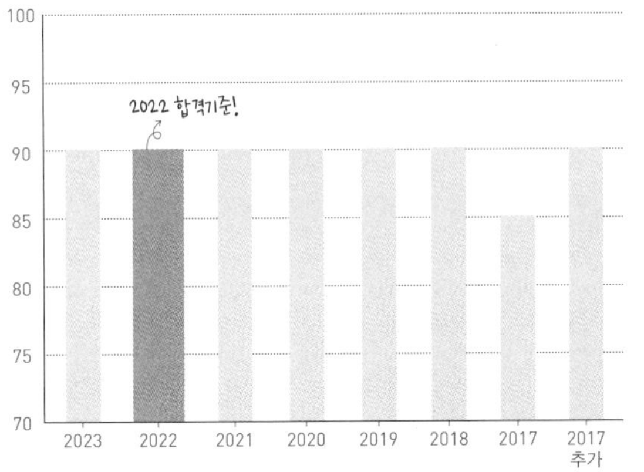

맞힌 개수	/20문항	점수	/100점

➡ □ 합격 □ 불합격

취약영역 체크

문항	정답	영역	문항	정답	영역
1	③	어문 규정 > 한글 맞춤법	11	②	비문학 > 독해 비문학
2	②	비문학 > 이론 비문학	12	②	비문학 > 이론 비문학
3	④	어휘, 한자 > 한자 성어	13	④	비문학 > 독해 비문학
4	③	비문학 > 이론 비문학	14	①	문학 > 현대 시
5	②	문학 > 고전 산문(소설)	15	④	비문학 > 독해 비문학
6	④	문학 > 고전 운문(시조)	16	③	어휘, 한자 > 한자어
7	①	어문 규정 > 한글 맞춤법	17	④	비문학 > 독해 비문학
8	②	비문학 > 이론 비문학	18	①	문학 > 현대 소설
9	④	비문학 > 독해 비문학	19	③	어문 규정 > 한글 맞춤법
10	③	문법 > 현대 문법	20	①	비문학 > 독해 비문학

⬇ 영역별 틀린 개수로 취약영역을 확인하세요!

문법과 어문 규정	/4	비문학	/10	문학	/4	어휘, 한자	/2

➡ 나의 취약영역: ____________

※ [정답해설]과 [오답해설] 선지의 50% 표시는 〈에듀윌 합격예측 풀서비스〉를 통해 수집된 선지 선택률을 나타냅니다.

1 어문 규정 > 한글 맞춤법 오답률 21% 답 ③

| 정답해설 | ③ 79% 썩혀(×) → 썩여(○): '썩다'의 사동사로서, '걱정이나 근심 따위로 마음이 몹시 괴로운 상태가 되게 만들다.'의 의미인 경우 '썩이다'를 쓴다.

한편, '썩다'의 사동사인 '썩히다'는 '물건이나 사람 또는 사람의 재능 따위가 쓰여야 할 곳에 제대로 쓰이지 못하고 내버려진 상태가 되게 하는 것'을 표현할 때 사용한다.

| 오답해설 | ① 5%, ④ 6% '썩다'의 사동사. 물건이나 사람 또는 사람의 재능 따위가 쓰여야 할 곳에 제대로 쓰이지 못하고 내버려진 상태로 있게 하다.

② 10% '썩다'의 사동사. 유기물이 부패 세균에 의하여 분해됨으로써 원래의 성질을 잃어 나쁜 냄새가 나고 형체가 뭉개지는 상태가 되게 하다.

| 더 알아보기 | '썩다'의 사동사 '썩히다'의 의미 및 용례

- 유기물이 부패 세균에 의하여 분해됨으로써 원래의 성질을 잃어 나쁜 냄새가 나고 형체가 뭉개지는 상태가 되게 하다.
  예 음식을 썩혀 거름을 만들다.
- 물건이나 사람 또는 사람의 재능 따위가 쓰여야 할 곳에 제대로 쓰이지 못하고 내버려진 상태로 있게 하다.
  예 기술자가 없어서 고가의 장비를 썩히고 있다.
- (속되게) 본인의 의사와 관계없이 어떤 곳에 얽매이게 하다.
  예 예전에는 통치자의 마음에 들지 않는 사람을 감옥에 처넣고 생으로 썩히기 일쑤였다.

2 비문학 > 이론 비문학 오답률 21% 답 ②

| 정답해설 | ② 79% (나) → 좋은 결실을 거두었으면 하는 바람입니다.

- 생각이나 소망대로 어떤 일 또는 상태가 이루어지거나 그렇게 되었으면 하고 생각한다는 의미를 지닌 단어는 '바라다'이며, '바라다'를 명사형으로 만들면 '바람'이 된다.
  한편, '바램'은 '바래다'를 명사형으로 만든 형태이다. '바래다'는 볕이나 습기를 받아 색이 변한다는 뜻으로 사용되는 낱말이다. 따라서 '바램'은 '이 옷은 이미 색바램이 심해져 더 이상은 못 입겠다.'처럼 쓸 수 있다.
- '결실을 맺다'에서 '결실(結實)'은 '열매를 맺다'라는 뜻이므로 의미 중복을 피해서 '결실을 거두다'나 '결실을 보다'가 알맞다. 또는 '열매를 맺다'로 쓰면 자연스러워진다.

| 오답해설 | ① 3% (가) 많이 틀려(×) → 많이 달라(○)

- '틀리다'는 셈이나 사실 등이 그르게 되거나 어긋남을 뜻한다.
  예 네가 한 계산은 틀렸어.

• '다르다'는 비교되는 두 대상이 서로 같지 않음을 의미한다.
예 형제가 달라도 너무 다르군.

③ 10% (다) 바라는 것은 ~ 좋겠어(×) → 바라는 것은 ~ 좋겠다는 거야(○): 주어 '것은'과 호응하는 서술어가 없다. 일반적으로 '명사+은/는' 주어에는 '명사+이다'라는 서술어가 오는 것이 자연스럽다. 이에 따라 흔히 '~ 것(점, 일, 말)은 ~ 점(것, 사실)이다'와 같은 주술 구조가 쓰인다. 따라서 '~ 바라는 것은 ~ 좋겠다는 거야(것이야/점이야)'로 표현해야 한다.

④ 8% (라) 시련을 주기도 한다(×) → 인간에게 시련을 주기도 한다(○): '주다'는 주어, 목적어, 부사어를 필요로 하는 세 자리 서술어이다. 문맥상 주어는 앞 문장에 쓰인 '신은'과 동일하므로 생략된 것이나 부사어가 없으므로, 부사어 '사람에게'를 넣어야 자연스럽다.

| 더 알아보기 | '바람'과 '바램'

• 바람: 생각이나 소망대로 어떤 일 또는 상태가 이루어지거나 그렇게 되었으면 하고 생각한다는 의미를 지닌 '바라다'의 어간 '바라-'에 어미 '-어/-아'가 붙으면 '바라아'가 된다. 모음 'ㅏ, ㅓ'로 끝난 어간에 '-아/-어, -았-/-었-'이 어울릴 때에는 줄어든 대로 적는다는 맞춤법 규정에 따라 '바라아'는 줄어든 형태인 '바라'로 쓰인다. 정리하면 소망과 기원을 나타낼 때는 '바램', '바래'가 아니라 '바람'과 '바라'를 써야 한다.
예 나는 네가 행복해지길 바라.(○)
• 바램: '바래다'를 명사형으로 만든 형태이다. '바래다'는 볕이나 습기를 받아 색이 변한다는 뜻으로 쓰인다.
예 이 옷은 이미 색바램이 심해져 더 이상은 못 입겠다.

3 어휘, 한자 > 한자 성어 오답률 26% 답 ④

| 정답해설 | ④ 74% '당랑거철(螳螂拒轍)'은 '사마귀가 수레바퀴를 막는다'는 뜻으로, 자기의 힘은 헤아리지 않고 강자에게 함부로 덤빈다는 의미이다. 따라서 '신중한 태도로'와 어울리지 않는다. 문맥상 '호랑이같이 예리하고 무섭게 사물을 보고 소같이 신중하게 행동한다'는 뜻으로, 모든 일에 신중을 기함을 뜻하는 '호시우보(虎視牛步)'가 적절하다.

| 오답해설 | ① 7% 구곡간장(九曲肝腸: 九 아홉 구/曲 굽을 곡/肝 간 간/腸 창자 장): 굽이굽이 서린 창자라는 뜻으로, 깊은 마음속 또는 시름이 쌓인 마음속을 비유적으로 이르는 말

② 12% 곡학아세(曲學阿世: 曲 굽을 곡/學 배울 학/阿 언덕(고개, 편들다, 영합하다, 알랑거리다) 아/世 인간 세): '학문을 굽히어 세상에 아첨한다.'는 뜻으로, 바른길에서 벗어난 학문으로 세상 사람에게 아첨함을 이르는 말

③ 7% 구밀복검(口蜜腹劍: 口 입 구/蜜 꿀 밀/腹 배 복/劍 칼 검): 입으로는 달콤함을 말하나 뱃속에는 칼을 감추고 있다는 뜻으로, 겉으로는 친절하나 마음속은 음흉한 것

4 비문학 > 이론 비문학 오답률 4% 답 ③

| 정답해설 | ③ 96% '정수'는 면접 전략 강의 중 두 번째 내용이 더 인상적이었다고 말하고 있다. 이에 '지민'은 '하긴 아이스크림 매출 증가에 관한 통계 자료를 인용해서 답변한 전략도 설득력이 있었어'라고 '정수'의 견해를 존중한 후에 '(핵심 내용을 먼저 말하는) 초두 효과의 효용성'에 관한 자신의 의견을 제시하고 있다.

| 오답해설 | ① 3% 지민은 정수를 설득하고 있지 않다.

② 0% 지민이 정수의 약점을 공략하는 것도 아니며, 정수의 의견을 반박하고 있지 않다.

④ 1% 정수와 지민의 갈등은 제시되지 않았다.

| 더 알아보기 | 공감적 듣기 전략

• '말'로 공감하기: 대화 도중에 적절한 시점에 감탄사나 질문을 하기
• '표정'으로 공감하기: 대화 도중에 미소나 놀라움 등 화제와 관련 있는 표정을 짓기
• '몸짓'으로 공감하기: 고개를 끄덕이거나 가로젓는 등 화제에 관심이 있음을 표현하기

5 문학 > 고전 산문(소설) 오답률 18% 답 ②

| 정답해설 | ② 82% 앞부분에서 '승상(양소유=성진)이 놀라 어찌할 바를 모르는 중에'라고 하였으므로 꿈을 깨는 과정은 성진 스스로 한 것이 아니다. 또한 성진은 '사부가 나의 생각이 그릇됨을 알고 나로 하여금 이런 꿈을 꾸게 하시어'라고 생각하고 있다. 따라서 스스로 '성진'의 모습으로 되돌아온 것이 아니라 '사부(노승)'가 '성진'으로 하여금 하룻밤 꿈을 통해 깨닫게 한 것이다.

| 오답해설 | ① 7% 셋째 문단의 '장원급제를 하여 한림학사가 된 후 출장입상하고'라는 부분을 통해서 확인할 수 있다.

③ 8% 둘째 문단의 '인간 세상의 승상 양소유가 아니라 연화도량의 행자 성진임', 셋째 문단의 '인간 세상에 환도하여 양가의 아들이 되었지'라는 부분을 통해, '양소유'가 살던 공간이 인간 세상이고, 꿈을 깬 '성진'이 있는 곳은 인간 세상이 아님을 알 수 있다.

④ 3% 둘째 문단의 '자신의 몸을 보니 ~ 인간 세상의 승상 양소유가 아니라 연화도량의 행자 성진임을 비로소 깨달았다'라는 부분에서 확인할 수 있다.

| 더 알아보기 | 김만중, 「구운몽(九雲夢)」

• 갈래: 국문 소설, 몽자류 소설, 양반 소설
• 배경: [시간] 당나라 때 / [공간] 중국 남악 형산 현화봉 동정호(현실), 당나라 서울과 변방(꿈)
• 성격: 전기적, 이상적, 불교적
• 특징
① '현실 – 꿈 – 현실'의 이원적 환몽 구조를 지닌 일대기 형식을 취함
② 유교, 불교, 도교 사상이 나타남
• 주제: 인생무상 / 참 · 거짓의 이분법적 구분의 지양
• 해제: 꿈과 현실의 이중적 구조인 환몽 구조로 이루어진 몽자류 소설의 효시가 되는 작품으로, 주인공 성진의 꿈속 경험을 중심으로 이야기를 전개하고 있다. 성진은 꿈의 세계에서 양소유라는 인물로 환생하여 온갖 영화를 누리며 살게 된다. 그러나 결국 그러한 삶의 과정이 모두 허무한 꿈에 불과하다는 것을 깨닫는 순간 꿈에서 깨어나 다시 불도에 온 힘을 쏟는다.

6 문학 > 고전 운문(시조) 오답률 25% 답 ④

| 정답해설 | ④ 75% (라)는 조식의 작품으로 벼슬을 하지 않고 산중에서 은거하는 몸이라 임금의 은혜를 입은 바 없지마는 임금이 승하했다는 소식을 듣고 애도하는 마음을 적은 시조이다. 따라서 ㉣의 '히'는 '벗'이 아니라 승하한 '임금'을 의미한다.

| 오답해설 | ① 13% ㉠ '낙락장송(落落長松)'은 세조에 의해 '억울하게 해를 입은 단종의 충신들'을 의미한다.

② 5% ㉡ '님'은 구중심처(九重深處), 즉 궁궐에 계신 임금을 뜻한다. 여기서는 광해군을 의미한다.

③ 7% ㉢ '저'는 시적 화자와 '헤어진 연인'을 의미한다.

| 더 알아보기 | 출전 작품의 이해

> **(가) 유응부의 시조**
> 이 작품은 세조 일파의 잔학한 처사를 한탄하며 정변(政變)으로 인한 인재들의 희생을 개탄하고 있는 작품이다. 단종을 생각하며, 김종서, 황보인 등이 먼저 수양 대군에게 참살을 당하자 그를 슬퍼하고 분하게 여기어 지은 것이다.
>
> **(나) 이항복의 시조**
> 이 시조는 작가가 광해군(光海君) 5년에 일어난 계축화옥(癸丑禍獄) 때 인목 대비의 폐모론(廢母論)에 반대하다가 북청으로 유배되었을 때, 철령 고개를 넘으면서 지은 것이다.
>
> **(다) 계랑의 시조**
> 배꽃이 봄날 내리는 비처럼 어지러이 날릴 때, 이별한 '임'을 그리워하는 연정가이다.

7 어문 규정 > 한글 맞춤법 오답률 15% 답 ①

| 정답해설 | ㉠ '승부나 등수 따위를 정하는 일'을 뜻하므로 '가름'이 적절하다.

㉡ 일정한 기준에 따라 나누어 놓은 범위나 갈래를 뜻하는 말은 '부문'이다. 따라서 연말 시상식에서 상을 주는 분야는 모두 '부문'이다.

㉢ '성질이나 종류에 따라 나타나는 차이 또는 그것을 갈라놓음'을 뜻하는 '구별'이 적절하다.

| 오답해설 | • 갈음: 다른 것으로 바꾸어 대신함

• 부분: 전체를 이루는 작은 범위. 또는 전체를 몇 개로 나눈 것의 하나

• 구분: 일정한 기준에 따라 전체를 몇 개로 갈라 나눔

| 더 알아보기 | 부문(部門)과 부분(部分)

> • 부문(部門): 일정한 기준에 따라 나누어 놓은 범위나 갈래를 뜻하는 말이다. 문화 · 예술 · 학술 등에서 분야를 나누어 놓은 것뿐만 아니라 제조업 부문, 경공업 부문, 중공업 부문 등도 정해진 기준에 의해 인간이 분류해 놓은 것이므로 '부문'이라고 한다. 정부 부문, 공공 부문, 민간 부문, 해외 부문, 건설 부문 등도 마찬가지다.
>
> • 부분(部分): 전체를 이루는 작은 범위 또는 전체를 몇 개로 나눈 것의 하나를 뜻한다. 만약 사과를 세 쪽으로 자르면 나누어진 3개가 각각 부분이 된다. 사과의 썩은 면적이 있다면 그것은 썩은 부분이다.
> 예 썩은 부분을 잘라내고 깎아라.
> 우리 몸에서 추위를 가장 잘 타는 곳은 목 부분이다.

8 비문학 > 이론 비문학 오답률 24% 답 ②

| 정답해설 | (가) 친구가 사고를 당해 머리를 다쳤다는 내용으로 청자의 주의나 관심을 환기하여 글을 시작하는 내용이므로 동기화 1단계이다.

(다) '여러분도 가끔 자전거를 타는 경우가 있을 것'이라고 하면서 특정 문제(자전거 사고)를 청자와 관련지어 설명하고 있으므로 동기화 2단계이다.

(나) '자전거를 탈 때 헬멧을 착용하면 머리를 보호할 수 있'다는 해결 방안을 제시하여 청자의 이해를 유도하고 있으므로 동기화 3단계이다.

(라) 헬멧을 착용한다면 자전거 사고를 당해도 뇌손상을 비롯한 신체 피해를 75% 줄일 수 있고, 자전거 타기가 주는 즐거움과 편리함을 안전하게 누릴 수 있다며, 해결 방안(헬멧 착용)이 청자에게 어떤 도움이 되는지 구체화하고 있으므로 동기화 4단계이다.

(마) '안전을 위해서 반드시 헬멧을 착용하시기 바랍니다'로, 구체적인 행동의 내용과 방법을 제시하여 특정 행동을 요구하고 있으므로 동기화 5단계이다.

따라서 동기화 단계 조직에 따라 배열하면 ② 76% '(가) – (다) – (나) – (라) – (마)'가 된다.

| 더 알아보기 | '동기화 단계' 조직

청자나 독자의 마음이 움직이는 과정을 5단계로 나눈 것이다.

단계	내용
① 주의 끌기	청자나 독자의 주의를 환기한다.
② 요구	특정 문제를 청자나 독자와 관련지어 청자나 독자의 요구를 자극한다.
③ 만족	해결 방안을 제시하여 청자나 독자의 이해를 돕고 만족시킨다.
④ 시각화	해결 방안이 청자나 독자에게 어떤 도움을 주는지를 밝혀 청자나 독자의 요구를 강화한다.
⑤ 행동	구체적인 행동의 내용과 방법을 제시하여 청자나 독자가 행동하도록 한다.

9 비문학 > 독해 비문학 | 오답률 10% | 답 ④

| 정답해설 | ④ 90% 둘째 문단의 내용을 보면, 복지 공감 지도로 복지 기관들의 다양한 지원 항목, 수급자 현황, 복지 혜택이 필요한 지역과 수급자, 복지 기관의 맞춤형 대응, 최적의 복지 기관 설립 위치를 선정할 수 있다고 설명하고 있다. 그러나 '복지 공감 지도로 복지 혜택에 대한 수급자들의 개별 만족도를 파악할 수 있다'는 내용은 제시되어 있지 않다.

| 오답해설 | ① 4% 첫째 문단에서 '복지 사업 관련 데이터'를 활용하여 '복지 기관 접근성 분석을 통해 취약 지역 지원 방안'을 제시했다고 설명하고 있다. 따라서 '복지 사각지대를 줄이는 방안'을 마련할 수 있다는 설명은 적절하다.

② 4%, ③ 2% 셋째 문단의 내용을 통해 확인할 수 있다.

10 문법 > 현대 문법 | 오답률 27% | 답 ③

| 정답해설 | ③ 73% '배꼽'은 일반적으로 '탯줄이 떨어지면서 배의 한가운데에 생긴 자리'를 가리키지만 바둑에서는 '바둑판의 한가운데'라는 의미로 쓰이는 것이므로, '특수한 영역에서 사용되던 말이 일반화'된 것이 아니라 일반적 의미의 단어가 특수한 영역의 의미로 사용되는 경우라 할 수 있다.

| 오답해설 | ① 16% ㉠: '코'가 '콧물'의 의미로 쓰이면서, 한쪽(코)이 다른 한쪽(물)의 의미까지 포함하는 의미로 변화하게 된 경우이므로 적절하다.

② 8% ㉡: '수세미'라는 언어 표현은 그대로인데 시대의 변화에 따라 지시 대상이 '식물의 이름'에서 '그릇을 씻는 데 쓰는 물건'으로 의미 변화가 발생한 경우이므로 적절하다.

④ 3% ㉣: '무섭다'는 심리적인 이유로 특정 표현을 피하려다 보니 '천연두'를 대신하는 단어인 '손님'의 의미에 변화가 생긴 경우이므로 적절하다.

| 더 알아보기 | 언어적 원인에 의한 의미 변화

> 음운이나 단어의 형태 또는 통사 구조와 같은 언어 내적인 요소가 의미 변화의 원인이 되는 경우이다.
> - 전염: 어떤 단어가 특정 단어와 빈번히 어울리다 보니, 한 단어에 다른 단어의 의미가 전이, 감염되는 경우
>   예 전혀, 별로(부정적인 뜻의 서술어와 어울리다 보니 부정적인 의미가 전이, 감염됨)
> - 생략: 병행하는 단어 중 한 단어가 생략되고 남겨진 단어가 생략된 단어의 뜻까지 갖게 되는 경우
>   예 콧물(이 흐른다) → 코(가 흐른다), 아침밥 → 아침, 핵무기 → 핵, 머리털 → 머리
> - 민간 어원: 민간에서 속설로 믿어지고 있는 어원에 따라 단어의 의미가 바뀌는 경우
>   예 힝즈쵸마 > 행주치마, 아춘설 > 까치설

11 비문학 > 독해 비문학 | 오답률 12% | 답 ②

| 정답해설 | ② 88% 글쓴이는 '지나친 야간 조명이 식물의 성장에 부정적인 영향을 끼쳐 작물 수확량을 감소시킬 수 있음'을 근거로 제시하였으나, 이를 뒷받침할 인용 자료의 출처를 밝히지는 않았다.

| 오답해설 | ① 2% 글쓴이는 '농장 근처에 신축된 골프장의 빛 공해 문제에 대해' 건의하면서 '지나친 야간 조명이 식물의 성장에 부정적인 영향을 끼쳐 작물 수확량을 감소', '농장의 수확률이 현저히 낮아졌음' 등 농장이 겪는 어려움을 제시하고, '시장님께서 이 문제에 관심을 가지고'라고 하면서 관심을 촉구하고 있다.

③ 4% ○○군에서도 빛 공해 문제를 해결하기 위해 야간 조명의 조도를 조정하는 프로젝트를 진행한 사례를 언급하고 있다.

④ 6% '골프장의 야간 운영을 무조건 막는다면 골프장 측에서 반발'할 것이라는 문제점과 계절에 따라 야간 운영 시간을 조정하거나 운영 제한에 따른 손실금을 보전해 주는 등의 보완책도 필요하다는 해결 방안을 제시하고 있다.

12 비문학 > 이론 비문학 | 오답률 20% | 답 ②

| 정답해설 | ② 80% ㉢에 쓰인 '저'는 화자와 청자로부터 멀리 있는 대상을 가리키는 지시 대명사이다. 따라서 '화자보다 청자에게 멀리 있는 대상'이라는 설명은 적절하지 않다.

| 오답해설 | ① 14% ㉠의 '이'는 화자에게 가까이 있거나 화자가 바로 앞에서 이야기한 대상을 가리키는 관형사이다. 따라서 청자보다 화자에게 가까이 있는 대상이다.

㉡은 청자에게 가까이 있거나 청자가 앞에서 이미 이야기한 대상을 가리킬 때 쓰는 관형사이다. 따라서 화자보다 청자에게 가까이 있는 대상을 가리킨다.

③ 2% '이진'이 "㉢저 책은 어때?"라는 질문에 '태민'이 "㉣그 책도 함께 읽어 볼게"라고 답한다. 따라서 ㉢과 ㉣은 같은 대상이다.

④ 4% ㉤에서 '이진'이 사 주겠다는 말하는 '이 책 두 권'은 앞에서 말한 ㉡의 '그 책'과 ㉢의 '저 책'을 의미한다.

| 더 알아보기 | 지시 표현

> 지시 표현은 담화 장면을 전제로 하여 무언가를 가리키는 표현으로, 화자와 청자의 거리(공간적 · 물리적 거리, 심리적 거리)에 따라 선택된다.
> - 종류
>   - 지시 대명사: 이것, 그것, 저것, 여기, 거기, 저기 등
>   - 지시 관형사: 이, 그, 저
>   - 지시 부사: 이리, 그리, 저리, 이렇게, 그렇게, 저렇게 등
>   - 지시 형용사: 이렇다, 그렇다, 저렇다 등
> - 기능: 지시어는 담화의 기본 현장에 있는 대상을 가리키며 화자와 청자의 거리의 멀고 가까움에 따라 쓰이는 표현이 다르다.
>   - 이, 이것, 이렇다, 이런, 이리, 여기: 화자에게 가까운 대상 지시(근칭)
>   - 그, 그것, 그렇다, 그런, 그리, 거기: 청자에게 가까운 대상 지시(중칭)
>   - 저, 저것, 저렇다, 저런, 저리, 저기: 화자, 청자, 모두에게 먼 대상 지시(원칭)

13 비문학 > 독해 비문학 | 오답률 16% | 답 ④

| 정답해설 | ④ 84% 셋째 문단의 내용을 보면, 「아동권리에 관한 제네바 선언」에서는 아동은 보호의 객체로만 인식되었을 뿐 생존, 보호, 발달을 위한 적극적인 권리의 주체로 인식되지 않았다. 아동이 자신의 권리를 주장할 수 있는 능동적인 존재로 자리매김할 수 있게 된 것은 1989년 유엔총회에서 채택된 「아동권리협약」이다.

| 오답해설 | ① 3% 첫째 문단의 내용을 보면, 전근대사회에서는 아동의 권리에 대한 인식이 존재하지 않았고, 근대사회에 이르러 아동보호가 시작되었다. 따라서 아동의 권리에 대한 인식은 근대 이후에 형성된 것이다.

② 1% 셋째 문단의 마지막 문장과 넷째 문단의 첫 문장을 보면, 유엔총회에서 채택된 「아동권리협약」을 토대로 우리나라는 2016년 「아동권리헌장」 9개 항을 만들었다. 따라서 「아동권리헌장」은 「아동권리협약」을 토대로 만들어졌다.

③ 12% 둘째~마지막 문단의 내용에서 확인할 수 있다.

14 문학 > 현대 시 | 오답률 17% | 답 ①

| 정답해설 | ① 83% 이 작품은 통일에 대한 염원을 노래하고 있다. 분단의 현실을 '겨울'로, 통일의 시대를 '봄'으로 상징적으로 표현하면서 분단의 현실을 극복하고자 하는 간절한 소망을 형상화하고 있다. 따라서 ①의 설명은 적절하지 않다.

| 오답해설 | ② 10% '진정한 통일과 화해의 시대'를 상징하는 '봄'은 '남해에서도 북녘에서도 오지 않는다.'라고 하면서 통일은 외부 세력에 의해서 이루어지는 것이 아니라는 점을 단정적 어조로 표현하고 있다. 또한 '우리가 디딘 아름다운 논밭에서 움튼다'고 하면서, 진정한 통일은 우리가 딛고 살아가고 있는 이 땅에서 싹이 튼다고 단정적 어조로 강조하고 있다.

③ 4% '겨울'은 분단의 현실, '봄'은 통일의 시대, '남해'와 '북녘', '바다와 대륙 밖' 등은 우리를 둘러싼 외부 세력을 상징한다.

④ 3% '봄'은 '진정한 통일과 화해의 시대'를 상징하고, '겨울'은 '분단의 현실과 냉전 시대'를 상징한다. 따라서 두 시어의 대립적이고 상징적인 이미지로 시상을 전개하고 있다.

| 더 알아보기 | 신동엽, 「봄은」

- 갈래: 자유시, 참여시
- 성격: 상징적, 저항적, 참여적, 의지적
- 특징
  ① '봄'과 '겨울'의 대립적이고 상징적인 이미지로 시상을 전개함
  ② 단정적 어조로 통일에 대한 화자의 확고한 믿음과 의지를 표현함
  ③ 상징법, 대유법, 대조법 등 다양한 표현 방법을 사용함
  ④ 외세를 의미하는 시어(남해, 북녘, 바다, 대륙)는 추상적 지명으로, 우리 민족의 주체성을 의미하는 시어(제주, 두만, 삼천리 마을)는 보다 구체적 지명으로 제시함으로써 주제를 뒷받침하는 데 매우 효과적임
- 주제: 분단 현실에 대한 인식과 통일에 대한 주체적 의지 및 염원
- 해제: 이 작품은 통일에 대한 뜨거운 염원을 함축적인 언어로 노래한 시로 분단의 현실을 극복하고자 하는 간절한 소망을 형상화하고 있다.

오답률 TOP 3

15 비문학 > 독해 비문학 | 오답률 34% | 답 ④

| 정답해설 | ④ 66% (마)에서 '사회는 여러 사람이 그 뜻을 서로 통하고 의지하는 단체'라고 설명하고, (다) 말과 글이 없으면 서로 통할 수 없고, 서로 통하지 못하면 사회의 모습을 갖출 수 없다고 이어진다. 그리고 (나)에서는 (다)의 내용을 이어서 '이러므로 말과 글은 한 사회가 조직되는 근본'이며, '인민을 통합시키고 작동하게 하는 기관과 같다'고 강조한다. 그리고 (나)에서 말한 '기관'은 (가)의 '이 기관'을 '잘 수리하여 정련하면 ~'으로 이어지고, (라)에서는 (가)의 내용에 더 추가하여 '그뿐 아니라'로 이어진다.

오답률 TOP 1

16 어휘, 한자 > 한자어 | 오답률 79% | 답 ③

| 정답해설 | ③ 21% 해결(解結)(×) → 해결(解決)(○): '제기된 문제를 해명하거나 얽힌 일을 잘 처리함'이라는 뜻으로 解決(解 풀 해/決 결단할 결)이라 써야 한다.

- 해결(解結: 解 풀 해/結 맺을 결): (×)

| 오답해설 | ① 40% 만족(滿足: 滿 찰(가득하다) 만/足(뿌리, 근본, 넉넉하다, 분수를 지키다, 만족하게 여기다) 발 족): ㉠ 마음에 흡족하다. ㉡ 모자람이 없이 충분하고 넉넉하다.

② 27% 재청(再請: 再 두(재차, 거듭, 다시 한번) 재/請 청할(요구하다, 바라다) 청): ㉠ 이미 한 번 한 것을 다시 청함. ㉡ 회의할 때에 다른 사람의 동의(動議)에 찬성하여 자기도 그와 같이 청함을 이르는 말

④ 12% 재론(再論: 再 두(재차, 거듭, 다시 한번) 재/論 논할(논의하다, 서술하다) 론): 이미 논의한 것을 다시 논의함

17 비문학 > 독해 비문학 | 오답률 25% | 답 ④

| 정답해설 | ④ 75% 제시된 문장의 앞부분에는 '신분에 따라 문체를 고착화하는 것'과 관련된 내용이어야 한다. ㉣의 앞 문장에서, 낭만주의 시기의 시민계급은 '문학에서 ~ 귀족에게만 전속시키고 하층민에게는 ~ 배정하는 전통 시학을 거부'했다고 설명하고 있다. 즉 신분에 따라 문체가 고착화하는 것을 인정하지 않은 것이므로 제시된 문장이 들어갈 위치는 ㉣이 적절하다.

| 오답해설 | ③ 14% ㉢의 앞 문장은 '1770년대에 시작되는 낭만주의'를 말하고, 이어지는 문장은 '이 낭만주의 시기에'로 앞 문장을 받아서 이어지므로, 제시된 문장이 들어가기에 적절하지 않다.

18 문학 > 현대 소설 | 오답률 22% | 답 ①

| 정답해설 | ① 78% '현'은 달라진 '박'의 태도가 자신의 작품 때문이라고 생각하고 있지 않다.

| 오답해설 | ② 10% '현'은 '박'의 모습에서 '선뜻 자기를 느끼고 또 자기의 작품들을 느끼고 그만 더 울고 싶게 괴로워졌다'고 하였으므로, '현'은 '박'을 통해 자신을 연민하고 있는 것이다.

③ 3% '전에 본 기억이 없는 새 빌딩들이 꽤 많이 늘어섰다'고 하였으므로 '현'은 새 빌딩들을 보고 도시가 많이 변화하고 있음을 인지하고 있다.

④ 9% '현'은 경찰서를 보고, '시뻘건 벽돌만으로, 무슨 큰 분묘와 같이 된 건축이 웅크리고 있는 것'이라고 느낀다. 따라서 '현'이 경찰서를 통하여 시대적 상황을 부정적으로 인식하고 있다는 것을 알 수 있다.

| 더 알아보기 | 이태준, 「패강랭」

- 갈래: 단편 소설, 현대 소설
- 배경: [시간] 일제 강점기 / [공간] 평양
- 성격: 현실 비판적
- 주제: 일제 강점기의 암담한 현실과 그로 인한 지식인의 비애
- 해제: 이 작품은 조선이 일제의 대륙 침략을 위한 병참 기지로 전락하고, 조선어에 대한 교육과 조선어를 통한 저작 활동마저 위축되어 가던 일제 강점기 말의 암울한 현실과 지식인의 고뇌를 다룬 소설이다.

오답률 TOP 2

19 어문 규정 > 한글 맞춤법 오답률 39% 답 ③

| 정답해설 | ③ 61% 제시된 (가)와 (나)의 규정를 보면, 순우리말이 포함되어 있어야 한다. '전세방(傳貰房)'은 [전세빵]으로 발음하지만, 한자어 '전세(傳貰)'와 한자어 '방(房)'으로 이루어졌으므로 (가)와 (나)의 경우에 해당하지 않는다. 따라서 사이시옷을 표기하지 않는다.

| 오답해설 | ① 7% 순우리말 '아래'와 '집'의 합성어이다. [아래찝/아랟찝]으로 앞말이 모음으로 끝나면서 뒷말의 첫소리가 된소리로 나는 경우이므로 (가)의 규정에 따라 사이시옷을 받치어 '아랫집'으로 표기한다.

② 20% 순우리말 '쇠'와 '조각'의 합성어이다. [쇠쪼각/쉗쪼각]으로 앞말이 모음으로 끝나면서 뒷말의 첫소리가 된소리로 나는 경우이므로 (가)의 규정에 따라 사이시옷을 받치어 '쇳조각'으로 표기한다.

④ 12% 순우리말 '자리'와 한자어 '세(貰)'의 합성어이다. [자릳쎄/자리쎄]로 앞말이 모음으로 끝나면서 뒷말의 첫소리가 된소리로 나는 경우이므로 (나)의 규정에 따라 사이시옷을 받치어 표기한다.

| 더 알아보기 | 사이시옷

사이시옷은 다음과 같은 경우에 받치어 적는다.

1. 순우리말로 된 합성어로서 앞말이 모음으로 끝난 경우
   (1) 뒷말의 첫소리가 된소리로 나는 것
   예 고랫재, 뒷갈망, 머릿기름, 아랫집, 햇바늘
   (2) 뒷말의 첫소리 'ㄴ, ㅁ' 앞에서 'ㄴ' 소리가 덧나는 것
   예 아랫니, 텃마당, 깻묵
   (3) 뒷말의 첫소리 모음 앞에서 'ㄴㄴ' 소리가 덧나는 것
   예 두렛일, 뒷입맛, 베갯잇, 댓잎
2. 순우리말과 한자어로 된 합성어로서 앞말이 모음으로 끝난 경우
   (1) 뒷말의 첫소리가 된소리로 나는 것
   예 귓병, 사잣밥, 자릿세, 전셋집, 콧병, 탯줄, 텃세
   (2) 뒷말의 첫소리 'ㄴ, ㅁ' 앞에서 'ㄴ' 소리가 덧나는 것
   예 곗날, 툇마루, 양칫물
   (3) 뒷말의 첫소리 모음 앞에서 'ㄴㄴ' 소리가 덧나는 것
   예 가욋일, 사삿일, 예삿일, 훗일
3. 두 음절로 된 다음 한자어
   곳간(庫間), 셋방(貰房), 숫자(數字), 찻간(車間), 툇간(退間), 횟수(回數)

20 비문학 > 독해 비문학 오답률 11% 답 ①

| 정답해설 | ① 89% 셋째 문단의 첫 문장에서, '문화 전파의 기제를 설명하는 이론으로는 밈 이론보다 의사소통 이론이 더 적절해 보인다'는 설명으로 확인할 수 있다.

| 오답해설 | ② 4% 셋째 문단에서, 의사소통 이론의 예로 푸딩 요리법을 설명하면서 '그대로 따라 하는 방식으로 전파되었다기보다는' 여러 사람의 '설명을 통해 입에서 입으로 전파되고 공유되었을 가능성이 크다'고 하였다. 또한 넷째 문단에서, 수용한 결과는 다를 수밖에 없다고 하면서 '푸딩 요리법의 수신자가 발신자가 전해 준 정보에다 자신의 생각을 덧붙였기 때문'이라고 말하고 있다. 따라서 의사소통 이론에 따르면 문화의 수용 과정에는 수용 주체의 주관이 개입할 수 있는 것이다.

③ 3% 둘째 문단의 내용을 보면, 공동체 내에서 복제를 통해 확산되는 것은 '의사소통 이론'이 아니라 '밈 이론'이다.

④ 4% 넷째 문단의 내용을 보면, '푸딩 요리법의 수신자가 발신자가 전해 준 정보에다 자신의 생각을 덧붙였기 때문인데, 복제의 관점(밈 이론)에서 이와 같은 현상을 설명하기 어렵다. 반면, 의사소통 이론으로는 설명 가능하다'고 설명하고 있다.

2021 4월 17일 시행 국가직 9급 (㉯책형)

합격예상 체크

〈국가직 연도별 합격선〉

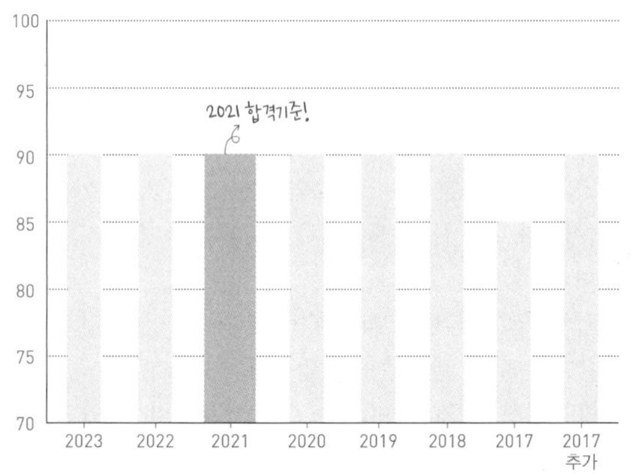

맞힌 개수	/20문항	점수	/100점

➡ □합격 □불합격

취약영역 체크

문항	정답	영역	문항	정답	영역
1	②	어문 규정 > 한글 맞춤법	11	③	비문학 > 독해 비문학
2	③	문법 > 현대 문법	12	③	문법 > 현대 문법
3	①	문법 > 현대 문법	13	③	비문학 > 이론 비문학
4	②	비문학 > 이론 비문학	14	①	비문학 > 독해 비문학
5	④	문법 > 현대 문법	15	④	문학 > 고전 운문(시조)
6	④	문학 > 고전 운문(고려속요)	16	①	문학 > 현대 수필
7	②	어휘, 한자 > 한자어	17	②	어휘, 한자 > 한자 성어
8	②	비문학 > 이론 비문학	18	④	문학 > 현대 시
9	③	비문학 > 이론 비문학	19	④	비문학 > 독해 비문학
10	④	비문학 > 독해 비문학	20	①	비문학 > 독해 비문학

⬇ 영역별 틀린 개수로 취약영역을 확인하세요!

문법과 어문 규정	/5	비문학	/9	문학	/4	어휘, 한자	/2

➡ 나의 취약영역: ____________

※ [정답해설]과 [오답해설] 선지의 50% 표시는 〈1초 합격예측 풀서비스〉를 통해 수집된 선지 선택률을 나타냅니다.

1 어문 규정 > 한글 맞춤법 오답률 52% 답 ②

| 정답해설 | ② 48% • 한자 '量'은 한자어 뒤에서는 '량(量)'으로 표기하고, 고유어나 외래어 뒤에 결합할 때에는 독립적인 한 단어로 인식되기 때문에 두음 법칙을 적용하여 '양(量)'으로 표기한다. 따라서 '흡입(吸入)+량(量)=흡입량(吸入量)', '구름+양(量)=구름양'으로 표기한다.

• 한자 '欄'은 한자어 뒤에서는 '란'이 하나의 단어로 인식되지 않는다. 따라서 '-란(欄)'으로 표기하고, 고유어나 외래어 뒤에 결합하는 경우에는 한자 형태소가 하나의 단어로 인식되므로, 두음 법칙을 적용하여 '-난(欄)'으로 표기한다. 따라서 '정답란(正答欄)', '칼럼난(column欄)'으로 표기한다.

| 오답해설 | ① 21% 꼭지점(×) → 꼭짓점(--點)(○): 고유어 '꼭지'와 한자어 '점(點)'이 합성된 말로, 소리가 [꼭찌쩜/꼭찓쩜]으로 나므로 사이시옷을 받치어 '꼭짓점'로 적는다.

• 돌나물: 돌나물과의 여러해살이풀 참 돗나물(×), 돈나물(×)
• 페트병(PET瓶): 음료를 담는 일회용병 참 펫병(×), 패트병(×)
• 낚시꾼: '낚시'라는 명사에 '-꾼'이라는 접미사가 결합하여 만들어진 파생어다. 참 낚싯꾼(×)

③ 13% 딱다구리(×) → 딱따구리(○): '딱딱+-우리'에서 온 말로서, 한 단어 안에서 같은 음절이나 비슷한 음절이 겹쳐 나는 부분은 같은 글자로 적는다.

• 오뚝이: '-하다'나 '-거리다'가 붙는 어근에 '-이'가 붙어서 명사가 된 것은 그 원형을 밝히어 적는다. 참 오뚜기(×)
• 싸라기: 명사 '쌀'(쌀)과 접미사 '-아기'가 결합된 것으로, 명사 뒤에 '-이' 이외의 모음으로 시작된 접미사가 붙어서 된 말은 그 명사의 원형을 밝혀 적지 않는다.
• 법석: 'ㄱ, ㅂ' 받침 뒤에서 나는 된소리는, 같은 음절이나 비슷한 음절이 겹쳐 나는 경우가 아니면 된소리로 적지 아니한다. 이에 따라, '법석'이 옳다.

④ 18% 홧병(火病)(×) → 화병(火病)(○): 한글 맞춤법 규정에서 제시한 '곳간(庫間), 셋방(貰房), 숫자(數字), 찻간(車間), 툇간(退間), 횟수(回數)' 6개의 한자어에만 사이시옷을 표기한다. 그 외의 한자어에는 사이시옷을 표기하지 않는다.

| 더 알아보기 | 한자 '量'과 '欄'의 표기

(1) 한자 '量'
• 한자어+량(量): 노동량, 매장량, 연습량, 유통량, 작업량, 출혈량
• 고유어나 외래어+양(量): 구름양, 허파숨양, 알칼리양, 나트륨양

(2) 한자 '欄'
• 한자어+란(欄): 정답란, 독자란, 비고란, 공란, 소식란, 투고란
• 고유어나 외래어+난(欄): 어린이난, 어머니난, 칼럼난, 가십난

2 문법 > 현대 문법 오답률 29% 답 ③

| 정답해설 | 〈보기〉의 '싸다'는 '물건을 안에 넣고 보이지 않게 씌워 가리거나 둘러 말다.'라는 뜻이다. 이와 같은 의미로 쓰인 것은 ③의 '싸다'이다.

| 오답해설 | ① 8% 어떤 물체의 주위를 가리거나 막다.

② 14%, ④ 7% 어떤 물건을 다른 곳으로 옮기기 좋게 상자나 가방 따위에 넣거나 종이나 천, 끈 따위를 이용해서 꾸리다.

3 문법 > 현대 문법 오답률 54% 답 ①

| 정답해설 | ① 46% 앞말이 뒷말의 원인이나 근거, 전제 따위가 됨을 나타내는 연결 어미 '-니'를 사용한 종속적으로 이어진 문장이다. 또한 '읽히다'는 '읽다'의 피동사로서, '글에 담긴 뜻이 헤아려져 이해되다.'라는 의미로 바르게 쓰였다.

| 오답해설 | ② 25% '속독(速讀)'은 '책을 빠른 속도로 읽음'을 의미한다. 따라서 '속독으로 읽는'은 '읽다'의 의미가 중복된 표현이다. '이렇게 어려운 책을 속독하는 것은 ~' 또는 '이렇게 어려운 책을 빠르게 읽는 것은 ~' 등으로 표현하는 것이 적절하다.

- 이렇게 어려운 책을 속독하는 것은 ~
- 이렇게 어려운 책을 빠르게 읽는 것은 ~

③ 6% 명사절 '찾기'의 목적어가 생략되었다. 따라서 '책임자를 직접 찾기로 ~'로 표현하는 것이 적절하다.

④ 23% 대등 접속 조사로 연결한 문장은 앞뒤 이어지는 문장의 형식도 대등적이어야 한다. 제시된 문장은 '목적어(시화전을) 관형어(홍보하는) 일(명사)+관형어(시화전의) 부사어(진행에)'의 구성으로 형식이 대등적이지 않다. 따라서 형식을 대등적으로 연결하여 '시화전의 홍보와 진행에 ~'로 표현하는 것이 적절하다.

4 비문학 > 이론 비문학 오답률 9% 답 ②

| 정답해설 | ② 91% 인공조명의 조명 영역 밖으로 누출되는 빛이 '빛 공해'에 해당한다는 설명은 있으나, 그 원인은 제시되지 않았다.

| 오답해설 | ① 1% 첫 문장 "빛 공해란 ~ 상태를 말한다."는 빛 공해의 정의에 해당한다.

③ 2% 국제 과학 저널인 『사이언스 어드밴스』의 '전 세계 빛 공해 지도'를 인용하여 "우리나라는 빛 공해가 심각한 국가이다."라고 설명하고 있다.

④ 6% 마지막 문장 "빛 공해는 ~ 문제를 일으킨다."라는 설명에서 사례를 들어 빛 공해의 악영향을 제시하고 있다.

| 더 알아보기 | 인과(因果)

> 대상을 원인과 결과의 관계로 설명하는 방법을 '인과(因果)'라고 한다. 원인과 결과가 분명하게 드러나는 사회 현상이나 자연 현상, 과학의 원리와 같은 대상을 설명할 때 적절한 설명 방법이다.

오답률 TOP 3

5 문법 > 현대 문법 오답률 58% 답 ④

| 정답해설 | ㉠ '품'의 기본형은 '푸다'이고, '푸+어=퍼'로 활용하므로 어간의 '우'가 탈락하는 '우 불규칙 활용'이다.

㉡ '이름'의 기본형은 '이르다'이고 '이르+어=이르러'로 활용하므로, 어미 '-어'가 '-러'로 변하는 '러 불규칙 활용'이다.

| 오답해설 | ① 14% ㉠ '빠름'의 기본형은 '빠르다'이고 '빠르+아=빨라'로 어간의 'ㅡ'가 탈락하고, 'ㄹ'이 덧생기는 '르 불규칙 활용'에 해당한다.

㉡ '노람'의 기본형은 '노랗다'이고 '노랗+아=노래'로 활용한다. 어간 끝 받침 'ㅎ'이 모음으로 시작하는 어미 앞에서 탈락하고 어간의 끝 모음과 어미 '-아/-어'가 축약되어 'ㅐ/ㅔ'의 형태가 된다. 따라서 어간과 어미 둘 다 불규칙하게 바뀌는 'ㅎ 불규칙 활용'에 해당한다.

② 9% ㉠ '치름'의 기본형은 '치르다'이며, '치르+어=치러'로 활용한다. 어간의 'ㅡ' 탈락은 규칙 활용에 해당한다.

㉡ '함'의 기본형은 '하다'이며 '하+아=하여'로, 어미 '-아'가 '-여'로 바뀌는 '여 불규칙 활용'을 한다.

③ 35% ㉠ '불음'의 기본형은 '붇다'이며 '붇+어=불어'로, 어간의 끝음 'ㄷ'이 'ㄹ'로 바뀌는 'ㄷ 불규칙 활용'을 한다.

㉡ '바람'의 기본형은 '바라다'이며 '바라+아=바라'로, 어간 모음 '-아' 뒤에 어미 '-아'가 탈락한다. 이는 모음의 동음 탈락 현상이며, 규칙 활용에 해당한다.

오답률 TOP 2

6 문학 > 고전 운문(고려속요) 오답률 61% 답 ④

| 정답해설 | ④ 39% ㉣의 '므슴다'는 '무엇 때문에, 어찌하여'의 의미이다. '므슴'은 현대어 '무엇, 무슨, 어찌'의 옛말이다.

| 오답해설 | ① 15% ㉠의 '현'의 기본형은 '혀다'이며, '등잔이나 양초 따위에 불을 붙이다.'라는 의미의 동사 '켜다'의 옛말이다.

② 40% ㉡의 '즈슬'은 '즛(명사)+을(조사)'의 구성이며, '즛'은 '용모(容貌), 모습'을 의미한다.

③ 6% ㉢의 '니저'는 '닞(어간)+어(어미)'의 구성이며, 동사 '닞다'는 '잊다'의 옛말이다.

| 더 알아보기 | 작자 미상, 「동동(動動)」

> - 갈래: 고려 가요, 월령체 시가
> - 형식: 3음보, 전 13연의 달거리 형식, 후렴구
> - 주제: 송축과 고독의 비애 또는 임에 대한 영원한 사랑
> - 해제: 현존하는 가장 오래된 월령체(달거리) 형식의 시가로, 임을 떠나보낸 여인의 애절한 정서를 달마다 세시 풍속이나 자연 현상과 연관하여 표현하였다.

오답률 TOP 1

7 어휘, 한자 > 한자어 오답률 72% 답 ②

| 정답해설 | ② 28% '야박(野薄)'은 '야멸치고 인정이 없음'을 뜻하는 말로서, 문맥에 적절하게 쓰였다.

| 오답해설 | ① 17% 현실(現室) → 현실(現實)
- 현실(現室: 現 나타날 현/室 집(방, 건물) 실): (×)
- 현실(現實: 現 나타날 현/實 열매(바탕, 본질) 실): 현재 실제로 존재하는 사실이나 상태

③ 22% 근성(謹性) → 근성(根性)
- 근성(謹性: 謹 삼갈(조심하다) 근/性 성품 성): (×)
- 근성(根性: 根 뿌리(근본, 능력) 근/性 성품(성질, 생활) 성): ㉠ 태어날 때부터 지니고 있는 근본적인 성질. ㉡ 뿌리가 깊게 박힌 성질

④ 33% 채용(債用) → 채용(採用)
- 채용(債用: 債 빚(빌려주다) 채/用 쓸(부리다, 일하다, 재물, 비용) 용): 돈이나 물건 따위를 빌려서 씀 유 차용(借用)
- 채용(採用: 採 캘(채택하다, 고르다, 벼슬) 채/用 쓸(부리다, 일하다, 재물, 비용) 용): 사람을 골라서 씀

8 비문학 > 이론 비문학 오답률 5% 답 ②

| 정답해설 | ② 95% 발표자 간의 이견은 없으며, 사회자가 의사 결정을 유도하고 있지도 않다. 사회자는 토의 주제를 소개하고, 최 교수와 정 박사, 청중 A의 순서로 발표할 수 있도록 토의를 진행하고 있다.

| 오답해설 | ① 1% '통일 시대의 남북한 언어가 나아갈 길'이라는 학술적인 토의 주제를 다루고 있다.

③ 2% 최 교수는 '남북한 언어 차이와 의사소통'에 대해, 정 박사는 '남북한 언어의 동질성 회복 방안'에 대해 자신의 견해를 밝히고, 청중에게 정보를 제공하고 있다.

④ 2% 청중 A는 발표 내용 '남북한 언어의 차이와 이를 극복하는 방안'을 확인하고, '통일 시대에 대비한 언어 정책'에는 무엇이 있는지 질문하고 있다.

9 비문학 > 이론 비문학 오답률 3% 답 ③

| 정답해설 | ③ 97% ㉢은 화자 자신에게 혜택을 주는 표현은 최소화하고, 자신에게 부담을 주는 표현을 최대화하는 '관용의 격률'이다. 그런데 'B'는 소리를 못 들은 책임을 상대의 탓으로 돌려서 상대에게 부담을 주고 있으므로 '관용의 격률'을 지키지 않았다.

'B'가 관용의 격률에 맞게 말하려면 소리를 못 들은 책임을 자신의 부주의 탓으로 돌려서 자신의 부담을 최대화하는 대신 상대방의 부담을 최소화해야 한다. 따라서 '내가 잠시 딴생각을 하다가 못 들었는데 미안하지만 다시 한 번 말해 줄래?'처럼 표현하는 것이 적절하다.

| 오답해설 | ① 1% ㉠은 자신에 대한 칭찬은 최소화하고, 자신에 대한 비방을 극대화하는 '겸양의 격률'이다. 'B'는 자신에 대한 칭찬을 부정하고 자신을 낮춤으로써 겸양의 격률을 지키고 있다.

② 1% ㉡은 상대방에게 부담이 되는 표현은 최소화하고, 상대방의 이익을 극대화하는 '요령의 격률'이다. 'B'는 상대방을 배려하여 상대방의 부담을 줄여 주고 있다.

④ 1% ㉣은 자신의 의견과 다른 사람의 의견 사이의 다른 점을 최소화하고 일치점을 극대화하는 '동의의 격률'이다. 'B'는 일단 '귀걸이'를 선물하자는 상대방의 의견을 존중해 줌으로써 상대방과의 일치를 강조하고 나서 '책'을 선물하자는 자신의 견해를 제시하고 있다.

| 더 알아보기 | '리치(Leech)'의 정중어법(공손성의 원리)

- 요령의 격률: 상대방에게 부담이 되는 표현은 최소화, 상대방의 이익이 되는 표현은 극대화
- 관용의 격률: 화자 자신에게 혜택을 주는 표현은 최소화, 자신에게 부담을 주는 표현은 최대화
- 찬동의 격률: 다른 사람에 대한 비방을 최소화, 칭찬을 극대화
- 겸양의 격률: 자신에 대한 칭찬은 최소화, 자신에 대한 비방은 극대화
- 동의의 격률: 다른 사람과의 의견 차이는 최소화, 의견 일치는 극대화
- 교화적 격률: 대화 중에 끼어들어 남의 말을 갑자기 단절시키는 행위 등 대화의 맥을 끊어 놓는 행위를 피해야 함

10 비문학 > 독해 비문학 오답률 5% 답 ④

| 정답해설 | ④ 95% 마지막 문단을 보면, '하버마스가 주장한 대로 ~ 상업화된 미디어는 광고 수입에 기대어 높은 시청률과 수익을 보장하는 콘텐츠 제작만을 선호'하게 되고, '그 결과 공적 주제에 대한 시민들의 논의와 소통의 장'이 줄어들었다. 따라서 '수익성 위주의 미디어 플랫폼과 콘텐츠가 더 많아지면서 민주적 토론이 감소'된 것이 하버마스의 주장에 부합하는 사례라고 할 수 있다.

| 오답해설 | ① 1% 둘째 문단에서 비록 소수의 사람들만이 살롱 토론 문화에 참여했으나, 살롱이 초기 민주주의 발전에 중요한 역할을 했고 공개적 토론을 위한 공공 영역은 각각의 참석자들에게 동등한 자격을 부여했다고 설명하고 있다. 따라서 살롱 문화에서 특정 사회 계층에 대한 비판적인 토론이 허용되었는지 여부는 확인할 수 없으며, 하버마스의 주장에 부합하는 사례라 할 수 없다.

② 2% 인터넷의 발달과 보급은 상업적 광고를 증가시켰다는 것은 하버마스의 주장에 부합하는 사례라 할 수 있으나, 공익 광고도 증가시켰다는 것은 하버마스의 주장에 부합하는 사례라 할 수 없다.

③ 2% 셋째 문단을 보면, 하버마스에 따르면 대중매체와 대중오락의 보급은 공공 영역이 공허해지는 원인으로 작용했다. 따라서 국제 사회의 공공 영역은 공허해지지 않는다는 것은 하버마스의 주장에 부합하는 사례라 할 수 없다.

11 비문학 > 독해 비문학 [오답률 18%] 답 ③

| 정답해설 | ③ [82%] 첫 제시 문장과 ㉡, ㉢, ㉣은 '대설의 기준'에 대한 내용이다. 그리고 ㉠, ㉤은 '대설의 영향'에 대한 내용이다.

앞부분에서 '대설'의 정의를 제시하였다. 그러므로 이에 이어지는 내용으로 ㉣의 '이때 대설의 기준은 ~'이 와야 한다. 이어서 ㉡의 '또한'으로 '대설'의 기준에 추가되는 내용을 연결한다. 그리고 접속어 '다만'을 사용하여 앞의 말을 이어받아 예외적인 사항을 덧붙이는 ㉢이 와야 한다. 다음으로 ㉠은 '그런데'로 화제를 전환하여 '대설'이 미치는 영향으로 '도심 교통을 마비시키는 위력'을 제시하고, ㉤은 '이뿐만 아니라 ~'로 시작하여 앞에서 제시한 ㉠의 내용뿐만 아니라 '서비스 업종과 사회 전반에 영향'을 미친다는 것으로 연결하는 것이 가장 자연스럽다.

12 문법 > 현대 문법 [오답률 33%] 답 ③

| 정답해설 | 제시된 글은 '언어와 사고'의 관계에 대해 설명하고 있다. ③의 경우 '어떠한 사물의 개념(사고)'은 맴도는데 '그 명칭(언어)'을 떠올리지 못하는 것이다. 즉 사고를 언어로 표현하지 못하는 사례라 할 수 있다. 따라서 '언어와 사고는 기본적으로 상호작용을 한다.'라는 지문의 사례로 적절하지 않다.

| 정답해설 | ① [18%] 영어 화자들은 'rice'라는 하나의 단어만 사용하는 대상에 대해 우리말 화자들은 '모, 벼, 쌀, 밥' 등의 다양한 단어를 사용한다. 이러한 언어 사용의 차이로 인해 동일한 대상물을, 영어 화자들은 하나의 대상물로 인식하고 우리말 화자들은 여러 대상물로 인식하게 된다. 즉 모, 벼, 쌀, 밥 등을 각각 다른 대상물로 인식하는 것이다. 쌀이라는 곡류가 우리 삶과 문화에서 차지하는 중요성이 언어에 반영된 것이라고 이해할 수 있다. 우리말에 친족 관계를 나타내는 지칭이나 호칭이 매우 발달한 것도 우리의 문화적 특수성이 반영된 예라고 할 수 있다.

② [8%] 산, 물, 나무, 보행 신호의 실제 색은 제각각 다르지만, 우리말로는 '파랗다'라는 하나의 단어로 표현한다. 그렇지만 그런 상황을 이상하게 생각하는 사람은 많지 않다. '파랗다'라는 언어가 색에 대한 우리의 사고에 영향을 주는 예라고 할 수 있다.

④ [7%] 동일한 지시물에 대해서 문화에 따라 언어적인 차이를 보이는 경우이므로, 언어는 사고를 반영한다는 논지에 적절한 사례이다.

| 더 알아보기 | '언어와 사고'의 관계에 관한 여러 이론

- 언어우위론(사피어, 워프): 언어가 사고보다 먼저이므로 언어 없이는 사고가 불가능하다. 즉 사고 과정 없이도 언어가 존재한다.
  예 가사 내용을 모르는 외국 노래를 따라 부르는 경우
- 사고우위론(피아제): 사고가 언어보다 먼저이므로 언어 없이도 사고는 가능하다. 즉 생각을 언어로 표현하기 어려울 때가 있다.
  예 자신의 마음을 나타내고 싶은데, 어떤 말로 표현해야 할지 모르는 경우
- 인간의 세계관을 결정하는 언어(훔볼트): 언어는 인간이 세계를 인식하는 방법인 세계관을 결정한다.

13 비문학 > 이론 비문학 [오답률 8%] 답 ③

| 정답해설 | ③ [92%] '나'는 '글을 쓰는 것'을 '나무에 꽃이 피는 것'으로 비유하여 설명하고 있다.

| 오답해설 | ① [6%] 서사: 사건의 전개나 사물의 변화, 인물의 행동을 시간의 흐름에 따라 진술하는 방식이다.

② [1%] 분류: 어떤 대상들을 공통적인 특성 기준에 근거하여 하위 개념에서 상위 개념으로 묶어 가며 설명하는 방법이다.

④ [1%] 대조: 둘 또는 그 이상의 사물들에 대하여 그들이 지니고 있는 차이점을 밝혀내는 방식이다.

14 비문학 > 독해 비문학 [오답률 40%] 답 ①

| 정답해설 | ① [60%] 첫째 문단의 내용을 보면, '알파벳 언어는 표기 체계에 따라 철자 읽기의 명료성 수준이 달라진다.'라고 하였다. 따라서 '표기 체계'가 아닌 '소리'가 지닌 특성이 철자 읽기의 명료성을 판단하는 기준이 된다는 설명은 적절하지 않다.

| 오답해설 | ② [21%] 둘째 문단에서, 영어를 읽는 사람은 좌반구의 읽기 네트워크를 사용하지만, 무의미한 단어를 읽을 때 암기된 단어의 인출과 연관된 뇌 부위에 더 의존한다고 하였으므로 적절한 설명이다.

③ [4%] 첫째 문단에서, 이탈리아어와 스페인어의 사용자는 의미를 전혀 모르는 새로운 단어를 발견하더라도 보자마자 정확한 발음을 할 수 있다고 하였다. 철자 읽기가 명료하다는 것은 한 글자에 대응되는 소리가 규칙적이라는 것이므로 적절한 설명이다.

④ [15%] 첫째 문단에서, 영어는 발음이 아예 나지 않는 묵음과 같은 예외도 많은 편이고 글자에 대응하는 소리도 매우 다양하다고 하였다. 따라서 '스페인어에 비해 소리와 글자의 대응이 덜 규칙적'이라고 할 수 있다.

15 문학 > 고전 운문(시조) [오답률 41%] 답 ④

| 정답해설 | ④ [59%] (라)는 고향을 떠나올 때와 달리 이미 노인이 되어 버린 자신의 모습과 변함없이 푸른 자연의 모습을 대조적으로 나타내고 있다. 그러나 초장의 내용은 고향 언덕에 올라 산천을 바라보니 늙은 눈이 오히려 옛날보다 더 밝아진 것 같다는 것으로, 고향 산천에 대한 반가움을 표현하고 있다. 따라서 '노년의 무력함'을 표현한 것은 아니다.

| 오답해설 | ① [19%] (가)의 화자는 소반 위에 놓인 고운 감을 보고 '육적'의 회귤 고사를 떠올리며 자신도 그 감을 부모님께 갖다 드리고자 하지만, 부모님이 돌아가시고 안 계셔 품어 가도 반길 사람이 없음을 깨닫고 서러움을 느낀다는 내용이다.

- '육적'의 회귤 고사: 육적이 원술을 찾아갔다가 대접받은 유자(귤)를 품고 나오다 떨어뜨리자 원술이 그 이유를 물으니 어머니께 드리려 했다고 한다.

② [5%] (나)는 의태어 '서리서리'와 '구뷔구뷔'를 사용하여 임에 대한 간절한 그리움과 기다림을 표현하고 있다.

③ 17% (다)는 '~이오', '~로다'를 반복하고, 초장과 중장의 대구적 표현은 자연에 귀의하려는 의지를 표현한 것이다.

| 더 알아보기 | 출전 작품의 이해

> **(가) 박인로, 「조홍시가(早紅柿歌)」**
> - 주제: 부모님에 대한 지극한 효심
> - 해제: 작가가 이덕형의 집에 찾아갔을 때, 조홍시의 대접을 받고 돌아가신 부모님을 생각하며 지은 효심의 노래이다. 부모님이 돌아가신 후 효도를 다하지 못함을 안타까워하는 심정이 잘 드러나 있어 풍수지탄(風樹之嘆)의 정을 느끼게 한다.
>
> **(나) 황진이, 「冬至(동지)ㅅ돌 기나긴 밤을」**
> - 주제: (기나긴 겨울밤에) 임을 그리워하는 애타는 심정
> - 해제: 임을 기다리는 여인의 간절한 마음을 참신한 비유와 의태적 심상을 통해 호소력 있게 형상화한 작품이다. 추상적인 개념인 시간을 구체적 사물로 형상화한 표현 기법이 매우 참신하다.
>
> **(다) 성혼, 「말 업슨 청산(靑山)이오」**
> - 주제: 자연을 벗 삼는 즐거움
> - 해제: 청산(靑山)과 유수(流水)의 대구는 자연의 영원함을, 청풍(淸風)과 명월(明月)의 대구는 무한한 자연의 향수를 노래하여 주객일체(主客一體)의 상황에서 세속적인 근심 따위는 아예 생각하지 않고 늙어가겠다는 달관을 노래하였다.
>
> **(라) 이현보, 「농암가(聾巖歌)」**
> - 주제: 고향에서의 한정과 자연에의 귀의
> - 해제: 작가가 벼슬을 그만두고 고향인 예안에 돌아왔을 때의 감흥을 나타낸 작품으로서 「농암가(聾巖歌)」라 불린다. 고향을 떠나올 때와 달리 이미 노인이 되어 버린 자신의 모습과 변함없이 푸른 자연의 모습을 대조적으로 나타내고 있다.

16 문학 > 현대 수필 오답률 6% 답 ①

| 정답해설 | ① 94% 글쓴이는 되새김질하는 소의 모습과 행위에서 '그의 권태도 크고 슬프다'고 느끼면서 자신도 '(소처럼) 사색의 반추는 가능할는지 불가능할는지 몰래 좀 생각'해 보고 있다. 따라서 '소(대상)'의 행위를 통해 글쓴이의 권태가 투사되어 있는 것이다.

| 오답해설 | ② 2% 과거의 삶에 대한 회상이나 후회는 드러나지 않는다.

③ 1% 공간의 이동은 드러나지 않는다.

④ 3% 현실에 대한 불만이나 반성적 어조는 표출되어 있지 않다.

| 더 알아보기 | 이상, 「권태(倦怠)」

> - 주제: 농촌의 단조로운 풍경과 일상에서 느끼게 된 권태
> - 해제: 이 작품은 도회지 출신인 작가가 한여름 벽촌(평안남도 성천)에서 머물렀던 경험을 기록한 수필이다. 이 작품에서 묘사의 대상인 농촌의 풍경과 일상은 철저하게 도시인의 시선을 거쳐 해석되고 있다. 도시의 자극적인 감수성에 익숙해 있는 작가는 농촌의 단조롭기 짝이 없는 자연 풍경과 일상을 바라보며 극심한 권태에 사로잡힌다.

17 어휘, 한자 > 한자 성어 오답률 39% 답 ②

| 정답해설 | 식수를 지키려던 황거칠 씨는 경찰에 연행되어 공무집행 방해에다, 산주의 권리행사 방해, 그리고 폭행죄까지 뒤집어쓰고, 모든 죄를 자기가 안아맡아서 처리하려던 것도 뜻대로 되지 않았다. 석방의 조건으로서, 다시는 강제집행을 방해하지 않겠다는 각서를 쓰고 결국 산수도를 포기하게 된다. 따라서 '어찌할 도리나 방책이 없어 꼼짝 못 함'을 뜻하는 ② 61% '속수무책(束手無策)'이 적절하다.

| 오답해설 | ① 6% 동병상련(同病相憐): 같은 병을 앓는 사람끼리 서로 가엾게 여긴다는 뜻으로, 어려운 처지에 있는 사람끼리 서로 가엾게 여김을 이르는 말

③ 16% 자가당착(自家撞着): 자기의 언행이 전후 모순되어 일치하지 않음

④ 17% 전전반측(輾轉反側): 누워서 몸을 이리저리 뒤척이며 잠을 이루지 못함. 원래는 미인을 사모하여 잠을 이루지 못함을 이르는 표현임 유 전전불매(輾轉不寐)

| 더 알아보기 | 김정한, 「산거족(山居族)」

> - 주제: 소외당한 인간들의 생존 문제와 부조리한 현실에 대한 저항
> - 해제: 이 작품은 판자촌인 '마삿등'에 사는 가난하고 힘없는 노인인 황거칠 씨가 마을의 식수권을 쟁취해 가는 과정을 그리고 있다. 수도 시설이 갖춰지지 않아 곤란을 겪는 빈민촌에서 황거칠 씨는 앞장서 산에 우물을 파고 수도 시설을 설치한다. 그러나 산수도는 불법 시설이라는 이유로 두 번씩이나 철거될 위기에 처하고, 그 과정에서 황거칠 씨를 비롯한 주민들은 권력을 등에 업은 이들의 횡포에 맞서 나간다. 산업화와 도시화 과정에서 소외된 가난한 민중이 처한 부조리한 현실을 폭로하고, 그러한 현실을 극복할 가능성을 보여 주고 있다.

18 문학 > 현대 시 오답률 20% 답 ④

| 정답해설 | ④ 80% '가슴 아픈 일 한두 가지겠는가', '가슴 상하는 일 한두 가지겠는가' 등의 설의적 표현을 활용하여 살다 보면 '가슴 아픈 일', '가슴 상하는 일'이 있을지라도 '흔들리지 않은 나무'처럼 '보다 높은 곳'으로' 쉬임 없이' 향하는 '나무'처럼 사는 것이 삶이라는 깨달음을 강조하고 있다.

| 오답해설 | ① 2% 문답법이나 과거의 삶에 대한 반추는 드러나지 않는다.

② 5% 반어적 표현과 슬픔의 정서는 드러나지 않는다.

③ 13% 이 작품은 '나무'를 의인화하여 표현했지만, 목가적인 것은 아니다. 목가적(牧歌的)이란 농촌처럼 소박하고 평화로우며 서정적인 것을 의미한다.

19 비문학 > 독해 비문학 오답률 15% 답 ④

| 정답해설 | 앞뒤 문맥을 보면, '로마는 하루아침에 만들어지지 않는다.'라는 말은 과거 문화의 존귀함을 말하는 것이듯 ㉠에는 '국보 문화재가 얼마나 힘 있는가'를 의미하는 표현이 적절하다. ④의 '셰익스피어와 바꾸지 않는다'는 셰익스피어의 문학적 가치와 국보 문화재로서의 힘을 의미하는 것이라 할 수 있다. 영국인들이 '셰익스피어를 인도와도 바꾸지 않겠다.'라고 이야기한 것은 '인도'라는 거대 문명을 '영국' 출신인 한 명의 극작가와 바꾸지 않겠다는 것으로

영국인들이 자신들의 문화재를 매우 중요하게 생각했음을 알 수 있다.

| 오답해설 | ① 3% 부지런하고 꾸준히 노력하는 사람은 침체되지 않고 계속 발전한다는 뜻이다.

② 9% 헤르만 헤세의 말이다. 지식(知識)이 단순히 알고 있는 내용이나 사물을 뜻한다면 지혜(智慧)는 지식을 활용할 수 있는 이치를 스스로 깨달아 아는 것으로서, 지혜의 중요성을 강조한 표현이다.

③ 3% 사람의 마음이란 겉으로 언뜻 보아서는 알 수 없으며 함께 오랫동안 지내 보아야 알 수 있음을 이르는 속담이다.

20 비문학 > 독해 비문학 오답률 18% 답 ①

| 정답해설 | ① 82% 첫째 문단에서 분류 개념은 '하위 개념으로 분류할수록 그 대상에 대한 정보가 더 많이 전달된다.'라고 하였다. 따라서 하위 개념인 '호랑나비'가 상위 개념인 '나비'에 비해 정보량이 더 많다.

| 오답해설 | ② 4% 첫째 문단에서 '유니콘'을 예로 들어 '현실 세계에 적용 대상이 하나도 없는 분류 개념도 있을 수 있다.'라고 하였다. 따라서 '용(龍)'도 현실 세계에 적용할 수 있는 지시물이 없더라도 분류 개념으로 인정될 수 있다.

③ 11% 둘째 문단에서 비교 개념은 '더 무거움', '더 짧음'을 예로 들어 논리적 관계도 반드시 성립해야 한다고 하였다. 따라서 '꽃'이나 '고양이'와 같은 개념은 논리적 관계를 따라야 하는 것은 아니기 때문에 비교 개념에 포함되지 않는다.

④ 3% 셋째 문단에서 정량 개념은 '자연의 사실로부터 파악할 수 있는 물리량을 측정함으로써 만들어'지고, '자연현상에 수를 적용하는 과정에서 생겨나는 것'이라고 하였다. 따라서 물리량을 측정할 수 있는 'cm'나 'kg'은 자연현상에 수를 적용할 수 있게 해 준 것이다.

2020 7월 11일 시행 국가직 9급 (㉮책형)

합격예상 체크

〈국가직 연도별 합격선〉

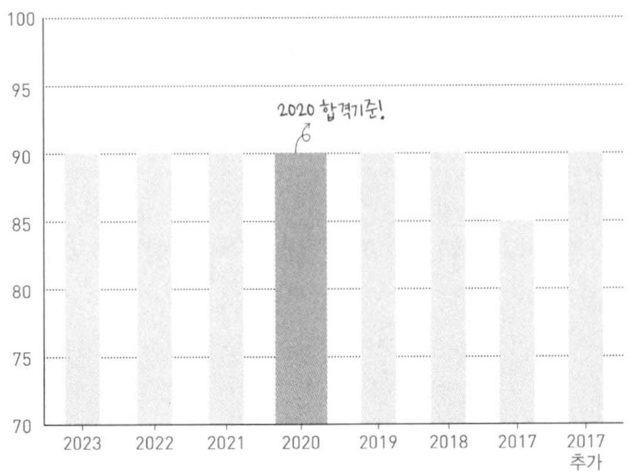

맞힌 개수	/20문항	점수	/100점

➡ □합격 □불합격

취약영역 체크

문항	정답	영역	문항	정답	영역
1	③	문법 > 현대 문법	11	②	비문학 > 이론 비문학
2	①	어문 규정 > 한글 맞춤법	12	①	비문학 > 이론 비문학
3	④	문법 > 현대 문법	13	②	비문학 > 이론 비문학
4	④	비문학 > 이론 비문학	14	③	비문학 > 독해 비문학
5	②	어문 규정 > 한글 맞춤법	15	③	비문학 > 독해 비문학
6	①	어휘, 한자 > 한자어	16	②	비문학 > 독해 비문학
7	②	문학 > 현대 소설	17	①	비문학 > 독해 비문학
8	③	비문학 > 독해 비문학	18	③	문학 > 현대 소설
9	④	문학 > 고전 운문(한시)	19	④	비문학 > 독해 비문학
10	④	어휘, 한자 > 한자어	20	③	비문학 > 독해 비문학

⬇ 영역별 틀린 개수로 취약영역을 확인하세요!

문법과 어문 규정	/4	비문학	/11	문학	/3	어휘, 한자	/2

➡ 나의 취약영역: ____________

※ [정답해설]과 [오답해설] 선지의 50% 표시는 〈1초 합격예측 풀서비스〉를 통해 수집된 선지 선택률을 나타냅니다.

1 문법 > 현대 문법 오답률 21% 답 ③

| 정답해설 | ③ 79% '해진이는 울산에 산다'+'초희는 광주에 산다'의 구성으로, 두 문장이 대등하게 이어진 문장이다.

| 오답해설 | ① 1% '동생이 시험에 합격하-(어간)+-기(명사형 어미)'가 명사절로 안긴 문장이다.

② 17% '착하-(어간)+-ㄴ(관형사형 어미)'의 구성인 '착한'이 관형절로 안긴 문장이다.

④ 3% '내일 가족 여행을 가자-+-고(간접 인용격 조사)'가 인용절로 안긴 문장이다.

오답률 TOP 3

2 어문 규정 > 한글 맞춤법 오답률 60% 답 ①

| 정답해설 | ① 40% 골아떨어졌겠지?(×) → 곯아떨어졌겠지?(○): '곯아떨어지다'는 '몹시 곤하거나 술에 취하여 정신을 잃고 자다', '크게 손해를 입거나 낭패를 당하다'는 뜻의 동사이다. 두 개의 용언이 어울려 한 개의 용언이 될 적에 앞말의 본뜻이 유지되고 있는 것은 그 원형을 밝히어 적는다. '곯아떨어지다'의 경우 '곯다'의 의미가 유지되므로 '곯아떨어지다'로 적는다.

| 오답해설 | ② 30% '깨나'는 '어느 정도 이상'의 뜻을 나타내는 보조사이다.

참 꽤나(×)

참 '꽤나'는 부사 '꽤' 뒤에, 수량이나 정도를 나타내는 받침 없는 체언이나 부사어 뒤에 붙어 '수량이 크거나 많음. 또는 정도가 높음'을 강조하는 보조사 '-나'가 붙은 것이다.

③ 4% '곤욕'은 '심한 모욕이나 참기 힘든 일'을 뜻한다. '곤욕'은 '치르다, 겪다, 당하다' 등과 쓰여, "곤욕을 치르다.", "말 한 마디에 곤욕을 겪었다."처럼 쓰인다.

참 '곤혹'은 '곤란한 일을 당하여 어찌할 바를 모름'을 뜻한다. "영어를 못해 곤혹을 느꼈다.", "곤혹스러웠다."처럼 '느끼다'와 함께 쓰거나 '곤혹스럽다'의 형태로 쓴다.

④ 26% 앞말이 뜻하는 행동이 끝났음을 나타내는 보조 용언 '나다'는 본용언인 동사의 어간 뒤에서 '-고 나다' 구성으로 쓰인다. 따라서 '그러고 나서'는 동사 '그러다' 뒤에 '-고 나서'가 붙은 것으로 올바른 표현이다.

참 그리고 나서(×)

3 문법 > 현대 문법 오답률 10% 답 ④

| 정답해설 | ④ 90% 주어 '그는'과 서술어 '하였다'의 호응이 적절하며, '내 생각이 옳지 않다'라는 간접 인용절 뒤에 간접 인용격 조사 '-고'가 결합한 자연스러운 문장이다.

| 오답해설 | ① 1% 주술 호응이 바르지 않다. '~은 점은 ~라는 점이다(것이다)'의 구성으로 써야 한다. 따라서 '내가 강조하고 싶은

점은 우리가 고유 언어를 가졌다는 것이다(점이다)' 정도로 고쳐야 한다.

② 7% '주어(일은) ~ 서술어(시간이었다)'의 구성으로 주술 호응이 바르지 않다. '좋은 사람과 대화하며, 함께 즐거운 시간을 보냈다' 정도로 쓰는 것이 자연스럽다.

③ 2% '주어(내 생각은) ~ 서술어(결정했다)'의 구성으로 주술 호응이 바르지 않다. 따라서 주어를 '나는'으로 고쳐서 '나는(주어) 집을 사서 이사하는 것이 좋겠다고 결정했다' 정도로 쓰는 것이 자연스럽다.

4 비문학 > 이론 비문학 오답률 19% 답 ④

| 정답해설 | ④ 81% ㉣: 검찰이 누군가를 시켜 범인을 구속하도록 한 것이 아니라, 검찰이 범인을 구속한 것이므로 '구속시켰다'가 아니라 '구속했다'가 적절하다.

| 오답해설 | ① 5% ㉠: '기간'이 '어느 때부터 다른 어느 때까지의 동안'이라는 뜻이므로, '기간'만으로도 뜻을 잘 드러낼 수 있다. '기간'이 아닌 '동안'만 써도 마찬가지다. 또한 '기간'은 '동안'의 뜻을 포함한다. 따라서 표현을 간결히 한다는 점에서 '기간'이나 '동안' 중 하나만 써서 표현해야 한다.

② 5% ㉡: '회의를 가지다(갖다)'는 영어 'have a meeting'을 직역한 표현이다. 따라서 '회의를 하겠다'로 표현하는 것이 적절하다.

③ 9% ㉢: '열려지다'는 '열-(어간)+-리-(피동 접사)+-어지다(통사적 피동)'의 구성으로 이중 피동 표현이므로 바르지 않다. 따라서 '열다'의 피동사 '열리다'를 써야 한다.

| 더 알아보기 | '-하다'를 쓸 곳에 '-시키다'를 쓴 경우

- 검찰은 ○○○ 씨를 구속시켰다. → 구속했다.
- 친구를 소개시켜 줄게. → 소개해
- 흔들리는 의자를 고정시켰다. → 고정했다.
- 출입을 금지시킵니다. → 금지합니다.
- 돈을 은행에 입금시킨다. → 입금한다.

5 어문 규정 > 한글 맞춤법 오답률 24% 답 ②

| 정답해설 | ② 76% 사전의 등재 순서에 따라 ㉠ 곬 → ㉢ 곳간 → ㉣ 광명 → ㉡ 규탄의 순서가 적절하다.

| 더 알아보기 | 한글 자음과 모음의 사전 등재 순서

- 자음: ㄱ ㄲ ㄴ ㄷ ㄸ ㄹ ㅁ ㅂ ㅃ ㅅ ㅆ ㅇ ㅈ ㅉ ㅊ ㅋ ㅌ ㅍ ㅎ
- 모음: ㅏ ㅐ ㅑ ㅒ ㅓ ㅔ ㅕ ㅖ ㅗ ㅘ ㅙ ㅚ ㅛ ㅜ ㅝ ㅞ ㅟ ㅠ ㅡ ㅢ ㅣ

오답률 TOP 2

6 어휘, 한자 > 한자어 오답률 61% 답 ①

| 정답해설 | ① 39% '오지랖(이) 넓다'는 '쓸데없이 지나치게 아무 일에나 참견하는 면이 있다'는 뜻의 관용구이다. '알현(謁見)'은 '지체가 높고 귀한 사람을 찾아가 뵘'을 뜻하므로 의미상 관계가 없다.

| 오답해설 | ② 21% 간섭(干涉: 干 방패(간여하다) 간/涉 건널(간섭하다) 섭): 직접 관계가 없는 남의 일에 부당하게 참견함

③ 22% 참견(參見: 參 참여할 참/見 볼 견): 자기와 별로 관계없는 일이나 말 따위에 끼어들어 쓸데없이 아는 체하거나 이래라저래라 함

④ 18% 간여(干與: 干 방패(간여하다) 간/與 더불 여): 어떤 일에 간섭하여 참여함

7 문학 > 현대 소설 오답률 5% 답 ②

| 정답해설 | ② 95% 둘째 문단에서 아버지는 서커스단의 일을 하고자 했으나 가족들의 반대로 그 꿈은 깨어졌음을 알 수 있다. 즉, 가족들의 반대로, 새로운 일이 아닌 평생 해 온 일을 하기 위해 무거운 부대를 메고 다시 일을 찾아 나간 것이다.

| 오답해설 | ① 1% 첫째 문단에서 "우리의 생활은 전쟁과 같았다. 우리는 그 전쟁에서 날마다 지기만 했다."는 설명을 통해 알 수 있다. 또한 글 전체의 내용으로도 확인할 수 있다.

③ 3% 셋째 문단의 "우리는 보이지 않는 보호를 받고 있었다. ~ 나는 우리가 이 구역 안에서 한 걸음도 밖으로 나갈 수 없다는 것을 깨달았다."라는 설명에서 '가난'이라는 한계를 벗어나지 못함을 알 수 있다.

④ 1% 마지막 문단의 "우리는 무슨 일이 있든 공부는 해야 한다고 생각했다. 공부를 하지 않고는 우리 구역에서 벗어날 수가 없다고 생각했다."라는 부분에서 알 수 있다.

| 더 알아보기 | 조세희, 「난쟁이가 쏘아 올린 작은 공」

- 주제: 삶의 터전을 빼앗긴 도시 빈민의 삶과 좌절
- 해제: 1976년 〈문학과 지성〉에 발표된 이 작품은 같은 제목의 연작 12편 중, 네 번째에 해당하는 중편 소설이다. 1970년대 한국 소설이 거둔 중요한 결실로 평가되는 작품으로서 전혀 낙원이 아니고 행복도 없는 '낙원구 행복동'의 소외 계층을 대표하는 '난쟁이' 일가(一家)의 삶을 통해 화려한 도시 재개발 뒤에 숨은 소시민들의 아픔을 그리고 있다.

8 비문학 > 독해 비문학 오답률 13% 답 ③

| 정답해설 | ③ 87% 둘째 문단에서 '사물 인터넷이 실현되려면 사람만큼 사물이 판단할 수 있어야 한다고 주장하면서 사물의 지능성을 중요시하는 경우는 그릇된 것'이라고 했으므로, '사물 인터넷은 사람 수준의 지능을 가진 사물들이 인간의 개입 없이 소통한다'는 설명은 바르지 않다. 사물들이 컴퓨터가 되고, 그 사물들이 그들 간에 또는 인간의 스마트 기기와 네트워크로 연결되는 것이 사물 인터넷이다.

| 오답해설 | ① 2% 둘째 문단에서 "사물 인터넷을 제대로 이해하려면 기존 인터넷과의 차이점에 주목하기보다는 오히려 공통점을 인식하는 것이 더 중요하다."라고 하였다.

② 3% 첫째 문단의 마지막 부분인 "전원이 없었던 일반 사물들은 새롭게 센서와 배터리, 통신 모듈이 부착되면서 컴퓨터가 되고 이렇게 컴퓨터가 된 사물들이 그들 간에 또는 인간의 스마트 기기와 네트워크로 연결되는 것이다."라는 설명을 통해 알 수 있다.

④ 8% 둘째 문단의 마지막 부분 "컴퓨터를 서로 연결하는 수준에서 출발한 것이 기존의 인터넷이라면, 이제는 사물 각각이 컴퓨터가 되고, 그 사물들이 사람과 손쉽게 닿는 스마트폰, 스마트워치 등과 서로 소통하는 것이다."라는 설명을 통해 알 수 있다.

9 문학 > 고전 운문(한시) 오답률 18% 답 ④

| 정답해설 | ④ 82% ㉣: 선경후정(先景後情)이란 작품에서 먼저 경치(자연)에 대해 말하고 뒤에서 정서를 말하는 것을 의미한다. 제시된 작품은 정서 표출 없이 장면 묘사만으로 시상을 전개하고 있다.

| 오답해설 | ① 10% ㉠: 3구와 4구의 내용을 통해 두 사람(늙은이, 아이)이 제사를 끝내고 해 저물어 돌아오는 상황임을 알 수 있다.

② 3% ㉡: 무덤은 산에 있어야 하는데, 들밭의 머리에 무덤들이 즐비한 것은, 많은 사람들이 죽었으므로 정상적으로 매장할 시간적 여유가 없었음을 알 수 있다. 전쟁(임진왜란)으로 인한 갑작스러운 죽음을 의미한다고 볼 수 있다.

③ 5% ㉢: 할아버지와 손자의 모습을 통해 무덤의 주인공을 짐작할 수 있다. 할아버지가 술에 취할 수밖에 없었던 이유는 죽은 아들과 혼자 남은 손자에 대한 안타까움 때문이라고 볼 수 있다. 즉, 할아버지와 아들 그리고 손자, 삼대(三代)가 함께 있어야 했는데, 전쟁으로 아들(손자의 아버지)은 세상을 떠난 것이다.

| 더 알아보기 | 이달, 「제총요(祭塚謠)」

> 「제총요(祭塚謠)」란 '무덤에 제사 지낼 때 소리'라는 뜻이다. 전쟁(임진왜란)으로 말미암은 비극성을 고발한 작품인데, 전란의 참상에 대한 직접적인 언급은 전혀 없다. 마치 한 폭의 그림을 그리듯 한 장면을 간결하게 묘사하고 있다.

오답률 TOP 1

10 어휘, 한자 > 한자어 오답률 67% 답 ④

| 정답해설 | ④ 33% ㉣ 맹세(盟誓: 盟 맹세 맹 / 誓 맹세할 서): 약속이나 목표를 꼭 실천하겠다고 다짐함

참 '誓'는 '맹세할 서'로 읽히나 '맹세'라는 단어에서는 '세'로 굳어져 쓰이기도 있다. 따라서 '盟誓'는 '맹서', '맹세' 모두 올바른 표준어이다.

| 오답해설 | ① 17% ㉠ 도전(逃戰) → 도전(挑戰)

- 도전(逃戰: 逃 도망할 도 / 戰 싸울 전): (×)
- 도전(挑戰: 挑 돋울 도 / 戰 싸울 전): 정면으로 맞서 싸움을 걺

② 26% ㉡ 지지(持地) → 지지(支持)

- 지지(持地: 持 가질 지 / 地 땅 지): (×)
- 지지(支持: 支 지탱할 지 / 持 가질 지): 어떤 사람이나 단체 따위의 주의·정책·의견 따위에 찬동하여 이를 위하여 힘을 씀

③ 24% ㉢ 침묵(浸默) → 침묵(沈默)

- 침묵(浸默: 浸 잠길 침 / 默 잠잠할 묵): (×)
- 침묵(沈默: 沈 잠길 침 / 默 잠잠할 묵): 아무 말도 없이 잠잠히 있음

11 비문학 > 이론 비문학 오답률 1% 답 ②

| 정답해설 | ② 99% 정민은 작년의 짝꿍이 자꾸 끼어들어서 힘들었지만 짝꿍에게 솔직하게 얘기를 함으로써 문제를 해결했던 본인의 경험을 말하면서 상수가 해결점을 찾을 수 있도록 도움을 주고 있다.

| 더 알아보기 | 공감적 듣기

> 공감적 듣기란 상대에게 감정을 이입하여 상대의 말을 들어 주는 것을 말한다. 사회적 상호 작용이나 정서 표현을 목적으로 하는 의사소통에서, 청자의 듣기 목적이 화자의 발화 의도를 이해하고 발화 내용을 긍정적으로 수용하는 데 있다고 할 때, 이러한 공감적 듣기는 꼭 필요한 수용 태도이다.

12 비문학 > 이론 비문학 오답률 7% 답 ①

| 정답해설 | ① 93% 인과 관계를 연쇄적으로 전개하고 있다.

원인: 온실 효과 → 결과: 지구의 기온 상승

↓

원인: 지구의 기온 상승 → 결과: 해수면의 상승

↓

원인: 해수면의 상승 → 결과: 바다와 육지의 비율 변화, 엄청난 기후 변화 유발, 섬나라나 저지대는 온통 물에 잠기게 됨

| 오답해설 | ② 5% '정의'의 방식으로 '제로섬(zero-sum)'에 대한 개념을 설명하고 있다. 또한 '제로섬'의 개념을 유사성이 있는 친숙한 개념인 '운동 경기'로 비유하여 '유추'의 방식도 사용하고 있다.

③ 1% 찬호의 상황을 나열하는 '서사'의 방식을 사용하고 있다.

④ 1% 소읍의 전경을 '묘사'와 '비유'(직유법: 선물 세트처럼)를 통해 나타내고 있다.

13 비문학 > 이론 비문학 오답률 7% 답 ②

| 정답해설 | ② 93% 진행자 'A'는 '의료 취약 계층을 위한 의약품 공급 정보망 구축 사업'에 대하여 B에게 질문을 하여 'B'가 답변을 통하여 정보를 제공할 수 있도록 대화를 이끌어 가고 있다. 'B'의 대답에서 모순점을 찾아 논리적으로 대응하고 있지는 않다.

| 오답해설 | ① 1% 'A'는 '그렇군요', '~ 말씀인 것 같군요', '네, 간편해서 좋군요' 등의 표현으로 상대방의 말을 들었다는 반응을 보이고 있다.

③ 3% 'A'는 의료 취약 계층을 위한 의약품 공급 정보망 구축 사업에 참여할 수 있는 방법에 대해 질문하여 'B'가 홍보할 수 있도록 유도하고 있다.

④ 3% '의약품 공급 정보망 구축 사업의 걸림돌'에 대한 'B'의 답변에 'A'는 '그러니까 ~ 말씀인 것 같군요'라고 하면서 상대방의 말을 대화의 흐름에 맞게 해석하여 상대방의 말을 보충하고 있다.

| 더 알아보기 | 화법에서 의사소통 전략

- 공감 전략: 화자와 청자가 상호 공통의 요구와 필요를 가지고 있다는 인식
- 맥락 공유 전략: 어떤 상황에서 화자와 청자가 표현의 의미에 대한 인식을 공유하는 것
- 가치 공유 전략: 화자와 청자가 가치관, 사고방식 등에 대해 교감하는 것

14 비문학 > 독해 비문학 [오답률 16%] 답 ③

| 정답해설 | ③ [84%] 제시된 글에서 천사가 배나무에 벼락을 내리는 바람에 배나무가 꺾어졌는데 곧 소생하였고 그 나무가 근래에 땅에 쓰러지자 어떤 이가 빗장 막대기로 만들어 두었다고 하였다. 따라서 벼락 맞은 배나무로 만든 막대기가 글쓴이의 당대까지 전해졌다는 설명은 적절하다.

| 오답해설 | ① [1%] 천사가 배나무에 벼락을 내리고, 용이 쓰다듬자(일설에는 보양 스님이 주문을 외워) 곧 소생하였다. 저절로 소생한 것이 아니다.

② [8%] 천사가 이목을 내놓으라고 하자 보양 스님이 뜰 앞의 배나무[梨木]를 가리켜 천사가 배나무에 벼락을 내린 것이다. 실수로 벼락을 내린 것이 아니다. 보양 스님이 발음은 '이목'으로 같지만 한자가 다른 배나무[梨木]를 이목(璃目)이라고 가리키자 천사가 배나무에 벼락을 내린 것이다.

④ [7%] 비를 내린 것은 보양 스님의 지시를 받은 이목이다. 가뭄이 들어 밭의 곡식이 타들어 가자 보양 스님이 이목을 시켜 비를 내리게 하니, 옥황상제가 장차 하늘의 뜻을 모르고 비를 내렸다 하여 천사를 보내 이목을 죽이려 한 것이다.

15 비문학 > 독해 비문학 [오답률 13%] 답 ③

| 정답해설 | ③ [87%] 경상 지역 방언을 쓰는 사람들은 대체로 'ㅓ'와 'ㅡ'를 구별하지 못하고, 평안도 및 전라도와 경상도의 일부에서는 'ㅗ'와 'ㅓ'를 제대로 분별해서 발음하지 않는 경우가 있고, 평안도 사람들의 'ㅈ' 발음은 다른 지역의 'ㄷ' 발음과 매우 비슷하다는 내용이다. 이를 종합하면 우리말에는 지역에 따라 구별되지 않는 소리가 있다는 것이다.

| 오답해설 | ① [9%] 지역마다 다양한 소리가 있다는 것이 아니라 구별되지 않는 소리가 있다는 내용이다.

② [3%] 지역에 따른 다양한 표준 발음법을 설명하는 글이 아니다.

④ [1%] 제시된 글에서 확인할 수 없는 내용이다.

16 비문학 > 독해 비문학 [오답률 14%] 답 ②

| 정답해설 | 첫째 문단에서는 화려하게 등장한 스마트폰이 한계에 봉착한 듯하고, 스마트폰 생산량의 수위를 지켜 왔던 기업들의 호시절도 끝난 분위기라고 하였다. 그리고 둘째 문단에서는 스마트폰 이후 글로벌 주도 산업도 영속 불멸하지는 않을 것이라고 전망한다. 따라서 ㉠에는 '권세는 십 년을 가지 못한다는 뜻으로, 아무리 높은 권세라도 오래가지 못함을 이르는 말'인 ②의 '권불십년(權不十年)'이 포함된 문장이 들어가는 것이 가장 적절하다.

| 오답해설 | ① [1%] 절치부심(切齒腐心): 몹시 분하여 이를 갈며 속을 썩임

③ [9%] 아전인수(我田引水): 자기에게만 이롭게 되도록 생각하거나 행동함을 이르는 말
[속] 제 논에 물 대기

④ [4%] 내우외환(內憂外患): 나라 안팎의 여러 가지 어려움

17 비문학 > 독해 비문학 [오답률 13%] 답 ①

| 정답해설 | 앞부분에서 베르그송은 '집단으로 모인 사람들이 자신들의 감성을 침묵하게 하고 지성만을 행사하는 가운데 그들 중 한 개인에게 그들의 모든 주의가 집중되도록 할 때 희극이 발생한다'고 보았다. 따라서 ①은 적절하지 않은 설명이다.

| 오답해설 | ② [2%] 첫 번째 문장인 "희극의 발생 조건에 대하여 베그르송은 집단, 지성, 한 개인의 존재 등을 꼽았다."에 제시되어 있다.

③ [3%] "웃음을 유발하는 단순한 형태의 직접적인 장치는 대상의 신체적인 결함이나 성격적인 결함"이라는 부분에서 확인할 수 있다.

④ [8%] 마지막 부분에서 "한 인물이 우리에게 희극적으로 보이는 것은 우리 자신과 비교해서 그 인물이 육체의 활동에는 많은 힘을 소비하면서 정신의 활동에는 힘을 쓰지 않는 경우이다. ~부정할 수 없다."라는 프로이트의 말에서 확인할 수 있다.

18 문학 > 현대 소설 [오답률 8%] 답 ③

| 정답해설 | ㉠은 임 씨가 일하는 것을 지켜보면서 가난한 임 씨에 대한 연민과 안타까움을 느끼고 있는 것이다. ③은 김창협의 「산민(山民)」으로, 산에서 힘들게 살아가는 부부에 대한 안타까움의 정서가 드러나고 있다.

| 오답해설 | ① [3%] 박남수의 「아침 이미지」: 어둠이 사라지고 생동감이 넘치는 아침의 이미지를 형상화하고 있다.

② [3%] 김소월의 「산유화」: 산에 피고 지는 꽃을 소재로 하여, 인간과 자연, 모든 존재에 스며 있는 근원적 고독을 노래하고 있다.

④ [2%] 김상옥의 「사향(思鄕)」: 고향에 대한 그리움의 정서가 드러나 있다.

| 더 알아보기 | 양귀자, 「비 오는 날이면 가리봉동에 가야 한다」

- 주제: 소시민들 사이에서 벌어지는 일상의 갈등과 화해
- 해제: 이 작품은 1980년대 도시 변두리에 사는 소외된 사람들의 삶을 소재로 한 연작 소설 『원미동 사람들』 중 한 편으로, 도시 하층민의 정직한 노동과 삶의 애환을 통해 중산층의 허위의식을 고발함으로써 인간에 대한 신뢰의 회복을 모색하는 작품이다.

19 비문학 > 독해 비문학 오답률 10% 답 ④

| 정답해설 | ④ 90% 셋째 문단에서 "현재 적정 사무실 온도로 알려진 21℃는 1960년대 측정된 자료를 바탕으로 하는데, ~여성이나 다른 연령대 남성들의 대사율과 다르고, 당연히 체내 열 생산의 양도 차이가 있다."라고 하였다. 따라서 '현재보다 설정 온도를 일률적으로 높이는 것'이 아니라 사무실에서 일하는 사람들의 성별이나 연령대 등을 고려해서 사무실 온도를 조정해야 한다.

| 오답해설 | ① 4% 둘째 문단에서 특정 연령대 성인 남성의 몸을 표준화된 인체로 여겼던 사고방식은 여러 문제점을 낳고 있다고 했으므로, 하나의 표준을 정하기보다 가능한 한 다양한 대상을 선정해서 의학적 연구를 하는 것이 바람직하다.

② 3% 첫째 문단에서 기존의 의학적 연구는 건장한 성인 남성의 몸을 표준으로 삼아 이루어지는 경우가 많다고 했고, 셋째 문단에서는 현재 적정 사무실 온도로 알려진 21℃는 1960년대 측정된 자료를 바탕으로 하는데, 당시 몸무게 70kg인 40세 성인 남성을 기준으로 측정된 것으로 여성이나 다른 연령대 남성에게는 맞지 않다고 하였다. 따라서 이런 의학 지식을 활용하려면 연구한 대상을 살펴봐서 그대로 활용할지를 결정하는 것이 바람직하다.

③ 3% 셋째 문단에서 표준화된 신체를 가진 남성의 대사율은 여성이나 다른 연령대 남성들의 대사율과 다르고, 당연히 체내 열 생산의 양도 차이가 있다고 했다. 따라서 근무 환경을 조성할 때 근무자들의 성별이나 연령대를 고려하는 것이 바람직하다.

20 비문학 > 독해 비문학 오답률 22% 답 ③

| 정답해설 | 첫째 문단에서 아우슈비츠를 소재로 한 대사에 관한 자원자의 낭독은 세련되지도 능숙하지도 않았지만 청중들의 공감을 이끌어 냈다는 것을 확인할 수 있다. 그러나 둘째 문단을 보면, 셰익스피어의 위대한 희곡 「헨리 5세」에서 발췌한 대사를 낭독할 때 청중들은 듣는 둥 마는 둥 했다. 따라서 ③의 설명은 적절하다는 것을 알 수 있다.

| 오답해설 | ① 4% 첫째 문단에서 자원자의 낭독은 세련되지도 능숙하지도 않았지만 청중들은 공감했고, 둘째 문단에서는 전문 배우가 낭독을 했으나 청중은 공감하지 못했다. 따라서 배우의 연기력이 관객의 공감을 좌우하는 것은 아니다.

② 12% 첫째 문단에서 아우슈비츠를 소재로 한 비극은 청중이 공감을 했으나, 둘째 문단에서 아쟁쿠르 전투의 처참한 비극에는 청중이 공감하지 못했다. 따라서 비극적인 소재가 항상 관객의 공감을 일으키는 것이 아니다.

④ 6% 400년 전 아쟁쿠르 전투보다 현재와 가까운 역사적 사실인 아우슈비츠를 소재로 한 드라마의 한 장면에서 청중들이 공감을 했으므로, 바르지 않은 설명이다.

2019 4월 6일 시행 국가직 9급 (㉯책형)

합격예상 체크

맞힌 개수	/20문항	점수	/100점

➡ □합격 □불합격

취약영역 체크

문항	정답	영역	문항	정답	영역
1	②	문법 > 현대 문법	11	③	문법 > 현대 문법
2	①	비문학 > 이론 비문학	12	②	문학 > 현대 시
3	③	문학 > 현대 희곡	13	③	문학 > 고전 산문(소설)
4	④	비문학 > 이론 비문학	14	④	문학 > 현대 소설
5	①	문법 > 현대 문법	15	③	비문학 > 독해 비문학
6	④	비문학 > 이론 비문학	16	③	비문학 > 이론 비문학
7	④	비문학 > 독해 비문학	17	①	비문학 > 독해 비문학
8	①	비문학 > 독해 비문학	18	④	비문학 > 독해 비문학
9	④	문학 > 고전 운문(가사)	19	②	문법 > 현대 문법
10	②	어휘, 한자 > 한자 성어	20	③	비문학 > 독해 비문학

⬇ 영역별 틀린 개수로 취약영역을 확인하세요!

문법과 어문 규정	/4	비문학	/10	문학	/5	어휘, 한자	/1

➡ 나의 취약영역: ____________

※ [정답해설]과 [오답해설] 선지의 50% 표시는 〈1초 합격예측 풀서비스〉를 통해 수집된 선지 선택률을 나타냅니다.

1 문법 > 현대 문법 오답률 30% 답 ②

| 정답해설 | ㉡ 제시 문장에서 '크다'는 '동식물이 몸의 길이가 자라다'는 의미의 동사이다.

참 '크다'는 동사와 형용사로 품사의 통용에 해당하는 단어이므로 현재 시제 선어말 어미 '-는-/-ㄴ-'의 결합이 가능하면 동사, 불가능하면 형용사이다. 제시 문장에서는 '나무가 큰다'로 현재 시제 선어말 어미 '-ㄴ-'의 결합이 가능하다.

㉢ '나다'는 '홍수, 장마 따위의 자연재해가 일어나다'는 의미의 동사이다. 현재 시제 선어말 어미 '-ㄴ-'이 결합하여 '홍수가 난다'로 쓰임이 가능하다.

| 오답해설 | ㉠ 제시 문장에서 '다른'은 형용사 '다르다'의 활용형으로 관형사 '다른'과 구별하여 써야 한다. 형용사 '다르다'는 '두 대상이 서로 같지 아니하다'의 의미이고, 관형사 '다른'은 '해당되는 것 이외의'의 의미이다. 제시 문장에서는 '쌍둥이의 성격이 서로 같지 아니하다'의 뜻이므로 형용사이다.

㉣ '허튼'은 '쓸데없이 헤프거나 막된'의 의미로, 관형사이다.

㉤ 제시 문장에서 '아니다'는 물음이나 짐작의 뜻을 나타내는 말로 쓰인 형용사이다. 현재 시제 선어말 어미 '-는-/-ㄴ'이 결합하여 '진정한 사랑이 아닌다'로 쓰임이 불가능하다.

2 비문학 > 이론 비문학 오답률 7% 답 ①

| 정답해설 | ①의 논제는 제시 조건을 모두 충족하였다.

| 오답해설 | ② 1% '~ 없다'는 부정 평서문이므로 조건에 맞지 않다.

③ 1% 찬성 측에 유리한 정서적 표현 '야만적인'이 사용되었다.

④ 5% 쟁점이 '내신 제도'와 '논술 시험' 두 개이다.

3 문학 > 현대 희곡 오답률 5% 답 ③

| 정답해설 | ③ 95% '아버지'는 무대 위에 있지도 않을 뿐만 아니라 해설자가 소개하지도 않았다. 아버지께서도 어린 시절에 파수꾼의 이야기를 들으셨다는 내용만 제시되어 있을 뿐이다.

| 오답해설 | ① 1% '이곳은 황야', '드높이 솟은 이 망루'라는 표현에서 공간적 배경을 확인할 수 있다.

② 2% '하늘은 연극의 진행에 따라 황혼, 초승달이 뜬 밤, 그리고 아침으로 변할 겁니다'라는 표현에서 시간적 배경의 변화를 확인할 수 있다.

④ 2% 파수꾼은 높은 곳에서 하늘을 등지고 있기 때문에 언제나 시커먼 그림자로만 보인다고 했으므로, 파수꾼의 얼굴은 분명하게 알 수 없다.

| 더 알아보기 | 이강백, 「파수꾼」

- 갈래: 희곡
- 특징: 우화 형식을 빌려 1970년대의 정치적 현실을 풍자
- 주제: 진실을 향한 열망과 진실이 통하지 않는 사회의 비극
- 해제: 군부 독재 권련이 지배하던 1970년대의 정치 상황을 양치기 소년 모티프를 빌려 풍자한 단막극이다. 실제로는 없는 이리 떼에 대한 공포심을 조장하여 마을 사람들을 통제하는 촌장은 국가의 위기를 과장하여 국민들을 통제하였던 군부 독재 권력을 상징한다. 이리가 존재하지 않는다는 진실을 알고 있는 파수꾼 '다'마저 촌장의 집요한 회유에 넘어가고 만다는 결말은 독재 권력에 맞서 진실 옹호에 나서는 것이 얼마나 어려운 일인지를 보여 준다.

4 비문학 > 이론 비문학 [오답률 16%] 답 ④

| 정답해설 | ④ [84%] 수빈이 정아의 말을 자신의 처지로 바꾸어 의미를 재구성하는 표현은 없다.

| 오답해설 | ① [1%] 수빈은 '정말? 무슨 일이 있었는지 자세히 말해 봐', 그리고 팀장님 질문에 대답을 못했다는 정아의 말을 받아 '팀장님 질문에 대답을 못했구나'라고 다시 표현을 하므로 정아의 말에 집중하고 있음을 알 수 있다.

② [1%] 수빈은 '~ 자세히 말해 봐'라는 반응을 보여 정아가 계속 말을 할 수 있도록 하고 있으며, '~ 처음 하는 프레젠테이션이라 정아 씨가 긴장을 많이 했나 보다'라는 표현으로 정아를 격려하고 있다.

③ [14%] 수빈은 '무슨 일이 있었는지 자세히 말해 봐'라는 표현을 통해 정아 스스로 혼란스러운 감정을 정리하게끔 도와주고 있다.

| 더 알아보기 | 공감적 듣기

'공감적 듣기'란 상대에게 감정을 이입하여 상대의 말을 들어 주는 것을 말한다. 공감적 듣기에는 '소극적 듣기'와 '적극적 듣기'가 있다.
- 소극적 듣기: 화자의 말에 대해 관심을 보이고, 격려, 집중 등을 하는 것을 말하며, 화자가 이야기를 이어 나갈 수 있도록 맥락을 조절하며 듣는 방식이다.
- 적극적 듣기: 화자 스스로 문제를 해결할 수 있도록 화자의 말을 요약·정리·반영하며 듣는 방식이다.

5 문법 > 현대 문법 [오답률 12%] 답 ①

| 정답해설 | ① [88%] '부엌일[부억일(음절의 끝소리 규칙: 교체) → 부억닐(ㄴ 첨가: 첨가) → 부엉닐(비음화: 교체)]' 현상이 나타난다.

6 비문학 > 이론 비문학 [오답률 6%] 답 ④

| 정답해설 | ④ [94%] 반대 측은 '누구까지를 학교 폭력의 방관자라고 규정지을 수 있을까요?'라고 논제에 의문을 제기하면서, 폭력 사건에 대한 개입과 방관은 외부에서 규제할 성질의 문제가 아니라는 주장을 강화하고 있다.

| 오답해설 | ① [2%] 두 번째 반대 측 발언에서 친숙한 상황에 빗댄 것을 확인할 수 있으나 찬성 측이 친숙한 상황을 빗대어 표현한 내용은 제시되지 않았다.

② [2%] 찬성 측은 자신의 경험을 제시하지 않았다.

③ [2%] 반대 측은 방관자의 범위를 규정하기가 불명확하다는 의견을 제시했을 뿐 해결책까지 제시하지는 않았다.

| 더 알아보기 | 토론에서의 논거

토론에서는 자신이 내세우는 의견이나 주장의 설득력을 높이기 위해 여러 가지 논거를 제시한다. 이때 '논거가 얼마나 객관적이며 타당한가?'가 토론의 성공과 실패를 정하는 기준이 된다.

7 비문학 > 독해 비문학 [오답률 21%] 답 ④

| 정답해설 | ④ [79%] 한국 문학의 미적 범주에서 풍자와 해학은 골계(㉠)를 통해 드러난다. 이때 있어야 할 것을 깨뜨리는 것, 즉 현실에 있어 부정적 현상이나 모순에 관심을 집중하여, 부정적 태도를 취하는 것이 풍자(㉡)이고, 있는 것이 지닌 긍정에 관심을 집중하는 것, 즉 대상에 대한 동정과 연민의 태도를 가지고 있으며 대상을 희화화하는 것을 해학(㉢)이라 한다.

| 더 알아보기 | 골계미, 해학, 풍자

- 골계미: 풍자하고 조롱하며 비하하는 상태의 미적 범주로서, 객체에 대한 주체의 우위를 주장하고 있으며, 비웃고 조롱하고 있는 상태이다. '골계미'는 '있는 것'을 긍정하고 '있어야 할 것'을 부정하고 파괴할 때 나타난다. '해학'과 '풍자'는 모두 웃음을 자아내는 문학 요소에 넓게 적용되는 '골계'이다.
- 해학: '해학'은 고통스러운 상황이나 강자의 공격을 재치 있게 받아넘기는 웃음으로, 「흥부전」을 해학의 걸작으로 꼽는다.
- 풍자: '풍자'는 주로 부조리한 지배층을 공격하고 조롱함으로써 웃음을 유발하는데, 박지원의 한문 소설 「호질」이 대표적인 풍자 소설이다.

8 비문학 > 독해 비문학 [오답률 8%] 답 ①

| 정답해설 | ① [92%] 〈보기〉의 문장은 '기도'가 '뉴스'로 바뀌었다는 내용이다. 이는 뉴스가 신앙이 누리던 것과 동등한 권력의 지위를 차지하고, 뉴스 타전은 정확하게 교회의 시간 규범을 따른다는 ㉠ 앞 문장의 내용과 자연스럽게 연결된다.

9 문학 > 고전 운문(가사) [오답률 5%] 답 ④

| 정답해설 | ④ [85%] 제시된 부분은 시적 화자가 소를 빌리러 갔다가 그냥 돌아오는 장면이다. 헌 모자를 숙여 쓰고 축 없는 짚신을 신고 맥없이 물러나오는 풍채 작은 화자의 모습을 보고 '개'가 짖는 것이므로 ㉠은 화자의 초라함을 부각시키는 시어이다. 그리고 작고 누추한 집에 들어가 북쪽 창문에 기대앉아 새벽을 기다리는데 '대승'은 화자의 '한'을 돋운다고 했으므로 ㉡은 화자의 수심(愁心: 근심)을 더욱 깊게 하는 시어이다.

| 오답해설 | ① [2%] ㉠과 ㉡은 모두 실재하는 존재물이다.

② [1%] ㉡은 화자의 희망을 나타내는 소재가 아니다.

③ [2%] ㉠과 ㉡은 그 자체가 화자를 상징하는 것은 아니다.

| 더 알아보기 | 박인로, 「누항사(陋巷詞)」

- 갈래: 가사
- 특징
  ① 대구법, 설의법, 과장법, 열거법 등의 수사법 사용
  ② 가난한 현실을 사실적으로 묘사함
  ③ 농촌의 일상 어휘와 어려운 한자 어휘가 섞여서 쓰임
- 주제: 곤궁한 생활이지만 자연에 묻혀 사는 빈이무원(貧而無怨)의 삶
- 해제: 이 작품은 이덕형이 작가의 근황을 묻자 그에 대한 답으로 지은 가사로, 임진왜란 이후의 곤궁한 삶을 사실적으로 그리고 있다. 서사는 안빈일념의 이상과 시적 화자가 처한 궁핍한 생활의 괴리감을, 본사는 임진왜란 시 참전했던 일에 대한 회상과 전란 후에 돌아와 몸소 농사를 지으려고 이웃집에 소를 빌리러 갔다가 실패하고 농사짓기를 포기한 심회를 노래하였다. 결사에서는 먹고사는 생활의 문제 때문에 잠시 잊고 지낸 자연친화의 삶을 다짐하며, 안빈낙도와 유교적인 덕목을 실행하며 사는 삶을 추구하고자 하는 의지를 드러내고 있다.
- 현대어 풀이
  헌 모자를 숙여 쓰고 축 없는 짚신을 신고 맥없이 물러나오니
  풍채 작은 내 모습에 개가 짖을 뿐이로구나.
  작고 누추한 집에 들어간들 잠이 와서 누워 있겠는가.
  북쪽 창문에 기대앉아 새벽을 기다리니
  무정한 오디새는 나의 한을 북돋우는구나.
  아침이 끝날 때까지 슬퍼하며 먼 들을 바라보니
  즐기는 농부들의 노래도 흥없게 들리는구나.
  세상 물정을 모르는 한숨은 그칠 줄 모른다.

오답률 TOP 1

10 어휘, 한자 > 한자 성어 오답률 49% 답 ②

| 정답해설 | 남녀의 금실에 관한 노래인 '봉황곡'을 연주하는 행위에는 임이 오기를 기다리는 마음이 담겨 있고 '다정한 앵무새'는 화자의 처지와 대조를 이루는 대상이다. 또한 '비단 수건에 눈물'은 화자가 밤새 홀로 잠 못 이루며 흘린 눈물로서, 임에 대한 그리움과 독수공방의 외로움을 함축적으로 나타낸다. 따라서 시적 화자의 상황을 적절하게 표현한 것은 '누워서 몸을 이리저리 뒤척이며 잠을 이루지 못함'을 뜻하는 ② 51% '전전불매(輾轉不寐)'가 적절하다.

| 오답해설 | ① 10% 금슬지락(琴瑟之樂): 거문고와 비파의 조화로운 소리라는 뜻으로, 부부 사이의 다정하고 화목한 즐거움

③ 19% 금의야행(錦衣夜行): 비단옷을 입고 밤길을 간다는 뜻으로, 아무 보람 없는 행동을 비유하여 이르는 말 또는 입신출세하여 고향으로 돌아가지 않음을 이르는 말

④ 20% 맥수지탄(麥秀之嘆): 보리만 무성하게 자란 것을 탄식한다는 뜻으로, 고국의 멸망을 탄식함 ㊌ 서리지탄(黍離之歎)

| 더 알아보기 | 허난설헌, 「사시사(四時詞)」

- 갈래: 한시
- 특징
  ① 계절적 배경을 바탕으로 임을 그리워하는 여인의 심정을 노래함
  ② 고독, 그리움의 정서를 계절의 변화에 따라 시상 전개
- 주제: 임을 그리워하는 여인의 마음
- 해제: 이 작품은 4수로 된 한시로, 『난설헌집』의 7언 고시조에 수록되어 있다. 임을 그리워하는 규방 여인의 심정을 사계절의 변화에 맞추어 '춘사, 하사, 추사, 동사'로 나누어 노래하고 있는 작품이다. 각 수마다 서로 다른 여인이 등장하는데, 이들은 모두 임의 부재로 인해 외로움을 느낀다는 공통점이 있다.

오답률 TOP 3

11 문법 > 현대 문법 오답률 34% 답 ③

| 정답해설 | ③ 66% 주체(어머니)를 높이기 위해 주격 조사 '께서', 서술어에 높임 선어말 어미 '-시-'를 사용하였다. 또한 객체인 '아주머니'를 높이기 위해 부사격 조사 '에게'의 높임말 '께'와 '주다'의 높임 '드리다'가 쓰였다. 그리고 종결 어미 '-습니다'는 상대 높임법의 아주 높임에 해당하는 '하십시오체'로, 상대를 높이는 역할을 한다.

㊟ 상대 높임법은 종결어미가 있는 모든 문장에서 나타나는데, 하십시오체(아주 높임), 하오체(예사 높임), 해요체(두루 높임)는 상대를 높이는 데 사용하고, 하게체(예사 낮춤), 해라체(아주 낮춤), 해체(두루 낮춤)는 상대를 낮추는 데 사용한다.

| 오답해설 | ① 14% • 주체 높임: 주체인 '아버지'를 높이기 위해 '께서'와 주체 높임 선어말 어미 '-시-'를 사용하였다.
- 객체 높임: 객체인 '할머니'를 높이기 위해 특수 어휘 '모시고'를 사용하였다.

② 15% • 객체 높임: 객체인 '어머니'를 높이기 위해 부사격 조사 '께'와 '드리면'을 사용하였다. 또한 자신의 '말'을 낮추어 '말씀'으로 표현하였다.
- 상대 높임: 청자를 높이기 위해 보조사 '요'를 사용하였다.

④ 5% • 주체 높임: 주체인 '주민 여러분'을 높이기 위해 '께서'와 주체 높임 선어말 어미 '-시-'를 사용하였다.
- 상대 높임: 청자를 높이기 위해 종결 어미 '-ㅂ니다'를 사용하였다.

12 문학 > 현대 시 오답률 27% 답 ②

| 정답해설 | 3연에서 '보다 큰 집단 ~ 보다 큰 악을 양조(釀造)'하고, 4연 '조직은 형식을 강요하고', 5연 '전통은 궁궐안의 상전이 되고 / 조작된 권위는 주위를 침식한다'는 표현을 통해 화자는 집단, 체계, 전통, 권위 등을 비판하고, 1연과 6연에서 '밀어 바다로 몰아 넣라'라고 말한다. 즉 화자는 고전적인 질서를 거부하고 있으므로 ②의 설명은 바르지 않다.

| 오답해설 | ① 3% '죽 가래 밀어 바다로 몰아 넣라'라는 단정적이고 직설적인 어조를 사용하고 있다.

③ 11% 화자는 인위적인 것인 '국경, 탑, 어용학의 울타리'와 자연적인 것인 '하늘을 흐르는 날새, 한 세상 한 바람 한 햇빛'을 각각 '바다로 몰아 넣라'와 '흐르게 하라'라는 표현을 통해 대조적으로 제시하고 있다.

④ 13% '가래'는 흙을 파헤치거나 떠서 던지는 농기구이다. 이 농기구로 고전적인 질서를 개혁하고자 하고 있다.

13 문학 > 고전 산문(소설) 오답률 5% 답 ③

| 정답해설 | 서술자의 개입은 작품 밖 서술자가 자신의 생각을 직접 드러내는 방식이다. ㉢은 춘향이가 낭군을 그리워하며 부르는 노래로서, 서술자의 개입이 나타나지 않는다.

| 오답해설 | ㉠, ㉡, ㉣은 작중 인물의 서술이 아니라 작품 밖 서술자가 직접 개입하여 표현한 부분이다.

14 문학 > 현대 소설 오답률 12% 답 ④

| 정답해설 | 간난이 할아버지는 새끼를 밴 신둥이개를 자기 다리 곁으로 빠져나가도록 한다. 이를 아는 동장네 절가가 빈틈을 낸 사람으로 간난이 할아버지를 공개적으로 지목하였다. 따라서 동장네 절가가 간난이 할아버지의 행동에 동조하고 있다는 ④의 설명은 바르지 않다.

| 오답해설 | ① 3% 사투리의 사용과 마을 사람 여럿이 개를 잡으려고 하는 모습에서 토속적이면서도 억센 삶의 현장을 그린다고 볼 수 있다.

② 2% 신둥이개의 새파란 불은 종족을 남겨 대를 잇는 강인한 삶의 형상을 상징한다고 볼 수 있다.

③ 7% 간난이 할아버지는 새끼를 밴 신둥이개를 이해하는 유일한 인물로서 생명에 대한 외경감을 보여 준다.

| 더 알아보기 | 황순원, 「목넘이 마을의 개」

- 주제
  ① 생명의 강인함과 생명에 대한 외경심
  ② 한민족의 강인한 생명력과 끈기
- 등장인물
  – 간난이 할아버지: 신둥이개를 이해하는 유일한 인물로서 따뜻한 인간성을 지녔으며 생명에 대한 외경감을 보여 준다. 사건의 전달자이기도 하지만, 화해와 조화를 이끄는 인물이다.
  – 신둥이개: 주인을 잃고 마을에 흘러 들어와 모진 박해를 받지만 자신의 몸을 보호하여 종족을 남기고 대를 이음으로써 우리 민족의 강인한 생명력과 생명의 외경성을 보여 주는 존재이다.
- 해제: 마을 사람들에 의해 죽을 위기에 처한 '신둥이개'와 그 개를 도망치게 도와준 한 노인의 이야기를 통해서 우리 민족의 수난을 암시하는 한편, 휴머니즘을 통해서 고난을 극복할 수 있음을 보여 주고 있다.

15 비문학 > 독해 비문학 오답률 10% 답 ③

| 정답해설 | ③ 90% (가)와 (나)에서 소설 창작의 계층은 드러나지 않았다.

| 오답해설 | ① 3% (가)에서, 부윤공의 부인 이 씨가 상중에 언문 소설을 소리 내어 읽자 찬성공이 예의에 어긋난 것이라 꾸짖었다고 한 것으로 보아 상층 남성들은 상중의 예법에 대해 매우 엄격하였음을 알 수 있다.

② 5% (가)에서, 부윤공의 부인 이 씨가 언문 소설을 소리 내어 읽었다는 내용에서 알 수 있다.

④ 2% (나)를 통해 하층에서도 소설을 즐겼음을 알 수 있다. 또한 (가)에서도 언문 소설을 읽는 이 씨에게 '평민과 같아지려 할 수 있는가'라는 말을 통해 평민들도 소설을 즐겼음을 알 수 있다.

16 비문학 > 이론 비문학 오답률 6% 답 ③

| 정답해설 | 고전파 음악의 특징으로, 첫째 문단에서 '형식과 내용의 일체화를 꾀하고 균형 잡힌 절대 음악을 추구'하였다고 했으므로 ③의 설명은 바르지 않다.

| 오답해설 | ① 1% 제시된 글은 전체적으로 고전파 음악의 특징과 음악사적 의의를 설명하고 있다.

② 2% 둘째 문단에서 '하이든, 모차르트, 베토벤'을 예로 들고 있다.

④ 3% 첫째 문단의 첫 문장 "고전파 음악은 어떤 음악인가?"라는 질문을 통해 화제를 제시하여 호기심을 유발하고 있다.

오답률 TOP 2

17 비문학 > 독해 비문학 오답률 37% 답 ①

| 정답해설 | ① 63% (가)에서 경험론자들은 모든 관념과 판단은 감각 경험에서 출발한다고 주장하였고, (나)의 마지막 부분에서 "실용적 기술 개발이나 평범한 일상적 행동과는 달리 과학적 연구는 상당한 정도의 정확성을 요구하므로 경험적 자료에 대해 어느 정도의 경계심을 유지하는 것도 당연하다"라고 했으므로 실용적 기술 개발은 경험적 자료(경험론적 사고)에 토대를 두고 있음을 추론할 수 있다.

| 오답해설 | ② 16% (가)에서, 감각이 보여 주는 세계를 끊임없이 변화하는 불안정한 세계로 간주한다는 언급은 있다. 그러나 (나)에서는 일상생활에서 자신의 감각을 신뢰하고 이에 따라 행동하는 것은 잘못이 아니라고 했으므로 일상생활에서는 합리론이 아니라 경험론적 사고가 우선하여야 한다.

③ 4% (나)에서, 과학적 연구는 상당한 정도의 정확성을 요구하므로 경험적 자료에 대해 어느 정도의 경계심을 유지하는 것도 당연하다고 했으므로 과학 연구는 경험론이 아니라 합리론을 바탕으로 이루어져야 할 것이다.

④ 17% (나)에서, 과학적 연구는 경험적 자료에 대해 경계심을 유지하는 것도 당연하다고 했으므로, 감각에 대한 신뢰가 어느 분야에나 차별 없이 요구된다고 생각한 것은 아니다.

18 비문학 > 독해 비문학 오답률 5% 답 ④

| 정답해설 | 글의 마지막 부분에서 "졸업식을 마치고 중국집으로 향하던 발걸음들이 이제 피자집으로 돌려졌다. 피자보다 자장면을 좋아하는 아이들을 찾아보기가 힘들어졌다."라고 하였으므로 ④의 설명은 바르지 않다.

| 오답해설 | ① 1% 첫 번째 문단에서 자장면이나 피자 모두 쉽게 배달시켜 먹을 수 있는 편리한 음식임을 알 수 있다.

② 3%, ③ 1% 마지막 문단의 첫 문장에서 '싸게 먹을 수 있는 이국 음식이란 점에서 자장면과 피자는 특별한 의미를 갖는다'를 통해 알 수 있다.

19 문법 > 현대 문법 | 오답률 28% | 답 ②

| 정답해설 | ② 72% '말미'는 일정한 직업이나 일 따위에 매인 사람이 다른 일로 말미암아 얻는 겨를을 뜻하고, '휴가(休暇)'는 일정한 기간 동안 쉬는 일을 뜻한다. 서로 다른 의미의 단어로 둘 모두 쓰이고 있다.

| 오답해설 | ① 14% 고유어 '가을걷이'와 한자어 '추수(秋收)'는 가을에 익은 곡식을 거두어들임을 뜻하는 동의어이므로 공존하면서 경쟁을 하는 관계로 볼 수 있다.

③ 6% '얼굴'의 본래 뜻은 '모습, 형체'였으나, 현재는 '안면'의 뜻으로 그 의미가 축소되었다.

④ 8% '겨레'는 혈연관계가 있는 친척을 뜻하였으나 현대어에서는 같은 핏줄을 이어받은 민족의 의미로 그 의미가 확대되었다.

20 비문학 > 독해 비문학 | 오답률 17% | 답 ③

| 정답해설 | ③ 83% 디디티의 악영향을 제시한 것은 (나)이며, 또한 (다)에서 디디티의 사용 금지를 주장하고 있지도 않다. (다)에서는 디디티 생산 중단과 유기 염소계 농약의 사용이 금지되었다는 과거의 사실을 설명하고 있다.

| 오답해설 | ① 2% (가)는 '지속성 농약이 자연 생태계에 미치는 악영향'을 중심 화제로 소개하며 '디디티'를 핵심어로 제시하고 이후 전개될 내용을 암시하고 있다.

④ 10% (라)에서는 한 생물 종에 미치는 오염의 영향이 오랫동안 누적되면 전체 생태계를 훼손시킬 수 있다는 사실을 설명함으로써, 환경오염에 대한 경각심을 암시하고 있다.

2018 4월 7일 시행 국가직 9급 (㉰책형)

합격예상 체크

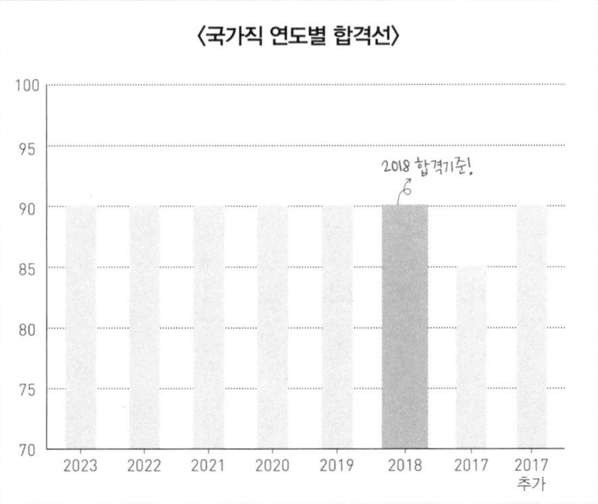

맞힌 개수	/20문항	점수	/100점

➡ □합격 □불합격

취약영역 체크

문항	정답	영역	문항	정답	영역
1	②	어문 규정 > 로마자 표기법	11	③	비문학 > 이론 비문학
2	②	비문학 > 독해 비문학	12	②	비문학 > 독해 비문학
3	③	비문학 > 이론 비문학	13	②	어문 규정 > 한글 맞춤법
4	③	비문학 > 이론 비문학	14	①	문법 > 현대 문법
5	②	문학 > 고전 운문	15	③	비문학 > 독해 비문학
6	④	문학 > 현대 시	16	①	문법 > 현대 문법
7	④	문학 > 현대 소설	17	④	문법 > 고전 문법
8	①	어휘, 한자 > 한자어	18	③	비문학 > 독해 비문학
9	①	어휘, 한자 > 한자어	19	③	문학 > 고전 산문(소설)
10	②	비문학 > 이론 비문학	20	①	문학 > 고전 산문(소설)

⬇ 영역별 틀린 개수로 취약영역을 확인하세요!

문법과 어문 규정	/5	비문학	/8	문학	/5	어휘, 한자	/2

➡ 나의 취약영역: ____________

※ [정답해설]과 [오답해설] 선지의 50% 표시는 〈1초 합격예측 풀서비스〉를 통해 수집된 선지 선택률을 나타냅니다.

1 어문 규정 > 로마자 표기법 오답률 22% 답 ②

| 정답해설 | ② 78% '반구대'가 'Ban-gudea[반구대]', 'Bang-udae[방우대]'로 발음이 혼동될 수 있기 때문에 음절 사이에 붙임표(-)를 쓸 수 있다.

| 오답해설 | ① 4% '독도'의 '도'는 행정 구역 단위가 아니므로 붙임표 없이 'Dokdo'로 표기한다.

③ 8% 자연 지물명, 문화재명, 인공 축조물명은 붙임표(-) 없이 붙여 쓰므로 '독립문'은 발음 [동님문]에 따라 'Dongnimmun'으로 표기한다.

④ 10% '인왕리'의 로마자 표기인 'Inwang-ri'는 '인왕'의 표준 발음인 [이낭]에 따라 적고, '리'는 행정 구역 단위이므로 'ri'로 적고, 그 앞에는 붙임표(-)를 넣는다.

| 더 알아보기 | 로마자 표기법 제3장 제2항

> 발음상 혼동의 우려가 있을 때에는 음절 사이에 붙임표(-)를 쓸 수 있다.
> 예 중앙 Jung-ang 반구대 Ban-gudae
> 세운 Se-un 해운대 Hae-undae

2 비문학 > 독해 비문학 오답률 35% 답 ②

| 정답해설 | 제시된 글의 둘째 문단의 처음과 마지막 부분에 '사용자의 성별 특징으로 인하여 종래 '언간'은 '내간'으로 일컬어지기도 하였으나 '언간'은 특정 계층에 관계없이 남녀 모두의 공유물이었다고 할 수 있다.'는 설명이 있다. 따라서 제시된 글의 중심 내용은 ②가 적절하다.

| 오답해설 | ① 12% 첫째 문단에 제시된 내용이기는 하지만, 글의 중심 내용은 아니다.

③ 9% 둘째 문단의 첫 문장에 제시된 내용이기는 하지만, 중심 내용은 아니다.

④ 14% 첫째 문단의 처음 부분에서 확인할 수 있지만, 중심 내용은 아니다.

3 비문학 > 이론 비문학 오답률 46% 답 ③

| 정답해설 | ③ 54% '-면서'는 두 가지 이상의 움직임이나 사태 따위가 동시에 겸하여 있음을 나타내는 연결 어미이므로 올바른 표현이다. '-고'는 앞뒤를 연결하며 어떤 동작이 지속되고 있음을 알려 준다. 예를 들어 '신문을 보며(면서) 밥을 먹었다.'에서처럼 연결 어미 '-며'와 '-면서'가 동작의 동시성을 알린다면, '-고'는 지속성을 나타낸다.

| 오답해설 | ① 5% 보조사 '은/는'은 어떤 대상이 다른 것과 대조됨을 나타내는 보조사이다. '수학 성적'과 '국어 성적'이 모두 좋은 경우이므로 앞 문장의 주어 '수학 성적은'에서 보조사 '은'은 주격 조사 '이'로 바꿔 쓰는 것이 좋다.

② 18% '고'는 앞말이 간접 인용되는 말임을 나타내는 격 조사이다. 앞말이 직접 인용되는 말임을 나타내는 격 조사는 '라고'이므로 고쳐 써야 올바른 문장이 된다.

④ 23% '로서'와 '로써'는 구분하여 써야 한다. '로서'는 지위나 자격을 나타낼 때 쓰이고, '로써'는 재료, 수단, 방법을 나타낼 때 쓰인다.

| 더 알아보기 | 연결 어미 '-(으)면서'의 용법

- 두 가지 이상의 움직임이나 사태 따위가 동시에 겸하여 있음을 나타내는 연결 어미
  예 신문을 보면서 밥을 먹는다.
  우리 걸으면서 얘기하세.
- 두 가지 이상의 움직임이나 사태가 서로 맞서는 관계에 있음을 나타내는 연결 어미
  예 모르면서 아는 척한다.
  그는 집에 있으면서 없다고 한다.

4 비문학 > 이론 비문학 오답률 3% 답 ③

| 정답해설 | ③ 97% 제시된 글은 '나'는 수학 선생님 덕분에 수학 시간이 재미있다는 내용이다. 따라서 수학 선생님의 아들이 수학을 잘한다는 내용은 글의 내용과 통일성이 없으므로 삭제해야 한다.

5 문학 > 고전 운문 오답률 29% 답 ②

| 정답해설 | ② 71% (가)의 '나'는 임을 향한 자신의 마음을 달로 만들어 임금이 계신 궁궐에 비추어 임금께 전하고 싶다는 적극적인 태도를 보인다. 그러나 (나)의 '아가씨'는 임과 이별하고, 문을 닫고는 눈물 흘리고 있으므로 소극적인 태도를 보인다.

| 오답해설 | ① 18% (가)의 '장천'은 화자의 마음을 걸어 두는 공간이며, 임은 궁궐에 있다.

③ 4% (가)의 '고운 님'은 화자가 사랑하는 대상이다. 그러나 (나)의 '아가씨'는 화자의 관찰 대상이다.

④ 7% (가)의 '달'은 화자의 마음을 임에게 전달하는 매개체이다. 그러나 (나)의 '달'은 마음을 전달하는 매개체가 아니라 애상적 분위기를 형성하여 이별의 안타까움을 더해 주는 대상이다.

| 더 알아보기 | 정철과 임제의 시조

(가) 정철의 시조
- 성격: 연군가(戀君歌)
- 주제: 선조 임금에 대한 변함없는 충정(忠情)
- 해제: 이 시조는 자신의 진솔한 마음을 칼로 베어 내어 달을 만들어서 임금이 계신 궁궐에 비춤으로써, 자신의 충정(衷情)을 임금께 전하고 싶다는 내용이다.

(나) 임제의 「무어별」
- 갈래: 한시, 오언절구
- 특징
  ① '규원(閨怨)'이라는 부제로 전함
  ② 화자가 관찰자의 위치에서 소녀를 객관적으로 그림(이별의 상황 묘사)
  ③ '배꽃'과 '달'은 애상적 분위기를 형성(이별의 안타까움을 더함)
  ④ 간결한 표현과 환상적 분위기
  ⑤ 시적 화자의 정서: 임과 이별한 열다섯 소녀에 대한 안타까움, 슬픔, 연민, 애상감
- 주제: 이별의 한(恨), 임과 이별한 어린 소녀의 애틋한 마음
- 해제: 이 작품의 제목인 '무어별'은 '말 못 하고 헤어지다.'라는 뜻이다. 이 작품은 사랑하는 사람을 두고도 다른 사람들의 시선을 의식해 말 못 하고 돌아선 소녀의 애틋한 마음을 제3자(관찰자)의 시각에서 표현하고 있다. 봉건적인 권위주의와 남녀유별이 엄격하던 시대에 절실한 사랑을 마음속으로만 간직한 채 남모르게 눈물 흘리는 여인의 심정을 섬세하게 반영하고 있다.

6 문학 > 현대 시 오답률 17% 답 ④

| 정답해설 | ④ 83% 화자는 그리웠던 순간들을 떠올리며 '한 줌의 눈물을 불빛 속에 던져 주었다'라고 하여 소외된 사람들에 대한 연민과 사랑의 감정을 애틋하게 드러내고 있다.

| 오답해설 | ① 8% '눈시린 유리창'은 차가운 이미지로서, 대합실의 쓸쓸하고 외로운 풍경을 표현한 것이다.

② 4% '청색의 손바닥'은 차가움의 이미지로서, '불빛'과 색채 이미지의 대조가 드러나 있다. 그러나 '겨울 풍경의 서정적 정취'가 아니라, 난롯가에 둘러앉은 사람들이 아무 말도 하지 않는 침묵의 분위기를 드러냄으로써 삶의 애환과 고달픔을 형상화한 것이다.

③ 5% 가난한 서민들의 삶의 애환을 표현한 것이다.

| 더 알아보기 | 곽재구, 「사평역에서」

- 특징
  ① 대상에 대한 연민 어린 쓸쓸하고 애상적인 어조
  ② 간이역 대합실을 장면화하여 묘사적으로 제시함
  ③ 막차에 의해 연상되는 시간적인 소멸감, 간이역에 의해 연상되는 외로움과 쓸쓸함이 이 시의 서정적인 정서를 이끌어 감
  ④ 대합실이라는 작고 좁은 공간에 삶에 지친 인물들을 배치함으로써 우리들이 살아가는 이 세상과 그 속에서 살아가는 삶의 내력을 전체적으로 형상화함
  ⑤ 외롭고 서글픈 사람들을 바라보는 시적 화자의 따뜻한 연민의 태도가 드러나 있음
  ⑥ 설을 맞아 고향으로 돌아가는 가난한 사람들의 고통스러운 삶의 추억과 아픔을 엿볼 수 있음
- 주제: 가난하고 소외된 사람들의 고단함과 애환
- 해제: 이 시는 눈 내리는 추운 겨울 대합실 안의 풍경을 배경으로 하고 있다. 그 허름한 공간 안에는 톱밥 난로가 지펴지고 있고 막차를 기다리는 사람들이 모여 있다. 기침을 하거나 졸면서 막차를 기다리는 그들은 고단하고 힘겨운 삶을 영위하는 사람들이다. 내면 깊숙이 할 말이 가득해도, 모두들 아무 말도 하지 않고 있는 그들의 태도는 주변부 인생이 겪는 서러움과 절망감을 여실히 보여 준다. 대합실의 풍경에 대한 뛰어난 묘사로 주변부 사람들의 고단하고 서러운 삶과 그들에 대한 연민이 드러나 있다.

7 문학 > 현대 소설 오답률 35% 답 ④

| 정답해설 | ④ 65% 장인과 소작인들 사이의 뒷거래 장면을 간략하게 서술한 것으로, 묘사는 아니다.

| 오답해설 | ① 22% '호박개'는 뼈대가 굵고 털이 북슬북슬한 '개'다. "마름이란 ~ 호박개 같아야 ~"라는 표현에서 확인할 수 있다.

② 10% '이놈의 장인님'이란 표현에서 확인할 수 있다.

③ 3% 전체적으로 장인의 못된 성격에 대해서 설명하고 있다.

오답률 TOP 3

8 어휘, 한자 > 한자어 오답률 65% 답 ①

| 정답해설 | 둘 이상의 주체들이 모여 합의에 이르는 과정을 뜻하는 것은 ①의 '협상(協商)'이다.

| 오답해설 | ② 26% 협조(協助): 힘을 보태어 도움

③ 23% 협주(協奏): 독주 악기와 관현악이 합주하면서 독주 악기의 기교가 돋보이게 연주함

④ 16% 협찬(協贊): ㉠ 힘을 합하여 도움. ㉡ 어떤 일 따위에 재정적으로 도움을 줌

오답률 TOP 2

9 어휘, 한자 > 한자어 오답률 67% 답 ①

| 정답해설 | ① 33% '교정(校訂)'은 남의 문장 또는 출판물의 잘못된 글자나 글귀 따위를 바르게 고치는 것이므로 적절하다.

| 오답해설 | ② 22% 교차(交差)(×) → 교차(交叉)(○)

- 교차(交叉: 交 사귈 교/叉 갈래 차): 서로 엇갈리거나 마주침
- 차(差: 어긋날 차)

③ 28% 결제(決濟)(×) → 결재(決裁)(○)

- 결제[決濟: 決 결단할 결/濟 건널(돕다, 더하다) 제]: 증권 또는 대금을 주고받아 매매 당사자 사이의 거래 관계를 끝맺는 일
- 결재[決裁: 決 결단할 결/裁 마를(결단하다, 헤아리다) 재]: 결정할 권한이 있는 상관이 부하가 제출한 안건을 검토하여 허가하거나 승인함

④ 17% 제고(提高)(×) → 재고(再考)(○)

- 제고(提高: 提 끌 제/高 높을 고): 쳐들어 높임
- 재고[再考: 再 두 재/考 생각할(살피다) 고]: 어떤 일이나 문제 따위에 대하여 다시 생각함

10 비문학 > 이론 비문학 오답률 29% 답 ②

| 정답해설 | ② 71% 서로 다른 의미로 사용될 수 있는 '부패'라는 단어의 의미를 명백히 분리하여 파악하지 못하고 혼동함으로써 생기는 '애매어의 오류'이다.

| 오답해설 | ① 9% 올바른 연역 추론이다.

③ 9% 전체 또는 집합이 어떤 성질을 가지고 있기 때문에 그 부분 또는 원소도 그와 같은 성질을 가지고 있다고 추론하는 '분해(분할)의 오류'로서, '결합의 오류'와는 정반대라고 볼 수 있다.

④ 11% 전체에 속하는 부분적 속성으로부터 전체 자체의 속성을 잘못 추리하는 '결합의 오류'이다.

11 비문학 > 이론 비문학 오답률 37% 답 ③

| 정답해설 | 제시된 글은 문학이 구축하는 세계를 건축으로 유추하여 전개하고 있다. ③도 목적을 지닌 인생을 마라톤으로 '유추'한 전개 방식이다.

| 오답해설 | ① 3% 르네상스 시대 화자와 인상주의자들의 그림이 가진 공통점을 중심으로 설명한 '비교'가 쓰였다.

② 12% 소설 구성 요소에 대한 '분석'이다.

④ 22% 학문적으로 출중한 사람들에 대한 '예시'가 쓰였다.

12 비문학 > 독해 비문학 오답률 4% 답 ②

| 정답해설 | 고갱이 '더 단순하고 더 솔직한 것을 열망'했다고 하였으므로 ②의 설명은 적절하지 않다.

| 오답해설 | ① 1% 인상주의의 문제를 극복하고자 했던 세잔, 고흐, 고갱에 대한 설명이다.

③ 1% "반 고흐는 인상주의가 시각적 인상에만 집착하여 ~ 미술의 강렬한 정열을 상실하게 될 위험에 처했다고 느꼈다."에서 확인할 수 있다.

④ 2% 첫째 문장에서 세잔이 '사라졌다고 느낀 것은 균형과 질서의 감각'이라는 설명에서 확인할 수 있다.

13 어문 규정 > 한글 맞춤법 오답률 49% 답 ②

| 정답해설 | ② 51% '그 숫자에 해당되는 차례'의 뜻을 더하는 '제(第)-'는 접두사이므로 뒷말과 붙여 써야 한다.

| 오답해설 | ① 14% '걸'은 '것을'의 준말이고, '것'은 의존 명사이므로 앞말과 띄어 쓴다.

③ 14% 어떤 일이 있었던 때로부터 지금까지의 동안을 나타내는 '지'는 의존 명사이므로 앞말과 띄어 쓴다.

④ 21% 주기나 경과의 해당 시기를 나타내는 '차(次)'는 의존 명사이므로 앞말과 띄어 쓴다.

| 더 알아보기 | 접두사 '제(第)-'와 관형사 '제(諸)'

- 제(第)-: 대다수 한자어 수사 앞에 붙어 '그 숫자에 해당되는 차례'의 뜻을 더하는 접두사이므로 어근에 붙여 써야 한다.
  예 제2 차 세계 대전(원칙) / 제2차 세계대전, 제2차세계대전(허용)
  제36 회 동창회(원칙) / 제36회 동창회(허용)
- 제(諸): (한자어 명사 앞에 쓰여) '여러'의 뜻을 나타내는 관형사이므로 띄어 써야 한다.
  예 이번 행사의 제 비용은 주최 측에서 내기로 하였다.

14 문법 > 현대 문법 오답률 13% 답 ①

| 정답해설 | ① 87% '깎는'은 [깍는(음절의 끝소리 규칙) → 깡는(비음)]으로 발음한다. 음절의 끝소리 규칙과 자음 동화는 음운 교체에 해당한다.

| 오답해설 | ② 2% '깎아[까까]'는 연음 법칙으로 탈락 현상이 아니다.

③ 7% '깎고[깍고(음절의 끝소리 규칙) → 깍꼬(된소리되기)]'는 음운 교체 현상이다.

④ 4% '깎지[깍지(음절의 끝소리 규칙) → 깍찌(된소리되기)]'는 음운 교체 현상이다.

15 비문학 > 독해 비문학 오답률 49% 답 ③

| 정답해설 | ③ 51% 포스트휴먼은 기본적인 능력이 현재의 인간을 넘어서는 존재이므로 '인간의 신체적 결함을 다양한 과학 기술을 이용해 보완'한다는 설명은 적절하지 않다.

| 오답해설 | ① 18% 첫째 문단에서 확인할 수 있다. 또한 둘째 문단의 끝부분에서 '현재 인간의 상태로 접근할 수 없는 새로운 상태'라는 부분에서도 알 수 있다.

② 3% 둘째 문단에서 포스트휴먼은 현재 가장 뛰어난 인간이 지닌 지능보다 훨씬 더 뛰어난 지능을 가진 존재인데, 이러한 존재가 어떤 존재일지 지금은 정확하게 상상하기 어렵다고 말하고 있다. 따라서 그 형태에 대해서는 다양한 가능성이 열려 있다고 볼 수 있다.

④ 28% 셋째 문단의 '다양한 과학 기술을 이용해 ~ 기술적 변형을 가해야' 한다는 내용에서 알 수 있다.

16 문법 > 현대 문법 오답률 45% 답 ①

| 정답해설 | ① 55% 두 단어를 동시에 긍정하거나 부정하면 모순이 되는 반의어는 상보 반의어이다. 그러나 '크다/작다'는 두 단어를 동시에 부정할 수 있으며 중간 상태가 있는 등급(정도) 반의어이다.

| 오답해설 | ② 16% 방향 반의어, ③ 2% 상보 반의어, ④ 27% 등급 반의어이다.

| 더 알아보기 | 반의어의 유형

(1) 등급(정도) 반의어
- 반의 관계에 있는 단어들이 양쪽 극단에 있고 그 사이에 중간 상태가 있어 등급을 나눌 수 있는 반의어
- 한쪽을 부정하는 것이 다른 쪽을 긍정하는 것은 아님
- 한 단어가 포함된 문장이 다른 단어를 부정한 문장을 일방적으로 함의
- 정도 부사의 수식을 받을 수 있고 비교 표현도 가능
  예 높다–낮다, 넓다–좁다, 많다–적다, 크다–작다, 무겁다–가볍다, 빠르다–느리다, 늙다–젊다, 두껍다–얇다, 굵다–가늘다, 밝다–어둡다

(2) 상보 반의어
- 의미 영역이 상호 배타적으로 둘로 나누어지는 반의어
- 한쪽을 부정하면 곧 다른 쪽을 긍정하는 것임
- 정도 부사의 수식을 받을 수 없고 비교 표현도 불가
  예 남성–여성, 참–거짓, 살다–죽다, 있다–없다, 알다–모르다, 출석하다–결석하다, 생물–무생물, 합격하다–불합격하다

(3) 방향 반의어
반대 방향으로 이동함을 나타내는 반의어
- 역의 관계에 있는 반의어: 기준점을 중심으로 서로 자리를 바꾸어 나타날 수 있는 반의어
  예 아래–위, 오른쪽–왼쪽, 부모–자식, 형–아우, 주다–받다, 사다–팔다
- 역행 관계에 있는 반의어: 두 단어의 방향이 서로 반대가 되는 반의어
  예 가다–오다, 열다–닫다, 오르다–내리다, 늘다–줄다, 팽창하다–수축하다
- 대척 관계에 있는 반의어: 두 단어가 방향의 양쪽 끝을 나타내는 반의어
  예 시작–끝, 꼭대기–밑바닥, 지붕–바닥, 천당–지옥
- 대응 관계에 있는 반의어: 기준점을 중심으로 상호 방향이 다른 쪽을 나타내는 반의어
  예 볼록거울–오목거울, 양각–음각, 수나사–암나사

오답률 TOP 1

17 문법 > 고전 문법 오답률 73% 답 ④

| 정답해설 | ④ 27% ㉣의 '알외다'는 현대어 '알리다', '아뢰다'의 옛말로, '알외시니'는 '알리시니'라는 의미이고 '알리다'는 '알다'에 사동 접미사 '–리–'가 결합한 것이다. 이를 근거로 '알외시니'의 '–외–' 역시 사동 접미사의 기능을 함을 알 수 있다.

| 오답해설 | ① 15% '슬ᄫᆞ리'는 '슳(어간)+ᄋᆞᆯ(관형사형 어미)+이(의존 명사)+[zero 주격 조사]'의 구성으로서, 이때의 '이'는 사람을 의미하는 의존 명사이므로 주격 조사가 아니다. 'ㅣ' 모음으로 끝난 체언 뒤는 zero 주격이다.

② 45% 기본형 '뵈아다'는 '재촉하다(어떤 일을 빨리 하도록 조르다)'의 옛말이다. '뵈아(어간)+시(높임 선어말 어미)+니(어미)'의 구성이다.

③ 13% '–ᄃᆡ'는 '이유'가 아닌 앞뒤 대립적인 사실을 잇는 데 쓰는 연결 어미이다.

| 더 알아보기 | 「용비어천가」 13장

(1) 고사
주나라 무왕이 문왕을 이어 즉위함에 많은 제후들이 모두가 주를 치라고 권했으나 무왕은 천명을 모른다 하여 거절했다. 그러나 이 년이 지나도 주의 학정은 점점 더해 갔으므로, 무왕은 내 꿈으로 보나, 내 점으로 보나 하늘의 뜻이 내게 있다 하고 드디어 주를 치게 된 것이다.
이성계가 위화도에서 회군할 무렵, 나무 아들(=李)이 나라를 얻을 것이란 노래가 있었고, 또 이성계에게 임금이 되기를 권한 사람도 많았으나, 이성계가 하늘의 뜻을 모른다 하여 거절했다. 그러나 어느 날 이성계의 꿈에 신인(神人)이 나타나 금으로 된 자를 주면서, 나라를 바로잡으라고 했으므로 드디어 결심하기에 이른 것이다.

(2) 어휘 풀이
- 말ᄊᆞᄆᆞᆯ: 말ᄊᆞᆷ+ᄋᆞᆯ(목적격 조사)
- ᄉᆞᆯᄫᆞ리: 사뢰는(여쭈는) 사람이. 'ᄉᆞᆲ다'가 원형. ᄉᆞᆲ+ᄋᆞᆯ(관형사형 어미)+이(의존 명사)+[zero 주격 조사]. 'ᄉᆞᆲ다'는 '사뢰다'의 옛말. 모음으로 시작하는 어미 앞에서는 'ᄉᆞᆲ-'로 나타난다.
- 하ᄃᆡ: 많되
- 의심하실ᄊᆡ: 의심하므로
- 뵈아시니: 보이시니, 밝히시니, 재촉하시도다. 기본형은 '뵈아다'로서 '재촉하다(어떤 일을 빨리 하도록 조르다)'의 옛말. '뵈아(어간)+시(주체 높임 선어말 어미)+니'의 구성이다.
- ᄂᆞᆯ애ᄅᆞᆯ: 노래를
- 브르리: 부를 이. 부르는 사람이. 브르 > 부르(원순 모음화)
- 모ᄅᆞ실ᄊᆡ: 모르시므로, 모ᄅᆞ다[不知], ᄆᆞᄅᆞ다[건乾, 재裁]
- 알외시니: 알리시니. '알+외(사동 접사)+시(높임 선어말 어미)+니'의 구성이다.

18 비문학 > 독해 비문학 | 오답률 16% | 답 ③

| 정답해설 | ③ 84% 첫째 문단에서 '반달은 더 나은 미래를 기원하는 뜻으로 쓰이며, 그러한 뜻을 담아 송편도 반달 모양'으로 빚었다는 설명에서 확인할 수 있다.

| 오답해설 | ① 7% 점술사는 거북이 등에 있는 글귀를 해석한 것일 뿐, 점술가의 예언 덕분에 신라가 크게 발전한 것은 아니다.

② 3% 중국의 월병이 한국의 비빔밥을 만들어 먹는 것을 본떠 만든 음식이라는 내용을 찾을 수 없다. 다만, 마지막 문장을 보면 중국의 월병은 한국에서 지역의 단합을 위해 수천 명 분의 비빔밥을 만들듯이 의미 있는 음식으로 대접받고 있음을 알 수 있다.

④ 6% 옛날에 월병은 송편과 마찬가지로 제수 용품이었으나 점차 제례 음식으로서 위상을 잃었다는 내용이 제시되어 있다.

19 문학 > 고전 산문(소설) | 오답률 47% | 답 ③

| 정답해설 | ③ 53% ㉢은 중(산야 사람)과 양소유(성진)가 함께 살던 때 → ㉣은 꿈속 양소유의 시기 → ㉡은 양소유가 꿈속에서 중을 만남 → ㉠은 현재 중과 양소유의 만남의 순서이다.

| 더 알아보기 | 김만중, 「구운몽(九雲夢)」

- 갈래: 국문 소설, 몽자류(夢字類) 소설, 양반 소설, 염정 소설, 영웅 소설
- 배경: [시간] 당나라 때
  [공간] 중국 남악 형산 연화봉 동정호(현실), 당나라 서울과 변방(꿈)
- 특징
  ① '현실 – 꿈 – 현실'의 이원적 환몽 구조를 지닌 일대기 형식을 취함
  ② 유교, 불교, 도교 사상이 나타나며, 그중 불교의 공(空) 사상이 중심을 이룸
  ③ '조신 설화'의 영향을 받음
- 주제: 인생무상(人生無常)의 깨달음을 통한 허무의 극복
- 해제: 이 소설은 일종의 액자 소설로 현실과 꿈이 교차하고 있는데, 현실의 공간이 천상으로 설정되어 있고 꿈의 공간이 지상 세계로 설정되어 있는 구조를 취하고 있다. 현실의 공간으로 설정된 천상은 불교가 지배하는 곳이고, 꿈의 공간인 지상 세계는 유교가 지배하는 곳이다. 이야기는 '현실(천상) – 꿈(지상) – 현실(천상)'의 순서로 전개되고 있으며, 작품의 주제 의식 역시 '불교–유교–불교'의 흐름으로 변화를 보인다.

20 문학 > 고전 산문(소설) | 오답률 23% | 답 ①

| 정답해설 | ① 77% 제시된 작품에서 '승상이 자세히 보니 낯이 익은 듯하거늘', '꿈속에서 잠깐 만나본' 등의 표현으로 확인할 수 있다.

| 오답해설 | ② 13% '승상'은 춘몽에서 깨지 못하고 있다.

③ 7% '승상'은 중의 진의를 의심하지는 않는다.

④ 3% '승상'의 죄를 징벌한 이가 '중'이라는 내용도 없고, 중과의 관계를 부정하지도 않는다.

2017 4월 8일 시행 국가직(= 사회복지직) 9급 (㉯책형)

합격예상 체크

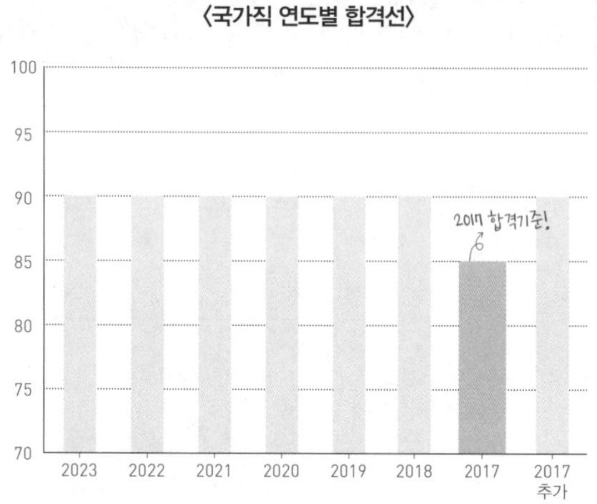

맞힌 개수	/20문항	점수	/100점

➡ □ 합격 □ 불합격

취약영역 체크

문항	정답	영역	문항	정답	영역
1	②	문학 > 고전 운문(고전 시가)	11	③	문학 > 현대 시
2	④	문학 > 현대 시	12	②	문학 > 현대 소설
3	②	어휘, 한자 > 한자 성어	13	④	문학 > 고전 산문(소설)
4	③	문학 > 현대 소설	14	①	어휘, 한자 > 한자어
5	③	문법 > 현대 문법	15	③	어문 규정 > 한글 맞춤법
6	①	어휘, 한자 > 고유어	16	④	문법 > 고전 문법
7	③	문법 > 현대 문법	17	①	어문 규정 > 한글 맞춤법
8	②	문법 > 현대 문법	18	①	어휘, 한자 > 한자어
9	③	문학 > 현대 소설	19	①	문법 > 현대 문법
10	④	비문학 > 독해 비문학	20	②	비문학 > 독해 비문학

⬇ 영역별 틀린 개수로 취약영역을 확인하세요!

문법과 어문 규정	/7	비문학	/2	문학	/7	어휘, 한자	/4

➡ 나의 취약영역: ____________

※ [정답해설]과 [오답해설] 선지의 50% 표시는 〈1초 합격예측 풀서비스〉를 통해 수집된 선지 선택률을 나타냅니다.

1 문학 > 고전 운문(고전 시가) 오답률 26% 답 ②

| 정답해설 | ② 74% 「구지가」는 '호명(환기) – 명령(요구) – 가정(조건) – 위협'의 구조로 되어 있다. 제1구에서 거북을 부르는 것은 이 기원을 듣고 소원을 이루어 주어야 할 신격(神格)을 명확히 하는 환기의 의미로 주술적 노래에 흔히 사용되는 방법이다. 제2구는 명령을 통하여 요구하는 바의 대상이 '首'라는 한자어를 통해 드러나고 있다. '首'는 '머리, 목' 또는 '우두머리'의 뜻으로 쓰인다. 제3구에서는 '若'이라는 가정의 조건을 제시하고, 제4구에서는 3구의 가정과 조건을 통해 최종적으로 위협을 하고 있다.

2 문학 > 현대 시 오답률 5% 답 ④

| 정답해설 | 제시된 시는 1970년대 도시화, 산업화로 인해 소외된 도시 노동자인 화자가 하루 일을 끝내고 흐르는 강물에 삽을 씻으며 고단한 자신의 삶을 되돌아보는 모습을 형상화하고 있다. 즉, 중년 노동자의 모습을 통해 산업화 시대에 소외되고 가난한 노동자의 삶을 형상화하고 있는 작품이다.

④ 95% '해 지는 강가의 풍경'은 객관적 배경이 아니라 화자의 슬픔을 심화시키는 요소이다.

| 오답해설 | ① 3% '강변에 나가 삽을 씻으며 / 거기 슬픔도 퍼다 버린다. / 일이 끝나 저물어'에서 확인할 수 있다.

② 1% '흐르는 물에 삽을 씻고 / 먹을 것 없는 사람들의 마을로 / 다시 어두워 돌아가야 한다'에서 확인할 수 있다.

③ 1% '삽자루에 맡긴 한 생애가 / 이렇게 저물고, 저물어서'에서 확인할 수 있다.

| 더 알아보기 | 정희성, 「저문 강에 삽을 씻고」

- 성격: 성찰적(省察的), 회고적, 비판적
- 어조: 체념적인 어조, 독백 형식의 절제되고 단아한 어조, 담담한 어조
- 특징: 자연물에 상징적 의미를 부여하여 화자의 삶과 대비시키고 있으며, 시간의 흐름에 따라 시상을 전개시킴
- 주제: 강물에 삽을 씻으며 느끼는 인생의 의미(중년 노동자의 비애, 도시 빈민 노동자의 비애), 민중의 고단한 삶과 애환

3 어휘, 한자 > 한자 성어 오답률 31% 답 ②

| 정답해설 | ② 69% 제시된 글은 '주머니 속의 송곳'이라는 '낭중지추(囊中之錐)'의 유래이다. '낭중지추'는 '재능이 뛰어난 사람은 숨어 있어도 저절로 사람들에게 드러남'을 이르는 말이다.

| 오답해설 | ① 13% 오월동주(吳越同舟): 서로 적의를 품은 오(吳)나라 사람과 월(越)나라 사람이 풍랑 가운데서 한 배에 타고 있다는 뜻으로, 어려운 상황에서는 원수라도 협력하게 된다는 것을 이르는 말이다.

③ 7% 마이동풍(馬耳東風): 말의 귀에 동풍이라는 뜻으로, 남의 비평이나 의견을 조금도 귀담아듣지 아니하고 흘려버림을 이르는 말이다.

④ 11% 근묵자흑(近墨者黑): 먹을 가까이하면 검어진다는 뜻으로, 나쁜 사람을 가까이하면 그 버릇에 물들기 쉽다는 말이다.

4 문학 > 현대 소설 오답률 2% 답 ③

| 정답해설 | 영달이가 '대전에서의 옥자'를 생각하게 된 것은 등에 업힌 백화가 어린애처럼 가벼웠기 때문이다. 따라서 ③의 '어린애처럼 생각이 깊지 않은 존재로 인식'하고 있다는 것은 적절하지 않다.

| 오답해설 | ① 1% "백화가 눈 덮인 길의 고랑에 빠져 버렸다. 발이라도 삐었는지 백화는 꼼짝 못하고 주저앉아 신음을 했다."에서 확인할 수 있다.

② 0% 영달이는 등에 업힌 백화가 가벼워서 '대전에서의 옥자'를 떠올린다.

④ 1% 영달이가 싫다고 뿌리치는 백화를 업었고, 이후 백화는 싫어하는 내색은 없다.

| 더 알아보기 | 황석영, 「삼포 가는 길」

- 갈래: 단편 소설, 사실주의 소설, 여로형 소설
- 배경: [시간] 1970년대의 겨울날, [공간] 공사장에서 삼포로 가는 길
- 성격: 사실적, 현실 비판적
- 시점: 3인칭 전지적 작가 시점
- 주제: 산업화 과정에서 소외된 사람들의 애환과 연대 의식
- 등장인물들의 관계 변화: 영달과 백화는 처음 만났을 때, 사이가 그다지 좋지 않았다. 영달은 사랑에 실패한 과거의 경험 때문에 젊은 여자에 대해 경계심을 품고 있었고, 백화는 작부 생활을 했던 경험으로 인해 남자를 쉽게 믿지 못했기 때문이다. 처음 만났을 때 이처럼 대립하는 모습을 보였던 영달과 백화는 여정이 진행되면서 서로의 진실한 모습을 파악하고 정서적 유대감을 형성하게 된다.
- 해제: 이 작품은 1970년대 이후 본격적으로 전개된 산업화와 근대화의 흐름 속에서 소외된 떠돌이 노동자와 술집 작부를 등장시켜 하층민의 애환과 인간적 유대감을 그리고 있다.

5 문법 > 현대 문법 오답률 3% 답 ③

| 정답해설 | 제시된 '고치다'는 '고장이 나거나 못 쓰게 된 물건을 손질하여 제대로 되게 하다.'의 뜻이다. 이와 같은 의미로 쓰인 것은 ③이다.

| 오답해설 | ① 1% '본디의 것을 손질하여 다른 것이 되게 하다.'의 뜻이다.

② 1%, ④ 1% '이름, 제도 따위를 바꾸다.'의 뜻이다.

오답률 TOP 1

6 어휘, 한자 > 고유어 오답률 74% 답 ①

| 정답해설 | ① 26% '시망스럽다'는 '몹시 짓궂은 데가 있다.'는 뜻의 형용사이다.

| 오답해설 | ② 50% '활발하다', ③ 17% '산만하다', ④ 7% '잔망스럽다'의 뜻이다.

7 문법 > 현대 문법 오답률 26% 답 ③

| 정답해설 | ③ 74% '강기침'의 '강-'은 몇몇 명사 앞에 붙어 '마른' 또는 '물기가 없는'의 뜻을 더하는 우리말 접두사이다.

| 오답해설 | ① 10% '강염기(强鹽基)', ② 7% '강타자(強打者)', ④ 9% '강행군(強行軍)' 등에 쓰인 '강(強)-'은 '매우 센' 또는 '호된'의 뜻을 더하는 한자 접두사이다.

| 더 알아보기 | 접두사 '강-'

(1) 우리말 접두사 '강-'
- '마른' 또는 '물기가 없는'의 뜻
  예 강기침, 강더위, 강모
- '다른 것이 섞이지 않고 그것만으로 이루어진'의 뜻
  예 강굴, 강술, 강참숯, 강풀
- '억지스러운'의 뜻
  예 강울음, 강호령

(2) 한자 접두사 '강(強)-'
'매우 센' 또는 '호된'의 뜻을 더하는 한자 접두사
예 강염기, 강추위, 강타자, 강행군

8 문법 > 현대 문법 오답률 17% 답 ②

| 정답해설 | ② 83% '불은'은 '물에 젖어서 부피가 커지다.'의 동사 '붇다'의 활용형이다. '불은(붇+은), 불어(붇+어)'의 형태로, 어간의 'ㄷ'이 'ㄹ'로 변하는 ㄷ 불규칙 활용을 한다.

참 기본형 '불다'는 '바람이 일어나서 어느 방향으로 움직이다.'라는 의미이다.

| 오답해설 | ① 1% '갈다'는 '날카롭게 날을 세우거나 표면을 매끄럽게 하기 위하여 다른 물건에 대고 문지르다.'라는 뜻의 동사로서, '가니(갈+니)', '가오(갈+오)', '갈수록(갈+ㄹ수록)'의 형태로 어간의 'ㄹ'이 탈락하는 활용을 한다.

③ 6% '무엇이라고 말하다.'는 뜻의 동사 '이르다'는 '일러(이르+어), 일렀다(이르+었다)'의 형태로, 어간의 'ㅡ'가 탈락하고 'ㄹ'이 덧생기는 르 불규칙 활용을 한다.

④ 10% '지나는 길에 잠깐 들어가 머무르다.'라는 뜻의 동사 '들르다'는 '들러(들르+어), 들렀다(들르+었다)'의 형태로 어간 'ㅡ'가 모음으로 시작하는 어미 앞에서 탈락하는 규칙 활용을 한다.

| 더 알아보기 | '붇다'와 '붓다' 비교

- 붇다: ㉠ 물에 젖어서 부피가 커지다. ㉡ 분량이나 수효가 많아지다.
  예 오래되어 불은 국수는 맛이 없다.
  재산이 붇는 재미에 힘든 줄을 모른다.
  식욕이 왕성하여 몸이 많이 불었다.
- 붓다: ㉠ 살가죽이나 어떤 기관이 부풀어 오르다. ㉡ 성이 나서 뾰로통해지다.
  예 벌에 쏘인 자리가 붓는다.
  편도선이 부어서 말하기가 어렵다.
  아이가 장난감을 안 사 준다고 잔뜩 부어 있다.

9 문학 > 현대 소설 오답률 8% 답 ③

| 정답해설 | ③ 92% 제시된 부분에서는 구체적인 시간적 배경이나 공간적 배경이 드러나지 않는다.

| 오답해설 | ① 2% 푸줏간에서 어머니의 주의를 잊지 않고 수용하고 있다.

② 2% '나'에게 심부름을 시키며 하는 어머니의 주의를 보면 어머니의 성격이 남에게 당하기 싫어하는 성격이라는 것을 알 수 있다.

④ 4% '나'의 말에 대한 푸줏간의 '중국인'은 '뚱한 얼굴'로 나를 바라보고, '꾸룩꾸룩 웃으며' 하는 행동으로 보아 못마땅해하거나 기가 막히는 듯 어이없게 여기고 있다.

| 더 알아보기 | 오정희, 「중국인 거리」

- 갈래: 단편 소설, 성장 소설
- 배경: [시간] 6 · 25 전쟁 직후, [공간] 항구 도시에 위치한 중국인 거리
- 성격: 회상적
- 시점: 1인칭 주인공 시점
- 주제: 유년 시절의 체험과 정신적 · 육체적 성장
- 해제: 「중국인 거리」는 6 · 25 전쟁이 끝난 직후의 중국인 거리를 배경으로 한 여자아이의 성장 과정을 서정적으로 그린 작품이다. 소설의 공간적 배경인 '중국인 거리'는 하층민들이 어렵게 살아가는 일종의 빈민가로 '나'는 이곳에서 벌어지는 삶의 모습들을 관찰하며 정신적 · 육체적으로 성장한다.

10 비문학 > 독해 비문학 오답률 4% 답 ④

| 정답해설 | 마지막 문단의 마지막 문장에서 '말을 통하지 않고는 생각을 전달할 수가 없는 것'이라고 하였다. 따라서 말을 통하지 않고도 얼마든지 생각을 전달할 수 있다는 ④의 내용은 적절하지 않다.

| 오답해설 | ① 1% 넷째 문단에서 "인간의 생각이라는 것은 매우 넓고 큰 것이며 말이란 결국 생각의 일부분을 주워 담는 작은 그릇에 지나지 않는다."라는 구절에서 확인할 수 있다.

② 1% 첫째 문단에서 "우리는 우리가 생각한 것을 말로 나타낸다."라고 하였으므로 말은 생각을 나타내는 매개체임을 알 수 있다.

③ 2% 첫째 문단의 마지막 문장에서 '생각과 말은 서로 떨어질 수 없는 깊은 관계'를 가지고 있다고 하였으므로 말과 생각은 불가분의 관계에 놓여 있다는 것을 알 수 있다.

11 문학 > 현대 시 오답률 10% 답 ③

| 정답해설 | ③ 90% '흰나비'를 '공주처럼'이라고 비유한 것은 세상 물정 모르는 철부지 같은 존재이자 연약한 존재임을 표현한 것이다. '나비의 의지 부족'이나 '방관적 태도'를 비판하기 위한 표현이 아니다.

| 오답해설 | ① 7% 제시된 작품에서 '나비'는 순진한 꿈을 품은 존재이고, '바다'는 냉혹한 세상을 의미하며, '청(靑)무우밭'은 '흰나비'가 원하는 낭만적인 세상을 의미한다. 따라서 '청(靑)무우밭'은 '바다'와 대립되는 이미지이다.

② 1% 1연에서는 바다의 무서움을 모른 채 바다에 다가가는 나비의 순진한 모습을 그리고 있다. 이때 '바다'는 깊은 수심을 지닌 거대한 세계이고, 그 '바다'를 날고 있는 '나비'는 바다의 위험, 즉 수심의 깊이를 모르는 순진한 존재이다.

④ 2% '삼월(三月)달 바다'에는 흰나비가 찾는 꽃이 피지 않아서 서글프고, '새파란 초생달'이 시리다고 하였으므로 모두 '흰나비'에게 차가운 이미지로 사용된 것이다.

12 문학 > 현대 소설 오답률 12% 답 ②

| 정답해설 | ② 88% 구보는 이 시대의 무직자들은 모두 금광 브로커라고 하면서, '황금광(황금에 미쳐 있다)'이라는 표현을 썼는데, 이는 1930년대 당대의 물질 만능주의에 물든 세태를 단적으로 표현한 것으로 볼 수 있다. 따라서 '금광 브로커'는 예찬의 대상이 아니다.

| 오답해설 | ① 5% 구보는 '개찰구'에서 '두 명의 사나이'의 차림새를 보고 무직자이며 금광 브로커라고 생각하고 있다. 그러한 인물들이 이곳저곳에서 눈에 띄었다는 것을 통해 '개찰구'는 무직자가 많았던 당시 상황과 황금광 열풍에 휩쓸린 세태를 드러내는 공간임을 알 수 있다.

③ 5% '황금광 시대'를 언급하면서 거기에 빠져 있는 사람들 중에는 평론가와 시인, 문인들조차 끼어 있었다고 하여 당대의 지식인들조차 황금에 집착하고 있는 모습을 보여 주고 있다. 즉, '황금광 시대'는 구보가 비판적으로 인식하는 당시 세태이며, 한숨을 유발하고 있는 대상이다.

13 문학 > 고전 산문(소설) 오답률 30% 답 ④

| 정답해설 | ④ 70% ㉣은 선관이 자신이 타고 온 청룡을 방송하면서 한 말이다. 복선으로 주인공(선관 = 충렬)이 전쟁에 참여하게 되어 활약이 있을 것임을 암시하는 구절이다.

| 오답해설 | ① 5% '흠향(歆饗)'은 '신명(神明)이 제물을 받아서 먹음'을 뜻한다. 따라서 ㉠은 부인이 빌기를 다하자 신령이 하강하여 제물을 모두 받아서 먹었다는 내용이다. 뒤에 이어지는 내용을 보아도 길조(吉兆)가 일어날 것임을 알 수 있다. 명나라 사람 유심과 부인 장씨는 늦도록 자식이 없어서 한탄하다가 남악 형산에 치성을 드리고 신이한 태몽을 꾼 뒤 아들 '충렬'을 얻게 된다.

② 5% 선관이 '부인 품에 달려들거늘 놀래 깨달으니 일장춘몽이 황홀하다.'라는 표현으로 알 수 있다.

③ 20% '의성과 대전(對戰: 서로 맞서서 싸움)한 후로 상제전에 득죄하여 인간에 내치심에'라는 표현으로 알 수 있다.

오답률 TOP 3

14 어휘, 한자 > 한자어 오답률 55% 답 ①

| 정답해설 | ① 45% • 설명(說明): 어떤 일이나 대상의 내용을 상대편이 잘 알 수 있도록 밝혀 말함

- 묘사(描寫): 어떤 대상이나 사물, 현상 따위를 언어로 서술하거나 그림을 그려서 표현함. '그려 냄'으로 순화해야 한다.

- 서사(敍事): 사실을 있는 그대로 적음
- 논증(論證): 옳고 그름을 이유를 들어 밝힘. 또는 그 근거나 이유

| 오답해설 | • 묘사(猫鯊): 괭이상어(괭이상엇과의 바닷물고기)

- 서사(徐事): 태봉에서, 광평성의 둘째 벼슬. 고려의 시랑(侍郞)과 같다.
- 논증(論症): 병의 증세를 논술함

15 어문 규정 > 한글 맞춤법 | 오답률 26% | 답 ③

| 정답해설 | ③ 74% '여닫는 물건을 열지 못하도록 자물쇠를 채우거나 빗장을 걸거나 하다.', '물, 가스 따위가 흘러나오지 않도록 차단하다.', '옷을 입고 단추를 끼우다.', '입을 다물고 아무 말도 하지 않다.' 등의 뜻일 때, '잠그다'로 표기하는 것이 옳다. 이를 '잠구다'로 표기하는 것은 잘못된 표현이다.

| 오답해설 | ① 1% 낳았다(×) → 나았다(○): '병이나 상처 따위가 고쳐져 본래대로 되다.'는 '낫다'이고 '나아, 나으니, 낫는'과 같이 활용한다. '사람이나 동물이 아이 또는 새끼나 알을 몸 밖으로 내놓다.'는 '낳다'이다.

② 22% 넉넉치(×) → 넉넉지(○)

- '-하지' 앞이 무성음(ㄱ, ㅂ, ㅅ)일 때는 '하' 전체가 탈락하고 '지'만 남는다. '넉넉지(넉넉하지), 익숙지(익숙하지), 거북지(거북하지), 섭섭지(섭섭하지), 깨끗지(깨끗하지)' 등이 이에 해당한다.
- '-하지' 앞이 유성음(모음이나 ㄴ, ㄹ, ㅁ, ㅇ)일 때는 'ㅏ'만 탈락하고 'ㅎ+지=치'가 된다. '흔치(흔하지), 만만치(만만하지), 간단치(간단하지), 적절치(적절하지), 온당치(온당하지), 가당치(가당하지)' 등이 이에 해당한다.

④ 3% 이여서(×) → 이어서(○): '두 끝을 맞대어 붙이다.'는 뜻의 동사는 '잇다'이다. '잇(어간)+어서=이어서'의 형태로 어간의 'ㅅ'이 탈락하는 ㅅ 불규칙 활용을 한다.

16 문법 > 고전 문법 | 오답률 33% | 답 ④

| 정답해설 | ④ 67% 'ㅸ'은 순음(ㅁ, ㅂ, ㅍ, ㅃ) 아래에 ㅇ를 이어 쓰는 연서(連書) 규정에 의한 순경음으로서, 28 자모에 해당하지 않는다.

| 오답해설 | ① 9% 'ㆆ'은 가획자, ② 9% 'ㅿ'은 이체자, ③ 15% 'ㆌ'는 재출자이다.

| 더 알아보기 | 훈민정음의 제자 원리

• 초성의 제자 원리(17자)

발음 위치	발음 기관 상형	기본자	가획자	이체자
아음	혀뿌리가 목구멍을 막는 모양	ㄱ	ㅋ	ㆁ
설음	혀끝이 윗잇몸에 붙는 모양	ㄴ	ㄷ, ㅌ	ㄹ(반설음)
순음	입술의 모양	ㅁ	ㅂ, ㅍ	
치음	이의 모양	ㅅ	ㅈ, ㅊ	ㅿ(반치음)
후음	목구멍 모양	ㅇ	ㆆ, ㅎ	

• 중성의 제자 원리(11자 체계)

기본자	상형	초출자	재출자
·	하늘의 모양을 본뜸	ㅗ, ㅏ	ㅛ, ㅑ
ㅡ	땅의 모양을 본뜸	ㅜ, ㅓ	ㅠ, ㅕ
ㅣ	사람이 서 있는 모습을 본뜸		

17 어문 규정 > 한글 맞춤법 | 오답률 41% | 답 ①

| 정답해설 | ① 59% '무엇을 하는 동안'을 뜻하는 '중'은 의존 명사이므로 앞말에 띄어 쓴다. 그러나 '한밤중, 밤중, 은연중, 부재중' 등은 합성어, 즉 한 단어이므로 붙여 쓴다.

| 오답해설 | ② 13% 잘할 뿐더러(×) → 잘할뿐더러(○): '-ㄹ뿐더러'는 어떤 일이 그것만으로 그치지 않고 나아가 다른 일이 더 있음을 나타내는 연결 어미로 어간에 붙여 써야 한다.

③ 11% 두 시간만에(×) → 두 시간 만에(○): 동안이 얼마간 계속되었음을 나타내는 '만'은 의존 명사이므로 앞말에 띄어 쓴다.

④ 17% 안 된다(×) → 안된다(○)

- 안되다: '일, 현상, 물건 따위가 좋게 이루어지지 않다.'라는 의미일 때에는 동사로서 한 단어이므로 붙여 써야 한다.
  참 '안되다'가 '섭섭하거나 가엾어 마음이 언짢다.'라는 의미인 경우에도 형용사로서 한 단어이므로 붙여 써야 한다.
- 안 되다: '안 되다'는 '되다'의 부정형이다. 잘되거나 어느 정도 되는 것이 아니라 아예 되지 않는다는 말이다. 따라서 '장사가 안 돼 가게를 접어야겠다.'처럼 사용된다.

| 더 알아보기 | 동사 '안되다'와 형용사 '안되다'

(1) 동사 '안되다'
- 일, 현상, 물건 따위가 좋게 이루어지지 않다.
  예 올해는 비가 너무 많이 와서 과일 농사가 안돼 큰일이다.
  공부가 안돼서 잠깐 쉬고 있다.
- 사람이 훌륭하게 되지 못하다.
  예 자식이 안되기를 바라는 부모는 없다.
- 일정한 수준이나 정도에 이르지 못하다.
  예 이번 시험에서 우리 중 안되어도 세 명은 합격할 것 같다.

(2) 형용사 '안되다'
- 섭섭하거나 가엾어 마음이 언짢다.
  예 젊은 나이에 남편을 잃고 고생하는 것을 보니 마음이 안됐다.
- 근심이나 병 따위로 얼굴이 많이 상하다.
  예 몸살을 앓더니 얼굴이 많이 안됐구나.

오답률 TOP 2

18 어휘, 한자 > 한자어 | 오답률 66% | 답 ①

| 정답해설 | ① 34% 모두 독음이 맞다.

- 탐험(探險): 위험을 무릅쓰고 어떤 곳을 찾아가서 살펴보고 조사함
- 모순(矛盾): 어떤 사실의 앞뒤, 또는 두 사실이 이치상 어긋나서 서로 맞지 않음

• 화폐(貨幣): 상품 교환 가치의 척도가 되며 그것의 교환을 매개하는 일반화된 수단

| 오답해설 | ② 21% 치열(×) → 작열(灼熱)(○)

• 사기(詐欺): 나쁜 꾀로 남을 속임
• 야기(惹起): 일이나 사건 따위를 끌어 일으킴
• 작열(灼熱): 불 따위가 이글이글 뜨겁게 타오름

③ 15% 형자(×) → 형극(荊棘)(○)

• 형극(荊棘): ㉠ 나무의 온갖 가시. ㉡ '고난'을 비유적으로 이르는 말
• 파탄(破綻): ㉠ 찢어져 터짐. ㉡ 일이나 계획 따위가 원만하게 진행되지 못하고 중도에서 어긋나 깨짐
• 통찰(洞察): 예리한 관찰력으로 사물을 꿰뚫어 봄

④ 30% 악한(×) → 오한(惡寒)(○)

• 잠언(箴言): 가르쳐서 훈계하는 말. '시간은 금이다.', '오늘 할 일을 내일로 미루지 마라.' 따위
• 오한(惡寒): 몸이 오슬오슬 춥고 떨리는 증상
• 사치(奢侈): 필요 이상의 돈이나 물건을 쓰거나 분수에 지나친 생활을 함

19 문법 > 현대 문법 오답률 27% 답 ①

| 정답해설 | ① 73% 'ㄴ, ㅁ, ㅇ'은 비음에 해당한다. 유음은 'ㄹ'이다.

20 비문학 > 독해 비문학 오답률 21% 답 ②

| 정답해설 | ② 79% 문장이나 문단을 논리적으로 연결할 때에는 각 문장의 처음에 제시되는 지시어나 접속어에 유의해야 한다.

접속어가 제시되지 않은 (가)의 문장이 맨 앞에 위치한다. 지시어와 핵심 어휘를 중심으로 연결하면 다음과 같다.

(가) 이쪽에서 보면 모두가 저것, 저쪽에서 보면 모두가 이것이다. → (나) 그러므로 저것은 이것에서 생겨나고, 이것 또한 저것에서 비롯된다 ~ 혜시(惠施)가 말하는 방생(方生)의 설이다. → (라) 그러나 ~ 혜시(惠施)도 말하듯이 삶이 있으면 반드시 죽음이 있고, 죽음이 있다면 반드시 삶이 있다. → (다) 그래서 성인(聖人)은 이런 상대적인 방법에 의하지 않고, 그것을 절대적인 자연의 조명(照明)에 비추어 본다.

2017 10월 21일 시행
국가직 9급 추가 (㉯책형)

합격예상 체크

〈국가직 연도별 합격선〉

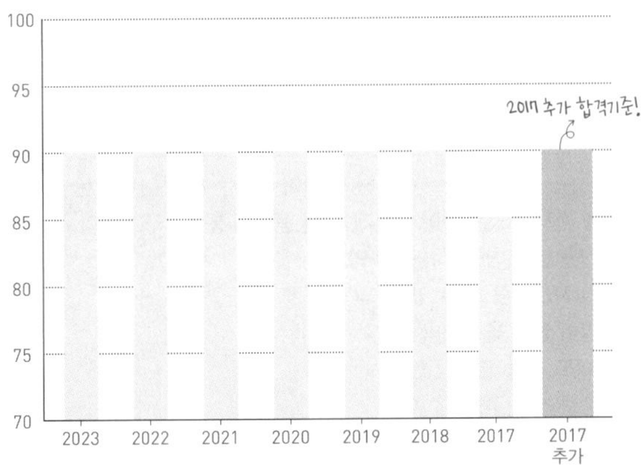

맞힌 개수	/20문항	점수	/100점

➡ □합격 □불합격

취약영역 체크

문항	정답	영역	문항	정답	영역
1	④	문법 > 현대 문법	11	③	비문학 > 독해 비문학
2	③	어문 규정 > 한글 맞춤법	12	④	어문 규정 > 한글 맞춤법
3	④	문법 > 현대 문법	13	①	문법 > 현대 문법
4	③	문법 > 현대 문법	14	②	문법 > 현대 문법
5	②	어휘, 한자 > 한자 성어	15	②	비문학 > 이론 비문학
6	①	문학 > 현대 수필	16	④	문학 > 현대 소설
7	③	문학 > 고전 운문(시조)	17	②	비문학 > 독해 비문학
8	③	문법 > 현대 문법	18	①	비문학 > 이론 비문학
9	④	비문학 > 독해 비문학	19	②	문학 > 현대 시
10	①	어휘, 한자 > 한자어	20	④	문학 > 고전 산문(소설)

영역별 틀린 개수로 취약영역을 확인하세요!

문법과 어문 규정	/8	비문학	/5	문학	/5	어휘, 한자	/2

➡ 나의 취약영역: ______________

※ [정답해설]과 [오답해설] 선지의 50% 표시는 〈1초 합격예측 풀서비스〉를 통해 수집된 선지 선택률을 나타냅니다.

1 문법 > 현대 문법 오답률 13% 답 ④

| 정답해설 | ④ 87% 문맥상 첫째 문장에는 '발표한 의사를 거두어들이거나 예정된 일을 없애 버림'을 뜻하는 '취소(取消)', 둘째 문장에는 '정해진 기한을 뒤로 물려서 늘림'을 뜻하는 '연기(延期)'가 쓰이는 것이 적절하다.

| 오답해설 | ① 2% • 금방(今方): 말하고 있는 시점부터 바로 조금 후

• 방금(方今): 말하고 있는 시점(時點)보다 바로 조금 전에

② 10% • 근본(根本): ㉠ 초목의 뿌리. ㉡ 사물의 본질이나 본바탕. ㉢ 자라온 환경이나 혈통

• 근간(根幹): ㉠ 뿌리와 줄기를 아울러 이르는 말. ㉡ 사물의 바탕이나 중심이 되는 중요한 것

③ 1% • 타락(墮落): 올바른 길에서 벗어나 잘못된 길로 빠지는 일

• 몰락(沒落): ㉠ 재물이나 세력 따위가 쇠하여 보잘것없이 됨. ㉡ 멸망하여 모조리 없어짐

| 더 알아보기 | 근간(根幹)과 근본(根本)

> '근간(根幹)'은 뿌리와 줄기를 아울러 이르는 말로, 사물의 바탕이나 중심이 되는 중요한 것을 뜻하고, '근본(根本)'은 뿌리를 뜻하여 사물의 본질이나 본바탕을 뜻한다. 두 단어는 '바탕'을 뜻하는 맥락에 쓰이며, '중심'을 뜻할 때 주로 '근간'이, '본질'을 뜻할 때 주로 '근본'이 쓰인다.

2 어문 규정 > 한글 맞춤법 오답률 36% 답 ③

| 정답해설 | ③ 64% 안 되어도(×) → 안되어도(○): '일정한 수준이나 정도에 이르지 못하다.'의 '안되다'는 동사로서 한 단어이므로 붙여 써야 한다.

| 오답해설 | ① 3% 물어+도(보조사) 보았다: 앞말에 조사가 붙거나 앞말이 합성 동사인 경우, 중간에 조사가 들어갈 경우에는 그 뒤에 오는 보조 용언은 띄어 쓴다.

② 11% 매일같이, 김 선생, 그만두었다

• '같이'가 체언 뒤에 쓰여 '비슷하게' 또는 '앞말의 그때를 강조'하는 경우는 부사격 조사이므로 앞말에 붙여 써야 한다. '서로, 함께' 또는 '어떤 상황이나 행동과 다름없이'라는 의미의 경우 부사이므로 띄어 써야 한다.

• 성과 이름, 성과 호 등은 붙여 쓰고, 이에 덧붙는 호칭어, 관직명 등은 띄어 쓴다.

• '그만두다'는 합성 동사로서 한 단어이다.

④ 22% 할지: 어간 뒤에 '-ㄹ지'는 연결 어미이므로 앞말에 붙여 쓴다. 그런데 의존 명사 '지'는 '어떤 일이 있었던 때로부터 지금까지의 동안'을 나타내는 말로, '그를 만난 지도 꽤 오래되었다. / 집을 떠나온 지 어언 3년이 지났다. / 강아지가 집을 나간 지 사흘 만에 돌아왔다.'와 같이 '시간의 길이'와 관련된 문맥에서 쓰인다.

| 더 알아보기 | 동사의 '안되다'와 형용사의 '안되다'

(1) 동사 '안되다'
- 일, 현상, 물건 따위가 좋게 이루어지지 않다.
  - 예 올해는 비가 너무 많이 와서 과일 농사가 안돼 큰일이다.
    하연이는 공부가 안돼서 잠깐 쉬고 있었다.
- 사람이 훌륭하게 되지 못하다.
  - 예 자식이 안되기를 바라는 부모는 없다.
- 일정한 수준이나 정도에 이르지 못하다.
  - 예 이번 시험에서 우리 중 안되어도 세 명은 합격할 것 같다.

(2) 형용사 '안되다'
- 섭섭하거나 가엾어 마음이 언짢다.
  - 예 혼자 보내기가 안돼서 역까지 배웅했다.
- 근심이나 병 따위로 얼굴이 많이 상하다.
  - 예 몸살을 앓더니 얼굴이 많이 안됐구나.

(3) 부정 부사 '안'은 부사 '아니'의 준말이다. 부정하는 말 '안'이 오면 '안 되다'로 적는다.

3 문법 > 현대 문법 오답률 12% 답 ④

| 정답해설 | ④ 88% • ㄷ의 '주+십시오'에서 '-십시오'는 정중한 명령이나 권유를 나타내는 종결 어미로서, 상대 높임의 하십시오체이다. 그러나 목적어 '아이들'은 높임의 대상이 아니므로 객체 높임은 드러나지 않았다.

• ㄹ은 '모시고'를 시용하여 목적어인 '할머니를'을 높인 객체 높임법이다.

| 오답해설 | ① 1% ㄱ은 주체인 '할아버지'를 높임 주격 조사 '께서'와 서술어에 높임 선어말 어미 '-시-'를 사용하여 높였다. ㄴ은 주체인 '선생님'을 높임 주격 조사 '께서'와 '댁(집을 높임)', 서술어에 높임 선어말 어미 '-시-'를 사용하여 높였다.

② 6% 듣는 이를 높이는 것은 상대 높임이다. 이는 종결 어미로 알 수 있다. ㄱ은 종결 어미 '-습니다(하십시오체)', ㄴ은 '-ㅂ니다(하십시오체)', ㄷ은 종결 어미 '-십시오(하십시오체)'를 사용하여 모두 상대 높임을 하였다.

③ 5% ㄴ은 남의 집이나 가정을 높여 이르는 '댁(宅)'을, ㄹ은 객체를 높이기 위해 '데리다'가 아닌 '모시다'를 사용하였다.

4 문법 > 현대 문법 오답률 15% 답 ③

| 정답해설 | ③ 85% 접미사 '-적(的)'이 결합한 단어의 품사는 조사가 결합되어 있으면 명사이지만, 조사가 결합되어 있지 않고 뒤에 오는 용언을 수식하면 부사이다. 첫째 문장 '비교적'은 뒤에 용언 '편리한'을 수식하는 부사, 둘째 문장의 '비교적'도 뒤에 용언 '낮은'을 수식하는 부사이다.

| 오답해설 | ① 6% • 첫째 문장은 '잘못+-이(서술격 조사의 어간)+-ㅂ니다(종결 어미)'의 구성으로서, 격 조사가 결합하였으므로 명사이다.

• 둘째 문장의 '잘못'은 격 조사가 결합하지 않고, 뒤에 용언 '적용하여'를 수식하므로 부사이다.

② 4% '대로'는 체언 뒤에 오면 보조사로서 앞말에 붙여 쓰고, 용언의 관형사형 어미 뒤에 오면 의존 명사로서 띄어 쓴다.

• 첫째 문장에서는 '도착하-+-는(관형사형 어미)'이므로 뒤에 '대로'는 의존 명사이다.

• 둘째 문장은 '큰 것(명사)+대로'의 구성으로, 체언 뒤에 쓰인 경우이므로 보조사로서 앞말에 붙여 쓴 것이다.

④ 5% • 첫째 문장의 '이'는 격 조사가 결합하지 못하고 뒤에 체언 '사과'를 수식하므로 관형사이다.

• 둘째 문장은 '이+보다(부사격 조사)'의 구성으로 격 조사가 결합하였으므로 대명사이다.

| 더 알아보기 | 품사의 통용

국어에서는 단어를 9품사로 분류하며, 단어 중에는 하나 이상의 문법적 성질을 함께 가지고 있는 것이 있는데, 이를 품사의 통용이라고 한다.

- 나도 참을 만큼 참았다: (의존) 명사
- 나도 그 사람만큼 될 수 있다: 격 조사
- 당신 말이 정말 옳소: 형용사
- 옳소! 나도 찬성이오.: 감탄사
- 하나를 보면 열을 안다.: 수사
- 열 사람이 백 명을 당해 낸다.: 관형사
- 하연이가 도서관에 있었다.: 동사(존재, 진행의 의미)
- 하연이는 돈이 있다.: 형용사(소유, 상태의 의미)
- 그것이 정말이냐.: 명사
- 정말! 이제 완연한 여름이구나.: 감탄사
- 요즘 일 때문에 밤낮이 바뀌었다.: 명사
- 하연이는 밤낮 공부만 한다.: 부사

5 어휘, 한자 > 한자 성어 오답률 45% 답 ②

| 정답해설 | '어로불변(魚魯不辨)'은 어(魚) 자와 노(魯) 자를 구별하지 못한다는 뜻으로, 아주 무식함을 비유적으로 이르는 성어이다. ②는 문맥상 '부당 이득을 취하다.'는 의미와 관련하여 '사재기'를 뜻하는 '매점매석(買占賣惜)'이 적절하다.

| 오답해설 | ① 12% 권토중래(捲土重來): 흙먼지를 날리며 다시 온다는 뜻으로, ㉠ 한 번 실패에 굴하지 않고 몇 번이고 다시 일어남. ㉡ 패한 자가 세력을 되찾아 다시 쳐들어옴

③ 20% 오불관언(吾不關焉): ㉠ 나는 그 일에 상관하지 아니함. ㉡ 또는 그런 태도

④ 13% 양두구육(羊頭狗肉): 양 머리를 걸어 놓고 개고기를 판다는 뜻으로, ㉠ 겉은 훌륭해 보이나 속은 그렇지 못한 것. ㉡ 겉과 속이 서로 다름. ㉢ 말과 행동이 일치하지 않음

예 구밀복검(口蜜腹劍), 면종복배(面從腹背), 소리장도(笑裏藏刀), 소중유검(笑中有劍), 양질호피(羊質虎皮), 표리부동(表裏不同)

6 문학 > 현대 수필 오답률 25% 답 ①

| 정답해설 | ① 75% 첫째 문단에서는 난초에 대한 집착으로 인한 괴로움의 구체적인 예시가 제시되었다. 또한 마지막 문단의 "크게 버리는 사람만이 크게 얻을 수 있다.", "아무것도 갖지 않을 때 비로소 온 세상을 갖게 된다."라는 표현은 역설법이다.

| 오답해설 | ② 1% 필자의 체험을 바탕으로 '소유'의 본질에 대한 깨달음을 제시한 교훈적인 수필이다.

③ 6% 제시된 글은 자신이 직접 난초를 키우며 집착 때문에 괴로웠던 경험을 제시하여 '무엇인가를 갖는다는 것은 다른 한편으로 무엇인가에 얽매이는 것이다.'는 깨달음을 뒷받침하고 있다. '난초'를 의인화한 것은 아니다.

④ 18% 소유라는 주제와 관련하여 체험한 바를 감정을 절제한 담담한 어조로 서술하였다. 또한 독자의 반성을 촉구하는 글도 아니다.

7 문학 > 고전 운문(시조) 오답률 20% 답 ③

| 정답해설 | ③ 80% 초장과 중장의 표현은 '동짓날 기나긴 밤'이라는 추상적인 시간을 구체적인 사물로 형상화한 것으로서, 추상적 개념의 시각화라 할 수 있다.

| 오답해설 | ① 1% 황진이의 시조로 임을 그리워하는 마음을 노래한다.

② 12% 황진이의 시조로 임을 향한 변함없는 사랑을 노래한다.

④ 7% 황진이의 시조로 인생무상, 무정한 임에 대한 그리움을 노래한다.

오답률 TOP 2

8 문법 > 현대 문법 오답률 53% 답 ③

| 정답해설 | ③ 47% '휘두르다'와 '자르다'는 '휘두르-+-어 → 휘둘러', '자르-+-아 → 잘라'와 같이 '르'로 끝나는 용언의 어간이 모음으로 시작하는 어미 앞에서 어간의 끝음 'ㅡ'가 탈락하고, 'ㄹ'이 덧생겨 'ㄹㄹ'의 형태가 되는 '르' 불규칙 활용 용언이다.

| 오답해설 | ① 14% • '누르다(황금이나 놋쇠의 빛깔과 같이 다소 밝고 탁하다.)'는 '누르-+-어 → 누르러'와 같이 어미 '-어'가 '-러'로 변하는 '러' 불규칙 활용 용언이다.

• '오르다'는 '오르-+-아 → 올라'와 같이 모음으로 시작하는 어미 앞에서 어간의 끝음 'ㅡ'가 탈락하고, 'ㄹ'이 덧생겨 'ㄹㄹ'의 형태가 되는 '르' 불규칙 활용 용언이다.

② 34% • '이르다(어떤 장소나 시간에 닿다.)'는 '이르-+-어 → 이르러'와 같이 어미 '-어'가 '-러'로 변하는 '러' 불규칙 활용 용언이다.

• '구르다'는 '구르-+-어 → 굴러'로 활용되는 '르' 불규칙 활용 용언이다.

④ 5% • '부르다'는 '부르-+-어 → 불러'로 활용되는 '르' 불규칙 활용 용언이다.

• '푸르다'는 '푸르-+-어 → 푸르러'와 같이 어미 '-어'가 '-러'로 변하는 '러' 불규칙 활용 용언이다.

9 비문학 > 독해 비문학 오답률 25% 답 ④

| 정답해설 | ④ 75% 마지막 문단에서 "낭만주의 및 역사주의 비평가들은 작중 인물을 실제 인물인 양 떼어 내어, 그의 개인적 역사를 재구성해 보려고 하였다."라고 하였다. 따라서 '작중 인물을 역사적 영웅으로 재평가'하려고 했다는 설명은 바르지 않다.

| 오답해설 | ① 13% 첫째 문단의 "영웅은 고대 서사시나 희곡의 소재가 되던 주인공들이 초인간적인 능력을 가진 인물들"에서 알 수 있다.

② 4% 둘째 문단에서 알 수 있다.

③ 8% 셋째 문단에서 알 수 있다.

오답률 TOP 1

10 어휘, 한자 > 한자어 오답률 58% 답 ①

| 정답해설 | ① 42% 문맥에 따라 적용해 보면 '상대방을 설득하는 '논의(論議)'의 대상이며, 각기 '논거(論據)'를 밝히고, 상대로 하여금 '논박(論駁)'의 여지를 가지지 못하게, '논제(論題)'에 대한 충분한 자료 수집 및 검토'이다.

- 논의(論議: 論 논할 논/議 의논할 의): 서로 의견을 내어 토의함
- 논거(論據: 論 논할 논/據 근거 거): 어떤 이론이나 논리의 근거
- 논박(論駁: 論 논할 논/駁 논박할 박): 어떤 주장이나 의견에 대하여 그 잘못된 점을 조리 있게 공격하여 말함
- 논제(論題: 論 논할 논/題 제목 제): 토론의 주제나 제목

11 비문학 > 독해 비문학 오답률 6% 답 ③

| 정답해설 | ③ 94% '자리 양보'라는 공중도덕 지키기를 홍보하고, 두 문장은 대구의 형식이며, '자리 양보'라는 긍정적 효과를 '행복의 문'으로 비유하여 표현하였다.

| 오답해설 | ① 1% 대구의 표현이 쓰이지 않았고, 행위의 긍정적 효과를 비유적으로 표현하지 않았다.

② 2% 대구와 비유의 표현은 쓰였으나 긍정적 효과가 없다.

④ 3% 대구와 비유의 표현이 없다.

12 어문 규정 > 한글 맞춤법 오답률 5% 답 ④

| 정답해설 | 제시된 한글 맞춤법 제6항은 구개음화 현상에 대한 설명이다.

④ 95% '잔디'와 '버티다'는 하나의 형태소이므로 구개음화가 나타나지 않는다.

| 오답해설 | ① 2% '해돋이[해도지], 같이[가치]'로 발음되므로 구개음화 현상이다.

② 2% 실질 형태소의 끝 받침 'ㄷ, ㅌ'이 구개음화하여 [ㅈ, ㅊ]으로 발음되더라도, 그 기본 형태를 밝히어 'ㄷ, ㅌ'으로 적는다. 실질 형태소의 경우는 그 본 모양을 밝히어 적는 것이 원칙이므로, [ㅈ, ㅊ]으로 소리 나더라도 'ㄷ, ㅌ'으로 적는 것이다. 따라서 이는 '어법에 맞게 적는다'는 원리이다.

③ 1% '종속적 관계'란, 형태소 연결에 있어서 실질 형태소인 체언, 어근, 용언 어간 등에 형식 형태소인 조사, 접미사, 어미 등이 결합하는 관계를 말한다. 이 경우, 형식 형태소는 실질 형태소에 딸려 붙는(종속되는) 요소인 것이다.

13 문법 > 현대 문법 오답률 9% 답 ①

| 정답해설 | ① 91% '채'는 부사로, 어떤 상태나 동작이 다 되거나 이루어졌다고 할 만한 정도에 아직 이르지 못한 상태를 이르는 말이다. '그럴듯하게 꾸미는 거짓 태도나 모양'을 의미하는 경우에는 의존 명사 '체'가 와야 한다.

참 '척'도 '체'와 같은 뜻의 의존 명사이다. '채'와 '체'의 쓰임이 헷갈릴 때는 '체'와 '척'이 같은 의미란 것만 기억하면 된다. '척'으로 바꿔 말이 되면 '체', 말이 안 되면 '채'를 사용한다고 생각하면 쉽다.

| 오답해설 | ② 3% 어떤 일이 가장 활기 있고 왕성하게 일어나는 모양 또는 어떤 상태가 가장 무르익은 모양을 가리키는 말은 '한창'이다. '한참'은 시간이 상당히 지나는 동안이란 뜻이다. 따라서 제시된 문장은 '벼가 한창 무르익고 ~', '그는 한참 바라보더니 ~'의 형태가 되어야 한다.

③ 4% '두껍다'는 '두께가 크다. 층을 이루는 사물의 높이나 집단의 규모가 크다. 어둠이나 안개, 그늘 따위가 짙다.' 등을 뜻한다. 그리고 '두텁다'는 '신의, 믿음, 관계, 인정 따위가 굳고 깊다.'는 의미이다. 따라서 제시된 문장은 '친분이 두텁다.', '야구 선수층이 두껍다.'로 표현해야 한다.

④ 2% '벗겨지다'는 '벗다'의 사동사 '벗기다'에, '벗어지다'는 '벗다'에 피동의 뜻을 가진 '-어지다'가 붙은 말이다. 그러므로 외부의 강제적인 힘에 의한 경우라면 '벗겨지다'를 쓰고, 강제적인 힘이 아니라면 '벗어지다'라고 써야 옳다. 따라서 제시된 문장은 '머리가 벗어지다.', '껍질이 벗겨지다.'로 표현해야 한다. 다만 '벗겨지다'에 '머리털이 빠져 맨살이 드러나게 되다.'는 의미가 추가로 인정되었으므로 '머리가 벗겨지다.'와 '머리가 벗어지다.'는 모두 사용이 가능한 올바른 표현이다.

14 문법 > 현대 문법 오답률 52% 답 ②

| 정답해설 | ② 48% '덮밥'은 '덮-(용언의 어근)+밥(명사)'으로 이루어진 비통사적 합성어이다. '회덮밥'은 비통사적 합성어 '덮밥'에 명사 '회'가 결합한 합성어이다.

| 오답해설 | ① 14% 단일어는 하나의 형태소로 이루어지는데(이 경우 어미는 형태소에서 제외), '책', '하늘', '먹다' 등이 단일어이다. 하나의 어근과 어미로 이루어지는 용언도 단일어로 본다.

③ 29% 곁(명사)+눈(명사) → 곁눈(합성 명사)+-질(접미사): 파생어

참 -질: '그 신체 부위를 이용한 어떤 행위'의 뜻을 더하는 접미사
예 곁눈질, 손가락질, 입질, 주먹질, 뒷걸음질

④ 9% '웃-(용언의 어근)+-음(명사화 접사): 파생어

15 비문학 > 이론 비문학 오답률 4% 답 ②

| 정답해설 | ② 96% 제시된 글의 주제는 '지역 이기주의를 타파해야 한다.'는 것이다. ㉡의 문장은 산업 폐기물 시설의 필요성은 인정하면서도 자기 고장에는 안 된다는 지역 이기주의에 대한 비판이므로 삭제할 필요가 없다.

| 오답해설 | ① 0% 접속어 '그리고'는 앞뒤의 관계가 엇갈리거나 상반되지 않고 순순히 어어지도록 쓰는 접속어이다. 제시된 글의 앞 문장과 뒤 문장은 앞뒤의 관계가 상반되거나 부정하는 내용으로 이어 주는 역접 접속어 '그러나, 하지만, 그렇지만' 등이 적절하다.

③ 1% '~에 다름 아니다'는 일본어 번역 투 표현이므로, 가능한 한 '~이다'와 같은 우리말 표현으로 바꾸어야 한다.

참 '~에 있어서, ~에 다름 아니다, ~에 의하여, ~에 의하면, ~에의, ~에로의, ~(으)로서의, ~(으)로서도, 서로의'와 같은 표현이 모두 일본어 번역 투이다. 또한, '의'를 남발하는 것도 일본어의 영향이 크다.

④ 3% 일반적으로 '명사+은/는'이라는 주어에는 '명사+이다'라는 서술어가 오는 것이 자연스럽다. 이에 따라 흔히 '~ 것(사실, 점, 일, 말)은 ~ 점(것, 사실)이다'와 같은 주술 구조가 쓰인다. 제시된 문장의 경우에도 주어가 '~ 사실은'이므로 서술어도 '~는 점이다/사실이다/것이다'라는 형식을 갖춰야 매끄러운 문장이 된다.

16 문학 > 현대 소설 오답률 15% 답 ④

| 정답해설 | ④ 85% 과거 시제를 사용하였으나 객관적 묘사가 아니라 여러 비유법을 사용한 주관적 묘사에 해당한다.

| 오답해설 | ① 5% '안개'를 '여귀의 입김'에 직접 맞대어 표현한 직유법의 표현을 확인할 수 있다. 짙게 끼어 있는 안개를 단순한 자연 현상이 아니라 특정한 감정을 지닌 형체로 드러내고자 하였다.

② 5% 첫 문장을 보면 무진의 명산물이 '안개'라고 나온다.

③ 5% 1인칭 주인공 시점의 작품이다.

| 더 알아보기 | 김승옥, 「무진기행」

- 갈래: 단편 소설
- 배경: [시간] 1960년대, [공간] 무진(霧津)
- 성격: 서정적, 몽환적, 회고적, 독백적
- 시점: 1인칭 주인공 시점
- 주제: 이상과 현실 사이의 갈등, 진정한 자아의 욕망을 저버리고 현실에 타협함으로써 일상을 유지하는 현대인의 자기반성, 이상과 현실 사이에서 갈등하는 현대인의 허무주의적 의식
- 해제: 이 작품은 한 인물의 귀향 체험을 통하여 일상과 꿈, 현실과 몽환이라는 대립적 가치를 설정하여, 일상을 벗어나 꿈의 세계로 도피하고 싶어 하는 현대인의 심리를 감각적인 문체로 형상화하고 있다.

17 비문학 > 독해 비문학 오답률 4% 답 ②

| 정답해설 | ② 96% 제시된 글은 중간에 역접 접속어 '그러나'를 기준으로 두 개의 문단으로 구분할 수 있다. 앞부분은 독서가 인간의 능력을 키우고 발전시키는 데 중대한 차이를 가져오며, 질적 차이를 가진 사회적 주체들을 생산한다고 하였다. 이는 '독서의 필요성'을 말한다. 뒷부분은 책 읽기가 손쉬운 일이 아니며, 훈련이 요구되고, 읽기의 즐거움을 경험하는 정신 습관이 필요하다고 하였으므로 이는 '독서의 어려움'을 설명한 것이다.

18 비문학 > 이론 비문학 오답률 8% 답 ①

| 정답해설 | ① 92% 접속어는 앞뒤 문장의 연결 관계를 파악해야 한다.

㉠의 앞 문장은 역사의 연구, 뒤 문장도 역사학에 대한 설명이므로 ㉠에는 앞의 내용을 바꾸어 말할 때 또는 짧게 간추려 요약할 때 쓰이는 접속어인 '즉, 다시 말해' 등이 적절하다.

㉡의 뒤에서는 구체적인 상황을 가정하여 설명하고 있으므로 '가령'이 적절하다.

㉢의 뒤에서는 앞의 내용을 바꾸어 짧게 간추려 요약하고 있으므로 '결국, 요컨대' 등이 적절하다.

오답률 TOP 3

19 문학 > 현대 시 오답률 53% 답 ②

| 정답해설 | ② 47% 작품 속에 '첫사랑'이라는 어휘가 제시되어 있으나 운율 형성과는 관계가 없다.

| 오답해설 | ① 4% '울음이 타는 가을 강'은 시각을 청각화한 공감각적 심상이다.

③ 37% '물'과 '불'이 지니는 소멸의 이미지를 이용하여 인간의 본원적인 한(恨)을 효과적으로 드러내고 있다. '울음이 타는 가을 강'으로 대표되는 '물'의 이미지가 청각적 심상을 통해 소멸성을 드러내는 한편, '해질녘 울음이 타는'으로 대표되는 '불'의 이미지는 시각적 심상을 통해 소멸성을 부각시키고 있는 것이다.

④ 12% '~고나, ~것네'와 같은 민요조의 종결 어미를 사용함으로써 예스런 정감을 살리고 애수 어린 분위기를 조성하여 긴 여운을 남긴다.

| 더 알아보기 | 박재삼, 「울음이 타는 가을 강」

- 특징
  ① 대조적 이미지의 시어가 조화를 이룸
  ② 감각적 이미지를 활용해 주제를 심화함
- 주제: 인생의 유한성과 한(恨)
- 해제: 이 작품은 노을이 물든 가을 강을 바라보면서 애상감에 젖는 화자를 통해 인생의 유한성으로 인한 서러움과 한(恨)을 효과적으로 드러내고 있다. 시적 화자는 산등성이에서 저녁노을이 지는 강물을 바라 보며 서러움을 느낀다. 가을이라는 계절이 주는 쓸쓸함과 친구의 슬픈 사랑 이야기를 떠올리며 여러 가지 인생에 대한 상념 속에 서러움이 복받치는 것이다. 이 시는 이런 화자의 섬세한 정서의 흐름을 강물의 흐름과 교차시키고 있다.

20 문학 > 고전 산문(소설) 오답률 16% 답 ④

| 정답해설 | ④ 84% 남대문 안의 포수가 길동에게 총을 쏘았지만 계획을 이루지 못하고 길동은 수레에서 천천히 걸어서 내려온다. 즉, 비유적 표현은 나타나지 않았다.

| 오답해설 | ① 6% 셋째 문단의 "이때에 길동이 풍우같이 잡혀오지만 어찌 그 기미를 모르리오.", 마지막 문단의 "아무리 채찍질해 몬들 길동의 축지하는 법을 어찌 당하랴." 등에서 서술자의 개입이 드러나 있다.

② 9% 마지막 문단의 길동이 자기를 잡아온 장교를 돌아보며 "너희는 날 호송하여 이곳까지 왔으니 문죄 당해 죽지는 아니하리라."라는 부분에서 알 수 있다.

③ 1% 셋째 문단에서 길동이 '비 우(雨)' 자 셋을 써 공중에 날리니 포수들이 길동에게 총을 쏠 때 총구에 물이 가득했고, 마지막 문단에서는 길동이 축지법을 사용하기도 한다.

2023 6월 10일 시행 지방직(= 서울시) 9급 (Ⓑ책형)

합격예상 체크

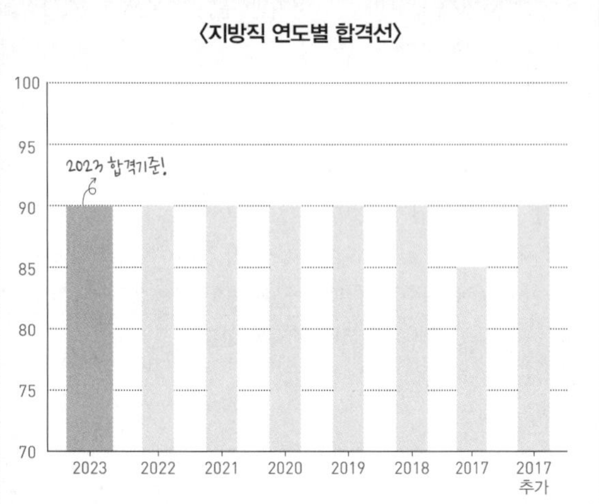

맞힌 개수	/20문항	점수	/100점

➡ □합격 □불합격

취약영역 체크

문항	정답	영역	문항	정답	영역
1	①	비문학 > 이론 비문학	11	②	비문학 > 이론 비문학
2	①	비문학 > 독해 비문학	12	②	어휘, 한자 > 한자어
3	③	문법 > 현대 문법	13	④	어문 규정 > 한글 맞춤법
4	④	어휘, 한자 > 한자어	14	①	어휘, 한자 > 한자어
5	②	문학 > 고전 운문(시조)	15	③	비문학 > 독해 비문학
6	④	비문학 > 독해 비문학	16	③	문학 > 고전 산문(소설)
7	④	비문학 > 독해 비문학	17	②	비문학 > 독해 비문학
8	③	비문학 > 독해 비문학	18	②	비문학 > 독해 비문학
9	④	문학 > 현대 시	19	①	비문학 > 독해 비문학
10	②	문학 > 현대 소설	20	①	비문학 > 독해 비문학

⬇ 영역별 틀린 개수로 취약영역을 확인하세요!

문법과 어문 규정	/2	비문학	/11	문학	/4	어휘, 한자	/3

➡ 나의 취약영역: ________

※ [정답해설]과 [오답해설] 선지의 50% 표시는 〈에듀윌 합격예측 풀서비스〉를 통해 수집된 선지 선택률을 나타냅니다.

1 비문학 > 이론 비문학 오답률 5% 답 ①

| 정답해설 | ① 95% 최 주무관은 김 주무관이 말한 'AI에 대한 설명회' 개최의 필요성에 공감하여 말하고 있다.

| 오답해설 | ② 2% 김 주무관은 평서형으로 표현하고 있으므로 직접 질문하고 있는 것이 아니다.

③ 2% 최 주무관은 앞에서 김 주무관이 말한 내용에 대해 구체적인 방법을 묻고 있을 뿐 반대 의사를 표현한 것이 아니다.

④ 1% 김 주무관은 앞서 최 주무관이 물은 질문에 대해 의문문을 사용해 자신의 의견을 말하고 있을 뿐, 상대의 의견에 반박하고 있는 것이 아니다.

2 비문학 > 독해 비문학 오답률 6% 답 ①

| 정답해설 | ① 94% 제시된 첫 문장에서 독서가 아이들의 전반적인 뇌 발달에 큰 영향을 미친다는 중심 화제를 말하고 있다. 이에 대한 구체적인 내용을 끌어 내기 위해 (나)에서 A교수가 '책을 읽을 때와 읽지 않을 때의 뇌 변화를 연구'했음을 소개한다. 그리고 (가)에서 '그(A교수)에 따르면'으로 시작하며 '책을 읽으면 상상력이 자극되어 전두엽을 많이 사용'하게 된다는 A교수의 연구 결과를 제시한다. (다)에서는 '이처럼'으로 시작하여 앞에서 말한 내용을 가리키고 있으며, '책을 많이 읽으면 전두엽이 훈련되어 전반적인 뇌 발달의 가능성'이 높아지는데, 그 결과는 교육 현장에서 실증된 바 있다고 밝힌다. 이는 마지막 문장에서 독서를 많이 한 아이는 학교에서 더 좋은 성적을 낸다는 내용으로 연결된다.

3 문법 > 현대 문법 오답률 12% 답 ③

| 정답해설 | ③ 88% ㉢ '얼음이'는 서술어 '되다', '아니다' 앞에 보격 조사 '이/가'를 취하여 나타나는 보어이다.

| 오답해설 | ① 3% ㉠ '지원은'은 서술어 '깨웠다'라는 동작의 주체를 나타내는 주어이다.

② 5% ㉡ '만들었다'는 주어와 목적어를 필요로 하는 두 자릿수 서술어이다.

④ 4% ㉣ '어머나'는 문장의 다른 성분과 밀접한 관계없이 독립적으로 쓰이는 감탄사이다.

| 더 알아보기 | 문장 성분의 개념

- 주성분: 주어, 서술어, 목적어, 보어
  - ① 주어: 동작 또는 상태, 성질의 주체가 되는 것
  - ② 서술어: 주어의 동작, 상태, 성질 등을 풀이하는 부분
  - ③ 목적어: 서술어의 동작 대상이 되는 부분
  - ④ 보어: 서술어 '되다', '아니다'가 요구하는 문장 성분 중 주어를 제외한 것

- 부속 성분: 관형어, 부사어
  ① 관형어: 체언을 수식하는 문장 성분
  ② 부사어: 주로 용언을 수식하지만 관형어나 다른 부사어, 문장을 수식하기도 함
- 독립 성분: 독립어
  ① 독립어: 문장의 어느 성분과도 직접적인 관련이 없는 문장 성분

4 어휘, 한자 > 한자어 오답률 10% 답 ④

| 정답해설 | ④ 90% ㉣: 헤엄치는 → 떠다니는
㉣의 '부유(浮遊: 浮 뜰 부/遊 놀 유, 浮游: 浮 뜰 부/游 헤엄칠 유)'는 물 위에 떠다님을 뜻한다. 따라서 '헤엄치는'이 아니라 '떠다니는'으로 표현하는 것이 적절하다.

| 오답해설 | ① 3% 맹종(盲從: 盲 맹인 맹/從 좇을 종): 옳고 그름을 가리지 않고 남이 시키는 대로 덮어놓고 따름
② 1% 탈피(脫皮: 脫 벗을 탈/皮 가죽(껍질, 겉, 표면) 피): ㉠ 껍질이나 가죽을 벗김. ㉡ 일정한 상태나 처지에서 완전히 벗어남
③ 6% 제고(提高: 提 끌 제/高 높을 고): 수준이나 정도 따위를 끌어올림

5 문학 > 고전 운문(시조) 오답률 26% 답 ②

| 정답해설 | ② 74% (나)는 '프르르며'에 시각적 심상이 드러나지만 청각적 심상은 나타나지 않는다. 이 작품은 초장과 중장에서 '청산(靑山)'과 '유수(流水)'의 불변성을 내세워 주제인 학문 수양에 대한 변함없는 의지를 강조하고 있다.

| 오답해설 | ① 9% (가)에서는 변함없는 화자의 마음을 '청산(靑山)'으로, 변하는 임의 마음을 '녹수(綠水)'로 대조적으로 제시하고 있다.
③ 10% (가)의 초장과 (나)의 초장, 중장에서 대구법이 활용되어 있다.
④ 7% (가)의 중장에서는 설의적 표현으로 임에 대한 화자의 지조와 절개를 강조하고 있다. (나)의 중장에서는 설의적 표현을 활용하여 변하지 않는 자연에 대한 감탄의 정서를 드러내고 있다.

| 더 알아보기 | 출전 작품의 이해

(가) 황진이, 「청산(靑山)은 내뜻이오~」
- 주제: 임에 대한 변함없는 사랑
- 해제: 이 작품은 임에 대한 자신의 마음을 자연물에 비유하여 형상화하고 있는 조선 중기의 시조이다. 변하지 않는 청산의 속성과 쉽게 변하는 녹수를 대조하며, 변하는 존재인 임과 달리 변치 않는 화자의 사랑과 지조를 강조하고 있다. 그러면서도 종장에서는 임도 나를 잊지 말아 주었으면 하는 소망을 드러내고 있다.

(나) 이황, 「도산십이곡(陶山十二曲)」 중 제11수
- 주제: 자연에 내재된 도(道)에 대한 깨달음과 도를 향한 학문 수양의 길
- 해제: 이 작품은 조선 명종 때 이황이 지은 연시조로, 작가가 만년에 학문에 열중하면서 사물을 대할 때 일어나는 감흥과 수양의 경지를 읊은 것이다. 모두 12곡으로 이루어졌으며, '전 6곡'을 '언지(言志)', '후 6곡'을 '언학(言學)'이라 했다. '전 6곡'은 자연에 동화된 생활을 하면서 사물을 접하는 감흥을 노래한 것이고, '후 6곡'은 학문 수양에 임하는 심경을 노래한 것이다.

6 비문학 > 독해 비문학 오답률 7% 답 ④

| 정답해설 | ④ 93% 제시된 글의 중심내용은 마지막 문단에 제시되어 있다. 둘째 문단에서 말한 사례를 통하여 마지막 문단에서 '건강한 소비를 위해서는 구매하려는 상품의 사용가치가 어떤 과정을 거쳐 결정된 것인지 곰곰이 생각해봐야 한다'고 말하고 있다. 따라서 제시된 글의 중심내용으로 가장 적절한 것은 ④이다.

| 오답해설 | ① 2% 첫째 문단의 내용을 보면, '교환가치가 아무리 높아도 '나'에게 사용가치가 없다면 해당 상품을 구매하지 않을 것'이라고 말하고 있다.
② 4% 제시된 글은 상품의 교환가치가 아니라 어떤 상품을 사용할 때 느끼는 가치인 사용가치를 강조하고 있다.
③ 1% 둘째 문단의 내용을 보면, 다른 사람들의 댓글로 인해 사용가치가 있을 것으로 잘못 판단한 것을 사례로 제시하고 있다. 따라서 상품에 대한 다른 사람들의 평가를 반영해서 상품을 구매해야 한다는 것은 적절하지 않다.

7 비문학 > 독해 비문학 오답률 10% 답 ④

| 정답해설 | ④ 90% 지향(志向: 志 뜻 지/向 향할 향)은 어떤 목표로 뜻이 쏠리어 향함 또는 그 방향이나 그쪽으로 쏠리는 의지를 뜻하고, 지양(止揚: 止 그칠 지/揚 날릴 양)은 더 높은 단계로 오르기 위하여 어떠한 것을 하지 아니하는 것을 뜻한다. 문맥상 내용을 보면, 당시의 유학자들은 서학의 어떤 부분은 수용했지만, 반대로 어떤 부분은 수용하지 않았다. 따라서 ㉣은 '지양했다'가 적절하다.

| 오답해설 | ① 4% 천주학의 '학(學)'이라는 말에서도 짐작할 수 있듯이, 서학은 신봉의 대상이 아니라 분석의 대상이었으며, 유학자들은 조선 사회를 바로잡고 발전시키기 위해 새로운 학문과 지식이 필요하다고 생각했다. 따라서 천주학의 수용은 '종교적인 관점'이 아니라 '학문적인 관점'에 따른 것이었으므로 ㉠은 수정하지 않는 것이 적절하다.
② 4% 당시의 유학자들은 서학을 신봉의 대상이 아니라 분석의 대상으로 보았다. 따라서 서학을 무조건 따르자고 '주장하지는 않았'다는 것은 올바른 내용이므로 ㉡은 수정하지 않는 것이 적절하다.
③ 2% 외부에서 유입된 사유 체계에는 양명학이나 고증학 등도 있었다. 따라서 서학이 '유일한 대안은 아니었다'는 올바른 내용이므로 ㉢은 수정하지 않는 것이 적절하다.

오답률 TOP 3

8 비문학 > 독해 비문학 오답률 28% 답 ③

| 정답해설 | ③ 72% 마지막 문장의 "글쓰기는 필자가 글을 통해 자신의 메시지를 독자에게 전달하는 ~ 반드시 예상 독자를 분석해야 한다."를 통해 예상 독자 분석이 중요한 이유는 필자가 자신의 메시

지를 독자에게 효과적으로 전달하는 데 도움이 되기 때문임을 알 수 있다.

| 더 알아보기 | 예상 독자

- 가시적 독자: 친구, 부모님, 선생님 등 필자가 분명하게 인식할 수 있는 독자. 예상 독자가 처해 있는 구체적인 환경, 즉 독자의 나이, 사회 · 경제적 지위, 취미와 관심사 등을 분석하는 것이 중요하다.
- 불가시적 독자: 누구인지 분명하지 않은 일반적인 독자. 예상 독자의 범위나 실체를 가능한 범위에서 구체적으로 설정할 필요가 있다.

9 문학 > 현대 시 오답률 12% 답 ④

| 정답해설 | ④ 88% 사랑을 잃은 화자는 문을 잠그고 자신의 사랑이 '빈집'에 갇혔다고 말하고 있다. 따라서 사랑을 잃은 화자가 글을 쓰는 행위는 사랑의 회복에 대한 열망이 아니라, 자신의 사랑과 이별을 고하는 의식이라 할 수 있다.

| 오답해설 | ① 3% 2연에서 화자는 추억이 담긴 과거의 대상들을 하나하나 호명하며 열망했던 모든 것들을 억지로 잊어야 하는 절망감과 안타까운 심정을 표현하고 있다.

② 2% 화자는 '빈집'에 지나간 사랑의 추억과 열망을 가두고 문을 잠그고 있다. 따라서 '빈집'은 사랑의 추억과 열망을 상실한 화자의 공허한 내면을 상징하는 공간이라 할 수 있다.

③ 7% 영탄형 어조는 기쁨, 슬픔, 분노 등의 벅찬 감정을 있는 그대로 드러내어 감탄의 형태로 표현한 어조를 말한다. 제시된 시에서는 호격 조사 '아'를 활용하여 영탄형 어조를 드러내고 이별에 따른 절망감을 부각시키고 있다.

| 더 알아보기 | 기형도, 「빈집」

- 주제: 사랑을 잃어버린 자의 공허함과 절망감
- 해제: 이 작품은 사랑을 잃은 슬픔과 의미를 가졌던 모든 것과의 이별로 인해 공허해진 내면을 '빈집'으로 형상화하고 있다. 화자는 사랑했던 순간과 관련된 대상들을 하나하나 불러가며 사랑했던 당시의 추억을 떠올린다. '빈집'은 사랑의 추억과 열망을 상실한 화자의 공허한 내면을 상징하는 공간으로, 이곳에 지나간 사랑의 추억과 열망을 가두고 문을 잠그는 것은 슬픔을 배가시킨다.

10 문학 > 현대 소설 오답률 13% 답 ②

| 정답해설 | ② 87% 제시된 작품은 서술자인 '나'가 '그(권 씨)'의 행동을 관찰하여 진술하는 1인칭 관찰자 시점으로 전개되고 있다.

| 오답해설 | ① 8% 3인칭 전지적 작가 시점에 대한 설명이다.

③ 3% 서술자인 '나'는 주인공이 아니라 관찰자이다. 또한 제시된 글에서는 유년 시절의 회상이나 갈등 원인의 해명은 나타나지 않는다.

④ 2% 3인칭 작가 관찰자 시점에 대한 설명이다.

| 더 알아보기 | 윤흥길, 「아홉 켤레의 구두로 남은 사내」

- 주제: 산업 사회에서 소외된 계층의 어려운 삶
- 해제: 이 소설은 1970년대 급속한 산업화, 도시화 속에서 사회로부터 소외되어 적응하지 못하는 권 씨의 삶을 통해 사회 구조의 모순을 비판하고 있는 작품이다. 선량한 소시민 권 씨는 생활고 때문에 결국 어설픈 강도 행각까지 벌이고 아홉 켤레의 구두만 남겨 놓은 채 사라지게 된다. 이 작품의 서술자 '나'는 지식인의 눈으로 불합리한 사회 구조와 그 속에서 패배한 권 씨의 이야기를 전달하고 있다.

11 비문학 > 이론 비문학 오답률 19% 답 ②

| 정답해설 | ② 81% 설탕세를 부과하면 당 함유 식품의 소비가 감소하게 된다고 주장하는 은지에게 운용은 설탕세를 부과하면 당 소비가 감소한다고 믿을 만한 근거가 있는지 질문하고 있을 뿐, 설탕세를 부과해야 한다는 은지의 주장에 반대하고 있지는 않다.

| 오답해설 | ① 3% 은지는 첫 번째 발언에서 최근 국민 건강 문제와 관련해 '설탕세' 부과 여부가 논란이라고 말하면서, 대화의 화제를 제시하고 있다.

③ 2% 은지는 두 번째 발언에서 설탕세를 부과하면 당 함유 식품의 소비가 감소하게 된다는 자신의 주장에 대한 근거로 세계보건기구 보고서를 인용하여 제시하고 있다.

④ 14% 은지는 첫 번째 발언에서 설탕세를 부과하면 당 함유 식품의 소비 감소로 비만이나 당뇨병 등의 질병이 예방된다고 주장했고, 재윤은 이러한 주장에 대해 당 섭취와 질병 발생은 유의미한 상관관계가 없다고 부정하고 있다.

12 어휘, 한자 > 한자어 오답률 26% 답 ②

| 정답해설 | ② 74% 매수(買受)(×) → 매도(賣渡)(○)

- 매수(買受: 買 살 매/受 받을 수): 물건을 사서 넘겨받음
  유 매입(買入: 買 살 매/入 들 입)
- 매도(賣渡: 賣 팔 매/渡 건널 도): 값을 받고 물건의 소유권을 다른 사람에게 넘김

| 오답해설 | ① 10% 구가(謳歌: 謳 노래 구/歌 노래 가): ㉠ 여러 사람이 입을 모아 칭송하여 노래함. ㉡ 행복한 처지나 기쁜 마음 따위를 거리낌 없이 나타냄. 또는 그런 소리

③ 9% 알력(軋轢: 軋 삐걱거릴 알/轢 칠 력): 수레바퀴가 삐걱거린다는 뜻으로, 서로 의견이 맞지 아니하여 사이가 안 좋거나 충돌하는 것을 이르는 말

④ 7% 편달(鞭撻: 鞭 채찍 편/撻 때릴 달): ㉠ 채찍으로 때림. ㉡ 종아리나 볼기를 침. ㉢ 경계하고 격려함

13 어문 규정 > 한글 맞춤법 오답률 25% 답 ④

| 정답해설 | ④ 75% 걷잡아서(×) → 겉잡아서(○)

- 걷잡다: 주로 '없다'와 함께 쓰여, ㉠ 한 방향으로 치우쳐 흘러가는 형세 따위를 붙들어 잡다. ㉡ 마음을 진정하거나 억제하다.
  예 불길이 걷잡을 수 없이 번져 나갔다.
- 겉잡다: 겉으로 보고 대강 짐작하여 헤아리다.
  유 대중하다, 어림잡다, 짐작하다

| 오답해설 | ① 6% 부치다: 모자라거나 미치지 못하다.

② 16% 알음

㉠ 사람끼리 서로 아는 일

예 그와는 서로 알음이 있는 사이다.

㉡ 지식이나 지혜가 있음

㉢ 어떤 사정이나 수고에 대하여 알아주는 것

예 진정한 봉사는 다른 사람의 알음을 바라지 않는다.

③ 3% 닫히다: 열린 문짝, 뚜껑, 서랍 따위가 도로 제자리로 가 막히다. '닫다'의 피동사

예 열어 놓은 문이 바람에 닫혔다.

참 닫치다

㉠ 열린 문짝, 뚜껑, 서랍 따위를 꼭꼭 또는 세게 닫다.

예 그는 화가 나서 문을 탁 닫치고 나갔다.

㉡ 입을 굳게 다물다.

예 하연이는 무슨 말을 할 듯하다가 그만 입을 굳게 닫친다.

| 더 알아보기 | '아름', '알음', '앎'

- 아름: 두 팔을 벌려서 껴안은 둘레의 길이. '둘레가 한 아름 되는 나무' 등으로 쓰이며, '저절로 충분히 익은 상태의 밤이나 상수리 따위'를 일컫는 '아람'과 구별된다.
- 알음: 아는 일. '서로 알음이 있는 사이, 알음알음, 알음알이' 등으로 쓰인다.
- 앎: '지식'의 뜻. '앎의 힘으로 문화를 창조한다.' 등으로 쓴다.

오답률 TOP 1

14 어휘, 한자 > 한자어 오답률 57% 답 ①

| 정답해설 | ① 43% ㉠ 장관(長官: 長 길(길다, 어른, 우두머리) 장/官 벼슬 관): 국무를 나누어 맡아 처리하는 행정 각부의 우두머리. 또는 예전에, 한 관아의 으뜸 벼슬을 이르던 말

㉡ 보상(補償: 補 기울(깁다, 돕다, 꾸미다, 고치다, 개선하다, 보태다, 맡기다, 채우다, 보탬) 보/償 갚을 상): 남에게 끼친 손해를 갚음. 또는 국가 또는 단체가 적법한 행위에 의하여 국민이나 주민에게 가한 재산상의 손실을 갚아 주기 위하여 제공하는 대상

㉢ 결재(決裁: 決 결단할 결/裁 마를 재): 결정할 권한이 있는 상관이 부하가 제출한 안건을 검토하여 허가하거나 승인함

| 오답해설 | • 장관(將官: 將 장수(인솔자) 장/官 벼슬 관): 군사를 거느리는 우두머리. 또는 준장, 소장, 중장, 대장을 통틀어 이르는 말

- 보상(報償: 報 갚을 보/償 갚을 상): 남에게 진 빚 또는 받은 물건을 갚음. 또는 어떤 것에 대한 대가로 갚음
- 결제(決濟: 決 결단할 결/濟 건널(돕다) 제): 일을 처리하여 끝을 냄. 또는 증권 또는 대금을 주고받아 매매 당사자 사이의 거래 관계를 끝맺는 일

15 비문학 > 독해 비문학 오답률 11% 답 ③

| 정답해설 | ③ 89% 제시된 글에 따르면, 복수의 상태로 살아가는 우리는 보편적이고 동등하나, 또한 각각 유일무이성을 지닌 단수이기도 하다. 그런데 공동체를 이유로 개별적 유일무이성을 제거하는 것은 사회의 다원성을 파괴하는 일이므로, 개인의 유일무이성을 보존하려는 제도는 우리가 살아가는 사회의 다원성을 지키는 것이라 할 수 있다. 그러나 이 제도가 개인의 보편적 복수성을 침해한다고 볼 수 있는 근거는 찾아볼 수 없다.

| 오답해설 | ① 7% 우리는 각각 유일무이성을 지닌 '단수(單數)'이기도 하지만, 개별적으로 고립된 채 살아가는 존재는 아니다.

② 2% 우리는 다원적 존재이며, 사회에서 살아가기 위해서는 타인을 포용하는 공존의 태도가 필요하다.

④ 2% 우리는 보편적 복수성과 특수한 단수성을 겸비한 채 살아가고 있으며, 이러한 이유로 우리는 다원적 존재이다. 따라서 개별적 유일무이성을 제거하는 것은 우리가 살아가는 사회의 다원성을 파괴하는 결과로 이어질 수 있다.

16 문학 > 고전 산문(소설) 오답률 8% 답 ③

| 정답해설 | ③ 92% 춘향은 매를 맞으면서도 자신의 의지를 굽히지 않고 있다. 즉, 춘향은 자신의 의지를 꺾으려는 이와 대립하고 있으며 내적 갈등을 보이지는 않으므로, 대화를 통해 주인공의 내적 갈등이 해결되고 있다는 설명은 적절하지 않다.

| 오답해설 | ① 3%, ② 3% 일자(一字), 이자(二字), 삼자(三字)의 '일, 이, 삼'을 반복하여 리듬감을 조성하고, 춘향은 이러한 숫자를 활용하여 자신이 처한 상황을 제시하고 있다.

- 일자(一字)로 운을 달아 '일편단심, 일정지심, 일부종사, 일신난처, 일각인들, 일월 같은'
- 이자(二字)로 '이부불경 이내 마음 이군불사, 이 몸이 죽더라도 이 도령은, 이 몸이 이러한들 이 소식을, 이왕 이리, 이 자리에서'
- 삼자(三字)로 '삼청동, 삼생연분, 삼강을, 삼척동자, 삼종지도, 삼생에, 삼월삼일, 삼십삼천, 삼태성께'

④ 2% '일부종사, 이부불경, 이군불사, 삼종지도, 삼강' 등 유교적 가치를 담고 있는 말을 활용하여 춘향이 두 남편을 섬기지 않고 한 남편만을 섬기겠다는 자신의 의지를 드러내고 있다.

| 더 알아보기 | 중요 어휘 풀이

- 일편단심(一片丹心): 한 조각의 붉은 마음이라는 뜻으로, 진심에서 우러나오는 변치 아니하는 마음을 이르는 말
- 일부종사(一夫從事): 한 남편만을 섬김
- 이부불경 (二夫不敬): 두 남편을 섬기지 않음
- 이군불사(二君不事): 충신이 행해야 할 도리의 하나로, 두 임금을 섬기지 아니함을 이르는 말. '충신불사이군, 열녀불경이부'는 흔히 한 문장처럼 같이 쓰인다.
- 삼종지도(三從之道): 예전에, 여자가 따라야 할 세 가지 도리를 이르던 말. 어려서는 아버지를, 결혼해서는 남편을, 남편이 죽은 후에는 자식을 따라야 했다.
- 삼강(三綱): 유교의 도덕에서 기본이 되는 세 가지 강령. 임금과 신하, 부모와 자식, 남편과 아내 사이에 마땅히 지켜야 할 도리로 군위신강, 부위자강, 부위부강을 이른다.

17 비문학 > 독해 비문학 오답률 22% 답 ②

| 정답해설 | ② 78% '차람'은 알고 지내던 개인들 사이에서 소설을 소유하고 있는 사람에게 직접 빌려서 보는 것이라고 설명하였을 뿐 이때 대가를 지불하였는지는 알 수 없다. 돈을 지불하고 책을 빌려 보는 것은 세책가를 통해 이루어지던 일이다.

| 오답해설 | ① 11% 구연에 의한 유통은 글을 모르는 사람들과 글을 읽을 수 있지만 남이 읽어 주는 것을 선호하는 이들을 대상으로 구연자가 소설을 사람들에게 읽어 주는 방식으로, 구연자는 '전기수'로 불렸다.

③ 9% 구연에 의한 유통 방식은 문헌에 의한 유통에 비해 시간과 공간의 제약이 많았다고 한 것을 통해 문헌에 의한 유통은 구연에 의한 유통에 비해 시간과 공간의 제약이 적은 방식임을 알 수 있다.

④ 2% 세책가에서는 소설을 구매하는 것보다 훨씬 적은 비용으로 빌려 볼 수 있었기 때문에 조선 후기 사회에서 세책가가 성행하게 되었다.

18 비문학 > 독해 비문학 오답률 9% 답 ②

| 정답해설 | ② 91% 둘째 문단에서는 『삼국사기』 열전에 수록된 고구려의 연개소문을 사례로 들며, 『삼국사기』가 '신라 정통론에 기반해 있으며, 유교적 사관에 따라 당시의 지배 질서를 공고히 하고자 했다'는 기존의 평가와 달리 다면적이고 중층적인 역사 텍스트라고 설명하고 있다. 즉, 고구려의 연개소문에 대한 기록은 『삼국사기』를 기존 평가와 다르게 볼 수 있는 사례라 할 수 있다.

| 오답해설 | ① 4% 첫째 문단의 내용을 보면, 『삼국사기』의 열전에는 신라인이 가장 많고, 백제인이 가장 적다. 또한 둘째 문단의 고구려의 연개소문에 관한 사례를 통해 고구려인도 수록되었다는 것을 추론할 수 있으나, 이것만으로 『삼국사기』가 신라 정통론을 계승하지 않았다고 볼 수는 없다.

③ 2% 첫째 문단의 마지막 문장을 보면, 관직에 있지는 않았으나 기릴 만한 사람은 수록하였다.

④ 3% 첫째 문단의 내용을 보면, 『삼국사기』는 본기 28권, 지 9권, 표 3권, 열전 10권의 체제로, 본기가 가장 많은 권수를 차지한다.

19 비문학 > 독해 비문학 오답률 12% 답 ①

| 정답해설 | ① 88% 첫째 문단의 내용을 보면, 프랑스에서 의무교육 제도를 실시하면서 정규학교에 입학하기 어려운 지적장애아, 학습부진아를 가려내고자 1905년 최초의 IQ 검사가 이루어졌다. 따라서 최초의 IQ 검사는 학습 능력이 우수한 아이를 고르기 위해 시행된 것이 아니다.

| 오답해설 | ② 5% 첫째 문단에서, IQ 검사를 통해 비로소 인간의 지능을 구체적으로 수치화하였다고 설명하고 있다. 따라서 IQ 검사가 만들어지기 전에는 인간의 지능을 수치로 비교할 수 없었다는 것을 추론할 수 있다.

③ 5% 둘째 문단의 내용을 보면, IQ 검사에서 높은 점수를 받은 아이는 학업 평가에서도 높은 점수를 받을 가능성이 크지만 IQ 검사는 인간의 지능 중 일부만을 측정한다는 문제점이 있다. 따라서 IQ가 높은 아이라도 전체 지능은 높지 않을 수도 있다.

④ 2% 둘째 문단의 내용을 보면, IQ가 높은 아이는 읽기나 계산 등 사고 기능과 관련된 과목에서 높은 성취도를 보이는 경우가 많다.

오답률 TOP 2

20 비문학 > 독해 비문학 오답률 55% 답 ①

| 정답해설 | ① 45% 한자는 문맥에 따라 같은 글자가 다른 문장성분으로 사용되기도 한다고 설명하고 있으나 이를 통해 한문이 한국어 문장보다 문장성분이 복잡한지는 알 수 없다.

| 오답해설 | ② 13% '정수(淨水: 淨 깨끗할 정/水 물 수)'가 문맥상 '깨끗하게 한 물'이라면 '淨'은 '水'를 수식하는 관형어이다.

③ 39% 한자는 문맥에 따라 같은 글자가 다른 뜻으로 쓰이지는 않는다고 했으므로 '愛'는 문맥에 따라 문장성분만 달라질 뿐, 동음이의어가 아닌 같은 뜻의 글자이다.

④ 3% 한글로 '의사'라고만 쓰면 병을 고치는 '의사(醫師: 醫 의원 의/師 스승 사)'인지 의로운 지사를 의미하는 '의사(義士: 義 옳을 의/士 선비 사)'인지 구별할 수 없다.

2022

6월 18일 시행
지방직(= 서울시) 9급 (Ⓐ책형)

합격예상 체크

〈지방직 연도별 합격선〉

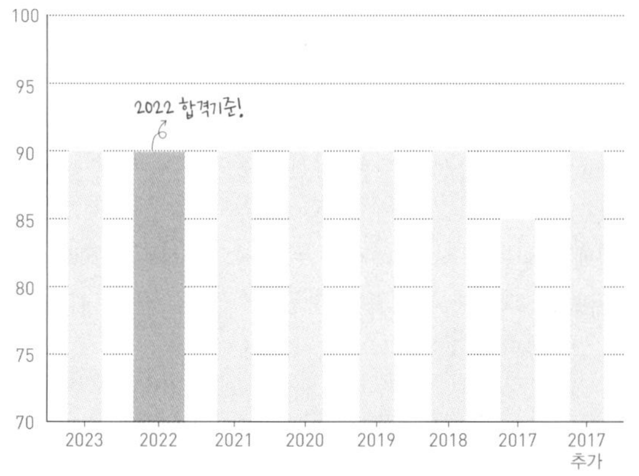

맞힌 개수	/20문항	점수	/100점

➡ □ 합격 □ 불합격

취약영역 체크

문항	정답	영역	문항	정답	영역
1	③	문법 > 현대 문법(언어 예절)	11	③	비문학 > 독해 비문학
2	①	문학 > 현대 소설	12	①	문학 > 고전 운문(한시)
3	③	비문학 > 독해 비문학	13	③	어휘, 한자 > 한자어
4	②	비문학 > 이론 비문학	14	③	문학 > 고전 산문(소설)
5	②	문학 > 현대 시	15	④	어문 규정 > 한글 맞춤법
6	③	문학 > 현대 소설	16	④	어휘, 한자 > 한자어
7	④	비문학 > 독해 비문학	17	③	비문학 > 독해 비문학
8	②	비문학 > 이론 비문학	18	②	어휘, 한자 > 한자 성어
9	④	비문학 > 독해 비문학	19	①	비문학 > 독해 비문학
10	④	문법 > 고전 문법	20	④	비문학 > 독해 비문학

⬇ 영역별 틀린 개수로 취약영역을 확인하세요!

문법과 어문 규정	/3	비문학	/9	문학	/5	어휘, 한자	/3

➡ 나의 취약영역: ________

※ [정답해설]과 [오답해설] 선지의 50% 표시는 〈에듀윌 합격예측 풀서비스〉를 통해 수집된 선지 선택률을 나타냅니다.

1 문법 > 현대 문법(언어 예절) 오답률 18% 답 ③

| 정답해설 | ③ 82% 잘 모르는 사람에게 처음 자신을 소개할 때는 "처음 뵙겠습니다. (저는) ○○○입니다"나 "인사드리겠습니다. (저는) ○○○입니다"라고 인사를 한다. 이때 '처음 뵙겠습니다'를 '처음 뵙습니다'로 말하는 경우 '뵙습니다'보다는 '뵙겠습니다'가 운율면에서 훨씬 자연스럽고 완곡한 표현이어서 이것을 선택하여 쓰는 것이 바람직하다. 얼떨결에 그저 "안녕하세요?"라고 인사를 하기도 하는데, 이는 실례이다.

| 오답해설 | ① 3% 말씀이 계시겠습니다.(×) → 말씀이 있으시겠습니다.(○): '말씀'과 '계시다'는 함께 어울릴 수 없다. '계시다'는 '어른(인격체)의 존재'를 나타내는 데 쓰인다(예 아버지는 지금 집에 계신다). '있으시다'는 '관련 사물'과 호응하여 간접 높임을 할 때 쓰인다. '말씀'도 그와 같은 범주에 들므로 "회장님의 말씀이 있으시겠습니다"와 같이 써야 한다.

② 6% 고모(×) → 형님(남편의 누나)(○), 아가씨(남편의 여동생)(○): 시누이는 남편의 누나나 여동생이다. 남편의 여동생은 아가씨, 아기씨라 부르는데 여동생이 혼인한 후에도 호칭은 변함없다. 남편의 누나는 형님이라고 호칭한다.

④ 9% 제 부인입니다.(×) → 제 아내(처)입니다.(○): '부인'은 남의 아내를 높여 일컫는 표현이다. 아는 사람에게 자신의 아내를 지칭하는 말로, 'ㅇㅇ[자녀] 엄마, ㅇㅇ[자녀] 어머니, 아내, 처' 등을 쓸 수 있다.

| 더 알아보기 | 시댁/처가에서의 호칭

남편의 가족	형: 아주버님	형의 아내: 형님
	남동생 ┌ 미혼: 도련님 └ 기혼: 서방님	남동생의 아내: 동서
	누나: 형님	누나의 남편: 아주버님
	여동생: 아가씨, 아기씨	여동생의 남편: 서방님
아내의 가족	오빠: 형님/처남	오빠의 아내: 아주머니
	남동생: 처남	남동생의 아내: 처남의 댁
	언니: 처형	언니의 남편 ┌ 형님(나이 많으면) └ 동서(나이 어리면)
	여동생: 처제	여동생의 남편: 동서 또는 ○ 서방

2 문학 > 현대 소설 오답률 9% 답 ①

| 정답해설 | ① 91% 메밀꽃이 핀 달밤의 서정적인 풍경을 낭만적으로 아름답게 묘사하고 있다. 특히 '짐승 같은 달의 숨소리가 손에 잡힐 듯이 들리며'의 구절에서는 자연물 속에 인간이 하나가 된 듯한 느낌을 자아낸다. 또한 이러한 배경 묘사는 아름다운 자연 속에서 옛 추억과 더불어 살아가는 떠돌이 인생의 숙명적인 삶이라는

주제를 효과적으로 형상화해 준다. 묘사(描寫)는 대상의 형상이나 경험, 추상적인 느낌을 직접 보거나 느끼는 것처럼 그림을 그리듯이 표현하는 방법이다.

| 오답해설 | ② 7% 설명은 독자에게 '무엇을 알리고 싶다.'는 표현 의도에 적합한 진술 방식이다. 이는 필자가 알고 있는 사실이나 지식과 정보를 객관적으로 독자에게 알리고 이해시키는 진술 방식이다. 설명의 방법에는 '정의, 지정, 비교, 대조, 분석, 분류, 예시, 인용, 과정, 인과, 유추' 등이 있다.

③ 2% 유추는 독자에게 생소한 개념이나 어렵고 복잡한 주제를 설명하고자 하는 경우, 그 개념이나 주제를 보다 친숙하고 단순한 어떤 개념이나 주제와 하나씩 비교해 나가는 진술 방식이다.

④ 0% 분석은 어떤 대상을 그것을 구성하고 있는 요소나 부분들로 나누어 설명하는 방법이다.

| 더 알아보기 | 이효석, 「메밀꽃 필 무렵」

- 갈래: 단편 소설, 순수 소설, 낭만주의 소설
- 배경: [시간] 1920년대 / [공간] 강원도 봉평에서 대화 장터로 가는 길
- 성격: 서정적, 낭만적, 묘사적
- 시점: 전지적 작가 시점
- 특징
  ① 토속적인 어휘 구사와 서정적인 묘사가 돋보임
  ② 부자 상봉의 모티프를 한 폭의 아름다운 수채화처럼 구현해 냄
  ③ 암시와 여운을 남기는 결말 구성을 취함
- 주제: 장돌뱅이의 고단한 삶에 담긴 애환, 근원적인 인간의 애정

3 비문학 > 독해 비문학 오답률 6% 답 ③

| 정답해설 | ③ 94% 본문의 내용을 보면, "무대연출 작업 중에서 독보적인 창작을 걸러내서 배타적인 권한인 저작권을 부여하는 것은 매우 흔치 않은 경우이고, 후발 창작을 방해하는 요소로 작용할 수도 있다."고 설명하고 있다. 따라서 독보적인 무대연출 작업에 저작권을 부여한다고 해서 후발 창작에 방해가 되지는 않는다는 설명은 적절하지 않다.

| 오답해설 | ① 3% 셋째 문장에서 "창작적인 표현을 도용당했는지 밝혀야 하는데, 이것이 쉽지 않다."고 설명하고 있다.

② 2% 첫째 문장에서, "연출자가 자신의 저작권을 침해당했다고 주장하기 위해서는 우선 그가 유효한 저작권을 소유하고 있어야 한다."고 설명하고 있다.

④ 1% 글의 마지막 문장에서 "저작권법은 창작자에게 ~ 창작을 장려함과 동시에 일반 공중이 저작물을 원활하게 이용"할 수 있도록 해서 이 두 가지 가치의 균형을 이루는 것이 목표라고 설명하고 있다.

4 비문학 > 이론 비문학 오답률 8% 답 ②

| 정답해설 | ② 92% ㉡은 문맥상 '소수'가 아닌 '다수'의 의미이므로 적절하게 쓰였다. 즉, 소수의 교도관이 다수의 죄수들을 통제한다는 의미이다. 또한 이어지는 내용을 보면, 파놉티콘의 디자인은 과거 사회 구조와 같았고, 현대 사회는 다수가 소수의 권력자를 동시에 감시할 수 있는 시놉티콘(synopticon)의 시대가 되었다고 설명하고 있다. 따라서 현대 사회와 다른 과거 사회의 구조이므로 소수가 다수를 동시에 통제하는 것이 된다.

| 오답해설 | ① 3% 감시탑의 내부는 교도관은 죄수를 볼 수 있지만, 죄수는 교도관을 바라볼 수 없는 구조이다. 죄수들에게 수차례의 처벌이 있게 되면 죄수들은 실제로 교도관이 자리에 '없을' 때조차도 공포감에 의해서 스스로를 감시하게 된다는 것이다.

③ 2% ㉢ 앞뒤 이어지는 내용을 보면, 시놉티콘에 가장 크게 기여한 것은 권력자에 대한 비판을 신변 노출 없이 자유롭게 표현할 수 있게 된 것이다. 따라서 ㉢에는 어떤 행위를 한 사람이 누구인지 드러나지 않는 특성을 뜻하는 '익명성(匿名性)'이 적절하다. 동시성(同時性)이란 서로 다른 사건이 동시에 일어나는 특성을 뜻한다.

④ 3% 현대 사회는 특정인이 아닌 '누구나' 정보를 수용하고 생산하게 되었다. 그러한 네티즌의 활동으로 권력자들을 감시하는 전환이 일어났다는 것이다.

5 문학 > 현대 시 오답률 14% 답 ②

| 정답해설 | ② 86% 이 시는 고향(삼수갑산)을 그리워하며 낯선 타향에서 유랑의 길을 걷는 화자의 비애감을 표출하고 있다. 화자가 '삼수갑산'을 향하여 '오늘도 하룻길은 / 칠팔십 리'를 걸었지만, 다시 '육십 리'를 되돌아갈 뿐이라는 것은 '삼수갑산'에 가지 못하고 유랑하는 화자의 상황을 제시한 것이다.

| 오답해설 | ① 3% 시적 화자와 오리나무 위의 새가 비슷한 정황에 놓여 있다. 오리나무 위에서 우는 새는 '시메산골 / 영(嶺) 넘어가려고' 하지만 가지 못하고 울고 있다. 시적 화자도 정든 삼수갑산을 떠나 있으나, 고향이나 다름없는 그곳을 못 잊어 마음속으로 울고 있다. 따라서 '산새'와 시적 화자는 상반되는 처지가 아니라 동일한 상황이므로 '산새'는 시적 화자의 감정이 이입된 대상이다.

③ 5% '이국(異國)'이란 다른 남의 나라를 의미한다. 여기서 시적 화자는 '불귀'라는 산새의 울음소리를 빌어 마음의 고향인 '삼수갑산'에 돌아갈 수 없는 시적 화자의 처지를 의미화하고 있다. 따라서 화자의 이국 지향 의식을 표현한 것이 아니다. 참고로, '두견새'를 '불여귀(不如歸)'라고도 한다.

④ 6% 시적 화자의 감정이 이입된 산새가 '위에서 운다'는 것은 갈 수 없는 상황에 대한 시적 화자의 슬픔과 비애의 정서를 나타낸다. 따라서 분노의 정서를 표현한 것이 아니다.

| 더 알아보기 | 김소월, 「산」

- 갈래: 자유시, 서정시
- 성격: 민요적, 향토적
- 구성
  ① 1연: 산새의 울고 있는 모습
  ② 2연: 눈길의 여정
  ③ 3연: 떠나기를 주저하는 심정
  ④ 4연: 잊을 수 없는 삼수갑산

- 특징
  ① 반복적인 리듬감이 나타남
  ② 대화체의 친밀함이 드러남
  ③ 3음보, 대부분이 7 · 5조 3음보(민요조)로 되어 있으나, 4연의 1행만 4음보격이 되어, 율격의 이완을 통해 정서의 완화를 보여줌
- 주제: 임을 만나지 못한 정한과 미련, 비애

6 문학 > 현대 소설 오답률 11% 답 ③

| 정답해설 | ③ 89% 영달이는 정 씨의 "같이 가시지, 내 보기엔 좋은 여자 같군."라는 말에 "그런 거 같아요."라고 인정한다. 또한 백화가 떠나야 하는 상황에서 '시무룩해져서 역사 밖을 멍하니' 내다본다. 이것으로 보아 영달이는 백화에게 좋은 감정을 가지고 있다고 볼 수 있다. 또한 '영달이가 내민 것들을 받아 쥔 백화의 눈이 붉게 충혈되었다'는 것으로 보아 백화도 영달에게 호감이 있다는 것을 알 수 있다. 다만, 영달이가 백화와 동행하지 않은 것은 "어디 능력이 있어야죠."라고 말하는 것으로 보아 '뜨내기 신세'인 자신의 경제적인 이유 때문이라고 할 수 있다.

| 오답해설 | ① 5% 정 씨는 영달이에게 "같이 가시지, 내 보기엔 좋은 여자 같군.", "또 알우? 인연이 닿아서 말뚝 박구 살게 될지. 이런 때 아주 뜨내기 신셀 청산해야지."라고 하면서 백화와 함께 떠날 것을 권유하고 있다.

② 3% 백화는 뭔가 쑤군대고 있는 정 씨와 영달이를 불안한 듯이 지켜보고, 영달이가 내민 삼립빵 두 개와 찐 달걀을 받아 쥔 백화의 눈이 붉게 충혈되었다. 따라서 백화는 영달의 선택이 어떤 것일지 몰라 불안함을 느끼고 있었다.

④ 3% 백화가 "정말, 잊어버리지…… 않을게요."라고 말하고, 떠나기에 앞서 자신의 본명을 말한 것은 정 씨와 영달이에 대한 고마움의 표현이다.

| 더 알아보기 | 황석영, 「삼포 가는 길」

- 갈래: 단편 소설, 사실주의 소설, 여로형 소설
- 배경: [시간] 1970년대 겨울 / [공간] 공사장에서 삼포로 가는 길
- 성격: 사실적, 현실 비판적
- 시점: 전지적 작가 시점
- 특징
  ① '정 씨'가 고향을 찾아가는 여로를 중심으로 사건이 전개됨
  ② 여운을 남기는 방식으로 결말을 처리함
- 주제: 산업화 과정에서 소외된 하층민들의 애환과 연대 의식
- 전체 줄거리: 떠돌이 노동자인 영달은 공사판이 중단되자 밥값을 내지 않고 도망쳐 나온다. 영달은 길에서 고향인 삼포를 찾아가는 정 씨를 만나 동행하기로 하는데, 정 씨는 전과가 있는 노동자이다. 이후 그들은 술집에서 도망쳐 나온 스물두 살의 작부 백화를 만난다. 세 사람은 산골길을 걸어서 감천 읍내에 도착하고 백화는 영달에게 자기의 고향으로 가자고 제의한다. 영달은 이에 응하지 않고, 두 남자는 백화를 보낸다. 영달과 정 씨는 삼포로 가는 기차를 기다리던 중에 삼포에도 공사판이 벌어졌다는 사실을 알게 된다. 영달은 일자리가 생겨 반가웠지만 정 씨는 마음의 정처를 잃었다는 안타까움으로 발걸음이 내키지 않는다.

7 비문학 > 독해 비문학 오답률 7% 답 ④

| 정답해설 | (나): 100년 전 수난과 비극의 역사를 화제로 제시하고,

↓

(라): (나)에서 말한 아픔으로 인한 분단과 불행한 역사를 설명하고 역접 접속어 '그러나' 뒤에 '이제 우리에게도 새로운 희망의 시대가 열리고', '세계 경제의 3대 축'으로 떠오르고 있음을 말한다.

↓

(다): (라)의 내용을 이어서 지금 우리나라는 세계적인 경제 강국을 건설하고, 세계 선두권의 정보화 기반을 갖추고 있다는 것을 말한다.

↓

(가): 이제 '동북아 물류와 금융, 비즈니스의 중심지가 될 것'이라는 긍정적 기대와 '우리가 주도해서 평화와 번영의 동북아 시대를 열어 나가야' 한다는 희망을 말하며 글을 마무리한다.

※ 출전: 노무현(전 대통령), 대한민국 임시정부 수립 84주년 기념식 연설(2003)

8 비문학 > 이론 비문학 오답률 18% 답 ②

| 정답해설 | ② 82% 담화 표지(標識)란 대화에서 특정한 역할을 해주는 것을 말한다. 담화 표지에는 직접 말을 함으로써 특정한 역할을 드러내는 언어적 담화 표지와 몸짓, 표정, 손짓, 억양 및 어조 등 말이 아닌 것으로 역할을 드러내는 언어 외적 담화 표지가 있다. A(팀장)와 B(예은)는 대화 중에 언어 외적 담화 표지로서 '고개를 끄덕이며' 상대방의 말에 공감을 드러내고 있다.

| 오답해설 | ① 5% A는 B에게 회의 내용을 팀원들에게 공유해 달라고만 했다. '회의 내용을 요약 정리'하는 방식을 말하는 것은 A가 아닌 B이다.

③ 4% B는 개조식으로 회의 내용을 요약하는 방식에 대한 A의 문제 제기에 대해 "(고개를 끄덕이며) 그렇겠네요."라고 말하고 있다. 따라서 B는 A의 문제 제기에 대해 자신이 다른 입장임을 드러내고 있는 것이 아니라 A의 의견에 공감하고 있는 것이다.

④ 9% 개조식(앞에 번호를 붙이면서 짧게 나열하여 간결하게 요점 중심으로 서술하는 것)으로 요약할 경우 회의 내용이 과도하게 생략되어 이해가 어려울 수 있다고 말한 것은 A가 아니라 B이다.

| 더 알아보기 | 담화 표지(標識)

담화 표지란 대화에서 특정한 역할을 해주는 것을 말한다. 담화 표지에는 직접 말을 함으로써 특정한 역할을 드러내는 언어적 담화 표지와 몸짓, 표정, 손짓, 억양 및 어조 등 말이 아닌 것으로 역할을 드러내는 언어 외적 담화 표지가 있다. 대개 집중, 내용 구별, 내용 정리, 기억 등에 도움을 준다. 담화 표지의 역할로는 내용의 예고, 강조, 요약, 예시, 열거 등이 있다.

(1) 예고/정리/강조 표현
"이제부터 ~에 대해 알아보겠습니다", "제가 소개드리고 싶은 것은 세 가지이다" 같은 표현은 앞으로 소개될 내용을 예고하는 담화 표지이다. 반대로 "지금까지 ~에 대해 알아보았습니다", "지금까지 세 가지에 대해 말씀드렸습니다" 같은 표현은 앞의 내용을 정리하는 담화 표지이다. 또한 "무엇보다도 ~ 하는 것이 중요합니다", "다시 한번 강조하자면 ~" 같은 표현은 강조를 나타내는 담화 표지이다.

(2) 접속 표현

접속 표현은 글의 흐름을 나타내는 대표적인 담화 표지이다. (넓게 보면 '예고/정리/강조 표현'도 접속 표현으로 볼 수 있다.)

① 선후: 우선, 먼저, 다음으로, 마지막으로
② 원인과 결과 또는 근거와 판단: 왜냐하면 ~ 때문입니다, 이 때문에, 따라서/그러므로
③ 열거: 첫째~, 둘째~, 셋째~, 끝으로~
④ 추가: 그리고, 더구나, 게다가, 또, 뿐만 아니라
⑤ 대조: 하지만, 그러나, 그럼에도, 그런데, 반면, 이에 반해(비해)
⑥ 요약: 이처럼, 요컨대, 정리하자면
⑦ 예시: 예컨대, 예를 들어
⑧ 재진술: 즉, 다시 말해

9 비문학 > 독해 비문학 오답률 16% 답 ④

| 정답해설 | ④ 84% 참석 학생들은 의원 선서를 한 후 주제에 관한 자유 발언 시간, 이어서 관련 조례안을 상정한 후 찬반 토론을 거쳐 전자 투표로 표결 처리하였다.

| 오답해설 | ① 3% 청소년 의회 교실에 참여할 수 있는 대상은 'A시에 있는 학교에 재학 중인 만 19세 미만의 청소년'이라고 설명하였으므로 적절하다.

② 6% 시의회 의장은 의회 교실의 참가자 선정 및 운영 방안을 결정할 수 있고, 운영 방안에는 지방자치 및 의회의 기능과 역할, 민주 시민의 소양과 자질에 관한 교육 내용이 포함되므로 적절하다.

③ 7% 시의회 의장은 본회의장 시설 사용이 가능하도록 지원할 수 있는데, '수업 시간 스마트폰 사용 제한에 관한 조례안'을 주제로 본회의장에서 첫 번째 의회 교실을 운영하였다고 했으므로 시의회 의장이 청소년 의회 교실에서 본회의장 시설을 사용하도록 지원해 주었음을 알 수 있다.

오답률 TOP 3

10 문법 > 고전 문법 오답률 56% 답 ④

| 정답해설 | ④ 44% '점잖다'는 '점지 아니하다'가 줄어든 말이다. 이때의 '점다'는 '젊다'로 변화한 것인데, '젊다'로 되기 이전에는 '졈다(어리다)'였다. 즉 '점잖다'는 '졈디 아니ᄒᆞ다 > 졈지 아니ᄒᆞ다 > 졈지 않다 > 졈잖다 > 점잖다'의 과정을 거쳐 이루어졌다. 점잖은 사람은 '언행이나 태도가 의젓하고 신중한' 사람인 것이다.

| 오답해설 | ① 27% 현대 국어 '가난'의 옛말인 '간난'은 16세기 문헌에서부터 나타난다. '간난'은 한자어 '艱難'에서 온 것으로, 종성 'ㄴ'이 동음 탈락되어 나온 단어이다. 본래 '몹시 힘들고 고생스러움'의 의미를 지니는데, 여기에서 의미가 변화하여 '경제적으로 넉넉하지 못해서 몸과 마음이 괴롭다'의 의미를 지니게 되었다.

② 7% '어리석다'란 단어가 생기기 이전에는 '어리다'가 '어리석다'의 의미를 지니고 있었다. '어린 百ᄇᆡᆨ姓셩이 니르고져 홇배 이셔도'의 '어린 百ᄇᆡᆨ姓셩'은 '나이 어린 백성'이 아니고 '어리석은 백성'이란 뜻이다. 그런데 '어리다'는 오늘날 '어리석다(愚)'의 뜻은 사라지고 '나이가 적다(幼)'는 뜻으로만 쓰이고 있다. '어리다'는 원래의 '슬기롭지 못하다'는 뜻을 '어리석다'에 넘겨주고 자신은 '나이가 적다'는 뜻으로 변화한 것이다.

③ 22% '수탉'은 '숳+ᄃᆞᆰ'이 결합한 단어이다. 현대 국어에서 수컷을 이르는 접사 '수-'의 옛말인 '숳'은 15세기 문헌에서부터 나타났다. 이 단어는 모음이나 'ㄱ, ㄷ'으로 시작하는 조사와 결합할 때에는 끝소리인 ㅎ이 나타나지만, 그 밖의 조사와 결합하거나 단독으로 쓰일 때에는 끝소리 ㅎ이 나타나지 않는 'ㅎ 종성 체언'으로서 '숳/수'의 이형태 교체를 보였다.

| 더 알아보기 | ㅎ 종성 체언

> 중세 국어에서 말음(末音)으로 /ㅎ/을 가지고 있는 것처럼 나타나는 체언으로서, 'ㅎ 곡용어'라고도 한다. 모음으로 시작하는 조사 앞에서는 'ㅎ'이 그대로 유지되고 유기음화할 수 있는 'ㄱ', 'ㄷ', 'ㅂ' 앞에서는 그것과 결합하여 'ㅋ', 'ㅌ', 'ㅍ'을 만들며, 휴지(休止)나 관형격 표지 'ㅅ', 'ㆆ' 앞에서는 탈락되었다.
> • 주요 'ㅎ' 종성 체언
> ① 자연물: 하ᄂᆞᆯ[天], ᄯᅡ[地], 바다[海], 길[道], 뫼[山], ᄆᆡ[野], 내[川], 소[沼: 못], 움[穴], 돌[石], 별[崖: 벼랑]
> ② 시간: ᄀᆞᅀᆞᆯ[秋: 가을], 나조[夕: 저녁], 마[霖: 장마]
> ③ 장소: 나라[國], 셔울[京], ᄀᆞ올[郡: 고을], ᄆᆞᅀᆞᆯ[村: 마을], 터[基]
> ④ 방향: 우[上: 위], 안[內], 뒤[後]
> • 현대 국어의 복합어에서 ㅎ 종성 체언의 흔적이 남은 단어들이 있는데, 살코기(ᄉᆞᆶ+고기), 수컷(숳+것), 암컷(암ㅎ+것), 안팎(않+밖), 수탉(숳+ᄃᆞᆰ), 암탉(암ㅎ+ᄃᆞᆰ) 등이 그렇다.

11 비문학 > 독해 비문학 오답률 21% 답 ③

| 정답해설 | ③ 79% 둘째 문단에서 '혐오나 증오라는 특정 감정에 집착해선 안 된다'고 제시하고, 셋째 문단에서 '인과관계를 혼동하면 곤란하다. 우리가 문제시하고 있는 각종 혐오는 자연 발생한 게 아니라 사회적으로 형성된 감정'이라고 말하고 있다. 그리고 마지막 문장에서는 '혐오나 증오 그 자체를 사회악으로 지목해 도덕적으로 지탄하는 데서 그치지 말아야 한다'고 강조하고 있다. 이러한 내용을 종합하면 '혐오'는 사회적으로 형성된 감정이므로 혐오나 증오 그 자체의 특정 감정에 집착하지 말고, 이러한 감정이 사회적으로 형성된 근본적인 원인을 알아야 한다는 것이다.

| 오답해설 | ① 7% 셋째 문단에서 '인과관계를 혼동하면 곤란하다'고 하였으므로, 혐오 현상에 인과관계가 존재하지 않는다는 것은 아니다.

② 5% 둘째 문단에서, '선량한 마음'에서 나온 것이지만 '문제의 성격을 오인하게 만들 수 있다'고 하였으므로 혐오 현상을 선량한 마음으로 바라보아야 한다는 것은 아니다.

④ 9% 둘째 문단에서, '혐오나 증오라는 특정 감정에 집착해선 안 된다'고 하였으므로 감정에 집중할수록 사회문제는 잘 보인다는 설명은 적절하지 않다.

12 문학 > 고전 운문(한시) 오답률 24% 답 ①

| 정답해설 | ① 76% 이 시는 꽃구경의 명소로 이름난 육각봉(서울 종로구 필운동의 산언덕) 아래 화원에서 봄철 풍경을 보고난 감회를 읊은 작품이다. 그러나 전체적으로 시간의 흐름은 드러나지 않는다. ㉠의 '초가 정자'는 시적 화자가 바라본 봄철 풍경의 일부이며, 화자의 현재 공간이라 할 수 있다.

| 오답해설 | ② 5% ㉡: 온갖 꽃 속에서 높다랗게 앉아 있는 화자의 모습은 고고하고 초연한 시적 화자의 태도를 드러낸 것이다.

③ 4% ㉢: '산과 계곡은 언제 봐도 그대로건만 / 누대는 하나같이 비어 있구나'는 변함없는 자연의 모습과 대비되어 힘이 쇠하고 약해진 인간(화자)의 모습을 암시한다.

④ 15% ㉣: 화자는 붉은 꽃잎 하나라도 떨어뜨릴까봐 '봄바람'이 불지 않기를 바라고 있다. 따라서 '봄바람'은 '붉은 꽃잎'을 흔드는 부정적 이미지의 기능을 하고 있는 것이다.

| 더 알아보기 | 심환지, 「육각지하화원소정염운(六閣之下花園小亭拈韻)」

> 구경의 명소로 이름난 육각봉(서울 종로구 필운동의 산언덕) 아래 화원에서 지은 한시로서, 봄철 풍경을 보고난 감회를 읊었다. 온갖 꽃 속에서 높다랗게 앉아 있다는 3, 4구의 표현에는 고고하고 초연한 시적 화자의 태도를 담았다. 예전과 다름없이 산과 계곡은 아름답게 존재하는데도 누대로 찾아와 구경하는 사람이 거의 없다는 5, 6구는 정치적 환경은 변함이 없는데도 지지자와 동료가 거의 사라졌다는 정치적 함의로 읽을 여지가 있다. 붉은 꽃잎 하나라도 떨어뜨릴까 봐 봄바람이 불지 않기를 바라는 7, 8구의 내용까지 염두에 둔다면 그렇게 해석해도 좋을 법하다. 풍경을 제대로 읊었으면서도 당파와 조직의 와해를 걱정하는 의중을 살짝 비쳤다고 해석할 수 있다.
>
> – 안대회, 「정조의 비밀 편지」 중에서

13 어휘, 한자 > 한자어 오답률 49% 답 ③

| 정답해설 | ③ 51% 각축(角逐: 角 뿔(겨루다, 경쟁하다, 다투다) 각/逐 쫓을(다투다, 따르다) 축)은 '겨루고 쫓는다'는 뜻으로, 서로 이기려고 다투며 덤벼듦을 뜻하는 한자어로서, 사람의 몸을 지시하는 말이 포함되어 있지 않다.

| 오답해설 | ① 16% 슬하(膝下: 膝 무릎 슬/下 아래 하): '무릎의 아래'라는 뜻으로, 어버이나 조부모의 보살핌 아래. 주로 부모의 보호를 받는 테두리 안을 이른다.

② 11% 수완(手腕: 手 손(재주, 솜씨, 수단, 방법, 계략) 수/腕 팔뚝(팔목, 팔(어깨와 손목 사이의 부분), 재주, 솜씨) 완): ㉠ 손목의 잘록하게 들어간 부분. ㉡ 일을 꾸미거나 치러 나가는 재간.

④ 22% 발족(發足: 發 필(일어나다, 떠나다, 나타나다, 드러내다, 밝히다, 들추다, 계발하다, 베풀다, 일을 차리어 벌이다, 도와주어서 혜택을 받게 하다) 발/足 발(뿌리, 근본(根本), 산기슭, 그치다, 머무르다, 가다, 달리다, 넉넉하다, 충족하다, 족하다, (분수를)지키다, 물리다, 싫증나다, 채우다, 충분(充分)하게 하다, 만족(滿足)하게 여기다, 이루다, 되게 하다, 밟다, 디디다) 족): 어떤 조직체가 새로 만들어져서 일이 시작됨. 또는 그렇게 일을 시작함.

| 더 알아보기 | 몸과 관련된 한자어

- 간담(肝膽: 肝 간 간/膽 쓸개 담): ㉠ 간과 쓸개. ㉡ 속마음을 비유
- 간담상조(肝膽相照: 肝 간 간/膽 쓸개 담/相 서로 상/照 비출 조): '간과 쓸개를 내놓고 서로에게 내 보인다'라는 뜻으로, 서로 마음을 터놓고 친밀히 사귐
- 간발(間髮: 間 사이(때, 동안) 간/髮 터럭(머리털) 발): 아주 잠시 또는 아주 적음
- 단장(斷腸: 斷 끊을 단/腸 창자 장): '창자가 끊어진다'는 뜻으로, 창자가 끊어지는 듯하게 견딜 수 없는 심한 슬픔이나 괴로움
- 환장(換腸: 換 바꿀 환/腸 창자 장): ㉠ 마음이나 행동 따위가 비정상적인 상태로 달라짐. ㉡ 어떤 것에 지나치게 몰두하여 정신을 못 차리는 지경이 됨을 속되게 이르는 말
- 폐부(肺腑: 肺 허파 폐/腑 육부(오장육부) 부): ㉠ 마음의 깊은 속. ㉡ 가슴안의 양쪽에 있는, 원뿔을 반 자른 것과 비슷한 모양의 호흡을 하는 기관
- 항문(肛門: 肛 항문 항/門 문 문): 위창자관의 가장 아래쪽에 있는 구멍
- 계륵(鷄肋: 鷄 닭 계/肋 갈빗대(늑골) 륵): ㉠ '닭의 갈비'라는 뜻으로, 그다지 큰 소용은 없으나 버리기에는 아까운 것. ㉡ 몸이 몹시 약한 사람을 비유
- 비견(比肩: 比 견줄 비/肩 어깨 견): 서로 비슷한 위치에서 견줌. 또는 견주어짐
- 배낭(背囊: 背 등(뒤, 배반하다) 배/囊 주머니 낭): 물건을 넣어서 등에 질 수 있도록 헝겊이나 가죽 따위로 만든 가방
- 배신(背信: 背 등(뒤, 배반하다) 배/信 믿을 신): 믿음이나 의리를 저버림.
- 배서(背書: 背 등(뒤, 배반하다) 배/書 글 서): ㉠ 책장이나 어떤 문서의 뒷면에 글씨를 씀. ㉡ 민법에서, 채권 양도의 의사 표시를 증권의 뒷면에 기재하는 일
- 흉금(胸襟: 胸 가슴 흉/襟 옷깃(가슴) 금): ㉠ 앞가슴의 옷깃. ㉡ 마음속 깊이 품은 생각
- 흉중(胸中: 胸 가슴 흉/中 가운데(안, 속) 중): 마음속에 품고 있는 생각
- 사지(四肢: 四 넉 사/肢 팔다리 지): 사람의 두 팔과 두 다리
- 위협(威脅: 威 위엄 위/脅 위협할(꾸짖다, 겨드랑이, 옆구리, 갈빗대) 협): 힘으로 으르고 협박함
- 협박(脅迫: 脅 위협할(꾸짖다, 겨드랑이, 옆구리, 갈빗대) 협/迫 핍박할 박): 겁을 주며 압력을 가하여 남에게 억지로 어떤 일을 하도록 함
- 피부(皮膚: 皮 가죽(껍질) 피/膚 살갗(피부) 부): 척추동물의 몸을 싸고 있는 조직
- 골격(骨格: 骨 뼈 골/格 격식 격): ㉠ 동물의 체형을 이루고 몸을 지탱하는 뼈. ㉡ 어떤 사물이나 일에서 계획의 기본이 되는 틀이나 줄거리 ㊐ 골격(骨骼)
- 진수(眞髓: 眞 참 진/髓 뼛골(골수, 사물의 중심이 되는 요점) 수): 사물이나 현상의 가장 중요하고 본질적인 부분
- 목표(目標: 目 눈(안목, 요점) 목/標 표할 표): 어떤 목적을 이루려고 지향하는 실제적 대상으로 삼음
- 목적(目的: 目 눈(안목, 요점) 목/的 과녁 적): 실현하려고 하는 일이나 나아가는 방향
- 호구(虎口: 虎 범 호/口 입 구): ㉠ 범의 아가리라는 뜻으로, 매우 위태로운 처지나 형편. ㉡ 어수룩하여 이용하기 좋은 사람을 비유. ㉢ 바둑에서, 바둑돌 석 점이 둘러싸고 한쪽만이 트인 그 속
- 호구지책(糊口之策: 糊 풀칠할(풀, 죽, 죽을 먹다, 흐릿하다) 호/口 입 구/之 갈 지/策 꾀(계책, 헤아리다, 기록하다) 책): '입에 풀칠하다'라는 뜻으로, 겨우 먹고 살아가는 방책
- 숙호충비(宿虎衝鼻: 宿 잘 숙/虎 범 호/衝 찌를 충/鼻 코 비): '자는 범의 코를 찌른다'의 뜻으로, 가만히 있는 사람을 건드려서 화를 스스로 불러들이는 일

• 아미(蛾眉: 蛾 나방(눈썹) 아/眉 눈썹 미): 누에나방의 눈썹이라는 뜻으로, 미인의 가늘고 길게 굽어진 아름다운 눈썹을 이르는 말
• 지도(指導: 指 가리킬(손가락, 발가락) 지/導 인도할 도): 어떤 목적이나 방향으로 남을 가르쳐 이끎
• 지적(指摘: 指 가리킬(손가락, 발가락) 지/摘 딸(들추어내다, 손가락질하다) 적): ㉠ 꼭 집어서 가리킴. ㉡ 허물 따위를 드러내어 폭로함
• 슬하(膝下: 膝 무릎 슬/下 아래 하): '무릎의 아래'라는 뜻으로, 어버이나 조부모의 보살핌 아래. 주로 부모의 보호를 받는 테두리 안
• 수완(手腕: 手 손(재주, 솜씨) 수/腕 팔뚝(팔목, 팔, 재주, 솜씨) 완): ㉠ 손목의 잘록하게 들어간 부분. ㉡ 일을 꾸미거나 치러 나가는 재간
• 발족(發足: 發 필(계발하다, 일을 차리어 벌이다) 발/足 발(뿌리, 근본, (분수를)지키다, 이루다, 되게 하다) 족): 어떤 조직체가 새로 만들어져서 일이 시작됨. 또는 그렇게 일을 시작함
• 각광(脚光: 脚 다리 각/光 빛 광): ㉠ 사회적 관심이나 흥미. ㉡ 무대의 앞쪽 아래에 장치하여 배우를 비추는 광선
• 각본(脚本: 脚 다리 각/本 근본 본): 연극이나 영화를 만들기 위하여 쓴 글
• 각색(脚色: 脚 다리 각/色 빛 색): 서사시나 소설 따위의 문학 작품을 희곡이나 시나리오로 고쳐 쓰는 일
• 마각(馬脚: 馬 말 마/脚 다리 각): ㉠ 말의 다리. ㉡ 가식하여 숨긴 본성이나 진상(眞相)
• 사족(蛇足: 蛇 긴 뱀 사/足 발 족): 뱀을 다 그리고 나서 있지도 아니한 발을 덧붙여 그려 넣는다는 뜻으로, 쓸데없는 군짓을 하여 도리어 잘못되게 함을 이르는 말
• 안분지족(安分知足: 安 편안 안/分 나눌(분수, 몫, 운명, 신분) 분/知 알 지/足 발(뿌리, 근본, 넉넉하다, 분수를 지키다, 만족하다) 족): 자기 분수에 만족하여 다른 데 마음을 두지 아니함

14 문학 > 고전 산문(소설) 오답률 19% 답 ③

| 정답해설 | ③ 81% ㉠의 '계월'은 '보국'에게 "예를 갖추어 보이라"로 호령하며 '보국'과의 갈등을 타개하는 데 적극적인 태도를 보인다. 반면에 ㉡의 '까투리'는 장끼의 고집을 이기지 못하고 물러선다. 따라서 '장끼'와의 갈등 상황을 타개하는 데 소극적이라 할 수 있다.

| 오답해설 | ① 8% ㉠의 '계월'은 '보국'에게 "예를 갖추어 보이라"로 호령하고, '보국'은 '계월'의 위엄을 보고 겁을 내고 있으므로 '계월'이 '보국'에 비해 우월한 지위를 가지고 있다. 그러나 ㉡의 '까투리'는 남편인 '장끼'에게서 물러서고 있으므로 '장끼'보다 우월한 지위로 볼 수 없다.

② 5% ㉠의 '계월'은 예를 갖추지 않은 '보국'의 행동을 비판하고, ㉡의 '까투리'는 남자라고 여자의 말을 듣지 않는 '장끼'의 행동을 비판하고 있다. 따라서 ㉠과 ㉡은 모두 상대의 행동을 비판하고 있다.

④ 6% ㉠의 '계월'의 호령이 추상과 같으니 군졸의 대답 소리로 장안이 울릴 정도였고, 보국이 그 위엄을 보고 겁을 내고 있으므로 주변으로부터 호의적인 반응을 얻은 것은 아니다. 또한 ㉡의 '까투리'도 주변 인물들인 '아홉 아들 열두 딸과 친구 벗님네들도 불쌍타 의논하며 조문 애곡'하며 연민의 태도를 보이고 있으므로 적대적인 반응을 얻고 있는 것은 아니다.

| 더 알아보기 | 출전 작품의 이해

(가) 작자 미상, 「홍계월전」
• 갈래: 영웅 소설, 군담 소설
• 배경: [시간] 명나라 때 / [공간] 중국 형주 외
• 성격: 영웅적, 일대기적
• 시점: 전지적 작가 시점
• 특징
① 영웅의 일대기 구조를 지님
② 신분을 감추기 위한 남장 화소가 사용됨
• 주제: 홍계월의 영웅적인 삶

(나) 작자 미상, 「장끼전」
• 갈래: 국문 소설, 우화 소설, 판소리계 소설
• 성격: 우화적, 풍자적, 해학적, 현실 비판적
• 시점: 전지적 작가 시점
• 특징
① 의인화된 동물에 의해 사건이 전개됨
② 중국의 고사가 많이 인용됨
③ 당대의 서민 의식이 반영됨
• 주제: 남존여비 사상과 여성의 개가 금지에 대한 비판과 풍자

오답률 TOP 1
15 어문 규정 > 한글 맞춤법 오답률 66% 답 ④

| 정답해설 | ④ 34% '끼이다'는 '벌어진 사이에 들어가 죄이고 빠지지 않게 되다'는 뜻으로, '끼다'의 피동사이다. 또한 '끼이다'의 준말이 '끼다'이기도 한다. 따라서 '손가락이 끼이는 사고'와 '손가락이 끼는 사고'처럼 모두 쓸 수 있다.

| 오답해설 | ① 36% 되뇌이는(×) → 되뇌는(○): '같은 말을 되풀이하여 말하다'는 뜻의 동사는 '되뇌다'이며, '되뇌이다'는 바르지 않다.

② 5% 헤매이고(×) → 헤매고(○): '갈 바를 몰라 이리저리 돌아다니다'는 뜻의 동사는 '헤매다'이다. 필요 없는 '-이-'가 들어간 '헤매이다'는 잘못된 표현이다.

③ 25% 목이 메이기(×) → 목이 메기(○): '어떤 감정이 북받쳐 목소리가 잘 나지 않다'는 뜻의 동사는 '메이다'가 아니라 '메다'이다. 따라서 '목이 메이다'가 아니라 '목이 메다'로 써야 한다. 또한 '기쁨이나 설움 따위의 감정이 북받쳐 솟아올라 그 기운이 목에 엉기어 막히다'는 의미의 동사도 '목메이다'가 아니라 '목메다'이다. 피동의 의미를 가지고 있기에 '목메다'에 피동의 '-이-'를 붙일 필요가 없다.

| 더 알아보기 | 단어들의 오용 사례

• (날씨가) 개이다 → 개다
• (마음이) 설레이다 → 설레다
• (행동을) 삼가하다 → 삼가다
• (길을) 헤매이다 → 헤매다
• (설움이 북받쳐 올라) 목메이다 → 목메다
• (발길에) 걷어채이다 → 걷어채다
• (구덩이가) 패이다 → 패다

오답률 TOP 2

16 어휘, 한자 > 한자어 오답률 63% 답 ④

| 정답해설 | ④ 37% 변호사(辯護事) → 변호사(辯護士)

- 변호사(辯護事: 辯 말씀 변/護 도울 호/事(일, 직업, 재능) 일 사): (×)
- 변호사(辯護士: 辯 말씀 변/護 도울 호/士 선비(관리, 일, 직무) 사): 법률에 규정된 자격을 가지고 소송 당사자나 관계인의 의뢰 또는 법원의 명령에 따라 피고나 원고를 변론하며 그 밖의 법률에 관한 업무에 종사하는 사람

| 오답해설 | ① 20% 소방관(消防官: 消 사라질(없애다) 소/防 막을(방어하다) 방/官 벼슬 관): 소방 공무원을 일상적으로 이르는 말

② 17% 과학자(科學者: 科 과목(과정, 법률, 형벌) 과/學 배울(학문, 학교, 공부하다) 학/者 놈(사람) 자): 과학을 전문으로 연구하는 사람

③ 26% 연구원(研究員: 研 갈(연구하다, 탐구하다, 자세하게 밝히다) 연/究 연구할(파고들어 깊게 연구하다, 헤아리다, 추궁하다(잘못한 일에 대하여 엄하게 따져서 밝히다), 분명하다, 상세하고 빠짐이 없다) 구/員 인원 원): 연구에 종사하는 사람

| 더 알아보기 | 직업에 쓰이는 '사(事), 사(士), 사(師)'

(1) –사(事: 직업, 재능, 관직, (일을)시키다, 종사하다, 힘쓰다, 노력하다): 일정한 직임을 맡은 임명직(선출직)
- 판사(判事: 判 판단할 판/事 일 사)
- 검사(檢事: 檢 검사할 검/事 일 사)

(2) –사(士: 관리, 일, 직무): 일정한 자질과 능력을 갖추고 검정 등을 통과한 이에게 수여한 자격
- 변호사(辯護士: 辯 말씀 변/護 도울(보호하다) 호/士 선비 사)
- 변리사(辨理士: 辨 분별할 변/理 다스릴 리/士 선비 사)
- 회계사(會計士: 會 모일 회/計 셀 계/士 선비 사)
- 노무사(勞務士: 勞 일할 로/務 힘쓸 무/士 선비 사)
- 중개사(仲介士: 仲 버금(둘째, 가운데, 중간) 중/介 낄(소개하다, 의지하다, 돕다) 개/士 선비 사)
- 조종사(操縱士: 操 잡을 조/縱 세로 종/士 선비 사)
- 속기사(速記士: 速 빠를 속/記 기록할 기/士 선비 사)
- 사육사(飼育士: 飼 기를 사/育 기를 육/士 선비 사)

(3) –사(師: 스승, 벼슬, 전문적인 기예를 닦은 사람, 스승으로 삼다, 모범으로 삼다): 전문 분야에서 정해진 능력을 갖추고 주로 몸수고로 그 업무를 해내는 사람
- 교사(教師: 教 가르칠 교/師 스승 사)
- 의사(醫師: 醫 의원 의/師 스승 사)
- 간호사(看護師: 看 볼 간/護 도울 호/師 스승 사)
- 수의사(獸醫師: 獸 짐승 수/醫 의원 의/師 스승 사)
- 약사(藥師: 藥 약 약/師 스승 사)
- 요리사(料理師: 料 헤아릴 료/理 다스릴 리/師 스승 사)
- 미용사(美容師: 美 아름다울 미/容 얼굴 용/師 스승 사)
- 목사(牧師: 牧 칠(다스리다, 통치하다, 복종하다, 수양하다, 목자) 목/師 스승 사)

(4) 기타
- 장의사(葬儀社: 葬 장사 지낼 장/儀 거동 의/社 모일 사): 장례에 필요한 여러 가지 일을 맡아 하는 영업소

17 비문학 > 독해 비문학 오답률 16% 답 ③

| 정답해설 | ③ 84% 둘째 문단의 내용을 보면, 중세의 지적 전통에 대한 의구심이 고대의 학문과 예술, 언어에 대한 재평가로 이어졌다. 그리고 셋째 문단에서는 인간에 대한 관심의 증대에 따라 인체의 아름다움이 재발견되었다고 설명하고 있다. 따라서 '인체의 아름다움을 재발견함으로써 고대의 학문과 언어에 대한 재평가'가 이루어졌다는 설명은 적절하지 않다.

| 오답해설 | ① 7% 첫째 문단에서 르네상스가 일어나게 된 요인으로 전염병인 페스트에 대해 설명하고 있다.

② 4% 첫째 문단에서 페스트로 인해 '사악한 자'들만이 아니라 '선량한 자'들까지 무차별적으로 죽는 것을 보고 이전까지 의심하지 않았던 신과 교회의 막강한 권위에 대해서도 회의하게 되었다고 설명하고 있다. 따라서 페스트로 인한 무차별적인 죽음은 교회가 유지하던 막강한 권위를 약화시켰다는 것을 알 수 있다.

④ 5% 셋째 문단에서 의사들에게 해부학적 지식은 불필요한 것으로 인식되었던 반면, 미술가들은 해부학자이기도 할 만큼 인체의 내부 구조를 탐색하는 데 골몰했다는 설명으로 알 수 있다.

18 어휘, 한자 > 한자 성어 오답률 34% 답 ②

| 정답해설 | ② 66% '툭 던지는 한마디는 예리한 비수가 되어 독자의 의식을 헤집는다'는 것은 간단한 말로도 남을 감동하게 하거나 남의 약점을 찌를 수 있음을 이르는 것이므로, 한 치의 쇠붙이로도 사람을 죽일 수 있다는 뜻의 '촌철살인(寸鐵殺人: 寸 마디 촌/鐵 쇠 철/殺 죽일 살/人 사람 인)'이 적절하다.

| 오답해설 | ① 15% 교언영색(巧言令色: 巧 공교할(교묘하다, 약삭빠르다, 작은 꾀) 교/言 말씀 언/令 하여금(아름답다, 일을 시키다) 영/色 빛 색): 남의 환심을 사기 위해 교묘히 꾸며서 하는 말과 아첨하는 얼굴빛

③ 8% 언행일치(言行一致: 言 말씀 언/行 다닐 행/一 한 일/致 이를 치): 명사 말과 행동이 하나로 들어맞음. 또는 말한 대로 실행함

④ 11% 가담항설(街談巷說: 街 거리 가/談 말씀 담/巷 거리 항/說 말씀 설): 길거리나 사람들 사이에 떠도는 이야기. 세상에 떠도는 뜬소문. '뜬소문(–所聞)'으로 순화

19 비문학 > 독해 비문학 오답률 48% 답 ①

| 정답해설 | ① 52% 첫째 문단의 내용에서, '논리실증주의자들에 따르면, 만약 어떤 것이 과학일 경우 거기에서 사용되는 문장은 유의미하다'고 하였다. 또한 글의 마지막 부분에서, 논리실증주의자들은 '검증할 수 없고 과학에서 사용될 수 없는 무의미한 문장이라고 말한다'고 하였다. 따라서 논리실증주의자들에 따르면 무의미한 문장을 사용하는 것은 과학이 아니라는 것을 추론할 수 있다.

| 오답해설 | ② 17% 첫째 문단에서, 논리실증주의자들에 따르면, 만약 어떤 것이 과학일 경우 거기에서 사용되는 문장은 유의미하다

고 하였으므로 과학에서 사용되는 문장은 유의미하다. 그러나 '과학의 문장들'만이 유의미한 것인지는 알 수 없다.

③ 28% 검증 원리란, 경험을 통해 참이나 거짓을 검증할 수 있는 문장은 유의미하고 그렇지 않은 문장은 유의미하지 않다는 것이다. 예시로 제시된 (가)와 (나)의 문장은 아직까지 경험되지 않은 것을 언급한 문장이다. 즉 아직까지 경험되지 않은 것을 언급한 문장이 무의미한 것이 아니라, 이중에서 경험을 통해 참이나 거짓을 검증할 수 있는 문장은 유의미하고, 경험을 통해 참이나 거짓을 검증할 수 없는 문장은 무의미한 문장이다.

④ 3% 검증 원리에 따르면 경험을 통해 참이나 거짓을 검증할 수 있는 문장은 유의미하다. 따라서 거짓을 검증할 수 있는 문장은 유의미한 것이다.

20 비문학 > 독해 비문학 오답률 23% 답 ④

| 정답해설 | ㄱ: 첫째 문단에서 '컴퓨터는 결정론적 법칙의 지배를 받는 시스템'이라고 하였고, 둘째 문단에서 '결정론적 법칙의 지배를 받는 시스템'은 자유의지를 가지지 않으며, 자유의지를 가지지 않는 시스템에 도덕적 의무를 귀속시킬 수 없다고 하였다.

ㄴ: 둘째 문단에서 '결정론적 법칙의 지배를 받는 시스템'에 도덕적 의무를 귀속시킬 수 없다고 하였다. 따라서 '도덕적 의무를 귀속시킬 수 있는 시스템'은 결정론적 법칙의 지배를 받지 않는다는 것을 추론할 수 있다.

ㄷ: 둘째 문단에서 '결정론적 법칙의 지배를 받는 시스템'은 항상 하나의 선택지만 있을 뿐이고, 결정론적 지배를 받는다는 것과 자유의지를 가진다는 것은 양립할 수 없다고 하였다. 또한 어떤 선택을 할 때 그것과 다른 선택을 할 수도 있다는 것은 자유의지의 필요조건이라고 하였으므로, 어떤 선택을 할 때 그것과 다른 선택을 할 수 없는 시스템은 자유의지를 가지지 않는다는 것은 적절한 추론이다.

| 더 알아보기 | 추론적 독해

- 지식과 경험, 표지, 문맥 등을 이용하여 생략된 내용을 추론한다.
- 필자의 의도, 목적, 숨겨진 주제 등을 추론한다.
- 서사적인 글의 경우 글에 묘사된 내용을 근거로 인물의 특성을 파악하고, 장면과 분위기를 상상한다.
- 글의 내용을 여러 가지 관점에서 분석하고 종합한다.
- 독서의 목적, 독서 과제, 독자의 상황 등과 연결하여 의미를 구성한다.

2021 6월 5일 시행 지방직(= 서울시) 9급 (Ⓐ책형)

합격예상 체크

〈지방직 연도별 합격선〉

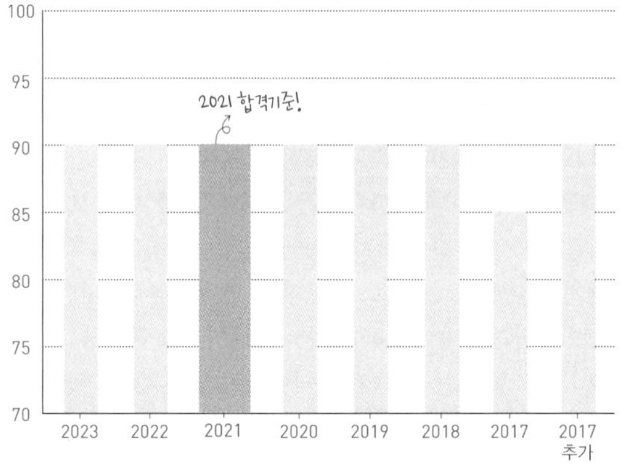

맞힌 개수	/20문항	점수	/100점

➡ □합격 □불합격

취약영역 체크

문항	정답	영역	문항	정답	영역
1	②	어문 규정 > 한글 맞춤법	11	④	비문학 > 독해 비문학
2	③	문법 > 현대 문법	12	②	비문학 > 독해 비문학
3	정답 없음	어휘, 한자 > 고유어	13	②	비문학 > 독해 비문학
4	②	어휘, 한자 > 관용어	14	③	비문학 > 독해 비문학
5	④	문학 > 고전 산문(소설)	15	①	비문학 > 독해 비문학
6	③	비문학 > 이론 비문학	16	①	비문학 > 이론 비문학
7	③	문학 > 현대 소설	17	④	비문학 > 이론 비문학
8	③	비문학 > 독해 비문학	18	③	문학 > 현대 희곡
9	①	어휘, 한자 > 한자 성어	19	④	비문학 > 독해 비문학
10	④	문학 > 고시조와 현대 시	20	④	비문학 > 독해 비문학

⬇ 영역별 틀린 개수로 취약영역을 확인하세요!

문법과 어문 규정	/2	비문학	/11	문학	/4	어휘, 한자	/3

➡ 나의 취약영역: ____________

※ [정답해설]과 [오답해설] 선지의 50% 표시는 〈1초 합격예측 풀서비스〉를 통해 수집된 선지 선택률을 나타냅니다.

오답률 TOP 2

1 어문 규정 > 한글 맞춤법 오답률 39% 답 ②

| 정답해설 | ② 61% 몇 일 → 며칠: '몇 일'은 그 어원이 분명하지 않으므로 '몇일'로 쓰지 않고 '며칠'로 쓴다.

| 오답해설 | ① 5% '어찌 된 일' 또는 '어떻게 된 일' 등 의외의 뜻을 의미하는 명사는 '웬일'이다.

참 '왠'을 쓰는 경우는 '왜 그런지 모르게, 또는 뚜렷한 이유도 없이'라는 뜻의 '왠지'밖에 없다.

③ 32% '박이다'는 '손바닥, 발바닥 따위에 굳은살이 생기다.'라는 뜻이다. '박히다'는 '박다'의 피동사, 즉 '벽에 못이 박히다.'와 같이 쓰인다.

④ 2% '두말할 것 없이 당연히', '틀림없이 언제나'를 뜻하는 부사는 '으레'이다. 참 '으례(×)'

| 더 알아보기 | '박이다'와 '배기다', '박히다'

> '박이다'는 '버릇, 생각, 태도 따위가 깊이 배다. 손바닥, 발바닥 따위에 굳은살이 생기다.'라는 뜻이다. '배기다'는 '몸에 단단한 것이 받치는 힘을 느끼게 되다, 참기 어려운 일을 잘 참고 버티어 나가다.'라는 뜻이므로 굳은살과 함께 사용해서는 안 된다. 그러나 '귀에 못이 박히다'라는 표현이 있다. '박이다'를 써야 될 것 같아 헷갈리지만 '못(이) 박히다'는 '원통한 생각이 마음속 깊이 맺히다. 한자리에 굳어 버린 것처럼 꼼짝 않고 서 있다. 한 곳을 뚫어지게 쳐다보다.'라는 의미의 관용구로 사용되고 있으니 바른말이다.

2 문법 > 현대 문법 오답률 32% 답 ③

| 정답해설 | ③ 68% '오늘로써'는 시간을 셈할 때 셈에 넣는 한계를 나타내거나 어떤 일의 기준이 되는 시간임을 나타내는 부사격 조사로서 바르게 쓰였다.

| 오답해설 | ① 14% 딸로써 → 딸로서: 지위나 신분 또는 자격을 나타내는 의미이므로 '로서'를 써야 한다.

② 5% 대화로서 → 대화로써: 어떤 일의 수단이나 도구를 나타내는 의미이므로 '로써'가 적절하다.

④ 13% 이로서 → 이로써: 시간을 셈할 때 셈에 넣는 한계를 나타내거나 어떤 일의 기준이 되는 시간임을 나타내는 의미이므로 '로써'가 적절하다.

| 더 알아보기 | '로서'와 '로써'

> (1) 로서
> - 지위나 신분 또는 자격을 나타내는 격 조사
>   예 그것은 교사로서 할 일이 아니다.
> - 어떤 동작이 일어나거나 시작되는 곳을 나타내는 격 조사
>   예 이 문제는 너로서 시작되었다.
>
> (2) 로써
> - 어떤 물건의 재료나 원료를 나타내는 격 조사
>   예 쌀로써 떡을 만든다.
> - 어떤 일의 수단이나 도구를 나타내는 격 조사
>   예 대화로써 갈등을 풀 수 있을까?

• 시간을 셈할 때 셈에 넣는 한계를 나타내거나 어떤 일의 기준이 되는 시간임을 나타내는 격 조사
예 고향을 떠난 지 올해로써 20년이 된다.

3 어휘, 한자 > 고유어 정답 없음

| 정답해설 | ①~④ 모두 단어의 뜻풀이가 바르게 제시되었으므로 정답은 없다.

① 42% '반나절'은 한나절의 반, 즉 하룻낮을 넷으로 나눈 한 부분을 뜻한다. 대략 '2시간 정도'의 시간을 나타낸다고 할 수 있다. 또한 '반나절'은 하루 낮의 반을 뜻하는 '한나절'과 같이 '하룻낮의 반(半)'을 뜻하는 말로 쓰이기도 한다. 따라서 올바른 뜻풀이이다.

| 더 알아보기 | '나절', '한나절', '반나절', '반', '반오', '반날'

- 나절: 하룻낮의 절반쯤 되는 동안이나 낮의 어느 무렵이나 동안을 뜻하는 의존 명사
- 한나절: 하룻낮의 반(半), 또는 하룻낮 전체를 의미
- 반나절: 한나절의 반, 또는 하룻낮의 반(半)(= 한나절)
- 반일(半日): 하룻낮의 반(半), 또는 하루의 반
- 반오(半午): 하룻낮의 반(半)
- 반날(半-): 하룻낮의 반(半)

4 어휘, 한자 > 관용어 오답률 6% 답 ②

| 정답해설 | ② 94% 호흡을 맞춰 → 다리를 놓아: 문맥상 '일이 잘 되게 하기 위하여 둘 또는 여럿을 연결하다.'라는 뜻의 '다리(를) 놓다'가 적절하다.

- '호흡을 맞추다'는 '일을 할 때 서로의 행동이나 의향을 잘 알고 처리하여 나가다.'라는 뜻이다.
  예 두 선수는 한 팀에서 오랫동안 호흡을 맞춰 왔다.

| 오답해설 | ① 3% 가랑이(가) 찢어지다: ㉠ 몹시 가난하여 살림살이가 궁색하다. ㉡ (비유적으로) 하는 일이 힘에 부치거나 일손이 부족하여 일해 나가기가 몹시 벅차다.

③ 2% 코웃음(을) 치다: 남을 깔보고 비웃다.

④ 1% 바가지(를) 쓰다: ㉠ 요금이나 물건값을 실제 가격보다 비싸게 지불하여 억울한 손해를 보다. ㉡ 어떤 일에 대한 부당한 책임을 억울하게 지게 되다.

5 문학 > 고전 산문(소설) 오답률 19% 답 ④

| 정답해설 | ④ 81% ㉣은 춘향이가 그네를 타다가 시냇가 반석 위에 옥비녀 떨어뜨리고, "비녀, 비녀" 하는 소리가 '산호채(산호로 만든 비녀)를 들어 옥반(옥으로 만든 쟁반)을 깨뜨리는 듯'하는 모습이 매우 아름다워서 세상 인물이 아닌 듯하다는 내용이다. 따라서 춘향이의 내면적 아름다움이 아니라 외면적 아름다움을 서술자가 논평한 것이다.

| 오답해설 | ① 1% ㉠: 서술어 '모를쏘냐'는 '어찌 그럴 리가 있겠느냐'의 뜻으로 강한 부정을 나타내므로, 춘향이가 당연히 천중절을 알 것이라는 설의적 표현이다.

② 8% ㉡: '황금 같은 꾀꼬리'에서 직유법을 사용하고, 꾀꼬리가 쌍쌍이 날아드는 모습으로 음양의 조화를 이룬 아름다운 봄날의 풍경을 서술하고 있다.

③ 10% ㉢: '펄펄', '흔들흔들'의 음성 상징어를 사용하여 춘향의 그네 타는 모습을 시각적으로 서술하고 있다.

6 비문학 > 이론 비문학 오답률 6% 답 ③

| 정답해설 | ③ 94% A가 '후속 사업 진행을 위해 지금쯤 연락이 와야 할 텐데'라며 의문을 제기하자 B는 고객이 '요즘 같은 코로나 시기에는 이전과 동일한 사업적 효과가 있을지 궁금하다'고 제안서에 의문을 제기한 내용을 근거로 "검토하고 연락드리겠습니다."라는 고객의 답변을 완곡하게 거절하는 의사 표현이라고 판단하고 있다.

| 오답해설 | ① 1% A는 고객이 승낙했다는 답변이라고 생각하지만, B는 완곡하게 거절하는 의사 표현이라고 판단하고 있다.

② 4% 고객이 '이전과 동일한 사업적 효과가 있을지 궁금하다.'라고 말한 것이 부정적 평가라고 판단한 것은 A가 아니라 B이다.

④ 1% '표정'과 '박수'는 비언어적 표현이고, 부드러운 '목소리'는 반언어적 표현이다. 이를 근거로 A는 '완곡한 거절'이 아니라 제안서에 대한 '승낙(수용)'이라고 판단한 것이다.

| 더 알아보기 | '비언어적 표현'과 '반언어적 표현'

- 비언어적 표현: 언어 외적인 표현으로 '표정, 몸짓, 손짓' 등
- 반언어적 표현: 언어에 수반되는 음성적 요소로 '목소리의 억양, 어조, 강약, 높낮이' 등

7 문학 > 현대 소설 오답률 10% 답 ③

| 정답해설 | ③ 90% 제시된 글의 앞부분을 보면, '내가 그를 아버지라고 부르기 어려운 것은 거의 그런 말을 발음해 본 적이 없는 습관의 탓이 크다.'라고 하였다. 따라서 '현규'에 대한 감정 때문에 '무슈 리'를 아버지로 부르는 것에 거부감을 갖고 있다는 설명은 바르지 않다.

| 오답해설 | ① 3% '나는 그를 영원히 아무에게도 주기 싫다. ~ 나는 또 물론 그도 나와 마찬가지로 같은 일을 생각하고 있기를 바란다.'라는 내용으로 알 수 있다.

② 2% '나는 그(무슈 리)의 혈족은 아니다.', '무슈 리의 아들인 현규와도 마찬가지다.', '우리를 비끄러매는 형식이 결코 '오누이'라는 것' 등의 표현에서, '나'와 '현규'는 혈연적으로는 아무런 관계가 없는 타인이며, 법률상의 '오누이'일 뿐이라는 것을 알 수 있다.

④ 5% '나'는 무슈 리의 아들인 현규와 혈족이 아니고, 그(현규)는 스물두 살의 남성이고 '나'는 열여덟 살의 계집아이라는 것이 진실의 전부이며, '나는 이 일을 그대로 알아서는 안 되는가?', '우

리를 비끄러매는 형식이 결코 '오누이'라는 것이어서는 안 될 것'이라고 하면서 사회적 인습이나 도덕률을 거부하고 있다.

| 더 알아보기 | 강신재, 「젊은 느티나무」

- 주제: 현실의 굴레를 극복하고 순수한 사랑을 성취하는 청춘 남녀의 아름다운 모습
- 해제: 이 작품은 이복 남매의 사랑이라는 사회적 금기와 본능적 감성 사이에서 갈등하는 청춘 남녀의 통속적 사랑을 다루고 있다.

8 비문학 > 독해 비문학 오답률 6% 답 ③

| 정답해설 | 글쓴이의 주장은 첫째 문단의 끝부분에 제시되어 있다. 글쓴이는 단호한 반응은 공격적인 반응과 다르고, 단호한 반응은 다른 사람의 권리를 침해하지 않으면서 자신의 권리를 존중하고 지키겠다는 것이며, 상대방을 존중하면서도 얼마든지 자신의 의견을 내세울 수 있는 것이라 주장하고 있다.

③ 94% '안 피우시면 좋겠어요.'라고 자신의 주장을 직접적으로 제시하고, '피우고 싶으시면 차를 세워 드릴게요.'라고 상대를 배려하는 태도도 보여 주고 있다.

| 오답해설 | ① 2% 자신의 권리를 명확하게 주장하고 있지 않다.

② 2% 단호하게 자신의 권리를 내세우고 있을 뿐, 상대를 배려하는 태도가 드러나지 않는다.

④ 2% 담배 연기를 싫어하는 자신의 권리와 주장이 단호하지 않다.

9 어휘, 한자 > 한자 성어 오답률 15% 답 ①

| 정답해설 | (가) 뒤에 이어지는 '손주 때문에 눈물로 세월을 보내더니'는 손주에 대한 할매의 애정을 표현한 것이므로, '자나 깨나 잊지 못함'을 뜻하는 ① 85% '오매불망(寤寐不忘)'이 적절하다.

| 정답해설 | ② 8% 망운지정(望雲之情): ㉠ 타향에서 고향에 계신 부모를 생각함. ㉡ 멀리 떠나온 자식이 어버이를 사모하여 그리는 정 유 백운고비(白雲孤飛)

③ 2% 염화미소(拈華微笑): '꽃을 집어 들고 웃음을 띠다.'라는 뜻으로, 말로 하지 않고 마음에서 마음으로 전하는 일을 이르는 말로서, 불교에서 이심전심(以心傳心)의 뜻

④ 5% 백아절현(伯牙絕絃): 백아가 거문고 줄을 끊어 버렸다는 뜻으로, 자기를 알아주는 절친한 벗, 즉 지기지우(知己之友)의 죽음을 슬퍼함

10 문학 > 고시조와 현대 시 오답률 23% 답 ④

| 정답해설 | ④ 77% (가)는 평시조로서 3장 6구, 45자 내외, 3(3)·4조의 율격과 4음보의 정형시이다. 그러나 (나)는 행을 구분하지 않고 산문을 쓰듯이 이어 쓴 산문시이다.

| 오답해설 | ① 2% (가)의 중장은 시간이 흘러도 변함없는 산천(자연)과 달리 인걸(고려의 옛 충신들)은 사라지고 없는 인간사를 대조하여 인생의 무상함을 드러내고 있다.

② 11% (나)의 화자는 옥좌 위에 '쌍룡' 대신에 '봉황새'가 있는 현실과 '큰 나라(중국) 섬기다 거미줄 친 옥좌(玉座)'에서 사대주의 역사에 대한 비판적인 태도를 드러내고 있다.

③ 10% (가)의 중장은 '자연의 변함없는 모습'이, 종장은 옛 도읍지에서 느끼는 무상감이 드러나 있으므로 선경후정의 방식을 사용하였다. (나)에서 '벌레 먹은 ~ 봉황새를 틀어 올렸다'는 퇴락한 고궁의 정경이, '어느 땐들 ~ 호곡하리라'는 화자의 감회가 드러난 부분이므로 선경후정의 방식을 사용하였다.

| 더 알아보기 | 출전 작품의 이해

(가) 길재, 「오백 년 도읍지를」
- 주제: 고려 왕조에 대한 회고와 인생무상
- 해제: 조선 건국 직후 창작된 이 작품은 작가가 옛 도읍지였던 송도를 돌아보고 인생의 무상함을 탄식한 시조이다. 시간이 흘러도 변함없는 자연과 달리 고려의 옛 충신들은 사라지고 없는 인간사를 대조하여 애상적 정서와 한을 형상화하고 있다.

(나) 조지훈, 「봉황수(鳳凰愁)」
- 주제: 망국(亡國)의 비애
- 해제: 퇴락한 고궁을 공간적 배경으로 하여 역사의식과 현실 인식을 날카롭게 드러내고 있는 산문시이다. 화자는 국권을 상실하고 누구도 돌보는 이 없어 퇴락하여 허물어져 가는 궁궐에서 망국의 한과 슬픔을 표현하고 있다.

11 비문학 > 독해 비문학 오답률 1% 답 ④

| 정답해설 | ④ 99% 첫째 문단에서 미국의 아이들은 '스스로 독립적인 행동을 하도록 교육'받고, 둘째 문단에서 일본의 아이들은 '다른 사람들의 감정을 미리 예측하도록 교육'받는다고 하였으므로 적절한 설명이다.

| 오답해설 | ① 1% 미국의 어머니는 말하는 사람의 입장, 일본의 어머니는 듣는 사람의 입장을 강조한다.

② 0% 첫째 문단의 내용을 보면, 특정 사물에 초점을 맞추고 그 사물의 속성을 아이들에게 가르치는 것은 미국의 어머니이다.

③ 0% 둘째 문단의 내용을 보면, '감정'에 특별히 신경을 써서 다른 사람들의 감정을 미리 예측하도록 교육하는 것은 일본의 어머니이다.

12 비문학 > 독해 비문학 오답률 4% 답 ②

| 정답해설 | 첫째 문단에서는 인공지능(AI)은 비즈니스 패러다임을 획기적으로 바꾸고 있다며 화제를 제시하고, 둘째 문단에서 인공지능(AI)이 사람을 게으르게 만들고, 이 게으름은 우리의 건강과 행복, 그리고 일상생활의 패턴을 바꿔 놓을 수도 있다고 문제 제기를 하고 있다. 그리고 셋째 문단과 넷째 문단에서 대표적 사례로 GPS를 제시하면서 둘째 문단의 내용을 뒷받침하고 있다. 따라서 제시된 글의 결론으로 가장 적절한 것은 ②이다.

13 비문학 > 독해 비문학 오답률 2% 답 ②

| 정답해설 | ② 98% 첫째 문단의 내용을 보면, 유럽연합에서는 여러 공용어 중 하나만 알아도 공식 업무상 불편이 없고, 모든 유럽연합인들이 열 개가 넘는 공용어를 전부 다 배워야 하는 것은 아니라고 하였으므로 유럽연합은 하나의 공용어가 아니라 복수의 공용어를 지정하여 공무상 편의를 도모하고 있는 것이다.

| 오답해설 | ① 0% 첫째 문단에서, 유엔에 근무하는 모든 외교관들이 유엔의 공용어들을 전부 다 잘해야 하는 것은 아니라고 하였다.

③ 1% 둘째 문단에서, 영어를 공용어로 지정하기만 하면 영어를 잘할 수 있게 되리라는 믿음은 망상에 불과하다고 하였다.

④ 1% 제시된 글의 내용으로 알 수 없다.

14 비문학 > 독해 비문학 오답률 4% 답 ③

| 정답해설 | ③ 96% 첫째 문단에서 자신의 삶과 환경을 통제하지도 못하면서 무력감에 시달리는 사람일수록 공격적인 발설로 자기 효능감을 느끼려 한다는 내용만 제시되었을 뿐, '자신의 삶을 잘 통제하는 악플러'에 관한 내용은 제시되지 않았다.

| 오답해설 | ① 0% 첫째 문단의 내용을 보면, 악플러는 자신이 올린 글 한 줄에 다른 사람들이 동요하는 것을 보면서 자기 효능감을 느낀다.

② 2% 둘째 문단의 내용을 보면, 개인주의자는 자신을 향한 비판에 대해 '그건 너의 생각'이라면서 넘겨 버리는 사람들이므로, 악플에 무반응하면 악플러는 무시당했다는 생각에 오히려 자괴감에 빠질 수도 있다.

④ 2% 셋째 문단을 보면, 한국에는 개인주의가 뿌리내리지 못했고, 남에 대해 신경을 너무 곤두세우며, 자기에 대한 타인의 평가와 반응에 너무 예민하기 때문에 인터넷 공간에서 맞물려 악플을 양산한다.

15 비문학 > 독해 비문학 오답률 28% 답 ①

| 정답해설 | ① 72% ㉠의 '구형'은 쪼개기 전의 '수박'을 의미하고, ㉡~㉣은 수박의 쪼갠 단면을 의미한다.

16 비문학 > 이론 비문학 오답률 10% 답 ①

| 정답해설 | ① 90% (가)의 앞부분에서는 우리말로 시조나 가사를 썼던 이들을 나열하고, 이 내용과 관련시키면서 '양반들도 한글 쓰는 것을 즐겨 했다'는 논지로 화제는 바꾸고 있다. 따라서 (가)에는 화제를 앞의 내용과 관련시키면서 다른 방향으로 이끌어 나갈 때 쓰는 접속 부사인 '그런데'가 적절하다.

(나)의 뒤에 이어지는 내용은 앞 내용에 더하여 허균과 김만중을 구체적으로 제시하였으므로, 앞의 말에 내용을 첨가 보충할 때 쓰이는 접속어인 '게다가'가 적절하다.

(다)의 뒤에 이어지는 내용은 앞의 내용과 대립하여 '대다수 양반들은 한문'을 썼다는 것이므로, 앞의 내용을 인정하면서 앞의 내용과 뒤의 내용이 대립될 때 쓰는 접속 부사인 '그렇지만'이 적절하다.

(라)의 앞부분에서 '대다수 양반들은 한문'을 썼다고 한 뒤 '양반 대부분이 한글을 이해하지 못하는 상황이었다면 한글로 작품을 쓰지는 않았을 것'이라는 내용이 이어지면서 양반 대다수가 한글을 이해하고 있었을 것이라고 강조하고 있다. 따라서 (라)에는 앞의 내용과 뒤의 내용이 상반될 때 쓰는 접속 부사인 '그러나'가 적절하다.

| 더 알아보기 | 접속어

> 접속어 '그리고'는 앞내용과 뒷내용을 순조롭게 연결한다. '그러나, 하지만, 그렇지만'은 앞내용과 반대되는 것이 전개될 것을 예측할 수 있다. '요약하면'은 앞에 서술한 내용을 간단히 정리하는 접속어로 다음에 중심 문장이 올 가능성이 매우 높기 때문에 특히 주목해야 한다. 이밖에 '인과', '전환', '대등/병렬', '첨가/보충', '환언', '예시' 등 다양한 접속어의 쓰임을 학습해야 한다.

17 비문학 > 이론 비문학 오답률 12% 답 ④

| 정답해설 | ④ 88% 문맥상 공과금을 기한 내에 금융 기관에 내지 않으면 연체료를 내야 하는 것이므로 '세금이나 공과금 따위를 관계 기관에 냄'을 뜻하는 '납부(納付)'가 적절하다.

- 납부(納付): 세금이나 공과금 따위를 관계 기관에 냄
- 수납(收納): 돈이나 물품 따위를 받아 거두어들임

| 오답해설 | ① 0% (가): 앞부분에서 '현재'라고 하였으므로 과거 시제가 아니라 현재 시제로 표현해야 한다.

② 6% (나): '지양(止揚)'은 '어떠한 것을 하지 아니함', '지향(指向)'은 '어떤 목표로 뜻이 쏠리어 향함'을 뜻하므로 문맥상 '지향(指向)'이 적절하다.

③ 6% (다): 관형절은 뒤에 오는 체언을 수식하는데, 제시된 문장의 관형절은 '준비 기간'을 수식하지 않는다. 따라서 '지난달 수해로 인하여'로 고쳐 쓰는 것이 적절하다. '인하다'는 '어떤 사실로 말미암다.'라는 뜻의 동사이다.

18 문학 > 현대 희곡 오답률 5% 답 ③

| 정답해설 | ③ 95% 서연의 두 번째 대사를 보면, 서연은 동연이 본뜨려는 부처님 형상에 대해 "흔히 있는 것을 베껴 놓은 걸세.", "또다시 베껴 만들 작정이군."이라고 비판하고 있다. 따라서 동연은 부처님 형상을 독창적으로 제작하는 것이 아니라 다른 것을 베끼는 인물이다.

| 오답해설 | ① 0%, ④ 2% 불상 제작에 대해 동연은 형태를, 서연은 부처의 마음인 내용을 중요시하고 있다.

② 3% 서연의 두 번째 대사를 보면, 부처님 형상은 누가 언제 그렸는지 몰라도 흔히 있는 것을 베껴 놓은 것이며, 그런 형상이 진짜 부처님은 아니라고 말하고 있다. 따라서 서연은 불상으로 전해지는 부처님 형상을 의심하는 인물이다.

| 더 알아보기 | 이강백, 「느낌, 극락 같은」

- 주제: 예술의 본질적 가치에 대한 깨달음
- 해제: 이 작품은 불상의 제작 과정에서 형태와 내용을 둘러싼 인물들 간의 갈등을 통해 주제에 접근하고 있는 작품이다. 불상 제작이라는 작업을 두고 두 개의 가치관을 제시한다. 불상 제작의 '형식'과 '내용'이라는 대립은 곧 예술관의 대립으로, '보이는 것'과 '보이지 않는 것'에 대해 진지한 탐색을 보여 주는 희곡이다.

오답률 TOP 3

19 비문학 > 독해 비문학 오답률 36% 답 ④

| 정답해설 | ④ 64% 온돌을 통한 난방 방식은 방바닥 쪽의 차가운 공기가 온돌에 의해 따뜻하게 데워지므로 위로 올라가고, 위로 올라간 공기가 다시 식으면 아래로 내려와 다시 데워져 위로 올라가는 대류 현상으로 인해 결국 방 전체가 따뜻해진다. 그런데 벽난로를 통한 서양식의 난방 방식은 상체와 위쪽 공기를 데우는 방식이다. 온돌 난방 방식과 비교해 보면, 벽난로를 통한 서양식의 난방 방식은 상체와 위쪽 공기를 데우는 방식이므로 위쪽의 데워진 공기는 아래로 내려오지 않기 때문에 바닥이 따뜻해지지 않는 것이다.

오답률 TOP 1

20 비문학 > 독해 비문학 오답률 53% 답 ④

| 정답해설 | ④ 47% 넷째 문단의 내용을 보면, 시간이 흐를수록 품질이 개선되는 것은 일부 고급 적포도주에만 한정된 것이며, 대부분의 백포도주는 시간이 지날수록 오히려 품질이 떨어진다고 하였다. 따라서 백포도주는 보관 기간에 비례하여 품질이 개선되지는 않고 오히려 품질이 떨어질 것이다.

| 오답해설 | ① 37% 셋째 문단의 내용을 보면, 고급 포도주 주요 생산지는 너무 덥지도 않고 너무 춥지도 않은 곳이다. 다만 달콤한 백포도주의 경우는 뜨거운 여름 날씨가 지속하는 곳에서 명품이 만들어진다. 따라서 고급 포도주가 모두 너무 덥지도 춥지도 않은 곳에서 재배된 포도로 만들어졌다는 추론은 적절하지 않다.

② 7% 둘째 문단의 내용을 보면, 포도 재배가 추운 북쪽 지역으로 확대되기 힘들기 때문에 북방 한계가 이탈리아 정도에서 멈춰야 했지만, 온갖 노력을 기울인 결과 포도 재배가 상당히 북쪽까지 올라갔다고 하였으므로, 루아르강 하구로부터 크림반도와 조지아를 잇는 선, 즉 상업적으로 포도를 재배할 수 있는 북방한계선은 이탈리아보다 더 북쪽에 있을 것이다.

③ 9% 첫째 문단의 내용을 보면, 식사용 포도주로는 고급 포도주와는 다른 저렴한 포도주가 쓰이며, 여기에 물을 섞어서 마시기도 한다고 하였다. 따라서 고급 포도주에 물을 섞은 것이 아니라 저렴한 포도주에 물을 섞은 것이다.

2020 6월 13일 시행 지방직(= 서울시) 9급 (Ⓑ책형)

합격예상 체크

〈지방직 연도별 합격선〉

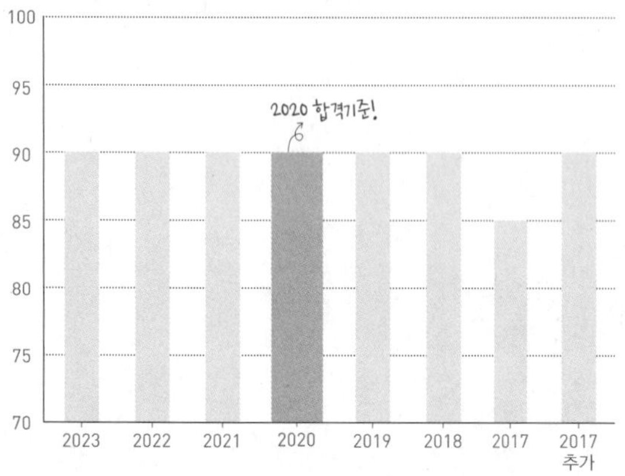

맞힌 개수	/20문항	점수	/100점

➡ □합격 □불합격

취약영역 체크

문항	정답	영역	문항	정답	영역
1	④	문법 > 현대 문법	11	①	비문학 > 이론 비문학
2	②	비문학 > 이론 비문학	12	④	문학 > 고전 산문(가전체)
3	①	비문학 > 이론 비문학	13	②	비문학 > 이론 비문학
4	①	어문 규정 > 한글 맞춤법	14	③	문학 > 고전 산문(민속극)
5	③	문학 > 현대 시	15	②	어문 규정 > 한글 맞춤법
6	③	비문학 > 독해 비문학	16	③	문학 > 현대 소설
7	①	문법 > 현대 문법	17	③	비문학 > 독해 비문학
8	②	어휘, 한자 > 한자 성어	18	①	비문학 > 독해 비문학
9	④	비문학 > 독해 비문학	19	④	비문학 > 독해 비문학
10	③	문법 > 현대 문법	20	③	문학 > 고전 산문(설화)

⬇ 영역별 틀린 개수로 취약영역을 확인하세요!

문법과 어문 규정	/5	비문학	/9	문학	/5	어휘, 한자	/1

➡ 나의 취약영역: ____________

※ [정답해설]과 [오답해설] 선지의 50% 표시는 〈1초 합격예측 풀서비스〉를 통해 수집된 선지 선택률을 나타냅니다.

1 문법 > 현대 문법 오답률 6% 답 ④

| 정답해설 | 〈보기〉는 의미가 중복된 표현의 사례에 해당한다. ④에서 '-ㄹ뿐더러'는 '어떤 일이 그것만으로 그치지 않고 나아가 다른 일이 더 있음'을 나타내는 연결 어미이므로 '바를뿐더러'처럼 앞말에 붙여 써야 하고, '무척'은 '다른 것과 견줄 수 없이'를 뜻하는 부사이다. 이 둘은 의미상 중복된 부분이 없다.

| 오답해설 | ① 2% '부터'는 '어떤 일이나 상태 따위에 관련된 범위의 시작'임을 나타내는 보조사이고, '먼저'는 '시간적으로나 순서상으로 앞서서'를 의미하는 부사이다. '부터'의 '시작'의 의미와 '먼저'의 '순서상 앞섬'의 의미가 중복된다.

② 3% '오로지'는 '오직 한 곬으로'라는 뜻의 부사이고, '만'은 '다른 것으로부터 제한하여 어느 것을 한정함'을 나타내는 보조사이다. 이 둘은 어느 하나를 한정한다는 데서 의미 중복이 나타난다.

③ 1% '마다'는 '낱낱이 모두'의 뜻을 나타내는 보조사이고, '각각(各各)'은 '사람이나 물건의 하나하나마다'를 뜻하는 부사이다. '각각'에 '마다'의 의미가 포함되어 있으므로, 의미가 중복된 표현으로 볼 수 있다.

2 비문학 > 이론 비문학 오답률 11% 답 ②

| 정답해설 | ② 89% 김 대리는 약속 시간에 늦은 것에 대하여 미안해하지만, 이 부장은 김 대리가 늦은 것에 대해 부담을 느끼지 않도록 배려하고 있다. 이는 상대방에게 부담이 되는 표현은 최소화하고 상대방의 이익을 극대화시키는 '요령의 격률'에 해당한다. 이 격률에 따르면 상대방이 듣기 싫어하는 말을 하는 것보다는 상대방이 듣기 좋은 말을 하는 것이 더 예의를 갖춘 것이 된다.

| 오답해설 | ① 0% 자신의 의견과 다른 사람의 의견 사이의 다른 점을 최소화하고 자신의 의견과 다른 사람의 의견 사이의 일치점을 극대화하라는 '동의의 격률'이다.

③ 2% 화자 자신에게 혜택이 되는 표현은 최소화하고 자신에게 부담을 주는 표현을 최대화하라는 '관용의 격률'이다.

④ 9% 다른 사람에 대한 비방을 최소화하고 칭찬을 극대화하라는 '찬동의 격률'이다.

| 더 알아보기 | 리치(Leech)의 '공손성의 원리'

- 요령의 격률: 상대방에게 부담이 되는 표현은 최소화하고 상대방의 이익을 극대화시키라는 것이다.
- 관용의 격률: 화자 자신에게 혜택이 되는 표현은 최소화하고 자신에게 부담을 주는 표현을 최대화하라는 것이다. 이 격률은 의사소통 상황에서 다른 사람이 지게 될 부담을 자신이 대신 지라는 것이다.

- 찬동의 격률: 다른 사람에 대한 비방을 최소화하고 칭찬을 극대화하라는 것이다.
- 겸양의 격률: 자신에 대한 칭찬은 최소화하고 자신에 대한 비방을 극대화하라는 것으로, 찬동의 격률을 화자의 관점에서 말하는 것이다.
- 동의의 격률: 자신의 의견과 다른 사람의 의견 사이의 다른 점을 최소화하고 자신의 의견과 다른 사람의 의견 사이의 일치점을 극대화하라는 것이다.
- 교화적 격률: 대화 중에 부적절한 끼어들기로 남의 말을 갑자기 단절시키는 행위나 부적절한 침묵으로 대화의 맥을 끊어 놓는 행위를 피해야 한다는 것이다.

3 비문학 > 이론 비문학 오답률 5% 답 ①

| 정답해설 | '청소년 인터넷 중독의 현황과 문제 해결'이라는 주제로 글을 작성한다고 하였으므로, 글의 내용에 포함될 수 있는 '청소년의 인터넷 중독 현황'에 대한 구체적인 자료와 이 문제의 해결 방안이 제시되어야 한다. ①의 내용은 '청소년의 인터넷 중독 현황'이나 '해결 방안'과 연관성이 없다.

| 오답해설 | ② 1% '청소년 인터넷 중독의 현황'을 나타내는 통계 자료이므로 적절하다.

③ 1% 인터넷 중독의 부정적 현상들은 '청소년 인터넷 중독의 현황'을 보여 주는 자료이다.

④ 3% 현재 대처 방안의 문제점을 지적하여 구체적 해결 방안을 제시하기 위한 것이므로 적절한 자료이다.

4 어문 규정 > 한글 맞춤법 오답률 35% 답 ①

| 정답해설 | ① 65% '하노라고'는 동사 '하-'에 어미 '-노라고'가 결합된 단어이다. '-노라고'는 동사 어간 뒤에 붙어 자기 나름대로 꽤 노력했음을 나타내는 연결 어미로서, '하노라고'는 적절하게 쓰였다.

| 오답해설 | ② 5% 결재된다 → 결제된다

- 결재(決裁): 결정할 권한이 있는 상관이 부하가 제출한 안건을 검토하여 허가하거나 승인함
- 결제(決濟): 증권 또는 대금을 주고받아 매매 당사자 사이의 거래 관계를 끝맺는 일

③ 21% 걷잡아서 → 겉잡아서

- 걷잡다: 한 방향으로 치우쳐 흘러가는 형세 따위를 붙들어 잡다.
- 겉잡다: 겉으로 보고 대강 짐작하여 헤아리다.

④ 9% 가름합니다 → 갈음합니다

- 가름하다: ㉠ 쪼개거나 나누어 따로따로 되게 하다. ㉡ 승부나 등수 따위를 정하다.
- 갈음하다: 다른 것으로 바꾸어 대신하다.
- 가늠하다: ㉠ 목표나 기준에 맞고 안 맞음을 헤아려 보다. ㉡ 사물을 어림잡아 헤아리다.

| 더 알아보기 | '하느라고'와 '하노라고'의 구별

- '하느라고'의 '-느라고'는 앞 절의 사태가 뒤 절의 사태에 목적이나 원인이 됨을 나타내는 연결 어미이다.
  예 책을 읽느라고 밤을 새웠다.
- '하노라고'에서 '-노라고'는 화자가 자기 나름대로 꽤 노력했음을 나타내는 연결 어미이다.
  예 하노라고 했는데 마음에 드실지 모르겠습니다.

5 문학 > 현대 시 오답률 14% 답 ③

| 정답해설 | ③ 86% '미나리가 푸르고'에서 시각적 심상, '잘도 썩어 구린내 훅 풍겼지요'에서 후각적 심상 등을 확인할 수 있다. 그러나 공감각적 심상은 제시되지 않았다.

| 오답해설 | ① 1% 이 시는 네 집이 돌아가면서 같이 쓰던 어릴 적 집 앞의 샘을 통해 이웃 간의 넉넉한 인심과 정(情)을 떠올리고 있는 작품이다.

② 2%, ④ 11% '있었지요, 했었구요, 풍겼지요' 등 구어체의 종결 방식과 과거 시제의 반복으로 회상의 분위기를 표현했다.

| 더 알아보기 | 함민복, 「그 샘」

- 주제: 이웃 간의 배려와 훈훈한 인심
- 해제: 이 시는 네 집이 돌아가면서 같이 쓰던 어릴 적 집 앞의 샘에 대한 화자의 회상과, 그 샘을 통해 느낄 수 있었던 이웃 간의 넉넉한 인심과 정(情)을 떠올리고 있는 작품이다.
- 표현상 특징
  - '있었지요, 했었구요, 풍겼지요, ~지요' 등 구어체의 종결 방식을 통해 정감 어린 분위기를 형성하고 있다.
  - 향토적인 시어를 사용하여 시골 마을의 훈훈한 인정을 드러내고 있다.
  - 똬리(짐을 머리에 일 때 머리에 받치는 고리끈), 삽짝(나뭇가지를 엮어 만든 문짝), 물지게, 미나리꽝(미나리를 심는 논) 등의 향토적인 시어로 토속적인 정감을 부여해 주고 있다.
  - 과거 시제의 반복으로 회상적인 느낌이 들게 한다.
  - 감각적 이미지를 사용하고 있다.
    - 미나리가 푸르고(시각적 심상 – 보기 좋고 잘된 상태)
    - 잘도 썩어 구린내 훅 풍겼지요(후각적 심상 – 성숙한 상태)

6 비문학 > 독해 비문학 오답률 10% 답 ③

| 정답해설 | 첫째 문단에서는 생명체들이 환경에 적응하는 것은 그들의 환경 개변(改變)에 능동적으로 행동하는 것임을 설명하고 있다. 그리고 둘째 문단에서는 인간도 순응적이기보다는 능동적인 모습으로 나타난다고 하였으므로, '생명체는 환경을 능동적으로 변형한다'는 ③의 주장이 가장 적절하다.

7 문법 > 현대 문법 오답률 28% 답 ①

| 정답해설 | ① 72% 본말 '머무르다'와 준말 '머물다'는 모두 표준어이다. 다만, 준말 '머물다'에는 모음으로 시작하는 어미가 결합할 수 없으므로 '머물었다'로 활용할 수 없다. 따라서 본말을 활용하여 '머

무르-(어간)+-었다=머물렀다'로 쓰는 것이 적절하다.

| 오답해설 | ② 8% 머무르-(어간)+-면서(연결 어미)=머무르면서

③ 2% 서툴-(어간)+-ㄴ(관형사형 어미)=서툰(어간의 'ㄹ' 탈락)

④ 18% 서투르-(어간)+-므로(연결 어미)=서투르므로

| 더 알아보기 | 준말의 모음 어미 활용

> 본말 '머무르다, 서두르다, 서투르다'와 준말 '머물다, 서둘다, 서툴다'는 모두 표준어이다. 다만, 준말의 경우 모음 어미가 연결되는 활용형을 인정하지 않는다. 따라서 '머물어/머물었다, 서둘어/서둘었다, 서툴어/서툴었다' 등으로 활용하지 않는다. 그러나 '외우다'와 그 준말인 '외다'의 경우 복수 표준어이지만 본말 '외우다'에서 활용한 '외워'와 준말 '외다'에서 활용한 '외어'가 모두 인정된다.

8 어휘, 한자 > 한자 성어 오답률 26% 답 ②

| 정답해설 | ② 74% 제시된 글에 따르면 A사가 신제품을 출시하여 B사에게 내주었던 업계 1위 자리를 다시 탈환했다. 따라서 '한 번 실패에 굴하지 않고 다시 일어남'을 뜻하는 '권토중래(捲土重來)'가 A사의 상황을 표현하기에 가장 적절하다.

| 오답해설 | ① 8% 토사구팽(兎死狗烹): 토끼가 죽으면 토끼를 잡던 사냥개도 필요 없게 되어 주인에게 삶아 먹히게 된다는 뜻으로, 필요할 때는 쓰고 필요 없을 때는 야박하게 버리는 경우를 이르는 말 유 조진궁장(鳥盡弓藏)

③ 9% 수불석권(手不釋卷): 손에서 책을 놓지 아니하고 늘 글을 읽음

④ 9% 아전인수(我田引水): 자기 논에 물 대기라는 뜻으로, 자기에게만 이롭게 되도록 생각하거나 행동함을 이르는 말

9 비문학 > 독해 비문학 오답률 5% 답 ④

| 정답해설 | ④ 95% 첫째 문단에서는 복제본이 원본을 대체할 수 없다고 생각하는 사람들이 많다는 화제를 제시하였다. 그리고 이어지는 둘째 문단은 역접 접속어 '그러나'로 시작하여, 이러한 생각은 잘못이라고 주장하고 있다. '그 작품'이라고 지칭되는 사례들이 여러 개 있을 수 있고, 작가가 재현적 특질을 선택하고 변형할 수 있는 방법이 다양하다는 것이므로 글의 전체적인 주장은 '복제본도 원본과는 다른 별개의 예술적 특성을 담보할 수 있다'는 것이다.

오답률 TOP 2

10 문법 > 현대 문법 오답률 46% 답 ③

| 정답해설 | ③ 54% '버리다'는 '가지거나 지니고 있을 필요가 없는 물건을 내던지거나 쏟게 하다.'를 뜻하므로 '내던져 버리다'를 뜻하는 '투기(投棄)하다'로 바꿔 쓸 수 있다.

| 오답해설 | ① 14% 유기(遺棄) → 포기(抛棄): 문맥상 '버리다'는 '품었던 생각을 스스로 잊다'는 뜻이므로, '포기(抛棄)하다'가 적절하다.

- 유기(遺棄): 내다 버림

② 18% 근절(根絕) → 유기(遺棄): 문맥상 '내다 버림'을 뜻하는 '유기(遺棄)'가 적절하다.

- 근절(根絕): 다시 살아날 수 없도록 아주 뿌리째 없애 버림

④ 14% 포기(抛棄) → 개선(改善): 문맥상 '버리다'는 '못된 성격이나 버릇 따위를 떼어 없애다.'는 뜻이므로 '잘못된 것이나 부족한 것, 나쁜 것 따위를 고쳐 더 좋게 만듦'을 뜻하는 '개선(改善)'이 적절하다.

- 포기(抛棄): 하려던 일을 도중에 그만두어 버림

11 비문학 > 이론 비문학 오답률 25% 답 ①

| 정답해설 | ① 75% ㉠의 '꼽혀지고'는 '꼽-+-히-(피동 접사)+-어지(통사적 피동)+-고'의 구성으로, 이중 피동 표현이다. 따라서 피동사 '꼽히고'로 고쳐야 한다. 이를 '꼽고'로 고치는 것은 능동 표현이 되므로 적절하지 않다.

| 오답해설 | ② 17% ㉡의 앞 문장은 리셋 증후군 환자들의 특징에 관한 서술이고, ㉡은 '리셋 증후군'이라는 말의 시작에 대한 설명이므로 순서를 바꾸어 '리셋 증후군'이라는 말의 시작에 대해 먼저 설명하고 리셋 증후군 환자들의 특징을 서술하는 것이 자연스럽다.

③ 5% ㉢의 '막다른 골목'은 '더 이상 어찌할 수 없는 절박한 지경'을 이르는 관용구이다. ㉢의 문맥을 보면 청소년들은 마음에 들지 않는 사람이 있으면 관계를 쉽게 끊기도 한다는 것이므로 '무슨 일을 하는 데 있어 맺고 끊는 것이 쉽고 명확한 경우'를 비유적으로 이르는 '칼로 무를 자르듯'으로 고치는 것이 적절하다.

④ 3% ㉣의 '이와 같이'는 앞에서 설명한 어떤 상황이나 행동 따위와 다름이 없음을 의미한다. ㉣의 앞뒤 문맥을 보면 리셋 증후군은 쉽게 판별하기 어렵고 진단도 쉽지 않으므로 예방을 위해 지속적으로 주위 사람들과 대화를 나누고, 현실과 인터넷 공간을 구분하는 능력을 길러야 한다는 것이다. 따라서 ㉣은 앞의 내용이 뒤의 내용의 이유나 원인, 근거가 될 때 쓰는 접속 부사인 '그러므로'로 수정하는 것이 적절하다.

12 문학 > 고전 산문(가전체) 오답률 19% 답 ④

| 정답해설 | ④ 81% 제시된 작품은 이첨의 「저생전(楮生傳)」으로, 종이를 의인화하여 쓴 가전체 작품이다. '저(楮: 닥나무/종이 저)'는 종이의 원료이며, 이름은 '백(白: 희다, 깨끗하다)'으로 종이의 색깔을 나타낸다. '무인(武人)은 좋아하지 않고 문사(文士)와 더불어' 노닌다는 표현에서도 종이를 의인화한 것임을 알 수 있다.

| 오답해설 | ① 1% 대나무를 의인화한 작품으로는 이곡의 「죽부인전(竹婦人傳)」과 혜심의 「죽존자전(竹尊者傳)」이 있다.

③ 1% 엽전(돈)을 의인화한 작품으로는 임춘의 「공방전(孔方傳)」이 있다.

| 더 알아보기 | 이첨, 「저생전(楮生傳)」

> - 주제: 위정자(선비)들의 올바른 삶
> - 해제: 「저생전」은 고려 말에서 조선 초기의 문장가인 이첨이 종이를 의인화하여 쓴 가전체 작품이다. 저생이 자신의 지위에 얽매이지 않고 임금에게 올바른 소리를 하는 모습을 통해 위정자들에게 올바른 정치를 하라는 교훈을 전하고자 하였다.

13 비문학 > 이론 비문학 오답률 11% 답 ②

| 정답해설 | ② 89% '어느 쪽이 옳다고 말하기 애매한 소식'은 아직 옳고 그름의 내용이 밝혀진 것이 아니므로, '이후 추가적인 조사를 통하여 밝혀질 것입니다' 또는 '양측의 의견 대립은 당분간 지속될 것으로 보입니다' 등의 마무리 표현이 적절하다. '그 의미를 새삼 돌아보게 됩니다'는 새롭게 의미를 돌아본다는 것이므로 어떤 사건이 지니는 사회적 의미를 강조하거나 독자들에게 교훈을 줄 수 있는 사건의 내용에 적절하다. 따라서 '어느 쪽이 옳다고 말하기 애매한 소식'에는 적절하지 않은 표현이다.

| 오답해설 | ③ 3% '귀추(歸趨)'는 일이 되어 가는 형편을 뜻하며, '귀추가 주목된다'는 표현은 여러 사람의 관심을 받고 있는 상황이 어떻게 돌아가느냐에 따라 달라지는 결과를 눈여겨볼 만하다는 뜻이다.

④ 5% '호사가(好事家)'는 남의 일에 특별히 흥미를 가지고 말하기 좋아하는 사람이고, '입방아'는 어떤 사실을 화제로 삼아 이러쿵저러쿵 쓸데없이 입을 놀리는 것이다. 따라서 '호사가들의 입방아에 오르내리다'는 '다른 사람들의 이야깃거리가 되다'는 뜻이므로 적절한 표현이다.

오답률 TOP 1

14 문학 > 고전 산문(민속극) 오답률 49% 답 ③

| 정답해설 | ③ 51% 말뚝이는 굿거리장단에 맞춰 양반 삼 형제를 인도하며 등장한다. 그리고 가운데쯤 와서 음악과 춤이 멈춘 뒤에 사설을 한다. 따라서 굿거리장단에 맞춰 사설을 늘어놓는다는 설명은 바르지 않다.

| 오답해설 | ① 32% 말뚝이가 "개잘량이라는 '양' 자에 개다리소반이라는 '반' 자 쓰는 양반이 나오신단 말이오."라고 양반을 조롱하였고, 이에 양반들은 "야아, 이놈, 뭐야아!"라고 야단을 쳤다.

② 10% 양반 삼 형제는 굿거리장단에 맞춰 춤을 추며 등장하고, 샌님과 서방님은 언청이이며 부채와 장죽을 가지고 있다는 내용이 제시되어 있다.

④ 7% 도련님은 대사는 일절 없으며, 형들과 동작을 같이하면서 형들의 면상을 부채로 때리며 방정맞게 군다고 제시되어 있다.

| 더 알아보기 | 작자 미상, 「봉산 탈춤」

- 주제: 무능하고 탐욕스러운 양반 계층에 대한 비판
- 해제: 이 작품은 「봉산 탈춤」 전체 7과장 중 제6 과장에 해당하는 작품으로, 양반집 하인 말뚝이가 양반을 희롱하는 장면을 통해 양반의 허세를 희화화하고 풍자하는 내용으로 구성되어 있다. 양반을 조롱하는 재담과 언어유희를 통해 익살과 풍자를 보여 주며, 비속어와 한자어를 동시에 사용함으로써 획득하게 된 언어 사용의 양면성을 통해 민중 예술에 미친 양반 문화의 영향을 보여 준다. 작품의 바탕에는 양반에 대한 저항 의식이 깔려 있는데, 이는 조선 후기에 두드러지게 나타나는 근대적인 서민 의식의 성장과 관련된다고 볼 수 있다.

오답률 TOP 3

15 어문 규정 > 한글 맞춤법 오답률 45% 답 ②

| 정답해설 | ② 55% '내(內)'는 '일정한 범위의 안'을 뜻하는 의존 명사이므로 띄어 쓴다.

| 오답해설 | ① 18% 해도해도(×) → 해도 해도(○): '해도'는 동사 '하다'의 활용형이다. 따라서 각각의 단어로 띄어 쓴다.

③ 18% 대접하는데나(×) → 대접하는 데나(○): '데'가 '곳'이나 '장소', '일'이나 '것', '경우'의 뜻을 나타내는 경우에는 의존 명사이므로 띄어 쓴다. 제시된 문장에서 밑줄 친 부분은 '대접하는 경우'의 의미이다.

④ 9% 정공법 밖에(×) → 정공법밖에(○): '밖에'가 '그것 말고는', '그것 이외에는', '기꺼이 받아들이는', '피할 수 없는'의 뜻을 나타내는 경우에는 보조사이므로 앞말에 붙여 써야 한다. 반드시 뒤에 부정을 나타내는 말이 따른다.

| 더 알아보기 | 의존 명사 '내(內)', '중(中)', '시(時)'의 띄어쓰기

일정한 범위의 안을 이르는 '내', 여럿의 가운데를 뜻하는 '중'이나 무엇을 하는 동안을 뜻하는 '중', 어떤 일이나 현상이 일어날 때나 경우를 뜻하는 '시'는 의존 명사이므로 띄어 쓴다.

16 문학 > 현대 소설 오답률 7% 답 ③

| 정답해설 | ③ 93% 다섯째 문단의 "우리는 대개 신발주머니에, 보다 크고 몸놀림이 잽싼 아이들은 시멘트 부대에 가득 든 석탄을 팔에 안고 낮은 철조망을 깨금발로 뛰어넘었다."라는 부분에서, 아이들이 철조망을 쉽게 넘어 다녔다는 것을 알 수 있다.

| 오답해설 | ① 3% 첫째 문단의 "시(市)를 남북으로 나누며 달리는 철도는 ~"에서 알 수 있다.

② 3% 둘째 문단의 "항만의 북쪽 끝에 있는 제분 공장", 다섯째 문단의 "철도 건너 저탄장에서"라는 부분에서 알 수 있다.

④ 1% 여섯째 문단의 "선창의 간이음식점 문을 ~ 날라져 왔다."와 글의 마지막 부분의 "석탄은 때로 군고구마, 딱지, 사탕 따위가 되기도 했다. 어쨌든 석탄이 선창 주변에서는 무엇과도 바꿀 수 있는 현금과 마찬가지라는 것을 우리는 알고 있었고, ~"라는 부분을 통해 알 수 있다.

| 더 알아보기 | 오정희, 「중국인 거리」

- 주제: 유년 시절의 체험과 정신적 · 육체적 성장
- 해제: 「중국인 거리」는 6 · 25 전쟁이 끝난 직후의 중국인 거리를 배경으로 하여 한 여자아이의 성장 과정을 서정적으로 그린 작품이다. 이 소설의 공간적 배경인 중국인 거리는 하층민들이 어렵게 살아가는 일종의 빈민가이다. '나'는 이곳에서 벌어지는 삶의 모습들을 관찰하며 정신적 · 육체적으로 성장해 간다.

17 비문학 > 독해 비문학 오답률 16% 답 ③

| 정답해설 | ③ 84% 첫째 문단의 설명을 요약해 보면, '계절 독감인 인플루엔자 바이러스'가 '인간의 면역 반응' 때문에 '고병원성 조류 인플루엔자 바이러스, H5N1'와 같은 치명적인 바이러스가 되었다

는 것이다. 그리고 ㉠ '좀도둑'은 ㉡ '몽둥이'로 인해 ㉢ '강도'로 돌변한다. 따라서 ㉢ '강도'는 '고병원성 조류 인플루엔자 바이러스, H5N1', 즉 소년을 죽음에 이르게 한 '치명적인 바이러스'이다.

| 오답해설 | ① 2% ㉠ '좀도둑'은 '계절 독감으로 익숙한 인플루엔자 바이러스'이다.

② 2% ㉡ '몽둥이'는 '인간의 면역 반응'이다.

④ 12% ㉣ '승리의 대가'는 '바이러스의 죽음'이다. ㉣의 앞뒤 문맥을 보면 "50%가 넘는 승률로 바이러스가 승리한다. 그러나 '승리의 대가'는 비싸다. 숙주가 죽어 버렸기 때문에 바이러스 역시 함께 죽어야만 한다."라고 하였다. 따라서 바이러스의 승리는 곧 '바이러스의 죽음'이라고 할 수 있다.

18 비문학 > 독해 비문학 오답률 37% 답 ①

| 정답해설 | ① 63% 문장의 내용에 따라 연결해 보면 다음과 같다.

ㄱ. 1700년대 중반에 이미 미국 이주민들의 평균 소득은 높았음

↓

ㄷ. 미국 이주민들의 평균 소득이 높아지게 된 배경은 좋은 환경에서 나온 낙관성과 자신감임

↓

ㅁ. 미국인들이 이처럼 초기 정착기(ㄱ, ㄷ)에 풍요로움을 누릴 수 있었던 이유는 비옥한 토지 등 덕분임

↓

ㄹ. 대부분의 미국인들은 19세기의 과학적, 기술적 대전환, 기업가 정신과 규제가 없는 시장 경제 때문이라고 단순하게 생각하는 경향이 있음

↓

ㄴ. 그러나 미국은 사실 그러한 분야에서는(ㄹ) 다른 산업 국가들에 비해 특별한 우위를 갖고 있지 않았음

19 비문학 > 독해 비문학 오답률 25% 답 ④

| 정답해설 | 첫째 문단에서는 '확증 편향(confirmation bias)'의 개념에 대해 설명하고 있다. '확증 편향'은 자신의 믿음이나 견해와 일치하는 정보는 수용하고 그에 반대되는 정보는 무시하거나 부정하는 심리 경향이다. 그리고 둘째 문단에서는 특정 정치 성향을 가진 사람들의 사례를 제시하고 있다. 즉, 사람들은 새로운 정보를 접했을 때 이를 객관적으로 분석하는 것이 아니라 자신의 믿음이나 견해에 부합하는 정보는 받아들이고, 그에 반대되는 정보는 무시하거나 부정한다는 것이다. 제시된 글에서 ④ 75% '새로운 정보를 접했을 때 사람들이 심리적 불안을 느끼는지 느끼지 않는지의 특성'에 대한 내용은 알 수 없다.

| 오답해설 | ① 3% 첫째 문단에서, 확증 편향이란 자신의 믿음이나 견해와 일치하는 정보는 수용하고 그에 반대되는 정보는 무시하거나 부정하는 심리 경향이라고 제시하고 있다. 따라서 사람에게는 자신의 신념이나 행동을 바꾸려 하지 않는 경향이 있다는 설명은 적절하다.

② 7% 둘째 문단의 사례에서, 사람들은 반대당 후보의 주장에서는 모순을 거의 완벽하게 찾은 반면, 지지하는 당 후보의 주장에서는 모순을 절반 정도만 찾아냈다고 하였다. 따라서 사람에게는 정보를 객관적으로 판단하지 못하는 심리적 특성이 있다는 설명은 적절하다.

③ 15% 자신이 지지하는 사람들의 말이란 곧 자신의 믿음이나 견해와 일치하는 정보라고 할 수 있다. 사람들은 자신의 신념과 일치하는 정보만 수용하는 경향이 있으므로, 지지자들의 말만을 듣고 자기 신념을 강화하는 경향이 있다는 추론은 적절하다.

20 문학 > 고전 산문(설화) 오답률 31% 답 ③

| 정답해설 | ③ 69% ㉢과 ㉥의 행위의 주체는 모두 '주몽'이다. 문맥에 따라 각 행위의 주체를 살펴보면 다음과 같다.

㉠ '몸을 피하면'의 주체는 '유화 부인'이다.

㉡ '내다 버리게 했더니'의 주체는 '금와왕'이다.

㉢ '껍질을 깨고 나왔는데'의 주체는 '주몽(한 아이)'이다.

㉣ '활 잘 쏘는'의 주체는 특정할 수 없다. 나라 풍속에 활 잘 쏘는 사람을 주몽이라 했다는 것이므로 특정 주체를 설정할 수 없다는 것이다.

㉤ '(주몽을) 없애지 않는다면'의 주체는 '금와왕'이나 '맏아들 대소'이다.

㉥ '(둔한 말을) 잘 먹여서 살찌게 한' 주체는 '주몽'이다.

| 더 알아보기 | 작자 미상, 「주몽 신화」

- 주제: 주몽의 탄생과 고구려의 건국
- 해제: 「주몽 신화」는 고구려의 건국 신화로, 고주몽의 혈통과 신이한 탄생 과정, 시련과 영웅적 투쟁을 통한 건국 경위를 이야기하고 있어 영웅 일대기의 전형적인 모습을 보여 준다. 주몽이 활쏘기에 능했다는 점에서는 당시가 유목 사회였음을 알 수 있고, 유화가 햇빛을 받고 잉태한 점에서 당대인들이 태양을 숭배하는 사상을 지녔음을 추측할 수 있다. 이 신화에는 주몽이 고구려를 건국하기까지 여러 차례 시련을 겪고는 과정이 드러나 있다. 또한, 금와왕의 아들들과의 갈등도 뚜렷하게 드러나 있는 점이 특징적이다.

2019 6월 15일 시행 지방직 9급 (Ⓐ책형)

합격예상 체크

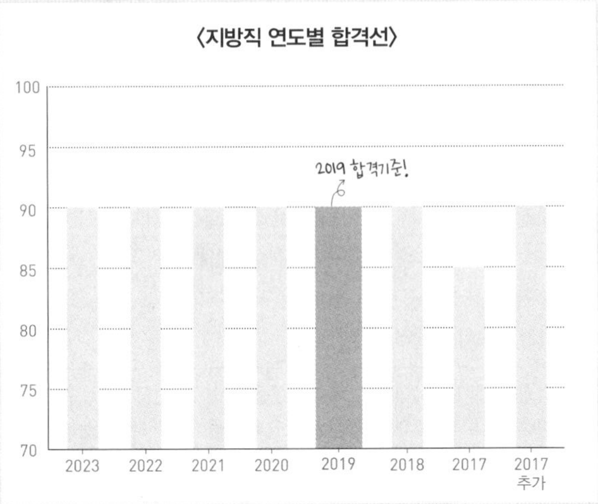

맞힌 개수	/20문항	점수	/100점

➡ □ 합격 □ 불합격

취약영역 체크

문항	정답	영역	문항	정답	영역
1	①	문법 > 현대 문법	11	③	문법 > 현대 문법
2	②	비문학 > 이론 비문학	12	①	비문학 > 이론 비문학
3	①	비문학 > 이론 비문학	13	④	비문학 > 독해 비문학
4	④	어문 규정 > 한글 맞춤법	14	③	문학 > 고전 산문(소설)
5	②	문학 > 현대 시	15	④	문학 > 현대 소설
6	①	비문학 > 독해 비문학	16	②	비문학 > 독해 비문학
7	②	어문 규정 > 한글 맞춤법	17	③	어휘, 한자 > 한자 성어
8	③	문법 > 현대 문법	18	①	어휘, 한자 > 한자어
9	①	문법 > 현대 문법	19	④	비문학 > 독해 비문학
10	②	문학 > 고전 운문(시조)	20	③	비문학 > 독해 비문학

⬇ 영역별 틀린 개수로 취약영역을 확인하세요!

문법과 어문 규정	/6	비문학	/8	문학	/4	어휘, 한자	/2

➡ 나의 취약영역: ____________

※ [정답해설]과 [오답해설] 선지의 50% 표시는 〈1초 합격예측 풀서비스〉를 통해 수집된 선지 선택률을 나타냅니다.

1 문법 > 현대 문법 오답률 45% 답 ①

| 정답해설 | 제시된 글은 방향 반의어에 대한 설명이다. ①의 '성공(成功)'과 '실패(失敗)'는 단어 쌍을 동시에 긍정하거나 부정하게 되면 모순이 일어나는 상보 반의어(모순 반의어)에 해당한다.

| 오답해설 | ② 35%, ③ 7%, ④ 3% 대립쌍을 이루는 단어들이 일정한 방향성을 이루는 방향 반의어이다.

| 더 알아보기 | 반의 관계

상보(모순) 반의어, 등급(정도) 반의어, 방향(대칭) 반의어는 다음과 같은 특성을 갖는다.

(1) 상보 반의어
- 반의 관계에 있는 개념적 영역을 상호 배타적인 두 구역으로 철저히 양분하는 단어 쌍
- 반의 관계에 있는 단어 쌍을 동시에 긍정하거나 부정하게 되면 모순이 일어남
  예 그는 남자이기도 하고 여자이기도 하다.(×)
  그는 남자도 여자도 아니다.(×)
- 정도를 나타내는 말의 수식이 불가능하고, 비교 표현으로 쓰일 수 없음
  예 그는 매우 {남자/여자}이다.(×)
  그는 하연이보다 더 {남자/여자}이다.(×)

(2) 등급 반의어
- 정도나 등급에 있어서 대립되는 단어 쌍
- 반의 관계에 있는 두 단어를 동시에 부정해도 모순되지 않음
  예 그것은 길지도 않고 짧지도 않다.(○)
- 정도 부사의 수식을 받을 수 있고, 비교 표현이 가능함
  예 그것은 {조금/매우} 길다.(○)
  그것은 이것보다 더 길다.(○)
- 평가의 기준이 상대적임

(3) 방향 반의어
- 맞선 방향을 전제로 하여 관계나 이동의 측면에서 대립을 이루는 단어 쌍
- 공간적 관계의 대립(위 – 아래, 앞 – 뒤, 오른쪽 – 왼쪽), 인간관계의 대립(부모 – 자식, 남편 – 아내), 이동의 측면에서의 대립(가다 – 오다, 사다 – 팔다) 등으로 세분화됨

2 비문학 > 이론 비문학 오답률 9% 답 ②

| 오답해설 | ① 3% 토론을 시작하기 전 이미 토론의 논제가 정해지는 것이므로, 사회자는 논제의 타당성을 논하지 않는다.

③ 4% 사회자가 청중의 의견을 수렴하지 않으며, 토론의 논제에서 대안을 제시하는 것은 토론자의 역할이다.

④ 2% 사회자가 아닌 토론자의 역할이다.

| 더 알아보기 | 토론

- 사회자의 역할: 토론 시 사회자가 가져야 할 가장 중요한 자세는 공평함과 공정함이다. 찬성 측과 반대 측에 말할 기회를 공평하게 주고, 공정하게 토론을 이끌어 가야 한다. 토론자의 좌석을 지정하는 것뿐만 아니라 토론의 내용을 알리고 주제에서 벗어나지 않도록 해야 하며, 논점이 흐려지면 다시 정리해서 알려 주는 것도 필요하다. 또한 토론 과정에서 질문과 요약을 간간이 삽입하면서 토론을 돕는 역할도 수행해야 한다. 결론에 이르면 논의된 내용을 요약 · 정리하고, 결론에 이르지 못하면 토론된 범위와 문제점을 정리하여 토론을 끝낸다.
- 토론자의 유의점: 토론자가 내세우는 주장은 충분히 생각한 것이고, 제시할 수 있는 증거도 충분히 검토되어야 한다. 증거를 제시할 땐 신빙성이 있는 확실한 증거여야 하는데, 연구 결과나 유명한 사람의 말, 언론 보도 내용을 활용할 수 있다. 또 상대편이 제시하는 증거를 확실한 근거와 증거를 가지고 반박할 수 있어야 한다. 처음부터 끝까지 서로 존중하면서 정중하고 예의 바른 태도를 가지는 것이 토론자가 가져야 할 가장 기본적인 태도라고 할 수 있다.

3 비문학 > 이론 비문학 오답률 7% 답 ①

| 정답해설 | ① 93% '중앙아메리카 숲의 25% 이상, 중앙아메리카 전체 농토의 2/3, 멕시코에만 1,497만 3,900ha의 열대 우림' 등의 통계 수치를 활용하여 주장의 타당성과 객관성을 높이고 있다.

| 오답해설 | ② 4% 근거를 나열하고 있지 않다.

③ 1% 전문 용어의 뜻을 풀이한 내용은 없다.

④ 2% 예측할 수 없는 결과를 나열, 사태의 심각성 등은 본문의 내용과 관련이 없다.

4 어문 규정 > 한글 맞춤법 오답률 14% 답 ④

| 정답해설 | ④ 86% '인사로 하는 말 또는 인사를 차려 하는 말'을 이르는 '인사말'의 표준 발음은 [인사말]이다. 발음상 사잇소리가 나지 않으므로 사이시옷을 받쳐 적지 않고 '인사말'과 같이 적는다.

| 오답해설 | ① 1% 노래말(×) → 노랫말[노랜말](○): 순우리말로 된 합성어에서 뒷말의 첫소리 'ㄴ, ㅁ' 앞에서 'ㄴ' 소리가 덧나는 경우 사이시옷을 받치어 적는다. '노랫말'은 [노랜말]로 소리 나므로 사이시옷을 받치어 적는다.

② 9% 순대국(×) → 순댓국[순대꾹/순댇꾹](○): 순우리말로 된 합성어에서 뒷말의 첫소리가 된소리로 날 경우 사이시옷을 받치어 적는다. '순댓국'은 [순대꾹/순댇꾹]으로 소리 나므로 사이시옷을 받치어 적는다.

③ 4% 하교길(×) → 하굣길[하:교낄/하:굗낄](○): 순우리말과 한자어의 합성어에서 뒷말의 첫소리가 된소리로 날 경우 사이시옷을 받치어 적는다. '하굣길'는 [하:교낄/하:굗낄]로 소리 나므로 사이시옷을 받치어 적는다.

| 더 알아보기 | 사이시옷의 예외

사잇소리 현상은 수의적 현상이다. 사이시옷 규정에 따라 뒷말의 첫소리 'ㅁ' 앞에서 'ㄴ' 소리가 덧나면 사이시옷을 받치어 적는다.
예 노랫말[노랜말], 존댓말[존댄말], 혼잣말[혼잔말]

다만, 동일한 조건이지만 'ㄴ' 소리가 덧나지 않으면 사이시옷을 받치어 적지 않는다.
예 인사말[인사말], 반대말[반:대말], 소개말[소개말], 예사말[예:사말]

5 문학 > 현대 시 오답률 6% 답 ②

| 정답해설 | (가)는 작품과 현실과의 관계에 주목하여 작품에 반영된 시대, 현실, 역사 등에 초점을 두고 작품을 감상 · 비평하는 관점인 반영론적 관점에 대한 설명이다. ②는 반영론적 관점에 따른 감상이다.

| 오답해설 | ① 1% 전통적 민요의 율격, 정제된 시상, ③ 3% 시적 분위기, 선경후정, ④ 2% 이미지 등은 모두 작품 자체의 내적 특징에 주안점을 두고 작품을 이해 · 해석하는 내재적 관점(절대론적 관점)에 해당한다.

| 더 알아보기 | 문학 이해의 관점

(1) 내재적 관점(절대론적 관점): 작품의 운율, 문체, 표현상 특징, 구조 등 작품 자체의 내적 특징에 주안점을 두고 작품을 이해 · 해석하는 관점
(2) 외재적 관점: 작가, 독자, 현실 등의 작품 외적 요소를 근거로 하여 작품을 감상하고 비평하는 관점
- 표현론적(생산론적) 관점: 작품과 작가의 관계에 주목하여 작품 속에 나타난 작가의 창작 의도, 전기적 사실, 심리 상태 등에 초점을 두고 작품을 감상 · 비평하는 관점
- 반영론적(모방론적) 관점: 작품과 현실과의 관계에 주목하여 작품에 반영된 시대, 현실, 역사 등에 초점을 두고 작품을 감상 · 비평하는 관점
- 효용론적(수용론적) 관점: 작품과 독자와의 관계에 주목하여 독자의 반응에 초점을 두고 작품을 감상 · 비평하는 관점

6 비문학 > 독해 비문학 오답률 16% 답 ①

| 정답해설 | ① 84% 마지막 문단의 '독서는 모름지기 자신을 열고, 자신을 확장하고, 자신을 뛰어넘는 비약', 그리고 '삼독(三讀)' 중에서 '독자 자신을 읽어야' 한다는 설명을 통해 '독서는 타인의 경험이나 생각 등을 자기화(自己化)하는 과정'이라는 것을 알 수 있다.

| 오답해설 | ② 8% '반가운 벗과의 독서', ③ 7% '시대와 불화(不和)한 독자', ④ 1% '친밀한 교우(交友) 관계' 등은 지문의 내용과 관계없다.

오답률 TOP 3

7 어문 규정 > 한글 맞춤법 오답률 48% 답 ②

| 정답해설 | ② 52% '옛'은 '지나간 때의'라는 뜻을 가진 관형사이다. 따라서 '옛 책, 옛 추억, 옛 친구, 옛 모습' 등과 같이 띄어 쓴다. 그러나 '옛것, 옛글, 옛길, 옛꿈, 옛날, 옛날이야기, 옛말, 옛사람, 옛사랑, 옛시조, 옛이야기, 옛적, 옛정, 옛집, 옛터' 등은 합성어로서 하나의 단어이므로 붙여 써야 한다. 또한 '옛날 옛적'은 구의 구성이므로 띄어 쓴다.

| 오답해설 | ① 19% 그 중에(×) → 그중에(○): '여럿의 가운데', '무엇을 하는 동안'을 뜻하는 '중(中)'은 의존 명사이므로 앞말과 띄

어 써야 한다. 그러나 '그중'은 '그'와 '중'이 결합하여 만들어진 합성어로, '그것들 가운데'라는 뜻이 아니라 '범위가 정해진 여럿 가운데'라는 뜻을 새롭게 가지게 된 하나의 단어이다.

참 '그중'과는 달리 '이 중'과 '저 중'은 '이'와 '저'가 가지고 있는 의미 그대로 '이것들 가운데, 저것들 가운데'라는 뜻이므로 한 단어로 보지 않고 '이 중, 저 중'과 같이 띄어 적는다.

③ 16% 한 번(×) → 한번(○): '한번'과 '한 번'은 문맥에 따라 구별해야 한다. '한 번'이 횟수를 나타내는 경우에는 띄어 쓰고, '지난 어느 때나 기회', '기회가 있는 어떤 때', '어떤 일을 시험 삼아 시도함을 나타내는 경우', '어떤 행동이나 상태를 강조하는 경우', '일단 한 차례' 등을 나타낼 때는 '한번'으로 붙여 쓴다.

④ 13% 굴 속으로(×) → 굴속으로(○): '굴속'은 합성어이므로 붙여 쓴다.

| 더 알아보기 | 띄어쓰기

(1) '중'의 띄어쓰기: '회의 중'은 띄어 쓰고, '그중, 무망중, 무심중, 무언중, 무의식중, 밤중, 부재중, 부지불식중, 부지중, 야밤중, 은연중, 총망중, 한밤중, 허공중' 등은 하나의 단어로 붙여 쓴다.

(2) '속'의 띄어쓰기
- '굴속, 마음속, 가슴속, 산속, 물속, 숲속' 등은 합성어로서 붙여 쓰고, '시냇물 속, 도랑물 속, 찬물 속, 우물 속, 강물 속, 흙탕물 속' 등은 각각의 단어로 띄어 쓴다.
- 참고로 다음 단어들은 의미에 따라 구별해야 한다.
  - 뱃속: '마음'을 속되게 이르는 말
  - 배 속: 배의 안 예 배 속의 아기
  - 머릿속: 상상이나 생각이 이루어지는 추상적인 공간
  - 머리 속: 두개골의 안쪽

8 문법 > 현대 문법 오답률 39% 답 ③

| 정답해설 | ③ 61% ㉢: 입학생[이팍생(자음 축약: 축약) → 이팍쌩(된소리되기: 교체)]으로 축약 현상이 나타나 음운의 개수가 8개에서 7개로 줄어든다.

| 오답해설 | ① 16% ㉠: 가을일[가을닐(ㄴ 첨가: 첨가) → 가을릴(유음화: 교체)]로 두 개의 변동 현상이 나타난다.

② 12% ㉡: 텃마당[턴마당(음절의 끝소리 규칙: 교체) → 턴마당(비음화: 교체)]으로 'ㄴ'은 치조음(잇몸소리)이고, 'ㅁ'은 양순음(입술소리)이므로 조음 위치가 다르다.

참 조음 위치가 같아지는 음운 변동 현상은 유음화이다.

④ 11% ㉣: 음절 끝에서 7개의 자음 중 하나로 바뀌는 규칙은 음절의 끝소리 규칙이다. '흙먼지'는 음절의 끝소리 규칙이 나타나지 않는다. 흙먼지[흑먼지(자음군 단순화: 탈락) → 흥먼지(비음화: 교체)]로 자음군 단순화와 비음화 현상이 나타난다.

9 문법 > 현대 문법 오답률 31% 답 ①

| 정답해설 | ① 69% '접수되었을 때에는 먼저 접수된'으로 과거 시제를 의미하므로 고칠 필요가 없는 문장이다.

참 '접수될'에서 관형사형 어미 '-(으)ㄹ'은 미래 시제를 의미한다.

| 오답해설 | ② 5% 안내서 및 과업 지시서 교부는 ~ 교부한다.(호응)(×) → 안내서 및 과업 지시서는 참가 신청자에게만 교부한다.(○)

③ 4% 수역을(목적어) 제외된(피동)(×) → 수역을 제외한(○)

④ 22% 관계자에게 열람한다(주동)(×) → 관계자에게 열람하게 한다(사동)(○)

오답률 TOP 2

10 문학 > 고전 운문(시조) 오답률 52% 답 ②

| 정답해설 | ② 48% (나)의 초장 '술은 어찌하여 좋은가? 누룩을 섞은 탓이로다'와 중장 '국은 어찌하여 맛이 좋은가? 소금을 타서 맛을 낸 탓이로다'에서 대구법과 문답법이 나타나 있다. 하지만 대조법은 쓰이지 않았다.

| 오답해설 | ① 7% '연쇄법'은 앞 구절의 끝 어구를 다음 구절의 앞 구절에 이어받아 이미지나 심상을 강조하는 수사법이다. (가)에서는 연쇄법이 쓰였다.

④ 44% 화자는 자신의 웃음은 즐거운 웃음이 아니라고 반문하고 있다. 세상일이 하도 어이가 없어 웃는 자신의 웃음을 몰라보는 벗님네들에 대한 불편한 심기를 '내 우음이 졍 우음가', '아귀 찍여디리라' 등의 냉소적 어조를 통해 드러내고 있다. '아귀 찍여디리라'는 '입이 찢어지리라'라는 뜻으로 이전 사대부의 시조와는 달리 다소 비속한 언어를 사용하여 현실 상황에 대한 풍자를 하고 있다.

| 더 알아보기 | 출전 작품의 이해

(가) 이황, 「도산십이곡(陶山十二曲)」 중 9수
- 특징: 대구법, 연쇄법 등의 수사법 사용
- 주제: 옛 성현의 도리를 본받고자 함
- 현대어 풀이

  옛 성현도 나를 보질 못했고 나도 옛 성현을 뵙지 못했네
  성현을 뵙지 못했어도 그분들이 행하던 길이 내 앞에 있네
  그 가던 길(진리의 길)이 앞에 있으니 나 또한 아니 가고 어떻게 하겠는가?

(나) 윤선도, 「초연곡(初筵曲)」
- 특징: 대구법의 수사법 사용
- 주제: 임금의 만수무강 기원과 나라를 다스리는 도리
- 현대어 풀이

  술은 어이해야 좋으냐 누룩을 섞을 탓이러라
  국은 어이해야 좋으냐 양념을 맞게 할 탓이러라
  이 음식과 뜻을 알면 만수무강하리라

(다) 작자 미상의 시조
- 특징: 직유법('굿치')의 수사법을 반복 사용하여 운율감을 형성함
- 주제: 이별의 슬픔
- 현대어 풀이

  우레같이 소리 나는 임을 번개같이 번뜩 만나
  비같이 오락가락 (사랑을 주고받고) 구름같이 헤어지니
  가슴 가운데 바람 같은 한숨이 안개 피듯 하는구나

(라) 권섭의 연시조(전 10수)

- 특징
  ① 냉소적, 교훈적, 현실비판적, 풍자적 어조
  ② 문답법, 설의법, 돈호법, 의성법의 수사법 사용
  ③ 의성어를 적절히 활용했고, 설의법과 과장법을 사용한 표현이 두드러짐
- 주제: 어이없는 세상사에 대한 비판과 풍자
- 현대어 풀이
  하하 허허 하고 웃는 내 웃음이 정말 웃음인가
  (세상일이) 하도 어처구니가 없어서 흐느껴 울다가 그렇게 웃는 것이네
  벗님네들이여, (내가 웃는다고 같이) 웃지를 말구려 (웃다가) 아귀가 찢어질지도 모르니까

11 문법 > 현대 문법 오답률 3% 답 ③

| 정답해설 | ③ 97% ㉢의 '살다'는 본래 가지고 있던 색깔이나 특징 따위가 그대로 있거나 뚜렷이 나타나다는 의미로 쓰였다.

12 비문학 > 이론 비문학 오답률 6% 답 ①

| 정답해설 | ① 94% 진행자는 홍 교수의 의견이 합리적이지 않음을 지적하지 않았다. 홍 교수의 의견에 더해 추가적인 대책을 제시하며 마무리를 하고 있다.

| 오답해설 | ② 1% 홍 교수가 제시한 도로교통공단의 통계에 대하여 진행자는 '전체 운전자 중에서 고령 운전자에 해당하는 비율이 늘었기 때문'인 것 같다는 나름의 해석을 제시하였다.

③ 2% 진행자는 '무작정 운전면허를 반납하라고만 할 수는 없을 테고, 뭔가 보완책'이 있는지 추가적인 정보를 요구한다.

④ 3% 진행자는 고령 운전자에 의한 교통사고에 대하여 '뒷받침할 만한 자료'가 있는지 객관적인 근거를 요구한다.

13 비문학 > 독해 비문학 오답률 27% 답 ④

| 정답해설 | ④ 73% 글쓴이는 진보와 진화에 관한 계몽주의 사상가들인 헤겔, 다윈 등의 견해들을 제시하고 있다.

14 문학 > 고전 산문(소설) 오답률 21% 답 ③

| 정답해설 | ③ 79% 넷째 문단에서 사 씨는 남편이 잘못하면 이를 지적해야 한다고 말하고 있다.

| 오답해설 | ① 3% 사 씨의 어머니는 '반드시 공경(恭敬)하며 반드시 경계(警戒)하여 남편을 어기오지 말라'고 가르쳤을 뿐 딸이 남편에게 맞섰던 일을 비판하는 내용은 없다.

② 5% 사 씨가 본래 배운 것이 없다는 것은 겸손의 표현이다. 안타까워하고 있는 것은 아니다.

④ 13% 유 소사는 사 씨를 학식이 뛰어나고 덕망이 높았던 조대가에 비겨 흡족함을 표현하였다.

| 더 알아보기 | 김만중, 「사씨남정기」

- 주제
  ① 처첩 간의 갈등과 사 씨의 고행
  ② 사 씨의 덕행에 대한 칭송과 악행을 저지른 교 씨에 대한 징벌(권선징악)
- 해제: 이 작품은 조선 시대 가부장적 사회를 배경으로 선인인 사 씨와 악인인 교 씨를 등장시켜 처첩 간의 갈등을 보여 주고 있다. 여성이 지녀야 할 올바른 행실뿐만 아니라 악행에 대한 처벌이 필연적임을 강조하는 주제를 담고 있다. 특히 정실부인인 사 씨를 덕이 있고 고매한 성품을 지닌 인물로, 첩인 교 씨를 간사하고 영악한 인물로 그려 냄으로써 첩실을 허용하는 제도를 간접적으로 비판하고 있다. 또 가정에서 생겨나는 갈등이 여자들 때문이라기보다는 무능한 가장에게도 책임이 있다는 것을 제시하면서 조선 후기 가부장적 사회에 대한 은근한 비판을 담고 있다.
- 전체 줄거리: 유연수는 중국 명나라 세종 때 금릉 순천부에 사는 유현의 아들로 태어나 15세에 장원 급제하고 한림학사를 제수 받는다. 유 한림은 덕성과 재학을 겸비한 사 씨와 결혼하나 늦도록 후사가 없어 교 씨를 첩으로 맞아들인다. 교 씨는 천성이 간악한 인물로 아들을 낳자 정실이 되기 위해 사 씨를 참소한다. 결국 유연수는 사 씨를 폐출하고 교 씨를 정실로 삼는다. 교 씨는 문객 동청과 모의하여 유연수를 참소하여 유배시킨다. 이후 유연수에 대한 혐의가 풀리자, 조정에서는 충신을 참소한 동청을 처형한다. 유연수는 사방으로 사 씨의 행방을 찾다가 소식을 듣고 온 사 씨와 해후한다. 유연수는 자신의 잘못을 뉘우치고 고향으로 돌아와 간악한 교 씨를 처형하고 사 씨를 다시 정실로 맞아들인다.

15 문학 > 현대 소설 오답률 11% 답 ④

| 정답해설 | ④ 89% 초여름 밤, 조용한 분위기에서 들리는 '소리'는 '단조로운 소리이면서 송곳처럼 쑤시는 구석이 있는 ~ 이상하게 신경을 자극'하는 소리이다. 따라서 갈등의 해소가 아니라 긴장감을 지속시키는 기능을 한다. 이호철의 「닳아지는 살들」은 이산가족의 아픔과 정신적인 무기력을 반복되는 망치 소음과 병치시켜 표현한 전후 소설로, 쇠붙이를 두드리는 날카로운 소음은 작품의 마지막까지 들려온다.

| 오답해설 | ① 1% 첫째 문단 "바깥은 어둡고 뜰 변두리의 늙은 나무들은 바람에 불려 서늘한 소리를 내었다."에서 어둡고 음산한 분위기를 느낄 수 있다.

② 4%, ③ 6% '꽝 당 꽝 당' 하는 소리는 "단조로운 소리이면서 송곳처럼 쑤시는 ~ 그 소리는 이상하게 신경을 자극했다."라는 부분에서 인물의 심리를 불안하고, 불편하게 자극하고 있음을 알 수 있다.

| 더 알아보기 | 이호철, 「닳아지는 살들」

- 주제: 전후(戰後)의 현실에 적응하지 못하는 한 가족의 권태와 비극
- 해제: 이 작품은 한 가정을 무대로, 20년이나 돌아오지 않는 맏딸을 기다리는 초조한 상황을 소설화하고 있다. 시간적 배경은 5월의 어느 날 저녁에서 자정까지의 현재의 상황에 과거를 회상하는 부분이 삽입된 구조이며, 공간적 배경은 현실에서 적응을 하지 못하고 점점 폐쇄되어 가는 어느 가정이다.
- 전체 줄거리: 5월의 어느 날 저녁, 가족은 밤 열두 시에 돌아온다는 맏딸을 언제나처럼 기다리고 있다. 조용하고 썰렁한 집 안에는 은행에서 은퇴한 늙은 주인, 며느리 정애, 그리고 막내딸 영희가 소파에 앉아 있다.

> 어디서 '꽝 당 꽝 당' 쇠를 두드리는 소리가 들려온다. 술에 만취된 선재가 들어오자 영희가 그를 부축해 올라가고 성식도 이층으로 올라간다. 시아버지와 며느리 정애는 까닭 없이 불안해지고 갑자기 조급해지는 것을 느낀다. 영희는 선재가 쓰는 초라한 방에서 선재의 품에 안기어 쇠망치 소리를 혼자 감당하기 힘들고 무섭다고 말한다. 점점 열두 시는 가까워지고 늙은 주인은 푸념을 하는 어린애처럼 코의 사마귀를 만지면서 두리번거린다. 그 순간, 시계가 열두 시를 치고, 모두의 시선이 시계와 노인의 얼굴로 향하는데, 복도로 통하는 문이 열리며 기묘한 웃음을 띤 식모가 나타나 변소에 갔었다고 말한다. 영희는 식모를 가리키면서 언니가 정말 왔다고 소리친다. 아버지는 영희의 부축을 받으면서 허공에 대고 허우적거린다. '꽝 당 꽝 당' 하는 쇠붙이 두드리는 소리는 밤 내내 이어진다.

16 비문학 > 독해 비문학 오답률 40% 답 ②

| 정답해설 | ② 60% 영화 〈일 포스티노〉에 시의 본질과 은유가 잘 드러나 있을 뿐, 영화 속 인물들이 '문학적 은유의 본질과 의미'를 잘 알고 있다는 내용은 없다.

| 오답해설 | ① 1%, ③ 4% 학생들에게 시를 가르칠 때 영화 〈일 포스티노〉를 활용하면 '시의 본질에 훨씬 깊숙이, 훨씬 빨리 가 닿을 수 있다는 것을 경험'하기도 했다는 설명에서 알 수 있다.

④ 35% 영화 〈일 포스티노〉에는 '문학이 똬리를 틀고 있다'는 표현에서 알 수 있다.

17 어휘, 한자 > 한자 성어 오답률 45% 답 ③

| 정답해설 | 김삿갓의 시는 '일부러 꾸미지 않았는데도 자연스럽고 아름답다'는 표현에서, ③의 '천의무봉(天衣無縫)'이 적절함을 알 수 있다. '천의무봉(天衣無縫)'은 선녀의 옷에는 바느질한 자리가 없다는 뜻으로, 일부러 꾸민 데 없이 자연스럽고 아름다우면서 완전하다는 의미이다.

| 오답해설 | ① 23% 화조월석(花朝月夕): 꽃 피는 아침과 달 밝은 밤이라는 뜻으로, 경치가 좋은 시절을 이르는 말

② 8% 위편삼절(韋編三絕): 공자가 책을 하도 많이 읽어서 책을 엮어 놓은 끈이 세 번이나 끊어졌단 데에서 비롯된 말로, 책을 열심히 읽음을 비유하는 말로 쓰임

④ 14% 막무가내(莫無可奈): 달리 어찌할 수 없음

오답률 TOP 1

18 어휘, 한자 > 한자어 오답률 72% 답 ①

| 정답해설 | ① 28% '유명세(有名稅)'는 세상에 이름이 널리 알려져 있는 탓으로 당하는 불편이나 곤욕을 속되게 이르는 말이다. 이 한자어는 '勢(형세 세)'가 아니라 '稅(세금 세)'를 쓴다.

| 오답해설 | ② 11% 복불복(福不福): 복분(福分)의 좋고 좋지 않음이라는 뜻으로, 사람의 운수를 이르는 말

참 복걸복(×), 복궐복(×)

③ 32% 대증요법(對症療法): 병의 원인을 찾아 없애기 곤란한 상황에서, 겉으로 나타난 병의 증상에 대응하여 처치를 하는 치료법

참 대중요법(×)

④ 29% 경위(經緯): ㉠ 직물(織物)의 날과 씨를 아울러 이르는 말 ㉡ 일이 진행되어 온 과정

19 비문학 > 독해 비문학 오답률 22% 답 ④

| 정답해설 | 제시된 글은 한국 농업의 새로운 가치에 주목해야 함을 주장하는 글이다. 글의 마지막 부분에 "과학 기술의 눈부신 발전 성과를 수용하여 ~ 녹색 성장 산업으로서 농업의 잠재적 가치가 중시되고 있는 것이다."라고 하였으므로 ④ 78% '과학 기술의 부작용'과는 관계가 없다.

| 오답해설 | ① 8% 첫 번째 문단에서, "도시화, 산업화, 고도성장 과정에서 우리 경제의 뒷방살이 신세로 전락한 한국 농업", "경제적 효율성이 뒤처져서 사라져야 할 사양 산업"이라는 부분에서 그동안 농업 중심의 경제 패러다임을 지양하였음을 추론할 수 있다.

② 4% 둘째 문단의 "물질적인 부의 극대화를 위해서 한 지역의 자원을 개발하여 이용한 뒤에 효용 가치가 떨어지면 ~ 오늘날 위기", "급변하는 시대의 흐름에 부응하지 못하는 구시대의 경제 패러다임으로는 오늘날의 역사에 동승하기 어렵다."에서 추론할 수 있다.

③ 10% 둘째 문단의 "정주민의 문화적 지속성을 존중하는 농업의 가치가 새롭게 조명 받는"에서 추론할 수 있다.

20 비문학 > 독해 비문학 오답률 27% 답 ③

| 정답해설 | ③ 73% 셋째 문단 마지막 부분에 "유교의 기본 입장은 설사 부모의 명령이라 하더라도 옳고 그름을 가리지 않는 맹목적인 복종은 그 자체가 불효"라는 내용이 있다. 따라서 윗사람에 대한 복종을 절대시한 것이 아님을 알 수 있다.

| 오답해설 | ① 7% 첫째 문단에 '효(孝)가 일차적인 인간관계'라는 설명이 있다. 그러나 '효가 봉건 가부장제 사회에서 비롯되었다'는 내용은 언급되지 않았다.

② 15% 효가 조건 없는 신뢰에 기초한 덕목이라는 설명은 없다.

④ 5% 둘째 문단의 마지막 부분에 "효도와 우애는 인(仁)의 근본이다."라는 설명이 제시되어 있다. 그러나 '충의 도리를 다함으로써 효의 도리에 도달할 수 있다는 것이 인의 이치'라는 내용은 본문에 제시되지 않았다.

2018 5월 19일 시행 지방직 9급 (Ⓑ책형)

합격예상 체크

맞힌 개수	/20문항	점수	/100점

➡ □합격 □불합격

취약영역 체크

문항	정답	영역	문항	정답	영역
1	④	문법 > 현대 문법	11	③	비문학 > 독해 비문학
2	②	문법 > 현대 문법	12	③	비문학 > 이론 비문학
3	②	비문학 > 독해 비문학	13	③	비문학 > 이론 비문학
4	④	문학 > 현대 시	14	③	어문 규정 > 한글 맞춤법
5	③	문학 > 현대 소설	15	④	문법 > 현대 문법
6	④	비문학 > 독해 비문학	16	②	어문 규정 > 한글 맞춤법
7	②	비문학 > 독해 비문학	17	②	문법 > 고전 문법
8	①	문학 > 고전 운문	18	①	문학 > 현대 소설
9	①	문학 > 고전 운문(시조)	19	④	비문학 > 독해 비문학
10	①	어휘, 한자 > 한자어	20	①	비문학 > 독해 비문학

⬇ 영역별 틀린 개수로 취약영역을 확인하세요!

문법과 어문 규정	/6	비문학	/8	문학	/5	어휘, 한자	/1

➡ 나의 취약영역: ____________

※ [정답해설]과 [오답해설] 선지의 50% 표시는 〈1초 합격예측 풀서비스〉를 통해 수집된 선지 선택률을 나타냅니다.

오답률 TOP 1

1 문법 > 현대 문법 오답률 51% 답 ④

| 정답해설 | 〈보기〉의 밑줄 친 '짚다'는 '여럿 중에 하나를 꼭 집어 가리키다.'라는 의미이다. 이와 유사한 의미로 쓰인 것은 ④이다.

| 오답해설 | ① 30% 손으로 이마나 머리 따위를 가볍게 눌러 대다.

② 20% 바닥이나 벽, 지팡이 따위에 몸을 의지하다.

③ 1% 상황을 헤아려 어떠할 것으로 짐작하다.

2 문법 > 현대 문법 오답률 11% 답 ②

| 정답해설 | 우리말에서 자기 스스로 어떤 일이나 행동을 하지 않고 주어가 남에게 어떤 일이나 행동을 하게 하는 일을 '사동'이라 한다. 즉 '사동'이란 주어가 남에게 어떤 일이나 행동을 '시킴'을 나타낸다. '시키다'는 '무엇을 하게 하다.'라는 말로서, ②의 경우 '아이를 입원시키다.'는 '아이를 입원하게 하다.'의 의미이므로 올바른 표현이다.

| 오답해설 | '-하다'를 쓸 수 있는 말에 '-시키다'를 사용하는 경우 모두 잘못된 문장이다.

① 4% 소개시켰다(×) → 소개했다(○)

③ 3% 설득시킨다(×) → 설득한다(○)

④ 4% 해소시킨다(×) → 해소한다(○)

| 더 알아보기 | '-하다'를 쓸 수 있는 말에 '-시키다'를 남용한 예

- 삶의 질을 의미 있게 강화시킬 때(→ 강화할)
- 교육 환경을 개선시켜 나가야 한다.(→ 개선해)
- 우리는 힘을 결집시켜야 한다.(→ 결집해야)
- 매달 후원금을 통장에 입금시킨다.(→ 입금한다)
- 내가 친구 한 명 소개시켜 줄게.(→ 소개해 줄게, 소개할게)
- 더 큰 문제를 야기시킬지도 모른다(→ 야기할지도)
- 위원회를 활성화시킨 공로(→ 활성화한)
- 벽에 고정시켜 놓았던 액자(→ 고정해)
- 업무 내용을 구체화시켜 주고 있어서(→ 구체화해)
- 외부인의 출입을 금지시키기로(→ 금지하기로)
- 방을 분리시킨 벽(→ 분리한)
- 한두 사례를 두고 일반화시키지 말라(→ 일반화하지)

3 비문학 > 독해 비문학 오답률 14% 답 ②

| 정답해설 | 제시된 글은 '간악함이 일어나기 쉬운 것'의 경우를 열거하고 있다. ②의 '남의 잘못'을 드러내는 경우는 제시되지 않았다.

| 오답해설 | ① 2% '노력을 조금 들였는데도 효과가 신속하면'이라는 설명에서 알 수 있다.

③ 2% '자신을 감독하는 사람이 자주 교체되면'이라는 설명에서 알 수 있다.

④ 10% '아래에 자신의 무리는 많은데 윗사람이 외롭고 어리석으면'에서 알 수 있는 내용이다.

오답률 TOP 3

4 문학 > 현대 시 오답률 46% 답 ④

| 정답해설 | ④ 54% 시간적 순서를 보이지 않는다. 제시된 시는 시선의 이동에 따라 전개된다.

| 오답해설 | ① 19% '청운사(靑雲寺)', '자하산(紫霞山)'은 '푸른 구름의 절', '보랏빛 무지개의 산'이라는 뜻이다. 신비적 느낌을 자아내고, 구름과 무지개라는 대상 또한 환상적 느낌을 풍긴다. 따라서 이곳은 실재하는 세계가 아니라, 속세와는 구별된 환상적이고 낭만적인 가공의 공간임을 알 수 있다.

② 11% 제시된 시에서의 '자연'은 실제의 자연이라기보다 순수의 환상적이고 이상적인 자연의 모습이다.

③ 16% 1연의 '머언 산'과 2연의 '자하산'의 원경 묘사로 시작하여 3연의 '청노루'의 맑은 눈(근경)에 초점을 맞추고 있다.

| 더 알아보기 | 박목월, 「청노루」

- 성격: 관조적, 묘사적, 서경적, 낭만적, 시각적, 정지적
- 특징
  ① 의미를 배제한 채 이미지들만 제시함
  ② 간결성(체언 종지법, 짧은 시행 배열) → 동양화에 나타나는 여백의 미와 상통함
  ③ 율격(1 · 2연의 3음보, 3연의 변조된 3음보, 4 · 5연의 2음보)
  ④ 자음(ㄴ)의 두드러진 사용 → 아늑하고 정밀한 시적 분위기를 자아냄
  ⑤ 시선의 이동(원 → 근)에 의한 시상 전개 방식
  ⑥ 정중동의 심상(2, 3, 5연)
  ⑦ '자연' → 실제의 자연이라기보다 상상 속에 존재하는 가공의 자연으로, 낭만적이고 환상적이며 동양적인 신비의 세계로 그려 냄
  ⑧ 시상 전개
  - 1연: 청운사(공간적 배경)
  - 2연: 자하산(공간적 배경)
  - 3연: 속잎 피어남(시간적 배경)
  - 4연: 청노루(대상 동물)
  - 5연: 눈매에 감도는 구름(대상 동물)
- 주제: 절대 순수의 환상적이며 이상적인 자연의 모습 = 이상적인 정신적 고향
- 해제: 「청노루」는 현실과 단절된 이상적 세계의 그윽한 평화와 아름다움을 노래한 작품이다. 가능한 한 말을 절제하고 리듬을 단순화하여 마치 여백이 많은 동양화를 그리듯이 작품을 구성했다. 이 그림 속에 있는 '청운사, 자하산, 청노루'는 모두 상상적인 배경, 사물들이다.

5 문학 > 현대 소설 오답률 36% 답 ③

| 정답해설 | ③ 64% ㉢의 '왕자(王者)'는 일반적인 '왕'을 의미한다. ㉡의 관상을 보는 사람과 아무런 관계가 없다.

| 오답해설 | ① 2% ㉠의 '공방'은 관상을 보는 사람의 의견을 받아들인 ㉣ '폐하'의 결정에 따라 세상에 이름을 드러냈다.

② 1% ㉡은 ㉠의 "성질이 비록 쓸 만하지 못하오나 ~ 때를 긁고 빛을 갈면 그 자질(資質)이 마땅히 점점 드러날 것입니다."라고 평가하여 앞으로의 발전 가능성에 주목하였다.

④ 33% ㉣의 '폐하'는 "왕자(王者)는 사람을 그릇[器]으로 만듭니다."라는 관상을 보는 사람의 의견을 받아들이고 있으므로 적절한 설명이다.

| 더 알아보기 | 임춘, 「공방전(孔方傳)」

- 특징
  ① 의인화 기법을 활용한 전기적 구성
  ② 돈에 대한 작가의 부정적 · 비판적 · 풍자적 성격이 강하게 드러남
  ③ '공방'의 이중적 기능: '공방'은 테두리는 둥글고[孔] 안에는 구멍이 모나게[方] 뚫린 엽전(돈)의 생김새에서 나온 명칭. 겉은 둥글둥글하여 원만해 보이지만, 속은 모가 나고 악하다는 의미가 내포되어 있음. 이러한 생김새를 통해서 돈의 이중적 기능, 즉 돈의 긍정적 기능과 부정적 기능이 있음을 드러내고 있음
- 주제: 돈(재물)에 대한 인간의 탐욕과 돈을 탐하는 세태에 대한 비판
- 해제: 「공방전(孔方傳)」은 돈(엽전)을 의인화하여 그 내력과 행적을 허구적으로 구성한 가전체로, 돈의 폐단을 비판하고 재물에 대한 인간의 탐욕을 경계한 글이다.

6 비문학 > 독해 비문학 오답률 36% 답 ④

| 정답해설 | ④ 64% 내용을 간단히 정리하면서 연결하면 다음과 같다.

(가) 생명체들은 감각을 갖고 태어난다.(일반론)

↓

(라) 인간 종족은 기술과 추론을 이용해서 살아간다(구체적 화제 제시) ~ 기술은 경험을 통해 ~ 일반적인 관념이 생겨난다.

↓

(다) 하지만(역접) 발견된 기술 가운데 ~ 우리는 후자의(여가의 삶을 위해서) 기술들을 발견한 사람들이 전자의 (필요 때문에) 기술들을 발견한 사람들보다 더 지혜롭다고 생각한다.

↓

(나) 앞에서 말했듯이 ~ 그러므로 지혜는 ~ 학문적인 인식임이 분명하다.(결론)

7 비문학 > 독해 비문학 오답률 10% 답 ②

| 정답해설 | 제시된 글에서는 무스가 식물을 가려먹는 습성을 가지고 있다는 ②의 내용은 확인할 수 없다.

| 오답해설 | ① 2% 무스는 섬유질이 많은 먹이를 소화하려면 한곳에 가만히 있어야 한다고 하였으므로 이는 생존을 위한 것이다.

③ 7% 갈퀴발도마뱀은 몇 시간 동안이나 움직이지 않다가 곤충이 지나가면 모래에서 나가 잡아먹는다.

④ 1% 마지막 문장을 보면 갈퀴발도마뱀은 모래 속에 몸을 묻고 움직이지 않기 때문에 사막 짐승들의 위협에서 벗어날 수 있다고 하였으므로 적절한 설명이다.

오답률 TOP 2

8 문학 > 고전 운문 오답률 47% 답 ①

| 정답해설 | ① 53% (나)는 가사 작품으로, 정훈의 「탄궁가(嘆窮歌)」이다. 3(4) · 4조, 4음보의 규칙적인 리듬을 보인다.

| 오답해설 | ② 35% (가)는 판소리 「흥보가」의 일부분으로, 가난의 상황을 과장하여 해학적으로 묘사하고 있다. (나)는 삼순구식도 어렵다거나 십 년 동안 갓 한 번 쓰기 어렵다는 내용, 농사 도구를 이웃에게 빌리는 내용, 씨앗을 찾으니 변변히 남아 있지 못한 모습 등을 구체적이고 사실적으로 서술하고 있다.
③ 4% 두 작품 모두 가난을 수용하고 있는 것은 아니다.
④ 8% 두 작품 모두 가난의 상황을 부정적으로 인식하고 있다.

| 더 알아보기 | 정훈, 「탄궁가(嘆窮歌)」

> 「탄궁가」는 궁핍한 생활을 벗어날 수 없음을 탄식하면서도 동시에 안분지족(安分知足)에 대한 지향을 노래하고 있는 가사이다. 삼순구식(三旬九食)조차 어렵도록 극심하게 가난한 화자의 생활상이 일상적 소재를 바탕으로 사실적으로 그려져 전달의 효과를 높이고 있으며, 가난을 의인화하여 표현한 부분에서는 자신의 삶을 긍정하고 수용하고자 하는 화자의 태도가 잘 드러나 있다. 시의 전반부에서 자신의 가난을 탄식하고, 그것에서 벗어나고자 노력하는 모습을 보이던 화자는 후반부로 가면서 벗어날 수 없는 가난을 자신의 '분(分)'으로 여기고 수용하고자 하는 인식의 전환을 나타내고 있다.

9 문학 > 고전 운문(시조) 오답률 44% 답 ①

| 정답해설 | ① 56% 제시된 작품은 정철의 「훈민가(訓民歌)」 중 '향려유례(鄕閭有禮)'라는 제목이 붙은 것으로, 옳은 행동을 권하는 교훈가이다.

| 오답해설 | ② 26% 상부상조(相扶相助): 서로서로 도움
③ 7% 형우제공(兄友弟恭): 형은 아우를 사랑하고 동생은 형을 공경한다는 뜻으로, 형제간에 서로 우애 깊게 지냄을 이르는 말
④ 11% 자제유학(子弟有學): 자녀들에게 학문을 권장함

10 어휘, 한자 > 한자어 오답률 44% 답 ①

| 정답해설 | ① 56% ㉠은 '잘못된 것이나 부족한 것, 나쁜 것 따위를 고쳐 더 좋게 만듦'을 뜻하는 '개선(改善: 고칠 개, 착할 선)', ㉡은 지불 수단으로서 기능하는 화폐를 뜻하는 '통화(通貨: 통할 통, 재물 화)'가 알맞다.

| 오답해설 | • 개선(改選: 改 고칠 개/選 가릴 선): 의원이나 임원 등이 사퇴하거나 그 임기가 다 되었을 때 새로 선출함
• 통화(通話: 通 통할 통/話 말씀 화): 전화로 말을 주고받음

11 비문학 > 독해 비문학 오답률 8% 답 ③

| 정답해설 | 둘째 문단의 내용을 보면 동조는 자신의 판단에 대한 확신이 들지 않을 때, 집단의 결속력이 강할 때 나타난다. 따라서 동조 현상에 영향을 미치는 요인이 개인의 신념이라는 ③의 설명은 적절하지 않다.

| 오답해설 | ① 3% 첫째 문단에서 설명한 '어떤 집단이 그 구성원들을 이끌어 나가는 질서나 규범 같은 힘'을 가지고 있는 경우에 해당한다.
② 1% 첫째 문단에서, 집단의 압력 때문에 동조 현상이 일어나고, 만약 개인이 집단의 힘을 인정하지 않는다면 집단에서 배척당하기 쉽다는 설명에서 알 수 있다.
④ 4% 둘째 문단에서, 정보가 부족하여 판단을 내리기 어려운 상황에서 특정 정보를 제공하는 사람에 대한 신뢰도가 높을 때 동조 현상이 나타난다는 설명으로 알 수 있다.

12 비문학 > 이론 비문학 오답률 7% 답 ③

| 정답해설 | ③ 93% 대화의 논점은 다정이가 가지고 있는 동아리 보고서가 제출되지 않았다는 것이다. 이에 대하여 '학생2'는 동아리 회장의 책임이라고 말하여 대화의 갈등이 생겨나고 있다.

13 비문학 > 이론 비문학 오답률 8% 답 ③

| 정답해설 | 맥락에 의해 의미를 파악하는 것은 간접 발화이다. ③은 길의 방향을 묻는 직접 발화에 해당한다.

| 오답해설 | ① 1% 돈을 빌려 달라는 간접 발화에 해당한다.
② 3% 창문을 열자는 청유, 또는 열어 달라는 명령의 간접 발화에 해당한다.
④ 4% 과제를 열심히 하라는 간접 발화에 해당한다.

| 더 알아보기 | 담화의 기능

> 직접 발화와 간접 발화의 구분은 담화를 구성하고 있는 발화의 의미와 기능에 따라 결정된다. 특히, 발화는 상황에 따라 선언, 명령, 요청, 질문, 제안, 약속, 경고, 축하, 위로, 협박, 비난 등의 다양한 행위와 관련된다.
> • 직접 발화: 화자의 의도가 직접적으로 표현됨(문장 형식과 발화 의도가 일치)
> 예 문 좀 닫아라.
> 내려야 하니 좀 비켜 주세요.
> • 간접 발화: 화자의 의도가 간접적으로 표현됨(문장 형식과 발화 의도가 일치하지 않음)
> 예 (열린 문을 보며) 춥지 않니?
> (만원 버스에서) 좀 내립시다.

14 어문 규정 > 한글 맞춤법 오답률 30% 답 ③

| 정답해설 | ③ 70% 부부 간(×) → 부부간(○): '관계'의 뜻을 나타내는 '간(間)'은 의존 명사이므로 '친구 간, 사제 간, 계층 간, 동료 간' 등처럼 띄어 써야 한다. 그러나 '부부간, 동기간, 형제간, 자매간' 등은 합성어이므로 한 단어이다. '얼마간'도 하나의 단어이므로 붙여 쓴다.

| 오답해설 | ① 7% • '섭섭하거나 가엾어 마음이 언짢다.'는 의미의 '안되다'는 형용사로서, 하나의 단어이다.
• '안'이 '아니'를 뜻하는 부정 부사일 때에는 띄어 쓴다. 부사 '안'과 동사 '되다'는 각각의 단어이므로, '안 돼'와 같이 띄어 적는다.
② 3% • '이/저/아무'와 '것'이 결합하여 만들어진 '이것', '저것', '아무것'은 하나의 단어인 합성어로 굳어져 쓰이는 말들이다.
• 관형사형 어미 뒤에 오는 '것'은 의존 명사이므로 띄어 쓴다.

④ 20% • 본용언 뒤에 '만하다'는 보조 형용사로서 하나의 단어이다.
- 체언 뒤에 오는 '만'은 보조사이므로 붙여 쓰고, 뒤에 오는 '하다'는 동사이므로 띄어 쓴다.
- 합성어로 굳어진 '지난번'은 '말하는 때 이전의 지나간 차례나 때'의 뜻으로 한 단어이므로 붙여 써야 한다.

| 더 알아보기 | '안 되다'와 '안되다'

(1) 안 되다
부사 '안'이 동사 '되다'의 뜻을 한정하는 구조에서는 부사 '안'과 동사 '되다'의 활용형 '돼'가 각각의 단어이므로, 띄어 쓴다.
예 그런 일은 해서는 안 돼.
그것은 말도 안 돼.
(2) 동사 '안되다'
- 일, 현상, 물건 따위가 좋게 이루어지지 않다.
예 올해는 비가 너무 많이 와서 과일 농사가 안돼 큰일이다.
공부가 안돼서 잠깐 쉬고 있다.
- 사람이 훌륭하게 되지 못하다.
예 자식이 안되기를 바라는 부모는 없다.
- 일정한 수준이나 정도에 이르지 못하다.
예 이번 시험에서 우리 중 안되어도 세 명은 합격할 것 같다.
(3) 형용사 '안되다'
- 섭섭하거나 가엾어 마음이 언짢다.
예 혼자 보내기가 안돼서 역까지 배웅했다.
- 근심이나 병 따위로 얼굴이 많이 상하다.
예 몸살을 앓더니 얼굴이 많이 안됐구나.

15 문법 > 현대 문법 오답률 26% 답 ④

| 정답해설 | ④ 74% '-되'는 어떤 사실을 서술하면서 그와 관련된 조건이나 세부 사항을 뒤에 덧붙이는 뜻을 나타내는 연결 어미이므로 올바른 표현이다.
- '-며'는 두 가지 이상의 동작이나 상태 등을 대등적으로 나열할 때 쓰는 연결 어미이다.
예 이것은 감이며 저것은 사과이다.
남편은 친절하며 부인은 인정이 많다.

| 오답해설 | ③ 6% 대등 접속 조사 '과'로 연결된 문장으로서, '마련하다'는 '재발 방지 대책'과는 잘 호응되지만 '사고 원인 파악'과는 호응되지 않는다.

16 어문 규정 > 한글 맞춤법 오답률 45% 답 ②

| 정답해설 | ② 55% '마개(막+애)', '마감(막+암)'은 (나)의 예로 적절하다. 그러나 '지붕'은 '집+웅'의 구성으로서, (라)의 예에 해당한다.

| 오답해설 | ① 12% (가)의 예에 해당한다.
- 미닫이: 밀+닫(동사의 어간)+이(접미사)=명사
- 졸음: 졸(동사의 어간)+음(접미사)=명사
- 익히: 익(동사의 어간)+히(접미사)=부사

③ 19% (다)의 예에 해당한다.
- 육손이: 육+손(명사)+이(접사)=명사
- 집집이: 집+집(명사)+이(접사)=부사
- 곰배팔이: 곰배+팔(명사)+이(접사)=명사

④ 14% (라)의 예에 해당한다.
- 끄트머리: 끝+으머리
- 바가지: 박+아지
- 이파리: 잎+아리

17 문법 > 고전 문법 오답률 33% 답 ②

| 정답해설 | ② 67% 훈민정음의 자음 체계 조음 위치에 따르면 'ㅁ'은 순음(입술소리)이고, 'ㅅ'은 치음(잇소리)에 해당한다. 또한 조음 방식에 따르면 'ㅁ'은 비음이고, 'ㅅ'은 마찰음에 해당한다. 따라서 제시된 〈보기〉에서는 서로 다른 소리끼리 묶어 놓은 것이다.

| 오답해설 | ① 4% 'ㅈ, ㅊ'은 'ㅅ'의 가획자로서 모두 치음(齒音)에 해당하므로 훈민정음의 자음 체계에 따르면 같은 칸에 배치할 수 있다.

③ 16% 가획의 원리를 따랐다면 설음(舌音)인 'ㄴ, ㄷ, ㅌ'을 같은 칸에 배치해야 한다. 그런데 'ㄷ, ㅌ'과 'ㄴ, ㄹ'로 구분한 것은 안울림소리와 울림소리라는 소리의 유사성, 즉 소리 내는 방식에 의해 배치한 것이다.

④ 13% 훈민정음 자음 체계에서 'ㅇ'은 후음(목구멍소리), 'ㆁ(옛이응)'은 아음(어금닛소리)으로 구별된다. 자음 체계에 따르면 'ㆁ, ㄱ, ㅋ'은 아음(牙音)으로 함께 배치할 수 있다.

| 더 알아보기 | 자음 체계

- 훈민정음 자음의 형성

이름	기본자	상형의 원리	가획자	이체자
어금닛소리[牙音]	ㄱ	혀뿌리가 목구멍을 막는 모양	ㅋ	ㆁ
혓소리[舌音]	ㄴ	혀끝이 윗잇몸에 붙는 모양	ㄷ, ㅌ	ㄹ(반설음)
입술소리[脣音]	ㅁ	입의 모양[象口形]	ㅂ, ㅍ	
잇소리[齒音]	ㅅ	이의 모양[象齒形]	ㅈ, ㅊ	ㅿ(반치음)
목구멍소리[喉音]	ㅇ	목구멍 모양[象喉形]	ㆆ, ㅎ	

- 현대 국어의 자음의 조음 위치와 조음 방식에 따른 분류

조음 방식 \ 조음 위치			양순음 (입술소리)	치조음 (잇몸소리)	경구개음 (센입 천장소리)	연구개음 (여린입 천장소리)	후음 (목청소리)
안울림소리	파열음	예사소리	ㅂ	ㄷ		ㄱ	
		된소리	ㅃ	ㄸ		ㄲ	
		거센소리	ㅍ	ㅌ		ㅋ	
	파찰음	예사소리			ㅈ		
		된소리			ㅉ		
		거센소리			ㅊ		
	마찰음	예사소리		ㅅ			ㅎ
		된소리		ㅆ			
울림소리	비음		ㅁ	ㄴ		ㅇ	
	유음			ㄹ			

18 문학 > 현대 소설 오답률 34% 답 ①

| 정답해설 | ① 66% 제시된 작품은 3인칭 전지적 작가 시점으로서, 서술자는 등장인물인 '덕기'의 시선으로 이야기를 전개하고 있다.

| 오답해설 | ② 5% 시대적 배경과 관련된 어휘는 제시되지 않았다.

③ 24% 편집자적 논평이란 작가 혹은 서술자가 작품 속 상황에 직접 개입하여 자기 생각을 드러내는 것을 말한다. 제시된 글에는 드러나지 않았다.

④ 5% 작품 속 공간적 배경은 '덕기'의 집이다. 공간적 배경이나 서술자가 달라지지 않는다.

| 더 알아보기 | 염상섭, 「삼대(三代)」

- 갈래: 장편 소설
- 배경: 1920~1930년대 서울
- 시점: 3인칭 전지적 작가 시점
- 특징
  ① 가족사 소설로 식민지 시대를 사는 삼대의 모습을 나타냄
  ② 사실주의 특징을 보여 주는 소설
  ③ 당대의 풍속과 세대 간의 갈등 묘사
- 주제
  ① 세대 간의 갈등과 식민지 현실
  ② 세대 간 가치 차이에 따른 조 의관과 조상훈의 갈등
- 해제: 「삼대」는 1930년대 서울의 중산층인 조씨 집안을 배경으로 하여 조 의관, 조상훈, 조덕기 3대를 중심으로 다양한 가치관의 충돌과 인물 간의 갈등을 다루고 있다. 특히 보수와 개화로 대립되는 세대 간의 갈등과 식민지 현실에 순응하거나 저항하는 이념적 갈등을 사실적으로 그려 내면서 당대 현실을 생생하게 담아내고 있다. 타락한 인간들의 모습을 통해 시대착오적이고 위선적인 삶에 대한 비판을 드러냄과 동시에 덕기 등 젊은 세대에 대한 희망의 메시지를 담고 있는 작품이라고 할 수 있다.

19 비문학 > 독해 비문학 오답률 34% 답 ④

| 정답해설 | ④ 66% '높은 곳의 구름은 멀리를 바라보고 / 낮은 곳의 산은 세심히 보듬는다.'에 대구법이 쓰였다. 또한 '높은 곳을 나는 것'과 '낮은 곳을 나는 것'은 각각의 의미가 있다는 삶에 대한 통찰이 드러난다고 할 수 있다.

| 오답해설 | ① 11% 대구의 기법이 드러나지 않았다.

② 20% '비는 주룩주룩 내리고, 토끼는 깡충깡충 뛴다.'는 대구의 기법이다. 그러나 '우리의 삶도 자연을 닮는다면'의 표현은 직접적 표현이므로 삶에 대한 우의적 표현이 아니다.

③ 3% '하늘'과 '소녀'에 대한 이야기는 삶에 대한 우의적 표현으로 볼 수 있으나, 대구의 기법이 드러나지 않았다.

| 더 알아보기 | 우의적 표현

우의적 표현은 다른 사물에 빗대어 은연중 어떤 뜻을 나타내거나 풍자하는 것이다. 또는 생물, 무생물 등의 특성에 빗대어 인간 생활을 비유적으로 풍자(비판)하는 수법(「이솝 우화」, 「양반전」, 「태평천하」, 「봄봄」, 사설시조 등)이다.

20 비문학 > 독해 비문학 오답률 20% 답 ①

| 정답해설 | 제시된 글의 마지막 문단에서 책 읽기의 대응으로 나온 사적인 글쓰기에서 작가는 청중들로부터 아무런 즉각적인 반응을 얻을 수 없고, 글쓰기는 작가에게서 떨어져 나온다고 하였으므로 ①의 '직접 소통'은 적절하지 않다.

| 오답해설 | ② 2% 첫째 문단의 마지막 문장 '자기만의 내적인 것에 대한 추구는 ~'에서 확인할 수 있다.

③ 5% 첫째 문단의 "소설의 출현은 사적 생활이라는 개념의 출현과 밀접한 관련이 있다."라는 부분과 마지막 문단의 "사적 경험으로서의 책 읽기에 대응되어 나타난 것이 사적인 글쓰기였다."라는 부분을 통하여 확인할 수 있다.

④ 13% 둘째 문단의 '~ 희곡 등과는 달리 소설은 낭독하는 전통이 없었다.'는 표현에서, 소설과 달리 '희곡'은 낭독하는 전통이 있었음을 알 수 있다. 또한 낭독이 '청중이 한자리에 모여 동일한 가치를 나누는 일'이므로 희곡작가는 낭독을 통해 청중들과 교류하며 공통의 규범과 가치를 나누고자 하였음을 알 수 있다.

2017

6월 17일 시행
지방직 9급 (Ⓑ책형)

합격예상 체크

〈지방직 연도별 합격선〉

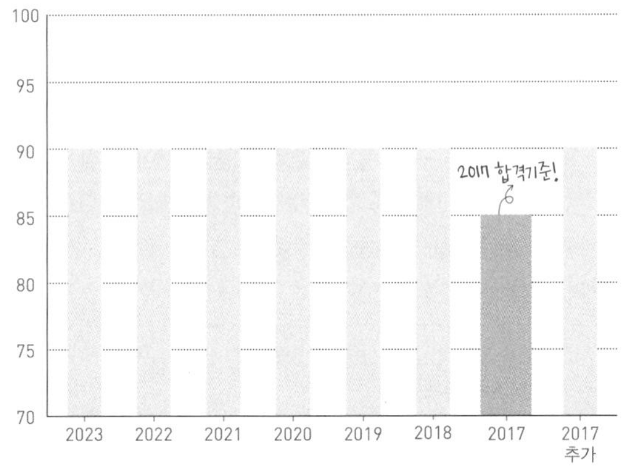

맞힌 개수	/20문항	점수	/100점

➡ □합격 □불합격

취약영역 체크

문항	정답	영역	문항	정답	영역
1	①	어문 규정 > 한글 맞춤법	11	①	문학 > 고전 운문(시조)
2	②	어휘, 한자 > 관용어	12	③	어문 규정 > 표준어 사정 원칙
3	④	어휘, 한자 > 고유어	13	④	어휘, 한자 > 한자어
4	④	문학 > 고전 운문(한시)	14	②	문법 > 현대 문법
5	③	문학 > 고전 운문(시조)	15	②	비문학 > 독해 비문학
6	①	어휘, 한자 > 한자어	16	③	문법 > 현대 문법
7	④	문학 > 현대 시	17	②	비문학 > 독해 비문학
8	①	문법 > 현대 문법	18	④	비문학 > 이론 비문학
9	①	비문학 > 독해 비문학	19	③	문법 > 현대 문법
10	②	어휘, 한자 > 고유어	20	③	비문학 > 이론 비문학

⬇ 영역별 틀린 개수로 취약영역을 확인하세요!

문법과 어문 규정	/6	비문학	/5	문학	/4	어휘, 한자	/5

➡ 나의 취약영역: ______

※ [정답해설]과 [오답해설] 선지의 50% 표시는 〈1초 합격예측 풀서비스〉를 통해 수집된 선지 선택률을 나타냅니다.

1 어문 규정 > 한글 맞춤법 오답률 42% 답 ①

| 정답해설 | ① 58% '퍼렇다'는 어간과 어미가 모두 바뀌는 'ㅎ' 불규칙 용언으로 어간 '퍼렇-' 뒤에 어미 '-어서'가 붙어 '퍼레서'가 된다.

참 '파랗다'의 경우는 '파랗-' 뒤에 '-아서'가 결합하면 '파래서'가 된다.

| 오답해설 | ② 22% 또아리(×) → 똬리(○): 표준어 규정 제14항에 따르면, 준말이 널리 쓰이고 본말이 잘 쓰이지 않는 경우에는, 준말만을 표준어로 삼는다. 이에 따라, '똬리, 무, 생쥐, 솔개, 귀찮다, 뱀, 온갖' 등이 옳은 표현이다. 따라서 '똬리'로 쓰는 것이 옳다. '똬리'는 짐을 머리에 일 때 머리에 받치는 고리 모양의 물건을 일컫는다.

③ 10% 머릿말(×) → 머리말(○): '사이시옷'은 순우리말 또는 순우리말과 한자어로 된 합성어 가운데 앞말이 모음으로 끝난 경우, 뒷말의 첫소리가 된소리로 나거나, 뒷말의 첫소리 'ㄴ', 'ㅁ' 앞에서 'ㄴ' 소리가 덧나거나, 뒷말의 첫소리 모음 앞에서 'ㄴㄴ' 소리가 덧날 때 받치어 적는다. '머리말'은 순우리말 '머리'와 순우리말 '말'로 된 합성어로, [머리말]과 같이 표기 그대로 발음되므로 사이시옷을 받치어 적지 않는다.

④ 10% 잠궈야(×) → 잠가야(○): '잠구다'가 아닌 '잠그다'가 기본형이다. 따라서 어간 '잠그-' 뒤에 어미 '-어야'가 붙어 '잠가야'가 된다.

2 어휘, 한자 > 관용어 오답률 15% 답 ②

| 정답해설 | ② 85% '말길(이) 되다'는 '남에게 소개하는 의논의 길이 트이다.'의 뜻을 지닌 관용적 표현이다.

| 오답해설 | ① 1% '말꼬리를 물다', ③ 12% '말이 있다', ④ 2% '맛(을) 붙이다'의 뜻풀이이다.

3 어휘, 한자 > 고유어 오답률 59% 답 ④

| 정답해설 | ④ 41% 바늘 한 쌈(24개) + 한 제(20첩) + 한 거리(50개) = 94개이다.

- 쌈: ㉠ 바늘을 묶어 세는 단위. 한 쌈은 바늘 스물네 개를 이른다. ㉡ 옷감, 피혁 따위를 알맞은 분량으로 싸 놓은 덩이를 세는 단위. ㉢ 금의 무게를 나타내는 단위. 한 쌈은 금 백 냥쭝이다.
- 제(劑): 한 제는 탕약(湯藥) 스무 첩. 또는 그만한 분량으로 지은 환약(丸藥) 따위를 이른다.
- 거리: 오이나 가지 따위를 묶어 세는 단위. 한 거리는 오이나 가지 오십 개를 이른다.

4　문학 > 고전 운문(한시)　오답률 23%　답 ④

| 정답해설 | ④ 77% 4구는 화자의 외롭고 쓸쓸한 심사를 '행화(杏花: 살구꽃)'라는 소재에 의탁하여 나타낸 구절이다. 살구꽃은 봄날 한때 피었다가 금방 지는 꽃으로서, 인생의 짧은 젊음 또는 여인의 짧은 아름다움을 상징한다. 즉, 화자는 봄비에 하나둘 떨어지고 있는 살구꽃을 바라보며, 자신의 젊음이 허망하게 지나가고 있음을 한탄하고 있는 것이다. '살구꽃'은 이렇게 화자 자신과 동일시되는 소재이며, 외롭고 쓸쓸한 화자의 심사를 나타내는 객관적 상관물이라고 할 수 있다.

| 오답해설 | ① 4% '춘우(春雨)'는 봄비를 뜻한다. 연못에 소리 없이 내리고 있는 봄비는 화자의 쓸쓸함을 자아내는 배경이다.

② 9% '나막(羅幕)'은 비단 장막을 뜻한다.

| 더 알아보기 | 허난설헌, 「봄비[春雨]」

- 구성: 선경 후정의 시상 전개
  - ① 1구: 연못에 봄비가 내리는 쓸쓸한 정경
  - ② 2구: 이른 봄의 추위가 외로움을 더함
  - ③ 3구: 시름에 잠긴 화자의 모습
  - ④ 4구: 허망하게 지나가는 젊은 날
- 특징: 객관적 상관물을 사용하여 화자의 감정을 사물에 의탁하여 표현
- 제재: 봄비
- 주제: 규중 여인의 외로운 심사
- 해제: 오언절구의 한시이다. 만물이 꽃피는 봄날인데, 문 밖 서쪽 연못에 부슬부슬 내리는 비를 보는 규방 여인의 시름을 강렬하게 그려 내고 있다. 생동하는 꽃과 추적대며 내리는 비가 서로 대비되면서 화자의 우울한 마음을 더욱 선명하게 보여 준다.

5　문학 > 고전 운문(시조)　오답률 12%　답 ③

| 정답해설 | ③ 88% '언치'는 말이나 소의 안장이나 길마에 까는 담요나 방석이다. 말 등에 안장을 얹어 타는 것이 아니라 소 등에 깔개를 얹고 탄다는 내용은 화자의 소박하고 향토적인 생활과 정서를 느끼게 한다.

| 오답해설 | ① 4% 제시된 작품은 술을 마시며 풍류를 즐기는 모습을 노래한 시조로, 화자는 전원생활 속에서 한가롭게 풍류를 즐기며 살고 있다.

② 1% 재 너머 성권농 집에 술이 익었다는 말을 듣고 흥겨움에 누워 있는 소를 발로 차서 달려가는 모습에서 역동성과 생동감을 느낄 수 있다.

오답률 TOP 1

6　어휘, 한자 > 한자어　오답률 85%　답 ①

| 정답해설 | ㉠ 장광설(長廣舌): 길고도 세차게 잘하는 말솜씨. / 쓸데없이 장황하게 늘어놓는 말 ㈜ 다변(多辯)

㉡ 유언비어(流言蜚語): 아무 근거 없이 널리 퍼진 소문. 뜬소문 ㈜ 부언유설(浮言流說), 부언낭설(浮言浪說), 가담항설(街談巷說)

㉢ 변명(辨明): 어떤 잘못이나 실수에 대하여 구실을 대며 그 까닭을 말함 / 옳고 그름을 가려 사리를 밝힘

| 오답해설 | ② 19%, ③ 28% 변명(辯明): 말로 풀어 밝힘

7　문학 > 현대 시　오답률 10%　답 ④

| 정답해설 | ④ 90% '잠착하다'는 '참척하다'의 원말로서, '한 가지 일에만 정신을 골똘하게 쓰다.'의 뜻이다.

| 오답해설 | ① 1% 5연의 '산중(山中)에 책력(冊曆)도 없이'라는 표현으로 짐작할 수 있다. 이 작품은 추운 겨울 산중에서 홀로 인동차를 마시며 겨울을 견디고 있는 노주인의 모습을 그리고 있다.

② 7% 제시된 시에서는 자작나무의 붉은 불과 추위 속에서 돋아난 파릇한 무순이 시각적으로 대조되고 있다.

③ 2% 제시된 시는 정지용의 동양 고전에 대한 관심을 보여 주는 작품이다. 산중에 책력이 없다는 것은 시간에 쫓기어 살지 않고 자연의 섭리에 순응하며 사는 자세를 표현한 것이며 삼동이 하이얗다는 것은 겨울 세 달이 눈으로 하얗다는 시각적 표현으로 마치 한 폭의 동양화와 같은 인상을 준다.

| 더 알아보기 | 정지용, 「인동차(忍冬茶)」

- 배경: [시간] 추운 겨울, [공간] 산중의 방 안
- 성격: 동양적, 관조적, 회화적
- 특징
  - ① 동양적 세계를 보여 주는 시로 각 연들은 동양 특유의 정신적 여백미, 간결성, 절제미가 담긴 동양적 은일 세계를 보여 주고 있고, 서구의 이미지즘과 동양적인 정신의 깊이가 잘 나타남
  - ② 각 연들은 단절된 장면(정신의 여백미, 동양적 은일의 세계)을 제시 → 전체적 장면: 고요하고 적막한 산중의 겨울 정경
  - ③ 감정을 절제하여 대상을 객관적으로 표현함
  - ④ 주로 시각적 이미지의 시어를 사용하였으며, 색채의 대비가 돋보임
  - ⑤ 풍경을 회화적, 감각적으로 묘사하고 있으며, 대상을 관조적으로 바라보고 있음
- 주제: 산중의 고요한 정경과 현실을 극복하고 견디는 인내
- 해제: 이 작품은 추운 겨울 산중에서 홀로 인동차를 마시며 겨울을 견디고 있는 노주인의 모습을 그리고 있다. 추운 겨울, 산중의 방 안에서 노주인이 인동차를 마시는 모습은 바깥의 풍설과 삼동의 차가운 이미지와 대조를 이루어 도로 피어나는 자작나무의 불꽃과 파릇하게 돋아난 무순처럼 역경에도 흔들리지 않는 초연함을 느끼게 해 준다.

8　문법 > 현대 문법　오답률 16%　답 ①

| 정답해설 | ① 84% 제시된 문장에서 주체는 '나(화자)'로서 주체 높임은 드러나지 않았으므로 [주체 −], 객체는 '선생님'이며, '께'와 서술어 '드리다'를 사용하였으므로 [객체 +], 상대는 '숙희'이며, 종결 어미 '−다'를 사용한 해라체(아주낮춤−반말체)이므로 [상대 −]이다.

| 더 알아보기 | 높임법

(1) 주체 높임법
- 개념: 화자가 서술의 주체에 대하여 높임의 태도를 나타내는 방법
- 실현 방법
  - 가장 대표적인 방법은 주체 높임 선어말 어미 '−시−'를 서술어에 넣는 것
  - 조사 '께서'를 주체에 붙이거나 높임 접미사 '−님'을 붙이는 것
  - 특수 어휘 '계시다, 주무시다' 사용

(2) 객체 높임법
- 개념: 주체 높임법이 대체로 문장의 주어를 높이는 방법임에 비해, 객체 높임법은 문장의 목적어나 부사어가 지시하는 대상, 곧 서술의 객체에 대하여 높임의 태도를 나타내는 방법. 국어의 높임법 가운데 가장 발달하지 않은 방법
- 실현 방법: 가장 대표적인 방법은 '모시다, 드리다, 여쭙다, 뵙다'와 같은 객체 높임 서술어 활용

(3) 상대 높임법
- 개념: 국어의 높임법 가운데 가장 발달되어 있는 높임법. 화자가 청자인 상대방에 대하여 높이거나 낮추어 말하는 방법으로 모든 문장에서 나타남
- 실현 방법: 주로 종결 표현에 의해 실현되는데, 크게는 격식체와 비격식체로 나눔

9 비문학 > 독해 비문학 오답률 35% 답 ①

| 정답해설 | '칸트'의 견해는 '미에 대한 자율적 견해', 즉 문학 작품은 문학 외적인 측면으로 설명되는 것을 거부하는 순수한 예술적 가치가 있다고 보는 것이다. 이는 문학의 존재론적 관점으로서, 시어나 비유, 상징, 구조 등 내적 요소에 주목하는 '내재적 접근 방법(내재적 관점)'이라고도 한다. ①이 내재적 관점에 해당한다.

| 오답해설 | ② 10%, ④ 16% 반영론적 관점, ③ 9% 효용론적 관점에 해당한다.

| 더 알아보기 | 문학 이해의 관점

- 표현론적 관점: 문학 작품은 작가의 체험, 사상, 감정 등을 표현한 것으로 보는 관점으로서, 작품을 창작한 작가의 창작 의도를 중시한다.
- 반영론적 관점: 작품은 현실 세계를 반영한다는 관점으로서, 작품에 반영된 세계와 대상 세계를 비교, 검토한다.
- 효용론적 관점: 문학 작품의 가치를 독자에게 어떤 효과(미적 쾌감, 교훈, 감동 등)를 주었느냐에 따라 평가하려는 관점이다.
- 절대주의적 관점: 작품을 이해하는 데 필요한 자료는 작품밖에 없으며, 작품 속에 모든 것이 갖추어져 있다고 보는 관점으로서, 작품의 언어 구조를 중시한다.

10 어휘, 한자 > 고유어 오답률 41% 답 ②

| 정답해설 | ② 59% • '새우잠'은 새우처럼 등을 구부리고 자는 잠. 주로 모로 누워 불편하게 자는 잠을 의미한다.
- '안잠[안짬]'은 여자가 남의 집에서 먹고 자며 그 집의 일을 도와주는 일. 또는 그런 여자를 의미한다. '안잠자기'라고도 한다.

| 오답해설 | ① 22% 파적(破寂): 심심함을 잊고 시간을 보내기 위하여 어떤 일을 함 동 심심풀이

참 '송이 파적'은 '송이(松耳)'와 '파적(破寂)'이 합쳐진 말로 심심풀이로 송이버섯을 따 먹는 행위를 말한다.

③ 4% 난장(亂杖): 여러 사람이 한꺼번에 덤비어 때리는 매 동 몰매

④ 15% 사관(四關): 양팔의 어깨 관절과 팔꿈치 관절, 양다리의 대퇴 관절과 무릎 관절을 이르는 말. 또는 양쪽의 팔꿈치와 무릎 관절을 통틀어 이르는 말

11 문학 > 고전 운문(시조) 오답률 57% 답 ①

| 정답해설 | 제시된 작품은 유교적 교훈을 담은 교훈가로 관념적 시조이다. 옳고 그름을 잘 가려서 옳은 일이면 의(義)에 따라 천성대로 살려는 의지를 강조한 작품이므로 주제는 ①의 '솔성(率性)'이다. '솔성(率性)'은 타고난 성질이나 천성을 좇음을 뜻한다.

| 오답해설 | ② 28% 선교(善交): 잘 사귐

③ 22% 준법(遵法): 법률이나 규칙을 좇아 지킴

④ 7% 독학(篤學): 학문에 충실함

| 더 알아보기 | 변계량의 시조

- 성격: 교훈가
- 주제: 의(義)에 따라 천성대로 살려는 의지
- 해제: 초장과 중장은 대구로 이루어진 명령문으로서, 종장(주제장)에 대한 전제 구실을 한다. 주제인 '천성대로 살리라'는 성선설(性善說)에 바탕을 둔 교훈가이다.
- 현대어 풀이

  내가 하기 좋다 하여 남한테 싫은 일을 하지 말 것이요
  남이 한다고 해도 그것이 옳은 일이 아니거든 따라 해서는 아니 된다
  우리는 타고난 성품을 따라서 저마다 생긴 그대로 지내리라

오답률 TOP 2

12 어문 규정 > 표준어 사정 원칙 오답률 68% 답 ③

| 정답해설 | ③ 32% '깨단하다'는 '오랫동안 생각해 내지 못하던 일 따위를 어떠한 실마리로 말미암아 깨닫거나 분명히 알다.'의 뜻으로 표준어이다.

| 오답해설 | ① 10% 뉘연히(×) → 버젓이(○): '남의 시선을 의식하여 조심하거나 굽히는 데가 없이'의 뜻을 지닌 부사는 '버젓이'이다. '뉘연히'는 바르지 않다.

② 20% 뒤어내고(×) → 뒤져내고(○): '샅샅이 뒤져서 들춰내거나 찾아내다.'라는 뜻의 동사는 '뒤져내다'이다. '뒤어내다'는 바르지 않다.

④ 38% 허구헌(×) → 허구한(○): '날, 세월 따위가 매우 오래다.'의 뜻을 지닌 형용사는 '허구하다'이다. 따라서 '허구한'이 올바른 표현이다.

13 어휘, 한자 > 한자어 오답률 46% 답 ④

| 정답해설 | ④ 54% ㉣ 일조(日照)(×) → 일조(一朝)(○)
- 일조(日照): 햇볕이 내리쬠. '볕 쬠'으로 순화해야 한다.
- 일조(一朝): (주로 '일조에' 꼴로 쓰여) 하루아침, 갑작스러울 정도의 짧은 시간

| 오답해설 | ① 14% ㉠ 확집(確執): 자기의 의견을 굳이 고집하여 양보하지 아니함

② 12% ㉡ 위의(威儀): 위엄이 있고 엄숙한 태도나 차림새/예법에 맞는 몸가짐

③ 20% ㉢ 강도(强度): 센 정도

오답률 TOP 3

14 문법 > 현대 문법 오답률 66% 답 ②

| 정답해설 | ② 34% 동사와 형용사의 구분은 현재 시제 선어말 어미 '-는-/-ㄴ-'과의 결합 여부로 판단할 수 있다. 결합이 가능하면 동사, 결합이 불가능하면 형용사이다.

㉠ 흐드러지다: 개나리꽃이 흐드러진다.(×) → 형용사

㉣ 충만하다: 봄의 기운이 충만한다.(×) → 형용사

㉤ 없다: 악의(가) 없는다.(×) → 형용사

| 오답해설 | ㉡ 찍다: 사진을 찍는다.(○) → 동사

㉢ 설레다: (마음이) 행복감으로 설렌다.(○) → 동사

| 더 알아보기 | 동사와 형용사를 구분하는 방법

- 현재 시제 선어말 어미 '-는-/-ㄴ-'을 사용할 수 있으면 동사, 사용하지 못하면 형용사
- 명령형 어미 '-어라'와 청유형 어미 '-자'와 결합할 수 있으면 동사, 결합할 수 없으면 형용사
- 현재를 나타내는 관형사형 전성 어미 '-는'이 결합할 수 있으면 동사, 그렇지 못하면 형용사
- 의도를 나타내는 어미 '-려'나 목적을 나타내는 어미 '-러'와 함께 쓰일 수 있으면 동사, 그렇지 못하면 형용사

15 비문학 > 독해 비문학 오답률 26% 답 ②

| 정답해설 | 밑줄 친 말 뒤에 이어지는 문장을 보면 "정상 과학의 시기에는 이미 이론의 핵심 부분들은 정립돼 있다."라고 하였다. 따라서 ②는 올바른 설명이다.

| 오답해설 | ① 6% 둘째 문단의 마지막 문장을 보면 "연구는 이제 혼란으로서의 다양성이 아니라, 이론과 자연 현상을 일치시켜 가는 지식의 확장으로서의 다양성을 이루게 된다."라고 하였다. 즉 '일치시켜 가는 지식의 확장으로서의 다양성'이라 했으므로 '상반된 시각의 학설이 등장'한다는 설명은 바르지 않다.

③ 12% 셋째 문단의 내용을 보면, "패러다임이란 과학자들 사이의 세계관의 통일이지 세계에 대한 해석의 끝은 아닌 것이다."라고 하였다. 따라서 '세계를 완전히 해석할 수 있는 과학으로 발전'된다는 설명은 바르지 않다.

④ 8% 넷째 문단과 다섯째 문단을 보면 '예측된 결과를 좇아갈 뿐이고, 예측된 결과가 나오지 않으면 실패라고 규정되는 상태'에서 과학의 발전이 이루어지는 것에 대하여 쿤은 '수수께끼 풀이'라고 말한다. 과학자들의 열정과 헌신성이 낮아지는 것은 아니다.

16 문법 > 현대 문법 오답률 7% 답 ③

| 정답해설 | ㉢의 '잡다'는 '담보로 맡다.'라는 의미이다. '어림하다'는 '대강 짐작으로 헤아리다.'의 뜻이므로 ③과 유의 관계가 아니다.

| 오답해설 | ① 2% ㉠ 짐승을 죽이다.

② 4% ㉡ 손으로 움키고 놓지 않다.

④ 1% ㉣ 기세를 누그러뜨리다.

| 더 알아보기 | 동사 '잡다'의 의미

(1) 잡다01
- 붙들어 손에 넣다.
  - 예 동생은 매미를 잡으러 미루나무에 올라갔다.
- 짐승을 죽이다.
  - 예 할아버지는 돼지를 잡아 잔치를 베푸셨다.
- 권한 따위를 차지하다.
  - 예 왕권은 유명무실해지고, 귀족들이 실권을 잡게 되었다.
- 실마리, 요점, 단점 따위를 찾아내거나 알아내다.
  - 예 그녀의 의도가 무엇인지 나는 도무지 감을 잡을 수 없었다.
- 어떤 순간적인 장면이나 모습을 확인하거나 찍다.
  - 예 그는 카메라로 아기의 웃는 모습을 잘 잡았다.
- 어떤 상태를 유지하다.
  - 예 부모는 중심을 잘 잡고 살아야 한다.

(2) 잡다02
- 담보로 맡다.
  - 예 술집 주인은 손님의 시계를 술값으로 잡았다.
- 어림하거나 짐작하여 헤아리다.
  - 예 이 물건의 가치는 적게 잡아도 100만 원은 넘을 것이다.
- 자리, 방향, 날짜 따위를 정하다.
  - 예 그녀는 여행 방향을 남쪽으로 잡았다.

17 비문학 > 독해 비문학 오답률 2% 답 ②

| 정답해설 | ② 98% 둘째 문단의 내용을 보면 "중부는 만조 때에는 물에 잠기지만 간조 때에는 공기 중에 노출되는 곳이다."라는 지점 설명만 있을 뿐 어떠한 생물이 사는지는 제시되지 않았다.

| 오답해설 | ① 1% 셋째 문단의 "총알고둥류와 따개비들을 발견했다면 그곳이 조간대에서 물이 가장 높이 올라오는 지점인 것이다."라는 내용으로 알 수 있다.

③ 1% 셋째 문단의 내용을 보면 "조간대에 사는 생물들은 불안정하고 척박한 바다 환경에 적응하기 위해 높이에 따라 수직으로 종이 분포한다."라고 하였다. 즉, 불안정하고 척박한 바다 환경에 적응하기 위해 높이에 따라 수직으로 종이 분포하는 것이다.

④ 0% 첫째 문단의 '이곳의 생물들은 ~ 조간대에서 살 수 있다.'는 내용에서 알 수 있다.

18 비문학 > 이론 비문학 오답률 12% 답 ④

| 정답해설 | 서론에서 '최근 수출 실적의 부진 현상'을 제기하고, 본론에서 수출 경쟁력의 실태를 가격, 비가격 경쟁력으로 나누어 설명하였다. 즉, 수출 실적이 부진한 원인은 가격, 비가격 경쟁력에 원인이 있다고 할 수 있다. 따라서 수출 경쟁력을 좌우하는 요인(가격, 비가격 요인)을 분석한 후 그 구체적인 해결 방안을 마련해야 한다는 ④가 주제문으로 적절하다.

| 오답해설 | ③ 9% 본론의 '2. 비가격 경쟁력 요인'의 일부에 대한 해결 방안이다. ① 1% 정부가 적극 지원해야 한다는 내용과 ② 2% 내수 시장의 기반을 강화해야 한다는 내용은 개요에 제시되어 있지 않다.

19 문법 > 현대 문법 오답률 10% 답 ③

| 정답해설 | ③ 90% ㅅ의 '당신'은 앞 문장에서 제시된 ㉣의 '할머니'를 아주 높여 이르는 3인칭 대명사이다.

| 오답해설 | ① 2% ㉠의 '그쪽'은 상대(듣는 이)를 가리키는 2인칭 대명사이고, ㉢의 '저'는 말하는 이가 윗사람이나 그다지 가깝지 아니한 사람을 상대하여 자기를 낮추어 가리키는 1인칭 대명사이다.

② 6% ㉡의 '우리'에는 ㉣의 '할머니'가 포함되어 있지 않다.

④ 2% ㉤의 '본인'은 바로 앞에 나온 ㉣의 '할머니'를 지칭하는 말이고, ㉥의 '당신'은 대화의 상대를 의미한다.

20 비문학 > 이론 비문학 오답률 17% 답 ③

| 정답해설 | ③ 83% '그러나'는 앞의 내용과 뒤의 내용이 상반될 때 쓰는 접속 부사이다. ㉢은 '동물들도 인간과 다를 바 없이 의사를 교환하고 있는 듯하다.'는 ㉠과 ㉡의 내용을 부정하고 '사람의 말과 동물의 소리에는 아주 근본적인 차이가 존재한다.'는 새로운 논점을 제시하고 있다. 제시된 글은 동물의 소리는 본능적인 감정을 표현하기 위한 것이므로 인간의 말과 다르다는 점을 밝힌 논증이다.

| 오답해설 | ② 1% '즉'은 앞 내용을 다시 말한다는 의미로, ㉡은 ㉠을 구체적으로 부연하는 역할을 한다.

④ 9% '따라서'는 앞에서 말한 일이 뒤에서 말할 일의 원인, 이유, 근거가 됨을 나타내는 접속 부사이다. 그러므로 ㉢, ㉣이 근거이고, ㉤은 제시된 글의 주제문이다.

2017 12월 16일 시행 지방직 9급 추가 (Ⓐ책형)

합격예상 체크

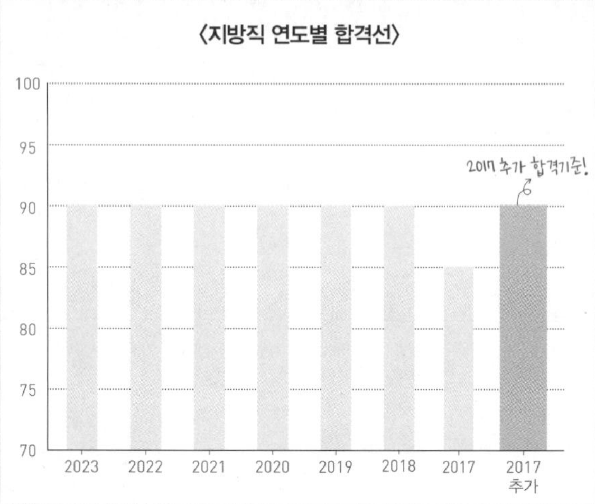

맞힌 개수	/20문항	점수	/100점

➡ □합격 □불합격

취약영역 체크

문항	정답	영역	문항	정답	영역
1	④	어문 규정 > 한글 맞춤법	11	④	비문학 > 이론 비문학
2	③	문법 > 현대 문법(언어 예절)	12	②	비문학 > 이론 비문학
3	④	비문학 > 독해 비문학	13	④	비문학 > 이론 비문학
4	②	문학 > 현대 시	14	①	문학 > 고전 운문(향가)
5	③	어문 규정 > 한글 맞춤법	15	②	비문학 > 독해 비문학
6	②	어휘, 한자 > 한자 성어	16	③	문법 > 현대 문법
7	③	어문 규정 > 외래어 표기법	17	②	문법 > 현대 문법
8	③	어휘, 한자 > 한자어	18	①	비문학 > 독해 비문학
9	①	어휘, 한자 > 한자어와 고유어	19	②	비문학 > 독해 비문학
10	③	비문학 > 독해 비문학	20	④	문학 > 현대 소설

⬇ 영역별 틀린 개수로 취약영역을 확인하세요!

문법과 어문 규정	/6	비문학	/8	문학	/3	어휘, 한자	/3

➡ **나의 취약영역:** ________

※ [정답해설]과 [오답해설] 선지의 50% 표시는 〈에듀윌 합격예측 풀서비스〉를 통해 수집된 선지 선택률을 나타냅니다.

1 어문 규정 > 한글 맞춤법 (오답률 47%) 답 ④

| 정답해설 | ④ 53% '제원(諸元: 諸 모두 제/元 으뜸 원)'은 기계류의 치수나 무게 따위의 성능과 특성을 나타낸 수적(數的) 지표를 뜻하며, 문맥에 적절하다.

| 오답해설 | ① 30% 괴념(×) → 괘념(掛念)(○): 마음에 두고 걱정하거나 잊지 않음 유 계념(繫念), 괘심(掛心), 괘의(掛意)

② 2% 발체(×) → 발췌(拔萃)(○): 책, 글 따위에서 필요하거나 중요한 부분을 가려 뽑아냄. 또는 그런 내용
유 발취(拔取), 발초(拔抄)

③ 15% 와훼(×) → 와해(瓦解)(○): 기와가 깨진다는 뜻으로, 조직이나 계획 따위가 산산이 무너지고 흩어짐을 이르는 말

2 문법 > 현대 문법(언어 예절) (오답률 13%) 답 ③

| 정답해설 | ③ 87% 남편의 누나는 '형님'으로 부른다.

참 '시누이'는 남편의 누나와 여동생을 아우르는 말이다.

| 오답해설 | ① 1% (남편의 형에게) 큰아빠(×) → 아주버님(○): 남편의 형은 '아주버님'으로 호칭한다. 남편의 형이 혼인을 하지 않았을 경우에도 '아주버님'이라고 불러야 한다. '큰아버지', '큰아빠'는 자녀들이 아버지의 형을 부르는 말이므로 남편의 형에게 써서는 안 된다.

참 시댁 쪽 사람에게는 시부모처럼 남편의 형보다 윗사람일지라도 '아주버님'이라고 지칭한다. 그러나 친정 쪽 사람에게는 '님'을 붙이지 않고 '시아주버니'나 '○○ 큰아버지'라고 지칭한다.

② 3% (시부모에게 남편을) 오빠(×) → 아비, 아범(○): 남편을 지칭할 때는 누구 앞에서 지칭하느냐에 따라 다르다. 시부모에게 남편을 지칭할 때는 '아비' 또는 '아범'이라고 한다. 친정 부모에게는 남편의 성을 넣어 '○ 서방'이라고 하면 무난하다. 남편의 형제들에게는 그들을 기준으로 그들이 부르는 대로, 시아주버니와 손위 시누이에게는 '동생', 시동생에게는 '형(님)', 손아래 시누이에게는 '오빠'라고 함이 자연스럽다. 동서들이나 시누이 남편에게는 '그이', '○○ 아버지' '○○ 아빠'로 하면 된다. 자신의 친구들에게는 '그이', '우리 남편', '애아버지', '애 아빠'로 쓸 수 있다. 그러나 남편의 직함을 붙여 '우리 사장', '우리 선생', '우리 부장' 등으로 지칭해서는 안 된다. 남편의 친구들에게는 '그이', '애아버지', '바깥양반', '바깥사람'을 쓴다.

④ 9% (다른 사람에게 자신의 배우자를) 부인(×) → 집사람, 안사람(○)

참 '마누라'는 아내를 낮추어 부르는 말이므로 바람직하지 않다.

3 비문학 > 독해 비문학 | 오답률 3% | 답 ④

| 정답해설 | 셋째 문단의 마지막 문장을 보면 "개인적 계몽에 성공한 이들에게 자신의 생각을 표현하고 발표하는 자유가 주어진다면 계몽 정신은 자연스레 널리 전파될 것이고 사람들은 독립에의 공포심에서 벗어나 스스로 생각하는 성년 단계로 진입하게 될 것이다."라고 하였다. 따라서 ④의 설명은 바르지 않다.

| 오답해설 | ① 1% 둘째 문단에서 확인할 수 있다.

② 1% 넷째 문단에서 확인할 수 있다.

③ 1% 첫째 문단과 둘째 문단에서 확인할 수 있다.

4 문학 > 현대 시 | 오답률 7% | 답 ②

| 정답해설 | ② 93% 제시된 시의 화자는 꽃이 지는 모습에서 사랑하는 사람과 이별하는 모습을 떠올리며, 사랑이 끝났을 때 미련 없이 떠나는 모습이 아름답다고 말하고 있다. 여기서 꽃이 진다는 것은 상실이나 허무가 아니라 더 큰 성숙이나 만남을 위한 과정을 의미한다. 꽃이 져야만 열매를 맺는 것처럼 사람도 이별을 겪고 나서 정신적으로 더 성숙할 수 있다고 보고 있다. 이러한 내용은 마지막 연 "나의 사랑, 나의 결별, / 샘터에 물 고이듯 성숙하는"이라는 구절에서 확인할 수 있다.

| 오답해설 | ① 1% '봄 한철 – 무성한 녹음(여름) – 하롱하롱 꽃잎이 지는 어느 날(가을)'로 이어지는 계절의 순환은 나타나 있으나 자연의 위대함을 자각한 것은 아니다. 꽃이 떨어지는 것은 슬픈 일이나 꽃이 떨어지면 열매를 맺듯이 더 높은 차원의 영혼의 성숙이 가능해진다고 말함으로써 삶의 보편적 측면에 대한 깨달음을 보여 주고 있다.

③ 2% 시적 화자는 3연의 "지금은 가야 할 때"라는 구절에서 이별을 받아들이고 있다.

④ 4% '낙화(꽃이 지는 것)'는 열매를 맺기 위함이다. 그러므로 낙화는 새로움을 위한 성숙한 결별의 의식이다. 인생의 무상함을 강조한 표현이 아니다.

오답률 TOP 1

5 어문 규정 > 한글 맞춤법 | 오답률 77% | 답 ③

| 정답해설 | ③ 23% '정처'와 '없이'는 각각의 단어이므로 띄어 쓴다. 여기서 '정처(定處)'는 '정해진 장소'라는 뜻이므로, '정처 없이'는 '정해진 곳이 없이'라는 의미이다.

| 오답해설 | ① 43% 얽히고 설켜서(×) → 얽히고설켜서(○): '가는 것이 이리저리 뒤섞이다. / 관계, 일, 감정 따위가 이리저리 복잡하게 되다.'는 뜻의 '얽히고설키다'는 동사로서, 한 단어이다.

참 '얼키고설키다, 얽히고섥히다'는 바르지 않은 표현이다.

② 10% • 알아 주는(×) → 알아주는(○): '알아주다'는 '남의 사정을 이해하다'는 뜻의 동사로, 한 단어이므로 붙여 써야 한다.

• 너 밖에(×) → 너밖에(○): 주로 체언이나 명사형 어미 뒤에 붙어 '그것 말고는', '그것 이외에는', '기꺼이 받아들이는', '피할 수 없는'의 뜻을 나타내는 '밖에'는 보조사이므로 앞말에 붙여 써야 한다.

참 '밖에'는 보조사인 '밖에'가 있고 명사 '밖[外]'에 조사 '에'가 결합한 '밖에'가 있다. 보조사일 경우에는 앞말에 붙여 쓰고 명사일 경우에는 앞말과 띄어 쓴다. "대문 밖에 누가 왔다."의 '밖에'는 '밖[外]'을 의미하므로 앞말과 띄어 쓴다.

④ 24% 속절 없는(×) → 속절없는(○): '단념할 수밖에 달리 어찌할 도리가 없다.'는 뜻의 '속절없다'는 형용사로서, 한 단어이므로 붙여 써야 한다.

6 어휘, 한자 > 한자 성어 | 오답률 36% | 답 ②

| 정답해설 | ② 64% '방약무인(傍若無人)'은 '곁에 아무도 없는 것처럼 여긴다.'는 뜻으로, 주위에 있는 다른 사람을 전혀 의식하지 않고 제멋대로 행동하는 것을 이르는 성어이다.

| 오답해설 | ① 3% 결초보은(結草報恩): '풀을 묶어서 은혜를 갚는다.'는 뜻으로, 죽어 혼이 되더라도 입은 은혜를 잊지 않고 갚음, 무슨 짓을 해서든지 잊지 않고 은혜에 보답함을 이르는 말이다.

③ 13% 절치부심(切齒腐心): '이를 갈고 마음을 썩이다.'는 뜻으로, 대단히 분하게 여기고 마음을 썩임을 뜻한다.

④ 20% 점입가경(漸入佳境): '가면 갈수록 경치가 아름다워진다.'는 뜻으로, 일이 점점 더 재미가 있다는 뜻이다.

7 어문 규정 > 외래어 표기법 | 오답률 26% | 답 ③

| 정답해설 | ㄱ. 옐로우(×) → 옐로(○): [ou]는 '오'로 적는다. 따라서 '옐로'는 바른 표기이다.

ㄴ. 가디건(×) → 카디건(○): cardigan은 [kɑ́:digən]으로 발음되므로 '카디건'이 옳다. '카디건'은 앞을 단추로 채우는 스웨터를 일컫는 말이다.

ㄹ. 비젼(×) → 비전(○): 외래어 표기법에서 'ㅈ'이나 'ㅊ' 다음에 이중 모음을 적지 않는다. 따라서 '비전'은 바른 표기이다.

| 오답해설 | ㄷ. 롭스터(×) → 랍스터, 로브스터(○): 바닷가재를 통틀어 이르는 말로서, '랍스터, 로브스터'가 바른 표기이다.

참 랍스타(×), 롭스터(×)

ㅁ. 콘테이너(×) → 컨테이너(○)

| 더 알아보기 | 'con–'의 발음 표기

> [ɔ]는 [o]와 구분 없이 '오'로 적는다. [ɔ] 소리는 우리말의 '어'와도 비슷하게 들리므로 '어'로 적는 경우가 많이 있다. 예를 들어 concept[kɑ:nsept], contents[kɑ:ntents] 등은 '컨셉트', '컨텐츠'가 아니라 '콘셉트, 콘텐츠'로 적어야 한다. 반대로 영어의 철자에 이끌려 '어'로 적어야 하는 것들을 '오'로 잘못 표기하는 예들도 있다. 예를 들어 container[kənteinə(r)], control[kəntróu] 등은 'con–'의 발음이 [kan]이 아니라 [kən]이므로 '콘테이너', '콘트롤'로 적어서는 안 되고, '컨테이너', '컨트롤'로 적어야 한다. 영어는 철자와 발음 사이에 일정한 대응 관계가 성립하지 않아 철자가 같아도 발음이 다른 경우가 많이 있다. 위의 예처럼 똑같은 'con–'이 단어에 따라 [kan]으로 발음되기도 하고 [kən]으로 발음되기도 한다. 따라서 올바른 외래어 표기를 하기 위해서는 항상 발음 기호를 확인해야 한다.

오답률 TOP 3

8 어휘, 한자 > 한자어 오답률 60% 답 ③

| 정답해설 | ③ 40% ㉢ 態道 → 態度: 態 모습 태/度 법도, 모양, 모습, 정도 도
'마음가짐이 드러난 자세', '어떤 일이나 상황 따위에 대해 취하는 입장'을 뜻하는 '태도'는 態度이다.

| 오답해설 | ① 19% ㉠ 열악(劣惡: 劣 못할 열/惡 악할, 나쁘다, 더럽다, 못생기다, 추하다 악): 품질이나 능력, 시설 따위가 매우 떨어지고 나쁨
② 20% ㉡ 경의(敬意: 敬 공경 경/意 뜻 의): 존경하는 뜻
④ 21% ㉣ 귀감(龜鑑: 龜 거북 귀/鑑 거울 감): 거울로 삼아 본받을 만한 모범

오답률 TOP 2

9 어휘, 한자 > 한자어와 고유어 오답률 61% 답 ①

| 정답해설 | ① 39% '게재(揭載: 揭 높이 들 게/載 실을 재)'는 글이나 그림 따위를 신문이나 잡지 따위에 싣는 것이다. 문맥상 기(旗) 따위를 높이 거는 것을 뜻하는 '게양(揭揚: 揭 높이 들 게/揚 날릴 양)'이 적절하다.

| 오답해설 | ② 28% 설치(設置: 設 베풀 설/置 둘 치): 베풀어서 둠
③ 10% 기록(記錄: 記 기록할 기/錄 기록할 록): 주로 후일에 남길 목적으로 어떤 사실을 적음. 또는 그런 글
④ 23% 대동(帶同: 帶 띠, 데리고 다니다, 붙어 다니다 대/同 한가지 동): 어떤 모임이나 행사에 거느려 함께 함

10 비문학 > 독해 비문학 오답률 26% 답 ③

| 정답해설 | (다) '부자가 ~ 못한다'는 논제를 먼저 제시하고, (마)에서는 '~ 때문이다'의 구조로 (다)의 근거를 제시한다. 이어서 (라)에서는 역접 접속 부사 '하지만'을 사용하여, (다), (마)에 대립되는 '차원 높은 행복'의 조건을 제시한 후 (나)에서는 '성장과 창조적 활동에서 얻는 행복'을 설명한다. 그리고 다시 (가)에서 일반적인 결론으로 연결하는 것이 자연스럽다.
따라서 정답은 ③ 74% '(다)-(마)-(라)-(나)-(가)'이다.

11 비문학 > 이론 비문학 오답률 2% 답 ④

| 정답해설 | ④ 98% 문장의 접속어나 지시어를 찾는 문항은 앞뒤 문장의 연결 관계를 파악해야 한다.
㉠의 앞 문장에서는 타이타닉 호 속에 '일상사'가 있다고 진술하고, 이어서 선원의 일상사가 제시되므로 뒤 문장은 예시 문장이다. 따라서 ㉠에는 '예를 들면'이 적절하다.
㉡의 앞 문장에서는 타이타닉 호의 경우를 세계 경제 시스템으로 확대하여 아무런 현실이 없다고 한다면 '합리적인 논리'라고 한다. 그리고 이어지는 내용에는 타이타닉 호의 바깥에는 바다가 있고 빙산이 있듯, 세계 경제의 바깥에 있는 재난이 문제라고 진술하고 있다. 즉 앞뒤 문장은 역접의 관계이다. 따라서 ㉡에는 '그러나, 하지만, 그렇지만' 등이 적절하다.
㉢의 앞 문장은 우리들의 세계 경제 시스템의 재난이 이미 시작되었다고 진술하고, 이것은 차례차례 빙산에 부딪히고 있는 중이라고 연결하였다. 두 문장은 같은 의미의 문장이다. 따라서 ㉢에는 앞 문장에서 말한 내용을 뒤 문장에서 다른 표현으로 바꾸어 말할 때 사용하는 환언 관계 접속어 '말하자면, 즉, 곧, 바꾸어 말하면' 등이 적절하다.

| 더 알아보기 | 우리말 접속어 종류

- 순접: 앞의 내용을 이어 받아 연결하는 것
  예 그리고, 그리하여, 이리하여
- 역접: 앞의 내용과 상반되는 내용을 이어 주는 것
  예 그러나, 그렇지만, 하지만, 그래도
- 인과: 앞뒤의 문장을 원인과 결과로, 또는 결과와 원인으로 연결
  예 그래서, 따라서, 그러므로, 그러니까
- 대등, 병렬: 앞뒤의 내용을 같은 자격으로 나열하면서 이어 주는 것
  예 그리고, 또는, 혹은, 및
- 첨가, 보충: 앞의 내용에 새로운 내용을 덧붙이거나 보충하는 것
  예 그리고, 더구나, 게다가, 아울러
- 환언, 요약: 앞의 내용을 바꾸어 말하거나 간추려 짧게 요약하는 것
  예 요컨대, 즉, 결국, 말하자면
- 전환: 뒤의 내용이 앞의 내용과는 다른, 새로운 생각이나 사실을 서술하여 화제를 바꾸며 이어 주는 것
  예 그런데, 그러면, 한편, 다음으로, 아무튼
- 예시: 앞의 내용에 대해 구체적인 예를 들어 설명하는 것
  예 예컨대, 이를테면

12 비문학 > 이론 비문학 오답률 2% 답 ②

| 정답해설 | ② 98% ㉡의 앞 내용은 황사의 긍정적 측면의 진술이고, 이어지는 내용은 황사의 부정적 측면의 진술이다. 따라서 앞 문장의 내용과 반대되는 역접 관계이므로 '그러나, 그렇지만, 하지만' 등이 적절하다. '그러므로'는 앞 문장의 내용과 뒤 문장의 내용이 원인과 결과의 관계로 이어질 때 사용하는 접속어이다.

| 오답해설 | ① 1% ㉠의 앞 문장을 보면 "황사가 본래 나쁘기만 한 것은 아니었다."로 진술하였으므로, 뒤에 이어지는 내용은 황사의 이동 경로가 아니라 황사의 긍정적 측면이 연결되어야 한다.
③ 0% ㉢의 '덕분'은 '베풀어 준 은혜나 도움'을 의미하는 말이므로, 자연히 긍정적으로 의사를 표시하는 문장에 쓴다. 한편, '때문'은 '어떤 일의 원인이나 까닭'을 의미하는 말인데, 부정적 맥락과 긍정적 맥락에서 모두 쓰인다. 문맥상 황사가 환경 파괴의 원인이므로 '때문'이나 '탓'으로 써야 한다.
④ 1% 제시된 문장의 서술어는 '발생하고'와 '심해지고 있어 문제이다'이다. 따라서 '황사를(목적어)'이 아니라 '황사가(주어)'로 고쳐야 주어와 서술어의 호응이 자연스럽다.

13 비문학 > 이론 비문학 오답률 4% 답 ④

| 정답해설 | 각 문단의 내용을 요약해 보면 다음과 같다.

- 첫째 문단에서는 유럽의 18~19세기에 혁신적 지성이 서양 근대 사회의 확립에 주도적 역할을 하였음을 진술하였다.
- 둘째 문단에서는 20세기에는 혁신적 지성이 '그 혁신적 성격과 개혁적 정열을 점차로 상실하고, 직업적이고 기술적인 지성으로 변모하였다'는 것을 진술하였다.
- 셋째 ~ 넷째 문단에서는 현재의 모순과 문제를 파헤치고 이를 개혁하여 새로운 미래로 나아가는 구체적 방안을 모색하는 것이 지성의 임무라는 방향 제시를 하여, 필자의 주장을 나타내었다.

따라서 제시된 글의 전개 방식은 '(혁신적 지성의) 시대적 변천 양상을 살피면서 (혁신적 지성이 나아갈) 바람직한 방향을 제시'한 ④의 설명이 적절하다.

| 오답해설 | ① 1% 필자의 주장은 넷째 문단에 나타나 있다. 그러나 상반된 견해는 제시되지 않았다.

② 2% '상호 대립된 견해', ③ 1% '용어에 대한 개념 차이'는 제시되지 않았다.

14 문학 > 고전 운문(향가) 오답률 18% 답 ①

| 정답해설 | ① 82% 제시된 작품은 10구체 향가로 마지막 9~10행을 보면 불교적 득도를 통해 누이를 만날 것(재회)을 소망하는 현실 극복의 의지적 태도가 드러나 있다.

| 오답해설 | ② 3% '반어적 표현'은 드러나지 않았다.

③ 3% 누이의 죽음에 대한 슬픔이 드러나 있으므로 세속의 인연에 미련을 두지 않는다는 것은 바르지 않다.

④ 12% 제시된 작품은 '과거: 비극적 상황의 제시(1~4행) – 현재: 인생의 무상감, 한탄(5~8행) – 미래: 불교적 믿음을 통한 재회의 소망(9~10행)'의 3단 구성이다.

15 비문학 > 독해 비문학 오답률 11% 답 ②

| 정답해설 | 제시된 지문의 설명을 보면 '반영하기'는 '상대의 생각을 수용하고 상대의 현재 상태에 감정 이입을 하여 의미를 ~ 상대를 이해하고 있다는 청자의 적극적인 표현'이라고 하였다. 따라서 '치과 치료'보다 '시험이 중요하다'는 청자(아이)의 생각이 수용된 ②가 가장 적절하다.

| 더 알아보기 | 공감적 듣기의 단계

> 공감적 듣기의 단계로는 경청하기, 반응하기, 확인하기, 공감 표현하기 등이 있는데 상황에 따라 단계가 생략되는 경우도 있다.
> - 경청하기: 상대방의 말을 판단 · 충고 · 평가 없이 듣고 그 내용을 접수하고 수용한다.
> - 반응하기: 상대방의 말 속에서 감정을 파악하여 반영한다.
> - 확인하기: 상대방이 말한 내용을 재구성한다.
> - 공감 표현하기: 재구성한 의미와 감정을 함께 되돌려 준다.

16 문법 > 현대 문법 오답률 49% 답 ③

| 정답해설 | 명사화 접미사 '-ㅁ/-음'과 명사형 전성 어미 '-ㅁ/-음'을 구별하는 문제이다. '-ㅁ/-음, -기' 등은 명사형 어미가 있고, 명사화 접사가 있다. 명사형 전성 어미라면 품사가 용언이고, 명사화 접사라면 품사는 명사가 되고, 파생어가 된다. 이는 서술성의 유무에 따라 '명사형 전성 어미'인가, '명사화 접미사'인가를 나눈다. 즉 문장에서 서술의 의미를 가지면 '명사형 전성 어미'로 쓰인 용언이고 서술의 의미가 없으면 '명사화 접미사'로 쓰인 명사이다. 그래서 어간 뒤에 '-ㅁ/-음'이 붙은 용언이 부사어의 수식을 받을 수 있는 경우 '-ㅁ/-음'은 '명사형 전성 어미'가 된다.

③ 51% '태산이 높다.'의 형식으로 서술어 기능을 하므로 용언의 어간 뒤에 명사형 어미가 결합한 것이다.

| 오답해설 | 선지의 문장을 홑문장으로 바꾸어 보면 ①②④는 격 조사가 결합하여 ①은 주어의 기능, ②와 ④는 목적어의 기능을 하므로 명사화 접사가 쓰인 것이다.

| 더 알아보기 | 명사화 접미사 '-ㅁ/-음'과 명사형 전성 어미 '-ㅁ/-음'의 구별

> (1) 어간 + 명사형 어미 = 용언
> - 서술어 기능
> - 부사어의 수식을 받음
>
> (2) 어근 + 명사화 접사 = 명사
> - 서술어 기능을 하지 못함
> - 관형어의 수식을 받음

17 문법 > 현대 문법 오답률 10% 답 ②

| 정답해설 | ㉠의 '자기'와 ㉡의 '당신(當身)'은 모두 앞에서 이미 말하였거나 나온 바 있는 사람을 도로 가리키는 3인칭 대명사이다.

| 오답해설 | ① 3% ㉠의 '자기'와 ㉡의 '당신'은 앞에서 이미 말한 사람을 의미하므로 모두 형님을 가리킨다.

③ 4% ㉡의 '당신'은 앞에서 이미 말한 사람을 도로 가리키는 3인칭 대명사 '자기'를 아주 높여 이르는 말이다.

④ 3% ㉢의 '그'는 말하는 이와 듣는 이가 아닌 사람을 가리키는 3인칭 대명사이다. 앞에서 이미 이야기하였거나 듣는 이가 생각하고 있는 사람을 가리킨다. 주로 남자를 가리킬 때 쓴다.

| 더 알아보기 | '당신(當身)'의 의미

> (1) 2인칭 대명사로 쓰이는 경우
> - 상대높임법의 '하오체(예사 높임)'에서 듣는 이를 가리키는 말
> - 부부 사이에서, 상대편을 높여 이르는 말
> - 문어체에서, 상대편을 높여 이르는 말
> - 맞서 싸울 때 상대편을 낮잡아 이르는 말
>
> (2) 3인칭 대명사로 쓰이는 경우: 앞에서 이미 말하였거나 나온 바 있는 사람을 도로 가리켜 '자기'를 아주 높여 이르는 말

18 비문학 > 독해 비문학 | 오답률 9% | 답 ①

| 정답해설 | 첫째 문단에서 ㉠(르네상스 이래 화가들)은 하나의 고정된 시점을 사용하였고, 둘째 문단의 내용을 보면 ㉢(피카소와 브라크)은 ㉡(세잔)의 영향을 받았다고 했으므로 ㉡과 ㉢의 관점은 같다. 아울러 둘째 문단의 마지막 문장에서 '다양한 각도와 시점을 미묘하게 결합'하였다는 내용에서 ①의 내용을 확인할 수 있다.

| 오답해설 | ② 2% 단일한 시간과 공간을 기준으로 대상을 파악한 것은 ㉠(르네상스 이래 화가들)이다.

③ 4% 둘째 문단과 셋째 문단을 보면 ㉡(세잔)과 ㉢(피카소와 브라크)은 '회화적 공간을 의도적으로 왜곡'하였다고 설명하였다. 대상을 있는 그대로 묘사하는 것이 회화의 목적이라 여긴 것은 ㉠(르네상스 이래 화가들)이다.

④ 3% 가까이 있는 대상은 크게, 멀리 있는 대상은 작게 표현하는 방식은 원근법인데, 첫째 문단을 보면 ㉠(르네상스 이래 화가들)은 원근법적인 형태 묘사를 택하고, ㉢(피카소와 브라크)은 '전통적인 원근법의 관례'를 버렸다고 했으므로 설명이 바르지 않다.

19 비문학 > 독해 비문학 | 오답률 27% | 답 ②

| 정답해설 | 둘째 문단에서 "조사는 홀로 쓰이지 못하고 반드시 체언 등에 붙어서만 쓰이는 까닭으로 국어의 조사를 단어로 인정하기도 하고 인정하지 않기도 한다."라고 설명하였으므로 ②의 내용은 적절하지 않다.

| 오답해설 | ① 10% 첫째 문단에서 단어란 최소의 자립 형식이고, '작은언니'는 한 단어라고 했으므로 옳은 설명이다.

③ 2% 둘째 문단에서, "'그루, 것'은 의존 명사인데, 의존 명사는 관형어의 수식을 받는다는 점에서 그 통사적 성격이 명사와 동일하다. 따라서 의존 명사는 명사와 동일한 성격을 지니는 단어로 취급한다."라는 내용으로 알 수 있다.

④ 15% 넷째 문단에서, 단어를 단일어와 복합어로 구별하고, 복합어를 다시 파생어와 합성어로 구분하여, '샛노랗다'는 파생어, '손목'은 합성어라는 설명에서 확인할 수 있다.

20 문학 > 현대 소설 | 오답률 1% | 답 ④

| 정답해설 | ㉣의 뒤 문장 "들을 사람은 두셋밖에 안 되는데 수십 명이 거의 동시에 떠들어대고 있었다. 쓸데없는 짓이었다. 떠든다고 해결될 문제는 아니었다."라는 내용으로 보아 주민들의 노력은 이루어지지 않을 것임을 미루어 짐작할 수 있다. 따라서 ④의 설명은 적절하지 않다.

| 오답해설 | ① 1% ㉠ '난쟁이'는 소외되고 무시당하는 도시 빈민, 도시 노동자를 상징한다. 작가는 중심인물을 '난쟁이'로 설정하고 있는데, '난쟁이'는 경제적으로 빈곤한 자, 소외된 사람을 의미하며 거대 자본을 상징하는 '거인'과 의미상 대립적 구조를 형성한다. 즉, '난쟁이 가족'을 통해 도시 빈민의 비극성을 드러내기 위한 작가의 의도적인 표현이라 할 수 있다.

② 0% ㉡ '전쟁'은 가난으로 인한 도시 빈민의 힘겨운 삶을 비유한다.

③ 0% ㉢은 '난쟁이 가족'의 불행한 심리 상태를 시각적으로 표현한 구절로서, 산업화의 위압적 분위기를 나타낸다.

2019 6월 15일 시행 서울시 9급 (Ⓐ책형)

합격예상 체크

〈서울시 연도별 합격선〉

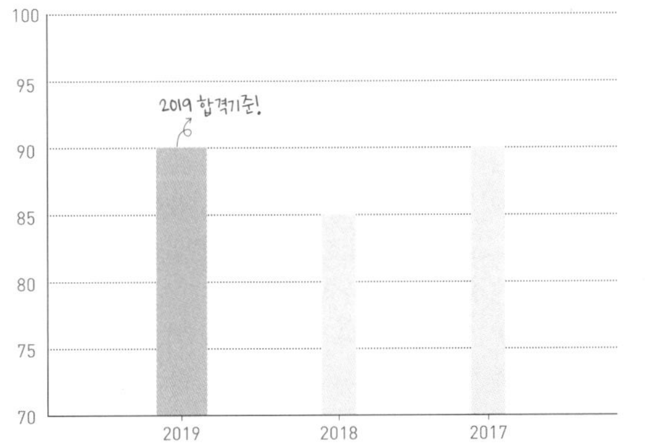

맞힌 개수	/20문항	점수	/100점

➡ □합격 □불합격

취약영역 체크

문항	정답	영역	문항	정답	영역
1	②	문법 > 현대 문법	11	③	어문 규정 > 한글 맞춤법
2	②	어문 규정 > 한글 맞춤법	12	④	문법 > 현대 문법
3	①	문학 > 현대 시	13	④	문학 > 현대 시
4	③	어휘, 한자 > 속담과 한자 성어	14	③	문법 > 현대 문법
5	①	문법 > 고전 문법	15	①	비문학 > 독해 비문학
6	②	어문 규정 > 외래어 표기법	16	④	문법 > 현대 문법
7	④	어문 규정 > 로마자 표기법	17	③	문학 > 현대 소설
8	①	문학 > 고전 운문(시조)	18	④	문학 > 고전 운문(시조)
9	③	어문 규정 > 한글 맞춤법	19	①	문학 > 현대 시
10	②	어문 규정 > 한글 맞춤법	20	②	어문 규정 > 표준 발음법

⬇ 영역별 틀린 개수로 취약영역을 확인하세요!

문법과 어문 규정	/12	비문학	/1	문학	/6	어휘, 한자	/1

➡ 나의 취약영역: ______

※ [정답해설]과 [오답해설] 선지의 50% 표시는 〈1초 합격예측 풀서비스〉를 통해 수집된 선지 선택률을 나타냅니다.

1 문법 > 현대 문법 오답률 31% 답 ②

| 정답해설 | ② 69% '마음만은'의 문장 성분은 주어이다.

| 오답해설 | ① 8% '밥도', ③ 7% '물만', ④ 16% '사투리까지'의 문장 성분은 모두 목적어이다.

오답률 TOP 1

2 어문 규정 > 한글 맞춤법 오답률 52% 답 ②

| 정답해설 | ② 48% '매우 짙고 선명하게'의 뜻을 더하는 접두사의 표기가 모두 적절하다.

| 오답해설 | ① 31% 싯퍼렇다(×) → 시퍼렇다(○)

③ 19% 새퍼렇다(×) → 시퍼렇다/새파랗다(○)

④ 2% 시하얗다(×) → 시허옇다/새하얗다(○)

| 더 알아보기 | 접두사 '샛-, 싯-, 새-, 시-'

접두사	어두음	첫음절의 모음	예
샛-	울림소리(유성음)	양성 모음(ㅏ, ㅗ)	샛노랗다, 샛말갛다
싯-	울림소리(유성음)	음성 모음(ㅓ, ㅜ)	싯누렇다, 싯멀겋다
새-	된소리, 거센소리, 'ㅎ'	양성 모음(ㅏ, ㅗ)	새까맣다, 새빨갛다, 새뽀얗다, 새카맣다, 새하얗다
시-	된소리, 거센소리, 'ㅎ'	음성 모음(ㅓ, ㅜ)	시꺼멓다, 시뻘겋다, 시뿌옇다, 시커멓다, 시퍼렇다, 시허옇다

3 문학 > 현대 시 오답률 34% 답 ①

| 정답해설 | ① 66% 〈보기〉의 시는 이희중의 「편견」이다. 여러 사람을 이분법적으로 나누고 마지막 구절에서 '사람들을 두 가지로 나눌 수 있다고 믿는 사람과 그렇지 않은 사람이 있다'라고 하여 그렇게 이분법으로 나누는 것조차도 '편견(偏見)'임을 비판하는 작품이다.

| 오답해설 | ② 19% 불화(不和): 서로 화합하지 못함. 또는 서로 사이좋게 지내지 못함

③ 5% 오해(誤解): 그릇되게 해석하거나 뜻을 잘못 앎

④ 10% 독선(獨善): 자기 혼자만이 옳다고 믿고 행동하는 일

4 어휘, 한자 > 속담과 한자 성어 오답률 33% 답 ③

| 정답해설 | ③ 67% • 언 발에 오줌 누기: 언 발을 녹이려고 오줌을 누어 봤자 효력이 별로 없다는 뜻으로, 임시변통은 될지 모르나 그 효력이 오래가지 못할 뿐만 아니라 결국에는 사태가 더 나빠짐을 비유적으로 이르는 속담이다. 유 동족방뇨(凍足放尿)

• 설상가상(雪上加霜): 눈 위에 또 서리가 내린다는 뜻으로, 어려운 일이 겹침을 이름 또는 환난이 거듭됨을 비유적으로 이르는 한자 성어로, 이와 유사한 의미의 속담은 '엎친 데 덮친 격', '안질에 고춧가루', '눈 앓는 놈 고춧가루 넣기' 등이다.

| 오답해설 | ① 11% • 원님(사또) 덕에 나팔 분다: 원님과 동행한 덕분에 나팔 불고 요란히 맞아 주는 호화로운 대접을 받는다는 뜻으로, 남의 덕으로 당치도 아니한 행세를 하게 되거나 그런 대접을 받고 우쭐대는 모양을 비유적으로 이르는 말

• 호가호위(狐假虎威): 여우가 호랑이의 위세를 빌려 호기를 부린다는 뜻으로, 남의 세력을 빌어 위세를 부림

② 19% • 소 잃고 외양간 고친다: 소를 도둑맞은 다음에서야 빈 외양간의 허물어진 데를 고치느라 수선을 떤다는 뜻으로, 일이 이미 잘못된 뒤에는 손을 써도 소용이 없음을 비꼬는 말

• 만시지탄(晩時之歎): 때늦은 한탄이라는 뜻으로, 시기가 늦어 기회를 놓친 것이 원통해서 탄식함을 이르는 말

유 망양보뢰(亡羊補牢), 사후약방문(死後藥方文), 사후청심환(死後淸心丸), 십일지국(十日之菊)

④ 3% • 낫 놓고 기역자도 모른다: 기역 자 모양으로 생긴 낫을 보면서도 기역 자를 모른다는 뜻으로, 아주 무식함을 비유적으로 이르는 말

• 목불식정(目不識丁): 고무래를 보고도 그것이 고무래 정(丁) 자인 줄 모른다는 뜻으로, 글자를 전혀 모름 또는 그러한 사람을 비유해 이르는 말

5 문법 > 고전 문법 오답률 14% 답 ①

| 정답해설 | 훈민정음의 가획자는 'ㅋ/ㄷ, ㅌ/ㅂ, ㅍ/ㅈ, ㅊ/ㆆ, ㅎ'의 9자이다. ①의 'ㄹ'은 반설음으로서, 가획자가 아닌 이체자에 해당한다.

| 더 알아보기 | 자음의 제자 원리

발음 위치	발음 기관 상형	기본자	가획자	이체자
아음(牙音)	혀뿌리가 목구멍을 막는 모양	ㄱ	ㅋ	ㆁ
설음(舌音)	혀끝이 윗잇몸에 붙는 모양	ㄴ	ㄷ, ㅌ	ㄹ(반설음)
순음(脣音)	입의 모양	ㅁ	ㅂ, ㅍ	
치음(齒音)	이의 모양	ㅅ	ㅈ, ㅊ	ㅿ(반치음)
후음(喉音)	목구멍 모양	ㅇ	ㆆ, ㅎ	

6 어문 규정 > 외래어 표기법 오답률 19% 답 ②

| 정답해설 | ② 81% '파카(parka)'는 올바른 표기이다. 에스키모가 입는 후드가 달린 모피 웃옷을 뜻한다.

| 오답해설 | ① 7% dot: 다트(×) → 도트(○): '(특히 인쇄된 동그란) 점'을 뜻한다. 다만, 같은 철자라도 상황에 따라 'cut: 컷/커트'나 'trot: 트롯/트로트', '네트(net)워크/인터넷(net)'이나 '도트(dot) 프린터/닷(dot)컴(com)'처럼 표기가 달라지기도 한다.

참 다트(dart): 놀이의 하나로 시계의 눈금처럼 점수가 매겨져 있는 원반 모양의 과녁에 화살을 던져 맞힌 점수로 승패를 가린다.

③ 9% flat: 플래트(×) → 플랫(○): ㉠ 주로 속도 경기에서, 선수가 기록한 시간이 초(秒) 아래에 우수리가 붙지 아니하는 일. ㉡ 내림표(음의 높이를 반음 내릴 것을 지시하는 기호)

참 플랜트(plant): 산업 기계, 공작 기계, 전기 통신 기계 따위의 종합체로서의 생산 시설이나 공장

④ 3% chorus: 코루스(×) → 코러스(○): ㉠ 합창(合唱). ㉡ 포크송이나 대중가요에서 반복되는 부분

7 어문 규정 > 로마자 표기법 오답률 18% 답 ④

| 정답해설 | ④ 82% '한라산'은 [할:라산]으로 발음하고, 'ㄹㄹ'은 'll'로 적는다. 그리고 '산'과 같은 자연 지물명은 붙임표(-) 없이 붙여 쓴다. 따라서 'Hallasan'의 표기는 적절하다.

| 오답해설 | ① 5% Dalakgol(×) → Darakgol(○): 다락골[다락꼴]로 발음한다. 'ㄹ'은 모음 앞에서는 'r'로, 자음 앞이나 어말에서는 'l'로 적는다. 그리고 된소리되기는 표기에 반영하지 않는다. 따라서 'Darakgol'로 표기해야 한다.

② 8% Gukmangbong(×) → Gungmangbong(○): 국망봉[궁망봉]으로 발음하고, 자음 동화는 표기에 반영한다. 따라서 'Gungmangbong'으로 표기해야 한다.

③ 5% Nangrimsan(×) → Nangnimsan(○): 낭림산[낭:님산]으로 발음하고, 자음 동화는 표기에 반영한다. 따라서 'Nangnimsan'으로 표기해야 한다.

8 문학 > 고전 운문(시조) 오답률 28% 답 ①

| 정답해설 | ① 72% 임이 오시지 않는 동짓달 기나긴 밤 시간의 '허리(㉠)'를 잘라서 임이 오시는 짧은 봄밤을 연장시키기 위한 것이므로 ㉡에는 '봄바람'을 의미하는 '춘풍(春風)'이 적절하다.

| 더 알아보기 | 황진이의 시조

• 특징
① 의태어의 적절한 사용
② 관념(시간)의 시각화
③ 긴 기다림의 시간을 잘라서 짧은 만남의 시간을 연장시키겠다고 하는 참신한 발상
• 주제: 정든 임을 그리워하는 애틋한 정
• 해제: 임이 오시지 않는 동짓달의 기나긴 밤을 외로이 홀로 지내는 여인의 마음이, 임이 오시는 짧은 봄밤을 연장시키기 위해서 동짓달의 기나긴 밤을 보관해 두자는 기발한 착상을 하기에 이른다. 또한 중장과 종장에서는 '서리서리', '구뷔구뷔'와 같은 의태어를 사용하여 여성 특유의 섬세한 감각을 매우 효과적으로 나타내고 있다. 혼자 임을 기다리며 지내야 하는 긴 '겨울밤'과 낮이 길어 임과 함께 하는 밤이 짧은 '봄'이 서로 대조가 되어, 임과 오래 있고 싶은 화자의 심정이 잘 묘사되어 나타난다. 문학성을 띤 그의 작품들 중에서도 가장 예술적 향취를 풍기는 작품으로, 기교적이면서도 애틋한 정념이 잘 나타나 있다.

9 어문 규정 > 한글 맞춤법 | 오답률 32% | 답 ③

| 정답해설 | ③ 68% '떠내려가다'는 합성 동사이므로 한 단어이다. 뒤에 보조 동사 '버리다'는 보조 용언이므로 '떠내려가 버렸다'와 같이 띄어쓰기한다.

| 오답해설 | ① 2% 본용언 '꺼져'와 보조 용언 '간다'는 띄어 쓰는 것이 원칙이되 붙여 쓸 수 있다.

② 23% 의존 명사 '척'에 '-하다'가 결합한 보조 용언 '척하다'는 본용언과 띄어 쓰는 것이 원칙이되 붙여 쓸 수 있다.

④ 7% 앞말에 조사가 결합한 '듯도' 뒤에 오는 보조 용언은 띄어 쓴다.

| 더 알아보기 | 보조 용언의 띄어쓰기

- 보조 용언은 띄어 씀을 원칙으로 한다.
- '-아/-어' 뒤에 연결되는 보조 용언과 의존 명사에 '-하다'나 '-싶다'가 붙어서 된 보조 용언은 본용언에 붙여 쓸 수 있다.
- 앞말에 조사가 붙거나 앞말이 합성 용언인 경우, 중간에 조사가 들어갈 적에는 그 뒤에 오는 보조 용언은 띄어 쓴다.
  예 잘도 놀아만 나는구나! / 책을 읽어도 보고…….
  네가 덤벼들어 보아라. / 강물에 떠내려가 버렸다.
  그가 올 듯도 하다. / 잘난 체를 한다.
- 본용언이 복합어(합성어나 파생어)라도 그 활용형이 2음절인 경우에는 붙여 쓸 수 있다.
  예 나가 버렸다 = 나가버렸다 / 빛내 준다 = 빛내준다
  구해 본다 = 구해본다 / 더해 줬다 = 더해줬다

10 어문 규정 > 한글 맞춤법 | 오답률 8% | 답 ②

| 정답해설 | ② 92% • 늴리리(×) → 늴리리(○): '늴리리'는 [닐리리]로 발음한다. 자음을 첫소리로 가지고 있는 음절의 'ㅢ'는 'ㅣ'로 소리 나는 경우가 있더라도 'ㅢ'로 적는다.

- 남존녀비(×) → 남존여비(男尊女卑)(○): 합성어에서 뒷말의 첫소리가 'ㄴ' 소리로 나더라도 두음 법칙에 따라 적는다.
- 혜택(×) → 혜택(○): '혜택'은 [혜:택(원칙)/헤:택(허용)]으로 발음한다. '계, 메, 폐, 혜'의 'ㅖ'는 'ㅔ'로 소리 나는 경우가 있더라도 'ㅖ'로 적는다.

| 오답해설 | ① 1% • 웃어른: 위아래의 대립이 없을 때는 '웃-'을 쓴다. 따라서 '웃어른'을 표준어로 삼는다.

- 사흗날: 끝소리가 'ㄹ'인 말과 딴 말이 어울릴 적에 'ㄹ' 소리가 'ㄷ' 소리로 나는 것은 'ㄷ'으로 적는다.
- 베갯잇: 순우리말로 된 합성어에서 뒷말의 첫소리 모음 앞에서 'ㄴㄴ' 소리가 덧나는 경우 사이시옷을 받치어 적는다. '베갯잇'은 [베갠닏]으로 소리 나므로 사이시옷을 받쳐 적는다.

③ 4% • 적잖은: 어미 '-지' 뒤에 '않-'이 어울려 '-잖-'이 될 적과 '-하지' 뒤에 '않-'이 어울려 '-찮-'이 될 적에는 준 대로 적는다.

- 생각건대: 어간의 끝음절 '하'가 안울림소리(ㄱ, ㅂ, ㅅ) 받침 뒤에서 나타나는 경우 '-하(어간의 끝음)'가 탈락한다.
  참 생각컨대(×)
- 하마터면: '하마터면'은 소리대로 적는 부사에 해당된다.
  참 하마트면(×)

④ 3% • 홀몸: 아이를 배지 아니한 몸을 이르는 말은 '홑몸'이다.
참 '홀몸'은 '배우자나 형제가 없는 사람'을 이르는 말이다.

- 밋밋하다: 한 단어 안에서 같은 음절이나 비슷한 음절이 겹쳐 나는 부분은 같은 글자로 적는다.
  참 민밋하다(×)
- 선율: 모음이나 'ㄴ' 받침 뒤에서 '율'로 적고, 'ㄴ'을 제외한 자음 받침 뒤에서는 '률'로 적는다.

| 더 알아보기 | '율'과 '률'의 표기

- 모음 또는 'ㄴ' 받침 + 율
  예 인과율, 선율, 환율, 할인율, 백분율, 출산율, 흡연율
- 'ㄴ'을 제외한 자음 받침 + 률
  예 법률, 합격률, 승률, 확률

오답률 TOP 3

11 어문 규정 > 한글 맞춤법 | 오답률 36% | 답 ③

| 정답해설 | ③ 64% 어간의 끝음절 '하'가 안울림소리(ㄱ, ㅂ, ㅅ) 받침 뒤에서 나타나는 경우 '-하(어간의 끝음)'가 탈락한다. 따라서 '익숙하지'의 준말은 '익숙지'가 된다.

| 오답해설 | ① 27% '섭섭하지'의 준말은 '섭섭지', ② 6% '흔하다'의 준말은 '흔타', ④ 3% '정결하다'의 준말은 '정결타'로 적는다.

| 더 알아보기 | 어간의 끝음절 '하'의 준말

- 어간의 끝음절 '하'의 앞에 울림소리가 오는 경우 '-하'의 'ㅏ'가 줄고 'ㅎ'이 다음 음절의 첫소리와 어울려 거센소리로 될 적에는 거센소리로 적는다.

본말	준말	본말	준말
간편하게	간편케	다정하다	다정타
연구하도록	연구토록	정결하다	정결타
가하다	가타	흔하다	흔타

- 어간의 끝음절 '하'가 안울림소리(ㄱ, ㅂ, ㅅ) 받침 뒤에서 나타나는 경우 '-하(어간의 끝음)'가 탈락한다.

본말	준말	본말	준말
거북하지	거북지	넉넉하지 않다	넉넉지 않다
생각하건대	생각건대	못하지 않다	못지않다
생각하다 못해	생각다 못해	섭섭하지 않다	섭섭지 않다
깨끗하지 않다	깨끗지 않다	익숙하지 않다	익숙지 않다

12 문법 > 현대 문법 | 오답률 13% | 답 ④

| 정답해설 | ④ 87% (라)는 나라마다 언어의 형식이 다른 것이므로, 언어의 내용(의미)과 형식 사이에는 절대적이거나 필연적인 관계가 없는 '언어의 자의성'의 사례이다. '언어의 규칙성'은 언어는 그 요소들이 나름대로 구조적인 체계를 이루고 있는 특성이다.

| 오답해설 | ① 6% (가)-언어의 역사성: 언어는 시간의 흐름에 따라 끊임없이 생성·성장·소멸한다.

② 4% (나)-언어의 사회성: 언어는 그 언어를 사용하는 사람들 사이의 약속이다.

③ 3% (다)-언어의 창조성: 인간은 상황에 따라 무한하게 많은 단어와 문장을 만들어 사용할 수 있다.

13 문학 > 현대 시 오답률 23% 답 ④

| 정답해설 | ④ 77% ㉣의 '재겨 디딜'은 '제겨디딜'로 써야 한다. '제겨디디다'는 '발끝이나 발뒤꿈치만으로 땅을 디디다'는 뜻으로, 한발 들어 디딜 곳조차 없는 절박하고 절망적인 상황을 표현한 것이다.

| 더 알아보기 | 이육사, 「절정」

- 특징
  ① '기-승-전-결'의 한시적 구성 방식
  ② 역설적 표현, 현재형 시제 사용
  ③ 남성적 어조를 통한 강인한 의지 표현
- 주제: 가혹한 현실을 초극(어려움 따위를 극복함)하려는 의지
- 해제: 이 작품은 견디기 어려운 극한 상황에서 오히려 그것을 관조의 정신으로 받아들이는 강인함을 절제된 어조로 표현하고 있다. 시적 화자는 치열한 내적 갈등의 결과, 자기 초월의 정신적 경지에 이른다. 한시의 전통적 구성법인 기승전결에 충실하고 언어에 있어서도 고도의 절제와 압축을 보여 주고 있다.

14 문법 > 현대 문법 오답률 20% 답 ③

| 정답해설 | ③ 80% '밝다'는 '밤이 지나고 환해지며 새날이 오다'는 의미의 동사이다.

| 오답해설 | ① 4%, ② 1%, ④ 15% 각각의 문장에서 '밝다'는 형용사이다.

15 비문학 > 독해 비문학 오답률 19% 답 ①

| 정답해설 | ① 81% 빈칸 앞뒤의 문맥적 흐름을 먼저 파악해야 한다. ㉠의 앞부분에서 '각계 원로들'이 시를 낭송하는 순서가 있고 '나'에게 낭송해 달라고 부탁한 것이므로 ㉠에는 '원로'가 적절하다. 그리고 ㉡의 앞뒤 내용으로 미루어 보아 '핑계'나 '거역할 수 없는 명분'보다 중요한 것으로 시 낭송회에서 '낭송하고 싶은 시가 있었다'는 것이 적절하다.

16 문법 > 현대 문법 오답률 10% 답 ④

| 정답해설 | ④ 90% '세상'은 '물태와 인정이 극으로 나뉘는' 곳으로, 부정적 의미의 공간이다.

| 오답해설 | 문맥에 따라 제시 단어들의 쓰임을 살펴보면, 완곡한 말과 글은 ① 2% 듣고 읽는 이에게 '틈'을 주고, ② 4% 화자와 독자의 교행이 이루어지는 '공간'이며, ③ 4% 상상의 '여지'를 준다.

17 문학 > 현대 소설 오답률 5% 답 ③

| 정답해설 | '아저씨'는 한 방에 함께 들어가기를 원하지만, '나'와 '안'은 이를 거부하고 각자 벽으로 막힌 방에 들어가 '꿈도 안 꾸고 잘 잤다'고 하였다. 이는 현대인의 익명성, 소통의 단절, 개인주의를 보여 주는 것으로, ③의 설명은 바르지 않다.

| 오답해설 | ① 2% 이 작품은 1964년 겨울의 서울을 배경으로 현실에서 소외된 고독한 세 인물이 서로 무심하게 만나고 헤어지는 사건을 통해서 사회적 연대성을 잃은 현대인의 삶을 그리고 있다. 혼자 있기 싫다는 아저씨의 말에도 거절하고 세 개의 방에 각각 들어가는 행동이나, 화투라도 치자는 아저씨의 말에 피곤하다며 무시하는 행동은 도시의 삶의 비정함, 절망감, 권태 등이 바탕에 깔려 있다고 볼 수 있다.

② 1% 이 소설의 등장인물은 이름을 밝히지 않고 '나', '안(安)', '사내'라 부르고 있다. 또한 이들이 숙박계에 쓴 거짓 이름, 거짓 주소, 거짓 나이, 거짓 직업을 통해서도 자기 지워나 이름을 버린 익명적 존재로 기호화되어 있음을 알 수 있다.

④ 2% '화투'뿐만 아니라 세 사람의 대화는 시간을 때우기 위한 수단일 뿐이다. 이는 등장인물들의 만남이 본질적 관계가 전혀 이루어지고 있지 않음을 의미한다.

| 더 알아보기 | 김승옥, 「서울, 1964년 겨울」

- 주제: 뚜렷한 가치관이 없는 도시인들의 방황과 연대감의 상실로 인한 절망
- 해제: 이 작품은 1960년대 서울을 배경으로 인간의 고독, 소외, 의사소통의 단절을 다루고 있다. 1960년대 사회의 전형성을 상징하는 인물을 등장시켜 피상적인 인간관계만을 맺는 도시의 특징을 형상화하고 있다.
- 전체 줄거리: 구청 병사계에서 근무하는 '나'는 선술집에서 대학원생인 '안(安)'과 만나 대화를 나눈다. 자리를 옮기려고 일어섰을 때, 기운 없어 보이는 삼십 대 사내가 동행을 요구한다. 중국집에서 음식을 사면서, '사내'는 자신이 서적 판매원이며 행복한 결혼 생활을 했으나 오늘 아내가 죽었다는 것과 그 시체를 병원에 해부용으로 팔았다는 것, 그 돈을 오늘 안으로 다 써 버려야 하겠는데 같이 있어 줄 수 있겠느냐고 한다. 셋이 중국집을 나서는 그때 소방차가 지나가고, 셋은 택시를 타고 그 뒤를 따라 불 구경에 나선다. '사내'는 불길을 보더니 쓰다 남은 돈을 손수건에 싸서 불 속에 던져 버린다. '나'와 '안'은 돌아가려 했지만 '사내'는 혼자 있기가 무섭다며 애걸하고 셋은 여관에 들어가기로 한다. '사내'는 같은 방에 들자고 했지만 '안'의 고집으로 각기 다른 방에 투숙한다. 다음 날 아침 '사내'는 죽어 있었고, '안'과 '나'는 서둘러 여관을 나온다.

오답률 TOP2

18 문학 > 고전 운문(시조) 오답률 41% 답 ④

| 정답해설 | 밑줄 친 구절은 성현의 경전에서 반드시 얻는 바가 있다는 것이다. ④는 이황의 「도산십이곡」 중 9수로, 옛 성현의 도리를 본받고자 하는 화자의 다짐이 드러나 있다.

| 더 알아보기 | 출전 작품의 해설

(가) 이순신의 시조
- 주제: 우국충정과 장부의 호기
- 현대어 풀이
  십 년이나 갈아온 칼이 갑(칼집) 속에서 우는구나.
  관문(關門)을 바라보며 (갑 속에 든 칼을) 때때로 만져 보니,
  대장부의 나라를 위한 큰 공을 어느 때에 세워 (임금께 그 영광을) 드리올꼬?

(나) 이이의 「고산구곡가」 중 10수
- 주제: 문산의 눈 덮인 경치
- 현대어 해석

  아홉 번째 굽이는 어디인고, 문산에 한 해가 저무는구나.
  기이하게 생긴 바위와 돌이 눈 속에 묻혀 버릴까 걱정되는구나.
  이리저리 놀러 다니는 사람은 오지 아니하고 볼 것 없다 하더라.

(다) 맹사성의 「강호사시가」 중 4수(동사)
- 주제: 겨울 강촌에서의 안빈낙도
- 현대어 해석

  강호에 겨울이 찾아오니 쌓인 눈의 깊이가 한 자가 넘는다.
  삿갓을 비스듬히 쓰고 도롱이를 둘러 입어 옷을 삼으니,
  이 몸이 추위를 모르고 지내는 것도 임금의 은혜이시도다.

19 문학 > 현대 시 오답률 22% 답 ①

| 정답해설 | 밑줄 친 ㉠의 '지붕 덮은 쇠항아리'는 2연의 '먹구름'과 함께 민중들을 구속하고 억압하는 암담한 현실 상황, 억눌려 살아야 했던 역사적 상황을 상징한다. 4연에서 시적 화자는 이러한 현실을 극복하기 위한 민족사적 과제를 '먹구름을 닦고 쇠 항아리를 찢는 것'으로 제시하면서, 그렇게 해야만 삶의 외경과 연민을 아는 참다운 인간적인 삶을 누릴 수 있음을 강조하고 있다. ①의 '발톱'도 조국, 우리의 심장을 억압하는 외세를 의미한다.

| 오답해설 | ② 5% 중립의 '초례청'은 이데올로기의 제약을 초월한 민족 화해의 장(場)을 암시한다.

③ 11% '완충지대'는 충돌을 완화하기 위한 중립적 장소로 분단의 갈등을 넘어선 화해의 공간이다.

④ 6% '봄'은 시대적 배경을 생각할 때 통일, 군사 독재 정권의 종말을 고하는 자유, 민족과 민중의 모순이 해결된 상태, 정의, 민주주의, 민중과 민족의 희망 등을 의미한다.

| 더 알아보기 | 신동엽, 「누가 하늘을 보았다 하는가」

- 특징
  ① 격정적 어조를 통해 신념과 의지를 드러냄
  ② 대립적 · 상징적 시어의 사용으로 화자의 신념과 의지 강조
- 주제: 구속과 억압의 역사에 대한 비판과 밝은 미래를 염원함
- 해제: 이 시는 지금까지 우리 민족이 걸어온 구속과 억압의 상황을 직시하게 함으로써 현실을 극복하고 새로운 자유를 쟁취하고자 하는 강한 의지를 노래한 작품이다. '맑은 하늘'을 보지 못하고 '먹구름'을 하늘로 잘못 알고 살아왔던 우리들의 왜곡된 현실 인식에 대한 자각과 반성이 이 시의 바탕에 깔려 있다. 특히 '누가 하늘을 보았다 하는가'라는 설의적 표현을 통해 새로운 진실을 인식하게 되었음을 역설적으로 드러냄으로써 새로운 세계를 맞이하기 위한 강한 의지를 내보이고 있다.

20 어문 규정 > 표준 발음법 오답률 21% 답 ②

| 정답해설 | ② 73% '신문'의 표준 발음은 [신문]이다. [심문]으로 발음하는 양순음화는 표준 발음으로 인정하지 않는다.

| 오답해설 | ① 4% 물난리[물랄리(유음화: 교체)]

③ 21% 밟는다[밥:는다(자음군 단순화: 탈락) → 밤:는다(비음화: 교체)]

④ 2% 한여름[한녀름(ㄴ 첨가: 첨가)]

2018 6월 23일 시행 서울시 9급 (Ⓐ책형)

합격예상 체크

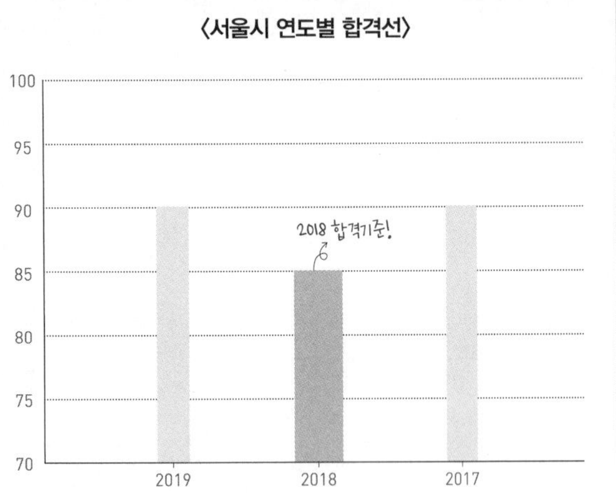

맞힌 개수	/20문항	점수	/100점

➡ □합격 □불합격

취약영역 체크

문항	정답	영역	문항	정답	영역
1	④	어문 규정 > 표준어 사정 원칙	11	①	비문학 > 독해 비문학
2	①	문법 > 현대 문법	12	②	어휘, 한자 > 한자어
3	②	문학 > 현대 소설	13	④	어문 규정 > 한글 맞춤법
4	③	어휘, 한자 > 속담	14	①	문법 > 현대 문법
5	②	비문학 > 독해 비문학	15	②	어문 규정 > 한글 맞춤법
6	③	어휘, 한자 > 한자 성어	16	②	문학 > 기본 이론
7	③	문법 > 현대 문법	17	①	문법 > 현대 문법
8	③	문법 > 현대 문법	18	①	비문학 > 이론 비문학
9	④	문학 > 현대 문학사	19	①	문학 > 고전 운문(시조)
10	①	어문 규정 > 표준 발음법	20	④	문학 > 현대 소설

⬇ 영역별 틀린 개수로 취약영역을 확인하세요!

문법과 어문 규정	/9	비문학	/3	문학	/5	어휘, 한자	/3

➡ 나의 취약영역: ________

※ [정답해설]과 [오답해설] 선지의 50% 표시는 〈1초 합격예측 풀서비스〉를 통해 수집된 선지 선택률을 나타냅니다.

1 어문 규정 > 표준어 사정 원칙 오답률 27% 답 ④

| **정답해설** | ④ 73% • 덩쿨(×) → 넝쿨(○), 덩굴(○): 길게 뻗어 나가면서 다른 물건을 감기도 하고 땅바닥에 퍼지기도 하는 식물의 줄기를 이르는 말로, '넝쿨'과 '덩굴'이 모두 많이 쓰이므로 둘 다 표준어로 인정한다. '덩쿨'은 비표준어이다.

- 개발새발: 본래 '괴발개발'이 표준어이고, '개발새발'은 비표준어였으나 2011년 국립국어원에서 '괴발개발'과 뜻에 차이가 있는 것으로 판단하여 표준어로 인정하였다.
- 이쁘다: '이쁘다'는 본래 '예쁘다'의 비표준어였으나 2015년 국립국어원에서 표준어로 인정하였다.
- 마실: '마실'은 '마을'의 방언이었으나 2015년 국립국어원에서 '이웃에 놀러 가는 일'의 의미에 한하여 표준어로 인정하였다.

| **오답해설** | ① 10% • 등물: '등목'과 '목물'은 널리 쓰이므로 모두 표준어로 삼는다. 2011년 '등물'도 표준어로 인정하였다.

- 남사스럽다: '남에게 놀림과 비웃음을 받을 듯하다.'는 뜻을 나타내는 말로, '남사스럽다', '남세스럽다'를 모두 쓸 수 있다. 2011년 '남사스럽다'도 표준어로 인정하였다.
- 쌉싸름하다: '쌉싸름하다'는 본래 '쌉싸래하다'의 비표준어였으나 2011년 '쌉싸래하다'와 동일한 뜻으로 널리 쓰이는 것으로 판단하여 복수 표준어로 인정하였다.
- 복숭아뼈: '발목 부근에 안팎으로 둥글게 나온 뼈'를 이르는 말로 '복숭아뼈', '복사뼈'를 모두 쓸 수 있다. 2011년 '복숭아뼈'도 표준어로 인정하였다.

② 9% • 까탈스럽다: '까탈스럽다'는 본래 '까다롭다'의 비표준어였으나 2016년 국립국어원에서 '까다롭다'와 뜻에 차이가 있는 것으로 판단하여 표준어로 인정하였다.

- 걸판지다: '걸판지다'는 본래 '거방지다'의 비표준어였으나 2016년 국립국어원에서 '거방지다'와 뜻에 차이가 있는 것으로 판단하여 표준어로 인정하였다.
  걸판지다: ㉠ 매우 푸지다. ㉡ 동작이나 모양이 크고 어수선하다.
- 주책이다: '주책이다'는 본래 '주책없다'의 비표준어였으나 2016년 국립국어원에서 '주책없다'와 동일한 뜻으로 널리 쓰이는 것으로 판단하여 표준어로 인정하였다.
- 겉울음: '드러내 놓고 우는 울음', '마음에 없이 겉으로만 우는 울음'을 뜻하는 말로서, 2016년 국립국어원에서 표준어로 인정하였다.

③ 8% • 찰지다: 원래 표준어는 '차지다'이고, '찰지다'는 방언이었으나 2015년 국립국어원에서 '차지다'의 원래 말로 보고 표준어로 인정하였다.

- 잎새: '잎새'는 '잎사귀'의 방언이었으나 2015년 국립국어원에서 의미가 다른 것으로 보고 별도의 표준어로 인정하였다.

- 꼬리연: 원래 표준어는 '가오리연'이고, '꼬리연'은 비표준어였으나 2015년 국립국어원에서 의미가 더 넓은 것으로 보고 별도의 표준어로 인정하였다.
- 푸르르다: '푸르르다'는 '푸르다'의 비표준어였으나 2015년 국립국어원에서 의미가 다른 것으로 보고 별도 표준어로 인정하였다.

2 문법 > 현대 문법 오답률 17% 답 ①

| 정답해설 | ① 83% 일본에(○): 유정 명사 뒤에는 부사격 조사 '에게'가, 무정 명사 뒤에는 부사격 조사 '에'가 쓰인다.

| 오답해설 | ② 10% 요구되어지고(×) → 요구되고(○): '되어지다(되+어지다)'는 이중 피동이므로 '되다'의 형태로 써야 한다.

③ 4% 주어와 서술어의 호응 및 조사의 쓰임이 바르지 않은 문장이다.

→ 이것은 ~ 무사안일주의에서 벗어나지 못했다는 사실(것)을 나타낸다/보여 준다/의미한다.(○)

- '에서'는 체언 뒤에 붙는 격 조사로 앞말이 어떤 일의 출처임을 나타내는 조사이다. '~에서(으로부터) 벗어나다'의 형태로 써야 한다.

또는

→ 이것은 ~ 무사안일주의를 벗어나지 못했다는 생각을 들게 한다.(○)

- '이것은 ~을 들게 한다'는 '아직도 ~ 하지 못했다'라는 문장을 안은 겹 문장이다. 즉 '이것'은 '한국 사회가 벗어나지 못한 대상(무사안일주의)이라는 것'을 나타낸다.

④ 3% '16강 티켓을'과 서술어가 생략된 문장이다.

→ 냉정하게 전력을 평가해 봐도 한국이 자력으로 16강 티켓을 딸(얻게 될) 가능성은 높은 편이다.(○)

오답률 TOP 3

3 문학 > 현대 소설 오답률 50% 답 ②

| 정답해설 | ② 50% 박경리의 『토지』는 구한말부터 1945년 해방에 이르기까지를 시간적 배경으로 하여, 진주 부근 하동 평사리에서 만주, 그리고 다시 한반도 등으로 이어지는 광범위한 공간을 무대로 숱한 인물들이 등장하는 장대한 규모의 대하소설이다.

| 오답해설 | ① 7% 『비 오는 날』은 6·25 전쟁 후의 암담한 시대 상황 속에서 불구적인 인간들의 무기력하고 우울한 삶을 형상화한 단편 소설이다.

③ 24% 『요한시집』은 전쟁 포로인 누혜가 목을 매고 자살하기까지의 과정을 그린 작품으로, 자유를 위한 인간의 고민과 번뇌가 6·25 전쟁과 포로수용소를 배경으로 계속 펼쳐진다.

④ 19% 『엄마의 말뚝』은 세 편으로 된 연작 소설로, 어머니와 딸이 나누는 인간적 교감을 매개로 하여 6·25 전쟁으로 인한 비극적 상황과 인물의 의식 성장 과정을 형상화하고 있다.

1편은 남편을 잃은 한 여성이 자식들과 함께 서울에 삶의 공간을 마련하기까지의 과정, 2편은 6·25 전쟁의 고통과 오빠의 참혹한 죽음, 3편은 어머니가 돌아가신 뒤 자신의 소망과는 달리 서울 근교의 공원묘지에 묻히는 과정을 그리고 있다.

| 더 알아보기 | 6·25 전쟁 배경 소설

- 황순원, 「학」: 한국 전쟁을 배경으로 두 친구 간의 갈등과 화해를 통해 이념을 초월한 따뜻한 인간애의 회복을 담고 있는 작품
- 손창섭, 「비 오는 날」: 전쟁으로 삶이 황폐화되어 무기력하게 살아가는 인간의 우울한 내면 심리를 그린 작품
- 오상원, 「유예」: 인간의 존재 가치를 말살시키는 전쟁의 비극성을 고발하는 작품
- 하근찬, 「수난 이대」: 화합과 협동을 통해 민족의 수난을 극복하고 새로운 삶을 향해 걸어가려는 의지를 보여 준 작품
- 장용학, 「요한 시집」: 거제도 포로수용소 생활 수기를 바탕으로 하여 창작된 소설
- 박경리, 「불신 시대」: 진영이라는 한 여성의 힘겨운 삶을 다룬 작품
- 윤흥길, 「장마」: 한국 전쟁 중 국군으로 참전했다가 전사한 아들을 둔 외할머니와 빨치산 아들을 둔 친할머니의 갈등을 한민족 고유의 무속 신앙을 공유함으로써 남북 분단의 현실에 대한 극복의 가능성을 보여 준 작품
- 박완서, 「엄마의 말뚝」: 해방 이전부터 6·25 전쟁을 거쳐 현재에 이르는 시간의 흐름에 따라, 엄마와 '나'의 관계를 중심으로 서술

4 어휘, 한자 > 속담 오답률 31% 답 ③

| 정답해설 | ③ 69% '물도 가다 구비를 친다'는 사람의 한평생에는 전환기가 있기 마련이라는 속담이다.

| 오답해설 | ① 5% 달도 차면 기운다: ㉠ 세상의 온갖 것이 한번 번성하면 다시 쇠하기 마련이라는 말. ㉡ 행운이 언제까지나 계속되는 것은 아님을 비유적으로 이르는 말

② 4% 열흘 붉은 꽃은 없다: '화무십일홍(花無十日紅)'이란 말로서, 열흘 동안 붉은 꽃은 없다는 뜻은 한번 성한 것이 얼마 못 가서 반드시 쇠하여짐, 즉 권세나 세력의 성함이 오래가지 않는다는 말

④ 22% 꽃이 시들면 오던 나비도 안 온다: 사람이 세도가 좋을 때는 늘 찾아오다가 그 처지가 보잘것없게 되면 찾아오지 아니함을 비유적으로 이르는 말

유 꽃이라도 십일홍(十日紅)이 되면 오던 봉접도 아니 온다

5 비문학 > 독해 비문학 오답률 4% 답 ②

| 정답해설 | ② 96% 둘째 문단을 보면 "인디언들이 죽은 주된 요인은 구세계의 병원균이었다. 인디언들은 면역성이나 유전적인 저항력이 전혀 없었다."라는 설명이 있다.

| 오답해설 | ① 1% 유럽인 탐험가들이 북아메리카를 발견한 것이므로, 유럽은 구세계였고, 아메리카는 신세계였다.

③ 1% 만단족 인디언들의 인구 감소는 구세계의 천연두 때문이다.

④ 2% 첫째 문단을 보면 콜럼버스 이전에 북아메리카에는 인디언들이 처음에는 약 2000만 명에 달했다는 내용이 나온다. 콜럼버스가 도착한 이후 한두 세기에 걸쳐 인디언의 인구는 최대 95%가 감소했다.

6 어휘, 한자 > 한자 성어 | 오답률 18% | 답 ③

| 정답해설 | 제시된 글에 나온 "빈대 잡으려다 초가삼간 태운다"는 속담과 같은 의미로, 부분적 결점을 바로잡으려다 본질을 해친다는 의미의 한자 성어는 ③의 '교각살우(矯角殺牛)'이다. '쇠뿔을 바로잡으려다 소를 죽인다'는 뜻으로, 결점(缺點)이나 흠을 고치려다 수단이 지나쳐 도리어 일을 그르침을 뜻한다.

| 오답해설 | ① 3% 개과불린(改過不吝): 허물을 고침에 인색하지 않음을 이르는 말

② 13% 경거망동(輕擧妄動): '가볍고 망령(妄靈)되게 행동한다'는 뜻으로, 도리나 사정을 생각하지 아니하고 경솔하게 행동함을 의미함

④ 2% 부화뇌동(附和雷同): 우레 소리에 맞춰 함께한다는 뜻으로, 자신의 뚜렷한 소신 없이 그저 남이 하는 대로 따라가는 것을 의미함

| 더 알아보기 | 한자 성어와 관련된 속담

- 苦盡甘來(고진감래): 쓴 것이 다하면 단 것이 온다는 뜻으로, 고생 끝에 즐거움이 옴을 이르는 말 → 고생 끝에 낙이 온다[있다]
- 矯角殺牛(교각살우): 뿔을 바로잡으려다가 소를 죽인다. 곧 조그마한 일을 하려다 큰일을 그르친다는 뜻 → 빈대 잡으려다 초가삼간 태운다, 빈대 미워 집에 불 놓는다
- 金枝玉葉(금지옥엽): 아주 귀한 집안의 소중한 자식 → 불면 꺼질까 쥐면 터질까, 쥐면 꺼질까 불면 날까
- 螳螂拒轍(당랑거철): '사마귀가 수레에 항거한다'는 뜻으로 자기 힘을 생각하지 않고 강적 앞에서 분수없이 날뛰는 것을 비유한 말 → 하룻강아지 범 무서운 줄 모른다, 비루먹은 강아지 대호(大虎)를 건드린다
- 凍足放尿(동족방뇨): 잠시 동안만 효력이 있을 뿐 효력이 바로 사라짐을 비유적으로 이르는 말 → 언 발에 오줌 누기
- 同族相殘(동족상잔): 동족끼리 서로 헐뜯고 싸움 → 갈치가 갈치 꼬리 문다, 망둥이 제 동무 잡아먹는다
- 得隴望蜀(득롱망촉): '농나라 땅을 얻고 또 촉나라를 원한다'는 뜻으로 인간의 욕심은 끝이 없음 → 말 타면 경마(말의 고삐) 잡히고 싶다, 말 타면 종 두고 싶다
- 登高自卑(등고자비): 일을 하는 데는 반드시 차례를 밟아야 한다는 말 → 천 리 길도 한 걸음부터, 만 리 길도 한 걸음으로 시작된다
- 磨斧爲針(마부위침), 磨斧作針(마부작침): '도끼를 갈면 바늘이 된다'는 뜻으로 아무리 어렵고 험난한 일도 계속 정진하면 꼭 이룰 수가 있다는 말 → 열 번 찍어 안 넘어가는 나무 없다
- 牝鷄司晨(빈계사신): 집안에서 여자가 남자보다 활달하여 안팎일을 간섭하면 집안일이 잘 안 된다는 말 → 암탉이 울면 집안이 망한다
- 西瓜皮舐(서과피지): '수박 겉 핥기' 속담의 한역
- 十伐之木(십벌지목): 열 번 찍어 안 넘어가는 나무 없다
- 炎涼世態(염량세태): 세력이 있을 때는 아첨하여 따르고 세력이 없어지면 푸대접하는 세상인심을 비유 → 정승 말[개/당나귀] 죽은 데는 (문상을) 가도 정승 죽은 데는 (문상을) 안 간다, 대감 말이 죽었다면 먹던 밥을 밀쳐 놓고 가고, 대감이 죽었다면 먹던 밥 다 먹고 간다
- 烏飛梨落(오비이락): 아무 관계도 없는 일인데 우연히 때가 같음으로 인하여 무슨 관계가 있는 것처럼 의심을 받게 되는 것 → 까마귀 날자 배 떨어진다
- 走馬加鞭(주마가편): 잘하고 있음에도 불구하고 더 잘되어 가도록 부추기거나 몰아침 → 달리는 말에 채찍질한다, 닫는 말에도 채를 친다
- 走馬看山(주마간산): 말을 타고 달리면서 산수를 본다는 뜻으로 바쁘게 대충 보며 지나감을 일컫는 말 → 수박 겉 핥기, 꿀단지 겉 핥기[핥는다]
- 下石上臺(하석상대): 임시변통으로 이리저리 둘러맞춤을 이르는 말 → 아랫돌 빼서 윗돌 괴고 윗돌 빼서 아랫돌 괸다
- 咸興差使(함흥차사): 일을 보러 밖에 나간 사람이 오래도록 돌아오지 않을 때 하는 말 → 강원도 포수(지리산 포수/의붓아비) 소 팔러 보낸 것 같다
- 狐假虎威(호가호위): 다른 사람의 권세를 빌어서 위세를 부림 → 원님[사또] 덕에 나팔 분다

7 문법 > 현대 문법 | 오답률 11% | 답 ③

| 정답해설 | ③ 89% • 꽃내음[꼳내음(중화: 음절의 끝소리 규칙) → 꼰내음(비음화)]

- 바깥일[바깓일(중화: 음절의 끝소리 규칙) → 바깐닐(ㄴ 첨가) → 바깐닐(비음화)]
- 학력[학녁(비음화) → 항녁(비음화)]

| 오답해설 | ① 1% '중화'는 서로 다른 요소가 특정한 조건에서 변별 기능을 잃고 구별되지 않는 현상을 말한다. 예를 들어 '낟, 낫, 낮, 낱' 따위에 쓰인 받침 소리는 모두 'ㄷ'으로 발음된다. 곧 음절의 끝소리 규칙은 중화 현상으로 볼 수 있다. '학력'은 음절의 끝소리 규칙이 나타나지 않는다.

② 3% ㄴ 첨가 현상은 '바깥일'에서만 나타난다.

④ 7% 유음화는 'ㄴ'이 'ㄹ'과 만나면 'ㄹ'로 변하는 현상인데, 제시된 단어 모두 유음화는 나타나지 않는다.

8 문법 > 현대 문법 | 오답률 39% | 답 ③

| 정답해설 | ③ 61% 첫째 문장에서 '백'은 격 조사와 결합하는 수사이다. 둘째 문장에 쓰인 '백'은 수량 관형사로서, 뒤에 체언을 수식한다.

| 오답해설 | ① 4% '만큼'은 앞말이 용언인 경우에는 의존 명사이고, 앞말이 체언이나 조사일 경우에는 조사이다. 따라서 의존 명사일 때에는 앞말과 띄어 써야 하며 조사일 때에는 앞말에 붙여 쓴다.

② 16% 첫째 문장에서 '아니'는 용언 앞에 쓰여 부정이나 반대의 뜻을 나타내는 부사이다. 둘째 문장의 '아니'는 놀라거나 감탄스러울 때, 또는 의아스러울 때 하는 감탄사이다.

④ 19% 첫째 문장의 '이지적'은 서술격 조사와 결합한 명사이고, 둘째 문장의 '이지적'은 뒤에 명사 '인간'을 수식하는 관형사이다.

| 더 알아보기 | 접사 '-적(的)'이 결합한 단어의 품사

'-적(的)'은 접미사이며, '-적(的)'이 결합한 단어의 품사는 세 가지이다.

- '-적(的)' 뒤에 조사가 결합되어 있으면 명사이다.
- '-적(的)' 뒤에 조사가 결합되지 않고, 뒤에 체언을 수식하면 관형사이다.
- '-적(的)' 뒤에 조사가 결합되지 않고, 뒤에 용언을 수식하면 부사이다.

오답률 TOP 2

9 문학 > 현대 문학사 오답률 57% 답 ④

| 정답해설 | ④ 43% 민족문학론이 본격적으로 제기된 것은 1970년대에 들어서이다. 1960년대의 참여문학론, 소박한 차원의 민중문학론, 농민문학론, 시민문학론, 리얼리즘 문학론 등을 거쳐서 1970년대에 높은 수준의 문학 이념으로서 민족문학론으로 종합되었다. 1980년대의 민중문학은 바로 1970년대 민족문학의 민중론을 계승하면서 대두된 것이다.

| 오답해설 | ① 8% 이전의 전후 소설과는 달리 분단의 원인과 치유 방안에 대한 새로운 인식을 형상화하였다. 대표적인 작가로 황순원, 최인훈, 오상원, 이호철 등이 있다.

② 19%, ③ 30% 4·19 혁명 이후 민족주의적인 분위기가 고조되고, 사회에 대한 시민 의식이 높아지면서 현실 참여주의적인 비판적 작품이 많이 발표되었다. 이러한 경향의 작가들은 사회의 모순과 부조리, 서민층의 비참한 삶의 모습을 사실적으로 묘사하여 비판적 시각으로 고발하고 있다.

예 김정한의 「모래톱 이야기」, 손창섭의 「부부」, 이호철의 「소시민」, 선우휘의 「망향」, 전광용의 「꺼삐딴 리」 등

10 어문 규정 > 표준 발음법 오답률 6% 답 ①

| 정답해설 | ① 94% ㉠: 밭을[바슬](×) → 밭을[바틀](○): 받침 뒤에 모음으로 시작된 조사나 어미, 접미사와 결합되는 경우에는, 제 음가대로 뒤 음절 첫소리로 옮겨 발음한다. 따라서 ㉠의 '밭을'의 발음은 [바틀]이다.

| 오답해설 | ② 3% ㉡: 밭만[받만(음절의 끝소리 규칙) → 반만(비음화)](○)

- 받침 'ㅌ'은 어말 또는 자음 앞에서 대표음 [ㄷ]으로 발음하는 음절의 끝소리 규칙이 나타난다.
- 받침 'ㄷ[ㅅ, ㅆ, ㅈ, ㅊ, ㅌ, ㅎ]'은 'ㄴ, ㅁ' 앞에서 [ㄴ]으로 발음하는 비음화 현상이 나타난다.

③ 1% ㉢: 밭[받](○): 받침 'ㅌ'은 어말 또는 자음 앞에서 대표음 [ㄷ]으로 발음하는 음절의 끝소리 규칙이 나타난다.

④ 2% ㉣: 밭이[바치](○): 받침 'ㄷ, ㅌ'이 조사나 접미사의 모음 'ㅣ'와 결합되는 경우에는, [ㅈ, ㅊ]으로 바꾸어서 뒤 음절 첫소리로 옮겨 발음하는 구개음화 현상이 나타난다.

11 비문학 > 독해 비문학 오답률 11% 답 ①

| 정답해설 | ① 89% '채식주의자'는 도축장의 식육 생산의 실상을 아는 사람들을 의미한다. 따라서 비판의 대상이 아니다.

| 오답해설 | ② 2% 식육 생산의 실상, ③ 2% 동물을 먹는 행위, ④ 7% 폭력적 이데올로기 등은 모두 부정적 의미를 지닌 것으로 비판의 대상이다.

12 어휘, 한자 > 한자어 오답률 42% 답 ②

| 정답해설 | ② 58% 희수(喜壽: 喜 기쁠 희/壽 목숨 수): 희(喜) 자를 칠(七)로도 썼기 때문에 희수(喜壽)는 七十七세, 즉 77세를 일컫는다.

| 오답해설 | ① 10% 화갑(華甲: 華 빛날 화/甲 갑옷 갑): '화(華)' 자는 십(十)이 여섯 개에다 일(一)이 하나 있으므로 61세를 나타내며, 회갑(回甲) 또는 환갑(還甲)이라고도 한다.

③ 11% 백수(白壽: 白 흰 백/壽 목숨 수): '백(百)'에서 일(一)을 빼면 99세가 된다.

④ 21% 미수(米壽: 米 쌀 미/壽 목숨 수): '미(米)' 자를 분해하면 팔십팔(八十八)이 되기 때문에 미수(米壽)는 88세를 의미한다.

| 더 알아보기 | 연령을 나타내는 한자어

- 15세: 지학(志學), 성동(成童)
- 20세: 약관(弱冠), 약령(弱齡), 약년(弱年), 방년(芳年), 방령(芳齡), 묘령(妙齡), 묘년(妙年)
- 30세: 이립(而立)
- 32세: 이모지년(二毛之年), 이모(二毛)
- 40세: 불혹(不惑)
- 50세: 지명(知命), 지천명(知天命)
- 51세: 망륙(望六)
- 60세: 이순(耳順)
- 61세: 화갑(華甲), 환갑(還甲), 주갑(周甲), 환력(還曆), 회갑(回甲)
- 62세: 진갑(進甲)
- 61~70세: 칠질(七秩)
- 70세: 고희(古稀), 종심(從心), 희수(稀壽)
- 77세: 희수(喜壽)
- 80세: 팔순(八旬), 산수(傘壽), 팔질(八耋)
- 88세: 미수(米壽)
- 90세: 졸수(卒壽)
- 99세: 백수(白壽)
- 100세: 上壽(상수), 期年(기년), 百壽(백수), 期이之壽(기이지수: 요양이 필요한 나이)

13 어문 규정 > 한글 맞춤법 오답률 10% 답 ④

| 정답해설 | ④ 90% '압니다'는 '알(어간)+ㅂ니다(종결 어미)'의 구성이다. 어간의 끝 받침 'ㄹ'은 어미의 첫소리 'ㄴ, ㅂ, ㅅ' 및 '-오, -ㄹ' 앞에서는 탈락한다.

| 오답해설 | ① 2% 되?(×) → 돼?(○): 기본형 '되다'의 어간 '되-' 뒤에 '-어, -어라, -었-' 등이 결합되어 '되어, 되어라, 되었-'과 같이 활용한다. 그리고 'ㅚ' 뒤에 '-어'가 어울려 'ㅙ'로 될 적에는 '돼, 돼라, 됐-'의 '돼-' 형태가 된다. '되-'는 어간이므로 홀로 쓰이지 못하고, '되(어간)+어(어미)=되어/돼'의 형태로 쓰인다.

② 4% 합격할께요(×) → 합격할게요(○): '-ㄹ게'는 어떤 것을 하겠다고 약속하는 뜻을 나타내는 종결 어미이다. 발음은 [-ㄹ께]이다. 그러나 'ㄹ' 뒤에서 된소리로 발음되는 것은 된소리로 적지 않는다. '-(으)ㄹ거나' '-(으)ㄹ걸', '-(으)ㄹ세' 등도 소리대로 적지 않는다.

③ 4% 도우고(×) → 돕고(○): '돕다'의 어간 '돕-' 뒤에 '-고'가 붙으면, '돕고'로 활용한다.

| 더 알아보기 | 어간 끝 받침 'ㄹ' 탈락

> 어간 끝 받침 'ㄹ'이 어미의 첫소리 'ㄴ, ㅂ, ㅅ' 및 '-오, -ㄹ' 앞에서 줄어지는 경우, 준 대로 적는다.
> 예 살다
> 살+네=사네, 살+세=사세, 살+오=사오, 살+ㄹ수록=살수록, 살+ㄹ뿐더러=살뿐더러
> 예 빌다
> 빌+네=비네, 빌+세=비세, 빌+오=비오, 빌+ㅂ시다=빕시다, 빌+ㄹ뿐더러=빌뿐더러
> → 어간 끝 받침이 'ㄹ'인 용언은 모두 이에 해당한다.

14 문법 > 현대 문법 오답률 26% 답 ①

| 정답해설 | ① 74% '갖은'은 '여러 가지의', '골고루 다 갖춘'의 뜻을 지닌 관형사이다. 문장에서 서술성이 없고 뒤에 명사를 수식한다.

| 오답해설 | ② 3% '바로'는 (성분)부사, ③ 19% '그리고'는 (접속)부사, ④ 4% '방글방글'은 (의태)부사이다.

15 어문 규정 > 한글 맞춤법 오답률 10% 답 ②

| 정답해설 | ② 90% '하고'는 (구어체로) 상대로 하는 대상임을 나타내는 조사이므로 '나하고'처럼 붙여 쓴다.

| 오답해설 | ① 3% 수 밖에 없다(×) → 수밖에 없다(○): '밖에'는 체언 뒤에 붙어 '그것 말고는', '그것 이외에는', '기꺼이 받아들이는', '피할 수 없는'의 뜻을 나타내는 보조사이므로 앞말에 붙여 써야 한다. 주로 뒤에 부정을 나타내는 말이 따른다.

③ 4% 공부 깨나(×) → 공부깨나(○): '깨나'는 어느 정도 이상의 뜻을 나타내는 보조사이므로 앞말에 붙여 써야 한다.

④ 3% 가는김에(×) → 가는 김에(○): 관형사형 어미 뒤에 '김'은 '어떤 일의 기회나 계기'를 뜻하는 의존 명사이므로 앞말에 띄어 써야 한다.

| 더 알아보기 | 보조사 '깨나'와 부사 '꽤나'

> • '깨나'는 명사 등 체언에 직접 붙는 보조사로, 앞말에 그것이 상당한 정도라는 의미를 더해 준다. '그는 돈깨나 있는 사람이다', '심술깨나 부린다', '그게 나이깨나 든 사람이 할 소리냐?'처럼 쓰는데, 빈정거리거나 가벼운 불만의 뜻이 덧붙여진다.
> • '꽤나'는 보통을 조금 넘는 정도를 나타내는 부사 '꽤'에 보조사 '나'가 합해진 말이다. '꽤'는 '두 사람은 꽤 가까운 사이다', '어젯밤엔 술을 꽤(나) 마셨다', '학교는 집에서 꽤(나) 멀리 떨어져 있다'처럼 문장 안에서 동사나 형용사, 또는 다른 부사를 꾸며 주는 역할을 한다. '꽤나'를 쓰면 '꽤'를 쓸 때보다 그 수량이나 정도가 많거나 높음이 강조되는데 살짝 놀라는 뜻이 덧붙기도 한다.

16 문학 > 기본 이론 오답률 40% 답 ②

| 정답해설 | ② 60% 제시된 글의 "나는 ~ 느껴", "우리 시대 독자들에게도 ~ 큰 감동을 주고 있다고 생각해" 등의 표현에서, 문학 작품에서 얻은 깨달음, 교훈, 감동, 반성 등을 중점으로 하는 효용론적 관점임을 알 수 있다.

| 오답해설 | ① 31% 반영론적 관점: 작품 속 배경이 되는 당시 제도, 생활상, 시대상, 역사적 상황, 사회상 등을 중점으로 하는 관점이다.

③ 8% 표현론적 관점: 작가의 창작 의도, 창작 동기, 체험이나 사상 등을 중시하는 관점이다.

④ 1% 객관론적 관점: 작품 내부의 구성 요소인 시의 언어, 운율, 이미지, 표현법, 화자와 청자, 시적 화자의 정서나 태도, 어조 등을 중시하는 관점으로서, 내재적 관점, 절대주의 관점이라고도 한다.

17 문법 > 현대 문법 오답률 15% 답 ①

| 정답해설 | 독립된 두 문장을 만들었을 때 의미적으로 완전한 문장이 성립하면 본용언이 사용된 문장이고, 성립되지 않거나 본래의 의미 구조가 달라지면 보조 용언이 사용된 문장이다.

① 85% '주워서 버렸다'는 '줍다'와 '버리다'의 의미가 모두 있어야 하므로 본용언과 본용언의 구성이다. 이 문장은 '(영수는) 쓰레기를 주웠다+쓰레기를 버렸다'의 두 문장이 종속적으로 이어진 겹문장이다.

| 오답해설 | ② 9% '척한다', ③ 4% '본다', ④ 2% '간다' 등은 모두 보조 용언이다.

18 비문학 > 이론 비문학 오답률 4% 답 ①

| 정답해설 | ① 96% 첫 문장에서 '화랑도(花郞道)'에 대한 용어의 개념을 먼저 정의하고, '화랑도'의 특징에 대하여 서술하고 있다.

| 오답해설 | ② 2% '자신의 체험담', ③ 1% '반론', ④ 1% '통계적 사실'이나 '사례 제시' 등은 제시되지 않았다.

오답률 TOP 1

19 문학 > 고전 운문(시조) 오답률 58% 답 ①

| 정답해설 | ① 42% ㉠의 '삼각산(三角山)'은 '북한산'의 다른 이름이다. '백운대, 인수봉, 만경대'의 세 봉우리가 있어 이렇게 부른다.

| 오답해설 | ② 13% ㉡의 '한강'은 조선 시대에는 '경강'이라고도 불렀으며 그 이전에 백제가 동진과 교통하여 중국 문화를 받아들이기 시작하면서 한강의 이름을 중국식으로 고쳐서 '한수'라 불렀고, 그 뒤부터 옛 이름은 차츰 사라지고 '한수' 또는 '한강'이라고만 불렀다.

③ 10% 제시된 작품이 조선 시대 병자호란(丙子胡亂)을 배경으로 한 작품이므로 때의 '고국'은 조선이다.

④ 35% 병자호란(丙子胡亂) 때, 끝까지 척화 항전(斥和抗戰)을 주장하던 작자가 패전 후 청나라로 잡혀가면서 부른 노래로, 비분강개한 심정이 나타난 작품이다.

20 문학 > 현대 소설 오답률 30% 답 ④

| 정답해설 | ④ 70% 제시된 작품은 김승옥의 단편 소설인 「무진기행」의 끝부분이다. 주인공인 '나'가 서울을 떠나 무진으로 갔다가 다시 서울로 돌아오는 '떠남 – 추억의 공간 – 복귀'의 순환 구조를 드러내고 있다.

| 더 알아보기 | 김승옥, 「무진기행」

- 「무진기행」의 배경이 갖는 의미
  - 1960년대는 안개가 낀 듯이 미래가 보이지 않는 시대, 전통적인 가치가 모두 파괴되어 버리고 모든 것이 세속화된 시대이다. '무진'은 이 같은 혼돈의 시대를 상징적으로 보여 준다.
  - 무진은 안개가 자주 덮이는 곳으로, 권태와 단조로움, 절망의 추억을 불러일으키는 부정적 이미지를 갖고 있다. 또한 그 부정적인 이미지의 내부에는 파괴되고 속물화되기 이전의 인간적인 원형을 함의하고 있다.
- 「무진기행」의 갈등 구조
  - 「무진기행」에는 선명하게 구분되는 두 개의 공간이 있는데 이 두 개의 이질적 공간은 화자의 내면에서 팽팽하게 대립되어 갈등을 일으키고 있다.
  - 두 개의 공간 중 하나는 서울로 표상되는 일상의 공간이고, 다른 하나는 무진이라는 탈일상의 공간이다.
- 주제: 현실 속에 던져진 자기 존재의 파악
- 해제: 「무진기행」은 4 · 19 혁명 이후 우리 문학이 1950년대의 전후 문학에서 벗어나 새로운 단계로 접어들었음을 보여 주는 소설이다. 한 인물의 귀향 체험을 통하여 일상과 꿈, 현실과 몽환이라는 대립적 가치를 설정하여, 일상을 벗어나 꿈의 세계로 도피하고 싶어 하는 현대인의 심리를 감각적인 문체로 형상화하고 있다.

2017 6월 24일 시행 서울시 9급 (Ⓐ책형)

합격예상 체크

맞힌 개수	/20문항	점수	/100점

➡ ☐합격 ☐불합격

취약영역 체크

문항	정답	영역	문항	정답	영역
1	②	어문 규정 > 로마자 표기법	11	①	어휘, 한자 > 속담
2	③	어문 규정 > 한글 맞춤법	12	②	어휘, 한자 > 한자어
3	①	문법 > 고전 문법	13	③	어문 규정 > 한글 맞춤법
4	③	비문학 > 독해 비문학	14	③	문법 > 현대 문법
5	③	문학 > 현대 시	15	②	문학 > 현대 문학사
6	①	문법 > 현대 문법	16	②	어휘, 한자 > 고유어
7	①	문법 > 현대 문법	17	②	어휘, 한자 > 한자어
8	④	문법 > 고전 문법	18	④	문법 > 현대 문법
9	①	문법 > 현대 문법	19	②	비문학 > 독해 비문학
10	④	문학 > 현대 소설	20	④	문학 > 현대 수필

⬇ 영역별 틀린 개수로 취약영역을 확인하세요!

문법과 어문 규정	/10	비문학	/2	문학	/4	어휘, 한자	/4

➡ 나의 취약영역: ____________

※ [정답해설]과 [오답해설] 선지의 50% 표시는 〈1초 합격예측 풀서비스〉를 통해 수집된 선지 선택률을 나타냅니다.

1 어문 규정 > 로마자 표기법 오답률 22% 답 ②

| 정답해설 | ② 78% 학여울[항녀울] – Hangnyeoul

- 학+여울(합성어) = 학여울[학녀울(ㄴ 첨가) → 항녀울(비음화)]
- 로마자 표기는 음운 변화가 일어난 표준 발음에 따라 'Hangnyeoul'로 표기한다.

| 오답해설 | ① 10% 선릉: Seonneung(×) → Seolleung(○)

- 'ㄴ'은 'ㄹ'의 앞이나 뒤에서 [ㄹ]로 발음하므로 [설릉]으로 발음한다.
- 로마자 표기에서 'ㄹㄹ'은 'll'로 적는다. 따라서 'Seolleung'으로 표기한다.

③ 2% 낙동강: Nakddonggang(×) → Nakdonggang(○)

- 받침 'ㄱ, ㄷ, ㅂ' 뒤에 연결되는 'ㄱ, ㄷ, ㅂ, ㅅ, ㅈ'은 된소리로 발음한다. 따라서 '낙동강[낙똥강]'으로 발음한다.
- 로마자 표기법에서 된소리되기는 표기에 반영하지 않는다. 따라서 'Nakdonggang'으로 표기한다.

④ 10% 집현전: Jipyeonjeon(×) → Jiphyeonjeon(○)

- 'ㅂ'이 'ㅎ'과 결합하여 거센소리로 축약되므로 [지편전]으로 발음한다.
- 로마자 표기법에서는 체언에서 'ㄱ, ㄷ, ㅂ' 뒤에 'ㅎ'이 따를 때에는 'ㅎ'을 밝혀 적는다. 따라서 'Jiphyeonjeon'으로 표기한다.

오답률 TOP 3

2 어문 규정 > 한글 맞춤법 오답률 53% 답 ③

| 정답해설 | ③ 47% 맥줏집(麥酒–)[맥쭈찝/맥쭏찝]: 한자어인 '맥주(麥酒)'와 순우리말인 '집'이 결합하여 만들어진 합성어이다. 순우리말과 한자어로 된 합성어로서 앞말이 모음으로 끝난 경우, 뒷말의 첫소리가 된소리로 나므로, 사이시옷 규정(한글 맞춤법 제30항)에 따라, '맥줏집'과 같이 사이시옷을 받치어 적는다.

| 오답해설 | ① 12% 부는(×) → 붇는(○): '살이 찌다, 분량이나 수효가 많아지다'의 동사는 '붇다'이다. '붇다'는 자음 어미 앞에서는 '붇–'이지만 모음 어미 앞에서는 '불–'로 형태가 바뀌는 ㄷ 불규칙 활용 동사이다.

② 9% 넉넉치(×) → 넉넉지(○): 어간의 끝음절 '하'의 'ㅏ'가 줄고 'ㅎ'이 다음 음절의 첫소리와 어울려 거센소리로 될 적에는 거센소리로 표기하지만, 어간의 끝음절 '하'가 아주 줄어진 형태는 준대로 적는다.

④ 32% 자료로써(×) → 자료로서(○): '이 책은 중세 국어의 자료로써'는 '이 책은 중세 국어의 자료이다.'의 뜻을 나타내는 문맥이므로, 지위나 신분 또는 자격을 나타내는 격 조사 '로서'를 붙이는 것이 맞다. '로써'는 재료, 수단, 방법을 나타낼 때 쓰인다.

| 더 알아보기 | '로서'와 '로써'

(1) 로서
- 지위나 신분 또는 자격을 나타내는 격 조사
  예 그는 친구로서는 좋으나, 남편감으로서는 부족한 점이 많다.
- 어떤 동작이 일어나거나 시작되는 곳을 나타내는 격 조사
  예 이 문제는 너로서 시작되었다.

(2) 로써
- 재료나 원료를 나타내는 격 조사
  예 콩으로써 메주를 쑨다.
- 어떤 일의 수단이나 도구를 나타내는 격 조사
  예 말로써 천 냥 빚을 갚는다고 한다.
- 시간을 셈할 때 셈에 넣는 한계를 나타내거나 어떤 일의 기준이 되는 시간임을 나타내는 격 조사
  예 고향을 떠난 지 올해로써 20년이 된다.

3 문법 > 고전 문법 오답률 28% 답 ①

| 정답해설 | ① 72% 본격적으로 띄어쓰기를 한 매체는 1896년 창간된 우리나라 최초의 민간 신문 『독립신문』이었다. 조선어학회는 1933년 띄어쓰기를 한글 맞춤법 통일안에 반영하여 규범화하였다.

| 오답해설 | ② 5% 현대어에서 체언의 모음 어간 뒤에 연결되는 주격 조사 '가'는 15세기의 문헌까지만 해도 등장하지 않다가, 1572년에 쓰인 것으로 보이는 언간(諺簡)에 최초로 보이고, 17세기 근대어 문헌에서 나타난다.

③ 18% 'ㆍ(아래 아)'의 음가는 16~17세기에 단계적으로 소멸되고, 문자는 1933년 한글 맞춤법 통일안에서 완전히 사라진다.

④ 5% 'ㅸ(순경음 ㅂ)'은 15세기 중엽(세조, 『능엄경언해』)부터 소멸되어, 모음 앞에서 'ㅗ/ㅜ'로 변하였다. 또한 'ㅸ'은 연서 규정, 'ㅃ'은 병서 규정에 의한 표기이므로 'ㅸ'이 'ㅃ'으로 변하였다는 설명도 바르지 않다.

| 더 알아보기 | 주격 조사

- 고대 국어: '향찰'의 주격 조사
  신라 향가의 주격 조사로는 '시(是), 이(伊)' 등이 쓰이고, 고려 향가의 주격 조사로는 '역(亦)'이 대표적이다. 고려 시대 이두에서는 '역(亦), 교시(敎是), 과지(戈只), 익지(弋只)' 등이 쓰인다. '역(亦)'은 평칭의 체언에 연결되어 쓰이는 대표적인 주격 조사로, 15세기의 '이/ㅣ'에 해당한다.
- 중세 국어
  15세기 중세 국어의 주격 조사는 기저형이 '이'인데, 선행 체언의 음운론적인 조건에 따라 '이', 'ㅣ', '∅' 등의 이형태로 실현되었다. 체언이 자음 받침으로 끝나면 '이'로 실현되고, ㅣ 외의 모음으로 끝난 체언에는 'ㅣ'로 실현되고, ㅣ 모음으로 끝난 체언에는 '∅[zero]'로 실현되었다.
- 근대 국어
  '이, ㅣ, ∅'가 여전히 쓰이고, 새로운 형태 '가'가 나타나게 되었다.

4 비문학 > 독해 비문학 오답률 7% 답 ③

| 정답해설 | ③ 93% 두괄식 문단은 문단의 앞부분에 먼저 소주제문을 제시한 후, 이어서 여러 문장들을 통하여 그것을 서술, 전개해 나가는 방식이다. 제시된 글은 '눌최'와 '죽죽'의 사례를 제시하여 선비 정신의 강인성을 설명하고 있다. 따라서 ㉢이 문단의 소주제문으로서 가장 먼저 제시되어야 한다. ㉣은 더함을 뜻하는 보조사 '도'가 사용되었으므로 눌최의 사례인 ㉠－㉡을 먼저 제시하고, 죽죽의 사례인 ㉣로 이어지는 것이 자연스럽다.

5 문학 > 현대 시 오답률 15% 답 ③

| 정답해설 | ③ 85% 제시된 시는 윤동주의 「별 헤는 밤」으로, 이 시에서 '별'은 화자에게 있어 과거 회상의 매개체로서의 기능을 지닌다. 또한 '별'은 '추억, 사랑, 쓸쓸함, 동경, 시, 어머니' 등 화자가 지향하는 내적 세계를 나타내는 동시에, 화자가 그리워하는 세계에 속한 '아름다운 이름들'을 비유하고 있다. 따라서 '별'은 시적 화자가 지향하는 내적 세계라고 볼 수 있다.

| 오답해설 | ① 2% 특별한 청자를 설정하지 않고 담담한 고백적 어조를 취하고 있다.

② 6% 과거에 대한 그리움의 내면세계를 표현하였지만, 현실에 대한 비판 의식은 제시되지 않았다.

④ 7% '별'은 시적 화자가 지향하는 내적 세계로서, 이상적 세계, 순수함을 의미한다.

6 문법 > 현대 문법 오답률 17% 답 ①

| 정답해설 | ① 83% '살다 – 죽다'는 두 낱말의 뜻이 서로 철저하게 두 영역으로 나누어지는 말로, 중간 상태가 존재하지 않는 상보(모순) 반의어이다.

| 오답해설 | ② 4%, ③ 4%, ④ 9% 정도나 등급의 대립을 나타내는 말로, 그 기준이 상대적으로 중간 상태가 존재하는 등급(정도) 반의어이다.

| 더 알아보기 | 반의어의 유형

- 등급 반의어(정도 반의어)
  정도나 등급의 대립을 나타내는 말로, '길다 : 짧다', '쉽다 : 어렵다', '덥다 : 춥다' 등과 같은 반의어들이 여기에 속한다. 이러한 유형의 반의어들은 그 기준이 상대적이기 때문에 대상이나 장면에 따라 평가가 달라질 수 있으며, 양쪽 어디에도 속하지 않는 경우도 있다. 다시 말하면 '길다 : 짧다'의 경우 '강이 길다/짧다'와 '손가락이 길다/짧다'에서 '길다/짧다'의 의미는 상대적이며, 또 '길지도 짧지도 않은 경우'가 존재한다는 뜻이다.
- 상보 반의어(모순 반의어)
  두 낱말의 뜻이 서로 철저하게 두 영역으로 나누어지는 말로, '남자 : 여자', '살다 : 죽다', '맞다 : 틀리다' 등과 같은 반의어들이 여기에 속한다. 이러한 유형의 반의어들은 양쪽 어디에도 속하지 않는 경우가 없다. 다시 말하면 '남자도 여자도 아닌 경우'나 '살지도 죽지도 않은 경우'는 존재하지 않는다는 뜻이다.
- 방향 반의어
  방향의 대립을 나타내는 말로, '남 : 북', '위 : 아래' 등과 같은 반의어들이 여기에 속한다. 방향은 공간이란 의미에서의 방향뿐만 아니라 좀 더 넓은 의미에서 관계의 방향을 의미하기도 하는데, 이에 따라 '부모 : 자식', '주다 : 받다', '출발하다 : 도착하다', '가다 : 오다', '입다 : 벗다' 등의 반의어도 여기에 속한다.

7 문법 > 현대 문법 오답률 17% 답 ①

| 정답해설 | 제시된 단어들은 '개(접두사)+살구, 헛(접두사)+웃음, 낚시+질(접미사), 지우+개(접미사)'의 구성으로 이루어진 파생어들이다.

① 83% '건-'은 '마른' 또는 '말린'의 뜻을 더하는 접두사이다. 따라서 '건(접두사)+어물(명사)'의 구성으로 된 파생어이다.

| 오답해설 | ② 4% 금지(명사)+곡(명사): 합성어. 다만, '-곡(曲)'은 어떤 종류의 노래나 악곡이라는 뜻을 더하는 접미사로 쓰이기도 하는데, 접미사 '-곡'이 결합한 '교향곡, 합주곡, 합창곡' 등은 파생어이다.

③ 5% 한자(명사)+음(명사): 합성어

④ 8% 핵(명사)+폭발(명사): 합성어

| 더 알아보기 | 접두사 '건(乾)-'

- '마른' 또는 '말린'의 뜻을 더하는 접두사
  예 건가자미, 건과자, 건바닥, 건어물, 건포도
- '겉으로만'의 뜻을 더하는 접두사
  예 건울음, 건주정
- '근거나 이유 없는'의 뜻을 더하는 접두사
  예 건강짜

8 문법 > 고전 문법 오답률 11% 답 ④

| 정답해설 | ④ 89% 'ㅸ'은 순음(ㅁ, ㅂ, ㅍ, ㅃ) 아래에 'ㅇ'을 이어 쓰는 연서(連書) 규정에 따른 표기이다.

| 더 알아보기 | 초성의 제자 원리

발음 위치	발음 기관 상형	기본자	가획자	이체자
아음(牙音)	혀뿌리가 목구멍을 막는 모양	ㄱ	ㅋ	ㆁ
설음(舌音)	혀끝이 윗잇몸에 붙는 모양	ㄴ	ㄷ, ㅌ	ㄹ(반설음)
순음(脣音)	입술의 모양	ㅁ	ㅂ, ㅍ	
치음(齒音)	이의 모양	ㅅ	ㅈ, ㅊ	ㅿ(반치음)
후음(喉音)	목구멍 모양	ㅇ	ㆆ, ㅎ	

9 문법 > 현대 문법 오답률 49% 답 ①

| 정답해설 | 〈예문〉의 오류는 타당한 논거를 제시하지 않고, SNS에서 많은 사람들이 그렇게 생각하거나 행동한다는 것을 논거로 제시하는 오류이다. 즉, 많은 사람이 한다고 해서 그 일의 타당성을 인정할 수 없기 때문에 일어나는 '대중에 호소하는 오류'이다. '군중에 호소하는 오류'라고도 한다.

① 51% 많은 사람들의 이야기를 논거로 음식의 맛을 평가하고 있으므로 '대중에 호소하는 오류'이다.

| 오답해설 | ② 10% 어떤 주장이 반증(反證)되지 못함을 근거로 하여 자신의 주장이 옳다는 것을 정당화하려는 '무지에 호소하는 오류'이다.

③ 39% 어떤 주장이 옳다는 것을 증명하기 위해서 주제와 관련이 없는 분야의 권위자에게 의지함으로써 범하는 '부적합한 권위에 호소하는 오류'이다.

④ 0% 상대방의 동정심에 호소해서 자기의 결론을 받아들이게 하려는 '동정(연민)에 호소하는 오류'이다.

10 문학 > 현대 소설 오답률 16% 답 ④

| 정답해설 | ④ 84% 제시된 작품은 채만식의 「치숙」이다. 이 작품은 1인칭 관찰자 시점으로서, 서술자인 '나'의 말을 전적으로 신뢰할 수 없는데, 그 이유는 '나'가 친일적, 부정적 인물이기 때문이다. 이를 통해 필자는 일제 강점기 현실에 대한 신랄한 비판을 풍자적으로 나타내는 효과를 거두고 있다.

| 오답해설 | ① 2% 서술자는 조선 여자를 비판하고, 내지인을 긍정적으로 평가하고 있다.

② 5% 3인칭 전지적 작가 시점에 관한 설명이다.

③ 9% 서술자는 다른 인물의 내면을 추리하는 것이 아니라 일본인 주인 눈에 잘 보이고 일본 여성과 결혼을 하겠다는 등 자신의 소망을 이야기하고 있다.

11 어휘, 한자 > 속담 오답률 10% 답 ①

| 정답해설 | ㉠은 한창 가물 때 애쓰며 도랑을 치느라고 분주하게 군다는 뜻으로, 아무 보람도 없는 헛된 일을 하느라고 부산스레 굶을 비유적으로 이르는 속담이고, ㉡은 까마귀는 미역을 감아도 그냥 검다는 데서, 일한 자취나 보람이 드러나지 않음을 비유적으로 이르는 속담이다. 따라서 ㉠과 ㉡의 속담과 관련이 깊은 것은 ① 90% '헛수고'이다.

오답률 TOP 1

12 어휘, 한자 > 한자어 오답률 60% 답 ②

| 정답해설 | ② 40% '개전(改悛)'은 행실이나 태도의 잘못을 뉘우치고 마음을 바르게 고쳐먹는다는 뜻이다.

| 오답해설 | ① 19% 도치(×) → 도야(陶冶)(○): ㉠ 도기를 만드는 일과 쇠를 주조하는 일. 또는 그런 일을 하는 사람. ㉡ 훌륭한 사람이 되도록 몸과 마음을 닦아 기름을 비유적으로 이르는 말

③ 33% 살도(×) → 쇄도(殺到)(○): ㉠ 전화, 주문 따위가 한꺼번에 세차게 몰려듦. ㉡ 어떤 곳을 향하여 세차게 달려듦

참 '殺' 자가 가진 두 가지의 음과 훈, 즉 '빠를 쇄, 죽일 살'을 혼용하여 '살도'라고 읽는 것은 바르지 않다.

④ 8% 일몰(×) → 골몰(汨沒)(○): 다른 생각을 할 여유도 없이 한 가지 일에만 파묻힘

13 어문 규정 > 한글 맞춤법 오답률 51% 답 ③

| 정답해설 | ③ 49% 30년 동안: 단위를 나타내는 의존 명사 '년'은 띄어 쓴다. 다만, 아라비아 숫자와 어울려 쓸 경우에는 붙여 쓸 수 있다. 따라서 '30 년/30년' 모두 가능하다. 그리고 '어느 한때에서 다른 한때까지 시간의 길이'를 뜻하는 '동안'은 명사이므로 앞말에 띄어 쓴다.

| 오답해설 | ① 19% 창 밖(×) → 창밖(○): '창밖'은 '창문의 밖'이란 뜻으로, '창'과 '밖'이 결합한 합성어이다.

② 23% 우단천(×) → 우단 천(○): '우단'과 '천'은 한 단어가 아니므로 각각 띄어 써야 한다. '우단(羽緞)'은 거죽에 곱고 짧은 털이 촘촘히 돋게 짠 비단을 뜻하며, '벨벳'과 같은 말이다.

④ 9% 일 밖에(×) → 일밖에(○): 뒤에 부정을 나타내는 말과 어울려 '그것 말고는', '그것 이외에는', '기꺼이 받아들이는', '피할 수 없는'의 뜻을 나타내는 '밖에'는 보조사이므로 앞말에 붙여 써야 한다.

14 문법 > 현대 문법 오답률 4% 답 ③

| 정답해설 | ③ 96% 주어가 생략된 경우, 앞뒤 문맥이나 대명사 등을 통해 유추할 수 있어야 한다. ㉢의 주어는 바로 앞 문장의 주어인 '우리'이다. 나머지는 '환자'가 주어이다.

- (환자가) 이야기를 하지 않으려는 진술 거부증이 있었어요.
- (환자가) 터무니없이 불안해하거나
- (환자가) 자기 생각을 거짓말로 슬슬 ㉠속여넘기려고 한단 말입니다.
- (환자가) 자기의 머리가 이상해진 게 틀림없다고 고집이지 뭡니까.
- (환자가) 거짓말을 하거나 불안해하는 것도
- (환자가) 자기의 머리가 이상해진 것을 확인시키려는 노력에서 ㉡그러는 것 같았어요.
- (우리가) 보호자 ㉢연락을 취해 보니
- 환자는 자신의 신분이 드러날 만한 것을 ㉣지니고 있지 않았어요.

오답률 TOP 2

15 문학 > 현대 문학사 오답률 58% 답 ②

| 정답해설 | 현대 시사의 전개 과정은 ② 42% '㉡(1920년대) – ㉣(1930년대) – ㉢(1950년대) – ㉠(1970년대)'이다.

| 더 알아보기 | 현대 문학사

- ㉡은 1920년대 경향에 대한 설명이다.
  한용운은 1926년 시집 『님의 침묵』을 출간하였는데 당시에는 일제의 수탈로 인한 극단적인 빈궁을 문제 삼는 신경향파 문학이 대두되었다. 최서해의 소설에서 시작된 신경향파 문학은 1923년을 전후하여 전파된 사회주의 사상과 결합하면서 본격적인 프로 문학으로 발전해 갔다. 1925년에 계급 문학을 표방한 카프(KAPF)가 조직되자, 이에 맞서 염상섭, 양주동, 이병기, 정인보 등이 국민문학파를 결성, 시조 부흥 운동에 앞장섰다.
- ㉣ 1930년대 경향에 대한 설명이다.
  주지주의 이론은 최재서, 김기림 등에 의해서 소개되었으며, 김기림은 모더니즘에 입각한 문명 비판적인 작품 「기상도」를 쓰기도 하였고 평론 활동을 통해 모더니즘을 널리 선전하기도 하였다. 이미지즘 계열의 시를 쓴 시인으로는 김광균, 장만영 등이 있고, 이상의 경우는 다다이즘이나 초현실주의적인 경향의 시를 선보였다.
- ㉢은 1950년대 경향에 대한 설명이다.
  전쟁 체험을 시로 형상화하였으며, 전쟁의 비극, 휴머니즘의 부활을 주제로 삼았다. 유치환의 「보병과 더불어」, 조지훈의 「다부원에서」, 구상의 「적군 묘지 앞에서」, 김종문의 「벽」 등이 있다.
- ㉠은 1970년대 경향에 대한 설명이다.
  신경림은 1970년대 민중시 「농무」에서 산업화의 과정에서 철저하게 소외되었던 농촌의 현실에 대한 비판적인 인식과 그런 농촌 현실에 대한 힘없고 가난한 농민들의 비애와 울분을 표현하였다. 김지하는 「오적」에서 재벌, 국회 의원, 고급 공무원, 장성, 장차관 등을 풍자하고 있다. 이성부는 「벼」에서 이웃끼리 서로 의지해 가며 험난한 삶을 견뎌 온 민중의 공동체 의식을 벼가 서로 몸을 부대끼며 자라나는 모습을 통해 드러내고 있다. 이 밖에도 정희성의 「저문 강에 삽을 씻고」, 고은의 「새벽길」, 김수영의 「거대한 뿌리」 등이 있다.

16 어휘, 한자 > 고유어 오답률 49% 답 ②

| 정답해설 | ② 51% '굼적대다'는 '몸이 둔하고 느리게 자꾸 움직이다.'의 뜻이다. '느리게 폭이 넓게 자꾸 물결치다.'는 '금실대다, 금실거리다'이다.

17 어휘, 한자 > 한자어 오답률 40% 답 ②

| 정답해설 | ② 60% '사고(思考)'는 생각하고 궁리한다는 뜻으로 옳게 쓰였다.

| 오답해설 | ① 13% 토의(討義)(×) → 토의(討議)(○): 어떤 문제에 대하여 검토하고 협의함

③ 9% 선택(先擇)(×) → 선택(選擇)(○): 여럿 가운데서 필요한 것을 골라 뽑음 유 초택(抄擇)·취택(取擇)·택취(擇取)

④ 18% 준거(準擧)(×) → 준거(準據)(○): 사물의 정도나 성격 따위를 알기 위한 근거나 기준 유 표준(標準)

18 문법 > 현대 문법 오답률 16% 답 ④

| 정답해설 | ④ 84% '한+여름'은 앞 단어의 끝이 자음이고 뒤 단어나 접미사의 첫음절이 '여'인 경우로서, 'ㄴ' 음을 첨가하여 [한녀름]으로 발음한다. 따라서 ㉢의 첨가 현상이다.

| 오답해설 | ① 4% 국+만[궁만]: ㉠ 대치 – 자음 동화 중 비음화

② 1% 물+난리[물랄리]: ㉠ 대치 – 자음 동화 중 유음화

③ 11% 입+고[입꼬]: ㉠ 대치 – 된소리되기(경음화)

| 더 알아보기 | 음운의 변동

(1) 대치(교체)
- 개념: 한 음소가 다른 음소로 바뀌는 음운 현상
- 종류: 자음 동화(유음화, 비음화), 구개음화, 음절의 끝소리 규칙, 된소리되기(경음화)

(2) 탈락
- 개념: 한 음소가 없어지는 음운 현상
- 종류: 자음 탈락(자음군 단순화, ㄹ 탈락), 모음 탈락(ㅡ 탈락, 동음 탈락)

(3) 첨가
- 개념: 없던 음소가 새로 끼어드는 음운 현상
- 종류: ㄴ 첨가, 반모음(ㅣ) 첨가(ㅣ 모음 순행 동화), 사잇소리 현상

(4) 축약
- 개념: 두 음소가 합쳐져 다른 음소로 바뀌는 음운 현상
- 종류: 자음 축약(거센소리되기), 모음 축약

(5) 도치
- 개념: 두 음소 또는 음절이 서로 자리를 바꾸는 음운 현상
- 음운 도치: 빗복 > 빗곱 > 배꼽
- 음절 도치: 시혹 > 혹시, ᄒᆞ더시니 > ᄒᆞ시더니 > 하시더니

19	비문학 > 독해 비문학	오답률 12%	답 ②

| **정답해설** | 빈칸 추론하기는 빈칸 앞뒤에 이어지는 문맥의 흐름에 유의해야 한다. 첫째 문장에서 인간의 역사와 자연사를 대조적으로 보았다. 이어지는 내용은 화제 전환 접속 부사 '그런데'를 사용하면서, 마르크스의 견해를 들어 역사와 자연사의 유사성을 설명하고, ㉠ 다음에 인간의 역사와 자연사의 합일에 대한 설명이 이어지고 있다. 따라서 ㉠에는 인간의 역사와 자연사를 이분법적으로 파악하는 것은 위험하다는 ②가 적절하다.

| **오답해설** | ① 6% 경쟁 관계를 설명하고 있지 않다.

③ 6% '흡수 · 통합' 관계를 설명한 것이 아니다.

④ 0% 인간사나 자연사 연구에 대하여 설명한 글이 아니다.

20	문학 > 현대 수필	오답률 7%	답 ④

| **정답해설** | 필자는 빨래를 하고 난 후 모로 돌아누워 산봉우리에 눈을 주고, 가랑이 사이로 산을 내다보았을 때 산의 모습이 달라 보였다고 말하고 있다. 가랑이 사이로 산봉우리의 모습을 바라보는 소위 '거꾸로 보기' 체험으로 이야기를 시작하고 있다. 따라서 이어질 내용은 고정 관념을 벗어나 사물을 새롭게 바라보는 시각을 가져야 한다는 ④가 적절하다.

| **더 알아보기** | 법정, 「거꾸로 보기」

- 갈래: 경수필
- 성격: 회고적, 성찰적, 교훈적
- 제재: 거꾸로 보기
- 특징
  ① 일상적인 경험을 통해 삶의 교훈을 전함
  ② 비유, 인용, 유추를 통해 주제 의식을 뒷받침함
- 주제: 사물을 보는 새로운 시각의 중요성

9급공무원

공통과목 기출 PACK

영어

기출분석 해설노트 100% 활용법

1	기출문제 하나하나를 철저하게 분석하세요! ▶상세한 해설과 더 알아보기 보충이론으로 철저한 학습을 할 수 있어요. ▶문항별 오답률과 선택지별 선택률을 확인하여 함정지문이 무엇인지를 알 수 있어요.
2	채점 후 나의 수준을 파악하고 취약영역을 체크하세요! ▶취약영역 체크표를 활용하여 나의 취약영역을 확인할 수 있어요. ▶맞힌 개수와 점수를 표기하여 합격 여부를 확인할 수 있어요.
3	헷갈리거나 모르는 이론은 기출 영역을 확인하여 기본서 발췌독을 하세요!

2023 4월 8일 시행 국가직 9급 (㉯책형)

합격예상 체크

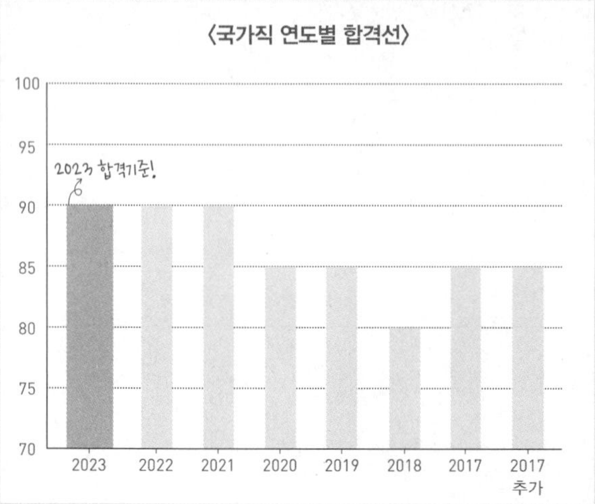

맞힌 개수	/20문항	점수	/100점

➡ □합격 □불합격

취약영역 체크

문항	정답	영역	문항	정답	영역
1	②	어휘 > 유의어 찾기	11	②	생활영어 > 회화/관용 표현
2	②	어휘 > 유의어 찾기	12	③	생활영어 > 회화/관용 표현
3	④	어휘 > 유의어 찾기	13	③	독해 > Macro Reading > 제목
4	①	어휘 > 유의어 찾기	14	①	독해 > Macro Reading > 주제
5	③	문법 > 일치	15	②	독해 > Macro Reading > 요지
6	④	문법 > 동사	16	②	독해 > Reading for Writing > 빈칸 구 완성
7	②	문법 > 전치사	17	③	독해 > Logical Reading > 삭제
8	④	독해 > Micro Reading > 내용일치/불일치	18	③	독해 > Logical Reading > 삽입
9	④	독해 > Micro Reading > 내용일치/불일치	19	③	독해 > Logical Reading > 배열
10	①	생활영어 > 회화/관용 표현	20	①	독해 > Reading for Writing > 빈칸 구 완성

⬇ 영역별 틀린 개수로 취약영역을 확인하세요!

어휘	/4	문법	/3	독해	/10	생활영어	/3

➡ 나의 취약영역: ____________

※ [정답해설]과 [오답해설] 선지의 50% 표시는 〈에듀윌 합격예측 풀서비스〉를 통해 수집된 선지 선택률을 나타냅니다.

1 어휘 > 유의어 찾기 오답률 18% 답 ②

| 해석 | Jane은 화려한 것보다는 스몰 웨딩을 치르고 싶었다. 그래서, 그녀는 가족과 친밀한 친구들 몇 명만 맛있는 음식을 먹고 즐거운 시간을 보내도록 초대하기로 계획했다.

① 3% 참견하기 좋아하는 ② 82% 가까운, 친밀한
③ 6% 사교적인 ④ 9% 사려 깊은

| 정답해설 | ② 밑줄 친 intimate는 '친밀한'이라는 뜻으로 이와 의미가 가장 가까운 것은 close(가까운, 친밀한)이다. close는 시간 또는 공간적으로 '가까운'의 의미뿐만 아니라, '(관계가) 가까운, 친근한'의 의미를 가지며 해당 문장에서는 후자로 사용되었다.

어휘
fancy 화려한 intimate 친밀한
nosy 참견하기 좋아하는 considerate 사려 깊은, 신중한

오답률 TOP 2

2 어휘 > 유의어 찾기 오답률 52% 답 ②

| 해석 | 더 적은 비용으로 얻는 건강상 이점으로 인한 끊임없는 대중의 호기심과 소비자 수요는 기능성 식품에 대한 관심을 증가시켰다.

① 14% 급속한, 빠른 ② 49% 끊임없는, 지속되는
③ 24% 상당한, 중요한 ④ 13% 간헐적인

| 정답해설 | ② 밑줄 친 incessant는 '끊임없는'이라는 뜻이므로, 의미상 가장 가까운 것은 constant(끊임없는, 계속되는)이다.

| 더 알아보기 | incessant의 유의어

- constant 끊임없는, 지속되는
- ceaseless 끊임없는
- continuous 끊임없는, 연속적인
- persistent 끊임없는, 영속하는, 고집 센

어휘
incessant 끊임없는 functional 기능성의, 기능 위주의
intermittent 간헐적인, 간간이 일어나는

3 어휘 > 유의어 찾기 오답률 50% 답 ④

| 해석 | 전염병 때문에 그 회사는 직원들에게 다양한 훈련 프로그램을 제공하려던 계획을 연기해야 했다.

① 10% 정성 들여 만들다 ② 22% 출시하다, 공개하다
③ 18% 변경하다, 수정하다 ④ 50% 연기하다, 미루다, 보류하다

| 정답해설 | ④ hold off는 '연기하다, 미루다'라는 뜻으로, 선지 중 suspend(연기하다)와 의미가 가장 가깝다. suspend는 '연기하다'라는 의미 외에 '매달다, 정학시키다, 부유시키다'의 의미가 있으므로 문맥상 의미 파악에 주의해야 한다.

어휘
pandemic 전염병 hold off 연기하다, 미루다
elaborate 정성 들여 만들다; 자세하게 말하다
suspend 연기하다, 미루다, 보류하다; 중지하다

4 어휘 > 유의어 찾기 오답률 39% 답 ①

| 해석 | 신임 지방 장관은 그 재소자를 석방하라는 고등법원의 판결을 받아들일 것이라고 말했다.

① 61% 받아들이다, 수용하다
② 6% 신고하다, 알리다
③ 20% 연기하다, 미루다
④ 13% 발표하다

| 정답해설 | ① abide by는 '따르다, 동의하다'라는 의미로, 문맥상 의미가 가장 가까운 것은 accept(받아들이다, 수용하다)이다. accept는 '승낙하다, 인정하다, 입학시키다' 등의 의미가 있으므로 주어진 문맥에 맞는 의미 파악이 중요하다.

어휘
governor (미국의) 주지사; (도, 지방, 도시 등의) 장관
abide by 따르다, 동의하다

5 문법 > 일치 오답률 29% 답 ③

| 해석 | 이식 기술의 진보가 말기의 장기(臟器) 질병 환자의 생명 연장을 가능하게 한 반면에, 일단 심장이나 신장이 성공적으로 이식되면 끝나는 한계성 사건으로 장기 이식을 보는 생물 의학적인 관점은 장기를 이식 받는 경험을 더욱 정확하게 나타내는 복잡하고 역동적인 과정을 숨기고 있다는 주장이 제기되고 있다.

| 정답해설 | ③ 71% 주어진 밑줄은 it is argued의 가주어 it에 대한 진주어에 해당되는 that절 이하의 주어 – 동사 수일치 문제이다. 밑줄 친 conceal은 해당 절의 동사이고, 주어는 ② that 이하의 the biomedical view로 단수형이다. 따라서 conceal은 3인칭 단수형인 conceals가 되어야 옳다. 주어인 view 이후에 of organ ~ replaced는 단지 수식어구에 해당되므로 동사의 수에 영향을 미치지 않는다.

| 오답해설 | ① 5% 5형식에서 목적어가 to부정사인 경우 목적어 자리에 가목적어 it을 쓰고 진목적어인 to부정사구는 문장 끝으로 이동시킬 수 있다. 따라서 목적어 자리에 it이 쓰인 것은 적절하다.
② 8% 해당 절은 '가주어 – 진주어' 구조로 주어 자리에 가주어인 it이 쓰였으므로 진주어를 이끄는 명사절 접속사 that이 쓰인 것은 알맞다.
④ 16% 동사 represents를 부사인 accurately가 알맞게 수식하고 있다.

어휘
transplant 이식; 이식하다
end-stage 말기의
organ 기관, 장기
argue 주장하다
biomedical 생물 의학
transplantation 이식
bounded 경계[한계]가 있는
conceal 숨기다, 감추다
accurately 정확하게
represent 나타내다, 보여주다, 묘사하다

6 문법 > 동사 오답률 44% 답 ④

| 해석 | ① 모든 과제는 제시간에 제출되어야 한다.(제출될 것으로 기대된다.)
② 나는 눈을 감자마자 그녀를 생각하기 시작했다.
③ 그 중개인은 그녀가 그 주식을 즉시 매입할 것을 권했다.
④ 연필심이 머리에 박힌 여성이 마침내 그것을 제거했다.

| 정답해설 | ④ 56% 주어진 문장에는 사역동사 have가 사용되었는데, have와 목적어의 관계가 수동일 때 목적격 보어는 과거분사(p.p.) 형태가 되어야 한다. 여기서 목적어인 대명사 it은 문맥상 the tip of a pencil을 지칭하고 있고, 이는 문맥상 '제거되는' 것임을 알 수 있다. 따라서 목적격 보어인 remove가 과거분사형 removed로 수정되어야 옳다. 단, 주어인 A woman는 이후에 「with + 분사구문」에 의해서 수식받고 있다. 「with + 목적어 + 과거분사」의 경우로 목적어인 the tip of a pencil이 이후에 과거분사로 수식받아 '연필 끝이 머리에 박힌'으로 옳게 사용되었다.

| 오답해설 | ① 12% 「be expected to동사원형」은 '~할 것으로 기대되다[~해야 하다]'라는 표현으로 불완전타동사 expect의 능동태 문장인 「expect + 목적어 + to동사원형」의 수동태 형태이다. turn in은 '제출하다'라는 의미의 타동사구이며, 문장의 주어인 All assignments(과제)는 제출되는 대상이므로 수동 형태의 부정사를 사용해야 한다. 「타동사 + 부사」의 타동사구가 수동태가 될 때, 부사는 그대로 남아 수동태를 이루는 것에 유의해야 한다. 따라서 to be turned in은 알맞게 사용되었다.
② 17% '~하자마자 …했다'는 「Hardly + had + 주어 + p.p. ~ when[before] + 주어 + 과거동사 …」로 표현할 수 있다. 이때 부정어 Hardly가 문두에 쓰였으므로 이어지는 문장의 어순은 의문문 형태로 옳게 사용되었다. 또한 문장의 시제와 연결사도 적절하게 사용되었다.
③ 15% 요구동사 recommend가 권고, 강요 등의 의미를 지닐 때 이후의 that절의 동사는 당위성을 나타내는 조동사 should가 쓰여 「should + 동사원형」이 되어야 한다. 이때, should는 생략 가능하며, 생략되는 경우 주어의 인칭과 수 그리고 시제와 관계없이 that절의 동사는 동사원형으로 그대로 남아있게 된다. 구체적으로 should가 생략되는 경우는 문장에 be동사 또는 「not + 동사원형」의 경우가 있으며 또한 주어가 3인칭 단수에 현재시제임에도 '동사원형'이 제시되는 형태로 그대로 존재함에 유의해야 한다. 따라서 that she buy ~는 어법상 옳게 쓰였다.

| 더 알아보기 | 사역동사 have의 문장 구조

문장구조					의미
have	+	목적어	+	원형부정사(능동)	~을 …하도록 시키다
				현재분사(능동)	~을 …하도록 시키다
				과거분사(수동)	~이 …되어진다[당한다]

어휘
turn in 제출하다

오답률 TOP 1

7 문법 > 전치사 오답률 84% 답 ②

| 정답해설 | ② 16% 전치사 until은 '~까지 (쭉)'이라는 시간의 '계속'을 나타내므로 주어진 문장처럼 '기한의 완료'를 나타내는 의미로 사용되는 것은 어색하다. 따라서 '완료'의 의미를 지닌 전치사 by(~까지)로 고쳐야 옳다.

| 오답해설 | ① 25% 배수를 나타낼 때는 「배수사 + as + 형용사/부사 + as」의 원급 비교를 활용할 수 있다. 해당 문장에서는 원급 비교인 as old as 앞에 배수사 three times가 적절히 사용되었다. 또한 문장의 주어인 My cat과 비교 대상인 '그의 고양이'에 해당하는 표현은 his cat이라는 명사 반복 표현 대신 소유대명사인 his(그의 것 = 그의 고양이)를 적절히 사용했다.

③ 44% 주어진 우리말 의미처럼 '습관'을 나타내는 표현에 현재 시제인 washes를 사용한 것은 적절하다. 또한 '이틀에 한 번'이라는 표현은 every other day를 사용할 수 있다.

④ 15% 「had better + 동사원형」은 '~하는 것이 낫다'라는 조동사 표현이므로 동사원형 take가 알맞게 쓰였다. in case (that)는 '~에 대비해서'라는 조건 부사절을 이끄는 접속사구로 that은 생략할 수 있다. 시간과 조건을 나타내는 부사절에서는 현재가 미래를 대신하므로 3인칭 단수 현재형 동사인 rains가 적절히 사용되었다.

| 더 알아보기 | 주요 조동사 표현

- 「had better + 동사원형」: ~하는 편이 낫다, ~하는 게 좋다
- 「cannot ~ too …」: 아무리 ~해도 지나치지 않다
- 「cannot but + 동사원형」: ~하지 않을 수 없다
- 「cannot help -ing」: ~하지 않을 수 없다

어휘

every other day 이틀에 한 번, 격일로
had better ~하는 편이 낫다　　in case ~할 경우에 대비하여

8　독해 > Micro Reading > 내용일치/불일치　오답률 25%　답 ④

| 해석 | 당신은 충분한 콜린을 섭취하고 있는가? 아마 이 영양소는 당신의 레이더에(관심 내에) 있지도 않을 것이다. 이제 콜린이 마땅한 관심을 받을 때이다. 최근 연구에 따르면 충격적이게도 90퍼센트의 미국인이 콜린을 충분히 섭취하고 있지 않다. 콜린은 모든 연령과 (발달) 단계에 있어서 건강에 필수적이고 두뇌 발달에 특히 중요하다. 왜 우리는 충분히 섭취하지 않고 있는가? 콜린은 여러 다양한 식품에서 발견되지만, 매우 적은 양이다. 게다가, 콜린을 풍부히 함유한 식품은 별로 인기가 없다. 간, 달걀 노른자, 그리고 리마콩을 생각해 보아라. 미국 내 콜린 섭취에 관한 최근 분석을 시행한 Taylor Wallace는 "의료 전문가들 사이에서조차 콜린에 대한 인식이 충분하지 않은데, 이는 우리 정부가 90년대 말 이후로 데이터를 검토하거나 콜린에 관한 정책을 세우지 않았기 때문이다."라고 말한다.

① 대다수의 미국인들이 콜린을 충분히 섭취하고 있지 않다.
② 콜린은 두뇌 발달에 필요한 필수 영양소이다.
③ 간과 리마콩과 같은 식품은 콜린의 좋은 원천이다.
④ 미국에서 콜린의 중요성은 90년대 말 이후로 강조되어 왔다.

| 정답해설 | ④ 75% 본문 마지막 문장에서 '의료 전문가들 사이에서조차 콜린에 대한 인식이 충분하지 않은데, 이는 우리 정부가 90년대 말 이후로 데이터를 검토하거나 콜린에 관한 정책을 세우지 않았기 때문'이라고 했으므로 본문 내용과 일치하지 않는 것을 알 수 있다.

| 오답해설 | ① 5% 네 번째 문장에서 '충격적이게도 90퍼센트의 미국인이 콜린을 충분히 섭취하고 있지 않다'라고 했으므로 본문 내용과 일치함을 알 수 있다.

② 5% 다섯 번째 문장에서 '두뇌 발달에 특히 중요하다'라고 했으므로 본문 내용과 일치함을 알 수 있다.

③ 15% 여덟 번째 문장에서 '콜린을 풍부히 함유한 식품은 별로 인기가 없다. 간, 달걀 노른자, 그리고 리마콩을 생각해 보아라'라고 했으므로 본문 내용과 일치함을 알 수 있다.

어휘

choline 콜린(비타민B 복합체의 하나)
chances are 아마 ~일 것이다　　nutrient 영양소, 영양분
deserve ~을 받을 만하다, 마땅히 ~할 만하다
lima bean 리마콩(연녹색의 둥글납작한 콩)
intake 섭취(량)

9　독해 > Micro Reading > 내용일치/불일치　오답률 23%　답 ④

| 해석 | 몇몇 이야기들에 따르면 1700년경 런던에는 2,000곳 이상의 커피점이 있었는데, 다른 어떤 사업보다 더 많은 부지를 차지하고 더 많은 임차료를 지불하고 있었다. 그곳들은 페니 대학교라고 알려지게 되었는데, 왜냐하면 그 가격(1페니)으로 커피를 사서 특별한 대화를 들으며 수 시간 동안 앉아있을 수 있었기 때문이다. 각각의 커피점은 각기 다른 유형의 고객층에 특화되어 있었다. 어느 곳에서는 의사와 상담받을 수 있었다. 다른 곳에서는 개신교도, 청교도, 천주교도, 유대인, 지식인, 상인, 무역상, 휘그당원, 토리당원, 육군 장교, 배우, 변호사, 또는 성직자를 대접했다. 커피점은 영국 최초의 평등주의적 만남의 장소를 제공했는데, 이곳에서 어떤 사람은 아는 사람이든 모르는 사람이든 그와 한 테이블에 앉은 사람들과 이야기를 나누었다.

① 커피점의 수는 다른 어떤 사업의 수보다 더 적었다.
② 손님들은 커피점에서 한 시간 이상 머무르는 것이 허용되지 않았다.
③ 종교적인 사람들은 이야기를 나누기 위해 커피점에서 만나지 않았다.
④ 커피점에서는 알지 못하는 동석인과도 대화를 할 수 있었다.

| 정답해설 | ④ 77% 해당 지문은 1700년경의 영국의 커피숍에 관련된 내용이다. 본문 마지막 문장에서 커피점은 영국 최초의 평등주의적 만남의 장소를 제공했는데, 이곳에서 어떤 사람은 그가 아는 사람이든 모르는 사람이든 한 테이블에 앉은 사람들과 이야기를 나누었다고 했으므로 본문 내용과 일치하는 것을 알 수 있다.

| 오답해설 | ① 6% 첫 번째 문장의 다른 어떤 사업보다 더 많은 부지를 차지하고 더 많은 임차료를 지불하고 있었다는 내용을 통해 본문 내용과 일치하지 않는 것을 알 수 있다.

② 8% 두 번째 문장 후반부에서 특별한 대화를 들으며 수 시간 동안 앉아있을 수 있다는 내용을 통해 본문과 일치하지 않는 것을 알 수 있다.

③ 9% 끝에서 두 번째 문장에서 다른 곳에서는 개신교도, 청교도, 천주교도, 유대인, 지식인, 상인, 무역상, 휘그당원, 토리당원, 육군 장교, 배우, 변호사, 또는 성직자를 대접했다고 했으므로 오답이다.

어휘

account (금전, 책임 등의 처리에 대한) 보고(서); 설명(서), 기사; 이야기
premises 부지, 구역
penny 영국의 화폐 단위(파운드의 100분의 1); 매우 적은 금액의 돈
specialize in ~을 전문으로 하다　　clientele 고객(들)
Protestant 개신교도　　Puritan 청교도
literati (문학을 즐기는) 지식인들　　merchant 상인
Whig (현 영국 자유당의 전신인 17~18세기의) 휘그당원
Tory (영국의 보수당인) 토리당원　　clergy 성직자들
egalitarian (인류) 평등주의의

오답률 TOP 3

10 생활영어 > 회화/관용 표현 오답률 51% 답 ①

| 해석 | A: 나 어제 약국에서 이 새로운 피부 크림 샀어. 이게 주름도 다 없애주고 피부도 훨씬 더 어려 보이게 해준대.

B: ① 나는 안 믿어.

A: 왜 믿지 않니?(믿어 보지 그래?) 난 이 크림이 진짜 효과가 있다는 블로그도 몇 개 읽었어.

B: 그 크림이 피부에는 좋겠지, 하지만 크림 하나 쓴다고 주름이 없어지거나 마법처럼 어려 보이는 게 가능하다고 생각하지 않아.

A: 너는 너무 비관적이야.

B: 아니, 나는 단지 현실적일 뿐이야. 내 생각에 네가 잘 속아 넘어가는 것 같아.

① 나는 안 믿어.
② 그건 너무 비싸.
③ 나는 널 도와줄 수 없어.
④ 믿거나 말거나, 사실이야.

| 정답해설 | ① 49% 빈칸 앞에서 A가 말한 진술에 대해 B가 응답을 하자 A가 왜 믿지 않니?(믿어보지 그래?)라고 반문한다. 이를 통해 A가 B의 진술 내용을 '믿지 않는다'라고 응답했다는 것을 유추할 수 있다. don't buy는 '구매하지 않는다'라는 의미라기보다는, '믿지 않다'를 뜻하는 관용적 표현임에 유의해야 한다.

어휘

assume 추정하다, 생각하다 get rid of 제거하다
pessimistic 비관적인, 비관주의의
gullible 남을 잘 믿는, 잘 속아 넘어가는
buy (의견을) 곧이 받아들이다, 믿다; 구매하다

11 생활영어 > 회화/관용 표현 오답률 40% 답 ②

| 해석 | A: 나는 시내로 관광하러 가고 싶어. 내가 어디를 가야 한다고 생각해?

B: 나는 국립미술관을 방문하는 것을 강력 추천해.

A: 오, 그거 좋은 생각이다. 그 외에 또 뭘 봐야 할까?

B: ② 리버 파크 가이드 투어. 오후 내내 진행돼.

A: 나는 그걸 할 시간이 없어. 3시에 고객을 만나야 해.

B: 아, 그렇구나. 그러면 국립 공원을 방문하는 게 어때?

A: 그게 좋겠다. 고마워!

① 이게 네 고객이 필요한 지도야. 여기 있어.
② 리버 파크 가이드 투어. 오후 내내 진행돼.
③ 너는 가능한 한 빨리 그걸 봐야 해.
④ 체크아웃 시간은 3시 정각이야.

| 정답해설 | ② 60% 대화 내용을 통해서 시내 구경을 원하는 A가 관광지에 대한 추천을 부탁하자 B가 응답하는 내용이다. 빈칸 이후에 A가 나는 그것을 할 시간이 없다고 했으므로 추천된 관광지를 위한 시간 부족을 표현하고 있음을 알 수 있다. 따라서 관광 코스 추천과 소요 시간을 이야기해주는 ②가 빈칸에 가장 적절하다.

어휘

check out (흥미로운 것을) 보다, 살펴보다; 나가다, 체크아웃하다
check(-)out (호텔 등에서) 체크아웃, 계산을 치르고 나오는 절차를 마쳐야 하는 시간

12 생활영어 > 회화/관용 표현 오답률 28% 답 ③

| 해석 | ① A: 그가 마침내 흥행 영화에 출연했어요!
B: 오, 그는 이제 성공했네요.
② A: 저는 이제 조금 피곤해요.
B: 오늘은 여기까지 하죠.
③ A: 아이들은 생일 파티에 가고 있어요./아이들은 생일 파티에 갈 거예요.
B: 그래서, 식은 죽 먹기였어.
④ A: 그가 어제 왜 집에 일찍 갔는지 궁금해요.
B: 제 생각엔 몸이 안 좋았던 것 같아요.

| 정답해설 | ③ 72% 아이들이 생일 파티에 가고 있다(갈 것이다)라는 A의 말에 식은 죽 먹기였다는 B의 대답은 적절하지 않다. 여기서 A의 be going은 현재진행시제 be -ing로 가고 있는 중이라는 의미로 볼 수도 있고 왕래발착동사로 현재진행의 가까운 미래 표현으로 갈 예정이라는 의미로 볼 수도 있다.

| 오답해설 | ① 6% 그가 흥행작에 출연했다는 A의 말에 B가 그의 성공을 예측하는 표현인 have it made(성공을 확신하다, 원하는 모든 것을 얻다)로 답하고 있으므로 자연스러운 대화이다.

② 18% 피곤하다는 A의 말에 call it a day(오늘은 그만하자)는 B의 답변이 이어지고 있으므로 자연스러운 대화이다.

④ 4% A가 그가 집에 일찍 간 이유를 궁금해하자 B가 under the water(몸이 안 좋은)로 그 이유에 대한 자신의 의견을 대답하고 있으므로 자연스럽다.

어휘

get[have] it made 성공을 확신하다, 원하는 모든 것을 얻다
call it a day 끝내다, 그만하다 a piece of cake 식은 죽 먹기
under the weather 몸이 안 좋은

13 독해 > Macro Reading > 제목 오답률 30% 답 ③

| 해석 | 사랑받는다는 느낌과 그것이 촉진하는 생물학적인 반응은 목소리의 톤, 얼굴의 표정, 또는 딱 적당하게 느껴지는 접촉과 같은 비언어적인 신호에 의해 유발된다. 언어적인 말보다는 비언어적인 신호가 우리가 함께 있는 사람이 우리에게 흥미를 느끼고 우리를 이해하고 우리를 소중하게 여기고 있다고 느끼도록 만든다. 우리는 그것들(비언어적인 신호)과 함께 할 때 안심한다. 우리는 심지어 야생에서도 비언어적 신호의 힘을 목격한다. 포식자의 추격을 피한 후, 동물들은 종종 스트레스 완화의 수단으로 서로 주둥이를 부빈다. 이러한 신체적 접촉은 안전의 확신을 제공하고 스트레스를 완화시킨다.

① 야생동물이 어떻게 생각하고 느끼는가?
② 효과적인 의사소통이 성공의 비결이다
③ 비언어적 대화가 말보다 더 중요하다[말보다 더 강하다]
④ 언어적 신호: 감정 표현의 주요 수단

| 정답해설 | ③ 70% 첫 번째 문장을 통해 본문이 비언어적 신호에 관한 내용이라는 것을 알 수 있고, 두 번째 문장에서 언어적인 말보다 비언어적 신호들을 통해 상대방에게 소중히 여겨지고 있다는 것을 더 잘 알 수 있다고 진술하고 있다. 이어서 동물의 영역에서도 찾아볼 수 있는 비언어적 신호들의 예시로 글의 주장을 더욱 견고히 하고 있는 구조이다. 따라서, 글의 제목으로 가장 적절한 것은 ③이다.

| 오답해설 | ① 7% 야생동물에 관한 예시는 필자의 주장을 뒷받침

하기 위해 본문 후반에 일부 등장하는 내용이므로, 글 전체의 제목으로는 적절하지 않다.

② 6% 성공에 관한 내용은 본문에서 제시되고 있지 않다.

④ 17% 본문에서는 언어적 말보다는 비언어적 신호가 감정 표현 혹은 전달에 더 중요한 역할을 한다고 설명하고 있으므로 글의 내용과 반대되어 제목으로는 부적절하다.

어휘

stimulate 촉진하다, 자극하다	trigger 유발하다, 촉발하다
nonverbal 비언어적인	cue 신호, 단서
evade 피하다, 모면하다	predator 포식자
nuzzle 코[주둥이]를 비비다	reassurance (재)확신; 안심

14 독해 > Macro Reading > 주제 오답률 30% 답 ①

| 해석 | 명절이나 생일과 같이 아이의 인생에서 장난감과 선물이 쌓이는 시기들이 있다. 당신은 이러한 시기들을 물건에 대한 건강한 비의존성을 가르치는 데 사용할 수 있다. 당신의 아이가 장난감으로 둘러싸이도록 하지 말아라. 대신에, 그것들을 바구니에 정리하고, 한 번에 한 바구니만 꺼내어 준 후 가끔 바구니를 교체해 주어라. 만약 소중한 물건이 잠시 치워지면, 그것을 꺼내는 것이 기분 좋은 기억과 시각의 신선함을 가져온다. 당신의 아이가 한동안 치워져 있던 장난감을 요구한다고 가정해 보자. 당신은 이미 환경[주위]에 있는 하나의 물건이나 경험으로 주의를 이끌 수 있다. 만일 당신이 소유물을 잃어버리거나 망가뜨린다면, 당신의 아이가 집착하지 않는 태도를 발달시키기 시작할 수 있도록 좋은 태도를 형성하도록 노력하라("그것을 가지고 있을 때 너무 감사했어!"). 만일 그녀의 장난감이 망가지거나 분실되면, 아이가 "재미있게 가지고 놀았어."라고 말할 수 있도록 도와주어라.

① 소유물에 대한 건강한 태도 구축
② 다른 사람들과 장난감을 공유하는 것의 가치를 배우는 것
③ 정돈된 방식으로 장난감을 정리하는 것을 가르치는 법
④ 바람직하지 못한 방식으로 행동한 것에 대한 책임을 지는 것

| 정답해설 | ① 70% 해당 글은 건강한 비의존성 교육에 관련된 글이다. 첫 번째 문장에서 '장난감이 쌓이는 시기'를 먼저 언급하고 있다. 이어서 두 번째 문장에서 '이 시기'를 지칭하며 '물건에 대한 건강한 비의존성을 가르칠 수 있다'고 설명한다. 이어서 비의존성을 가르치는 방법을 제시한 후에, 본문 후반부에는 그에 따라 기대되는 결과를 설명하고 있으므로 글의 주제로 가장 적절한 것은 ①이다.

| 오답해설 | ② 7% 본문 후반에서 장난감이 망가졌거나 분실되었을 경우에 관해서는 언급하고 있으나, 다른 사람들과 장난감을 공유하는 것에 관해서는 언급하고 있지 않다.

③ 16% 본문 초반에서 장난감을 여러 바구니에 정리하고 한 번에 한 바구니씩만 아이에게 주는 방법에 대해 설명하고 있을 뿐이며, 아이에게 장난감을 정리하는 법을 가르치는 것에 관해서는 언급하고 있지 않다.

④ 7% 본문에 제시되지 않은 관련 없는 내용이다.

어휘

accumulate 늘어나다, 모이다; 축적하다

nondependency 비의존성	surround 둘러[에워]싸다
rotate 교대로 하다, 회전시키다	cherished 소중한, 중요하게 여기는
outlook 관점, 견해, 태도, 시야	possession 소유물
nonattachment 무집착	orderly 정돈된, 단정한
undesirable 바람직하지 않은	

15 독해 > Macro Reading > 요지 오답률 46% 답 ②

| 해석 | 많은 부모들이 "자존감 운동"에 의해 잘못 인도되어 왔는데, 이 운동은 자녀들의 자존감을 고양해줄 수 있는 방법이 그들이 얼마나 어떤 일을 잘하는지를 말해주는 것이라 설명한다. 안타깝게도, 당신의 자녀에게 능력에 대해 확신시키려고 노력하는 것은 실패할 가능성이 높은데, 왜냐하면 인생은 성공과 실패를 통해 그들이 진정으로 얼마나 능력이 있는지 또는 능력이 없는지 명확하게 말해주기 때문이다. 연구는 당신이 자녀를 칭찬하는 방식이 그들의 발달에 강력한 영향을 미친다는 것을 보여준다. 몇몇 연구자들은 노력보다는 지능에 대해 칭찬을 받은 아이들이 과도하게 결과에 집중하게 된다는 것을 발견했다. 이 아이들은 실패 후에 지속성이 떨어졌고, 즐거움을 덜 보였으며, 자신들의 실패를 능력 부족 탓으로 여겼고, 이후 성취 노력에 있어서 저조한 성과를 보였다. 아이들의 지능을 칭찬하는 것이 그들로 하여금 어려움을 두려워하도록 만들었는데, 왜냐하면 그들이 실패를 어리석음과 동일시하기 시작했기 때문이다.

① 잦은 칭찬은 아이들의 자존감을 높여준다.
② 지능에 대한 칭찬은 부정적 결과를 초래한다.
③ 아이는 성공을 통해 실패에 대한 두려움을 극복해야 한다.
④ 부모는 과정보다 결과에 집중해야 한다.

| 정답해설 | ② 54% 본문은 '부모의 아이들의 칭찬 방법에 따른 부작용'에 대한 글이다. 먼저 본문 중반에서 아이들을 칭찬하는 방법의 중요성을 언급한 후, 마지막 문장에서 연구 결과를 토대로 지능을 칭찬하는 것에 대한 부정적인 측면으로 아이들이 실패와 어리석음을 동일시한다고 서술하고 있다. 따라서 전체 글의 요지로 가장 적절한 것은 ②이다.

| 오답해설 | ① 25% 본문에서는 칭찬의 빈도가 아니라 칭찬의 방법의 중요성에 대해 설명하고 있다.

③ 16% 실패에 대한 두려움 극복의 필요성에 관해 언급하고 있지 않다.

④ 5% 본문 후반에서 지능에 대해 칭찬을 받은 아이들이 결과에 집중하여 나타나는 부정적인 측면에 대해 진술하고 있다. 따라서, 과정보다 결과에 집중해야 한다는 표현은 글의 요지와는 반대되므로 요지로 적절하지 않다.

어휘

misguide 틀린 방향으로 이끌다[인도/지도하다]

self-esteem 자존감	convince 확신시키다, 설득하다

competence 능력, 유능(함)
have a way of 흔히 ~되어 가다, ~하기 마련이다
unequivocally 명백히, 모호하지 않게
incapable ~을 할 수 없는
persist (집요하게, 끈질기게) 계속하다, 지속하다
attribute A to B A를 B의 책임[결과, 덕분]으로 여기다

equate 동일시하다	compliment 칭찬
bring about 가져오다, 초래하다	outcome 결과

16 독해 > Reading for Writing > 빈칸 구 완성 오답률 43% 답 ②

| 해석 | 최근, 온라인 마케팅과 소셜 미디어 공유의 증가한 인기는 글로벌 브랜드의 광고 표준화에 대한 필요성을 증가시켰다. 대부분의 대규모 마케팅 및 광고 캠페인은 거대한 온라인 영향력을 지니고 있다. 연결된 소비자들은 이제 인터넷과 소셜 미디어를 통해 손쉽게 국경을 넘어 나아갈 수 있고, 이는 광고주들이 통제되고 정돈된 방식으로 적합한 캠페인을 펼치기 어렵게 만든다. 결과적으로, 대부분의 글로벌 소비자 브랜드들은 자신들의 디

지털 사이트들을 국제적으로 통합한다. 예를 들어, 호주와 아르헨티나에서부터 프랑스, 루마니아, 러시아에 이르기까지 전 세계의 코카콜라 웹과 소셜 미디어 사이트들은 놀라울 만큼 ② 획일적이다. 모두가 친숙한 코카콜라의 빨간 빛깔, 상징적인 코카콜라의 병 모양, 그리고 코카콜라의 음악과 "Taste the Feeling"이라는 테마를 보여준다.

① 실험적인　② 획일적인
③ 국지적인, 지방화된　④ 다양한

| 정답해설 | ② 57% 본문은 '소비자의 온라인 활동의 활성화로 인한 기업의 광고 표준화 현상'에 대한 글이다. 빈칸 이전 문장에서 대부분의 글로벌 소비자 브랜드들은 자신들의 디지털 사이트들을 국제적으로 통합한다고 설명하며, 직후의 문장에서 '코카콜라'의 사례를 들고 있다. 마지막 문장에서 여러 국가에서 코카콜라의 붉은 이미지와 고유 음악, 테마 등을 똑같이 사용한다고 이야기하고 있으므로 빈칸에 가장 적절한 것은 ②이다.

| 오답해설 | ① 7% 본문의 내용과 관련 없는 표현이다.
③ 20% 여러 국가의 고유한 특색과는 관련 없이 모두 비슷한 것을 보여준다고 설명하고 있으므로 빈칸에 적절하지 않다.
④ 16% 본문에서 주장하고 있는 내용과는 반대되는 표현이므로 빈칸에 적절하지 않다.

어휘

standardization 표준화, 정형화, 획일화
presence 있음, 존재[감]; 영향력
zip (어떤 방향으로) 휙 지나가다[나아가다]
adapted 적당한, 알맞은; 개작된　orderly 정돈된, 정연한
coordinate 통합하다, 일원화하다, 조정하다
feature 특별히 포함하다[보여주다]; 특징으로 삼다
splash 빛, 색채　uniform 획일적인, 균일한
localized 국지적인, 지방화된　diverse 다양한

17　독해 > Logical Reading > 삭제　오답률 23%　답 ③

| 해석 | 5,000인의 미국인 노동자들과 500인의 미국인 고용인들을 대상으로 한 우리의 월간 설문조사를 보면, 사무 노동자와 지식 노동자들 사이에서 하이브리드 근무로의 대규모 이동이 매우 뚜렷하게 나타난다. 최근 생겨난 기준은 주당 3일은 사무실에서 2일은 집에서로, 현장 근무일을 30% 혹은 이상 삭감하는 것이다. 당신은 아마도 이러한 삭감이 사무실 공간 수요를 상당히 감소시킬 것이라 생각할 것이다. 그러나 우리의 조사 데이터는 평균 1~2%의 사무실 공간 감소를 보여주는데, 이는 공간이 아니라 밀도에서의 큰 감소를 의미한다. 우리는 이유를 이해할 수 있다. 사무실에서의 고밀도는 불편하고 많은 노동자들은 자신들의 책상 주변이 붐비는 것을 좋아하지 않는다. ③ 대부분의 직원들은 월요일과 금요일에 재택근무를 하기를 원한다. 밀도로 인한 불편은 로비, 주방, 그리고 특히 엘리베이터까지 이어진다. 밀도를 줄이는 유일하게 확실한 방법은 평방 피트를 그만큼 줄이지 않으면서 현장에서의 근무 일수를 줄이는 것이다. 우리 조사의 증거에 따르면 밀도로 인한 불편은 계속 남아있다.

| 정답해설 | ③ 77% 본문은 하이브리드[혼합] 근무 방식으로 인한 사무실 출근과 재택근무 병행으로 인해 생기는 사무실 공간에 대해서 서술하고 있다. 본문의 중반부에서 '사무실 고밀도의 불편함'에 관해 이야기하고 있는데, ③에서 대다수의 직원들이 원하는 재택근무 요일에 관해 언급하는 것은 글의 흐름에 부합하지 않는다. ③ 이후 문장 역시 고밀도에 의한 불편함에 대한 내용이므로 ③을 삭제한 후 이전 문장인 High density ~ their desk와 연결하면 문맥상 자연스럽게 이어진다. 따라서 글의 흐름상 어색한 것은 ③이다.

어휘

hybrid 혼합의　abundantly 아주 분명하게; 풍부하게
emerging 최근[새로] 생겨난　norm 기준, 규범
imply 나타내다, 암시하다, 의미하다　density 밀도
sure-fire 확실한, 틀림없는　square footage 평방피트

18　독해 > Logical Reading > 삽입　오답률 37%　답 ③

| 해석 | 이민 개혁은 정치적 지뢰밭(많은 위험이 도사리는 곳)이다. 광범위한 정치적 지지를 받고 있는 이민 정책의 유일한 측면은 불법 이민자의 이동을 제한하기 위해 멕시코와 미국 국경을 지키자는 결의이다. 텍사스 보안관들은 최근 국경 감시를 도울 수 있는 새로운 인터넷 사용법을 고안해냈다. ③ 그들은 불법 횡단으로 유명한 장소들에 비디오카메라를 설치하고, 카메라로부터 송출되는 생방송 비디오 피드를 웹사이트에 게시했다. 국경 감시를 돕고 싶은 시민들은 온라인으로 접속해 "가상 텍사스 보안관" 역할을 할 수 있다. 만일 그들이 누군가 국경을 횡단하려는 것을 목격한다면, 그들은 보안관 사무실에 신고를 하고, 이는 때때로 미 국경 순찰대의 도움이라는 후속 조치로 이어진다.

| 정답해설 | ③ 63% 본문은 '멕시코와 미국 경계의 불법 횡단을 막기 위한 감시카메라 설치'에 관련된 글이다. 먼저 주어진 문장은 불법적인 국경 횡단으로 악명 높은 장소들에 비디오 카메라를 설치하고 웹사이트에서 생방송으로 시청할 수 있도록 했다는 내용이다. 따라서, 주어진 문장의 지시대명사인 They가 지칭하는 복수명사와 '카메라 설치의 필요성'이 주어진 글 이전에 제시되어야 하며, 주어진 문장 이후에는 카메라 설치 후 상황이 나와야 함을 추론할 수 있다. 따라서 ③ 이전 문장에서 텍사스의 보안관들이 국경을 감시하기 위해 인터넷을 이용하는 새로운 방법을 고안했다고 언급했으므로 텍사스의 보안관을 주어진 문장의 They라고 지칭할 수 있고, 그 새로운 방법을 구체적으로 카메라 설치로 제시하는 것 역시 문맥상 적절하다. 또한 ③ 이후에는 카메라 설치 후 시민들의 도움의 역할을 서술하고 있어, 주어진 문장은 ③에 들어가는 것이 글의 흐름상 가장 적절하다.

| 오답해설 | ①② 5% 10% 비디오 카메라를 국경에 설치한 They가 가리키는 대상이 ①, ② 이전 문장에는 나타나지 않으므로 오답이다.
④ 22% 시민들이 가상 텍사스 보안관 역할을 하는 것은 비디오 카메라가 설치된 이후의 일이므로, 글의 흐름상 주어진 문장이 ④에 들어가는 것은 부적절하다.

어휘

immigration 이민　reform 개혁
minefield 지뢰밭, 많은 위험이 도사리는 곳
command (응당 받아야 할 것을) 받다
resolve 결의, 계획　immigrant 이민자
sheriff 보안관　novel 새로운, 신규의
virtual 가상의, 실제의　deputy 보안관보
patrol 순찰, 순찰대

19 독해 > Logical Reading > 배열 | 오답률 27% | 답 ③

| 해석 | 모든 문명은 정부 행정에 의존한다. 아마도 고대 로마보다 더 이에 대한 전형적 예시를 잘 나타내는 문명은 없을 것이다.

(B) 사실, "문명"이라는 단어 자체는 "시민"을 뜻하는 라틴어 civis에서 온 것이다.

(C) 라틴어는 지중해 유역 전체에서부터 북쪽의 영국 일부와 동쪽으로는 흑해까지 영토가 뻗어 있었던 고대 로마의 언어였다.

(A) 그렇게나 커다란 영역을 통치하기 위해, 현재의 중앙 이탈리아에 기반을 잡은 로마인들은 효율적인 체제의 정부 행정을 필요로 했다.

| 정답해설 | ③ 73% 본문은 '정부 행정에 의존하는 로마 문명'에 대한 글이다. 먼저 주어진 글에서 언급된 civilization(문명)의 어원을 설명하는 (B)가 주어진 글에 바로 이어지며, (B)의 후반부에 제시된 Latin(라틴어)는 (C)의 Latin(라틴어)을 고대 로마의 언어로 설명하는 (C)로 이어지는 것이 자연스럽다. 마지막으로 (C)에서 서술하고 있는 고대 로마의 영토 범위를 (A)에서 an area that large(그렇게나 커다란 영역)라고 가리키고 있으므로 (A)는 (C) 이후에 오는 것이 가장 적절하다. 따라서 정답은 ③이다.

| 오답해설 | ① 9% 자칫 (A)의 Romans를 주어진 문장의 Roma와 연결하기 쉬운데, (A)의 an area that large가 가리키는 대상이 주어진 글에 나타나지 않으므로, (A)가 주어진 글에 바로 이어지는 것은 어색하다.

② 9% (A)의 an area that large가 가리키는 대상이 (B)에 나타나지 않으므로 (A)가 (B)에 연결되는 것은 적절하지 않다.

④ 9% civilization이 주어진 글에 제시되므로, 해당 단어에 대한 직접적인 설명인 (B)가 주어진 글에 이어지는 것이 적절하다. 또한 라틴어와 고대 로마의 연관성을 설명하기 위한 연결 문장으로 (C) 앞에 (B)가 위치하는 것이 문맥상 가장 자연스럽다.

어휘

exemplify 전형적인 예가 되다, 예를 들다
territory 영토, 영지
Mediterranean 지중해의
basin 유역, 연안

20 독해 > Reading for Writing > 빈칸 구 완성 | 오답률 48% | 답 ①

| 해석 | 지난 50년 동안, 심리학의 모든 주요 하위 부문들은 교육이 더욱 더 전문화되고 그 초점이 좁아지면서 서로 점점 더 고립되어 왔다. 일부 심리학자들이 오랫동안 주장해 왔듯이 만일 심리학 분야가 과학적으로 성숙해지고 발전하고자 한다면, 그것의 이질적인 부문들(예를 들어 신경 과학, 발달 (심리학), 인지 (심리학), 성격 (심리학), 사회 (심리학))이 다시 하나가 되고 통합되어야 한다. 과학은 다른 주제들이 단순화된 이론적 체계하에서 이론적으로 그리고 경험적으로 통합될 때 발전한다. 심리 과학은 다양한 하위 부문의 심리학자들의 협력을 장려하여, 해당 분야가 지속된 분열보다는 일관성을 달성할 수 있도록 도울 것이다. 이러한 방식으로, 심리 과학은 분야 내 모든 주요 부문/파벌을 단 하나의 부문하에 통합함으로써 전체로서 심리학의 본보기 역할을 할 수 있을 것이다. 만약 심리 과학이 ① 통합된 관점으로 자료를 결합하고 과학을 연구하는 방법에 대한 모 분야의 규범이 된다면, 이는 결코 작지 않은 위업이며 그 중요도 또한 작지 않다.

① 통합된 관점으로　② 역동적인 측면에서
③ 역사를 통해　④ 정확한 증거를 가지고

| 정답해설 | ① 52% 본문은 '심리학의 하위 분야들의 통합의 당위성'을 서술하고 있다. 본문 초반에서 심리학 분야의 특화와 분화에 대한 현 상황을 언급하고 있지만, 심리학의 과학적 발전을 위해서는 단일화, 즉 세분화되고 단절되어 있는 여러 하위 분야들의 통합이 중요함을 강조하고 있다. 구체적으로, 본문 중반의 심리 과학은 다양한 하위 부문의 심리학자들의 협력을 장려하여, 해당 분야가 지속된 분열보다는 일관성을 달성할 수 있도록 도울 것이라는 내용을 통해 심리 과학이 지향하는 방향을 통합으로 제시하고 있다. 이후 빈칸을 포함한 마지막 문장에서 만약 심리 과학이 모 분야의 규범이 된다면 이는 결코 작지 않은 위업이며 그 중요도 또한 작지 않다고 하며 심리학이 모 분야의 규범이 되는 것이 업적과 중요성이 됨을 서술하고 있다. 따라서 빈칸 직전에 자료를 병합하고 과학을 연구하는 방법을 수식하는 빈칸에는 글 전체의 주제인 '단일화' 또는 '통합'에 대한 내용을 포함하는 것이 적절하다. 따라서 빈칸에는 ① 이 문맥상 가장 적절하다.

| 오답해설 | ② 24% 본문에서는 심리학의 역동적인 측면이 특별하게 강조되어 제시되고 있지 않으므로 빈칸에 적절하지 않다.

③ 10% 역사 전반에 관련된 내용은 본문에 제시되지 않으므로 적절하지 않다.

④ 14% 본문에서 과학적 증거에 관한 내용 혹은 주장이 드러나지 않으므로 빈칸에 적절하지 않다.

어휘

subdiscipline 학문 분야의 하위 구분
isolate 분리시키다, 고립시키다
specialize 전문화하다, 전문적으로 다루다
argue 주장하다
mature 발달하다, 성숙하다
disparate 서로 다른, 이질적인
neuroscience 신경 과학
cognitive 인지의
integrate 통합시키다
distinct 다른, 별개의; 뚜렷한
theoretically 이론적으로, 이론상
empirically 경험적으로, 실증적으로
simplify 단순화하다, 간소화하다
framework 체계, 체제; 뼈대, 틀
collaboration 협력, 협동, 협업
sub-area 하위 영역
coherence 통일, 일관성
fragmentation 분열, 분단
template 본보기, 견본
fraction 부분, 분파
faction 당파, 파벌
feat 위업, 업적
import 중요(성)
parent 모체; 근원, 근본, 기원
unified 통일된, 하나로 된
perspective 관점, 시각, 견해
accurate 정확한

2022 4월 2일 시행 국가직 9급 (㉮책형)

합격예상 체크

〈국가직 연도별 합격선〉

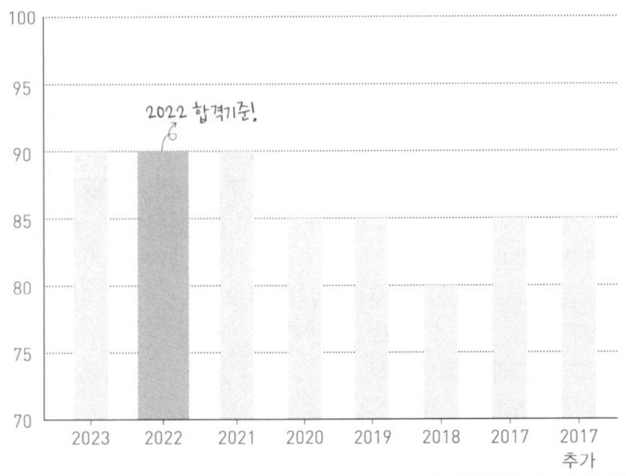

맞힌 개수	/20문항	점수	/100점

➡ □합격 □불합격

취약영역 체크

문항	정답	영역	문항	정답	영역
1	①	어휘 > 유의어 찾기	11	④	생활영어 > 회화/관용표현
2	②	어휘 > 유의어 찾기	12	③	생활영어 > 회화/관용표현
3	④	어휘 > 유의어 찾기	13	②	문법 > 비교
4	②	어휘 > 빈칸 완성	14	④	문법 > 분사
5	①	어휘 > 빈칸 완성	15	②	독해 > Logical Reading > 연결사
6	①	문법 > 태, 전치사	16	④	독해 > Reading for Writing > 빈칸 구 완성
7	④	독해 > Micro Reading > 내용 일치/불일치	17	③	독해 > Macro Reading > 제목
8	②	문법 > 일치	18	④	독해 > Logical Reading > 삽입
9	①	독해 > Macro Reading > 제목	19	①	독해 > Macro Reading > 요지
10	③	독해 > Logical Reading > 삭제	20	③	독해 > Logical Reading > 배열

⬇ 영역별 틀린 개수로 취약영역을 확인하세요!

어휘	/5	문법	/4	독해	/9	생활영어	/2

➡ 나의 취약영역: ____________

※ [정답해설]과 [오답해설] 선지의 50% 표시는 〈에듀윌 합격예측 풀서비스〉를 통해 수집된 선지 선택률을 나타냅니다.

1 어휘 > 유의어 찾기 오답률 19% 답 ①

| 해석 | 수년 동안, 형사들은 그 쌍둥이 형제의 갑작스러운 실종에 관한 수수께끼를 풀려고 노력해 오고 있었다.

① 81% 풀다, 해결하다　② 4% 창조하다, 만들어 내다
③ 9% 모방하다　④ 6% 알리다

| 정답해설 | ① unravel은 '(이해하기 어려운 것 · 미스터리 등을) 풀다'라는 의미로 solve(풀다, 해결하다)와 동의어이다.

어휘

detective 형사, 탐정
unravel (이해하기 어려운 것 · 미스터리 등을) 풀다
imitate 모방하다, 흉내 내다　publicize 알리다, 광고[홍보]하다

2 어휘 > 유의어 찾기 오답률 29% 답 ②

| 해석 | 그 부부가 부모가 되기 전에, 그들의 침실 4개짜리 집은 쓸데없이 호화로운 것 같았다.

① 5% 숨겨진　② 71% 호화로운
③ 20% 빈　④ 4% 꽉 찬, 견고한

| 정답해설 | ② opulent는 '호화로운'이라는 의미로 luxurious(호화로운)와 동의어이다.

어휘

parenthood 부모임, 부모의 신분[입장]
opulent 호화로운　solid 꽉 찬, 견고한, 단단한

3 어휘 > 유의어 찾기 오답률 28% 답 ④

| 해석 | 사장님은 우리가 그렇게나 짧은 기간에 전체 예산을 이미 다 써버린 것을 보았을 때 격노했다.

① 6% 매우 만족했다　② 17% 매우 놀랐다
③ 5% 극도로 차분해졌다　④ 72% 극도로 화가 났다

| 정답해설 | ④ hit the roof는 '격노하다, 머리끝까지 화가 나다'라는 의미이므로 정답은 ④이다.

어휘

hit the roof 격노하다, 머리끝까지 화가 나다
budget 예산

4 어휘 > 빈칸 완성 오답률 48% 답 ②

| 해석 | 마우스 포테이토는 컴퓨터에서 텔레비전의 카우치 포테이토에 ② 상응하는 것으로, 카우치 포테이토가 텔레비전 앞에서 그러는 것과 상당 부분 같은 방식으로 여가 시간의 많은 부분을 컴퓨터 앞에서 보내는 경향이 있는 사람이다.

① 12% 기술자　② 52% 상응하는 것
③ 13% 네트워크　④ 23% 시뮬레이션

| 정답해설 | ② mouse potato는 '컴퓨터 앞에서 시간을 많이 보내는 사람'이라는 의미로, '소파에 앉아 텔레비전만 보며 많은 시간을 보내는 사람'을 일컫는 couch potato와 유사한 말이다. mouse potato는 텔레비전의 couch potato에 '상응하는[동등한] 것'을 나타

내는 표현이므로 빈칸에는 equivalent(상응[대응]하는 것, 등가물)가 가장 적절하다.

| 오답해설 | 텔레비전 앞에서 시간을 보내는 사람과 컴퓨터 앞에서 시간을 보내는 사람을 일대일로 비교하여 설명하고 있으므로, 나머지 선지는 문맥상 빈칸에 어색하다.

어휘

mouse potato 마우스 포테이토, 컴퓨터 앞에서 시간을 많이 보내는 사람
couch potato 카우치 포테이토, 소파에 앉아 텔레비전만 보며 많은 시간을 보내는 사람
tend to V ~하는 경향이 있다 leisure 여가
equivalent 상응[대응]하는 것, 등가물
simulation 시뮬레이션, 가장, 겉치레

5 어휘 > 빈칸 완성 오답률 48% 답 ①

| 해석 | Mary는 남미로 가기 전 자신의 스페인어 ① 공부를 다시 하는 것을 결심했다.

① 52% ~의 공부를 다시 하다, 복습하다
② 12% 끝까지 듣다
③ 26% ~을 변호[옹호]하다
④ 10% 해고하다

| 정답해설 | ① 남미에 가기 전에 스페인어를 '다시 공부하기'로 결심했다는 것이 문맥상 가장 자연스러우므로, 정답은 brush up on (~의 공부를 다시 하다, 복습하다)이다.

어휘

brush up on ~의 공부를 다시 하다, 복습하다
hear out 끝까지 듣다 stick up for ~을 변호하다, 옹호하다
lay off 해고하다

오답률 TOP 1

6 문법 > 태, 전치사 오답률 67% 답 ①

| 해석 | ① 말은 개별 요구와 일의 성질에 따라 먹이를 공급받아야 한다.
② 내가 좁은 길을 걷고 있을 때, 바람 때문에 모자가 날아갔다.
③ 그녀는 경력 내내 정치 만화가로 주로 알려져 왔다.
④ 어린아이들조차도 잘한 일에 대해서는 칭찬받기를 좋아한다.

| 정답해설 | ① 33% 주어인 A horse는 먹이를 공급받는 대상이므로 수동태 동사인 should be fed가 올바르게 사용되었다. 또한 according to는 전치사구이므로 명사구 its individual needs and the nature of its work를 알맞게 이끌고 있다.

| 오답해설 | ② 32% 주절과 종속절의 주어가 같은 경우 종속절의 주어와 be동사를 생략하고 「접속사 + 분사」 형태로 쓸 수 있으나, 해당 문장에서는 주절의 주어는 My hat이고 종속절의 주어는 I로 서로 다르기 때문에 종속절의 주어와 be동사를 생략할 수 없다. 따라서 My hat was blown off by the wind while I was walking down a narrow street.로 고쳐야 알맞다.

③ 22% 주어인 She는 정치 만화가로 알려져 있는 대상이므로 동사는 수동태로 쓰여야 한다. 따라서 She has been primarily known as ~가 되어야 알맞다.

④ 13% done은 과거분사이므로 부사의 수식을 받아야 한다. good은 형용사이므로 부사인 well로 고쳐야 알맞다.

어휘

nature 특성, 성질 narrow 좁은
primarily 주로 compliment 칭찬하다

7 독해 > Micro Reading > 내용일치/불일치 오답률 19% 답 ④

| 해석 | Umberto Eco는 이탈리아의 소설가이자 문화비평가, 그리고 철학자였다. 그는 그의 1980년작 소설 『The Name of the Rose』로 널리 알려져 있는데, 이는 소설의 기호학을 성경 분석, 중세 연구, 그리고 문학 이론과 결합한 역사 미스터리물이다. 이후 그는 『Foucault's Pendulum』과 『The Island of the Day Before』를 포함한 다른 소설도 집필했다. Eco는 또한 번역가였다. 그는 Raymond Queneau의 저서 『Exercises de style』을 이탈리아어로 번역했다. 그는 산마리노 공화국 대학교 언론학과의 창설자였다. 그는 2016년 2월 19일 밤에 자신의 밀라노 집에서 2년 동안 앓아 오던 췌장암으로 인해 사망했다.

① 『The Name of the Rose』는 역사 소설이다.
② Eco는 책 한 권을 이탈리아어로 번역했다.
③ Eco는 대학의 학과를 창설했다.
④ Eco는 암으로 병원에서 사망했다.

| 정답해설 | ④ 81% 마지막 문장 He died at his Milanese home of pancreatic cancer.에서 Eco가 그의 밀라노 집에서 췌장암으로 사망했다고 진술하고 있으므로, ④는 글의 내용과 일치하지 않는다.

| 오답해설 | ① 7% 두 번째 문장 He is widely known for his 1980 novel ~에서 『The Name of the Rose』가 역사 미스터리물이라고 했으므로 본문 내용과 일치함을 알 수 있다.

② 5% 네 번째 문장 Eco was also a translator ~에서 Eco가 Raymond Queneau의 저서 『Exercises de style』을 이탈리아어로 번역했다고 했으므로 본문 내용과 일치함을 알 수 있다.

③ 7% 다섯 번째 문장 He was the founder of the Department of Media Studies ~에서 Eco가 산마리노 공화국 대학교 언론학과를 창설했다고 했으므로 본문 내용과 일치함을 알 수 있다.

어휘

critic 비평가 semiotics 기호학
fiction 소설, 허구 biblical 성경의
analysis 분석 medieval 중세의
Milanese 밀라노의 pancreatic 췌장의

8 문법 > 일치 오답률 45% 답 ②

| 해석 | 좋은 출발점을 찾으려면, 최초의 현대식 전기 배터리가 개발된 해인 1800년으로 되돌아가야 한다. 이탈리아인인 Alessandro Volta는 은, 구리, 그리고 아연의 조합이 전류를 발생시키는 데 이상적이라는 것을 발견했다. 볼타의 전지라고 불리는 향상된 디자인은 이러한 금속으로 만들어진 몇 개의 판을 바닷물에 담근 판지로 만들어진 판 사이에 쌓아 올림으로써 만들어졌다. Volta의 연구에 대한 세평이 자자해 그는 직접 나폴레옹 황제 앞에서 시연을 하도록 요청받았다.

| 정답해설 | ② 55% that절의 주어는 a combination으로 단수형이고 of silver, copper, and zinc는 주어를 수식하는 전명구이므로, 동사는 단수형 동사인 was가 되어야 알맞다. 따라서 ② were는 어법상 옳지 않다.

| 오답해설 | ① 23% 선행사는 때를 나타내는 the year 1800이지만 이어서 전치사 during이 왔으므로 관계대명사 which를 이용하여 수식을 하는 것이 올바르다. 만일 전치사 during이 없다면 관계부사 when를 이용하여 수식할 수 있을 것이다. 관계부사 when은 「전치사 + which」로 대체할 수 있다.

③ 7% 주어 The enhanced design이 수식을 받는 대상이므로 수동의 의미를 갖는 과거분사 called가 알맞게 사용되었다.

④ 15% 원인과 결과를 나타내는 「so/such ~ that …」 구문에서, 형용사/부사를 수식할 때는 so를, 명사를 수식할 때는 such를 쓴다. 이 문장에서 talk는 '세평, (화제의) 소문'이라는 의미의 불가산명사로 사용되었기 때문에 such를 사용했다.

| 더 알아보기 | 수 일치

> 주어는 전명구, 분사구, 부정사구, 관계사절, 동격절 등의 수식을 받을 수 있다. 「주어-동사」의 수 일치는 이러한 수식어구를 제외한 주어로 쓰인 명사에 의해 결정된다. 즉, 문장의 주어로 쓰인 명사가 단수이면 단수동사를, 복수이면 복수동사를 사용하는 것이 옳다.

어휘

copper 구리
zinc 아연
electrical current 전류
enhance 향상시키다, 발달시키다
Voltaic pile 볼타의 전지
stack 쌓다
soak 담그다, 흠뻑 적시다
talk 세평, (화제의) 소문
conduct 수행하다, 실시하다
demonstration 시연

9 독해 > Macro Reading > 제목 오답률 51% 답 ①

| 해석 | 레이저는 빛이 전자와 반응하는 방식으로 인해 발생할 수 있다. 전자는 그 특정한 원자 또는 분자 고유의 특정 에너지 수준 또는 상태로 존재한다. 에너지 수준은 핵 주위의 고리 또는 궤도로 생각해 볼 수 있다. 외부 고리에 있는 전자는 내부 고리의 전자보다 더 높은 에너지 수준에 있다. 전자는 예를 들어 섬광과 같은 에너지 주입을 통해 더 높은 에너지 수준으로 올라갈 수 있다. 전자가 외부 수준에서 내부 수준으로 떨어질 때, "잉여" 에너지는 빛으로 발산된다. 발산된 빛의 파장 또는 색은 방출된 에너지의 양과 정확히 관련되어 있다. 사용되는 특정한 레이저 물질에 따라 특정한 빛의 파장이 (전자에 동력을 제공하거나 자극하기 위해) 흡수되고, (전자가 초기 수준으로 다시 떨어질 때) 특정한 파장이 발산된다.

① 레이저는 어떻게 발생되는가?
② 레이저는 언제 발명되었는가?
③ 레이저는 어떤 전자를 발산하는가?
④ 왜 전자는 빛을 반사하는가?

| 정답해설 | ① 49% 첫 번째 문장 Lasers are possible because of the way light interacts with electrons.에서 레이저가 발생될 수 있는 원리를 제시한 후, 이어서 구체적으로 전자(electron)의 특징과 어떻게 전자가 빛에 반응하여 특정한 파장을 방출해 내는지 설명하고 있다. 따라서 전체 글의 제목으로 가장 적절한 것은 ①이다.

| 오답해설 | ②④ 4% 14% 본문에서 언급되지 않은 내용이므로 오답이다.

③ 33% 본문에서는 전자가 레이저를 발생시킨다고 설명하고 있으므로, 레이저가 전자를 발산한다는 진술은 본문과 반대되는 진술이다.

어휘

interact 반응하다
electron 전자
characteristic of ~ 고유의, ~에 특유한
atom 원자
molecule 분자
orbit 궤도
nucleus 핵
bump up 올리다, 인상하다
injection 주입, 투여
excess 초과한, 여분의
give off 발산[방출]하다, 뿜다
wavelength 파장
emit 발산[방출]하다, 내뿜다
precisely 정확히
release 방출하다
absorb 흡수하다
energize 동력을 제공하다, 작동시키다
excite 자극하다
initial 초기의, 처음의
reflect 반사하다

10 독해 > Logical Reading > 삭제 오답률 25% 답 ③

| 해석 | 증가하는 인구가 (물) 부족으로 이어지고 기후 변화가 가뭄과 기근을 야기함에 따라 수리권 시장은 변화할 것으로 보인다. 그러나 그것들은 지역 및 도덕적 무역 관행에 기초할 것이며 대량 상품 무역과는 다를 것이다. 반대자들은 물을 거래하는 것이 비도덕적이라거나 심지어 인권 침해라고 주장하지만, 이미 수리권은 오만에서부터 호주에 이르기까지 세계의 건조 지역에서 매매된다. ③ <u>증류수를 마시는 것은 이로울 수 있지만, 특히 다른 공급원을 통해 미네랄이 보충되지 않는다면, 모든 사람에게 최고의 선택지인 것은 아니다.</u> "우리는 다가올 10년과 그 이후에 물이 사실상 새로운 금으로 변모할 것이라고 굳게 믿는다"라고 Ziad Abdelnour는 말했다. "스마트 머니가 공격적으로 이 방향으로 움직이는 것은 놀라운 일이 아니다."

| 정답해설 | ③ 75% 본문은 '수리권(water rights)'과 관련되어 대두되고 있는 문제점과 점점 더 높아지는 수리권의 중요성에 관해 설명하는 글이다. 그런데 ③에서는 '증류수를 마시는 것'에 있어 주의할 점에 관해 언급하고 있으므로, 수리권과는 거리가 먼 내용이다.

어휘

water right 수리권(수자원을 배타적 · 독점적으로 사용할 수 있는 권리)
evolve 변하다, 진화하다
shortage 부족
drought 가뭄
famine 기근
ethical 윤리적인, 도덕적인
bulk 대량
commodity 상품
detractor 가치를 깎아내리는[폄하하는] 사람, 비방가, 비평가, 반대자
argue 주장하다
unethical 비윤리적인, 비도덕적인
breach 침해
arid 건조한
distill 증류하다
beneficial 이로운
supplement 보충하다
smart money 스마트 머니(전문적인 지식을 갖고 투자 · 투기한 돈)
aggressively 공격적으로, 정력적으로

11 생활영어 > 회화/관용표현 오답률 15% 답 ④

| 해석 | A: 대학교 구내식당의 메뉴가 바뀌었다고 들었어요.
B: 맞아요. 저도 방금 확인했어요.
A: 그리고 새로운 업체를 고용했대요.
B: 그래요. Sam's Catering이에요.
A: ④ <u>예전 메뉴와 차이점은 무엇인가요?</u>
B: 디저트 메뉴 선택지가 더 많아졌어요. 또 일부 샌드위치 메뉴는 없어졌어요.

① 당신이 제일 좋아하는 디저트는 무엇인가요
② 그들의 사무실이 어딘지 아시나요
③ 메뉴에 관해 제 도움이 필요하신가요
④ 예전 메뉴와 차이점은 무엇인가요

| 정답해설 | ④ 85% 대화 초반에서 구내식당의 메뉴와 업체가 변경되었다고 말하고 있고, 마지막 B의 대답에서는 메뉴에서 추가된 것과 삭제된 것에 관해 언급하고 있으므로, 빈칸에서 A는 예전 메뉴와의 차이점에 관해 질문했을 것이라고 추측할 수 있다.

어휘

cafeteria 구내식당, 카페테리아　　caterer 음식 공급자

12　생활영어 > 회화/관용표현　오답률 8%　답 ③

| 해석 | A: 안녕하세요. 도와드릴까요?
B: 네, 저는 스웨터를 찾고 있어요.
A: 음, 이게 가을 컬렉션에 나온 최신 스타일이에요. 어때요?
B: 멋지네요. 얼마죠?
A: 가격을 확인해 볼게요. 120달러예요.
B: ③ 제가 생각한 가격대에 좀 맞지 않아요.
A: 그러면 이 스웨터는 어떠세요? 지난 시즌에 나온 것이지만 50달러로 할인 중이에요.
B: 완벽해요! 입어 볼게요.

① 그것과 어울리는 바지도 필요해요
② 그 재킷은 저를 위한 완벽한 선물이에요
③ 제가 생각한 가격대에 좀 맞지 않아요
④ 토요일에 저희는 7시까지 열어요

| 정답해설 | ③ 92% A가 제품의 가격을 말해 주자 B가 빈칸의 답변을 하고, 이어서 A가 더 저렴한 제품을 추천해 주고 있으므로 B는 처음 제안받은 제품의 가격에 대한 불만족을 말했을 가능성이 있다.

어휘

gorgeous (아주) 멋진　　try on 입어 보다
go with ~와 어울리다　　price range 가격대, 가격 폭

오답률 TOP 3

13　문법 > 비교　오답률 56%　답 ②

| 정답해설 | ② 44% 원급과 비교급을 이용하여 최상급의 의미를 나타낼 수 있다. 원급을 사용할 경우 「부정 주어 + is as[so] ~ as …」로, 비교급을 사용할 경우 「부정 주어 + is more ~ than …」으로 써야 한다. 따라서 ②는 원급과 비교급 중 한 가지를 이용한 표현으로 고쳐야 한다. 즉, Nothing is as[so] precious as time in our life. 또는 Nothing is more precious than time in our life.로 바꿀 수 있다.

| 오답해설 | ① 16% 난이형용사(easy 등)는 to부정사를 진주어로 취하므로 옳게 사용된 문장이며, to부정사의 의미상 주어도 「for + 목적격」으로 알맞게 영작되었다. 여기서 by no means는 '결코 ~이 아닌'이라는 의미의 부사구가 삽입된 것이다.

③ 33% 「cannot be too + 형용사」는 '아무리 ~해도 지나치지 않다'라는 의미의 조동사 관용표현으로 알맞게 사용되었으며, 주절의 주어와 종속절의 주어가 children으로 동일하므로 종속절에서 주어와 be동사를 생략하고 「when + 현재분사」의 구조를 사용한 것도 옳다.

④ 7% what은 선행사를 포함한 관계대명사로 명사절을 이끌어 타동사의 목적어로 사용될 수 있다.

| 더 알아보기 | 최상급 대용표현

원급과 비교급을 이용해서 다양한 최상급 표현이 가능하다.
- He is the tallest in the world.
  그는 세상에서 가장 키가 크다.
  = No one in the world is as tall as he (is).
  = No one in the world is so tall as he (is).
  = No one in the world is taller than he (is).
  = He is taller than any other person in the world.
  = He is taller than all the other people in the world.
  = He is taller than anyone else in the world.

| 더 알아보기 | 시험에 자주 나오는 관용표현

- 「cannot be too + 형용사 ~」: 아무리 ~해도 지나치지 않다
- 「cannot but + 동사원형 ~」: ~하지 않을 수 없다
- 「had better + 동사원형 ~」: ~하는 편이 낫다
- 「It would be better to + 동사원형 ~」: ~하는 것이 낫다
- 「don't have to + 동사원형 ~」: ~할 필요는 없다

어휘

by no means 결코 ~이 아닌　　precious 소중한

오답률 TOP 2

14　문법 > 분사　오답률 57%　답 ④

| 정답해설 | ④ 44% with 분사구문은 '~한 채로'라는 의미로 동시 상황을 나타낼 때 사용할 수 있다. 이때 「with + 목적어 + 분사」에서, 목적어와 분사의 관계가 능동이면 현재분사를, 수동이면 과거분사를 써야 하는데, 다리는 '꼬여지는' 대상이므로 수동의 의미가 알맞다. 따라서 crossing을 crossed로 고쳐야 옳은 문장이 된다.

| 오답해설 | ① 16% 커피를 마신 것은 과거의 일이고 그 결과 지금 잠을 이룰 수 없는 것이므로, 완료 분사구문 Having drunk ~가 올바르게 사용되었다.

② 23% 해당 문장은 접속사절을 포함한 As she is a kind person, she is loved by everyone.에서 접속사절의 주어와 동사의 시제가 같기 때문에 만들어진 단순 분사구문 Being a kind person ~으로 알맞게 사용되었다.

③ 17% 주절과 분사구문의 주어가 다르면 분사구문의 주어를 표시해 주는데, 이를 독립분사구문이라고 한다. 여기서 분사구문의 주어는 All things이고 주절의 주어는 she이므로 각각 표시해 주었고, All things는 고려되는 대상이므로 수동의 의미를 갖는 과거분사 considered가 알맞게 쓰였다. 본래 All things (being) considered에서 being은 생략 가능하므로 considered만 남아 있는 형태이다. 단, considering all things는 '모든 것을 고려하자면'이라는 의미로 해석상의 차이에 주의해야 한다.

| 더 알아보기 | 신체와 관련된 with 분사구문 표현

신체와 관련된 with 분사구문은 「with + one's 신체 부위 + 분사」의 형태로 표현한다.
- with one's eyes closed 눈을 감고서
- with one's arms folded 팔짱을 끼고서
- with one's legs crossed 다리를 꼬고서
- with one's mouth watering 침을 흘리면서
- with one's body shaking 몸을 흔들면서

어휘

qualified 자격이 있는　　position 직위, 지위

15　독해 > Logical Reading > 연결사　오답률 39%　답 ②

| 해석 | 죽은 사람들과 유대 관계를 유지하는 것에 대한 믿음은 문화마다 다르다. 예를 들어, 고인과 유대 관계를 유지하는 것은 일본의 종교 의식에서 받아들여지고 지속된다. 그러나 Arizona의 Hopi 인디언들 사이에서 고인은 가능한 한 빨리 잊혀지고 삶은 평소대로 계속된다. (A) 실제로, Hopi족의 장례 의식은 인간과 영혼의 단절로 마무리된다. 애도의 다양성이 두 무슬림 사회에서보다 더 극명한 곳은 없는데, 하나는 이집트이고 다른 하나는 발리이다. 이집트의 무슬림들 사이에서 유족들은 비극적인 이야기에 유사하게 공감하고 그들의 슬픔을 표현하는 다른 사람들에게 둘러싸여, 자신들의 슬픔을 오래 곱씹는 것이 권장된다. (B) 대조적으로, 발리에서 유족이 된 무슬림들은 슬퍼하기보다는 웃고 즐거워하도록 독려된다.

	(A)	(B)
①	그러나	유사하게
②	실제로	대조적으로
③	그러므로	예를 들어
④	마찬가지로	결과적으로

| 정답해설 | ② 61% (A) 빈칸 이전에서 Hopi 인디언들이 고인을 대하는 태도에 관해 언급하고, 이후에서는 그들의 장례 의식이 마무리되는 방식을 덧붙여 설명하고 있으므로, 빈칸에는 앞서 나온 내용에 대해 첨언할 때 사용할 수 있는 In fact(실제로)가 들어가는 것이 가장 적절하다.

(B) 무슬림 사회에서 죽음을 애도하는 두 가지 방식을 이집트와 발리의 예시를 들어 각각 설명하고 있다. 빈칸 이전에서는 슬픔을 오래 곱씹는 이집트에 관해 언급했고, 빈칸 이후에서는 이와는 반대로 죽음을 웃음과 기쁨으로 승화시키는 발리에 관해 설명하고 있다. 서로 대조되는 예시를 제시하고 있으므로 빈칸에는 By contrast(대조적으로)가 가장 적절하다.

| 오답해설 | ① 14% (A) 전후 내용이 역접 관계가 아니므로 오답이다.
③ 15% (B) 전후 내용이 예시 관계가 아니므로 오답이다.
④ 10% (B) 전후 내용이 인과 관계가 아니므로 오답이다.

| 더 알아보기 | 첨언과 대조를 나타내는 연결사

- 첨언 연결사: in addition (to), besides, furthermore, moreover 등
- 대조 연결사: however, in contrast, on the other hand, nevertheless, nonetheless 등

어휘

tie 유대 관계, 인연　　vary 다르다
the deceased 고인　　sustain 계속하다, 지속하다
ritual 의식　　funeral 장례
conclude with ~로 마무리짓다　　break-off 단절, 분리
mortal 인간　　diversity 다양성
grieve 비통해하다, 애도하다
the bereaved 유족, 사별을 당한 사람
dwell on ~을 곱씹다, 숙고하다　　at length 오래
grief 슬픔　　relate to ~에 공감하다
tragic 비극적인　　account 이야기, 말, 설명
sorrow 슬픔

16　독해 > Reading for Writing > 빈칸 구 완성　오답률 27%　답 ④

| 해석 | 과학자들은 더 높아진 대기 온도가 그린란드 대륙 빙하 표면 용해의 원인이 되고 있다는 것을 오랫동안 알고 있었다. 그러나 새로운 연구가 아래로부터 빙하를 공격하기 시작한 또 다른 위협 요소를 발견해 냈다. 거대한 빙하 아래로 이동하는 따뜻한 해수가 훨씬 더 빠르게 빙하를 녹게 하는 원인이 되고 있다. 연구 결과는 북동 그린란드에 있는 Nioghalvfjerdsfjorden Glacier의 많은 "빙설" 중 하나를 연구한 연구원들에 의해 학술지인 *Nature Geoscience*에 게재되었다. 빙설은 육지의 얼음에서 떨어지지 않은 채로 물 위에 떠 있는 긴 얼음 조각이다. 이 과학자들이 연구한 거대한 빙설은 길이가 거의 50마일이다. 연구는 대서양의 따뜻한 해류가 빙하 쪽으로 곧장 흘러가 이로 인해 많은 양의 열이 빙하와 접촉하게 되고 빙하의 용해를 ④ 가속화시키는 폭이 1마일이 넘는 수중 해류를 밝혀냈다.

① 분리하는　　② 늦추는
③ 막는　　④ 가속화시키는

| 정답해설 | ④ 73% 두 번째 문장의 콜론(:) 뒤 Warm ocean water moving underneath the vast glaciers is causing them to melt even more quickly.에서 따뜻한 해수로 인해 거대 빙하가 더 빨리 녹고 있다는 사실을 알 수 있으며, 본문 중후반에는 이와 관련된 구체적인 연구 결과가 제시되고 있다. 따라서 빙하가 더 빨리 녹는 과정을 설명하는 표현이 빈칸에 들어가는 것이 가장 적절하므로, 빈칸에는 ④가 가장 적절하다. 참고로 선지만 비교해 보아도 ①②③의 의미와 ④의 의미가 서로 상반되기 때문에, 이 점에 유의하여 선지를 먼저 확인해 보는 것도 좋다.

어휘

contribute to ~의 원인이 되다, ~에 기여하다
ice sheet 대륙 빙하　　glacier 빙하
finding (조사·연구 등의) 결과, 결론
ice tongue 빙설
strip 가느다랗고 긴 조각; 좁고 기다란 육지[바다]
massive 거대한　　reveal 밝히다, 드러내다
current 흐름; 해류　　separate 분리하다, 떼어 놓다
delay 늦추다　　prevent 막다, 예방하다
accelerate 가속화하다

17　독해 > Macro Reading > 제목　오답률 26%　답 ③

| 해석 | 다른 문화의 사람들은 세상을 다르게 바라볼까? 한 심리학자가 실감 나는 물고기 및 기타 수중 물체의 영상을 일본인과 미국인 학생들에게 보여주었고 그들이 본 것을 보고하도록 요청했다. 미국인들과 일본인들은 중심이 되는 물고기들에 관해서는 거의 동일한 횟수의 언급을 했으나, 일본인들은 물, 돌, 물방울, 그리고 비활성 동식물을 포함한 배경 요소에 관해서는 60% 이상 더 많은 언급을 했다. 게다가, 일본인과 미국인 참가자들이 활동

적인 동물들과 관련된 움직임에 관해 거의 비슷한 횟수의 언급을 한 반면, 일본인 참가자들은 비활동적인 배경 물체와 관련된 관계에 관한 언급을 거의 2배 정도 더 많이 했다. 아마 가장 강력한 차이는 일본인 참가자들이 제일 처음 말한 문장은 환경을 언급하는 것인 반면, 미국인들의 첫 번째 문장은 중심이 되는 물고기를 언급하는 것일 가능성이 3배나 높았다.
① 일본인과 미국인 사이의 언어 장벽
② 뇌에서 물체와 배경의 연상
③ 인식에 있어서의 문화적 차이
④ 꼼꼼한 사람들의 우월성

| 정답해설 | ③ 74% 첫 번째 문장 Do people from different cultures view the world differently?에서 주제와 관련한 질문을 던진 후, 이에 대한 답변이 되는 실험 결과를 이후에 제시하고 있다. 본문에서는 같은 영상을 본 후, 미국인 학생들과 일본인 학생들이 영상의 내용을 다르게 설명했다는 점을 언급하며, 인식에 있어서의 문화적 차이에 대한 근거를 제시하고 있다.

| 오답해설 | ① 8% 본문에 언어에 관한 내용은 언급되지 않는다.
② 14% 뇌에서 물체와 배경이 어떻게 연상되는지는 본문에 제시되지 않는다.
④ 4% 꼼꼼한 사람들이 더 우수하다는 내용은 본문에 언급되지 않는다.

어휘
reference 언급 focal 중심의, 초점의
inert 비활성의, 비활동적인 tellingly 강력하게
language barrier 언어 장벽 association 연상; 유대; 제휴
perception 인식, 인지, 지각 superiority 우월성, 우수성
detail-oriented 세부적인 것을 중요시하는, 꼼꼼한

18 독해 > Logical Reading > 삽입 오답률 51% 답 ④

| 해석 | 사람들은 여러 방식으로 인력, 즉 중력에 노출될 수 있다. 그것은 등을 찰싹 맞을 때처럼 신체의 일부에만 영향을 미치는 국부적인 것일 수도 있다. 그것은 또한 자동차 충돌에서 겪는 강한 힘과 같이 순간적일 수도 있다. 세 번째 유형의 중력은 지속되는데, 다시 말해 적어도 수초 간 이어진다. 지속적이면서 온몸에 미치는 중력은 사람에게 가장 위험하다. 신체는 보통 지속적인 중력보다 국부적이거나 순간적인 중력을 더 잘 견디는데, 혈액이 다리 쪽으로 쏠리게 되어, 신체의 나머지 부분에서 산소를 빼앗기 때문에 (지속적인 중력은) 치명적일 수 있다. 앉거나 서 있는 대신에 신체가 수평으로 되어 있거나 누워 있는 상태에서 적용된 지속적인 중력은 사람들이 더 잘 견딜 수 있는데, 혈액이 다리가 아니라 등에 고이기 때문이다. ④ 따라서, 혈액과 생명을 유지해 주는 산소를 심장이 뇌로 더 쉽게 순환시킬 수 있다. 우주 비행사와 전투기 조종사 같은 일부 사람들은 중력에 대한 신체의 저항을 증가시키기 위해 특수 훈련 연습을 실시한다.

| 정답해설 | ④ 49% 주어진 문장에서는 혈액과 산소가 뇌로 더 쉽게 공급될 수 있는 상황에 대해 설명하고 있다. ③ 이전 문장에서 피가 다리 쪽으로 쏠리면 나머지 신체는 산소가 부족하다고 언급하고, ③ 이후 문장에서 수평으로 있거나 누워 있을 때는 피가 등 쪽에 고여 있어 중력을 더 잘 견딜 수 있다고 설명한다. 이러한 상황에서 피가 뇌 쪽으로 더 잘 순환될 수 있다는 내용이 이어지는 것이 자연스러우므로 주어진 문장은 ④에 들어가는 것이 가장 적절하다.

| 오답해설 | ③ 38% 주어진 문장의 Thus(따라서)로 보아 주어진 문장 이전에 피가 뇌로 더 잘 순환될 수 있는 상황을 제시해 주어야 하는데, ③ 이전 문장에서는 피가 다리 쪽으로 쏠려 신체의 나머지 부분에 산소가 부족해진다고 언급하고 있으므로, 주어진 문장이 결과로 이어지는 것은 문맥상 자연스럽지 않다.

어휘
circulate 순환시키다, 차례로 돌다 gravitational force 중력, 인력
localize 국한시키다, 국부적이 되게 하다
momentary 순간적인 endure 견디다
sustain 지속[계속]시키다 withstand 견디다, 참다
deadly 치명적인 deprive A of B A에게서 B를 빼앗다
horizontal 가로의, 수평의 tend to V ~하는 경향이 있다
tolerable 참을 수 있는, 견딜 수 있는
pool 모이다, 고이다 astronaut 우주 비행사
undergo 받다, 겪다 resistance 저항

19 독해 > Macro Reading > 요지 오답률 55% 답 ①

| 해석 | 만일 누군가 당신에게 제안을 했는데 당신이 그것의 일부가 정당한 이유로 염려스럽다면, 보통 당신은 당신의 모든 변경 조건들을 동시에 제시하는 것이 더 낫다. "급여가 조금 낮네요. 이에 대해 어떻게 해 주실 수 있나요?"라고 말하고, 일단 그녀가 그것을 처리하고 나면 다시 돌아가 "감사합니다. 이제 여기 제가 원하는 두 가지 다른 것들이 있는데..."라고 말하지 말라. 만일 당신이 처음에 단 한 가지만을 요청한다면, 그녀는 그것을 들어주면 당신이 제안을 받아들일 (아니면 적어도 결정을 내릴) 준비가 될 것이라고 생각할 것이다. 만일 당신이 계속 "그리고 한 가지 더..."라고 말한다면 그녀가 인자하거나 이해심 있는 기분으로 계속 있지는 않을 것이다. 게다가, 만일 당신에게 한 가지가 넘는 요구 사항이 있다면, 당신이 원하는 모든 것을 A, B, C, 그리고 D라고 단순히 말하지 마라. 당신에게 있어 각각의 상대적인 중요성에 대해서도 신호를 보내라. 그렇지 않으면 당신에게 제공하기 상당히 쉽다는 이유로 그녀는 당신이 가장 덜 중요하게 생각하는 두 가지를 선택하고 당신과 타협했다고 느낄지도 모르기 때문이다.
① 다수의 사안을 연속적이 아니라 동시에 협상하라.
② 성공적인 협상을 위해 민감한 주제는 피하라.
③ 알맞은 협상 시기를 골라라.
④ 급여 협상 시 너무 단도직입적으로 하지 마라.

| 정답해설 | ① 45% 첫 번째 문장 ~ you're usually better off proposing all your changes at once.에서 한꺼번에 제안에 관한 변경 조건들을 제시할 것을 조언하고 있다. 이어서, 변경 조건들을 하나씩 차례로 말하는 상황을 예로 들면서 그로 인해 부정적인 결과가 발생할 수 있음을 암시하고 있다. 따라서 글의 요지로 가장 적절한 것은 ①이다.

| 오답해설 | ② 13% 본문에서는 제안에 대한 이의 제기를 한꺼번에 제시하라고 언급하고 있을 뿐, 그러한 이의의 내용에 관해서는 구체적으로 설명하고 있지 않으므로 오답이다.
③ 13% 협상 시기에 대해서는 본문에 언급되지 않는다.
④ 29% 본문에서는 협상 내용의 한 예시로 급여를 제시한 것일 뿐, 글 전체가 급여 협상에 관한 내용은 아니므로 글의 요지로는 부적절하다.

어휘
legitimately 정당하게, 합법적으로
concerned about ~을 염려하는 better off ~하는 것이 더 나은
at once 동시에, 한 번에 initially 초기에, 처음에
assume 추정하다, 가정하다 relative 상대적인

otherwise 그렇지 않으면
meet ~ halfway ~와 타협[절충]하다
negotiate 협상하다
simultaneously 동시에, 일제히
serially 연속으로

20 독해 > Logical Reading > 배열 오답률 28% 답 ③

| 해석 | 오늘날, Lamarck는 어떻게 적응이 발달하느냐에 관한 그의 잘못된 설명으로 인해 대부분 부당하게 기억된다. 그는 특정 신체 부위를 사용 또는 사용하지 않음으로써 생물이 특정 형질을 발달시킨다고 제안했다.

(B) Lamarck는 이러한 형질이 자손에게 이어질 것이라고 생각했다. Lamarck는 이 발상을 획득형질유전이라고 명명했다.

(C) 예를 들면, Lamarck는 캥거루의 강력한 뒷다리는 조상들이 점프를 통해 자신들의 다리를 강화시키고, 그 획득된 다리 힘을 자손에게 물려준 결과라고 설명했다. 그러나, 획득된 형질이 유전되기 위해서는 특정 유전자의 DNA를 어떻게든 변형시켜야 할 것이다.

(A) 이것이 발생한다는 근거는 없다. 그럼에도 불구하고, Lamarck가 생물이 자신들의 환경에 적응할 때 진화가 발생한다는 점을 제안했다는 것에 주목하는 것은 중요하다. 이 발상이 Darwin을 위한 무대를 마련하는 데 도움을 주었다.

| **정답해설** | ③ 72% 주어진 글의 두 번째 문장의 certain characteristics를 (B)의 첫 문장 these characteristics가 직접적으로 가리키고 있으므로, (B)가 주어진 문장에 바로 이어지는 것이 적절하다. 이어서 (B)에서 언급한 this idea에 관한 구체적인 예시가 (C)에서 For example 이하에 나오므로 (C)가 연결되는 것이 자연스럽다. 마지막으로 (A)에서 (C)의 두 번째 문장에서 설명한 '획득형질유전을 위해 DNA가 변형되는 것'을 this로 가리키며, 이것이 발생하는 근거가 없다고 언급하고 있으므로, (A)가 (C)에 이어지는 것이 적절하다. 따라서 올바른 순서는 (B) – (C) – (A)이다.

| **오답해설** | ①② 7% 15% (C)가 (A)에서 제시한 내용의 구체적인 예시가 아니므로 (A) 다음에 (C)가 오는 것은 어색하다.

어휘

unfairly 부당하게, 불공평하게
adaptation 적응, 순응
evolve 진화하다, 발달하다
organism 생물
adapt to ~에 적응하다
set the stage for ~을 위한 장(場)[무대]을 마련하다
pass on 넘겨주다, 물려주다, 전달하다
offspring 자식, 자손, 새끼
inheritance 유전
acquired 획득한, 습득한
ancestor 조상
somehow 어떻게든
modify 변형하다, 수정하다
gene 유전자

2021 4월 17일 시행 국가직 9급 (㉯책형)

합격예상 체크

〈국가직 연도별 합격선〉

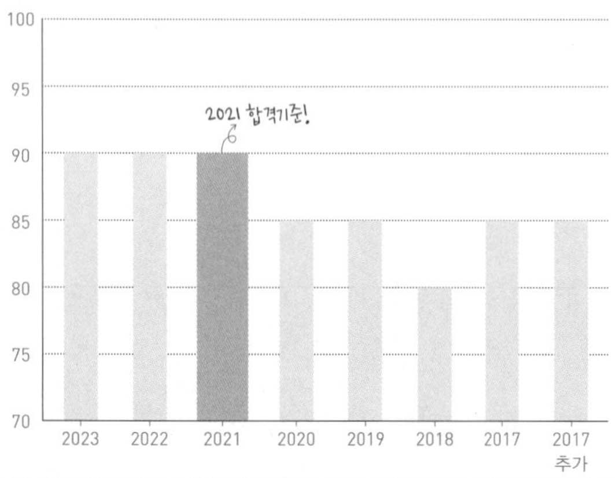

맞힌 개수	/20문항	점수	/100점

➡ □합격 □불합격

취약영역 체크

문항	정답	영역	문항	정답	영역
1	①	어휘 > 유의어 찾기	11	①	생활영어 > 회화/관용표현
2	②	어휘 > 유의어 찾기	12	②	생활영어 > 회화/관용표현
3	②	어휘 > 유의어 찾기	13	④	독해 > Micro Reading > 내용 일치/불일치
4	④	어휘 > 빈칸 완성	14	④	문법 > 강조와 도치
5	④	독해 > Micro Reading > 내용 일치/불일치	15	②	문법 > 접속사
6	②	문법 > 시제	16	①	독해 > Reading for Writing > 빈칸 절 완성
7	③	독해 > Macro Reading > 제목	17	②	독해 > Reading for Writing > 빈칸 구 완성
8	③	문법 > 관계사	18	③	독해 > Logical Reading > 배열
9	④	독해 > Logical Reading > 삽입	19	④	독해 > Macro Reading > 주제
10	④	독해 > Logical Reading > 삭제	20	①	독해 > Logical Reading > 문맥상 다양한 추론

⬇ 영역별 틀린 개수로 취약영역을 확인하세요!

어휘	/4	문법	/4	독해	/10	생활영어	/2

➡ 나의 취약영역: ______________

※ [정답해설]과 [오답해설] 선지의 50% 표시는 〈1초 합격예측 서비스〉를 통해 수집된 선지 선택률을 나타냅니다.

1 어휘 > 유의어 찾기 오답률 29% 답 ①

| 해석 | 사회적 관습으로서의 사적 자유(프라이버시)는 다른 사회적 관습과 함께 개인의 행위를 형성하며, 따라서 사회 생활에 중심이 된다.

① 71% ~와 결합하여 ② 19% ~와 비교하여
③ 4% ~ 대신에 ④ 6% ~의 경우에

| 정답해설 | ① in conjunction with는 '~와 함께'라는 의미로, in combination with와 의미가 가장 가깝다.

어휘

shape 형성하다, 형태를 주다
in conjunction with ~와 함께
in combination with ~와 결합하여
in comparison with ~와 비교하여
in place of ~ 대신에
in case of ~의 경우에

2 어휘 > 유의어 찾기 오답률 36% 답 ②

| 해석 | 재즈의 영향력은 매우 널리 퍼져 있어서 대부분의 대중음악은 양식상의 뿌리를 재즈에 둔다.

① 12% 사기의 ② 64% 편재하는, 어디에나 있는
③ 20% 설득력 있는 ④ 4% 비참한, 재해의

| 정답해설 | ② pervasive는 '골고루 미치는, 만연하는, 널리 퍼진'이라는 의미이므로, '편재(遍在)하는, 어디에나 있는'이라는 뜻의 ubiquitous와 가장 의미가 유사하다.

어휘

pervasive 골고루 미치는, 만연하는, 널리 퍼진
owe A to B A에 대하여 B의 은혜[신세]를 지다
deceptive 사기의
ubiquitous 편재하는, 어디에나 있는 persuasive 설득력 있는
disastrous 비참한; 재해의

3 어휘 > 유의어 찾기 오답률 45% 답 ②

| 해석 | 이 소설은 사업을 시작하기 위해 학교를 그만두는 제멋대로인 십 대 청소년의 짜증 난 부모에 관한 것이다.

① 13% 무정한, 냉담한 ② 55% 짜증 난, 약이 오른
③ 17% 평판 좋은 ④ 15% 자신감 있는, 확신하는

| 정답해설 | ② vexed는 '짜증 난, 화난'이라는 의미이므로, '짜증 난, 약이 오른'이라는 의미의 annoyed가 유의어이다.

어휘

vexed 짜증 난, 화난
unruly 제멋대로인, 다루기 힘든
callous 무정한, 냉담한
reputable 평판 좋은

4 어휘 > 빈칸 완성 오답률 26% 답 ④

| 해석 | 한 무리의 젊은 시위자들이 경찰서에 ④ 침입하려고 시도했다.

① 16% ~을 일렬[한 줄]로 세우다[배열하다]
② 3% 나눠주다

③ 7% 계속하다
④ 74% ~로 침입하다, 난입하다

| 정답해설 | ④ 빈칸 뒤에 '경찰서'라는 장소가 등장하므로, 이와 관련한 시위자들의 행위로 문맥상 가장 적절한 표현은 선지 중 '침입하다, 난입하다'라는 뜻의 break into이다.

어휘
demonstrator 시위자
line up ~을 일렬[한 줄]로 세우다[배열하다]
give out 나눠주다
carry on 계속하다
break into ~로 침입하다, 난입하다, 몰래 잠입하다

5 독해 > Micro Reading > 내용일치/불일치 오답률 21% 답 ④

| 해석 | 가장 악명 높은 수입 노동력의 사례는 물론 대서양 노예 매매인데, 이것은 농장에서 노동할 천만 명이나 되는 아프리카인 노예들을 신세계(New World)로 이주시켰다. 그러나 비록 유럽인들이 가장 큰 규모로 노예제를 실행했을지 몰라도, 그들이 노예를 자신들의 공동체로 끌어들인 유일한 사람들은 결코 아니었다. 그에 앞서, 고대 이집트인들은 피라미드 건설을 위해 노예 노동력을 이용했고, 초창기 아랍 탐험가들 또한 종종 노예 상인이었으며, 아랍 노예제는 20세기까지 지속되었고, 실제로 아직도 몇몇 장소에서는 지속되고 있다. 아메리카 대륙에서는 일부 원주민 부족이 다른 부족의 구성원을 노예로 삼았으며, 노예제는 또한 많은 아프리카 국가에서도 하나의 사회 제도였는데, 특히 식민지 시대 이전에 그러했다.
① 아프리카 노동자들은 자발적으로 신세계로 이주했다.
② 유럽인들은 노예 노동을 이용한 최초의 사람들이었다.
③ 아랍의 노예제는 어떠한 형태로든 더 이상 존재하지 않는다.
④ 노예제는 심지어 아프리카 국가들에서도 존재했다.

| 정답해설 | ④ 79% 마지막 문장의 후반부에서 노예제는 또한 많은 아프리카 국가에서도 하나의 사회 제도였다고 했으므로 글의 내용과 일치한다.

| 오답해설 | ① 8% 첫 번째 문장에서 농장에서 일할 아프리카인 노예들을 대서양 노예 매매를 통해 신세계로 이주시켰다고 했으므로 그들이 자발적으로 이주했다는 것은 글의 내용과 일치하지 않는다.
② 7% 두 번째 문장에서 유럽인들은 노예를 그들의 공동체로 끌어들인 유일한 사람들이 아니었고, 그 이전에 이집트인들이 피라미드 건설에 이미 노예 노동력을 이용했으며 초창기 아랍 탐험가들 또한 종종 노예 상인이었다고 했으므로, 글의 내용과 일치하지 않는다.
③ 6% 두 번째 문장 후반부에서 아랍의 노예제는 여전히 몇몇 장소에서 지속되고 있음을 진술하고 있으므로 글의 내용과 일치하지 않는다.

어휘
notorious 악명 높은
enslave 노예로 만들다
plantation (대규모) 농장
slavery 노예제
by no means 결코 ~이 아닌
tribe 부족
institution (사회) 제도; 관례, 관습
colonial 식민지의
voluntarily 자발적으로

6 문법 > 시제 오답률 46% 답 ②

| 해석 | ① 이 안내 책자는 홍콩에서 어디를 방문해야 하는지 여러분에게 말해 준다.
② 나는 대만에서 태어났지만, 일을 시작한 이래로 한국에서 살고 있다.
③ 그 소설이 너무 재미있어서 나는 시간 가는 줄 몰랐고 버스를 놓쳤다.
④ 서점들이 신문을 더 이상 취급하지 않는다는 것은 놀랍지 않아, 그렇지?

| 정답해설 | ② 54% since는 '~ 이래로'라는 의미로, since절에는 과거시제가, 주절에는 현재완료시제가 쓰인다. 따라서 have lived와 started의 시제는 모두 올바르다.

| 오답해설 | ① 9% 의문사 where가 이끄는 절이 4형식 동사 tell의 직접목적어로 사용되었으므로 where절의 주어와 동사는 의문문 어순으로 바뀌지 않는다. 따라서 where should you는 where you should의 어순이 되어야 한다.
③ 25% 감정형용사가 사람의 감정 상태를 나타낼 때는 과거분사형(-ed)이, 사물의 상태를 나타낼 때는 현재분사형(-ing)이 쓰인다. 여기에서는 사물인 novel의 상태를 서술해야 하므로 excited가 exciting으로 바뀌어야 옳다.
④ 12% 부가의문문은 주절이 긍정형이면 부정형으로, 주절이 부정형이면 긍정형으로 쓰여야 하며, 주절의 동사가 be동사이면 be동사로, 일반동사이면 대동사(do)로 받아야 하고 수와 시제 또한 주절에 일치시켜야 한다. 여기서는 주절의 동사가 is not이므로 부가의문문의 동사는 doesn't가 아닌 is가 되어야 한다.

| 더 알아보기 | 감정형 분사

- 감정 제공 형용사(현재분사): interesting, exciting, pleasing, amusing, worrying 등
- 감정 상태 형용사(과거분사): interested, excited, pleased, amused, worried 등

어휘
lose track of time 시간 가는 것을 잊다
carry (가게에서 품목을) 취급하다

7 독해 > Macro Reading > 제목 오답률 31% 답 ③

| 해석 | 바다의 온난화와 산소의 손실은 참치와 농어에서부터 연어, 환도상어, 해덕, 그리고 대구에 이르기까지 수백 가지의 어종을 이전에 생각했던 것보다 훨씬 더 많이 작아지게 할 것이라고 한 새로운 연구는 결론짓는다. 더 따뜻한 바다가 그것들의 신진대사를 촉진시키기 때문에 어류, 오징어, 그리고 기타 수중 호흡 생물들은 바다로부터 더 많은 산소를 들이마셔야 한다. 동시에, 온도가 상승하는 바다는 이미 바다의 많은 부분에서 산소의 이용 가능성을 감소시키고 있다. British Columbia 대학교의 과학자 두 명은 어류의 몸이 그것들의 아가미보다 더 빠르게 자라기 때문에, 이 동물들은 결국 일반적인 성장을 유지하기 위한 충분한 산소를 얻지 못하는 지점에 이르게 될 것이라고 주장한다. "우리가 발견한 것은 수온이 섭씨 1도 상승할 때마다 어류의 몸 크기가 20~30퍼센트 줄어든다는 것이었습니다."라고 저자인 William Cheung은 말한다.
① 현재 어류는 그 어느 때보다 더 빨리 자란다
② 해양 온도에 미치는 산소의 영향
③ 기후 변화는 세계의 어류(의 크기)를 작아지게 할 수도 있다
④ 신진대사가 느린 해양 생물이 생존하는 방법

| 정답해설 | ③ 69% 첫 번째 문장에서 바다의 온난화와 산소의 손실은 수백 가지 어종을 작아지게(shrink) 할 것이라고 설명하며, 마지막 문장에서는 그에 대한 근거로 자세한 수치를 제시하고 있으므로, 글의 제목으로 가장 적절한 것은 ③이다.

| 오답해설 | ① 4% 본문 후반 어류의 몸이 아가미보다 더 빨리 자란다는 내용이 있으나, 이는 어류의 몸과 아가미의 상대적 성장 속도를 비교하는 것이지 어류 자체가 더 빨리 자란다는 뜻은 아니므로 글의 제목으로 부적절하다.

② 23% 산소가 해양 온도에 미치는 영향이 아니라 해양 온도가 어류의 산소 흡수량에 미치는 영향을 설명하고 있는 글이다.

④ 4% 글에서 제시되지 않는 내용으로 제목이 될 수 없다.

어휘

shrink 줄어들게[작아지게] 하다
grouper 농어
thresher shark 환도상어
haddock 해덕(대구와 비슷하나 그보다 작은 바다 고기)
cod 대구
metabolism 신진대사
draw (연기나 공기를) 들이마시다, 빨아들이다
gill 아가미
sustain 유지하다, 지탱하다, 지속하다

오답률 TOP 3

8 문법 > 관계사 오답률 47% 답 ③

| 해석 | 도시 농업(UA)은 오랫동안 도시에서 설 곳이 없는 비주류 활동으로 치부되어 왔다. 그러나 그것의 잠재력이 인식되기 시작하고 있다. 사실, UA는 식량 자립에 관한 것이다. 그것은 일자리 창출을 수반하며, 특히 빈곤한 사람들에게 있어서 식량 불안정에 대한 대응이다. 많은 사람들이 믿는 것과 대조적으로, UA는 모든 도시에서 발견되는데, 그곳에서 그것은 때때로 숨겨져 있거나, 때로는 눈에 잘 띈다. 주의 깊게 살펴보면, 대도시에서 사용되지 않는 공간은 거의 없다. 귀중한 공지는 좀처럼 놀고 있지 않으며, 공식적으로든 비공식적으로든 종종 점유되어 있고, 생산적이 된다.

| 정답해설 | ③ 53% 밑줄 친 which 이후의 many believe에서 many는 주어의 역할을 하는 명사로 사용되었고, 타동사인 believe의 목적어가 없으므로 밑줄 친 which는 believe의 목적어 역할을 하는 목적격 관계대명사로 볼 수 있다. 그러나 관계대명사 which 앞에는 반드시 선행사의 역할을 하는 명사가 존재해야 하나, 밑줄 이전에는 (구)전치사 Contrary to만 존재하므로 옳지 않은 문장이다. 따라서 (구)전치사의 목적어 역할을 함과 동시에 선행사를 포함하는 관계대명사 what이 오는 것이 적절하므로 밑줄 친 which는 what으로 수정해야 한다.

| 오답해설 | ① 7% 주어 its potential과 realize는 의미상 수동의 관계이므로 begin의 목적어로 to부정사의 수동태가 온 것은 적절하다.

② 14% involve는 동명사를 목적어로 취하는 완전타동사이므로 동명사 creating의 쓰임은 적절하다.

④ 26% made 앞에 중복되는 be동사 is가 생략된 수동태 문장으로, 불완전타동사 make가 수동태로 전환될 때, 목적격 보어로 쓰인 형용사는 그대로 동사 뒤에 위치하므로, 형용사 형태인 productive는 적절하다.

어휘

urban 도시의
agriculture 농업
dismiss 묵살하다, 일축하다, 치부하다
fringe 비주류의, 주변의
self-reliance 자립, 자기 의존
insecurity 불안정
obvious 명백한, 눈에 잘 띄는
vacant 빈
idle 비어 있는, 노는
take over 차지하다
productive 생산적인

9 독해 > Logical Reading > 삽입 오답률 26% 답 ④

| 해석 | 기록 보관소는 오디오에서 비디오, 그리고 신문, 잡지, 인쇄물까지 자료의 보고이며, 이것은 그것들을 어떠한 역사 탐구 조사에 있어서도 없어서는 안 될 것으로 만든다. 도서관과 기록 보관소가 동일해 보일지도 모르지만, 차이점들은 중요하다. 기록 보관소 소장품은 거의 항상 1차적인 자료로 구성되어 있지만, 도서관은 2차적인 자료를 포함한다. 한국 전쟁에 대해 더 알고자 한다면, 당신은 역사책을 보기 위해 도서관으로 갈 것이다. 당신이 정부 문서 혹은 한국 전쟁 군인들에 의해 쓰여진 서신을 읽길 원한다면, 당신은 기록 보관소에 갈 것이다. 만일 당신이 정보를 찾고 있다면, 아마 당신을 위한 기록 보관소가 있을 것이다. 많은 주 기록 보관소와 지역 기록 보관소들이 공공 기록을 보관하는데, 이것들은 놀랍고 다양한 자료이다. ④ 예를 들어, New Jersey주의 주립 기록 보관소는 3만 입방피트가 넘는 문서와 2만 5천 릴이 넘는 마이크로필름을 소장하고 있다. 당신이 사는 주의 기록 보관소를 온라인으로 검색하면 당신에게 그것들이 단지 입법부의 회의록보다 훨씬 많은 것을 소장하고 있다는 것을 빠르게 보여줄 것이다. 거기엔 찾을 수 있는 무상 토지에 대한 상세한 정보, 예전의 도시 지도, 범죄 기록, 그리고 행상인 면허 신청서와 같은 특이한 것들이 있다.

| 정답해설 | ④ 74% 주어진 문장은 For example로 시작하여 New Jersey주의 기록 보관소가 소장하고 있는 자료의 양을 예시하고 있는데, ④ 이전 문장에서 많은 주 기록 보관소와 지역 기록 보관소들이 공공 기록을 보관한다고 언급하고 있으므로, 문맥상 ④에 주어진 문장이 들어가야 알맞다.

어휘

archive 기록 보관소
cubic feet 입방피트
reel (실·밧줄·녹음 테이프·호스 등을 감는) 릴, 감는 틀
treasure trove 보고, 매장물, 귀중한 발굴물[수집물]
indispensable 없어서는 안 되는, 불가결의, 필수적인
investigation 조사, 연구
be made up of ~로 구성되다
secondary 2차적인, 부차적인
chances are 아마 ~일 것이다, ~할 가능성이 충분하다
diverse 다양한
minutes 회의록
legislature 입법부, 입법 기관
land grant (대학·철도의 부지로서) 정부가 주는 땅, 무상으로 불하받은 토지
oddity 이상한 것[물건]
peddler 행상인
application 신청서, 지원서

10 독해 > Logical Reading > 삭제 오답률 16% 답 ④

| 해석 | 번아웃이라는 용어는 업무의 압박 때문에 "지치는 것"을 일컫는다. 번아웃은 일상의 업무 스트레스 요인이 직원들에게 피해를 주기 때문에 생기는 만성적 질환이다. 가장 널리 받아들여지는 번아웃에 대한 개념화는 Maslach와 그녀의 동료들에 의해 서비스직에 종사하는 사람들에 대한 연구에서 발전되었다. Maslach는 번아웃을 상호 관련된 세 가지 차원으로 구성되어 있는 것으로 생각한다. 감정적 피로라는 첫 번째 차원은 번아웃 현상의 진정한 핵심이다. 근로자들은 그들이 피로하거나, 낙담하거나, 소모되

거나 또는 직장에서 다음 날을 맞이할 수 없음을 느낄 때 감정적 피로를 경험한다. 번아웃의 두 번째 차원은 개인적 성취의 부재이다. 번아웃 현상의 이 양상은 자기 자신을 효율적으로 직무 요구 사항을 수행할 수 없는 패배자라고 생각하는 근로자들을 가리킨다. ④ 감정 노동자들은 그들이 신체적으로 지쳐 있음에도 불구하고 매우 의욕적으로 직업에 입문한다. 번아웃의 세 번째 차원은 비인격화이다. 이 차원은 업무의 일부로 타인(예를 들어 고객, 환자, 학생)과 상호적으로 의사소통을 해야 하는 근로자들하고만 관련이 있다.

| 정답해설 | ④ 84% 번아웃의 정의를 제시한 후, 번아웃이 세 가지 차원으로 구성되어 있다고 생각하는 Maslach의 이론을 설명하고 있는 글이다. ③ 이전 문장에서 번아웃의 두 번째 차원으로 개인적 성취의 부재를 제시하고 있는데, 이에 대한 부연 설명으로 감정 노동자들이 신체적으로 지쳐 있음에도 의욕적으로 직업에 입문한다는 ④의 내용은 앞서 제시된 개인적 성취의 부재와는 상반된다.

어휘

refer to ~을 일컫다, 가리키다
stressor 스트레스 요인
conceptualization 개념화
dimension 차원, 관점
phenomenon 현상
frustrated 낙담한, 좌절한
accomplishment 성과, 성취
motivated 의욕을 가진, 동기가 부여된
depersonalization 비인격화, 몰인격화
chronic 만성적인
take one's toll 피해를 주다
consist of ~로 구성되다
exhaustion 피로, 지침
fatigued 피로한
used up 몹시 지친, 소모된
occupation 직업

11 생활영어 > 회화/관용표현 오답률 8% 답 ①

| 해석 | A: 어젯밤 여기에 있었나요?
B: 네, 저는 마감조로 일했어요. 왜 그러시죠?
A: 오늘 아침 주방이 엉망이었어요. 음식이 레인지 위에 널려져 있고 얼음들은 냉동실에 없었어요.
B: 제가 청소 점검 목록 검토를 깜박한 것 같아요.
A: 청결한 주방이 얼마나 중요한지는 당신도 아시죠.
B: 죄송해요. ① 다시는 그런 일이 생기지 않도록 할게요.
① 다시는 그런 일이 생기지 않도록 할게요.
② 지금 계산서를 드릴까요?
③ 그게 제가 어제 그것을 깜박한 이유예요.
④ 주문한 음식이 제대로 나오게 할게요.

| 정답해설 | ① 92% A가 어젯밤 주방 청소를 제대로 하지 않은 B에게 청결한 주방의 중요성에 대해 말하고 있고, 이에 대해 B가 사과하고 있으므로 이어지는 빈칸에는 그런 일이 다시 생기지 않게 하겠다고 답하는 것이 가장 자연스럽다.

어휘

closing shift 마감조
go over ~을 검토하다
order 주문, 주문한 음식[음료]
spatter 흩뿌리다
bill 계산서

12 생활영어 > 회화/관용표현 오답률 15% 답 ②

| 해석 | A: 감기약은 드셨나요?
B: 아뇨, 그냥 코를 많이 풀고 있어요.
A: 코 스프레이를 써 보셨어요?
B: ② 아뇨, 저는 코 스프레이를 좋아하지 않아요.
A: 그거 효과가 아주 좋아요.
B: 괜찮아요. 저는 코에 무언가 넣는 걸 좋아하지 않아서, 한 번도 그걸 써 보지 않았어요.
① 네, 그런데 효과가 없었어요.
② 아뇨, 저는 코 스프레이를 좋아하지 않아요.
③ 아뇨, 약국이 닫혀 있었어요.
④ 네, 얼마나 많이 사용해야 하죠?

| 정답해설 | ② 85% 감기에 걸려 코를 많이 푼다는 B에게 A가 코 스프레이를 써 보았는지 묻고 있으므로, 이에 대한 B의 답변으로는 코 스프레이의 사용 여부에 관한 것이 가장 적절하다. 그런데 B가 마지막 진술에서 코에 무언가 넣는 것을 싫어하며, 한 번도 그것을 써 보지 않았다고 답했으므로 빈칸에 가장 적절한 것은 ②이다.

어휘

nose spray 코[비강] 스프레이
pharmacy 약국

13 독해 > Micro Reading > 내용일치/불일치 오답률 11% 답 ④

| 해석 | 사막은 지구 육지 영역의 5분의 1을 넘게 차지하며, 모든 대륙에서 찾아볼 수 있다. 연간 25센티미터(10인치) 미만의 비가 내리는 곳은 사막으로 여겨진다. 사막은 건조지라 불리는 더 넓은 지역 구분의 한 부분이다. 이 지역들은 "수분 부족" 상태로 존재하고, 이는 그곳들이 연간 강우를 통해 얻는 것보다 증발을 통해 더 많은 수분을 빈번하게 상실할 수 있다는 것을 의미한다. 사막은 뜨겁다는 일반적인 개념에도 불구하고, 추운 사막 또한 있다. 세계 최대의 뜨거운 사막인 북아프리카의 Sahara는 낮 동안 최대 섭씨 50도(화씨 122도)의 기온에 도달한다. 그러나 아시아의 Gobi 사막과 세계 최대의 사막으로 남극과 북극에 있는 극지방의 사막과 같은 일부 사막은 항상 춥다. 다른 것들은 산지이다. 오직 사막의 20퍼센트만이 모래로 덮여 있다. 칠레의 Atacama 사막과 같이 가장 건조한 사막에는 1년 강우량이 2밀리미터(0.08인치) 미만인 지역들이 있다. 그러한 환경은 너무 혹독하고 비현실적이라서 과학자들은 화성의 생명체에 대한 단서를 찾기 위해 심지어 그것들을 연구해 왔다. 반면, 몇 년에 한 번씩 비정상적인 우기가 "슈퍼 블룸[개화]"을 일으킬 수 있는데, 이때는 Atacama 사막조차도 야생화로 뒤덮이게 된다.
① 각각의 대륙에 적어도 하나의 사막이 있다.
② Sahara 사막은 세계 최대의 뜨거운 사막이다.
③ Gobi 사막은 추운 사막으로 분류된다.
④ Atacama 사막은 비가 가장 많이 내리는 사막 중 하나이다.

| 정답해설 | ④ 89% 본문 중후반 The driest deserts, such as Chile's Atacama Desert, ~의 내용에서 Atacama 사막을 가장 건조한 사막의 대표적인 예로 제시했으므로 글의 내용과 반대된다.

| 오답해설 | ① 6% 첫 번째 문장 they are found on every continent에서 사막은 모든 대륙에서 찾아볼 수 있다고 했으므로 글의 내용과 일치함을 알 수 있다.
② 2% 본문 중반 The largest hot desert in the world, northern Africa's Sahara, ~에서 Sahara 사막을 세계 최대의 뜨거운 사막이라고 언급했으므로 글의 내용과 일치함을 알 수 있다.
③ 3% 본문 중반 But some deserts are always cold, like the Gobi Desert ~에서 Gobi 사막은 극지방의 사막과 더불어 추운 사막으로 예시되었으므로 글의 내용과 일치하는 것을 알 수 있다.

어휘

continent 대륙 / moisture 수분
deficit 부족, 결핍 / evaporation 증발
precipitation 강우[강수]량 / conception 개념, 생각
Celsius 섭씨 / Fahrenheit 화씨
Antarctic 남극(의) / Arctic 북극(의)
mountainous 산이 많은, 산지의 / otherworldly 비현실적인
produce 일으키다, 야기하다, 생산하다
super bloom 슈퍼 블룸(사막에 일시적으로 들꽃이 많이 피는 현상)
categorize 분류하다

14 문법 > 강조와 도치 오답률 39% 답 ④

| 정답해설 | ④ 61% so가 '~도 그러하다[마찬가지이다]'라는 뜻으로 사용될 때는 주어, 동사가 의문문 어순으로 도치되어야 한다. and 앞 절의 동사가 일반동사의 과거형인 loved이므로 이를 의문문 어순인 did her son으로 옳게 사용하였다.

| 오답해설 | ① 21% look forward to는 '~을 고대하다'라는 뜻으로, 여기서 to는 전치사이므로 목적어로 (동)명사가 온다. 따라서 동사원형 receive는 동명사 receiving이 되어야 한다.

② 9% rise는 '오르다'라는 뜻의 완전자동사로 목적어를 취할 수 없으므로, '~을 올리다'라는 뜻의 완전타동사인 raise로 고쳐야 옳다.

③ 9% 「be worth -ing」는 '~할 가치가 있다'라는 관용표현으로 worth 뒤에는 동명사가 와야 한다. 따라서 considered는 considering으로 고쳐야 한다.

| 더 알아보기 | 헷갈리는 전치사 to 관용표현

- 「look forward to + 명사/ing」: ~을 고대하다
- 「object to + 명사/ing」: ~을 반대하다
- 「when it comes to + 명사」: ~에 관해서라면
- 「pay attention to + 명사」: ~에 주의를 기울이다
- 「lead to + 명사」: 결국 ~가 되다, ~로 이끌다

15 문법 > 접속사 오답률 43% 답 ②

| 정답해설 | ② 57% '너무 ~해서 …하다'라는 표현은 「so[such] ~ that …」 구문으로 나타낼 수 있으며, 이때 강조어가 명사를 수식하고 있으므로 such를 올바르게 사용했고, 어순도 「such a + 형용사 + 명사」로 바르게 쓰였다.

| 오답해설 | ① 15% as if는 '마치 ~인 것처럼'이라는 뜻의 접속사이므로 우리말 해석에 일치하지 않는다. '~일지라도'라는 양보의 의미가 되려면 「형용사/명사 + as + 주어 + 동사」의 어순이 되어야 하므로 if를 삭제하는 것이 옳다. 즉, Rich as you may be ~가 올바르다.

③ 11% 「keep A -ing」는 'A가 계속 ~하게 하다'라는 의미이므로 우리말과 일치하지 않는다. 'A가 B하는 것을 방해하다'라는 표현은 「keep A from B(-ing)」로 해야 한다. 따라서 her 뒤에 from이 삽입되어야 알맞다.

④ 17% 접속사 if는 '~인지 아닌지'의 의미로 쓰일 때, 바로 이어서 or not과 함께 쓰일 수 없으며, 전치사의 목적어로도 사용할 수 없다. 따라서 if 대신 whether를 써야 어법에 맞는 문장이 된다.

어휘

sincere 진실한 / meteor 유성
advance 전진하다, 나아가다, 진보[향상]하다
abolish 폐지하다

16 독해 > Reading for Writing > 빈칸 절 완성 오답률 15% 답 ①

| 해석 | 소셜 미디어, 잡지, 그리고 진열장은 매일 사람들에게 살 것들을 퍼붓고 영국 소비자들은 그 어느 때보다 더 많은 옷과 신발을 사고 있다. 온라인 쇼핑은 소비자들이 생각하지 않고 구입하기 쉽다는 것과 동시에, 주요 브랜드들이 두세 번 입고 버려지는 일회용품처럼 취급될 수 있는 매우 저렴한 옷을 제공한다는 것을 의미한다. 영국에서, 보통 사람이 1년에 1천 파운드가 넘는 금액을 새 옷 구매에 지출하는데, 이것은 그들 수입의 약 4퍼센트이다. 그것은 많은 것처럼 들리지 않을지도 모르지만, 그 수치는 사회와 환경에 있어서 두 가지 훨씬 더 걱정스러운 추세를 숨기고 있다. 첫째, 그 소비자 지출의 다수가 신용카드를 통한 것이다. 영국인들은 현재 성인 1인당 약 670파운드를 신용카드 회사에 빚지고 있다. 그것은 평균적인 의류 예산의 66퍼센트이다. 또한, 사람들은 그들이 가지고 있지 않은 돈을 사용할 뿐만 아니라, 그것을 ① 그들이 필요하지 않은 것들을 사기 위해 사용하고 있다. 영국은 연간 30만 톤의 의류를 버리는데, 그것들 중 대부분은 쓰레기 매립지로 보내진다.

① 그들이 필요하지 않은　　② 일상 필수품인
③ 곧 재활용될　　④ 그들이 다른 사람에게 물려줄 수 있는

| 정답해설 | ① 85% 영국인들의 온라인 쇼핑 소비 행태에 대한 글이다. 빈칸에는 이러한 소비 행태로 인해 대두되는 문제점을 설명하는 말이 들어가야 한다. 본문 중반에서 사회와 환경에 두 가지 우려되는 추세를 언급하며, 첫 번째로 사회적 우려인 신용카드 남용을 제시했다. 따라서 빈칸에는 환경적 우려를 낳을 수 있는 행위가 제시되어야 한다. 마지막 문장에서 영국은 연간 30만 톤의 의류를 버린다고 했는데, 버리는 물건이란 그들에게 필요 없는 물건이라는 뜻이므로 빈칸에는 ①이 들어가는 것이 적절하다.

| 오답해설 | ②③④ 6% 6% 3% 환경 문제를 야기할 수 있는 것들에 대한 설명이 아니므로 빈칸에 적절하지 않다.

어휘

bombard 퍼붓다, 쏟아 붓다
disposable 사용 후 버릴 수 있는, 일회용의
figure 수치
via (특정한 사람 · 시스템 등을) 통하여
approximately 약, 대략 / wardrobe 의류; 옷장
landfill 쓰레기 매립지 / necessity 필수품
recycle 재활용하다
hand down to ~로 전하다, 물려주다

17 독해 > Reading for Writing > 빈칸 구 완성 오답률 44% 답 ②

| 해석 | 청구되는 가격이 반드시 높기 때문에 탁월함은 고급 식당에서 절대적인 전제 조건이다. 운영자는 식당을 효율적으로 만들기 위해 가능한 모든 것을 할지도 모르지만, 손님들은 여전히 고도로 숙련된 요리사에 의해

준비되고 전문적인 서버가 나르는 주문 음식과 같은 세심한 개인 서비스를 원한다. 이 서비스가 말 그대로 육체노동이기 때문에, 생산성에 있어서는 오직 미미한 향상만이 가능하다. 예를 들어, 요리사, 서버, 또는 바텐더는 그 또는 그녀가 인간 성능의 한계에 다다르기 전까지 고작 조금 더 빨리 움직일 수 있을 뿐이다. 그러므로, 향상된 효율성을 통해서는 오직 그저 그런 정도의 절약만이 가능한데, 이는 가격의 상승을 ② 불가피하게 만든다. (가격이 상승할수록, 소비자는 안목이 더 높아진다는 것이 경제학의 이치이다.) 따라서, 고급 식당의 고객들은 탁월함을 기대하고, 요구하며, 기꺼이 그에 대한 지불을 한다.

① 터무니없는　　② 불가피한
③ 터무니없는　　④ 상상[생각]도 할 수 없는

| 정답해설 | ② 56% 본문 초반에서 고급 식당의 전제 조건으로 탁월함(excellence)을 제시하며, 그 이유로 높은 가격을 언급하고 있다. 이어서 이렇게 가격이 상승할 수밖에 없는 이유를 설명하고 있는데, 이런 탁월함의 바탕에는 요리사, 서버, 바텐더의 육체노동이 있고 인간의 능력은 한계가 있으므로 생산성 향상도 미미할 수밖에 없고 그렇게 향상된 효율성을 통한 절약도 그저 그런 수준이라고 했다. 따라서 고객이 기대하는 탁월함의 유지를 위해서는 가격 상승이 필요할 것이므로 빈칸에 가장 적절한 표현은 inevitable(불가피한)이다.

어휘

absolute 절대적인　　prerequisite 전제 조건
fine dining 고급 식당; 고급 식사　　efficient 효율적인
skilled 숙련된　　server 서버, 웨이터, 웨이트리스
literally 말[글자] 그대로　　manual 육체를 쓰는
marginal 미미한　　productivity 생산성
only so much 제한된, 고작 이 정도까지인, 한계가 있는
moderate 그저 그런, 약간의, 중간의
efficiency 효율성　　escalation 증가, 확대, 상승
axiom 자명한 이치, 공리, 격언
discriminating 안목이 있는, 판단[감식]력이 뛰어난[예리한]
clientele 고객　　ludicrous 터무니없는
inevitable 불가피한　　preposterous 터무니없는
inconceivable 상상[생각]도 할 수 없는

오답률 TOP 1

18 독해 > Logical Reading > 배열　오답률 51%　답 ③

| 해석 | 확실히, 인간의 언어는 원숭이와 유인원의 명백히 제한적인 발성보다 뛰어나다. 게다가, 그것은 다른 어떤 형태의 동물의 의사소통을 훨씬 능가하는 어느 정도의 정교함을 보여 준다.

(C) 우리의 가장 가까운 계통인 영장류조차도 수년 동안의 집중 훈련 후에도 가장 기초적인 의사소통 체계 이상의 것을 습득하지는 못하는 것처럼 보인다. 언어라는 복잡성은 확실히 종에 특화된 특성이다.

(A) 그렇긴 하지만, 많은 종들이 인간의 언어에는 훨씬 못 미치지만, 그럼에도 불구하고 자연 환경에서 인상적으로 복잡한 의사소통 체계를 보여준다.

(B) 그리고 그것들은 인간과 함께 자라는 때와 같은 인위적인 상황에서 훨씬 더 복잡한 체계를 배울 수 있다.

| 정답해설 | ③ 49% 주어진 글에서는 다른 유인원과 비교할 때 인간 언어의 정교함을 설명하고 있다. 이어질 내용으로 가장 적절한 것은 Even(심지어)을 이용하여 인간과 가장 가까운 영장류의 언어를 인간의 언어와 비교하고 있는 (C)이다. (C)의 두 번째 문장에서 언어라는 복잡성은 '종에 특화된(species-specific) 특성'이라고 언급하며 인간에게만 국한된 특성이라는 점을 암시하고 있는데, 이어서 That said(그렇긴 하지만)와 양보의 연결사 nevertheless(그럼에도 불구하고)를 이용해, 인간 외에 다른 많은 종들도 자연 환경에서 복잡한 의사소통을 한다고 글의 내용을 전환하는 (A)가 오는 것이 자연스럽다. 마지막으로 (A)의 many species를 they로 지칭하고 (A)에서 제시된 '자연적 환경(natural settings)'과 대치되는 표현으로 '인위적인 상황(artificial contexts)'을 제시하는 (B)가 (A) 이후에 오는 것이 알맞다. 따라서 (C) – (A) – (B)의 순서가 알맞다.

어휘

stand out 두드러지다, 눈에 띄다, 뛰어나다
decidedly 확실히, 분명히　　vocalization 발성(법)
ape 유인원　　exhibit 드러내다, 보여주다
sophistication 정교함　　exceed 능가하다, 넘어서다
that said 그렇긴 하지만
fall short of (예상되는 · 필요한 기준인) ~에 미치지 못하다, 미흡하다
impressively 인상적으로　　artificial 인위적인, 인공적인
primate 영장류　　acquire 습득하다, 획득하다
rudimentary 가장 기초[기본]적인　　intensive 집중적인
complexity 복잡성, 복잡함
species-specific 종에 특화된, 한 종에만 연관된
trait 특성, 특징

오답률 TOP 2

19 독해 > Macro Reading > 주제　오답률 50%　답 ④

| 해석 | 20세기 후반에, 사회주의는 서구와 많은 지역의 개발도상국들에서 후퇴하고 있었다. 시장 자본주의의 진화에서의 이러한 새로운 국면 동안 세계 무역의 양상은 점점 더 연결되었고, 정보 기술의 발달은 규제가 철폐된 금융 시장이 몇 초 이내에 국경을 가로질러 어마어마한 자본 흐름을 이동시킬 수 있다는 것을 의미했다. '세계화'는 무역을 신장시키고, 생산성 향상을 고취하고 가격을 낮추었지만, 비평가들은 그것이 저임금 노동자를 착취하고, 환경과 관련된 우려에 무관심했으며, 제3세계를 독점적인 형태의 자본주의에 예속시켰다고 주장했다. 이러한 과정에 저항하길 원했던 서구 사회의 많은 급진주의자들은 소외된 좌파 정당보다는 자원봉사 단체, 자선 단체, 그리고 다른 비정부 기구에 가입했다. 세계가 연결되어 있다는 인식으로부터 환경 운동이 발달했으며, 비록 흩어져 분산되어 있긴 하지만 분노한 국제 이익 연합체가 생겨났다.

① 과거 개발도상국에서의 긍정적인 세계화 현상들
② 20세기 사회주의의 위축과 자본주의의 등장
③ 세계 자본 시장과 좌파 정치 집단의 갈등
④ 세계 자본주의의 착취적인 특성과 그것에 반하는 다양한 사회적 반응

| 정답해설 | ④ 50% 본문 초반에서 사회주의의 후퇴와 자본주의의 확장에 대해 설명한 후, 이로 인한 세계화의 부작용을 제시하고 있다. 이어서 이에 대한 급진주의자의 반응, 환경 운동의 발달 등을 설명하며 세계화의 부작용에 대한 사회 여러 분야의 반응을 제시하고 있다. 따라서 글의 주제로 가장 적절한 것은 ④이다.

| 오답해설 | ① 10% 세계화의 긍정적 역할이 본문 중반에 제시되고 있으나, 글 전체를 아우르는 내용은 아니므로 오답이다.

② 15% 첫 번째 문장에 사회주의의 후퇴와 자본주의의 등장이 언급되어 있으나, 그 이후에 나오는 세계화에 따른 부작용과 그에

반발하는 여러 단체와 운동이 이 글의 주된 내용이므로 글 전체의 주제로는 적절하지 않다.

③ 25% 본문에 제시되지 않은 내용이다.

| 더 알아보기 | Socialism & Capitalism

- Socialism(사회주의): 생산 수단을 사회적으로 공유하는 사회 체제를 통해 모든 사람이 평등하게 조화를 이루는 사회를 실현하려는 사상 또는 운동
- Capitalism(자본주의): 생산 수단을 자본으로서 소유한 자본가가 이윤 획득을 위하여 생산 활동을 하도록 보장하는 사회 경제 체제

어휘

socialism 사회주의
retreat 후퇴, 철수
capitalism 자본주의
interlink 연결하다
deregulate 규제를 철폐하다
globalization 세계화
allege 주장하다
exploit 착취하다
indifferent 무관심한
subject A to B A를 B에 복종[예속]시키다
monopolistic 독점적인
radical 급진주의자
protest 저항하다, 반대하다
body 단체, 조직
charity 자선[구호] 단체
marginalize ~을 (특히 사회의 진보에서) 처지게 하다, 내버려두다
left 좌파, 좌익
recognition 인식
interconnect 연결하다
diffuse 확산한, 흩어진
coalition 연합(체)
emerge 나타나다, 등장하다
affirmative 긍정적인
phenomena 현상(phenomenon의 복수형)
emergence 등장, 출현
exploitative 착취적인

20 독해 > Logical Reading > 문맥상 다양한 추론 오답률 20% 답 ①

| 해석 | 불타는 듯한 한낮의 태양 아래, 노란색 계란 모양의 돌이 최근에 파헤쳐진 자갈 더미 사이에서 눈에 띄었다. 호기심에 16세의 광부 Komba Johnbull은 그것을 주워 손가락으로 편평한 피라미드의 면을 만져 보았다. Johnbull은 전에 다이아몬드를 본 적이 없었지만, 그는 커다란 발견물조차도 그의 엄지손톱보다 더 클 리 없다는 것을 이해할 정도는 알고 있었다. 하지만, 그 돌은 다른 견해의 가치가 있을 만큼 충분히 진귀했다. 소심하게, 그는 그것을 정글 깊은 곳에서 진흙투성이 틈 사이에서 작업하고 있는 더 경험이 많은 광부 중 한 명에게 가져갔다. 그 돌을 보았을 때, 그 현장 감독의 눈이 커졌다. "그것을 네 주머니에 넣어라."라고 그가 속삭였다. "계속해서 파." 그 나이 많은 광부는 만일 누군가 그들이 커다란 것을 발견했다고 생각한다면 위험할 수 있다고 경고했다. 그래서 Johnbull은 해 질 녘까지 계속해서 자갈을 삽으로 퍼내며, 이따금씩 그의 주먹으로 그 무거운 돌을 움켜쥐기 위해 멈추었다. 혹시?

① 신나고 들뜬
② 괴롭고 고뇌에 찬
③ 오만하고 확신에 찬
④ 무심하고 무관심한

| **정답해설** | ① 80% 어린 광부인 Johnbull이 가치 있을 것이라 생각되는 돌(아마도 다이아몬드)을 발견하는데, 다른 나이 든 광부의 반응을 통해 해당 돌이 실제로 매우 가치 있는 것일 수 있음을 유추할 수 있다. Johnbull이 그 돌을 만지작거리면서 Could it be?(혹시?)라고 한 것으로 보아 그것이 진짜 다이아몬드일지도 모른다고 기대하고 있음을 알 수 있다. Johnbull의 심경으로 가장 적절한 것은 ①이다.

어휘

blazing 불타는 듯한
stand out 눈에 띄다, 두드러지다
pile 더미
unearth 파다
gravel 자갈
miner 광부
finger 손가락으로 만지다
pyramidal 피라미드형의
plane 면, 평면
find 발견물, 발견한 것
merit (상벌 · 감사 · 비난 등을) 받을 만하다, ~할 가치[자격]이 있다
second opinion 다른 견해[의견]
sheepishly 소심하게
gash (바위 등의) 갈라진 금[틈]
pit boss (광산의) 현장 감독
shovel 삽으로 파다, 삽질하다
nightfall 해 질 녘, 해거름
thrilled 신난, 몹시 흥분한
distressed 고뇌에 찬
arrogant 거만한, 오만한
convinced 확신하는
detached 무심한, 초연한
indifferent 무관심한

2020 7월 11일 시행 국가직 9급 (㉮책형)

합격예상 체크

〈국가직 연도별 합격선〉

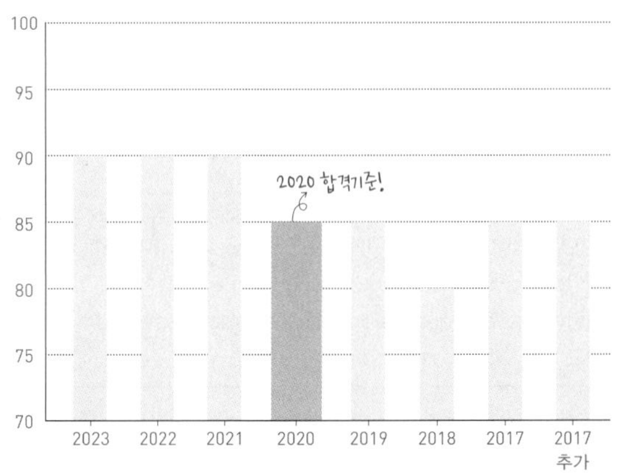

맞힌 개수	/20문항	점수	/100점

➡ □합격 □불합격

취약영역 체크

문항	정답	영역	문항	정답	영역
1	①	어휘 > 유의어 찾기	11	④	생활영어 > 회화/관용표현
2	④	어휘 > 유의어 찾기	12	③	생활영어 > 회화/관용표현
3	③	어휘 > 유의어 찾기	13	②	독해 > Logical Reading > 연결사
4	①	어휘 > 유의어 찾기	14	③	독해 > Macro Reading > 주제
5	④	문법 > 강조와 도치	15	③	독해 > Logical Reading > 배열
6	②	문법 > 조동사	16	④	독해 > Logical Reading > 삭제
7	③	문법 > 태	17	④	독해 > Logical Reading > 삽입
8	②	독해 > Macro Reading > 요지	18	③	독해 > Micro Reading > 내용 일치/불일치
9	①	독해 > Macro Reading > 제목	19	①	독해 > Reading for Writing > 빈칸 구 완성
10	④	독해 > Micro Reading > 내용 일치/불일치	20	②	독해 > Reading for Writing > 빈칸 구 완성

⬇ 영역별 틀린 개수로 취약영역을 확인하세요!

어휘	/4	문법	/3	독해	/11	생활영어	/2

➡ 나의 취약영역: ____________

※ [정답해설]과 [오답해설] 선지의 50% 표시는 〈1초 합격예측 서비스〉를 통해 수집된 선지 선택률을 나타냅니다.

1 어휘 > 유의어 찾기 오답률 33% 답 ①

| 해석 | 전자레인지 모델 및 스타일에 대한 광범위한 목록을 솔직한 소비자 리뷰 및 가격대와 함께 가전제품 비교 웹사이트에서 이용할 수 있다.

① 67% 솔직한 ② 10% 논리적인
③ 11% 암시적인 ④ 12% 열정적인

| 정답해설 | ① candid는 '솔직한, 정직한'이라는 의미이므로 frank(솔직한)가 정답이다.

| 더 알아보기 | candid의 유의어

> frank, outspoken, forthright, straightforward

어휘

extensive 광범위한, 대규모의 price range 가격대
appliance 가전제품, (가정용) 기기

2 어휘 > 유의어 찾기 오답률 46% 답 ④

| 해석 | Yellowstone이 사실상 화산 작용에 의해 만들어졌다는 것이 오랫동안 알려져 있었고, 화산에 대한 한 가지 사실은 그것들이 보통 눈에 잘 띈다는 것이다.

① 6% 수동적인 ② 15% 증기가 많은
③ 25% 위험한 ④ 54% 눈에 잘 띄는

| 정답해설 | ④ conspicuous는 '눈에 잘 띄는'이라는 의미이므로 noticeable(눈에 띄는)이 정답이다.

어휘

volcanic 화산 작용에 의한, 화산의 in nature 사실상

3 어휘 > 유의어 찾기 오답률 18% 답 ③

| 해석 | 그는 그 도시를 속속들이 알고 있으므로 그곳에 어떻게 가는지 당신에게 말해 줄 적임자이다.

① 3% 결국 ② 8% 문화적으로
③ 82% 완전히 ④ 7% 시험적으로

| 정답해설 | ③ know ~ inside out은 '~을 속속들이[훤하게] 알다'라는 뜻이며, '그가 길을 알려줄 적임자'라고 설명하고 있으므로 '그가 지리를 잘 알고 있다'는 것을 유추할 수 있다. 따라서 정답은 thoroughly(완전히, 철저하게)이다.

오답률 TOP 1

4 어휘 > 유의어 찾기 오답률 62% 답 ①

| 해석 | 마분지, 눈, 그리고 색판지에 새겨진 메시지들을 포함하여 그 팀에게 경의를 표하기 위한 수많은 소박한 노력들이 그 길 내내 있었다.

① 38% 경의를 표하다 ② 24% 구성하다
③ 10% 알리다 ④ 28% 합류하다

| 정답해설 | ① pay tribute to는 '~에게 경의를 표하다'라는 의미이므로 이와 가장 유사한 표현은 honor(경의를 표하다, 영예를 주다)이다.

어휘

homespun 소박한, 손으로 만든　　attempt 노력, 시도
etch 식각[에칭]하다, 새기다　　construction paper 색판지

5　문법 > 강조와 도치　오답률 47%　답 ④

| 해석 | ① 대도시의 교통은 소도시의 그것보다 더 혼잡하다.
② 내가 다음 주에 해변에 누워 있을 때 나는 네 생각을 할 거야.
③ 건포도는 한때 값비싼 음식이었고, 오직 부유한 사람들만이 그것들을 먹었다.
④ 색의 명암은 그 색이 얼마나 많은 회색을 포함하고 있는지와 관련된다.

| 정답해설 | ④ 53% how much ~ contains는 문장에서 전치사 to의 목적어 역할을 하고 있으므로 간접의문문의 「의문부사(how) + 형용사(much) + 명사(gray) + 주어(the color) + 동사(contains)」의 어순이 어법상 알맞다.

The intensity(주어) of a color(전명구) is related(동사) to(전치사) [how much gray(의문부사+형용사+명사) the color(주어) contains(동사).]
→ 전치사의 목적어(간접의문문)

| 오답해설 | ① 11% 비교하는 대상이 the traffic으로 단수형이므로 those는 단수대명사 that으로 바뀌어야 옳다.
② 11% 시간이나 조건을 나타내는 부사절에서는 현재가 미래를 대신하므로 I'll be lying은 I'm lying이 되어야 적절하다.
③ 25% 「the + 형용사」는 '~하는 사람들'이라는 뜻으로 복수명사 역할을 할 수 있다. 따라서 the wealth가 아니라 the wealthy가 되어야 알맞다.

어휘

raisin 건포도　　intensity 명암, 강렬함

오답률 TOP 3

6　문법 > 조동사　오답률 57%　답 ②

| 정답해설 | ② 43% 동사 command(명령하다)의 목적어로 쓰인 that절이 당위의 의미를 가질 때 that절의 동사는 「should + 동사원형」으로 쓰는 것이 원칙이나 조동사 should를 생략하고 동사원형만 쓸 수 있으므로 cease는 적절하다. cease는 '중단되다'라는 뜻의 자동사로 사용되었다.

The committee(주어) commanded(동사) that(명사절 접속사) construction(주어) of the building(전명구) (should)(조동사 생략) cease(동사원형).

| 오답해설 | ① 20% raise는 '일으키다'라는 의미의 타동사이므로 목적어가 필요한데, 동사 뒤에 목적어 없이 전치사구가 나오므로 '(사건 등이) 발생하다'의 의미인 자동사 arise의 능동태 또는 타동사 raise의 수동태가 쓰여야 적절하다. 즉, have arisen 또는 have been raised가 옳다.
③ 18% 주절의 시제가 had to fight로 과거이므로, 선행사인 winds를 수식하는 관계대명사절의 시제도 과거가 되어야 한다. 따라서 will blow를 blew로 고쳐 써야 한다.
④ 19% survive는 타동사로 쓰일 때 능동태로 사용되어 '~에도 살아남다, 견뎌 내다'의 의미를 나타낼 수 있다. 주어진 우리말 해석이 '~에도 살아남는다'라고 제시되었으므로 수동태로 쓰인 are survived by는 능동태인 survive가 되어야 옳다. 또한 주어진 해석이 '거의 모든'이므로 most를 almost all (the)로 수정하여 The seeds of almost all plants survive harsh weather.가 되어야 한다.

| 더 알아보기 | 당위의 조동사 should 생략

> 「S + 주장/요구/명령/제안 동사 + (that) + S + (should) + 동사원형」
> • 주장, 제안: propose, insist, argue, suggest
> • 요구, 명령: require, request, ask, demand, order, command
> • 조언, 권고: advise, recommend

어휘

committee 위원회　　harsh 혹독한, 가혹한

오답률 TOP 2

7　문법 > 태　오답률 61%　답 ③

| 정답해설 | ③ 39% promote는 '승진시키다'라는 의미의 타동사이며 '그(him)'는 부회장으로 승진되는 대상이므로, 수동태로 써야 한다. 따라서 promoting을 being promoted로 고쳐 써야 한다.

The company(주어) prohibited(동사) him(목적어) from(전치사) being promoted(전치사의 목적어(수동태)) to vice-president(전명구).

| 오답해설 | ① 14% adapt oneself to는 '~에 적응하다, 자신을 ~에 적응시키다'라는 의미이며, 주어(Human beings)와 목적어가 같은 대상이므로 재귀대명사 themselves가 바르게 사용되었다.
② 31% 「have no choice but to + 동사원형」은 '~할 수밖에 없다'라는 의미의 관용표현이다.
④ 16% 주어가 구 또는 절로 길어질 경우 주어 자리에 가주어 It을 쓰고, 진주어는 뒤로 이동시킨다.

어휘

vice-president 부회장, 부통령　　take apart 분해하다

8　독해 > Macro Reading > 요지　오답률 7%　답 ②

| 해석 | 타인의 생각을 경청하는 것은 당신 자신과 세상에서의 당신의 위치에 대해서뿐만 아니라, 당신이 세상에 대해 믿는 이야기가 온전한지 알 수 있는 하나의 방법이다. 우리는 모두 우리의 신념을 검토하고, 그것들을 환기시키고 그것들이 숨 쉬도록 해 주어야 한다. 특히 우리가 기본이라고 여기는 개념에 대해 다른 사람이 해야할 말을 듣는 것은 우리의 정신과 마음의 창문을 여는 것과 같다. 대담하게 소신을 말하는 것은 중요하다. 그러나 경청하지 않고 대담하게 소신을 말하는 것은 냄비와 팬을 함께 두드리는 것과 같다. 비록 그것이 당신에게 관심을 가져올지라도, 그것이 당신에게

존중심을 가져오지는 않을 것이다. 대화가 의미 있어지려면 세 가지 전제 조건이 있다. 1. 당신은 당신이 무엇에 대해 말하고 있는지 알아야 하는데, 이는 당신이 독창적인 논점을 지니고 있고, 진부하거나, 독창성 없거나, 또는 조립식의(기존의 것들을 짜깁기하는) 논쟁을 되풀이하지 않는다는 것을 의미한다. 2. 당신은 당신과 대화하고 있는 사람을 존중하고, 비록 당신이 그들의 입장과 다르더라도 진정으로 기꺼이 그들을 예의 바르게 대우한다. 3. 당신은 끊이지 않는 좋은 유머와 안목으로 주제에 대한 당신의 관점을 다루는 동시에 상대가 말하는 것을 경청할 정도로 충분히 현명하고 많이 알아야 한다.

① 우리는 타인을 설득하기 위해 더 단호해져야 한다.
② 우리는 의사소통을 잘하기 위해 경청하고 대담하게 소신을 말해야 한다.
③ 우리는 우리가 보는 세상에 대한 자신의 신념을 바꾸기를 꺼린다.
④ 우리는 오직 우리가 선택한 것만 듣고 다른 의견은 무시하려고 한다.

| 정답해설 | ② 93% 본문 초반에 대화에서의 '듣기[경청]의 역할'에 대해 언급하고, 본문 중반에서는 내 생각을 말하는 것이 중요하기는 하지만 경청하지 않고 말하는 것은 당신을 존중받게 해 주지 않을 것이라고 하면서, 대화를 할때 듣기와 말하기의 조화가 중요함을 주장하고 있다.

어휘

intact 완전한, 온전한
foundational 기본의, 기초적인
speak up 대담하게 소신을 말하다
bang 쾅 하고 치다
prerequisite 전제 조건
echo 그대로 되풀이하다
worn-out 낡은, 진부한
hand-me-down 독창성 없는; 싸구려의; [옷이] 물림인
pre-fab 조립식의
authentically 확실하게, 진정으로
courteously 예의 바르게, 공손하게
position 입장, 태도
informed 많이 아는
opposition 반대 측, 상대방
handle 다루다, 처리하다
perspective 관점, 시각
uninterrupted 끊이지 않은, 연속된
discernment 안목, 인식력
determined 단호한
be reluctant to V ~을 주저하다, 망설이다

9 독해 > Macro Reading > 제목 오답률 20% 답 ①

| 해석 | 미래는 불확실할지 모르지만 기후 변화, 변화하는 인구 통계 및 지정학과 같은 어떠한 것들은 부인할 수 없다. 유일하게 보장할 수 있는 것은 변화가 있을 것이라는 점인데, (그 변화들은) 멋지기도 하고 끔찍하기도 할 것이다. 현재와 미래에 예술이 어떠한 목적을 제공할지뿐만 아니라, 예술가들이 이러한 변화에 어떻게 대응할지 고려해 볼 가치가 있다. 보고서들에 따르면 2040년까지 인간이 유발한 기후 변화의 영향은 피할 수 없게 될 것이며, 20년 후 예술과 삶의 중심에서 중요한 사안이 될 것이라고 말한다. 미래의 예술가들은 포스트 인간과 포스트 인류세의 가능성, 즉 인공 지능, 인간의 우주 식민지, 그리고 잠재적인 파멸과 싸울 것이다. 예술에서 보이는 #Me Too(미투 운동)와 Black Lives Matter 운동(흑인 인권 운동)을 둘러싼 정체성 정치학은 환경 운동, 국경 정치, 이주가 훨씬 더 급격하게 뚜렷해지면서 성장할 것이다. 예술은 점점 더 다양해지고 우리가 예상하는 '예술처럼 보이지' 않을지도 모른다. 미래에, 모든 사람이 볼 수 있도록 온라인에서 보여지는 우리의 삶에 우리가 지치고, 우리의 사생활을 거의 잃게 된다면, 익명성은 명성보다 더욱 바람직하게 될지도 모른다. 수천 또는 수백만의 좋아요와 팔로워 대신에, 우리는 신뢰성과 연결성에 굶주릴 것이다. 결국, 예술은 개인적이기보다는 더욱 집단적이고 실험적이 될 수도 있다.

① 미래의 예술은 어떤 모습일까?
② 지구 온난화는 우리의 삶에 어떻게 영향을 미칠까?
③ 인공 지능은 환경에 어떻게 영향을 미칠까?
④ 정치 운동으로 인해 어떤 변화가 일어날까?

| 정답해설 | ① 80% 본문 초반에서 미래의 변화에 대한 글이라는 것을 알 수 있으며 세 번째 문장부터는 특히 예술이 어떤 방향으로 변화할지에 대해 서술하고 있다. 뒤이어 미래의 예술의 양상을 예측하고 있으므로 글의 제목으로는 ①이 가장 적절하다.

어휘

undeniable 부인할 수 없는, 명백한
shift 변화하다
demographics 인구 통계
geopolitics 지정학
inescapable 피할 수 없는
wrestle 싸우다, 안간힘을 쓰다
Anthropocene 인류세(Paul Crurzen이 처음 사용한 개념으로 산업혁명 이후 인간의 활동이 지구의 환경과 역사에 영향을 미친 시기를 일컫는 지질학 용어)
artificial intelligence 인공 지능
doom 멸망, 파멸
identity politics 정체성 정치(학)
environmentalism 환경 보호주의
border 국경, 경계
come into focus 뚜렷해지다
weary of ~에 지친, 싫증 난
all but 거의, 사실상
anonymity 익명성
desirable 바람직한, 호감 가는
fame 명성
authenticity 신뢰성, 확실성
in turn 결국; 차례로
collective 집단적인, 집합적인

10 독해 > Micro Reading > 내용일치/불일치 오답률 12% 답 ④

| 해석 | 미국 헌법의 헌법 수정 제2조는 "잘 규율된 민병대는 자유로운 주의 안보에 필요하므로, 사람들이 무기를 소지하고 휴대할 권리는 침해될 수 없다."라고 명시한다. 이 수정 헌법 조항을 인용한 대법원의 판결은 주의 총기 규제 권한을 옹호해 왔다. 그러나, 개인이 무기를 소지하고 휴대할 권리를 확정하는 2008년 판결에서, 법원은 권총을 금지하고 가정에 있는 권총의 잠금 장치를 잠가 놓거나 분해해 놓도록 한 Washington, D.C.의 법을 폐지했다. 수많은 총기 옹호자들은 (총기) 소유권을 생득권이며 국가 유산의 필수 요소라 여긴다. 스위스에 기반을 둔 Small Arms Survey의 2007년 보고서에 따르면, 세계 인구의 5% 미만에 해당하는 미국은 세계의 민간인 소지 권총의 약 35~50%를 가지고 있다. 이는 1인당 총기 보유에서 1위이다. 미국은 또한 세계의 최선진국들 가운데 가장 높은 총기에 의한 살인율을 보유하고 있다. 그러나 많은 총기 권리 옹호자들은 이러한 통계가 인과 관계를 나타내지는 않는다고 말하며 미국의 총기 살인 및 기타 총기 범죄율은 1990년대 초 최고치 이후로 감소해 왔다고 언급한다.

① 2008년, 미국 대법원은 권총을 금지하는 Washington, D.C.의 법을 뒤집었다.
② 많은 총기 옹호자들은 총을 소유하는 것이 타고난 권리라고 주장한다.
③ 최선진국들 사이에서 미국은 가장 높은 총기 살인율을 보유하고 있다.
④ 미국에서 총기 범죄는 지난 30년 동안 꾸준히 증가해 왔다.

| 정답해설 | ④ 88% 마지막 문장에서 미국의 총기 살인 및 기타 총기 범죄는 1990년대 초 최고치 이후로 감소해 왔다고 언급하고 있으므로, 총기 범죄가 감소하는 추세임을 알 수 있다.

| 오답해설 | ① 3% 세 번째 문장에서 법원이 권총을 금지한 Washington, D.C.의 법을 폐지했다고 했으므로 ①은 글의 내용과 일치한다.
② 4% 본문 중반 A number of gun advocates consider ownership a birthright에서 수많은 총기 옹호자들은 (총기) 소유권을 생득권(birthright)이라고 여긴다고 했으므로 ②는 글의 내용과 일치한다.
③ 5% 본문 후반 The United States also has the highest homicide-by-firearm rate among the world's most developed nations에서 미국은 세계의 최선진국들 가운데 가장

높은 총기에 의한 살인율을 보유하고 있다고 했으므로 ③은 글의 내용과 일치한다.

어휘

constitution 헌법; 구성; 체질
militia 민병대, 시민군
infringe 침해하다, 어기다
ruling 판결
uphold 지지하다, 인정하다, 유지하다
firearms (소형 권총 등의) 소형 화기
disassemble 분해하다
birthright 생득권
per capita 1인당
proponent 지지자
cause-and-effect 인과 관계의, 원인과 결과의
overturn 뒤집다
steadily 꾸준히, 끊임없이
well-regulated 잘 규율된, 잘 정돈된
bear (무기 등을) 몸에 지니다
Supreme Court 대법원
cite 인용하다
regulate 규제하다, 관리하다
strike down 폐지하다
advocate 옹호자, 지지자
heritage 유산
homicide 살인
natural-born 타고난, 천부적인

11 생활영어 > 회화/관용표현 오답률 16% 답 ④

| 해석 | ① A: 지불 기일이 언제인가요?
B: 당신은 다음 주까지 지불해야 합니다.
② A: 이 짐을 부쳐야 하나요?
B: 아니요, 그것은 기내에 가지고 탈 수 있을 만큼 충분히 작네요.
③ A: 언제 어디에서 만날까?
B: 8시 30분에 네 사무실로 데리러 갈게.
④ A: 나는 요리 대회에서 상을 받았어.
B: 네가 없었다면 나는 그것을 할 수 없었을 거야.

| 정답해설 | ④ 84% 요리 대회에서 상을 받은 것은 A인데 B가 상을 받은 것에 대한 감사 표현을 A에게 하는 것은 어색하다.

| 더 알아보기 | '감사합니다'를 뜻하는 표현

- Thanks a lot.
- Thanks a million.
- I can't thank you enough.
- How can I ever thank you?
- I don't know how to thank you (enough).

어휘

check in ~을 부치다

12 생활영어 > 회화/관용표현 오답률 4% 답 ③

| 해석 | A: Royal Point 호텔 예약 부서에 전화해 주셔서 감사합니다. 제 이름은 Sam입니다. 어떻게 도와드릴까요?
B: 안녕하세요, 객실을 예약하고 싶습니다.
A: 저희는 두 가지 객실 타입을 제공하고 있습니다. 디럭스룸과 럭셔리 스위트룸입니다.
B: ③ 그것들의 차이가 뭐죠?
A: 한 가지로, 스위트룸은 매우 넓습니다. 침실 외에도 주방, 거실 그리고 식당을 포함하고 있습니다.
B: 비쌀 것 같네요.
A: 네, 1박에 200달러가 추가됩니다.
B: 그렇다면, 저는 디럭스룸으로 할게요.
① 또 필요한 것이 있으신가요
② 방 번호를 알 수 있을까요
③ 그것들의 차이가 뭐죠
④ 반려동물이 객실에 허용되나요

| 정답해설 | ③ 96% 빈칸 앞에서 A가 디럭스룸과 럭셔리 스위트룸이라는 두 가지 객실 선택 사항을 제시한 후, 빈칸 뒤에서 각 객실의 특징을 설명하고 있으므로 B의 질문으로 가장 적절한 것은 두 객실의 차이를 묻는 ③이다.

어휘

department 부서
book 예약하다

13 독해 > Logical Reading > 연결사 오답률 36% 답 ②

| 해석 | 홈스쿨링 옹호자들은 아이들이 안전하고 애정 어린 환경에 있을 때 더 잘 배운다고 믿는다. 많은 심리학자들은 집을 가장 자연스러운 학습 환경으로 보며, 학교가 설립되기 훨씬 이전에는 본래 집이 교실이었다. 홈스쿨링을 하는 부모들은 자신들이 아이들의 교육을 관리할 수 있고 전통적인 학교 환경에서 부족한 관심을 아이들에게 줄 수 있다고 주장한다. 학생들은 또한 무엇을 공부할지 그리고 언제 공부할지 고르고 선택할 수 있으며, 이는 그들이 자신들만의 속도에 맞추어 배울 수 있도록 해 준다. (A) 그에 반해, 홈스쿨링 비판자들은 교실에 있지 않은 아이들은 자신들의 또래와 상호 작용을 거의 하지 않기 때문에 중요한 사회적 기술 학습을 놓친다고 말한다. 그러나, 몇몇 연구는 아이들의 행복을 신경 쓰는 부모의 지도와 함께 가정의 편안함과 안정감 속에서 더 많은 시간을 보내는 가정 학습을 받은 아이들이 사회적, 감정적 발달 면에서 다른 학생들과 마찬가지로 잘하는 것으로 보인다는 점을 증명했다. (B) 그럼에도 불구하고, 많은 홈스쿨링 비판자들은 아이들을 효과적으로 가르칠 수 있는 부모들의 능력에 대한 우려를 제기해 왔다.

	(A)	(B)
①	그러므로	그럼에도 불구하고
②	그에 반해	그럼에도 불구하고
③	그러므로	그것에 반하여
④	그에 반해	게다가

| 정답해설 | ② 64% (A) 빈칸 이전에는 홈스쿨링 옹호자들의 의견을 제시하고, 빈칸 이후에는 홈스쿨링 비판자들의 의견을 제시하고 있으므로 '대조'를 나타내는 In contrast(그에 반해)가 빈칸에 알맞다.
(B) 빈칸 이전에는 홈스쿨링을 하는 아이들의 발달에 문제가 없다는 연구 결과를 언급하며, 홈스쿨링의 긍정적인 측면을 제시하고 있으나, 빈칸 이후에는 홈스쿨링을 하는 부모의 교육 능력에 대한 홈스쿨링 비판자들의 염려에 대해 설명하고 있으므로, 양보를 나타내는 Nevertheless(그럼에도 불구하고) 또는 In spite of this(그럼에도 불구하고)가 빈칸에 알맞다.

| 오답해설 | ①③ 3% 4% (A) 전후 내용이 인과 관계가 아니므로 Therefore(그러므로)는 빈칸에 적절하지 않다.
④ 29% (B) 전후 내용이 서로 대조적이므로 첨가를 나타내는 Furthermore(게다가)는 빈칸에 적절하지 않다.

어휘

setting 환경, 장소
interaction 상호 작용
in terms of ~ 면에서, ~에 관하여
welfare 행복, 복지
pace 속도
peer 또래
guidance 지도
concern 염려, 걱정

14 독해 > Macro Reading > 주제 오답률 22% 답 ③

| 해석 | 많은 사람들에게, 일은 강박이 되어 왔다. 사람들이 급여를 받기 위해 하는 일 외에 자녀들, 열정, 반려동물, 또는 어떠한 종류의 인생을 위한 시간을 내기 위해 노력함에 따라, 그것(일)은 극도의 피로, 불행 그리고 성 불평등을 유발해 왔다. 그러나 점점, 젊은 근로자들이 반발하고 있다. 그들 중 더 많은 이들이 유연성을 기대하고 요구하는데, 말하자면, 원격으로 일하거나, 늦게 출근 또는 일찍 퇴근하거나, 또는 운동이나 명상을 위한 시간을 낼 수 있는 역량과 같은 일상적인 것들과 더불어, 신생아를 위한 유급 휴가와 넉넉한 휴가 기간 등이다. 그들의 삶의 나머지 부분이 그들의 핸드폰 상에서 일어나고 특정 장소나 시간에 얽매이지 않는데, 일이라고 왜 달라야 하는가?

① 당신의 급여를 인상시키는 방법들
② 불평등을 감소시키려는 강박
③ 직장에서의 유연성에 대한 증가하는 요구
④ 긴 휴가가 있는 삶의 장점들

| 정답해설 | ③ 78% 강박적으로 일에 몰두하던 과거와는 달리, 최근에는 여가 및 업무의 유연성을 중요시한다는 내용이다. 특히 본문 중후반부에 젊은 근로자들이 직장에서의 유연성을 점점 더 많이 기대하고 요구하는 것들의 예가 나열되므로, 글의 주제로 가장 적절한 것은 ③이다.

| 오답해설 | ④ 6% 본문에서 '직장에서의 유연성(flexibility)'에 대한 예시로 '넉넉한 휴가 기간(generous vacation time)'이 제시되기는 하나, 이것의 장점에 대해서는 직접적으로 언급되지 않았다.

어휘

obsession 강박, 집착	burnout 극도의 피로, (심신의) 소모
struggle 노력하다, 애쓰다, 분투하다	paycheck 급여
flexibility 유연성, 융통성	paid leave 유급 휴가
ability 능력, 역량	remotely 떨어져서, 멀리서
meditation 명상	call 요구

15 독해 > Logical Reading > 배열 오답률 17% 답 ③

| 해석 | 과거의 연구는 빈번한 심리적 스트레스를 경험하는 것이 미국의 20세 이상의 사람들 거의 절반에게 발생하는 질환인 심혈관계 질환의 주요 위험 요인이 될 수 있다는 것을 보여 주었다.

(C) 빈번한 스트레스의 한 가지 근본 원인은 운전인데, 그것은 교통 체증과 관련된 스트레스 요인 또는 미숙한 운전자에게 종종 동반되는 불안 때문이다.
(A) 그렇지만, 이것이 매일 운전하는 사람이 심장 문제를 겪을 수밖에 없다는 의미인가, 아니면 운전의 스트레스를 완화하는 간단한 방법이 있는가?
(B) 새로운 연구에 따르면, (방법이) 있다. 연구원들은 운전 중 음악을 듣는 것이 심장 건강에 영향을 미치는 스트레스를 완화하는 데 도움이 된다고 언급했다.

| 정답해설 | ③ 83% 주어진 글에서 스트레스와 심혈관 질환의 관계에 대해 언급하고 있으므로, 빈번한 스트레스의 근본 원인 중 하나인 '운전(driving)'을 최초로 언급하는 (C)가 바로 이어지는 것이 적절하다. 이후 운전과 심장 질환과의 관계와 스트레스 완화 방법의 존재 유무에 대해 질문하는 (A)가 이어지고, 마지막으로 (A)의 질문에 대한 대답을 제시하는 (B)가 이어지는 것이 적절하다.

| 오답해설 | ②④ 5% 9% (A)에서 is there ~?이라고 질문을 하고 있으므로 (B)에서 there is로 답하는 것이 자연스럽다. 따라서 (B)가 (A)보다 이전에 위치하는 것은 어색하다.

어휘

cardiovascular 심혈관계의	condition 질환, (건강) 상태
affect (질병이) 발생하다, 영향을 미치다	
be set to V ~하도록 예정되어 있다	ease 완화시키다
relieve 완화하다	stressor 스트레스 요인
associated with ~와 관련된	accompany 동반되다, 함께 가다
inexperienced 미숙한	

16 독해 > Logical Reading > 삭제 오답률 29% 답 ④

| 해석 | 뇌가 가까운 환경에서 위협을 인지하면, 그것은 신체에 복잡한 일련의 일들을 발생시킨다. 그것은 화학 호르몬을 혈류로 분비시키는 기관인 다양한 분비선에 전기 메시지를 보낸다. 혈액은 이러한 호르몬을 이후 다양한 일을 하도록 자극받는 다른 기관으로 빠르게 운반한다. 예를 들어, 신장 위쪽에 있는 부신은 신체의 스트레스 호르몬인 아드레날린을 분출한다. 아드레날린은 위험 신호를 지켜보기 위해 눈을 크게 뜨고, 혈액과 추가적인 호르몬이 계속해서 흐르도록 심장을 더 빠르게 펌프질하고, 위협적인 존재를 후려치거나 그것으로부터 도망칠 준비가 되어 있도록 골격근을 긴장시키는 것과 같은 일들을 하며 전신을 순환한다. 전체 과정은 투쟁 도피 반응이라고 불리는데, 왜냐하면 그것이 신체를 싸우거나 필사적으로 도망치도록 준비시키기 때문이다. ④ 인간은 의식적으로 다양한 호르몬 분비를 조절하는 자신의 분비선을 통제할 수 있다. 호르몬은 이치를 따져 타이를 수 없기 때문에 일단 반응이 시작되면, 그것을 무시하는 것은 불가능하다.

| 정답해설 | ④ 71% 본문은 위협 지각 시 뇌의 반응에 관한 내용으로, 특히 호르몬 분비의 과정 및 역할을 설명하고 있다. 본문 초반에서 언급된 내용에 대한 구체적인 예시를 for example을 이용해 ①로 연결하고, ①에서 설명한 아드레날린(Adrenaline)의 역할을 ②에서 설명하고 있으므로 두 문장이 이어지는 것은 자연스럽다. 이후 앞서 설명한 작용 전체를 통틀어 투쟁 도피 반응(fight-or-flight response)이라고 설명하는 ③이 이어지는 것이 자연스럽다. 그런데 마지막 문장에서 호르몬은 이치를 따져 타이를 수 없기 때문에 일단 반응이 시작되면, 그것을 무시하는 것은 불가능하다고 언급하고 있으므로, 상기의 과정은 임의로 조절하는 것이 불가능하다는 것을 알 수 있다. 따라서 인간이 의식적으로 다양한 호르몬 분비를 조절하도록 자신의 분비선을 통제할 수 있다는 ④는 전체 글의 흐름과 맞지 않는다.

어휘

perceive 인지하다
immediate 아주 가까이에 있는; 즉시의, 즉석의

surroundings 환경	initiate 시작하다
gland (분비)선[샘]	organ 기관, 장기
bloodstream 혈류	adrenal gland 부신

kidney 신장
be on the lookout 지켜보다, 세심히 살피다
tense 긴장시키다
lash out at ~을 후려치다; ~을 맹렬히 비난하다
fight-or-flight response 투쟁 도피 반응
run for one's life 필사적으로 도망치다
consciously 의식적으로, 자각하여 regulate 규제하다, 조절하다
reason with (이치를 따져) ~을 설득하다, 타이르다

17 독해 > Logical Reading > 삽입 오답률 38% 답 ④

| 해석 | 1903년에 프랑스 화학자인 Edouard Benedictus는 어느 날 유리 플라스크를 딱딱한 바닥에 떨어뜨려 깨뜨렸다. 그러나, 놀랍게도 그 플라스크는 산산조각나지 않았는데, 여전히 본래 모양을 대부분 유지하고 있었다. 그가 플라스크를 살펴보았을 때, 그는 그 플라스크에 담겨 있던 콜로디온 용액의 남은 잔여물로 그것이 필름 코팅되어 있는 것을 발견했다. 그는 이 특이한 현상에 대해 메모를 남겼으나, 몇 주 후 그가 자동차 사고에서 날아오는 전면 유리 파편 때문에 심하게 다친 사람들에 대한 이야기를 신문에서 읽을 때까지 그것에 대해 더 이상 생각하지 않았다. ④ 그가 유리 플라스크와의 경험을 기억해 낸 것은 그때였고, 재빨리 그는 자동차 전면 유리가 산산조각나는 것을 방지하기 위해 특수 코팅이 적용될 수 있을 것이라고 생각했다. 그 후 오래 지나지 않아, 그는 세계 최초의 안전유리 생산에 성공했다.

| 정답해설 | ④ 62% 본문은 안전유리(safety glass)의 발명 경위에 관한 내용이다. 주어진 문장은 과거의 경험을 기억하여 자동차 전면 유리에 특수 코팅을 적용했다는 내용이므로 자동차 사고 때 전면 유리 파편에 다친 사람들에 관한 신문 기사를 읽었다는 문장과 실제로 얼마 지나지 않아 안전유리 생산에 성공했다는 문장 사이인 ④에 들어가야 글의 흐름이 자연스러워진다. 주어진 문장의 then은 ④ 문장 앞에서 언급된 '신문에서 자동차 사고'에 대한 이야기를 읽었을 때를 가리킨다.

어휘

windshield (자동차 앞쪽에 있는 바람막이용) 전면 유리
shatter 부서지다, 산산조각이 나다 / astonishment 놀람
retain 유지하다, 보유하다 / residue 잔여물, 찌꺼기
solution 용액 / phenomenon 현상
thereafter 그 후, 그러고 나서

18 독해 > Micro Reading > 내용일치/불일치 오답률 29% 답 ③

| 해석 | 크로아티아의 Dubrovnik시는 엉망이다. 그곳의 주요 명소가 80피트의 중세 시대 벽으로 둘러싸인 해변가의 Old Town이기 때문에, 이 Dalmatian Coast 마을은 방문객을 그다지 잘 흡수하지 못한다. 그리고 크루즈 배가 이곳에 정박할 때, 많은 여행객들이 Old Town을 마을의 석회암으로 뒤덮인 거리를 탱크톱을 입고 활보하는 여행객들의 기운으로 바꾸어 놓는다. 그렇다, Dubrovnik시는 크루즈 여행을 억제하기 위해 노력하는 데 적극적이었으나, 끊임없는 여행객 무리로부터 Old Town을 구할 것은 아무것도 없을 것이다. 설상가상으로, 여분의 돈을 벌 수 있다는 유혹은 Old Town의 많은 집주인들이 자신들의 집을 Airbnb로 바꾸도록 자극했고, 마을의 벽으로 둘러싸인 부분을 하나의 거대한 호텔로 만들었다. 당신은 마치 지역 주민처럼 Old Town에서 '진정한' Dubrovnik시를 경험하고 싶은가? 당신은 여기에서 그것을 찾지 못할 것이다. 절대로.

| 정답해설 | ③ 71% 본문 중반부에서 Dubrovnik시는 크루즈 여행을 억제하기 위해 노력하는 데 적극적이었다고 했으므로, ③은 글의 내용과 반대된다.

| 오답해설 | ① 2% 두 번째 문장 Old Town surrounded by 80-foot medieval walls에서 Dubrovnik시의 주요 명소가 80피트의 중세 시대 벽으로 둘러싸인 해변의 Old Town이라고 했으므로 ①은 글의 내용과 일치한다.

② 19% 세 번째 문장에서 크루즈 배가 정박할 때, 많은 여행객들이 Old Town을 마을의 석회암으로 뒤덮인 거리를 탱크톱을 입고 활보하는 여행객들의 기운으로 바꾸어 놓는다고 했으므로 ②는 글의 내용과 일치한다.

④ 8% 본문 후반부의 To make matters worse 이후에 여분의 돈을 벌 수 있다는 유혹은 Old Town의 많은 집주인들이 자신들의 집을 Airbnb로 바꾸도록 만들어, 마을의 벽으로 둘러싸인 부분을 하나의 거대한 호텔로 만들었다고 했으므로 ④는 글의 내용과 일치한다.

어휘

mess 엉망, 혼란 / attraction 명소, 관광지
medieval 중세의 / absorb 받아들이다, 흡수하다
dock 정박하다 / legion 다수, 큰 떼
miasma (지저분한 · 불쾌한) 공기[기운, 냄새]
-clad ~(옷)을 입은 / limestone 석회석, 석회암
blanket 뒤덮다 / proactive 적극적인, 주도적인
curb 억제하다, 제한하다 / perpetual 끊임없는
swarm 떼, 무리, 군중 / lure 유혹, 매력

19 독해 > Reading for Writing > 빈칸 구 완성 오답률 43% 답 ①

| 해석 | 유기체가 살아 있을 때, 그것은 주변의 공기로부터 이산화탄소를 흡수한다. 그 이산화탄소 중 대부분은 탄소-12로 이루어져 있으나, 아주 적은 부분은 탄소-14로 구성되어 있다. 따라서 살아 있는 유기체는 늘 매우 적은 양의 방사성 탄소인 탄소-14를 함유하고 있다. 살아 있는 유기체 옆에 있는 검출기는 유기체 내의 탄소-14가 방출하는 방사선을 기록할 것이다. 그 유기체가 죽으면, 그것은 더 이상 이산화탄소를 흡수하지 않는다. 새로운 탄소-14가 추가되지 않으며, 기존의 탄소-14는 서서히 질소로 붕괴한다. 시간이 지남에 따라 탄소-14의 양은 서서히 (A) 감소한다. 시간이 흐르고, 탄소-14로부터 점점 더 적은 방사선이 생산된다. 그러므로, 유기체에서 검출된 탄소-14 방사선의 양은 그 유기체가 얼마나 오래 (B) 죽어 있었는지에 대한 측정이다. 유기체의 연대를 확인하는 이 방법은 방사성 탄소 연대 측정법이라고 불린다. 탄소-14의 붕괴는 고고학자들이 한때 살아 있었던 물질의 연대를 알아내도록 해 준다. 남아 있는 방사선의 양을 측정하는 것은 대략적인 연대를 보여 준다.

	(A)	(B)
①	감소한다	죽은
②	증가한다	살아 있는
③	감소한다	생산적인
④	증가한다	활동하지 않는

| 정답해설 | ① 57% (A) 빈칸 앞에서 유기체가 죽으면 새로운 탄소-14가 추가되지 않으며 기존의 탄소-14는 서서히 질소로 붕괴한다고 했으므로, 탄소-14의 양이 점점 줄어든다는 것을 알 수 있다. 따라서 빈칸에는 decreases가 알맞다.

(B) 빈칸 이전에 사후 유기체에서 시간의 흐름에 따라 탄소-14의 생산이 점점 줄어든다고 제시하고 있다. 따라서 유기체에 남아 있는 탄소-14 방사선의 양을 측정하여 유기체의 연대를 특정하는 '방사성 탄소 연대 측정법'은 유기체가 얼마나 오랫동안 죽은 상태로 있었는지를 측정하는 방법임을 알 수 있다. 따라서 빈칸에는 dead가 가장 적절하다.

| 오답해설 | ②④ 11% 4% (A) 앞에서 새로운 탄소-14가 추가되지 않는다고 했으므로 탄소-14의 양이 증가하지 않을 것임을 알 수 있다. 따라서 increases는 부적절하다.

③ 28% 본문 중반에서 유기체가 죽은 후 탄소-14의 변화를 설명하고 있다. productive는 '생산적인'이라는 뜻이므로 빈칸에 적절하지 않다.

어휘

organism 유기체, 생물
carbon dioxide 이산화탄소
radioactive carbon 방사성 탄소
radiation 방사선
give off 방출하다, 뿜다
decay (방사성 물질이) 자연 붕괴하다; 부패하다, 썩다
nitrogen 질소
detect 감지하다, 탐지하다
measure 측정
determine 확인하다, 측정하다
carbon-14 dating 방사성 탄소 연대 측정법
archaeologist 고고학자

20 독해 > Reading for Writing > 빈칸 구 완성 오답률 27% 답 ②

| 해석 | 과거와 현재의 모든 생물은 사라졌거나 멸종될 것이다. 그러나, 지구 생명체의 지난 38억 년 역사 동안 각각의 종이 사라짐에 따라, 새로운 종들이 필연적으로 그것들을 대체하거나 새로이 출현한 자원을 이용하기 위해 나타났다. 그저 몇 가지의 매우 단순한 유기체로부터, 엄청난 수의 복잡한 다세포 형태가 이 엄청난 기간 동안 진화했다. 19세기 영국의 박물학자 Charles Darwin이 한때 '미스터리 중의 미스터리'라고 칭했던 새로운 종의 기원은 인간이 지구를 공유하는 이 놀라운 ② 생명체의 다양성을 일으키는 원인인 종 분화의 자연적인 과정이다. 분류학자들은 현재 약 150만의 생물 종을 인정하지만, 실제 숫자는 아마도 1천만에 가까울 것이다. 이렇게 많은 수의 생물학적 상태를 인지하는 것은 무엇이 종을 구성하는지에 대한 분명한 이해를 필요로 하는데, 보편적으로 받아들일 수 있는 정의에 진화 생물학자들이 아직 합의하지 못했다는 점을 고려하면 이는 쉬운 작업이 아니다.

① 생물학자들의 기술
② 생명체의 다양성
③ 멸종 유기체의 목록
④ 멸종 위기종 모음

| 정답해설 | ② 73% 빈칸 문장 앞 문장인 multicellular forms evolved over this immense period에서 단순한 유기체로부터 엄청난 수의 복잡한 다세포 형태의 유기체로 진화했다고 했고 빈칸 문장 이후에서 살아 있는 종의 수가 거의 천만에 달한다고 설명하고 있으므로 생물의 다양성에 대한 내용이라는 것을 알 수 있다. 따라서 종 분화(speciation)의 결과는 생명체의 다양성이라고 해야 하므로 답은 ②이다.

어휘

multicellular 다세포의
naturalist 박물학자, 동물학자
speciation 종 분화, 종 형성
remarkable 놀라운
taxonomist 분류학자
multitude 다수, 대량
constitute 구성하다
given that ~을 고려하면
have yet to V 아직 ~하지 않았다
universally 보편적으로, 일반적으로
definition 정의, 설명
inventory 목록
endangered 멸종 위기에 처한

2019 4월 6일 시행
국가직 9급 (㉯책형)

합격예상 체크

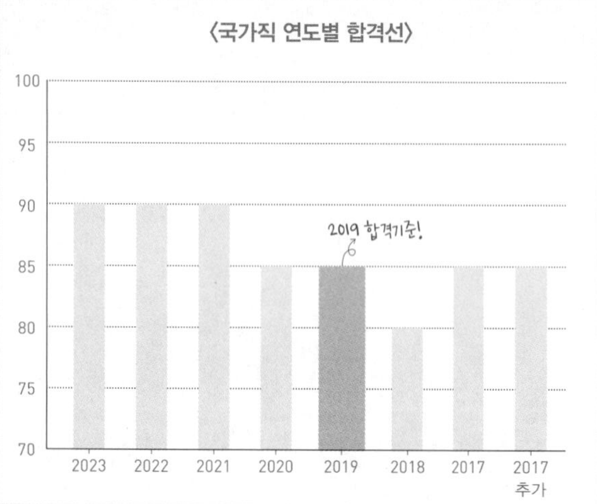

맞힌 개수	/20문항	점수	/100점

➡ □합격 □불합격

취약영역 체크

문항	정답	영역	문항	정답	영역
1	①	어휘 > 유의어 찾기	11	④	독해 > Micro Reading > 내용 일치/불일치
2	②	어휘 > 유의어 찾기	12	②	독해 > Logical Reading > 삭제
3	④	생활영어 > 회화/관용표현	13	③	독해 > Macro Reading > 주제
4	②	생활영어 > 회화/관용표현	14	③	어휘 > 유의어 찾기
5	②	문법 > 형용사	15	①	어휘 > 유의어 찾기
6	①	문법 > 형용사	16	①	독해 > Logical Reading > 연결사
7	②	문법 > 분사	17	④	독해 > Logical Reading > 삽입
8	④	문법 > 태	18	③	독해 > Reading for Writing > 빈칸 절 완성
9	④	독해 > Macro Reading > 제목	19	②	독해 > Micro Reading > 내용 일치/불일치
10	③	독해 > Macro Reading > 요지	20	④	독해 > Logical Reading > 배열

⬇ 영역별 틀린 개수로 취약영역을 확인하세요!

어휘	/4	문법	/4	독해	/10	생활영어	/2

➡ 나의 취약영역: ____________

※ [정답해설]과 [오답해설] 선지의 50% 표시는 〈1초 합격예측 서비스〉를 통해 수집된 선지 선택률을 나타냅니다.

1 어휘 > 유의어 찾기 오답률 29% 답 ①

| 해석 | *Natural Gas World* 구독자들은 이 업계에서 어떤 일들이 일어나고 있는지에 대해 정확하고 믿을 수 있는 주요한 사실들과 수치들을 얻게 될 것이므로, 그들은 무엇이 그들의 사업과 관계되는지 충분히 구별할 수 있다.

① 71% 구별하다, 식별하다 ② 6% 강화하다
③ 12% 약화시키다 ④ 11% 버리다, 포기하다

| 정답해설 | ① discern은 '구별하다'라는 뜻을 가진 동사로, 밑줄 친 단어 전에 잡지 구독자들이 정확한 정보를 얻게 될 것이라고 하였으므로 무엇이 그들의 사업과 관계되는지 충분히 '구별할' 수 있다는 내용으로 유추할 수 있다. 따라서 discern은 distinguish(구별하다, 식별하다)와 의미가 가장 가깝다.

어휘

subscriber 구독자 reliable 믿을 수 있는
figure 수치 concern 관계되다

2 어휘 > 유의어 찾기 오답률 36% 답 ②

| 해석 | 여성 1,500m 대회의 은메달 리스트인 Ms. West는 경기 내내 돋보였다.

① 29% 압도되었다 ② 64% 인상적이었다
③ 3% 우울했었다 ④ 4% 긍정적이었다

| 정답해설 | ② stood out은 '눈에 띄었다, 돋보였다'라는 의미로 was impressive(인상적이었다)와 의미가 가장 가깝다.

어휘

winner 우승자

3 생활영어 > 회화/관용표현 오답률 13% 답 ④

| 해석 | ① A: 나는 해외여행을 갈 거야. 하지만 나는 다른 나라에서 머무는 것에 익숙하지 않아.
B: 걱정하지 마. 너는 금방 그것에 익숙해질 거야.
② A: 나는 사진 대회에서 상을 타고 싶어.
B: 나는 네가 그럴 거라고 확신해. 행운을 빌게!
③ A: 나의 가장 친한 친구가 세종시로 이사를 갔어. 나는 그녀가 너무 그리워.
B: 그래. 난 네가 어떤 기분인지 알아.
④ A: 잠깐 이야기를 나눠도 괜찮을까요?
B: 괜찮아요. 전 지금 매우 바빠요.

| 정답해설 | ④ 87% '꺼리다'라는 뜻의 동사 mind는 Do you mind if ~?의 형태로 정중하게 부탁할 때 사용된다. 이때 mind는 부정적인 의미를 내포하고 있으므로 부정의 대답이 긍정의 의미를 나타낸다. A가 잠깐 이야기를 나누자고 요청했는데 B가 처음에는 괜찮다고 한 뒤 이어서 '전 지금 매우 바빠요.'라고 했으므로 대답으로 적절하지 않다.

| 오답해설 | ① 8% 「be used to + (동)명사」와 「get accustomed to + (동)명사」는 '~에 익숙하다'라는 뜻이다. A가 다른 나라에서 머무는 것이 익숙하지 않다고 걱정하자 B가 곧 익숙해질 거라고 대답하였으므로 적절한 대화이다.

② 3% A가 사진 대회에서 상을 타고 싶다고 하자 B가 행운을 빈다고 했으므로 적절한 대화이다. keep one's fingers crossed는 '행운을 빌다'라는 의미의 관용표현이다.

③ 2% A가 가장 친한 친구가 이사를 가서 그녀가 그립다고 하자 B가 그 기분이 어떤지 안다고 공감하고 있으므로 적절한 대화이다.

어휘

in no time 곧
keep one's fingers crossed 행운을 빌다
mind 꺼리다, 상관하다

4 생활영어 > 회화/관용표현 오답률 3% 답 ②

| 해석 | A: 딤섬을 좀 드셔 보시겠어요?
B: 네, 감사합니다. 맛있어 보여요. 안에 무엇이 들어 있나요?
A: 이것들은 돼지고기와 다진 채소가 들어 있고, 저것들은 새우가 들어 있어요.
B: 그리고 음, ② 제가 그것들을 어떻게 먹으면 되나요?
A: 이렇게 젓가락으로 하나를 집어서 소스에 찍으면 돼요. 아주 쉽습니다.
B: 알겠어요. 한 번 해 볼게요.
① 그것들은 얼마인가요
② 제가 그것들을 어떻게 먹으면 되나요
③ 그것들은 얼마나 맵나요
④ 당신은 그것들을 어떻게 요리하나요

| 정답해설 | ② 97% 빈칸 이후에 A가 젓가락으로 집어서 소스에 찍어 먹으라고 하였으므로 빈칸에는 먹는 방법을 물어보는 말이 들어가야 알맞다.

어휘

chopped 다진 dip 살짝 찍다
give it a try 한 번 해 보다

5 문법 > 형용사 오답률 35% 답 ②

| 정답해설 | ② 65% shy of는 '~이 모자라는'이라는 뜻이다. 주어진 우리말은 '자정이 5분이나 지난 후'인데 five minutes shy of midnight이라고 하였으므로 맞지 않다. 올바른 문장은 I called him five minutes after midnight on an urgent matter.이다.

| 오답해설 | ① 12% '제가 당신께 말씀드렸던 새로운 선생님'은 관계대명사를 사용하여 The new teacher (who(m)) I told you about으로 옮길 수 있다.

③ 14% appear는 '나타나다, ~처럼 보이다'라는 뜻의 자동사로, '상어로 보이는 것'이라고 하였고 문장의 시제는 과거이므로 What appeared to be a shark는 알맞은 표현이다.

④ 9% reach는 '도착하다, 도달하다'라는 뜻의 타동사이므로 뒤에 전치사를 동반하지 않는다. 따라서 She reached the mountain summit은 올바른 표현이다. 또한 '16세의 친구'처럼 나이가 명사 앞에서 수식하는 형용사가 되는 경우에는 16-years-old가 아닌 16-year-old로, year를 단수형으로 쓰는 것이 적절하다.

| 더 알아보기 | appear의 주격 보어

- 「appear + 주격 보어[(to be) + 형용사/명사]」
- 「appear + 주격 보어[to부정사/과거분사]」

| 더 알아보기 | 주의해야 할 완전타동사의 쓰임

- reach[arrive in[at], get to] ~에 도착하다
- enter[get into] ~에 들어가다
- greet[bow to] ~에게 인사하다
- resemble[look like] ~을 닮다

어휘

originally 원래 shy of ~이 모자라는, 부족한
urgent 긴급한 lurk 숨어 있다
reef 암초 summit 정상

6 문법 > 형용사 오답률 39% 답 ①

| 정답해설 | ① 61% computers per person은 1인당 갖고 있는 컴퓨터를 의미하며 '개인용 컴퓨터를 가장 많이 가지고 있는'의 의미로는 with the largest number of personal computers가 적절한 표현이다.

| 오답해설 | ② 8% happen은 '일어나다'라는 의미의 자동사이므로 능동태로 사용한 것은 알맞다.

③ 15% '~ 또한 그렇다'라는 표현은 「so + 동사 + 주어」로 표현할 수 있다.

④ 16% 과거에서부터 지금까지 진행되고 있는 동작이나 상태는 현재완료나 현재완료진행형으로 표현할 수 있다. '은퇴 후부터 내내' 이 일을 하고 있다고 하였으므로 have been doing this work는 적절한 표현이다.

어휘

from time to time 때때로 retire 은퇴하다

오답률 TOP 2

7 문법 > 분사 오답률 49% 답 ②

| 해석 | 가축화된 동물들은 인간들이 이용할 수 있는 가장 초기의(가장 오래된) 그리고 가장 효과적인 '기계들'이다. 그들은 인간의 등과 팔의 부담을 덜어 준다. 다른 기술들과 함께 이용되면서, 동물들은 보조적인 음식 재료(고기와 우유의 단백질)로서 그리고 짐을 실어 나르고 물을 끌어올리고 곡식을 가는 기계 두 가지로 인간의 생활 수준을 아주 상당히 올릴 수 있다. 그들이 너무나 명백하게 이롭기 때문에, 우리는 아마 수세기 동안 인간들이 그들이 소유했던 동물들의 수와 질을 증가시켰을 것임을 알아낼 것이라고 예상할 수도 있다. 놀랍게도, 이것은 대개 사실이 아니었다.

| 정답해설 | ② 51% 인간이 가축들을 어떻게 이용하여 왔는지 설명하는 글이다. 분사구문 Utilizing with other techniques에 주어가 없으므로 주절의 주어(animals)와 동일한 것을 알 수 있고, utilize는 '~을 이용하다'라는 의미의 타동사이므로 목적어를 수반해야 하는데 Utilizing 이후에 목적어가 없으므로 수동태 분사

구문이 되어야 한다. 또한 해석상으로도 주어 animals는 인간에 의해 이용되는 객체이므로 수동태 분사구문이 사용되어야 한다는 것을 알 수 있다.

As animals are utilized with other techniques ~

→ Being utilized with other techniques ~

→ Utilized with other techniques ~

| 오답해설 | ① 5% 「주격 관계대명사 + be동사」가 생략된 구문으로, 'machines' that are available to humans에서 that are가 생략되어 형용사구 available to humans가 'machines'를 후치 수식하고 있다.

③ 14% 형용사적 용법의 to부정사로 앞의 명사 machines를 수식한다.

④ 30% 「of + 추상명사」는 형용사의 뜻을 가지므로, of great benefit은 greatly beneficial과 같은 의미이다.

| 더 알아보기 | 「of + 추상명사」의 관용적 표현

• of talent	⇨	talented(재능이 있는)
• of learning	⇨	learned(학식이 있는)
• of use	⇨	useful(유용한)
• of sense	⇨	sensible(분별 있는)
• of ability	⇨	able(유능한)
• of importance	⇨	important(중요한)

어휘

domesticated 가축화된	strain 부담
utilize 이용[활용]하다	considerably 상당하게
supplementary 보충적인, 보조적인	foodstuff 음식 재료
burden 짐, 부담	obviously 명확하게

8 문법 > 태 오답률 37% 답 ④

| 해석 | 신화는 한 문화의 종교적, 철학적, 도덕적 그리고 정치적인 가치를 구현하고, 어떤 경우에는 설명을 도와주는 이야기이다. 신들과 초자연적 존재들에 관한 이야기들을 통해, 신화는 자연 세계 내의 사건들을 이해하도록 시도한다. 대중적인 용법과 반대로, 신화는 "허구"를 의미하지는 않는다. 가장 넓은 관점에서, 신화는 거짓뿐 아니라 진실이거나 부분적으로 진실일 수 있는 이야기들, 주로 이야기들의 덩어리 전체이다. 그러나 그들의 정확성의 정도와는 상관없이, 신화들은 종종 문화의 가장 심오한 믿음들을 표현한다. 이러한 의미에 따라, 『Iliad』와 『Odyssey』, 코란 그리고 구약과 신약은 모두 신화로 불릴 수 있다.

| 정답해설 | ④ 63% 「refer to + 명사 + as」는 '~을 …라고 부르다, 지칭하다, 일컫다, 언급하다'의 의미로 전치사 to 다음에 목적어가 필요한데, 본문에는 목적어가 없으므로 수동태로 사용되어야 하는 것을 알 수 있다. 따라서 be referred to as로 써야 옳다.

| 오답해설 | ① 19% help는 목적어로 to부정사와 원형부정사 모두 사용할 수 있다.

② 9% 「try + to부정사」는 '~하려고 애쓰다, 노력하다'라는 뜻으로 알맞은 표현이다.

③ 9% 선행사가 stories이므로 관계대명사 that이 이끄는 절로 수식하는 것은 적절하다.

| 더 알아보기 | help의 용례

- 「help(완전타동사) + 목적어[명사/to부정사/원형부정사]」
- 「help(불완전타동사) + 목적어 + 목적격 보어[to부정사/원형부정사]」

어휘

myth 신화, 근거 없는 믿음	narrative 이야기, 서술
embody 구현하다, 상징하다; 담다	religious 종교적인
philosophical 철학적인	moral 도덕적인
tale 이야기	supernatural 초자연적인
being 존재	make sense of ~을 이해하다
occurrence 발생, 사건	contrary to ~와는 대조적으로
falsehood 거짓말, 허구(임)	regardless of ~와 상관없이
Old and New Testament 구약/신약 성서	

9 독해 > Macro Reading > 제목 오답률 17% 답 ④

| 해석 | 지도 제작 기술들은 많은 새로운 응용 분야에서 사용되고 있다. 생물학 연구원들은 DNA의 분자적 구조를 조사하고 있는 중("게놈을 지도화하는 중")이고, 지구 물리학자들은 지구의 핵의 구조를 지도화하고 있고, 해양학자들은 해저를 지도화하고 있는 중이다. 컴퓨터 게임들은 규칙들, 위험, 그리고 보상이 변하는 다양한 가상의 "토지" 혹은 레벨들을 가지고 있다. 컴퓨터화는 지금 "가상 현실", 즉 특수한 상황들을 시뮬레이션하는 인공적인 환경들과 함께 현실에 도전하는데, 그것들은 훈련과 오락에 유용할지도 모른다. 지도 제작 기술들은 또한 관념의 영역에서 사용되고 있다. 예를 들면, 생각들 사이의 관계들은 개념 지도라고 불리는 것을 사용하여 보여질 수 있다. 일반적이거나 "중심적인" 관념들로부터 시작하여, 연관된 관념들은 주요 개념 주변에 망을 구축하면서 연결될 수 있다. 이것은 어떤 전통적인 정의에 의한 지도가 아니지만, 지도 제작의 도구들과 기술들은 그것을 생산하기 위해 이용되며, 어떤 면에서 그것은 지도와 닮았다.

① 컴퓨터화된 지도들 대 전통적인 지도들

② 지도 제작은 어디에서 시작되는가?

③ DNA의 비밀에 다가가는 방법 찾기

④ 새로운 분야들을 지도화하기

| 정답해설 | ④ 83% 본문 첫 문장에서 지도 제작 기술이 많은 새로운 응용 분야에서 사용되고 있다고 언급한 후, 그에 대한 예시를 나열하고 있다. 과거의 전통적 지도 제작 기술들이 새로운 분야에서 사용되고 있다는 내용이며, 또한 전통적인 개념의 지도가 아니지만 닮은 점도 있다고 본문에서 설명하고 있으므로, 글의 제목으로 ④가 알맞다. (참고로, 본문의 simulate는 기출에 stimulate로 출제되었으나, 문맥과 출제 원문에 맞게 simulate로 수정하였다.)

| 오답해설 | ① 10% 컴퓨터화된 지도들과 전통적인 지도들을 비교하고 있는 것은 아니므로 적절하지 않다.

③ 3% 본문에서 DNA는 지도 제작 기술이 응용되는 분야의 한 예로 언급된 것이므로 전체 글의 제목으로는 적절하지 않다.

어휘

mapping 지도 제작	application 응용 (분야)
molecular 분자의	geophysicist 지구 물리학자
core 핵	oceanographer 해양학자
ocean floor 해저	imaginary 가상의, 상상의
hazard 위험 (요소)	virtual reality 가상 현실
realm 영역	cartography 지도 제작
resemble 닮다	frontier 새로운 분야; 경계

10 독해 > Macro Reading > 요지 오답률 22% 답 ③

| 해석 | 성과 피드백을 줄 때, 그것(피드백)의 빈도와 양, 그리고 내용을 설계하는 데 있어서 당신은 (피드백을) 받는 사람의 과거 성과와 그 또는 그녀의 향후 잠재력에 관한 당신의 평가를 고려해야 한다. 성장 잠재력을 가진 고성과자의 경우, 그들이 시정 조치를 취하도록 자극할 만큼 피드백이 충분히 빈번해야 하지만, 이것이 통제로 경험되어 그들의 진취성을 약화시킬 만큼 너무 빈번해서는 안 된다. 자신의 업무에 정착하여 발전 가능성이 제한되어 있는 유능한 성과자들에게는 피드백이 거의 필요하지 않은데, 그들은 자신들의 일을 알고 있고 무슨 일이 행해져야 하는지 인식하고 있기에 과거 신뢰할 만하고 안정된 행동을 보여 왔기 때문이다. 저성과자의 경우, 즉 성과가 향상되지 않으면 직장에서 퇴출되어야 할 사람들은 피드백이 빈번하고 매우 구체적이어야 하며, 피드백에 따라 행동하는 것과 일시적으로 해고되거나 영구적으로 해고되는 것과 같은 부정적인 제재 사이의 연관성이 분명히 나타나도록 해야 한다.

① 타이밍에 맞춰 피드백을 잘하라.
② 부정적인 피드백을 맞춤화하라.
③ 사람마다 피드백을 맞춰 하라.
④ 목적 지향적인 피드백을 피하라.

| 정답해설 | ③ 78% 성장 잠재력이 있는 고성과자, 유능한 성과자 그리고 퇴출 가능성이 있는 저성과자에게 각각 피드백을 어떻게 해야 하는지 설명하고 있으므로 ③이 요지로 알맞다.

어휘

performance 성과, 수행 (능력)
estimate 평가, 판단; 추정(치)
prod 자극하다, 찌르다
sap 약화시키다
adequate 적임인, 유능한; 적절한
lay off (일시) 해고하다
time 시간을 맞추다[조절하다]
tailor 맞추다, 조정하다
recipient 수신자, 받는 사람
frequency 빈도
corrective 교정의
initiative 진취성, 계획
sanction 제재; 승인
explicit 분명한
customize 맞추다, 주문 제작하다
goal-oriented 목표 지향적인

11 독해 > Micro Reading > 내용일치/불일치 오답률 10% 답 ④

| 해석 | Langston Hughes는 Missouri주 Joplin에서 태어났으며, 많은 아프리카계 미국 학생들이 학문을 닦은 Lincoln 대학교를 졸업했다. Hughes는 열여덟 살 때 가장 유명한 시 중 하나인 "Negro Speaks of Rivers"를 출간했다. 창의적이고 실험적이었기에 Hughes는 그의 작품에 진짜 사투리를 접목시켰고, 블루스와 재즈의 억양과 분위기를 담기 위해 전통적인 시 형식에 변화를 주었으며, 하층 계급 흑인 문화의 요소를 반영하는 인물과 주제를 창조했다. 진지한 내용에 익살 맞은 양식을 결합시키는 그의 능력으로, Hughes는 자연스럽고 재치 있는 방법으로 인종 편견을 공격했다.

| 정답해설 | ④ 90% 본문 마지막에 진지한 내용과 익살 맞은 양식을 결합시키는 능력으로 Hughes가 자연스럽고 재치 있게 인종 편견을 공격했다고 했으므로 ④는 글의 내용과 일치하지 않는다.

어휘

discipline 교육, 훈련, 훈육
incorporate 통합시키다
dialect 지역 언어
cadence 억양
prejudice 편견
experimental 실험적인
authentic 진짜의
embrace 수용하다
fuse 결합[융합]시키다
witty 위트 있는, 재치 있는

12 독해 > Logical Reading > 삭제 오답률 26% 답 ②

| 해석 | 2007년에, 우리의 가장 큰 걱정은 "대마불사(파산하기에는 너무 거대하다)"였다. 월 스트리트의 은행들은 매우 압도적인 규모로 성장했고, 금융 시스템의 건전성에 구심점이 되었기 때문에, 합리적인 어떤 정부도 그들을 파산하게 내버려둘 수 없었다. 자신들의 보호받는 지위를 인식하고 있었기에 은행들은 주택 시장에 과도하게 위험한 투자를 했고, 그 어느 때보다도 더 많은 복잡한 파생 상품들을 만들었다. ② bitcoin과 ethereum 같은 새로운 가상 통화는 어떻게 돈이 작용할 수 있고 작용해야 하는지에 대한 우리의 이해를 급진적으로 변화시켰다. 그 결과는 1929년 우리 경제가 붕괴된 이래로 최악의 금융 위기였다. 2007년 이후 몇 년 동안, 우리는 "대마불사" 딜레마를 해결하는 데 큰 진전을 이루었다. 우리 은행들은 그 어느 때보다도 자본화가 잘 되어 있다. 우리의 규제 담당자들은 대형 기관의 정기적인 스트레스 테스트를 수행한다.

| 정답해설 | ② 74% 2007년 월 스트리트의 금융 시스템 붕괴에 대해 설명하는 내용이다. 따라서 돈의 작용 원리를 이해하는 데 있어 가상 통화가 미친 영향을 서술하고 있는 ②는 본문과 관련이 없다.

어휘

fail 실패하다; 파산하다
financial 금융의, 재정의
aware of ~을 인식하는
make a bet on ~에 돈을 걸다, 내기하다
derivative 파생 상품
radically 극단적으로
address 다루다
regulator 규제 담당자, 단속 기관
staggering 압도적인, 충격적인
rational 이성적인
excessively 과도하게
virtual currency 가상 통화
breakdown 붕괴
capitalize 자본화하다
conduct 수행하다

13 독해 > Macro Reading > 주제 오답률 2% 답 ③

| 해석 | 두 사람이 같은 날 한 로펌에서 일을 시작한다고 상상해 보라. 한 사람은 아주 단순한 이름을 가지고 있다. 다른 사람은 아주 복잡한 이름을 가지고 있다. 우리는 그들의 향후 16년 이상의 경력 동안 더 단순한 이름을 가진 사람이 더 빨리 법적 지배 계층에 오를 것이라는 꽤 타당한 증거를 가지고 있다. 그들은 경력 중간에 더 빨리 파트너 지위를 얻을 것이다. 그리고 로스쿨을 졸업한 지 8~9년쯤 되었을 때, 더 단순한 이름을 가진 사람들이 파트너가 될 가능성이 약 7~10% 더 높은데, 이것은 인상적인 결과이다. 우리는 모든 종류의 대안적인 설명들을 없애려고 시도한다. 예를 들어, 우리는 외국 이름이 발음하기가 더 어려운 경향이 있기 때문에 이것이 외래성에 관한 것은 아니라는 것을 보여 주려고 시도한다. 하지만 여러분이 그저 진정한 내집단에 속하는 영국계 미국 이름을 가진 백인 남성들을 보게 되더라도, 만약 그들의 이름이 더 단순해진다면, 그들이 그런 이름을 가진 백인 남성들 사이에서 더 승진할 가능성이 높다는 것을 알게 된다. 따라서 단순함은 이름에 있어서 다양한 결과를 결정짓는 하나의 핵심적 특징이다.

① 법적 이름의 발전
② 매력적인 이름의 개념
③ 단순한 이름의 이점
④ 외국 이름의 어원

| 정답해설 | ③ 98% 본문 마지막 문장이 주제문으로, 단순함은 이름에 있어서 다양한 결과를 결정짓는 하나의 핵심적 특징이라고 하였다. 또한 본문의 전체 내용을 통해 단순한 이름이 그렇지 않은 이름보다 승진이나 성공을 더 빨리 한다는 것을 알 수 있으므로 ③이 주제로 알맞다.

어휘

over the course of ~ 동안　　rise up 올라가다
hierarchy 계층, 계급; (조직 내의) 고위층, 지배층
striking 인상적인, 현저한　　eliminate 제거하다
alternative 대안(의)　　foreignness 외래성; 이질성
in-group 내집단　　outcome 결과

14 어휘 > 유의어 찾기 오답률 30% 답 ③

| 해석 | 학교 교육은 미국의 모든 아이들에게 의무적이지만, 학교 출석이 요구되는 연령대는 주마다 다르다.

① 11% 보완적인　　② 15% 체계적인
③ 70% 의무적인　　④ 4% 혁신적인

| 정답해설 | ③ compulsory는 '강제적인, 의무적인'이란 뜻을 가진 형용사로 비슷한 뜻을 가진 단어는 mandatory(의무적인)이다.

어휘

schooling 학교 교육

오답률 TOP 1

15 어휘 > 유의어 찾기 오답률 71% 답 ①

| 해석 | 비록 그 여배우가 그녀의 경력에서 많은 혼란을 겪었지만, 그녀는 어느 누구에게도 절대 자신이 불행하다고 밝힌 적이 없다.

① 29% 말하다, 털어놓다
② 40% (처벌하지 않거나 가벼운 처벌로) ~를 봐주다; (총을) 발사하다; (폭탄 등을) 터뜨리다
③ 10% 약해지다, 누그러지다
④ 21% 실망시키다

| 정답해설 | ① disclose는 '밝히다, 공개하다'라는 뜻을 가진 동사로 이와 비슷한 뜻을 가진 단어는 let on(말하다, 털어놓다)이다.

어휘

turmoil 혼란, 소란
let off (처벌하지 않거나 가벼운 처벌로) ~를 봐주다; (총을) 발사하다; (폭탄 등을) 터뜨리다
let up 약해지다, 누그러지다　　let down 실망시키다

16 독해 > Logical Reading > 연결사 오답률 38% 답 ①

| 해석 | 선지자들은 그들의 업계에서 새로운 기술의 잠재력을 알아보는 첫 번째 사람들이다. 근본적으로, 그들은 자신들이 경쟁사에 있는 그들의 상대보다 더 똑똑하다고 여긴다. 그리고 꽤 자주, 그들은 그렇다. 실제로, 그들이 경쟁 우위로 활용하고 싶어 하는 것들을 먼저 보는 것이 그들의 능력이다. 그 우위는 다른 누구도 그것을 발견하지 않았을 때만 생길 수 있다. (A) 따라서, 그들은 업계의 광범위한 참고 자료 목록을 지닌 검증된 제품을 사려고 하지 않는다. 사실, 만약 그러한 참고 자료의 근거가 존재한다면, 이 기술에 대해서는, 어쨌든 그들이 이미 너무 늦었다는 것을 암시하기 때문에 그것은 실제로 그들이 흥미를 잃게 만들 수도 있다. (B) 반면에, 실용주의자들은 다른 기업에 있는 동료들의 경험을 대단히 가치 있게 여긴다. 구매를 할 때, 그들은 광범위한 참고 자료들을 기대하며, 그들 자신의 업계 내 기업들에서 상당히 많은 참고 자료들이 나오기를 원한다.

	(A)	(B)
①	따라서	반면에
②	그러나	게다가
③	그럼에도 불구하고	동시에
④	게다가	결과적으로

| 정답해설 | ① 62% (A) 빈칸 이전에서 '선지자들'의 특성을 설명한 후, 빈칸 문장에서 그에 따른 선지자들의 행동적 특징(검증된 제품을 사지 않는 것)에 대해 서술하고 있으므로, 인과 관계를 나타내는 연결사 therefore가 빈칸에 적절하다.

(B) 빈칸 앞까지는 선지자들의 특성을 설명하고 빈칸 뒤부터 실용주의자들에 대해 서술하고 있으므로, 대조의 연결사 on the other hand가 알맞다.

어휘

visionary 선지자　　segment 분야, 부분
fundamentally 근본적으로
opposite number (다른 조직에서 같은 일을 하는) 상대방
leverage 활용하다, ~에 영향을 주다; 영향력
competitive advantage 경쟁(상의) 우위
come about 발생하다, 생기다
expect to V (당연한 것으로) ~할 작정이다
well-tested 입증된　　extensive 광범위한
reference 참고, 언급　　indicate 암시하다; 가리키다
pragmatist 실용주의자

17 독해 > Logical Reading > 삽입 오답률 32% 답 ④

| 해석 | 수세기 동안, 인간들은 하늘을 올려다보며 우리 행성의 영역 바깥에 무엇이 존재하는지를 궁금해했다. 고대 천문학자들은 우주에 관해 더 많이 배우기를 희망하며 밤하늘을 조사했다. 보다 최근에, 일부 영화들은 외계 생명체가 우리 행성을 방문했을 수도 있는지를 궁금해했던 반면, 다른 영화들은 우주 공간에서 인간의 삶을 지속시키는 것의 가능성을 탐구했다. 우주 비행사인 Yuri Gagarin이 1961년에 우주를 여행했던 최초의 인간이 된 이후, 과학자들은 지구의 대기권 바깥이 어떤 조건일지, 그리고 우주여행이 인간의 신체에 어떤 영향을 주는지를 연구해 왔다. 대부분의 우주 비행사들이 우주에서 몇 개월 이상을 지내지 않음에도 불구하고, 지구에 복귀할 때는 많은 이들이 생리적·심리적 문제들을 겪는다. ④ 이 질병들 중 일부는 오래 가지 않지만 다른 것들은 오래 지속될 수도 있다. 모든 우주 비행사들 중 2/3 이상은 우주에서 여행하는 동안 멀미로 고생한다. 무중력 환경에서, 신체는 위아래를 구분할 수 없다. 신체의 내부 균형 시스템이 뇌에 혼란스런 신호를 전달하고, 이는 최대 며칠 동안 지속되는 메스꺼움을 초래할 수 있다.

| 정답해설 | ④ 68% 주어진 문장에서 '이 질병들 중 일부는 오래 가지 않지만 다른 것들은 오래 지속될 수도 있다.'라고 서술하고 있으므로 주어진 문장 전후로 질병에 관련된 내용이 언급되는 것이 글의 흐름상 적절하다. 주어진 문장의 these ailments가 physiological and psychological problems를 가리키는 것으로 보는 것이 가장 적절하므로 주어진 문장의 자리로는 ④가 알맞다.

어휘

ailment 질병　　short-lived 오래 가지 못하는
long-lasting 오래 지속되는　　realm 영역
astronomer 천문학자　　sustain 지속시키다, 유지하다
extraterrestrial 외계의　　physiological 생리학적인
psychological 심리적인　　motion sickness 멀미
differentiate 구별하다　　result in ~을 초래하다
nausea 메스꺼움

18 독해 > Reading for Writing > 빈칸 절 완성 오답률 40% 답 ③

| 해석 | 왜 모든 것의 역사에 대해 신경 쓰는가? ③ 오늘날, 우리는 세상에 대해 단편적으로 가르치고 배운다. 문학 수업에서 당신은 유전자에 관해 배우지 않는다. 물리 수업에서 당신은 인간 진화에 관해 배우지 않는다. 따라서 당신은 세상에 대한 부분적인 견해를 얻는다. 그것은 교육에서 '의미'를 찾기 어렵게 만든다. 프랑스 사회학자인 Emile Durkheim은 이 혼란과 무의미함의 느낌을 '아노미(사회적 무질서)'라고 불렀고, 그는 그것이 절망으로, 그리고 심지어는 자살로까지 이끌 수도 있다고 주장했다. 독일 사회학자인 Max Weber는 세상의 "각성"에 관해 이야기했다. 과거에, 사람들은 그들의 세상에 대해 통합된 시각을 지녔고, 이는 보통 그들 자신의 종교적 전통의 기원 설화에 의해 주어지는 시각이었다. 그 통합된 시각은 목적에 대한, 의미에 대한, 심지어 세상에의 현혹에 대한, 그리고 삶에 대한 감각을 제공했다. 그러나 오늘날, 많은 작가들은 무의미함의 느낌은 과학과 이성의 세상에서 필연적이라고 주장해 왔다. 현대성은 무의미함을 의미하는 것처럼 보인다.

① 과거에, 역사 연구는 과학으로부터의 각성을 요구했다
② 최근에, 과학은 우리에게 많은 영리한 속임수들과 의미들을 제공해 왔다
③ 오늘날, 우리는 단편적으로 우리의 세상에 대해 가르치고 배운다
④ 최근에, 역사는 몇 가지 항목으로 나뉘었다

| **정답해설** | ③ 60% 빈칸 다음에 문학 수업에서 유전자에 관해 배우지 않고 물리 수업에서 진화에 관해 배우지 않는다고 하면서 '따라서 당신은 세상에 대한 부분적 견해를 얻는다'고 하였으므로 이와 일치하는 내용이 빈칸에 들어가야 한다. 따라서 빈칸에는 ③이 들어가는 것이 가장 적절하다.

| **오답해설** | ① 17% 빈칸 이후에서 오늘날 행해지는 단편적 교육에 대한 예시를 제시하고 있으므로, 빈칸에 과거의 역사 연구에 관한 내용이 들어가는 것은 문맥상 어색하다.

② 11% 본문 마지막에 '현대성은 무의미함을 의미하는 것처럼 보인다'고 했으므로 빈칸에 적절하지 않다.

④ 12% 본문에서 언급되지 않은 내용이다.

어휘

disorientation 혼란, 방향 감각 상실	anomie 아노미, 사회적 무질서
despair 절망	disenchantment 각성; 환멸
unified 통합된	enchantment 황홀감, 현혹
inevitable 불가피한, 필연적인	rationality 이성, 합리성
modernity 현대성	fragment 조각, 파편

오답률 TOP 3

19 독해 > Micro Reading > 내용일치/불일치 오답률 42% 답 ②

| 해석 | 가장 초기의 정부 급식 프로그램은 유럽에서 1900년경에 시작되었다. 미국의 프로그램은 대공황부터 시작되었는데, 그때 잉여 농산물을 소진할 필요와 빈곤 가정의 아이들에게 음식을 제공하는 것에 대한 관심이 합쳐졌다. 2차 세계 대전 동안과 그 이후에는, 근로 여성 수의 폭발이 더 폭넓은 프로그램에 대한 필요를 자극했다. 한때 가정의 기능이었던 점심 제공은 학교의 급식 시스템으로 이동되었다. National School Lunch Program은 이러한 노력들의 결과이다. 그 프로그램은 연방 정부의 지원을 받는 식사를 취학 연령의 아동들에게 제공하기 위해 만들어졌다. 2차 세계 대전 종전부터 1980년대 초까지, 학교 급식을 위한 자금 지원은 꾸준히 확대되었다. 오늘날 그것은 미국 전역에서 거의 10만 개 학교의 아이들에게 급식을 제공하는 것을 돕는다. 그것의 첫 번째 기능은 영양가 높은 점심을 모든 학생들에게 제공하는 것이다. 두 번째는 아침 식사와 점심 식사 때 영양가 높은 음식을 소외 계층 아이들에게 제공하는 것이다. 오히려, 한때 가정의 기능이었던 것의 대체물로서 학교 급식의 역할이 확대되어 왔다.

① 근로 여성 수의 증가가 급식 프로그램의 확대를 촉진시켰다.
② 미국 정부는 식량 부족에도 불구하고 대공황 동안 가난한 아이들에게 음식을 제공하기 시작했다.
③ 미국 학교의 급식 시스템은 현재 빈곤 가정의 아이들에게 음식을 제공하는 것을 돕는다.
④ 점심을 제공하는 기능이 가정에서 학교로 이동되었다.

| **정답해설** | ② 58% 대공황 때 잉여 농작물 소진의 필요성과 빈곤 가정의 아이들에게 음식을 제공하는 것의 필요에 대한 관심이 합쳐졌을 때 급식이 시작되었다고 설명하고 있으므로 ②는 본문과 일치하지 않는다.

어휘

date from ~부터 시작되다	the Great Depression 대공황
surplus 잉여의, 과잉의	agricultural 농업의
commodity 상품	explosion 폭발
fuel 자극하다; 연료를 공급하다	shift 이동시키다
fund 자금을 지원하다; 자금, 기금	nutritious 영양가 높은
underprivileged 혜택을 받지 못한, 가난한	
if anything 오히려	boost 밀어 올리다; 후원하다

20 독해 > Logical Reading > 배열 오답률 33% 답 ④

| 해석 | 대한민국은 지구상에서 인터넷 연결이 가장 잘 되어 있는 국가임을 자랑한다.

(B) 사실, 아마 그 어떤 국가도 인터넷을 그렇게 완전히 수용한 적은 없을 것이다.
(C) 그러나 다수의 강박적 사용자들이 컴퓨터 화면으로부터 자신들을 떼어 놓을 수 없다는 사실을 깨닫게 됨에 따라 웹에 대한 그러한 신속한 접근은 대가를 치르게 되었다.
(A) 사용자들이 며칠 동안 계속해서 온라인 게임을 한 후 탈진으로 급사하기 시작하면서, 이 중독은 최근 몇 년간 한국에서 국가적 이슈가 되었다. 점점 더 많은 학생들이 온라인에 머물기 위해 학교를 가지 않았는데, 이것은 이 극도로 경쟁적인 사회에서 매우 자멸적인 행동이다.

| **정답해설** | ④ 67% 주어진 문장에서 대한민국이 인터넷 연결이 가장 잘 되어 있다고 언급했다. (B)는 첨언 연결사 In fact로 시작되는데 주어진 문장에 이어 다른 국가들과 비교하면서 한국의 인터넷 보급이 최상임을 강조한다. (C)는 역접 연결사 But으로 시작하여 훌륭한 인터넷 보급에 대가가 따른다고 언급하며 부정적 측면이 있음을 지적한다. 특히 강박적 사용자들(obsessed users)이 컴퓨터 사용을 못한다는 (C)의 내용을 (A)에서는 This addiction으로 지칭했다. 따라서 (B) – (C) – (A)의 순서가 알맞다.

어휘

boast of ~을 자랑하다, 뽐내다	wired 컴퓨터 시스템에 연결된
drop dead 급사하다	exhaustion 탈진
on end 계속하여	self-destructive 자멸적인
intensely 극도로, 강렬하게	embrace 수용하다; 껴안다
ready 신속한, 즉시의	at a price 상당한 대가를 치르고
legions of 수많은	

2018 4월 7일 시행 국가직 9급 (㉮책형)

합격예상 체크

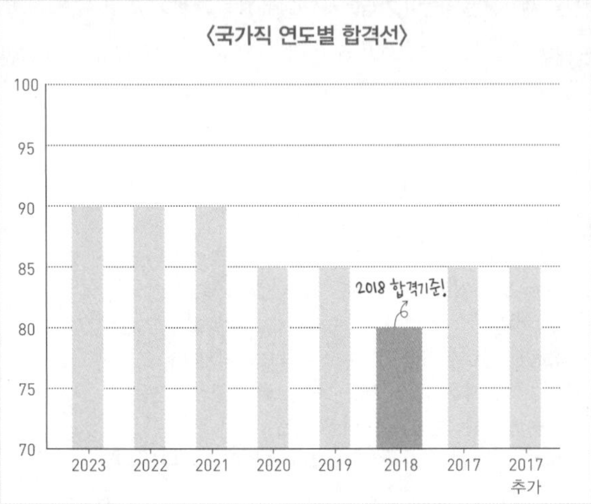

맞힌 개수	/20문항	점수	/100점

➡ □합격 □불합격

취약영역 체크

문항	정답	영역	문항	정답	영역
1	①	생활영어 > 회화/관용표현	11	④	독해 > Logical Reading > 문맥상 다양한 추론
2	①	독해 > Reading for Writing > 빈칸 구 완성	12	④	독해 > Macro Reading > 주제
3	②	독해 > Macro Reading > 제목	13	②	독해 > Micro Reading > 내용일치/불일치
4	③	문법 > 태	14	①	어휘 > 유의어 찾기
5	①	어휘 > 유의어 찾기	15	④	어휘 > 유의어 찾기
6	②	어휘 > 빈칸 완성	16	④	독해 > Logical Reading > 삽입
7	④	독해 > Logical Reading > 삭제	17	②	독해 > Micro Reading > 내용일치/불일치
8	②	생활영어 > 회화/관용표현	18	②	독해 > Reading for Writing > 빈칸 구 완성
9	②	독해 > Micro Reading > 내용일치/불일치	19	③	독해 > Logical Reading > 배열
10	③	문법 > 분사	20	④	문법 > 비교

⬇ 영역별 틀린 개수로 취약영역을 확인하세요!

어휘	/4	문법	/3	독해	/11	생활영어	/2

➡ 나의 취약영역: ______________

※ [정답해설]과 [오답해설] 선지의 50% 표시는 〈1초 합격예측 서비스〉를 통해 수집된 선지 선택률을 나타냅니다.

1 생활영어 > 회화/관용표현 오답률 17% 답 ①

| 해석 | A: 부탁 하나만 해도 될까요?
B: 네, 뭔가요?
A: 출장 때문에 공항에 가야 하는데, 차가 시동이 걸리지 않아요. 저 좀 태워 줄 수 있으세요?
B: 물론이죠. 언제까지 그곳에 도착해야 하나요?
A: 늦어도 6시까지는 도착해야 해요.
B: 지금이 4시 30분이에요. ① 아슬아슬하네요. 지금 당장 출발해야겠어요.
① 아슬아슬하네요
② 제가 방심했어요
③ 반짝인다고 다 금은 아니에요
④ 이미 다 지나간 일이에요

| 정답해설 | ① 83% A가 공항에 도착해야 하는 시간은 6시인데, B가 지금 시간은 4시 30분이고 빈칸 이후에 지금 당장 출발해야겠다고 답하고 있으므로 빈칸에 가장 적절한 말은 시간과 관련된 표현인 ①이다.

어휘
no later than 늦어도 ~까지
That's cutting it close (상황이) 아슬아슬하다; 절약하다
take one's eye off the ball 방심하다, 한눈을 팔다
All that glitters is not gold 반짝인다고 모두 금은 아니다
water under the bridge 지나간 일

2 독해 > Reading for Writing > 빈칸 구 완성 오답률 26% 답 ①

| 해석 | 손실의 두려움은 인간의 기본적인 부분이다. 뇌에게 손실은 위협이며 우리는 자연적으로 그것을 피하기 위한 조치를 취한다. 그러나, 우리는 그것을 무한히 피할 수는 없다. 손실을 마주하는 한 가지 방법은 주식 투자자의 관점을 가지는 것이다. 투자자들은 손실의 가능성을 게임의 끝으로서가 아니라 게임의 한 부분으로서 받아들인다. 이러한 사고를 이끄는 것은 포트폴리오 접근법이다. 수익과 손실은 둘 다 발생하겠지만, 가장 중요한 것은 결과의 전체적인 포트폴리오이다. 당신이 포트폴리오 접근법을 받아들일 때, 당신은 그것들이 훨씬 더 큰 그림의 작은 부분들임을 알고 있기 때문에 ① 개별적인 손실에 덜 연연하게 될 것이다.
① 개별적인 손실에 덜 연연하게
② 당신의 투자에 관심을 덜 가지게
③ 손실을 더 싫어하게
④ 주식 시장의 변동에 더 민감하게

| 정답해설 | ① 74% 빈칸 뒤의 문장에서 a much bigger picture는 전체적인 포트폴리오를, 그리고 small parts는 개별적인 수익과 손실을 말한다. 즉, 전체적인 결과를 가장 중요시하는 포트폴리오 접근법을 수용하면 작은 부분인 개별적인 손실들에 덜 집착하게 된다는 것을 유추할 수 있다. 따라서 빈칸에 들어갈 말로 가장 적절한 것은 ①이다.

어휘
perspective 관점
embrace 받아들이다
averse ~을 싫어하는
stock trader 주식 투자자
dwell on ~을 곱씹다, ~에 연연하다
fluctuation 변동, 오르내림

3 독해 > Macro Reading > 제목 오답률 7% 답 ②

| 해석 | 지난 수년간의 여행 동안, 나는 우리 인간들이 얼마나 과거 속에서 살고 있는지를 관찰해 왔다. 어떤 것이 나타나자마자 그것이 과거가 된다는 점을 고려할 때 과거는 항상 우리 주변에 존재한다. 우리의 주변, 우리의 집, 우리의 환경, 우리의 건축물, 우리의 생산품들 모두 과거의 구조물이다. 우리는 우리의 시간과 집단 의식의 일부인 것들, 우리가 사는 동안에 생산된 것들과 더불어 살아야 한다. 물론, 우리는 우리가 사는 동안 우리 주위의 모든 것을 관련되거나 상상될 수 있게 하는 선택권이나 통제력을 가지고 있지는 않지만, 우리가 통제력을 갖는 것은 우리가 존재하고, 현재와 소통하는 시간의 반영이어야 한다. 현재는 우리가 가진 모든 것이고, 우리가 그것에 더 많이 둘러싸여 있을수록, 우리는 우리 자신의 존재와 참여를 더 자각하게 된다.

① 여행: 과거의 유산을 쫓는 것
② 현재 당신을 에워싼 시간에 대해 깊이 생각해 보라
③ 숨겨진 삶의 표명
④ 초현대적인 삶의 건축

| 정답해설 | ② 93% 글의 중반부 We should live ~부터 우리는 과거의 것이 아닌 현재 우리를 둘러싼 것들과 더불어 살아야 한다는 주장이 드러난다. 현재는 우리가 가진 모든 것이라는 내용으로 글을 마무리하고 있으므로 본문 전체의 내용을 아우를 제목으로 가장 적절한 것은 ②이다.

어휘

the minute ~하자마자
surroundings 인근[주변] 환경
consciousness 자각, 의식
conceive 생각하다, 상상하다
presence 존재
reflect on ~을 깊이 생각하다; 반성하다
manifestation 징후, 표명
manifest 드러내 보이다; 증명하다
collective 집단의, 공동의
relevant 관련 있는, 적절한
reflection 반영; 숙고, 반성
legacy 유산
futuristic 초현대적인, 미래의

4 문법 > 태 오답률 36% 답 ③

| 해석 | 숲의 아름다움과 풍요로움이 없는 삶을 상상하기는 어렵다. 그러나 과학자들은 우리가 숲을 당연한 것으로 여겨서는 안 된다고 경고한다. 몇몇 추정에 따르면, 삼림 벌채는 전 세계 천연 숲의 80퍼센트에 달하는 손실을 가져왔다. 현재, 삼림 벌채는 세계적인 문제이며, 태평양의 온난한 열대 우림과 같은 원생 지역에 영향을 미치고 있다.

| 정답해설 | ③ 64% result in은 '결과를 낳다, 야기하다'라는 의미로 수동태로 사용하지 않는다. 따라서 has resulted in으로 고치는 것이 옳다.

| 오답해설 | ① 5% to imagine은 진주어로 쓰인 to부정사이다.
② 17% take ~ for granted는 '~을 당연한 것으로 여기다'라는 의미의 구문이다. 해당 문장에서는 our forest가 take의 목적어로 사용되었다.
④ 14% 문장의 주어인 deforestation이 영향을 미치는 능동의 의미이므로 현재분사인 affecting이 적절하게 쓰였다.

| 더 알아보기 | 원인과 결과 관계를 나타내는 동사

- result in ~을 야기하다
- bring about ~을 유발하다
- create ~을 만들어 내다
- result from, stem from, come from ~로부터 비롯되다, 기인하다
- derive from ~로부터 파생되다

어휘

richness 풍부함, 풍요로움
take ~ for granted ~을 당연한 것으로 여기다
deforestation 삼림 벌채
wilderness 자연이 보전되어 있는 지역, 원생 지역
temperate 온난한

5 어휘 > 유의어 찾기 오답률 32% 답 ①

| 해석 | 전설적인 다큐멘터리 제작자 Robert J. Flaherty는 어떻게 토착민들이 음식을 모았는지를 보여 주려고 시도했다.

① 68% 토착의, 토종의
② 9% 배가 고파 죽을 지경인, 엄청난
③ 16% 빈곤한, 결핍된
④ 7% 떠돌아다니는, 순회하는

| 정답해설 | ① indigenous는 '토종의, 토착민의'라는 뜻으로 native와 의미가 가장 가깝다.

어휘

filmmaker 영화 제작자, 감독

오답률 TOP 2

6 어휘 > 빈칸 완성 오답률 45% 답 ②

| 해석 | 음악을 듣는 것은 록 스타가 되는 것과는 ② 거리가 멀다. 누구나 음악을 들을 수 있지만, 음악가가 되기 위해서는 타고난 재능이 필요하다.

① 16% ~와 동등한[같은]
② 55% ~와는 거리가 먼, 전혀 다른
③ 12% ~ 여하에 달린
④ 17% ~의 서막인

| 정답해설 | ② 두 번째 문장에서 누구나 음악을 들을 수는 있지만 음악가가 되기 위해서는 재능이 필요하다고 말하고 있으므로 음악을 듣는 것과 음악가가 되는 것은 별개의 것임을 알 수 있다. 따라서 빈칸에 가장 적절한 것은 차이가 있음을 나타내는 a far cry from이다.

7 독해 > Logical Reading > 삭제 오답률 35% 답 ④

| 해석 | 생물학자들은 벼가 물에 잠긴 채 현재보다 일주일 더 긴 2주까지 생존할 수 있게 할 유전자를 알아냈다. 일주일 넘게 물 속에 잠긴 식물들은 산소가 결핍되어 시들어 죽는다. 과학자들은 그들의 발견이 홍수에 취약한 지역의 농작물 수확을 연장시키기를 바란다. 아시아의 홍수가 나기 쉬운 이 지역의 벼 재배자들은 과도하게 물에 잠긴 논 때문에 매년 약 10억 달러에 달하는 손실을 입는다. 그들은 새로운 유전자가 더 강한 벼 품종으로 이어져 태풍과 장마철에 일어나는 재정적 손실을 줄이고 풍작으로 이어지길 희망한다. ④ 이는 도시화의 희생자이며 농작물 부족을 겪는 이 취약한 지역들에 사는 사람들에게 끔찍한 소식이다. 벼 생산량은 10억 인구가 그들의 주식을 얻을 수 있도록 보장하기 위해 향후 20년에 걸쳐 30퍼센트까지 증가해야만 한다.

| 정답해설 | ④ 65% 생물학자들이 물에 잠긴 채 더 오래 견딜 수 있는 벼 유전자를 알아냈는데, 그것이 벼 재배자들에게 긍정적인 영향을 줄 것으로 기대된다는 내용이다. 따라서 그러한 발견에 대해 부정적인 시각으로 서술하고 있는 ④는 글의 전체 흐름에 어긋난다.

어휘

identify 확인하다, 알아내다	rice plant 벼
submerge 잠수하다, 물[액체] 속에 넣다	
be deprived of ~을 빼앗기다	wither 시들다
perish 죽다, 소멸되다	prolong 연장시키다, 연장하다
susceptible to ~에 취약한	-prone (좋지 않은 일을) 당하기 쉬운
waterlogged 물에 잠긴	paddy 논
strain 종류, 변형	incur 초래하다, 발생시키다
monsoon 우기, 장마	bumper harvest 풍작

8 생활영어 > 회화/관용표현 오답률 37% 답 ②

| 해석 | A: 운전하는 법을 아세요?
B: 물론이죠, 저는 운전을 잘해요.
A: 제게 운전을 가르쳐 줄 수 있으신가요?
B: 임시 운전면허증을 가지고 있나요?
A: 네, 지난주에 취득했어요.
B: 운전을 해 본 적은 있으세요?
A: 아뇨, 그렇지만 어서 ② 발을 담가 보고(해 보고) 싶어서 참을 수가 없어요.
① 다음을 기약하다 ② 발을 담그다, 처음 해 보다
③ 오일을 교체하다 ④ 펑크 난 타이어를 교체하다

| 정답해설 | ② 63% A가 B에게 운전을 가르쳐 달라고 요청하고 있는 상황으로 A는 운전을 하고 싶은 의지가 있음을 알 수 있다. can't wait to는 '빨리 ~을 하고 싶다, ~을 하고 싶어서 참을 수 없다'라는 표현이므로 빈칸에는 ②가 가장 적절하다.

어휘

learner's permit 임시 운전면허증

오답률 TOP 3

9 독해 > Micro Reading > 내용일치/불일치 오답률 44% 답 ②

| 해석 | 상어는 이빨과 같은 재질로 만들어진 비늘로 덮여 있다. 이 유연한 비늘은 상어를 보호하고 물속에서 빨리 헤엄칠 수 있도록 돕는다. 상어는 헤엄치면서 비늘들을 움직일 수 있다. 이러한 움직임은 물의 저항력을 감소시키도록 돕는다. Alabama 대학교의 항공우주 엔지니어인 Amy Lang은 대백상어 계통인 청상아리의 비늘을 연구한다. Lang과 그녀의 팀은 청상아리의 비늘이 몸의 부위에 따라 크기와 유연성이 다르다는 것을 발견했다. 예를 들어, 옆구리 쪽의 비늘은 점점 가늘어진다. 즉, 한쪽은 넓고 반대쪽은 가늘다. 그것들이 가늘어지기 때문에, 이러한 비늘들은 아주 쉽게 움직인다. 그것들은 상어 주변의 물의 흐름을 따르고 물의 저항력을 감소시키기 위해 치켜세워지거나 납작해질 수도 있다. Lang은 상어의 비늘이 비행기와 같이 저항력을 받는 기계의 디자인에 영감을 줄 수 있다고 생각한다.
① 상어는 헤엄칠 때 자신을 보호하기 위해 항상 움직임 없이 그대로 있는 비늘을 가지고 있다.
② Lang은 청상아리의 비늘이 물속에서 저항력을 낮추기 위해 이용된다는 것을 밝혀냈다.
③ 청상아리는 몸 전체에 동일한 크기의 비늘을 가지고 있다.
④ 비행기의 과학적인 디자인은 상어 비늘에서 영감을 받았다.

| 정답해설 | ② 56% Lang이 발견한 내용 중 본문 후반 They can turn up or flatten ~ to reduce drag.를 통해 글의 내용과 일치하는 것을 알 수 있다.

| 오답해설 | ① 3% 세 번째 문장에서 상어는 헤엄칠 때 비늘을 움직일 수 있다고 했으므로 글의 내용과 일치하지 않는다.
③ 11% 여섯 번째 문장에서 몸의 부위에 따라 크기가 다른 비늘을 가지고 있다고 했다.
④ 30% 마지막 문장에서 상어의 비늘이 비행기 디자인에 영향을 줄 수 있다는 가능성이 제시되고 있으나 실제로 영향을 주었는지 여부는 본문을 통해서는 알 수 없다.

어휘

scale 비늘	flexible 유연한; 신축성 있는
drag 항력; 끌림	aerospace 항공우주 산업
shortfin mako 청상아리	taper 점점 가늘어지다
flatten 납작해지다	inspire 영감을 주다, 고무시키다
immobile 움직이지 않는	lessen 줄이다

10 문법 > 분사 오답률 41% 답 ③

| 해석 | 집중은 어떤 일들을 해내는 것을 의미한다. 많은 사람들이 좋은 아이디어를 가지고 있지만 그것들을 실행에 옮기지는 않는다. 예를 들어, 내게 기업가의 정의는 그 새로운 아이디어를 실행할 수 있는 능력을 혁신 및 독창성과 결합시킬 수 있는 사람이다. 삶에 있어서 중심이 되는 이분법이란 당신에게 흥미를 주거나 심려를 끼치는 문제들에 대해 당신이 긍정적인지 부정적인지에 관한 것이라고 어떤 사람들은 생각한다. 낙관적인 시선을 가지는 것이 나은지 비관적인 시선을 가지는 것이 나은지에 대한 이 질문에 쏟아지는 관심은 많다. 내 생각에 더 나은 질문은 당신이 그것에 대해 뭔가를 할 것인지 아니면 인생이 그냥 지나치게 놔둘지 묻는 것이다.

| 정답해설 | ③ 59% 밑줄 친 부분은 attention을 수식하는 분사구로 attention과 pay는 수동의 관계이다. 따라서 attention (which is) paid의 구조가 되도록 현재분사인 paying을 과거분사인 paid로 고쳐야 한다.

| 오답해설 | ① 4% means의 목적어로 동명사 getting이 사용되었고, 「get + 목적어(stuff) + 목적격 보어(done)」의 구조도 올바르다.
② 18% the issues를 선행사로 하는 주격 관계대명사 that이 사용되었다. interest와 concern은 타동사로 목적어로 you를 취했다.
④ 19% are going to에 이어지는 동사원형인 do와 let이 병렬 구조를 이루고 있다. 「let + 목적어(life) + 목적격 보어(pass)」의 쓰임도 알맞다.

| 더 알아보기 | 준사역동사 get의 문장 구조

- 「get + 목적어 + to부정사/현재분사」: ~이 …하도록 하다
- 「get + 목적어 + 과거분사」: ~이 …을 당하다

어휘

entrepreneur 기업가	ingenuity 독창성
execute 실행하다	dichotomy 양분, 이분

11 독해 > Logical Reading > 문맥상 다양한 추론 오답률 15% 답 ④

| 해석 | 대부분의 사람들은 말하기를 좋아하는 반면, 듣기를 좋아하는 사람은 거의 없다. 하지만 잘 듣는 것은 모든 사람들이 높이 평가해야 할 드문 재능이다. 뛰어난 경청가들은 더 많이 듣기 때문에 더 많이 알고 대부분의 사람들보다 그들 주변의 돌아가는 상황에 대해 더 민감한 경향이 있다. 게다가, 뛰어난 경청가들은 판단하고 비판하기보다는 수용하고 인내하는 경향이 있다. 그러므로, 그들은 대부분의 사람들보다 적이 더 적다. 실제로, 그들은 아마 가장 사랑받는 사람들일 것이다. 그러나, 그러한 일반론에도 예외는 있다. 예를 들어, John Steinbeck은 아주 뛰어난 경청가였다고 알려졌지만, 그는 그가 글의 소재로 쓴 몇몇 사람들로부터 미움을 받았다. 의심의 여지 없이 그의 듣기 능력은 그의 작문 실력에 기여했다. 그럼에도 불구하고 그의 경청의 결과는 그를 ④ 인기 없게(→ 인기 있게) 만들지 않았다.

| 정답해설 | ④ 85% 경청 능력이 뛰어나면 사랑을 받는 것이 일반론인데, 예외도 있다고 하면서 John Steinbeck을 예로 들고 있다. 그는 뛰어난 경청가로 알려졌지만, 그가 글의 소재로 쓴 몇몇 사람들로부터 미움을 받았다고 했다. 따라서 글의 흐름이 자연스러워지려면 unpopular를 popular로 바꾸어, '그의 경청의 결과는 그를 인기 있게 만들지 못했다'는 흐름이 되는 것이 자연스럽다. 이 문장은 부정문이므로 특히 문맥에 주의해야 한다.

| 오답해설 | ① 3% 듣기를 좋아하는 사람은 거의 없다고 했으므로 경청하는 것이 드문 능력임을 알 수 있다. 따라서 rare의 쓰임은 적절하다.

② 7% 뛰어난 경청가들은 판단하고 비판하기보다는 수용하고 인내하는 경향이 있다고 하였으므로 '적이 더 적다'고 하는 것이 알맞다.

③ 5% 이어지는 문장에서 뛰어난 듣기 능력을 지녔음에도 불구하고 미움을 받았던 예외의 인물을 예시하고 있으므로 exceptions는 적절하다.

| 더 알아보기 | 대조의 연결사

- however, yet 그러나
- unlike ~와 달리
- though, although, even though 비록 ~이긴 하지만
- nevertheless 그렇기는 하지만, 그럼에도 불구하고
- for all, with all, despite, in spite of ~임에도 불구하고

어휘

treasure 대단히 귀하게 여기다 sensitive 민감한, 예민한
be inclined to V ~하는 경향이 있다 tolerate 용인하다, 참다, 견디다
generality 일반론; 대부분, 대다수

12 독해 > Macro Reading > 주제 오답률 19% 답 ④

| 해석 | 걱정은 흔들 목마와 비슷하다. 당신이 얼마나 빨리 가든, 당신은 어디로도 전혀 움직이지 않는다. 걱정은 완전한 시간 낭비이며 당신의 마음에 너무 많은 잡념을 만들어 내어 당신은 어떤 것도 명확하게 생각할 수 없게 된다. 걱정을 멈추는 것을 배우는 방법은 무엇이든 관심이 집중되는 것에 에너지를 쏟아야 한다는 것을 먼저 이해하는 것을 통해서이다. 그러므로, 당신 스스로가 더 많이 걱정하도록 놔둘수록, 일이 잘못될 가능성이 더 크다! 걱정은 너무나도 깊이 몸에 밴 습관이 되어서, 그것을 피하기 위해 당신은 그렇게 하지 않도록(걱정하지 않도록) 의식적으로 자기 자신을 훈련시켜야 한다. 당신이 걱정으로 졸도할 지경에 이르고 있음을 발견할 때마다, 생각을 멈추고 다른 생각을 하라. 당신이 일어나기를 원하는 일에 더 생산적으로 정신을 집중시키고 당신의 삶 속에 이미 있는 멋진 것들에 대해 생각하면 더 멋진 일들이 생겨날 것이다.

① 걱정은 삶에 어떤 영향을 미치는가?
② 걱정은 어디서부터 비롯되는가?
③ 우리는 언제 걱정해야 하는가?
④ 우리는 어떻게 걱정을 극복하는가?

| 정답해설 | ④ 81% 세 번째 문장까지는 걱정의 무용성을 말하고 네 번째 문장부터는 걱정을 멈추는 방법에 대해 서술하고 있다. 따라서 주제로 가장 적절한 것은 ④이다.

| 오답해설 | ① 17% 걱정이 끼치는 영향이 언급되기는 했으나 본문의 일부 내용에 국한된다.

어휘

clutter 잡동사니, 어수선함
energize 열정을 돋우다, 에너지를 쏟다
ingrained 뿌리 깊은, 깊이 몸에 밴
have a fit (심한 충격, 분노 등으로) 졸도할 지경이 되다
cope with ~을 극복하다

13 독해 > Micro Reading > 내용일치/불일치 오답률 13% 답 ②

| 해석 | MHC 학생들은 비싼 수업료로 인한 스트레스를 받지 않는다. 왜냐하면 그들의 수업료가 무료이기 때문이다. Macaulay와 소수의 다른 군 사관학교들, 직업 학교, 단과 대학, 예술 학교들에서 전교생의 100퍼센트가 4년 내내 전액 장학금을 받는다. Macaulay 학생들은 또한 연구, 업무 경험, 유학과 인턴십을 계속해 나가기 위해 노트북과 "기회 자금" 7,500달러를 지원받는다. "가장 중요한 것은 공짜 수업료가 아니라 등에 지워진 빚의 부담에서 벗어나 공부할 수 있는 자유예요." MHC의 학장, Ann Kirschner는 말한다. 그녀는 빚 부담은 "정말로 학생들이 대학에서 하는 결정들을 위태롭게 만들어요. 그리고 우리는 그들에게 그것으로부터 자유로워질 기회를 주고 있습니다."라고 말한다. 모든 학생들에게 무료 수업을 제공하는 학교는 드물지만, 더 많은 교육 기관들이 성적이 우수한 등록자들에게 장학금을 제공한다. Indiana University Bloomington과 같은 기관들은 평점과 반 석차가 우수한 성취도 높은 학생들에게 자동으로 장학금을 지급한다.

| 정답해설 | ② 87% Macaulay students also ~ internships.에 의하면 학생들은 노트북 컴퓨터를 제공받고, 별도로 7,500달러를 받음을 알 수 있다. 따라서 컴퓨터 구입 비용과 교외 활동 비용을 '합하여' 7,500달러를 지급한다는 ②의 내용은 지문과 일치하지 않는다.

어휘

tuition 수업료 a handful of 소수의
service academy 군 사관학교 conservatory 예술[미술, 음악] 학교
pursue (논의, 조사, 관여 등을) 계속하다; 추구하다
dean 학장 compromise 위태롭게 하다
free of ~이 없는, 면제된 enrollee 등록자, 가입자
award 장학금; 상, 상금, 상패 stellar 뛰어난, 우수한

14 어휘 > 유의어 찾기 오답률 36% 답 ①

| 해석 | 경찰은 그 범죄 사건 해결에 7개월을 보냈지만 그 범죄자의 신원을 결코 밝혀낼 수 없었다.

① 64% 범인; 미결수 ② 10% 예술 애호가
③ 11% (사회에서) 버림받은 사람 ④ 15% 선동 정치가

| 정답해설 | ① malefactor는 '범죄자'라는 뜻으로 '범인, 미결수'라는 의미의 culprit과 의미가 가장 가깝다.

| 더 알아보기 | 어원 'mal(악)'을 활용한 어휘

- malaria 말라리아
- maleficent 악행을 저지르는
- malnutrition 영양실조

어휘

determine 알아내다, 밝히다

15 어휘 > 유의어 찾기 오답률 21% 답 ④

| 해석 | 언뜻 보기에 그의 친구들은 단지 거머리 같은 사람들처럼 보이지만, 그들은 어떤 고난이 있어도 그가 의지할 수 있는 친구들임을 입증한다.

① 5% 즉시, 당장에
② 12% 종종, 가끔
③ 4% 즐거운 때에
④ 79% 좋을 때나 나쁠 때나

| 정답해설 | ④ through thick and thin은 '좋을 때나 안 좋을 때나, 어떤 고난이 있어도'라는 의미로 in good times and bad times와 의미가 가장 가깝다.

어휘

at first glance 처음에는, 언뜻 보기에는
leech 거머리(같은 사람)
depend on ~에 의지하다

16 독해 > Logical Reading > 삽입 오답률 31% 답 ④

| 해석 | 말하기에 대한 우리의 인식과 생산은 시간에 따라 변화한다. 만약 우리가 장기간 원래 살던 곳을 떠난다면, 우리 주위의 새로운 말투가 낯설다는 우리의 인식은 단지 일시적일 뿐일 것이다. 점차적으로, 우리는 다른 사람들이 (다른) 말투를 가지고 있다는 느낌을 잃을 것이고, 새로운 기준에 우리의 말투를 순응시키기 위해 맞추기 시작할 것이다. 모든 사람들이 같은 정도로 이것을 행하는 것은 아니다. ④ 어떤 사람들은 그들 고유의 말투와 방언, 어구와 몸짓에 강하게 자부심을 느낀 채로 남는 반면에, 다른 사람들은 더 이상 "사람들 사이에서 튀지" 않기 위해 그들의 말하는 습관을 바꿈으로써 새로운 환경에 빠르게 적응한다. 그들이 이것을 의식적으로 행하는지 아닌지의 여부는 논쟁의 여지가 있으며 개인에 따라 다를 수 있지만, 언어와 관계 있는 대부분의 과정들처럼, 변화는 아마 우리가 인지하기도 전에 일어날 것이며 우리가 인지한다면 발생하지 않을 수도 있다.

| 정답해설 | ④ 69% 주어진 문장은 새로운 환경에 따라 말투를 빠르게 바꾸는 사람과 그렇지 않은 사람을 대조하고 있다. ④ 이전의 문장에서 모든 사람들이 이것(새로운 기준에 맞춰 말투를 바꾸는 것)을 같은 정도로 행하는 것은 아니라고 하였으므로 주어진 문장은 ④에 삽입하는 것이 가장 자연스럽다.

어휘

intensely 강렬하게
accommodate 순응하다, 적응하다
perception 인식, 자각
accent 말씨, 말투; 억양
have to do with ~와 관계가 있다
dialect 방언, 사투리
stand out 두드러지다
extended period 장기간
debate 토론하다, 논의하다

17 독해 > Micro Reading > 내용일치/불일치 오답률 28% 답 ②

| 해석 | 불면증은 일시적이거나, 급성, 혹은 만성적인 것으로 분류될 수 있다. 일시적인 불면증은 일주일 미만으로 지속된다. 그것은 또 다른 장애, 수면 환경의 변화, 수면 시기, 극심한 우울증 혹은 스트레스에 의해 생겨날 수 있다. 졸음, 정신적 운동 수행 능력 손상과 같은 결과는 수면 부족의 결과와 유사하다. 급성 불면증은 한 달 미만의 기간 동안 지속적으로 숙면을 취할 수 없는 것이다. 급성 불면증은 잠에 들거나 수면을 지속하는 데 어려움이 있을 때나 취한 잠이 상쾌하지 않을 때 발생한다. 이러한 문제들은 적절한 수면 기회나 환경에도 불구하고 발생하며, 그것들은 낮 시간 동안의 기능을 손상시킬 수 있다. 급성 불면증은 또한 단기 불면증 혹은 스트레스와 관련 있는 불면증으로 알려져 있다. 만성적인 불면증은 한 달 넘게 지속된다. 그것은 또 다른 질병에 의해 유발되거나 혹은 이것이 주요 질병이 될 수도 있다. 스트레스 호르몬 수치가 높거나 시토킨 수치에 변화가 있는 사람들은 남들보다 만성적인 불면증을 겪을 가능성이 높다. 그것의 영향은 원인에 따라 다양하다. 그것들은 근육의 피로, 환각, 그리고/또는 정신적 피로감을 포함할 수 있다. 만성적인 불면증은 또한 복시를 유발할 수도 있다.

*시토킨: 면역 체계의 특정 세포에 의해 발생되는 분자 그룹

① 불면증은 그것의 지속 기간에 따라 분류될 수 있다.
② 일시적인 불면증은 단지 부적절한 수면 환경에 의해서만 발생한다.
③ 급성 불면증은 보통 스트레스와 관련 있는 것으로 알려져 있다.
④ 만성 불면증 환자들은 환각을 겪을 수 있다.

| 정답해설 | ② 72% 세 번째 문장에서 일시적인 불면증의 원인으로 수면 환경의 변화, 수면 시기, 우울증이나 스트레스 등 다양한 원인을 제시하였으므로 solely due to라는 표현은 틀리다.

| 오답해설 | ① 10% 일주일 미만의 불면증은 일시적인 불면증, 한 달 미만은 급성 불면증, 한 달이 넘으면 만성 불면증으로 분류하고 있다.

③ 10% 본문 중후반에서 Acute insomnia is also known as ~ stress related insomnia.라고 언급하고 있으므로 글의 내용과 일치한다.

④ 8% 끝에서 두 번째 문장에서 만성적인 불면증이 초래하는 영향 중 한 가지로 환각을 제시하고 있으므로 글의 내용과 일치한다.

어휘

insomnia 불면증
acute 급성의
psychomotor 정신 운동(성)의
initiate 시작하다
hallucination 환각, 환영, 환청
transient 일시적인, 순간적인
chronic 만성적인
deprivation 결핍, 부족
impair 손상시키다, 악화시키다
fatigue 피로

18 독해 > Reading for Writing > 빈칸 구 완성 오답률 43% 답 ②

| 해석 | 뭄바이에 있는 Everonn Education의 설립자 Kisha Padbhan은 그의 사업을 국가 건설로 여긴다. 인도의 2억 3천만 명의 학생 연령 인구수(유치원부터 대학교까지)는 세계에서 가장 큰 수치 중 하나이다. 정부는 교육에 830억 달러를 지출하지만, 심각한 격차가 있다. "교사들과 교사들을

훈련시킬 기관이 충분하지 않아요."라고 Kisha는 말한다. "인도의 외진 곳에 사는 아이들에게 부족한 것은 좋은 교사들에 대한 접촉 기회와 양질의 콘텐츠에 대한 노출입니다." Everonn의 해결책은? 그 기업은 ② 가상의 교실을 통해 그 격차를 메우기 위해 양방향 비디오와 오디오를 갖춘 인공위성 네트워크를 사용한다. 그것은 인도의 28개 주들 중 24개 주에 걸쳐 1,800개의 대학교와 7,800개의 학교에 도달한다. 그것은 디지털화된 학교 수업들부터 미래의 엔지니어들을 위한 입학시험 준비까지 모든 것을 제공하며 구직자들을 위한 훈련 또한 갖추고 있다.

① 교사 양성 시설의 질을 향상시키기 위해
② 가상의 교실을 통해 그 격차를 메우기 위해
③ 학생들을 디지털 기술에 친숙하게 만들기 위해
④ 온 나라에 우수한 교사들을 배치하기 위해

| 정답해설 | ② 57% 빈칸 이전에서는 인도의 외진 곳에 사는 아이들에게 부족한 것(문제점)을 제시하였고, 빈칸 문장은 그에 대한 해결책에 해당한다. 즉, 양방향 비디오와 오디오를 갖춘 satellite network(인공위성 네트워크)를 사용한다고 하였고 마지막 문장에서는 디지털화된 학교 수업을 언급하였으므로 빈칸에 가장 적절한 것은 통신망을 이용한 학교 교육의 목적을 언급한 ②이다.

| 오답해설 | ① 17% 본문에서 교사 양성의 문제를 언급하기는 하였으나, 해당 문장은 교육의 격차를 겪고 있는 아이들을 위한 해결책을 설명하는 것이지, 교사 양성을 위한 대책을 논하는 것이 아니다.
③ 6% 인공위성 네트워크를 사용하는 것은 아이들을 디지털 기술에 친숙하게 만들기 위한 것이 아니라, 교육의 격차를 줄이기 위한 것이다.
④ 20% 인공위성 네트워크를 사용하고 있다고 한 것을 고려하면, 가상이 아닌 현실에서의 부족한 교사 배치에 대한 내용은 아니다.

어휘

founder 설립자	content 내용, 콘텐츠
satellite 인공위성	digitize 디지털화하다
aspiring 장래의, 미래의	

오답률 TOP 1

19 독해 > Logical Reading > 배열 오답률 46% 답 ③

| 해석 | 개인이 그러한 기능의 전자 장비를 이용한 측정치를 관찰함으로써 자율적이거나 비자율적인 신체 기능에 대해 어떤 자발적인 통제력을 얻도록 하는 기술은 생체 자기 제어라고 알려져 있다.
(B) 전자 센서들은 심장 박동 수, 혈압과 피부 온도 같은 변수들을 측정하기 위하여 신체의 다양한 부위에 부착된다.
(A) 그러한 변수들이 원하는 방향으로 이동할 때(예를 들어, 혈압이 내려가는 것), 그것은 텔레비전, 측정기, 불빛과 같은 장치에서 나타나는 반응인 시각적이거나 청각적인 출력 정보를 촉발시킨다.
(C) 생체 자기 제어 훈련은 그러한 출력 정보들을 촉발시켰던 사고 패턴이나 행동들을 재현함으로써 원하는 반응을 다시 만들어 내도록 가르친다.

| 정답해설 | ③ 54% '생체 자기 제어'의 원리에 대해서 단계적으로 설명하고 있다. 먼저 주어진 문장에서 by observing electronic measurements(전자 장비를 이용한 측정치를 관찰함으로써)라고 제시하고 있으며, (B)에서는 관찰하기 위한 방법으로 신체에 부착하는 eletronic sensors(전자 센서들)에 대해 설명하고 있으므로 가장 먼저 (B)가 오는 것이 옳다. 또한 (B)에서 such variables가 제시되었는데, 이것은 (A)의 such a variable과 연결 지어 생각하는 것이 가장 적절하다. such a variable은 (B)의 heart rate ~ temperature 등을 지칭한다. 마지막으로 (C)에서 thought patterns ~ the displays는 (A)의 visual or audible displays를 가리키는 것으로, (C)가 마지막에 와서 생체 자기 제어 훈련에 대한 원리를 정리하며 글을 마무리하는 것이 적절하다.

어휘

enable 가능하게 하다	voluntary 자발적인
autonomic 자율적인, 자율 신경계의	involuntary 무심결의, 본의 아닌
biofeedback 생체 자기 제어	trigger 유발하다
audible 잘 들리는	reproduce 다시 만들다, 재현하다

20 문법 > 비교 오답률 42% 답 ④

| 정답해설 | ④ 58% '~만큼 …하지 않다'라는 의미는 「not so + 형용사 + as」의 원급 비교 구문으로 나타낼 수 있다. 따라서 비교급 stingier를 stingy로 바꾸어야 한다.

| 오답해설 | ① 14% be good at은 '~을 잘하다'라는 뜻의 관용표현으로 전치사 at 뒤의 동명사 getting은 적절하다. 또한 get A across B는 'A를 B에게 이해시키다, 전달하다'라는 표현으로 적절하게 사용되었다.
② 14% 주어는 The traffic jams로 복수형이다. '서울의 교통체증들'과 '다른 도시의 교통체증들'을 비교하고 있으므로 The traffic jams를 대신하는 지시대명사 또한 복수형 those로 적절하게 사용되었다. 비교 대상을 「any other + 단수명사」로 표현한 것도 어법에 맞다.
③ 14% 주어는 동명사 형태인 Making ~ to이므로 동사는 3인칭 단수동사인 is가 적절하게 사용되었다. the person과 you are speaking to 사이에는 목적격 관계대명사 whom이 생략되었다. 또한 생략된 관계대명사 whom이 이끄는 절은 반드시 불완전한 형태여야 한다. you are speaking to는 전치사 to의 목적어가 없는 불완전한 형태로 올바르게 쓰였다. 여기서 speak는 자동사로 전치사 to가 반드시 함께 쓰여야 목적어를 가질 수 있다는 점에 주의해야 한다.

2017 4월 8일 시행 국가직(= 사회복지직) 9급 (㉮책형)

합격예상 체크

〈국가직 연도별 합격선〉

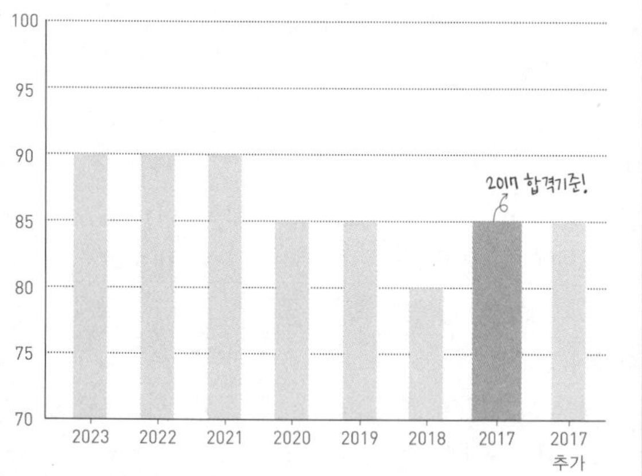

맞힌 개수	/20문항	점수	/100점

➡ □합격 □불합격

취약영역 체크

문항	정답	영역	문항	정답	영역
1	③	어휘 > 유의어 찾기	11	②	어휘 > 유의어 찾기
2	①	어휘 > 유의어 찾기	12	④	어휘 > 문맥상 다양한 추론
3	①	생활영어 > 회화/관용표현	13	②	독해 > Macro Reading > 제목
4	③	생활영어 > 회화/관용표현	14	②	독해 > Macro Reading > 요지
5	①	문법 > 강조와 도치	15	④	문법 > 가정법
6	②	문법 > 시제	16	④	문법 > 부정사
7	②	독해 > Reading for Writing > 빈칸 구 완성	17	①	독해 > Reading for Writing > 빈칸 구 완성
8	④	독해 > Reading for Writing > 빈칸 절 완성	18	③	독해 > Logical Reading > 삭제
9	①	독해 > Reading for Writing > 빈칸 구 완성	19	④	독해 > Logical Reading > 삽입
10	③	독해 > Micro Reading > 내용일치/불일치	20	②	독해 > Logical Reading > 배열

⬇ 영역별 틀린 개수로 취약영역을 확인하세요!

어휘	/4	문법	/4	독해	/10	생활영어	/2

➡ 나의 취약영역: ________

※ [정답해설]과 [오답해설] 선지의 50% 표시는 〈1초 합격예측 서비스〉를 통해 수집된 선지 선택률을 나타냅니다.

오답률 TOP 2

1 어휘 > 유의어 찾기 오답률 50% 답 ③

| 해석 | 나는 밤늦게까지 잠을 자지 않는다는 생각을 극도로 싫어했다.

① 20% 포기했다 ② 21% 확인했다

③ 50% 혐오했다 ④ 9% 방어했다

| 정답해설 | ③ detest는 '몹시 싫어하다'의 의미를 가지며, abhor와 그 의미가 가장 유사하다.

2 어휘 > 유의어 찾기 오답률 16% 답 ①

| 해석 | 나는 전에 어디선가 이 장면을 본 적이 있었다는 이상한 느낌이 들었다.

① 84% 이상한, 특이한 ② 3% 계속 진행 중인

③ 8% 명백한 ④ 5% 불쾌한, 모욕적인

| 정답해설 | ① uncanny는 '이상한, 묘한'의 의미를 가지며, odd와 그 의미가 가장 유사하다.

3 생활영어 > 회화/관용표현 오답률 3% 답 ①

| 해석 | A: 도와 드릴까요?

B: 이틀 전에 이 드레스를 샀는데요, 저에겐 조금 크네요.

A: ① 죄송하지만, 더 작은 치수가 없어요.

B: 그렇다면 환불을 받고 싶어요.

A: 영수증 좀 볼 수 있을까요?

B: 여기요.

① 죄송하지만, 더 작은 치수가 없어요.

② 그런데 제 생각에는 그게 당신에게 딱 맞는 것 같아요.

③ 저 드레스는 우리 가게에서 정말 잘 팔려요.

④ 죄송하지만, 구매하신 이 제품은 환불해 드릴 수 없어요.

| 정답해설 | ① 97% B는 이틀 전에 산 드레스가 조금 크다고 A에게 말했고, 곧 A의 대답을 들은 B가 환불을 요구하고 있다. 따라서 A가 더 작은 치수로 교환을 해 줄 수 없는 상황임을 말했음을 유추할 수 있다. 여기서는 더 작은 사이즈가 없다고 말한 응답이 빈칸에 가장 알맞다.

어휘

refund 환불(하다)

4 생활영어 > 회화/관용표현 오답률 1% 답 ③

| 해석 | A: 제가 이 가정용 혈압기를 사용할 때마다 다른 측정값이 나와요. 제가 잘못 사용하고 있는 것 같아요. 올바르게 사용하는 법을 보여 줄 수 있나요?

B: 네, 물론이죠. 먼저, 고정끈을 팔에 둘러주셔야 해요.

A: 이렇게요? 제가 맞게 하고 있나요?

B: 조금 꽉 매신 것 같아요.

A: 아, 지금은 어떤가요?

B: 지금은 너무 헐거워 보이네요. 너무 꽉 매거나 헐거우면, 부정확한 측정값을 얻을 거예요.

A: ③ 아, 그렇군요. 그 다음엔 무엇을 해야 하죠?
B: 지금 버튼을 누르세요. 움직이거나 말하지 않으셔야 해요.
A: 알겠어요.
B: 조금 있다가 화면에서 혈압을 보실 수 있어요.
① 제가 그들의 웹사이트를 확인해야 하나요?
② 맞아요, 저는 그 책을 읽어야 해요.
③ 아, 그렇군요. 그 다음엔 무엇을 해야 하죠?
④ 저는 오늘 아무것도 못 봤어요.

| 정답해설 | ③ 99% B가 가정용 혈압기의 고정끈을 매는 방법을 말하고 나서 다음 단계에 대해 설명하고 있으므로, A는 ③과 같이 다음으로 해야 할 일을 묻는 것이 가장 적절하다.

어휘
blood pressure monitor 혈압기
reading (기기에 나타나는) 측정값

5 문법 > 강조와 도치 오답률 33% 답 ①

| 해석 | ① 그들은 그의 이야기를 믿지 않았고, 나도 믿지 않았다.
② 내가 가장 관심을 갖는 스포츠는 축구이다.
③ Jamie는 제1차 세계 대전이 1914년에 발발했다고 책에서 배웠다.
④ 두 가지 요인이 과학자들로 하여금 지구상에 있는 종의 수를 결정하는 것을 어렵게 만들었다.

| 정답해설 | ① 67% 부정문이 앞에 있을 경우, 이에 대한 동의 표현은「(and) neither + (대)동사 + 주어」의 형태이므로 옳은 표현이다.

| 오답해설 | ② 6% 관계대명사 that이 이끄는 절을 목적어로 갖는 전치사는 that 앞에 올 수 없으므로, 전치사를 동반할 수 있는 which로 고쳐 사용하는 것이 옳다.
③ 11% 제1차 세계 대전과 같은 과거의 역사적 사실은 시제 일치와 상관 없이 단순 과거시제로 표현하므로 had broken out은 broke out으로 고쳐야 한다.
④ 16% 옳은 문장은 Two factors have made it difficult for scientists to determine the number of species on Earth.이다. made의 진목적어는 to determine ~이므로 가목적어인 it을 made 뒤에 위치시켜야 하며 scientists는 의미상 주어이므로 전치사 for와 함께「for + 의미상 주어」의 형태로 써야 한다.

| 더 알아보기 | 등위접속사 nor

- 부정의 의미를 갖는 등위접속사로 '또한 ~ 아니다'라는 의미이다.
- The gentleman neither smokes nor drinks.
  그 신사는 담배를 피우지도 술을 마시지도 않는다.
  → The gentleman does not either smoke or drink.
  → The gentleman doesn't smoke, and he does not drink either.
  → The gentleman doesn't smoke, and neither does he drink.
  → The gentleman doesn't smoke, nor does he drink.

오답률 TOP 1

6 문법 > 시제 오답률 58% 답 ②

| 해석 | ① 지나가면서 들은 몇몇 단어들이 나를 생각하게 만들었다.
② 그녀가 그 집에 들어가자마자 누군가 불을 켰다.
③ 우리는 호텔까지 차를 몰고 갔는데, 그곳의 발코니에서 우리는 마을을 내려다볼 수 있었다.
④ 노숙자는 대개 직업을 구하는 데 큰 어려움을 겪기 때문에, 그들은 희망을 잃고 있다.

| 정답해설 | ② 42% '~하자마자 …했다'는「Hardly[Scarcely] had + 주어 + p.p. ~ when[before] + 주어 + 과거동사 …」로 표현한다. 따라서 Hardly had she entered the house when someone turned on the light.가 옳은 문장이다.

| 오답해설 |
① 13% A few words (caught in passing) set me thinking.
주어 / 과거분사구 / 동사 목적어 목적격 보어
③ 27% 선행사로 the hotel을 취하는 소유격 관계대명사 whose가 계속적 용법으로 옳게 사용되었다.
④ 18%「the + 형용사(homeless)」는 복수 보통명사로 사용되므로 복수동사 have는 옳게 사용되었다.「have difficulty (in) -ing」는 '~하는 데 어려움을 겪다'라는 동명사 관용표현이다.

| 더 알아보기 |「the + 형용사」의 쓰임

복수 보통명사를 의미한다.
- the wounded = wounded people
- the dying = dying people
- the rich = rich people
- the poor = poor people
- the young = young people
- the old = old people
- the wise = wise people
- the foolish = foolish people

어휘
in passing 지나가는 말로, (다른) ~을 하는 길에
look down at ~을 내려다보다

7 독해 > Reading for Writing > 빈칸 구 완성 오답률 18% 답 ②

| 해석 | 왜 빈곤선 근처를 맴도는 사람들이 그들의 동료를 도울 가능성이 더 클까? Keltner는 그 이유의 일부가 가난한 사람들이 힘든 시간을 헤쳐 나가기 위해 종종 뭉쳐야 하기 때문이라고 생각하는데, 이것이 아마도 그들을 더욱 사회적으로 기민하게 만드는 과정일 것이다. 그는 "불확실성에 직면하면, 다른 사람들에게 자신을 순응시키게 된다. 당신은 이러한 강력한 사회적 네트워크를 구축하게 되는 것이다."라고 말한다. 예를 들어, 가난한 젊은 어머니가 아이를 낳으면 그녀는 음식, (육아) 용품, 육아 (시설)을 확보하는 데 도움이 필요할 수 있으며, 만약 그녀가 건강한 사회 생활을 해 왔다면, 그녀의 지역 사회 구성원들이 도와줄 것이다. 그러나 한정된 소득이 이러한 종류의 공감과 사회적 반응을 발전시키기 위한 전제 조건은 아니다. 우리의 은행 계좌에 들어 있는 돈의 액수와 관계없이, 고난은 우리 자신의 고통이 우리로 하여금 다른 사람들의 요구에 ② 더 관심을 기울이게 하고 우리가 매우 잘 알고 있는 그러한 종류의 고난을 쥐고 있는 누군가를 볼 때 개입하게 만드는 이타주의 또는 영웅주의로 가는 통로가 된다.
① ~에 더 무관심한 ② ~에 더 관심을 기울이는
③ ~에 덜 집착하게 되는 ④ ~에 덜 관련되는

| 정답해설 | ② 82% 가난한 사람이 가난한 사람을 더 쉽게 도울 수 있는 이유에 대해서 분석하는 글이다. 가난한 젊은 어머니의 육아를 지역 사회 구성원들이 나서서 도와줄 거라고 했고 이런 공감과

사회적 반응은 소득과 상관 없이 이루어진다고 했으므로 전체 글의 흐름에 일치하려면 빈칸에는 ②가 가장 어울린다.

어휘

hover 맴돌다, 서성이다
astute 기민한
secure 확보하다; 안전한
pitch in 협력하다, 돕다
prerequisite 전제 조건
conduit 도관
altruism 이타주의, 이타심

8 독해 > Reading for Writing > 빈칸 절 완성 오답률 40% 답 ④

| 해석 | 상하이에 있는 Soleil 백화점 아웃렛은 현대의 중국 소매업계에서 성공하기 위해 필요한 모든 생활 편의 시설을 갖추고 있는 것으로 보인다. 즉, 고급 브랜드와 독점적 위치이다. 그러나 이러한 장점에도 불구하고, 매장 경영진은 고객을 유치할 만한 무언가가 여전히 빠져 있다고 생각했다. 그래서 다음 주에 그들은 쇼핑객들이 5층 고급 매장에서 1층 고급 매장에 이르기까지 엄청난 속도로 순식간에 내려가기 위해 이용할 수 있는 거대하고, 비비 꼬인 용 모양의 미끄럼틀을 공개할 것이다. 소셜 미디어 사용자들은 그 미끄럼틀이 누군가를 죽일지, 반쯤은 농담으로 궁금해하고 있다. 그러나 Soleil은 중국 쇼핑몰들이 완전히 사라질 것이라는 다른 걱정을 안고 있다. 한때 무한한 공급으로 보였던 중국 쇼핑객은, 온라인 쇼핑의 증가로 인해 더 이상 오프라인 아웃렛에 나타나지 않고 있으며, 그들은 명품을 사기 위해 여전히 해외로 나가고 있다. 그래서, 시간과 돈을 소비할 다른 방법을 가진 소비자들을 위해 이 거대한 공간의 용도를 변경하는 데는 많은 창의성이 필요할 것이다. ④ 5층짜리 용 미끄럼틀은 나쁜 시작점은 아닐지 모른다.

① 명품 브랜드들이 Soleil 백화점에서 번창하고 있다
② Soleil 백화점은 과감한 조치를 취하는 것에 반대 결정을 해 왔다
③ 온라인 소비자 기반을 증대시키는 것이 마지막 희망일지 모른다
④ 5층짜리 용 미끄럼틀은 나쁜 시작점은 아닐지 모른다

| 정답해설 | ④ 60% 중국에 있는 Soleil 백화점이 5층에서 1층까지 내려올 수 있는 용 모양의 미끄럼틀을 만든 이유는 온라인 시장과 해외로 빠져나가는 소비자들을 유치하여 오프라인에서 살아남으려면 창의적인 생각이 필요했기 때문이다. 이 시작이 나쁘지 않다고 마무리하는 문장이 빈칸에 들어갈 말로 가장 적절하다.

어휘

amenity 생활 편의 시설
unveil 공개하다, 베일을 벗기다
gigantic 거대한
death-defying 아슬아슬한
brick-and-mortar 소매의, 오프라인 거래의

오답률 TOP 3

9 독해 > Reading for Writing > 빈칸 구 완성 오답률 49% 답 ①

| 해석 | 향후 개발에 대한 실현 가능한 수많은 시나리오를 고안하는 것은 쉽고 겉보기에 각각의 시나리오는 동일하게 가능성이 있어 보인다. 어려운 작업은 실제로 어떤 것이 일어날지 파악하는 것이다. 지나고 나서 보면, 그것은 보통 명백해 보인다. 시간이 흐른 후 돌아보면, 각 사건은 명확하게 그리고 논리적으로 이전 사건을 따르는 것 같아 보인다. 그러나 사건이 일어나기 전에는, 가능성의 수가 무한해 보인다. 성공적인 예측을 위한 방법은 존재하지 않는다. 특히 복잡한 사회·기술적 변화를 포함한 영역들이 그러한데, 그 영역들은 결정적인 요소 중 다수가 알려지지 않았고, 어떤 경우에는 확실히 단일 그룹의 통제하에 있지도 않다. 그럼에도 불구하고 ① 미래를 위한 합리적인 시나리오를 찾아내는 것은 필수적이다. 우리는 신기술이 배당금과 문제 둘 다, 특히 인간적, 사회적 문제를 초래할 것임을 알고 있다. 우리가 이러한 문제를 더 많이 예상하려고 노력할수록 우리는 그것들을 더 잘 제어할 수 있다.

① 미래를 위한 합리적인 시나리오를 찾아내다
② 미래의 변화로 생기는 가능한 배당금을 정당화하다
③ 기술적 문제의 다양한 측면을 제외하다
④ 현재에 초점을 맞추는 것이 어떠할지 고려하다

| 정답해설 | ① 51% 미래에 대한 성공적인 예측을 하는 것은 불가능하나, 그럼에도 불구하고, 우리가 더 많이 예상하려고 노력할수록 미래에 생길 문제들을 더욱 잘 제어할 수 있다고 이야기하고 있다. 양보의 연결사 Nonetheless를 기준으로 앞 문장과 뒤 문장이 서로 반대 이야기를 하고 있으며, 빈칸의 내용을 그 다음 문장에서 뒷받침해 주고 있으므로 ①이 빈칸에 들어갈 말로 가장 적절하다.

어휘

on the face of it 겉보기에는, 표면적으로는
dividend 배당금
anticipate 예상하다, 예측하다
legitimize 정당화하다
leave out 생략하다, 빼다

10 독해 > Micro Reading > 내용일치/불일치 오답률 15% 답 ③

| 해석 | 미뢰(맛 봉오리)는 19세기 독일 과학자 Georg Meissner와 Rudolf Wagner가 이름을 지었는데, 그들은 꽃잎과 같이 겹쳐 있는 미각 세포로 구성된 더미들을 발견했다. 미뢰는 7~10일마다 소모되며, 45세가 넘어가면 그렇게 자주는 아니지만, 우리는 그것들을 교체한다. 즉, 우리의 미각은 나이가 들수록 실제로 둔화된다. 같은 수준의 감각을 내기 위해서는 더 강한 맛이 필요하며, 어린이들이 가장 예민한 미각을 갖는다. 아기의 입에는 성인의 미뢰보다 더 많은 미뢰가 있으며, 심지어 일부는 뺨에까지 흩어져 있다. 부분적으로는 당분에 더 예민한 아이들의 혀끝은 수프가 식기도 전에 뜨거운 수프를 먹으려는 시도에 의해 아직 감각이 둔화되지 않았기 때문에 아이들은 단것을 좋아한다.

① 미뢰는 19세기에 발명되었다.
② 미뢰의 교체는 세월이 지남에 따라 느려지지 않는다.
③ 어린이는 성인보다 더 민감한 미각을 가지고 있다.
④ 미각은 차가운 수프를 먹는 것에 의해 저하된다.

| 정답해설 | ③ 85% 두 번째 문장의 콜론(:) 뒤 our palates really do become jaded as we get older에서 우리의 미각은 나이가 들수록 실제로 둔화된다고 했으며, 세 번째 문장의 and 뒤 children have the keenest sense of taste에서 어린이들의 미각이 가장 예민하다고 했으므로 내용과 일치한다.

| 오답해설 | ① 5% 미뢰는 '발명된(invented)' 것이 아니라 Georg Meissner와 Rudolf Wagner에 의해 '발견되어(discovered)' 이름 붙여졌다.

② 5% 45세가 넘어가면 미뢰를 자주 교체하지는 않는다는 내용을 들며, 실제로 미각이 둔화됨을 제시하고 있으므로 나이가 들수록 미뢰의 대체가 느려진다는 것을 알 수 있다. 따라서 본문의 내용과 일치하지 않는다.

④ 5% 수프가 식기도 전에 뜨거운 상태에서 먹으려고 함으로써 감각이 둔화된다고 했으므로 틀리다.

어휘

taste bud 미뢰
mound 무더기, 더미
overlap 겹치다, 포개다
palate 구개, 미각
jaded 감퇴한
adore 아주 좋아하다
blunt 둔화시키다

11 어휘 > 유의어 찾기 오답률 20% 답 ②

| 해석 | 이 회사에서, 우리는 그러한 행동을 용인하지 않을 것이다.

① 10% 평가하다 ② 80% 용인하다, 참다
③ 3% 기록하다 ④ 7% 바꾸다, 수정하다

| 정답해설 | ② put up with는 '~을 용인하다, 참다, 견디다'라는 뜻으로, tolerate와 가장 유사한 의미를 가진다.

12 어휘 > 문맥상 다양한 추론 오답률 39% 답 ④

| 해석 | ① 13% 나는 그의 이전 직위를 인계받게 될 것이다.
② 15% 나는 지금 더 이상의 일을 맡을 수 없다.
③ 11% 그 비행기는 짙은 안개 때문에 이륙할 수 없었다.
④ 61% 나는 내 막내 여동생을 닮아야(→ 돌봐야) 하기 때문에 나갈 수 없다.

| 정답해설 | ④ take after(~을 닮다)를 take care of(~을 돌보다)로 변경하는 것이 의미상 옳다.

어휘
take over 인계받다 take on (일 등을) 맡다, (책임을) 지다
take off 이륙하다, 떠나다 take after ~을 닮다

13 독해 > Macro Reading > 제목 오답률 6% 답 ②

| 해석 | 드라마는 행위이다. 드라마는 실재이다. 드라마는 아주 평범한 것이다. 그것은 어려운 상황에 처했을 때, 우리 모두가 매일 관여하고 있는 것이다. 당신은 심한 두통이나 걷잡을 수 없는 우울증에 시달리며 아침에 일어나지만, 아무런 문제가 없는 척 그날을 맞이하고 사람들을 대한다. 당신은 다가올 중요한 회의 또는 인터뷰가 있으며, 따라서 미리 자신에게 그 문제를 설명해 보고 어떻게 하면 자신감 있고 쾌활한 표정을 지을지, 무엇을 입을지, 손으로 무엇을 할지 등을 결정한다. 당신은 동료의 서류 위에 커피를 쏟은 다음, 즉시 정교한 변명을 준비한다. 당신의 파트너는 당신의 가장 친한 친구와 (눈이 맞아) 도망갔지만, 당신은 호기심 많은 학급 학생들을 가르치러 들어가는 일을 피할 수 없다. 만약 우리가 우리의 존엄성을 유지하고 다른 사람들과 조화롭게 살아가려면, 하루하루의 삶을 계속하는 것은 일련의 문명화된 가면을 필요로 한다.

① 드라마의 역기능 ② 우리의 일상생활에서의 드라마
③ 공연 예술로서의 드라마 ④ 감정의 극적 변화

| 정답해설 | ② 94% 일상에서 겪고 있는 '드라마'들에 대한 예시를 나열하고 있다. 따라서 이 글의 제목으로는 ②가 가장 적절하다.

어휘
engage in ~에 관여하다, 참여하다 cope with ~에 대응하다, 대처하다
elaborate 정교한, 공들인
inquisitive 꼬치꼬치 묻는, 호기심 많은
get on with ~을 계속하다, 해 나가다
dignity 존엄성 dysfunction 역기능, 기능 장애

14 독해 > Macro Reading > 요지 오답률 27% 답 ②

| 해석 | 정부가 세계 경제의 세 가지 요소인 무역, 정보 및 자본의 흐름을 막음으로써 세계화를 억압하려 한다면 정부는 도대체 어떻게 가난한 자들을 도울 것인가? 부자와 가난한 사람 사이의 격차가 여전히 아주 크다는 것은 부인할 수 없다. 그러나 세계화와 시장 경제에 반대하는 사람들이 우리가 믿도록 만든 것과 같이 경제 성장이 부유한 사람들에게만 이롭고 가난한 사람들은 배제한다는 것은 사실이 아니다. 최근 세계은행의 "성장은 가난한 사람들에게 유익하다"라는 제목의 연구는 인구의 하위 5%의 소득과 1인당 GDP 간의 일대일 관계를 보여 준다. 즉, 모든 부문의 소득은 동일한 비율로 비례하여 증가한다. 이 연구는 해외 무역에 대한 개방성이 전체 경제에 이로운 만큼 빈곤층에게도 이롭다고 지적한다.

① 정부는 경제를 회복시키기 위해 무역의 흐름을 통제해야 한다.
② 세계화는 경제적 지위와 관계없이 유익할 수 있다.
③ 세계 경제는 빈곤층을 희생시켜 성장한다.
④ 세계화는 빈부의 갈등을 심화시킨다.

| 정답해설 | ② 73% 본문 후반부 세계은행의 예시와 함께 마지막 문장의 세계 경제의 세 가지 요소 중 하나인 무역에 대한 해외 개방성이 전체 경제와 빈곤층에게 동일하게 혜택을 준다고 서술하고 있으므로 요지로 가장 적절한 것은 ②이다.

| 오답해설 | ① 3% 경제 회복과 무역의 상관성은 본문에 언급되지 않았으므로 오답이다.
③④ 17% 7% 글의 요지와 정반대되는 서술이다.

어휘
on earth (의문문 강조) 도대체 strangle 교살하다; 억압하다
stem 저지하다, 막다 disparity 차이, 불균형
undeniable 부인할 수 없는 opponent 반대자
proportionately 비례해서 at the expense of ~의 희생으로

15 문법 > 가정법 오답률 28% 답 ④

| 정답해설 | ④ 72% 우리말이 '~ 얻지 못했을 것이다'이므로 should는 가능을 뜻하는 조동사의 부정형인 couldn't가 되어야 한다.

어휘
headquarter 본사 splendid 훌륭한

16 문법 > 부정사 오답률 31% 답 ④

| 정답해설 | ④ 69% '너무 ~해서 …할 수 없다'의 의미를 만들기 위해, 「too ~ to …」 구문이나 「so ~ that …」 구문으로 고쳐야 한다. 다음의 두 방법으로 고칠 수 있다.
1) He was too distracted by a text message to know that he was going over the speed limit.
2) He was so distracted by a text message that he didn't know that he was going over the speed limit.

| 오답해설 | ① 6% 부정 부사구인 Only after the meeting이 문두로 강조되어 뒤따라오는 어순이 도치되었다. 따라서 did he recognize의 어순은 올바르다.
② 4% 주장을 나타내는 동사 insist의 목적어로 쓰인 that절이 당위의 의미를 가지면 that절의 동사는 「should + 동사원형」으로 쓴다. 이때 should는 생략할 수 있다. 따라서 a bridge 다음에 동사원형인 be constructed의 형태가 오게 되었다. to solve ~ 이하는 to부정사의 부사적 용법(목적)으로 사용되었다.
③ 21% 양보절에 as를 사용할 때는 문장의 보어(형용사/명사)를 도치하여 사용할 수 있다. 맨 앞에 오는 as는 부사의 역할이니 참고하자.

As difficult a task as it was, ~
부사 보어 접속사 주어 동사

| 더 알아보기 | 부정어 도치

부정부사(구) not, never, no, little을 문두로 이동하면 주어와 동사가 의문문 어순으로 도치된다.

- I never thought of studying.
  나는 공부할 생각을 전혀 하지 않았다.
  → Never did I think of studying.
- I have never dreamed of that.
  나는 그것에 대해서 꿈도 꿔 본 적이 없다.
  → Never have I dreamed of that.
- He little expected that a letter would come from the school.
  그는 그 학교로부터 편지가 올 것을 거의 기대하지 않았다.
  → Little did he expect that a letter would come from the school.
- I little dreamed that I should never see my sister again.
  나는 내 여동생을 다시 볼 수 없을 거라고 전혀 생각하지 않았다.
  → Little did I dream that I should never see my sister again.
- She was not only sad but she was depressed.
  그녀는 슬플 뿐만 아니라 우울했다.
  → Not only was she sad but she was depressed.
- She did not know the fact until this morning.
  그녀는 오늘 아침이 될 때까지 그 사실을 몰랐다.(그녀는 오늘 아침이 되어서야 그 사실을 알았다.)
  → Not until this morning did she know the fact.
- He had scarcely[hardly] entered the room when[before] he fell (down).
  그는 방에 들어서자마자 쓰러졌다.
  → Scarcely[Hardly] had he entered the room when[before] he fell (down).

어휘

construct 건설하다
distracted 정신이 팔린, 주의가 산만한

17 독해 > Reading for Writing > 빈칸 구 완성 | 오답률 40% | 답 ①

| 해석 | 귀와 대조했을 때 눈에 의해 수집된 정보의 양은 정확하게 계산되지 않아 왔다. 그러한 계산은 번역 과정을 포함할 뿐만 아니라 과학자들은 무엇을 세어야 하는지에 대한 지식 부족으로 어려움을 겪었다. 그러나 두 시스템의 상대적 복잡성에 대한 일반적인 개념은 눈과 귀를 뇌의 중심부까지 연결하는 신경의 크기를 (A) 비교함으로써 얻을 수 있다. 시신경은 달팽이관 신경보다 약 18배 많은 뉴런을 포함하고 있기 때문에, 우리는 그것이 적어도 그만큼 더 많은 정보를 전달한다고 추정한다. 사실, 정상적으로 주의를 집중하는 실험 대상에게, 정보를 (B) 쓸어 담는 데 있어서 눈은 귀의 천 배만큼이나 효율적일 수도 있다.

	(A)	(B)
①	비교하는	쓸어 담는, 처리하는
②	비교하는	줄이는
③	첨가하는	전파하는
④	첨가하는	말끔히 치우는, 해결하는

| 정답해설 | ① 60% (A) 빈칸 이후의 문장을 통해서 시신경과 달팽이관 신경을 비교한 구체적 수치인 18배를 제시하고 있다. 따라서 해당 문장 이전의 빈칸에는 시신경과 달팽이관의 신경의 뉴런 수를 '비교하는 것'이 가장 적절하므로 comparing이 적절하다.

(B) 빈칸 이전에 시신경이 달팽이관 신경보다 약 18배 많은 정보를 전달한다고 추정하고 있다. 따라서 빈칸에는 눈이 귀의 천 배만큼이나 정보를 '취득하는 것'과 관련된 맥락으로 sweeping up이 적절하다.

어휘

precisely 정확하게
handicap 불리하게 만들다, 어려움을 겪게 하다
notion 개념, 생각
optic nerve 시신경
neuron 뉴런
transmit 전달하다
alert 주의를 집중하는, 정신이 초롱초롱한
probable 있음직한, 충분히 가능한

18 독해 > Logical Reading > 삭제 | 오답률 36% | 답 ③

| 해석 | 최근 수년간 아동 도서상이 급증했다. 그래서 오늘날에는 다양한 기관에 의한 상과 상금이 족히 100가지가 넘는다. 상은 특정 장르의 책에 대해 주어지거나 또는 단순히 주어진 기간 내에 출판된 모든 아동 도서 중 최고의 작품에 주어진다. 상은 아동 문학계에 바친 평생의 공헌에 대해 특정 책이나 저자에게 수여될 수도 있다. 대부분의 아동 도서상은 성인에 의해 선정되지만, 현재는 어린이가 선정한 도서상도 점점 늘고 있다. 대부분의 국가에서 수여되는 규모가 더 큰 국가상은 가장 영향력이 크며, 어린 독자들을 위해 발간되는 양서에 대한 대중의 인식을 높이는 데 큰 도움을 주어 왔다. ③ 출판 산업에의 뛰어난 노고에 대한 시상식이 연기되었다. 물론, 독자는 수상 도서에 너무 많은 믿음을 두지 않는 것이 현명하다. 상이 꼭 좋은 독서 경험을 의미하는 것은 아니지만, 책을 선택할 때 분명히 시작점을 제공해 준다.

| 정답해설 | ③ 64% 도입부에서 최근 아동 도서상이 증가했다고 하며 중반부까지 이러한 도서상에 대한 정보를 제공하고 있다. 그리고 후반부로 넘어가면서 '수상이 가지는 의미'에 대해 서술하며 마무리하고 있는데, 갑자기 '시상식이 연기되었다'라고 하는 문장은 글의 자연스러운 흐름을 해친다.

어휘

proliferate 급증하다
put ~ on hold ~을 연기하다, 보류하다

19 독해 > Logical Reading > 삽입 | 오답률 36% | 답 ④

| 해석 | 동물이 사냥에서 사살되었을 때 일어나는 것과 같은 간단한 분배 상황을 예를 들어 살펴보자. 어떤 사람은 각 사냥꾼이 그것을 얻기 위해 한 일의 양에 따라 동물이 분배될 것을 기대할 수 있다. 어느 정도 이 원칙은 지켜지지만, 다른 사람들 또한 권리를 가진다. 캠프에 있는 각각의 사람은 사냥꾼과의 관계에 따라 자신의 몫을 얻는다. 예를 들어, 캥거루가 사냥되면, 사냥꾼은 주요 부위를 친족에게 주어야 하며, 가장 안 좋은 부위들은 사냥꾼 자신이 가져갈 수도 있다. ④ 이 불평등은 다른 사람들이 잡은 사냥감들로부터 더 나은 몫을 그들 차례에서 얻었을 때 해결된다. 장기적인 면에서 최종적인 결과는 사실상 각 개인에게 동일한 것이지만, 이 시스템을 통해서, 친족 관계 의무 원칙과 음식 공유의 도덕이 강조되어 온 것이다.

| 정답해설 | ④ 64% 주어진 문장의 This inequality가 지칭하는 내용으로 가장 적절한 것은 ④ 앞에 나온 캥거루의 주요 부분을 친족에게 주고, 가장 안 좋은 부위를 사냥꾼 자신이 가진다는 것이므로, 주어진 문장은 ④에 삽입되는 것이 가장 적절하다.

어휘

kinfolk 친척, 친족
substantially 상당히, 사실상
morality 도덕성
net 결국의, 최종적인
kinship 친척 관계, 혈족 관계

20 독해 > Logical Reading > 배열 오답률 34% 답 ②

| 해석 | 그룹 치료법의 가장 혁신적인 방법은 Jacob L. Moreno의 아이디어인 심리극이었다. 그룹 치료의 한 형태인 심리극은 정신병이 본질적으로 정신 또는 마음 속에서 발생한다는 프로이트 학설의 세계관과는 꽤 다른 전제에서 시작되었다.

(B) 주류 관점과의 그의 이론적인 차이에도 불구하고, 20세기의 심리적 의식 형성에 대한 Moreno의 영향력은 상당했다. 그는 인간의 본성은 창의적이 되는 것이며 그리고 창조적인 삶을 사는 것이 인간의 건강과 행복의 열쇠라고 생각했다.

(A) 그러나 그는 또한 창의성이 고독한 과정이 아니라 사회적 상호 작용에 의해 이끌어내어진 것이라고 생각했다. 그는 창의력과 일반적인 사회적 신뢰를 증진시키는 수단으로서 역할극과 즉흥 연극을 포함한 연극 기법에 크게 의존했다.

(C) 그의 가장 중요한 연극적 도구는 참가자들에게 다른 사람의 외적 인격을 맡도록 요청하는, 그가 역할 바꾸기라고 불렀던 것이었다. 다른 이의 가죽을 쓰고 있는 사람인 "척"하는 행위는 감정 이입의 충동을 불러일으키는 것을 돕고 그것을 더 높은 수준의 표현으로 발전시키도록 설계되었다.

| 정답해설 | ② 66% 주어진 문장 내의 that were quite alien to the Freudian world view라는 부분을 통해 Moreno의 전제가 주류와 다름을 알 수 있다. (B)의 첫 문장의 Despite his theoretical difference가 이를 가리키고 있으므로, 주어진 문장의 다음 순서로 (B)가 오는 것이 적절하다. (B)에서는 '창의적인 삶을 사는 것이 인간의 건강과 행복의 열쇠'라고 했는데, (A)에서 창의성은 사회적 상호 작용에 의한 것이라고 하며 이 두 가지 역량을 증진시키기 위한 수단으로 역할극과 즉흥극을 제안하고 있고, (C)에서 그러한 연극의 표현 방식을 설명하고 있다. 그러므로 (B) – (A) – (C)의 순서가 알맞다.

어휘

innovative 혁신적인
brainchild 아이디어, 발명품
improvisation 즉흥으로 하는 것(연기, 연주 등)
persona 외적 인격; 인물, 등장인물
psychodrama 심리극
solitary 혼자의, 고독한

2017 10월 21일 시행 국가직 9급 추가 (㉯책형)

합격예상 체크

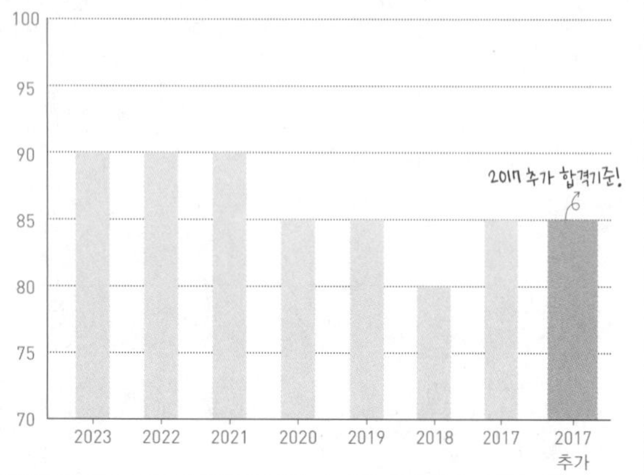

맞힌 개수	/20문항	점수	/100점

➡ □합격 □불합격

취약영역 체크

문항	정답	영역	문항	정답	영역
1	④	생활영어 > 회화/관용표현	11	④	어휘 > 빈칸 완성
2	②	생활영어 > 회화/관용표현	12	②	독해 > Logical Reading > 배열
3	③	문법 > 동사	13	③	문법 > 가정법
4	④	문법 > 일치	14	③	문법 > 부사
5	③	어휘 > 유의어 찾기	15	②	독해 > Reading for Writing > 빈칸 구 완성
6	②	어휘 > 유의어 찾기	16	④	독해 > Reading for Writing > 빈칸 절 완성
7	③	어휘 > 유의어 찾기	17	①	독해 > Reading for Writing > 빈칸 구 완성
8	③	독해 > Logical Reading > 삽입	18	④	독해 > Logical Reading > 삭제
9	④	독해 > Micro Reading > 내용 일치/불일치	19	④	독해 > Micro Reading > 내용 일치/불일치
10	①	독해 > Micro Reading > 내용 일치/불일치	20	①	독해 > Reading for Writing > 빈칸 절 완성

⬇ 영역별 틀린 개수로 취약영역을 확인하세요!

어휘	/4	문법	/4	독해	/10	생활영어	/2

➡ 나의 취약영역: ________

※ [정답해설]과 [오답해설] 선지의 50% 표시는 〈1초 합격예측 서비스〉를 통해 수집된 선지 선택률을 나타냅니다.

1 생활영어 > 회화/관용표현 오답률 6% 답 ④

| 해석 | Mary: 안녕하세요, James. 어떻게 지내세요?
James: 안녕하세요, Mary. 오늘은 무엇을 도와드릴까요?
Mary: 이 소포를 배송하려면 어떻게 처리해야 하나요?
James: 고객 서비스 센터에 있는 Bob에게 말해 보는 게 어떠세요?
Mary: ④ 그의 번호로 전화를 해 봤지만, 아무도 받지 않아요.
① 물론이죠. 당신을 위해 제가 이 소포를 배송할게요.
② 알겠습니다. 제가 Bob의 고객을 맡을게요.
③ 세관 사무소에서 뵐게요.
④ 그의 번호로 전화를 해 봤지만, 아무도 받지 않아요.

| 정답해설 | ④ 94% Bob에게 문의해 보는 게 어떠냐는 James의 제안에 대한 답으로는 이미 그에게 전화를 해 봤지만 아무도 받지 않는다는 ④의 내용이 알맞다.

2 생활영어 > 회화/관용표현 오답률 2% 답 ②

| 해석 | A: 우와! 저 긴 줄을 봐. 우린 적어도 30분은 기다려야 할 거야.
B: 네 말이 맞아. ② 다른 놀이기구를 찾아보자.
A: 그거 좋은 생각이다. 나는 롤러코스터를 타고 싶어.
B: 그건 내 취향이 아니야.
A: 그럼 후룸라이드는 어때? 재미도 있고 줄도 별로 안 길어.
B: 그거 괜찮다! 가자!
① 마술쇼 자리를 찾아보자.
② 다른 놀이기구를 찾아보자.
③ 퍼레이드 의상을 사자.
④ 분실물 보관소로 가 보자.

| 정답해설 | ② 98% 빈칸 B의 말에 A가 긍정적으로 동의한 후 롤러코스터를 타고 싶다고 말하는 것으로 보아 빈칸에는 줄이 긴 놀이기구 대신 다른 놀이기구를 찾아보자고 제안하는 말이 들어가는 것이 자연스럽다.

어휘
cup of tea (보통 부정문에 사용) 기호에 맞는 사람[물건]
ride 놀이기구

3 문법 > 동사 오답률 34% 답 ③

| 정답해설 | ③ 66% promise는 '~을 약속하다'라는 의미로 주로 타동사로 쓰인다. 우리말의 '타협하다'는 compromise로 쓴다.

| 오답해설 | ① 10% by word of mouth는 '입에서 입으로, 입소문을 통해서'라는 뜻으로 알맞게 사용되었다.
② 10% must-see는 '꼭 보아야 할, 볼 만한'이라는 뜻으로 알맞게 사용되었다.
④ 14% on a tight budget은 '예산이 빠듯한, 돈이 없는'이라는 뜻의 관용구이고, 두 번째 문장에서 to spend는 명사 fifteen dollars를 수식하는 to부정사의 형용사적 용법으로 쓰였다.

4 문법 > 일치 오답률 30% 답 ④

| 정답해설 | ④ 70% 해설이 3가지로 제시될 수 있다.

1) 주어에서 To control the process와 making improvement는 등위접속사 and에 의해 병렬 구조를 이루어야 한다. 따라서 To control the process and (to) make improvement 혹은 Controlling the process and making improvement로 바꿔야 한다. 또한 의미상 이 두 개의 개념을 하나의 개념으로 간주하고 있으므로 단수동사 was로 쓴 것은 적절하나 보어 역시도 일치시켜 objective로 수정할 수 있다. (단, 주어를 각각의 개념으로 볼 경우에는 were objectives가 옳다.)
2) 분사구문을 이용해서 To make improvement(부정사 주어), controlling the process(분사구문)로 표시하고 단수동사 was로 나타낼 수 있다.
3) 주어진 문장의 어순을 그대로 활용한다면, 아래와 같은 경우도 가능은 하다. 분사구문을 활용해서 To control (Controlling) the process, making improvement를 주어로 우리말을 동시 상황으로 보고, '발전시키면서 과정을 관리하는 것'도 역시 가능하다.

| 오답해설 | ① 6% 부사절 When the dinner was ready를 분사구문으로 바꾼 것이다. 접속사 When은 생략하고, 주절과 종속절의 주어가 다르기 때문에 종속절의 주어 The dinner는 그대로 남아 있다. was는 주절의 동사 moved와 시제가 일치하기 때문에 being이 된다.

② 16% who that is over there은 동사 tell의 목적어 역할을 하고 있는 간접의문문에 해당한다. 따라서 「의문사 + 주어 + 동사」의 어순으로 왔다.

③ 8% rarely는 '거의 ~하지 않는'이라는 의미의 부정부사이다. 또한 prove는 불완전자동사로 사용되었으므로 형용사 fatal이 보어로 왔다.

| 더 알아보기 | 독립분사구문

> 주절의 주어와 분사구문의 주어가 다른 경우, 분사구문의 주어를 생략하지 않고 남겨두는데 이러한 분사구문을 독립분사구문이라고 한다.
> • After the sun had set, we started for home.
> 해가 져서, 우리는 집을 향해 출발했다.
> → The sun having set, we started for home.

오답률 TOP 2

5 어휘 > 유의어 찾기 오답률 55% 답 ③

| 해석 | 요즘, 핼러윈은 이교도와 가톨릭 축제의 기원으로부터 많이 변화해 왔다. 그리고 우리가 달래는 영혼들은 더 이상 죽은 자들의 영혼이 아니다. 굶주린 영혼들은 의상을 입고 과자를 요구하는 아이들로 대체되었다.

① 13% 맡기다, 배정하다 ② 26% 체포하다, 이해하다
③ 45% 달래다, 진정시키다 ④ 16% 자극하다, 유발하다

| 정답해설 | ③ appease는 '~을 달래다'라는 뜻으로 선지 중 가장 가까운 의미를 지닌 것은 pacify이다.

어휘

drift 표류하다; 헤메다, (정처없이) 나아가다
pagan 이교도

6 어휘 > 유의어 찾기 오답률 33% 답 ②

| 해석 | 나는 주로 내 문제들을 가볍게 여긴다. 그리고 그것은 내 기분을 한결 낫게 만든다.

① 2% 어떤 것을 심각하게 여기다
② 67% 어떤 것을 중요하지 않은 것으로 취급하다
③ 14% 문제를 해결하기 위해 노력하다
④ 17% 수용할 만한 해결책을 찾다

| 정답해설 | ② make light of는 '~을 가볍게 여기다'라는 뜻으로 treat something as unimportant와 의미가 가장 가깝다.

| 더 알아보기 | '~을 중요시하다'를 뜻하는 표현

> • make much (account) of ~
> • make something of ~
> • attach importance to ~

어휘

make an effort 노력하다

7 어휘 > 유의어 찾기 오답률 20% 답 ③

| 해석 | 패스트푸드 체인의 홍보 노력 덕택에, 햄버거와 감자튀김은 1950년대에 전형적인 미국 식사가 되었다.

① 1% 가장 건강한 ② 10% 입수 가능한, (가격 등이) 알맞은
③ 80% 전형적인, 일반적인 ④ 9% 비공식적인, 격식 차리지 않는

| 정답해설 | ③ quintessential은 '전형적인'이라는 뜻으로 typical과 의미가 가장 가깝다.

8 독해 > Logical Reading > 삽입 오답률 16% 답 ③

| 해석 | Zealandia라고 불리는 길게 숨겨진 대륙이 뉴질랜드 아래에 숨어 있다고 지질학자들은 말한다. 그러나 아무도 새로운 대륙을 공식적으로 표기하는 일을 맡고 있지 않으므로, 각각의 과학자들은 결국 그들 스스로 판단해야 할 것이다. 지질학자로 구성된 한 팀은 그 새로운 대륙에 대해 과학적인 사례를 제시하는데, Zealandia가 대략 사백 구십만 평방킬로미터에 이르는 대륙 지각의 지속적인 팽창이라고 주장한다. 그것은 대략 인도 아대륙의 크기에 해당한다. 대체적으로 건조한 다른 대륙들과는 달리, Zealandia의 94퍼센트가 대양 아래에 숨어 있다. ③ 오로지 뉴질랜드, 뉴칼레도니아 그리고 몇 개의 작은 섬들만이 파도 위로 살짝 보인다. 그러한 작은 지역들을 제외하고, Zealandia의 모든 부분은 대양 아래에 잠겨 있다. "만약 우리가 전 세계의 대양을 없앨 수 있다면, Zealandia가 주변 대양 지각의 약 3,000미터 위로 솟아 나와 있다는 점이 아주 명확해질 것입니다."라고 한 지질학자는 말한다. "만약 해수면이 없다면, 아주 오래 전에 우리는 Zealandia의 정체를, 즉 Zealandia가 대륙이라는 것을 알아봤을 것입니다."

| 정답해설 | ③ 84% 주어진 문장은 ③ 앞의 Zealandia의 94퍼센트가 대양 아래에 숨어 있다는 내용을 부연 설명한 것으로 보는 것이 가장 적절하다. 또한 ③ 뒤의 those tiny areas는 주어진 문장의 New Zealand, New Caledonia and a few small islands를 지칭하는 것이다. 따라서 주어진 문장은 ③의 위치에 오는 것이 알맞다.

어휘

peek 살짝 보이다	lurk 숨다, 잠복하다
designate 표기하다, 지명하다	pitch 이야기하다; 던지다
expanse 팽창; 광활한 공간	continental crust 대륙 지각
subcontinent 아대륙	submerge 물에 잠기다
pull the plug on ~을 죽이다, 제거하다	
ocean crust 대양 지각	

오답률 TOP 3

9 독해 > Micro Reading > 내용일치/불일치 오답률 54% 답 ④

| 해석 | 17세기 초반의 수십 년은 보통 과학 혁명이라 일컬어지는 과정인 지구와 하늘에 대한 이해의 급격한 성장을 목격했다. 아리스토텔레스 철학에 대한 오래된 의존은 대학가에서 빠르게 약해지고 있었다. 자연 철학의 아리스토텔레스 체계에서, 물체의 움직임은 그들이 소유한 네 가지 원소(땅, 물, 공기, 불)의 양의 측면에서 '인과적으로' 설명되었고 물체는 그들을 구성하는 주어진 원소들의 우세함에 따라 그들의 '자연적인' 곳을 향해 위로 혹은 아래로 움직였다. 자연 철학은 광학, 유체 정역학, 그리고 화성학과 같은 '혼합 수학' 과목들과 늘상 대조되었는데, (이러한 과목들에서) 숫자는 길이 혹은 기간과 같은 측정 가능한 외부 수량에 적용될 수 있었다.

① 17세기 초반에 지구와 하늘에 대한 지식의 증가가 있었다.
② 아리스토텔레스 철학에의 의존은 17세기에 대학가에서 쇠퇴하고 있었다.
③ 자연 철학은 물체의 운동을 설명하기 위해 네 가지 원소를 제시하였다.
④ 자연 철학에서, 측정 가능한 외부 수량을 위해 늘상 숫자가 사용되었다.

| 정답해설 | ④ 46% 마지막 문장에서 측정 가능한 외부 수량을 위해 숫자를 사용한 것은 자연 철학이 아니라 혼합 수학 과목이라고 했는데 자연 철학은 이와 대조를 이루었다고 하였으므로 ④는 본문과 일치하지 않는다.

| 더 알아보기 | Natural Philosophy(자연 철학)

> 만물의 생성 과정 또는 본질적인 자연 자체를 탐구하는 데 집중하는 철학 및 학문

어휘

exponential 기하급수적인; 급격한	reliance 의존, 의지
wane 약해지다, 쇠약해지다	causally 인과적으로, 원인이 되어
preponderance 우세함	routinely 일상적으로, 늘상
mathematical 수학의	optics 광학
hydrostatics 유체 정역학, 정수 역학	harmonics 화성학
duration 기간	

10 독해 > Micro Reading > 내용일치/불일치 오답률 32% 답 ①

| 해석 | 방치 혹은 학대와 같은 인생 초창기의 스트레스를 유발하는 사건들은 성인기에 접어들어서도 심리적인 영향을 미칠 수 있다. 새로운 연구는 이러한 영향들이 그들의 자녀와 심지어 그들의 손주들에게까지 지속될 수도 있다는 것을 보여 준다. Tufts 의과대학의 생화학자, Larry James와 Lorena Schmidt는 7주간에 걸쳐 규칙적으로 청소년기의 쥐들을 새로운 우리로 재배치함으로써 그들에게 만성적인 사회적 스트레스를 유발시켰다. 그런 뒤 그 연구원들은 쥐들이 얼마나 오래 미로의 트인 공간에서 시간을 보내는지 그리고 그들이 이전에 한 번도 본 적 없는 쥐들에게 얼마나 자주 다가가는지와 같은, 설치류의 불안 정도에 대한 일련의 표준 실험 척도들을 사용하여 이러한 스트레스를 겪은 성인 쥐들을 검사했다. 암컷 쥐들은 대조군들과 비교했을 때 더 불안한 행동을 보였고, 반면 수컷들은 그렇지 않았다. 그러나 두 성별 모두의 새끼들은 더 불안한 행동을 보였고, 청소년기에 스트레스를 겪었던 수컷 쥐들은 심지어 이러한 행동 패턴을 그들의 손주들과 증손주들에게까지 물려주었다.

① 당신의 할아버지가 청소년이었을 때 겪었던 스트레스가 당신을 더 불안하게 만들 수도 있다.
② 어릴 적의 스트레스를 일으키는 경험들은 인생 후반부의 불안을 완화시킨다.
③ 한 장소에서 다른 장소로의 지속적인 이동은 자손들에게 이득을 줄 수 있다.
④ 만성적인 사회적 스트레스는 재배치로 인해 유발될 수 없다.

| 정답해설 | ① 68% 두 번째 문장에서 어린 시절 받은 스트레스의 영향이 자신의 손주들에게까지 지속될 수 있다고 언급하고 있고, 마지막 문장에서도 쥐 실험을 통해 청소년기에 스트레스를 받은 수컷 쥐들의 불안한 행동 패턴이 손주들과 증손주들에게까지 전이되었다고 진술하고 있으므로 ①은 본문의 내용과 일치한다.

| 오답해설 | ② 18% 청소년기에 받은 스트레스가 성인기의 불안한 행동 패턴에 영향을 준다는 내용은 있으나 인생 후반부의 불안을 완화시킨다는 내용은 찾아볼 수 없다.

③ 8% 본문의 실험 내용에 의하면 규칙적인 우리의 재배치는 실험쥐들의 스트레스를 유발했고, 이러한 스트레스는 실험쥐들의 자손들에게까지 영향을 미쳐 그들이 불안한 행동을 보이도록 만들었으므로 이득을 주었다고 할 수 없다.

④ 6% 본문의 실험에서 연구원들은 장소의 재배치를 통해 실험쥐들의 스트레스를 유발했다.

어휘

biochemist 생화학자	chronic 만성적인
adolescent 청소년, 청년	rodent 설치류의
offspring 새끼, 자손	
transmit 전송하다; (자손에게) 물려주다, 유전시키다	
alleviate 경감하다, 완화하다	constant 지속적인

11 어휘 > 빈칸 완성 오답률 26% 답 ④

| 해석 | • 그녀는 그들의 최종 결정에 실망했지만, 결국 ④ 극복할 것이다.
• 내가 그녀의 죽음으로 인한 충격을 ④ 극복하는 것에는 아주 오랜 시간이 걸렸다.

① 12% 도망치다, 벗어나다 ② 5% 내려가다, 엎드리다, 시작하다
③ 9% 성공하다, 앞지르다 ④ 74% 극복하다, 이겨내다

| 정답해설 | ④ 문맥상 빈칸에 공통으로 들어가기에 가장 자연스러운 것은 '극복하다'의 의미를 지닌 get over이다.

12 독해 > Logical Reading > 배열 오답률 6% 답 ②

| 해석 | 대대로, 부지런한 사람들은 삶을 더 쉽게 만들기 위해 계속하여 편의 시설을 만들어 냈다. 바퀴에서 전구의 발명에 이르기까지, 발명품들은 사회가 앞으로 나아가게 했다.

(B) 한 가지 최근의 현대 발명품은 컴퓨터인데, 그것은 사람들의 삶의 많은 측면을 개선시켰다. 이는 특히 교육의 영역에 있어서 그러하다. 더 높은 수준의 교육에 관한 컴퓨터 기술의 중요한 한 가지 영향은 강의의 이용 가능성이다.

(C) 컴퓨터 네트워크 발전의 결과로, 학생들은 실시간으로 많은 대학의 강의를 들을 수 있다. 그들은 이제 디지털 스크린 앞에 앉아 다른 대학에서 제공되는 강의를 들을 수 있다.
(A) 게다가, 쌍방향 미디어는 강사에게 질문을 하거나 이메일을 통해 다른 학생들과 의견 교환을 하기 위해 사용될 수 있다. 그러한 컴퓨터화된 강의들은 학생들에게 이전에는 이용 불가능했던 지식으로의 접근을 제공한다.

| 정답해설 | ② 94% 주어진 글은 발명품이 사회를 발전하게 만들었다고 하며 마무리되었다. 따라서 그 예로 현대 발명품인 컴퓨터를 제시하고 있는 (B)가 이어지는 것이 자연스럽다. (B)의 마지막에서는 컴퓨터가 교육에 긍정적인 영향을 미치고 있다고 언급했고, 이를 (C)에서 온라인 강의의 예를 들며 구체적으로 설명하고 있다. (A)는 첨언의 연결사 In addition으로 시작하여 온라인으로 제공되는 강의의 이점에 대해 계속하여 설명하고 있으므로 (C) 다음에 오는 것이 자연스럽다. 따라서 적절한 순서는 (B) – (C) – (A)이다.

어휘

industrious 부지런한, 근면한	propel 나아가게 하다, 추진하다
availability 유용성, 이용 가능성	in real time 실시간으로

13 문법 > 가정법 오답률 32% 답 ③

| 해석 | ① 학부생들은 실험실에서 장비를 사용하도록 허용되지 않는다.
② 다양한 주제들에 대한 Mary의 지식의 범위는 나를 놀라게 한다.
③ 만약 그녀가 어제 집에 있었다면, 나는 그녀를 방문했을 텐데.
④ 당신의 대출 신청서가 승인되지 않았음을 알리게 되어 유감입니다.

| 정답해설 | ③ 68% 가정법 과거완료 구문으로 과거 사실과 반대되는 가정을 할 때 쓰인다. 「If + 주어 + had p.p. ~, 주어 + 조동사 과거형 + have p.p.」의 순서를 잘 따르고 있다.

| 오답해설 | ① 10% 「be allowed to + 동사원형」은 '~하는 것이 허용[허락]되다'라는 의미로 여기서 to는 전치사가 아니므로 using을 use로 바꿔야 한다. 또한 equipment는 불가산명사이므로 복수형이 불가능하다. 따라서 equipment로 고쳐야 한다.
② 10% 주어는 The extent로 3인칭 단수이다. 따라서 동사는 주어에 수 일치를 시켜 astounds가 되어야 한다.
④ 12% regret은 '유감스럽게 생각하다'라는 의미의 동사로, 목적어로 동명사가 오면 이미 지난 일에 대한 후회를, to부정사가 오면 앞으로 일어날 일에 대한 유감을 나타내므로 regret to inform you는 옳게 사용되었다. 「inform + 목적어 + that + 주어 + 동사」의 형태도 옳다. 단, approve는 타동사로 '~을 승인하다'의 뜻인데 여기서는 의미상 '승인되지 않다'라는 수동의 의미가 되도록 has not been approved가 되어야 옳다.

어휘

laboratory 실험실	loan 대출
application 신청서, 지원	approve 승인하다

오답률 TOP 1

14 문법 > 부사 오답률 65% 답 ③

| 해석 | ① 우리 아버지는 6주간 병원에 계셨다.
② 가족 모두가 독감으로 고생한다.
③ 그녀는 그것을 언급조차 하지 않았다.
④ 그녀는 경제적으로 독립하고 싶어 한다.

| 정답해설 | ③ 35% never so much as는 '~조차 하지 않는'이라는 의미의 부사구로 주어와 동사 사이에 삽입되었다. not so much as 형태에서 not 대신 never를 쓴 옳은 문장이다.

| 오답해설 | ① 15% 「기수 + 가산명사」 형태의 불특정 기간인 six weeks가 제시되었으므로 during six weeks는 for six weeks로 바뀌어야 하며, 이때는 과거시제와 현재완료시제 모두 사용 가능하다.
② 21% suffer가 전치사 from과 함께 사용되면, 자동사로 수동형이 불가하다. 따라서 주어진 The whole family를 가족 구성원들로 복수 취급하여 복수동사로 are suffering from이나 suffer from이 옳다. suffer가 타동사로 쓰이는 경우에는 '~을 경험하다'라는 의미로 대개 수동형으로 사용하지는 않는다.
④ 29% financial은 뒤의 형용사 independent를 수식해야 하므로 부사 financially가 되어야 한다.

15 독해 > Reading for Writing > 빈칸 구 완성 오답률 45% 답 ②

| 해석 | 여러 민족이 섞여 있는 시카고 동네에서 자라는 중산층 유대인으로서, 나는 이미 매일 더 거친 노동자 계급의 사내아이들로부터 맞을 위험에 처해 있었다. 책벌레가 되는 것은 단지 그들에게 나를 때릴 결정적인 이유를 제공했을 뿐이다. 책을 읽고 공부를 하는 것이 여자아이들에게는 조금 더 허용적이었지만, 그들 역시 '건방지다'는 낙인을 얻지 않기 위해 너무 ② 똑똑해지지 않도록 주의해야만 했다.
① 운동 경기의, 건장한 ② 지적인, 똑똑한
③ 친절한, 환대하는 ④ 미숙한

| 정답해설 | ② 55% 빈칸 앞에서 독서와 공부가 여자아이들에게는 더 허용적이었다고 언급하고 있다. 그러나 뒤 문장은 역접 연결사 but으로 연결되고 빈칸 뒤에서는 건방지다고 낙인찍히지 않기 위해'라고 하였으므로 인과 관계를 고려하여 너무 '똑똑해지지(intellectual)' 않도록 주의해야 한다고 하는 것이 문맥상 자연스럽다.

어휘

Jew 유대인	ethnically 민족[인종]적으로
permissible 허용되는, 무방한	lest ~하지 않도록
stigma 치욕, 오명, 낙인	stuck up 거만한, 건방진

16 독해 > Reading for Writing > 빈칸 절 완성 오답률 34% 답 ④

| 해석 | 당신은 우리에게 물었다. "무엇이 인공위성이 하늘로부터 떨어지지 않도록 유지시킵니까?" 지난 반세기 동안, 2,500개가 넘는 인공위성들이 첫 번째 인공위성을 따라 우주로 향했다. 무엇이 그것들 전부를 계속 떠 있게 하는가? 그것은 인공위성의 속도와 중력의 당김 사이의 미세한 균형이다. 인공위성들은 ④ 기본적으로 계속해서 떨어지고 있다. 말도 안 되지 않는가? 인공위성은 만약 그것들이 올바른 속도로 움직이고 있다면 지구의 만곡부가 그것들로부터 멀어지는 것과 같은 속도로 떨어지고 있다. 이는 우주의 더 먼 곳으로 질주하거나 지구로 나선형을 그리며 떨어지는 것 대신, 그것들이 행성(지구) 근처의 궤도에서 버틴다는 것을 의미한다. 인공위성을 바르게 유지하기 위해 종종 조정이 필요하다. 지구의 중력은 어떤 곳에서는 다른 곳들보다 더 강하다. 인공위성은 태양, 달 그리고 심지어 목성에 의해서도 이리저리 당겨질 수 있다.

① 일단 그것들이 궤도에 있으면 멈추도록 만들어진다
② 지구의 중력을 강화시키기 위해 고안된다
③ 이론적으로 다른 행성들을 당기고 있다
④ 기본적으로 계속해서 떨어지고 있다

| 정답해설 | ④ 66% 우주로 쏘아 올린 인공위성이 다시 떨어지지 않고 유지될 수 있는 원리에 대해 설명하는 글이다. "Crazy, right?"으로 보아 빈칸에는 언뜻 보기에 상식적으로 납득하기 어려운 내용이 들어갈 것임을 추측할 수 있다. 빈칸 앞에서 인공위성을 계속 떠 있게 만드는 것은 그것의 속도와 중력의 당김 사이의 미세한 균형이라고 하였고, 빈칸 다음 문장에서는 They fall ~이라고 하며 그것들은 떨어진다고 설명하고 있다. 따라서 빈칸에 들어가기에 가장 자연스러운 것은 인공위성이 계속해서 떨어지고 있다고 서술하는 ④이다.

어휘

afloat 떠돌아, 뜬 race 질주하다
farther 더 멀리
straight and narrow 바르게 사는 법, 정도(正道)
intensify 심해지다, 증대하다

17 독해 > Reading for Writing > 빈칸 구 완성 오답률 27% 답 ①

| 해석 | Rosberg는 무역 간행물 Industrial Marketing에서 컬러 광고가 흑백 광고보다 더 많은 관심을 불러일으킨다는 점을 관찰했다. Rosberg의 연구에서 컬러 광고가 그에 상응하는 흑백 광고보다 게재하기에 훨씬 더 비쌌다는 점은 주목할 만한 흥미로운 역사적 정보이다. 컬러 광고가 더 많은 관심을 불러일으켰음에도 불구하고, 그것들은 흑백 광고만큼의 달러당 구독자 수를 이끌어 내지는 못했다. 오늘날, 컬러 광고가 더 이상 희귀하지 않을 정도까지 기술, 경제, 그리고 인쇄의 효율성이 발달했다. 그 결과, 컬러 광고는 아마 더 이상 '이례적인 것'이 아닐 것이다. 총천연색의 화려한 잡지나 텔레비전에서 컬러 광고는 너무나 흔해서 드문 흑백 광고가 이제는 ① 대비로 인해 관심을 끈다.

① 대조, 대비 ② 적대감
③ 수송, 이송 ④ 자선, 자비심

| 정답해설 | ① 73% 본문 중반 Today 이후에는 오늘날에는 컬러 광고가 흔해져 상대적으로 흑백 광고가 드물어졌는데, 이것 때문에 더 관심을 끌게 되었다고 했다. 따라서 빈칸에 들어갈 원인으로 가장 적절한 것은 컬러 광고와 흑백 광고의 '대조(대비)'이다.

어휘

sidelight 측면으로부터의 빛; 부수적인 정보, 간접적인 설명
considerably 상당히, 많이 corresponding 해당[상응]하는
progress 발전하다, 진보하다

18 독해 > Logical Reading > 삭제 오답률 45% 답 ④

| 해석 | 연구원들은 자신들이 말하길 북방긴수염고래의 개체수에 대한 더 나은 추정치를 제공해 줄 새로운 모델을 개발했는데, 소식이 좋지 않다. 그 모델은 사망률이 높은 한 해를 보내고 있는 이 멸종 위기의 종을 구하려는 노력에 결정적으로 중요할 수도 있다고 국립해양대기국 북동해안 어업과학센터의 큰 고래 팀을 이끄는 Peter Corkeron은 말했다. 그 기관은 그 분석이 2010년 이래로 개체수가 줄어들었을 가능성이 거의 100퍼센트임을 보여 준다고 말했다. "한 가지 문제는, 그것들이 정말로 줄어들고 있는 것인가 아니면 우리가 그것들을 보지 못하고 있는 것인가? 하는 것이었다. 그것들은 실제로 줄어들었고, 그리고 그것이 요점이다."라고 Corkeron은 말했다. ④ 그 새로운 연구 모델은 수컷과 암컷의 개체수 격차가 벌어지고 있다는 우려에도 불구하고 북방긴수염고래의 수가 그대로임을 성공적으로 입증했다.

| 정답해설 | ④ 55% 글 전반에 걸쳐 북방긴수염고래의 개체수가 줄어들고 있다고 했는데, 개체수가 온전히 남아 있다고 한 ④는 글의 일관성을 해치고 있다.

어휘

North Atalantic right whale 북방긴수염고래
critically 결정적으로; 비판적으로
in the midst of ~의 한가운데에, ~가 한창일 때
the bottom line 요점 intact 온전한, 손상되지 않은

19 독해 > Micro Reading > 내용일치/불일치 오답률 9% 답 ④

| 해석 | 징이 울리면, 베이징 레스토랑 Duck de Chine의 거의 모든 손님들은 몸을 돌린다. 바로 그 도시의 가장 위대한 요리 쇼인 북경오리고기 저미기가 시작될 참이기 때문이다. 종종 중국의 지역 가이드들 사이에서 그 도시의 최고의 북경오리고기로 꼽히는 Duck de Chine의 오리고기 껍질은 바삭하고 설탕으로 졸여지며, 고기는 부드럽고 육즙이 많다. "우리의 오리구이는 다른 곳과는 살짝 달라요." Duck de Chine의 매니저 An Ding은 말한다. "우리는 60년이 넘은, 강한 과일 향을 풍기는 대추나무를 사용하여 오리에 특히 바삭한 껍질과 풍미를 입혀 냅니다." 얇게 썬 봄양파와 오이 위에 뿌려지고 얇은 팬 케이크 안에서 오리 껍질에 싸여 있는, 달콤한 해선장 소스는 또 다른 하이라이트이다. "우리 서비스의 목적은 디테일에 집중하는 것입니다."라고 Ding은 말한다. "그것은 우리가 오리구이를 제공하는 방식과 고객을 위해 만드는 맞춤 소스 둘 다를 포함합니다." 심지어 접시와 젓가락 받침까지도 오리 모양이다. Duck de Chine는 또한 중국 최초의 Bollinger 샴페인 바를 자랑한다. 북경오리가 최고 인기이긴 하지만, 메뉴에는 다른 훌륭한 음식들도 많다. 그 레스토랑은 프랑스식이 살짝 가미된 광둥 요리와 베이징 요리를 둘 다 제공한다.

① 그 레스토랑은 요리 공연을 보여 준다.
② 그 레스토랑은 베이징에서 상당히 찬사를 받는다.
③ 그 레스토랑은 특별한 샴페인 바를 특징으로 한다.
④ 그 레스토랑은 오로지 베이징 지역의 음식만 제공한다.

| 정답해설 | ④ 91% 마지막 문장에서 Duck de Chine 레스토랑은 베이징 요리뿐만 아니라 광둥 요리를 제공한다고 했다.

어휘

gong 징 culinary 요리의
crispy 바삭바삭한 caramelize 설탕으로 졸이다
tender 연한, 부드러운 jujube 대추(나무)
drizzle (액체를) 조금 붓다 spring onion 봄양파
present 내놓다, 보여주다 boast 자랑하다, 뽐내다

20 독해 > Reading for Writing > 빈칸 절 완성 오답률 31% 답 ①

| 해석 | 개를 목욕시키는 것은 엉망진창이 되고, 시간이 오래 소요되며, 관계된 모든 이에게 전혀 재미있지 않은 경향이 있기 때문에, "내 개를 얼마나 자주 목욕시켜야 할까?" 하고 의문을 가지는 것은 자연스러운 일이다. 흔히 그렇듯이, 정답은 ① "상황에 따라 다르다."이다. "개는 모낭의 성장을 용이하게 하고 피부 건강을 유지시키기 위해 스스로 털을 손질합니다."라고 Rhawnhurst 동물 병원의 Adam Denish 박사는 말한다. "그렇지만, 그 과정을 보완하기 위해 대부분의 개는 목욕이 필요합니다. 하지만 너무 자주 목욕시키는 것은 당신의 개에게 해로울 수도 있습니다. 그것은 피부에 염증을 일으키고, 모낭을 손상시키고 박테리아나 세균 감염의 위험성을 높일 수

도 있습니다."라고 반려동물 의학 박사이자 수의학 지도 교수인 Jennifer Coates는 덧붙인다. "가장 적절한 목욕 빈도는 목욕의 이유에 따라 다릅니다. 대부분의 시간을 실내에서 보내는 건강한 개들은 자연스러운 '개 냄새'를 통제하기 위해 1년에 몇 번만 목욕을 필요로 할 수 있습니다. 반면에, 목욕을 자주하는 것은 알러지성 피부 질환과 같은 몇몇 질병 관리에 있어 중요한 부분입니다."

① 상황에 따라 다르다
② 오로지 한 번
③ 목욕은 절대 필요하지 않다
④ 목욕이 당신의 개에게 해로울 때이다

| 정답해설 | ① 69% 목욕은 필요하지만 너무 자주 하는 것은 개에게 해로울 수도 있다고 했다. 또한 후반부에서 가장 적절한 목욕 빈도는 목욕의 이유에 따라 다르다고 설명하고 있다. 따라서 개를 목욕시키는 빈도는 상황에 따라 달라진다는 것을 알 수 있다. 그러므로 빈칸에는 ①이 알맞다.

어휘

as is often the case 흔히 있는 일이지만, 흔히 그렇듯이
groom 몸치장하다; (동물의 털을) 손질하다
detrimental 해로운, 불리한
irritate 염증을 일으키다
hair follicle 모낭
fungal 균성의, 균에 의한
veterinary 수의사; 수의의
advisor 고문; 지도 교수
odor 냄새, 악취, 향수
medical condition 질병

2023 6월 10일 시행 지방직(= 서울시) 9급 (Ⓑ책형)

합격예상 체크

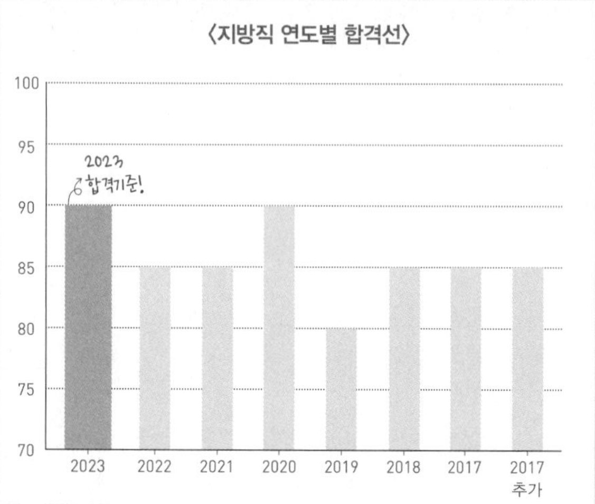

맞힌 개수	/20문항	점수	/100점

➡ ☐합격 ☐불합격

취약영역 체크

문항	정답	영역	문항	정답	영역
1	②	어휘 > 유의어 찾기	11	③	생활영어 > 회화/관용표현
2	④	어휘 > 유의어 찾기	12	②	독해 > Macro Reading > 제목
3	①	어휘 > 유의어 찾기	13	②	독해 > Macro Reading > 주제
4	①	어휘 > 유의어 찾기	14	④	독해 > Macro Reading > 요지
5	④	어휘 > 빈칸 완성	15	④	독해 > Micro Reading > 내용 일치/불일치
6	③	문법 > 관계사	16	④	독해 > Logical Reading > 삭제
7	③	문법 > 형용사	17	②	독해 > Logical Reading > 배열
8	①	문법 > 분사	18	②	독해 > Logical Reading > 삽입
9	④	생활영어 > 회화/관용표현	19	①	독해 > Reading for Writing > 빈칸 구 완성
10	③	생활영어 > 회화/관용표현	20	③	독해 > Reading for Writing > 빈칸 구 완성

⬇ 영역별 틀린 개수로 취약영역을 확인하세요!

어휘	/5	문법	/3	독해	/9	생활영어	/3

➡ 나의 취약영역: ________

※ [정답해설]과 [오답해설] 선지의 50% 표시는 〈에듀윌 합격예측 풀서비스〉를 통해 수집된 선지 선택률을 나타냅니다.

1 어휘 > 유의어 찾기 오답률 45% 답 ②

| 해석 | 우리의 프로젝트에 관한 추가적인 설명은 다음의 발표에서 제공될 것입니다.

① 9% 필수의 ② 55% 다음의, 뒤의
③ 13% 고급의 ④ 23% 보충의

| 정답해설 | ② subsequent는 '다음의, 뒤의'라는 뜻이므로, 선지 중 의미가 가장 가까운 것은 ②이다.

어휘
subsequent 다음의, 뒤의, 차후의 supplementary 보충의, 추가적인

2 어휘 > 유의어 찾기 오답률 37% 답 ④

| 해석 | 사회적 관행은 집단의 일원이 다른 사람들에게 공손함을 보여주기 위해 따르기로 기대되는 관습이다. 예를 들어, 재채기할 때 "실례합니다"라고 말하는 것은 미국의 사회적 관행이다.

① 10% 자비 ② 20% 겸손
③ 7% 대담함 ④ 63% 공손함

| 정답해설 | ④ courtesy는 '공손함, 정중함'이라는 뜻으로, ④ politeness(공손함, 정중함)와 동일한 의미이다. 따라서 정답은 ④이다.

어휘
folkway 사회적 관행, 민속 courtesy 예의 바름, 공손함, 정중함
sneeze 재채기하다 charity 자비, 자선, 관대함
humility 겸손, 겸양 boldness 대담함, 배짱

3 어휘 > 유의어 찾기 오답률 34% 답 ①

| 해석 | 이 아이들은 건강식을 주식으로 하여 양육되었다.

① 66% 길러졌다 ② 10% 조언받았다
③ 10% 관찰되었다 ④ 14% 통제되었다

| 정답해설 | ① bring up은 '기르다, 양육하다, 내놓다, 제출하다, 토하다' 등의 의미가 있다. 해당 문장에서는 '기르다, 양육하다'의 의미의 수동 형태로 '양육되어지다'의 의미로 쓰여, 정답은 ① raised(길러진)이다. raise는 '기르다' 외에도 '들어올리다, 들다, 일으키다' 등의 뜻을 가진 다의어임에 유의한다.

어휘
bring up 기르다, 양육하다 on a diet of ~을 주식으로

4 어휘 > 유의어 찾기 오답률 26% 답 ①

| 해석 | 노예제는 미국에서 19세기까지 폐지되지 않았다.

① 74% 폐지된 ② 8% 합의된
③ 9% 비판된 ④ 9% 정당화된

| 정답해설 | ① do away with는 '버리다, 처분하다, 폐지하다'라는 의미의 표현이다. 따라서 정답은 ① abolished(폐지된)이다.

| 더 알아보기 | with를 활용한 기출 숙어표현

- do away with ~을 버리다, 처분하다, 폐지하다
- put up with ~을 참다, 참고 견디다

- in combination with ~와 결합하여, 짝지어
- in conjunction with ~와 함께
- in comparison with ~에 비해, ~와 비교해 보면

어휘

do away with 제거하다, 폐지하다, 버리다
abolish 폐지[철폐]하다, 완전히 파괴하다
consent 동의하다, 합의하다, 승인하다
justify 정당화하다

오답률 TOP 3

5 어휘 > 빈칸 완성 오답률 46% 답 ④

| 해석 | 유권자들은 그들이 그것을 분명하게 보고 이해할 수 있도록 선거 과정에서 더 많은 ④ 투명성이 있어야 한다고 요구했다.

① 16% 속임수	② 14% 유연성
③ 16% 경쟁	④ 54% 투명성

| 정답해설 | ④ 주어진 문장의 후반부 so that they could see and understand it clearly(그들이 그것을 분명하게(투명하게) 보고 이해할 수 있도록)를 통해 선거 절차의 '투명성'에 대한 내용이라는 것을 추측할 수 있다. 따라서 정답은 ④이다.

어휘

deception 속임수, 사기, 기만　　transparency 투명(성)

6 문법 > 관계사 오답률 42% 답 ③

| 해석 | 스포츠에서 승리할 것이라 예상되고 추정컨대 그들의 상대 팀보다 우월한 팀이 놀랍게도 경기에서 지는 한 가지 이유는 우월한 팀이 상대 팀을 자신들의 계속되는 성공에 있어서 위협적이라고 여기지 않았을지도 모르기 때문이다.

| 정답해설 | ③ 58% 보어 자리이므로 명사절이 위치할 수 있다. what은 선행사를 포함한 관계대명사로 what이 이끄는 명사절은 불완전해야 한다. 그런데 ③ 이후 문장은 주어와 목적어가 모두 존재하는 완전한 문장이므로 what이 아니라 명사절 접속사 that이 이끌어야 한다. 따라서 정답은 ③이다.

| 오답해설 | ① 8% in which는 관계부사 대신에 쓰일 수 있으며 완전한 문장을 이끈다. 밑줄 친 in which가 수식하는 선행사는 앞에 제시된 upsets(의외의 패전)이며, 상황이나 경우를 가리키고 있으므로 관계부사 where 대신 알맞게 사용되었다.

② 17% 밑줄 친 predicted가 수식하는 것은 바로 앞에 위치한 the team이며 승리할 것이라고 예측하는 주체가 아니라 예측을 받는 대상이므로 과거분사 형태인 predicted가 온 것은 어법상 적절하다. 더해, predict는 수동태로 쓰일 때 보어로 to부정사를 취해 「be predicted to V ~」 형태로 쓰여, '~할 것으로 예측되다'라고 사용된다. which was가 생략된 형태로 아래와 같이 분석할 수 있다. ~ the team (which was) predicted to win ~
주격 관계대명사　수동태

④ 17% 「perceive A as B」는 'A를 B라고 여기다[인식하다]'라는 표현이며, perceive는 의미상 as B를 보어로 취하는 불완전타동사로 볼 수 있다. 여기에서 수식받는 their opponents는 위협을 하는 능동적 주체이므로 현재분사 또는 형용사 형태인 threatening이 적절하게 쓰였다. 이외에 「perceive A as B」에서 perceive는 완전타동사로 보아 as B를 전명구로 볼 수 있으며 B는 전치사의 목적어로 명사 또는 동명사가 올 수 있다.

어휘

upset (시합, 시험 따위에서) 의외의 패전[패배], 뜻밖의 결과
supposedly 추정 상, 아마
opponent (시합, 논쟁 등의) 상대; 반대자
perceive 인식하다, 인지하다, 여기다
threatening 위협적인; 협박하는

오답률 TOP 1

7 문법 > 형용사 오답률 61% 답 ③

| 해석 | ① 나는 오늘 아침에 갔어야 했지만, 조금 아팠다.(그래서 못 갔다.)
② 요즘 우리는 예전에 그랬던 것만큼 돈을 저축하지 않는다.
③ 구조단은 생존자를 발견해서 기뻤다.
④ 그 그림은 예술 비평가에 의해 주의 깊게 관찰되었다.

| 정답해설 | ③ 39% alive는 '살아있는'이라는 뜻의 형용사이지만 명사 앞에서 한정적으로 명사를 수식해줄 수 없다. 따라서 밑줄 친 an alive man은 a living man 혹은 a man who was alive 등으로 바뀌어야 한다. 이처럼 alive, asleep, afloat 등 a-로 시작하는 형용사들은 서술적 용법으로 주로 사용된다.

| 오답해설 | ① 14% 과거의 후회나 유감은 「should have p.p.」로 쓰며 '~했어야 했는데 (하지 못했다)'라는 의미로, 문맥상 적절하게 사용되었다.

② 22% 원급 비교에서 두 번째 as는 전치사로 명사를 이끌 수도 있고 접속사로 절을 이끌 수도 있다. 따라서 해당 문장에서는 as 이후 we used to라는 절을 이끌고 있으므로 접속사로 옳게 사용되었다. 과거의 규칙적인 동작 또는 상태를 말할 때 「used to + 동사원형」으로 쓴다. 밑줄 친 부분에서 to 이하는 앞에 제시된 save money와 중복이므로 생략될 수 있다. 따라서 옳게 쓰였다.

④ 25% 구동사가 수동태로 바뀔 때 함께 쓰인 전치사는 생략할 수 없다. 따라서 The art critic looked at the picture carefully.라는 문장을 수동태로 바꿀 때 동사는 밑줄 친 부분처럼 was looked at으로 써야 옳다.
The art critic looked at the picture carefully.(능동태)
→ The picture was looked at carefully by the art critic.
(수동태)

| 더 알아보기 | 「조동사 + have p.p.」 주요표현

- should have p.p. ~했어야 했는데 (하지 못했다)
- must have p.p. ~이었음에 틀림없다
- may[might] have p.p. ~이었을지도 모른다
- cannot have p.p. ~이었을 리 없다
- could have p.p. ~했을 수도 있다
- need not have p.p. ~할 필요는 없었는데 (했다)

어휘

a bit 조금, 약간　　squad 반[계], 단, 분대
critic 비평가, 평론가

8 문법 > 분사 오답률 44% 답 ①

| 정답해설 | ① 56% 해당 문장에서 감동을 받은 주체는 주어인 We로 사람을 나타낸다. 사람의 감정 상태를 나타낼 때는 과거분사 형태를 사용해서 '~한 감정 상태의'의 의미로 쓰이므로 touching이 touched가 되어야 한다. 참고로 해당 문장을 능동형으로 살펴보면 He made us touched with his speech.가 되는데, 이를 수동태 문장으로 바꾸어도 (「make + 목적어 + 목적격 보어」 → 「be made + 보어」) 목적격 보어 자리에 있는 touched는 보어 자리에서도 형태가 바뀌지 않는 것에 주의한다.

He made us touched with his speech. / His speech made us touched.

→ We were made touched with his speech (by him).

| 오답해설 | ② 12% apart from은 '~은 차치하고[제외하고]'라는 의미의 구 전치사이다. 부정대명사 one은 일반적으로 앞에 나오는 「a/an + 단수 보통명사」의 반복을 피하기 위해 사용된다. 해당 문장에서는 앞서서 언급된 plan 대신에 one이 알맞게 사용되었다.

③ 12% 주절과 접속사절의 주어가 동일할 때, while로 시작하는 접속사절의 주어와 be동사를 생략하고 「접속사 + 분사」 형태로 쓸 수 있다. 해당 접속사절에서는 while they were drinking hot tea에서 they were가 생략되고 while drinking hot tea로 쓰인 것이다.

④ 20% 사역동사 make는 불완전타동사로, 「make + 목적어 + 목적 보어」로 쓰일 수 있다. 해당 문장에서 목적격 보어인 suited는 목적어인 him을 서술해야 한다. suit은 타동사로 '~에 적합하게 하다'라는 뜻으로 문맥상, 과거의 경험에 의해 그가 '적합하게 된' 것이므로 과거분사 형태인 suited로 목적어인 him을 수식하는 것이 적절하다. 한편, suited 자체를 형용사로 보아 '~에 적합한, 알맞은'이라는 뜻으로 사용되었다고 보아도 적절하다.

어휘

apart from ~외에는, ~을 제외하고; ~외에도[뿐만 아니라]
suited 적합한, 알맞은

9 생활영어 > 회화/관용표현 오답률 18% 답 ④

| 해석 | A: 실례합니다만, 저를 도와주실 수 있나요?
B: ④ 물론이죠. 무엇을 도와드릴까요?
A: 저는 인사과를 찾으려고 하고 있어요. 10시에 약속이 있거든요.
B: 3층에 있어요.
A: 거기로 어떻게 올라가죠?
B: 모퉁이에서 엘리베이터를 타세요.
① 우리는 이 상황을 어떻게 처리해야 할지 전혀 모르겠어요.
② 책임자가 누구인지 저희에게 이야기해줄 수 있나요?
③ 네. 저는 여기서 도움이 필요해요.
④ 물론이죠. 무엇을 도와드릴까요?

| 정답해설 | ④ 82% 첫 번째 문장에서 A가 '도와주실 수 있나요?'라고 도움을 요청하였으므로 B의 대답이 빈칸에 들어가야 한다. 이어지는 빈칸 뒤 문장에서 A가 자신이 도움이 필요한 내용을 B에게 설명하고 있으므로, 빈칸에서 B는 A의 도움 요청을 승낙했을 것이라는 점을 유추할 수 있다. 따라서 정답은 ④이다. give a hand는 '도움을 주다'라는 표현이다.

| 오답해설 | ③ 13% could use some help는 '도움이 필요하다'라는 표현으로, 도움을 승낙하는 B의 응답으로는 적절하지 않다.

| 더 알아보기 | hand를 활용한 관용표현

- give a hand 도와주다
- (at) first hand 직접(으로)
- (at) second hand 간접적으로, 제삼자를 통해
- from hand to mouth 하루 벌어 하루 먹는 식으로
- keep ones hands off ~에 간섭하지 않다
- at hand (거리가) 가까운, 가까운 장래에, 머지않아

어휘

give a hand 도와주다
personnel department 인사 담당 부서, 인사과[부, 국]
have no idea 전혀 모른다
in charge ~을 맡은, 담당인, 책임이 있는
could use some help 도움이 필요하다

10 생활영어 > 회화/관용표현 오답률 12% 답 ③

| 해석 | A: 당신이 사무실을 떠난 마지막 사람이었죠, 그렇지 않나요?
B: 맞아요. 무슨 문제가 있나요?
A: 저는 오늘 아침에 사무실 전등과 에어컨이 켜져 있는 것을 발견했어요.
B: 정말이요? 오, 이런. 아마도 제가 어젯밤에 그것들을 끄는 것을 잊었나 봐요.
A: 아마 그것들은 밤새도록 켜져 있었을 거예요.
B: ③ 죄송합니다. 이제부터는 더 조심하도록 약속할게요.
① 걱정하지 마세요. 이 기계는 잘 작동하고 있어요.
② 맞아요. 모든 사람들이 당신과 일하는 것을 좋아해요.
③ 죄송합니다. 이제부터는 더 조심하도록 약속할게요.
④ 안됐네요. 너무 늦게 퇴근해서 피곤하시겠어요.

| 정답해설 | ③ 88% A는 B에게 전등과 에어컨을 끄지 않고 퇴근한 것에 대해 질문하고 있다. A가 B의 실수를 지적하며 빈칸 앞 문장에서 '밤새 전등과 에어컨이 켜져 있었을 것'이라고 말하고 있으므로, 빈칸 B의 대답에는 자신의 실수에 대한 사과 표현이 들어가는 것이 가장 적절하다. 따라서 정답은 ③이다.

어휘

turn off ~을 끄다, 해고하다
from now on 이제부터, 향후
get off 일을 마치다, 내리다, 제거하다

11 생활영어 > 회화/관용표현 오답률 13% 답 ③

| 해석 | ① A: 머리를 어떻게 해 드릴까요?
B: 전 제 머리 색에 약간 싫증이 났어요. 염색하고 싶어요.
② A: 지구 온난화의 속도를 늦추기 위해 우리가 무엇을 할 수 있을까요?
B: 우선, 우리는 더 많은 대중교통을 이용할 수 있어요.
③ A: 너 Anna니? 오랜만이다! 얼마 만이지?
B: 자동차로 한 시간 삼십 분 정도 걸렸어.
④ A: 나는 Paul이 걱정돼. 그는 불행해 보여. 내가 어떻게 해야 하지?
B: 내가 너라면, 그가 자신의 문제를 이야기할 때까지 기다릴 거야.

| 정답해설 | ③ 87% 오랜만에 만난 지인에게 얼마 만에 보는 것인지 묻는 A에 대한 대답으로 B가 '자동차로 한 시간 삼십 분 정도 걸렸어'라고 자신이 도착하는 데 걸린 소요 시간을 말하는 것은 어색하다. 따라서 정답은 ③이다.

어휘

be tired of ~에 질리다 / dye 염색하다
global warming 지구 온난화 / public transportation 대중교통

12 독해 > Macro Reading > 제목 오답률 32% 답 ②

| 해석 | 저명한 작가인 Daniel Goleman은 그의 인생을 인간 관계학에 바쳤다. 그의 저서 『Social Intelligence』에서 그는 우리의 뇌가 얼마나 사교적인지를 설명하기 위해 신경 사회학에서의 (연구) 결과를 논한다. Goleman에 따르면, 우리가 다른 사람과 관계를 맺을 때마다 우리는 다른 사람들의 뇌에 이끌린다. 우리의 관계를 깊이 있게 하기 위한 다른 사람들과의 의미 있는 연결성에 대한 인간의 욕구는 우리 모두가 갈망하는 것인데, 그럼에도 우리가 이전 그 어느 때보다 더 외롭고, 외로움은 이제 세계적인 건강상의 유행병이라는 점을 시사하는 수많은 기사와 연구들이 있다. 특히 호주에서, 전국적인 Lifeline 조사에 따르면 조사된 사람들 중 80% 이상이 우리의 사회가 더 외로운 곳이 되어가고 있다고 생각하고 있다. 그러나, 우리의 뇌는 인간 상호 작용을 갈망한다.

① 외로운 사람들 ② 사교적인 뇌
③ 정신 건강 조사의 필요성 ④ 인간 연결성의 위험

| 정답해설 | ② 68% 인간 관계학 연구 분야의 저명한 작가인 Daniel Goleman의 주장을 근거로 우리의 뇌가 얼마나 사교적인지를 논하는 글이다. 본문 세 번째 문장에서 '우리가 다른 사람과 관계를 맺을 때마다 우리는 다른 사람들의 뇌에 마음이 이끌린다'고 언급하며 우리 뇌의 사교성 · 사회성을 설명하고 있으며 이러한 주장을 뒷받침하기 위해 이어지는 문장 전반부에서 우리 모두가 갈망하는 것은 의미 있는 (인간 사이의) 연결성이라고 언급한다. 본문에 따르면 이러한 갈망은 심지어 그 어느 때보다도 모든 사람들이 외롭다고 느끼고 있는 지금도 유효한 사항이며, 이러한 글의 요지는 마지막 문장 '그러나, 우리의 뇌는 인간 상호 작용을 갈망한다'에서 드러나고 있다. 따라서 전체 글의 제목으로 가장 적절한 것은 ②이다.

| 오답해설 | ① 17% 본문에서 사람들이 외로움을 느끼고 있으며 이러한 외로움이 세계적으로 만연해 있다고 설명하고 있으나, 이는 이러한 외로운 상황에서도 사람들의 뇌는 인간 상호 작용을 갈망하고 있다는 점을 강조하기 위한 장치로서의 배경 설명이므로, 전체 글의 제목으로는 적절하지 않다.

③ 6% 본문과 관련 없는 내용이다.

④ 9% 본문에서 인간 연결성에 관해 언급되나, 이의 위험에 대한 내용은 제시되지 않는다.

어휘

dedicate 바치다, 헌신하다, 봉헌하다
neuro-sociology 신경 사회학
sociable 사교적인, 사회적인, 사람들과 어울리기 좋아하는
engage with ~와 관계를 맺다, ~을 상대하다
crave 갈망[열망]하다
epidemic 유행병, 전염병; (사상, 병 따위의) 유행

13 독해 > Macro Reading > 주제 오답률 22% 답 ②

| 해석 | 분명히, 어떤 사람들은 이점을 지니고 태어난다.(예를 들어, 기수에 적합한 체격, 농구 선수들의 키, 음악가들의 음악에 대한 "귀") 그러나, 수년에 걸쳐 이루어지는 신경 쓰고 의도적인 연습에 대한 전념만이 이러한 이점을 재능으로 만들고, 그러한 재능을 성공으로 변모시킬 수 있다. 동일한 종류의 헌신적인 연습을 통해, 그러한 이점을 지니고 태어나지 않은 사람들도 자연이 그들의 도달 범위로부터 약간 더 멀게 위치시킨 재능을 발달시킬 수 있다. 예를 들어, 당신이 수학에 대한 재능을 지니고 태어나지 않았다고 생각할지라도, 신경 쓰고 의도적인 연습을 통해 당신의 수학적 능력을 상당히 증가시킬 수 있다. 또는, 만일 당신이 자신을 "선천적으로" 수줍음이 많다고 여긴다면, 당신의 사회적 기술을 발달시키기 위해 시간과 노력을 들이는 것이 당신으로 하여금 사교적인 행사에서 열정적이고 우아하게 그리고 손쉽게 사람들과 상호 작용하는 것을 가능하게 해 줄 수 있다.

① 다른 사람들을 능가하여 어떤 사람들이 가지고 있는 이점들
② 재능을 구축하기 위한 끊임없는 노력의 중요성
③ 사회적 상호 작용에서 수줍음이 많은 사람들이 갖는 어려움
④ 자기 자신의 장단점을 이해하는 것의 필요성

| 정답해설 | ② 78% 선천적으로 이점을 지니고 태어난 사람들, 혹은 그렇지 못한 사람들도 늘 신경 쓰고 의도적인 연습을 통해 재능을 발달시킬 수 있다고 주장하는 글이다. 본문 두 번째 문장에서 선천적인 이점을 지닌 사람들도 이를 재능으로 발달시키기 위해서는 수년에 걸친 연습이 필요하다고 설명하고 있다. 이어지는 문장에서, '동일한 종류의 헌신적인 연습을 통해, 그러한 이점을 지니고 태어나지 않은 사람들(마저)도 재능을 발달시킬 수 있다'라고 설명하며, 선천적인 이점이 없는 사람들 또한 수년 동안의 신경 쓰고 의도적인 연습을 통한다면 재능을 키울 수 있다고 언급한 후, 이러한 주장을 뒷받침하는 예시를 제공하고 있다. 따라서, 선천적 이점 보유 여부를 떠나 재능을 구축하기 위해서는 누구나 꾸준한 연습이 필요하다는 것이 본문의 요지이므로, 글의 주제로 가장 적절한 것은 ②이다.

| 오답해설 | ① 10% 본문에서 일부 사람들이 다른 사람들보다 이점을 지니고 태어난다는 점은 제시되고 있으나, 본문의 요지는 그러한 이점 보유 여부와 관계없이 의식적으로 노력을 해야만 재능을 발달시킬 수 있다고 설명하고 있으므로, 전체 글의 주제로는 적합하지 않다.

③ 5% 마지막 문장에서 수줍음이 많은 사람에 관한 예시가 제시되기는 하지만, 전체 글을 아우르는 내용은 아니므로 오답이다.

④ 7% 본문에서 제시되지 않는 내용이다.

어휘

jockey (경마에서) 기수 / dedication 헌신, 전념
mindful 마음에 두는, 잊지 않는, 의식적인, 유의하는
deliberate 염두에 둔, 의도적인, 계획적인
occasion (특별한) 행사, 의식, 축하
cultivate 구축하다, 신장하다, 배양하다, 연마하다

14 독해 > Macro Reading > 요지 오답률 32% 답 ④

| 해석 | Roossinck 박사와 그녀의 동료들은 바이러스가 식물학적 실험에 널리 사용되는 식물의 가뭄에 대한 저항력을 증가시킨다는 것을 우연히 발견했다. 관련 바이러스에 대한 그들의 추가적 실험은 다른 15가지의 식물

종에 대해서도 그것이 또한 사실이라는 점을 보여주었다. Roossinck 박사는 이제 다양한 식물의 내열성을 증가시키는 다른 유형의 바이러스를 연구하기 위한 실험을 진행 중이다. 그녀는 여러 종류의 바이러스가 그들의 숙주에게 제공하는 이점을 더 깊이 이해하기 위해 자신의 연구를 확대하길 희망한다. 그것은 점점 더 많은 생물학자들이 지지하고 있는 많은 생물들이 자급자족하기보다는 공생에 의지한다는 견해를 뒷받침하는 데 도움이 될 것이다.

① 바이러스는 생물체의 자급자족을 보여준다.
② 생물학자들은 식물들을 무균 상태로 유지하기 위한 모든 일을 해야 한다.
③ 공생의 법칙은 감염된 식물에게는 적용될 수 없다.
④ 바이러스는 때때로 숙주들에게 피해를 입히기보다는 도움이 된다.

| 정답해설 | ④ 68% 해당 지문은 Roossinck 박사의 우연한 발견에서 시작된 바이러스가 식물들에게 미치는 이로운 영향에 대한 실험에 관한 글이다. 본문 첫 번째 문장에서 '바이러스가 식물의 가뭄 저항성을 증가시킨다'라고 언급하고 있고, 세 번째 문장에서는 바이러스가 식물의 내열성을 증가시키는 것을 연구하는 것에 대한 실험에 대해 언급하며, 보편적으로 해롭다고 여겨지는 바이러스조차도 식물에게 이로운 영향을 미치며 공생(sysbiosis) 관계를 이어가고 있다는 점을 설명하고 있다. 따라서, 글의 요지로 가장 적절한 것은 ④이다.

| 오답해설 | ① 16% 본문에서 주장하는 것과 반대되는 내용이므로 오답이다.

② 8% 본문에서는 바이러스가 식물에 미치는 이점(advantage)을 제시하고 있으므로, 요지로는 적절하지 않다.

③ 8% 본문에서는 바이러스에 감염된 식물이 가뭄 저항성이 높아지거나 내열성이 강해지는 등의 예시를 제시하며, 바이러스와 감염된 식물 간의 공생을 언급하고 있다. 따라서 요지로 적절하지 않다.

어휘

by chance 우연히	resistance 저항(성)
drought 가뭄	botanical 식물(학)의
tolerance 내성, 저항력	host 숙주, 피기생 동/식물
symbiosis 공생	self-sufficient 자급자족의, 자력의
infect 감염시키다	

15 독해 > Micro Reading > 내용일치/불일치 오답률 12% 답 ④

| 해석 | 단풍나무 시럽을 만드는 전통적 방식은 흥미롭다. 사탕단풍나무는 땅에 여전히 많은 눈이 있는 매년 봄 묽은 수액을 만든다. 사탕단풍나무의 수액을 채취하기 위해 농부는 특수 칼로 나무껍질에 틈을 만들고, 나무에 "수도꼭지"를 단다. 그러고 나서 농부는 꼭지에 통을 매달고, 수액은 그 안으로 똑똑 떨어진다. 수액이 모아지면 달콤한 시럽이 남을 때까지 끓여지는데, 사탕단풍나무 "물" 40갤론은 시럽 1갤론이 된다. 이것은 수많은 양동이, 수많은 증기, 그리고 수많은 노동이다. 그렇다 해도, 대부분의 단풍나무시럽 생산자들은 손으로 통을 수거하고 직접 수액을 끓여 시럽으로 만드는 가족 단위의 농부들이다.

| 정답해설 | ④ 88% 해당 지문은 사탕단풍나무의 수액을 채취하기 위한 과정을 설명하는 글이다. 본문 마지막 문장에서 '대부분의 단풍나무시럽 생산자들은 손으로 통을 수거하고 직접 수액을 끓여 시럽으로 만드는 가족 단위의 농부들이다'라고 했으므로 ④는 글의 내용과 일치하지 않는 것을 알 수 있다.

| 오답해설 | ① 4% 두 번째 문장 '사탕단풍나무는 땅에 여전히 많은 눈이 있는 매년 봄 묽은 수액을 생산한다'를 통해 본문 내용과 일치하는 것을 알 수 있다.

② 3% 세 번째 문장 '사탕단풍나무의 수액을 채취하기 위해 농부는 특수 칼로 나무껍질에 틈을 만들고, 나무에 "수도꼭지"를 단다'를 통해 글의 내용과 일치함을 알 수 있다.

③ 5% 다섯 번째 문장 후반부 '사탕단풍나무 "물" 40갤론은 시럽 1갤론이 된다'를 통해 글의 내용과 일치하는 것을 알 수 있다.

어휘

sap 수액	slit 틈, 구멍
bark 나무껍질	tap (수도) 꼭지

16 독해 > Logical Reading > 삭제 오답률 36% 답 ④

| 해석 | 나는 언젠가 단편소설 작문 수업을 들었는데, 그 수업에서 선두적인 잡지의 유명한 편집자가 우리 반에서 강연을 했다. 그는 매일 그의 책상으로 주어지는 수십 개의 이야기 중 한 가지를 택하여, 몇 문단을 읽은 후에 작가가 사람들을 좋아하는지 아닌지를 느낄 수 있다고 말했다. "만약 작가가 사람들을 좋아하지 않는다면, 사람들도 그 또는 그녀의 이야기를 좋아하지 않을 것입니다."라고 그가 말했다. 그 편집자는 소설 작문에 대한 그의 강연 도중에 사람들에게 관심을 갖는 것에 대한 중요성을 계속해서 강조했다. ④ 훌륭한 마술사인 Thurston은 그가 무대에 오를 때마다 그는 자신 스스로에게 "나는 성공했기 때문에 나는 감사한다."라고 말한다고 이야기했다. 강연 말미에, 그는 "다시 한 번 말하겠습니다. 여러분이 성공한 소설 작가가 되고자 한다면 사람들에게 관심을 가져야 합니다."라고 결론을 지었다.

| 정답해설 | ④ 64% 해당 지문은 단편소설 작문 수업을 들은 필자의 경험을 서술하는 내용이다. 수업 중에 강사인 편집자가 성공적인 단편 소설가가 되기 위해 강조한 내용을 제시하고 있는데, ④에서 갑자기 마술사인 Thurston이 자신이 무대에 오르기 전에 스스로에게 말했던 내용을 언급하는 것은 전체 글의 흐름상 어색하다. 따라서 정답은 ④이다.

| 오답해설 | ①②③ 5% 9% 22% 주어 he는 첫 번째 문장의 a renowned editor를 가리키고 있고, ③에서도 The editor라고 직접적으로 강연자인 편집자에 관련한 이야기라는 것을 보여주고 있다. 따라서 글의 흐름상 자연스러우므로 오답이다.

어휘

stress 강조하다	fiction 소설, 허구

17 독해 > Logical Reading > 배열 오답률 24% 답 ②

| 해석 | 불과 몇 년 전, 인공지능(AI)에 대한 모든 대화는 종말론적인 예측으로 마무리되는 것처럼 보였다.

(B) 2014년에 해당 분야의 한 전문가는 AI를 가지고 우리는 악마를 소환하고 있다고 말했고, 노벨상을 수상한 한 물리학자는 AI는 인류의 종말을 초래할 수도 있다고 말했다.

(A) 그러나, 최근 들어서 그러한 것들이 변화하기 시작했다. AI는 무서운 블랙박스에서 사람들이 다양한 이용 사례로 사용할 수 있는 무언가가 되었다.

(C) 이러한 변화는 이 기술들이 특히 시장잠재력을 위해, 마침내 산업에서 대규모로 연구되고 있기 때문이다.

| 정답해설 | ② 76% 해당 지문은 인공지능(AI)에 관한 예측 내용의 변화에 대해 설명하고 있는 글이다. 주어진 문장 마지막에 제시된 apocalyptic prediction(종말론적인 예측)에 대한 내용이 (B)에서 한 전문가인 물리학자에 의한 언급으로 구체적으로 서술되고 있다. 따라서, 주어진 글에 바로 이어질 내용은 (B)가 적절하다. 이어서, 대조 연결사 however(그러나)를 이용해 이전의 'AI와 함께하는 부정적인 미래에 대한 내용'과 대비하는 '다양한 사례에 이용되는 변화'가 이루어지고 있다고 언급하는 (A)가 연결되는 것이 자연스럽다. 그리고 (A)에서 서술된 이러한 '변화'를 (C)에서 This shift(이러한 변화)가 가리키고 있으므로, (C)가 마지막에 위치되는 것이 적절하다. 따라서 정답은 ②이다.

| 오답해설 | ① 7% 본문의 시간의 흐름상 더 과거의 이야기인 (B)가 조금 더 최근의 이야기인 (A) 앞에 위치하는 것이 자연스러울 뿐만 아니라 (A)가 먼저 시작되게 되면, 이후에 AI에 관해서 부정적인 측면을 부각하는 (B)의 위치가 글의 흐름상 어색해진다.

③ 13% (C)의 This shift(이러한 변화)가 가리키는 내용이 (B)에 제시되지 않으므로, (B)와 (C)가 연달아 오는 것은 글의 흐름상 적절하지 않다.

④ 4% (C)의 This shift(이러한 변화)가 가리키는 내용이 주어진 문장에 제시되지 않으므로, 주어진 문장에 바로 (C)가 연결되는 것은 어색하다.

어휘

apocalyptic 종말론적, 세상에 종말이 온 듯한
black box 블랙박스(기능은 알지만 작동 원리를 이해할 수 없는 복잡한 기계장치)
summon 소환하다, 호출하다
spell (종종 나쁜 결과에 쓰여) ~의 결과를 초래하다, ~이 되다, ~을 뜻하다, 철자하다
shift 변화, 전이
explore 연구[탐색/조사]하다; 탐험하다, 개척하다
at scale 대규모로

오답률 TOP 2

18 독해 > Logical Reading > 삽입 오답률 52% 답 ②

| 해석 | 회계 분기가 막 끝났다. 당신의 상사가 이번 분기의 매출액 측면에서 당신이 얼마나 일을 잘했는지 묻기 위해 잠깐 들른다. 당신은 어떻게 자신의 성과를 표현하겠는가? 매우 훌륭함? 좋음? 나쁨? 누군가가 당신에게 객관적인 성과 측정 기준(예를 들어, 이번 분기에 당신이 벌어들인 매출 액수)에 대해 물을 때와는 달리, 주관적으로 당신의 성과를 표현하는 방법은 종종 불분명하다. 올바른 정답은 없다. ② 그러나 그러한 자기 평가에 대한 요청은 한 사람의 경력 전반에 걸쳐 만연하다. 당신은 입학 지원서, 입사 지원서, 면접, 성과 평가, 회의에서 자신의 성과에 대해 주관적으로 표현할 것을 요구받으며, 그러한 상황의 목록은 계속 이어진다. 당신이 어떻게 자신의 성과를 표현하는지가 이른바 당신의 자기 홍보 수준이다. 자기 홍보는 업무의 만연한 부분이므로, 더 많이 자기 홍보를 하는 사람들이 고용되고, 승진되고, 급여 인상 혹은 보너스를 받을 가능성이 더 높을 수 있다.

| 정답해설 | ② 48% 해당 지문은 자신의 성과 설명과 자기 홍보에 대해서 서술된 글이다. 먼저, 주어진 문장의 위치에 대한 세 가지 단서를 얻을 수 있다. 첫째, 대조 연결사 Yet(그러나)이 사용된 것으로 보아 주어진 문장 이전에는 자기 평가 요구되는 상황이 끊임없이 이어지는 것과는 대조적인 내용이 제시되는 것이 적절하다. ② 이전 문장에서 There is no right answer(올바른 정답은 없다)라고 설명하며 정답이 없지만 '그러나(Yet)' 자기 평가에 대한 대답을 요구받는 상황이 지속적으로 이어진다는 내용이 되는 것이 글의 흐름상 자연스럽다. 둘째, such self-assessments가 가리키는 대상이 ② 이전 내용에서 how to subjectively describe your performance(주관적으로 당신의 성과를 표현하는 방법)에 제시되고 있음을 알 수 있다. 셋째, 주어진 문장의 pervasive throughout ones career에 대한 구체적인 내용이 ② 이후 문장에서 in school applications, in job applications, in interviews, in performance reviews, in meetings에 '만연하고(pervasive)' 있음을 제시하고 있다. 이 세 가지 단서를 통해서, 정답은 ②이다.

어휘

self-assessment 자기 평가
pervasive 만연한, 침투한[스며든], 널리 퍼진
fiscal 회계의, 재정의
in terms of ~에 있어서, ~면에서
metric 측정 기준
what we call 소위, 이른바
get a raise 급여를 인상 받다
come by (잠깐) 들르다, 오다
objective 객관적인
subjectively 주관적으로
self-promotion 자기 홍보

19 독해 > Reading for Writing > 빈칸 구 완성 오답률 24% 답 ①

| 해석 | 우리는 불안의 시대에 살고 있다. 불안한 것은 불편하고 무서운 경험이 될 수 있으므로, 우리는 그 순간에 불안을 줄이는 것에 도움이 되는 의식적인 또는 무의식적인 전략에 의지하는데, 이에는 영화나 TV 프로그램 시청, 먹기, 비디오게임 하기와 과로하기 등이 있다. 게다가, 스마트폰 또한 밤낮 어느 시간에나 주의를 돌려준다. 심리학적 연구는 주의를 돌리는 것이 흔한 불안 회피 전략 역할을 한다는 것을 보여준다. 그러나 ① 모순적으로, 이러한 회피 전략들은 장기적으로 불안을 가중시킨다. 불안한 것은 유사에 들어가는 것과 마찬가지이다. 당신이 더 많이 대항할수록, 당신은 더 깊이 빠진다. 실제로, 연구는 유명한 관용구인 "당신이 저항하는 것이 지속된다."를 강력히 지지한다.

① 모순적으로 ② 다행스럽게도
③ 중립적으로 ④ 창조적으로

| 정답해설 | ① 76% 해당 지문은 불안의 시대에 살고 있는 우리의 불안 회피 전략이 오히려 장기적으로는 불안을 증가시킨다는 내용의 글이다. 빈칸 이전 내용을 살펴보면, 불안을 피하기 위해 영화나 TV 프로그램 시청, 먹기, 비디오게임 하기, 과로하기, 스마트폰 사용 등 널리 채택되는 불안 회피 전략을 제시하고 있다. 그러나, 빈칸 문장에서는 대조 연결사 however(그러나)를 이용해 이전과는 대조적인 내용을 제시하며, 불안을 회피하기 위해 채택한 전략이 오히려 불안을 악화시킨다는 모순을 지적한다. 따라서 빈칸에는 ① Paradoxically(모순적으로)가 들어가는 것이 가장 적절하다.

| 오답해설 | ② 11% 빈칸 이후에 나오는 내용은 불안이 더 악화된다는 부정적인 내용이므로, 긍정적인 내용을 연결하는 Fortunately(다행스럽게도)가 빈칸에 들어가는 것은 옳지 않다.

어휘

anxiety 불안(감), 염려
conscious 의식적인
resort to ~에 의지하다
unconscious 무의식적인

distraction 주의[집중]를 분산시키는 것, 머리를 식히게 해 주는 것
serve as ~의 역할을 하다　　avoidance 회피
in the long run 장기적으로, (앞으로 길게 보았을 때) 결국에는
quicksand 유사(바람이나 물에 의해 아래로 흘러내리는 모래, 사람이 들어가면 늪에 빠진 것처럼 헤어 나오지 못함); 헤어나기 힘든[위험한] 상황
resist 저항하다, 대항하다
persist (없어지지 않고) 계속[지속]되다
paradoxically 모순적으로, 역설적으로
neutrally 중립적으로, 불편부당하게, 공평무사하게

20 독해 > Reading for Writing > 빈칸 구 완성 오답률 28% 답 ③

| 해석 | 얼마나 많은 다른 방법으로 당신은 정보를 얻는가? 몇몇 사람들은 대답할 수 있는 6가지의 다른 종류의 의사소통 방법을 가지고 있을 것이다. 바로 문자 메시지, 음성 사서함, 문서 서류, 정기 우편, 블로그 게시물, 다른 온라인 서비스에서의 메시지들이다. 이들 각각은 일종의 수신함이며, 지속적으로 처리되어야만 한다. 이것은 끝없는 과정이지만, 피로하게 하거나 스트레스를 줄 필요는 없다. 당신의 정보 관리를 좀 더 관리하기 쉬운 수준으로 줄이고 생산적인 구역으로 이동시키는 것은 ③ 당신이 가지고 있는 수신함의 수를 최소화하는 것으로 시작된다. 당신이 메시지를 확인하기 위해 또는 유입되는 정보를 읽기 위해 당신이 가야 할 모든 장소가 수신함이며, 당신이 더 많이 가지고 있을수록 모든 것을 관리하기가 더 힘들다. 당신이 필요한 방식으로 여전히 기능하기 위해서, 당신이 가지고 있는 수신함의 수를 가능한 가장 적은 수로 줄여라.
① 한 번에 여러 목표를 설정하는 것
② 유입되는 정보에 몰두하는 것
③ 당신이 가지고 있는 수신함의 수를 최소화하는 것
④ 당신이 열중해 있는 정보를 선택하는 것

| 정답해설 | ③ 72% 해당 지문은 효율적이고 지치지 않는 방식으로 정보를 획득하기 위해 수신함을 간소화하는 것의 필요성을 설명하고 있는 글이다. 문맥상 빈칸에는 생산적으로 관리할 수 있는 정보 관리 방법을 추천해주는 내용이 들어가야 한다. 본문 후반부에서 '당신이 더 많이 가지고 있을수록, 모든 것을 관리하기가 더 힘들다'라고 언급하며 과유불급임을 시사하고, 마지막 문장에서 '당신이 가지고 있는 수신함의 수를 가능한 가장 적은 수로 줄여라'라고 권유하고 있다. 따라서 빈칸에 가장 적절한 표현은 ③이다. 해당 지문에 사용된 in-box는 '메일 수신함' 또는 '미결 서류함'의 의미를 가지고 있으며, '처리해야 할 정보를 담고 있는 공간'의 의미로 제시되고 있다.

| 오답해설 | ① 6% 목표 설정에 관한 내용은 본문에 제시되지 않는다.
② 11% 본문은 유입되는 정보 경로에 관한 내용이며, 유입되는 새로운 정보 자체에 몰두하라는 내용은 본문에 제시되어있지 않다.
④ 11% 본문에서는 정보의 유입 경로의 수를 줄이라고 권유하고 있으나 선택할 정보의 종류에 관해서는 언급하고 있지 않다.

어휘
in-box 수신함, 미결 서류함　　process 처리하다; 과정, 절차
exhausting 피로하게 하는, 진을 빼는
function 기능하다, 작용하다, 구실하다, 역할을 다 하다
immerse 몰두[열중]하게 하다　　passionate 열정적인, 열중한

2022 6월 18일 시행 지방직(= 서울시) 9급 (Ⓐ책형)

합격예상 체크

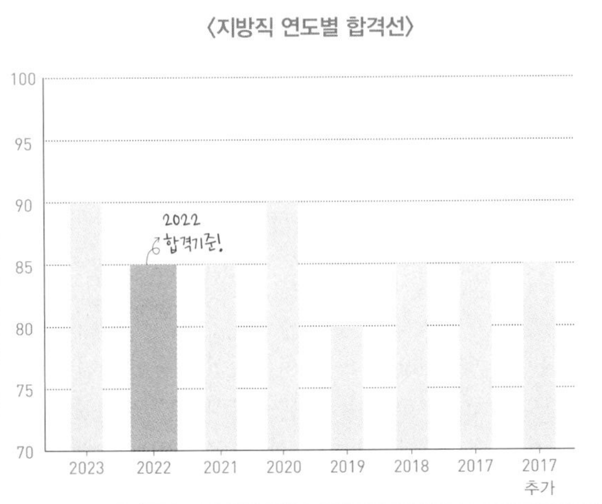

맞힌 개수	/20문항	점수	/100점

➡ □ 합격 □ 불합격

취약영역 체크

문항	정답	영역	문항	정답	영역
1	②	어휘 > 유의어 찾기	11	③	독해 > Logical Reading > 배열
2	①	어휘 > 유의어 찾기	12	③	독해 > Logical Reading > 삽입
3	④	어휘 > 유의어 찾기	13	④	독해 > Macro Reading > 제목
4	④	어휘 > 빈칸 완성	14	③	독해 > Logical Reading > 삭제
5	②	문법 > 일치, 태	15	③	독해 > Micro Reading > 내용 일치/불일치
6	②	문법 > 일치	16	③	독해 > Micro Reading > 내용 일치/불일치
7	①	문법 > 동사	17	①	독해 > Macro Reading > 요지
8	①	문법 > 시제	18	①	독해 > Logical Reading > 연결사
9	④	생활영어 > 회화/관용표현	19	②	독해 > Reading for Writing > 빈칸 구 완성
10	④	생활영어 > 회화/관용표현	20	②	독해 > Reading for Writing > 빈칸 구 완성

⬇ 영역별 틀린 개수로 취약영역을 확인하세요!

어휘	/4	문법	/4	독해	/10	생활영어	/2

➡ 나의 취약영역: ____________

※ [정답해설]과 [오답해설] 선지의 50% 표시는 〈에듀윌 합격예측 풀서비스〉를 통해 수집된 선지 선택률을 나타냅니다.

1 어휘 > 유의어 찾기 오답률 12% 답 ②

| 해석 | 학교 교사들은 학생들의 다른 능력 수준에 대처하기 위해 융통성이 있어야 한다.

① 4% 강한 ② 88% 적응할 수 있는
③ 3% 정직한 ④ 5% 열정적인

| 정답해설 | ② flexible은 '융통성 있는, 탄력적인'이라는 의미로, 선지 중에서는 adaptable(적응할 수 있는)과 의미가 가장 가깝다.

어휘
flexible 융통성 있는, 탄력적인 cope with ~에 대처[대응]하다
adaptable 적응할 수 있는

2 어휘 > 유의어 찾기 오답률 47% 답 ①

| 해석 | 곡물 수확량은 달라지는데, 일부 지역에서는 향상되고 다른 곳에서는 감소한다.

① 53% 변하다, 달라지다 ② 5% 감소하다
③ 33% 확대되다 ④ 9% 포함하다

| 정답해설 | ① vary는 '다르다, 달라지다'라는 의미로, 가장 의미가 비슷한 것은 change(변하다, 달라지다)이다.

어휘
crop 곡물, 작물 yield 수확량, 산출량

오답률 TOP 2
3 어휘 > 유의어 찾기 오답률 57% 답 ④

| 해석 | 나는 나의 교육에 관하여 누구에게도 열등하다고 느끼지 않는다.

① 3% ~의 위험이 있는 ② 14% ~에도 불구하고
③ 40% ~에 찬성하여 ④ 43% ~면에서는, ~에 관하여

| 정답해설 | ④ with respect to는 '~에 관하여'라는 의미이므로 문맥상 의미가 가장 가까운 것은 in terms of(~면에서는, ~에 관하여)이다.

어휘
inferior 열등한, 하위의 with respect to ~에 관하여
in terms of ~면에서는, ~에 관하여

4 어휘 > 빈칸 완성 오답률 25% 답 ④

| 해석 | 때때로 우리는 다음 급여일 훨씬 이전에 돈을 ④ 다 써 버린다.

① 7% ~로 변하다
② 6% 다시 시작하다
③ 12% ~을 참다, 견디다
④ 75% ~을 다 써 버리다, ~이 바닥나다

| 정답해설 | ④ 문맥상 급여일 이전에 돈을 '다 써 버리는 것'이 가장 자연스러우므로, 정답은 run out of(~을 다 써 버리다, ~이 바닥나다)이다.

어휘

turn into ~로 변하다　　put up with ~을 참다, 견디다
run out of ~을 다 써 버리다, ~이 바닥나다

5　문법 > 일치, 태　오답률 30%　답 ②

| 해석 | ① 그는 나에게 왜 매일같이 계속해서 돌아오는지 물었다.
② 아이들이 일 년 내내 원했던 장난감들이 최근 버려졌다.
③ 그녀는 항상 도움을 줄 준비가 되어 있는 사람이다.
④ 곤충들은 종종 우리에게는 분명치 않은 냄새에 이끌린다.

| 정답해설 | ② 70% 주어는 복수형 명사 Toys이고 children wanted all year long은 주어를 수식하는 목적격 관계대명사절이므로, has는 have가 되어야 하며, Toys는 discard(버리다, 포기하다, 폐기하다)되는 대상이므로 수동형이 되어야 알맞다. 따라서 ②는 Toys children wanted all year long have recently been discarded.가 되어야 옳다.

| 오답해설 | ① 11% 의문사 why가 이끄는 명사절이 ask의 직접목적어로 왔으므로 간접의문문 어순인 「의문사 + 주어 + 동사」가 올바르게 사용되었다. 또한 keep은 동명사를 목적어로 취하는 동사로 「keep -ing」는 '계속 ~하다'라는 표현이다.

③ 12% 선행사가 사람일 때는 관계대명사 who를 사용한다. 「be ready to + 동사원형」은 '~할 준비가 되어 있다'라는 뜻이며 lend[give] a hand는 '도움을 주다'라는 표현으로 여기서 hand는 비유적으로 '도움, 도움의 손길'을 의미한다.

④ 7% 곤충은 이끌리는 객체이므로 수동태가 알맞게 사용되었다. 또한 빈도부사 often은 be동사 뒤에 오는 것이 어법상 알맞다. scents는 사물명사이므로 관계대명사 that 또는 which가 이끄는 관계사절로 수식할 수 있다.

| 더 알아보기 | 목적격 관계대명사의 생략

문장의 주어를 수식하는 관계사절 중 목적격 관계대명사는 생략이 가능하다. 문장에서 「명사[선행사] + 명사[주어] + 동사[서술어] ~」의 형태가 제시되었을 때는 목적격 관계대명사가 생략되었을 수 있으므로 주의해서 해석해야 하며, 문장의 주어를 수식하는 경우 「주어-동사」의 수 일치에 주의해야 한다.

어휘

discard 버리다, 포기하다, 폐기하다　　lend a hand 도움을 주다
scent 냄새, 향기　　obvious 분명한, 명백한

오답률 TOP 3

6　문법 > 일치　오답률 56%　답 ②

| 해석 | ① 당신은 종이의 양면에 써도 된다.
② 나의 집은 내게 안전함, 따뜻함, 그리고 사랑의 느낌을 준다.
③ 자동차 사고의 수가 증가하고 있다.
④ 네가 무슨 일을 하려는지 내가 알아차렸더라면, 나는 너를 말렸을 거야.

| 정답해설 | ② 44% 등위접속사 and는 같은 품사의 단어를 연결해야 하므로 명사를 나열하는 중간에 형용사인 warm이 쓰인 것은 옳지 않다. 따라서 security, warmth, and love가 되어야 옳다.

| 오답해설 | ① 13% both는 가산명사의 복수형 앞에 사용되므로, both sides는 알맞은 표현이다.

③ 20% 주어가 the number로 단수이므로 동사는 단수형 is가 알맞게 사용되었다.

④ 23% 가정법 과거완료는 「If + S + had p.p.~, S + 조동사 과거형 + have p.p. …」로 쓰는데, If가 생략되면 주어, 동사가 도치되어 「Had + S + p.p. ~」가 된다. 따라서 Had I realized ~는 옳게 사용된 것이다. 또한 what절이 realized의 목적어로 쓰인 간접의문문이므로 「의문사 + 주어 + 동사」의 어순으로 알맞게 쓰였다.

어휘

on the rise 증가하고 있는　　intend 의도하다, 계획하다

7　문법 > 동사　오답률 47%　답 ①

| 정답해설 | ① 53% afford는 '~할 여유가 있다, ~할 형편이 되다'라는 뜻으로, I can afford ~는 '나는 ~할 여유가 있다[형편이 된다]'라는 뜻이다. 주어진 우리말이 '~할 수 없다'라는 부정형이므로 I can't afford로 고쳐야 옳다.

| 오답해설 | ② 10% 해당 문장에서 fade는 자동사로 쓰였으며 fade from은 '~에서 사라지다, ~에서 희미해지다'라는 의미로 옳게 쓰였다.

③ 13% 「have no alternative but to + 동사원형」은 '~ 외에는 대안이 없다, ~할 수밖에 없다'라는 의미의 관용표현으로, 「have no choice but to + 동사원형」과 유사한 표현이다.

④ 24% 「aim + to부정사」는 '~할 작정이다, ~하는 것을 목표로 하다'라는 의미의 표현이며, 시간의 경과를 나타내어 '~ 후에'라고 말할 때는 전치사 in을 쓸 수 있다.

어휘

fade 사라지다, 흐려지다　　alternative 대안
resign 사임하다　　aim 목표하다, 작정이다

8　문법 > 시제　오답률 40%　답 ①

| 정답해설 | ① 60% 부정어가 문두에 사용되면 뒤따라오는 문장의 어순이 의문문 어순으로 도치된다. '~하자마자 …했다'는 「No sooner had + S + p.p. ~ than + S + 과거동사 …」의 형태로 쓰며 시제와 어순에 유의해야 한다. 따라서 ①은 No sooner had I finished the meal than I started feeling hungry again.이 되어야 옳다.

| 오답해설 | ② 11% '조만간'은 sooner or later라고 하며 미래의 일이므로 조동사 will을 사용했다.

③ 22% 「A is to B what C is to D」는 'A와 B의 관계는 C와 D의 관계와 같다'라는 의미의 표현이다.

④ 7% 「end up -ing」는 '결국 ~하게 되다'라는 표현으로 알맞게 사용되었다.

| 더 알아보기 | '~하자마자' 관용표현

~하자마자		~했다
주어 + had no sooner p.p. ~	than	주어 + 과거동사 …
No sooner had + 주어 + p.p. ~		

1. 어순 주의: 부정부사 no sooner가 문두에 올 경우, 뒤따라오는 절은 의문문 어순으로 도치된다.
2. 접속사 주의: 주절과 종속절을 연결해 주는 접속사는 than을 사용해야 한다.
3. 시제 주의: no sooner를 포함한 주절의 시제가 과거완료이면, than이 이끄는 종속절의 시제는 과거시제이어야 한다.

어휘

sooner or later 조만간 　　 end up -ing 결국 ~하게 되다

9 생활영어 > 회화/관용표현 　 오답률 19% 　 답 ④

| 해석 | ① A: 나는 이 신문이 독선적이 아니어서 좋아.
B: 그것이 그게 가장 발행 부수가 가장 많은 이유야.
② A: 그렇게 잘 차려입은 좋은 이유가 있니?
B: 응. 오늘 중요한 구직 면접이 있어.
③ A: 연습 중에는 공을 똑바로 칠 수 있는데, 게임 중에는 안돼.
B: 나한테도 늘 일어나는 일이야.
④ A: 도화지에 그리고 싶은 특별한 주제가 있니?
B: 나는 고등학교에 다닐 때, 역사를 잘하지 못했어.

| 정답해설 | ④ 81% 도화지에 그리고 싶은 '주제(subject)'에 관해 묻는 질문에 고등학교 시절 역사를 잘하지 못했다고 '과목(subject)'에 대해 답하는 것은 대화의 흐름상 어색하다.

어휘

opinionated 독선적인, 독단적인 　　 circulation 발행(부수); 유통
canvas 도화지

10 생활영어 > 회화/관용표현 　 오답률 25% 　 답 ④

| 해석 | A: 야! 지리 시험 어땠어?
B: 그럭저럭, 고마워. 난 그저 끝난 것이 기쁠 따름이야! 너는 어때? 과학 시험 어땠어?
A: 오, 정말 잘 봤어. ④ 그것을 도와준 것에 대해서는 고맙다는 말로는 부족해. 내가 너에게 한턱내야겠어.
B: 괜찮아. 그러면, 다음 주에 예정된 수학 시험 준비하고 싶어?
A: 물론이지. 같이 공부하자.
B: 좋아. 나중에 봐.
① 이거 때문에 자책해도 소용없어
② 여기서 널 볼 줄은 전혀 생각 못 했어
③ 사실, 우린 매우 실망했어
④ 그것을 도와준 것에 대해서는 고맙다는 말로는 부족해

| 정답해설 | ④ 75% 시험 결과에 관한 대화로 A가 빈칸의 말을 한 후, B에게 '한턱낸다'고 말하고 있으므로 A가 B에게 고마워하고 있음을 유추할 수 있다.

어휘

geography 지리(학) 　　 owe 빚지다, 신세지다
treat 대접, 한턱 　　 beat oneself up 자책하다

11 독해 > Logical Reading > 배열 　 오답률 32% 　 답 ③

| 해석 | 눈이 보이지 않는 분들에게, 우편물을 분류하거나 빨래 더미를 세탁하는 것과 같은 일상적인 일들은 어려운 일입니다.
(B) 하지만 만약에 그분들이 볼 수 있는 누군가의 눈을 "빌릴" 수 있다면 어떨까요?
(A) 그것이 바로 수천 명의 사용자들이 스마트폰이나 Aira 전매특허의 안경을 이용해 상시 대기 직원(on-demand agent)에게 자신들의 주변 환경에 대한 라이브 비디오 송출을 가능하게 해 주는 신규 서비스인 Aira가 지지하는 생각입니다.
(C) 그러면 연중무휴 연결 가능한 Aira의 직원들은 질문에 답하거나, 물체에 관해 설명하거나, 한 장소로 사용자를 안내할 수 있습니다.

| 정답해설 | ③ 68% (A)와 (C)에는 Aira가 공통적으로 언급되며, (A)의 내용을 통해 Aira는 안경을 이용해 도움을 제공하는 것임을 알 수 있다. 즉, Aira는 (B)에서 언급한 눈을 빌려주는 것에 대한 해결책이므로 (B)가 맨 먼저 와야 한다. (B)의 they는 주어진 문장의 people who are blind를 가리킨다. 이어서 (B)에서 언급한 '다른 사람들의 눈을 빌린다'는 개념을 That's the thinking ~이라고 구체적으로 설명해 주는 (A)가 연결되고, 마지막으로 (A)에서 직원과 연결되어 라이브 비디오를 송출한 후의 상황을 then으로 연결하여 설명하는 (C)가 오는 것이 옳다. 그리고 (A)에서 최초 제시된 정보인 an on-demand agent를(부정관사 사용) (C)에서는 정관사를 사용하여 The Aira agents로 구체화하고 있는 것을 통해서도 (A)가 (C) 앞에 오는 것이 적절함을 알 수 있다.

| 오답해설 | ①② 17% 10% (A)의 thinking이 주어진 문장 전체를 가리킨다고 볼 여지도 있으나, 그렇다면 (B)가 들어갈 위치가 어색해진다. (B)의 they는 주어진 문장의 people who are blind를 가리키고 있는 것이 명백하므로, 가장 적절한 위치는 (B)가 주어진 문장에 바로 이어지는 것이다.
④ 5% (C)의 then은 선후 관계를 이어 주는 연결사인데, 주어진 글과 (C)는 선후 관계가 아니므로, (C)가 주어진 문장에 바로 이어지는 것은 부자연스럽다.

어휘

sort 분류하다, 구분하다 　　 present 주다, 수여하다
surroundings 환경 　　 on-demand 요구가 있으면 즉시
proprietary 전매특허의, 소유주의

오답률 TOP 1

12 독해 > Logical Reading > 삽입 　 오답률 58% 　 답 ③

| 해석 | 비유는 두 사물이 꽤 근본적인 많은 면에서 유사하다고 주장되는 수사적 표현이다. 비록 그 두 사물은 또한 전혀 다르지만 그것들의 구조, 그것들의 부분과의 관계, 또는 그것들이 제공하는 본질적인 목적은 유사하다. 장미와 카네이션은 비유적이지 않다. 그것들은 둘 다 줄기와 잎이 있고 둘 다 붉은색일 수도 있다. 그러나 그것들은 이러한 특징들을 같은 방식으로 보여 준다. 그것들은 동일한 속(屬)이다. ③ 하지만, 심장을 펌프에 비유하는 것은 진정한 비유이다. 이것들은 서로 전혀 다른 것들이지만 중요한 특징들, 즉 기계 장치, 판막(밸브) 소지, 압력 증감 능력, 그리고 액체를 흐르게 하는 능력을 공유한다. 그리고 심장과 펌프는 이러한 특징들을 다른 방식으로 그리고 다른 상황에서 보여 준다.

| 정답해설 | ③ [42%] 주어진 문장의 역접 연결사 however로 보아 주어진 문장과 대조되는 내용이 앞서 제시될 것임을 알 수 있다. ③ 이전에서는 구조도 같고 같은 속에 속하며 다른 구석이 전혀 없는 장미와 카네이션을 예로 들어 analogy(비유)가 아님을 서술하고 있는데, ③ 이후에서는 '이것들은 서로 전혀 다른 것들이지만 중요한 특징들을 공유한다'라고 설명하면서 다른 점도 있고 공통점도 있는 것들에 대해 언급하고 있다. 이를 통해서 앞서 서술하고 있는 '장미와 카네이션'의 경우와는 대조적인 흐름으로 글을 이어나가고 있음을 파악할 수 있다. 따라서 ③의 자리에 역접 연결사를 포함한 주어진 문장이 들어가 글의 흐름을 전환해 주는 것이 가장 적절하다.

| 오답해설 | ①② [10%] [9%] 장미와 카네이션에 관한 내용이 이어지므로 역접 연결사가 있는 주어진 문장이 빈칸에 들어가는 것은 부적절하다.

④ [39%] 전후 내용이 모두 심장과 펌프의 비유에 대한 설명이므로 중간에 역접 연결사로 이어지는 문장이 들어가는 것은 문맥상 부자연스럽다.

어휘

genuine 진정한, 진짜의	analogy 비유
figure of speech 수사적 표현, 비유적 표현	
assert 주장하다, 단언하다	respect 면, 점, 사항
fundamental 근본적인, 본질적인	analogous 유사한, 비유적인
stem 줄기	exhibit 보이다, 드러내다
quality 특징	genus (생물의) 속(屬), 종류
disparate 서로 전혀 다른, 이질적인	apparatus 기관; 기구, 장치
possession 소유, 소지	fluid 액체
context 전후 사정, 맥락	

13 독해 > Macro Reading > 제목 [오답률 30%] 답 ④

| 해석 | 효율성이 최적화될 수 있는 분야 중 하나는 개인의 생산성 향상을 통해 한 직원이 주어진 시간에 처리하는 작업량(생산된 제품, 고객 서비스)으로 정의되는 인력이다. 최적의 성과를 보장하기 위해 당신이 반드시 적절한 설비, 환경, 그리고 훈련에 투자하는 것 외에도, 당신은 직원들이 '멀티태스킹'이라는 현대판 에너지 낭비를 중단하도록 장려함으로써 생산성을 향상시킬 수 있다. 연구들은 당신이 동시에 다른 프로젝트들을 작업하려고 할 때 한 가지 일을 끝마치는 데 25~40% 더 시간이 걸린다는 것을 보여 준다. 컨설팅 기업 The Energy Project의 사업 개발 부사장인 Andrew Deutscher는 더 생산적이 되려면 "중단하지 말고, 지속적인 기간 동안 한 가지 일을 하라"라고 말한다.

① 인생에서 더 많은 선택지를 만드는 방법
② 일상적 신체 능력을 향상시키는 방법
③ 멀티태스킹이 더 나은 효율성에 대한 답이다
④ 더 큰 효율성을 위해 한 번에 한 가지 일을 하라

| 정답해설 | ④ [70%] 효율성에 관한 글로, 마지막 문장 To be more productive, says Andrew Deutscher, ~ for a sustained period of time.에 언급된 컨설팅 기업 The Energy Project의 사업 개발 부사장인 Andrew Deutscher의 말, '더 생산적이 되려면 중단하지 말고, 지속적인 기간 동안 한 가지 일을 하라'를 통해 효율성을 위해서는 한 번에 한 가지 일을 하는 것을 권하고 있다는 것을 알 수 있다.

| 오답해설 | ① [5%] 업무에서 효율성을 높이는 법에 대한 내용이므로, 인생에서 더 많은 선택지를 만드는 방법은 제목으로 적절하지 않다.

② [7%] 신체적 능력에 관해서는 본문에서 언급되지 않는다.

③ [18%] 본문의 주장과 반대되는 내용이므로 오답이다.

어휘

efficiency 효율성	optimize 최적화하다
productivity 생산성	define 정의하다
in addition to ~에 더하여, ~ 외에	invest 투자하다
equipment 설비	optimal 최적의
staffer 직원	
drain (많은 시간·돈 등을) 고갈시키는[잡아먹는] 것	
multitasking 멀티태스킹, 동시에 여러 가지 일을 하는 것	
simultaneously 동시에	productive 생산적인
vice president 부사장, 부회장	firm 회사, 기업
uninterrupted 연속된, 중단되지 않는	
sustained 지속적인	enhance 향상시키다, 강화하다

14 독해 > Logical Reading > 삭제 [오답률 45%] 답 ③

| 해석 | 좋은 논쟁을 하는 기술은 인생에서 중요하다. 그러나 그것은 부모들이 자식들에게 거의 가르치지 않는 기술이다. 우리는 아이들에게 안정적인 가정을 제공하길 원하므로, 형제자매들의 다툼을 멈추게 하고, 우리 자신의 논쟁도 비밀리에 한다. 그러나 만일 아이들이 의견 불일치에 전혀 노출되지 않는다면, 우리는 결국 그들의 창의성을 제한하게 될지도 모른다. ③ 아이들은 그들이 평화로운 환경에서 많은 칭찬과 격려를 받으며 자유롭게 브레인스토밍을 할 때 가장 창의적이다. 고도로 창의적인 사람들은 종종 긴장감이 가득한 집안에서 성장한 것으로 밝혀진다. 그들은 주먹다짐이나 개인적인 모욕이 아니라 진정한 의견 불일치에 둘러싸여 있다. 30대 초반의 성인이 상상한 이야기를 써 보라고 요청받았을 때, 가장 창의적인 이야기들은 25년 전 가장 심한 갈등을 겪은 부모를 가진 이들에게서 나왔다.

| 정답해설 | ③ [55%] 의견이 불일치하고 긴장감이 가득한 상황에서 자란 아이들이 더 창의적이 된다는 것이 글의 요지이다. 그런데 ③에서는 아이들이 평화로운 환경에서 칭찬과 격려에 많이 노출될 때 가장 창의적이 된다고 진술하고 있으므로, 전체 글의 주장과는 다른 의견이다.

| 오답해설 | ①②④ [11%] [13%] [21%] 모두 문맥상 갈등이 창의성에 도움이 된다는 내용이므로 글의 흐름에 부합한다.

어휘

critical 중요한	stable 안정적인
sibling 형제자매	quarrel 다투다, 언쟁하다
behind closed doors 비밀리에	expose 노출시키다
disagreement 불화, 의견 불일치	tension 긴장, 갈등
fistfight 주먹다짐	insult 모욕
imaginative 상상력이 풍부한, 창의적인	
conflict 갈등	

15 독해 > Micro Reading > 내용일치/불일치 [오답률 21%] 답 ③

| 해석 | Christopher Nolan은 영어권에서 꽤 유명한 아일랜드인 작가이다. 태어날 때부터 뇌 손상을 입은 Nolan은 신체 근육을 거의 통제할 수 없었는데, 음식을 삼키는 데 어려움을 겪을 정도였다. 그는 혼자서 똑바로 앉아 있

을 수 없었기 때문에 휠체어에 고정끈으로 고정되어 있어야 했다. Nolan은 알아들을 수 있는 말소리를 낼 수 없었다. 그러나 다행히도, 그의 뇌 손상은 지능은 손상되지 않고 청각은 정상인 정도였다. 그 결과, 그는 어린아이일 때, 말을 이해하는 것을 배웠다. 그러나 그가 10살이 지난 후, 그리고 그가 읽는 것을 배운 후 여러 해가 지나서야 그의 첫 번째 말을 표현할 수 있는 수단이 그에게 주어졌다. 그는 글자를 가리킬 수 있도록 머리에 부착된 막대를 이용해 이것을 했다. 그가 아직 10대일 때 시와 단편 소설 전집인 『Dam-Burst of Dreams』를 낸 것은 바로 한 글자 한 글자 이 '유니콘' 방식을 통한 것이었다.

| 정답해설 | ③ 79% 본문 중반 Fortunately, though, his brain damage was such that Nolan's intelligence was undamaged and his hearing was normal.에서 그의 뇌 손상은 지능은 손상되지 않고 청각은 정상인 정도였다고 했으므로 본문 내용과 일치하지 않는다.

| 오답해설 | ① 5% 두 번째 문장 맨 앞 Brain damaged since birth, ~에서 태어날 때부터 뇌 손상을 입었다고 했으므로 본문 내용과 일치함을 알 수 있다.

② 3% 두 번째 문장 뒷부분 even to the extent of having difficulty in swallowing food를 보면 Nolan의 뇌 손상이 음식을 삼키는 데 어려움을 겪을 정도였다고 했으므로 본문 내용과 일치함을 알 수 있다.

④ 13% 마지막 문장에서 10대일 때 시와 단편 소설 전집을 냈다고 진술하고 있다.

어휘

renown 명성 | to the extent of ~할 정도까지
swallow 삼키다
strap (끈으로) 묶다, 고정끈으로 고정하다
utter 말하다 | recognizable 인식 가능한
means 수단 | attach 붙이다, 부착하다

16 독해 > Micro Reading > 내용일치/불일치 오답률 22% 답 ③

| 해석 | 많은 가톨릭 국가에서, 아이들은 종종 성인의 이름을 따서 이름지어진다. 실제로, 몇몇 신부들은 부모들이 아이들의 이름을 드라마 배우나 축구 선수 이름을 따라 짓도록 허락하지 않을 것이다. 개신교 국가들은 이에 대해 더 자유롭다. 그러나 노르웨이에서 Adolf와 같은 특정한 이름들은 완전히 금기된다. 아프리카와 같이 유아 사망률이 매우 높은 국가들에서 부족들은 아이들이 다섯 살이 될 때에서야 겨우 이름을 지어 주는데, 이는 그들의 생존율이 증가하는 나이이다. 그때까지, 그들은 연령으로 불려진다. 많은 극동 국가들은 아이들에게 아이의 탄생 상황이나 아이에 대한 부모의 기대와 희망을 어떤 방식으로 묘사하는 특이한 이름을 준다. 일부 호주 원주민들은 자신들의 지혜, 창의력 또는 결단을 어떻게든 증명하는 중요한 경험의 결과로서 일생 동안 자신들의 이름을 계속 바꿀 수 있다. 예를 들어, 만일 어느 날, 그들 중 한 명이 춤을 매우 잘 춘다면 그 또는 그녀는 자신의 이름을 '최고의 춤꾼' 또는 '가벼운 발'로 개명할 결심을 할지도 모른다.
① 많은 가톨릭 국가에서 아이들은 자주 성인의 이름을 따 이름 지어진다.
② 일부 아프리카 아이들은 5살이 될 때까지 이름이 지어지지 않는다.
③ 호주 원주민 문화에서 이름을 바꾸는 것은 결코 용납되지 않는다.
④ 다양한 문화권들은 다른 방식으로 아이들의 이름을 짓는다.

| 정답해설 | ③ 78% 본문 후반부 Some Australian aborigines can keep changing their name throughout their life ~에서 일부 호주 원주민들은 일생 동안 자신들의 이름을 계속 바꿀 수 있다고 언급했으므로, 본문 내용과 일치하지 않는다.

| 오답해설 | ① 6% 첫 번째 문장에서 글의 내용과 일치함을 확인할 수 있다.

② 11% 세 번째 문장에서 언급되는 내용이다.

④ 5% 글 전체를 아우르는 내용이므로 글의 내용과 일치한다고 볼 수 있다.

어휘

saint 성인 | soap opera 드라마
protestant 개신교 | ban 금지하다
infant 유아 | mortality 사망률
refer 칭하다, 부르다 | circumstance 상황, 환경
aborigine (특히 호주의) 원주민, 토착민
determination 결심, 투지 | unacceptable 받아들일 수 없는
various 다양한

17 독해 > Macro Reading > 요지 오답률 38% 답 ①

| 해석 | 젊은이들이 "hippie(히피)" 아니면 "straight(단정한)" 패션으로 옷을 입는 경향이 있던 1970년대 초반에 실시된 한 연구에서, 실험자들은 히피 또는 단정한 복장을 한 후, 전화를 걸 1다임짜리 동전을 캠퍼스에 있는 대학생들에게 요청했다. 실험자가 학생과 동일한 방식의 옷을 입었을 때, 그 요청은 사례의 3분의 2가 넘게 받아들여졌다. 학생과 요청자가 다르게 옷을 입었을 때, 동전은 절반 미만으로 제공되었다. 또 다른 실험은 비슷한 타인에게 우리의 긍정적인 반응이 얼마나 자동적일 수 있는지를 보여주었다. 반전 시위 행진 참가자들은 비슷하게 옷을 입은 요청자들의 탄원서에 서명하고, 그것을 먼저 읽지도 않고 그렇게 할 가능성이 높은 것으로 밝혀졌다.
① 사람들은 자신처럼 옷을 입은 사람들을 도와줄 가능성이 더 높다.
② 격식을 차려 입는 것은 탄원서에 서명할 가능성을 높인다.
③ 전화를 하는 것은 다른 학생들과 교제하는 효과적인 방식이다.
④ 1970년대 초반 일부 대학생들은 자신들의 독특한 패션으로 추앙받았다.

| 정답해설 | ① 62% 본문 초반 전화를 걸 동전을 빌리는 실험과 본문 후반 탄원서에 서명을 받는 실험에서 자신과 비슷한 복장을 한 사람들에게 응답자들이 더욱 긍정적으로 반응했다는 결과를 제시하고 있다. 따라서 전체 글의 요지로 가장 적절한 것은 ①이다.

| 오답해설 | ② 21% 탄원서에 서명하는 것에 대한 실험은 두 번째 실험에만 국한된 것이며, 결정적으로 격식을 차려 옷을 입는 것과 탄원서에 서명하는 것의 관련성에 대해서는 본문에서 언급되지 않았다.

③ 7% 다른 학생들과 교제하는 방법에 관한 글이 아니므로 글의 요지로 적절하지 않다.

④ 10% 본문 초반에서 1970년대의 패션에 관해 언급되기는 하지만, 그 패션에 대한 다른 이들의 평가는 언급되지 않았으므로 오답이다.

어휘

don 입다 | attire 의복
dime 다임(미국 · 캐나다의 10센트짜리 동전)
grant 승인하다 | instance 예, 사례
dissimilarly 다르게
marcher (시위를 위한) 가두 행진 참가자

demonstration 시위, 데모　petition 탄원서
formally 예의 바르게; 형식상; 정식으로
socialize 사회화하다, 사귀다　admire 존경하다, 찬양하다
unique 독특한, 특이한

18 독해 > Logical Reading > 연결사 오답률 47% 답 ①

| 해석 | 지속 시간은 빈도와 반비례 관계를 공유한다. 만일 당신이 친구를 자주 본다면, 만남의 지속 시간은 더 짧아질 것이다. 반대로, 만일 당신이 친구를 그다지 자주 보지 않는다면, 당신의 방문 지속 시간은 보통 상당히 증가할 것이다. (A) 예를 들어, 만일 당신이 친구를 매일 만나면, 사건들이 전개됨에 따라 무슨 일이 일어나고 있는지 따라잡을 수 있기 때문에 당신의 방문 지속 시간은 줄 수 있다. 그러나 만일 당신이 친구를 1년에 2번 본다면, 방문 지속 시간은 더 늘 것이다. 오랜 기간 동안 보지 못한 친구와 식당에서 저녁 식사를 하던 때를 돌이켜 생각해 보라. 당신들은 아마도 서로의 삶을 따라잡는 데 몇 시간을 보냈을 것이다. 만일 당신이 그 사람을 정기적으로 만난다면, 그와 같은 저녁 식사의 지속 시간은 상당히 짧아질 것이다. (B) 반대로, 연인 관계에서는 빈도와 지속 시간이 매우 높은데, 커플, 특히 최근에 사귄 커플들은 서로와 가능한 한 많은 시간을 보내고 싶어 하기 때문이다. 관계의 강도도 또한 매우 높을 것이다.

	(A)	(B)
①	예를 들어	반대로
②	그럼에도 불구하고	게다가
③	그러므로	결과적으로
④	같은 방법으로	그래서

| 정답해설 | ① 53% (A) 첫 번째 문장이 글 전체의 주제로서, '지속 시간'과 '빈도'의 관계가 반비례 관계임을 명시하고 있다. 이후 두 번째와 세 번째 문장에서 제시하고 있는 일반적인 frequency(빈도), 즉 frequently와 not ~ very often을 (A)의 빈칸 이후에 구체적으로 every day와 twice a year로 상세화하여 예시를 들고 있으므로, 빈칸에는 예시를 나타내는 For example(예를 들어)이 들어가는 것이 가장 적절하다.

(B) 빈칸 앞 부분에서 '지속 시간'과 '빈도'가 반비례하는 경우를 예시하고 있으나 빈칸 (B) 이후에는 연인 관계에서는 '빈도'와 '지속 시간'이 매우 높다고 서술하고 있다. 즉, 앞서 제시한 내용과 대조적인 상황인 것을 알 수 있으므로, 빈칸에는 역접 연결사 Conversely(반대로)가 가장 적절하다.

| 오답해설 | ② 12% (A) 전후가 양보 관계가 아니므로 빈칸에 Nonetheless는 어색하다.

③④ 12% 23% (B) 이후 내용이 이전 내용의 결과가 아니므로 As a result, Thus는 빈칸에 부적절하다.

어휘

duration (지속) 기간　inverse 역의, 반대의
frequency 빈도　encounter 만남
conversely 역으로, 반대로　significantly 대단히, 상당히
keep up with ~을 따라잡다, 이해하다
unfold 전개하다; 일어나다; 진행되다
catch up on (밀린 일을) 보충하다[따라잡다]
considerably 상당히　on a regular basis 정기적으로
mint 만들다　intensity 격렬함, 강렬함, 강도

19 독해 > Reading for Writing > 빈칸 구 완성 오답률 47% 답 ②

| 해석 | 가장 흔히 사용되는 선전 기술 중 하나는 선전자의 견해가 보통 사람의 견해를 반영하고 그 또는 그녀는 그들의 최상의 이익을 위해 일하고 있다고 대중을 설득하는 것이다. 육체 노동자 청중에게 연설하는 정치인은 소매를 걷고, 넥타이를 풀고, 그 무리의 특정한 관용구를 사용하려고 시도할 것이다. 그는 심지어 자신이 "그저 그들 중 한 명"이라는 인상을 주기 위해 고의로 언어를 틀리게 사용할지도 모른다. 또한 이 기술은 보통 정치인의 견해가 연설을 듣는 군중의 견해와 동일하다는 인상을 주기 위해 미사여구를 사용한다. 노조 지도자들, 사업가들, 각료들, 교육자들, 그리고 광고업자들은 ② 우리 자신과 같은 그저 평범한 사람들로 보임으로써 우리의 신뢰를 얻기 위해 이 기술을 사용해 왔다.

① 미사여구를 넘어선
② 우리 자신과 같은 그저 평범한 사람들
③ 남들과는 다른 무언가
④ 대중들보다 더 교육받은

| 정답해설 | ② 53% 지도자 집단의 선전 기술에 관한 글이다. 본문에서는 지도자 집단의 인물들이 그들이 대변하고자 하는 보통의 대중들과 같아 보이고자 하는 것이 가장 흔히 사용되는 선전 기술(propaganda technique) 중 하나라고 말한다. 본문 마지막 문장은 그들이 이러한 기술을 사용하는 목적을 다시 한 번 정리한 문장이므로 그들이 우리 자신과 같은 평범한 사람들로 보이기 위해 기술을 사용한다는 표현이 들어가는 것이 문맥상 가장 자연스럽다.

| 오답해설 | ① 16% glittering generalities(미사여구)는 지도자 집단들이 선전 기술의 일환으로 사용하는 기법 중 하나일 뿐이며, 그 지도자 집단들이 자신들을 나타내고자 하는 표현들은 아니므로 오답이다.

③④ 22% 9% 본문 내용과 달리 자신들을 대중과는 다르게 혹은 더 낫게 보이게 한다는 내용이 되므로 문맥상 빈칸에 적절하지 않다.

| 더 알아보기 | Glittering Generality(미사여구)

> 어떤 인물, 제품, 또는 주장을 돋보이도록 하기 위해 대중으로부터 호의적인 반응을 얻어낼 수 있는 단어들을 사용하는 것으로 가장 보편적인 '선전 기술(Propaganda Technique)' 중 하나이다.

어휘

propaganda 선전　convince 설득하다
propagandist 선전자　reflect 반영하다; 반사하다
blue-collar 블루칼라[육체 노동자]의
idiom 관용구　incorrectly 틀리게, 부정확하게
impression 인상　folk 사람들, 민중
employ 쓰다, 채택하다
glittering generality 화려한 추상어, 미사여구
address 연설하다　minister 각료, 장관; 성직자
confidence 신뢰　appear ~처럼 보이다
plain 보통의, 평범한

20 독해 > Reading for Writing > 빈칸 구 완성 오답률 39% 답 ②

| 해석 | 롤러코스터는 트랙의 첫 번째 오르막 언덕을 올라가면서 위치 에너지를 축적하고 있다. 땅 위로 더 높이 올라갈수록, 중력의 인력은 더 강해

질 것이다. 롤러코스터가 오르막 언덕의 꼭대기에 이르렀다 하강을 시작할 때, 그것의 위치 에너지는 운동 에너지, 즉 움직임의 에너지가 된다. 흔한 오해는 롤러코스터가 트랙을 따라 가면서 에너지를 소실한다는 것이다. 그러나, 에너지 보존 법칙이라고 불리는 주요한 물리학 법칙은 에너지는 절대로 생성되거나 파괴될 수 없다는 것이다. 그것은 그저 하나의 형태에서 또 다른 것으로 바뀌는 것이다. 트랙이 오르막으로 바뀌어 다시 올라갈 때마다, 차체의 운동량인 운동 에너지는 그것을 위로 데려갈 것이고, 이것이 위치 에너지를 축적하고, 롤러코스터는 반복적으로 위치 에너지를 운동 에너지로 전환하고 다시 반대로 한다. 탑승의 마지막 구간에서, 롤러코스터 차체는 두 개의 표면 사이에 ② 마찰 저항을 생성하는 브레이크 장치에 의해 속도를 줄인다. 이 운동이 그것들을 뜨겁게 만드는데, 이는 속도를 줄이는 동안 운동 에너지가 열 에너지로 전환된다는 것을 의미한다. 탑승객들은 롤러코스터가 트랙의 끝에서 에너지를 잃는다고 잘못 생각할지도 모르지만, 에너지는 단지 다른 형태에서 다른 형태로 바뀔 뿐이다.

① 중력 ② 마찰 저항
③ 진공 ④ 가속

| 정답해설 | ② 61% 롤러코스터가 작동할 때 발생하는 에너지에 관해 설명하는 글이다. 빈칸에는 롤러코스터가 멈추는 단계에서 브레이크 장치가 작동할 때 두 개의 표면 사이에 발생하는 에너지를 설명하는 표현이 들어가야 한다. 빈칸 이후의 문장인 This motion makes them hot ~을 통해서 두 개의 표면 사이에 열 에너지를 만드는 것이 friction(마찰 저항)임을 유추할 수 있다.

어휘

potential energy 위치 에너지
pull 인력, 당기는 힘
gravity 중력
crest 꼭대기에 이르다, 최고조에 달하다
descent 하강, 내려오기
kinetic energy 운동 에너지
misperception 오해, 오인
conservation 보존
momentum 운동량
convert 전환하다
mechanism 기계 장치
surface 표면
motion 운동
mistakenly 잘못하여, 실수로
friction 마찰, 마찰 저항
vacuum 진공
acceleration 가속, 가속도

2021 6월 5일 시행 지방직(= 서울시) 9급 (Ⓐ책형)

합격예상 체크

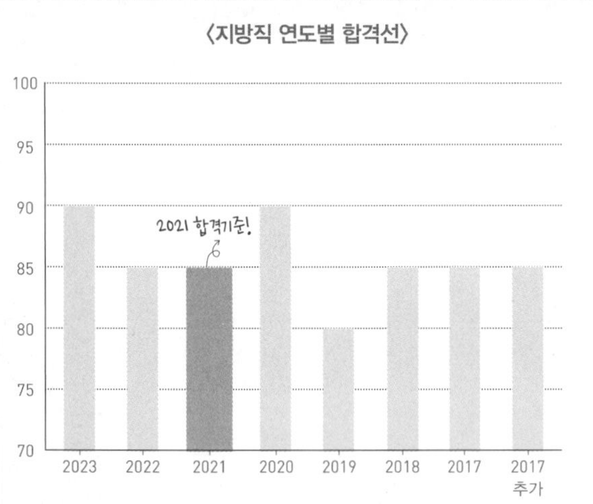

맞힌 개수	/20문항	점수	/100점

➡ □합격 □불합격

취약영역 체크

문항	정답	영역	문항	정답	영역
1	④	어휘 > 유의어 찾기	11	①	생활영어 > 회화/관용표현
2	③	어휘 > 빈칸 완성	12	③	생활영어 > 회화/관용표현
3	①	어휘 > 빈칸 완성	13	②	독해 > Micro Reading > 내용일치/불일치
4	②	어휘 > 빈칸 완성	14	②	독해 > Logical Reading > 삭제
5	④	어휘 > 유의어 찾기	15	③	문법 > 동사
6	④	문법 > 동사	16	②	독해 > Reading for Writing > 빈칸 구 완성
7	②	문법 > 동사	17	④	독해 > Reading for Writing > 빈칸 구 완성
8	②	문법 > 부정사	18	①	독해 > Macro Reading > 요지
9	④	독해 > Macro Reading > 제목	19	③	독해 > Logical Reading > 연결사
10	①	독해 > Logical Reading > 배열	20	②	독해 > Logical Reading > 삽입

⬇ 영역별 틀린 개수로 취약영역을 확인하세요!

어휘	/5	문법	/4	독해	/9	생활영어	/2

➡ 나의 취약영역: ________

※ [정답해설]과 [오답해설] 선지의 50% 표시는 〈1초 합격예측 서비스〉를 통해 수집된 선지 선택률을 나타냅니다.

1 어휘 > 유의어 찾기 오답률 11% 답 ④

| 해석 | 많은 충동 구매자들에게는 그들이 사는 물건이 아니라 구매하는 행위 자체가 만족을 가져오는 것이다.

① 3% 쾌활함 ② 2% 자신감
③ 6% 평안 ④ 89% 만족

| 정답해설 | ④ gratification은 '만족, 희열'이라는 뜻이므로, 의미가 가장 유사한 것은 satisfaction(만족, 충족)이다.

어휘

compulsive buyer 충동 구매자 gratification 만족, 희열
liveliness 쾌활함 confidence 자신감, 확신
tranquility 평안, 고요 satisfaction 만족, 충족

2 어휘 > 빈칸 완성 오답률 7% 답 ③

| 해석 | 세계화는 더 많은 국가들이 자신들의 시장을 개방하도록 하여, 그들이 더 큰 ③ 효율성과 더 적은 비용으로 자유롭게 재화와 서비스를 거래하도록 해 준다.

① 3% 멸종 ② 2% 불황, 우울
③ 93% 효율성 ④ 2% 주의

| 정답해설 | ③ 더 적은 비용으로 자유롭게 거래한다는 표현으로 보아 세계화의 장점에 대해 설명하는 글이므로, 빈칸에는 긍정적인 표현이 들어가는 것이 적절하다.

| 오답해설 | ①② 부정적 표현이며, 세계화의 장점이 아니므로 빈칸에 부적절하다.

④ 자유롭게(freely) 거래한다고 하였으므로, 더욱 주의(caution)를 기울인다고 하는 것은 문맥상 어색하다.

어휘

globalization 세계화 extinction 멸종
depression 불황, 불경기; 우울, 우울증
efficiency 효율성, 능률, 효력 caution 주의, 조심, 신중

오답률 TOP 2

3 어휘 > 빈칸 완성 오답률 64% 답 ①

| 해석 | 우리는 번아웃의 대가를 잘 알고 있다. 직장과 가정에서 에너지, 동기, 생산성, 참여, 그리고 책임이 모두 타격을 입을 수 있다. 그리고 ① 해결책들 중 많은 것들이 꽤 직관적이다. 즉, 정기적으로 전원을 뽑아라.(휴식을 취하라.) 불필요한 회의를 줄여라. 운동하라. 하루 중 짧은 휴식 일정을 잡아라. 당신이 일터를 떠날 여유가 없다고 생각할지라도 휴가를 가라. 왜냐하면 당신은 때때로 떠나지 못하는 것을 감당할 수 없기 때문이다.

① 36% 해결책들 ② 34% 손해
③ 12% 상들 ④ 18% 문제들

| 정답해설 | ① 빈칸 이전 문장에서는 번아웃의 대가에 대해 언급하고, 빈칸 이후에서는 번아웃을 해결할 수 있는 여러 가지 방안을 제시하고 있으므로, 빈칸에는 '해결책들'이라는 의미의 fixes가 들어가는 것이 가장 적절하다.

어휘

engagement 참여, 관계	commitment 책임; 전념, 헌신; 약속
take a hit 타격을 입다	intuitive 직관적인
unplug 전원을 뽑다, 휴식을 취하다	afford 여유[형편]가 되다, 감당하다
now and then 때때로, 가끔	

4 어휘 > 빈칸 완성 오답률 36% 답 ②

| 해석 | 정부는 새로운 세액 조정 체계로부터 발생하는 증가한 세액 부담에 대해 급여를 받는 근로자들을 진정시킬 방안을 모색 중이다. 지난 월요일 대통령 보좌관과의 회의 중, 대통령은 출석한 사람들에게 대중과의 더 많은 소통 채널을 개방하도록 ② 요청했다.

① 3% 덤벼들었다　② 64% 요청했다
③ 23% 집었다　④ 10% 거절했다

| 정답해설 | ② 정부가 문제 상황에 대한 해결 방안을 모색 중이라고 했으므로, 빈칸에는 '요청하다, 요구하다'라는 뜻의 call for가 가장 적절하다. 빈칸 뒤에 나온 those present ~는 those who are present ~에서 「관계대명사 + be동사」가 생략된 구조로, 형용사가 대명사를 후치 수식하고 있다. those가 '사람들'의 의미이고 present가 형용사임을 파악해야 한다.

어휘

soothe 진정시키다, 달래다	arise 생기다, 발생하다
tax settlement 세액 조정	presidential aide 대통령 보좌관
fall on ~에게 덤벼들다; ~로 쓰러지다	
call for 요청하다; 촉구하다	pick up 집어 들다; (차에) 태우다
turn down 거절하다	

5 어휘 > 유의어 찾기 오답률 42% 답 ④

| 해석 | 중국어 서법을 공부할 때는 중국어의 기원과 그것들이 본래 어떻게 쓰였는지에 대한 것을 배워야 한다. 그러나, 그 국가의 예술적 전통 속에서 자란 사람들을 제외하고, 그것의 미적 의의는 파악하기 매우 어려운 것처럼 보인다.

① 17% 포함[망라]하다　② 9% 침범하다, 방해하다
③ 16% 조사하다　④ 58% 파악하다

| 정답해설 | ④ apprehend는 '파악하다, 이해하다'라는 뜻이므로, grasp(파악하다, 이해하다)과 유의어이다. grasp은 '움켜잡다'라는 뜻 이외에도 '파악하다'라는 뜻을 지니고 있음에 유의한다.

어휘

calligraphy 서법, 서예	bring up 양육하다, 기르다
aesthetic 미의	significance 의의, 의미, 중요성
apprehend 파악하다, 이해하다	encompass 포함[망라]하다
intrude 침범하다, 방해하다	inspect 조사하다
grasp 파악하다, 이해하다, 움켜잡다	

6 문법 > 동사 오답률 36% 답 ④

| 정답해설 | ④ 64% see는 지각동사로, 목적어와 목적격 보어가 능동의 관계일 때는 현재분사 또는 원형부정사를, 수동의 관계일 때는 과거분사를 목적격 보어로 취한다. 이 문장에서는 가족이 이사를 오는 능동의 관계이므로, moved는 moving 또는 move가 되어야 한다.

| 오답해설 | ① 4% to부정사가 난이형용사(hard, easy, difficult 등)를 후치 수식하면 '~하기에 …한'이라는 의미가 된다. 이때 to부정사는 형용사를 수식하는 부사적 용법이다.

② 18% 「It is no use -ing」는 '~해 봐야 소용없다'라는 의미의 동명사 관용표현이다.

③ 14% '매 ~마다'라는 표현은 「every + 기수 + 복수명사」로 나타낼 수 있다.

| 더 알아보기 | '~해 봐야 소용없다' 표현

- It is no use (in) -ing
- It is no good (in) -ing
- There is no use (in) -ing
- There is no good (in) -ing

오답률 TOP 3

7 문법 > 동사 오답률 62% 답 ②

| 정답해설 | ② 38% 사역동사 let은 목적격 보어로 과거분사를 취할 수 없고 원형부정사를 취한다. 따라서 목적격 보어가 수동의 의미를 갖는 경우에는 「be p.p.」 형태로 써야 한다. 따라서 distracted는 be distracted가 되어야 옳다. 또는 과거분사를 목적격 보어로 취할 수 있는 사역동사 make 또는 준사역동사 get을 이용해 Don't make[get] me distracted by the noise you make.로 고칠 수도 있다.

| 오답해설 | ① 25% 사역동사 have의 목적어와 목적격 보어가 수동의 관계이므로 과거분사 arrested가 알맞게 쓰였다.

③ 4% 사역동사 let은 원형부정사를 목적격 보어로 취한다. 이 문장에서는 원형부정사 know가 목적격 보어로 알맞게 쓰였다.

④ 33% 사역동사 have는 목적어가 행위의 주체일 때 목적격 보어로 원형부정사 또는 현재분사를 쓸 수 있다. 여기에서는 목적어가 전화를 거는 주체인 the students이므로 목적격 보어로 원형부정사 phone이 알맞게 쓰였다. 또한 등위접속사 and는 동일한 문장 성분을 연결하므로 ask는 원형부정사 phone과 병렬 구조를 이루며 적절하게 쓰였다. ask는 불완전타동사로 to부정사 to donate를 목적격 보어로 알맞게 취했다.

| 더 알아보기 | 사역동사의 문장 구조

make	+ 목적어 +	원형부정사(능동) 과거분사(수동)
have		원형부정사(능동) 현재분사(능동) 과거분사(수동)
let		원형부정사(능동)

8 문법 > 부정사 오답률 58% 답 ②

| 해석 | ① 다정한 나의 딸이 갑자기 예측 불가능해졌다.
② 그녀는 새로운 방법을 시도했고, 말할 필요도 없이 다른 결과들을 얻었다.
③ 도착하자마자, 그는 새로운 환경을 충분히 이용했다.
④ 그는 그가 하고 싶어 하는 일에 대해 나에게 말할 정도로 충분히 편안함을 느꼈다.

| 정답해설 | ② 42% needless to say는 '말할 필요도 없이'라는 독립부정사 표현으로 등위접속사 and와 동사 had 사이에 삽입되었다. and 뒤에는 반복되는 주어 she가 생략되어 있다.

| 오답해설 | ① 7% become은 형용사를 보어로 취하는 불완전자동사이므로, 부사인 unpredictably는 형용사 unpredictable로 바뀌어야 한다.
③ 28% upon은 전치사로 명사 또는 동명사를 목적어로 취하며, 「upon -ing」는 '~하자마자'라는 뜻의 관용표현이다. 따라서 Upon arrived는 Upon arriving이 되어야 한다.
④ 23% enough는 형용사를 후치 수식하는 부사이다. 따라서 enough comfortable은 comfortable enough가 되어야 한다.

어휘

sweet-natured 상냥한 / unpredictably 예측할 수 없게
needless to say 말할 필요도 없이 / take advantage of ~을 이용하다

9 독해 > Macro Reading > 제목 오답률 29% 답 ④

| 해석 | '전환'의 정의는 디지털 전환을 사회적 현실 내에서의 디지털화의 역할에 우리가 집중할 수 있도록 해 주는 분석적 전략으로 묘사한다. 분석적 관점으로서, 디지털 전환은 디지털화의 사회적 의미를 분석하고 논의하는 것을 가능하게 해 준다. 그러므로 '디지털 전환'이라는 용어는 사회 내에서의 디지털화의 역할에 초점을 맞추는 분석적 접근을 의미한다. 만일 언어적 전환이 현실은 언어를 통해 구성된다는 인식론적 가정에 의해 정의된다면, 디지털 전환은 사회적 현실이 점점 더 디지털화에 의해 정의된다는 가정에 기반한다. 소셜 미디어는 사회적 관계의 디지털화를 상징한다. 개인들은 점점 더 소셜 네트워킹 사이트(SNS) 상에서의 정체성 관리에 참여한다. SNS는 다방향적인데, 이는 사용자들이 서로 연결되어 정보를 공유할 수 있다는 것을 의미한다.
① SNS에서의 정체성 재구축
② 언어적 전환 대 디지털 전환
③ 디지털 시대에 정보를 교환하는 방법
④ 사회적 현실이라는 맥락 내에서의 디지털화

| 정답해설 | ④ 71% turn이라는 용어의 정의와 언어적 전환이라는 방법론에 기초해 디지털 전환이라는 개념을 설명하는 글이다. 본문 초반에서 사회적 현실 내에서 디지털화의 역할에 집중할 수 있게 해 주는 전략으로서 디지털 전환을 설명하고 있으며, 본문 중반에서는 디지털 전환은 사회적 현실이 점점 더 디지털화에 의해 정의된다는 가정에 기반하는 것이라고 언급하고 있다. 따라서 전체 글의 제목으로 가장 적절한 것은 ④이다.

| 오답해설 | ① 4% 사회적 현실에서 디지털화가 이루어지는 상황을 개인의 SNS 사용 빈도 증가의 예로 설명하고 있을 뿐, SNS에서 새로운 정체성을 만든다는 내용은 아니다.
② 19% 언어적 전환의 정의에 비유하여 디지털 전환이라는 개념을 설명하고 있지만, 두 가지를 비교하는 내용은 아니다.
③ 6% 마지막 문장에서 SNS로 정보를 교환한다는 내용이 제시되어 있지만 지엽적 내용이다.

어휘

cast 묘사[제시]하다 / analytical 분석적인
digitalization 디지털화 / perspective 관점
signify 의미하다, 나타내다 / engage in ~에 참여하다
polydirectional 다방향의

10 독해 > Logical Reading > 배열 오답률 25% 답 ①

| 해석 | 지구 기후 변화에 대한 증가하는 우려는 활동가들이 화석 연료 추출 소비에 반대하는 캠페인뿐만 아니라 재생 가능한 에너지를 지지하는 캠페인 또한 조직하도록 자극했다.
(C) 재생 가능한 에너지 산업의 성장을 빠르게 가속화하지 못하는 영국 정부의 무능함에 불만을 느낀 환경 운동가들은 1년에 2,500가구에 의해 사용되는 만큼의 전기를 생산하는 것으로 추정되는 육상 풍력 발전 단지를 갖고 있는 2,000명이 넘는 회원을 보유한 공동체 소유의 조직인 Westmill Wind Farm Co-operative를 구성했다. Westmill Wind Farm Co-operative는 지역 시민들이 Westmill Solar Co-operative를 구성하도록 영감을 주었다.
(A) 이 태양열 협동조합은 1,400가구에 전력을 공급할 수 있는 충분한 에너지를 생산하는데, 이로써 그 조합은 국내에서 최초의 대규모 태양광 발전소 협동조합이 되었고, 회원들의 말에 의하면, 태양열 발전이 "일반인들이 그들의 지붕에서뿐만이 아니라 공익 사업 규모로도 깨끗한 에너지를 생산할 수 있도록 해 주는 지속 가능하고 '민주적인' 에너지 공급의 새로운 시대"를 대표한다는 뚜렷한 신호가 된다.
(B) 유사하게, 미국의 재생 가능한 에너지 지지자들은 "참여하는 공익 설비 소비자들이 공동으로 소유한 중간 규모의 설비를 통한 청정 전력 발전 제공 모델"을 개척한 기업인 Clean Energy Collective를 설립했다.

| 정답해설 | ① 75% 주어진 글 후반부에서 기후 변화에 대한 우려가 재생 가능한 에너지를 지지하는 캠페인의 조직을 자극했다고 했으므로, 바로 이어질 내용으로 가장 적절한 것은 이러한 조직의 예인 영국 단체 Westmill Farm Co-operative를 소개하는 (C)이다. (C)의 마지막에서는 또 다른 조직인 Westmill Solar Co-operative가 제시되는데, (A)의 This solar cooperative가 이것을 지칭하므로, (A)가 (C) 뒤에 연결되는 것이 자연스럽다. 이어서 Similarly(유사하게)를 이용해 앞서 영국에서 설립된 단체와 유사한 미국의 단체에 대해 설명하는 (B)가 마지막에 오는 것이 자연스럽다. 따라서 (C) – (A) – (B)의 순서가 알맞다.

어휘

motivate 자극하다, 동기를 부여하다 / fossil fuel 화석 연료
extraction 추출 / renewable 재생 가능한
cooperative 협동조합 / visible 뚜렷한, 눈에 보이는
reminder 신호, 암시 / sustainable 지속 가능한
utility 공익 설비(전기 · 가스 · 상하수도 · 교통 기관 등); 공익 사업(체)
pioneer 개척하다, 선구하다 / facility 설비, 시설
collectively 공동으로, 집합적으로 / accelerate 가속화하다
onshore wind farm 육상 풍력 발전 단지[발전소]

11 생활영어 > 회화/관용표현 오답률 8% 답 ①

| 해석 | A: 주말 잘 보냈니?
B: 응, 아주 좋았어. 우리는 영화 보러 갔어.
A: 오! 무엇을 봤니?
B: Interstellar. 정말 재미있었어.
A: 그래? ① 그것의 어떤 점이 가장 좋았니?
B: 특수 효과. 그것들은 아주 멋졌어. 난 그것을 또 봐도 괜찮을 것 같아.
① 그것의 어떤 점이 가장 좋았니?
② 네가 가장 좋아하는 영화 장르가 뭐니?
③ 그 영화는 전 세계적으로 홍보가 되었니?
④ 그 영화 매우 비쌌니?

| 정답해설 | ① 92% B는 영화가 재미있었다고 말한 후, A의 질문에 '특수 효과'라고 답하고 있으므로, (A)는 해당 영화에 대한 구체적인 B의 의견을 묻고 있음을 알 수 있다. 따라서 빈칸에는 영화에서 좋았던 점이 무엇인지 묻는 질문이 들어가는 것이 가장 적절하다.

어휘
costly 비싼

12 생활영어 > 회화/관용표현 오답률 32% 답 ③

| 해석 | ① A: 나는 오늘 해야 하는 이 연설 때문에 너무 긴장돼.
B: 가장 중요한 것은 침착함을 유지하는 거야.
② A: 그거 아니? 민수와 유진이가 결혼을 한대!
B: 잘됐다! 언제 결혼한대?
③ A: 2개월의 방학이 마치 일주일처럼 지나갔어. 새 학기가 코앞이야.
B: 맞아. 방학이 몇 주 동안 (시간을) 질질 끌었어.
④ A: 프랑스어로 '물'을 어떻게 말하니?
B: 혀끝에서 맴도는데, 기억을 못하겠어.

| 정답해설 | ③ 68% A는 방학이 빨리 지나갔다며 방학이 끝남을 아쉬워하고 있다. 이에 B는 That's the word.라고 맞장구치며 방학이 시간을 질질 끌었다며 불평하고 있으므로, 대화의 흐름상 어색하다.

| 더 알아보기 | 'tongue(혀)'과 관련된 표현

- hold one's tongue 묵묵부답하고 있다
- make a slip of the tongue 말실수하다
- on the tip of one's tongue 말이 혀끝에서 뱅뱅 도는, 기억이 날 듯 말 듯한

어휘
tie the knot 결혼하다
around the corner 코앞에 와 있는, 목전에 있는
drag on 질질 끌다
on the tip of one's tongue 말이 혀끝에서 뱅뱅 도는, 기억이 날 듯 말 듯한

13 독해 > Micro Reading > 내용일치/불일치 오답률 15% 답 ②

| 해석 | 여성들은 뒷담화의 전문가들이며 그들은 항상 사소한 것들에 관해 이야기한다. 적어도 남성들은 그렇게 생각해 왔다. 그러나, 일부 새로운 연구는 여성들이 여성들과 말을 할 때, 그들의 대화는 시시한 것과는 거리가 멀고, 남성들이 다른 남성들과 말할 때보다 여러 가지 더 많은 주제(최대 40가지의 주제)를 다룬다고 말한다. 여성들의 대화는 그 범위가 건강에서부터 그들의 집, 정치에서부터 패션, 영화에서부터 가족, 교육에서부터 인간관계의 문제점까지 이르지만 스포츠는 눈에 띌 정도로 없다. 남성들은 더 제한된 범위의 주제를 갖는 경향이 있는데, 가장 인기 있는 것들로는 일, 스포츠, 농담, 자동차, 그리고 여성이다. 1,000명이 넘는 여성을 인터뷰한 심리학자 Petra Boynton 교수에 따르면, 여성들은 또한 대화를 할 때 하나의 주제에서 다른 주제로 빨리 넘어가는 경향이 있는 반면, 남성은 대개 더 오랜 시간 동안 하나의 주제를 고수한다. 직장에서, 이러한 차이는 남성들에게 장점이 될 수 있는데, 그들이 다른 일은 제쳐두고 논의되고 있는 주제에만 온전히 집중할 수 있기 때문이다. 반면에, 그것은 또한 회의에서 동시에 여러 가지 일들이 논의되어야 할 때 그들이 때때로 집중하기 어려워한다는 것을 의미하기도 한다.

| 정답해설 | ② 85% 남녀 간의 대화 주제와 대화 방식의 차이에 관한 글이다. 본문 중반의 Women's conversations range from ~, but sports are notably absent.에서 여성들의 대화의 주제는 광범위하나 스포츠는 눈에 띌 정도로 없다고 했으므로, 본문의 내용과 일치하지 않는다.

| 오답해설 | ① 10% 첫 번째 문장 that's what men ~의 내용과 일치한다.
③ 1% 본문 중반 women also tend to move quickly from one subject to another in conversation에 언급된 내용이다.
④ 4% 마지막 문장의 they sometimes find it hard ~의 내용과 일치한다.

어휘
gossip 수다를 떨다, 뒷담화를 하다
trivial 사소한, 하찮은
frivolous 시시한, 하찮은
notably 눈에 띄게; 두드러지게
absent 없는, 부재의
stick to ~을 굳게 지키다, 고수하다

14 독해 > Logical Reading > 삭제 오답률 17% 답 ②

| 해석 | 15세기에는 과학, 철학, 그리고 마술에 구분이 없었다. 세 가지 모두는 '자연 철학'이라는 일반 주제하에 포함되었다. 고전 작가들의 회복, 가장 중요하게는 아리스토텔레스의 작품이 자연 철학 발전의 중심에 있었다. ② 인문주의자들은 그들의 지식을 확산시키기 위한 인쇄기의 힘을 재빨리 깨달았다. 15세기 초에 아리스토텔레스는 철학과 과학에 대한 모든 학자적 견해의 토대였다. Averroes와 Avicenna의 아랍어 번역본과 논평에 생생히 살아 있는 아리스토텔레스는 인류와 자연 세계의 관계에 대한 체계적 시각을 제공했다. 「Physics」, 「Metaphysics」, 그리고 「Meteorology」와 같은 그의 남아 있는 문서들은 학자들에게 자연 세계를 창조한 힘을 이해할 수 있는 논리적인 도구를 제공했다.

| 정답해설 | ② 83% 아리스토텔레스의 작품이 15세기에 철학과 과학적 인식에 미친 영향에 대해 설명하는 글인데, 인쇄기의 힘을 깨달은 인문주의자들에 대해 언급하는 ②는 흐름상 알맞지 않다.

어휘
printing press 인쇄기
speculation 견해, 관점
commentary 주석, 주해
perspective 시각, 관점

15 문법 > 동사 오답률 58% 답 ③

| 해석 | ① 지진에 따른 화재는 보험 회사에게 특별한 관심사이다.
② 워드프로세서는 과거에 타이피스트에게 궁극의 도구로 여겨졌다.
③ 현금 예측에서 소득의 요소는 회사의 상황에 따라 달라질 것이다.
④ 세계 최초의 디지털카메라는 1975년 Eastman Kodak사의 Steve Sasson에 의해 만들어졌다.

| 정답해설 | ③ 42% vary는 '(상황에 따라) 달라지다[다르다]'라는 뜻의 자동사이므로 be동사와 함께 사용하지 않고, 조동사 will 다음에 바로 위치해야 한다. 따라서 will be vary는 will vary가 되어야 한다.

| 오답해설 | ① 32% 해당 문장에서 following은 전치사와 현재분사로 볼 수 있다. 먼저 '~후에; (특정 결과)에 따라'를 뜻하는 전치사로 사용되어 전명구인 following an earthquake가 주어인 Fire를 수식한다고 볼 수 있다. 또는 현재분사로서 분사구 following an earthquake가 주어 Fire을 수식한다고 보아도 역시 옳다. 「of + 추상명사」는 형용사 역할을 하므로, of special interest가 주격 보어로 알맞게 쓰였다.
② 22% 「be considered to be + 명사/형용사」는 '~로 여겨지다'라는 뜻으로, 여기서는 「to be + 형용사 + 명사」 형태인 to be the ultimate tool이 보어로 알맞게 사용되었다.
④ 4% 디지털 카메라는 만들어진 대상이므로 수동태 was created가 알맞게 쓰였고, 행위자는 전치사 by를 이용해 적절하게 표시했다.

어휘
ultimate 궁극의, 최후의 forecast 예측
vary 다르다 circumstance 상황

오답률 TOP 1

16 독해 > Reading for Writing > 빈칸 구 완성 오답률 68% 답 ②

| 해석 | 역사적으로 빠른 속도의 성장으로부터 중국 경제의 둔화는 다른 곳의 성장을 ② 압박할 것으로 오랫동안 예상되어 왔다. Yale 대학교의 Stephen Roach는 "30년 동안 10%의 성장을 해 온 중국은 세계 경제를 앞으로 나아가게 한 많은 것들의 원동력의 강력한 원천이었다"라고 말했다. 성장률은 약 7%의 공식적 수치로 둔화되었다. Roach는 "그것은 명확한 감속이다"라고 덧붙였다.
① 속도를 높이다 ② ~을 압박하다
③ ~로 이어지다 ④ 결과적으로 ~이 되다

| 정답해설 | ② 32% 빠른 성장을 해 오던 중국 경제의 성장 속도 둔화가 세계 경제에 미치는 영향에 대해 설명하는 표현이 빈칸에 들어가야 한다. 빈칸 이후 문장에서 중국이 세계 경제를 앞으로 나아가게 한 원동력의 원천이었다고 했으므로, 중국 경제의 둔화는 세계 경제의 둔화로 이어짐을 유추할 수 있다. 따라서 빈칸에는 weigh on(~을 압박하다)이 가장 적절하다.

어휘
concrete 구체적인, 명확한 deceleration 감속
speed up 속도를 높이다 weigh on ~을 압박하다
lead to ~로 이어지다 result in 결과적으로 ~이 되다

17 독해 > Reading for Writing > 빈칸 구 완성 오답률 42% 답 ④

| 해석 | 점점 더 많은 지도자들이 원격으로 일하거나, 컨설턴트와 프리랜서들뿐만 아니라 국가 전역 혹은 전 세계에 흩어져 있는 팀과 함께 일하게 됨에 따라, 당신은 그들에게 더 많은 ④ 자율성을 주어야 할 것이다. 당신이 더 많은 신뢰를 줄수록, 다른 사람들은 당신을 더 많이 신뢰한다. 나는 직업 만족도와 매 순간 그들을 그림자처럼 따라다니는 사람이 없이도 업무를 충분히 수행하도록 사람들이 얼마나 자율권을 부여받는지 사이에는 직접적인 연관성이 있다고 확신한다. 당신이 신뢰하는 사람들에게 책임을 주는 것은 당신의 조직이 더욱 매끄럽게 운영되도록 할 뿐만 아니라 당신이 더 큰 문제에 집중할 수 있도록 당신의 시간을 더 자유롭게 해 준다.
① 업무 ② 보상
③ 제한 ④ 자율성

| 정답해설 | ④ 58% 원격 업무에 있어서 빈칸이 포함된 문장 이후 직업 만족도와 자율권의 부여 정도 사이에 직접적인 연관성이 있다고 확신한다는 점을 서술하고 있다. 또한 마지막 문장에서는 신뢰하는 사람에게 책임을 주는 것의 장점에 대해서도 역시 서술하고 있다. 이 두 가지 점을 근거로, 전 세계에 흩어져 있는 팀원들에게 더 많은 '자율권'과 '책임'을 줘야 함을 알 수 있으므로 밑줄 친 부분에 들어갈 말로 가장 적절한 것은 ④ autonomy(자율성)이다.

| 오답해설 | ① 9% 업무량에 관한 내용은 본문에 없다.
② 28% 본문에서는 자율권과 책임을 부여하라고 했으며, 이것을 보상이라고 할 수는 없다.
③ 5% '제한'은 본문의 주장과는 대치된다.

어휘
remotely 원격으로, 멀리 떨어져 scattered 산재한, 흩어진
bestow 주다, 수여하다 empower 자율권[권한]을 주다
execute 실행하다 restriction 제한
autonomy 자율성, 자주성

18 독해 > Macro Reading > 요지 오답률 45% 답 ①

| 해석 | "유대교에서, 우리는 주로 우리의 행위에 의해 정의된다"라고 몬트리올에 있는 Temple Emanu-El-Beth-Sholom의 수석 랍비 Lisa Grushcow는 말한다. "당신은 정말로 탁상공론뿐인 공상적 박애주의자가 될 수는 없다." 이 개념은 유대교의 tikkun olam이라는 생각과 관련이 있는데, 이는 "세상을 치료한다"라고 번역된다. 인간으로서 우리의 임무는 "망가진 것들을 고치는 것이다. 우리 자신과 서로를 돌보는 것뿐만이 아니라 우리 주변을 더 나은 세계로 만드는 것이 우리에게 지워진 의무이다"라고 그녀는 말한다. 이 철학은 선을 봉사에 기초한 무언가로 개념화한다. "내가 선한 사람인가?"라고 묻는 것 대신에, 당신은 "세상에서 나는 어떤 좋은 일을 행할 수 있는가?"라고 묻고 싶을 수도 있다. Grushcow의 사원은 그들의 공동체 안팎에서 이러한 믿음을 행동으로 옮긴다. 예를 들어, 그들은 1970년대에 캐나다에 오려고 하는 베트남 출신의 두 난민 가족을 후원했다.
① 우리는 세상을 치유하기 위해 노력해야 한다.
② 공동체는 피난처로서 기능해야 한다.
③ 우리는 선을 믿음으로 개념화해야 한다.
④ 사원은 공동체에 기여해야 한다.

| 정답해설 | ① 55% 유대교의 교리에 기초하여 우리가 행해야 할 의무를 설명하는 글로, 본문 중반의 Our job as human beings, ~에서 망가진 것들을 고치고 더 나은 세상을 만드는 것이 인간인 우

리의 의무라고 했다. 따라서 글의 요지로 가장 적절한 것은 ①이다.

| **오답해설** | ② 7% 공동체의 기능에 대해서 직접적으로 글에서 다루고 있지 않다.

③ 25% 선을 믿음으로 여기는 것보다는 선을 행동으로 행하는 것의 중요성을 강조하는 글이다.

④ 13% 마지막에 유대교 사원의 공헌의 한 가지 예를 제시하고는 있지만, 이는 인간이 행해야 할 선한 행위에 대한 예시이므로 글 전체의 요지로는 부적절하다.

어휘

Judaism 유대교
rabbi 랍비, 유대교 율법학자
armchair 탁상공론의, 이론뿐인
do-gooder 공상적 박애주의자
incumbent 의미로서 지워지는
conceptualize 개념화하다
refugee 난민
shelter 피난처
contribute 공헌하다, 기여하다

19 독해 > Logical Reading > 연결사 오답률 47% 답 ③

| 해석 | 고대 철학자들과 영적 스승들은 긍정적인 것과 부정적인 것, 낙관주의와 비관주의, 성공과 안정을 위한 노력과 실패와 불확실성에 대한 열린 마음의 균형이 필요하다는 것을 이해했다. 스토아학파는 "나쁜 것들에 대한 사전 계획", 즉 의도적으로 최악의 경우의 시나리오를 상상하는 것을 권고했다. 이것은 미래에 대한 불안을 줄여 주는 경향이 있다. 당신이 현실에서 일들이 얼마나 나쁘게 진행될 수 있는지 냉정하게 생각해 볼 때, 당신은 대개 당신이 극복할 수 있을 것이라고 결론짓는다. (A) 게다가, 당신이 현재 누리고 있는 인간관계와 소유물을 잃을 수도 있다고 상상하는 것은 지금 그것들을 가지고 있는 것에 대해 감사하는 마음을 증가시킨다고 그들은 말했다. (B) 대조적으로, 긍정적인 사고는 항상 미래에만 기대어 현재의 즐거움을 무시한다.

	(A)	(B)
①	그럼에도 불구하고	게다가
②	더욱이	예를 들어
③	게다가	대조적으로
④	그러나	결론적으로

| **정답해설** | ③ 53% (A) 이전 문장에서 부정적으로 사고하는 것에 대한 장점 한 가지(미래에 대한 불안 감소)를 설명했고, (A) 문장에서 부정적으로 사고하는 것의 또 다른 장점(현재 가진 것에 대해 감사하는 마음을 증가시킴)을 제시했으므로, 빈칸에는 첨언 연결사 Furthermore 또는 Besides가 적절하다.

(B) 이전 문장들에서는 부정적 사고의 장점을 설명하고 있는데, (B) 문장은 긍정적 사고의 단점을 설명하고 있다. 따라서 대조의 연결사 by contrast(대조적으로)가 가장 적절하다.

어휘

pessimism 비관주의
the Stoics 스토아학파
premeditation 사전 계획, 미리 사고하기
deliberately 고의로, 의도적으로
soberly 침착하게
cope 극복하다, 해결하다, 견디다

20 독해 > Logical Reading > 삽입 오답률 49% 답 ②

| 해석 | 왜 일 중독자들은 그들의 일을 그렇게나 많이 좋아할까? 대개는 일하는 것이 몇몇 중요한 이점을 제공하기 때문이다. 그것은 사람들에게 생계를 유지하는 방법인 임금을 제공한다. ② 그리고 일하는 것은 재정적 안정성 이상의 것을 제공한다. 그것은 사람들에게 자신감을 준다. 그들은 자신들이 힘든 일을 하나 해내고 "내가 그것을 했어"라고 말할 수 있을 때 만족감을 느낀다. 심리학자들은 일이 또한 사람들에게 정체성을 부여한다고 주장한다. 그들은 자아감과 개성을 얻기 위해 일한다. 게다가, 대부분의 일은 사람들에게 다른 사람을 만날 수 있는 사회적으로 용인된 방식을 제공한다. 일은 긍정적인 중독이라고 말할 수 있다. 아마도 일 중독자들은 그들의 일에 대해 강박적일지 모르지만, 그들의 중독은 안전하고 심지어는 이로운 것처럼 보인다.

| **정답해설** | ② 51% 주어진 문장에서 more than financial security(재정적 안정성 이상의 것)라고 언급하고 있으므로, 이전 내용에 '재정'과 관련된 내용이 등장해야 함을 유추할 수 있다. ② 이전 문장에서 paychecks(임금)가 언급되므로, 주어진 문장은 이 문장 뒤에 이어지는 것이 자연스럽다.

어휘

earn a living 생계를 유지하다
self-confidence 자신감
identity 정체성
individualism 개성; 개인주의
addiction 중독
compulsive 강박적인

2020 6월 13일 시행
지방직(= 서울시) 9급 (Ⓓ책형)

합격예상 체크

〈지방직 연도별 합격선〉

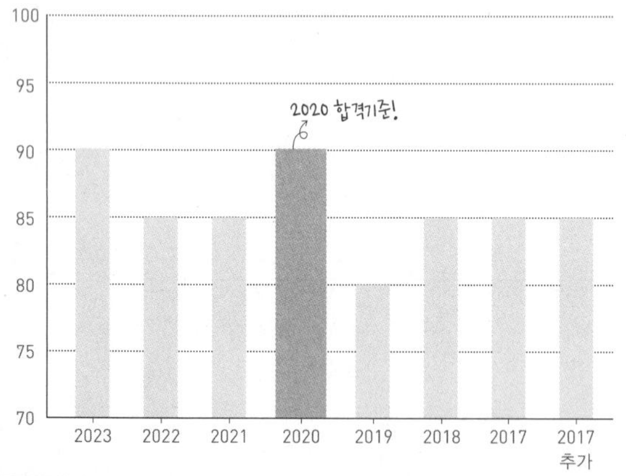

맞힌 개수	/20문항	점수	/100점

➡ □합격 □불합격

취약영역 체크

문항	정답	영역	문항	정답	영역
1	②	어휘 > 빈칸 완성	11	②	생활영어 > 회화/관용표현
2	②	어휘 > 유의어 찾기	12	②	생활영어 > 회화/관용표현
3	④	어휘 > 유의어 찾기	13	①	문법 > 동명사
4	①	어휘 > 유의어 찾기	14	④	독해 > Macro Reading > 제목
5	③	문법 > 시제	15	③	독해 > Logical Reading > 삭제
6	④	어휘 > 유의어 찾기	16	③	독해 > Reading for Writing > 빈칸 구 완성
7	②	문법 > 관계사	17	①	독해 > Macro Reading > 요지
8	③	문법 > 일치	18	③	독해 > Logical Reading > 배열
9	①	독해 > Logical Reading > 연결사	19	④	독해 > Logical Reading > 삽입
10	③	독해 > Macro Reading > 주제	20	④	독해 > Micro Reading > 내용 일치/불일치

⬇ 영역별 틀린 개수로 취약영역을 확인하세요!

어휘	/5	문법	/4	독해	/9	생활영어	/2

➡ 나의 취약영역: ____________

※ [정답해설]과 [오답해설] 선지의 50% 표시는 〈1초 합격예측 서비스〉를 통해 수집된 선지 선택률을 나타냅니다.

1 어휘 > 빈칸 완성 오답률 40% 답 ②

| 해석 | 플라스틱 병의 문제는 그것들이 ② 단열 처리가 되지 않았다는 것이다. 따라서 온도가 올라가기 시작할 때, 당신의 물도 뜨거워질 것이다.

① 9% 위생적인 ② 60% 단열 처리가 된
③ 26% 재활용할 수 있는 ④ 5% 방수의

| 정답해설 | ② 온도가 올라갈 때, 병 안의 물이 함께 뜨거워지는 것은 단열이 되지 않기 때문이므로 빈칸에 가장 적절한 표현은 insulated(단열 처리가 된)이다.

어휘
heat up 뜨거워지다, 따뜻해지다

오답률 TOP 2
2 어휘 > 유의어 찾기 오답률 51% 답 ②

| 해석 | 그 잔인한 광경은 그렇지 않았다면 그녀의 마음속으로 들어오지 않았을 생각들을 촉발했다.

① 8% ~을 돌보았다 ② 49% ~을 촉발했다, 불러일으켰다
③ 11% ~을 보상했다, 보충했다 ④ 32% ~와 접촉을 유지했다

| 정답해설 | ② 잔인한 광경(cruel sights)으로 인해 생각(thoughts)이 떠오른 것이므로 문맥상 touched off는 '촉발했다, 유발했다'라는 의미라는 것을 유추할 수 있다. 따라서 gave rise to(~을 불러일으켰다)와 의미가 가장 가깝다.

어휘
cruel 잔인한, 잔혹한 sight 광경, 모습

3 어휘 > 유의어 찾기 오답률 29% 답 ④

| 해석 | 작가가 집필 과정 중 채택하는 전략들은 주의력 과부하의 어려움을 완화해 줄 수도 있다.

① 10% 보완하다 ② 14% 가속화하다
③ 5% 계산하다 ④ 71% 완화하다

| 정답해설 | ④ alleviate는 '완화하다'라는 의미로, relieve(완화하다, 줄이다)와 의미가 가장 가깝다.

| 더 알아보기 | alleviate의 유의어

> ease(완화하다), relieve(완화하다, 경감하다), moderate(완화하다; 절제하다), allay(완화하다, 경감하다), assuage(완화하다, 진정시키다)

어휘
overload 과부하

4 어휘 > 유의어 찾기 오답률 30% 답 ①

| 해석 | 그 학교 불량배는 학급의 다른 학생들에 의해 꺼려지는[소외당하는] 것이 어떠한지 몰랐다.

① 70% 회피당하는 ② 9% 경고받는
③ 12% 처벌받는 ④ 9% 모방되는

| 정답해설 | ① shun은 '피하다, 멀리하다'라는 의미이므로, avoided와 의미가 가장 가깝다.

어휘

bully 불량배, 괴롭히는 사람

오답률 TOP 1

5 문법 > 시제 오답률 53% 답 ③

| 해석 | ① 은하계에 있는 수십억 개의 별들 중, 얼마나 많은 것들이 생명체를 부화시킬 수 있는가?
② 크리스마스 파티는 정말 재미있었고 나는 시간 가는 것을 완전히 잊었다.
③ 나는 오늘 정오에 일을 시작할 것이기 때문에 지금 당장 떠나야만 한다.
④ 그들은 더 어렸을 때 책을 훨씬 더 많이 좋아하곤 했다.

| 정답해설 | ③ 47% 왕래발착동사 start의 현재진행시제(be -ing)는 현재 진행 중인 상황을 나타낼 때뿐만 아니라, 실현 가능성이 큰 미래의 약속, 계획 등에 대해 언급할 때 미래시제 대신 사용할 수 있다. 따라서 I am starting work at noon today(나는 오늘 정오에 일을 시작할 것이다)는 어법상 옳다.

I(주어) must leave(동사) right now(부사(구)) because(부사절 접속사) I(주어) am starting(동사) work(목적어) at noon(전명구) today(부사).

| 오답해설 | ① 21% much는 불가산명사를 대신하는 대명사이며, 선지에서는 가산명사인 stars를 대신해야 하므로, many로 고쳐야 한다.

② 20% 주어인 The Christmas party(크리스마스 파티)는 감정을 유발[제공]하는 대상이므로 -ing 형태의 현재분사가 와야 한다. 따라서 excited를 exciting으로 고쳐야 한다.

④ 12% used to는 '(과거에) ~이었다, ~했다'라는 의미로, 이때 to 뒤에는 동사원형이 와야 한다. 따라서 loving을 love로 고쳐야 한다.

| 더 알아보기 | 왕래발착동사

- come, go, arrive, reach, leave, depart
  → 왕래발착동사는 가까운 미래를 나타내는 부사어구와 함께 쓰일 때 현재시제나 현재진행시제로 미래시제를 대신할 수 있다.

어휘

hatch 부화시키다　　lose track of ~을 잊어버리다

6 어휘 > 유의어 찾기 오답률 38% 답 ④

| 해석 | Francesca가 여름휴가 동안 집에 머무르는 것에 대해 옹호론을 편 후, 저녁 식탁에 불편한 침묵이 흘렀다. Robert는 지금이 그녀에게 자신의 거창한 계획에 대해 말할 적기인지 확신하지 못했다.

① 15% ~에 반대했다　② 17% ~을 꿈꿨다
③ 6% 완전히 배제했다　④ 62% 강력히 제안했다

| 정답해설 | ④ 두 번째 문장을 통해, Robert가 거창한 휴가 계획을 그녀에게 말하는 것을 망설인다는 것을 알 수 있다. 즉, Francesca는 여름휴가 동안 집에 머물기를 원하고 있다는 것을 유추할 수 있어야 밑줄 친 부분의 뜻을 모르더라도 답을 고를 수 있다. made a case for는 '~의 옹호론을 펼쳤다, ~에 찬성하는 의견을 내다'라는 의미이며, 선지 중 이와 가까운 의미로 쓰일 수 있는 것은 strongly suggested(강력히 제안했다)이다.

어휘

grandiose 거창한

오답률 TOP 3

7 문법 > 관계사 오답률 49% 답 ②

| 정답해설 | ② 51% 복합관계대명사는 「관계대명사 + ever」의 형태로, 명사절을 이끌어 전치사의 목적어로 쓰일 수 있다. 특히, 사람을 나타내는 관계대명사 who의 경우 해당 절에서 관계대명사가 하는 역할에 따라, whoever(주격), whosever(소유격), whomever(목적격)로 그 형태가 달라진다. 해당 문장에서는 복합관계대명사절 내에 completes의 주어가 존재하지 않으므로, 복합관계대명사는 주격으로 사용되어야 한다. 따라서 whomever를 whoever로 고쳐야 한다.

A gift card(주어) will be given(동사) to(전치사) whoever(복합관계대명사(주격)) completes(동사) the questionnaire(목적어).

| 오답해설 | ① 13% 과거의 한 시점보다 더 이전에 발생한 사건을 언급할 때는 대과거(과거완료, 「had p.p.」)를 사용한다. '보증이 만료된 것'이 '수리를 한' 시점보다 더 이전에 발생한 일이므로 대과거(had expired)로 표현한 것은 적절하다.

③ 20% 휴가를 요청하지 않은 것은 과거의 일(지난달)이며 하와이에 있지 않은 것은 현재의 일(지금)이다. 서로 다른 시점의 반대 상황을 가정하여 말할 때는 혼합가정법을 사용하며 「If + 주어 + had p.p. ~(가정법 과거완료), 주어 + 조동사의 과거형 + 동사원형 …(가정법 과거)」 형태로 표현할 수 있다.

④ 16% what is worse는 '설상가상으로, 엎친 데 덮친 격으로'라는 의미의 관용표현이며, 전체적으로 과거시제를 사용하고 있으므로 시제 일치를 위해 what was worse로 사용한 것은 적절하다.

어휘

warranty 보증, 보증서　　expire 만료되다
complete 완성하다　　questionnaire 설문지
pass away 사망하다
what is worse 엎친 데 덮친 격으로, 설상가상으로

8 문법 > 일치 오답률 38% 답 ③

| 해석 | Elizabeth Taylor는 아름다운 보석을 보는 안목이 있었고 수년 동안 몇몇 놀라운 보석들을 모았으며, 한 번은 "여자는 언제나 더 많은 다이아몬드를 가질 수 있죠."라고 단언했다. 2011년, 그녀의 최고급 보석들이 1억 1천 590만 달러의 수익을 낸 Christie's 주최 저녁 경매에서 판매되었다. 그 저녁 경매에서 팔린 그녀의 가장 소중한 소유물 중 하나는 Bulgari의 1961년작 보석 시계였다. 다이아몬드로 뒤덮인 머리와 꼬리, 그리고 최면을 거

는 듯한 두 개의 에메랄드 눈을 가진 뱀이 손목 주위를 휘감도록 디자인된 잘 볼 수 없는 기계 장치가 작은 수정 시계를 드러내 보이기 위해 강렬한 턱을 벌린다.

| 정답해설 | ③ 62% 부사구가 문두로 나오면서 주어와 동사가 도치된 형태이다. 해당 문장의 주어는 her most prized possessions가 아니라 a 1961 bejeweled timepiece이므로, 「주어-동사」 수 일치 원칙에 따라 were는 was가 되어야 한다.

Among her most prized possessions (전명구(부사구)) sold (과거분사) during the evening sale (전명구) was (동사) a 1961 bejeweled timepiece (주어) by Bulgari (전명구).

| 오답해설 | ① 15% 해당 문장의 declaring ~ diamonds는 동시상황을 나타내는 분사구문이다. a girl can always have more diamonds라고 말한 주체가 Elizabeth Taylor 자신이므로 능동의 의미를 가진 declaring이 오는 것은 적절하다.

② 11% 관계대명사 that이 이끄는 절은 사람과 사물을 둘 다 선행사로 취할 수 있으므로, 선행사 an evening auction(저녁 경매)을 수식하는 것은 적절하다.

④ 12% 「with + 목적어 + p.p.」 형태의 분사구문으로 수식받는 객체가 행위를 당하는 대상일 때는 수동의 의미를 지닌 과거분사가 쓰인다. its head and tail(그것의 머리와 꼬리)이 diamonds(다이아몬드)로 '뒤덮여 있는' 수동의 의미이므로, 과거분사 covered는 적절하게 쓰였다.

어휘

have an eye for ~을 보는 눈이 있다, 안목이 있다
amass 모으다, 축적하다 | declare 단언하다, 주장하다
fine 질 좋은 | auction 경매
bring in 들여오다, (이익, 이자를) 가져오다
prized 소중한 | possession 소유물
bejeweled 보석으로 장식한, 보석을 두른
timepiece 시계 | serpent 뱀
coil 휘감다 | hypnotic 최면을 거는 듯한
discreet 잘 볼 수 없는; 신중한 | mechanism 기계 장치
fierce 강렬한 | reveal 드러내 보이다
quartz 수정, 석영

9 독해 > Logical Reading > 연결사 오답률 23% 답 ①

| 해석 | 확신에 찬 행동은 당신의 권리를 옹호하고, 타인의 권리를 침해하지 않는 직접적이고 적절한 방식으로 당신의 생각과 느낌을 표현하는 것을 포함한다. 그것은 타인이 당신의 관점을 이해하도록 하는 일이다. 확신에 찬 행동 기술을 보여 주는 사람들은 좋은 대인관계를 유지하면서 확신을 갖고 쉽게 갈등 상황을 처리할 수 있다. (A) 그에 반해서, 공격적인 행동은 타인의 권리를 공공연히 침해하는 방식으로 당신의 생각과 느낌을 표현하고 당신의 권리를 옹호하는 것을 포함한다. 공격적인 행동을 보여 주는 사람들은 타인의 권리가 자신들의 것보다 덜 중요함에 틀림없다고 믿는 것 같다. (B) 그러므로, 그들은 좋은 대인관계를 유지하는 데 애를 먹는다. 그들은 통제권을 유지하기 위해 방해하고, 빨리 말하고, 타인을 무시하고, 비꼬는 말이나 다른 형태의 언어폭력을 사용할 가능성이 높다.

	(A)	(B)
①	그에 반해서	그러므로
②	유사하게	게다가
③	그러나	한편으로는
④	그에 따라	반면에

| 정답해설 | ① 77% (A) 확신에 찬 행동의 특징(긍정적)에 대해 언급한 후, 빈칸 이후에서는 확신에 찬 행동과는 대조적인 공격적인 행동의 특징(부정적)에 대해 언급하고 있으므로 빈칸에 가장 적절한 표현은 대조의 연결사 In contrast(그에 반해서)나 역접 연결사 However(그러나)이다.

(B) 빈칸 앞에서 공격적 행동을 보이는 사람들의 보편적인 생각에 대해 언급한 후, 빈칸 뒤에서 그러한 생각으로 인해 야기되는 결과(좋은 대인관계를 유지하는 것의 어려움)를 제시하고 있으므로, 빈칸에 가장 적절한 것은 인과 관계의 연결사 Thus이다.

| 오답해설 | ③ 8% (B) On one hand는 '한편으로는'이라는 의미로 서로 대조적인 두 가지를 비교할 때 주로 사용되는데, (B) 이후에서는 앞과 마찬가지로 공격적인 행동을 보이는 사람들의 부정적 특징이 일관되게 제시되고 이와 대조적인 내용은 언급되지 않으므로 빈칸에 적절하지 않다.

어휘

assertive 확신에 찬, 적극적인 | stand up for ~을 옹호하다, 지지하다
viewpoint 관점 | exhibit 보이다, 드러내다
assurance 확신, 자신감 | interpersonal 대인관계의
openly 솔직하게, 드러내 놓고 | subservient 덜 중요한, 부차적인
sarcasm 빈정댐, 비꼬는 말[행위] | verbal abuse 언어폭력, 폭언

10 독해 > Macro Reading > 주제 오답률 8% 답 ③

| 해석 | 태블릿 컴퓨터에서 이용 가능한 전자책 앱은 터치스크린 기술을 사용한다. 일부 터치스크린은 전자 충전된 두 개의 마주 보고 놓인 금속 표면을 덮고 있는 유리 패널을 특징으로 한다. 스크린이 터치되면, 두 개의 금속 표면이 압력을 감지하고 접촉한다. 이 압력이 컴퓨터로 전기 신호를 보내고, 이것이 터치를 명령으로 해석한다. 스크린이 손가락의 압력에 반응하기 때문에 이 버전의 터치스크린은 저항식 스크린이라고 알려져 있다. 다른 태블릿 컴퓨터는 유리 패널 아래의 전기가 통하는 단일 금속 막을 특징으로 한다. 사용자가 스크린을 터치하면, 일부 전류가 유리를 통해 사용자의 손가락으로 전달된다. 전하가 이동되면, 컴퓨터는 전력 손실을 명령으로 해석하고 사용자가 원하는 기능을 수행한다. 이 유형의 스크린은 정전식 스크린이라고 알려져 있다.

① 사용자가 신기술을 어떻게 학습하는가
② 태블릿 컴퓨터에서 전자책이 어떻게 작동하는가
③ 터치스크린 기술이 어떻게 작동하는가
④ 터치스크린은 어떻게 진화하였는가

| 정답해설 | ③ 92% 두 가지 터치스크린 기술(저항식 스크린과 정전식 스크린)의 작동 기제를 비교하는 글이므로, '터치스크린 기술이 어떻게 작동하는가'가 글의 주제로 가장 적절하다.

| 오답해설 | ② 4% 첫 문장에서 '전자책 앱(e-book applications)'이 제시되기는 하나, 이는 터치스크린 기술을 이용하는 앱의 한 종류로 언급되었을 뿐이고 태블릿 컴퓨터에서의 전자책 작동 원리는 본문에 언급되지 않았다.

④ 3% 대표적 터치스크린 기술 두 가지에 대해 언급하고 있으나, 터치스크린의 진화 과정에 대해서는 언급되지 않았다.

어휘

application 애플리케이션
feature 특징으로 삼다
charge 충전하다; 전하(電荷)
resistive 저항성의, 전기 저항의
current 전류
function 기능, 작동
employ 쓰다, 이용하다
electronically 전자적으로, 컴퓨터로
command 명령, 명령어
electrified 전기가 통하는
carry out 수행하다, 실시하다
capacitive 전기 용량의

11 생활영어 > 회화/관용표현 오답률 10% 답 ②

| 해석 | A: 오, 또야! 스팸 메일이 너무 많아!
B: 나도 알아. 나는 하루에 10통이 넘는 스팸 메일을 받아.
A: 그것들이 오는 것을 막을 수 있을까?
B: 그것들을 완전히 차단하는 것은 불가능하다고 생각해.
A: ② 우리가 할 수 있는 것이 없을까?
B: 음, 너는 설정에서 필터를 설정할 수 있어.
A: 필터?
B: 그래. 필터는 일부 스팸 메일을 걸러낼 수 있어.
① 너는 이메일을 자주 쓰니
② 우리가 할 수 있는 것이 없을까
③ 너는 이렇게 굉장한 필터를 어떻게 만들었니
④ 내가 이메일 계정을 개설하는 것을 도와줄 수 있니

| 정답해설 | ② 90% 빈칸 이전의 대화에서 A가 B에게 스팸 메일이 오는 것을 막을 수 있는지 묻자 B가 완전히 막을 수는 없다고 답한다. 이후 A의 질문에 대해 B가 필터를 설정할 수 있다고 대답하며 어느 정도 효과가 있는 해결 방안을 A에게 제시해 주고 있다. 따라서 빈칸에는 해결 방안에 대해 묻는 표현이 들어가는 것이 가장 적절하다.

어휘

set up 설정하다; 개설하다
weed out 추려 내다, 제거하다

12 생활영어 > 회화/관용표현 오답률 15% 답 ②

| 해석 | ① A: 몇 시인지 아니?
B: 미안해, 나는 요즘 바빠.
② A: 얘들아, 너희 어디 가니?
B: 우리는 식료품점에 가려고 해.
③ A: 이것 좀 도와주겠니?
B: 그래. 내가 너를 위해 박수를 칠게.
④ A: 내 지갑 본 사람 있니?
B: 오랜만이야.

| 정답해설 | ② 85% A가 행선지를 묻고 있으므로 식료품점에 간다고 답하는 대화는 자연스럽다. be headed는 '(특정 방향으로) 가다, 향하다'라는 의미로 Where are you headed?는 Where are you going?과 같은 표현이다. 또한 be off to는 '~로 가다, 떠나다'라는 뜻으로 목적지, 행선지를 말할 때 자주 사용되는 표현이다.

| 오답해설 | ① 1% 시간을 묻는 질문에 바쁘다고 답하는 것은 어색하다.
③ 12% Can you give me a hand ~?는 도움을 요청하는 표현으로 박수를 치는 것(clap)과는 관계가 없다.
④ 2% Long time no see.(오랜만이야.)는 오랜만에 본 사이에서 하는 인사말로 지갑을 찾는 질문에 대한 대답으로는 부적절하다.

어휘

give a hand 거들어 주다, 돕다
clap 박수 치다

13 문법 > 동명사 오답률 32% 답 ①

| 정답해설 | ① 68% regret은 to부정사와 동명사를 둘 다 목적어로 취할 수 있지만, 동명사를 취하는 경우 '(과거 지향적) ~한 것을 후회하다'라는 의미가 되고 to부정사를 취하는 경우 '(미래 지향적) ~하게 되어 유감이다'라는 의미가 되므로 주의한다. 해당 문장의 우리말이 '~한 것을 후회한다'이므로 to tell을 telling으로 고쳐 써야 한다.

| 오답해설 | ② 5% 「소유격 + 명사」를 대신하기 위해 '~의 것'이라는 뜻의 소유대명사(mine, yours, his, hers, ours, theirs)를 사용할 수 있다. 해당 문장에서는 그의 경험(His experience)과 그녀의 경험(her experience)을 비교하고 있는데, '그녀의 경험' 대신 '그녀의 것(hers)'이라는 소유대명사를 사용했다.
③ 11% 「remind A of B」는 'A에게 B를 상기시키다'라는 표현이다.
④ 16% 선행사가 people(사람)이고 관계대명사절에서 관계대명사가 주어 역할을 하는 경우 주격 관계대명사 who를 사용한다. '~의 눈을 보다'는 「look + 목적격 + in the + 신체 부위」로, 해당 표현에서 신체 부위 앞에는 소유격이 아닌 정관사 the를 사용하여야 한다.

| 더 알아보기 | 목적어의 형태에 따라 의미가 달라지는 동사

- 「regret/forget/remember -ing」: ~했음을 …하다
- 「regret/forget/remember + to부정사」: ~할 것을 …하다

어휘

remind A of B A에게 B를 상기시키다

14 독해 > Macro Reading > 제목 오답률 8% 답 ④

| 해석 | Louis 14세는 자신의 위대함에 걸맞은 궁전이 필요했다. 그래서 그는 작은 사냥 오두막이 있는 Versailles에 웅장한 새집을 짓기로 결심했다. 거의 50년의 노동 이후, 이 자그마한 사냥 오두막은 4분의 1마일 길이의 거대한 궁전으로 탈바꿈하였다. 물을 강에서 끌어오고 습지의 물을 빼기 위해 수로를 팠다. Versailles는 17개의 커다란 창문 맞은편에 17개의 거대한 거울이 있는 유명한 Hall of Mirrors와 순은 왕좌가 있는 Salon of Apollo와 같은 정교한 방들로 가득했다. Apollo, Jupiter, 그리고 Neptune과 같은 그리스 신들의 조각상 수백 개가 정원에 있었는데, 각각의 신들은 Louis의 얼굴을 가지고 있었다!
① 그리스 신들의 진짜 얼굴
② Hall of Mirrors 대 Salon of Apollo
③ 수로가 단순히 물 이상의 것을 Versailles에 가져왔는가?
④ Versailles: 소박한 오두막에서 거대한 궁전으로

| 정답해설 | ④ 92% 본문 첫 문장에서 Versailles에는 본래 작은 오

두막이 있었다고 했고 두 번째 문장에서는 작은 오두막이 거대한 궁전으로 탈바꿈했다고 했다. 이후에는 궁전의 모습을 자세히 묘사하는 내용이 이어지므로 글의 제목으로 가장 적절한 것은 ④이다.

| 오답해설 | ① 4% 마지막 문장에서 Versailles 정원에 세워진 그리스 신들의 조각상 얼굴은 Louis 14세의 얼굴을 본따 만들어졌다고 했을 뿐, 본문의 내용은 그리스 신들의 진정한 얼굴과는 관계가 없다.

② 1% 본문에서 Hall of Mirrors와 Salon of Apollo는 Versailles 궁전의 정교한 방을 설명하기 위한 예시로 제시되었을 뿐, 이 둘을 서로 비교하는 내용은 언급되지 않는다.

③ 3% 본문에서 Canal(수로)을 판 목적이 언급되기는 하지만, 전체 글을 아우르는 내용은 아니다.

어휘

worthy of ~할 만한　lodge 오두막
transform 변형시키다, (더 좋게) 탈바꿈시키다
canal 수로, 운하　dig(dig – dug – dug) 파다
drain 물을 빼내다, 흘려보내다　marshland 습지대
elaborate 정교한, 공들인　solid 순~, 순수한
throne 왕좌, 옥좌　humble 소박한, 변변찮은, 초라한

15 독해 > Logical Reading > 삭제 오답률 37% 답 ③

| 해석 | 철학자들은 인류학자들이 철학에 관심을 가진 것만큼 인류학에 관심을 갖지 않았다. 자신들의 연구에 인류학적 연구들을 참작하는 영향력 있는 현대 철학자들은 거의 없다. 사회과학 철학을 전공하는 사람들이 인류학 연구로부터 나온 사례를 고려하거나 분석할 수도 있으나, 주로 개념적인 요소나 인식론적 차이를 보여 주기 위해서, 아니면 인식론적 또는 윤리적 의미를 비판하기 위해 이것을 한다. ③ 사실, 우리 시대의 훌륭한 철학자들은 인류학과 심리학과 같은 다른 분야로부터 종종 영감을 얻었다. 철학과 학생들은 인류학을 공부하거나 (인류학에) 진지한 관심을 보이는 법이 거의 없다. 그들은 과학의 실험적 방법에 대해 배울지는 모르지만, 인류학적인 현장 연구에 대해서는 거의 배우지 않는다.

| 정답해설 | ③ 63% 철학자들은 인류학에 대해 거의 관심을 갖지 않는다는 내용의 글이다. 그런데 우리 시대의 훌륭한 철학자들이 인류학으로부터 영감을 얻었다고 언급하는 ③은 글의 요지와 상반되므로 글의 흐름상 어색하다.

| 오답해설 | ④ 28% 철학과 학생들(Philosophy students)이 인류학을 공부하지 않는다는 내용은 전체 주제와 부합되며 마지막 문장에서 They가 해당 문장의 Philosophy students를 가리키므로, 이전 문장에서 학생들에 대해 언급되는 것은 자연스럽다.

어휘

concerned with ~에 관심 있는　anthropology 인류학
influential 영향력 있는　contemporary 현대의
take ~ into account ~을 참작하다, 고려하다
specialize in ~을 전문으로 하다　analyze 분석하다
illustrate 보여주다, 실증하다　epistemological 인식론의
distinction 차이, 구분　implication 의미, 함축
draw inspiration from ~로부터 영감을 받다
seldom 거의 ~않는　rarely 드물게, 좀처럼 ~하지 않는
fieldwork 현장 연구

16 독해 > Reading for Writing > 빈칸 구 완성 오답률 48% 답 ③

| 해석 | 우리 모두는 무언가를 물려받는다. 어떤 경우에 그것은 돈, 재산 또는 어떤 물건, 즉 할머니의 웨딩드레스나 아버지의 공구 세트 같은 집안의 가보일 수도 있다. 그러나 그것 이외에, 우리 모두는 다른 어떤 것, ③ 훨씬 덜 구체적이고 덜 유형적인 어떤 것, 심지어 우리가 완전히 인지하지 못할지도 모르는 것을 물려받는다. 그것은 일상적인 일을 하는 방식일 수도 있고, 우리가 특정한 문제를 해결하거나 스스로 도덕적 사안을 결정하는 방식일 수도 있다. 그것은 휴일 또는 특정한 날짜에 소풍을 가는 전통을 지키는 특별한 방식일 수도 있다. 그것은 중요한 것이거나 우리의 사고의 중심인 어떤 것일 수도 있고, 우리가 매우 무심코 오랫동안 받아들여 왔던 사소한 것일 수도 있다.
① 우리의 일상과 아주 관계가 없는
② 우리의 도덕적 기준에 반하는
③ 훨씬 덜 구체적이고 덜 유형적인
④ 엄청난 금전적 가치가 있는

| 정답해설 | ③ 52% 빈칸 이전에서는 '유형의 유산', 즉 형태가 있는 돈, 재산, 가보 등을 물려받는 경우에 대해 설명하고 있다. 그러나 빈칸 이후에서는 일상적인 일을 하는 방식, 문제 해결 방식, 휴일 또는 전통을 지키는 방식 등과 같은 '무형의 유산'에 대해 언급한다. 즉, 앞서 설명한 유산보다는 상대적으로 덜 구체적이고 실체가 없는 무형적인 유산이므로 빈칸에 가장 적절한 표현은 ③이다.

어휘

inherit 물려받다, 상속받다　heirloom (집안의) 가보
moral 도덕적인, 도덕상의　casually 무심코, 아무 생각 없이
concrete 구체적인
tangible 유형적인, 실체가 있는, 만질 수 있는
monetary 통화의, 화폐의

17 독해 > Macro Reading > 요지 오답률 47% 답 ①

| 해석 | 진화론적으로, 생존하고자 하는 어떠한 종이든 자신들의 자원을 신중히 관리해야 한다. 그것은 식량과 다른 맛있는 것들이 우선적으로 번식자들과 전사들, 사냥꾼들, 농사꾼들, 건축가들 그리고 아이들에게 분명히 먼저 돌아가야 하며 그들이 기여하는 것보다 더 많이 소비하는 것처럼 보일지도 모르는 노인들에게는 그다지 많이 남겨지지 않는다는 것을 의미한다. 그러나 현대 의학이 기대 수명을 연장하기 전에도 보통의 가족들은 조부모, 심지어는 증조부모를 포함하고 있었다. 그것은 나이든 사람들이 종종 그들 주변을 맴도는 소동에 대해 균형 잡히고 이치에 맞는 중심을 잡아 줌으로써 그들이 물질적으로 소비한 것을 행동적으로 되돌려주었기 때문이다.
① 노인들은 가족에 기여를 해 오고 있다.
② 현대 의학은 노인의 역할에 초점을 맞추었다.
③ 가족 내에서 자원을 잘 할당하는 것이 가족의 번영을 결정짓는다.
④ 대가족에는 제한된 자원이라는 대가가 따른다.

| 정답해설 | ① 53% 진화론적 관점에서 노인들에게 자원이 적게 배분되는 것이 자연스러운 일임을 언급한 후, 그럼에도 불구하고 오래전부터 노인들이 가족의 일원으로 함께 살아왔다는 점을 강조하고 그 이유를 마지막 문장에서 제시하고 있다. 즉, 노인들이 가족에 기여한 바가 있음을 시사한다. 따라서 글의 요지로 가장 적절한 것은 '노인들은 가족에 기여를 해 오고 있다.'이다.

어휘

goodies 맛있는 것　breeder 양육자, 사육자, 번식자

contribute 기부하다, 기여하다
behaviorally 행동으로
swirl 소용돌이치다, 빙빙 돌다
prosperity 번영
old folk 노인들
tumult 소동, 소란
allocate 할당하다

18 독해 > Logical Reading > 배열 오답률 27% 답 ③

| 해석 | 요즘에 시계는 우리의 삶을 매우 많이 지배하고 있어서 그것 없는 삶을 상상하기는 어렵다. 산업화 이전에 대부분의 사회는 시간을 알기 위해 해나 달을 이용했다.

(B) 기계식 시계가 처음 등장했을 때, 그것들은 즉시 인기를 얻었다. 시계나 손목시계를 소유하는 것은 유행이었다. 사람들은 시간을 알려 주는 이 새로운 방식을 가리키기 위해 "of the clock"이나 "o'clock"과 같은 표현을 만들어 냈다.

(C) 이러한 시계들은 장식용이었으나, 항상 유용한 것은 아니었다. 이것은 도시, 지방, 그리고 심지어 이웃 마을조차도 시간을 알려 주는 방식이 달랐기 때문이다. 여행자들은 한 장소에서 다른 장소로 이동할 때마다 반복적으로 자신들의 시계를 다시 맞추어야 했다. 미국에는 1860년대에 약 70개의 다른 시간대가 있었다.

(A) 점점 늘어나는 철도망에 있어서 시간 기준이 없다는 사실은 재앙이었다. 종종, 겨우 몇 마일 떨어진 역들이 서로 다른 시간에 자신들의 시계를 맞추었다. 여행객들에게 혼란스러운 상황이 많았다.

| 정답해설 | ③ 73% 주어진 문장의 두 번째 문장에서는 산업화 이전에 시간을 알려 주는 방법에 대해 언급하고 있다. 이후 이어질 내용으로 가장 적절한 것은 기계식 시계가 최초로 등장한 때의 상황에 대해 설명하는 (B)이다. 이어 (B)에서 언급한 mechanical clocks를 (C)에서 These clocks로 대신하고 있으므로, (C)가 (B)에 연결되는 것이 적절하다. (C) 후반부에서는 서로 다른 시간대(different time zones)의 존재를 언급하였으므로 이러한 다른 시간대가 초래한 문제점을 설명하는 (A)가 (C) 뒤에 이어지는 것이 가장 자연스럽다.

어휘

industrialization 산업화
decorative 장식용의, 장식된
mechanical 기계로 작동되는
province 지방, 주(州)

19 독해 > Logical Reading > 삽입 오답률 45% 답 ④

| 해석 | 밀레니얼 세대(Millennials)는 종종 현대에서 가장 가난하고, 재정적 부담이 가장 큰 세대로 분류된다. 그들 중 다수가 대학을 졸업하면서, 충격적인 양의 학자금 대출과 함께 미국이 역대 목격한 최악의 노동 시장으로 진출했다. 놀랄 것도 없이, 밀레니얼 세대는 X세대가 인생의 비슷한 단계에서 모은 것보다 더 적은 부를 축적했는데, 이는 주로 그들 중 집을 소유한 사람이 더 적기 때문이다. 그러나 다른 세대의 미국인들이 무엇을 저축했는지에 대한 지금까지 가장 상세한 그림을 제공하는, 새롭게 이용 가능해진 데이터가 그 평가를 복잡하게 만든다. 그렇다, 1965년에서 1980년 사이에 태어난 사람들인 X세대들이 더 많은 순자산을 보유하고 있다. ④ 그러나 1981년에서 1996년 사이에 태어난 밀레니얼 세대가, X세대가 같은 나이인 22세~37세에 저축했던 것에 비해 은퇴에 대비하여 더 적극적으로 저축을 하고 있다는 분명한 증거가 또한 존재한다. 그리고 그것이 많은 사람들이 생각하는 것보다 그들을 더 나은 재정적 형편에 처하게 할지도 모른다.

| 정답해설 | ④ 55% 주어진 문장의 But으로 보아, 앞에서 이와 대조되는 내용이 나와야 한다는 것을 유추할 수 있다. 주어진 문장에서는 밀레니얼 세대가 X세대보다 은퇴에 대비하여 더 많은 저축을 하고 있다고 언급하며, 밀레니얼 세대가 X세대보다 재정적으로 더 우월할 수도 있음을 시사한다. 따라서 주어진 문장 이전에서는 X세대가 밀레니얼 세대보다 경제적으로 더 윤택하다는 취지의 대조적인 내용이 등장하는 것이 자연스럽다. ④ 이전 문장에서 1965년에서 1980년 사이에 태어난 사람들인 X세대들이 더 많은 순자산을 보유하고 있다고 언급하고 있으므로 주어진 문장이 들어갈 가장 적절한 위치는 ④이다.

| 더 알아보기 | Millennials(밀레니얼 세대)

> 1980년대 초반~2000년대에 초반에 출생한 세대로 정보 기술에 능통하며 대학 진학률이 높다는 특징이 있다. 2008년 글로벌 금융 위기 이후 사회에 진출해 고용 감소, 일자리 질 저하 등의 어려움을 겪는 세대이기도 하다.

어휘

aggressively 적극적으로, 공격적으로
label 분류하다
staggering 충격적인; 비틀거리는
to boot 그것도(앞서 한 말에 대해 다른 말을 덧붙일 때)
accumulate 축적하다
to date 지금까지
assessment 평가
net worth 순자산

20 독해 > Micro Reading > 내용일치/불일치 오답률 22% 답 ④

| 해석 | 산호와 다른 암초 유기체의 붕괴로부터 수천 년 동안 축적된 탄산염 모래는 산호초 뼈대의 건축재이다. 그러나 이 모래는 바닷물의 화학적 구성에 민감하다. 바다가 이산화탄소를 흡수함에 따라, 그것들은 산성화되고, 특정 시점에 탄산염 모래는 그냥 용해되기 시작한다. 세계의 바다는 인간이 배출하는 이산화탄소의 약 3분의 1을 흡수해 왔다. 그 모래가 용해되는 속도는 위쪽에 있는 해수의 산성도와 크게 관련되어 있었고, 산호의 성장보다 해양의 산성화에 10배나 더 민감했다. 다시 말해, 바다의 산성화는 산호의 성장보다 산호초 모래의 용해에 더 많은 영향을 미칠 것이다. 이것은 아마도 자신들의 환경을 조정하고 부분적으로 바다의 산성화에 적응할 수 있는 산호의 능력을 반영하지만, 모래의 용해는 조정할 수 없는 지구화학적 과정이다.

① 산호초의 뼈대는 탄산염 모래로 만들어진다.
② 산호는 부분적으로 바다의 산성화에 적응할 수 있다.
③ 인간이 배출한 이산화탄소는 세계 바다의 산성화에 기여해 왔다.
④ 바다의 산성화는 산호초 모래의 용해보다 산호의 성장에 더 많은 영향을 미친다.

| 정답해설 | ④ 78% 본문 끝에서 두 번째 문장 In other words, ocean acidification will impact the dissolution of coral reef sands more than the growth of corals.에서 해양 산성화가 산호의 성장보다 모래의 용해에 더 많은 영향을 미친다고 했으므로 ④는 글의 내용과 반대된다.

어휘

carbonate 탄산염
coral 산호
acidify 산성화되다
dissolution 용해, 소멸
breakdown 붕괴, 분해
reef 암초
dissolve 용해되다, 녹다
geochemical 지구화학적

2019 6월 15일 시행
지방직 9급 (Ⓐ책형)

합격예상 체크

〈지방직 연도별 합격선〉

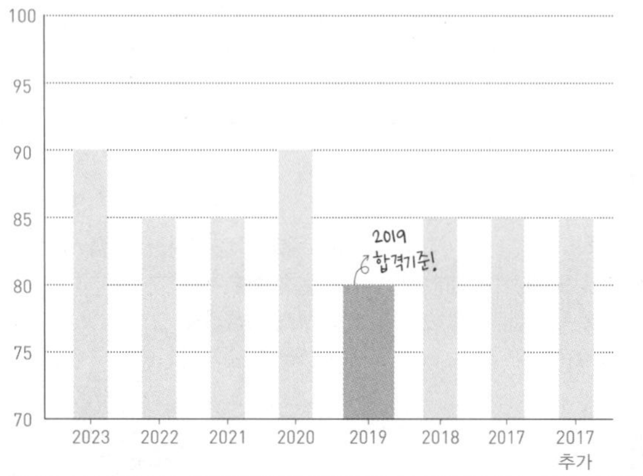

맞힌 개수	/20문항	점수	/100점

➡ □합격 □불합격

취약영역 체크

문항	정답	영역	문항	정답	영역
1	①	어휘 > 유의어 찾기	11	④	어휘 > 유의어 찾기
2	①	어휘 > 유의어 찾기	12	①	어휘 > 유의어 찾기
3	④	생활영어 > 회화/관용표현	13	③	독해 > Reading for Writing > 빈칸 구 완성
4	③	생활영어 > 회화/관용표현	14	④	독해 > Logical Reading > 연결사
5	④	문법 > 태	15	④	독해 > Logical Reading > 삽입
6	②	문법 > 조동사	16	③	문법 > 동사
7	②	독해 > Logical Reading > 배열	17	①	독해 > Micro Reading > 내용 일치/불일치
8	②	독해 > Micro Reading > 내용 일치/불일치	18	③	독해 > Micro Reading > 내용 일치/불일치
9	②	독해 > Macro Reading > 주제	19	①	독해 > Reading for Writing > 빈칸 구 완성
10	④	독해 > Logical Reading > 삭제	20	②	독해 > Reading for Writing > 빈칸 구 완성

⬇ **영역별 틀린 개수**로 취약영역을 확인하세요!

어휘	/4	문법	/3	독해	/11	생활영어	/2

➡ **나의 취약영역:** ______

※ [정답해설]과 [오답해설] 선지의 50% 표시는 〈1초 합격예측 서비스〉를 통해 수집된 선지 선택률을 나타냅니다.

1 어휘 > 유의어 찾기 오답률 43% 답 ①

| 해석 | 나는 이 문헌들을 이제는 죽어서 묻혀 버렸지만 발굴되어져야 할 감수성의 유물로 여기게 되었다.

① 57% 파내지다　② 9% 포장되다, 꾸려지다
③ 30% 지워지다　④ 4% 축하받다

| 정답해설 | ① excavate는 '발굴하다, 파내다'라는 뜻을 가진 단어로, 유의어 관계에 있는 것은 exhume(파내다)이다.

어휘
relic 유물, 유적　sensibility 감성, 감수성
bury 매장하다

2 어휘 > 유의어 찾기 오답률 32% 답 ①

| 해석 | 롤러코스터를 타는 것은 감정의 폭주 드라이브일 수 있다. 즉, 당신이 좌석에 안전띠를 맬 때의 긴장되는 기대, 당신이 위로, 위로, 위로 올라갈 때 생기는 의문과 후회, 그리고 그 차가 첫 하강할 때의 완전한 아드레날린의 분출이다.

① 68% 완전한　② 18% 무서운
③ 10% 가끔의　④ 4% 관리할 수 있는

| 정답해설 | ① sheer는 '완전한, 순수한'이란 뜻을 가진 단어이므로 유의어 관계인 것은 utter(완전한)이다.

어휘
joy ride 폭주 드라이브, 재미있는 드라이브
questioning 의문, 질문

3 생활영어 > 회화/관용표현 오답률 8% 답 ④

| 해석 | ① A: 우리 몇 시에 점심 먹을 거야?
B: 정오 전에 준비될 거야.
② A: 너한테 몇 번이나 전화했어. 왜 안 받았어?
B: 아, 내 휴대 전화가 꺼져 있었던 거 같아.
③ A: 이번 겨울에 휴가 갈 거야?
B: 그럴지도. 아직 결정 못 했어.
④ A: 여보세요. 전화 못 받아서 죄송합니다.
B: 메시지 남기시겠어요?

| 정답해설 | ④ 92% A가 상대방에게 전화를 못 받았다고 사과를 하고 있는데 B가 메시지를 남길 건지 묻는 것은 적절하지 않다.

어휘
turn off 끄다　leave a message 메시지를 남기다

4 생활영어 > 회화/관용표현 오답률 35% 답 ③

| 해석 | A: 안녕하세요. 돈을 좀 환전해야 해요.
B: 네. 어떤 돈이 필요하세요?
A: 달러를 파운드로 바꿔야 해요. 환율이 어떻게 되나요?
B: 환율은 1달러당 0.73파운드입니다.
A: 좋아요. 수수료를 받나요?
B: 네. 저희는 소액의 수수료를 받는데 4달러예요.
A: ③ 역구매 정책은 무엇인가요?
B: 저희는 무료로 다시 환전을 해 드려요. 영수증만 가지고 오세요.

① 이것은 비용이 얼마나 드나요
② 제가 그것을 어떻게 지불해야 하나요
③ 역구매 정책은 무엇인가요
④ 신용카드를 받으시나요

| 정답해설 | ③ 65% 빈칸의 질문에 대한 답변으로 B가 무료로 다시 환전을 해 주며 영수증을 지참하라고 하는 것으로 보아, A는 환전한 돈을 다시 재환전할 때에 관한 질문을 했음을 유추할 수 있다. 따라서 역구매 정책에 관해 묻는 ③이 빈칸에 알맞다.

어휘

currency 통화, 화폐　　convert 전환하다, 바꾸다
exchange rate 환율　　commission 수수료
buy-back 역구매, 되사기

5　문법 > 태　오답률 21%　답 ④

| 해석 | 매년, 27만 명이 넘는 보행자들이 전 세계의 도로에서 그들의 목숨을 잃는다. 많은 사람들이 어느 날 그러하듯 집을 떠났다가 결국 다시는 돌아오지 못한다. 전 세계적으로, 보행자들은 모든 도로 교통 사망자들의 22%를 차지하며, 어떤 국가들에서 이 비율은 모든 도로 교통 사망자들의 2/3에 해당할 만큼 높다. 수백만 명의 보행자들은 치명적이지 않은 부상을 당하는데, 그들 중 일부에게는 영구적 장애가 남는다. 이런 사고들은 경제적 어려움뿐만 아니라 많은 고통과 비통함을 야기한다.

| 정답해설 | ④ 79% 주어가 Millions of pedestrians이므로 수동태로 써야 '부상을 당하다'의 의미가 된다. 따라서 injuring은 injured로 바꿔야 한다. '부상당하다'는 be[get] injured라고 거의 관용적으로 쓰므로 숙지해 두는 것이 좋다.

| 오답해설 | ① 2% '매년 벌어지는 일'이므로 현재시제 동사 lose(잃는다)가 어법상 적절하고, 주어인 more than 270,000 pedestrians와도 수가 일치한다.
② 14% to부정사의 부사적 용법 중 결과를 의미하는 표현으로 '~했으나 결국 …하지 못했다'라는 의미이다.
③ 5% high는 be동사 is의 주격 보어 역할을 하는 형용사로 사용되었다. 해당 문장은 원급 비교 문장으로서 원급 형용사 high는 as에 의해서 수식받고 또한 수식 대상 as 이하 전명구와 함께 올바르게 사용되었다.

| 더 알아보기 | 「주어-동사」의 수 일치

(1) 단수주어 → 단수동사
(2) 복수주어 → 복수동사
- 「주어-동사」의 수 일치는 수식어구(전명구, 분사구, to부정사, 관계사절, 동격 that)를 제외하고 주어와 동사를 수 일치시킨다.

• 전치사구
One of the most important things in playing baseball is concentration.
야구를 할 때 가장 중요한 것 중 하나가 집중이다.
• 현재분사(구)/과거분사(구)
Citizens opposed to City Hall were demonstrating against the government policy.
시청 건너편에 있던 시민들은 정부 정책에 반대하는 시위 중이었다.
• to부정사
Her proposal to move was not accepted.
이사를 가자는 그녀의 제안은 받아들여지지 않았다.
• 관계사절
Most people who live in a big city are concerned about the yellow dust.
대도시에 살고 있는 대부분의 사람들이 황사에 대해 걱정한다.
• 동격절
The idea that we can produce many kinds of sports cars was accepted.
우리가 다양한 종류의 스포츠카를 생산할 수 있다는 생각은 받아들여졌다.

어휘

pedestrian 보행자　　fatality 사망자
proportion 비율, 부분　　permanent 영구적인
disability 장애

6　문법 > 조동사　오답률 55%　답 ②

| 해석 | ① 그 신문은 자신의 목적을 위해 회사의 돈을 사용했다고 그녀를 비난했다.
② 의심이 생기지 않도록 그 조사는 극도로 주의하여 처리되어야 했다.
③ 이 과정을 가속화하는 또 다른 방법은 새로운 시스템으로 전환하는 것이다.
④ 화석 연료를 연소시키는 것이 기후 변화의 가장 중요한 원인들 중 하나이다.

| 정답해설 | ② 45% 주어가 사물(The investigation)이므로 문맥상 동사가 수동태로 적절하게 쓰였다. 또한 접속사 lest가 이끄는 절에서 조동사 should는 생략할 수 있으므로 종속절의 동사 be aroused(생겨나다)는 올바르게 사용되었다. 또한 lest는 '~하지 않도록, ~하지 않으려고'라는 부정의 의미를 지니므로 부정부사를 사용하지 않은 것도 적절하다.

| 오답해설 | ① 8% 「charge A with B」는 'A를 B로 비난하다'를 뜻하며 with는 전치사이므로 목적어로 명사나 동명사를 취해야 한다. 해당 문장에서는 명사구 the company's money ~가 문맥상 use의 목적어 역할을 하고 있다. 따라서 전치사 with의 명사 목적어 기능과 동사로서 목적어를 갖는 역할을 동시에 할 수 있도록 동사와 명사의 기능을 함께하는 동명사가 필요하므로 use를 동명사 using으로 수정해야 옳다.
③ 22% 문맥상 2형식 동사인 would be 뒤에 주격 보어가 필요하므로 과거분사가 아닌 to부정사 또는 동명사가 나와야 한다.
④ 25% one of the 다음에는 복수명사가 필요하다. 또한 '주요한'이라는 의미로 명사인 causes를 수식할 수 있는 것은 형용사이므로 lead를 분사 형태로 고쳐야 한다. 따라서 one of the leading causes가 어법에 맞는 표현이다.

| 더 알아보기 | 이중 부정 금지 접속사

• 「nor + 동사 + 주어」: ~ 역시 아니다
• 「lest + 주어 + (should) + 동사원형」: ~하지 않기 위해서
• 「for fear that + 주어 + (should) + 동사원형」: ~하지 않기 위해서

어휘

charge A with B A를 B로 비난[고발, 고소]하다
utmost 극도의, 최대의　　arouse 불러일으키다, 자극하다
shift 변화　　fossil fuel 화석 연료

7 독해 > Logical Reading > 배열 오답률 59% 답 ②

| 해석 | 우리의 뇌리를 떠나지 않을 수도 있는 생각이 있다. 아마도 모든 것이 다른 모든 것에 영향을 줄 텐데, 도대체 어떻게 우리가 사회적 세계를 이해할 수가 있는가? 하지만, 만약 우리가 그 걱정에 짓눌리게 된다면, 우리는 결코 진보를 이루지 못할 것이다.

(A) 내게 익숙한 모든 학문 분야는 세상을 이해하기 위해 그것의 캐리커처를 그린다. 현대 경제학자들은 '모델들'을 만들어서 이것을 하는데, 이것들은 저 밖에 있는 현상에 대해 의도적으로 분해된 묘사들이다.

(C) 내가 "분해된"이라고 말할 때, 나는 정말 분해된 것을 의미한다. 그렇게 하는 것이 현실의 그러한 측면들이 어떻게 작동하고 상호 작용하는지를 우리가 이해할 수 있도록 해 줄 것이라고 희망하면서, 다른 모든 것을 배제하고 하나 또는 두 가지의 원인이 되는 요인들에 집중하는 것이 우리 경제학자들 사이에서는 드문 일은 아니다.

(B) 경제학자인 John Maynard Keynes는 우리의 주제를 이와 같이 설명했다. "경제학은 현대 세계와 관련된 모델들을 선택하는 기술과 결합된 모델들이라는 면에서 생각의 과학이다."

| 정답해설 | ② 41% 주어진 글에서는 '우리가 세상을 이해하는 방법'이라는 글의 소재를 제시하고 있다. (A), (B), (C) 모두 경제 혹은 경제학자들에 대해서 서술하고 있는데 첫 문단은 도입으로서 경제학자들의 모델들에 대해서 처음 언급하는 (A)가 가장 적합하다. 이어서 (A)의 후반부에서 언급된 '분해된 묘사들'에 대한 의미를 구체적으로 설명하는 (C)가 (A)에 이어 서술되는 것이 적합하다. 그리고 끝으로 글의 내용을 요약 정리하는 '경제학은 모델들을 선택하는 기술이다'라는 내용이 포함된 (B)가 마지막으로 서술되는 것이 적합하다. 따라서 글의 순서는 (A) – (C) – (B)가 가장 적절하다.

어휘

haunt 떠나지 않다, 계속 출몰하다
make sense of ~을 이해하다
weigh down 짓누르다
discipline 학문 분야
deliberately 의도적으로
strip down 분해하다, 벗겨내다
representation 묘사, 표현
phonomena 현상(phenomenon의 복수형)
in terms of ~ 면에서, ~에 관하여
contemporary 현대의, 동시대의
causal 원인이 되는, 원인의
interact 상호 작용하다, 교류하다

8 독해 > Micro Reading > 내용일치/불일치 오답률 9% 답 ②

| 해석 | 대략 50만 년 전 선사 시대의 사회들은 정신적 장애와 신체적 장애를 뚜렷이 구별하지 않았다. 단순한 두통에서 발작 경련에 이르기까지, 비정상적인 행동들은 고통받는 사람의 몸속에 살고 있거나 그 사람을 통제하는 악령의 탓으로 돌려졌다. 역사학자들에 따르면, 이러한 고대인들은 많은 형태의 질병들을 악령 빙의, 마법, 또는 화가 난 조상 영혼의 명령 탓으로 돌렸다. 악마 연구라고 불리는 이러한 믿음 체계 내에서, 피해자는 보통 불운에 대해 적어도 부분적으로 책임이 지워졌다. 석기 시대 동굴 거주자들은 '두개골 수술'이라고 불리는 외과적 방법으로 행동 장애를 치료했을 수도 있음이 암시되었는데, 그 수술에서는 악령이 빠져나갈 수 있는 틈이 주어지도록 두개골의 일부가 잘려 나갔다. 사람들은 악령이 떠나면 그 사람이 정상적인 상태로 돌아올 것이라고 믿었을지도 모른다. 놀랍게도, 수술을 받은 두개골들이 치유된 것으로 밝혀졌는데, 이는 일부 환자들이 이렇게 극히 조잡한 수술에도 살아남았다는 것을 보여 준다.

① 정신적 장애는 신체적 장애와는 분명히 구분되었다.
② 비정상적인 행동은 사람에게 영향을 미치는 악령으로부터 비롯되었다고 믿어졌다.
③ 악령이 사람의 신체에 들어갈 수 있도록 두개골에 틈이 만들어졌다.
④ 두개골 수술에서 살아남은 동굴 거주자들은 없었다.

| 정답해설 | ② 91% 본문의 두 번째 문장에서 비정상적인 행동들은 병에 걸린 사람의 몸속에 살고 있거나 그 사람을 통제하는 악령의 탓으로 돌려졌다고 했으므로 ②가 본문과 일치하는 내용이다.

어휘

prehistoric 선사 시대의
disorder 장애, 이상
abnormal 비정상적인
evil spirit 악령
afflicted 고통받는, 괴로워하는
demonic 악령의
sorcery 마법
behest 명령, 지령
demonology 귀신론, 악마 연구
skull 두개골
chip away 깎아 내다, 잘라 내다
heal over 아물다, 치료하다
crude 조잡한, 거친, 대강의
differentiate 구별하다

9 독해 > Macro Reading > 주제 오답률 38% 답 ②

| 해석 | 디지털 혁명이 전국적으로 뉴스룸에 큰 영향을 주기 때문에, 여기 모든 기자들을 위한 나의 조언이 있다. 나는 25년 넘게 기자였기에, 6번의 기술적 수명 주기를 거치며 살아 왔다. 가장 급격한 변화는 마지막 6년 동안에 찾아왔다. 그것은 내가 점점 더 잦은 빈도로, 일을 진행하면서 이야기들을 만들어 낸다는 것을 의미한다. 뉴스 업계에 있어 많은 시간 동안 우리는 우리가 무엇을 하는지 모른다. 우리가 아침에 출근하면 누군가 "세금 정책/이민/기후 변화에 대해 (하나를 선택해서) 글을 써 줄래요?"라고 말한다. 신문이 하루에 한 번 마감 시간이 있을 때, 우리는 기자가 아침에 배워서 밤에 가르치는 것이라고 말했다. 그 기자가 24시간 전에는 전혀 몰랐던 주제에 관해 내일의 독자들에게 알려 줄 수 있는 이야기를 쓰기에 말이다. 지금은 매시 정각에 배워서 매시 30분에 가르치는 것에 더 가깝다. 예를 들면, 나는 또한 정치 팟캐스트를 운영하고 있는데, 대선 후보 선정을 위한 전당대회 동안, 우리는 어디서든 실시간 인터뷰를 하기 위해 그것을 이용할 수 있어야 한다. 나는 그냥 점점 더 대본 없이 일하고 있다.

① 교사로서의 기자
② 기자와 즉흥 (기사 작성)
③ 정치에서의 기술
④ 언론과 기술 분야

| 정답해설 | ② 62% 기자로서 필자는 24시간 전에는 알지 못했던 주제에 관해 내일의 독자에게 알려 주는 기사를 쓰곤 했지만 지금은 30분마다 기사를 쓰고 실시간 인터뷰를 위해 팟캐스트 이용법을 알아야 하는 등 점점 더 대본 없이 일하고 있다고 했으므로 ②가 이 글의 주제로 가장 적절하다.

어휘

upend 뒤집다, ~에 큰 영향을 미치다
at the top of the hour 매시 정각에
at the bottom of the hour (1시 30분, 2시 30분 등과 같이) 매시 30분에
presidential convention 대선 후보 선정을 위한 전당 대회
improvisation 즉흥, 즉석에서 하기

오답률 TOP 3

10 독해 > Logical Reading > 삭제 오답률 63% 답 ④

| 해석 | 역사를 통틀어 아이들의 놀이터는 시골의 황무지, 들판, 개울, 언덕, 그리고 마을, 소도시, 대도시의 도로, 거리, 그리고 비어 있는 장소들이었다. *playground*라는 용어는 아이들이 그들의 자유롭고 즉흥적인 놀이를 하기 위해 모이는 곳들 전부를 말한다. 오직 지난 몇 십 년 동안 아이들은 비디오 게임, 문자, 그리고 소셜 네트워킹에 대한 커지는 애정 때문에 이 자연의 놀이터들을 비워 두었다. 심지어 미국의 시골 지역에서도 어른의 동반 없이 여전히 마음대로 돌아다니는 아이들이 거의 없다. ④ 방과 후, 아이들

이 동네에서 모래를 파고, 요새를 짓고, 전통적인 놀이를 하고, 기어오르거나, 공놀이를 하는 모습이 흔히 발견된다. 그들은 개울, 언덕, 그리고 들판과 같은 자연 지형에서 빠르게 사라지고 있으며, 도시의 그들의 비교 대상들처럼, 오락거리로 앉아서 하는 실내용 사이버 장난감에 의지하고 있다.

| 정답해설 | ④ 37% 과거에는 자연 속에서 아이들이 놀았던 반면, 현대의 아이들은 자연을 떠나 실내에서 사이버 장난감을 가지고 논다는 내용이다. ④는 실외에서 전통적인 놀이를 하는 아이들이 흔히 발견된다는 것으로 앞뒤 문장과 반대되는 내용이므로 글의 흐름상 어색하다.

어휘

wilderness 황무지 / vacate 비우다, 떠나다
roam 돌아다니다, 배회하다
free-ranging 마음대로 돌아다니는, 방목의
fort 진지, 요새 / terrain 지형, 지역
counterpart 비교 대상, 상대방
sedentary 몸을 많이 움직이지 않는, 늘 앉아서 하는

11 어휘 > 유의어 찾기 | 오답률 45% | 답 ④

| 해석 | 시간은 지루한 오후 수업 동안은 아주 느려지고, 뇌가 아주 재미있는 무언가에 열중할 때는 달려가는 것처럼 보인다.

① 25% ~의해 강화되다　② 11% ~에 무관심하다
③ 9% ~의해 안정되다　④ 55% ~에 사로잡히다

| 정답해설 | ④ engrossed in은 '~에 열중하는'이라는 뜻으로 preoccupied with(~에 사로잡힌)와 유의어 관계이다.

어휘

slow to a trickle 아주 느려지다 / race 급히 가다, 질주하다

12 어휘 > 유의어 찾기 | 오답률 53% | 답 ①

| 해석 | 정부가 시장을 통제하에 두려고 시도했기 때문에, 이 일일 업데이트는 독자들이 시장의 소식을 계속 접하는 것을 돕기 위해 만들어졌다.

① 47% ~을 알다　② 12% ~의해 영감을 얻다
③ 22% ~을 믿다　④ 19% ~을 멀리하다

| 정답해설 | ① keep abreast of는 '~의 소식을 계속 접하다, ~에 뒤지지 않게 하다'라는 뜻으로 be acquainted with(~을 알다)와 유의어 관계이다.

어휘

attempt 시도하다 / keep under control ~을 통제하다

13 독해 > Reading for Writing > 빈칸 구 완성 | 오답률 9% | 답 ③

| 해석 | 1840년대에, 아일랜드 섬은 기근을 겪었다. 아일랜드는 그 인구를 먹일 만큼 충분한 식량을 생산할 수 없었기 때문에, 대략 100만 명이 (A) 기아로 사망했는데, 단순히 생존하기 위해 먹을 것이 충분하지 않았기 때문이었다. 기근은 또 다른 125만 명의 사람들이 (B) 이민 가도록 만들었는데, 많은 이들이 그들의 고국 섬을 떠나 미국으로 갔고, 나머지는 캐나다, 호주, 칠레, 그리고 다른 국가들로 갔다. 기근 이전, 아일랜드의 인구는 대략 6백만 명이었다. 대기근 이후, 인구는 대략 4백만 명이었다.

	(A)	(B)
①	탈수	추방되다
②	트라우마	이민 오다
③	기아	이민 가다
④	피로	억류되다

| 정답해설 | ③ 91% (A) 빈칸 다음에 나온 '생존하기 위해 먹을 것이 충분하지 않았다'는 내용으로 보아 아일랜드 사람들의 사망 원인으로는 starvation(기아)이 적합하다.

(B) 빈칸 다음에 '많은 이들이 그들의 고국 섬을 떠나 미국으로 갔다'는 것으로 보아 빈칸에 들어갈 말로는 emigrate(이민 가다)가 적합하다.

어휘

famine 기근 / die of ~로 죽다
dehydration 탈수 / deport 강제 추방하다

14 독해 > Logical Reading > 연결사 | 오답률 45% | 답 ④

| 해석 | 오늘날 가상 현실(VR) 체험의 시각적 요소를 만들어 내는 기술은 널리 접근이 가능하고 가격이 적정해지는 과정에 있다. 그러나 강력하게 기능하기 위해서, 가상 현실은 시각적인 것 이상에 관한 것이어야 할 필요가 있다. 당신이 듣고 있는 것이 시각적인 것들과 설득력 있게 일치하지 (A) 않는다면, 가상 체험은 실패로 돌아간다. 농구를 예를 들어 보자. 만약 선수들, 코치들, 아나운서들, 그리고 관중들이 코트 가운데 앉아 있는 것처럼 들린다면, 당신은 TV로 경기를 보는 것이 낫다. 당신은 당신이 "거기" 있는 만큼의 느낌만 받게 될 것이다. (B) 안타깝게도, 오늘날의 오디오 장비와 널리 사용되는 녹화 및 재생 포맷은 먼 행성의 전쟁터, 코트 사이드에서의 농구 경기, 또는 훌륭한 콘서트홀의 첫 줄에서 들리는 것 같은 심포니의 소리를 설득력 있게 재현하는 일에는 그저 불충분하다.

	(A)	(B)
①	만약 ~라면	대조적으로
②	만약 ~하지 않다면	결과적으로
③	만약 ~라면	비슷하게
④	만약 ~하지 않다면	안타깝게도

| 정답해설 | ④ 55% (A) 가상 체험이 실패로 돌아가는 원인은 '당신이 듣고 있는 것이 시각적인 것들과 설득력 있게 일치하지 않는 경우'이므로 빈칸에는 Unless(그렇지 않다면)가 적합하다.

(B) 빈칸 뒤의 내용이 '오늘날의 오디오 장비, 녹화/재생 포맷이 실제 상황을 재현하기에 충분하지 않다'는 것을 지적하고 있으므로 빈칸에는 Unfortunately(안타깝게도)가 적합하다.

어휘

virtual-reality 가상 현실 / on one's way to ~로 가는 도중에
accessible 이용[출입, 접근] 가능한 / affordable (가격이) 알맞은
convincingly 설득력 있게
break apart 실패로 돌아가다, 무너지다; 부서지다
may as well ~하는 편이 낫다 / inadequate 불충분한, 부적절한

15 독해 > Logical Reading > 삽입 | 오답률 34% | 답 ④

| 해석 | 행복한 뇌는 단기간에 집중하는 경향이 있다. 그렇다면, 결국에는 장기 목표들의 성취로 이어질 어떤 단기 목표들을 우리가 성취할 수 있는지를 고려하는 것은 좋은 생각이다. 예를 들어, 만약 당신이 6개월 후 30파운드를 감량하기를 원한다면, 당신은 어떤 단기 목표들을 당신이 거기에 도달하게 해 줄 더 적은 체중을 감량하는 것과 연관 지을 수 있는가? 아마 그것은 당신이 매주 2파운드를 감량하는 당신 자신에게 보상을 해 주는 것만큼 단순한 무언가일 것이다. ④ 동일한 생각이 직장에서 실적을 향상시키는 것

과 같은, 많은 목표들에도 적용될 수 있다. 전체 목표를 더 작고 더 단기적인 부분들로 나눔으로써, 우리는 직업 목표의 엄청남에 압도되는 대신 서서히 증가하는 성취들에 집중할 수 있다.

| 정답해설 | ④ 66% 주어진 문장에서 '동일한 생각이 적용될 수 있다'라고 했으므로 언급된 생각과 유사한 것이 다음에 전개될 것임을 알 수 있다. ④ 이전까지는 몸무게 감량의 예시가 있고, ④ 이후에서는 직업에서의 목표 달성의 예시가 나오므로 주어진 문장은 ④에 위치하는 것이 가장 적절하다.

어휘

apply to ~에 적용하다　　performance 실적, 성과
that being the case 사정이 그렇다면
associate A with B A와 B를 연관 짓다
incremental (서서히) 증가하는　　enormity 엄청남, 막대함
profession 직업, 전문직

16 문법 > 동사 오답률 27% 답 ③

| 정답해설 | ③ 73% 타동사 marry(결혼하다)는 '~와 결혼한 상태'를 표현할 때에는 「be married to + 목적어」를 써야 하며 결혼한 지 20년이 되었다고 했으므로 완료시제를 써야 한다. 따라서 has married는 has been married로 고쳐야 한다.

| 오답해설 | ① 6% 조건의 부사절 접속사 in case (that)가 문맥에 맞게 쓰였고, 「would like + to부정사」 역시 알맞게 사용되었다.

② 14% 동명사 관용표현 「be busy -ing(~하느라 바쁘다)」가 적절하게 사용되었다.

④ 7% to read가 to부정사의 형용사적 용법으로 명사인 a book을 수식하며 to부정사 앞의 for my son은 의미상의 주어로 「for + (대)명사」의 형태로 알맞게 쓰였다.

| 더 알아보기 | 동명사 관용표현

- 「be busy -ing」: ~하느라 바쁘다
- 「cannot help -ing」: ~하지 않을 수 없다
- 「It is no use -ing」: ~해 봐야 소용없다
- 「feel like -ing」: ~하고 싶은 심정이다
- 「be worth -ing」: ~할 가치가 있다

어휘

in case (that) ~인 경우에　　decade 10년

17 독해 > Micro Reading > 내용일치/불일치 오답률 20% 답 ①

| 해석 | 19세기에 가장 존경받는 보건의학 전문가들 모두가 나쁜 공기를 위한 화려한 용어인 "독기"에 의해 질병이 유발된다고 주장했다. 서양의 보건 시스템은 이 가정에 근거했는데, 질병을 예방하려 방의 내부에 독기가 더 많은지 방의 외부에 독기가 더 많은지에 따라 창문을 열어 두거나 닫아 두었다. 귀족들은 나쁜 공기가 있는 주거지에서는 거주하지 않았기 때문에 의사들은 질병을 옮길 수 없다고 믿었다. 그러고 나서, 균이라는 개념이 등장했다. 어느 날, 나쁜 공기가 당신을 아프게 한다고 모두가 믿었다. 그러다가, 거의 하룻밤 만에 질병의 진짜 원인인 미생물과 박테리아라고 불리는 눈에 보이지 않는 것들이 있다고 사람들이 깨닫기 시작했다. 질병에 대한 이 새로운 시각은 의사들이 소독제를 채택하고 과학자들이 백신과 항생제를 발명하면서 의학에 전면적인 변화를 가져왔다. 그러나, 그만큼 중요하게도, 세균에 대한 생각은 일반인들에게 그들 자신의 삶에 영향을 줄 수 있는 힘을 부여했다. 이제, 만약 당신이 건강을 유지하기를 원한다면, 당신은 손을 씻고, 물을 끓이고, 음식을 완전히 익히며, 찰과상을 요오드로 소독할 수 있을 것이다.

① 19세기에, 창문을 여는 것은 독기의 농도와는 무관했다.
② 19세기에, 귀족들은 나쁜 공기가 있는 곳에서 살지 않는다고 믿어졌다.
③ 사람들이 미생물과 박테리아가 질병의 진짜 원인임을 깨달은 후 백신이 발명되었다.
④ 찰과상을 소독하는 것은 사람들이 건강을 유지하는 것을 도울 수 있을 것이다.

| 정답해설 | ① 80% 두 번째 문장에서 방의 내부나 외부 중 어디에 독기가 많은지에 따라 창문을 열어 두거나 닫아 둔다고 했으므로 ①은 본문과 일치하지 않는 내용이다.

어휘

miasma 나쁜 공기[분위기], 독기　　pass along 넘기다, 전달하다
quarter 숙소　　come along 나타나다, 생기다
microbe 미생물　　sweeping 전면적인, 광범위한
antiseptic 소독약　　antibiotic 항생제
momentously 중대하게　　cuts and scrapes 찰과상
iodine 요오드　　irrelevant 무관한

18 독해 > Micro Reading > 내용일치/불일치 오답률 13% 답 ③

| 해석 | 추종자들은 리더십 방정식에서 중요한 부분이지만, 그들의 역할이 항상 인정받아 온 것은 아니다. 사실 오랫동안, "리더십에 대한 흔한 시각은 리더들이 적극적으로 이끌고, 나중에 추종자들이라고 불린 종속된 이들은 수동적이고 고분고분하게 따른다."는 것이었다. 시간이 지남에 따라, 특히 지난 세기에, 사회의 변화는 추종자들에 대한 사람들의 시각을 형성했고, 리더십에 관한 이론들은 리더십 과정에서 추종자들이 하는 능동적이고 중요한 역할을 점차 인정했다. 오늘날에는 추종자들이 하는 중요한 역할을 받아들이는 것이 자연스러워 보인다. 리더십의 한 측면은 이런 점에서 특히 리더십은 그룹 내 모든 구성원들 사이에서 공유되는 사회적 영향 과정이다. 리더십은 특정한 지위 또는 역할에 있는 누군가에 의해 행사되는 영향력에 국한되어 있지 않으며, 추종자들 역시 리더십 과정의 일부이다.

① 상당 기간 동안 리더들은 적극적으로 이끌고, 추종자들은 수동적으로 따른다고 이해되었다.
② 종속된 사람들에 대한 사람들의 시각은 사회의 변화에 의해 영향을 받았다.
③ 추종자들의 중요한 역할은 오늘날 여전히 부인된다.
④ 리더들과 추종자들 둘 다 리더십 과정에 참여한다.

| 정답해설 | ③ 87% 본문 중반부에서 오늘날에는 추종자들이 하는 중요한 역할을 받아들이는 것이 자연스러워 보인다고 했으므로, ③은 본문과 일치하지 않는다.

어휘

follower 추종자　　equation 방정식; 상황, 문제
subordinate 하급자, 종속된 사람　　obediently 고분고분하게
exert 가하다, 행사하다　　for a length of time 상당 기간 동안

오답률 TOP 1

19 독해 > Reading for Writing > 빈칸 구 완성 오답률 66% 답 ①

| 해석 | 엄밀한 의미에서 언어는 그 자체가 2개의 층으로 되어 있다. 단일한 소리는 이따금만 의미가 있다. 대개 다양한 말소리들은, 서로 녹아드는 아이스크림의 다른 색들처럼, 오직 맞물리는 고리로 합쳐질 때만 일관성 있

는 메시지를 전달한다. 새 울음에서도 또한, ① 개별적인 소리는 종종 거의 가치가 없는데, 연속적인 소리가 중요한 것이다. 인간과 새 둘 다에서, 이 전문화된 소리 체계의 조절은 뇌의 한쪽 절반, 보통은 왼쪽 절반에 의해 행하여지며, 그 체계는 살면서 상대적으로 일찍 학습된다. 그리고 많은 인간의 언어들이 방언을 가지는 것처럼 일부 조류들도 마찬가지이다. 즉 캘리포니아에서, 노랑턱멧새는 지역마다 너무 다른 노랫소리를 가지고 있어서 캘리포니아 사람들은 이 참새들의 소리를 들음으로써 그들이 그 주의 어디에 있는지를 아마 구별할 수 있을 것이다.
① 개별적인 소리는 종종 거의 가치가 없다
② 리듬감 있는 소리가 중요하다
③ 방언이 중대한 역할을 한다
④ 어떤 소리 체계도 존재하지 않는다

| 정답해설 | ① 34% 빈칸 앞의 부사 also(또한)를 통해 빈칸에는 앞에 나온 문장과 유사한 내용이 이어짐을 알 수 있다. 앞에서 단일한 소리는 의미가 거의 없으며, 다양한 말소리들이 잘 결합되었을 때 일관성 있는 메시지를 전달한다고 했으므로, 빈칸에는 새들의 울음소리도 개별적인 소리이면 의미가 없다는 내용이 들어가는 것이 적절하다.

어휘
proper (명사 뒤에서) 엄밀한 의미의
double-layered 이중의
coherent 조리 있는, 일관성 있는
sequence 연속적인 것[사건, 행동, 소리 등]
exercise 행사하다, 발휘하다
white-crowned sparrow 노랑턱멧새

오답률 TOP 2

20 독해 > Reading for Writing > 빈칸 구 완성 오답률 64% 답 ②

| 해석 | 노벨상을 수상한 심리학자 Daniel Kahneman은 인간이 이성적인 의사 결정자라는 생각을 뒤집으며, 경제학에 대한 세상의 사고 방식을 바꾸었다. 그 과정에서, 여러 분야를 넘나드는 그의 영향은 의사들이 의학적 결정을 내리고 투자자들이 월 스트리트의 위험성을 평가하는 방식을 바꾸어 왔다. 한 논문에서, Kahneman과 그의 동료들은 중대한 전략적 결정을 내리기 위한 과정의 개요를 설명한다. "평가를 중재하는 규약", 즉 MAP라고 부르는 그들이 제안한 접근법은 단순한 목표를 가지고 있다. 즉 선택이 많은 개별적 요인들에 의해 정보를 제공받을 수 있을 때까지 감에 기반을 둔 의사 결정을 미루는 것이다. "MAP의 중대한 목표들 중 하나는 기본적으로 직감을 ② 미루는 것이다."라고 *The Post*와의 최근 인터뷰에서 Kahneman이 말했다. 조직된 과정은 6~7개의 이전에 선택된 특성들에 근거하여 결정을 분석하는 것을 필요로 하는데, 그것들 각각을 따로 논의하고, 그것들에 상대적 백분위의 점수를 할당하며, 마침내 그 점수들을 전체적 판단을 내리는 데 사용한다.
① 개선하다 ② 미루다
③ 소유하다 ④ 용이하게 하다

| 정답해설 | ② 36% 빈칸 앞 문장에서 선택이 많은 개별적 요인들에 의해 정보를 제공받을 수 있을 때까지 감에 기반을 둔 의사 결정을 미룬다고 했다. 즉, 직감을 미룬다는 것이다.

어휘
upend 뒤집다, 거꾸로 하다
along the way 그 과정에서
discipline-crossing 여러 분야를 넘나드는, 여러 분야를 통합하는
physician (내과) 의사
paper 논문, 신문, 서류
protocol 규약, 의례, 의식
gut-based 감에 기반한
intuition 직감, 직관력
percentile 백분위의
call for ~을 필요로 하다
holistic 전체론의

2018 5월 19일 시행 지방직 9급 (Ⓑ책형)

합격예상 체크

〈지방직 연도별 합격선〉

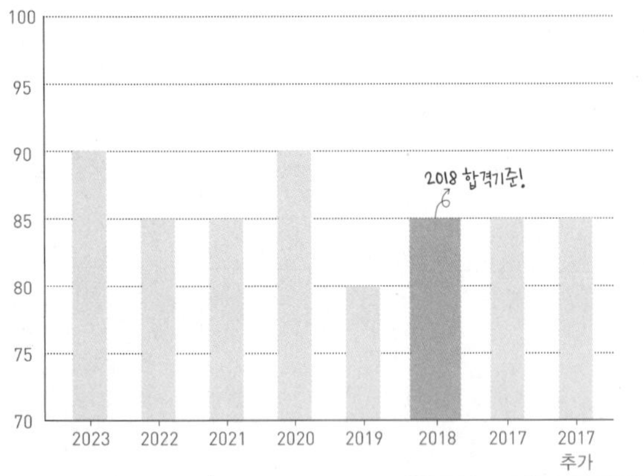

맞힌 개수	/20문항	점수	/100점

➡ □ 합격 □ 불합격

취약영역 체크

문항	정답	영역	문항	정답	영역
1	①	어휘 > 유의어 찾기	11	②	생활영어 > 회화/관용표현
2	②	어휘 > 유의어 찾기	12	①	독해 > Logical Reading > 문맥상 다양한 추론
3	④	문법 > 관계사	13	②	독해 > Logical Reading > 배열
4	④	문법 > 분사	14	①	생활영어 > 회화/관용표현
5	④	어휘 > 유의어 찾기	15	④	독해 > Reading for Writing > 빈칸 구 완성
6	③	어휘 > 빈칸 완성	16	③	독해 > Macro Reading > 제목
7	②	문법 > 가정법	17	①	독해 > Logical Reading > 연결사
8	①	문법 > 부정사	18	①	독해 > Micro Reading > 내용일치/불일치
9	③	독해 > Logical Reading > 삭제	19	④	독해 > Logical Reading > 삽입
10	②	독해 > Macro Reading > 요지	20	①	독해 > Reading for Writing > 빈칸 절 완성

⬇ 영역별 틀린 개수로 취약영역을 확인하세요!

어휘	/4	문법	/4	독해	/10	생활영어	/2

➡ 나의 취약영역: ________

※ [정답해설]과 [오답해설] 선지의 50% 표시는 〈1초 합격예측 서비스〉를 통해 수집된 선지 선택률을 나타냅니다.

1 어휘 > 유의어 찾기 오답률 20% 답 ①

| 해석 | 의사의 가장 중요한 의무는 해를 끼치지 않는 것이다. 다른 모든 것 심지어 치유까지도 그 다음 일이어야 한다.

① 80% 주요한, 최고의
② 8% 선서한, 맹세한
③ 9% 성공적인
④ 3% 이해하기 힘든, 신비한, 비밀스러운

| 정답해설 | ① chief는 '주요한, 최고의'라는 뜻으로 paramount(가장 중요한, 최고의)와 의미가 가장 가깝다.

어휘
physician 의사, 내과 의사

2 어휘 > 유의어 찾기 오답률 20% 답 ②

| 해석 | 사람들이 북극으로 여행을 가는 것에 대해 겁을 먹는 것은 이상하지 않다.

① 7% 야망을 갖게 되다 ② 80% 두려워하다
③ 11% 지치다 ④ 2% 슬퍼지다

| 정답해설 | ② get[have] cold feet은 '무서워하다, 겁을 먹다'의 뜻으로 become afraid와 의미가 가장 가깝다.

| 더 알아보기 | '발'과 관련된 관용표현

- get[have] one's feet wet 새롭게 시작하다
- have one's feet on the ground 합리적이다, 이치에 맞다
- put one's foot in one's mouth 실언하다
- with both feet on the ground 현실적인, 합리적인

어휘
unusual 특이한, 흔치 않은, 드문, 이상한
ambitious 야심 있는, 야망을 가진 exhausted 지친, 기진맥진한
saddened 슬퍼진

3 문법 > 관계사 오답률 26% 답 ④

| 해석 | 저는 Ferrer 부인의 추천서에 대한 당신의 요청에 응하여 이 글을 쓰고 있습니다. 그녀는 지난 3년 간 제 비서로 근무했고, 뛰어난 직원이었습니다. 저는 그녀가 당신의 직무 기술서에 언급된 모든 자격 요건에 부합하며, 실제로 여러 방면에서 그 이상이라고 생각합니다. 저는 그녀의 완전한 진실성을 의심할 이유가 있던 적이 한 번도 없습니다. 그러므로 당신이 게재한 공고에 대해 Ferrer 부인을 추천하고 싶습니다.

| 정답해설 | ④ 74% 관계대명사 what은 선행사를 포함한 관계대명사로 뒤따라오는 문장은 불완전하며 선행사는 제시되지 않아야 한다. 주어진 문장에서 what 이후의 you advertise는 목적어가 없는 불완전한 형태이나 what 이전에 선행사 역할을 하는 post가 있으므로 옳지 않다. 따라서 밑줄 친 what은 목적격 관계대명사 which

또는 that으로 수정해야 한다.

| 오답해설 | ① 4% 「for the past/last + 숫자 + 단위 복수명사」로 나타낸 시간의 부사구는 현재완료 시제와 함께 사용할 수 있다. 해당 문장에서는 '지난 3년 동안'이라는 의미로 for the last three years와 현재완료시제가 함께 쓰였으므로 옳은 표현이다.

② 9% requirements를 후치 수식하는 분사인데, 문맥상 수동의 의미이므로 과거분사가 옳게 사용되었다.

③ 13% to부정사의 형용사적 용법으로 앞의 명사 reason을 수식하고 있다.

어휘

in response to ~에 응하여	reference 추천서, 보증서
requirement 필요 조건	job description 직무 기술서
indeed 정말로, 사실은	integrity 진실성; 고결함

4 문법 > 분사 오답률 30% 답 ④

| 정답해설 | ④ 70% 원래 문장은 Because it was cold outside, I boiled some water to have tea.이다. 부사절을 분사구문으로 바꿀 때 주절의 주어와 부사절의 주어가 같지 않으면 생략할 수 없다. 따라서 해당 문장의 부사절의 비인칭 주어 it은 생략할 수 없으므로 분사구문으로 만들 경우에 Being cold outside는 It being cold outside가 되어야 한다. 이를 독립분사구문이라고 한다.

| 오답해설 | ① 11% information은 불가산명사이므로 이를 단수 취급하여 3인칭 단수동사 was가 쓰였다.

② 10% 「should have p.p.」는 '~했어야 했다'라는 뜻으로 과거의 일에 대한 후회를 나타낸다.

③ 9% 영화가 시작한 것이 우리가 도착하기 이전에 일어난 일이므로 과거완료동사 had already started가 쓰였다. 또한 부사인 already가 had와 과거분사 사이에 위치한 것도 옳다.

오답률 TOP 1

5 어휘 > 유의어 찾기 오답률 64% 답 ④

| 해석 | 최신식 학습법을 두렵게 느끼는 학생은 그 또는 그녀가 예전 방식으로 배웠을 수도 있는 것보다는 덜 배운다.

① 5% 재미있는, 유머러스한 ② 37% 친절한, 친숙한
③ 22% 편리한 ④ 36% 무서운, 겁을 주는

| 정답해설 | ④ 밑줄 친 intimidating은 '두렵게 하는, 겁을 주는'의 뜻으로 frightening(무서운, 겁을 주는)과 의미가 가장 가깝다.

어휘

state-of-the-art 최첨단의, 최신식의
approach (학문 · 문제로의) 접근법, 학습법, 연구법

6 어휘 > 빈칸 완성 오답률 42% 답 ③

| 해석 | 에어컨이 지금 수리되고 있으므로, 사무실 직원들은 오늘 하루 선풍기로 ③ 견뎌야 한다.

① 23% ~을 제거하다, 처리하다
② 13% ~에서 손을 놓다
③ 58% (만족스럽지는 않지만) ~로 견디다, 때우다
④ 6% ~와 결별하다

| 정답해설 | ③ 에어컨이 수리 중이라는 원인에 따른 결과가 나와야 한다. 따라서 '(만족스럽지는 않지만) ~으로 견디다, 때우다'라는 뜻의 make do with를 이용하여 (에어컨 대신) 선풍기로 견뎌야 한다는 의미가 되는 것이 가장 적절하다.

7 문법 > 가정법 오답률 33% 답 ②

| 해석 | ① 지난주에 제가 드린 이메일 주소로 연락해 주세요.
② 물이 없다면, 지구상의 모든 살아 있는 생명들은 멸종될 것이다.
③ 노트북은 사무실 밖에 있는 사람들이 일을 계속해서 할 수 있게끔 한다.
④ 그들이 그들의 실수에 대해 설명하려고 시도할수록, 그들의 이야기는 더 나쁘게 들렸다.

| 정답해설 | ② 67% 현재 사실을 반대로 가정하는 가정법 과거의 「if it were not for ~((현재) ~이 없다면)」 구문에서 if가 생략되면 의문문 어순으로 바뀐다. 즉, 종속절의 동사 were가 주어 앞으로 도치되면서 Were it not for의 형태가 된다. 또한 가정법 과거이므로 주절에는 「would + 동사원형」이 알맞게 쓰였다.

| 오답해설 | ① 9% contact는 타동사이므로 전치사 없이 목적어를 취한다. 따라서 contact to me는 contact me로 바꾸는 것이 옳다. 또한 the email address와 I gave you 사이에는 목적격 관계대명사 which 혹은 that이 생략되어 있다.

③ 15% 「allow + 목적어 + to부정사」는 '목적어가 ~하게끔 허락하다'의 뜻으로 여기서는 목적격 보어로 to continue가 알맞게 쓰였다. 다만 주격 관계대명사 who가 이끄는 절의 동사는 선행사인 people과 수를 일치시켜야 하므로 is가 아닌 are가 되어야 한다.

④ 9% 「The + 비교급 ~, the + 비교급 …」은 '~할수록 더 …하다'라는 뜻이다. 따라서 최상급인 the worst를 비교급인 the worse로 바꾸어야 한다.

| 더 알아보기 | 「the + 비교급, the + 비교급」의 출제 포인트

- 비교급 앞에 반드시 the가 온다.
- 비교급의 형태에 주의한다.
- 비교급이 수식하는 명사, 형용사, 부사와 분리되어서는 안 된다.

8 문법 > 부정사 오답률 37% 답 ①

| 정답해설 | ① 63% see off는 '~을 배웅하다'라는 뜻이다. 목적을 나타내는 to부정사의 용법으로 '배웅하기 위해'의 의미로 옳게 사용되었다.

| 오답해설 | ② 8% make believe (that)은 '~인 체하다'라는 관용적 표현으로 it을 삭제해야 한다.

③ 21% look forward to는 '~하기를 고대하다'라는 뜻으로, 여기서 to는 전치사이다. 따라서 뒤의 go를 동명사 going으로 바꾸어야 한다.

④ 8% interested의 수식 대상인 anything은 감정을 유발[제공]하

는 대상이므로 감정 유발 분사인 -ing 형태의 현재분사가 수식해야 한다. 따라서 interested는 현재분사 interesting(흥미로운, 흥미를 불러일으키는)으로 바꾸는 것이 옳다.

9 독해 > Logical Reading > 삭제 오답률 21% 답 ③

| 해석 | 르네상스 시대의 주방은 공들인 연회를 열기 위해 함께 일을 했던 일꾼들의 명확한 위계질서를 가지고 있었다. 우리가 봐 왔듯이 제일 높은 곳에는, 주방뿐 아니라 식당까지 맡아 관리하는 *scalco*, 즉 관리인이 있었다. 식당은 집사에 의해 감독되었는데, 그는 은식기류와 리넨 제품을 맡아 관리했으며, 연회를 시작하고 끝내는 음식(시작할 때에는 찬 음식, 샐러드, 치즈, 과일, 식사가 끝날 때에는 달달한 디저트와 설탕 절임)을 제공했다. ③ 이러한 공들인 장식과 서빙은 레스토랑에서 "접객 부서"라고 불리는 것이었다. 주방은 보조 주방장, 페이스트리 요리사, 주방 보조자들을 지휘하는 수석 주방장에 의해 감독되었다.

| **정답해설** | ③ 79% 르네상스 시대에 명확했던 주방 및 식당의 위계질서에 관한 글이다. ①에서 주방과 식당을 총괄하는 관리인, ②에서 식당을 관리하는 집사, ④에서 주방을 감독하는 수석 주방장에 대한 설명으로 이어진다. 그러나 ③의 This elaborate decoration and serving(이러한 정교한 장식과 서빙)이 가리키는 것을 앞에서 찾아볼 수 없을 뿐더러, 식당(dining room)과 주방(kitchen)이 아닌 레스토랑(restaurant)에 관한 내용이다. 따라서 글의 흐름상 가장 어색한 문장은 ③이다.

어휘

hierarchy 계급, 계층; 위계질서
elaborate 정교한, 공들인
banquet 연회
steward 관리인, 집사
in charge of ~을 맡아서, 담당해서
butler 집사(대저택의 남자 하인 중 책임자)
silverware 은식기류
confection 당과, 설탕 절임
the front of the house 접객 부서(FOH)

10 독해 > Macro Reading > 요지 오답률 35% 답 ②

| 해석 | 나의 학생들은 만약 그들이 단지 중요한 인물들을 더 많이 만난다면, 그들의 일이 향상될 것이라고 종종 믿는다. 그러나 당신이 이미 그 세계에 가치 있는 어떤 것들을 내어놓지 않는 이상 그러한 사람들과 관계를 맺는 것은 매우 어렵다. 그것은 조언자들과 후원자들의 호기심을 자극하는 것이다. 성과는 당신이 취하는 것만이 아니라, 줄 만한 것을 가지고 있다는 것을 보여 준다. 인생에서, 적임자를 아는 것은 확실히 도움이 된다. 그러나 그들이 당신을 얼마나 열심히 도와주는지, 그들이 당신을 위해 얼마나 큰 위험을 감수하는지는 당신이 제공하는 것에 달려 있다. 막강한 인맥을 구축하는 것은 당신이 인맥 쌓기의 전문가가 되기를 요구하지 않는다. 그것은 단지 당신이 어떤 것의 전문가가 되기를 요구할 뿐이다. 만약 당신이 대단한 연줄을 만든다면, 그것들은 당신을 출세시킬지도 모른다. 만약 당신이 일을 아주 잘하면, 그러한 인맥은 만들기가 더 쉬울 것이다. 당신의 명함이 아닌 당신의 통찰력과 일의 성과가 이야기를 하게 하라.

① 성공적인 커리어를 위해서 후원은 필수적이다.
② 좋은 인맥을 쌓는 것은 당신의 성과로부터 시작된다.
③ 막강한 인맥은 당신의 성공의 전제 조건이다.
④ 당신이 인맥 쌓기의 전문가가 됨에 따라 당신의 통찰력과 일의 성과도 향상된다.

| **정답해설** | ② 65% 중반부의 But 이후에 글의 요지가 나와 있다. 필자는 중요한 사람들과의 인맥을 형성하기 위해서는 그들에게 줄 것, 즉 성과가 있어야 한다고 주장한다. 따라서 글의 요지로 가장 적절한 것은 ②이다.

| **오답해설** | ① 3% 중요한 사람들과 인맥을 쌓는 방법에 대한 이야기이지, '후원(sponsorship)'에 대한 글이 아니다.
③ 11% 인맥을 구축하는 것이 인생에 도움이 된다는 내용은 있으나 그것이 성공의 전제 조건이라는 내용은 찾아볼 수 없다.
④ 21% 본문을 통해 네트워크 전문가가 되는 것과 개인의 통찰력 및 결과와의 관계를 추론해 낼 수 없다.

어휘

remarkably 두드러지게, 현저하게
engage 관계를 맺다; 종사하다, 관여하다
pique (흥미, 호기심 등을) 자극하다
go to bat for ~을 도와주다
stick one's neck out 위험을 자초하다, 무모한 짓을 하다
prerequisite 전제 조건

11 생활영어 > 회화/관용표현 오답률 3% 답 ②

| 해석 | A: 내 컴퓨터가 아무 이유 없이 꺼져 버렸어. 이걸 다시 켤 수도 없어.
B: 충전은 해 봤니? 그냥 배터리가 나간 것일지도 몰라.
A: 물론이지, 충전해 봤어.
B: ② 그럼 가장 가까운 서비스 센터에 가 봐.
A: 그래야 하긴 하는데, 내가 아주 게을러.
① 나는 네 컴퓨터를 어떻게 고치는지 몰라.
② 그럼 가장 가까운 서비스 센터에 가 봐
③ 음, 네 문제는 그만 생각하고 가서 잠을 자.
④ 내 동생이 컴퓨터 기사이니까, 네 컴퓨터를 고쳐 볼 거야.

| **정답해설** | ② 97% A의 컴퓨터가 고장 난 상황이다. B의 빈칸 이후에 A가 '그래야 하긴 하는데, 내가 아주 게을러.'라고 한 것으로 미루어 보아, B는 A에게 컴퓨터를 고치기 위해 B가 직접 해야 할 일을 조언했을 것임을 짐작할 수 있다. 그러므로 가장 적절한 것은 ②이다.

| **오답해설** | ③ 1% 가서 잠을 자라는 말에 A가 그래야 하긴 하는데, 내가 아주 게으르다고 대답하는 것은 어색하다.

12 독해 > Logical Reading > 문맥상 다양한 추론 오답률 2% 답 ①

| 해석 | 내 얼굴은 백지장처럼 하얘졌다. 나는 내 손목시계를 보았다. 시험은 지금이면 거의 끝났을 것이다. 나는 완전한 패닉 상태에서 시험장에 도착했다. 나는 자초지종을 설명하려고 시도했지만, 나의 문장과 설명하려는 몸짓은 너무 혼란스러워서 인간 토네이도의 아주 확실한 버전에 불과했다. 나의 산만한 설명을 관두게 하려는 시도로, 그 시험 감독관은 나를 빈자리로 데려가 시험 책자를 내 앞에 놓았다. 그는 의문스러운 듯이 나와 시계를 보다가 가 버렸다. 나는 필사적으로 잃어버린 시간을 보충하려고 노력했고, 미친 듯이 비유와 문장 완성 문제들을 간신히 풀었다. "15분 남았습니다." 운명의 목소리가 교실 앞에서 공표되었다. 대수 방정식, 산술 계산, 기하학 도형들이 내 눈 앞을 헤엄쳐 갔다. "그만! 연필을 내려놓으세요."
① 긴장하고 걱정되는 ② 흥분되고 기운찬
③ 차분하고 확고한 ④ 안전하고 느긋한

| 정답해설 | ① 98% 시험장에 늦어 당황한 상태로 허둥지둥 시험에 임하고 있는 화자의 상황을 묘사하고 있다. 따라서 ①이 화자의 심경으로 가장 적절하다. 본문의 in an absolute panic, got so confused, desperately 등을 통해서도 심경을 유추할 수 있다.

| 더 알아보기 | 심경을 나타내는 단어

- ashamed 부끄러운, 창피한
- embarrassed 당황한
- depressed 우울한, 낙담한
- frustrated 좌절한
- pleased 기쁜
- humorous 재미있는, 익살스러운
- sympathetic 공감하는, 동정적인

어휘

white as a sheet 창백한, 핏기가 없는
panic 공황, 극심한 공포
descriptive 묘사하는
nothing more than ~에 불과한, ~에 지나지 않는
convincing 설득력 있는, 확실한
tornado 회오리바람, 토네이도
in an effort to V ~해 보려는 노력으로
curb 억제하다, 제한하다
distracting 마음을 산란케 하는
proctor 시험 감독관
desperately 필사적으로
make up for ~을 보상하다, 만회하다
scramble through ~을 허둥지둥하다, 간신히 끝내다
analogy 비유; 유사점; 유추
doom 죽음, 파멸, 비운
algebraic 대수의, 대수적인
arithmetic 산수, 연산
geometric 기하학의, 기하학적인

오답률 TOP3

13 독해 > Logical Reading > 배열 오답률 51% 답 ②

| 해석 | 당신의 건강을 감시하고 추적하는 장치들은 모든 연령의 사람들 사이에서 점점 더 인기를 얻고 있다.

(B) 그러나, 자신의 집에서 나이 들어가는 고령자들에게 특히 집에 돌보미가 없는 이들에게 이러한 기술들은 생명을 구할 수도 있다.

(A) 예를 들어, 낙상은 65세 이상 성인들의 주요 사망 원인이다. 낙상 경보는 수년간 존재해 왔던 대중적인 양로 기술이지만 이제는 개선되었다.

(C) 이 단순한 기술은 노인이 낙상하는 바로 그 순간 자동적으로 911 혹은 가까운 가족에게 경보를 울릴 수 있다.

| 정답해설 | ② 49% 주어진 문장은 건강을 감시, 추적하는 장치들이 전 연령에서 인기가 있다는 내용인데, 이 뒤에는 However로 시작하며 이 기술이 특히 노인들에게 효과적이라는 내용인 (B)가 이어지는 것이 알맞다. (A)의 낙상 경보는 (B)의 예이므로 그 뒤에 오는데, 마지막에 낙상 경보 기술이 개선되었다고 말하고 있고 개선된 내용이 (C)에서 설명되므로 (C)는 (A) 뒤에 온다.

어휘

alert 경계 태세, 경계경보
senior 연장자, 고령자
caretaker 경비원, 관리인; 돌보미
lifesaving 생명을 구하는

14 생활영어 > 회화/관용표현 오답률 8% 답 ①

| 해석 | A: 당신은 우리 신혼여행을 어디로 가고 싶어요?
B: 우리 둘 다 가 본 적 없는 곳으로 가요.
A: 그렇다면 하와이는 어때요?
B: ① 그곳에 항상 가 보고 싶었어요.

① 그곳에 항상 가 보고 싶었어요.
② 한국은 살기 좋은 곳이 아닌가요?
③ 좋아요! 그곳에서의 제 마지막 여행은 엄청났어요!
④ 오, 당신은 이미 하와이에 다녀왔음이 틀림없군요.

| 정답해설 | ① 92% B는 신혼여행지를 둘 다 안 가 본 곳으로 가자고 했고 A가 하와이를 제안하고 있다. 이 제안에 대한 대답은 수락 또는 거절을 하는 표현이 가장 적절하다.

15 독해 > Reading for Writing > 빈칸 구 완성 오답률 23% 답 ④

| 해석 | 성공하는 사람들의 비결은 보통 그들이 한 가지 일에 온전히 집중할 수 있다는 것이다. 그들의 머릿속에 많은 것들이 들어 있을지라도, 그들은 그 많은 책무들이 서로를 방해하지 않고, 대신 좋은 내적 순서를 배당받는 방법을 찾아낸다. 그리고 이러한 순서는 꽤 단순하다. ④ 가장 중요한 일을 첫 번째로 하는 것이다. 이론상, 그것은 아주 명확해 보이지만 일상에서는 다소 달라 보인다. 당신은 아마 우선순위로 정하려고 노력했을지도 모르지만, 일상의 사소한 일들과 모든 예측 불가능한 방해물들로 인해 실패해 왔다. 예를 들어, 다른 사무실로 피해 들어가, 어떤 방해물들도 끼어들지 못하게 하여 어떠한 방해 요소도 방해가 되게 두지 마라. 당신이 우선순위의 한 가지 업무에 집중할 때, 당신은 심지어 당신이 가지고 있는지 알지도 못했던 에너지를 당신이 가지고 있다는 것을 알게 될 것이다.

① 더 빠를수록 낫다
② 늦더라도 하는 것이 안 하는 것보다 낫다
③ 눈에서 멀어지면, 마음에서도 멀어진다
④ 가장 중요한 일을 첫 번째로 하라

| 정답해설 | ④ 77% 성공한 사람들을 예로 들며 한 가지 일에 몰두하는 방법으로 우선순위를 정해 일을 하라고 조언하고 있다. 빈칸은 콜론(:) 앞의 And this order is quite simple을 부연 설명하는 내용, 즉 일의 순서와 관련된 내용이어야 하므로 ④가 알맞다.

어휘

commitment 전념, 헌신; 책무
impede 지연시키다, 방해하다
priority 우선순위
trivial 사소한, 하찮은
unforeseen 예측하지 못한, 뜻밖의
distraction 집중을 방해하는 것, 주의 산만
get in the way 방해되다

16 독해 > Macro Reading > 제목 오답률 19% 답 ③

| 해석 | 그 과학자의 도움으로, 상업적인 어업은 그것이 계속되어야 한다면 어업이 과학적으로 행해져야 함을 깨달았다. 물고기 개체 수에 대한 어떠한 어업 압력이 없다면, 물고기의 수는 예상 가능한 풍부한 수준에 도달하여 유지될 것이다. 유일한 변동성은 먹이의 이용 가능성, 적절한 온도, 그 비슷한 것과 같은 자연 환경적인 요소들에 기인할 것이다. 만약 어장이 이러한 물고기들을 잡도록 발달된다면, 그것들의 개체 수는 어획량이 적을 경우 유지될 수 있다. 북해의 고등어가 좋은 예이다. 만약 우리가 어장을 늘려 매년 더 많은 물고기를 잡아들인다면, 우리는 우리가 매년 잡는 물고기 전체를 대체할 수 있는 이상적인 지점 아래로 개체 수를 감소시키지 않도록 주의해야만 한다. 우리가 최대 유지 생산량이라고 불리는 이 수준으로 포획한다면, 우리는 매년 가능한 최대 생산량을 유지할 수 있다. 만약 우리가 너무 많이 포획한다면, 물고기의 수는 매년 줄어 어업을 할 수 없을 수준이 될 것이다. 과도하게 남획된 동물의 예로는 남극의 대왕고래와 북대서양의 넙치

가 있다. 최대 연간 생산량을 유지하기 위해 딱 맞는 양만 포획하는 것은 과학이자 기술이다. 우리가 물고기 개체 수를 더 잘 이해하고 어떻게 개체 수의 고갈 없이 최대한으로 그것을 이용할지를 돕기 위해 연구는 계속해서 진행되고 있다.

① 상업적인 어업에 반대하라
② 어업으로 간주되는 바다 양식업
③ 왜 어업에 과학이 필요한가?
④ 남획된 동물들: 불법 어업의 사례들

| 정답해설 | ③ 81% 첫 문장에서 어업을 지속하기 위해서 과학의 도움이 필요하다고 했고, 이후 어업이 과학의 도움을 받아야 하는 이유가 나온다. 즉, 포획하는 물고기의 개체 수를 꼭 알맞게 유지해야 물고기 개체 수 고갈 없이 어업을 지속해 나갈 수 있으며, 이를 돕는 연구가 계속 진행되고 있다고 하였으므로 글의 제목으로 ③이 가장 적절하다.

어휘

predictable 예측할 수 있는　abundance 풍부
fluctuation 변동, 오르내림, 파동　fishery 어장
mackerel 고등어　sustainable 지속 가능한
yield 산출량, 생산량　severely 심각하게
overfish 물고기를 남획하다, 다 잡아 버리다
Antarctic 남극의; 남극 지방　halibut 큰 넙치
deplete 고갈시키다, 대폭 감소시키다

17 독해 > Logical Reading > 연결사 오답률 43% 답 ①

| 해석 | 테러리즘은 과연 효과가 있을까? 9/11 테러는 알카에다에게 막대한 전술적 성공이었는데, 부분적으로 그것은 전 세계 언론의 중심지이자 미국의 실질적인 수도에서 일어난 공격을 포함했고, (A) 그렇게 함으로써 그 사건의 가능한 가장 폭넓은 보도 범위를 확보했기 때문이다. 만약에 테러리즘이 당신이 많은 사람들이 보길 바라는 연극의 형태라면, 인류 역사에서 9/11 공격보다 더 많은 전 세계의 청중이 시청한 사건은 없었다. 당시에, 9/11 테러가 진주만 공격과 어떻게 유사했는지에 대한 논의가 많았다. 그것들은 둘 다 미국을 큰 전쟁으로 끌어들인 습격이라는 점에서 정말로 비슷했다. 그러나 그 둘은 다른 의미로 또한 유사했다. 진주만은 제국주의 일본의 크나큰 전술적인 성공이었지만, 더 큰 전략적인 실패를 이끌었다. 진주만 공격 이후 4년 안에 일본 제국은 폐허가 되었고, 완전히 패배했다. (B) 유사하게, 9/11 공격은 알카에다에게는 크나큰 전술적 성공이었지만, 오사마 빈 라덴에게는 크나큰 전략적 실패로 드러나기도 했다.

	(A)	(B)
①	그렇게 함으로써	유사하게
②	반면에	그러므로
③	반면에	운이 좋게도
④	그렇게 함으로써	대조적으로

| 정답해설 | ① 57% (A) 빈칸 이전의 '9/11 테러는 전 세계 언론의 중심지에서 일어난 공격을 포함했다'는 사실과 빈칸 이후의 '9/11 사건의 가능한 가장 폭넓은 보도 범위를 확보했다'는 사실은 서로 인과 관계에 있다. 따라서 thereby(그렇게 함으로써, 그로 인해)가 적절하다.

(B) 진주만 공격과 9/11 공격이 또 다른 의미에서 유사하다고 했고, 빈칸 앞뒤로 각각 진주만 공격과 9/11 공격이 어떻게 유사한지를 비교하고 있으므로 빈칸에 가장 알맞은 것은 Similarly(유사하게)이다.

어휘

enormous 막대한, 거대한　tactical 작전의, 전술의
take place (일이) 발생하다, 일어나다
coverage 보도, 범위　imperial 제국의
strategic 전략적인　utterly 완전히, 전적으로
defeat 패배시키다, 이기다

18 독해 > Micro Reading > 내용일치/불일치 오답률 23% 답 ①

| 해석 | 중국 과학자들이 잠재적으로 치명적인 혈액 질환을 단지 그 아기에게서뿐만 아니라 이후 모든 후손으로부터 제거하기 위해 인간 배아를 변형하였을 때 우리는 인종으로서 새로운 국면에 진입했다. 연구자들은 이 과정을 "생식 계열 변형"이라고 일컫는다. 언론은 "designer babies"라는 어구를 좋아한다. 그러나 우리는 그것 그대로, "우생학"이라고 불러야 한다. 그리고 우리 인류는 우리가 그것을 사용하기 원하는지 아닌지를 결정할 필요가 있다. 지난달 미국에서, 과학 기관이 관여했다. 국립과학학회와 국립의학학회의 연합 위원회는 "합리적인 대안"이 없을 때, 심각한 질병을 유발하는 유전자를 겨냥한 배아 수정을 지지했다. 그러나 그 위원회는 이미 건강한 아이들을 더 강하고 더 키가 크게 만드는 것과 같은 "강화"를 위한 수정에 대해서는 더욱 경계했다. 그것은 공개 토론을 권했고, 의사들이 "현 시점에 진행해서는 안 된다"고 말했다. 위원회가 경계를 촉구하는 것에는 그럴만한 이유가 있다. 우생학의 역사는 억압과 고통으로 가득하다.

① 의사들은 강화를 위한 배아 수정을 즉시 진행하도록 권고받았다.
② 최근에, 미국 내 과학 기관은 우생학 토론에 참여했다.
③ 중국 과학자들은 심각한 혈액 질환을 방지하기 위해 인간 배아를 수정했다.
④ "Designer babies"는 생식 계열 변형 과정에 대한 또 다른 용어이다.

| 정답해설 | ① 77% 후반부의 It recommended a public discussion, and said that doctors should "not proceed at this time."에서 미국의 국립의학학회가 참여한 연합 위원회는 강화를 위한 수정을 더욱 경계했고 의사들이 현 시점에서 배아 수정을 진행해서는 안 된다고 말했으므로 의사들이 강화를 위한 배아 수정을 즉시 진행하도록 권고받았다는 ①은 일치하지 않는다.

| 오답해설 | ② 5% Last month, in the United States, the scientific establishment weighed in.에서 미국 과학 기관이 관여했다고 하고 있으므로 본문 내용과 일치한다.

③ 11% 첫 번째 문장에서 언급된 내용이다.

④ 7% germline modification과 designer babies 그리고 engenics는 모두 같은 현상을 지칭하는 용어들로 소개되었다.

어휘

phase 국면, 양상　species (생물)종
alter 바꾸다, 고치다　embryo 배아
descendant 자손, 후손　germline 생식 계열
modification 수정, 변경　human race 인류
weigh in (논의, 언쟁, 활동 등에) 끼어들다, 관여하다
endorse 지지하다, 보증하다, 홍보하다
alternative 대안, 대체 수단　proceed 진행하다, 계속하다

19 독해 > Logical Reading > 삽입 오답률 13% 답 ④

| 해석 | 고대 올림픽은 마치 현대의 경기들과 같이 선수들에게 그들의 건강과 우월함을 증명할 기회를 제공했다. 고대 올림픽 경기들은 약자를 제거하고 강자를 찬양하기 위해 고안되었다. 우승자들은 벼랑 끝까지 내몰렸다.

현대와 마찬가지로, 사람들은 극한 스포츠를 좋아했다. 인기 있는 경기들 중 하나는 33번째 올림피아드에서 추가되었다. 이것은 판크라티온, 즉 레슬링과 복싱이 극단적으로 섞인 것이었다. 그리스어 pakration은 "완전한 힘"을 뜻한다. 남자들은 금속 장신구가 박힌 가죽 끈을 착용했고, 그것은 상대방에게 끔찍한 상황을 만들어낼 수 있었다. 이러한 위험한 형식의 레슬링은 시간이나 무게 제한이 없었다. 이 경기에서는 오로지 두 가지 규칙만이 적용되었다. 첫 번째로, 레슬러들은 그들의 엄지 손가락으로 눈을 찌르는 것이 허용되지 않았다. 두 번째, 그들은 깨물 수 없었다. 이외의 것은 무엇이라도 공정한 경기로 여겨졌다. 경기는 복싱 경기와 같은 방식으로 판정되었다. 경쟁자들은 둘 중 하나가 쓰러질 때까지 경기를 계속했다. ④ 둘 중 아무도 항복하지 않으면, 둘은 하나가 쓰러질 때까지 주먹을 주고받았다. 오로지 가장 강한 자와 가장 결단력 있는 선수들만이 이 경기에 도전했다. 상대방의 손가락을 부러뜨려 별명을 얻은 "Mr. Fingertips"와 레슬링하는 것을 상상해 보라!

| 정답해설 | ④ 87% 강자와 약자를 가려내기 위한 고대 경기 중 극단적인 경기인 판크라티온에 대한 글이다. 주어진 문장은 게임의 규칙을 기술하며 neither과 the two를 제시하고 있으므로, 그 '둘'이 제시된 문장 뒤에 위치해야 한다. ④ 이전의 문장에서 Contenders continued until one of the two collapsed.로 경기를 하는 두 사람의 경기 방식이 처음 언급된다. 따라서 주어진 문장은 ④에 위치하는 것이 알맞다.

어휘

surrender 항복하다, 투항하다, 굴복하다
knock out 나가 떨어지게 하다 glorify 찬양하다
brink (벼랑, 강가 등의) 끝 strap 끈, 고정끈
stud 장식 못, 장식용 금속 단추 opponent 상대, 반대자
gouge 찌르다 contender 도전자, 경쟁자
collapse 쓰러지다, 붕괴되다, 무너지다

오답률 TOP 2

20 독해 > Reading for Writing > 빈칸 절 완성 오답률 58% 답 ①

| 해석 | 우리 시대에는 인간에 대한 고유의 삶과 규칙을 가지는 것은 단지 시장의 법칙일 뿐만 아니라, 과학과 기술의 발전이기도 하다. 많은 이유로, 오늘날 과학의 문제점들과 구조는 과학자가 그의 문제들을 선택하지 않고 문제들이 과학자에게 문제를 받아들이도록 강요하는 그런 것이다. 그는 하나의 문제를 풀고, 그 결과는 그가 더 안심하거나 확신하는 것이 아니라, 다른 열 가지의 새로운 문제들이 해결된 하나의 문제가 있던 자리에 모습을 드러내는 것이다. 그것들은 그에게 해결하라고 강요한다. 그는 전에 없이 빨라지는 속도로 진행해야만 한다. 산업 기술에서도 동일하다. 과학의 속도는 기술의 속도를 강요한다. 이론 물리학은 원자 에너지를 우리에게 강요한다. 핵 폭탄의 성공적인 생산은 우리에게 수소 폭탄의 제조를 강요한다. 우리는 우리의 문제를 선택하지 않는다, 우리는 우리의 제품을 선택하지 않는다. 우리는 떠밀리고 우리는 강요당하는 것이다. 무엇에 의해서? 그것을 초월하는 목적과 목표가 없는, 그리고 ① 인간을 그것의 부속물로 만들어 버리는 시스템에 의해서이다.

① 인간을 그것의 부속물로 만들어 버리다
② 보안에 대한 잘못된 인식을 창출하다
③ 인간을 창의적인 도전들로 고무시키다
④ 시장의 법칙들을 통제하도록 과학자들에게 권한을 부여하다

| 정답해설 | ① 42% 오늘날 과학의 문제점은 인간이 문제들을 선택하는 것이 아니라, 문제들이 인간에게 문제를 해결하라고 강요하는 현상이라는 것이 이 글의 내용이다. 즉, 인간이 주체가 아니라 떠밀리고 강요받는 '부록, 부속물(appendix)'과도 같은 처지가 됨을 알 수 있다. 따라서 빈칸에는 ①이 가장 적절하다.

어휘

a number of 다수의, 얼마간의 force ~을 강요하다, ~하게 만들다
secure 안심하는, 안전한, 확실한
ever-quickening 전에 없이 빨라지는, 계속해서 빨라지는
theoretical 이론적인 physics 물리학
atomic 원자의 fission 핵 분열, (세포의) 분열
hydrogen 수소 transcend 초월하다
appendix 부록, 부속물 inspire 고무시키다, 영감을 주다
empower 권한을 부여하다

2017 6월 17일 시행 지방직 9급 (Ⓑ책형)

합격예상 체크

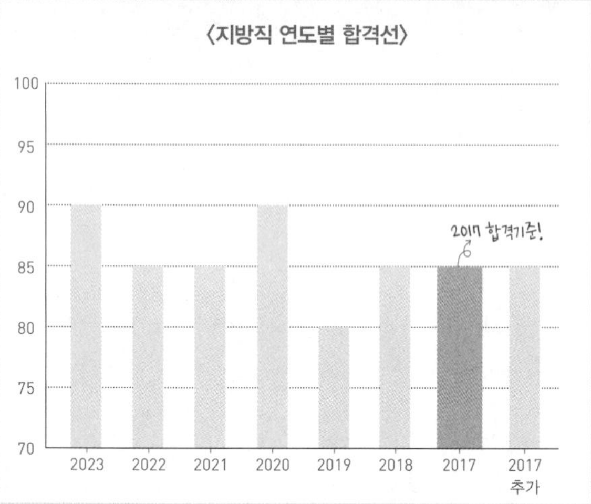

맞힌 개수	/20문항	점수	/100점

➡ □합격 □불합격

취약영역 체크

문항	정답	영역	문항	정답	영역
1	②	생활영어 > 회화/관용표현	11	③	독해 > Logical Reading > 삽입
2	③	생활영어 > 회화/관용표현	12	②	독해 > Macro Reading > 제목
3	①	어휘 > 유의어 찾기	13	④	문법 > 비교
4	④	어휘 > 유의어 찾기	14	③	문법 > 관사
5	④	어휘 > 유의어 찾기	15	①	어휘 > 빈칸 완성
6	②	문법 > 동사, 관계사	16	③	독해 > Reading for Writing > 빈칸 구 완성
7	④	문법 > 강조와 도치	17	④	독해 > Logical Reading > 배열
8	①	독해 > Micro Reading > 내용 일치/불일치	18	④	독해 > Macro Reading > 요지
9	③	독해 > Logical Reading > 삭제	19	③	독해 > Reading for Writing > 빈칸 절 완성
10	④	독해 > Micro Reading > 내용 일치/불일치	20	②	독해 > Reading for Writing > 빈칸 절 완성

⬇ 영역별 틀린 개수로 취약영역을 확인하세요!

어휘	/4	문법	/4	독해	/10	생활영어	/2

➡ 나의 취약영역: ____________

※ [정답해설]과 [오답해설] 선지의 50% 표시는 〈1초 합격예측 서비스〉를 통해 수집된 선지 선택률을 나타냅니다.

1 생활영어 > 회화/관용표현 오답률 19% 답 ②

| 해석 | A: 나 방금 옛 고등학교 친구들 중 한 명에게 편지를 받았어.
B: 잘됐다!
A: 그게, 사실 그에게서 소식을 들은 건 꽤 오랜만이야.
B: 솔직히 말하면, 나는 옛 친구들과 대부분 연락이 끊긴걸.
A: 나도 알지. 모두들 여기저기로 이사를 다니는 와중에 연락을 유지하기는 참 어려운 일이야.
B: 네 말이 맞아. ② 사람들은 멀어지기 마련이야. 그렇지만 너는 네 친구와 연락이 다시 닿아서 참 다행이야.
① 낮이 점점 길어지고 있어
② 사람들은 멀어지기 마련이야
③ 그 말은 내가 여태 들어본 말 중에 가장 웃겨
④ 나는 그의 이름을 듣기만 하면 화가 치밀어 오르기 시작해

| 정답해설 | ② 81% 밑줄 친 부분 앞에 나온 대화에서 A가 옛 친구들과 연락을 유지하기는 참 어렵다고 말하자 B가 이에 동의했다. 그러므로 '사람들은 멀어지기 마련이야.'라고 말하는 ②가 문맥상 가장 적절하다.

| 오답해설 | ① 15% 대화의 내용과 상관이 없으므로 적절하지 않다.
③ 1% B가 A의 말이 웃기다고 생각했다면, 앞서 You're right.이라고 하며 A의 말에 수긍하지 않았을 것이다.
④ 3% B는 그(A의 친구)와 아는 사이가 아니다.

어휘
out of touch with ~와 접촉[연락]하지 않는
drift apart 사이가 멀어지다
fume (화가 나서) 씩씩대다

2 생활영어 > 회화/관용표현 오답률 7% 답 ③

| 해석 | A: 넌 Ted에게 생일 선물로 무엇을 사 줄 거니? 나는 그에게 두 개의 야구 모자를 사 주려고 해.
B: 나는 적당한 선물을 생각해 내려고 ③ 머리를 쥐어짜고 있어. 그가 무엇이 필요한지 전혀 모르겠어.
A: 그에게 앨범을 사 주는 건 어때? 그는 사진이 많거든.
B: 완벽하다! 내가 왜 그 생각을 못했을까? 제안해 줘서 고마워!
① 그에게 연락을 받고 있는
② 하루 종일 자고 있는
③ 머리를 쥐어짜고 있는
④ 사진 앨범을 수집하고 있는

| 정답해설 | ③ 93% B는 빈칸 다음에서 Ted가 무엇이 필요한지 모른다고 했으므로, 생일 선물을 생각해 내기 위해 고민하며 머리를 쥐어짠다고 말하는 것이 가장 적절하다.

어휘
have an inkling of ~을 짐작하다, 알아차리다
rack one's brain(s) 머리를 짜내다, 깊이 생각하다

3 어휘 > 유의어 찾기 오답률 50% 답 ①

| 해석 | 가장 최신 법률들 중 일부는 사람들이 필요할 때 그들 대신 의료 결정을 할 수 있는 대리인을 지정하는 것을 허가한다.
① 50% 대리인
② 9% 보조[감시]병
③ 29% 전임자
④ 12% 약탈자

| 정답해설 | ① surrogate는 '대리인'이라는 의미이며, proxy와 동일한 의미를 가진다.

4 어휘 > 유의어 찾기 오답률 27% 답 ④

| 해석 | A: 그는 그가 무엇이든 이룰 수 있다고 생각해.
B: 맞아, 그는 현실적일 필요가 있어.
① 9% 그 자신만의 세계에서 살다
② 5% 긴장을 풀고 마음껏 즐기다
③ 13% 용감하고 자신 있다
④ 73% 삶에 대해 분별 있고 현실적이다

| 정답해설 | ④ keep one's feet on the ground는 '~가 현실적이다, 들떠 있지 않다'라는 의미로, ④와 의미가 가장 유사하다.

| 더 알아보기 | '현실적인'을 뜻하는 표현

- down-to-earth 현실적인
- keep one's feet on the ground 현실적이다

오답률 TOP 2

5 어휘 > 유의어 찾기 오답률 52% 답 ④

| 해석 | 그녀는 루브르 박물관에 있는 모나리자를 관람하러 가야 할지 결정을 못하고 있어.
① 6% 번민의, 고뇌에 찬 ② 37% 열광적인
③ 9% 불안한 ④ 48% 결정하지 못한

| 정답해설 | ④ on the fence는 '결정하지 못하여, 애매한 태도를 취하여'의 뜻으로, undecided와 의미가 가장 가깝다.

6 문법 > 동사, 관계사 오답률 38% 답 ②

| 해석 | ① 당신은 단지 야채를 많이 먹는 것이 당신을 완벽히 건강하게 유지시켜 줄 것이라고 생각할지도 모른다.
② 학문적 지식이 항상 당신이 올바른 결정을 내리도록 이끌지는 않는다.
③ 다칠지 모른다는 두려움은 그가 무모한 행동에 관여하는 것을 막지 못했다.
④ Julie의 담당의는 그녀에게 너무 많은 가공식품을 섭취하는 것을 중단하라고 말했다.

| 정답해설 | ② 62% lead를 that 이하의 관계대명사절의 동사로 본다면 그에 맞는 선행사를 찾을 수 없기 때문에 leads는 주절의 동사임을 알 수 있다. leads는 일반동사이므로 부정문을 사용할 때 be동사가 아닌 do동사를 사용해야 한다. 올바르게 고친 문장은 Academic knowledge doesn't always lead you to make right decisions.이다. 또한 is의 보어의 역할을 하는 명사가 없고 leads의 주어도 없으므로 선행사를 포함한 관계대명사로 바꿔 what leads you to make ~로 수정할 수도 있다.

| 오답해설 | ① 14% 해당 문장에서 주절인 you might think는 목적절로 that 이하를 갖는다. 목적절의 동사는 keep으로, keep은 불완전타동사로 쓰일 때 「keep+목적어+목적격 보어」의 형태로 쓰인다. keep의 목적격 보어로 쓰인 healthy를 부사인 perfectly가 수식하고 있으므로 옳게 사용되었다.
③ 9% 「prevent A from B」는 'A가 B하는 것을 막다[방지하다]'라는 뜻으로 B에는 명사나 동명사가 와야 한다.
④ 15% stop은 목적어로 오직 동명사만을 갖는다. 참고로 「stop + to부정사」의 to부정사는 목적어가 아니라, to부정사의 부사적 용법 중에 목적에 해당되는 것으로 '~하기 위해서'라는 의미로 해석된다. 즉, 「stop -ing」는 '~하는 것을 멈추다'라는 의미이고 「stop + to부정사」는 '~하기 위해 멈추다'라는 의미이다.

| 더 알아보기 | 목적어의 형태(동명사/to부정사)에 따른 동사의 의미 차이

(1) 「stop + to부정사」: ~하기 위해 멈추다(「자동사 + to부정사」의 부사적 용법)
「stop -ing」: ~하는 것을 그만두다(목적어 역할을 하는 동명사)
- The whale stops to breathe. 그 고래는 숨쉬기 위해서 멈춘다.
  → '숨쉬기 위해서'라는 의미로 '목적어'가 아닌 to부정사의 '목적'의 역할만 함
- The whale stops breathing. 그 고래는 숨쉬는 것을 멈춘다.
  → 동명사는 목적어 역할을 함
- I stopped to smoke. 나는 담배를 피우려고 멈췄다.
  → '담배를 피우기 위해서'라는 의미로 '목적어'가 아닌 to부정사의 '목적'의 역할만 함
- I stopped smoking. 나는 담배를 끊었다.
  → 목적어의 역할을 하는 동명사

(2) 「remember, forget, recall, regret -ing」: (과거) ~했던 것을 …하다
「remember, forget, recall, regret + to부정사」: (미래) ~해야 할 것을 …하다
- I remember seeing him last night. 나는 어젯밤에 그를 본 것을 기억한다.
- I remember to see him tomorrow. 나는 내일 그를 볼 것을 기억한다.

(3) 「mean + to부정사」: ~하는 것을 의도하다
「mean -ing」: ~하는 것을 의미하다
- He didn't mean to bother you. 그는 당신을 괴롭히려던 것이 아니었다.
- My new job will mean hiring employees. 내 새로운 일은 직원들을 고용하는 것을 의미할 것이다.

(4) 「try + to부정사」: ~하려고 노력하다
「try -ing」: 시험 삼아 ~하다
- He tried to move the piano. 그는 피아노를 움직이기 위해서 애썼다.
- He tried moving the piano. 그는 시험 삼아 피아노를 움직여 봤다.

어휘

engage in ~에 참여[관여]하다 reckless 무모한, 경솔한

7 문법 > 강조와 도치 오답률 46% 답 ④

| 해석 | ① 바다에는 아직 발견되지 않은 많은 생명체들이 있다.
② 지구에서 망원경 없이 관찰되기에 토성의 고리는 너무 멀리 있다.
③ Aswan High 댐은 주변 국가들의 기근으로부터 이집트를 보호해 오고 있다.
④ 이번 시리즈에는 다른 유명한 동화 중 하나인 "The Enchanted Horse"가 포함되어 있다.

| 정답해설 | ④ 54% 본래 문장은 "The Enchanted Horse," among other famous children's stories, is included in this series.이다. 보어인 included가 문장 맨 앞에 나와 주어와 동사가 도치되었다.

| 오답해설 | ① 12% that절의 선행사는 life가 아니라 forms이기 때문에 복수동사 have가 와야 한다. 올바르게 고친 문장은 The oceans contain many forms of life that have not yet been discovered.이다.

② 19% 문맥상 '…하기에 너무 ~한'이라는 의미의 「too ~ to」 구문이 쓰이는 것이 옳다. 올바르게 고친 문장은 The rings of Saturn are too distant to be seen from Earth without a telescope.이다.

③ 15% 댐이 이집트를 '보호한' 것이기 때문에 능동태 동사를 사용해야 하므로 has been protected가 아니라 has protected가 되어야 한다.

어휘

famine 기근, 기아 enchanted 마법에 걸린

8 독해 > Micro Reading > 내용일치/불일치 오답률 36% 답 ①

| 해석 | 농작물 재배를 위해 사용되는 농지의 토양은 토양이 형성되는 속도의 10~40배의 속도로, 그리고 삼림지에서는 500배~10,000배의 토양 침식 속도로 물과 풍식에 의해 휩쓸려 운반된다. 그러한 토양의 침식 속도는 토양의 형성 속도보다 훨씬 높기 때문에 그것은 흙의 순손실을 의미한다. 예를 들어, 미국에서 농작물 생산성이 가장 높은 주 중 하나인 아이오와의 표층 토양의 약 절반 가량이 지난 150년간 침식되어 왔다. 내가 아이오와에 가장 최근에 방문했을 때, 초청자들은 내게 그러한 토양 손실을 극적으로 볼 수 있는 예를 제공하는 교회 부지를 보여 주었다. 교회는 19세기에 농경지 한가운데에 지어졌고, 그 이후로 계속 교회로 유지되어 온 반면, 그 곳 주변 땅에서는 농사가 지어졌다. 흙이 교회 부지에서보다 농지에서 훨씬 더 빠르게 침식된 결과, 그 교회 부지는 이제 주변의 농지라는 바다 위에 10피트 떠 있는 작은 섬처럼 서 있다.

① 아이오와에 있는 한 교회 부지는 주변 농지보다 더 높다.
② 아이오와의 농작물 생산성은 그곳의 토양의 형성을 가속화해 왔다.
③ 농지에서 토양의 형성 속도는 토양의 침식 속도보다 빠르다.
④ 아이오와는 지난 150년간 표층의 토양을 유지해 왔다.

| 정답해설 | ① 64% 맨 마지막 문장을 통해 아이오와의 교회 부지가 주변 농지보다 10피트 더 높다는 것을 알 수 있다.

| 오답해설 | ② 12% 농작물 생산성과 토양 형성 간의 관계는 언급되지 않았다.

③ 9% 첫 번째 문장과 두 번째 문장에서 토양의 침식 속도는 토양의 형성 속도보다 훨씬 빠르다고 했다.

④ 15% For instance ~ in the last 150 years.를 통해 아이오와는 지난 150년간 표층 토양이 절반 가량 침식되어 왔다는 것을 알 수 있다.

9 독해 > Logical Reading > 삭제 오답률 9% 답 ③

| 해석 | 당신이 여행을 해 오고 있든, 가족에게 집중하든, 또는 직장에서 바쁜 시즌을 보내고 있든, 운동을 14일간 거르는 것은 당신의 근육뿐 아니라, (업무) 성과, 뇌, 그리고 수면에도 타격을 끼친다. 대부분의 전문가는 만약 당신이 헬스장으로 돌아오지 않는다면, 2주 후에 곤경에 처할 것이라는 것에 동의한다. "운동을 하지 않은 지 2주가 된 시점에 건강 지수의 감소를 자연스럽게 나타내는 다수의 생리학적인 지표가 나타난다."라고 뉴욕을 기반으로 엘리트 운동선수들과 일하는 운동생리학자이자 트레이너인 Scott Weiss는 말한다. 결국에는, 이 모든 능력에도 불구하고, 인체(심지어 건강한 인체)는 아주 민감한 시스템이고 트레이닝을 통해 나타나는 생리학적인 변화들(근육의 강도 또는 더 뛰어난 유산소 베이스)은 당신의 운동량이 줄어들면 간단하게 사라진다고 그는 언급한다. 훈련의 요구가 없기 때문에 당신의 몸은 간단하게 다시 기초선상으로 슬그머니 돌아가는 것이다. ③ 당신의 몸에서 빠른 속도로 근육을 만들기 위해서는 더 많은 단백질이 요구된다. 물론, 얼마나 많이 그리고 얼마나 빠르게 당신의 몸 컨디션을 망가뜨릴지는 당신이 얼마나 건강한지, 당신의 나이, 그리고 얼마나 오래 땀을 흘리는 습관을 가져왔는지와 같은 많은 요인에 달려 있다. "2~8개월 동안 운동을 아예 하지 않는 것은 당신의 건강 지수를 마치 운동을 한 번도 한 적이 없었던 것처럼 감소시킬 것이다."라고 Weiss는 언급한다.

| 정답해설 | ③ 91% 본문은 운동과 건강 지수의 관계에 관한 글인데, ③은 근육 형성과 단백질 섭취의 관계에 관한 내용이므로 ③은 글의 전체적인 흐름에서 벗어난다.

어휘

take a toll 피해[타격]을 주다 physiological 생리학적인
dwindle 줄어들다 slink 살금살금 움직이다
at a rapid pace 빠른 속도로 decondition 몸 컨디션을 망가뜨리다
a slew of 많은

10 독해 > Micro Reading > 내용일치/불일치 오답률 47% 답 ④

| 해석 | 15세기 이전에, 마녀의 네 가지 특징(야간 비행, 비밀 회동, 유해한 마법, 그리고 악마와의 계약 모두)은 교회에 의해 개별적으로 혹은 제한적으로 결합되어, 템플 기사단원, 이단자, 훈련받은 마법사, 그리고 기타 반체제 집단을 포함한 반대파들 탓으로 여겨졌다. 초자연적인 현상에 대한 민중의 믿음은 마녀 재판 동안 소작농들의 자백에서 부각되었다. 마법에 대한 대중적 견해와 학술적 견해 사이의 가장 두드러지는 차이점은 마녀는 악마로부터 나오지 않은 타고난 초자연적 힘을 가지고 있다는 민중의 믿음에 있다. 학자들에게 이것은 이단에 가까운 것이었다. 초자연적인 힘은 절대 인간이 타고 나지 않았을 뿐더러, 마녀들은 그들의 기술을 당시에 남성의 전유물이었던 대학에서 학술적인 훈련을 요구하는 학습된 마법의 전통으로부터 얻을 수 없었다. 마녀의 힘은 필연적으로 그녀가 악마와 맺은 계약에서 나온 것이었다.

① 민중과 학자들은 마녀의 초자연적인 힘의 근원에 관하여 다른 견해를 가지고 있었다.
② 민중의 믿음에 의하면, 초자연적인 힘은 마녀의 본질적인 천성에 속했다.
③ 마녀의 네 가지 특징은 교회에 의해 그것의 반체제 집단의 탓으로 돌려졌다.
④ 학자들은 마녀의 힘이 대학의 학문적인 훈련을 통해 얻어진다고 믿었다.

| 정답해설 | ④ 53% 후반부의 For learned men 이하에서 학자들은 마녀의 힘은 대학의 학문적인 훈련을 통해 얻을 수 있는 것이 아니라고 믿었음을 알 수 있으므로 본문의 내용과 일치하지 않는다.

어휘

pact (개인 간의) 약속, 계약; (국가 간의) 협정, 조약
ascribe A to B A를 B의 탓으로 돌리다
adversary 상대방, 적수 heretic 이단자
dissident 반체제 인사 peasant 소작농
confession 자백, 고백 witchcraft 마법, 마술
innate 타고난
border on ~에 아주 가깝다, 거의 ~와 같다
heresy 이단 preserve 전유물

11 독해 > Logical Reading > 삽입 오답률 16% 답 ③

| 해석 | 내가 도착하자마자 다양한 의무들이 나를 기다리고 있었다. 소녀들의 공부 시간 동안 나는 그들과 함께 앉아 있어야만 했다. 그러고 나면 내가 기도문을 읽고 그들이 잠자리에 드는 것을 볼 차례였다. 그 후에 나는 다른 선생님들과 식사를 했다. 심지어 우리가 마침내 잠자리에 들 때조차도 껌딱지인 Gryce양은 여전히 나의 이야기 상대였다. 우리 촛대에는 끝이 짧은 초 하나만 있었고, 나는 그것이 전부 타 들어갈 때까지 그녀가 이야기를 할까 봐 두려웠다. ③ 그러나, 운이 좋게도, 그녀가 먹었던 성대한 저녁 때문에 그녀는 피곤해졌고 잠들 채비가 되었다. 그녀는 내가 옷을 다 벗기도 전에 이미 코를 골고 있었다. 아직 1인치 길이의 초가 남아 있었다. 나는 그때서야 내 편지를 꺼냈고, 이니셜 F의 직인이 있었다. 나는 봉투를 찢었다. 내용은 간략했다.

| 정답해설 | ③ 84% 앞에서 필자는 Gryce양이 이야기를 계속 할까 봐 두려웠다고 말하고 있다. 하지만 ③ 뒤에 그녀는 이미 코를 골고 있었다고 했으므로 그녀가 잠들었음을 알 수 있다. 그러므로 Gryce양이 잠들 채비가 되었다는 주어진 문장의 가장 적절한 위치는 ③이다.

| 오답해설 | ①② 3% 10% 주어진 문장의 '그녀(Gryce양)'를 지칭할 만한 사람이 아직 언급되지 않았다.

④ 3% 앞의 She was already snoring before I had finished undressing.에서 이미 그녀가 잠에 빠진 것을 알 수 있다. 잠이 들고 난 다음에 또 '잠들 채비가 되었다'라고 하는 것은 문맥의 흐름상 적절하지 않다.

어휘

retire for the night 잠자리에 들다 inevitable 피할 수 없는, 반드시 있는
companion 말동무, 이야기 상대; 동료, 벗

12 독해 > Macro Reading > 제목 오답률 14% 답 ②

| 해석 | 두려움과 그것의 동료인 고통은 적절하게 사용된다면, 인간과 동물이 소유한 가장 유용한 것들 중 두 가지이다. 만약에 불에 데었을 때 아프지 않다면, 아이들은 그들의 손이 다 타버릴 때까지 불을 가지고 놀 것이다. 마찬가지로, 만약에 고통은 존재하지만 두려움은 존재하지 않는다면, 두려움은 그 아이에게 이전에 데인 적이 있는 불을 멀리하라고 경고하지 않을 것이기 때문에 아이는 반복해서 불에 데일 것이다. 정말로 두려움 없는 병사들은 실제로 몇몇은 정말로 존재하는데, 좋은 병사가 아니다. 왜냐하면 그는 금방 죽을 것이고, 그리고 죽은 병사는 그의 군대에 아무 쓸모가 없기 때문이다. 그러므로 두려움과 고통은 인간과 동물이 가지고 있지 않으면 금방 죽어버릴지도 모르는 두 가지 보호 장비이다.

① 병사들에게 있어서의 두려움과 고통의 모호함
② 두려움과 고통의 필요성
③ 두려움과 고통에 대한 반감
④ 아이들과 두려움과 고통의 연관성

| 정답해설 | ② 86% 글의 도입부에서 두려움과 고통이 인간과 동물에게 유용한 두 가지임을 밝히고 있고, 이어지는 문장에서 이를 뒷받침하기 위해 아이와 불장난, 군인과 그들이 느끼는 두려움의 상관관계에 대한 예를 상세히 들고 있다. 그리고 마지막 문장을 통해 다시 한 번 '두려움과 고통의 필요성'에 대해 강조하고 있으므로 ②가 이 글의 제목으로 가장 적절하다.

| 오답해설 | ① 3% 병사들에 관한 내용은 두려움과 고통의 필요성을 설명하기 위한 예시로 언급되었으며, 아울러 두려움과 고통의 모호함에 대해서는 설명하고 있지도 않다.

③ 8% 반감이 아니라 필요성에 대해 강조하는 글이다.

④ 3% 두려움과 고통의 필요성에 대해 역설하기 위해 아이들과 불장난을 예로 들었을 뿐이다.

어휘

burn oneself 불에 데이다, 화상을 입다
obscurity 모호함, 잊혀짐 indispensability 필요, 긴요함
disapproval 반감

오답률 TOP 3

13 문법 > 비교 오답률 51% 답 ④

| 정답해설 | ④ 49% prefer를 이용한 비교급 문장에서는 비교 대상 앞에 than이 아니라 to를 쓰는 것에 주의해야 한다. 즉, 「prefer A to B」는 'B보다 A를 선호하다'라는 뜻이고, 이때 A와 B는 병렬 구조가 되어야 한다. 그러므로 바르게 고치면 I prefer staying home to going out on a snowy day.가 된다. 동명사 대신 to부정사를 사용하고 싶다면 I prefer to stay home rather than (to) go out on a snowy day.로 고쳐도 된다.

| 오답해설 | ① 13% '~하는 것을 규칙으로 세우다'라는 의미를 지닌 「make it a rule + to부정사」 관용표현이 사용되었다. 또한 부정관사가 기간을 나타내는 단어 앞에 오면 '~마다'라는 뜻으로 쓰이기도 한다. 여기에서 a month는 '매달'이라는 뜻으로 알맞게 쓰였다.

② 18% grab, catch, pull, take, seize, hold 등의 동사는 「목적격 + by + 정관사 + 신체 부위」로 쓴다. 이때 주의할 것은 by my arm이 아니라 정관사 the를 쓴다는 점이다.

③ 20% owing to는 전치사구이다. 그러므로 Owing to 뒤에 명사구인 the heavy rain이 온 것은 적절하다. 또한 문장의 마지막 전치사 by는 정도 혹은 차이를 나타내기 위해 사용된 것으로 적절하다.

| 더 알아보기 | 이유를 나타내는 구 전치사

- due to: ~ 때문에
  = on account of
  = because of
  = on the ground of
  = owing to
- He cannot accept her invitation due to his illness.
  그는 아파서 그녀의 초대를 받아들일 수 없다.

14 문법 > 관사 오답률 41% 답 ③

| 정답해설 | ③ 59% tend는 '돌보다, 보살피다'라는 뜻의 타동사로 목적어가 필요하다. 형용사(sick and wounded)가 목적어가 되기 위해서는 명사로 바뀌어야 한다. 형용사 앞에 정관사를 붙여 「the + 형용사」의 형태로 쓰면 '~한 사람들'이라는 뜻의 복수 보통명사가 된다. 따라서 sick and wounded는 the sick and the wounded로 바뀌어야 알맞다.

| 오답해설 | ① 6% 「It ~ that」 강조 용법으로 not her refusal but her rudeness를 강조하고 있다. 또한 여기서 「not A but B」 구문이 사용되었는데, her refusal과 her rudeness는 병렬 구조를 이루고 있으므로 적절하다.

② 30% 「cannot be too + 형용사」의 형태로 '아무리 ~해도 지나치지 않다'라는 의미를 나타낼 수 있다.

④ 5% To make matters worse는 '설상가상으로'라는 의미의 관용표현이다. 또한 that절은 a report의 동격절이다.

| 더 알아보기 | 「cannot ~ too …」: 아무리 …해도 지나치지 않다

- 「주어 + cannot + 동사원형 + too ~」
  = 「주어 + cannot + 동사원형 ~ enough」
  = 「주어 + cannot over동사원형」
  = 「It is impossible ~ for + 의미상 주어 + to부정사 + too much」
  = 「It is impossible ~ for + 의미상 주어 + to부정사 ~ enough」
  = 「It is impossible ~ for + 의미상 주어 + to over동사원형」
- We cannot praise her effort too much.
  우리는 그녀의 노력을 아무리 칭찬해도 지나치지 않다.
  = We cannot praise her effort enough.
  = We cannot overpraise her effort.
  = It is impossible for us to praise her effort too much.
  = It is impossible for us to praise her effort enough.
  = It is impossible for us to overpraise her effort.

어휘

perplex 당혹스럽게 하다　　to make matters worse 설상가상으로

15 어휘 > 빈칸 완성 　오답률 25%　답 ①

| 해석 | 우리의 주요리는 그다지 맛있지 않았지만 나는 조미료를 첨가하여 그것을 더 ① 맛있게 만들었다.

① 75% 맛있는, 맛 좋은　② 4% 분해할 수 있는, 용해할 수 있는
③ 9% 마셔도 되는　④ 12% 민감한; (~의) 여지가 있는

| 정답해설 | ① 접속사 but으로 보아 조미료를 첨가하여 '맛있게' 만들었다는 흐름이 알맞음을 유추할 수 있다. palatable은 '맛있는'이라는 의미이므로 빈칸에 알맞다.

어휘

condiment 조미료, 양념

오답률 TOP 1

16 독해 > Reading for Writing > 빈칸 구 완성　오답률 63%　답 ③

| 해석 | 런던의 택시 기사들은 25,000개가 넘는 도시의 도로 구획 배치를 배우는 것을 포함하여, 운행 허가증을 취득하기 위해 "the knowledge"라고 알려진 집중 훈련을 수년간 받아야 한다. 한 연구자와 그녀의 팀은 택시 기사들과 일반인들을 조사했다. 그 두 그룹은 아일랜드의 소도시를 통과하는 그들에게 익숙하지 않은 노선 비디오를 시청하도록 요청받았다. 그 다음에는 노선을 대략적으로 그리고, 랜드마크를 식별하고, 장소들 간의 거리를 추정하는 것을 포함하여 비디오에 관한 시험을 치도록 요청받았다. 두 그룹 모두 시험의 상당 부분을 잘 치렀지만, 택시 기사들은 새로운 노선을 파악하는 데에 있어서 확연히 더 잘했다. 이러한 결과는 택시 기사들의 숙달은 새롭고 잘 알려지지 않은 지역에서도 ③ 일반화될 수 있음을 암시한다. 계획적인 연습을 통한 몇 년 간에 걸친 훈련과 학습은 심지어 잘 모르거나 혹은 아예 모르는 장소에서도 그들이 유사한 도전을 받아들이도록 준비시킨다.

① 갇힌, 한정된　② 헌신적인
③ 일반화된　④ 기여된

| 정답해설 | ③ 37% 오랜 기간 받은 훈련으로 인해 런던의 택시 기사들은 익숙하지 않은 곳에서도 새로운 노선 파악을 뛰어나게 할 수 있을 정도로 그들의 능력이 '일반화'되어 발휘될 수 있었다는 내용이다.

어휘

undertake (일에) 착수하다　　layout 배치
mastery 숙달, 통달

17 독해 > Logical Reading > 배열　오답률 14%　답 ④

| 해석 | 나는 Lewis가 그 폭포를 발견했던 날을 기억한다. 그들은 해가 뜰 때 야영지를 떠났고, 몇 시간 뒤에 그들은 아름다운 평원을 마주쳤다. 그리고 그 평원에는 그들이 이전에 어느 한 장소에서 봐 왔던 것보다도 많은 버팔로들이 있었다.

(C) 그들은 멀리 떨어진 폭포의 소리가 들릴 때까지 계속해서 전진했고, 멀리 떨어진 물보라 기둥이 솟아났다가 사라지는 것을 보았다. 그들은 그 소리가 점점 더 커질 때까지 그 소리를 따라갔다.
(B) 잠시 후에, 그 소리는 거대해졌고 그들은 미주리강의 큰 폭포에 있었다. 그들이 그곳에 도착했을 때는 정오쯤이었다.
(A) 그날 오후에 좋은 일이 생겼다. 그들은 폭포 아래로 낚시를 가서 송어를 6마리 잡았는데, 그것들은 길이가 16~23인치나 되는 좋은 것이기도 했다.

| 정답해설 | ④ 86% (A)의 A nice ~ that afternoon.과 (B)의 It was about noon ~ there. 문장을 통해 시간의 흐름상 (B)의 '정오' 다음에 (A)의 '오후'가 오는 것이 적절하다. 그리고 (B)의 첫 번째 문장에 있는 the sound는 (C)의 the faraway sound of a waterfall을 가리키므로 (C) 다음에 (B)가 와야 한다. 그러므로 (C) – (B) – (A)의 순서가 알맞다.

어휘

come upon 우연히 만나다　　spray 물보라

18 독해 > Macro Reading > 요지　오답률 34%　답 ④

| 해석 | 새로움으로 인해 유발되는 시간의 확장은 실험실의 조건하에서 연구될 수 있는 잘 특징지어진 현상이다. 단순히 사람들에게 일련의 자극에 노출되는 시간을 추정해 보라고 요청해 보는 것으로도 새로운 자극이 단순히 반복적이거나 평범한 자극들보다 더 오래 지속되는 것처럼 생각된다는 것을 보여 준다. 사실, 적당히 반복되는 일련의 것들 속에서 단지 첫 번째 자극이 되는 것만으로도 주관적인 시간 확장을 유발하기에는 충분해 보인다. 물론, 우리의 뇌가 왜 이러한 방식으로 작동하도록 진화해 왔는지 그 이유를 생각하기는 쉽다. 아마, 새롭고 색다른 자극은 익숙한 자극들보다 더 많은 생각과 숙고를 요구해서 뇌가 그것들에게 더 많은 주관적인 시간을 할당하는 것이 타당한 것이다.

① 자극에 대한 반응은 두뇌 훈련의 중요한 부산물이다.
② 자극의 강도는 반복과 함께 증가한다.
③ 자극에 대한 우리의 신체적 반응은 우리의 생각에 영향을 미친다.
④ 새로운 자극은 주관적인 시간의 확장을 유발한다.

| 정답해설 | ④ 66% 글의 첫 문장을 통해 이 글이 '새로움으로 인해 유발되는 시간의 확장'에 관한 것임을 알 수 있다. 첫 번째 자극이 되는 것만으로도 주관적인 시간 확장을 유발하는데, 그 이유는 익숙한 자극보다 더 많은 생각과 숙고를 해야 하기 때문이라고 설명한다. 그러므로 글의 요지로 가장 적절한 것은 ④이다.

어휘

a train of 일련의
unremarkable 평범한
presumably 아마
exotic 색다른, 이국적인, 외국의
give rise to ~을 낳다, 유발하다

19 독해 > Reading for Writing > 빈칸 절 완성 오답률 25% 답 ③

| 해석 | 우리의 마음이 부리는 속임수들 중 하나는 우리가 이미 믿고 있는 것이 사실임을 확인시켜 주는 증거를 더 강조하는 것이다. 만약에 우리가 라이벌에 대한 소문을 듣는다면, 우리는 "나는 그가 못된 사람이라는 것을 알고 있었어."라고 생각하는 경향이 있다. 만약에 우리가 가장 친한 친구에 대해 똑같은 소문을 들었다면, 우리는 "그건 단지 소문일 뿐이야."라고 말할 가능성이 더 크다. 당신이 확증 편향이라고 불리는 이러한 정신적인 습관에 대해 알게 된다면, 당신은 어디서든 그것을 보기 시작할 것이다. 이는 우리가 더 나은 결정을 내리고자 할 때 중요하다. 확증 편향은 우리가 옳다는 전제하에서는 괜찮지만, 우리는 너무 자주 틀리고, 이미 너무 늦었을 때 결정적인 증거에 관심을 기울이게 할 뿐이다. 어떻게 ③ 우리가 확증 편향으로부터 우리의 결정을 보호할 수 있는지는 왜 심리학적으로 확증 편향이 일어나는가에 대한 우리의 인식에 달려 있다. 두 가지 가능한 원인이 있다. 하나는 우리의 상상 속에 사각지대가 있다는 점이고, 다른 하나는 우리가 새로운 정보에 대해 질문하는 것에 실패한다는 점이다.

① 우리가 라이벌이 우리를 믿도록 만든다
② 우리의 사각지대는 우리가 더 나은 결정을 내릴 수 있도록 돕는다
③ 우리가 확증 편향으로부터 우리의 결정을 보호할 수 있다
④ 우리는 정확하게 같은 편견을 형성한다

| 정답해설 | ③ 75% 빈칸 앞은 우리의 믿음이 옳다는 전제하에서는 확증 편향이 괜찮지만, 그렇지 않은 경우가 더 많기 때문에 우리는 옳지 않은 결정을 내리는 경우가 더 많다는 것을 지적하는 내용이다. 앞 문장의 내용에 근거하여 심리학적으로 확증 편향이 왜 일어나는가에 대해 아는 것으로 얻을 수 있는 결과로 가장 적절한 것은 ③이다.

| 오답해설 | ① 3% 라이벌은 확증 편향의 부정적 영향을 설명하기 위한 예시로 등장하였을 뿐, 라이벌이 우리를 어떻게 믿도록 만드는지에 관한 내용은 없다.

② 11% 맨 마지막의 One is ~ about new information.의 문장을 통해 사각지대는 확증 편향의 원인이 되는 것이고, 확증 편향은 우리가 옳은 결정을 내리는 것을 자주 막는다는 것을 알 수 있다.

④ 11% 본문을 통해 알 수 없는 내용이다.

어휘

nasty 못된, 고약한
piece of work (비꼬는 투로) 대단한 사람
deciding 결정적인
blind spot 사각지대, 약점

20 독해 > Reading for Writing > 빈칸 절 완성 오답률 39% 답 ②

| 해석 | 소비자 제품 브랜들 중 많은 유명 브랜드들에게 현지 취향을 고려하여 현지의 노동력으로 해외 생산을 하고 수출을 하는 것은 해야 할 마땅한 것이라고 여겨져 왔다. 그렇게 하여, 기업들은 그들의 비용 구조를 개선하고, 신흥국에서 빠르게 확대되어 가는 소비자 시장에서 성장할 방법을 찾았다. 그러나, Sweets Co.는 국내 시장에 갇혀 있다. 그 기업의 제품들에는 방부제가 충분히 들어가, 먼 시장까지 장거리 이동을 견뎌낼 수 있음에도 불구하고, Sweets Co.는 해외 생산은 커녕, ② 거의 수출을 하지 않는다. 변화하는 세계에 대비하여 비즈니스 전략과 제품을 업데이트시키지 못하는 의지의 부족 혹은 무능함은 명백하게 그 기업에 손해를 입히고 있다.

① 수입에 여념이 없다
② 거의 수출을 하지 않는다
③ 운영을 간소화하기로 결정했다
④ 신흥 시장으로 발을 넓히고 있다

| 정답해설 | ② 61% 신흥국의 소비자 시장에서 성장하기 위해 현지의 노동력으로 해외 생산을 하고 수출을 하는 것은 해야할 마땅한 것이지만 Sweets Co.는 국내 시장에 갇혀 있으며 신흥국의 소비자 시장에서 성장할 수 있음에도 불구하고 비즈니스 전략과 제품을 업데이트시키지 못하고 있다고 서술하고 있다. 이를 통해서 Sweets Co.가 해외 생산은 커녕 '수출도 하지 않는다'는 것을 문맥상 유추할 수 있다. 따라서 정답은 ②이다.

어휘

let alone ~은 커녕
be intent on ~을 하는 데 여념이 없다
streamline 간소화하다

2017 12월 16일 시행 지방직 9급 추가 (Ⓐ책형)

합격예상 체크

맞힌 개수	/20문항	점수	/100점

➡ □합격 □불합격

취약영역 체크

문항	정답	영역	문항	정답	영역
1	①	어휘 > 유의어 찾기	11	④	독해 > Logical Reading > 연결사
2	③	어휘 > 유의어 찾기	12	④	독해 > Logical Reading > 삭제
3	③	어휘 > 유의어 찾기	13	③	독해 > Micro Reading > 내용일치/불일치
4	④	어휘 > 빈칸 완성	14	④	독해 > Micro Reading > 내용일치/불일치
5	①	문법 > 동사	15	②	독해 > Logical Reading > 삽입
6	①	문법 > 형용사, 태	16	③	독해 > Macro Reading > 주제
7	③	생활영어 > 회화/관용표현	17	②	독해 > Reading for Writing > 빈칸 구 완성
8	②	생활영어 > 회화/관용표현	18	③	독해 > Reading for Writing > 빈칸 절 완성
9	④	문법 > 동사	19	③	독해 > Reading for Writing > 빈칸 구 완성
10	①	문법 > 분사	20	①	독해 > Macro Reading > 주장

⬇ 영역별 틀린 개수로 취약영역을 확인하세요!

어휘	/4	문법	/4	독해	/10	생활영어	/2

➡ 나의 취약영역: ____________

※ [정답해설]과 [오답해설] 선지의 50% 표시는 〈1초 합격예측 서비스〉를 통해 수집된 선지 선택률을 나타냅니다.

1 어휘 > 유의어 찾기 오답률 24% 답 ①

| 해석 | 두 차례의 세계 대전 동안, 새로운 항공기에 대한 정부 보조금과 수요가 그것들의 설계와 건조 기술을 대단히 발전시켰다.

① 76% 재정적 지원 ② 7% 장기 계획 수립
③ 9% 기술적 보조 ④ 8% 비제한적 정책

| 정답해설 | ① subsidies는 '보조금, 장려금'이라는 뜻의 subsidy의 복수형으로 financial support(재정적 지원)와 의미가 가장 가깝다.

어휘

subsidy 보조금 vastly 대단히, 막대하게
assistance 보조, 지원, 원조 non-restrictive 비제한적인

오답률 TOP 1

2 어휘 > 유의어 찾기 오답률 56% 답 ③

| 해석 | 화요일 밤의 그 TV 프로그램의 시즌 첫 방송은 그 프로그램의 복잡하게 얽힌 신화와 그것의 더 인간적이고 인물 중심적인 관점 사이에서 절충하려고 노력하고 있는 것으로 보였다.

① 30% 고대의 ② 10% 관계없는
③ 44% 복잡한 ④ 16% 저승의, 내세의

| 정답해설 | ③ 47% convoluted는 '복잡한, 뒤얽힌, 대단히 난해한'이라는 뜻으로 complicated(복잡한)와 의미가 가장 가깝다.

어휘

premiere 초연, 첫날
strike a balance between ~ 사이에서 절충하다, 균형을 유지하다
character-driven 인물 중심의 dimension 차원, 규모; 관점

3 어휘 > 유의어 찾기 오답률 38% 답 ③

| 해석 | 우리가 그 대화를 마무리 지을 때쯤, 나는 내가 제네바로 가지 않을 것임을 알았다.

① 16% 시작했다 ② 10% 재개했다
③ 62% 끝냈다, 종료했다 ④ 12% 방해했다, 간섭했다

| 정답해설 | ③ wound up은 wind up의 과거형으로 '마무리 짓다, 끝내다'라는 뜻이므로 terminated(끝냈다, 종료했다)와 의미가 가장 유사하다.

어휘

by the time ~할 때쯤[무렵] wind up 마무리 짓다, 끝내다

오답률 TOP 3

4 어휘 > 빈칸 완성 오답률 52% 답 ④

| 해석 | 15년 경력의 경사는 젊은 경관에게 유리한 승진에서 ④ 제외된 이후 크게 실망했다.

① 9% (차에) 치이다 ② 15% (데이트를) 신청받다
③ 28% 이행되다 ④ 48% 제외되다, 누락되다

| 정답해설 | ④ 경사가 크게 실망했다는 내용으로 보아 승진에서 '제외되었다'고 하는 것이 문맥상 자연스럽다. 따라서 pass over(제외

시키다)의 수동태 표현이 빈칸에 가장 알맞다.

어휘
sergeant (경찰 계급) 경사
dismay 크게 실망시키다, 경악하게 하다, 낙담시키다
in favor of ~에 유리하게; ~에 찬성[지지]하여
pass over 제외하다, 누락시키다; 무시하다

5 문법 > 동사 오답률 42% 답 ①

| 해석 | 지난주 나는 독감으로 아팠다. 아버지가 내가 재채기와 기침을 하는 소리를 들었을 때, 그는 내가 필요한 것이 있는지 물어보려고 내 침실 문을 열었다. 나는 그의 친절하고 배려하는 얼굴을 보며 정말 행복했지만, 독감을 낫게 하기 위해 그가 할 수 있었던 것은 아무것도 없었다.

| 정답해설 | ① 58% 지각동사 heard는 목적격 보어로 원형부정사나 분사를 취할 수 있다. 문맥상 목적어인 me와 목적격 보어가 능동 관계이므로 현재분사 sneezing과 coughing은 어법상 적절하다.

| 오답해설 | ② 15% 의미상 '내가 무엇이 필요한지' 묻기 위해 방문을 연 것이므로 명사절 접속사 that은 '~인지'의 뜻을 갖는 명사절 접속사 if로 고쳐야 한다.

③ 13% anything과 he could do it 사이에 목적격 관계대명사가 생략된 anything (that) he could do it의 문장이다. 이때 목적격 관계대명사인 that이 동사 do의 목적어 역할을 하고 있으므로 it(= anything)은 중복 사용될 수 없기에 삭제해야 한다.

④ 14% 사역동사 make는 목적격 보어로 원형부정사나 과거분사를 취할 수 있다. 이 문장에서 목적어인 the flu와 go away가 능동의 관계이므로 목적격 보어로는 to go away가 아니라 원형부정사 go away가 와야 한다.

6 문법 > 형용사, 태 오답률 49% 답 ①

| 해석 | ① 일주일간의 휴가가 모든 사무직 근로자들에게 약속되었다.
② 그녀는 남을 돕는 삶을 살아갈 운명이었다.
③ 아이들 양육을 위해서라면 큰 도시보다는 작은 도시가 더 바람직한 것으로 보인다.
④ 최고의 소프트웨어 회사들은 앞서 나가는 것이 점점 더 힘들다는 것을 알아 가고 있다.

| 정답해설 | ① 51% A week's holiday는 '일주일간의 휴가'라는 의미로 시간을 나타내기 위해 소유격을 사용하였으므로 어법상 적절하다. 또한 A week's holiday가 직원들에게 '약속된' 것이므로 완료 수동태인 has been promised도 어법상 적절히 쓰였다.

| 오답해설 | ② 21% destine은 '~을 예정해 두다'라는 의미의 타동사이며 수동태로 쓰여 '(운명으로) 정해지다, 운명 짓다'의 의미를 나타낸다. 따라서 능동태인 destined to live는 수동태인 is[was] destined to live로 고쳐져야 한다.

③ 20% 라틴어 비교급인 preferable, superior, inferior, senior, major, minor 등은 than 대신에 전치사 to를 동반하므로 preferable to가 되어야 한다.

④ 8% find는 3형식 완전타동사와 5형식 불완전타동사로 쓰인다. 그러나 주어진 문장처럼 「find + 형용사」 형태의 불완전자동사로는 쓸 수 없으므로 목적어가 필요하다. 여기서는 to stay ahead가 진목적어이며 형용사 challenging을 동사 find의 목적격 보어로 보아야 한다. 따라서 가목적어 it을 써서 「find + 가목적어(it) + 목적격 보어 + 진목적어(to부정사)」 형태의 finding it increasingly challenging to stay ahead로 고쳐야 한다.

| 더 알아보기 | 「be + to부정사」 용법

to부정사의 형용사적 용법 중 서술적 역할에 해당되며, '예정, 의무, 가능, 운명, 의도'의 의미를 나타낸다.

(1) 예정
- ~할 예정이다(be going to, be scheduled to)
- 보통 미래 시간 부사구(next 등)와 주로 쓰임

They are to arrive here at five.
그들은 여기에 5시에 도착할 예정이다.

(2) 의무
- ~해야 한다(should, must)
- 규칙, 법규와 함께 쓰임

You are to obey rules we made.
너희는 우리가 만든 규칙을 따라야 한다.

(3) 가능
- ~할 수 있다(can)
- 뒤에 to부정사의 수동태가 나오는 경우가 많음

It was too dark that night. Nothing was to be seen.
그날 밤은 너무 어두웠다. 아무것도 보이지 않았다.

(4) 운명
- ~할 운명이다(be destined[doomed] to)

He was to become a hero during the war.
그는 전쟁 동안 영웅이 될 운명이었다.

(5) 의도
- ~할 작정이다(intend to)
- 주로 if 조건절에 쓰임

If you are to succeed, you must be diligent.
성공하고자 한다면, 당신은 근면해야 한다.

어휘
destine 예정해 두다, 운명 짓다　raise 키우다, 양육하다
challenging 도전적인, 힘든, 어려운
stay ahead ~보다 앞쪽에 있다, (경쟁에서) 앞서다

7 생활영어 > 회화/관용표현 오답률 14% 답 ③

| 해석 | A: 새로운 동네는 어때?
B: 대부분 좋아. 맑은 공기와 푸른 환경이 마음에 들어.
A: 참 살기 좋은 곳처럼 들려.
B: 응, 그렇지만 단점이 없는 것은 아니야.
A: 예를 들면?
B: 하나 말하자면, 상점이 다양하게 많지 않아. 예를 들어, 슈퍼마켓이 하나밖에 없어서 식재료가 정말 비싸.
A: ③ 그건 문제인 것 같다.
B: 네 말이 맞아. 그렇지만 다행이야. 그 도시에서 지금 새로운 쇼핑센터를 짓고 있거든. 내년이면 우린 더 많은 선택권을 가지게 될 거야.
① 그곳에 슈퍼마켓이 몇 개 있어?
② 그곳에 쇼핑을 할 곳이 많니?
③ 그건 문제인 것 같다.
④ 너희 동네로 이사 가고 싶어.

| 정답해설 | ③ 86% 빈칸 앞에서는 B가 새로운 동네의 단점을 말했고 빈칸 뒤에서는 B가 A의 말에 맞장구를 쳤다. 따라서 빈칸에서 A는 B가 한 말에 동조했음을 짐작할 수 있으므로 ③이 빈칸에 들어갈 말로 알맞다.

8 생활영어 > 회화/관용표현 오답률 14% 답 ②

| 해석 | A: 그래서 Wong씨, 뉴욕시에서는 얼마나 오래 거주하고 계시는 건가요?
B: 이곳에서 약 7년째 살고 있습니다.
A: 업무 경력에 대해 말씀해 주시겠어요?
B: 지난 3년간 피자 가게에서 일하고 있습니다.
A: 그곳에서 어떤 일을 하시죠?
B: 손님들에게 자리를 안내하고 서빙을 합니다.
A: 그 일에 대해 어떻게 생각하세요?
B: 좋습니다. 모두 정말 좋거든요.
A: ② 그렇다면, 왜 이 자리에 지원하시는 겁니까?
B: 저는 단지 조금 더 정규적인 환경에서 일을 하고 싶기 때문입니다.
A: 알겠습니다. 덧붙일 다른 말씀이 있나요?
B: 저는 사람들과 정말 잘 지냅니다. 그리고 이탈리어어와 중국어도 할 수 있습니다.
A: 알겠습니다. 감사합니다. 곧 연락드리겠습니다.
B: 얼른 소식을 듣게 되면 좋겠습니다.
① 그래서, 그곳 환경은 어떻습니까?
② 그렇다면, 왜 이 자리에 지원하시는 겁니까?
③ 그런데 능숙한 다른 외국어가 있습니까?
④ 그리고 이곳에서 일하려면 어떤 자질이 필요하다고 생각하십니까?

| 정답해설 | ② 86% 빈칸 이전에서 B는 현재 직장에서 만족하고 있다고 답했는데, 빈칸 바로 뒤에서 B는 정규적인 환경에서 일하고 싶다고 자신의 생각을 전하고 있다. 따라서 빈칸에는 현재 직장에 만족하는데 왜 이 자리에 지원하는지를 묻는 내용이 들어가는 것이 적절하다.

9 문법 > 동사 오답률 40% 답 ④

| 정답해설 | ④ 60% 동사 stop은 동명사만을 목적어로 취하는 동사로서, 「stop -ing」의 형태로 '~하는 것을 멈추다'라는 의미를 나타낼 수 있다. 참고로, 「stop + to부정사」에서 to부정사는 목적어로 쓰인 것이 아니며, '~하기 위해서 멈추다'라는 to부정사의 목적의 의미로 사용된 것이다. 해당 문장에서는 컴퓨터가 '작동하던 것을 멈추었다'는 내용이므로 동명사 목적어를 쓴 stopped working은 어법상 적절하다. 또한 사역동사 get의 목적어인 it(= computer)과 목적격 보어인 fix는 서로 수동 관계에 있으므로 과거분사 fixed는 어법상 올바르다.

| 오답해설 | ① 8% 과거 사실에 대한 반대의 상황을 가정하고 있으므로 「If +주어 + had p.p. ~, 주어 + 조동사의 과거형 + have p.p. …」의 가정법 과거완료를 사용해야 한다. 따라서 if절의 haven't는 hadn't로 고쳐야 한다.

② 15% 감정 유발 동사가 형용사처럼 쓰이는 경우, 사물이 주어가 되어 '감정을 제공'하면 현재분사 형태를 취해야 하고, 사람이 주어가 되어 '감정의 상태'를 나타내면 과거분사 형태를 취해야 한다. 사물 주어인 The movie가 지루함을 유발하는 주체이므로 과거분사인 bored가 현재분사 boring으로 고쳐져야 어법에 맞다.

③ 17% 타동사 accompany는 '~와 동행하다'의 의미로 사용될 때, 전치사를 동반하지 않고 바로 목적어를 취하므로 with를 삭제해야 한다.

| 더 알아보기 | 감정형 분사

- 감정 제공 형용사(현재분사): interesting, exciting, pleasing, amusing, boring 등
- 감정 상태 형용사(과거분사): interested, excited, pleased, amused, bored 등

10 문법 > 분사 오답률 48% 답 ①

| 정답해설 | ① 52% 비교 대상을 나타내는 접속사 than 뒤에 주어와 be동사가 생략되어 있다. 따라서 예산이 '원래 기대되었던 것'보다 25퍼센트 더 높다고 하는 것이 적절하므로 수동의 의미를 가진 과거분사를 사용하는 것이 옳다. 따라서 expected로 고쳐야 한다. 원문은 ~ than it(= the budget) was originally expected이다.

| 오답해설 | ② 19% to be done은 명사 work를 수식하는 to부정사의 형용사적 용법으로 쓰였고, work는 의미상 '행하여지는' 대상이므로 to부정사의 수동태 to be done이 알맞게 쓰였다.

③ 18% 동사 take 다음에 시간 관련 명사가 오면 '(시간이) 걸리다'라는 의미로 「it takes + 시간 (for + 의미상 주어) + to부정사」의 구조로 쓰인다. 해당 문장은 to부정사의 의미상 주어가 생략된 형태의 문장이다. 또한 at least는 '최소한, 적어도'라는 의미의 부사구로 적절하게 사용되었다.

④ 11% 주격 관계대명사 who가 이끄는 절이 선행사 the head를 수식하고 있는 형태이다. 이 문장에서 the head는 '우두머리, 부서장'의 의미로 사람을 의미하므로 who를 사용하는 것이 옳다. 또한 문장의 동사는 has, 즉 3인칭 단수형으로 주어 The head of the department와 수가 일치되어 있다.

| 더 알아보기 | 「it takes + 시간 + to부정사」

'시간이 걸리다'의 표현은 가주어 'it'을 사용하여 「it takes + 시간 + to부정사」로 표현한다.
- It always takes a little time to tune in on a professor's style.
  교수의 스타일에 적응하는 데는 항상 시간이 좀 걸린다.

11 독해 > Logical Reading > 연결사 오답률 42% 답 ④

| 해석 | 선진국에서의 국내 입양 횟수의 감소는 주로 국내로 입양 가능한 아이들의 공급이 감소한 결과이다. 대부분의 선진국에서의 합법적인 낙태에의 접근성뿐만 아니라 만연한 출산 연기 현상과 함께, 안전하고 믿을 만한 피임법의 광범위한 이용 가능성이 그 국가들에서 원치 않는 출산의 급격한 감소로 이어졌고, 결과적으로, 입양 가능한 아이들의 수의 감소로 이어졌다. (A) 게다가, 미혼모임이 더 이상 이전처럼 비난을 받지 않고, 미혼모들은 그들이 아이들을 양육할 수 있도록 도와주는 주 정부의 원조에 기댈 수

있다. (B) 그 결과, 입양을 희망하는 선진국 거주자들을 위한 입양이 가능한 선진국 내의 아이들이 충분히 없고, 장래의 양부모들은 외국에서 아이들을 입양하는 것에 점점 의지해 오고 있다.

	(A)	(B)
①	그러나	결과적으로
②	그러나	요약하면
③	게다가	그럼에도 불구하고
④	게다가	그 결과

| 정답해설 | ④ 58% (A) 이전 본문의 전반부에서 선진국에서 입양 가능한 아이들의 수가 줄어드는 원인을 합법적인 낙태, 만연한 출산 연기, 피임법의 광범위한 이용 가능성 등으로 열거하고 있으며, (A) 빈칸 이후에는 역시 입양 가능한 아이들의 수가 줄어드는 또 다른 원인으로 미혼모들이 아이를 양육할 수 있는 정부의 지원에 대해 서술하고 있다. 따라서 (A)의 빈칸에는 첨언을 나타내는 연결사 Furthermore가 들어가는 것이 적절하다. (B) 빈칸 앞에는 선진국에서 입양 가능한 아이들의 수가 감소하는 원인이 나오고, 빈칸 이후에는 선진국 내 입양 가능한 아이들의 감소로 인한 결과가 언급되므로 빈칸에는 결과의 연결사 As a consequence 혹은 Consequently가 적절하다.

어휘

adoption 입양
adoptable 양자로 삼을 수 있는; 채택할 수 있는
contraception 피임　　pervasive 만연하는, 퍼지는
postponement 연기　　childbearing 출산, 분만
abortion 낙태　　stigmatize 낙인을 찍다, 비난하다
prospective 장래의, 유망한　　adoptive parents 양부모
resort to ~에 기대다, 의지하다

12 독해 > Logical Reading > 삭제 　오답률 22%　답 ④

| 해석 | 현대 과학의 최첨단에 있는 한 이야기는 19세기 스웨덴 북부의 한 고립된 지역에서 시작되었다. 스웨덴의 이 지역은 19세기 첫 반세기에 걸쳐 예측할 수 없는 수확량을 거뒀다. 추수에 실패한 해에는 사람들이 굶주렸다. 그런데 좋은 해들은 아주 좋았다. 흉작 동안 굶주렸던 바로 그 사람들은 풍년에 상당히 과식을 했다. 한 스웨덴 과학자는 이러한 식습관의 장기적인 영향을 궁금하게 여겼다. 그는 그 지역의 수확량과 건강 기록을 연구했다. 그는 그가 발견한 것에 놀랐다. 풍년에 과식했던 소년들은 거의 먹을 것이 없던 소년들의 자녀와 손주들보다 약 6년 먼저 사망하는 자녀와 손자를 낳았다. 다른 과학자들은 소녀들에게서도 같은 결과를 알아냈다. ④ 소년과 소녀 모두 풍년의 수확들로부터 상당한 이득을 봤다. 그 과학자들은 단지 과식이라는 한 가지 원인이 여러 세대 동안 부정적인 영향을 미칠 수도 있다고 결론지어야만 했다.

| 정답해설 | ④ 78% 식사량과 수명의 상관관계의 연구에 관한 글로, 예측하기 힘든 수확량을 지닌 한 지역에서 수확량이 좋은 시기에 과식을 한 소년, 소녀들과 거의 먹을 것이 없던 소년, 소녀들을 비교하고 있다. 과식을 한 소년, 소녀들은 수명이 더 짧은 후손을 낳았는데 이는 과식이 후손에 부정적인 요인으로 작용했다는 내용에 해당된다. 따라서 '소년과 소녀 모두가 수확이 좋은 연도에 상당한 이득을 보았다'는 ④는 글의 흐름상 어색한 문장이다.

어휘

on the cutting edge of ~의 최첨단에, 선두에
unpredictable 예측 불가능한　　harvest 수확
astonished 깜짝 놀란　　be forced to ~하도록 강요받다

13 독해 > Micro Reading > 내용일치/불일치 　오답률 5%　답 ③

| 해석 | 라디오와 같은 핫 미디어를 전화와 같은 쿨 미디어와, 혹은 영화와 같은 핫 미디어를 텔레비전과 같은 쿨 미디어와 구별하는 기본적인 원칙이 있다. 핫 미디어는 단일 감각을 "고선명도"에서 확장하는 것이다. 고선명도는 데이터로 잘 채워져 있는 상태이다. 사진은 시각적으로 "고선명도"에 해당한다. 만화는 단지 아주 조금의 시각적인 정보만 제공된다는 이유로 "저선명도"이다. 전화는 귀가 불충분한 양의 정보만을 받기 때문에 쿨 미디어, 혹은 저선명도이다. 그리고 말은 아주 적은 양이 주어지고 청자에 의해 많은 부분이 채워져야 하기 때문에 저선명도의 쿨 미디어이다. 반면에, 핫 미디어는 청중에 의해 채워지거나 완성되어야 할 여지를 많이 남겨두지 않는다.

① 미디어는 핫과 쿨로 분류될 수 있다.
② 핫 미디어는 데이터로 가득하다.
③ 전화는 고선명도로 여겨진다.
④ 쿨 미디어는 청중에 의해 채워져야 할 많은 부분을 남겨둔다.

| 정답해설 | ③ 95% 글 중반부에서 Telephone is a cool medium, or one of low definition이라고 했으므로 전화는 저선명도의 쿨 미디어에 해당한다.

어휘

distinguish A from B A를 B와 구별[구분]하다
definition (라디오 재생음 · 텔레비전 재생화의) 선명도, 명료도
be filled with ~로 가득 차다　　meager 빈약한, 불충분한

14 독해 > Micro Reading > 내용일치/불일치 　오답률 40%　답 ④

| 해석 | 12월은 주로 하와이에서 혹등고래 시즌의 시작을 나타내지만, 전문가들은 올해 그 동물들이 돌아오는 것이 늦어졌다고 말한다. 그 거대한 고래들은 그 섬에서 겨울의 상징적인 부분이며 패키지 투어 안내원들의 수입의 원천이다. 그러나 혹등고래 해양 보호 구역의 관리자들은 지금까지 혹등고래들을 발견하기가 어려워지고 있다는 보고를 받고 있다고 말했다. "한 가지 이론은 고래 수가 증가하여 이런 일이 발생한다는 것이었습니다. 이는 그들의 성공의 결과물입니다. 동물들이 더 많을수록, 그들은 먹이 자원을 위해 서로 경쟁하고, 돌아오는 긴 여행을 위해 비축한 에너지를 필요로 합니다." 마우이에 기반을 둔 자원 보호 매니저이자 보호구역의 대응 매니저인 Ed Lyman은 말했다. 그는 크리스마스이브에 고통받는 새끼 한 마리에 관한 (구조) 요청에 응하는 동안 얼마나 적은 수의 고래를 보았는지에 대해 놀랐고, "우리는 겨우 소수의 고래들만 봤어요."라고 말했다. 전임 보호 구역 공동 매니저인 Jeff Walters에 의하면, 매년 고래 수를 세는 것은 1월, 2월, 3월의 마지막 토요일이 되어서야 시작되기 때문에 관리자들이 구체적 숫자를 알기까지는 시간이 좀 걸릴 것이다.

① 하와이에서 혹등고래 시즌은 보통 연말에 시작된다.
② 혹등고래들은 하와이의 패키지 투어 안내원들에게 이익이 된다.
③ 하와이에서 발견되는 혹등고래 수의 감소는 그들의 성공 때문일 수도 있다.
④ 이번 고래 시즌에 하와이로 돌아오는 혹등고래의 수가 공식적으로 집계되었다.

| 정답해설 | ④ 60% 마지막 문장을 보면, 매해 집계는 1월, 2월, 3월의 마지막 토요일이 되어서야 시작되며 구체적인 숫자를 알기까지는 시간이 걸린다고 언급되어 있으므로 하와이로 돌아오는 혹등고래의 수가 공식적으로 집계되었다는 ④는 글의 내용과 일치하지 않는다.

어휘

humpback whale 혹등고래
tour operator 패키지 투어 안내원
reserve 비축(물)
calf (코끼리, 고래 등의) 새끼
hard number 구체적 숫자
iconic ~의 상징[아이콘]이 되는
sanctuary 보호 구역, 피난처
distressed 괴로워하는, 아파하는
a handful of 소수의

15 독해 > Logical Reading > 삽입 오답률 50% 답 ②

| 해석 | 사전은 단어 공부를 위한 당신의 가장 믿을 만한 자원이다. 그러나 그것들을 사용하는 습관은 길러져야 한다. 물론, 당신의 독서를 중단하고 단어를 찾아보는 것은 성가신 방해처럼 느껴질 수 있다. 당신은 스스로에게 만약 계속 읽다 보면 결국 문맥에서 그 뜻을 이해할 것이라고 말할지도 모르겠다. 실제로, 독해 학습 안내서들은 종종 그렇게 조언한다. ② 그러나 이해가 되지 않는다면, 당신은 곧 졸게 될 자신을 발견할 것이다. 종종 발생하는 것은 잠에 대한 요구가 아니라 점진적인 의식의 상실이다. 여기에서 그 요령은 졸음이 지배하기 전에, 단어 공부를 위해 사전을 붙잡을 만한 충분한 의지를 발휘하기 더 쉬울 때 단어 혼동의 조기 신호를 인식하는 것이다. 이러한 특별한 노력이 요구될지라도, 일단 그 의미가 명확해지면, 지각할 수 있는 안도감이 그 노력을 가치 있게 만든다.

| 정답해설 | ② 50% 주어진 문장이 역접 연결사 However로 시작하므로 내용의 전환이 일어나는 곳을 찾아야 한다. ② 이전에는 잠이나 졸음에 대한 내용이 없으나 ② 바로 뒤에서 졸음이 쏟아지는 이유와 졸음을 예방하는 방법이 나온다. 따라서 이해가 안 되면 졸게 될 것이라는 내용의 주어진 문장이 ②에 위치해야 문맥이 자연스러워진다.

어휘

drowsy 졸리는, 나른한
cultivate (습관·품성 등을) 기르다, 계발하다
interruption 중단, 가로막음
context 맥락
consciousness 의식, 자각
knack 재주, 요령
perceptible 인지할 수 있는, 지각할 수 있는
worthwhile 가치 있는, 보람 있는

16 독해 > Macro Reading > 주제 오답률 24% 답 ③

| 해석 | 사람들이 생산하는 다양한 것들을 보고 그것들의 차이점들을 묘사하는 것은 쉽다. 분명히 시는 수학 공식이 아니고, 소설은 유전학 실험이 아니다. 작곡가들은 분명히 시각 예술가들의 것과는 다른 언어를 사용하고, 화학자들은 극작가들이 하는 것보다 매우 다른 것들을 결합시킨다. 그러나 그들이 만들어 낸 다른 것들에 의해 사람들을 특징짓는 것은 그들이 창조하는 방식의 보편성을 놓치는 것이다. 왜냐하면 창의적인 과정의 단계에서, 과학자, 예술가, 수학자, 작곡가, 작가 그리고 조각가들은 감정, 시각적 이미지, 육체적 감각, 재생 가능한 패턴과 비유를 포함하여 우리가 "사고의 도구"라고 부르는 공통적인 (도구) 세트를 사용하기 때문이다. 그리고 창의적으로 생각하는 모든 사람들은 이러한 주관적인 사고 도구들에 의해 생겨난 아이디어들을 그들의 통찰력을 표현할 대중 언어로 번역하는 것을 배우는데, 이것은 다른 이들의 마음 속에서 새로운 아이디어를 불러일으킬 수 있다.
① 창의적 사고의 장애물들
② 예술과 과학의 차이점
③ 창의적 과정의 공통점
④ 다양한 직종들의 뚜렷이 구별되는 특징

| 정답해설 | ③ 76% 전반부에서는 사람들이 만들어 낸 것들의 차이점을 묘사하는 것은 쉽다고 하면서 이러한 차이점을 볼 수 있는 것들을 예시한다. 그러나 however가 있는 중반부 문장부터는 사람들이 만들어 낸 다른 것들에 의해 사람들을 특징짓는 행위는 그들의 창조 방식의 '보편성'을 놓치는 것이며, 그 사람들은 사고의 도구라고 불리는 a common set(공통적인 (도구) 세트)를 사용하고 있다고 했으므로 이 글의 주제로 가장 적절한 것은 ③이다.

어휘

mathematical 수학의, 수리적인
formula 공식
chemist 화학자
reproducible 재생 가능한
imaginative 창의적인, 상상력이 풍부한
give rise to ~을 불러일으키다, 낳다
distinctive 독특한, 특유한; 뚜렷이 구별되는

17 독해 > Reading for Writing > 빈칸 구 완성 오답률 41% 답 ②

| 해석 | 과학에서 단순한 대답은 거의 없다. 겉보기에는 간단한 질문들조차도, 증거를 찾는 사람들에 의해 조사될 때, 더 많은 질문들을 낳는다. 그러한 질문들은 미묘한 차이들, 여러 겹의 복잡함, 그리고 우리가 예상했을지도 모르는 것보다 더 자주 ② 초기의 직관에 반하는 결론들을 낳는다. 1990년대에 "어떻게 우리는 산소에 굶주린 암세포들과 싸우는가?"라고 묻던 연구원들은 한 가지 분명한 해결책을 제공했다. 즉, 암세포들의 혈액 공급을 중단함으로써 그것들에게 산소의 결핍을 느끼게 하는 것이다. 그러나 Laura Beil이 "Deflating Cancer"에서 설명하듯이 산소 박탈은 실제로는 암이 커지고 퍼지게 만든다. 과학자들은 새로운 전략을 찾아냄으로써 응답해 왔다. 예를 들면, 콜라겐 고속도로의 형성을 차단하는 것, 혹은 심지어 Beil이 썼듯이, 암세포에 "더 적게가 아닌, 더 많은 피"를 주는 것이다.
① 실현되지 않은 채 끝나는 계획들
② 초기의 직관에 반하는 결론들
③ 조심스러운 관찰들로 시작되는 위대한 발명들
④ 과학의 발전을 거스르는 오해들

| 정답해설 | ② 59% 산소에 굶주린 암세포들과 싸우는 방법으로 연구원들은 혈액 공급 중단으로 산소 결핍을 느끼게 하자는 해결책을 제공했으나, 산소 박탈은 실제로는 암이 커지고 퍼지는 현상을 초래했다는 예시가 나온다. 즉, 직관적 해결책이 도움이 되지 않았음을 알 수 있으므로 빈칸에는 ②가 가장 적절하다.

어휘

seemingly 겉보기에는
straightforward 간단한, 쉬운
probe 조사하다, 캐묻다
nuance 뉘앙스; 미묘한 차이
layer 막, 층, 겹
starve A of B A에게 B의 결핍을 느끼게 하다, A에게 B를 갈망하게 하다
cut off ~을 잘라내다, 끊다
deflate 쪼그라들게 하다, 공기를 빼다
deprivation 박탈, 부족
contradict 반박하다, 부정하다
intuition 직관력, 직감, 직관
go against ~에게 불리하다, ~에 반대하다

18 독해 > Reading for Writing > 빈칸 절 완성 오답률 26% 답 ③

| 해석 | 강의가 시작되기 전에, 그날의 강연자는 청중 각자에게 그의 논문의 복사본을 나누어 주었는데, 나도 한 부 받아 그것을 대충 넘겨 보고는 그 논문의 주제를 파악했다. 그가 시작하기를 기다리며, 나는 그 연설자가 (논문을) 읽지 않고 대신 청중에게 그가 그 주제에 관해 알고 있는 것들을 그 자신의 말로 직접 말해 주기를 조용히 기도했다. 그러나 대단히 실망스럽게

도, 그는 ③ 그의 장황하고 잘 준비된 논문을 충실하게 읽어 나가기 시작했다. 곧 나는 내가 기계적으로 내 손에 있는 그 논문에 인쇄된 글자들을 따라 읽고 있음을 알아차렸다.

① 그의 강의를 너무 형식적으로 만들까 봐 걱정스러웠다
② 그의 논문을 보지 않고 그의 이론들을 상세히 설명했다
③ 그의 장황하고 잘 준비된 논문을 충실하게 읽어 나가기 시작했다
④ 청중의 매료시키기 위해 유머러스한 제스처를 많이 사용했다

| 정답해설 | ③ 74% I prayed in silence ~ what he knew on the subject.에서 필자는 그 연설자가 논문을 그냥 읽어 내려가는 것이 아니라 자신의 언어로 직접 설명해 주기를 기대했음을 알 수 있다. 그러나 But to my great disappointment를 통해 그와는 반대되는 상황이 일어났음을 추측할 수 있으므로, 빈칸에는 ③이 들어가야 알맞다.

어휘
leaf through (책 등을) 대충 넘겨 보다
mechanically 기계적으로 / elaborate 상세히 서술하다
faithfully 충실히 / make use of ~을 이용하다

19 독해 > Reading for Writing > 빈칸 구 완성 오답률 51% 답 ③

| 해석 | Tolstoy에 관한 유명한 에세이에서, 진보적인 철학자 Isaiah Berlin 경은 그리스 서정 시인 Archilochus(기원전 7세기)의 말이라고 여겨지는 고대의 격언을 상기함으로써 두 종류의 사상가들을 구분했다. "여우는 많은 것을 알지만, 고슴도치는 중요한 한 가지를 안다." 고슴도치들은 하나의 중심적인 생각을 가지고 오로지 그 생각의 프리즘을 통해 세상을 바라본다. 그들은 복잡함과 예외들을 간과하거나 그들의 세계관에 어울리도록 그것들을 만든다. 모든 시대와 상황에 들어맞는 진실한 대답 한 가지가 존재한다. Berlin이 더 크게 공감했던 여우들은 세상에 대한 다양한 견해를 가지고 있는데, 그것은 그들이 ③ 하나의 중요한 구호를 조리 있게 말하는 것을 못하도록 한다. 그들은 세상의 복잡함이 일반화를 막는다고 느끼기 때문에 거창한 이론들에 대해 회의적이다. Berlin은 Shakespeare가 여우였던 반면 Dante는 고슴도치였다고 생각했다.

① 이성적으로 행동하는 것
② 다양한 해답을 찾아내는 것
③ 하나의 중요한 구호를 조리 있게 말하는 것
④ 세상의 복잡함을 이해하는 것

| 정답해설 | ③ 49% Berlin이 구분한 두 종류의 사상가들을 각각 여우와 고슴도치에 비유해 설명하는 글이다. 빈칸에는 하나의 세계관으로 세상을 바라보는 고슴도치와 달리 다양한 견해를 가지고 있는 여우의 세계관과 일치하는 내용이 제시되어야 한다. 따라서 ③이 빈칸에 들어갈 말로 가장 적절하다.

어휘
hark back to ~을 상기하다
attribute ~로 여기다; 원인을 ~에 돌리다
lyric poet 서정 시인 / hedgehog 고슴도치
exclusively 배타적으로; 오직 / prism 프리즘, 각기둥
complication 복잡함; 문제; 합병증
have a take on ~에 대한 견해[의견]를 갖다
variegated 얼룩덜룩한; 갖가지의, 다양성이 많은
skeptical 회의적인, 의심 많은
articulate 분명히 표현하다, 조리 있게 말하다

오답률 TOP 2

20 독해 > Macro Reading > 주장 오답률 54% 답 ①

| 해석 | Locke의 사유 재산 옹호론에서, 주요한 핵심은 우리가 우리의 노동을 신이 주신 토지와 조화시킬 때 발생하는 것이다. 우리는 일을 함으로써 그 토지에 가치를 부여한다. 우리는 한때 놀고 있던 땅을 비옥하게 만든다. 이러한 점에서 토지 가치의 근원 또는 부가된 가치는 바로 우리의 노동력인 것이다. 이러한 나의 노동력이 갖는 가치 창조의 힘은 그것을 개간함으로써 내가 가치 있게 만들었던 토지의 일부, 그것을 파서 내가 물을 가득 채웠던 우물, 내가 키우고 살 찌웠던 가축들을 내가 소유하는 것을 정당하게 만든다. Locke로 인해서 Homo faber(노동의 인간)는 정치사상사에서 최초로 지엽적 인물이 아닌 중심 인물이 된다. Locke의 세계에서, 지위와 명예는 여전히 귀족 계급으로 흘러갔는데, 그들은 광대한 토지를 소유할 권리를 부여받았으나 정확하게는 새로운 경제적인 현실이 노동에 의해 실제로 가치를 창출했던 중산층으로 부가 이행되는 과정에 있었기 때문에 역사가 그들을 그냥 스쳐 지나가게 놔 두었다. 시간이 지난 후 노동의 중요성에 대한 Locke의 부상은 떠오르는 중산층의 관심을 끌기 마련이었다.

① 사유 재산의 소유권은 노동으로부터 나온다.
② 노동은 귀족 사회에서 가장 중요한 이상이다.
③ 사유 재산의 축적은 행복의 원천이다.
④ 부르주아(중산층) 사회로의 순조로운 전환은 사회 진보에 있어 필수적이다.

| 정답해설 | ① 46% '나의 노동력이 갖는 가치 창조적인 힘이 내가 개간한 토지, 내가 판 우물, 내가 키우고 살 찌운 가축들을 소유하는 것을 정당하게 만든다'는 Locke의 이론을 통해 그가 주장하는 바는 사유 재산의 소유권이 노동으로부터 나온다는 것임을 알 수 있다.

| 오답해설 | ② 38% 글의 후반부에 부가 귀족 계급에서 중산층으로 이행되는 과정에서 노동을 중시하는 Locke의 사상은 중산층의 관심을 끌었다고 했으므로 노동은 귀족 사회가 아니라 부르주아 사회에서 중시되었음을 알 수 있다.
③ 4% 본문에서 행복의 원천에 관해 언급한 적은 없다.
④ 12% 중산층으로 부가 이행되는 과정이 언급되었지만 사회 발전과 연결시켜 설명하고 있지는 않다.

어휘
fertile 비옥한 / fallow 사용하지 않는, 묵히고 있는
fatten 살찌우다, 살찌다 / peripheral 주변적인, 지엽적인
landholding 소유하고 있는 토지, 토지 소유, 토지 임대
be bound to V ~하게 마련이다, ~할 수밖에 없다
bourgeois 중산 계급의 (시민); 상공업자; 자본가

2019 6월 15일 시행 서울시 9급 (Ⓐ책형)

합격예상 체크

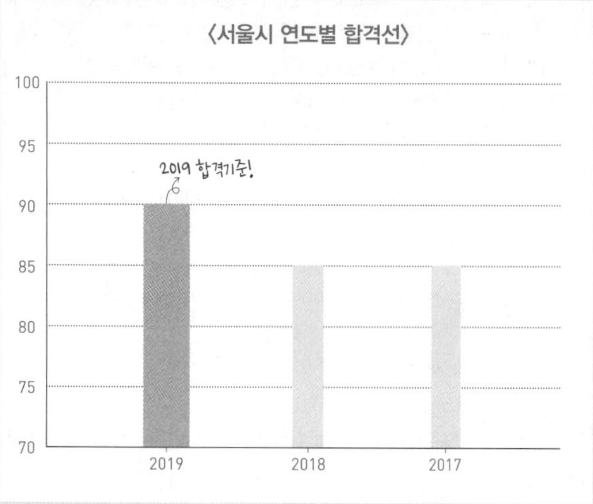

맞힌 개수	/20문항	점수	/100점

➡ □합격 □불합격

취약영역 체크

문항	정답	영역	문항	정답	영역
1	④	어휘 > 유의어 찾기	11	②	독해 > Macro Reading > 제목
2	①	어휘 > 유의어 찾기	12	③	독해 > Logical Reading > 문맥상 다양한 추론
3	①	어휘 > 빈칸 완성	13	①	어휘+문법 > 빈칸 완성
4	②	어휘 > 빈칸 완성	14	③	독해 > Logical Reading > 연결사
5	②	어휘 > 빈칸 완성	15	④	독해 > Reading for Writing > 빈칸 절 완성
6	④	생활영어 > 회화/관용표현	16	②	독해 > Reading for Writing > 빈칸 구 완성
7	①	문법 > 동사	17	④	독해 > Reading for Writing > 빈칸 구 완성
8	①	문법 > 태	18	③	독해 > Logical Reading > 삭제
9	③	문법 > 일치	19	③	독해 > Logical Reading > 삽입
10	④	문법 > 비교	20	②	독해 > Logical Reading > 배열

⬇ 영역별 틀린 개수로 취약영역을 확인하세요!

어휘	/6	문법	/4	독해	/9	생활영어	/1

➡ 나의 취약영역: ______

※ [정답해설]과 [오답해설] 선지의 50% 표시는 〈1초 합격예측 서비스〉를 통해 수집된 선지 선택률을 나타냅니다.

1 어휘 > 유의어 찾기 오답률 24% 답 ④

| 해석 | 적어도 고등학교에서 그녀는 마침내 그녀의 부모와 일치하는 하나의 결정을 했다.

① 9% 다퉜다 ② 10% 논쟁했다
③ 5% 헤어졌다 ④ 76% 동의했다

| 정답해설 | ④ see eye to eye는 '(의견이) 일치하다'라는 의미를 갖는 관용표현이며 agree(동의하다)와 유의어 관계이다.

어휘

make a decision 결정하다

2 어휘 > 유의어 찾기 오답률 52% 답 ①

| 해석 | 정당화는 문제의 행위에 대한 책임을 인정하지만, 그것과 관련된 경멸적 자질을 부정하는 설명이다.

① 48% 경멸적인 ② 12% 외향적인
③ 25% 의무적인 ④ 15% 불필요한, 여분의

| 정답해설 | ① pejorative는 '경멸적인, 비난하는 의미의'를 뜻하는 단어로 유의어 관계에 있는 단어는 derogatory이다.

| 더 알아보기 | pejorative의 유의어

derogatory, contemptuous, slighting

어휘

justification 정당화
associate A with B A와 B를 연관 짓다

3 어휘 > 빈칸 완성 오답률 18% 답 ①

| 해석 | 검사들은 먼지와 열악한 위생 시설을 황열병의 원인에서 배제시켰고, 모기가 ① 의심되는 매개체였다.

① 82% 의심되는 ② 9% 미개한, 야만적인
③ 3% 유쾌한, 기운찬 ④ 6% 자원받은

| 정답해설 | ① 황열병의 원인에서 먼지와 위생은 배제되었으므로 모기가 '의심되는' 매개체임을 추론할 수 있다. 따라서 빈칸에 가장 적절한 표현은 '의심되는'이라는 뜻의 suspected이다.

어휘

rule out 배제하다, 제외하다 sanitation 위생 시설
yellow fever 황열병 carrier 매개체

4 어휘 > 빈칸 완성 오답률 45% 답 ②

| 해석 | 일반적으로 말해서, 현대를 인류 역사의 전체 규모와 비교했을 때 2018년에 살고 있는 사람들은 꽤 운이 좋다. 기대 수명은 약 72세에서 ② 맴돌고 있으며, 불과 1세기 전에 만연하고 치명적이었던 천연두나 디프테리아 같은 질병은 예방할 수 있거나 치료할 수 있거나 완전히 근절되었다.

① 14% 축소하다 ② 55% 맴돌다; 배회하다
③ 16% 시작하다 ④ 15% 악화시키다

| 정답해설 | ② 현재 기대 수명이 72세에서 맴돈다고 하는 것이 문맥상 적절하므로 빈칸에 알맞은 표현은 hovers(맴돌다)이다.

어휘

generally speaking 일반적으로 말하면
fortunate 운이 좋은 life expectancy 기대 수명
smallpox 천연두 widespread 널리 퍼진
deadly 치명적인 curable 치료할 수 있는
eradicate 뿌리 뽑다, 근절하다

5 어휘 > 빈칸 완성 오답률 49% 답 ②

| 해석 | 과거의 사건들에 우리의 인생과 결정에 대한 ② 본보기들을 제공할 수 있는 구체적인 패턴이 있다고 상상하는 것은 역사에 그것이 실행시킬 수 없는 확실성의 희망을 투영시키는 것이다.
① 13% 환각들 ② 51% 본보기들
③ 21% 질문들 ④ 15% 소동

| 정답해설 | ② 만일 과거의 사건들에 구체적인 패턴이 있다면 그러한 패턴이 현재의 우리들에게는 하나의 예시 혹은 본보기가 될 수 있으므로, 빈칸에 알맞은 표현은 templates(본보기들)이다.

어휘

concrete 구체적인 project 투사하다
certainty 확실성 fulfill 이행하다; 실행하다

6 생활영어 > 회화/관용표현 오답률 11% 답 ④

| 해석 | ① A: 토요일에 봤던 영화는 어땠어?
B: 훌륭했어. 정말 재미있게 봤어.
② A: 안녕하세요. 셔츠 몇 장을 다림질해 주셨으면 하는데요.
B: 네, 그것들이 얼마나 빨리 필요하신데요?
③ A: 싱글 룸으로 하시겠습니까, 더블 룸으로 하시겠습니까?
B: 오, 저만 사용할 거라서 싱글 룸이면 좋겠습니다.
④ A: 보스턴으로 가는 다음 비행기가 몇 시에 있나요?
B: 보스턴까지 약 45분 정도 걸릴 거예요.

| 정답해설 | ④ 89% 보스턴으로 가는 다음 비행기가 몇 시에 있는지 물어보는 질문에 그곳까지 소요되는 시간을 답하는 것은 적절하지 않다.

어휘

press 다림질하다

7 문법 > 동사 오답률 49% 답 ①

| 해석 | 발명가 Elias Howe는 재봉틀의 발견을 식인종에게 붙잡힌 꿈 덕분이라고 했다. 그는 그들이 그의 주위에서 춤을 출 때 창끝에 구멍이 있다는 것을 알아차렸고, 그는 이것이 그의 문제를 해결하기 위해 필요한 디자인적 특징이라는 것을 깨달았다.

| 정답해설 | ① 51% 「attribute A to B」는 'A를 B의 덕분[탓]으로 돌리다'라는 표현이다. 재봉틀의 발견이 꿈 덕분임을 문맥을 통해서 알 수 있으므로 for는 to로 고쳐야 한다.

| 오답해설 | ② 21% 선행사를 수식하는 「전치사 + 관계대명사」가 이끄는 절은 완전해야 한다. 따라서 주어진 문장의 밑줄 친 in which는 「전치사 + 관계대명사」의 형태로 관계사절이 이끄는 절 he was captured by cannibals가 완전한 문장이며 선행사 a dream을 수식하고 있으므로 어법상 알맞다.
③ 22% 동사 noticed의 목적어 역할을 하는 절을 이끄는 명사절 접속사 that이므로 어법상 적절하다.
④ 6% 밑줄 친 to solve는 목적을 나타내는 to부정사의 부사적 용법으로 어법상 적절하게 사용되었다. 주어진 문장의 he needed는 목적격 관계대명사가 생략된 관계사절로 선행사 the design feature를 수식하고 있다. 밑줄 친 to solve가 needed의 목적어로 쓰인 to부정사가 아님에 유의해야 한다.

어휘

attribute A to B A를 B의 탓으로 돌리다
sewing machine 재봉틀 capture 잡다
cannibal 식인종 spear 창
feature 특징; 기능

8 문법 > 태 오답률 45% 답 ①

| 해석 | 1955년 경 Nikita Khrushchev는 구소련에서 Stalin의 후계자로서 등장했으며, 그로써 동서양이 그들의 경쟁은 계속할 예정이지만 덜 대립적인 방법으로 하는 "평화 공존" 정책에 착수했다.

| 정답해설 | ① 55% emerge(나타나다, 등장하다)는 수동태로 사용할 수 없는 완전자동사이다. 따라서 had been emerged는 had emerged로 고쳐야 한다.

| 오답해설 | ② 10% embark on은 '~에 착수하다'라는 뜻이다. 1955년의 과거 사실을 서술하고 있고 주어와 능동 관계이므로 과거형인 embarked on은 어법상 옳은 표현이다.
③ 8% whereby는 '그로써 ~하는, 그것에 따라 ~하는'이라는 의미의 격식체 관계부사로 사용되었으며, 뒤따라오는 절은 완전한 형태로 옳게 사용되었다.
④ 27% 주어가 복수명사 East and West이므로 복수동사 were가 오는 것은 어법상 적절하다. 또한 were to continue는 to부정사의 형용사적 용법 중 서술적 용법[be to 용법]으로 옳게 사용되었다.

| 더 알아보기 | 수동태로 쓸 수 없는 동사

- come 오다
- happen 발생하다
- occur 발생하다
- remain ~인 채로 남겨지다
- result in 결과적으로 ~이 되다

어휘

emerge 나타나다, 등장하다 successor 후계자
embark on ~에 착수하다 peaceful coexistence 평화 공존
whereby 그로써 ~하는, 그것에 따라 ~하는
confrontational 대립하는, 대결의 manner 방법

9 문법 > 일치 오답률 28% 답 ③

| 해석 | 오징어, 문어, 갑오징어는 모두 두족류이다. 이 동물들 각각은 피부 아래에 색소, 즉 유색 액체가 들어 있는 특별한 세포를 가지고 있다. 두족류는 이 세포들을 피부 쪽으로 또는 피부로부터 멀어지게 이동시킬 수 있다. 이것은 그것이 자신의 외모의 무늬와 색을 바꿀 수 있게 한다.

| 정답해설 | ③ 72% 관계대명사 that의 선행사는 its skin이 아니라 special cells이다. 주격 관계대명사절의 동사는 선행사에 수를 일치시켜야 하므로 contains는 contain으로 고쳐야 한다.

| 오답해설 | ① 11% 주어가 squid, octopuses, and cuttlefish로 복수명사이므로 보어로 복수명사 types가 오는 것은 적절하다.

② 8% 문장의 동사가 3인칭 단수 형태인 has이므로 항상 단수 취급하는 대명사 Each가 주어로 쓰인 것은 옳다.

④ 9% 「allow + 목적어 + to부정사」 구문으로, '목적어가 ~하게 허용하다, 허락하다'라는 의미로 사용되어 적절하다.

어휘

cuttlefish 갑오징어	cephalopod 두족류
pigment 색소, 안료	appearance 외모, 외향

10 문법 > 비교 오답률 14% 답 ④

| 해석 | 도시를 유지하는 것보다 더 심각한 문제가 있다. 사람들이 혼자 일하는 것이 더 편안해질수록, 그들은 덜 사교적이 될 수도 있다. 한 번의 비즈니스 미팅을 위해 옷을 차려입는 것보다 편안한 운동복이나 목욕 가운을 입고 집에 있는 것이 더 쉽다!

| 정답해설 | ④ 86% 비교 대상이 동일한 품사 형태로 쓰여야 한다. 따라서 to stay와 병렬 구조를 이루도록, getting dressed는 to get dressed로 고쳐야 한다.

| 오답해설 | ① 2% '도시를 유지하는 것'이라는 의미로 동명사 maintaining은 올바른 표현이다.

② 6% 열등 비교는 「less + 형용사/부사의 원급」으로 표현한다. 따라서 less의 쓰임은 올바르다.

③ 6% 문장 후반부에 than이 있으므로 비교급 형용사 easier는 올바른 표현이다.

11 독해 > Macro Reading > 제목 오답률 7% 답 ②

| 해석 | 경제학자들은 정보재의 생산은 높은 고정 비용과 낮은 한계 비용을 수반한다고 말한다. 정보재의 첫 번째 사본 제작 비용은 상당할 수 있지만, 추가 사본을 제작(또는 복제)하는 비용은 무시할 수 있다. 이런 종류의 비용 구조는 많은 중요한 의미를 가지고 있다. 예를 들어, 가격에 바탕을 둔 가격 책정은 효과가 없다. 단가가 0일 때 10%나 20%의 가격 인상은 말이 되지 않는다. 당신은 당신의 생산 비용에 따라서가 아니라 소비자 가치에 따라 당신의 정보재의 가격을 책정해야 한다.

① 저작권 확보 ② 정보재의 가격 책정
③ 지적 재산으로서의 정보 ④ 기술 변화의 비용

| 정답해설 | ② 93% 정보재의 생산은 고정 비용은 높지만 한계 비용이 낮아서 생산 비용에 따라 값을 매기는 것이 아니라 소비자 가치에 따라 가격을 매겨야 한다고 설명하고 있으므로, 글의 제목으로 가장 적절한 것은 '정보재의 가격 책정'이다.

| 더 알아보기 | Information Goods(정보재)

> 책, 영화, 음악, 기술, 소프트웨어, 데이터 서비스 등 디지털화가 가능한 제품을 말한다. 초기에 원본을 생산하는 데는 막대한 비용이 소요되지만 추가적인 생산 비용이 거의 들지 않는다는 특징을 가지고 있다.

어휘

fixed cost 고정 비용	marginal cost 한계 비용
substantial 상당한	negligible 무시할 수 있는
implication 의미, 암시	markup 가격 인상
make no sense 말이 되지 않다	unit cost 단가
production cost 생산 비용	intellectual property 지적 재산

12 독해 > Logical Reading > 문맥상 다양한 추론 오답률 20% 답 ③

| 해석 | 드라큘라 개미는 때때로 자기 새끼의 피를 마시는 방식으로 이름을 날린다. 하지만 이번 주에, ① 그 곤충들은 명성을 떨칠 새로운 주장을 얻었다. 'Mystrium camillae' 종의 드라큘라 개미는 그들의 턱을 매우 빠르게 딱딱 소리를 내며 맞부딪힐 수 있어서, 당신은 5,000번의 딱딱거림을 우리가 눈을 깜박하는 데 걸리는 시간에 끼워 맞출 수 있을 것이다. 이번 주 *Royal Society Open Science*지에 발표된 한 연구에 따르면, 이것은 ② 그 흡혈 곤충들이 자연에서 가장 빠르다고 알려진 움직임을 행한다는 것을 의미한다. 흥미롭게도, 개미들은 단지 턱을 너무 세게 맞다물어서 ③ 그것들이 구부러지는 것만으로도 기록을 깨는 스냅을 만들어 낸다. 그것이 다른 쪽 턱을 미끄러지듯 지나 시속 200마일 이상의 최고 속도에 도달하면서 엄청난 속도와 힘으로 강타할 때까지 이것은 용수철처럼 한쪽 턱에 에너지를 저장한다. 그것은 당신이 손가락으로 딱딱 소리를 낼 때 벌어지는 일과 약간 비슷한데, 단지 1,000배 더 빠를 뿐이다. 드라큘라 개미는 ④ 그들이 나뭇잎 쓰레기 밑에서 또는 지하 터널에서 사냥하는 것을 선호하기 때문에 비밀스런 포식자들이다.

| 정답해설 | ③ 80% they는 their jaws(그들의 턱들)를 지칭하지만, 나머지 ①, ②, ④는 모두 드라큘라 개미를 가리킨다.

어휘

claim 주장; 요구, 청구; 권리	fame 명성을 떨치다; 명성
snap 딱딱 소리를 내다	blood-sucker 흡혈 동물
wield 사용하다, 휘두르다, 행사하다	slide 미끄러지다
lash out 후려갈기다, 강타하다	velocity 속도
secretive 비밀의, 숨기는	subterranean 지하의, 숨은

오답률 TOP 2

13 어휘+문법 > 빈칸 완성 오답률 67% 답 ①

| 해석 | 나는 바닥에 앉은 채로 독일의 한 기차에서 너에게 편지를 쓰고 있어. 기차는 사람들로 꽉 찼어. 그리고 좌석은 모두 만석이야. 하지만, 이미 자리에 앉아 있는 사람들에게 그들의 좌석을 ① 양보하게 하는 "comfort customers"라는 특별한 등급이 있어.

| 정답해설 | ① 33% comfort customers는 이미 자기 자리에 앉아 있는 사람들이 자기 자리를 '차지하는(take)' 것이 아니라 '양보하게(give up)' 만드는 특별한 등급의 승객임을 문맥을 통해서 파악할 수 있으므로 의미상 give up이 와야 하는데, 사역동사 make의 목적격 보어 자리이므로 원형부정사인 give up이 오는 것이 적절하다.

어휘

crowded 붐비는

14 독해 > Logical Reading > 연결사 오답률 15% 답 ③

| 해석 | 한 나라의 부는 교육에서 중심적인 역할을 수행하므로 민족 국가로부터 나오는 기금과 자원의 부족은 시스템을 약하게 할 수 있다. 사하라 이남 아프리카 정부들은 세계의 공공 자원의 2.4%만을 교육에 지출하지만 학령기 인구의 15%가 거기에 살고 있다. ③ 대조적으로, 미국은 전 세계에서 소비되는 전체 돈의 28%를 교육에 소비하지만 학령기 인구의 단지 4%만이 산다.

① 그럼에도 불구하고 ② 게다가
③ 대조적으로 ④ 마찬가지로

| 정답해설 | ③ 85% 미국과 아프리카 지역이 각각 교육에 소비하는 기금, 그리고 자원과 학령기 인구의 수를 제시하는 글이다. 빈칸 이전에 사하라 이남 아프리카는 학령기 인구 15%에 세계의 공공 자원 2.4%를 지출하고 있으며, 빈칸 이후에 미국은 학령기 인구 4%에 세계에서 소비되는 전체 돈의 28%를 소비한다고 서술하고 있다. 즉 본문을 통해서 인구 대비 소비되는 교육 기금의 현저한 차이를 제시하고 있다. 따라서 학령기 인구 당 미국이 아프리카 지역과 비교해, 대조적으로 교육에 더 많이 투자하고 있다는 것을 알 수 있으므로 빈칸에는 역접, 대조를 나타내는 연결사 ③ Conversely가 들어가는 것이 적절하다.

어휘
central 중심적인
nation-state 민족 국가(민족을 단위로 하여 형성된 국가)
house 살다; 장소를 제공하다

오답률 TOP 1

15 독해 > Reading for Writing > 빈칸 절 완성 오답률 69% 답 ④

| 해석 | "매우 성실한 직원들은 나머지 우리들보다 일련의 일을 더 잘합니다."라고 성실성을 연구하는 Illinois 대학의 심리학자인 Brent Roberts는 말한다. Roberts는 그들의 성공을 "위생" 요인에 돌린다. 성실한 사람들은 자신의 삶을 잘 정리하는 경향이 있다. 체계적이지 못하고 불성실한 사람은 올바른 문서를 찾기 위해 파일을 뒤지면서 20~30분을 낭비할지도 모르는데, 이는 성실한 사람들은 피하는 경향이 있는 비효율적인 경험이다. 기본적으로, 성실해짐으로써 사람들은 그렇지 않다면 그들이 스스로 만들어 낼 수 있는 ④ 스트레스를 회피한다.

① 좌절을 극복한다 ② 철저한 일을 한다
③ 표준을 따른다 ④ 스트레스를 회피한다

| 정답해설 | ④ 31% 성실한 직원과 불성실한 직원의 차이를 위생 요인의 관점에서 설명한 글이다. 성실한 사람들은 자신의 삶을 잘 정리하지만 그렇지 않은 사람들은 성실한 사람들이 겪지 않는 비효율을 경험할 수도 있다고 말하고 있다. 따라서 성실하면 불성실로 인한 '스트레스를 회피할' 수 있다는 흐름이 되는 것이 적절하다.

어휘
conscientious 성실한
conscientiousness 성실함
hygiene 위생
tendency 경향
disorganized 체계적이지 못한
root 뒤지다, 파헤치다
folk 사람들
setback 좌절
norm 표준, 기준
sidestep 회피하다, 비켜 가다

16 독해 > Reading for Writing > 빈칸 구 완성 오답률 36% 답 ②

| 해석 | 기후 변화, 삼림 벌채, 널리 퍼진 오염, 그리고 생물다양성의 6번째 대량 멸종은 모두 오늘날 우리 세계에서의 삶, 즉 "인류세"로 알려지게 된 시대를 정의한다. 이러한 위기는 생산과 세계 생태계의 한계를 크게 초과하지만 비난은 균등하게 공유되는 것과 거리가 먼 소비에 의해 뒷받침된다. 세계에서 가장 부유한 42명이 가장 가난한 37억 명이 소유한 만큼의 재산을 소유하고 있으며, 그들은 훨씬 더 큰 환경적 영향을 초래한다. 따라서 일부에서는 끝없는 성장과 ② 소수의 주머니 안에 들어 있는 부의 축적이라는 자본주의의 논리를 반영하여 생태 파괴와 증가하는 불평등의 이 시대를 묘사하기 위해 "자본세"라는 용어를 사용할 것을 제안하였다.

① 여전히 우리의 손이 미치는 곳에 있는 더 나은 세상
② 소수의 주머니 안에 들어 있는 부의 축적
③ 기후 변화에 대한 효과적인 대응
④ 더 실행 가능한 미래를 위한 타오르는 욕구

| 정답해설 | ② 64% 빈칸 이전에 세계에서 가장 부유한 42명이 가장 가난한 37억 명이 소유한 만큼의 재산을 소유하는 것과 같이 부유한 사람에게 더 많은 자본이 몰리는 '부의 불평등' 문제를 지적하고 있다. 따라서 빈칸에는 '자본의 편중'을 지적하는 선지가 분명히 제시된 표현이 들어가는 것이 적절하므로 ② the accumulation of wealth in fewer pockets(소수의 주머니 안의 부의 축적)가 들어가는 것이 적절하다.

어휘
deforestation 삼림 벌채
mass extinction 대량 멸종
biodiversity 생물 다양성
Anthropocene 인류세
underpin 뒷받침하다
evenly 공평하게
generate 발생시키다
devastation 황폐, 파괴
inequality 불평등
accumulation 축적
viable 실행 가능한

오답률 TOP 3

17 독해 > Reading for Writing > 빈칸 구 완성 오답률 55% 답 ④

| 해석 | 고대 그리스 비극 시대부터 서양 문화는 복수하는 사람에게 사로잡혀 있었다. 그 또는 그녀는 완전한 일련의 경계선 위에 서 있는데, 즉 문명과 야만 사이, ④ 그 혹은 그녀 자신의 양심에 대한 개인적 책임과 법치에 대한 공동체의 필요 사이, 그리고 정의와 자비의 상반되는 요구 사이에 서 있다. 우리가 사랑하는 사람을 죽인 자들에게 똑같이 복수할 권리가 우리에게 있는가? 아니면 복수심을 법이나 신에게 맡겨야 할까? 그리고 만약 우리가 우리 손으로 직접 행동을 취한다면, 우리는 살인을 한 원래 가해자와 같은 도덕적인 수준으로 우리 스스로를 낮추는 것은 아닌가?

① 복수하는 사람을 타락한 상태로부터 구원하는 것
② 인간의 잔혹 행위에 대한 성스러운 복수
③ 부패한 정치인들의 도덕적 타락
④ 그 혹은 그녀 자신의 양심에 대한 개인적 책임

| 정답해설 | ④ 45% 주어진 글은 개인적 복수의 정당성을 서술하고 있다. 빈칸이 포함된 문장은 이전에 서술된 내용인 '복수하는 사람이 서 있는 경계선'을 구체적으로 제시하고 있다. 다시 말해 빈칸 앞의 between civilization and barbarity(문명과 야만)와 빈칸 뒤의 between the conflicting demands of justice and mercy(정의와 자비)를 통해서 반대 의미인 두 개념을 제시한 것으로 보아, 빈칸에도 the community's need for the rule of law(법치에 대한 공동체

의 필요)와 반대되는 개념이 들어가야 함을 알 수 있다. 따라서 빈칸에는 '공동체의 필요'와 반대 개념인 '개인적 책임'을 서술하는 ④가 가장 적절하다.

어휘

haunt 뇌리에서 떠나지 않다, 끊임없이 떠오르다
revenger 복수하는 사람
borderline 경계(선)
barbarity 야만, 잔혹 행위
conflicting 상충되는
mercy 자비
exact (남에게 나쁜 일을) 가하다
revenge 복수
vengeance 복수
perpetrator 가해자
murderous 살인의, 흉악한
redemption 되찾기, 상환, 구원
depraved 부패한, 타락한
divine 신의, 신성한
atrocity 잔학 행위, 포악
depravity 타락, 부패
corrupt 부패한
accountability 책임, 의무

18 독해 > Logical Reading > 삭제 오답률 21% 답 ③

| 해석 | 각각 특징적인 방법과 목적이 있는 네 가지 종류의 읽기를 말하는 것은 나에게 가능한 것처럼 보인다. 첫 번째는 정보를 위한 읽기인데, 즉 무역이나 정치학, 또는 무언가를 성취하는 방법에 대해 배우기 위해 읽는 것이다. 우리는 이런 방법으로 신문, 대부분의 교과서들 혹은 자전거를 어떻게 조립하는지에 대한 설명서를 읽는다. 이 자료의 대부분으로 독자는 그가 필요한 것을 찾아내고 문장의 리듬 혹은 은유 작용처럼 그와 관련이 없는 것을 무시하면서 빠르게 페이지를 살펴보는 법을 배울 수 있다. ③ 우리는 또한 은유와 단어의 연관성을 통해 감정의 자취를 기록할 수 있다. 속독 과정은 눈이 빠르게 페이지를 이리저리 옮겨 다니는 것을 훈련하면서 우리가 이러한 목적을 위해 읽는 것을 도와줄 수 있다.

| **정답해설** | ③ 79% 네 가지 종류의 읽기 중 정보를 얻기 위한 읽기에 관한 글로, 그러한 읽기 유형이 필요한 자료와 읽기 방법, 그로 인한 효과가 설명되고 있다. 그러나 ③은 은유와 단어의 연관성을 이용한 기록 방법에 관한 내용으로 정보를 얻기 위한 읽기와 관련이 없다.

어휘

come up with ~을 찾아내다; 생각해 내다
irrelevant 무관한; 부적절한
play 작용, 운용, 영향
metaphor 비유, 은유
association 연관(성); 연상

19 독해 > Logical Reading > 삽입 오답률 37% 답 ③

| 해석 | 일의 의미에서의 문화적 차이는 다른 측면에서도 나타날 수 있다. 예를 들어, 미국 문화에서, 일은 돈을 모으고 생계를 꾸리는 수단이라고 생각하기 쉽다. 다른 문화권, 특히 집단주의 문화권에서는 일이 더 큰 집단에 대한 의무를 이행하는 것으로 보일 수 있다. ③ 이러한 상황에서, 우리는 개인이 속한 조직과 그 조직을 구성하는 사람들에 대한 개인의 사회적 의무 때문에 한 직장에서 다른 직장으로의 개인들의 이동이 더 적다는 것을 알게 될 것이라고 예상한다. 개인주의 문화에서는, 자신으로부터 직업을 분리하는 것이 더 쉽기 때문에 한 직업을 버리고 다른 직업으로 가는 것을 고려하는 것이 더 쉽다. 다른 직장에서도 같은 목표를 쉽게 달성할 것이다.

| **정답해설** | ③ 63% 주어진 글은 집단주의 문화와 개인주의 문화에서의 일의 의미의 차이점을 서술하고 있다. 〈보기〉에서는 집단 구성원에 대한 사회적 의무로 개인의 이직이 적다고 서술하고 있는데, 이는 개인의 이직보다 집단 구성원에 대한 사회적 의무가 우선시되는 것이므로 '집단주의 문화'와 관련된 것임을 유추할 수 있다. 따라서 〈보기〉에서의 this situation은 '집단주의 문화'를 지칭하는 것이므로 〈보기〉의 문장은 '집단주의' 문화에 대한 서술이 처음으로 등장한 ② 이후 문장에 뒤이어 ③에 들어가는 것이 가장 적절하다. 또한 ③ 이후의 문장은 '개인주의' 문화에 대해서 서술하고 있으므로 〈보기〉의 문장이 ③에 들어가는 것이 옳다.

어휘

obligation 의무
manifest 나타내다
make a living 생계를 꾸리다
collectivistic 집단주의의, 집산주의의
fulfill 이행하다, 완료하다
individualistic 개인주의의

20 독해 > Logical Reading > 배열 오답률 15% 답 ②

| 해석 | ㉡ 북아메리카에서 발견되는 곤충을 잡아먹는 작은 박쥐인 마이크로박쥐는 어둠 속에서 길을 찾고 먹잇감을 포착하는 데 좋을 것 같지는 않아 보이는 작은 눈을 가지고 있다.

㉣ 하지만 사실, 마이크로박쥐는 쥐와 다른 작은 포유동물들만큼 잘 볼 수 있다. 박쥐의 야행성 습관은 우리가 생각하는 것보다 밤에 먹이를 먹고 날아다니는 것을 훨씬 더 쉽게 해 주는 특별한 능력인 반향 위치 추적이라는 그들의 능력에 의해 도움을 받는다.

㉠ 어둠 속에서 길을 찾기 위해 마이크로박쥐는 입을 벌리고 인간이 들을 수 없는 고음의 꽥꽥거리는 소리를 내지르며 날아다닌다. 이 소리들 중 일부는 앞에 있는 나뭇가지와 다른 장애물뿐만 아니라 날아다니는 곤충들에게 메아리친다. 박쥐는 메아리에 귀를 기울이고 그 앞에 있는 사물들의 순간적인 그림을 뇌 속에 넣는다.

㉢ 반향 위치 측정, 즉 초음파라고도 불리는 것의 사용으로부터 마이크로박쥐는 모기나 다른 잠재적인 먹이에 대해 많은 것을 알 수 있다. 극도의 정확성으로, 반향 위치 측정은 마이크로박쥐가 동작, 거리, 속도, 움직임 및 모양을 인식할 수 있게 한다. 박쥐는 또한 인간의 머리카락보다 두껍지 않은 장애물을 감지하고 피할 수 있다.

| **정답해설** | ② 85% 먼저 마이크로박쥐가 무엇인지를 설명하는 ㉡이 시작 문단으로 가장 적합하다. ㉡에서 이 동물은 '밤에 돌아다니거나 먹이를 찾는 데 도움이 될 것 같지 않은 작은 눈을 가지고 있다'는 의문을 제시하고 있다. 이를 ㉣에서는 역접의 접속사인 But으로 연결한 후, 실제로는 다른 포유동물만큼 잘 볼 수 있음을 제시하면서 반박하는 것이 자연스럽다. 그 이후 ㉣에서 언급한 a special ability(특별한 능력)를 구체적으로 부연 설명하는 ㉠을 통해서, 박쥐의 echolocation이 밤에 도움이 된다는 것을 언급하고 있다. 이어서 ㉠에 제시된 능력을 통해, ㉢에서는 '이것이 먹이를 찾는 데 도움'이 되는 것을 서술하는 것이 문맥상 가장 적절하다. 따라서 정답은 ② ㉡ - ㉣ - ㉠ - ㉢ 이다.

어휘

navigate 길을 찾다, 항해하다
emit 내뿜다, 배출하다
high-pitched 고음의
squeak 날카로운 소리
echo off ~에 부딪혀 반향하다
instantaneous 즉각적인
spot 발견하다, 찾아내다
echolocation 반향 위치 측정
sonar 초음파
detect 감지하다

2018 6월 23일 시행 서울시 9급 (Ⓑ책형)

합격예상 체크

맞힌 개수	/20문항	점수	/100점

➡ □합격 □불합격

취약영역 체크

문항	정답	영역	문항	정답	영역
1	④	독해 > Reading for Writing > 빈칸 구 완성	11	③	어휘 > 빈칸 완성
2	③	독해 > Micro Reading > 내용일치/불일치	12	④	독해 > Micro Reading > 내용일치/불일치
3	④	독해 > Logical Reading > 배열	13	①	독해 > Logical Reading > 연결사
4	③	어휘 > 유의어 찾기	14	④	어휘 > 반의어 찾기
5	①	어휘 > 유의어 찾기	15	④	어휘 > 빈칸 완성
6	②	어휘 > 유의어 찾기	16	③	문법 > 일치
7	③	생활영어 > 회화/관용표현	17	④	문법 > 동사
8	②	문법 > 부사	18	②	독해 > Logical Reading > 문맥상 다양한 추론
9	③	문법 > 형용사	19	①	어휘 > 빈칸 완성
10	①	독해 > Reading for Writing > 빈칸 절 완성	20	③	독해 > Reading for Writing > 빈칸 절 완성

⬇ 영역별 틀린 개수로 취약영역을 확인하세요!

어휘	/7	문법	/4	독해	/8	생활영어	/1

➡ 나의 취약영역: ____________

※ [정답해설]과 [오답해설] 선지의 50% 표시는 〈1초 합격예측 서비스〉를 통해 수집된 선지 선택률을 나타냅니다.

1 독해 > Reading for Writing > 빈칸 구 완성 오답률 39% 답 ④

| 해석 | 사회적 학습 이론가들은 가정에서 공격성을 경험하는 아이들에게서 보이는 반격에 대한 다른 설명을 제시한다. 공격적 행동과 강압적인 가정에 관한 광범위한 연구는 회피하는 결과가 공격적인 반응을 끌어내고 진행 중인 강압적인 행동을 가속화시킬 수도 있다고 결론짓는다. 이러한 공격적 행위의 희생자들은 결국 모델링을 통해 공격적인 (행동의) 교환을 ④ 시작하는 것을 학습하게 된다. 이러한 일들은 공격적 행동의 사용을 영속화하고 아이들이 성인처럼 행동하는 법을 훈련시킨다.

① 멈추다 ② 약화시키다
③ 혐오하다 ④ 시작하다

| 정답해설 | ④ 61% 주어진 글은 가정에서 경험하는 공격적 행위가 어떻게 아이들에게 영향을 미치는지(어떻게 아이들이 배우게 되는지)를 사회적 학습 이론을 통해 설명한다. 빈칸 이전의 via modelling이라는 표현으로 보아 공격을 경험한 아이들은 결국 이를 배우게 된다는 흐름과, 빈칸 이후에 공격적 행동의 사용이 영속화되고 아이들이 성인처럼 행동하는 법을 훈련시킨다는 두 가지 점을 통해, 빈칸에는 공격적 행동의 교환을 시작한다(initiate)는 것이 내용상 가장 적절하다.

어휘

extensive 광범위한 / coercive 강압적인
aversive 회피적인, 혐오의 / elicit 유도하다, 끌어내다
accelerate 가속화하다 / via ~을 통하여, ~에 의해
interchange 교환 / perpetuate 영속시키다
attenuate 약화시키다 / abhor 혐오하다

2 독해 > Micro Reading > 내용일치/불일치 오답률 19% 답 ③

| 해석 | 프랑스 사회학자인 Marcel Mauss(1872~1950)는 Lorraine의 Épinal(Vosges)에서 태어났고, 긴밀하게 맺어진, 독실한 정통 유대인 가정 안에서 성장했다. Emile Durkheim은 그의 삼촌이었다. 18세 무렵, Mauss는 유대교 신앙에 반발했다. 즉, 그는 결코 신앙심이 깊은 사람이 아니었다. 그는 Bordeaux에서 Durkheim의 감독하에서 철학을 공부했다. Durkheim은 그의 조카의 공부를 지도하는 데 수고를 아끼지 않았고 심지어 Mauss에게 가장 유용할 강의 주제들을 골라 주기까지 했다. 그리하여 Mauss는 처음에는 (초기 Durkheim 학파 사람들의 대다수처럼) 철학자였고, 철학에 대한 그의 이해는 무엇보다도 그가 항상 최고의 존경심을 가졌던 Durkheim 본인에게서 영향을 받았다.

① 그는 유대인 배경을 가지고 있었다.
② 그는 그의 삼촌의 감독을 받았다.
③ 그는 광신적인 믿음을 가지고 있었다.
④ 그는 철학적 배경을 가진 사회학자였다.

| 정답해설 | ③ 81% Mauss는 독실한 유대인 가정에서 자랐지만 유대교 신앙에 반발했고 결코 신앙심이 깊은 사람이 아니었다고 했으므로 ③은 본문 내용과 일치하지 않는다.

| 오답해설 | ① 4% 첫 문장에서 Mauss가 유대인 가정에서 태어났다고 했으므로 본문 내용과 일치한다.

② 5% 삼촌인 Emile Durkheim의 감독하에 철학을 공부했다고

했으므로 본문 내용과 일치한다.

④ 10% 첫 문장에서 Mauss를 프랑스 사회학자라고 소개했고 본문 중반부에서는 삼촌의 감독하에 철학을 공부했다고 했으므로 그가 철학적 배경을 가진 사회학자였다는 것은 본문과 일치한다.

어휘

sociologist 사회학자
close-knit 긴밀히 맺어진
pious 독실한
orthodox 정통파의
supervision 감독, 관리
retain 유지하다
doctrinaire 교조적인

3 독해 > Logical Reading > 배열 오답률 27% 답 ④

| 해석 | ⓓ 사람들이 벌목을 하는 데는 새로울 것이 없다. 고대에, 그리스, 이탈리아, 영국은 숲으로 뒤덮여 있었다. 수세기 동안 그 숲들은 점차 축소되었다. 지금은 남은 것이 거의 없다.

ⓐ 그러나 오늘날 나무는 훨씬 더 빨리 베어지고 있다. 매년, 대략 200만 에이커의 숲이 베어진다. 이것은 영국 전체의 면적보다 더 크다.

ⓒ 벌목을 하는 중요한 이유들이 있기는 하지만, 지구상의 생명체에 대한 위험한 영향 또한 있다. 현재 삼림 파괴의 주요 원인은 목재에 대한 전 세계적인 수요이다. 선진국에서는, 사람들이 종이를 위해 점점 더 많은 목재를 사용하고 있다.

ⓑ 이 국가들에서는 수요를 충족시킬 만큼 충분한 나무가 없다. 따라서 목재 회사들은 아시아, 아프리카, 남아메리카, 그리고 시베리아의 숲에서까지 목재를 가져가기 시작했다.

| 정답해설 | ④ 73% 과거의 울창했던 숲의 모습과 이후 헐벗게 된 유럽의 숲의 모습을 개괄적으로 정리한 ⓓ가 맨 앞에 오고 이 뒤에는 Today, however로 시작하며 오늘날의 벌목을 비교하는 ⓐ가 이어지는 것이 적절하다. 남은 것은 ⓑ와 ⓒ인데, ⓑ의 these countries가 가리키는 것은 ⓒ의 마지막 문장에 나온 industrialized countries로 보는 것이 가장 적절하므로 ⓒ 뒤에 ⓑ가 와야 한다. 따라서 ⓓ－ⓐ－ⓒ－ⓑ의 순서가 알맞다.

어휘

cut down 베어 쓰러뜨리다
destruction 파괴
industrialized country 선진국, 산업 국가
cut back 축소하다, 줄어들다

4 어휘 > 유의어 찾기 오답률 48% 답 ③

| 해석 | 인간은 새로운 생각을 억압하려고 시도했던 정부 당국, 그리고 변화는 터무니없는 것이라고 선언했던 이전부터 내려오는 견해의 권위에 대해 계속해서 반항해 왔다.

① 18% 표현하다
② 11% 주장하다
③ 52% 억누르다
④ 19% 펼치다, 퍼뜨리다

| 정답해설 | ③ muzzle은 '입막음하다, (말하는 것 등을) 억압하다'라는 의미로, suppress와 의미가 가장 유사하다.

어휘

disobedient 반항적인
authorities 정부, 당국
authority 권위
nonsense 허튼소리

오답률 TOP 3

5 어휘 > 유의어 찾기 오답률 53% 답 ①

| 해석 | 너무 과시하려고 하지 마라. 당신은 당신의 글이 너무 격식이 없고 구어체인 것을 원하지 않지만, 당신은 또한 당신의 말이 아닌 누군가처럼, 예를 들어 당신의 교수, 상관, 또는 Rhodes 장학생 교육 조교처럼 들리는 것도 원하지 않을 것이다.

① 47% 과시하는
② 19% 평상시의, 우연한
③ 26% 공식적인
④ 8% 진실된, 진짜의

| 정답해설 | ① pompous는 (글이나 문체가) '과시적인, 거만한'의 의미를 가지고 있다. 선지 중에서는 presumptuous(주제넘은, 건방진, 뻔뻔한)가 의미상 가장 가깝다.

어휘

colloquial 구어체의

6 어휘 > 유의어 찾기 오답률 48% 답 ②

| 해석 | 외과의들은 그 일에 적합한 도구들을 찾을 수 없었기 때문에 어쩔 수 없이 그만두게 되었다.

① 7% 시작하다
② 52% 끝내다
③ 14% 기다리다
④ 27% 취소하다

| 정답해설 | ② call it a day는 '~을 그만하기로 하다, 일과를 끝내다'라는 의미이므로 finish와 의미가 가장 유사하다.

7 생활영어 > 회화/관용표현 오답률 8% 답 ③

| 해석 | ① A: 내일 예약을 하고 싶어요.
B: 네. 몇 시로요?
② A: 주문하시겠어요?
B: 네, 그 수프로 할게요.
③ A: 당신의 리조또는 어때요?
B: 네, 저희는 버섯과 치즈가 들어간 리조또가 있어요.
④ A: 디저트 드시겠어요?
B: 저는 괜찮아요, 감사해요.

| 정답해설 | ③ 92% 리조또의 맛을 묻는 말에 yes 또는 no로 답하는 것은 알맞지 않으며, 뒤의 내용도 알맞은 응답이 아니다.

| 더 알아보기 | 식당에서 쓰는 생활영어 표현

- Here or to go? 여기서 드실 건가요, 아니면 가지고 가실 건가요?
- Can you give me a doggy bag? 남은 음식 좀 싸 주실 수 있나요?
- Can I have the check, please? 계산서 좀 가져다 주시겠어요?
- Let's go Dutch. 비용을 각자 부담하자. 더치페이하자.
- Keep the change. 잔돈은 됐습니다.

8 문법 > 부사 오답률 17% 답 ②

| 해석 | 1961년의 독립 이후 여러 해 동안 그의 생존은 진정한 정책 선택에 대한 논의가 공식적인 방식으로 거의 일어나지 않았다는 사실을 바꾸지 않는다. 사실, Nyerere가 NEC를 통해 논의해 왔어야 하는 많은 중요한 정책 이슈들이 항상 있었다.

| 정답해설 | ② 83% 부정부사 hardly와 never를 같이 쓰는 것은 이

중 부정이 되므로 never를 제거해야 한다.

| 오답해설 | ① 0% over는 '~동안'이라는 의미로 옳게 사용되었다.

③ 6% 가산명사 policy issues를 '많은 ~'이라는 뜻의 a number of가 수식하고 있다.

④ 11% policy issues를 선행사로 하는 목적격 관계대명사로 옳게 사용되었다.

| 더 알아보기 | 이중 부정에 주의해야 할 부정의 빈도부사

• never, seldom, scarcely, hardly, rarely, barely 등

어휘

alter 바꾸다 hardly 거의 ~하지 않는

오답률 TOP 1

9 문법 > 형용사 오답률 57% 답 ③

| 해석 | 150명이 넘는 사람들이 지난 3주간 주로 홍콩과 베트남에서 병에 걸렸다. 그리고 전문가들은 중국 광동의 또 다른 300명이 11월 중반에 시작된 같은 질병에 걸렸다고 의심한다.

| 정답해설 | ③ 43% another는 「another + 단수명사」 형태로 직접적으로는 단수명사를 수식하지만, 「another + 기수 + 복수명사」의 형태로 쓰이면 '또 다른 ~들'이라는 의미가 된다.

| 오답해설 | ① 19% fall은 「fall-fell-fallen」으로 변화하는 불규칙 동사이므로 have fallen ill이 되어야 한다.

② 21% suspect는 타동사로 that절을 목적어로 가지려면 수동태가 아니라 능동태로 쓰여야 한다. 따라서 suspect that이 되어야 한다.

④ 17% 접속사 that이 이끄는 명사절에 had와 begin in이 접속사 없이 나열되었으므로 옳지 않다. 문맥상 that 이하 문장의 주어는 another 300 hundred이고 동사는 had이다. 따라서 밑줄 친 begin in은 앞의 disease와 의미상 능동 관계이므로 현재분사 beginning in으로 수정하는 것이 옳다. 또한 disease를 수식하는 형용사절로서 관계사절로 쓰여 that began in으로도 수정 가능하다.

10 독해 > Reading for Writing > 빈칸 절 완성 오답률 43% 답 ①

| 해석 | 그러나 '500주년 기념일'을 위한 준비가 됨에 따라 1980년대까지 분명해진 것은 많은 미국인들이 불가능하지는 않을지라도, 그 기념일을 '기념일'로 보기가 어렵다는 것을 알아냈다는 것이었다. 콜럼버스의 유산을 축하할 것은 없었다. ① 콜럼버스의 많은 비평가들에 따르면, 그는 진보와 문명화가 아니라 노예제와 환경에 대한 무분별한 착취의 조짐이었다.

① 콜럼버스의 많은 비평가들에 따르면, 그는 진보와 문명화가 아니라 노예제와 환경에 대한 무분별한 착취의 조짐이었다.

② 1893년의 시카고 세계 박람회는 미국의 발견과 미국 진보의 힘 사이의 서술적 연관성을 강화시켰다.

③ 콜럼버스에 대한 19세기의 근거 없는 믿음의 이러한 역전은 흥미로운 사실을 보여 준다.

④ 따라서 콜럼버스는 미국의 진보가 신의 힘으로 정해졌다는 믿음인 명백한 사명으로 통합되었다.

| 정답해설 | ① 57% 빈칸 이전에 콜럼버스의 유산을 축하할 것은 없었다고 하며, 미대륙 발견을 부정적으로 평가했다. 빈칸에는 이렇게 부정적으로 평가하는 이유가 나와야 하므로, ①이 적절하다.

| 오답해설 | ③ 11% 콜럼버스에 대한 19세기의 근거 없는 믿음과 관련된 설명은 본문에 없으므로 빈칸에 적절하지 않다.

④ 27% 콜럼버스가 미국의 진보가 신의 힘으로 정해졌다는 믿음인 명백한 사명에 통합되었다는 것은 그에 대한 부정적 평가가 아니다.

어휘

Quincentenary Jubilee 500주년 기념일

harbinger 조짐 slavery 노예제

reckless 무모한, 무분별한 exploitation 착취

reinforce 강화하다 narrative 서술의, 이야기로 된

reversal 반전 revealing 흥미로운 사실을 보여 주는

integrate 통합하다; 완전하게 하다, 완성하다

Manifest Destiny 명백한 사명(영토 확장론)

divinely 신성하게, 신의 힘으로

ordain (신이나 운명 등이) 정하다, 운명 짓다

11 어휘 > 빈칸 완성 오답률 37% 답 ③

| 해석 | 아버지의 투옥 후, 학교를 떠나 Charles Dickens는 Thames 강변의 구두약 공장에서 일할 수밖에 없었다. 황폐하고 쥐가 들끓는 공장에서, Dickens는 벽난로를 청소하는 데 사용되는 물질인 "검은색 구두약" 단지에 라벨을 붙이며 일주일에 6실링을 벌었다. 그것이 그가 가족을 부양하는 것을 돕기 위해 할 수 있는 최선이었다. 그 경험을 되돌아볼 때, Dickens는 "어떻게 그가 그렇게나 어린 나이에 너무나도 쉽게 내버려질 수 있었을까"가 궁금했다고 말하면서, 그것을 자신이 어린 순수함에 작별을 고했던 순간으로 여겼다. 그는 자신을 돌보기로 되어 있던 어른들에 의해 ③ 지지받는(→ 버려진) 것처럼 느꼈다.

① 13% 버려진 ② 17% 배신당한

③ 63% 지지받는 ④ 7% 무시된

| 정답해설 | ③ 빈칸 앞 문장에 어떻게 그가 그러한 어린 나이에 그렇게 쉽게 내버려질 수 있을까가 궁금했다고 했으므로 빈칸에는 '내버려지는' 것과 유사한 맥락의 abandoned(버려진), betrayed(배신당한), disregarded(무시된)는 알맞으나 buttressed(지지받는)는 적절하지 않다.

어휘

imprisonment 투옥

boot-blacking 구두닦기; (검은색) 구두약

run-down 황폐한 substance 실체, 본질

innocence 순수 cast away 버리다

buttress 지지하다 disregard 무시하다

12 독해 > Micro Reading > 내용일치/불일치 오답률 5% 답 ④

| 해석 | 아이를 입양하기를 희망하는 가정은 우선 입양 기관을 선택해야 한다. 미국에서는 입양을 도와주는 두 가지 종류의 기관이 있다. 공공 기관들은 일반적으로 어느 정도 나이가 있는 아이들, 정신적 또는 신체적 장애가 있는 아이들, 혹은 학대나 방치를 당했던 아이들을 다룬다. 입양 희망 부모들은 공공 기관에서 아이를 입양할 때 보통 수수료를 지불하지 않는다. 위탁 양육, 즉 일시적인 형태의 입양도 공공 기관을 통해 가능하다. 사설 기관들은 인터넷에서 찾을 수 있다. 그들은 국내 및 국제 입양을 다룬다.

① 공공 입양 기관들이 사설 기관들보다 더 낫다.
② 부모들은 위탁 양육 가정으로부터 아이를 입양하기 위해 큰 비용을 지불한다.
③ 도움이 필요한 아이들은 공공 기관을 통해 입양될 수 없다.
④ 사설 기관들은 국제 입양을 위해 연락을 받을 수 있다.

| 정답해설 | ④ 95% 마지막 문장에서 사설 입양 기관은 국내 및 국제 입양을 다룬다고 했으므로 본문과 일치한다.

| 오답해설 | ① 1% 입양 기관의 우열 관계에 대해서는 언급되지 않았다.

② 1% 위탁 양육 가정으로부터의 입양 방법은 언급되어 있지 않다.

③ 3% children in need(도움이 필요한 아이들)는 본문의 children with mental or physical disabilities, or children who may have been abused or neglected를 말한 것이며, 이들은 공공 기관을 통해 입양이 가능하다.

어휘

adoption agency 입양 기관
neglect 무시하다, 방임하다
prospective 장래의
fee 수수료, 요금
foster (수양 부모로서) 아이를 맡아 기르다, 위탁 양육하다
domestic 국내의

13 독해 > Logical Reading > 연결사 오답률 29% 답 ①

| 해석 | 현대 예술은 사실상 오늘날의 중산층 사회의 필수적인 부분이 되었다. 스튜디오에서 금방 나온 예술 작품들조차 열광을 받는다. 그것들은 꽤 빨리, 뿌루퉁한 문화 비평가들의 취향에는 너무 빨리 인정을 받는다. ① 물론, 모든 예술 작품들이 즉시 구입되는 것은 아니지만, 분명히 새로운 예술 작품들을 구입하는 것을 즐기는 사람들이 늘어나고 있다. 빠르고 비싼 자동차들 대신, 그들은 젊은 예술가들의 그림, 조각, 그리고 사진 작품 들을 구매한다. 그들은 또한 현대 예술이 그들의 사회적 위신을 높여 준다고 생각한다. ① 게다가, 예술은 자동차와 같은 정도로 마모되지 않기 때문에, 훨씬 더 좋은 투자이다.

① 물론 – 게다가
② 그러므로 – 반면에
③ 그러므로 – 예를 들면
④ 물론 – 예를 들면

| 정답해설 | ① 71% 첫 번째 빈칸 앞 문장에서, 예술 작품이 너무 빨리 인정을 받는다고 했고, 빈칸 뒤에는 모든 작품들이 빨리 팔리는 것은 아니라고 언급되어 있다. 빈칸 앞뒤 문장이 인과 관계는 아니므로 Of course가 알맞다. 두 번째 빈칸 앞에 예술품 구입의 구체적인 기능 중 하나인 사회적 위신의 향상이 언급되어 있고, 빈칸 뒤에 또다른 기능인 investment(투자)가 언급되기 때문에 추가의 의미를 가진 Furthermore가 적절하다. (단, 본문의 there is는 주어가 an increasing number of people이므로 is가 아니라 are가 올바르다.)

어휘

contemporary 동시대의, 현대의
enthusiasm 열광
recognition 인정
surly 무뚝뚝한, 뿌루퉁한
undoubtedly 의심할 여지없이
prestige 위신, 명성

14 어휘 > 반의어 찾기 오답률 41% 답 ④

| 해석 | 수정의 전제 조건으로서, 수분 작용은 과일과 씨앗 작물의 생산에 필수적이며, 번식으로 식물을 개량시키기 위해 고안된 프로그램에서 중요한 역할을 한다.

① 10% 중요한
② 20% 필수적인
③ 11% 필요한, 필수의
④ 59% 어디에나 있는, 편재하는

| 정답해설 | ④ 밑줄 친 essential은 '필수적인'의 의미로 crucial(중요한), indispensable(필수적인), requisite(필요한, 필수의)와 의미가 유사하다. 반면에 omnipresent에서 접두어 omni는 all(全)에 해당하는 표현으로 '어디에나 있는'이라는 뜻이므로 essential과는 의미가 다르다.

어휘

prerequisite 필수 요건, 전제 조건
fertilization 수정
pollination (식물) 수분 작용
breed 새끼를 낳다, 번식하다

15 어휘 > 빈칸 완성 오답률 15% 답 ④

| 해석 | Johnson 씨는 그 제안이 ④ 잘못된 원칙 위에 기반을 두었고 또한 때로는 ④ 불편했기 때문에 그것에 반대했다.

① 4% 흠 있는 – 바람직한
② 9% 긴요한 – 합리적인
③ 2% 순응하는 – 비참한, 비통한
④ 85% 잘못된 – 불편한

| 정답해설 | ④ 빈칸은 제안에 반대하는 이유에 해당하므로 모두 부정적인 형용사가 적합하다. 부정적인 의미의 형용사로만 짝지어진 것은 ④뿐이다.

16 문법 > 일치 오답률 13% 답 ③

| 해석 | 나는 내가 충분한 옷을 가지고 있어서 기쁘다. 미국 남성들은 일반적으로 일본 남성들보다 몸집이 크기 때문에, 시카고에서는 나에게 맞는 옷을 찾기가 매우 어렵다. 일본에서는 중간 사이즈인 것이 여기에서는 작은 사이즈이다.

| 정답해설 | ③ 87% 주격 관계대명사 that의 선행사는 Chicago가 아니라 복수명사인 clothes이기 때문에 동사는 복수명사 주어에 맞는 fit이 되어야 한다.

| 오답해설 | ① 3% 감정형 분사인 pleased가 I의 감정 상태를 서술하고 있으므로 옳다.

② 4% 진주어 to find를 대신하는 가주어 it이 적절하게 사용되었다.

④ 6% 선행사를 포함한 관계대명사 What이 주어로 쓰인 옳은 문장이다.

오답률 TOP 2

17 문법 > 동사 오답률 54% 답 ④

| 해석 | BBC에 의해 제작된 자연 다큐멘터리 Blue Planet II는 플라스틱이 바다에 영향을 미치는 정도를 보여 준 후 시청자들을 상심하게 두었다.

| 정답해설 | ④ 46% affect(영향을 미치다)는 타동사이기 때문에 뒤에 전치사 없이 바로 목적어가 와야 한다. 따라서 affects가 옳은 표현이다.

| 오답해설 | ① 12% produced 뒤에 by the BBC가 나오고, 의미상으로도 documentary는 '제작되는' 것이므로 수동의 의미를 갖는 과거분사의 수식을 받는 것이 옳다.

② 10% viewers(시청자들)가 '상심한' 것이므로 감정 상태를 나타내는 과거분사형 형용사 heartbroken은 옳게 쓰였다.

③ 32% showing the extent와 plastic affects the ocean to the extent에서 중복되는 명사 the extent를 선행사로 삼아 이후의 문장을 목적격 관계대명사절로 바꾸어서 연결하고, 전치사 to를 목적격 관계대명사 앞으로 옮겨 「전치사+관계대명사」 형태로 to which를 쓴 것은 알맞다.

| 더 알아보기 | 자동사로 착각하기 쉬운 타동사

• resemble ~와 닮다	• marry ~와 결혼하다
• approach ~에 접근하다	• nerve ~에 용기를 북돋우다
• contact ~와 접촉하다	

어휘

heartbroken 슬픔에 잠긴, 상심한　extent 정도, 범위

18 독해 > Logical Reading > 문맥상 다양한 추론 오답률 50% 답 ②

| 해석 | 우리의 민주주의 제도가 가장 좋은 것이라고 믿는 것과 그것을 다른 나라에게 강요하는 것은 별개의 일이다. 이것은 독립 국가의 내정 불간섭이라는 UN의 정책의 노골적인 위반이다. 서양의 시민들이 그들의 정치 제도를 위해 싸웠듯, 우리는 다른 국가의 시민들도 그들이 원한다면 똑같이 할 것이라고 믿어야 한다. 민주주의는 또한 절대적인 용어가 아니다. 나폴레옹은 오늘날 서아프리카와 동남아시아의 지도자들이 그러는 것처럼 그의 권력에 대한 장악을 합법화하기 위해 선거와 국민 투표를 이용했다. 부분적인 민주주의 국가들은 국내에서의 질서를 유지하는 것을 지나치게 걱정하는, 선거 없이 권력을 잡은 독재 정부보다 종종 더 공격적이다. 상이한 형태들의 민주주의는 어느 기준을 부과할지를 선택하는 것을 불가능하게 만든다. 미국과 유럽 국가들은 정부의 규제 그리고 합의와 대립 사이의 균형이라는 측면에서 모두 다르다.

① 남의 떡이 더 커 보인다.
② 한 사람의 음식이 다른 사람에게는 독이다.
③ 예외 없는 법칙은 없다.
④ 로마에 가면 로마법을 따른다.

| 정답해설 | ② 50% 주제문인 첫 문장에서 우리의 민주주의 제도가 가장 좋은 것이라고 믿는 것과 그것을 다른 나라에게 강요하는 것은 별개의 일이라고 한 다음, 민주주의 제도가 각 국가별로 좋게 혹은 나쁘게 적용된 사례를 예시하고 있으므로 똑같은 것이라도 사람마다, 혹은 상황별로 다르게 해석될 수 있다는 의미의 속담인 ②가 본문 내용과 가장 잘 어울린다.

어휘

impose (의견을) 강요하다; (의무 · 벌금 등을) 지우다, 부과하다
blatant 노골적인, 뻔한　breach 위반; 위반하다
non-intervention 불간섭주의, 불개입
affairs 사건, 일　institution 기관
referenda 국민 투표, 총선거　legitimize 정당화하다, 합법화하다
hold on power 권력 장악　partial 부분의, 편파적인
unelected 선거로 뽑지 않은, 선거 없이 권력을 잡은
dictatorship 독재 정부　in terms of ~에 관하여
restraint 규제　consensus 합의, 의견 일치
confrontation 대립

19 어휘 > 빈칸 완성 오답률 18% 답 ①

| 해석 | 나방과 나비는 둘 다 인시목(目)에 속하지만 이 두 개의 곤충 종류 사이에는 수많은 신체적 그리고 행동적 차이들이 있다. 행동적인 측면에서, 나방은 ① 야행성이고 나비는 주행성(낮 동안에 활동적인)이다. 쉬고 있을 때, 나비는 대개 그들의 날개를 뒤로 접는 반면에 나방은 그들의 날개를 몸통에 붙여 납작하게 하거나 "제트기" 자세로 날개를 활짝 펼친다.

① 82% 야행성의　② 2% 합리적인
③ 6% 영원한　④ 10% 반원의

| 정답해설 | ① 나비와 나방의 차이를 설명하는 글이다. 빈칸 뒤에 나비는 낮에 활동적이라고 하였으므로 나방은 이와 반대되는 야행성인 것을 유추할 수 있다. 따라서 정답은 nocturnal(야행성)이다.

어휘

moth 나방　order (동식물 분류상의) 목(目)
diurnal 낮에 활동적인　flatten 납작하게 하다
position 자세　nocturnal 야행성의
eternal 영원한　semi-circular 반원의

20 독해 > Reading for Writing > 빈칸 절 완성 오답률 24% 답 ③

| 해석 | 광대가 사람들을 겁준다는 생각은 미국에서 힘을 얻기 시작했다. 예를 들면, 사우스 캐롤라이나에서 사람들은 밤에 숲이나 도시에서 광대 옷을 입은 사람들이 종종 숨어 있는 것을 봤다고 신고했다. 몇몇 사람들은 광대가 빈 집이나 숲으로 아이들을 꾀어내려는 시도를 하고 있었다고 말했다. 곧, 아이들과 어른들 둘 다를 겁주려고 하는 위협적인 모습을 한 광대에 대한 신고가 있었다. 비록 대개 폭력 사건 신고는 없었고, 신고된 목격의 대다수가 후에 거짓으로 밝혀졌지만, 이것은 ③ 전국적인 공포를 일으켰다.

① 서커스 산업에 이득이 됐다
② 광고에 광대의 사용을 촉진시켰다
③ 전국적인 공포를 일으켰다
④ 행복한 광대의 완벽한 이미지를 형성했다

| 정답해설 | ③ 76% 광대가 사람들을 겁준다는 생각이 미국에서 힘을 얻기 시작했다는 빈칸 앞의 내용들로 보아 빈칸에는 광대에 대한 부정적인 이미지로 인한 부정적인 결과가 와야 한다. 따라서 빈칸에는 ③이 알맞다.

| 오답해설 | ①②④ 2% 13% 9% 모두 광대에 대한 긍정적인 이미지와 영향에 대한 것이므로 알맞지 않다.

어휘

clown 광대　frighten 겁주다, 겁먹게 하다
individual 개인; 개별의　lure 꾀어내다
threaten 위협하다　violence 폭력
sighting 목격　nationwide 전국적인
panic 공포

2017 6월 24일 시행 서울시 9급 (Ⓑ책형)

합격예상 체크

〈서울시 연도별 합격선〉

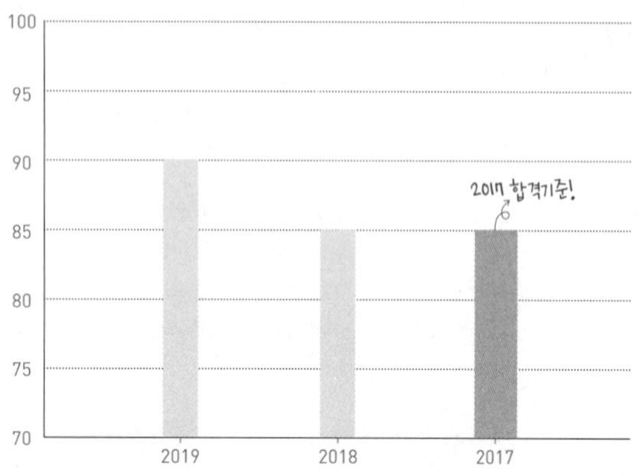

맞힌 개수	/20문항	점수	/100점

➡ □합격 □불합격

취약영역 체크

문항	정답	영역	문항	정답	영역
1	②	어휘 > 빈칸 완성	11	③	어휘 > 빈칸 완성
2	②	어휘 > 빈칸 완성	12	②	독해 > Macro Reading > 주제
3	④	문법 > 분사	13	②	어휘 > 빈칸 완성
4	③	문법 > 동사	14	④	독해 > Logical Reading > 삽입
5	④	생활영어 > 회화/관용표현	15	④	독해 > Micro Reading > 내용일치/불일치
6	①	독해 > Reading for Writing > 빈칸 구 완성	16	①	독해 > Macro Reading > 제목
7	①	어휘 > 유의어 찾기	17	④	독해 > Logical Reading > 배열
8	②	어휘 > 유의어 찾기	18	①	독해 > Logical Reading > 연결사
9	④	문법 > 일치	19	③	어휘 > 빈칸 완성
10	③	문법 > 분사	20	①	독해 > Reading for Writing > 빈칸 절 완성

⬇ 영역별 틀린 개수로 취약영역을 확인하세요!

어휘	/7	문법	/4	독해	/8	생활영어	/1

➡ 나의 취약영역: ________

※ [정답해설]과 [오답해설] 선지의 50% 표시는 〈1초 합격예측 서비스〉를 통해 수집된 선지 선택률을 나타냅니다.

오답률 TOP 2

1 어휘 > 빈칸 완성 오답률 58% 답 ②

| 해석 | 계속해서 우리는 한때 좋은 의미로 쓰였으나, 지금은 호의적이지 않은 의미로 쓰이는 단어들을 우연히 발견한다. 18세기 후반까지 이 단어는 남을 돕기 좋아하는, 우호적인, 매우 예의 바른, 친절한의 의미로 사용되었다. 그러나 요즘 ② 참견 잘하는 사람은 그/그녀에게 속하지 않는 일에 참견하느라 바쁜 불청객을 의미한다.

① 17% 비굴한, 굽신거리는　② 42% 참견 잘하는, 주제넘게 나서는
③ 24% 사교적인　④ 17% 아부하는, 알랑거리는

| 정답해설 | ② 빈칸에 들어갈 단어는 자신과 관련 없는 일에 참견하느라 바쁜 사람을 의미하므로, officious가 가장 적절하다.

| 더 알아보기 | officious의 유의어

- self-important 자만심이 강한
- self-assertive 주제넘은, 자기 주장하는
- bumptious 잘난 체하는, 건방진
- condescending 거들먹거리는, 잘난 체하는

어휘

light on 우연히 발견하다
serviceable 친절한, 남을 돕기 좋아하는; 쓸모있는, 유용한
courteous 예의 바른, 공손한　obliging 친절한, 남을 잘 돕는
meddler 간섭[참견]하려는 사람

오답률 TOP 1

2 어휘 > 빈칸 완성 오답률 64% 답 ②

| 해석 | 암모니아나 식초의 희미한 냄새는 (생후) 일주일 된 아기들이 얼굴을 찡그리고 그들의 ② 고개를 돌리게 만든다.

① 21% 마구를 채우다　② 36% 피하다, (고개를) 돌리다
③ 30% (소리를) 죽이다　④ 13% (감정 · 기억을) 환기시키다

| 정답해설 | ② 빈칸 뒤에 나오는 목적어 their heads와 얼굴을 찡그렸다는 부분을 고려했을 때, 식초 냄새가 아기들이 고개를 돌리게 만든다는 내용이 자연스럽다. 따라서 avert가 가장 적절하다.

어휘

faint 희미한　odor 악취
grimace 얼굴을 찡그리다

3 문법 > 분사 오답률 20% 답 ④

| 해석 | 서유럽 최초의 카페는 무역 혹은 상업의 중심지가 아니라 옥스퍼드 대학 도시에서 문을 열었는데, 그곳에서 Jacob이라는 이름을 가진 레바논 남성이 1650년에 가게를 차렸다.

| 정답해설 | ④ 80% name은 '이름을 지어 주다, 명명하다'라는 의미의 타동사이다. 따라서 a Lebanese man은 Jacob이라는 '이름이 붙여지는' 것이므로 man (who was) named Jacob이 되어야 한다.

어휘

set up shop 사업을 시작하다, 가게를 내다

4 문법 > 동사 오답률 46% 답 ③

| 해석 | ① John은 그의 방을 청소할 것이라고 Mary에게 약속했다.
② John은 Mary에게 일찍 떠날 것이라고 말했다.
③ John은 Mary가 행복할 것이라고 믿었다.
④ John은 Mary에게 그녀가 그곳에 일찍 도착해야 한다는 점을 상기시켰다.

| 정답해설 | ③ 54% believe는 간접목적어를 취할 수 없으므로 John believed that Mary would be happy.로 고쳐야 한다. 「believe + 목적어 + 목적격 보어」의 5형식 형태로도 쓸 수 있으며, 이 경우에는 John believed Mary to be happy.라고 해야 한다.

5 생활영어 > 회화/관용표현 오답률 15% 답 ④

| 해석 | A: 미스터 김, 제가 오늘 점심을 사는 게 어떨까요?
B: ④ 그럴 수 있다면 좋겠지만 저는 오늘 다른 약속이 있어요.
① 아뇨, 저는 아니에요. 그 시간이 저한테는 좋을 것 같아요
② 좋아요. 잊지 않도록 제 달력에 적어 둘게요
③ 네. 월요일에 다시 의논할게요
④ 그럴 수 있다면 좋겠지만 저는 오늘 다른 약속이 있어요

| 정답해설 | ④ 85% A는 B에게 오늘 점심 식사를 자신이 사겠다고 제안하고 있으므로, 빈칸에는 수락 또는 거절하는 응답이 와야 한다. ④는 A의 제안을 거절하는 내용으로 대화의 흐름에 적절하다.

| 오답해설 | ② 12% 달력에 적어 두겠다는 것은 오늘 일이 아니라 나중 일에 대한 제안의 대답으로 어울린다.

어휘
treat (식사를) 대접하다, 한턱 내다 commitment 약속

6 독해 > Reading for Writing > 빈칸 구 완성 오답률 42% 답 ①

| 해석 | 수세기 동안, 해가 지고 나서 하늘을 바라보는 사람들은 수천 개의 선명하고 반짝이는 별들을 볼 수 있었다. 그러나 요즘은, 당신이 만약 북두칠성을 볼 수 있다면 운이 좋을 것이다. 가정집과 가로등에서 쏟아져 나오는 전기 불빛이 원인인데, 그 불빛의 밝음이 밤하늘을 흐리게 만든다. 미국에서는, 소위 광공해가 너무 심해져서 한 추정치에 따르면 오늘날 태어나는 아이들 10명 중 8명은 그들이 은하수를 볼 수 있을 정도의 충분히 ① 어두운 하늘을 만날 수 없다고 한다. 하지만, 세상의 가장 어두운 장소에서 별을 관찰하는 것에 집중하는 작지만 성장하는 산업들인 천문관광의 형태에 희망이 있다. 그중 다수가 국립공원에 있는데 이렇게 멀리 떨어진 장소들은 불과 야영지 비용으로 경관을 제공한다. 그리고 그것들을 운영하는 사람들은 종종 그 주변 지역 사회에서 광공해를 줄이기 위해 노력한다. 비록 천문관광은 일부 휴가들만큼 호화롭지 ① 않을지라도 관광객들은 개의치 않는 듯하다.
① 어두운 – 비록 ~일지라도 ② 밝은 – ~이기 때문에
③ 어두운 – ~이기 때문에 ④ 밝은 – ~하다는 점에서

| 정답해설 | ① 58% 가정집과 가로등에서 나오는 전기 불빛으로 인해 발생하는 광공해 때문에, 어두운 밤하늘에서 선명한 별들을 제대로 보기가 어렵다고 말하고 있다. 그러므로 첫 번째 빈칸에는 dark를 넣어 은하수를 볼 수 있을 정도로 충분히 '어두운' 밤하늘을 만날 수 없다고 하는 것이 문맥의 흐름에 적절하다. 두 번째 빈칸에는 천문관광이 일부 휴가들만큼 호화스럽지는 않다는 내용과 '관광객들이 개의치 않는다'는 내용을 이어줄 수 있는 접속사를 찾아야 하는데 반대되는 내용이므로 역접 연결사나 양보 연결사가 필요하다. 따라서 Although가 가장 적절하다.

어휘
sunset 해 질 녘, 일몰 vibrant 진동하는; (색깔이) 선명한
the Big Dipper 북두칠성 culprit 범인, 원인
obscure 흐리게[어둡게] 만들다; 가리다
center on ~에 집중하다, 초점을 맞추다
astrotourism 천문관광
stargaze 별을 관찰하다, 별을 바라보다
surrounding 인근의, 주위의

7 어휘 > 유의어 찾기 오답률 10% 답 ①

| 해석 | 지도력과 힘은 불가분하게 한데 엮여 있다. 우리는 강한 사람들을 지도자로 보는데, 그들이 우리 그룹에게 닥친 위협으로부터 우리를 보호할 수 있기 때문이다.
① 90% 분리할 수 없이 ② 6% 생기 없이
③ 3% 헛되게, 무력하게 ④ 1% 경솔하게

| 정답해설 | ① '불가분하게'라는 뜻을 지닌 inextricably와 유의어 관계에 있는 것은 inseparably이다.

어휘
threat 위협, 위험

8 어휘 > 유의어 찾기 오답률 35% 답 ②

| 해석 | 신중함은 오랫동안 세워졌던 정부가 가볍고 일시적인 원인들 때문에 변해서는 안 된다는 점을 확실히 지시할 것이다.
① 21% 투명한, 명백한 ② 65% 순간적인
③ 2% 기억할 만한 ④ 12% 중요한

| 정답해설 | ② transient는 '일시적인, 순간적인'이라는 의미로 momentary와 유의어 관계에 있다.

| 더 알아보기 | transient의 유의어

• momentary 순간적인	• temporary 일시적인
• transitory 일시적인	• impermanent 일시적인

어휘
prudence 신중함, 사리분별 indeed 정말, 확실히
dictate 받아쓰게 하다; 지시[명령]하다

9 문법 > 일치 오답률 24% 답 ④

| 해석 | 대학교에의 입학을 할당하는 것에 있어서의 정당성이 대학교들이 철저히 추구하는 재화(재산)와 관련이 있다는 생각은 입학증을 판매하는 것이 왜 부당한지를 설명해 준다.

| 정답해설 | ④ 76% 주어는 The idea이기 때문에 동사 explain을 단수형인 explains로 바꿔야 한다.

| 더 알아보기 | 「주어-동사」 수 일치

> 뒤에서 명사를 수식할 수 있는 것에는 전명구, 분사구, to부정사구, 관계사절, 동격의 that절이 있는데, 구와 절로 명사의 수식을 받더라도 주어 역할을 하는 명사를 찾아낼 수 있어야 한다.

어휘

allocate 할당하다 | access 접근, 입장
have something to do with ~와 관련이 있다
goods 재화, 재산 | properly (구어) 철저히, 매우
admission 가입, 입장, 입학

10 문법 > 분사 오답률 15% 답 ③

| 해석 | 이상하게 보일지 모르지만, 사하라 사막은 한때 아프리카 평원과 관련된 종류의 동물의 삶을 지탱하는 광활한 초원이었다.

| 정답해설 | ③ 85% 의미상 동물의 삶을 '지탱하는' 초원이라는 흐름이 되어야 하므로, 능동의 의미를 가진 현재분사 supporting이 옳다.

어휘

expanse 넓은 공간 | associate with ~와 관련시키다

오답률 TOP 3

11 어휘 > 빈칸 완성 오답률 47% 답 ③

| 해석 | A: 당신은 우리가 대출을 받을 수 있을 것이라고 생각하세요?
B: 음, 상황에 따라 다르죠. 다른 재산을 소유하고 계세요? 주식이나 채권 같은?
A: 아니요.
B: 그렇군요. 그러면 당신은 어떤 ③ 담보물도 가지고 있지 않군요. 아마 당신을 위해 대출에 서명해 줄 사람인 보증인을 구해야 할 수도 있을 거예요.

① 40% 조사 ② 1% 동물들
③ 53% 담보물 ④ 6% 영감, 자극

| 정답해설 | ③ 대화에서 B는 A에게 대출을 받을 때 필요한 주식이나 채권 같은 다른 재산의 소유 여부를 묻는다. 이에 A가 없다고 대답하자, B는 '빈칸'이 없으니 보증인이 필요하다고 했다. 따라서 빈칸에 알맞은 것은 '담보(물)'을 의미하는 collateral이다.

어휘

loan 대출 | property 재산
stock 주식 | bond 채권

12 독해 > Macro Reading > 주제 오답률 18% 답 ②

| 해석 | 1782년, 독립전쟁 동안 유럽으로 돌아가기 이전에 뉴욕에 정착했던 프랑스 이민자 J. Hector St. John De Crèvecoeur는 북아메리카 대륙의 영국 식민지에서의 삶에 대한 일련의 수필 『Letters from an American farmer』를 출간했다. 그 책은 영국, 프랑스, 미국에서 즉각적인 성공을 거두었다. 책의 가장 유명한 구절 중 하나에서, Crèvecoeur는 다른 배경과 나라에서 온 사람들이 식민지에서의 경험에 의해 변화하는 과정을 묘사하고, "그렇다면, 미국인은 누구인가?"라고 묻는다. 미국에서, Crèvecoeur는 "모든 국가의 사람들이 하나의 새로운 인종으로 융합되어, 그들의 노동과 후손들이 언젠가 세계에서 큰 변화를 일으킬 것이다."라고 제시한다. Crèvecoeur는 "melting pot"이라고 불려지게 된 미국에 대한 유명한 개념을 처음으로 개발한 사람들 중 한 명이었다.

① Crèvecoeur의 책은 영국에서 즉각적인 성공작이 되었다.
② Crèvecoeur는 그의 책에서 melting pot의 개념을 발전시켰다.
③ Crèvecoeur는 미국의 개인주의에 대해 묘사하고 논했다.
④ Crèvecoeur는 그의 책에서 미국인들의 출신지를 설명했다.

| 정답해설 | ② 82% Crèvecoeur는 북미의 영국 식민지에서의 삶에 대한 수필을 썼고 그 책 속에서 미국인들의 정체성을 melting pot이라는 개념으로 처음으로 설명하고 이 개념을 개발한 사람들 중 한 명이라고 했으므로 ②가 주제로 가장 알맞다.

어휘

immigrant 이민자 | a series of 일련의, 시리즈의
posterity 후세, 후대; 자손, 후손

13 어휘 > 빈칸 완성 오답률 35% 답 ②

| 해석 | 한국과 이집트와 같은 몇몇의 문화에서, 예의의 규범은 누군가 먹을 것이나 마실 것을 제안받으면, 처음에는 그 제안이 거절되어야 한다는 것을 요구한다. 하지만, 특히 거절에 대한 ② 이유가 만들어지지 않을 경우에는, 그와 같은 거절은 종종 다른 문화권에서 누군가의 환대에 대한 거절과 배려심이 없는 것으로 보이기도 한다. 예를 들어, 미국인과 캐나다인은 거절은 합당한 ② 이유가 동반될 것이라고 예상한다.

① 4% 역할 ② 65% 변명, 이유
③ 16% 선택 ④ 15% 상황

| 정답해설 | ② '이것' 없이 거절하는 것은 몇몇 문화권에서 누군가의 환대를 거절하는 것, 배려심이 없는 것으로 비춰질 수 있다고 했다. 또한 거절을 할 경우에 합당한 '이것'이 필요하다고 했으므로 선지 중 가장 적절한 것은 excuse(변명, 이유)이다.

어휘

norm 규범, 기준 | the first time around 처음에는
hospitality 환대 | be accompanied by ~을 동반하다

14 독해 > Logical Reading > 삽입 오답률 13% 답 ④

| 해석 | 직업 만족도와 생산성 간에는 분명한 연관성이 존재한다. 하지만, 직업 만족도는 또한 조직의 서비스 문화에 따라 달라지기도 한다. 이러한 문화는 일을 특징적으로 만들고, 그곳에서 일하는 사람들이 그렇게 하도록 자긍심을 느끼게 만들어 주는 점들을 포함한다. "일하기 좋은 상위 10개의 기업"의 피고용자들이 *Fortune* 잡지로부터 왜 그들이 이 기업들을 위해 일하는 것을 사랑하는지에 대한 질문을 받았을 때, 그들이 임금, 보상 제도, 혹은 더 높은 직위로의 승진에 대해 언급하지 않았다는 점은 주목할 만했다. ④ 대신, 이 피고용자들은 우선 직장의 인간 관계의 진정성에 대해 이야기했는데, 즉 그들의 직장 문화는 마치 가정의 연장선처럼 느껴졌고, 그들의 동료들은 지원을 아끼지 않았다는 것이었다.

| 정답해설 | ④ 87% 주어진 문장의 these employees가 가리키는 것은 employees of the Top 10 Best Companies to Work For에 해당되며, 또한 ③ 이후의 문장에서 고용자들이 '자신의 회사에서 일하는 것이 왜 좋은지 질문'에 대한 대답으로 '임금, 보상 제도, 혹은 승진을 언급하지 않았다'고 서술하고 있다. 따라서 이후에는 앞선 질문에 대한 추가적인 대답으로 '임금, 보상 제도 등 대신에 인간관계의 진정성이 자신의 회사가 좋은 이유'라고 제시되는 것이 문맥상 적절하다. 따라서 주어진 문장이 들어갈 가장 적절한 곳은 ④이다.

어휘

organizatioin 조직, 단체 | distinctive 특징적인, 특이한; 뚜렷한
notable 주목할 만한 | scheme 계획, 설계

15 독해 > Micro Reading > 내용일치/불일치 오답률 9% 답 ④

| 해석 | 그 많은 장소들 중 왜 Orkney일까? 어떻게 스코틀랜드의 북단에서 떨어져 나온 이 드문드문 흩어져 있는 섬들이 그토록 기술적, 문화적, 정신적 강국이 될 수 있었을까? 우선 첫째로, 당신은 Orkney가 멀리 있다는 생각을 그만둬야 한다. 역사의 대부분 동안, Orkney는 중요한 해상 중심지였고, 모든 곳으로 통하는 장소였다. 그곳은 또한 멕시코 만류 영향의 덕택으로, 영국에서 가장 비옥한 농토 중 일부와 놀랍도록 온화한 기후로 축복받았다.

① Orkney 사람들은 수많은 사회적, 자연적 난관들을 극복해야만 했다.
② 그 지역은 궁극적으로 그곳의 문명의 종말을 이끌었던 반란의 중심지 중 한 곳이었다.
③ 본토로부터 너무 멀었기 때문에 Orkney는 자원을 최대한으로 이용하지 않았다.
④ Orkney의 번영은 대체로 그곳의 지리학적 이점과 천연 자원 덕택이다.

| **정답해설** | ④ 91% Orkney는 기술적, 문화적, 정신적 강국인데, 멕시코 만류의 영향으로 비옥한 농토와 온화한 기후로 축복받았다고 했으므로 ④가 본문 내용과 일치한다.

어휘

spiritual 정신적인, 영적인
powerhouse 유력 기관, 강국; 발전소
for starters 우선, 먼저
maritime 바다의, 해양의
Gulf Stream 멕시코 만류
rebellion 반란, 반역
annihilation 전멸, 소멸
make the best of ~을 최대한 이용하다

16 독해 > Macro Reading > 제목 오답률 14% 답 ①

| 해석 | 초기에, 파피루스와 양피지는 본문의 방향에 따라서 수직으로 혹은 수평으로 펼칠 수 있는 두루마리로 보관되었다. 수평 형태가 더 흔했고, 두루마리가 꽤 길어질 수도 있었기 때문에, 서기는 보통 한 줄을 전체 길이에 걸쳐 쓰는 것을 삼갔고, 대신 적당한 너비의 열을 표시하곤 했다. 그러한 방식으로 독자는 읽는 동안 한 방향으로 펼 수도 있었고, 다른 방향으로 말 수도 있었다. 그럼에도 불구하고, 두루마리를 다시 말아야 하는 끊임없이 계속되는 필요성은 이러한 형식에 있어서 주요 단점이었고, 우리가 책의 특정 페이지로 바로 건너뛰는 방식대로 두루마리에서 다른 곳으로 넘어가는 것이 불가능했다. 게다가, 독자는 두루마리를 계속 펼쳐 두기 위해 양손(혹은 무거운 것)이 필요했기 때문에 읽는 도중에 간신히 필기를 했다.

① 두루마리의 불편함
② 책의 발전
③ 쓰기와 읽기의 발전
④ 두루마리의 단점을 극복하는 방법들

| **정답해설** | ① 86% 글의 초반부에는 파피루스와 양피지의 보관 형태인 두루마리의 특징을 서술하고 있으며 Nevertheless 이후에는 두루마리를 다시 말아야 하고, 특정 페이지로 건너 뛰어 읽을 수 없고, 두루마리를 읽기 위해 양손을 사용해야 하는 등 두루마리를 사용하는 것의 불편함을 연속해서 서술하고 있다. 따라서 글의 제목으로 가장 적절한 것은 ①이다.

| **오답해설** | ④ 12% 두루마리의 단점이 언급되었으나 그것을 극복하는 방법에 대해서는 나와 있지 않다.

어휘

parchment 양피지
scroll 두루마리
scribe 서기, 대서인
mark off 구별하다, 표시하다
struggle to V 간신히 ~하다; ~하기 위해 고군분투하다

17 독해 > Logical Reading > 배열 오답률 29% 답 ④

| 해석 | ㉣ 2013년에, 위험할 정도로 높은 수준의 오염으로 인한 베이징의 비상 사태는 낮은 가시성으로 인해 항공사가 어쩔 수 없이 비행을 취소시켜야 하는 교통 체계의 혼란을 낳았다.
㉢ 학교와 회사는 문을 닫았고, 베이징시 정부는 사람들에게 집 안에 머무르고, 공기 청정기를 작동시키며, 실내 활동을 줄이고, 가능한 한 비활동적인 상태를 유지하라고 경고했다.
㉠ 눈물이 흐르고 따가운 눈, 지끈거리는 두통, 부비강 문제와 가려운 목구멍으로 고통받는 수백만 명의 사람들은 공기 여과기와 마스크를 찾아 가게를 샅샅이 뒤짐으로써 심신을 쇠약하게 하는 공기로부터 피신했다.
㉡ 중국 거주민들의 분노와 세계 언론의 조사는 강제로 정부가 국가의 대기 오염의 문제에 대처하게 만들었다.

| **정답해설** | ④ 71% 베이징의 대기 오염 문제를 언급한 ㉣이 글의 도입부로 가장 적절하며, 이에 대한 베이징 시 정부의 상황 대처를 설명하는 ㉢으로 이어지는 것이 적절하다. 다음으로 시민들의 증상을 설명하는 ㉠이 오고, 이로 인한 자국민의 분노와 세계 언론의 압박이 중국 정부로 하여금 대기 오염 문제에 대처하게 만들었다는 ㉡으로 글을 마무리 짓는 것이 문맥상 자연스럽다. 따라서 ㉣ – ㉢ – ㉠ – ㉡의 순서가 알맞다.

어휘

stinging 찌르는, 쏘는
sinus 부비강
itchy 가려운
debilitate 심신을 쇠약하게 하다
scour 샅샅이 뒤지다
scrutiny 정밀 조사
impel 강제로 ~하게 하다
address 대처하다; 검토하다

18 독해 > Logical Reading > 연결사 오답률 46% 답 ①

| 해석 | 소설과 로맨스 둘 다 다수의 등장인물들이 있는 상상력이 풍부한 허구의 작업물이지만, 유사성은 그게 전부이다. 소설은 현실적이지만 로맨스는 그렇지 않다. 19세기에, 로맨스는 상징적이고, 상상력이 풍부하고, 비현실적인 방법으로 주제와 등장인물을 다루는 허구의 이야기를 했던 산문이었다. ① 전형적으로, 로맨스는 이국적이고 시공간이 독자들로부터 멀리 떨어진, 그리고 확실히 가공으로 만들어진 줄거리와 인물들을 다룬다.

① 전형적으로
② 반면에
③ 그럼에도 불구하고
④ 어떤 경우에

| **정답해설** | ① 54% 앞 문장에서 19세기 로맨스의 특징을 말하고, 뒷문장에서 로맨스의 전형적인 특징을 설명하고 있으므로 빈칸에는 Typically가 가장 적절하다. (단, 본문 다섯 번째 줄의 dealt with는 목적어가 뒤따라 오므로 과거분사 대신 dealing with가 더욱 자연스러운 표현이다.)

어휘

fictioin 허구, 소설
prose 산문
narrative 이야기, 서술
exotic 이국적인, 이색적인

19 어휘 > 빈칸 완성 오답률 21% 답 ③

| 해석 | 정의는 특히 아이들에게 ③ 도움이 되지 않는다. 자주 인용되는 1987년 연구가 있는데, 그 연구에서 5학년들은 사전적인 정의를 제공받았고, 정의된 그 단어들을 사용하여 그들 고유의 문장을 작문하도록 요청받았다. 그 결과는 실망스러웠다. erode라는 단어를 받은 한 아이는 "우리 가족은 많이 침식시킨다(erode)."라고 적었다. 주어진 정의가 "eat out(외식하다), eat away(먹어치우다)"였기 때문이었다.

① 11% 이익이 되는　　② 6% 무례한
③ 79% 도움이 되지 않는　　④ 4% 잊기 쉬운

| 정답해설 | ③ 예시로 제시된 1987년 연구에 따르면, 한 아이는 erode의 사전적 정의를 받았지만 주어진 정의가 잘못되어 있어 그 단어를 포함하는 문장을 엉뚱하게 작문했다. 이를 통해 정의는 아이들에게 도움이 되지 않음을 알 수 있으므로 빈칸에는 unhelpful이 적절하다.

어휘

oft-cited 자주 인용되는(oft-often)

20 독해 > Reading for Writing > 빈칸 절 완성 오답률 25% 답 ①

| 해석 | 현대의 은행 업무는 고대 영국에 그 기원을 둔다. 그 당시에 그들의 금을 안전하게 지키기를 원했던 사람들에게는 두 가지 선택 사항이 있었다. 그것을 매트리스 아래에 숨기거나 안전한 보관을 위해 다른 사람에게 맡기는 것이었다. 보관을 위해 의지할 만큼 논리에 맞는 사람들은 지역 금세공인들이었는데, 그들이 가장 튼튼한 금고를 소유하고 있었기 때문이었다. 금세공인들은 금의 보관을 받아들였고, 후일에 그 금이 현금으로 교환될 수 있음을 명시하는 영수증을 주인에게 주었다. 상환일이 되면 그 주인은 금세공인에게 가서 금의 일부를 돈으로 교환받았고, 그것을 수취인에게 주었다. 그러고 나서, 그 수취인은 뒤돌아 안전한 보관을 위해 다시 금세공인에게로 돌아가 금을 맡겼을 가능성이 크다. 점차적으로, 물리적으로 금을 교환하기 위해 시간과 노력을 들이는 대신에, 사업가들은 ① 금세공인들의 영수증을 대금처럼 교환하기 시작했다.

① 금세공인들의 영수증을 대금처럼 교환하기 시작했다
② 이러한 제도에서 잠재적인 수익을 보았다
③ 그들의 금을 현금으로 교환하지 말라고 예금자들에게 경고했다
④ 수수료를 받고 다른 사람에게 금을 빌려주었다

| 정답해설 | ① 75% 빈칸에는 금을 교환하기 위해 시간과 노력을 들이는 대신에 할 수 있는 유사 은행 업무 행위를 제시해야 한다. 직접적이고 물리적인 교환 대신에 제시할 수 있는 방법은 선지 중 영수증을 대금처럼 교환하는 방법이 가장 적절하다.

어휘

turn A over to B B에게 A를 맡기다
safekeeping 안전한 보관
vault 금고
redeem 현금으로 교환하다
payee 수취인, 수령인
arrangement 제도; 장치; 타협, 조정
depositor 예금자

9급공무원

공통과목 기출 PACK

한국사

기출분석 해설노트 100% 활용법

1	기출문제 하나하나를 철저하게 분석하세요! ▶상세한 해설과 더 알아보기 보충이론으로 철저한 학습을 할 수 있어요. ▶문항별 오답률과 선택지별 선택률을 확인하여 함정지문이 무엇인지를 알 수 있어요.
2	채점 후 나의 수준을 파악하고 취약영역을 체크하세요! ▶취약영역 체크표를 활용하여 나의 취약영역을 확인할 수 있어요. ▶맞힌 개수와 점수를 표기하여 합격 여부를 확인할 수 있어요.
3	헷갈리거나 모르는 이론은 기출 영역을 확인하여 기본서 발췌독을 하세요!

2023 4월 8일 시행 국가직 9급 (㉯책형)

합격예상 체크

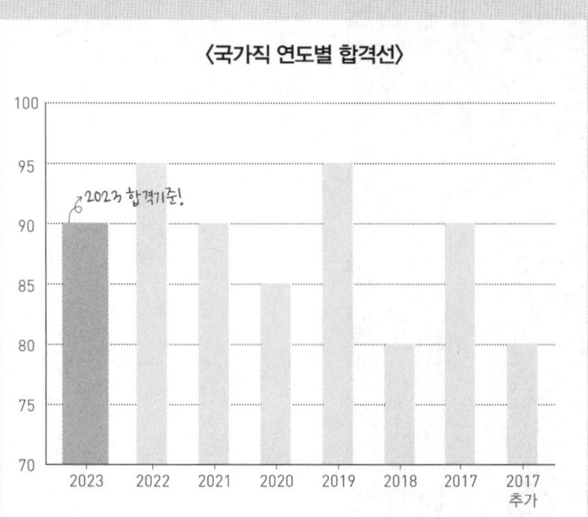

맞힌 개수	/20문항	점수	/100점

➡ □합격 □불합격

취약영역 체크

문항	정답	영역	문항	정답	영역
1	①	우리 역사의 기원과 형성 > 선사 시대	11	③	근현대 > 개항기
2	②	고대 > 정치	12	④	근현대 > 일제 강점기
3	③	중세 > 정치	13	④	근현대 > 현대
4	④	중세 > 정치	14	②	근대 태동기 > 정치
5	③	단원 통합 > 평양의 역사	15	①	근세 > 정치
6	③	고대 > 정치	16	④	근현대 > 일제 강점기
7	③	고대 > 정치	17	②	근현대 > 현대
8	①②	중세 > 문화	18	①	근현대 > 개항기
9	②	단원 통합 > 조선의 지도와 천문도	19	①	근현대 > 개항기
10	②	근대 태동기 > 경제	20	③	근현대 > 일제 강점기

⬇ 영역별 틀린 개수로 취약영역을 확인하세요!

우리 역사의 기원	/1	고대	/3	중세	/3	근세	/1
근대 태동기	/2	근현대	/8	통합	/2		

➡ 나의 취약영역: ____________

※ [정답해설]과 [오답해설] 선지의 50% 표시는 〈에듀윌 합격예측 풀서비스〉를 통해 수집된 선지 선택률을 나타냅니다.

1 우리 역사의 기원과 형성 > 선사 시대 > 청동기 시대
오답률 13% 답 ①

| 정답해설 | 미송리식 토기, 팽이형 토기, 붉은 간 토기는 청동기 시대에 사용된 토기이다. ① 87% 비파형 동검은 청동기 시대의 유물이다.

| 오답해설 | ② 3% 오수전 등의 화폐는 초기 철기 시대 유물이다.

③ 6% 경기도 연천군 전곡리 유적에서 발견된 아슐리안형 주먹도끼는 구석기 시대 유물이다.

④ 4% 철기 시대 국가인 변한 및 가야에서는 철이 많이 생산되어 낙랑과 왜에 수출되었다.

2 고대 > 정치 > 고국천왕
오답률 12% 답 ②

| 정답해설 | ② 88% 제시된 사료는 고구려 고국천왕 때 실시된 진대법(194)에 관한 내용이다.

| 오답해설 | ① 5% 미천왕 때 낙랑군을 축출하였다(313).

③ 3% 백제 근초고왕의 평양성 공격 과정에서 고국원왕이 전사하였다(371).

④ 4% 고구려 광개토대왕은 우리나라 최초로 '영락(永樂)'이라는 연호를 사용하였다.

3 중세 > 정치 > 전민변정도감
오답률 16% 답 ③

| 정답해설 | 제시된 사료 중 '신돈', '도감의 설치'를 통해 (가)가 전민변정도감임을 알 수 있다. ③ 84% 공민왕 때 설치된 전민변정도감을 통해 권문세족들이 불법적으로 점유한 토지를 원래 주인에게 돌려주고, 불법적으로 노비가 된 사람들을 일반 양인으로 환원시켰다.

| 오답해설 | ① 5% 고려 시대 경시서는 시전의 물가를 감독하는 임무를 담당하였다.

② 7% 고려 시대 삼사는 국가 재정의 출납과 회계 업무를 담당하였다.

④ 4% 개경 환도(1270) 이후, 원종은 부족한 녹봉을 보충하고자 관료에게 녹과전을 지급하였다.

4 중세 > 정치 > 서희의 외교 담판
오답률 32% 답 ④

| 정답해설 | 제시된 사료는 거란의 1차 침략 당시(성종 12년, 993), 서희의 외교 담판 관련 내용이다. ④ 68% 서희는 거란 장군 소손녕과 담판하여 강동 6주를 획득하였다.

| 오답해설 | ① 3% 강조는 정변을 통해 목종을 폐위하고 현종을 옹립하였다(목종 12년, 1009).

② 3% 강감찬은 귀주에서 거란족을 크게 물리쳤다(거란의 3차 침략, 현종 10년, 1019).

③ 26% 예종 때 윤관은 별무반을 동원하여 여진족을 몰아내고 동북 9성을 축조하였다(예종 2년, 1107).

오답률 TOP 1

5 단원 통합 > 평양의 역사 오답률 61% 답 ③

| 정답해설 | 장수왕은 남진 정책을 추진하기 위해 평양으로 천도하였고(427), 묘청은 서경(현재의 평양)으로 천도할 것을 주장하였다. ③ 39% 1866년 미국 상선 제너럴셔먼호가 대동강으로 들어와 평양 근처에서 통상을 요구하였다. 이들은 조선 정부의 퇴거 요청에 불응하면서 약탈과 살인을 저질렀다. 이에 평안도 관찰사 박규수와 평양 관민들의 공격으로, 제너럴셔먼호는 소실되었다(제너럴셔먼호 사건). 이 사건은 신미양요(1871)의 원인이 되었다.

| 오답해설 | ① 28% 몽골은 화주(현재의 함경남도 영흥군)에 쌍성총관부를 설치하였다(1258).

② 12% 망이·망소이는 공주 명학소에서 반란을 일으켰다(1176).

④ 21% 백정들에 대한 사회적 차별을 타파하기 위해 1923년 진주에서 조선 형평사가 결성되었다.

6 고대 > 정치 > 매소성 전투 이후의 사건 오답률 39% 답 ③

| 정답해설 | 제시된 사료는 나당 전쟁 중 대표적 전투인 매소성 전투(675)이다. ㄴ. 신문왕 때 김흠돌이 반란을 일으켰고(681), ㄷ. 유학 교육 기관인 국학이 설립되었다(682).

| 오답해설 | ㄱ. 백제 직후 이후 웅진도독부가 설치되었다(660).

ㄹ. 백제 멸망 이후 복신, 도침 등은 부여풍과 함께 백제 부흥 운동을 일으켰다(660~663).

7 고대 > 정치 > 4~7세기 주요 사건 순서 나열 오답률 35% 답 ③

| 정답해설 | 제시된 사건의 순서는 다음과 같다. ③ 65% (나) 미천왕, 서안평 점령(311) – (가) 지증왕, 우산국 복속(512) – (라) 법흥왕, 금관가야 병합(532) – (다) 의자왕, 신라의 대야성 점령(642)

8 중세 > 문화 > 고려의 문화유산 오답률 29% 답 ①②(복수 정답)

| 정답해설 | ① 19% 황해도 사리원 성불사 응진전은 다포 양식의 건물이다. 이 문제는 '성불사 웅진전'으로 문제에 오타가 있는 채로 출제되어 복수 정답으로 인정되었다. '성불사 응진전'이 옳은 표기이다.

② 52% 월정사 팔각 9층 석탑은 송의 석탑을 모방하여 제작하였다.

| 오답해설 | ③ 20% 여주 고달사지 승탑은 통일 신라의 팔각원당형 양식을 계승하였다.

④ 9% 『직지심체요절』은 세계기록유산으로 등재된 현존하는 가장 오래된 금속활자본이다.

9 단원 통합 > 조선의 지도와 천문도 오답률 46% 답 ②

| 정답해설 | ② 54% 혼일강리역대국도지도는 태종 때 이회 등이 제작한 세계 지도이다. 권근의 『양촌집』에 의하면 중국에서 수입한 성교광피도와 혼일강리도를 기초로, 우리나라와 일본의 지도를 합쳐 제작하였다고 한다. 한편 곤여만국전도는 서양인 선교사 마테오 리치가 1602년(선조 35년) 명나라에서 제작한 세계 지도이며, 1603년(선조 36년) 중국에 파견된 조선의 사신 이광정 등을 통해 조선에 소개되었다.

| 오답해설 | ① 11% 대동여지도는 지리학자인 김정호가 제작한 지도이다(철종 12년, 1861). 산줄기, 물줄기, 포구, 도로망의 표시가 정밀하고, 거리를 알 수 있도록 10리마다 눈금을 표시하였다. 또한 기호를 사용해 지도에 더 많은 정보를 수록할 수 있었다. 휴대가 간편하였기 때문에 많은 사람들이 이용하였으며, 이 때문에 대량 제작이 가능하도록 목판으로 인쇄되었다.

③ 10% 천상열차분야지도는 1395년(태조 4년) 고구려의 천문도를 바탕으로 제작되었다. 하늘을 여러 구역으로 나누고, 별자리를 표시하여 당시 천문학 수준을 확인할 수 있다.

④ 25% 영조 때 정상기는 최초로 100리 척을 사용하여 동국지도를 제작하였다.

10 근대 태동기 > 경제 > 대동법 오답률 46% 답 ②

| 정답해설 | (가)는 대동법이다. ② 54% 균역법을 시행하면서 부족한 군포를 충당하기 위해 지주에게 결작(1결당 2두)을 부과하였다.

| 오답해설 | ① 16% 대동법이 실시되면서 상품 화폐 경제의 발달이 촉진되어 장시가 확대되었고, ④ 14% 국가의 필요 물품을 조달하는 공인이 등장하였다.

③ 16% 선조 때 이이, 유성룡 등은 방납의 폐단을 시정하기 위해 대공수미법을 주장하였으나 당시에는 받아들여지지 않았다. 이후 1608년(광해군 즉위년) 이원익의 건의로 경기도에서 처음으로 대동법이 시행되었다.

11 근현대 > 개항기 > 흥선 대원군 오답률 29% 답 ③

| 정답해설 | 만동묘를 철폐하고, 서원 정리를 단행한 인물은 (가) 흥선 대원군이다. ③ 71% 흥선 대원군은 왕권을 강화하기 위해 비변사를 혁파하였다.

| 오답해설 | ① 10% 흥선 대원군은 환곡제를 폐지하고 지역 단위로 사창제를 실시하였다.

② 8% 흥선 대원군은 『대전회통』, 『육전조례』 등 법전을 편찬하여 왕권을 중심으로 통치 체제를 정비하고자 하였다.

④ 11% 흥선 대원군은 대외적으로는 통상 수교 거부 정책을 추진하였다.

오답률 TOP 2

12 근현대 > 일제 강점기 > 대한민국 임시정부 오답률 59% 답 ④

| 정답해설 | 제시된 자료는 대한민국 임시의정원에서 발표한 「대한민국 임시 헌장」(1919. 4. 11.)이다. ④ 41% 전환국은 1885년(고종 22년) 설치된 화폐 주조 기구이다.

| 오답해설 | ① 8% 대한민국 임시정부는 독립운동 자금을 확보하기 위해 독립 공채를 발행하였다.

② 35% 대한민국 임시정부는 기관지로 〈독립신문〉을 발행하였다.

③ 16% 대한민국 임시정부는 국내의 정보 수집, 독립 자금 확보를 위해 연통부를 설치하였다.

| 더 알아보기 | 「대한민국 임시 헌장」 선서문

> 민국 원년(1919) 3월 1일 우리 대한민족이 독립을 선언한 뒤부터 남녀노소와 모든 계급과 모든 종파를 물론하고 일치단결하여 동양의 독일인 일본의 비인도적 폭행 하에서도 극히 공명하게, 극도의 수치를 인내하며 우리 민족의 독립과 자유를 갈망하는 참된 생각과 정의와 인도를 애호(愛好)하는 국민성을 표현한지라. 지금에 세계의 동정(同情)이 오롯이 모두 우리 국민에 집중하였다. 이러한 시기에 본 정부가 전 국민의 위임을 받아 조직되었으니 본 정부가 전 국민과 더불어 전심(專心)으로 서로 힘을 모아 임시헌법과 국제도덕(國際道德)의 명한 바를 준수하여 국토에 빛을 찾아 국가의 기초를 닦고 기틀을 굳건하게 세우는 대사명(大使命)을 이루려 함을 선서하노라.

13 근현대 > 현대 > 박정희 정부 오답률 29% 답 ④

| 정답해설 | 제시된 사료는 1964년 박정희 대통령이 발표한 제1회 수출의 날 치사이다. ④ 71% 박정희 정부(제3공화국, 1963~1972 유신 이전)는 미국과 베트남 파병에 필요한 요건을 명시한 브라운 각서(1966)를 체결하였다.

| 오답해설 | ① 12% 대통령 직선제 개헌은 1차 개헌(1952, 발췌 개헌), 5차 개헌(1962, 국가재건 최고회의 주도), 9차 개헌(1987) 시기에 이루어졌다.

② 7% 3·1 민주 구국 선언(1976)은 유신 반대 운동의 대표적 사례이다.

③ 10% 대한민국 정부 수립 직후인 1948년 9월 반민족 행위 처벌법(반민법)이 제정되었고, 이를 근거로 반민족 행위 특별 조사 위원회가 구성되었다(1948. 10., 이승만 정부).

| 더 알아보기 | 제1회 수출의 날 치사(1964.12.5.)

> 우리나라 수출 무역에 있어서 역사적인 기점을 마련한 오늘을 수출의 날로 정하여 널리 기념하게 된 것은 자립 경제의 근간이 되는 수출 증대의 앞날을 위하여서는 참으로 뜻 깊은 일로 여기는 바입니다. …(중략)…
> 한편 수출 무역에 있어서 양적인 면에서만 진전을 보았을 뿐만 아니라, 근래에 와서는 국내 산업이 발전함에 따라 공업품 수출이 현저하게 증대되었습니다. 그리하여 후진적인 수출 구조에서 점차로 고도화된 수출 구조로 개선되어 가고 있어, 우리나라 수출 무역의 장래를 밝게 해주고 있음은 매우 고무적인 사실이 아닐 수 없습니다. …(중략)…
> 그러므로, 앞으로 우리는 지난날과 같이 농수산물 및 광산물과 같은 자연자원 수출에만 치중할 것이 아니라, 우리 국민이 선천적으로 타고난 재질과 저렴하고 풍부한 노동력을 최대한으로 활용하여 다각적인 생산 활동을 벌여 나가야 합니다. 특히 노동집약적인 산업을 육성시키고 여기서 만들어지는 공산품 수출을 진흥시키는 데 더욱 노력할 것을 아울러 요망해 두고자 합니다.
> 끝으로 오늘 제1회 수출의 날 기념식에 즈음하여 상공 당국이나 대한무역진흥공사가 이룩한 업적을 높이 찬양하고, 또 관계관 여러분의 노고를 치하하면서 이 뜻 깊은 날이 자립 경제를 촉성하는 또 하나의 계기가 될 것을 기원하는 바입니다.

14 근대 태동기 > 정치 > 남인 오답률 52% 답 ②

| 정답해설 | 제시된 사료는 예송논쟁 당시 자의 대비의 3년 상복을 주장했던 남인 허목의 상소이다. ㄱ. 남인은 기사환국(숙종 15년, 1689)으로 정권을 장악하였다.

ㄷ. 정조 때 채제공, 정약용 등 일부 남인이 등용되면서 탕평 정치의 한 축을 이루었다.

| 오답해설 | ㄴ. 서인은 인조반정을 주도하여 집권 세력이 되었다.

ㄹ. 서인은 이이와 성혼의 문인들을 중심으로 형성되었다.

15 근세 > 정치 > 삼포왜란, 임진왜란 사이의 역사적 사실 오답률 38% 답 ①

| 정답해설 | ① 62% (가) 삼포왜란(중종 5년, 1510)과 (다) 임진왜란(선조 25년, 1592) 사이의 역사적 사실은 을사사화(명종 즉위년, 1545)이다.

| 오답해설 | ② 17% 『경국대전』은 1476년(성종 7년)에 완성되어, 1485년(성종 16년)에 반포되었다.

③ 12% 『향약집성방』은 1433년(세종 15년)에 편찬되었다.

④ 9% 갑인자는 1434년(세종 16년)에 주도된 금속활자이다.

16 근현대 > 일제 강점기 > 회사령 시행 시기의 사실 오답률 31% 답 ④

| 정답해설 | 제시된 사료는 1910년 공포된 회사령이다. 회사령이 시행된 시기는 1910~1920년까지이다. ④ 69% 1911년 제1차 조선 교육령에서는 보통학교 수업 연한을 4년으로 정했다.

| 오답해설 | ① 8% 산미 증식 계획은 1920년 시작되어 1934년 중단되었다.

② 10% 1938년 국가총동원법이 제정되었다.

③ 13% 남면북양 정책은 일제가 1930년대 초 전쟁 수행을 위해 추진한 공업원료 증산정책으로, 남쪽에서는 면화 재배, 북쪽에서는 면양 사육이 이루어졌다.

17 근현대 > 현대 > 유엔 소총회 결의안 이후의 사실 오답률 28% 답 ②

| 정답해설 | 제시된 사료는 유엔 소총회에서 채택된 남한만의 총선거 결의안(1948. 2. 26.)이다. ② 72% 유엔 소총회 결의안 결정 이후, 1948년 5·10 총선거가 실시되었다.

| 오답해설 | ① 5% 미군은 한반도 남쪽에 진주한 후, 1945년 9월 9일 조선 총독 아베 노부유키(阿部信行)로부터 공식적으로 항복을

받았다. 이후 아놀드(Arnold, A. V.) 소장을 군정장관에 임명한 뒤, 9월 20일 군정청의 성격·임무·기구 및 국·과장급 인사를 발표하면서 본격적인 미군정 통치가 시작되었다.

③ 13% 1946년 7월 여운형, 김규식을 중심으로 좌우 합작 위원회가 구성되었다.

④ 10% 1946년 3월, 1947년 5월, 두 차례의 미·소 공동 위원회가 개최되었다.

| 더 알아보기 | 유엔 소총회에서 채택된 남한만의 총선거 결의안(1948. 2. 26.)

> 소총회(小總會)는 국제연합 한국임시위원단(國際聯合韓國臨時委員團) 의장이 표명한 여러 의견을 명심하며, …(중략)… 한국 인민의 자유와 독립이 조속히 달성되도록 국제연합 한국임시위원단과 더불어 상의할 수 있을 한국 인민의 대표를 선출하고, 그 한국 인민의 대표가 국회를 구성하여 한국의 중앙 정부를 수립할 수 있도록 선거를 시행함이 긴요하다고 사료하므로, …(중략)… 국제연합 한국임시위원단이 접근할 수 있는 지역에서 결의문 제2호에 기술된 계획을 시행함이 동 위원단에 부과된 임무임을 결의한다.

18

근현대 > 개항기 > 강화도 조약, 조청 상민 수륙 무역 장정 사이의 사실 오답률 28% 답 ①

| 정답해설 | (가)는 1876년 체결된 강화도 조약, (나)는 1882년 체결된 조청 상민 수륙 무역 장정이다. 따라서 1876년과 1882년 사이의 역사적 사실을 고르는 문제이다. ① 72% 강화도 조약(1876. 2. 3.) 이후, 조·일 수호 조규 부록(1876. 7. 6.)이 체결되면서 개항장에서는 일본 화폐가 통용되었다.

| 오답해설 | ② 7% 1896년 러시아는 압록강 유역의 삼림 채벌권을 획득하였다.

③ 9% 1898년 시전 상인들은 황국 중앙 총상회를 조직하여 상권 수호 운동을 전개하였다.

④ 12% 1889년 함경도 관찰사 조병식의 방곡령에 불복하여 일본 상인이 손해 배상을 요구하였다.

19

근현대 > 개항기 > 홍범 14조 오답률 47% 답 ①

| 정답해설 | 밑줄 친 14개 조목은 홍범 14조(1894. 12.)이다. ㄱ. 탁지아문에서 조세 부과, ㄴ. 왕실과 국정 사무의 분리는 홍범 14조의 내용에 해당한다.

| 오답해설 | ㄷ. 지계 발급을 위한 지계아문 설치(1901)는 광무개혁의 내용이다.

ㄹ. 대한 천일 은행은 1899년 설립되었다.

| 더 알아보기 | 홍범 14조

> 1. 청나라에 의존하는 생각을 끊어 버리고 자주독립의 기초를 튼튼히 세운다.
> 2. 왕실 규범을 제정하여 왕위 계승 및 종친(宗親)과 외척(外戚)의 본분과 의리를 밝힌다.
> 3. 대군주는 정전(正殿)에 나와서 일을 보되 정무는 직접 대신들과 의논하여 재결하며, 왕비나 후궁, 종친이나 외척은 정사에 관여하지 못한다.
> 4. 왕실 사무와 국정 사무는 반드시 분리해 서로 뒤섞지 않는다.
> 5. 의정부와 각 아문(衙門)의 직무와 권한을 명백히 제정한다.
> 6. 인민의 조세는 모두 법령으로 정한 비율에 따르고, 함부로 명목을 더 만들어 과도하게 징수할 수 없다.
> 7. 조세의 과세와 경비 지출은 모두 탁지아문(度支衙門)에서 담당한다.
> 8. 왕실 비용을 솔선하여 절약함으로써 각 아문과 지방 관청의 모범이 되도록 한다.
> 9. 왕실 비용과 각 관청 비용은 1년 예산을 미리 정하여 재정 기초를 튼튼히 세운다.
> 10. 지방 관제를 서둘러 개정하여 지방 관리의 권한을 한정한다.
> 11. 나라 안의 총명하고 재주 있는 젊은이들을 널리 파견하여 외국의 학술과 기예를 전수하여 익힌다.
> 12. 장관(將官)을 교육하고 징병법을 적용하여 군사제도의 기초를 확립한다.
> 13. 민법과 형법을 엄격하고 명백히 제정하여 함부로 감금하거나 징벌하지 못하게 하여 인민의 생명과 재산을 보호한다.
> 14. 인재를 등용하는 데 문벌에 구애되지 말고, 관리를 구함에 있어서 조정과 민간에 두루 걸침으로써 인재 등용의 길을 넓힌다.

오답률 TOP 3

20

근현대 > 일제 강점기 > 만주 사변, 태평양 전쟁 사이의 사실 오답률 56% 답 ③

| 정답해설 | 만주 사변(1931)과 태평양 전쟁(1941. 12.) 사이의 역사적 사실을 고르는 문제이다. ③ 44% 〈제국신문〉은 1898년 창간되었다가 1910년 폐간되었다.

| 오답해설 | ① 18% 초등 교육 기관인 '소학교' 명칭은 제3차 조선교육령이 공포된 1938년부터 사용되다가 1941년 '국민학교'로 개칭되었다.

② 12% 황국 신민 서사는 1937년 제정되었다.

④ 26% 한국 독립군이 주도한 쌍성보 전투는 1932년에 일어났다.

2022 4월 2일 시행 국가직 9급 (㉮책형)

합격예상 체크

〈국가직 연도별 합격선〉

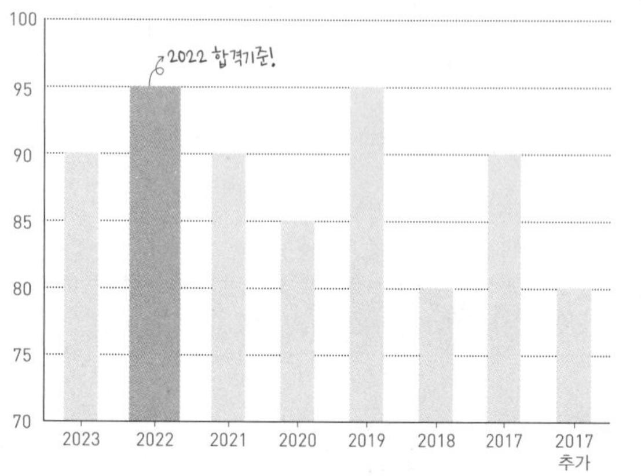

맞힌 개수	/20문항	점수	/100점

➡ □합격 □불합격

취약영역 체크

문항	정답	영역	문항	정답	영역
1	①	우리 역사의 기원과 형성 > 국가의 형성	11	①	근현대 > 일제 강점기
2	③	고대 > 문화	12	④	근현대 > 현대
3	④	근세 > 정치	13	①	근현대 > 현대
4	①	근현대 > 일제 강점기	14	②	근현대 > 개항기
5	②	고대 > 문화	15	①	고대 > 정치
6	③	고대 > 정치	16	②	중세 > 문화
7	④	단원 통합 > 조선 시대 왕들의 업적	17	②	근현대 > 개항기
8	②	근세 > 정치	18	③	중세 > 정치
9	③	단원 통합 > 『삼국사기』, 『발해고』	19	②	중세 > 경제
10	③	근대 태동기 > 문화	20	④	근현대 > 개항기

⬇ 영역별 틀린 개수로 취약영역을 확인하세요!

우리 역사의 기원	/1	고대	/4	중세	/3	근세	/2
근대 태동기	/1	근현대	/7	통합	/2		

➡ 나의 취약영역: ____________

※ [정답해설]과 [오답해설] 선지의 50% 표시는 〈에듀윌 합격예측 풀서비스〉를 통해 수집된 선지 선택률을 나타냅니다.

1 우리 역사의 기원과 형성 > 국가의 형성 > 옥저

오답률 21% 답 ①

| 정답해설 | 제시된 사료 중 "가족 공동 무덤"을 통해 옥저에 대한 내용임을 알 수 있다. ① 79% 옥저에는 민며느리제라는 혼인 풍습이 있었다.

| 오답해설 | ② 5% 부여에서는 제가(諸加)가 별도로 사출도를 다스렸다.

③ 7% 삼한에서는 제사장인 천군과 신성 구역인 소도가 있었다.

④ 9% 동예에서는 매년 10월에 무천이라는 제천 행사가 개최되었다.

2 고대 > 문화 > 유네스코 세계 유산

오답률 40% 답 ③

| 정답해설 | ③ 60% 부여 능산리 고분군은 굴식 돌방무덤 형태가 일반적이다. 계단식 돌무지무덤은 백제 한성 시대의 서울 석촌동 고분군이 대표적이다.

| 오답해설 | ① 12% 익산 미륵사지 석탑은 목탑 양식이 반영된 석탑이다.

② 16% 부여 정림사지 5층 석탑은 목탑 양식의 석탑으로, 한때 '평제탑'이라고 잘못 불리기도 하였다.

④ 12% 무령왕릉에서 무령왕과 왕비의 지석(매지권)이 발견되었다.

3 근세 > 정치 > 조선 시대의 관청

오답률 26% 답 ④

| 정답해설 | ④ 74% 승정원은 왕의 비서 기관으로 국왕의 명령을 출납하였다.

| 오답해설 | ① 8% 사간원에서는 간쟁을 담당하였다. 예문관에서 왕의 교지를 작성하였다.

② 8% 한성부에서는 수도의 행정 및 치안을 담당하였다. 춘추관에서 시정기를 편찬하였다.

③ 10% 춘추관은 역사 편찬 기구이다. 승문원에서 외교 문서를 작성하였다.

4 근현대 > 일제 강점기 > 대한민국 임시 정부

오답률 42% 답 ①

| 정답해설 | 3·1 운동 직후 (가) 대한민국 임시 정부가 수립되었다. ① 58% 대한민국 임시 정부는 미국에 구미 위원부를 설치하여 이승만을 중심으로 외교 활동을 전개하였다.

| 오답해설 | ② 20% 독립 의군부는 고종의 밀명을 받아 임병찬이 설립(1912)한 비밀 결사이다.

③ 9% 13도 창의군의 이인영, 허위 등은 1908년에 서울 진공 작전을 추진하였으나 실패하였다.

④ 13% 1904년에 영국인 베델, 양기탁 등은 〈대한매일신보〉를 창간하였다.

5 고대 > 문화 > 의상과 자장 오답률 35% 답 ②

| 정답해설 | (가) 의상, (나) 자장과 관련된 내용이다. ② 65% 의상은 「화엄일승법계도」를 통해 화엄 사상의 핵심을 제시하였다.

| 오답해설 | ① 15% 원효는 모든 것이 한마음에서 나온다는 일심 사상을 제시하였다.

③ 10% 혜초는 인도를 순례한 후 『왕오천축국전』이라는 여행기를 남겼다.

④ 10% 고려 시대의 승려인 의천은 이론과 실천을 같이 강조하는 교관겸수를 제시하였다.

6 고대 > 정치 > 발해 무왕 오답률 31% 답 ③

| 정답해설 | 제시된 사료 중 고왕(대조영)의 아들이며 연호를 인안(仁安)으로 고쳤다는 내용을 통해 (가)가 발해 무왕임을 알 수 있다. ③ 69% 무왕은 장문휴를 시켜 당의 산둥성 등주를 선제공격하였다.

| 오답해설 | ① 7% 문왕은 중경에서 상경으로 천도하였으며(이후 동경으로 천도), 성왕(재위 793~794)은 동경에서 상경으로 천도하였다.

② 20% 선왕 이후 발해는 '해동성국'이라고 불릴 만큼 전성기를 이루었다.

④ 4% 고왕(대조영)은 고구려 유민과 말갈족을 이끌고 동모산에서 발해를 건국하였다(698).

7 단원 통합 > 조선 시대 왕들의 업적 오답률 45% 답 ④

| 정답해설 | (가) 성종(『경국대전』 완성), (나) 영조(『속대전』), (다) 정조(『대전통편』), (라) 고종(흥선 대원군 섭정 시기, 『대전회통』)이다. ④ 55% 삼정이정청은 박규수(진주 민란 당시 안핵사)의 건의로 철종 때인 1862년에 설치되었다.

8 근세 > 정치 > 기묘사화 오답률 25% 답 ②

| 정답해설 | ② 75% 조광조의 급진적인 개혁 정책은 1519년(중종 14) 기묘사화의 원인이 되었다.

| 더 알아보기 | 사화(士禍)의 발생과 붕당의 형성

왕	내용
성종	훈구 세력 견제를 위해 사림 중용 → 3사의 언관직에 임명
연산군	• 김종직의 '조의제문' 원인, 김일손 등 사림 세력 축출 → 무오사화 • 연산군의 생모 폐비 윤씨 사건 → 갑자사화
중종	조광조 중용 → 현량과 실시, 위훈 삭제 주장 → 기묘사화
명종	외척(대윤, 소윤)의 권력 다툼 → 을사사화
선조	사림의 정국 주도 → 이조 전랑직 문제로 동인과 서인으로 분열(붕당의 형성)

9 단원 통합 > 『삼국사기』, 『발해고』 오답률 33% 답 ③

| 정답해설 | (가)는 『삼국사기』, (나)는 『발해고』이다. ③ 67% 『발해고』는 신라와 발해의 역사를 대등하게 인식하고(기존 역사서와 비교했을 때 발해의 역사를 강조함), 우리 역사의 범위를 발해의 영토였던 요동·만주 지역까지 확대하였다.

| 오답해설 | ① 6% 동명왕의 업적을 칭송한 영웅 서사시는 이규보의 「동명왕편」이다.

② 9% 일연의 『삼국유사』는 불교를 중심으로 고대 설화를 수록한 사서이다.

④ 18% 고조선에서 고려까지의 역사를 체계적으로 정리한 대표적 역사서로는 『동국통감』, 『동사강목』 등이 있다.

오답률 TOP 1

10 근대 태동기 > 문화 > 박지원 오답률 67% 답 ③

| 정답해설 | 제시된 사료는 박지원의 한전론(토지 소유의 상한선 설정)이다. ③ 33% 박지원은 청에 다녀온 경험을 바탕으로 『열하일기』를 저술하였다.

| 오답해설 | ① 16% 『반계수록』은 유형원의 저서이다.

② 22% 『성호사설』은 이익의 저서이다.

④ 29% 『목민심서』는 정약용의 저서이다.

11 근현대 > 일제 강점기 > 무단 통치 시기 오답률 24% 답 ①

| 정답해설 | 일제가 한국을 병합한 직후부터 3·1 운동까지를 무단 통치 시기(헌병 경찰 통치 시기, 1910년대)라고 부른다. ① 76% 일제는 1912년 토지 조사령을 공포하여 토지 조사 사업의 법적 근거를 마련하였다.

| 오답해설 | ② 12% 일제는 1939년에 조선 민사령을 개정하여 창씨개명에 대한 법적 근거를 마련한 후 1940년 2월부터 시행하였다.

③ 7% 일제는 1941년에 국민학교령을 제정·공포하여 (심상)소학교를 국민학교로 변경하였다.

④ 5% 일제는 1938년에 국가 총동원법을 제정하였다.

12 근현대 > 현대 > 김구 오답률 38% 답 ④

| 정답해설 | 한국 국민당, 한국 독립당(한국 국민당+한국 독립당+조선 혁명당, 1940년 통합)을 이끌었고, 해방 이후 김규식과 함께 남북 협상(1948. 4.)에 참여한 인물은 김구이다. ④ 62% 모스크바 3국 외상 회의 결정 사항이 국내에 알려지자, 김구는 신탁 통치 반대 국민 총동원 위원회(1945. 12. 28.)를 결성하고 신탁 통치 반대 운동을 전개하였다.

| 오답해설 | ① 16% 여운형과 김규식은 좌우 합작 위원회를 구성하고(1946. 7.), 좌우 합작 7원칙을 발표하였다(1946. 10.).

② 14% 여운형은 광복 직후 안재홍 등과 함께 조선 건국 준비 위원회를 조직하였다.

③ 8% 박용만은 1914년에 하와이에서 대조선 국민 군단을 결성하였다.

13 근현대 > 현대 > 제헌 국회 오답률 33% 답 ①

| 정답해설 | 제헌 국회는 1948년에 5·10 총선거를 통해 구성되었고(1948. 5. 31.), 1950년 5월 30일까지 2년 동안 활동하였다. ① 67% 제헌 국회는 반민족 행위 처벌법을 제정하고(반민법, 1948. 9.), 반민족 행위 특별 조사 위원회(반민특위, 1948. 10.)를 구성하였다.

| 오답해설 | ② 6% 한·일 기본 조약(한·일 협정)은 1965년에 체결되었다.

③ 11% 남과 북은 1972년 7·4 남북 공동 성명을 발표하여 조국 통일 3대 원칙(자주·평화·민족 대단결)에 합의하였다.

④ 16% 통일 주체 국민 회의를 통해 대통령을 선출한다는 내용의 개헌안은 1972년에 제정되었다(7차 개헌, 유신 헌법).

14 근현대 > 개항기 > 흥선 대원군 오답률 22% 답 ②

| 정답해설 | 밑줄 친 '그'는 흥선 대원군이며, 1863년부터 1873년까지 섭정하였다. ② 78% 흥선 대원군은 신미양요(1871) 이후 전국 각지에 척화비를 세우도록 하였다.

| 오답해설 | ① 9% 고종은 1883년에 미국에 보빙사를 파견하였다.

③ 4% 숙종 때 조선과 청의 국경을 명확히 하고자 백두산정계비를 세웠다(1712).

④ 9% 고종은 개화 정책을 추진하기 위해 1880년 통리기무아문을 설치하였고, 그 아래에 12사를 두었다.

15 고대 > 정치 > 장수왕 오답률 36% 답 ①

| 정답해설 | 제시된 사료 중 "개로왕", "백제를 치려고" 등을 통해 밑줄 친 '이 왕'이 장수왕임을 알 수 있다. ① 64% 장수왕은 남하 정책을 추진하기 위해 국내성에서 평양으로 천도하였다(427).

| 오답해설 | ② 10% 고국천왕은 을파소의 건의를 받아들여 진대법을 처음 시행하였다(194).

③ 10% 미천왕은 낙랑군을 축출하였다(313).

④ 16% 광개토대왕은 신라에 침입한 왜군을 낙동강 유역에서 물리쳤다(400).

오답률 TOP 2

16 중세 > 문화 > 안동 봉정사 극락전 오답률 55% 답 ②

| 정답해설 | ② 45% 현존하는 가장 오래된 목조 건축물인 안동 봉정사 극락전은 주심포 양식의 맞배지붕 건물로, 기둥에는 배흘림 양식이 반영되어 있다.

| 더 알아보기 | 고려 시대 주심포 양식 건축물

구분	문화유산	특징
안동 봉정사 극락전		• 현존 최고(最古)의 목조 건물 • 배흘림 양식 • 맞배지붕
영주 부석사 무량수전		• 배흘림 양식 • 팔작지붕
예산 수덕사 대웅전		• 배흘림 양식 • 맞배지붕

17 근현대 > 개항기 > 독립 협회 오답률 32% 답 ②

| 정답해설 | 제시된 자료 중 "서재필", "만민 공동회" 등을 통해 (가)가 독립 협회임을 알 수 있다. ② 68% 독립 협회는 사대(事大)를 상징했던 영은문 자리에 독립문을 세웠다.

| 오답해설 | ① 8% 고종은 1895년에 「교육 입국 조서」를 반포하였다.

③ 19% 고종은 1894년에 「홍범 14조」를 반포하였다.

④ 5% 국채 보상 운동은 1907년에 김광제·서상돈의 주도로 대구에서 시작되었다.

18 중세 > 정치 > 원 간섭기 오답률 36% 답 ③

| 정답해설 | 무신정권의 몰락(1270, 원종의 개경 환도)부터 공민왕의 즉위(1351) 이전까지는 원 간섭기에 해당한다. ③ 64% 쌍성총관부 수복은 공민왕 즉위 이후인 1356년(공민왕 5)에 이루어졌다.

| 오답해설 | ① 12% 충선왕은 상왕으로 물러난 후 원의 수도인 연경에 만권당을 설립하였다(1314, 충숙왕 1).

② 11% 정동행성은 여·몽 연합군의 2차 일본 정벌 당시에 설치되었다(1280, 충렬왕 6).

④ 13% 1287년(충렬왕 13)에 이승휴가 『제왕운기』를 편찬하였다.

오답률 TOP 3

19 중세 > 경제 > 고려의 경제 오답률 50% 답 ②

| 정답해설 | 제시된 자료는 고려 시대의 농업 발전에 대한 내용이다.

② 50% 조선 후기에 대동법이 시행되면서 공물 부과 기준이 가호(家戶)에서 토지로 바뀌었다.

20 근현대 > 개항기 > 신미양요와 갑오개혁 사이의 역사적 사실 오답률 32% 답 ④

| 정답해설 | 신미양요는 1871년, 갑오개혁은 1894년의 일이다.

④ 68% 1882년에 조·미 수호 통상 조약이 체결되었다.

| 오답해설 | ① 9% 1905년에 을사늑약이 체결되었다.

② 7% 1907년에 정미의병이 발생하였다.

③ 16% 1868년에 오페르트의 남연군 묘 도굴 미수 사건이 발생하였다.

2021 4월 17일 시행 국가직 9급 (㉯책형)

합격예상 체크

〈국가직 연도별 합격선〉

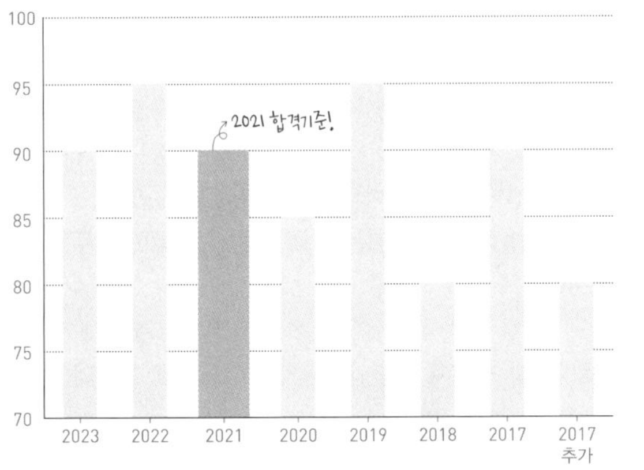

맞힌 개수	/20문항	점수	/100점

➡ □ 합격 □ 불합격

취약영역 체크

문항	정답	영역	문항	정답	영역
1	③	고대 > 정치	11	④	근현대 > 현대
2	②	중세 > 문화	12	③	근현대 > 일제 강점기
3	③	근세 > 정치	13	②	근현대 > 개항기
4	①	근세 > 정치	14	④	중세 > 사회
5	①	우리 역사의 기원과 형성 > 선사 시대	15	②	근대 태동기 > 경제
6	④	고대 > 정치	16	①	근현대 > 현대
7	④	단원 통합 > 시기별 대외 교류	17	④	근현대 > 일제 강점기
8	③	단원 통합 > 유네스코 세계 유산	18	②	근현대 > 일제 강점기
9	③	고대 > 문화	19	②	근현대 > 개항기
10	①	중세 > 정치	20	③	근현대 > 개항기

⬇ 영역별 틀린 개수로 취약영역을 확인하세요!

우리 역사의 기원	/1	고대	/3	중세	/3	근세	/2
근대 태동기	/1	근현대	/8	통합	/2		

➡ 나의 취약영역: ________

※ [정답해설]과 [오답해설] 선지의 50% 표시는 〈1초 합격예측 서비스〉를 통해 수집된 선지 선택률을 나타냅니다.

1 고대 > 정치 > 유리왕 오답률 23% 답 ③

| 정답해설 | 제시된 시가는 고구려 유리왕(재위 B.C. 19~A.D. 18)이 지은 「황조가」이다. ③ 77% 유리왕은 졸본에서 국내성으로 천도하였다(A.D. 3).

| 오답해설 | ① 7% 고국천왕은 을파소의 건의를 받아들여 진대법을 시행하였다(194).

② 10% 미천왕은 낙랑군을 축출하였다(313).

④ 6% 소수림왕은 율령을 반포하여(373) 중앙 집권 체제를 강화하였다.

2 중세 > 문화 > 안향 오답률 24% 답 ②

| 정답해설 | 밑줄 친 '유학자'는 회헌 안향이다. 조선 중종 때 풍기군수 주세붕은 백운동 서원을 세우고, 안향(호-회헌)의 제사를 지냈다(안향 봉사). ② 76% 안향은 원 간섭기인 충렬왕 때 성리학을 국내에 최초로 소개하였다.

| 오답해설 | ① 7% 이이는 해주향약, 서원향약을 보급하였다.

③ 14% 이황은 어린 나이에 왕위에 오른 선조가 성군이 될 수 있도록 군왕의 도에 관한 학문의 요체를 도식으로 설명한 『성학십도』를 저술하여 왕에게 바쳤다.

④ 3% 신숙주는 성종 때 일본의 동정을 담은 『해동제국기』를 저술하였다.

3 근세 > 정치 > 세조 오답률 26% 답 ③

| 정답해설 | 현재 탑골 공원에는 '원각사지 10층 석탑'이 있다. 이 탑은 조선 세조 때 설립되었고, 고려 충목왕 때 건립된 경천사지 10층 석탑의 영향을 받았다고 평가된다. ③ 74% 세조는 6조 직계제를 실시하여 국왕 중심의 정치 체제를 구축하였다.

| 오답해설 | ① 6% 문종 때 우리나라 대외 전쟁사를 정리한 『동국병감』이 편찬되었다.

② 9% 성종 때 서거정 등은 『동문선』을 편찬하였다.

④ 11% 태종은 개경에서 한양으로 다시 천도하면서 경복궁 동쪽에 이궁(離宮)인 창덕궁을 창건하였다.

4 근세 > 정치 > 조광조 오답률 27% 답 ①

| 정답해설 | 제시된 사료에서 "천거", "한(漢)나라의 현량과와 방정과" 등을 통해 (가) 조광조의 현량과 실시와 관련된 내용임을 알 수 있다. ① 73% 조광조의 급진적 개혁에 대한 공신들의 반발로 조광조 등 사림 세력은 탄압받았다(기묘사화, 1519).

| 오답해설 | ② 18% 김일손은 그의 스승인 김종직의 「조의제문」을 사초(史草)에 실었는데, 이것이 문제가 되어 무오사화(연산군 4, 1498)가 발생하였다.

③ 4% 명종 즉위 이후 윤원형(문정왕후의 남동생) 등 소윤 세력은 문정왕후의 수렴청정을 지지하였다.

④ 5% 연산군의 생모 윤씨를 폐비하는 데 동조했던 사람들은 갑자사화(연산군 10, 1504) 때 희생되었다.

5 우리 역사의 기원과 형성 > 선사 시대 > 신석기 시대 오답률 36% 답 ①

| 오답해설 | ㄷ. 공주 석장리 유적은 남한 최초로 발견된 구석기 시대 유적지이다. 미송리식 토기는 청동기 시대의 유물이다.

ㄹ. 부산 동삼동 유적은 신석기 시대 유적이다. 아슐리안형 주먹도끼는 구석기 시대 유적지인 경기도 연천군 전곡리 유적에서 동아시아 최초로 발견되었다.

6 고대 > 정치 > 5세기 말~6세기 중반 신라 오답률 32% 답 ④

| 정답해설 | (가)는 백제 웅진 천도(문주왕, 475)와 사비 천도(성왕, 538) 사이 시기이다. ④ 68% 법흥왕 때 이차돈의 순교를 계기로 불교를 공인하였다(527).

| 오답해설 | ① 12% 진흥왕은 562년에 대가야를 정복하였다.

② 9% 진흥왕은 함경남도까지 진출한 후 황초령 순수비를 세웠다(568).

③ 11% 진흥왕 때 거칠부가 역사서인 『국사』를 편찬하였다(545).

7 단원 통합 > 시기별 대외 교류 오답률 28% 답 ④

| 정답해설 | ④ 72% 조선 후기에는 중강개시와 책문후시를 통해 청과 교류하였다.

8 단원 통합 > 유네스코 세계 유산 오답률 36% 답 ③

| 오답해설 | ㄹ. 역대 왕의 훌륭한 언행을 『실록』에서 뽑아 만든 사서는 『국조보감』이다.

| 더 알아보기 | 삼보 사찰

> 삼보 사찰은 경남 양산시의 통도사(通度寺), 경남 합천군 해인사(海印寺), 전남 순천시의 송광사(松廣寺)이다. 통도사는 자장이 646년에 창건하면서 당에서 가지고 온 불사리(부처님의 진신사리)를 금강계단 불사리탑에 봉안하여 불보사찰(佛寶寺刹)이 되었고, 해인사는 조선 건국 이후 강화도 선원사(禪源寺)의 고려대장경(팔만대장경, 재조대장경)을 옮겨와 보관하면서 법보사찰(法寶寺刹)이 되었다. 한편 송광사는 국사(國師)의 칭호를 받은 16명의 고승을 배출함으로써 승보사찰(僧寶寺刹)이 되었다.

오답률 TOP 1

9 고대 > 문화 > 발해의 유적 오답률 58% 답 ③

| 정답해설 | ㉠ 돈화 – 동모산 일대, ㉡ 화룡 – 중경, ㉢ 영안 – 상경, ㉣ 훈춘 – 동경이다.

㉡ 중국 길림성 화룡현에 위치한 용두산 고분군의 정효 공주 무덤은 벽돌무덤 양식으로, 당의 문화적 영향을 확인할 수 있다.

㉢ 중국 흑룡강성 영안현에 위치한 상경성 궁성 정문인 오봉루(五鳳樓) 성문터를 통해 당 문화의 영향을 확인할 수 있다.

| 오답해설 | ㉠ 정효 공주 무덤은 중국 길림성 화룡현 용두산 고분군에 위치한다.

㉣ 정혜 공주 무덤은 중국 길림성 돈화시 육정산 고분군에 있으며, 굴식 돌방무덤 양식과 모줄임 천장 구조를 통해 고구려의 문화적 영향을 확인할 수 있다.

오답률 TOP 3

10 중세 > 정치 > 성종 오답률 45% 답 ①

| 정답해설 | 제시된 사료는 최승로가 고려 성종에게 올린 시무 28조이다. ① 55% 성종은 양경(개경, 서경)과 12목에 물가 조절 기관인 상평창을 설치하였다.

| 오답해설 | ② 12% 광종은 귀법사를 창건하고 균여를 귀법사 주지로 삼아 불교를 정비하였다.

③ 21% 예종은 국자감에 7재를 두어 관학을 부흥하고자 하였다.

④ 12% 문종은 전지와 시지를 지급하는 경정 전시과를 실시하였다.

11 근현대 > 현대 > 이승만 정부의 경제 정책 오답률 16% 답 ④

| 정답해설 | ④ 84% 제1차 경제 개발 5개년 계획은 박정희 군정 시기인 1962년부터 시작되었다.

| 오답해설 | ① 2% 이승만 정부는 한·미 원조 협정을 체결하여(1948. 12.) 미국으로부터 재정적·기술적 원조를 지원받았다.

② 8% 1949년 6월에 제정된 농지 개혁법에 따라, 한 가구당 3정보를 소유 상한으로 하여 그 이상의 토지는 국가가 지가증권을 발급하여 매수하였다.

③ 6% 1950년대 원조 경제 체제하에서 제분·제당·면방직 등 삼백 산업이 발전하였다.

12 근현대 > 일제 강점기 > 민족 말살 정책 오답률 22% 답 ③

| 정답해설 | 중·일 전쟁은 1937년에 일어났다. ③ 78% 만주사변(1931) 이후 일본은 면방직 공업의 원료를 확보하기 위해 1932년부터 남면북양 정책을 시행하였다.

| 더 알아보기 | 중 · 일 전쟁 이후 민족 말살 정책

- 일제는 신사 참배, 궁성 요배, 황국 신민 서사 암송, 애국 저축(강제 저축), 일본어 상용(1938) 등을 강요하였다.
- 창씨 개명(일본식 성명 강조)을 위해 조선 민사령을 개정하고(1939), 1940년 2월부터 시행하였다.
- 〈조선일보〉와 〈동아일보〉 폐간(1940), 조선어 학회 사건(1942), 진단 학회 활동 중단(1942) 등을 단행하여 민족 문화를 철저히 탄압하였다.
- 일제는 국민정신총동원조선연맹을 결성하고(1938. 7.), 10호 단위로 애국반을 조직하여 인적 · 물적 자원을 수탈하였다.

13 근현대 > 개항기 > 조 · 미 수호 통상 조약 오답률 27% 답 ②

| 정답해설 | 밑줄 친 '조약'은 조 · 미 수호 통상 조약(1882)이다. 조 · 미 수호 통상 조약에는 '거중조정', '영사 재판권(치외법권)', '최혜국 대우', '관세 부과' 등이 규정되어 있었다. ② 73% 임오군란을 계기로 체결된 조약은 제물포 조약과 조 · 청 상민 수륙 무역 장정이다.

| 더 알아보기 | 조 · 미 수호 통상 조약의 주요 내용

제1조 서로 돕고 거중조정함으로써 우의가 두터움을 표시한다.
제4조 미국인에 관계된 조선인 범죄의 조선 관원, 법률에 의한 처단과 미국 측의 조선 범죄인 은닉, 비호 엄단, 치외법권을 잠정적으로 인정한다.
제5조 수입 세율은 생필품 10분의 1, 사치품 10분의 3으로 한다.
제14조 미국에 대한 최혜국 대우를 인정하되, 타국에 대한 우대가 협약에 의한 것이라면 미국과도 협약을 맺은 후 우대할 수 있다.

14 중세 > 사회 > 향리 오답률 33% 답 ④

| 정답해설 | ㄱ. 사심관은 부호장 이하의 향리에 대한 임명권을 행사하는 등 감독 권한이 있었다.
ㄴ. 호장, 부호장 등 상층 향리는 과거를 통해 중앙 관료로 진출할 수 있었다.
ㄷ. 일부 향리의 자제들은 기인으로 선발되어 개경으로 보내졌다(기인 제도).
ㄹ. 속현(지방관이 파견되지 않은 지역)의 행정 실무는 향리가 담당하였다.

15 근대 태동기 > 경제 > 이앙법 오답률 27% 답 ②

| 정답해설 | 제시된 사료는 서유구의 『임원경제지』 중 이앙법(모내기법)에 관한 내용이다.
ㄱ. 세종 때 편찬된 『농사직설』의 벼농사 부분에 파종법으로 이앙법과 직파법이 제시되어 있다.
ㄹ. 이앙법은 직파법보다 풀 뽑는 노동력을 절약할 수 있어 한 사람의 경작 면적이 넓어지는 효과가 있었다(→ 광작의 유행).
| 오답해설 | ㄴ. 밭농사에서 고랑에 작물을 심도록 한 농법은 견종법이다.
ㄷ. 수령 7사에 농상성(農桑盛, 농업과 잠업을 발전시킴)이 있으나, 이앙법을 제시한 것은 아니다.

16 근현대 > 현대 > 유신 헌법 오답률 37% 답 ①

| 정답해설 | 제시된 내용 중 "긴급 조치", "입법 · 사법 · 행정 3권을 한 사람의 집권자에게 집중"을 통해 밑줄 친 '이 헌법'이 유신 헌법임을 알 수 있다. 유신 헌법은 1972년 12월 27일에 공포 · 시행되어 1980년 10월 27일 제8차 개헌 전까지 적용되었다. ① 63% 유신 체제에 반대하는 부 · 마 민주 항쟁은 1979년 10월에 일어났다.
| 오답해설 | ② 9% 1968년 국가주의 이념을 바탕으로 국민 교육 헌장이 선포되었다.
③ 16% 유신 체제 이전인 1972년 7월 4일에 7 · 4 남북 공동 성명이 발표되었다.
④ 12% 1964년에 정부가 한 · 일 협정을 진행하자, 이를 반대하는 6 · 3 시위(6 · 3 항쟁)가 벌어졌다.

오답률 TOP 2

17 근현대 > 일제 강점기 > 국민 대표 회의 오답률 50% 답 ④

| 정답해설 | 제시된 사료는 1923년에 개최된 국민 대표 회의 선언문 중 일부이다. ④ 50% 국민 대표 회의에서 신채호 등 창조파 세력은 임시 정부를 대체할 새로운 조직을 만들자고 주장하였다.
| 오답해설 | ① 25% 대한민국 임시 정부는 1941년 11월에 조소앙의 삼균주의를 바탕으로 대한민국 건국 강령을 발표하였다.
② 15% 1925년 이승만의 탄핵(임시 의정원에서 의결) 이후 박은식이 제2대 임시 대통령으로 선출되었다.
③ 10% 민족 유일당 운동 차원에서 한국 독립당, 의열단, 신한 독립당, 조선 혁명당, 대한 독립당 등 5개 단체가 통합하여 민족 혁명당(조선 민족 혁명당)을 창당하였다(1935).

18 근현대 > 일제 강점기 > 토지 조사 사업 오답률 39% 답 ②

| 정답해설 | 제시된 법령은 1912년 공포된 토지 조사령이다. 일본은 1910년 임시 토지 조사국을 설치하고 1912년 토지 조사령을 공포하였다. 이후 1918년까지 토지 조사 사업을 진행하였다. ② 61% 토지 조사 사업의 결과 일본은 미신고 토지, 역둔토, 궁장토(왕실의 일원 혹은 왕실에서 분가한 사람에게 지급한 토지)뿐 아니라, 소유자가 불분명한 마을이나 문중 소유의 토지를 조선 총독부에 귀속시켰다.
| 오답해설 | ① 1% 농상공부는 1895년 설립되어 1910년 강점 이전까지 존속했던 기구로, 농업 · 상업 · 공업 등에 관한 일을 관장하였다.
③ 34% 동양 척식 주식회사는 1908년에 설립되었다.
④ 4% 춘궁 퇴치, 농가 부채 근절 등은 일제가 1930년대 농촌 진흥 운동 과정에서 내세운 구호이다.

19 근현대 > 개항기 > 개항기 무역 오답률 36% 답 ②

| 정답해설 | ② 64% 1882년 조·청 상민 수륙 무역 장정 이후 청에서의 (조선의) 수입액이 기존보다 늘어났다. 그러나 1880년대~1890년대 전반까지는 여전히 일본으로부터의 수입액이 청에서의 수입액보다 많았다.

| 오답해설 | ① 8% 개항 초기에는 개항장의 조선인 객주와 여각 등이 외국 상인들의 물품을 중개하였다.

③ 7% 개항 초기에 일본 상인은 영국산 면제품을 팔고, 그 대가로 쇠가죽·쌀·콩 등을 구입하였다(미·면 교환 체제).

④ 21% 1883년 조·일 통상 장정 개정으로 '방곡령'이 규정되었다. 이로 인해 1880년대 여러 차례 방곡령이 선포되어 곡물 수출이 금지되기도 하였으나, 1889년 함경도 관찰사 조병식의 방곡령은 1개월 전에 해당 내용을 통보받지 못했다는 일본의 주장으로 인해 실패하기도 하였다.

| 더 알아보기 | 청과 일본으로부터의 수입액 비교

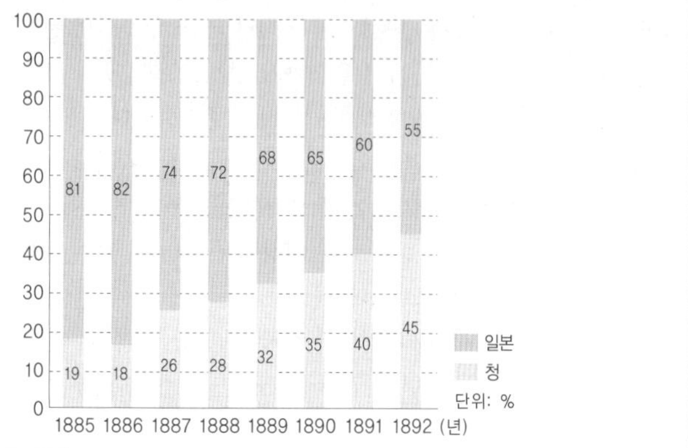

20 근현대 > 개항기 > 흥선 대원군의 정책 오답률 28% 답 ③

| 정답해설 | 제시된 사료는 흥선 대원군의 호포제(동포제) 실시에 대한 내용이다. ③ 72% 흥선 대원군은 임오군란 시기에 잠깐 집권하여 통리기무아문을 폐지하고 5군영을 부활하였다.

| 오답해설 | ① 9% 흥선 대원군은 만동묘를 철폐하고 대대적으로 서원을 정리하였다.

② 9% 김홍집은 제1차 갑오개혁 당시 초정부적 개혁 기구인 군국기무처의 총재를 역임하였다.

④ 10% 『만기요람』은 순조 8년(1808) 심상규, 서영보 등이 재정 및 군정에 관한 사항을 정리하여 국왕이 정사를 행하는 데 참고하도록 만든 문헌이다.

2020 7월 11일 시행 국가직 9급 (㉮책형)

합격예상 체크

〈국가직 연도별 합격선〉

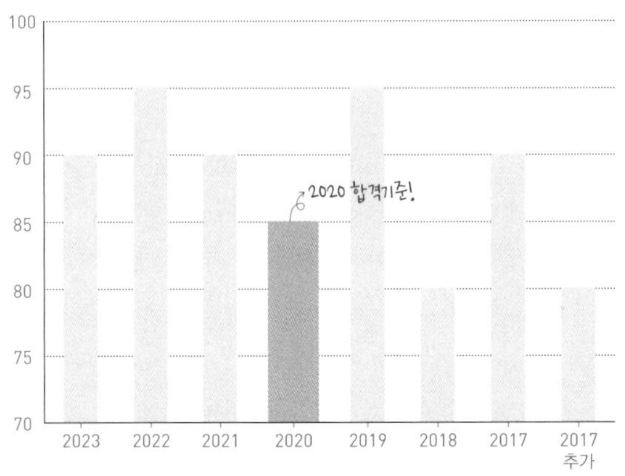

맞힌 개수	/20문항	점수	/100점

➡ □ 합격 □ 불합격

취약영역 체크

문항	정답	영역	문항	정답	영역
1	③	우리 역사의 기원과 형성 > 선사 시대	11	③	고대 > 정치
2	④	중세 > 정치	12	①	단원 통합 > 독도에 대한 기록
3	③	근세 > 문화	13	②	근현대 > 일제 강점기
4	②	근현대 > 개항기	14	①	고대 > 정치
5	④	중세 > 사회	15	③	근대 태동기 > 사회
6	②	단원 통합 > 한성(서울)	16	②	근대 태동기 > 사회
7	①	근현대 > 개항기	17	②	근현대 > 현대
8	④	고대 > 정치	18	④	근현대 > 일제 강점기
9	③	중세 > 문화	19	③	근대 태동기 > 사회
10	④	근현대 > 현대	20	④	근현대 > 일제 강점기

⬇ 영역별 틀린 개수로 취약영역을 확인하세요!

우리 역사의 기원	/1	고대	/3	중세	/3	근세	/1
근대 태동기	/3	근현대	/7	통합	/2		

➡ 나의 취약영역: ____________

※ [정답해설]과 [오답해설] 선지의 50% 표시는 〈1초 합격예측 서비스〉를 통해 수집된 선지 선택률을 나타냅니다.

1
우리 역사의 기원과 형성 > 선사 시대 > 구석기 시대
오답률 18% 답 ③

| 정답해설 | 함경북도 종성군 동관진 유적은 한반도 최초로 발견된 구석기 시대 유적이다. ③ 82% 구석기 시대 사람들은 이동 생활을 하면서 사냥이나 물고기잡이 등을 통해 식량을 얻었다.

| 오답해설 |

① 8% 청동기 시대에는 반달돌칼을 이용하여 벼를 수확하였다.

② 8% 신석기 시대에는 돌 갈판에 옥수수 등을 갈아서 먹었다.

④ 2% 신석기 시대에는 영혼 숭배 사상이 출현하여, 사람이 죽으면 흙 그릇 안에 매장하였다.

2
중세 > 정치 > 최충헌 오답률 42% 답 ④

| 정답해설 | 제시된 사료는 최충헌 집권 시기의 노비인 '만적'의 난과 관련된다. 따라서 (가) 최충헌이다. ④ 58% 최충헌은 이의민을 제거하고 권력을 잡은 후, 명종에게 봉사 10조라는 사회 개혁안을 제시하였다.

| 오답해설 | ①② 16% 7% 정방과 야별초는 최우가 설치하였다.
③ 19% 정중부는 이의방을 제거하고 권력을 장악하였다.

| 더 알아보기 | 최충헌의 봉사 10조

❶ 왕은 정전(正殿, 연경궁)에 들어가 영명(永命)을 받을 것
❷ 무능하고 불필요한 관원을 감축하고 녹봉(祿俸)의 수량에 따라 관직을 제수할 것
❸ 토지 제도를 정비하여 부당한 토지겸병(土地兼併)을 시정하고, 빼앗은 땅을 원래 주인에게 되돌려 줄 것
❹ 어진 관리를 뽑아, 지방 관직에 배치하여 세력가가 백성의 재산을 착취하지 못하도록 할 것
❺ 제도(諸道)의 사(使)에게 공진(供進)을 금하고 오로지 사문(査問)으로써 직책을 삼도록 할 것
❻ 승려들을 물리쳐 궁전 출입을 금하고 곡식의 이식(利息)을 취하지 못하게 할 것
❼ 지방 수령에게 명하여 관리들의 능력 보고를 하게 하고, 능한 자는 올려주며 무능한 자는 징계할 것
❽ 백관에게 훈계하여 사치를 금하고, 검약을 숭상케 할 것
❾ 음양관(陰陽官)으로 사원(寺院) 자리의 지덕을 조사케 하고, 비보(裨補) 사찰 이외의 것은 모두 없앨 것
❿ 측근 관리를 가려 뽑아, 아첨하는 무리를 경계할 것

3 근세 > 문화 > 조선 전기의 문화 오답률 39% 답 ③

| 정답해설 | ③ 61% 15세기 성종 때 서거정 등이 『동문선』을 편찬하여, 우리 문학의 독자성을 강조하였다.

| 오답해설 | ① 10% 광해군 때 유몽인이 야사 등 설화를 엮어서 『어우야담』을 편찬하였다.

②④ 17% 12% 조선 후기에는 백과사전[類書]이 널리 편찬되었고, 중인층을 중심으로 시사가 결성되었다.

4 근현대 > 개항기 > 동도서기론 오답률 22% 답 ②

| 정답해설 | 제시된 사료는 동도서기론(東道西器論, 조선의 사상 및 제도는 지키고 서양의 과학기술만을 받아들이자는 이론)이다. ② 78% 동도서기론은 개항 이후 근대 문물 수용의 사상적 기반이 되었다.

| 오답해설 | ① 11% 위정척사운동 세력인 최익현은 1870년대 왜양일체론(倭洋一體論)을 주장하였다.

③ 7% 갑신정변 주도 세력(개화당, 급진 개화파)은 외국의 사상과 제도까지 수용하자는 전면 개화를 주장하였다.

④ 4% 사회진화론에서는 우등한 사회가 열등한 사회를 지배하는 것이 당연하다고 보았다.

5 중세 > 사회 > 구제도감 오답률 41% 답 ④

| 정답해설 | 제시된 사료 중 "개경 내의 사람들이 역질(疫疾, 돌림병, 전염병)에 걸렸으니", "설치", "치료"하고, "굶주린 백성을 진휼하라"는 내용을 통해 ④ 59% 예종 때 재해가 발생했을 때 임시 기구로 설치한 구제도감임을 알 수 있다.

| 더 알아보기 | 구제도감 설치

> 예종(睿宗) 4년(1109) 5월에 제서(制書)를 내리기를, "개경(開京) 내의 인민(人民)들이 역질(疫疾)에 걸렸으니 마땅히 구제도감(救濟都監)을 설치하여 이들을 치료하고, 또한 시신과 유골은 거두어 묻어서 비바람에 드러나지 않게 할 것이며, 근신(近臣)을 나누어 보내어 동북도(東北道)와 서남도(西南道)의 굶주린 민(民)을 진휼하라."라고 하였다.
>
> -『고려사』-

6 단원 통합 > 한성(서울) 오답률 31% 답 ②

| 정답해설 | 제시된 자료는 장수왕이 백제의 수도인 한성을 공격하여 함락시키고 개로왕을 죽게 한 내용이다(475). 따라서 밑줄 친 '이 지역'은 한성(현재의 서울)이다. ② 69% 고려 문종 때 (현재의 서울에) 남경이 설치되었다.

| 오답해설 | ① 10% 1176년 공주 명학소에서 망이, 망소이가 반란을 일으켰다.

③ 9% 지눌의 수선사 결사는 현재 전라남도 순천의 송광사를 중심으로 이루어졌다.

④ 12% 고려 태조가 북진 정책의 전진 기지로 삼은 곳은 서경(현재의 평양)이다.

7 근현대 > 개항기 > 고종 재위기의 사실 오답률 29% 답 ①

| 정답해설 | 조선군과 미군이 전투를 벌인 사건은 신미양요(1871)이다. 당시는 고종(1863～1907)이 재위하던 시기였다. ① 71% 고종의 재위 기간인 1871년에 양반에게도 군포를 부과하는 호포법이 실시되었다.

| 오답해설 | ② 11% 정조 때 육의전을 제외한 시전상인들의 금난전권이 폐지되었다(1791, 신해통공).

③ 10% 영조 때 균역법이 실시되면서 국가의 군포 수입을 보충하기 위해 결작세가 신설되었다.

④ 8% 인조 때 영정법이 제정되어 전세가 1결당 4～6두씩 고정 과세되었다.

8 고대 > 정치 > 4세기～7세기까지의 역사적 사실 오답률 29% 답 ④

| 정답해설 | 제시된 사건의 발생 시기는 각각 낙랑군 축출(313), 광개토대왕릉비 건립(414), 살수대첩의 승리(612), 안시성 전투 승리(645), 고구려의 멸망(668)이다. ④ 71% 신라가 매소성에서 당군을 격파한 것은 675년이다.

| 오답해설 | ① 6% 백제 침류왕이 불교를 수용하였다(384).

② 9% 고구려 영양왕 때 수의 요서 지방을 선제공격하였다(598).

③ 14% 백제 의자왕 때 신라 대야성을 공격하여 함락시켰다(642).

9 중세 > 문화 > 『제왕운기』 오답률 41% 답 ③

| 정답해설 | 제시된 내용 중 '중국의 역사와 동국(우리 민족)의 역사를 비교하여 요점을 수록한 것'과 '읊조림에 따라'라는 내용을 통해 이 책이 중국과 우리의 역사를 다루었고 서사시로 작성되었음을 확인할 수 있다. 밑줄 친 '이 책'은 충렬왕 때 이승휴가 편찬한 『제왕운기』이다. ③ 59% 『제왕운기』는 원 간섭기에 중국과 구별되는 우리 역사의 독자성을 강조한 역사서이다("요동에는 별천지가 있으니, 중국과는 확연하게 구분되도다").

| 오답해설 | ① 14% 고려 말에 저술된 이제현의 『사략』에는 성리학적 유교 사관이 반영되어 대의, 명분, 의리, 정통을 강조하였다.

② 7% 조선 성종 때 편찬된 『동국통감』은 국왕, 훈신, 사림의 역사 의식이 모두 반영되었다고 평가된다.

④ 20% 조선 세종 때 권제 등이 편찬한 『동국세년가』는 단군 조선에서 고려 말까지의 역사를 노래 형식(= 영사체)으로 정리하였다.

오답률 TOP 2

10 근현대 > 현대 > 해방 이후의 경제 오답률 62% 답 ④

| 정답해설 | 제시된 그래프는 1945년 8월~1946년 1월까지의 식료품, 연료, 곡물의 물가 지수를 보여주고 있다. ④ 38% 미 군정은 1946년 1월 25일 '미곡 수집령'을 제정하여 1946년 2월부터 미곡 수집제를 실시하였다. 한편 토지 개혁은 소련 군정 아래의 38선 이북 지역에서 1946년 3월에 실시되었다. 따라서 미곡 수집제의 폐지와 토지 개혁 시행 등을 주장하는 시위는 1946년 1월까지의 사회적 모습에 해당하지 않는다.

| 오답해설 | ①② 10% 32% 물가 지수가 상승했다는 것은 수요의 증가(해외로부터 귀환인이 급증하여)와 생산의 감소(38도선 분할 점령 이후 식료품 부문의 생산이 크게 위축됨)로 추정할 수 있다.

③ 20% 미군정은 재정 적자를 충당하기 위해 화폐를 대량으로 발행하여 화폐 가치의 하락과 물가 상승이 나타났다.

11 고대 > 정치 > 진성여왕 대의 역사적 사실 오답률 19% 답 ③

| 정답해설 | 제시된 사료는 진성여왕 때 일어난 원종과 애노의 난(889)을 보여준다. ③ 81% 최치원은 진성여왕 재위(887~897) 때, 시무책 10여 조를 건의하였다.

| 오답해설 | ① 5% 발해의 멸망(926): 고려 태조, 신라 경애왕

② 3% 국학의 설치(682): 신문왕

④ 11% 청해진의 설치(828): 흥덕왕

12 단원 통합 > 독도에 대한 기록 오답률 42% 답 ①

| 오답해설 | ㄹ. 일본은 1905년 독도를 '주인 없는 땅'으로 규정하고 시마네현 고시를 발표하여 독도를 다케시마로 규정, 일본의 시마네현에 강제로 편입시켰다. 따라서 일본의 시마네현 고시는 독도가 대한민국의 영토임을 입증할 수 있는 자료가 아니다.

| 더 알아보기 | 독도 관련 외국 기록

- 프랑스 당빌의 「조선왕국전도」(1737)에는 독도(우산도)가 조선의 영토로 그려져 있다.
- 1667년 일본에서 편찬된 『은주시청합기』에는 울릉도와 독도가 조선의 영토이며, 일본의 서북쪽 경계는 '은기도'를 한계로 한다고 명시하고 있다.
- 「해산조륙도」(1691, 이시가와 유센), 「삼국접양지도」(1785, 하야시 시헤이), 1696년 도쿠가와 막부 집정관의 언급, 『통항일람』(1853), 『조선국교제시말내탐서』(1870)에서는 독도가 조선의 영토임을 밝히고 있다.
- 1876년 일본 내무성은 전국의 지도를 제작하였다. 이 과정에서 시마네현에서 '울릉도와 독도를 시마네현에 포함시킬 것인가'에 대해 일본 정부에 질의하였다. 5개월의 조사 끝에 내무성은 '이 문제는 17세기에 끝난 문제이고, 울릉도와 독도는 일본과 관계가 없다.'고 결론을 내렸다. 그러나 영토 문제는 중요한 사항이라고 생각하여 최고 국가 기관인 태정관에 질의하였다. 1877년 3월 20일, 태정관은 '품의한 취지의 죽도(울릉도) 외 일도(一島)의 건은 일본과 관계 없다.'라는 최종 결론을 내렸다.

13 근현대 > 일제 강점기 > 동아일보 오답률 37% 답 ②

| 정답해설 | 제시된 내용 중 "「민족적 경륜」을 실어", "일장기 말소 사건"을 통해 (가) 〈동아일보〉임을 알 수 있다. ② 63% 〈동아일보〉에서는 1931년부터 브나로드 운동이라는 농촌 계몽 운동을 전개하였다.

| 오답해설 | ① 9% 〈조선일보〉는 한글 보급 운동(문자 보급 운동) 과정에서 『한글원본』을 제작하였다.

③ 17% 천도교에서는 〈개벽〉, 〈신여성〉, 〈어린이〉 등의 잡지를 발행하였다.

④ 11% 신간회의 초대 회장이었던 이상재는 〈조선일보〉의 사장을 역임하였다.

14 고대 > 정치 > 김유신 오답률 30% 답 ①

| 정답해설 | 제시된 사료는 나당 연합을 성공시키고 돌아온 김춘추와 (가) 김유신의 대화이다. ① 70% 김유신은 황산벌에서 백제군(계백의 결사대)을 물리쳤다(660).

| 오답해설 | ② 7% 세속 오계를 제시한 인물은 원광이다.

③ 13% 진덕여왕을 이어 왕위에 오른 인물은 김춘추(무열왕)이다.

④ 10% 김춘추의 아들인 김인문은 당의 부대총관으로 백제 원정에 종군하였다.

15 근대 태동기 > 사회 > 서얼과 기술직 중인 오답률 29% 답 ③

| 정답해설 | (가) 서얼, (나) (기술직) 중인이다. ③ 71% 정조 때 규장각 검서관으로 임용된 유득공, 박제가, 이덕무 등은 서얼 출신이다.

16 근대 태동기 > 사회 > 동학 오답률 43% 답 ②

| 정답해설 | 제시된 자료는 동학(최제우 창도, 1860)의 인내천 사상('사람이 곧 하늘이라')을 보여준다. ② 57% 동학의 2대 교주인 최시형이 『동경대전』과 『용담유사』를 완성하였다.

| 오답해설 | ① 7% 순조 즉위 이후 신유박해(1801) 등을 통한 대대적인 천주교 탄압이 있었다.

③ 9% 세도 정치의 폐해와 평안도에 대한 지역 차별에 저항하며, 홍경래의 지휘 아래 평안도에서 대규모 반란이 일어났다(1811, 홍경래의 난).

④ 27% 진주민란(1862)은 동학과는 관련이 없다.

17 근현대 > 현대 > 1980년대의 경제 [오답률 34%] 답 ②

| 정답해설 | 1978년 12월 이란의 석유 수출 금지로부터 제2차 석유 파동이 시작되었고, 1996년 12월에 우리나라가 경제협력개발기구(OECD)에 가입하였다. ② [66%] 1980년대 중반에 우리나라는 저금리, 저유가, 저달러의 3저 호황을 경험하였다.

| 오답해설 | ① [17%] 1972년 제3차 경제개발 5개년 계획이 실시되었다.

③ [13%] 1965년부터 전투 부대를 베트남에 파병하였고, 1966년 브라운 각서가 체결되었다.

④ [4%] 1965년 한·일 기본 조약(한·일 협정)이 체결되었다.

오답률 TOP 1

18 근현대 > 일제 강점기 > 치안유지법 [오답률 66%] 답 ④

| 정답해설 | 제시된 사료는 1925년 제정되어 해방 전까지 적용된 치안유지법이다. ④ [34%] 치안유지법이 적용된 시기에 학도 지원병 제도가 실시되었다(1943년 육군 특별 지원병 임시 채용 규칙의 제정, 1944년부터 실시).

| 오답해설 | ① [25%] 1912년 조선 태형령이 공포되었다.

② [21%] 1924년 경성 제국 대학이 설립되었다.

③ [20%] 1920년 평양에서 물산 장려 운동이 시작되었다.

19 근대 태동기 > 사회 > 향촌 사회의 변화 [오답률 37%] 답 ③

| 정답해설 | 제시된 내용 중 "향전"(鄕戰)을 통해 조선 후기임을 알 수 있다. 향전은 조선 후기의 구향(기존 사족)과 신향 사이의 향촌 주도권 다툼을 의미한다. ③ [63%] 경재소는 선조 36년(1603) 폐지되었고 조선 후기의 향회(유향소의 후신)는 수령에 대해 세금을 자문하는 기구로 그 위상이 하락하였다.

| 더 알아보기 | 조선 후기 향촌 사회의 변화

- 양반층의 지위 유지 노력
  - 조선 후기에는 양반의 수가 급증하고 이와 함께 경제적으로 몰락하는 양반이 늘어나면서 향촌 사회에서 양반이 지녔던 권위가 점차 약화됨
  - 이에 사족은 문중을 중심으로 서원 및 사우를 건립하고 동족 마을을 형성하거나, 촌락 단위로 동약을 실시하여 자신들의 지위를 유지하고자 함
- 부농층의 성장
  - 부농층은 경제력을 바탕으로 양반 신분을 획득하고(신향) 관권과 결탁하여 지방 사족(구향)에게 대항함 → 향전 발생
  - 부농층은 수령과 결탁해 지방 양반들의 모임인 향회에 참여하고 향임직에도 진출함 → 부농층의 영향력 확대
  - 한편 수령과 향리의 권한이 강화되고, 향회는 수령의 세금 부과에 대한 자문 기관으로 위상이 약화됨 → 정부의 향촌 통제력 강화

오답률 TOP 3

20 근현대 > 일제 강점기 > 대일선전포고문 [오답률 56%] 답 ④

| 정답해설 | 제시된 자료는 대한민국 임시 정부에서 1941년 12월 공포한 「대일선전포고문」이다. ④ [44%] 「대한민국 건국 강령」은 1941년 11월 제정되었다.

| 오답해설 | ① [11%] 김원봉이 이끌던 조선 의용대 일부 병력이 한국광복군에 편입되었다(1942).

② [15%] 영국군의 요청에 따라 한국광복군이 인도, 미얀마 전선에 파견되었다(1943).

③ [30%] 조선 의용대 화북 지대가 조선 독립 동맹에 편입되어 조선 의용군으로 개편되었다(1942).

2019 4월 6일 시행 국가직 9급 (㉯책형)

합격예상 체크

〈국가직 연도별 합격선〉

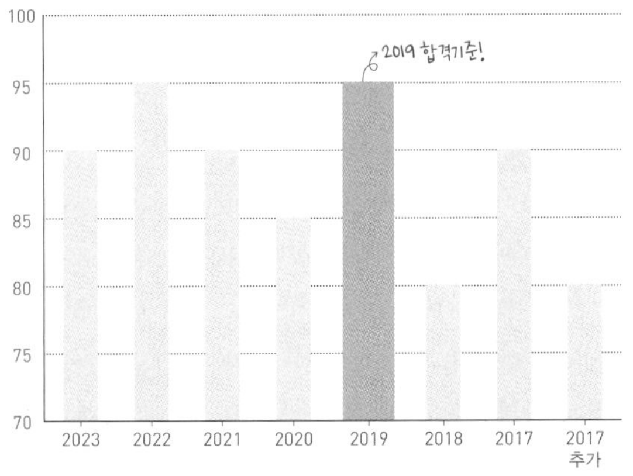

맞힌 개수	/20문항	점수	/100점

➡ □ 합격 □ 불합격

취약영역 체크

문항	정답	영역	문항	정답	영역
1	③	우리 역사의 기원과 형성 > 선사 시대	11	③	단원 통합 > 단군에 대한 시대별 인식
2	④	우리 역사의 기원과 형성 > 국가의 형성	12	②	중세 > 문화
3	③	중세 > 정치	13	④	근현대 > 개항기
4	③	근현대 > 일제 강점기	14	①	고대 > 경제
5	④	근세 > 문화	15	③	단원 통합 > 우리나라 문화 유산
6	①	중세 > 경제	16	④	근세 > 사회
7	①	근현대 > 개항기	17	①	근현대 > 개항기
8	④	고대 > 정치	18	②	근세 > 정치
9	③	근현대 > 일제 강점기	19	②	근현대 > 일제 강점기
10	①	근대 태동기 > 경제	20	②	근현대 > 현대

⬇ 영역별 틀린 개수로 취약영역을 확인하세요!

우리 역사의 기원	/2	고대	/2	중세	/3	근세	/3
근대 태동기	/1	근현대	/7	통합	/2		

➡ 나의 취약영역: ________

※ [정답해설]과 [오답해설] 선지의 50% 표시는 〈1초 합격예측 서비스〉를 통해 수집된 선지 선택률을 나타냅니다.

1
우리 역사의 기원과 형성 > 선사 시대 > 청동기 시대
오답률 19% 답 ③

| 정답해설 | ③ 81% 인천광역시 강화군 하점면 부근리에서는 청동기 시대의 탁자식(북방식) 고인돌이 발견되었다.

| 오답해설 | ① 4% 연천군 전곡리 유적은 구석기 시대 유적지이다.

② 11% 창원 다호리 유적에서 발견된 붓은 초기 철기 시대 유물이다.

④ 4% 신석기 시대 유적인 서울 암사동 유적에서는 빗살무늬 토기가 발견되었다.

2
우리 역사의 기원과 형성 > 국가의 형성 > 부여와 동예
오답률 16% 답 ④

| 정답해설 | (가) 부여, (나) 동예와 관련된 사료이다. ④ 84% (나) 동예에서는 다른 부족의 영역을 침범하면 책화라 하여 노비나 소, 말로 변상하였다.

| 오답해설 | ① 7% 고구려에서는 5부가 있었으며, 태조왕 이후 계루부에서 왕위를 차지하였다.

② 4% 삼한에서는 정치적 지배자로 신지, 읍차 등이 있었다.

③ 5% 삼한에서는 죄를 지은 사람이 소도에 들어가면 잡아가지 못하였다.

3
중세 > 정치 > 인종 때의 역사적 사실 오답률 37% 답 ③

| 정답해설 | 제시된 사료는 이자겸 등의 주장으로, 금과 사대 관계를 체결했던 고려 중기 (가) 인종 때의 사실이다. ③ 63% 인종 때 묘청 등은 서경 천도 운동을 추진하면서 서경에 대화궁을 짓고 칭제건원(황제를 칭하고 독자적 연호를 사용하자)을 주장하였다.

| 오답해설 | ① 14% 도병마사가 도평의사사로 개편된 것은 충렬왕 때이다.

② 11% 성리학을 처음 소개한 인물은 충렬왕 때 안향이며, 신진 사대부들은 성리학을 적극적으로 수용하면서 『소학』과 『주자가례』를 보급하였다.

④ 12% 몽골의 침략에 대응하기 위해 강화도로 천도(도읍을 옮김)한 것은 최우 집권 시기이다(고종 19년, 1232).

4
근현대 > 일제 강점기 > 3·1 운동 이후 역사적 사실
오답률 35% 답 ③

| 정답해설 | ㉠ 1919년의 독립만세운동은 3·1 운동이다. ③ 65% 1912년 임병찬이 독립의군부를 조직하였다.

| 오답해설 | ① 15% 1923년 암태도 소작쟁의가 일어났다.

② 12% 1926년 정우회 선언이 발표되었다.

④ 8% 1922년 조선 민립대학 기성회가 창립되었다.

5 근세 > 문화 > 성종 대의 서적
오답률 27% 답 ④

| 정답해설 | 밑줄 친 '성상(聖上)'은 『경국대전』을 반포한 성종이다.
④ 73% 성종 시기에는 『국조오례의』가 편찬되었다.
| 오답해설 | ① 10% 『동국병감』은 문종 때 편찬되었다.
② 6% 『동몽선습』은 중종 때 박세무가 편찬한 아동 교육서이다.
③ 11% 『삼강행실도』는 설순 등이 세종 때 편찬하였다.

오답률 TOP 1

6 중세 > 경제 > 전시과
오답률 59% 답 ①

| 정답해설 | 제시된 사료는 경종 때 제정된 (가) 시정 전시과이다.
① 41% 시정 전시과는 4색 공복을 반영한 관품과 인품을 고려하여 문반, 무반, 잡업으로 나누고 지급 결수를 정하였다.
| 오답해설 | ② 7% 문종 때 마련된 경정 전시과에서는 산관이 지급 대상에서 제외되었으며 무반의 차별 대우가 개선되었다.
③ 18% 과전법에서는 전임 관료와 현임 관료를 대상으로 경기 지방에 한하여 토지를 지급하였다.
④ 34% 태조 때의 역분전은 고려의 건국 과정에서 충성도와 공로에 따라 차등 지급되었다.
| 더 알아보기 | 역분전 · 시정 전시과

> **역분전**
> 태조 23년(940)에 처음으로 역분전(役分田) 제도를 설정하였는데, 삼한을 통합할 때 조정의 관료와 군사에게 그 관계(官階)의 높고 낮음을 논하지 않고 그 사람의 성품과 행동의 착하고 악함과 공로의 크고 작음을 참작하여 차등을 두고 주었다.
>
> **시정 전시과**
> 경종 원년(976) 11월에 비로소 직관(職官) · 산관(散官) 각 품(品)의 전시과를 제정하였는데 관품(官品)의 높고 낮은 것은 논하지 않고 다만 인품(人品)만 가지고 전시과의 등급을 결정하였다.
> 자삼(紫衫) 이상은 18품(品)으로 나누었다. 1품은 전지(田地)와 시지(柴地) 각각 110결, 2품은 전지와 시지 각각 105결, 3품은 전지와 시지 각각 100결 …(하략)…

오답률 TOP 1

7 근현대 > 개항기 > 1895년 ~ 1908년 사이의 사실
오답률 59% 답 ①

| 정답해설 | 을미사변은 1895년, 을사늑약은 1905년, 서울 진공 작전은 1908년에 해당한다. ① 41% (가) 황국중앙총상회가 조직된 것은 1898년이다.
| 오답해설 | ② 13% 105인 사건은 1911년에 해당한다.
③ 18% 함경도 관찰사 조병식의 방곡령 선포는 1889년에 해당한다.
④ 28% 보안회의 창설은 1904년에 해당한다.

8 고대 > 정치 > 발해 무왕 시기의 역사적 사실
오답률 32% 답 ④

| 정답해설 | 제시된 사료의 내용 중 '흑수말갈에 대한 공격', 일본에 보낸 국서의 내용 중 "고구려의 옛 땅을 회복하고, 부여의 옛 습속을 지니고 있다"는 것을 통해 (가) 발해 무왕임을 알 수 있다.
④ 68% 무왕 때 장문휴의 수군이 당의 등주를 공격하였다.
| 오답해설 | ① 11% 고왕(대조영)은 당으로부터 '발해 군왕'에 봉해진 후 국호를 진국에서 발해로 바꾸었다.
② 3% 9세기 초 신라 헌덕왕 때 급찬 숭정을 발해에 사신으로 보냈다(812). 당시 발해는 정왕에서 희왕으로 가는 교체기였다.
③ 18% 문왕(대흠무)은 대흥, 보력이라는 독자적인 연호를 사용하였다.

9 근현대 > 일제 강점기 > 한국 독립군
오답률 36% 답 ③

| 정답해설 | 사도하자 전투에서 승리한 부대는 지청천의 한국 독립군이다. ③ 64% 한국 독립군은 한국 독립당의 산하 부대로 쌍성보 전투, 경박호 전투, 대전자령 전투, 동경성 전투에서도 승리하였다.
| 오답해설 | ① 14% 양세봉은 조선 혁명군 사령관이었다.
② 10% 미쓰야 협정이 체결된 것은 1925년이며, 한국 독립군은 주로 1930년대 초에 활약하였다.
④ 12% 조선민족전선연맹의 김원봉은 중국 국민당의 지원을 받아 1938년 조선 의용대를 창설하였다.

10 근대 태동기 > 경제 > 임진왜란 이후의 경제
오답률 30% 답 ①

| 정답해설 | ① 70% 신해통공(1791)이 반포되어 육의전을 제외한 시전상인들의 금난전권이 폐지되었다.
| 더 알아보기 | 서유구의 『임원경제지』: 견종법의 보급

> 다음해 청명(淸明)과 곡우(穀雨) 사이에 작은 보습[鑱]으로 이 이랑에다 고랑을 내는데, 너비 1척, 깊이 1척이다. 이렇게 한 이랑, 즉 1묘(畝)마다 고랑[甽] 3개와 두둑[伐] 3개를 만들면, 두둑의 높이와 너비는 고랑의 깊이와 너비와 같아진다. 그 뒤 고랑에 거름 재를 두껍게 펴고, 구멍 뚫린 박에 조를 담고서 파종한다. 파종 간격은 일정해야 하며 덮어주는 흙의 두께는 손가락 하나의 두께만큼으로 한다.

11 단원 통합 > 단군에 대한 시대별 인식
오답률 24% 답 ③

| 정답해설 | ③ 76% 이규보의 『동명왕편』은 고구려의 시조인 동명왕(주몽)에 관해 쓴 장편 서사시이다.
| 오답해설 | ① 4% 이승휴의 『제왕운기』에서는 우리 역사를 단군부터 서술하였고 고구려, 부여, 삼한, 옥저, 예맥과 이 나라들을 통합한 삼국은 모두 단군의 후예라고 보았다. 또한 요동 동쪽을 중국과 다른 세계로 인식하고, 우리 민족 문화의 독자성을 강조하였다.

② 15% 홍만종의 『동국역대총목』은 우리 역사의 시원을 단군으로 규정하고, 단군－기자－마한－통일 신라를 정통 국가로 보았다.

④ 5% 「기미독립선언서」에는 단기(檀紀)를 기준으로(B.C 2333년 기준) 하여 연도를 '조선 건국 4252년'(B.C 2333년＋1919년=4252년)이라고 표기하였다.

12 중세 > 문화 > 『삼국유사』 오답률 31% 답 ②

| 정답해설 | 제시된 사료는 일연의 『삼국유사』이다. ② 69% 『삼국유사』는 불교 중심의 고대 민간 설화를 수록하였다.

| 오답해설 | ① 1% 각훈의 『해동고승전』은 우리나라 고승들의 전기를 기록한 문헌이다.

③ 21% 서거정의 『동국통감』에는 고조선부터 고려 말까지의 역사가 정리되어 있다.

④ 9% 김부식 등이 편찬한 『삼국사기』는 유교적 합리주의 사관에 기초하여 기전체로 서술되었다.

| 더 알아보기 | 『삼국유사』

- 사찬(私撰) 사서이며, 설화를 중심으로 정리한 기사 본말체적 야사집임
- 각종 신화 및 설화, 토속 신앙, 불교 사상사 등 고기(古記)의 기록을 원형 그대로 수록함
- 불교적 가치관이 중심을 이루고 있으나, 효와 같은 유교적 내용을 포함함
- 서술 범위를 삼국에 한정하지 않고 단군에서 후삼국까지의 역사를 서술하고 있음. 특히 단군 신화와 향가 14수가 수록되어 있다는 점에서 역사적 의의가 큼

13 근현대 > 개항기 > 동학 농민 운동 오답률 19% 답 ④

| 정답해설 | (가) 전주화약(1894. 5. 8.)이다. 청군·일본군의 개입으로 사태가 악화되자 조선 정부와 농민군 사이에는 전주화약이 체결되었고, 이후 농민군은 전라도 일대에 집강소를 설치하였다. 그러나 조선 정부의 철군 요구에도 불구하고 일본이 경복궁을 점령하고 내정 간섭을 강화하자, 동학 농민군이 재봉기하였다.

이후 ④ 81% 남접군과 북접군이 논산에 집결하여 관군 및 일본군에 맞섰으나 공주 우금치 전투에서 대패하였다.

| 오답해설 | ① 5% 1894년 4월 7일, 황토현 전투가 발발하였다.

② 3% 1894년 1월 10일, 고부민란이 발생했는데 조병갑의 횡포는 고부민란의 발생 계기이다.

③ 11% 고부민란 직후, 정부가 조병갑을 징죄하고 안핵사 이용태를 파견하였으나 안핵사 이용태는 조사 과정에서 당시 고부민란에 참여한 농민을 색출·탄압하였다.

14 고대 > 경제 > 신라 중대의 경제 상황 오답률 36% 답 ①

| 정답해설 | 9주 5소경이 설치된 것은 7세기 말 신문왕 시기이며, 대공의 난(768)은 혜공왕 때 일어난 사건이다. ① 64% 백성에게 정전을 처음으로 지급한 것은 722년 신라 중대 성덕왕 때의 일이다.

| 오답해설 | ② 18% 신라 지증왕 때 시장을 감독하는 관청인 동시전을 신설하였다(509).

③ 9% 고구려 고국천왕 때 백성의 구휼을 위하여 진대법을 제정하였다(194).

④ 9% 신라 소성왕 때 청주(菁州)의 거로현을 국학생의 녹읍으로 삼았다(799).

오답률 TOP 3

15 단원 통합 > 우리나라 문화 유산 오답률 49% 답 ③

| 정답해설 | ③ 51% 익산 미륵사지 석탑에서 백제 무왕의 왕후(사택적덕의 딸)가 넣은 사리기가 발견되었다.

| 더 알아보기 | 「미륵사지 출토 금제 사리봉안기」

우리 백제 왕후께서는 좌평(佐平) 사택적덕(沙乇(宅)積德)의 따님으로 지극히 오랜 세월에 선인(善因)을 심어 이번 생에 뛰어난 과보(果報)를 받아 만민(萬民)을 어루만져 기르시고 삼보(三寶)의 동량(棟梁)이 되셨기에 능히 정재(淨財)를 희사하여 가람(伽藍)을 세우시고, 기해년(己亥年, 639) 정월 29일에 사리를 받들어 맞이하셨다.
원하옵나니, 영원토록 공양하고 다함이 없이 이 선(善)의 근원을 배양하여, 대왕 폐하의 수명은 산악과 같이 견고하고 치세는 천지(天地)와 함께 영구하며, 위로는 정법을 넓히고 아래로는 창생을 교화하게 하소서.
또 원하옵나니, 왕후의 신심은 수경(水鏡)과 같아서 법계를 비추어 항상 밝히시며, 금강 같은 몸은 허공과 나란히 불멸하시어 7세의 구원까지도 함께 복리를 입게 하시고, 모든 중생과 함께 불도를 이루게 하소서.

16 근세 > 사회 > 서원 오답률 11% 답 ④

| 정답해설 | 제시된 사료의 "주세붕"을 통해 (가) 서원임을 알 수 있다(주세붕이 세운 최초의 서원인 백운동 서원). ④ 89% 서원은 성리학 연구와 선현의 제사를 위해 설립된 사립 교육기관이었다.

| 오답해설 | ① 3% 향교에 대한 설명이다. 향교는 부·목·군·현에 각각 하나씩 설치되었으며, 지역의 인구에 따라 정원이 배정되었다. 또한 향교의 교육을 위해 중앙에서 교수나 훈도가 파견되었다.

② 3% 초등 교육 기관인 서당에서는 선비와 평민의 자제에게 『천자문』 등을 가르쳤다.

③ 5% 성균관의 성적 우수자에게 문과의 초시를 면제해 주었다.

17 근현대 > 개항기 > 근대 조약 | 오답률 36% | 답 ①

| 정답해설 | (가) 조·일 무역 규칙에서는 양곡의 무제한 유출과 무항세 조항이 규정되었다. (나) 2차 수신사로 일본에 갔던 김홍집은 황준헌의 『조선책략』을 조선으로 가져왔다. 『조선책략』의 유포는 조·미 수호 통상 조약 체결에 영향을 주었다. 청의 알선으로 체결된 조·미 수호 통상조약(1882)에서는 거중조정, 최혜국 대우 조항, 관세 부과 등이 규정되었다.

18 근세 > 정치 > 조선 시대의 관청과 관직 | 오답률 27% | 답 ②

| 정답해설 | 이조좌랑은 정6품 관직으로서, 이조정랑(정5품)과 함께 이조전랑으로 불렸다. ② 73% 이조전랑은 삼사의 관리를 추천하고 자신의 후임을 추천할 수 있는 등 조선 시대 요직이었다.

| 오답해설 | ① 5% 승정원은 왕명을 출납하면서 왕의 비서기관의 업무를 하였다.

③ 7% 사헌부의 관원들은 관리 감찰을 담당하였고, 사간원 관원들은 왕의 정책을 간쟁하였다. 사헌부와 사간원은 함께 양사로 불리며 서경권을 담당하였다.

④ 15% 교서관은 서적 출판 및 간행의 업무를 담당하였다.

19 근현대 > 일제 강점기 > 박은식 | 오답률 44% | 답 ②

| 정답해설 | 제시된 사료는 박은식의 「유교구신론」 중 일부이다.

② 56% 박은식은 '나라는 형(形)이고 역사는 신(神)'이라고 주장하였다.

| 오답해설 | ① 13% 정인보는 '조선얼'을 강조하며 문일평, 안재홍 등과 함께 '조선학 운동'을 펼쳤다.

③ 12% 김구는 주석, 부주석 체제하인 1940년대 충칭의 대한민국 임시 정부에서 주석을 역임하였다.

④ 19% 신채호는 『독사신론』(1908)에서 민족을 역사 서술의 주체로 설정하고 사대주의를 비판하였다. 『독사신론』은 민족주의 사학의 기틀을 마련했다고 평가된다.

20 근현대 > 현대 > 해방 이후의 역사적 사실 | 오답률 37% | 답 ②

| 정답해설 | 제시된 사건의 순서는 (나) 조선 건국 준비 위원회의 결성(1945. 8. 15.) → (다) 모스크바 3국 외상회의의 개최(1945. 12.) → (가) 좌우합작 7원칙의 발표(1946. 10.) → (라) 김구와 김규식의 남북협상 제의(1948. 3.)이다.

2018 4월 7일 시행 국가직 9급 (㉰책형)

합격예상 체크

〈국가직 연도별 합격선〉

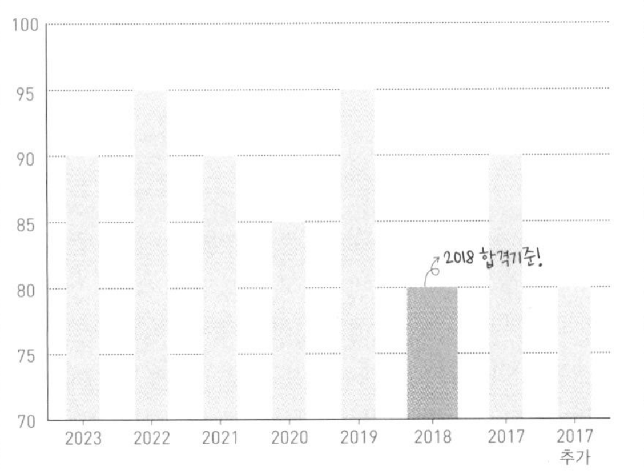

맞힌 개수	/20문항	점수	/100점

➡ □합격 □불합격

취약영역 체크

문항	정답	영역	문항	정답	영역
1	①	단원 통합 > 시대별 지방 행정 제도	11	④	근세 > 문화
2	②	중세 > 정치	12	②	고대 > 정치
3	①	고대 > 정치	13	②	고대 > 정치
4	③	근현대 > 현대	14	④	고대 > 정치
5	③	중세 > 문화	15	②	근현대 > 개항기
6	①	근대 태동기 > 정치	16	③	근세 > 문화
7	①	근세 > 문화	17	④	근현대 > 일제 강점기
8	③	근현대 > 일제 강점기	18	②	근현대 > 현대
9	④	근현대 > 개항기	19	②	중세 > 문화
10	②	근현대 > 일제 강점기	20	③	단원 통합 > 해외견문록

⬇ 영역별 틀린 개수로 취약영역을 확인하세요!

우리 역사의 기원	−/0	고대	/4	중세	/3	근세	/3
근대 태동기	/1	근현대	/7	통합	/2		

➡ 나의 취약영역: ____________

※ [정답해설]과 [오답해설] 선지의 50% 표시는 〈1초 합격예측 서비스〉를 통해 수집된 선지 선택률을 나타냅니다.

1 단원 통합 > 시대별 지방 행정 제도 오답률 23% 답 ①

| 정답해설 | ① 77% 통일 신라 시대의 촌의 행정은 촌주가 담당하였다.

| 오답해설 | ② 2% 발해의 모든 지역에 지방관을 파견한 것은 아니며, 촌락의 수령(首領)은 토착 촌락민의 유력자가 임명되었다.

③ 6% 면리제의 확립은 조선 시대에 해당되는 내용이다.

④ 15% 사심관 제도는 고려 시대에 해당되는 내용이다.

2 중세 > 정치 > 서희의 활동 오답률 11% 답 ②

| 정답해설 | 제시된 사료는 거란의 1차 침략(성종, 993)과 관련된 내용이다. (갑) 거란(요)의 장군 소손녕, (을) 서희이다. ② 89% 고려는 서희의 외교 담판을 통해 강동 6주를 차지할 수 있었다.

3 고대 > 정치 > 광개토대왕 오답률 5% 답 ①

| 정답해설 | 제시된 사료 중 '영락'은 광개토대왕 때의 연호이며, ㉠ 광개토대왕의 (고구려) 군대가 신라에 침입한 왜군을 격퇴한 내용(400)이다. ① 95% 이 사건 이후 고구려는 신라에 대한 내정 간섭을 강화하였다.

| 오답해설 | ② 1% 백제 근초고왕이 평양성을 공격하여 고구려 고국원왕이 전사하였다(371).

③ 2% 신라 진흥왕은 관산성 전투에서 백제 성왕을 살해하였다(554).

④ 2% 고구려군이 신라에 침입한 왜군을 격퇴하는 과정에서 왜의 연합군인 가야도 공격을 받아, 금관가야 중심의 전기 가야 연맹이 해체되었다.

4 근현대 > 현대 > 이승만, 김구 오답률 24% 답 ③

| 정답해설 | (가) 이승만의 정읍 발언(1946. 6. 3.) 중 일부이며, (나) 김구의 「삼천만 동포에게 읍고함」(1948. 2.) 중 일부이다. ③ 76% (나) 김구를 비롯한 임시 정부 세력은 조직적인 반탁 운동을 전개하려는 목적에서 탁치(신탁 통치)반대 국민총동원위원회를 결성하였다(1945. 12. 28.).

| 오답해설 | ① 3% (가) 이승만 세력은 5·10 총선거에 적극 참여하였다.

② 13% 반탁 운동을 전개하던 이승만은 좌우 합작 7원칙을 지지하지 않았다.

④ 8% 남조선 과도입법의원의 의장을 지낸 인물은 김규식이다.

5 중세 > 문화 > 팔관회 오답률 52% 답 ③

| 정답해설 | (가) 팔관회이다. ③ 48% 팔관회는 서경(10월 15일), 개경(11월 15일)에서 두 차례 개최되었다. 정월 보름에 전국적으로 개최된 것은 연등회에 해당한다.

6 근대 태동기 > 정치 > 정조의 업적 오답률 46% 답 ①

| 정답해설 | 제시된 사료는 정조의 '만천명월주인옹자서(萬川明月主人翁自序)' 중 일부이다. 정조는 왕으로서의 초월적 존재를 부각시키기 위해, 스스로를 '만 갈래 냇물에 비치는 밝은 달과 같은 존재'라고 규정하였다. ① 54% 정조 때 서호수는 『해동농서』를 편찬하였다.

| 오답해설 | ② 12% 현종 때의 갑인예송(2차 예송)에서 남인들은 왕권을 강조하며, 기년복을 주장하여 승리했다.

③ 16% 숙종 때 이순신에게 현충이라는 시호를 내리고, 강감찬 사당을 건립하였다.

④ 18% 효종 때 처음으로 설점수세제를 실시하였다.

오답률 TOP 1

7 근세 > 문화 > 중종의 업적 오답률 65% 답 ①

| 정답해설 | 제시된 사료는 『이륜행실도』(1518) 중 일부이므로 밑줄 친 '국왕'은 중종이다. ① 35% 중종 때 풍기군수 주세붕이 백운동 서원을 세웠다.

| 오답해설 | ② 5% 김시습의 「금오신화」는 15세기에 저술된 한문 소설이다.

③ 28% 『국조오례의』와 『동국여지승람』은 15세기 성종 때 편찬되었다.

④ 32% 집현전은 15세기 세종 때 만들어졌다.

8 근현대 > 일제 강점기 > 국가총동원법 오답률 32% 답 ③

| 정답해설 | 제시된 사료는 1938년 4월 공포된 국가총동원법 중 일부이다. ③ 68% 1938년 2월 육군특별지원병령을 제정하여 지원병을 선발하였다. 지원병제는 국가의 모든 인력과 물자를 동원하고자 한 국가총동원법이 발표되기 이전에 만들어진 제도이다.

| 오답해설 | ① 5% 일제는 1939년 국민징용령을 공포하여 강제적인 노무 동원을 실시하였다.

② 6% 일제는 1941년 금속류회수령을 제정하여 주요 군수 물자를 공출하였다.

④ 21% 일제는 1941년 물자통제령을 공포하여 배급제를 확대하였다.

9 근현대 > 개항기 > 동학 농민 운동 오답률 37% 답 ④

| 정답해설 | 첫 번째 사료는 고부 민란 이후 안핵사 이용태가 농민군을 탄압하는 내용이며, 두 번째 사료는 동학 농민군이 전라도 일대를 장악한 모습을 보여 준다. 따라서 ④ 63% 안핵사 이용태의 탄압에 저항하여 백산에서 전봉준이 보국안민을 위해 궐기하라는 통문을 보낸 사실은 (가)에 해당한다.

10 근현대 > 일제 강점기 > 임시 토지 조사국 오답률 53% 답 ②

| 정답해설 | 제시된 사료는 1912년 공포된 토지조사령 중 일부이고 (가) 1910년 설립된 임시 토지 조사국이다. 임시 토지 조사국은 1910년 설립되어 1918년 폐지되었다. ② 47% 이광수의 「무정」은 1917년 〈매일신보(每日申報)〉에 연재되었다.

| 오답해설 | ① 14% 조선청년연합회는 1920년 조직되었다.

③ 18% 연초 전매령은 1921년 제정되었다.

④ 21% 의열단은 1919년 만주 길림에서 김원봉, 윤세주 등이 설립한 단체이다.

11 근세 > 문화 > 혼일강리역대국도지도 오답률 34% 답 ④

| 정답해설 | 밑줄 친 '이 지도'는 태종 때 이회 등이 제작한 혼일강리역대국도지도이다. 이 지도는 필사본이 일본에 현존하고 있고, 세계 지도 중 동양에서는 가장 오래된 것이다. 유럽 · 아프리카는 그려져 있으나 아메리카 대륙은 당시 발견되지 않아 빠져 있다. ④ 66% 최초로 백리 척을 사용하여 지도의 과학화에 기여한 것은 영조 때 정상기가 제작한 '동국지도'(1750년대 제작)이다.

12 고대 > 정치 > 신문왕의 업적 오답률 25% 답 ②

| 정답해설 | 김흠돌 등의 반역을 진압하고, 달구벌로의 천도를 시도한 왕은 신문왕이다. ② 75% 신문왕은 국학을 설치하여 유학을 교육하였다.

| 오답해설 | ① 15% 녹읍이 부활된 것은 경덕왕 때이다.

③ 7% 통일 이후인 효소왕 때 수도에 서시(西市)와 남시(南市)가 설치되었다.

④ 3% 소지 마립간 때 (수도를 중심으로) 사방에 우역이 설치되었다.

13 고대 > 정치 > 발해의 역사 오답률 16% 답 ②

| 정답해설 | 중국과 러시아는 발해의 역사를 자국사에 편입시키려 하고 있다. ② 84% 이를 비판할 수 있는 근거는 상경성에서 출토된 온돌장치로, 이를 통해 발해가 고구려의 주거 문화를 계승한 것을 알 수 있다. 발해의 문화는 전통적인 고구려 문화의 토대 위에 당의 문화를 흡수하여 재구성한 것이다.

14 고대 > 정치 > 문무왕의 업적 오답률 36% 답 ④

| 정답해설 | 백제 부흥 운동을 주도하던 흑치상지 등은 당에 항복하였으나, ④ 64% 임존성에서 저항하던 지수신은 끝까지 항복하지 않았다. 그러나 흑치상지(黑齒常之) 등의 임존성 공격으로 버티지 못하고 663년 고구려로 달아났으며, 임존성도 함락되었다.

15 근현대 > 개항기 > 농광 회사 오답률 52% 답 ②

| 정답해설 | 제시된 사료의 '이 회사'는 1904년 설립된 농광 회사이다. ② 48% 농광 회사는 일본의 황무지 개간권 요구에 대항하여, 개간 사업을 목적으로 설립된 근대적 농업 회사이다.

| 오답해설 | ① 17% 시전 상인은 외국 상인과의 상권 경쟁을 위해 황국중앙총상회를 결성하였다(1898). 척식 회사를 세운 적은 없다.

③ 33% 역둔토나 국유 미간지를 약탈하려 설립했던 회사는 동양 척식 주식회사이다(1908).

④ 2% 백목전 상인들은 종로 직조사를 설립하였다(1900).

오답률 TOP 3

16 근세 > 문화 > 조선의 성리학 오답률 57% 답 ③

| 정답해설 | 제시된 사실을 순서대로 나열하면 ㄹ. 16세기 초 조광조의 활동 (중종, 16세기 초) → ㄴ. 서경덕의 태허설(중종, 1544) → ㄷ. 기대승과 이황의 사단칠정 논쟁의 시작(명종, 1559) → ㄱ. 이이의 주기론(선조, 16세기 말)이다.

17 근현대 > 일제 강점기 > 조선의 생활 모습 오답률 25% 답 ④

| 정답해설 | 일제 강점기의 의생활은 한식과 양식이 혼합된 형태로, '모던 보이', '모던 걸'이 등장하고 신여성의 상징으로 단발머리가 유행하였다. 식생활에서는 과자, 빵을 비롯한 서양 음식이 들어왔으나 상류층에 한정되어 있었고, 중·일 전쟁 이후에는 식량 부족 현상에 따라 기근에 시달렸다. 주택의 경우 상류층은 문화 주택, 중류층은 개량 한옥, 하류층은 영단 주택이 등장하였다. ④ 75% 영단 주택은 상류층이 아닌, 노동자들의 집단 거주지였다.

오답률 TOP 1

18 근현대 > 현대 > 1960년대의 역사적 사실 오답률 65% 답 ②

| 정답해설 | (가) 1962년 김종필-오히라 메모, (나) 1966년 브라운 각서이다. 따라서 1962년~1966년 사이의 역사적 사실을 고르면 된다. ② 35% 울산 정유공장은 1964년 준공되었다.

| 오답해설 | ① 19% 충주 비료공장은 1961년 준공되었다.

③ 14% 1970년~1973년까지 마산에 수출 자유 지역이 건설되었다.

④ 32% 경부 고속 국도는 1970년 개통되었다.

19 중세 > 문화 > 진화, 이규보 오답률 49% 답 ②

| 정답해설 | 진화(陳澕)는 무신정권 시대(신종~고종 연간)의 문신으로서, 이규보와 같은 시대를 살았다. 사료의 "서쪽 송나라가 이미 기울고"를 통해 남송 시대임을 파악하고, "하늘의 동쪽에서 태양이 떠오르네"를 통해 주체적인 의식이 성장한 고려 후기임을 파악할 수 있다. 따라서 ② 51% 이규보의 「동명왕편」은 고려 무신 정권기에 편찬된 역사서이다.

20 단원 통합 > 해외견문록 오답률 46% 답 ③

| 정답해설 | 제시된 견문록은 순서대로 ㄹ. 『해동제국기』(신숙주, 1471, 성종 2년) → ㄱ. 『표해록』(최부, 1488, 성종 19년) → ㄴ. 『열하일기』(박지원, 1780, 정조 4년) → ㄷ. 『서유견문』(유길준, 1895, 고종 32년)이다.

2017 4월 8일 시행 국가직(= 사회복지직) 9급 (㉴책형)

합격예상 체크

〈국가직 연도별 합격선〉

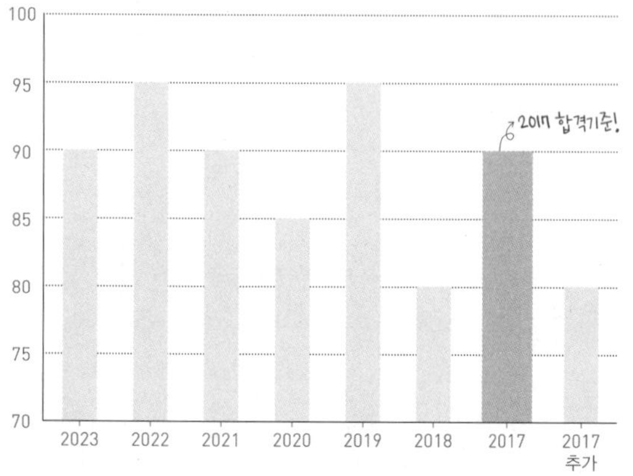

맞힌 개수	/20문항	점수	/100점

➡ □합격 □불합격

취약영역 체크

문항	정답	영역	문항	정답	영역
1	①	고대 > 사회	11	③	중세 > 경제
2	②	고대 > 정치	12	④	근세 > 정치
3	①	근세 > 정치	13	④	근현대 > 일제 강점기
4	④	근현대 > 일제 강점기	14	③	근대 태동기 > 문화
5	③	단원 통합 > 조선의 역사적 사실	15	④	근현대 > 개항기
6	①	우리 역사의 기원과 형성 > 국가의 형성	16	②	근현대 > 개항기
7	③	근현대 > 개항기	17	①	근대 태동기 > 경제
8	②	중세 > 문화	18	③	중세 > 문화
9	③	근현대 > 개항기	19	③	근현대 > 일제 강점기
10	②	단원 통합 > 독도	20	①	중세 > 정치

⬇ 영역별 틀린 개수로 취약영역을 확인하세요!

우리 역사의 기원	/1	고대	/2	중세	/4	근세	/2
근대 태동기	/2	근현대	/7	통합	/2		

➡ 나의 취약영역: ____________

※ [정답해설]과 [오답해설] 선지의 50% 표시는 〈1초 합격예측 서비스〉를 통해 수집된 선지 선택률을 나타냅니다.

1 고대 > 사회 > 6두품 오답률 15% 답 ①

| 정답해설 | ㉠ 신문왕에게 「화왕계」를 바쳐 조언했던 인물은 설총이다. ㉡ 진성 여왕에게 시무책 10여 조를 올렸던 인물은 최치원이다. 설총과 최치원은 모두 신라 6두품 출신의 지식인이었다.

① 85% 삼국 통일을 전후한 시기에 6두품 이하 신분에게 일종의 특진 제도인 중위제(重位制)가 적용되었다.

| 오답해설 | ②③④ 3% 11% 1% 진골 귀족에 대한 설명이다.

2 고대 > 정치 > 고구려의 발전 과정 오답률 14% 답 ②

| 정답해설 | (가) 낙랑군을 축출한 시기는 4세기 초 미천왕 때이다(313). (다) 장수왕 시기에는 평양으로 도읍을 옮기고(427), 백제의 수도인 한성을 함락시켰다(475). 따라서 〈보기〉에서 313년~475년 사이 역사적 사실을 골라야 한다.

ㄱ. 태학을 설립한 시기는 4세기 후반 소수림왕 시기이다(372).

ㄹ. 광개토대왕은 신라를 도와 왜를 격퇴하였다(400).

| 오답해설 | ㄴ. 진대법이 도입된 시기는 2세기 후반 고국천왕 시기이다(194).

ㄷ. 천리장성 축조는 7세기 영류왕 때 시작되어 보장왕 때 완성되었다(631~647).

3 근세 > 정치 > 오가작통제와 면리제 오답률 9% 답 ①

| 정답해설 | 제시된 첫 번째 사료는 오가작통제이며, 두 번째 사료는 면리제에 관한 설명이다. 조선은 전국을 8도로 정비하여 모든 지역(부, 목, 군, 현)에 지방관을 파견하고, 군현 아래 면리제와 오가작통제를 실시하여 농민들을 통제하였다. 이는 ㄱ. 농민의 도망과 이탈을 방지하여 ㄴ. 부세와 군역을 안정적으로 확보하기 위함이었다.

| 오답해설 | ㄷ. 유향소 또는 향약의 기능이다.

ㄹ. 향촌 주도권(향권)을 둘러싼 구향과 신향 사이의 향전 억제는 국가의 농민 통제와 직접적 관련이 없다.

4 근현대 > 일제 강점기 > 국민 대표 회의 오답률 34% 답 ④

| 정답해설 | 제시된 사료는 '북경군사통일회'의 '국민 대표 회의 소집' 요구 내용 중 일부이다. 북경군사통일회는 1921년 북경에서 독립운동 군사 조직의 대표자들이 모여 '통일된 군사 조직'을 논의하였던 모임이며, 박용만·신채호 등이 제기하였다. 또한 이 모임은 반임시 정부 노선을 견지하며, 국민 대표 회의를 소집해 군사 기관 문제를 해결하기로 결의하였다. ④ 66% 1923년 개최된 국민 대표 회의에서는 창조파와 개조파의 주장이 대립하여, 회의가 결렬되었고 상당수 인사들이 임시 정부를 이탈하였다.

| 오답해설 | ① 10% 신한 청년당에서는 1919년 개최된 파리 강화회의에 김규식을 파견하는 것이 논의되었다.

② 16% 1941년 조소앙의 삼균주의를 바탕으로 한 건국강령이 채택되었다.

③ 8% 1935년 김구를 중심으로 한국 국민당을 통한 정당 정치 실시가 결정되었다.

5 단원 통합 > 조선의 역사적 사실 오답률 14% 답 ③

| 정답해설 | ③ 86% (다) 효종을 이은 현종 때는 두 차례에 걸친 예송 논쟁이 일어났다.

| 오답해설 | ① 2% 현량과는 중종 시기에 조광조의 건의로 실시되었기 때문에 (나) 시기에 해당한다.

② 6% 무오사화와 갑자사화는 연산군 시기에 일어났기 때문에 (가) 시기에 해당한다.

④ 6% 신해통공(1791)으로 육의전을 제외한 금난전권이 폐지된 시기는 정조 때이다.

6 우리 역사의 기원과 형성 > 국가의 형성 > 동예 오답률 26% 답 ①

| 정답해설 | 제시된 자료에서 "무천", "책화"라는 단어를 통해 동예에 대한 사료임을 알 수 있다. ① 74% 동예에서는 후, 읍군, 삼로 등의 군장이 하호를 통치하였다.

| 오답해설 | ② 8% 삼한에서는 국읍마다 천신에 대한 제사를 지내는 천군이 있었다.

③ 10% 옥저에서는 사람이 죽으면 가매장한 후 뼈만 추려 목곽에 안치하였다(골장제, 가족공동묘제).

④ 8% 진한과 변한에서는 아이가 출생하면 돌로 머리를 눌러 납작하게 하는 풍습이 있었는데, 이것을 '편두'라고 한다.

7 근현대 > 개항기 > 헌의 6조 오답률 37% 답 ③

| 정답해설 | 제시된 사료는 독립 협회가 1898년 관민 공동회에서 발표한 헌의 6조이다. 따라서 1898년 이후 역사적 사실을 고르면 된다. ③ 63% 원수부는 대한국 국제(1899)가 발표된 이후 설치된 황제 직속의 최고 군통수 기관이었다.

| 오답해설 | ① 12% 〈독립신문〉이 창간된 것은 1896년 4월이다.

② 12% 아관 파천(고종이 러시아 공사관으로 거처를 옮긴 사건)은 1896년 2월에 발생하였다.

④ 13% 군국기무처는 1894년 개혁 기구로 설치되어 제1차 갑오개혁을 주도하였다.

8 중세 > 문화 > 고려 우왕 대의 사실 오답률 41% 답 ②

| 정답해설 | 밑줄 친 '이 기구'는 고려 우왕(1377) 때 최무선을 중심으로 설치된 화통도감이다. ② 59% 『직지심체요절』은 1372년 백운화상(경한)이 '선(禪)'요체를 정리한 것(여러 경전에 실린 좋은 구절만 뽑아 정리한 것)을 그의 제자들이 청주 흥덕사에서 금속 활자로 간행한 책이다(우왕, 1377).

| 오답해설 | ① 10% 고려 예종(1105~1122) 때, 도교 사원인 복원궁을 건립하였다(1107~1110, 혹은 1111~1117).

③ 25% 교장도감은 '의천'의 요청으로 선종 3년(1086) 흥왕사에 설치되었고 여기에서 『속장경』을 간행하였다.

④ 6% 고려 성종은 최승로의 시무 28조를 수용하여 유교 정치를 구현하였다.

9 근현대 > 개항기 > 갑신정변 이후 국내외 정세 오답률 38% 답 ③

| 정답해설 | 갑신정변은 1884년 급진개화파 세력(개화당)이 일으킨 사건이다. 따라서 1884년 이후 역사적 사실이 아닌 것을 고르면 된다. ③ 62% 조·청 상민 수륙 무역 장정은 1882년 임오군란 직후 체결되었다.

| 오답해설 | ① 12% 1884년 갑신정변 직후 독일의 외교관이었던 부들러(Budler. H.)가 조선 정부에 '영세 중립'을 권고하였다.

② 14% 영국은 1885년 거문도를 불법으로 점령하였다(1887년 철군).

④ 12% 갑신정변 이후 청·일 양국 군대가 조선에서 철수하는 것과 만일 조선에 변란이 발생하여 청·일 양국 혹은 한 국가가 파병할 경우에는 문서로 알려야 한다는 것 등을 내용으로 1885년 톈진 조약이 체결되었다(청-이홍장, 일-이토 히로부미).

10 단원 통합 > 독도 오답률 23% 답 ②

| 정답해설 | ② 77% 대한 제국의 칙령 제41호는 울릉도를 '군'으로 승격 시키고 독도를 관할하게 한 조치이며, 삼국접양지도는 일본의 하야시 시헤이(林子平)가 1785년에 편찬한 『삼국통람도설』에 실린 지도로서, 울릉도와 독도는 '조선의 것'이라고 명기되어 있다.

| 오답해설 | ① 10% '이범윤은 1902년 간도 시찰사로 파견'되었고, 1903년에는 간도 관리사가 되어 간도 지방의 한인 보호에 힘썼다. 『은주시청합기』는 1667년 사이토 호센이 간행한, 독도를 조선의 영토로 확인한 일본 최초의 문헌이다(책의 해석을 두고 한일 학자 간의 논쟁이 있음).

③ 9% '미쓰야 협정'은 만주의 독립운동을 탄압하기 위해서 만주 군벌인 장쭤린과 조선 총독부 경무국장 미쓰야 미야마쓰가 체결한 조약이다. 한편 일본은 러·일 전쟁 중인 1905년에 '시마네현 고시 제40호'를 발표하여 독도를 시마네현에 강제 편입하였다.

④ 4% 일본의 '조선국교제시말내탐서'(1870)에서는 독도가 한국의 영토임을 인정하고 있다. 한편 조선 정부에서는 '어윤중을 서북경략사로 파견(1883)'하여 청과 국경 문제를 협의하도록 하였다.

11 중세 > 경제 > 주전도감과 은병의 제작 오답률 35% 답 ③

| 정답해설 | 제시문에서 설명하는 화폐는 고려 숙종 때 주전도감에서 제작된 '은병(활구)'이다. ③ 65% 고려 시대 개경 · 서경 · 동경 등 대도시에는 서적점, 약점과 술 · 차 등을 파는 주점 및 다점(茶店) 등의 관영 상점을 두기도 하였다

| 오답해설 | ① 10% 청해진은 신라 하대 흥덕왕 때 장보고의 건의로 설치되었다(828).

② 10% 동시전은 6세기 신라 지증왕 때 설치되어 시장의 불법적 상행위를 감독하였다(509).

④ 15% 이앙법(모내기법)의 전국적 보급은 조선 후기에 해당한다.

12 근세 > 정치 > 정도전 오답률 8% 답 ④

| 정답해설 | 제시된 자료에서 "조선 왕조를 개창한 1등 공신", "재상 중심의 관료정치 주창", "『불씨잡변』 저술" 등을 통해 밑줄 친 '그'는 정도전임을 알 수 있다. ④ 92% 정도전은 『조선경국전』(조선 최초의 사찬 법전)을 편찬하여 조선 왕조의 통치 규범을 마련하였다.

| 오답해설 | ① 1% 세종 시기인 1419년 삼군도체찰사 이종무가 이끄는 조선군이 왜구의 근거지인 쓰시마섬(대마도)을 정벌한 사건이다.

② 3% 『삼강행실도』는 세종 때 설순 등이 편찬한 윤리서이다.

③ 4% 세종 때 김종서 등은 여진족을 두만강 밖으로 몰아내고, 6진을 개척하였다. 6진은 종성 · 온성 · 회령 · 경원 · 경흥 · 부령이다.

오답률 TOP 3

13 근현대 > 일제 강점기 > 대조선 국민군단 오답률 43% 답 ④

| 정답해설 | 밑줄 친 '이곳'은 하와이이다. 1903년부터 하와이에 노동 이민자로 정착하기 시작한 한인들은 한인합성협회(1907)을 조직하였고, ④ 57% 1914년에는 박용만을 중심으로 군사 양성 기관인 대조선 국민군단이 조직되었다.

| 오답해설 | ① 11% 북만주 밀산부(소련 · 만주 국경에 위치)에는 독립운동 기지인 한흥동이 건설되었다.

② 19% 1911년 연해주에서 독립운동 단체인 권업회가 조직되었다. 권업회는 이후 대한 광복군 정부(1914)의 모태가 되었다.

③ 13% 남만주(서간도)에서는 신민회 인사들을 중심으로 독립운동 기지인 삼원보가 건설되었다. 또한 자치 기관인 경학사(이후 부민단, 한족회로 개편)가 만들어졌다.

14 근대 태동기 > 문화 > 홍대용 오답률 41% 답 ③

| 정답해설 | 제시된 사료는 홍대용의 『의산문답』(『담헌서』에 수록) 중 '지전설'의 일부이다. ③ 59% 홍대용은 『임하경륜』에서 성인 남자에게 2결의 토지를 나누어 주자는 '균전론'을 주장하였다.

| 오답해설 | ① 12% 유수원은 『우서』에서 상업적 경영을 통해 농업 생산성을 높여야 한다고 주장하였다.

② 11% 유형원은 『반계수록』에서 신분에 따라 토지를 차등 있게 재분배하자고 주장하였다(신분에 따른 차등 분배가 전제된 균전론).

④ 18% 박제가는 『북학의』에서 소비를 권장하여 생산을 촉진하자고 주장하였다.

15 근현대 > 개항기 > 1907년 이후의 역사적 사실 오답률 26% 답 ④

| 정답해설 | 제시된 사료에서 "군대를 일시에 해산"한다는 내용으로 보아 1907년 한 · 일 신협약(정미 7조약) 직후에 해당한다. 따라서 1907년 이후 역사적 사실을 고르면 된다. 본 사료에서는 "황실 시위에 필요한 자"로 명시하였으므로, 을미의병(1895) 당시의 해산명령과는 관련이 없다.

ㄷ. 전국 연합 의병 부대인 13도 창의군이 결성되어 1908년 서울 진공 작전을 추진하였으나 실패하였다.

ㄹ. 1909년 일본군의 '남한 대토벌 작전'으로 의병 부대의 근거지가 초토화되었다. 이에 의병 세력들은 만주나 연해주 등으로 이주하여 항일 무장 독립군으로 변모하였다.

| 오답해설 | ㄱ. 1905년 을사늑약 이후 출현한 을사의병에는 신돌석과 같은 평민 출신 의병장이 처음 등장하였다.

ㄴ. 1895년 을미사변과 단발령 실시를 계기로 의병 운동이 시작되었다(을미의병).

16 근현대 > 개항기 > 국권 피탈 과정 오답률 37% 답 ②

| 정답해설 | 제시된 사건의 순서는 ㄴ. 제1차 한 · 일 협약(1904) → ㄱ. 헤이그 특사(밀사) 사건(1907)으로 인한 고종의 강제 퇴위 → ㄹ. 순종 즉위 직후 강요된 한 · 일 신협약(1907) → ㄷ. 기유각서(1909)이다.

17 근대 태동기 > 경제 > 조선 후기의 경제 변화 오답률 41% 답 ①

| 정답해설 | 제시된 사료는 조선 후기 민영 광업과 관련된 내용이다. ① 59% 사패전(賜牌田)은 고려 말에서 조선 초까지 지급된 토지로서 공신에게 지급한 '공신 사패전'(이미 개간된 토지 지급)과, 원 간섭기에 토지 개간을 목적으로 왕의 측근과 권세가들에게 지급된 '개간 사패전'이 있다.

| 오답해설 | 조선 후기에는 ② 15% 도조법(정액 지대제)이 대두하였으며, ③ 5% 면화, 담배 등 상품 작물이 재배되었다. 한편 논농사에서는 이앙법이 전국적으로 확대되었고, ④ 21% 밭농사에서는 견종법이 보급되면서 농업 생산력이 증가하였다.

18 중세 > 문화 > 풍수지리사상 오답률 15% 답 ③

| 정답해설 | 제시된 사료는 고려 인종 때 풍수지리 사상(서경 길지설)에 입각하여 묘청 등 서경파 세력이 주장한 '서경 천도론'이다. ③ 85% 초제는 도교의 제천 행사이다.

| 오답해설 | ①②④ 2% 7% 6% 고려 시대 풍수지리 사상은 서경 천도 운동의 배경이 되었으며 문종 때의 남경 건설과 숙종 때의 남경개창도감의 설치, 공민왕과 우왕 때의 한양 천도론 등의 사상적 배경이 되었다.

오답률 TOP 1

19 근현대 > 일제 강점기 > 손진태 오답률 59% 답 ③

| 정답해설 | 제시된 『조선민족사 개론』은 손진태의 저서이다. 손진태는 기존의 계급 사관(사회경제 사학), 민족주의 사학, 실증주의 사학을 뛰어넘는 '신민족주의 사관'을 제시하였고, ③ 41% 진단학회의 발기인으로 이병도 등과 함께 활동하였다.

| 오답해설 | ① 27% 신채호는 『조선상고사』와 『조선사연구초』를 저술하였다.

② 13% 박은식은 대동사상을 수용한 「유교 구신론」을 주장하였다.

④ 19% 정인보는 「5천년간 조선의 얼」이라는 글을 〈동아일보〉에 연재하였다.

오답률 TOP 2

20 중세 > 정치 > 고려 시대의 의주 오답률 46% 답 ①

| 정답해설 | 의주는 '압록강' 하구에 위치한 지역이다. ① 54% 청천강변에 안북 도호부가 설치된 지역은 영주(현재의 안주)이다.

| 오답해설 | ② 11% 서희의 외교 담판으로 획득한 강동 6주 중 흥화진은 1030년에 영주로 승격되어 방어사가 설치되었다. 조선 시대에는 평안도 의주에 편입되었다.

③ 12% 요(遼)는 고려 서북쪽에 위치하였기 때문에, 고려는 보주(保州, 지금의 의주 부근)에 각장(무역장)을 설치하였다.

④ 23% 12세기 초 고려는 금과 요의 분쟁을 이용하여 요에게 빼앗긴 압록강 유역의 보주(의주)를 회복하였다.

2017 10월 21일 시행 국가직 9급 추가 (㉰책형)

합격예상 체크

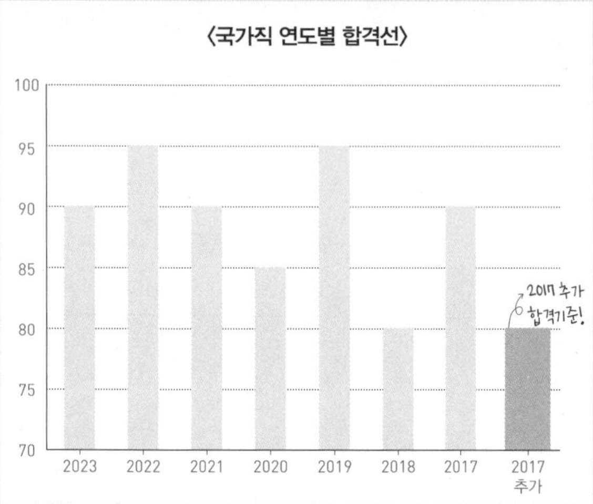

맞힌 개수	/20문항	점수	/100점

➡ □ 합격 □ 불합격

취약영역 체크

문항	정답	영역	문항	정답	영역
1	①	우리 역사의 기원과 형성 > 선사 시대	11	④	근세 > 문화
2	①	고대 > 정치	12	①	고대 > 정치
3	③	중세 > 정치	13	②	근현대 > 현대
4	①	근세 > 사회	14	②	근현대 > 개항기
5	③	고대 > 정치	15	③	중세 > 경제
6	④	우리 역사의 기원과 형성 > 국가의 형성	16	④	근현대 > 일제 강점기
7	④	중세 > 사회	17	③	근현대 > 일제 강점기
8	②	근대 태동기 > 정치	18	③	중세 > 정치
9	④	근현대 > 현대	19	①	근현대 > 현대
10	①	근현대 > 일제 강점기	20	④	근대 태동기 > 경제

⬇ 영역별 틀린 개수로 취약영역을 확인하세요!

우리 역사의 기원	/2	고대	/3	중세	/4	근세	/2
근대 태동기	/2	근현대	/7	통합	–/0		

➡ 나의 취약영역: ______

※ [정답해설]과 [오답해설] 선지의 50% 표시는 〈1초 합격예측 서비스〉를 통해 수집된 선지 선택률을 나타냅니다.

1 우리 역사의 기원과 형성 > 선사 시대 > 청동기 시대

오답률 15% 답 ①

| 정답해설 | 밑줄 친 '이 시기'는 청동기 시대이다. ① 85% 청동기 시대에는 목을 길게 단 미송리식 토기가 사용되었다.

| 오답해설 | ② 2% 구석기 시대 유적인 대전 용호동 유적에서는 불 땐 자리가 확인되었다.

③ 1% 구석기 시대 사람들은 주로 동굴이나 강가의 막집에 거주하였다.

④ 12% 신석기 시대에는 농경과 목축이 시작되었다.

2 고대 > 정치 > 소수림왕, 장수왕

오답률 16% 답 ①

| 정답해설 | (가) 소수림왕 때 불교 수용(372), 태학 설립(372), 율령 공포(373)가 이루어졌다. (나) 장수왕은 수도를 평양으로 옮기고(427), 백제의 수도인 한성을 함락시켰다(475, 개로왕의 전사). ① 84% 전연 모용황의 침략을 받아 수도가 함락된 것은 고국원왕 때(342)이다.

| 오답해설 | ② 4% 광개토대왕 때 후연을 공격하여 요동 지역으로 진출하였다.

③ 4% 광개토대왕 때 북쪽으로 숙신과 비려를 공격하여 만주 지역을 장악하였다.

④ 8% 광개토대왕 때 신라를 도와 낙동강 유역에서 왜병을 대파하였다(400).

3 중세 > 정치 > 원 간섭기

오답률 46% 답 ③

| 정답해설 | 제시된 사료는 몽골(원)과 고려의 강화 조약(1270)에 해당한다. ③ 54% 몽골과의 전쟁 당시 조휘, 탁청 등이 철령 이북의 땅을 몽골에 바쳤는데, 이후 몽골이 쌍성총관부를 설치하였다(1258).

| 오답해설 | ①② 9% 13% 고려는 몽골과의 강화 이후 수도를 개경으로 환도하였다. 이후 여몽 연합군은 두 차례의 일본 정벌(1274, 1281)을 단행하였으나 실패하였다. 정동행성(정동행중서성)은 2차 일본 정벌을 준비할 당시에 설립된 기구이다(1280).

④ 24% 사림원은 원 간섭기 충선왕 때 설치된 개혁 기구이다(1298).

4 근세 > 사회 > 조선 전기의 가족 제도 오답률 39% 답 ①

| 정답해설 | 『안동 권씨 성화보』는 15세기 서거정이 편찬한 현존 최고(最古)의 족보이다. ① 61% 윤회봉사·외손봉사 등은 15세기 가족 제도이다.

| 오답해설 | ②③④ 12% 20% 7% 조선 후기에는 아들을 호적에 먼저 기재하고 양자를 널리 받아들였으며, 남자는 결혼 후 친가에서 생활하였다.

5 고대 > 정치 > 신문왕의 업적 오답률 29% 답 ③

| 정답해설 | 밑줄 친 '왕'은 신문왕이다. ③ 71% 신문왕은 중앙군을 9서당으로 개편하였다.

| 오답해설 | ① 7% 신라 하대 원성왕 때 독서삼품과가 시행되었다.
② 18% 성덕왕 때 백성들에게 정전을 지급하였다.
④ 4% 경덕왕 때 관직과 주군현의 명칭을 중국식 한자명으로 바꾸었다.

6 우리 역사의 기원과 형성 > 국가의 형성 > 삼한 오답률 24% 답 ④

| 정답해설 | 밑줄 친 '이 나라'는 삼한이다. ④ 76% 삼한에서는 파종하는 5월과 추수한 후인 10월에 제천 행사를 지냈다.

| 오답해설 | ① 5% 부여와 고구려에서는 남의 물건을 훔친 자는 12배로 배상하게 하였다.
② 2% 고구려에는 약탈 경제의 상징인 부경이라는 창고가 있었다.
③ 17% 단궁, 과하마, 반어피는 동예의 특산물이다.

오답률 TOP 1

7 중세 > 사회 > 고려 후기의 사회 오답률 56% 답 ④

| 정답해설 | 제시된 사료는 무신정권 시기(명학소를 충순현으로 승격)와 원 간섭기에 해당한다. ④ 44% 충선왕은 즉위 교서를 통해 왕실의 족내혼을 엄격하게 금지하였다. 이후 왕실 족내혼은 점차 줄어들었으나 완전히 사라진 것은 아니었다.

| 오답해설 | ① 3% 무신정권 시기 이후 명학소의 경우처럼 향·소·부곡 등 특수 행정 구역이 일반 군현으로 승격되기도 하였다.
② 41% 원 간섭기 성리학이 도입된 후 여성의 재혼을 규제하려는 움직임이 나타났는데, 1389년(공양왕 1년) 최초로 여성의 재혼 규제가 이루어졌다.
③ 12% 고려 후기에는 향리 이하도 문·무반으로 신분 상승을 할 수 있었다.

오답률 TOP 3

8 근대 태동기 > 정치 > 병자호란 이후 오답률 51% 답 ②

| 정답해설 | 제시된 사료는 병자호란(1636) 직전 청의 사대 요구에 반대하는 척화론자 윤집의 상소문이다. ② 49% 조선과 후금이 형제의 맹약을 체결한 것은 정묘호란(1627) 때이며, 병자호란 이후 청과 사대 관계가 체결되었다.

| 오답해설 | ① 8% 병자호란 이후 소현세자와 봉림대군은 청에 인질로 잡혀갔으며, 소현세자는 청의 문물에 관심이 많았다.
③ 16% 병자호란 이후 청에 원수를 갚자는 주장(복수설치)이 일어났다.
④ 27% 병자호란 이후 청에 굴복한 조정에는 출사하지 않겠다는 사대부가 나타났다.

9 근현대 > 현대 > 1960년대 ~ 1980년대 오답률 34% 답 ④

| 정답해설 | (가) 1960년대, (나) 1970년대, (다) 1980년대 인구 정책을 상징하는 표어이다.
ㄱ. 1960년대에 박정희 군사 정부가 제1차 경제개발 5개년 계획을 시작하였다.
ㄴ. 1970년대에 유신 체제(1972)가 성립되었고, 2차례의 오일쇼크(1차 1973, 2차 1978)가 발생하였다. 또한 중화학 공업 중복 투자에 따른 경제 불황이 나타났다.
ㄷ. 1980년대에 6월 민주 항쟁(1987), 3저 호황(1980년대 중반)이 있었다.

10 근현대 > 일제 강점기 > 신간회 오답률 39% 답 ①

| 정답해설 | 제시된 사료는 정우회 선언(1926)으로, 이를 계기로 결성된 단체가 신간회이다(1927). ① 61% 신간회에서는 조선인 본위의 교육 제도 실시를 주장하였고, 원산 노동자 총파업(1929)을 지원하였다.

| 오답해설 | ② 17% 민중의 직접적 폭력 혁명으로 강도 일본을 타도하고자 한 단체는 의열단이다.
③ 13% 조선 교육회 인사들이 주도하여 민립 대학 설립 운동을 추진하였다(1920년대 초).
④ 9% 조선 물산 장려회가 주도하여 물산 장려 운동이 추진되었다(1920년대 초).

11 근세 > 문화 > 세종 시기의 저서 오답률 46% 답 ④

| 정답해설 | 제시된 자료는 『농사직설』에 대한 설명이며, 밑줄 친 '왕'은 세종이다. ④ 54% 『향약제생집성방』은 1398년 태조 때 간행되었던 의약서이다. 『향약집성방』 편찬(세종 13년, 1431) 시에 그 내용이 인용되었다(간행은 세종 15년인 1433년에 이루어졌다).

12 고대 > 정치 > 발해의 역사 오답률 49% 답 ①

| 정답해설 | 제시된 내용의 순서는 ㄱ. 무왕 때 장문휴의 산둥 지방 등주 공격(732) → ㄴ. 문왕 때 중경 현덕부에서 상경 용천부로의 천도(755) → ㄷ. 문왕 때 당으로부터 발해국왕으로 봉해짐(762) → ㄹ. 선왕 때 '건흥' 연호 사용이다.

13 근현대 > 현대 > 통일을 위한 노력 오답률 27% 답 ②

| 정답해설 | ② 73% 남북 기본 합의서는 1991년 12월 13일 공표되었으며, 당시 대통령은 노태우였다.

| 오답해설 | ① 12% 7·4 남북 공동 성명은 박정희 정부(제3 공화국) 시기인 1972년 7월 4일 발표되었다.

③ 8% 제1차 남북 정상 회담(김대중 – 김정일) 결과 2000년 6·15 공동선언이 발표되었다.

④ 7% 제2차 남북 정상 회담(노무현 – 김정일) 결과 2007년 10·4 공동선언이 채택되었다.

14 근현대 > 개항기 > 을사늑약 이전 오답률 27% 답 ②

| 정답해설 | 제시된 사료는 1905년 체결된 을사늑약 중 일부이다. ② 73% 명성 황후 시해 사건과 단발령으로 확산된 의병은 1895년 을미의병이다.

| 오답해설 | ① 7% 1909년 남한 대토벌 작전 이후 의병 부대들은 간도와 연해주로 이동하여 의병 기지를 건설하였다.

③ 13% 1905년 을사늑약을 계기로 봉기한 을사의병의 의병장들은 다양한 계층이었고, 그중 신돌석은 평민 출신이었다.

④ 7% 13도 연합 의병 부대(13도 창의군)는 1907년 정미의병과 관련이 있다.

15 중세 > 경제 > 고려의 경제적 특징 오답률 39% 답 ③

| 정답해설 | ③ 61% 양전 사업을 통한 양안 작성이 20년마다 한 번씩 이루어진 것은 조선 시대이다. 고려 시대에도 양전 사업(토지 조사 사업)을 실시하였으나, 20년마다 한 번씩 했는지는 불명확하다.

16 근현대 > 일제 강점기 > 회사령, 국가총동원법 오답률 27% 답 ④

| 정답해설 | (가) 1910년대에 시행되고 1920년대 폐지된 회사령, (나) 1938년 발표된 국가총동원법이다. ④ 73% 태평양 전쟁은 1941년에 일어났다.

17 근현대 > 일제 강점기 > 백남운 오답률 30% 답 ③

| 정답해설 | 밑줄 친 '나'는 사회경제 사학자 백남운이다. ③ 70% 백남운은 마르크스주의 역사학적 방법론을 적용하여 조선의 역사도 중세를 거쳐 근대로 나아가고 있었음을 강조하여 일제 식민 사학의 정체성론을 비판하였다.

| 오답해설 | ① 8% 실증주의 사학은 역사학의 순수 학문화를 표방하면서 식민주의 사학에 학문적으로 대항하려 하였다.

② 14% 1930년대 조선학 운동을 통해 실학에서 자주적 근대 사상과 우리 학문의 주체성을 강조하였다.

④ 8% 신채호는 우리 고대사를 중국 민족에 필적하는 강건한 민족의 역사로 서술하였다.

18 중세 > 정치 > 예종의 업적 오답률 45% 답 ③

| 정답해설 | 제시된 자료는 고려 예종 때의 도교와 관련된 내용이다. ③ 55% 김위제의 건의로 남경개창도감을 설치하고, 남경(현재의 서울) 건설을 추진한 것은 숙종 대의 일이다.

| 오답해설 | ①②④ 10% 15% 20% 예종은 1106년 지방에 감무를 파견하였으며, 국학 7재를 설치하여 관학을 진흥하였다. 또한 윤관의 별무반(설치는 숙종 때)을 통해 여진족을 정벌하여 동북 9성을 축조하였다.

19 근현대 > 현대 > 농지 개혁법 오답률 51% 답 ①

| 정답해설 | 제시된 지문은 농지 개혁법이다. 농지 개혁법은 1949년 6월 법제화되었으며 1950년 3월부터 실시되었다. 따라서 1950년 3월 이전의 역사적 사실을 고르면 된다. ① 49% 1948년 9월 제정된 반민족행위처벌법(반민법)은 친일파 세력의 반발로 공소 시효가 단축되었다(법 제정 당시의 시효는 1950년 9월 22일까지였으나, 1949년 8월로 시효가 단축되었음).

| 오답해설 | ② 14% 1950년 5월 30일 제2대 국회 의원 선거가 실시되었다.

③ 28% 미국의 공법 480호(PL 480)는 1954년 제정되었고, 1956년부터 우리나라에 잉여 농산물이 도입되었다.

④ 9% 국민 방위군은 중공군의 인해 전술을 막기 위해 조직된 군대였으며, 1950년 12월 조직되었다. 국민 방위군 간부들이 공금을 착복하여 많은 아사자가 출현한 국민 방위군 사건이 발생(1·4 후퇴 시기)하여, 1951년 국회에서 이 사건을 조사하였다. 이후 1951년 4월 30일 국회에서는 국민 방위군의 해체를 결의하였고, 관련자 5명은 사형시켰다.

오답률 TOP 1

20 근대 태동기 > 경제 > 도결 징세 오답률 56% 답 ④

| 정답해설 | 도결은 정해진 토지세보다 과도하게 징수하는 전정 문란 사례이다. ㄱ. 군역, 환곡, 잡역 중 일부 또는 전부를 토지에 부과하여 화폐로 징수하였으며, ㄹ. 세금이 토지에 집중되었기 때문에 신분적으로 '누가 소유하였느냐'가 중요한 것이 아니었다. 즉 제도적으로 신분에 따른 부세 차별이 거의 남아 있지 않았다. ㅁ. 도결은 수령과 아전이 횡령한 곡식을 민(民)의 토지에 부과하여 백성들을 수탈하는 수단이 되었다.

| 오답해설 | ㄴ. 노비의 신공과 결세를 일방적으로 도별 총액으로 결정하는 것은 18세기의 노비비총제이다.

ㄷ. 양전하는 자[尺] 통일은 효종 때 양척 동일법이고, 전세율을 1결당 4말~6말로 고정한 것은 인조 때의 영정법이다.

우리가 두려워해야 할 것은
바로 두려움 그 자체다.

– 프랭클린 루스벨트(Franklin Roosevelt)

2023

6월 10일 시행
지방직(= 서울시) 9급 (Ⓑ책형)

합격예상 체크

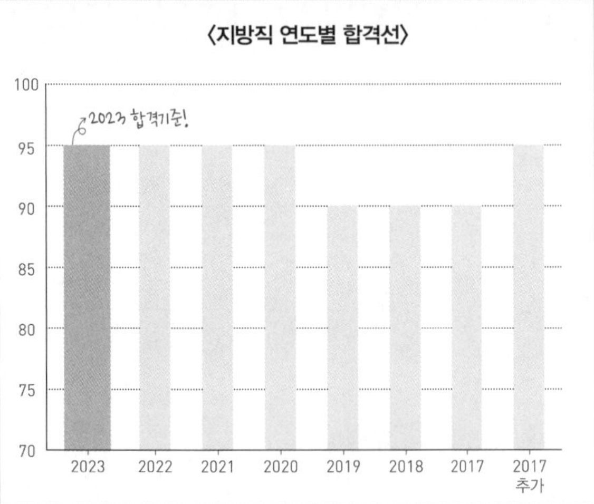

맞힌 개수	/20문항	점수	/100점

➡ □합격 □불합격

취약영역 체크

문항	정답	영역	문항	정답	영역
1	①	우리 역사의 기원과 형성 > 선사 시대	11	①	중세 > 문화
2	③	중세 > 정치	12	④	근대 태동기 > 정치
3	②	근현대 > 개항기	13	①	단원 통합 > 강화도의 역사
4	②	근현대 > 개항기	14	③	근대 태동기 > 정치
5	③	고대 > 정치	15	②	근세 > 문화
6	①	고대 > 문화	16	④	근현대 > 일제 강점기
7	③	근세 > 정치	17	④	중세 > 문화
8	④	근현대 > 개항기	18	③	근현대 > 일제 강점기
9	④	근세 > 정치	19	③	근현대 > 일제 강점기
10	④	근현대 > 현대	20	④	근현대 > 현대

⬇ 영역별 틀린 개수로 취약영역을 확인하세요!

우리 역사의 기원	/1	고대	/2	중세	/3	근세	/3
근대 태동기	/2	근현대	/8	통합	/1		

➡ 나의 취약영역: ____________

※ [정답해설]과 [오답해설] 선지의 50% 표시는 〈에듀윌 합격예측 풀서비스〉를 통해 수집된 선지 선택률을 나타냅니다.

1 우리 역사의 기원과 형성 > 선사 시대 > 구석기 시대 오답률 7% 답 ①

| 정답해설 | 밑줄 친 아슐리안 계통의 주먹도끼는 구석기 시대 유적지인 경기도 연천군 전곡리 유적에서 발견되었다. ① 93% 구석기 시대 사람들은 동굴이나 바위 그늘, 강가의 막집에서 살았다.

| 오답해설 | ② 3% 움집은 신석기 시대부터 사용된 주거 형태이다.

③ 3% 신석기 시대 농경이 시작되면서 수확물을 저장할 토기가 만들어졌다.

④ 1% 청동기 시대에는 구릉에 마을을 형성하고, 다른 부족의 침략을 막기 위해 도랑(환호)을 파고 목책을 둘렀다.

2 중세 > 정치 > 삼별초 오답률 28% 답 ③

| 정답해설 | 고려 정부의 개경 환도(1270)를 반대하면서 항몽 투쟁을 전개한 군사 조직은 (가) 삼별초이다. ③ 72% 삼별초는 최우 정권 때 도적을 잡기 위해 설치한 야별초에서 시작되었다. 이후 야별초가 확대되면서 좌별초, 우별초로 분리되었다. 한편 몽골에 포로로 잡혔다가 돌아온 사람들을 중심으로 신의군이 조직되었다. 좌별초, 우별초, 신의군을 합쳐 삼별초로 불렀다.

| 오답해설 | ① 8% 훈련도감은 포수, 사수, 살수의 삼수병으로 편제되었고, 직업 군인으로 구성되었다.

② 14% 별무반은 고려 숙종 때 윤관의 건의로 여진 정벌을 위해 편성된 부대이다. 별무반은 신기군(기병), 신보군(보병), 항마군(승려)으로 구성되었다.

④ 6% 주진군은 양계 지방에서 국경 방어를 담당한 상비군이었다.

3 근현대 > 개항기 > 최익현 오답률 21% 답 ②

| 정답해설 | 제시된 사료는 왜양일체론(저들이 왜인이라고는 하나 실은 양적입니다.)을 포함된 최익현의 5불가소 중 일부이다.

| 오답해설 | ① 6% 박규수는 박지원의 손자이다. 진주 농민 봉기(1862) 때 안핵사로 파견되었고, 당시 삼정이정청 설치를 건의하였다. 제너럴셔먼호 사건(1866) 당시 평안도 관찰사였다.

③ 10% 김홍집은 2차 수신사로 일본에 건너가 황쭌셴의 『조선책략』을 국내에 가지고 들어왔다. 또한 1, 2차 갑오개혁~을미개혁 당시, 조선 정부를 이끌었던 인물이다.

④ 5% 김윤식은 온건 개화파를 대표하는 인물 중 한 명이다.

4 근현대 > 개항기 > 〈독립신문〉 오답률 20% 답 ②

| 정답해설 | ② 80% 〈독립신문〉은 1896년 서재필이 정부의 지원을 받아 창간하였다. 한글판을 통해 서양의 문물과 제도를 소개하였고, 영문판을 발간하여 국내 사정을 외국인에게 전달하였다.

| 오답해설 | ① 5% 1898년 8월 창간된 〈제국신문〉은 일반 대중을 대상으로 한글로 발간되었다.
③ 10% 〈한성순보〉는 1883년 박문국에서 발간한 우리나라 최초의 근대 신문으로, 순한문으로 발간되었으며, 관보적 성격을 띠었다.
④ 5% 1898년 9월 간행된 〈황성신문〉은 유학자들의 계몽을 목적으로 삼았고, 국한문 혼용체로 발행되었다.

5 고대 > 정치 > 근초고왕, 진흥왕 오답률 24% 답 ③

| 정답해설 | (가) 근초고왕 때 고흥이 『서기』를 편찬하였고(375), (나) 진흥왕 때 거칠부가 『국사』를 편찬하였다(545). ③ 76% 진흥왕은 화랑도를 국가적 조직으로 개편하였다.
| 오답해설 | ① 7% 성왕은 사비로 천도하고, 국호를 남부여로 고쳤다(538).
② 10% 침류왕은 동진의 마라난타로부터 불교를 받아들여 공인하였다(384).
④ 7% 법흥왕은 병부를 설치하여 군권을 장악하였다(517).

6 고대 > 문화 > 고대의 유물 오답률 33% 답 ①

| 정답해설 | ① 67% 사택지적비를 통해 백제 귀족사회에서 유행한 도가 사상을 확인할 수 있다. 백제가 영산강 유역까지 영역을 확장한 것은 근초고왕 시기로 의자왕 때 건립된 사택지적비와는 연관이 없다.
| 오답해설 | ② 17% 임신서기석에는 신라의 두 화랑이 유학 공부에 전념할 것과 국가에 충성할 것을 맹세한 내용이 적혀있다.
③ 7% 충주 고구려비를 통해 5세기 고구려가 남한강 유역까지 영토를 확보했음을 알 수 있다.
④ 9% 호우명 그릇은 신라에 침략한 왜를 격퇴한 광개토대왕을 신라에서 제사 지낼 때 사용했던 제기(祭器)이다.

7 근세 > 정치 > 곽재우 오답률 27% 답 ③

| 정답해설 | 곽재우는 임진왜란 때 경상도 의령에서 거병한 의병장이다. 항상 붉은 옷을 입고 다녔기 때문에 '홍의장군(紅衣將軍)'이라고 불렸고, 익숙한 지리를 이용한 기습 작전으로 일본군에게 타격을 주었다. ③ 73% 행주대첩을 승리로 이끈 인물은 권율이다.

8 근현대 > 개항기 > 국채 보상 운동 오답률 22% 답 ④

| 정답해설 | 제시된 사료 중 '국채 1,300만 원'을 갚자는 내용을 통해 국채 보상 운동임을 알 수 있다. ④ 78% 국채 보상 운동은 일본의 차관 제공에 의한 경제적 예속화를 벗어나고자 한 운동이었다. 김광제, 서상돈 등을 중심으로 국채 보상 기성회를 조직하여 1907년 대구에서 시작하였다. 모금을 위해 금연 운동이 전개되었고, 부녀자들은 비녀와 가락지까지 내어 호응하였다. 특히 〈대한매일신보〉 등 언론 기관의 적극적인 후원이 있었으나, 일본의 방해로 결국 실패하였다.
| 오답해설 | ① 4% 1923년 진주에서 이학찬 등은 백정들에 대한 사회적 차별을 타파하기 위해 조선 형평사를 창립하였다(형평 운동).
② 15% 1920년 조만식 등은 평양에서 조선 물산 장려회 발기인 대회를 개최하고 1923년에는 전국적인 조직으로 확대하였다. 물산 장려 운동에서는 국산품 애용(내 살림 내 것으로), 근검풍토 조성, 경제 진흥, 실업자 구제 등을 실천 과제로 내세웠다. 그러나 사회주의자들은 민족 기업의 성장이 무산(無産) 대중(=노동자, 농민)과는 관계없다는 이유로 반대했으며, 총독부의 탄압도 가중되어 결국 실패하였다.
③ 3% 일제 강점기 개신교에서는 신사 참배 거부 운동을 전개하였다.

오답률 TOP 1

9 근세 > 정치 > 과거 제도 오답률 62% 답 ④

| 정답해설 | ④ 38% 『경국대전』에 따르면 문과 시험 업무는 (가) 예조에서 주관하고, 정기 시험인 식년시는 (나) 3년마다 실시하는 것이 원칙이었다.

10 근현대 > 현대 > 좌우 합작 7원칙 이후의 사실 오답률 26% 답 ④

| 정답해설 | 제시된 사료는 1946년 10월 발표된 좌우 합작 7원칙 중 일부이다. ④ 74% 제1차 미·소 공동 위원회는 1946년 3월 덕수궁에서 개최되었다.
| 오답해설 | ① 11% 1960년 3·15 부정 선거에 대항하여 4·19 혁명이 일어났다.
② 8% 1948년 9월, 친일파를 청산하기 위해 반민족 행위 처벌법(반민법)이 제정되었다.
③ 7% 1948년 5·10 총선거를 통해 제헌 국회가 구성되었다(1948. 5. 31.). 이후 1948년 7월 20일 국회에서 실시한 정·부통령 선거에서 대통령 이승만, 부통령 이시영이 선출되었다.

11 중세 > 문화 > 의천 오답률 29% 답 ①

| 정답해설 | 밑줄 친 '그'는 의천이다. 의천은 국청사를 중심으로 해동 천태종을 창시하였다. 천태종은 교종(특히 화엄종)을 중심으로 선종을 통합한 종파이다. ① 71% 천태종의 통합 이론으로는 교관겸수가 강조되었는데, 이론적인 교리 공부와 실천적인 수행을 아우를 것을 주장한 것이다.
| 오답해설 | ② 7% 지눌은 참선과 독경은 물론 노동에도 힘쓰자고 주장하면서 수선사 결사를 제창하였다.
③ 12% 각훈은 삼국 시대 이래 고승들의 전기를 기록한 『해동고승전』을 편찬하였다.
④ 10% 요세는 백련사 결사를 통해 극락왕생을 기원하는 참회와 염불 수행을 강조하였다.

12 근대 태동기 > 정치 > 임진왜란~병자호란 사이의 역사적 사실

오답률 29% 답 ④

| 정답해설 | (가) 임진왜란(1592)과 병자호란(1636) 사이의 역사적 사실을 묻는 문제이다. ④ 71% 병자호란 이후인 1637년(인조 15년) 소현 세자와 봉림 대군 등은 청나라에 인질로 끌려갔다가 1645년 귀국하였다.

| 오답해설 | ① 8% 1623년 인조반정이 발생하였다.

② 7% 광해군 재위 시기인 1614년 영창 대군이 사망하였다.

③ 14% 광해군은 국제 정세의 변화 속에서 명과 후금 사이에 중립 외교를 실시하여 명과의 관계를 유지하면서도 후금과도 친선을 도모하였다. 이후 명의 후금 정벌을 위한 출병 요청에 응하여 강홍립의 출병이 있었으나 곧 항복(1619)하였고, 그 결과 후금과 화친을 맺게 되었다.

13 단원 통합 > 강화도의 역사

오답률 19% 답 ①

| 정답해설 | ① 81% 외규장각은 강화도에 설치된 것이 맞지만, 동학 농민 운동은 고부(현재 전라북도 정읍시) 등 전라, 충청 지방에 관련 유적이 남아있다.

| 오답해설 | ② 7% 강화도로 천도하여 몽골에 저항했던 시기, 고려의 궁궐터(고려 궁지)가 현재 확인된다.

③ 5% 강화도 부근리의 고인돌 유적은 청동기 문화를 대표한다.

④ 7% 어재연 장군은 신미양요(1871, 미군의 강화도 침략) 당시, 광성보 전투에서 전사하였다.

14 근대 태동기 > 정치 > 붕당의 형성과 변화

오답률 31% 답 ③

| 정답해설 | ③ 69% 인조반정 이후 서인이 권력을 주도하고 남인이 정국에 참여하였다.

| 오답해설 | ① 9% 선조 때 신진 사림은 동인, 기성 사림은 서인으로 분열하였다.

② 11% 광해군 때는 북인이 집권하였다.

④ 11% 숙종 때 경신환국(1680) 과정에서 서인은 노론(송시열 중심)과 소론(윤증 중심)으로 갈라졌다.

15 근세 > 문화 > 세종 시기의 문화유산

오답률 34% 답 ②

| 정답해설 | ② 66% 1377년(우왕 3년) 최무선(崔茂宣)의 건의로 화약 및 화기의 제조를 담당하는 화통도감이 설치되었다.

| 오답해설 | 세종 때 ① 16% 금속활자인 갑인자를 제작하였고, ③ 10% 역법서인 『칠정산』을 편찬하였다. 또한 ④ 8% 혼의, 간의 등을 제작하여 천체를 관측하였다.

16 근현대 > 일제 강점기 > 신간회

오답률 30% 답 ④

| 정답해설 | 제시된 사료는 신간회의 강령이다. 1920년대 이후 일부 민족주의자들(이광수, 최린 등)이 일제에 타협적인 태도를 보이자, 비타협적 민족주의자들은 이를 비판하면서 사회주의 세력과 연대하여 항일 운동을 강화하고자 하였다. 한편 1926년 6·10 만세 운동을 준비하다가 사전에 발각되어 큰 타격을 받은 사회주의 계열은 정우회를 조직하고 비타협적 민족주의 세력과의 제휴를 선언하였다(정우회 선언). 이를 계기로 1927년 민족유일당 단체인 신간회가 결성되었다. ④ 70% 신간회에서는 광주 학생 항일 운동 당시 김병로를 단장으로 조사단을 파견하는 등 활발한 활동을 전개하였다.

| 오답해설 | ① 10% 조선 민립대학 기성회는 1922년 11월, 민립대학 설립을 위해 이상재(李商在) 등이 중심이 되어 만든 단체이다.

② 8% 신한청년당에서는 김규식을 파리 강화 회의에 대표로 파견하였다.

③ 12% 사회주의 세력과 천도교 세력이 결합하여 6·10 만세 운동을 사전에 계획하였으나 일제에 발각되었다.

오답률 TOP 2

17 중세 > 문화 > 이규보

오답률 56% 답 ④

| 정답해설 | 제시된 사료는 이규보의 『동명왕편』(명종 23년, 1193)이다. 이규보는 고구려 건국 설화를 민족 자주적 입장에서 5언시로 표현하였다(일종의 영웅 서사시). ④ 44% 『동명왕편』에서는 동명왕의 신이한 사적이 『삼국사기』에 생략되어 있음을 비판하고, 고구려 건국 설화를 원형대로 서술하였다.

| 오답해설 | ① 10% 평가를 강조한 강목체 사서의 대표적 사례는 안정복의 『동사강목』이다.

② 12% 이승휴의 『제왕운기』는 단군부터 고려 충렬왕까지의 역사를 서사시로 기록하고 있다. 또한 중국 신화 시대부터 원의 성장까지의 중국사도 서사시로 서술하였다.

③ 34% 일연은 『삼국유사』에 단군 신화와 더불어 민간에서 전승되는 자료(민간 설화)를 광범위하게 수록하였다.

18 근현대 > 일제 강점기 > 1910년대 항일 운동

오답률 32% 답 ③

| 정답해설 | 대한 독립 의군부(1912)는 임병찬이 고종의 밀지를 받아 조직하였고, 복벽주의(고종 복위)를 추구하였다. 이들은 대규모 의병 전쟁을 준비하였고, 일본의 총리대신과 조선 총독에게 국권 반환 요구서를 보내려 하였으나 실패하였다.

| 오답해설 | ① 11% 중국 화북 지방의 사회주의자들을 중심으로 1942년 조선 독립 동맹이 결성되었다(주석 김두봉).

② 15% 1923년부터 1925년까지 만주에서 3부(참의부, 정의부, 신민부)가 결성되었다.

④ 6% 양세봉이 지휘하는 조선 혁명군은 중국 의용군과 연합하여 1932년 영릉가 전투에서 일본군에 승리하였다.

오답률 TOP 3

19 근현대 > 일제 강점기 > 백남운

오답률 39% 답 ③

| 정답해설 | 제시된 사료는 사회경제사학자 백남운의 『조선 사회 경제사』 중 일부이다. ③ 61% 백남운은 마르크스 유물 사관을 한국사에 최초로 적용한 학자이다.

| 오답해설 | ① 8% 민족주의 사학자 박은식은 국혼을 강조하였다.

② 12% 정인보는 신채호의 민족주의 사학을 계승하여 조선의 얼을 강조하였다.

④ 19% 이병도, 손진태 등은 진단 학회를 조직하여 문헌 고증을 중시하는 실증주의 사학을 정립하였다.

20 근현대 > 현대 > 6·25 전쟁 오답률 27% 답 ④

| 정답해설 | ④ 73% 1950년 1월 10일 발표된 애치슨 선언은 미국이 한반도를 미국 태평양 지역 방어선에서 제외한다는 내용이었다. 당시 김일성은 '남한을 미국의 태평양 방위선에서 제외하였으므로, 남한을 침공하여도 미국의 무력 지원은 없을 것'이라고 판단하였다. 즉, 애치슨 선언은 6·25 전쟁(1950. 6. 25.~1953. 7. 27.)의 배경이 되었다.

| 오답해설 | ① 3% 1950년 9월 15일, 맥아더 장군의 지휘로 국군과 유엔군이 인천 상륙 작전을 감행하였다.

② 16% 6·25 전쟁 중이던 1952년 대통령 직선제를 포함한 발췌 개헌안이 국회에서 통과되었다.

③ 8% 이승만 정부는 1953년 6월 북한 송환을 거부하는 반공 포로를 석방하였다.

2022 6월 18일 시행
지방직(= 서울시) 9급 (Ⓐ책형)

합격예상 체크

〈지방직 연도별 합격선〉

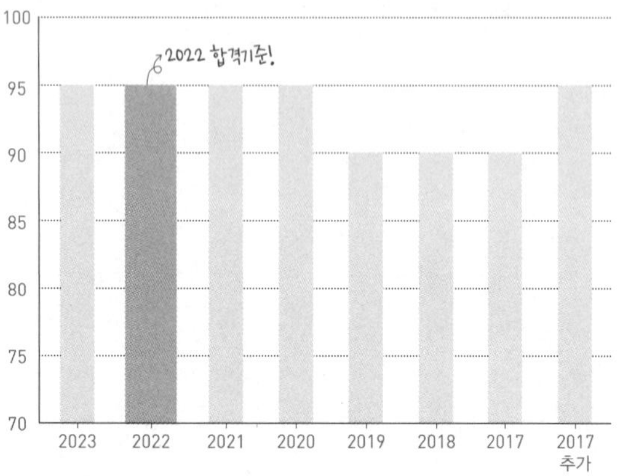

맞힌 개수	/20문항	점수	/100점

➡ □ 합격 □ 불합격

취약영역 체크

문항	정답	영역	문항	정답	영역
1	②	고대 > 정치	11	①	근현대 > 개항기
2	②	고대 > 정치	12	④	중세 > 정치
3	③	고대 > 정치	13	③	근현대 > 일제 강점기
4	①	근세 > 정치	14	②	근현대 > 현대
5	③	근세 > 사회	15	④	고대 > 정치
6	①	중세 > 정치	16	③	중세 > 정치
7	①	근현대 > 현대	17	②	근세 > 문화
8	②	중세 > 문화	18	④	근현대 > 개항기
9	③	단원 통합 > 고려 · 조선 시대의 역사서	19	②	근현대 > 현대
10	④	근대 태동기 > 정치	20	④	근현대 > 일제 강점기

⬇ 영역별 틀린 개수로 취약영역을 확인하세요!

우리 역사의 기원	–/0	고대	/4	중세	/4	근세	/3
근대 태동기	/1	근현대	/7	통합	/1		

➡ 나의 취약영역: ________

※ [정답해설]과 [오답해설] 선지의 50% 표시는 〈에듀윌 합격예측 풀서비스〉를 통해 수집된 선지 선택률을 나타냅니다.

1 고대 > 정치 > 김유신 오답률 22% 답 ②

| 정답해설 | 당과 신라는 백제 정벌 때 기벌포에서 합류하기로 하였으나, 황산벌 전투에서 계백이 이끄는 결사대의 강력한 저항으로 신라군이 고전하여 약속 날짜를 지키지 못하였다. 제시된 자료는 당시 신라의 김유신과 당의 소정방 사이의 갈등을 보여주고 있으며, 밑줄 친 '그'는 김유신이다. ② 78% 김유신은 김춘추(후에 태종 무열왕)의 왕위 계승을 지원하였다.

| 오답해설 | ① 10% 을지문덕은 살수에서 수의 군대를 물리쳤다(살수 대첩, 612).

③ 4% 장보고는 청해진을 설치하고(828) 해상 무역을 전개하였다.

④ 8% 진흥왕 때 이사부, 사다함 등이 대가야를 정벌하였다(562).

2 고대 > 정치 > 지증왕 오답률 23% 답 ②

| 정답해설 | 제시된 사료는 신라 지증왕 때 이사부가 우산국(현재의 울릉도)을 정벌한 내용이다(512). ② 77% 지증왕 때 국호를 '신라'로 확정하고 '왕'의 호칭을 사용하였다.

| 오답해설 | ① 7% 원성왕 때 독서삼품과(788)를 실시하였으나 관료 임용 제도로 정착되지는 못하였다.

③ 11% 신문왕은 관료전을 지급하고 녹읍을 폐지하였다.

④ 5% 발해 무왕은 장문휴를 보내 당의 등주를 공격하였다.

3 고대 > 정치 > 발해 오답률 27% 답 ③

| 정답해설 | 첫 번째 사료의 "솔빈부의 말", 두 번째 사료의 "남으로는 신라와 서로 접한다."를 통해 밑줄 친 '이 나라'가 발해임을 알 수 있다. ③ 73% 발해 선왕 때 지방을 5경 15부 62주로 편성하였다.

| 오답해설 | ① 7% 백제 고이왕 때 중앙에 6좌평 제도가 마련되었다.

② 8% 통일 신라 신문왕 대에 중앙군인 9서당과 지방군인 10정이 편성되었다.

④ 12% 고구려에서는 제가 회의를 통해 국가의 중대사를 결정하였다.

4 근세 > 정치 > 세종 오답률 23% 답 ①

| 정답해설 | 『농사직설』은 세종 때 편찬된 농서이다. ① 77% 세종 때 공법(전분6등법, 연분9등법)을 제정하여, 1결당 최고 20두~최하 4두씩의 전세를 징수하였다.

| 오답해설 | ② 4% 조선 개창 이후 태조 때 한양으로 천도하였으며, 정종 때 개경으로 천도하였다. 이후 태종 때 다시 한양으로 도읍을 옮겼다.

③ 12% 성종 때 『경국대전』을 완성 · 반포하였다.

④ 7% 중종은 조광조를 등용하여 개혁 정치를 실시하였다.

5 근세 > 사회 > 서얼 오답률 9% 답 ③

| 정답해설 | ③ 91% 제시된 사료의 "금고(禁錮, 사회적 차별)", "어머니가 첩이라는 이유만으로 이들의 벼슬길을 막아"라는 표현을 통해 밑줄 친 '이들'이 서얼임을 알 수 있다.

6 중세 > 정치 > 광종 오답률 18% 답 ①

| 정답해설 | 광종은 왕권을 강화하면서 대상 준홍과 좌승 왕동을 역모죄로 숙청(960)하였으며, 쌍기의 건의를 받아들여 과거제를 시행(958)하였다. ① 82% 광종은 노비안검법을 실시하였다(956).

| 오답해설 | ② 6% 공민왕은 신돈을 등용하고 전민변정도감을 설치하여 개혁을 추진하였다.

③ 4% 경종 때 전시과를 처음 시행하였다(시정 전시과).

④ 8% 성종은 12목을 설치하고 지방관을 파견하였다.

7 근현대 > 현대 > 4·19 혁명 오답률 25% 답 ①

| 정답해설 | ① 75% 제시된 사료는 4·19 혁명 당시 발표된 「대학 교수단 4·25 선언문」(1960. 4. 25.)이다.

| 더 알아보기 | 「대학 교수단 4·25 선언문」(1960. 4. 25.) 중요 내용 발췌

> 이번 4·19 참사는 우리 학생 운동 사상 최대의 비극이요, 이 나라 정치적 위기를 초래한 중대 사태이다. 이에 대해 철저히 반성하고 바로잡지 않으면 이 민족의 불행한 운명은 도저히 만회할 길이 없다. 우리 전국 대학교 교수들은 이 비상시국에 대처하여 양심의 호소로서 다음과 같이 우리의 소신을 선언한다.
>
> 1. 마산, 서울 기타 각지의 데모는 주권을 빼앗긴 국민의 울분을 대신하여 궐기한 학생들의 순수한 정의감의 발로이며 불의에는 언제나 항거하는 민족정기의 표현이다.
> 3. 합법적이요, 평화적인 데모 학생에게 총탄과 폭력을 기탄없이 남용하여 공전(空前)의 민족 참극을 빚어낸 경찰은 자유와 민주를 기본으로 한 대한민국의 국립 경찰이 아니라 불법과 폭력으로 권력을 유지하려는 일부 정치 집단의 사병(私兵)이다.
> 5. 3·15 선거는 부정 선거다. 공명선거에 의하여 정·부통령을 재선거하라.
> 9. 모든 구금된 학생은 무조건 즉시 석방하라. 설령 파괴와 폭행이 있었더라도 이는 동료의 피살에 흥분된 비정상 상태하의 행동이요, 파괴와 폭동이 그 본의가 아닌 까닭이다.

8 중세 > 문화 > 고려 시대의 정치·문화 오답률 26% 답 ②

| 정답해설 | 하남 하사창동 철조 석가여래 좌상, 논산 관촉사 석조 미륵보살 입상 등은 고려 전기를 대표하는 불상이다. ② 74% 고려 시대 초기에는 지방 세력인 호족이 존재하였다.

| 오답해설 | ① 13% 신라 진덕 여왕까지는 성골 출신들이 왕위를 계승하였다.

③ 8% 조선 후기 세도 정치 시기(순조~철종)에는 안동 김씨, 풍양 조씨 등 특정 가문이 권력을 장악하였다.

④ 5% 선조 즉위 이후 성리학에 투철한 사림들이 권력을 독점하였다.

9 단원 통합 > 고려·조선 시대의 역사서 오답률 17% 답 ③

| 정답해설 | ㄴ. 이규보의 「동명왕편」은 고구려 계승 의식을 강조하였다.

ㄹ. 유득공의 『발해고』에서 남북국이라는 용어가 처음 사용되었다.

| 오답해설 | ㄱ. 김부식의 『삼국사기』에는 단군 신화가 수록되어 있지 않다.

ㄷ. 안정복의 『동사강목』은 강목체 형식의 편년체로 서술되었다.

10 근대 태동기 > 정치 > 영조 오답률 27% 답 ④

| 정답해설 | 제시된 사료의 "균역법", "청계천 준설"을 통해 밑줄 친 '나'가 영조임을 알 수 있다. ④ 73% 영조 때 홍봉한 등이 한국학 백과사전인 『동국문헌비고』를 편찬하였다.

| 오답해설 | ① 14% 정조 때 왕의 친위 부대인 장용영이 창설되었다.

② 5% 효종 때 2차례에 걸쳐 나선 정벌이 단행되었다.

③ 8% 순조 때 홍경래의 난이 발생하였다(1811).

| 더 알아보기 | 나선 정벌

> • 1차(효종 5, 1654): 헤이룽강 유역에 침입한 러시아 세력을 변급이 격퇴하였다.
> • 2차(효종 9, 1658): 신류가 조총군을 이끌고 러시아군을 격퇴하였다.

11 근현대 > 개항기 > 을미사변과 러·일 전쟁 사이 시기의 일 오답률 39% 답 ①

| 정답해설 | 을미사변은 1895년에 발생하였으며, 러·일 전쟁은 1904년에 발발하였다. ① 61% 1897년에 독립문이 건립되었다.

| 오답해설 | ② 21% 을사늑약이 체결된 후 1906년에 통감부가 설치되었다.

③ 13% 1908년에 동양 척식 주식회사가 설립되었다.

④ 5% 흥선 대원군 섭정 시기인 1868년에 경복궁이 중건되었다.

12 중세 > 정치 > 우왕 오답률 33% 답 ④

| 정답해설 | 제시된 자료의 밑줄 친 '왕'은 고려 우왕이다. 우왕은 공민왕이 죽은 후 이인임의 추대로 왕위에 올랐다. ④ 67% 1388년(우왕 14)에 이성계는 위화도에서 회군한 후 최영을 제거하고 권력을 장악하였다.

| 오답해설 | ① 13% 세종 1년(1419)에 이종무는 왜구의 근거지인 쓰시마섬(대마도)을 정벌하였다.

② 10% 삼별초는 원종의 개경 환도 명령을 거부하고 대몽 항쟁을 전개하였다(1270~1273).

③ 10% 공민왕 때 쌍성총관부를 공격하여 철령 이북 지역을 수복하였다(1356).

| 더 알아보기 | 우왕 대의 주요 사건

- 이인임 축출: 우왕이 즉위한 이후, 이인임 등의 권문세족이 전횡을 일삼자 최영, 이성계 등이 이인임을 제거하였다.
- 철령위 설치 통보: 우왕이 친원 정책을 표방하면서 명(明)의 감정을 자극하였다. 이에 명은 쌍성총관부가 있던 철령 이북의 땅을 차지하고자 이곳에 철령위(鐵嶺衛) 설치를 통보해 왔다.
- 요동 정벌: 당시 최고 집권자였던 최영은 요동 정벌을 단행하였다.
- 위화도 회군(1388): 이성계는 위화도에서 회군하여 최영을 제거한 뒤, 우왕을 폐위시켰다.

13 근현대 > 일제 강점기 > 물산 장려 운동 [오답률 28%] 답 ③

| 정답해설 | 제시된 자료는 1920년대 초에 전개된 물산 장려 운동의 포스터이다. ③ [72%] 물산 장려 운동에 대해 일부 사회주의자들은 부르주아(자본가) 계급을 위한 운동이라고 비판하였다.

| 오답해설 | ① [4%] 물산 장려 운동은 일제의 간섭과 물산 장려 운동 자체의 한계(일본 제품과의 품질 및 가격 경쟁력 약화, 저생산성 등)로 중단되었다.

② [17%] 물산 장려 운동은 1920년 회사령 폐지 이후 전개되었다.

④ [7%] 물산 장려 운동은 한국인들이 만든 물품을 사용하여 우리 민족 경제의 자립을 추구하는 운동이었다.

14 근현대 > 현대 > 유신 헌법 [오답률 34%] 답 ②

| 정답해설 | 제시된 사료 중 통일 주체 국민 회의에서 대통령을 선출한다는 내용을 통해 유신 헌법(7차 개헌)임을 알 수 있다. ② [66%] 1980년 10월 27일 공포된 8차 개헌에서는 대통령의 임기를 7년으로 규정하고 중임할 수 없도록 명시하였다.

| 오답해설 | ①③④ [9%] [21%] [4%] 유신 헌법에는 대통령이 국회를 해산할 수 있고, 국정 전반에 걸쳐 필요한 긴급 조치를 행사할 수 있다고 명시되어 있었다. 또한 유신 헌법 제103조에는 "대법원장인 법관은 대통령이 국회의 동의를 얻어 임명한다."라고 규정되어 있어 대통령이 사법부를 장악할 수 있었다.

15 고대 > 정치 > 삼국의 역사적 사실 [오답률 23%] 답 ④

| 정답해설 | 제시된 사건의 순서는 (라) 고구려의 평양 천도(427) → (다) 백제의 웅진 천도(475) → (가) 신라의 한강 유역 확보(553) → (나) 관산성 전투(554)이다.

오답률 TOP 2

16 중세 > 정치 > 강조 [오답률 49%] 답 ③

| 정답해설 | 제시된 사료의 (가)는 강조이다. 강조는 거란의 2차 침입(현종 1, 1010) 때 통주에서 패하여 포로가 되었다. 당시 거란(요)의 성종이 자신의 신하가 되어 달라고 권유하였으나, 강조는 이를 거절하여 결국 처형되었다. ③ [51%] 강조는 정변을 일으켜 목종을 폐하고 현종을 옹립하였다. 강조의 정변은 거란의 2차 침입의 원인이 되었다.

| 오답해설 | ① [12%] 인종 때 김부식이 묘청의 난을 진압하였다.

② [18%] 숙종 때 윤관은 여진 정벌을 위해 별무반 편성을 건의하였다.

④ [19%] 거란의 1차 침입 당시 서희는 외교 담판을 통해 강동 6주를 획득하였다.

17 근세 > 문화 > 이이 [오답률 41%] 답 ②

| 정답해설 | 『성학집요』를 저술한 인물은 율곡 이이이다. ② [59%] 이이는 『동호문답』에서 대공수미법을 제시하였다.

| 오답해설 | ① [20%] 이황이 예안향약을 만들었다. 예안은 현재의 안동에 해당한다.

③ [14%] 중종 때 풍기 군수 주세붕은 백운동 서원을 건립하였다(최초의 서원).

④ [7%] 1차 왕자의 난 때 정도전, 남은 등이 죽임을 당했다.

오답률 TOP 1

18 근현대 > 개항기 > 안중근 [오답률 68%] 답 ④

| 정답해설 | 제시된 사료는 1910년 안중근의 최후 진술 중 일부이다.

ㄷ. 안중근은 하얼빈 의거(1909, 이토 히로부미 사살) 이후 체포되어 1910년 뤼순 감옥에서 순국하였는데, 옥중에서 『동양평화론』을 집필하였으나 완성하지는 못하였다.

ㄹ. 안중근은 1909년 연해주에서 동의단지회(同義斷指會)에 참여하는 등 의병 투쟁을 전개하였다.

| 더 알아보기 | 안중근의 최후 진술

> 내가 이토를 죽인 이유는 이토가 있으면 (이토가) 동양의 평화를 어지럽게 하고 한·일 간이 멀어지기 때문에 한국의 의병 중장의 자격으로 죄인을 처단한 것이다. …(중략)… 오늘날 인간은 모두 법에 따라 생활하고 있는데, 현실적으로 사람을 죽인 자가 벌을 받지 않고 살아 남을 도리는 없는 것이다. 그렇다면 나는 어떤 법에 의해 처벌되어야 하는가의 문제가 남아 있는데, 이에 대해 나는 (내가) 한국의 의병이며 지금은 적군의 포로가 되어 있으니 당연히 만국공법에 의해 처리되어야 할 것이라고 생각한다.

19

근현대 > 현대 > 반민족 행위 처벌법(반민법)

오답률 32% 답 ②

| 정답해설 | 제시된 사료는 1948년 9월에 제정된 반민족 행위 처벌법(반민법) 중 일부이다. 반민법은 제헌 헌법을 근거로 제헌 국회에서 제정하였고, 이 법률을 근거로 반민특위와 특별 재판부 등을 설치하였다. 이후 노덕술과 같은 친일 경찰, 친일 관료, 친일 문인(이광수, 최남선 등) 등이 체포되었다. ② 68% 농지 개혁법은 반민법 제정 이후인 1949년 6월에 제정되었다.

20

근현대 > 일제 강점기 > 김원봉, 신채호 오답률 37% 답 ④

| 정답해설 | 제시된 사료는 의열단의 (가) 김원봉이 (나) 신채호에게 부탁하여 작성된 「조선 혁명 선언」(1923, 의열단의 강령)이다. ④ 63% (가) 김원봉은 황포 군관 학교에서 훈련받은 후 독립군 간부를 양성하기 위해 조선 혁명 간부 학교를 설립하였다. (나) 신채호는 『독사신론』을 저술하여 민족주의 역사학의 기틀을 제시하였다.

| 오답해설 | ① 15% 김원봉은 1938년에 조선 의용대를 결성하였다. 국혼을 강조한 역사가는 박은식이다.

② 9% 신흥 무관 학교 설립은 이회영, 이동녕 등과 관련이 있다. 조선 형평사는 1923년 진주에서 이학찬 등이 백정들에 대한 사회적 차별을 타파하기 위해 설립한 단체이다.

③ 13% 조선 건국 동맹은 여운형을 중심으로 조직되었다. 백남운 등의 사회 경제 사학자들은 식민 사학의 정체성론을 반박하였다.

2021 6월 5일 시행 지방직(= 서울시) 9급 (Ⓐ책형)

합격예상 체크

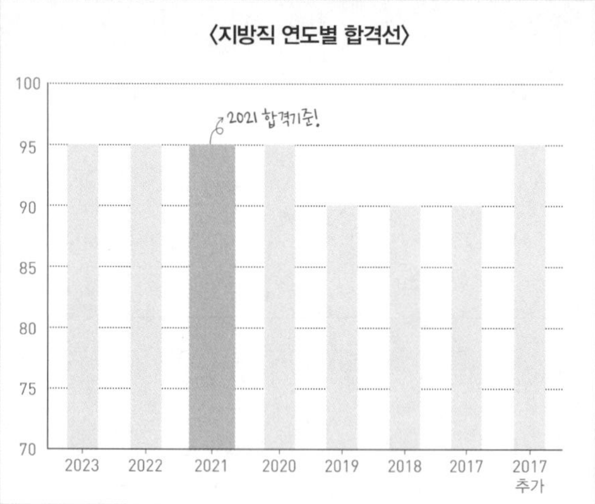

맞힌 개수	/20문항	점수	/100점

➡ □합격 □불합격

취약영역 체크

문항	정답	영역	문항	정답	영역
1	③	우리 역사의 기원과 형성 > 국가의 형성	11	②	중세 > 문화
2	①	고대 > 정치	12	②	고대 > 정치
3	④	중세 > 정치	13	③	근대 태동기 > 정치
4	①	중세 > 정치	14	②	근현대 > 개항기
5	①	근세 > 정치	15	②	근현대 > 일제 강점기
6	②	고대 > 정치	16	③	근현대 > 개항기
7	③	고대 > 문화	17	④	근현대 > 일제 강점기
8	③	근대 태동기 > 문화	18	④	근현대 > 개항기
9	③	중세 > 정치	19	①	근현대 > 현대
10	④	중세 > 정치	20	②	근현대 > 현대

⬇ 영역별 틀린 개수로 취약영역을 확인하세요!

우리 역사의 기원	/1	고대	/4	중세	/5	근세	/1
근대 태동기	/2	근현대	/7	통합	–/0		

➡ 나의 취약영역:

※ [정답해설]과 [오답해설] 선지의 50% 표시는 〈1초 합격예측 서비스〉를 통해 수집된 선지 선택률을 나타냅니다.

1 우리 역사의 기원과 형성 > 국가의 형성 > 부여

오답률 14% 답 ③

| 정답해설 | 제시된 사료 중 "영고", "의복은 흰색을 숭상"을 통해 부여에 대한 내용임을 알 수 있다. ③ 86% 부여에서는 가축 이름을 딴 부족장인 마가, 우가, 저가, 구가 등이 있었다.

| 오답해설 | ① 6% 옥저에서는 사람이 죽으면 뼈만 추려 가족 공동 무덤인 목곽에 안치하였다.

② 4% 옥저와 동예에서는 후, 읍군, 삼로 등의 군장이 자기 영역을 다스렸다.

④ 4% 삼한에서는 천신을 섬기는 제사장인 천군이 있었다.

2 고대 > 정치 > 금관가야

오답률 16% 답 ①

| 정답해설 | 수로(首露, 김수로왕)는 금관가야의 시조이다. ① 84% 금관가야는 현재의 김해 지방을 중심으로 해상 교역을 통해 우수한 철을 수출하면서 발전하였다.

| 오답해설 | ② 13% 신라 이사금 시대에는 박, 석, 김씨가 교대로 왕위를 계승하였다.

③ 1% 고구려는 지방에 경당을 설치하여 학문과 무예를 가르쳤다.

④ 2% 백제에서는 정사암 회의를 통해 재상을 선발하였다.

3 중세 > 정치 > 식목도감

오답률 13% 답 ④

| 정답해설 | ④ 87% 중서문하성의 재신(2품 이상)과 중추원의 추밀(2품 이상)은 도병마사와 식목도감(각종 제도와 격식을 만드는 임시 기구)에서 중요한 일을 논의하였다. 이것을 '재추합좌'라고 한다.

| 오답해설 | ① 5% 삼사는 회계 기관, ② 6% 상서성은 정책 집행 기관, ③ 2% 어사대는 감찰 기관이다.

4 중세 > 정치 > 거란

오답률 32% 답 ①

| 정답해설 | 발해를 멸망시키고, 고려를 여러 차례 침략한 민족은 거란이다. ① 68% 현종 때 거란은 강조의 정변을 명분으로 고려를 침략하였다(거란의 2차 침략, 1010).

| 오답해설 | ② 22% 여진, ③④ 3% 7% 몽골에 대한 설명이다.

5 근세 > 정치 > 사헌부

오답률 13% 답 ①

| 정답해설 | ① 87% 사헌부와 사간원의 관리들은 서경(조선 시대 5품 이하 관료에 대한 인사 검증)의 권한이 있었다. 또한 사헌부는 시정(時政)을 논하고, 관리를 감찰하며 풍속의 교정을 담당하였다.

| 오답해설 | ② 3% 교서관은 경서 인쇄 등, ③ 3% 승문원은 외교 문서, ④ 7% 승정원은 왕명 출납을 담당한 기관이었다.

6 고대 > 정치 > 연개소문 오답률 33% 답 ②

| 정답해설 | 제시된 사료는 연개소문이 보장왕에게 도교를 수용해야 한다고 주장하는 내용이다. 연개소문은 불교와 결탁한 귀족 세력의 영향력을 약화시키기 위해 당에서 보낸 숙달 등 도사 8명을 맞아들여 도교를 장려하였다(643, 보장왕 2). ② 67% 연개소문은 천리장성의 축조를 담당하면서 세력을 키워, 영류왕을 죽이고 보장왕을 옹립하였다(연개소문의 정변, 642).

| 오답해설 | ① 22% 김춘추는 648년에 당나라와 동맹을 체결하였다(나·당 연합).

③ 8% 을지문덕은 수나라의 군대를 살수에서 격퇴하였다(살수대첩, 612).

④ 3% 장수왕은 남진 정책을 추진하여 백제의 수도인 한성을 점령하였다(475).

| 더 알아보기 | 연개소문의 도교 수용

> 보장왕 2년(643) 3월 연개소문(淵蓋蘇文)이 왕에게 아뢰기를, "삼교(三敎)는 비유하자면 솥의 발과 같아서 하나라도 없어서는 안 됩니다. 지금 유교와 불교는 모두 흥하는데 도교는 아직 성하지 않으니, 이른바 천하의 도술(道術)을 갖추었다고 할 수 없습니다. 엎드려 청하오니 당(唐)나라에 사신을 보내 도교를 구하여 와서 나라 사람들을 가르치게 하소서."라고 하였다. 대왕이 매우 그러하다고 여기고 표(表)를 올려서 (도교를) 요청하였다. 태종(太宗)이 도사(道士) 숙달(叔達) 등 8명을 보내고, 이와 함께 노자(老子)의 『도덕경(道德經)』을 보내주었다. 왕이 기뻐하여 불교 사찰을 빼앗아 이들을 머물도록 하였다.
>
> – 『삼국사기』 –

7 고대 > 문화 > 원광 오답률 25% 답 ③

| 정답해설 | 제시된 사료는 (가) 원광의 세속 5계에 대한 내용이다. ③ 75% 원광은 진평왕의 요청으로 수나라에 군사를 청하는 글인 「걸사표」를 지어 바쳤다.

| 오답해설 | ① 14% 원효는 모든 것이 한마음에서 나온다는 일심 사상을 제시하였다.

② 8% 의상은 화엄 사상을 연구하여 「화엄일승법계도」를 작성하였다.

④ 3% 혜초는 인도와 중앙아시아 여러 나라를 여행한 후 『왕오천축국전』을 저술하였다.

| 더 알아보기 | 원광의 「걸사표」

> 왕(진평왕)이 고구려가 영토를 자주 침범함을 불쾌히 여겨, 수나라에 군사를 청하여 고구려를 치려고 원광에게 「걸사표(乞師表)」를 지으라 하였다. 원광이 가로되, "자기가 살려고 남을 멸하는 것은 승려의 도리가 아니나, 제가 대왕의 땅에 살며 대왕의 곡식을 먹고 있으니 어찌 감히 명령에 따르지 않겠습니까?"라고 하였다. …(중략)… 33년(611)에 왕이 수나라에 사신을 보내어 표문을 바치고 출병을 청하니, 수나라 양제가 이를 받아들이고 군사를 일으켰다.
>
> – 『삼국사기』 –

오답률 TOP 1

8 근대 태동기 > 문화 > 박제가, 한치윤 오답률 49% 답 ③

| 정답해설 | ③ 51% 『북학의』는 박제가, 『해동역사』는 한치윤의 저서이다.

| 더 알아보기 | 박제가의 『북학의』

> • 상공업의 발달, 청과의 통상 강화와 선진 문화 수입, 수레와 선박의 이용 등을 역설하였다.
> • 생산과 소비와의 관계를 우물물에 비유하면서 생산을 자극하기 위해서는 절약보다 소비를 권장해야 한다고 주장하였다.
> • 양반의 상업 종사, 세계 무역 참여, 기하학과 과학 기술에 정통한 중국 흠천감의 서양인 선교사들을 초빙하여 과학 기술을 가르치게 하자고 주장하였다.

9 중세 > 정치 > 12세기 ~ 13세기 주요 사건 오답률 21% 답 ③

| 정답해설 | 제시된 사건의 순서는 (라) 이자겸의 난(1126) → (가) 무신정변(1170) → (나) 최충헌의 권력 장악(1196) → (다) 충주성 전투(몽골의 5차 침입, 1253)이다.

오답률 TOP 2

10 중세 > 정치 > 서경 오답률 45% 답 ④

| 정답해설 | 제시된 사료는 태조의 훈요 10조 중 일부이며, (가)는 서경(현재의 평양)이다. ④ 55% 동녕부는 원(元)이 자비령 이북을 통치하기 위해 '서경'에 설치한 기관이다(원종 11, 1270).

| 오답해설 | ① 19% 고려 고종 때 몽골의 침입을 불교의 힘으로 막아보고자 강화도에 대장도감을 설치하여 재조대장경(팔만대장경)을 만들었다.

② 16% 지눌은 수선사(현재의 전라남도 순천시 송광사)에서 결사 운동을 펼쳤다.

③ 10% 망이·망소이는 공주 명학소에서 봉기하였다(1176).

오답률 TOP 3

11 중세 > 문화 > 『삼국사기』 오답률 35% 답 ②

| 정답해설 | 제시된 사료는 김부식이 『삼국사기』를 인종에게 바치면서 올린 「진삼국사기표」 중 일부이다(인종 23, 1145). ② 65% 『삼국사기』는 유교적인 합리주의 사관에 따라 기전체로 서술되었다.

| 오답해설 | ① 7% 일연의 『삼국유사』는 불교를 중심으로 신화와 설화를 정리한 역사서이다.

③ 18% 서거정의 『동국통감』은 단군조선을 우리 역사의 시작으로 본 통사이다.

④ 10% 진흥왕의 명을 받아 거칠부가 『국사』를 편찬하였다(545).

12 고대 > 정치 > 신문왕 오답률 27% 답 ②

| 정답해설 | 제시된 사료는 신문왕 때 완성된 감은사와 대왕암에 관한 내용이다. ② 73% 신문왕은 국학을 설립하여 유학을 교육하였다(신문왕 2, 682).

| 오답해설 | ① 7% 법흥왕은 '건원'이라는 독자적인 연호를 사용하였다(536).

③ 11% 성덕왕은 백성에게 처음으로 정전을 지급하였다(722).

④ 9% 무열왕은 진골 출신으로서 처음 왕위에 올랐다.

13 근대 태동기 > 정치 > 정조 오답률 20% 답 ③

| 정답해설 | 제시된 자료 중 "초계문신제", "서얼 출신을 규장각 검서관으로 등용"을 통해 밑줄 친 '왕'이 정조임을 알 수 있다. ③ 80% 정조는 신해통공(1791)을 실시하여, 6의전을 제외한 시전상인들의 금난전권을 폐지하였다.

| 오답해설 | ① 3% 철종 11년(1860)에 최제우가 동학을 창시하였다.

② 14% 고종 2년(1865, 흥선 대원군의 섭정 시기)에 『대전회통』이 편찬되었다.

④ 3% 순조 11년(1811)에 홍경래의 난이 발생하였다.

14 근현대 > 개항기 > 흥선 대원군 오답률 6% 답 ②

| 정답해설 | 고종이 즉위한 후 고종의 아버지인 (가) 흥선 대원군이 섭정하였다. ② 94% 흥선 대원군은 만동묘를 철폐하고 서원을 대폭 줄이는 정책을 추진하였다.

| 오답해설 | ① 3% 고종은 대한 제국 시기인 1899년에 「대한국 국제」를 만들어 공포하였다.

③ 1% 급진 개화파(김옥균, 박영효, 홍영식, 서광범, 서재필 등)는 우정총국 개국 축하연을 이용해 정변을 일으켰다. 이 사건을 갑신정변(1884)이라고 한다.

④ 2% 제2차 수신사 김홍집은 황쭌셴의 『조선책략』을 국내에 소개하였다(1880).

15 근현대 > 일제 강점기 > 대한민국 임시 정부 오답률 31% 답 ②

| 정답해설 | (가)는 3·1 운동 이후 조직된 대한민국 임시 정부이다. ② 69% 상하이에서 조직된 대한민국 임시 정부는 국내와의 연락을 위해 교통국과 연통제를 설치하였다.

| 오답해설 | ① 13% 신한 혁명당 인사들을 중심으로 1917년 「대동단결선언」을 발표하였다.

③ 11% 신민회 회원인 이동녕, 이회영 등은 서간도(남만주) 삼원보에 한인 자치 기구인 경학사를 결성하고, 군인 양성을 위한 신흥 강습소를 설립하였다. 신흥 강습소는 이후 신흥 무관 학교로 발전하였다.

④ 7% 의열단은 「조선 혁명 선언」(신채호, 1923)을 강령으로 삼아 의열 투쟁을 전개하였다.

16 근현대 > 개항기 > 제너럴 셔먼호 사건과 신미양요 사이 시기의 사건 오답률 11% 답 ③

| 정답해설 | ③ 89% 제너럴 셔먼호 사건(1866)과 신미양요(1871) 사이의 역사적 사실은 오페르트 도굴 사건(1868)이다.

| 오답해설 | ① 2% 홍범 14조 반포(1894), ② 7% 운요호 사건(1875), ④ 2% 임오군란(1882)이다.

17 근현대 > 일제 강점기 > 신간회 오답률 21% 답 ④

| 정답해설 | 정우회 선언을 계기로 비타협적 민족주의 세력과 사회주의 세력이 결합한 단체는 신간회(1927~1931)이다. ④ 79% 1929년에 광주 학생 항일 운동이 일어나자, 신간회는 광주 학생 항일 운동의 진상을 조사하고, 이를 알리는 대규모 민중 대회를 준비하였으나 사전에 발각되어 실패하였다.

| 오답해설 | ① 7% 1920년대 초 조선 물산 장려회에서 물산 장려 운동을 본격적으로 추진하였다.

② 7% 민립대학 설립 운동은 조선 민립대학 기성회에서 추진하였다.

③ 7% 〈동아일보〉는 문맹 퇴치와 미신 타파를 목적으로 1931년부터 브나로드 운동을 전개하였다.

18 근현대 > 개항기 > 을사늑약 오답률 32% 답 ④

| 정답해설 | 제시된 사료는 1905년에 체결된 을사늑약(제2차 한·일 협약)이다. ④ 68% 을사늑약의 체결로 대한 제국의 외교권은 일본으로 넘어갔다.

| 오답해설 |

① 8% 조선 총독부는 1910년 한·일 병합 조약 이후에 설치되었다.

② 19% 1907년 일본은 헤이그 특사 사건을 빌미로 고종을 강제 퇴위시키고 순종을 즉위시킨 후에 한·일 신협약(정미 7조약)을 강제로 체결하였다.

③ 5% 조·일 통상 장정(1883)에서 방곡령이 규정되었는데, 방곡령 시행 1개월 전에 일본에 미리 통보해야 한다는 내용이 실려 있다.

| 더 알아보기 | 을사늑약에서 이사관의 역할

> 을사늑약 이후 제정된 '통감부 및 이사청관제'에서 '이사관'의 업무는 통감의 지휘 감독을 받아, 영사 사무와 제2차 한·일 협약(을사늑약) 및 법령에 기초하여 사무를 관장한다고 규정되어 있다. 또한 '이사관'은 "안녕질서를 유지하기 위해 긴급히 필요하다고 판단되면 제국군대 사령관에 출병을 요청할 수 있다."는 조항이 있다.

19 근현대 > 현대 > 미 · 소 공동 위원회

오답률 19% 답 ①

| 정답해설 | (가) 미 · 소 공동 위원회이다. 모스크바 3국 외상 회의(1945. 12.)의 결정에 따라 미 · 소 공동 위원회가 2차례 개최되었다(1차 – 1946. 3., 2차 – 1947. 5.). ① 81% 그러나 한국의 임시 정부 수립을 협의할 정당 및 사회 단체에 대한 미국과 소련의 의견 차이로 아무런 성과 없이 모두 결렬되었다.

| 오답해설 | ② 4% 1944년 국내에 설립된 조선 건국 동맹은 1945년 8월 15일에 조선 건국 준비 위원회로 개편되었다.

③ 3% 제헌의회에서는 1948년 7월 17일 제헌 헌법을 제정 · 공포하였다.

④ 12% 1947년 11월 유엔총회에서 '유엔 감시하의 남북한 총선거를 통해 정부를 수립한다.'고 결의하였다.

20 근현대 > 현대 > 4 · 19 혁명과 유신 헌법 사이 시기

오답률 21% 답 ②

| 정답해설 | ② 79% 4 · 19 혁명(1960)과 유신 헌법 공포(1972. 12. 27.) 사이의 역사적 사실은 1972년 7 · 4 남북 공동 성명 발표이다.

| 오답해설 | ① 10% 반민족 행위 처벌법은 1948년 9월에 제정되었다.

③ 3% 남북한 유엔 동시 가입은 1991년 9월에 해당한다.

④ 8% 5 · 18 민주화 운동은 1980년 5월 18일에 해당한다.

2020 6월 13일 시행 지방직(= 서울시) 9급 (Ⓓ책형)

합격예상 체크

〈지방직 연도별 합격선〉

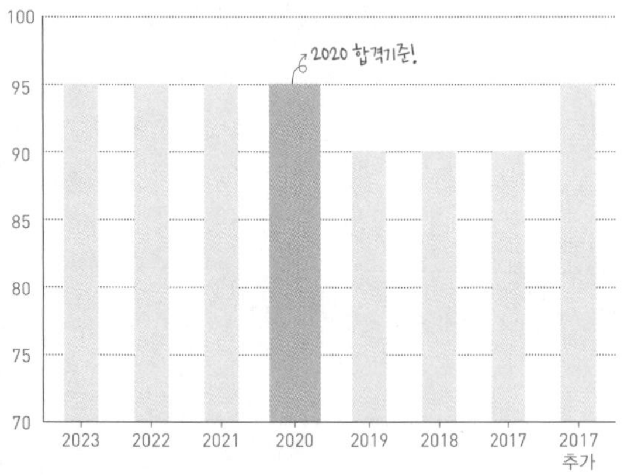

맞힌 개수	/20문항	점수	/100점

➡ □ 합격 □ 불합격

취약영역 체크

문항	정답	영역	문항	정답	영역
1	④	고대 > 정치	11	②	근대 태동기 > 문화
2	②	근현대 > 일제 강점기	12	②	근현대 > 개항기
3	①	중세 > 정치	13	③	근세 > 정치
4	①	근현대 > 일제 강점기	14	③	단원 통합 > 유네스코 세계 유산
5	④	단원 통합 > 덕수궁	15	②	근현대 > 개항기
6	①	우리 역사의 기원과 형성 > 국가의 형성	16	②	근현대 > 일제 강점기
7	③	중세 > 정치	17	④	근현대 > 현대
8	②	근세 > 정치	18	①	중세 > 정치
9	③	고대 > 정치	19	①	근대 태동기 > 정치
10	④	고대 > 정치	20	③	근현대 > 현대

⬇ 영역별 틀린 개수로 취약영역을 확인하세요!

우리 역사의 기원	/1	고대	/3	중세	/3	근세	/2
근대 태동기	/2	근현대	/7	통합	/2		

➡ 나의 취약영역: ______

※ [정답해설]과 [오답해설] 선지의 50% 표시는 〈1초 합격예측 서비스〉를 통해 수집된 선지 선택률을 나타냅니다.

1 고대 > 정치 > 진흥왕의 업적 오답률 26% 답 ④

| 정답해설 | 제시된 사료는 진흥왕 때 역사서 『국사』를 편찬(545)한 내용이다. ④ 74% 진흥왕 때 한강 유역을 장악한 후 북한산 순수비를 건립하였다.

| 오답해설 | ① 6% 성덕왕 21년에 정전이 지급되었다(722).

② 18% 신문왕 2년에 국학이 설치되었다(682).

③ 2% 선덕여왕 때 천문 관측 시설인 첨성대가 건립되었다.

2 근현대 > 일제 강점기 > 박은식 오답률 34% 답 ②

| 정답해설 | 제시된 내용은 박은식에 대한 설명이다. ② 66% 박은식은 『한국통사』를 저술하여(1915년 상하이에서 초판 간행) 일본의 침략을 폭로하였다.

| 오답해설 | ① 7% 김구는 1931년 상하이에서 한인 애국단을 조직하였다.

③ 13% 이병도, 손진태 등은 1934년 진단학회를 조직하였다.

④ 14% 신채호는 김원봉의 요청으로 1923년 의열단의 강령인 「조선혁명선언」을 작성하였다.

3 중세 > 정치 > 광종의 업적 오답률 15% 답 ①

| 정답해설 | 제시된 자료는 광종 때의 역사적 사실이다. ① 85% 광종은 호족 세력의 약화와 왕권 강화를 위해 노비안검법을 시행하였다.

| 오답해설 | ② 3% 전시과 제도가 처음 실행된 것은 경종 때이다(시정 전시과).

③④ 4% 8% 국자감 설립, 12목 설치 및 지방관 파견은 성종의 업적이다.

4 근현대 > 일제 강점기 > 근우회 오답률 17% 답 ①

| 정답해설 | ① 83% 제시된 사료는 여성계 민족 유일당 단체인 근우회 취지문 중 일부이다. 근우회는 신간회의 자매단체로 1927년 조직되었다.

5 단원 통합 > 덕수궁 오답률 29% 답 ④

| 정답해설 | ④ 71% 덕수궁의 옛 이름은 경운궁이며 중화전, 함녕전, 석조전 등의 건물이 있다.

| 더 알아보기 | 덕수궁

> 덕수궁은 원래 월산대군의 집터였던 것을 임진왜란 이후 선조의 임시거처로 사용하여 정릉동 행궁으로 불리다가 광해군 때에 경운궁으로 개칭되었다. 이후 1907년 순종에게 양위한 고종이 이곳에 머무르게 되면서 고종의 장수를 빈다는 의미에서 덕수궁(德壽宮)이라 다시 바꾸었다. 1897년(광무 1) 고종이 러시아 공사관에서 이곳으로 거처를 옮긴 이후, 중화전을 비롯하여 정관헌, 돈덕전, 즉조당, 석어당, 경효전, 준명전, 흠문각, 함녕전, 석조전 등을 건축하였다.

6 우리 역사의 기원과 형성 > 국가의 형성 > 옥저 오답률 19% 답 ①

| 정답해설 | 밑줄 친 '이 나라'는 옥저이다. ① 81% 옥저에서는 혼인 풍습으로 민며느리제가 있었다.

| 오답해설 | ② 2% 위만 집권 이후의 고조선에서 볼 수 있는 모습이다.

③ 5% 천군은 삼한의 제사장이다.

④ 12% 마가와 우가는 부여의 제가였다.

7 중세 > 정치 > 별무반 오답률 9% 답 ③

| 정답해설 | 제시된 사료는 윤관이 숙종에게 별무반 설치를 건의하는 내용이다. ③ 91% 별무반은 여진족에 대처하기 위해 숙종 9년(1104) 조직되었고, 신기군, 신보군, 항마군으로 구성되었다.

| 오답해설 | ① 2% 거란족의 침략을 방어하기 위해 정종 2년(947)에 광군(光軍)이 설치되었다.

② 5% 강감찬이 거란족(요) 소배압의 침략(거란의 3차 침략)을 귀주 대첩(1019)으로 막아냈다.

④ 2% 응양군·용호군 2군과 신호위·좌우위 등의 6위는 고려의 중앙군이다.

8 근세 > 정치 > 명종 대의 사실 오답률 31% 답 ②

| 정답해설 | '임꺽정의 난'은 명종 때의 사실이다. ② 69% 명종 즉위 이후 (명종의 어머니인) 문정왕후가 수렴청정을 하였고 '보우'를 등용하는 등 불교를 숭상하였다.

| 오답해설 | ① 11% 선조 때 동인과 서인의 붕당이 형성되었다.

③ 10% 중종 5년(1510)에 삼포에서 수천 명의 일본인이 난을 일으켰다(삼포왜란).

④ 10% 중종 때 조광조는 내수사 장리(고리대화)의 폐지, 도교 기구인 소격서의 폐지 등을 주장하였다.

9 고대 > 정치 > 대가야 오답률 31% 답 ③

| 정답해설 | 현재의 '고령'에 있었던 '이 나라'는 대가야이다. ③ 69% 대가야는 전라북도 남원, 장수 등 호남 동부 지역까지 세력을 확대하였다.

| 오답해설 | ① 12% 관산성 전투(554)에서 백제의 성왕이 전사하였다.

② 8% 신라 지증왕은 우산국(지금의 울릉도)을 정복하여 영토로 삼았다(512).

④ 11% 고구려 광개토대왕은 신라를 도와 낙동강 유역에 진출한 왜를 격파하였다(400).

오답률 TOP 1

10 고대 > 정치 > 발해 문왕 재위기의 신라의 역사 오답률 48% 답 ④

| 정답해설 | 제시된 자료는 발해 문왕 시기(재위 737~793)의 업적이다. ④ 52% 발해 문왕 재위 시기에 통일 신라에서는 원성왕이 독서삼품과를 설치(788)하였다.

| 오답해설 | ① 15% 신문왕 때 녹읍이 폐지되었다(689).

② 19% 흥덕왕 때 장보고의 건의로 청해진이 설치되었다(828).

③ 14% 진성여왕 때 각간 위홍과 승려 대구에 의해 향가집인 『삼대목』이 편찬(888)되었으나 현재는 남아있지 않다.

오답률 TOP 2

11 근대 태동기 > 문화 > 박지원 오답률 40% 답 ②

| 정답해설 | 『양반전』 저술, 한전론(토지 소유의 상한선 제시) 주장, 중상주의 실학자로서 수레와 선박의 이용 강조 등은 박지원에 대한 설명이다. ② 60% 『과농소초』는 박지원이 정조의 명을 받아 편찬한 농서(農書)이다.

| 오답해설 | ① 25% 『북학의』는 박제가의 저서이다.

③ 5% 『의산문답』은 홍대용의 저서이다.

④ 10% 『지봉유설』은 이수광의 저서이다.

12 근현대 > 개항기 > 강화도 조약, 영선사 파견 오답률 23% 답 ②

| 정답해설 | 제시된 문제는 강화도 조약 체결(1876)과 청에 영선사 파견(1881) 사이의 일을 묻는 것이다. ② 77% 통리기무아문이 설치된 것은 1880년이다.

| 오답해설 | ① 12% 군국기무처는 1894년 제1차 갑오개혁 때의 초정부적 개혁 기구였다.

③ 6% 고종은 1894년 국정 개혁의 기본 방향을 담은 홍범 14조를 발표하였다.

④ 5% 대한국 국제는 대한 제국의 헌법으로서 1899년 공포되었다.

13 근세 > 정치 > 세종 시기의 역사적 사실 오답률 15% 답 ③

| 정답해설 | 제시된 사건은 이종무의 대마도 정벌(세종 원년, 1419)과 공법(전분 6등법, 연분 9등법)의 시행(세종 26년, 1444)이다. ③ 85% 『농사직설』의 편찬은 세종 11년(1429)에 해당한다.

| 오답해설 | ① 5% 과전법 공포(고려 공양왕, 1391)

② 4% 이시애의 반란(세조 13년, 1467)

④ 6% 정도전의 요동정벌 추진(조선 태조)

14 단원 통합 > 유네스코 세계 유산 오답률 18% 답 ③

| 정답해설 | ③ 82% 한양 도성은 유네스코 문화유산으로 등재되지 않았다.

| 더 알아보기 | 유네스코 지정 세계문화유산(2023년 9월 기준)

• 고창 · 화순 · 강화의 고인돌 유적	• 경주 역사 유적 지구
• 해인사 장경판전	• 종묘
• 제주 화산섬과 용암 동굴	• 수원 화성
• 하회 · 양동 마을	• 남한산성
• 산사, 한국의 산지승원	• 한국의 서원
• 불국사 · 석굴암	• 창덕궁
• 조선 왕릉	• 백제 역사 유적 지구
• 한국의 갯벌(서천, 고창, 신안, 보성 – 순천)	

15 근현대 > 개항기 > 독립협회 오답률 16% 답 ②

| 정답해설 | 제시된 자료는 1897년 독립협회가 개최한 토론회의 내용을 발췌한 것이다. ② 84% 독립협회(1896~1898)는 민중 계몽을 위해 회보를 발간하고 최초의 근대적 민중 집회인 만민공동회를 개최하는 등 대규모 집회를 열었다.

| 오답해설 | ① 9% 1906년 설립된 대한 자강회는 헌정 연구회의 활동을 계승하여 월보를 간행하고 지회를 설치하였다.

③ 3% 1898년 조직된 황국협회는 보부상 중심의 단체로, 황권 강화를 통한 부국강병을 행동 지침으로 삼았다. 특히 독립협회 해산에 적극적으로 가담하였다.

④ 4% 일본이 황무지 개간을 구실로 토지를 약탈하려 하자, 1904년 보안회가 조직되어 대중적 반대 운동을 벌였다.

16 근현대 > 일제 강점기 > 이회영 오답률 26% 답 ②

| 정답해설 | 밑줄 친 '그'는 이회영이다. 이회영 등 6형제와 가족들은 가산(家産, 집안 재산)을 정리하고 서간도(남만주)로 이주하였다. ② 74% 이회영은 서간도에서 경학사를 조직하고, 신흥 강습소를 설립하였다.

| 오답해설 | ④ 6% 김구는 1935년 한국 국민당을 결성하였다. 조소앙의 삼균주의는 1941년 대한민국 임시 정부의 건국강령으로 채택되었으나, 그 이전인 1930년대에 정립되었다.

17 근현대 > 현대 > 제3차 개헌 오답률 29% 답 ④

| 정답해설 | 밑줄 친 '새 헌법'은 1960년 4 · 19 혁명 이후 마련된 제3차 개헌이다. ④ 71% 제3차 개헌에서는 내각책임제와 국회를 양원(민의원, 참의원)으로 구성하는 내용을 담고 있다.

| 오답해설 | ① 4% 제1차 개헌(발췌 개헌)은 임시 수도인 부산에서 개정되었다(1952).

② 18% 제2차 개헌은 사사오입의 논리로 통과되었다(1954).

③ 7% 제7차 개헌(유신헌법, 1972)에서는 통일 주체 국민 회의를 설치하여 대통령을 (통일 주체 국민 회의에서) 간접 선출하는 규정이 있었다.

오답률 TOP 2

18 중세 > 정치 > 홍건적의 2차 침략 오답률 40% 답 ①

| 정답해설 | 제시된 자료는 공민왕 때 홍건적의 2차 침략(1361)에 대한 내용이다. ① 60% 진포대첩은 우왕 6년(1380)에 발생하였다.

| 오답해설 | ② 9% 김윤후의 처인성 전투(몽골의 2차 침략)는 고종 19년(1232)에 발생하였다.

③ 24% 공민왕 5년(1356)에 기철이 제거되었고 쌍성총관부 관할 지역을 무력으로 수복하였다.

④ 7% 몽골 침략 시기에 팔만대장경(재조대장경, 1236~1251)을 만들었다.

19 근대 태동기 > 정치 > 경신환국, 갑술환국 오답률 32% 답 ①

| 정답해설 | (가) 경신환국(숙종 6년, 1680)의 결과이며, (나) 갑술환국(숙종 20년, 1694)과 관련된 내용이다. ① 68% 송시열과 김수항 등이 처형당한 것은 기사환국(숙종 15년, 1689)의 결과이다.

| 오답해설 | ② 17% 현종 때 서인과 남인은 두 차례의 예송 논쟁을 전개하였다[(1차 – 1659, 기해예송), (2차 – 1674, 갑인예송)].

③ 11% 서인 정치에 한계를 느낀 정여립이 모반을 일으켰다(정여립 모반 사건, 선조 22년, 1589)

④ 4% 청의 요구에 따라 효종 때 두 차례에 걸쳐(1차–1654, 2차–1658) 조총 부대를 모란강 상류 지역인 영고탑(寧古塔/寧安)으로 파견하였다(나선 정벌).

20 근현대 > 현대 > 해방 이후의 역사적 사건 오답률 20% 답 ③

| 정답해설 | 제시된 사건의 순서는 (다) 조선 건국 준비 위원회 조직(1945. 8. 15.) → (라) 제1차 미 · 소 공동 위원회 개최(1946. 3.) → (나) 좌우 합작 위원회 조직(1946. 7.) → (가) 5 · 10 선거를 통한 제헌국회 구성(1948)과 헌법의 공포(1948. 7. 17.)이다.

2019 6월 15일 시행
지방직 9급 (©책형)

합격예상 체크

〈지방직 연도별 합격선〉

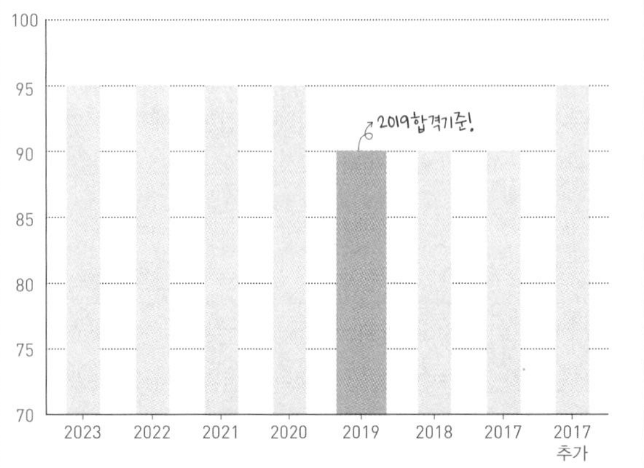

맞힌 개수	/20문항	점수	/100점

➡ □ 합격 □ 불합격

취약영역 체크

문항	정답	영역	문항	정답	영역
1	③	우리 역사의 기원과 형성 > 국가의 형성	11	①	근세 > 정치
2	①	고대 > 정치	12	③	근현대 > 개항기
3	①	고대 > 경제	13	③	근현대 > 개항기
4	④	단원 통합 > 고려와 조선의 의서	14	②	근대 태동기 > 사회
5	④	고대 > 문화	15	④	근현대 > 일제 강점기
6	②	중세 > 정치	16	②	근현대 > 일제 강점기
7	③	중세 > 문화	17	①	근현대 > 일제 강점기
8	①	근세 > 정치	18	③	근현대 > 개항기
9	③	고대 > 문화	19	①	근현대 > 현대
10	②	근세 > 정치	20	③	근현대 > 현대

⬇ 영역별 틀린 개수로 취약영역을 확인하세요!

우리 역사의 기원	/1	고대	/4	중세	/2	근세	/3
근대 태동기	/1	근현대	/8	통합	/1		

➡ 나의 취약영역: ____________

※ [정답해설]과 [오답해설] 선지의 50% 표시는 〈1초 합격예측 서비스〉를 통해 수집된 선지 선택률을 나타냅니다.

1 우리 역사의 기원과 형성 > 국가의 형성 > 옥저와 부여
오답률 18% 답 ③

| 정답해설 | (가) 옥저의 민며느리제, (나) 부여의 제천행사인 영고에 관한 사료이다. ③ 82% 부여에는 가(加)들이 다스리는 독자적 행정구역인 사출도가 있었다.

| 오답해설 | ① 8% 무천은 동예의 제천 행사이다.

② 8% 고구려 태조왕(재위 53~146)부터 계루부가 왕위를 독점하였다.

④ 2% 삼한에서는 철이 많이 생산되어 낙랑과 왜에 수출하였다.

2 고대 > 정치 > 고국원왕과 광개토대왕 사이의 사실
오답률 15% 답 ①

| 정답해설 | (가) 백제 근초고왕이 평양성을 공격하는 과정에서 고구려 고국원왕이 전사하였다(371). (다) 고구려 광개토대왕은 신라에 침입한 왜군을 격퇴하였다(400). ① 85% (나) 소수림왕 때 태학을 설립하고(372), 율령을 반포하였다(373).

| 오답해설 | ② 6% 5세기 장수왕 때 평양으로 도읍을 옮기고(427), 백제의 수도였던 한성을 함락시켰다(475).

③ 3% 3세기 동천왕 때 관구검이 이끄는 위나라 군대의 침략을 받았다(246).

④ 6% 영양왕이 직접 말갈 병사를 거느리고 수의 요서지방을 공격하였다(598).

3 고대 > 경제 > 통일 신라의 경제 상황
오답률 12% 답 ①

| 정답해설 | ① 88% 조선 후기에는 시비법과 이앙법의 발달로 광작(1인당 경작 면적을 증가시키는 현상)이 행해지기도 하였다.

| 오답해설 | ② 3% 통일 신라 시대에 작성되었던 신라 촌락 문서(민정문서)를 통해 촌락의 토지 결수, 인구 수, 소와 말의 수 등이 파악되었음을 알 수 있다.

③ 4% 성덕왕 22년(723) 어아주, 조하주 등 고급 비단을 생산하여 당에 보낸 사실이 『삼국사기』에 수록되어 있다.

④ 5% 효소왕 4년(695) 시장의 업무를 관장하기 위하여 서시전과 남시전이 설치되었다.

4 단원 통합 > 고려와 조선의 의서(醫書)
오답률 36% 답 ④

| 정답해설 | 제시된 의서의 편찬 순서는 ㄷ. 『향약구급방(鄕藥救急方)』(고려 고종, 1236년으로 추정됨) → ㄹ. 『향약집성방(鄕藥集成方)』(조선 세종, 1433) → ㄱ. 『의방유취(醫方類聚)』(조선 세종, 1445) → ㄴ. 『동의보감(東醫寶鑑)』(조선 광해군, 허준, 1610 완성)이다.

5 고대 > 문화 > 삼국의 문화 오답률 24% 답 ④

| 정답해설 | ④ 76% 사신도가 그려진 강서대묘는 굴식돌방무덤으로 축조되었다.

| 오답해설 | ① 1% 선덕여왕 때 천체 관측을 위해 첨성대를 축조하였다.

② 15% 백제 무왕 때인 639년에 목탑 양식이 반영된 미륵사지 석탑이 건립되었다.

③ 8% 대가야 출신인 우륵은 가야금을 신라에 전파하였다.

6 중세 > 정치 > 태조의 업적 오답률 27% 답 ②

| 정답해설 | 제시된 사료는 태조의 '훈요 10조' 중 일부이다. ② 73% 태조는 혼인 정책(결혼 정책)과 사성 정책을 통해 호족을 포섭하였다.

| 오답해설 | ① 15% 정종 때 광군 30만을 조직하여 거란의 침략에 대비하였다.

③ 6% 기인 제도와 사심관 제도는 태조 때 시행된 것이 맞지만, 과거제는 광종 때 시행되었다.

④ 6% 성종 때 물가 조절을 위해 상평창을 설치하였다.

7 중세 > 문화 > 고려의 승려 오답률 20% 답 ③

| 정답해설 | ㉠ 의천: 『교장(속장경)』의 목록인 『신편제종교장총록』을 편찬하였다.

㉡ 보우: 원에서 선종 종파인 임제종을 들여와서 불교를 개혁하고자 하였다.

㉢ 요세: 강진에서 백련사 결사를 개창하고, 법화 신앙을 내세웠다.

㉣ 지눌: 『목우자수심결』을 지어 선(禪) 수행의 요체가 될 핵심 내용을 정리하였다.

8 근세 > 정치 > 세종의 업적 오답률 18% 답 ①

| 정답해설 | 제시된 사료는 세종이 여비(女婢, 여자 노예)의 출산 전·후 휴가를 늘려주는 조치를 시행한 내용이다. ① 82% 세종 때는 사형 판결에 삼복법(三覆法)을 엄격하게 적용하였다.

| 오답해설 | ② 7% 태종 때 주자소를 설치하여 계미자를 주조하였다.

③ 6% 세조 때 국방력 강화를 위해 진관 체제를 실시하였다.

④ 5% 정종 때 도평의사사를 개편하여 의정부를 설치하였다.

9 고대 > 문화 > 자장 오답률 32% 답 ③

| 정답해설 | 선덕여왕에게 황룡사 9층 목탑을 세우도록 건의한 인물은 자장이다. ③ 68% 자장은 선덕여왕 때 대국통으로 있으면서 계율을 지키는 일에 힘을 보탰다(신라 계율종 개창).

| 오답해설 | ① 5% 원효는 일심 사상과 화쟁 사상을 주장하여 불교 교리의 대립을 극복하고자 하였다.

② 13% 의상은 통일 이후의 사회 갈등을 통합으로 이끄는 화엄 사상을 강조하였다. 한편 의상의 화엄 사상은 왕권 전제화에 기여했다고 평가된다.

④ 14% 원광은 화랑도의 계율인 세속오계를 만들었고, 진평왕의 요청으로 걸사표(수나라가 고구려에 군사적 공격을 요청하는 글)를 작성하였다.

10 근세 > 정치 > 임진왜란 오답률 24% 답 ②

| 정답해설 | 제시된 사료는 '성혼'(중종 30년, 1535~선조 31년, 1598)의 『우계집』 중 ② 76% 임진왜란 때 (일본군에게 점령당했던) 한양의 참혹상을 서술한 부분이다.

11 근세 > 정치 > 정도전 오답률 18% 답 ①

| 정답해설 | 제시된 사료는 조선 태조 때 정도전과 남은이 요동정벌을 추진하던 상황을 보여준다. ① 82% 충선왕이 상왕으로 물러난 후 설립한 '만권당'에서 원의 학자들(대표적 인물: 조맹부)과 교류한 대표적 인물은 '이제현'이다.

| 오답해설 | ②③④ 6% 6% 6% 정도전은 맹자의 역성혁명론을 조선 건국에 적용하였고, 한양 도성의 성문 및 경복궁 등 궁궐 이름을 지었다. 또한 조선 최초의 사찬 법전인 『조선경국전』을 편찬하였으며, 『경제문감』을 저술하여 재상 중심의 정치를 주장하였다.

12 근현대 > 개항기 > 조·일 무역 규칙(1876)과 조·일 통상 장정(1883) 사이의 경제 상황 오답률 23% 답 ③

| 정답해설 | (가) 1876년 체결된 조·일 무역 규칙이며, (나) 1883년 개정된 조·일 통상 장정의 내용이다. 따라서 1876년~1883년 사이의 역사적 사실을 고르는 문제이다. ③ 77% 임오군란(1882) 이후 체결된 조·청 상민 수륙 무역 장정에서는 양화진에 청국인 상점을 허용하는 내용을 규정하였다.

| 오답해설 | ① 6% (1904년 제1차 한·일 협약으로 대한 제국의 재정 고문이 된) 메가타는 1905년부터 화폐 정리 사업을 시작하였다.

② 6% '혜상공국 폐지' 내용은 갑신정변(1884) 직후 발표된 정강 14조에 수록되어 있다.

④ 11% 1889년 함경도에서 방곡령을 선포하였으나 실패하였다.

13 근현대 > 개항기 > 대한 제국 시기의 정책 오답률 34% 답 ③

| 정답해설 | ③ 66% 대한 제국은 1897년 수립되었고, 『독립신문』은 1896년 창간되었다. 따라서 『독립신문』의 창간은 대한 제국 시기에 추진된 정책에 해당하지 않는다.

| 더 알아보기 | 광무개혁

- 전국의 광산·철도·홍삼 제조·백동화 주조·수리 관계 사업을 궁내부의 내장원으로 이관함

- 상세(商稅)를 징수하고, 상무사를 조직하여 영업세 징수를 맡김. 이어 황실 직영의 방직 공장 · 유리 공장 · 제지 공장 등을 설립함
- 근대적 토지, 지세 제도 마련: 양전 사업과 지계의 발급
- 1901년 금본위제 화폐 제도를 채택하고 중앙은행의 창립을 추진함
- 상공학교와 광무학교를 설립함
- 잠업 시험장(1900)과 양잠 전습소(1901)를 설립하여, 양잠 기술을 발전시키려 함
- 서울의 친위대를 2개 연대로 증강하고, 시위대를 증강하는 한편, 호위대를 개편 · 증강함. 이어 지방의 진위대를 증강시켜 6개 연대 규모로 통합 · 개편함
- 블라디보스토크와 간도 지방에 각각 해삼위 통상 사무관과 간도 관리사를 파견함
- 한 · 청 통상 조약을 체결하여 중국과 대등한 관계를 표방함(1899)

14 근대 태동기 > 사회 > 천주교 오답률 36% 답 ②

| 정답해설 | ② 64% 윤지충 사건(어머니의 위패를 폐하고 제사를 지내지 않았다 하여 사형을 당한 사건)을 계기로 발생한 박해는 신해박해(정조, 1791)이다.

| 더 알아보기 | 천주교의 박해

<table>
<tr><th colspan="2">시기</th><th>박해</th><th>내용</th></tr>
<tr><td colspan="2" rowspan="3">정조</td><td>추조 적발 사건
(1785)</td><td>• 형조(추조)에서 천주교 비밀 신앙 집회를 발각한 사건
• 역관 김범우 유배(고문 후유증으로 사망), 이승훈 · 권일신 · 정약종 등 방면</td></tr>
<tr><td>반회 사건
(1787)</td><td>남인(이승훈 · 정약용 등)이 예배 도중 발각</td></tr>
<tr><td>신해박해
(진산 사건,
1791)</td><td>• 윤지충의 모친 신주 소각 사건 → 윤지충, 권상연 사형
• 정조는 시파와 연결된 천주교에 비교적 관대</td></tr>
<tr><td rowspan="3">세도
정치</td><td>순
조</td><td>신유박해
(1801)</td><td>• 벽파(노론 강경파)가 시파를 축출하기 위한 정치적 박해
• 이승훈 · 이가환 · 정약종, 주문모 신부(청) 등 3백여 명 처형
• 정약용 · 정약전 등이 강진과 흑산도로 유배
• 시파 세력의 위축 · 실학의 쇠퇴
• 황사영의 백서(帛書) 사건 → 처형 → 천주교를 더욱 탄압하는 계기가 됨</td></tr>
<tr><td rowspan="2">헌
종</td><td>기해박해
(1839)</td><td>• 프랑스 신부 처형(모방 · 샤스탕 · 앵베르) → 정하상 순교
• 척사윤음(斥邪綸音)의 반포
• 오가작통법을 이용하여 박해</td></tr>
<tr><td>병오박해
(1846)</td><td>김대건 신부 처형</td></tr>
<tr><td colspan="2">고종</td><td>병인박해
(1866)</td><td>• 최대의 박해(흥선 대원군: 처음에는 비교적 관대하였음)
• 프랑스 신부(9명)와 남종삼 등 수천 명 처형 → 프랑스의 침입(병인양요)</td></tr>
</table>

오답률 TOP 1

15 근현대 > 일제 강점기 > 대한민국 건국 강령 오답률 61% 답 ④

| 정답해설 | 제시된 사료는 1941년 대한민국 임시 정부에서 발표한 '대한민국 건국 강령'이다. ④ 39% 대한민국 임시 정부의 직할 부대인 한국광복군은 미군전략정보국(OSS) 지원 아래 국내진공작전을 추진하였으나, 실행되지 못했다.

| 오답해설 | ① 28% 1948년 5 · 10 총선거를 통해 구성된 제헌국회에서는 이승만을 대통령, 이시영을 부통령으로 선출하였다.

② 5% 대한독립군단은 자유시 참변(1921)을 겪고 러시아 적군에 무장해제를 당하였다.

③ 28% 1946년 7월, 여운형, 김규식 등 중도 세력을 중심으로 좌우 합작 위원회가 구성되었고, 1946년 10월 좌우 합작 7원칙을 발표하였다.

16 근현대 > 일제 강점기 > 의열단 오답률 23% 답 ②

| 정답해설 | 제시된 자료는 「조선혁명선언」(1923, 신채호) 중 일부이며 의열단의 강령이다. ② 77% 의열단은 한국 독립당, 조선 혁명당 등과 함께 민족 혁명당(1935)을 결성하였다.

| 오답해설 | ① 6% 1929년에 일어난 원산 노동자 총파업은 의열단과는 관련이 없다.

③ 9% 김좌진의 북로 군정서군, 홍범도의 대한 독립군 등 독립군 연합부대는 청산리 전투에서 일본군에게 대승을 거두었다.

④ 8% 1931년 김구는 임시 정부 활동에 활기를 불어넣고자 한인애국단을 결성하였다.

오답률 TOP 2

17 근현대 > 일제 강점기 > 전시 동원 체제 오답률 39% 답 ①

| 정답해설 | ① 61% ㉠ 일제는 1943년 학도지원병 제도를 실시하여 학생들도 전쟁에 동원시켰다. ㉡ 정신대는 1944년 여자정신근로령을 제정하여 만들었으며, 12세 이상 40세 미만의 한국 여성을 강제 동원하였다.

| 오답해설 | ② 10% 지원병 제도가 먼저 이루어졌으며, 징병제는 패망 직전(1943년 법령 제정, 1944년 실시) 시행되었다.

③ 22% 일제는 1939년 국민징용령을 제정하여 한국인의 노동력을 수탈하였다.

④ 7% 1940년대 전시 통제 경제가 실시되면서, 식량 배급 제도 및 물자 공출 제도가 강행되었다.

오답률 TOP 3

18 근현대 > 개항기 > 고종 대의 사실

오답률 38% 답 ③

| 정답해설 | 원납전은 홍선 대원군이 섭정할 때(당시 왕은 고종), 경복궁 중건을 위해 강제로 거둔 기부금이다. ③ 62% 홍선 대원군 섭정 시기(고종) 삼군부가 부활되어 군정(軍政)을 담당하였고, 삼수병을 강화하였다.

| 오답해설 | ① 6% 김정희의 「세한도」는 헌종 10년(1844)에 그려졌다.

② 19% 삼정이정청은 철종 13년(1862)에 설치되었다.

④ 13% 세도 정치 시기(순조~철종)에는 비변사 당상들이 중요한 권력을 장악하였다.

19 근현대 > 현대 > 농지개혁

오답률 33% 답 ①

| 정답해설 | ① 67% 농지개혁을 통해 농지를 분배받은 농민은 평년 생산량의 30%를 5년간 상환하였다.

| 오답해설 | ② 10% 농지개혁은 농림부가 분배 업무를 주관하였다. 중앙토지행정처(1948. 3.)는 미군정 시기에 존속한 기구이다.

③ 8% 신한공사는 농지개혁법이 제정(1949. 6.)되기 이전인 1948년 3월 폐지되었다.

④ 15% 농지개혁 대상 토지 중 농지 이외의 임야는 제외되었다.

20 근현대 > 현대 > 베트남 파병

오답률 19% 답 ③

| 정답해설 | 밑줄 친 파병은 베트남 파병이다. 미국의 요청으로 대한민국 정부는 1965년부터 전투 부대를 베트남에 파병하였다. 이후 ㄴ. 미국은 한국군의 증파를 요구하는 대가로 한국군의 현대화, 차관 제공 등을 약속한 브라운 각서(1966)를 체결하였다. 또한 ㄷ. 베트남 파병을 통한 달러 유입은 1960년대 경제 개발 계획 추진에 기여하였다.

| 오답해설 | ㄱ. 발췌 개헌안은 대통령 직선제를 핵심 내용으로, 1952년 통과되었다(제1차 개헌).

ㄹ. 한·미 상호 방위 원조 협정은 1950년 1월 26일 발효된 한국 정부와 미국 정부 사이의 경제 및 군사원조에 관한 협정이다.

2018 5월 19일 시행 지방직 9급 (Ⓑ책형)

합격예상 체크

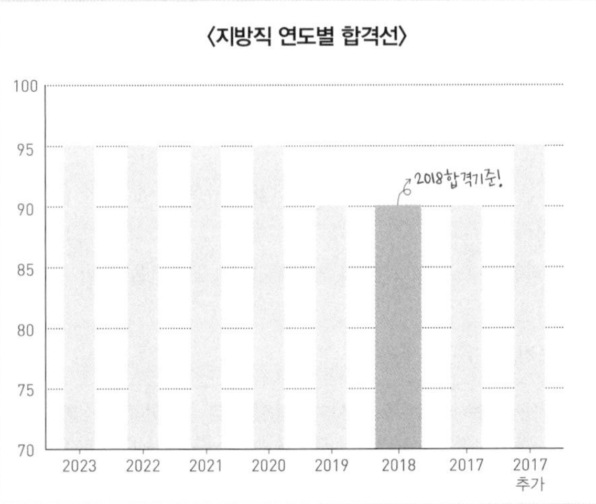

맞힌 개수	/20문항	점수	/100점

➡ □ 합격 □ 불합격

취약영역 체크

문항	정답	영역	문항	정답	영역
1	③	우리 역사의 기원과 형성 > 선사 시대	11	①	근대 태동기 > 정치
2	②	고대 > 문화	12	②	근현대 > 개항기
3	③	중세 > 정치	13	③	근현대 > 일제 강점기
4	③	근현대 > 일제 강점기	14	④	근대 태동기 > 문화
5	①	고대 > 정치	15	④	근세 > 정치
6	②	고대 > 정치	16	③	중세 > 정치
7	①	단원 통합 > 시대별 관직과 제도	17	①	단원 통합 > 김구
8	④	단원 통합 > 시대별 건축물	18	③	근현대 > 일제 강점기
9	④	근대 태동기 > 문화	19	④	근현대 > 개항기
10	①	중세 > 문화	20	②	근현대 > 현대

⬇ 영역별 틀린 개수로 취약영역을 확인하세요!

우리 역사의 기원	/1	고대	/3	중세	/3	근세	/1
근대 태동기	/3	근현대	/6	통합	/3		

➡ 나의 취약영역: ______

※ [정답해설]과 [오답해설] 선지의 50% 표시는 〈1초 합격예측 서비스〉를 통해 수집된 선지 선택률을 나타냅니다.

1 우리 역사의 기원과 형성 > 선사 시대 > 유물과 사회 모습

오답률 17% 답 ③

| 정답해설 | ㄴ. 붉은 간 토기는 청동기 시대의 토기이고, 거친무늬 거울은 청동기 시대에 의식용으로 쓰여졌다.

ㄹ. 눌러찍기무늬 토기는 신석기 시대 토기이고 가락바퀴나 뼈바늘을 이용하여 옷이나 그물을 만들었다.

| 오답해설 | ㄱ. 슴베찌르개는 구석기 시대 후기에 사용된 이음도구이다. 한편 벼농사가 처음 시작된 시기는 청동기 시대이며, 신석기 시대에는 나무로 만든 농기구를 사용하였다.

ㄷ. 반달 돌칼은 청동기 시대의 대표적인 석기 농기구이다. 청동기 시대에는 계급(지배 · 피지배 관계)이 발생하였다.

2 고대 > 문화 > 선종과 탑비

오답률 33% 답 ②

| 정답해설 | 개인적 정신 세계를 추구하는 경향이 강하고, 성주나 장군으로 자처하던 자들(호족)의 호응을 얻은 것은 선종 불교이다. ② 67% 쌍봉사 철감선사탑에는 쌍봉사를 창건한 선종 승려 도윤(道允, 798~868)의 유골이 안치되어 있고, 신라 하대 승탑의 전형적 양식인 8각 원당형으로 만들어졌다.

| 오답해설 | ① 9% 성덕 대왕 신종은 경덕왕 때 제작되기 시작하여 혜공왕 때 완성되었다.

③ 9% 경천사지 10층 석탑은 대리석으로 제작되었으며, 원의 라마교의 영향을 받은 것으로 알려져 있다.

④ 15% 삼국 시대에는 미륵보살 반가상이 많이 만들어졌는데, 이 중에서도 탑 모양의 관을 쓰고 있는 금동 미륵보살 반가상과 삼산관(三山冠)을 쓰고 있는 금동 미륵보살 반가상이 가장 유명하다.

3 중세 > 정치 > 서경

오답률 38% 답 ③

| 정답해설 | 밑줄 친 '이곳'은 서경(현재의 평양)이다. 고려 정종 때 서경으로 천도 계획을 세웠으나 실행되지 못하였고, 문종 때 서경 주변에 서경기(西京畿) 4도를 설정하였다(1062). ③ 62% 조위총은 정중부 등의 타도를 외치며 서경에서 반란을 일으켰다(조위총의 난, 1174).

| 오답해설 | ① 7% 청주 흥덕사에서 현존 세계 최고(最古)의 금속 활자본인 『직지심체요절』이 간행되었다.

② 11% 지눌은 순천 송광사를 중심으로 수선사 결사 운동을 전개하였다.

④ 20% 서북면도순검사(西北面都巡檢使)였던 강조가 개경으로 쳐들어와 김치양 일파를 제거하였다. 또한 목종을 폐위시키고 현종을 옹립하였다(강조의 정변, 1009).

4 근현대 > 일제 강점기 > 물산 장려 운동 오답률 16% 답 ③

| **정답해설** | 제시된 사료의 "조선 사람은 조선 사람이 만든 물건만 쓰고 살자."를 통해, 밑줄 친 '운동'은 물산 장려 운동임을 알 수 있다. ③ 84% 물산 장려 운동은 1920년 조만식 등에 의해 평양에서 시작되어 전국적으로 확대되었다.

| **오답해설** | ① 5% 조선 총독부는 일본 자본의 한반도 진출을 쉽게 하기 위해 1920년 (허가제의) 회사령을 폐지하고, 회사 설립 기준을 신고제(계출제)로 바꾸었다.

② 2% 원산 노동자 총파업은 1929년에 시작되었다.

④ 9% 조선 노농 총동맹은 1924년 조직된 노동자·농민 조직이었다.

오답률 TOP 3

5 고대 > 정치 > 삼국 통일 과정 오답률 48% 답 ①

| **정답해설** | 문무왕의 즉위(661)와 기벌포 전투(676) 사이의 역사적 사실을 고르는 문제이다. ㄱ. 신라가 안승을 고구려왕(보덕국왕)으로 봉했다(674). ㄴ. 당나라가 신라에 계림대도독부를 설치하였으며(663), 문무왕을 계림주대도독으로 임명하였다.

| **오답해설** | ㄷ. 신라는 황산벌 전투(660)에서 백제군을 물리치고 사비성을 함락시켰다(백제의 멸망).

ㄹ. 고구려 마지막 왕이었던 보장왕은 당에 의해 요동도독 조선군왕에 봉해진 후(677), 비밀리에 고구려 부흥을 꾀하였다.

6 고대 > 정치 > 삼국의 정치 제도 오답률 33% 답 ②

| **오답해설** | ㄴ. 고구려의 수도는 5부로 구성되었으며, 지방은 5부(長: 욕살) 아래 성(長: 처려근지, 도사)과 말단의 촌으로 구성되었다.

ㄹ. 신라의 10정은 통일 이후 정비된 지방 군대이다.

7 단원 통합 > 시대별 관직과 제도 오답률 29% 답 ①

| **정답해설** | ① 71% 대대로는 고구려의 국정을 총괄하는 일종의 수상이었고, 대내상은 발해 최고 통치 기구인 정당성의 장관으로, 국정을 총괄하였다.

| **오답해설** | ② 14% '중정대'는 발해의 관리 감찰 기구이며, '승정원'은 조선 시대 왕의 비서 기관이었다.

③ 13% '2성 6부'는 고려의 중앙 정치 기구이며, '5경 15부 62주'는 발해의 지방 행정 제도이다.

④ 2% '기인 제도'는 고려 시대의 지방 세력 통제책(일종의 인질 제도)이며, '녹읍'은 신라의 관료에게 지급되었던 토지이다.

8 단원 통합 > 시대별 건축물 오답률 42% 답 ④

| **정답해설** | ④ 58% 덕수궁 석조전은 1910년 완공된 르네상스식 건물이다.

| **더 알아보기** | 서양식 근대 건축물

- 독립문(1896, 1897 완공, 프랑스 개선문 모방)
- 명동 성당(1898, 중세 고딕 양식)
- 덕수궁 석조전(1910, 르네상스식 건물)

9 근대 태동기 > 문화 > 서유구 오답률 47% 답 ④

| **정답해설** | 제시된 내용과 관련된 인물은 풍석 서유구이다. ④ 53% 서유구는 『임원경제지』를 통해 종래의 조선 농학(農學)과 박물학(博物學)을 집대성하였다.

| **오답해설** | ① 7% 『색경』은 박세당이 저술한 농서로 『농가집성』을 비판하였다.

② 12% 『산림경제』는 홍만선이 편찬한 농서로 농예·의학을 중심으로 저술하였다.

③ 28% 『과농소초』는 박지원의 농서로 농업 생산력을 높이는 데 관심을 가졌다.

| **더 알아보기** | 서유구의 둔전론

서유구의 둔전론은 국가 주도의 시범 농장을 일부 설치하여, 소작농을 안정시키는 것이다. 하지만 전면적인 지주제 철폐를 주장한 것은 아니다.

오답률 TOP 1

10 중세 > 문화 > 고려의 국가 제사 오답률 49% 답 ①

| **정답해설** | ① 51% 환구단(원구단)은 고려 성종 2년(983) 정월에 처음 설치되었다. 조선 초에 제천 의례가 억제되자 폐지되었고, 세조 2년(1456)에 일시적으로 제도화하여 환구단을 설치(1457)하고 제사를 드리게 되었다. 그러나 세조 10년(1464)에 실시된 제사를 마지막으로 환구단에서의 제사는 중단되었고 고종이 황제로 즉위(1897)하면서 환구단이 다시 설치되었다.

11 근대 태동기 > 정치 > 북벌 운동 오답률 37% 답 ①

| **정답해설** | 밑줄 친 '대의(大義)'는 북벌 운동이다. 병자호란(1636) 당시 인조는 굴욕적으로 항복하였다. ① 63% 이후 효종 때에 복수설치(오랑캐에게 당한 치욕을 갚는다)를 위한 북벌 운동이 추진되면서 남한산성을 복구하고, 어영청(북벌 운동의 중심 기구)을 확대하였다.

| **오답해설** | ② 9% 숙종 때 훈련별대와 정초군을 통합하여 금위영을 창설하였다.

③ 4% 광해군은 명과 후금 사이에서 실리를 추구하는 중립 외교를 추진하였다.

④ 24% 인조 때 호위청, 총융청, 수어청 등의 부대를 창설하여 국방력을 강화하였다.

12 근현대 > 개항기 > 대한 제국 오답률 32% 답 ②

| **정답해설** | 대한 제국은 1897년 선포되었다. ② 68% 대한 제국 시기에는 양지아문을 설치하여, 양전 사업(토지 조사 사업)을 시행하였다. 이후 지계아문을 통해 근대적 토지 소유권 문서인 지계를 발

급하였으나, 전국적으로 발급되지는 못하였다.
| 오답해설 | ① 5% 임오군란(1882) 직후 권력을 잡은 흥선 대원군은 별기군을 폐지하고, 5군영을 복구하였다.
③ 13% 통리기무아문을 설치(1880)하여 개화 정책을 추진하였다.
④ 14% 제1차 갑오개혁(1894) 당시 '신식화폐발행장정'을 공포하여 은 본위 화폐 제도를 표방하였다.

13 근현대 > 일제 강점기 > 의열단 오답률 34% 답 ③

| 정답해설 | ㉠ 의열단이다. ③ 66% 김원봉 등 의열단 일부 구성원은 황푸 군관 학교(중국 정부의 사관학교)에 입교하여 군사 교육을 받았으며(1925), 중국 국민당의 북벌(北伐)에 합류하였다(1927). 이러한 활동은 1932년 난징에서 조선 혁명 간부 학교를 창설하는 과정에서 중국 국민당의 지원을 받을 수 있었던 계기가 되었다.
| 오답해설 | ① 5% 신한 혁명당 인사들은 공화주의를 표방하는 대동단결선언을 작성하여 발표하였다.
② 17% 한인 애국단 소속 이봉창은 도쿄에서 일왕이 탄 마차 행렬에 폭탄을 던졌으나 실패하였다(1932).
④ 12% 노인단 소속 강우규는 3·1 운동 이후 새로 부임하는 사이토 총독에게 폭탄을 투척하는 의거를 일으켰다.

14 근대 태동기 > 문화 > 『동사강목』 오답률 25% 답 ④

| 정답해설 | ④ 75% 안정복의 『동사강목』은 마한을 중시하고 삼국을 무통(無統, 정통이 없는 시대)으로 보는 입장에서 우리 역사의 독자적 정통론을 내세웠다. 또한 단군에서 고려까지의 역사를 치밀하게 정리하여 고증사학의 토대를 마련하였다고 평가된다.
| 오답해설 | ① 4% 『동사』는 남인 입장에서 북벌 운동과 붕당 정치를 비판한 사서이다.
② 2% 『여사제강』은 서인의 북벌 운동을 합리화하였다.
③ 19% 『해동역사』는 500여 종의 외국 자료를 인용하여 문헌적 고증을 바탕으로 저술된 기전체 형식의 사서로, 민족사 인식의 폭을 넓히는 데 이바지하였다.

15 근세 > 정치 > 임진왜란 오답률 30% 답 ④

| 정답해설 | 제시된 사건의 순서는 ㄷ. 권율의 행주대첩(1593. 2.) → ㄴ. 선조의 한성 환도(1593. 10.) → ㄹ. 원균의 칠천량 해전 패배(1597. 7.) → ㄱ. 이순신의 명량해전(1597. 9.)이다.

16 중세 > 정치 > 문산계, 무산계 오답률 24% 답 ③

| 정답해설 | 고려 성종 시기에는 당나라의 문산계 및 무산계 관제를 도입하여 중앙의 관계와 향직을 정비하였다. ③ 76% 중앙의 문·무관에게는 문산계를 부여하고, 향리·노병(老兵)·탐라의 지배층·여진의 추장·공장(수공업자) 등에게는 무산계를 주었다.

17 단원 통합 > 김구 오답률 37% 답 ①

| 정답해설 | 밑줄 친 '그'는 김구이다. 김구는 1923년 국민 대표 회의 당시 임시 정부 고수파로서, 국민 대표 회의 해산을 명하는 내무부령을 공포하고 1935년 한국 국민당을 결성하였다. ① 63% 해방 이후 김구는 통일 정부 수립 운동을 전개하였고, 평양에서 열린 남북 협상 회의(1948. 4.)에 참여하였다.
| 오답해설 | ② 12% 김원봉은 조선 민족 혁명당을 조직하고(1937), 조선 의용대(1938)를 이끌었다.
③ 22% 여운형은 안재홍과 함께 조선 건국 준비 위원회(1945. 8. 15.)를 주도적으로 조직하였다.
④ 3% 이승만이 대통령 직선제를 골자로 발췌 개헌안을 국회에 제출하였다(1952).

18 근현대 > 일제 강점기 > 한국 독립군 오답률 26% 답 ③

| 정답해설 | 제시된 자료의 ㉠은 지청천이 지휘하는 한국 독립군이다. ③ 74% 한국 독립군은 한국 독립당 산하의 군사 조직이었다.
| 오답해설 | ① 1% 박용만은 1914년 하와이에서 대조선 국민군단을 창설하였다.
②④ 9% 16% 양세봉이 지휘하는 조선 혁명군(1929)은 중국 의용군과 연합하여 영릉가 전투(1932)와 흥경성 전투(1933)에서 일본군을 격퇴하였다.

19 근현대 > 개항기 > 정미 7조약 오답률 33% 답 ④

| 정답해설 | 대한 제국의 군대를 해산시킨 협약은 정미 7조약(1907, 한·일 신협약)이다. ④ 67% 정미 7조약에서는 통감이 추천하는 일본인을 한국 관리로 임명한다는 내용이다.
| 오답해설 | ① 20% 고종은 을사늑약(1905)의 부당성을 호소하기 위해 1907년 헤이그에 특사(이상설, 이준, 이위종)를 파견하였다.
② 10% 최익현은 을사늑약 이후 거병한 을사의병장 중 한 명이다.
③ 3% 제1차 한·일 협약(1904)이 체결된 이후 재정 고문으로 들어온 메가타는 화폐 정리 사업(1905)을 실시하였다.

오답률 TOP 1

20 근현대 > 현대 > 7·4 남북 공동 성명 오답률 49% 답 ②

| 정답해설 | 제시된 사료에서 "자주적", "평화적"이라는 통일 원칙이 제시되어 있는 것으로 보아 '합의문'은 1972년 발표된 7·4 남북 공동 성명임을 알 수 있다. ② 51% 7·4 남북 공동 성명에는 남북 조절 위원회를 구성하기로 합의한 내용이 포함되어 있다.
| 오답해설 | ① 19% 남북 기본 합의서가 발표(1991. 12. 13.)된 직후 한반도 비핵화 선언(1991. 12. 31.)이 발표되었다.
③ 24% 분단 후 최초로 열린 남북 정상 회담(김대중 – 김정일)의 결과 6·15 남북 공동 선언(2000)이 발표되었다.
④ 6% 금강산 관광은 (해로를 통해) 1998년부터 시작되었다.

2017 6월 17일 시행 지방직 9급 (Ⓓ책형)

합격예상 체크

〈지방직 연도별 합격선〉

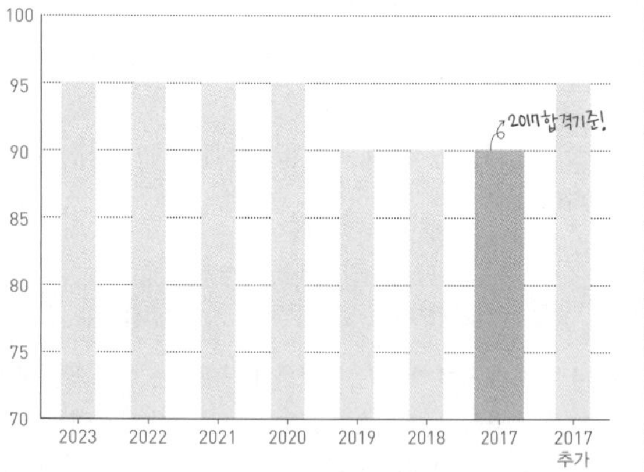

맞힌 개수	/20문항	점수	/100점

➡ □ 합격 □ 불합격

취약영역 체크

문항	정답	영역	문항	정답	영역
1	①	우리 역사의 기원과 형성 > 선사 시대	11	②	근세 > 문화 > 한양 도성
2	③	근현대 > 일제 강점기	12	④	근세 > 경제
3	②	단원 통합 > 시대별 군사 제도	13	정답 없음	근대 태동기 > 경제
4	③	우리 역사의 기원과 형성 > 국가의 형성	14	④	근세 > 정치
5	①	고대 > 사회	15	②	단원 통합 > 족보
6	④	고대 > 경제	16	③	근현대 > 현대
7	②	고대 > 정치	17	④	근현대 > 개항기
8	②	근대 태동기 > 문화	18	②	근현대 > 일제 강점기
9	②	중세 > 문화	19	④	근현대 > 현대
10	①	중세 > 경제	20	④	근현대 > 현대

⬇ 영역별 틀린 개수로 취약영역을 확인하세요!

우리 역사의 기원	/2	고대	/3	중세	/2	근세	/3
근대 태동기	/2	근현대	/6	통합	/2		

➡ 나의 취약영역: ______

※ [정답해설]과 [오답해설] 선지의 50% 표시는 〈1초 합격예측 서비스〉를 통해 수집된 선지 선택률을 나타냅니다.

1 우리 역사의 기원과 형성 > 선사 시대 > 시기별 유물

오답률 23% 답 ①

| 정답해설 | ① 77% 주먹 도끼는 구석기 시대 전기의 유물이지만, 슴베찌르개는 구석기 시대 후기의 유물이다.

2 근현대 > 일제 강점기 > 신채호

오답률 33% 답 ③

| 정답해설 | 제시된 사료는 신채호의 『조선상고사』 중 일부이다.
③ 67% 신채호는 을지문덕, 최영, 이순신 등 애국명장의 전기를 써서 애국심을 고취하였다.

| 오답해설 | ① 15% 정인보는 「5천 년간 조선의 얼」이라는 글을 〈동아일보〉에 연재하여 민족정신을 고취하였다.
② 14% 백남운은 『조선사회경제사』를 저술하여 세계사적 보편성 속에서 한국사를 해석하였다.
④ 4% 정인보와 안재홍 등이 정약용의 저술을 모아 『여유당전서』를 발간하였다.

3 단원 통합 > 시대별 군사 제도

오답률 15% 답 ②

| 정답해설 | 문제에서 제시된 군사 제도의 순서는 ㄱ. 9서당 10정(통일 신라) → ㄹ. 2군 6위, 주현군과 주진군(고려 시대) → ㄴ. 5위와 진관 체제(조선 전기) → ㄷ. 5군영과 속오군(조선 후기)이다.

4 우리 역사의 기원과 형성 > 국가의 형성 > 부여와 고구려

오답률 17% 답 ③

| 정답해설 | (가) "옷은 흰색을 숭상한다."는 문장을 통해 부여임을 알 수 있다. (나) "부여의 별종(別種)"이라는 표현을 통해 고구려임을 알 수 있다. ③ 83% (가) 부여에서는 남의 물건을 훔쳤을 때는 12배로 배상하게 하였다.

| 오답해설 | ① 8% 민며느리제는 옥저의 혼인 풍습이다.
② 3% 삼한에서는 제사장인 천군이 다스리는 (신성 지역인) 소도가 있었다.
④ 6% 단궁, 과하마, 반어피는 동예의 특산물이다.

5 고대 > 사회 > 6두품 오답률 17% 답 ①

| 정답해설 | (가) '낭혜화상백월보광탑비문(朗慧和尙白月葆光塔碑文)'은 최치원의 4산 비문 중 하나이며, (나) '대견훤기고려왕서(代甄萱寄高麗王書)'는 927년 최승우가 후백제왕 견훤을 대신하여 고려 왕건에게 보낸 서신이다. (다) '낭원대사오진탑비명(朗圓大師悟眞塔碑銘)'은 최언위가 쓴 것이다. ① 83% 최치원, 최승우, 최언위는 6두품 출신으로 당나라에 유학하여 빈공과에 급제하였으며, 뛰어난 문학적·행정적 능력을 보여 '일대 3최(一代三崔)'라고 불렸다.

| 오답해설 | ② 8% 최치원의 경우 진성 여왕 시기 당에서 돌아와 벼슬을 하였으나, 개혁이 실패하자 은둔 생활을 하였다. 따라서 고려 왕조에서도 벼슬하였다는 문장은 틀린 선지이다.

③ 3% 태학은 고구려의 국립 교육 기관이다.

④ 6% 6두품은 골품제를 비판하였고, 신라 하대에는 호족 세력과 결합하였다.

6 고대 > 경제 > 장보고 오답률 27% 답 ④

| 정답해설 | 밑줄 친 '대사'는 장보고이다. ④ 73% 헌덕왕 14년(822)에 웅주를 근거지로 반란을 일으키고, 국호를 장안, 연호를 경운이라 한 인물은 김헌창이다.

| 오답해설 | 장보고는 ② 9% 당나라에 건너가 서주 무령군 소장이 되었으나 신라에서 잡혀간 노비의 비참한 처우에 분개하여 사직하고 귀국하였다. 청해진(현재의 완도) 대사가 되자 해적을 완전히 소탕한 후, ③ 8% 당·일본에 파견한 무역선인 교관선과 교역 사절단인 견당 매물사 및 회역사를 통해 당–신라–일본의 무역을 독점하였다. 또한 ① 10% 장보고는 당의 산둥반도에 법화원을 세워 이를 지원하였다.

7 고대 > 정치 > 백제의 통치 체제 오답률 21% 답 ②

| 정답해설 | (가) 정사암으로, 제시문은 백제의 귀족 회의체인 '정사암 회의'를 말하고 있다. ㄴ. 백제 성왕 시기 중앙 관청을 22개로 확대하고, 수도는 5부, 지방은 5방 체제로 정비하였다. ㄷ. 백제 고이왕 때 16관등제를 시행하고, 자색·비색·청색의 관복을 관등에 따라 입도록 하였다.

| 오답해설 | ㄱ. 고구려에서는 대대로를 비롯한 10여 등급의 관리들이 중앙 정치를 나누어 맡았다.

ㄹ. 통일 신라 시대에는 지방 행정 조직을 9주 5소경 체제로 정비하였다.

ㅁ. 발해는 중앙에 3성 6부를 두고, 정당성의 수장(首長)인 대내상이 국정을 총괄하도록 하였다.

8 근대 태동기 > 문화 > 정약용 오답률 19% 답 ②

| 정답해설 | 제시된 사료는 정약용의 『목민심서』 중 일부이다. ② 81% 정약용은 홍역 관련 의서를 종합하여 『마과회통』을 편찬하였다.

| 오답해설 | ① 3% 안정복은 조선 시대의 역사(태조~영조)를 저술한 『열조통기』를 편찬하였다.

③ 11% 신속은 『농가집성』을 편찬하여 이앙법 보급에 공헌하였다.

④ 5% 김석문은 우리나라에서 최초로 지전설을 주장한 인물이다.

9 중세 > 문화 > 의천과 지눌 오답률 12% 답 ②

| 정답해설 | (가) 의천, (나) 지눌이다. ㄱ. (가) 의천은 교종을 중심으로 선종을 통합하여 해동천태종을 개창하였고, (나) 지눌은 선종을 중심으로 교종을 통합하여 조계종을 융성한 인물이다. ㄹ. (나) 지눌은 수선사 결사를 제창하여 불교계의 개혁을 추진하였다.

| 오답해설 | ㄴ. 신라 하대 선종은 지방 호족과 연합하여 신라 정부의 권위를 약화시켰다.

ㄷ. 유불일치설을 주장한 인물은 혜심이다.

10 중세 > 경제 > 고려의 경제 상황 오답률 30% 답 ①

| 정답해설 | 벽란도는 고려 시대 최대 무역항이다. ① 70% 고려 숙종 때 의천의 건의를 받아들여 주전도감을 설치한 후, 해동통보와 은병과 같은 화폐를 만들어 사용하였다. 다만 자급자족적 농업이 중심이었기 때문에 전국적으로 유통되지는 못하였다.

| 오답해설 | ② 7% 일본 도다이사에서 발견된 신라 촌락문서가 작성된 시기는 통일 신라 경덕왕 대로 추정된다.

③ 12% 조선 후기에 해당한다.

④ 11% 지방 장시는 조선 후기인 18세기 중엽에 이르러 1,000여 개가 개설되었다.

11 근세 > 문화 > 한양 도성 오답률 14% 답 ②

| 정답해설 | ② 86% 경복궁의 동쪽에는 종묘(역대 왕과 왕비의 신주를 모시는 공간), 서쪽에는 사직(토지와 곡식의 신에게 제사를 지내는 사당)을 배치하였다.

| 오답해설 | 한양은 통치의 중심 공간인 경복궁(① 7% 경복궁의 이름은 정도전이 지음)을 백악산 아래 남향으로 짓고 동쪽에 종묘, 서쪽에 사직을 건설하였다. 도성은 왕이 사는 공간이며, 조선의 가장 중심 지역이었기 때문에 ④ 3% 도성 밖 10리 안에는 개인의 무덤을 쓰거나 벌채를 하지 못하도록 규제하였다. ③ 4% 도성의 4대문은 유교 사상인 인·의·예·지의 덕목을 담아 숭례문(남대문), 흥인지문(동대문), 돈의문(서대문), 숙정문(북대문)으로 명명하였다.

12 근세 > 경제 > 공법 오답률 32% 답 ④

| 정답해설 | 제시된 사료에서 "답험(踏驗)의 폐단을 영원히 없애려고", "백성까지 두루 물어보니" 등의 문장을 통해, 밑줄 친 '이 제도'는 세종 때의 공법(전분 6등법, 연분 9등법)임을 알 수 있다. ④ 68% 공법은 토지의 비옥도를 6등급으로 나누고(전분 6등법), 그해의 풍흉의 정도에 따라(연분 9등법) 조세를 차등 징수하였다(1결당 최고 20두~최하 4두).

| 오답해설 | ① 6% 고려 시대와 조선 초기까지의 일반적 토지세 원칙이다.

② 11% 대동법 시행 이후 토지 소유자에게 1결당 미곡 12두의 대동세를 징수하였다.

③ 15% 인조 때 영정법이 시행되면서 전세를 풍흉과 상관없이 1결당 4~6두로 고정 과세하였다.

13 근대 태동기 > 경제 > 균역법 답 정답 없음(모두 정답 처리)

| 정답해설 | 제시된 사료는 영조 때 시행된 균역법과 관련된다.

① 4% 갑신정변 이후 발표된 정강 14개조 중 일부이다.

② 4% 대동법에 대한 설명이다.

③ 5% 대규모 전란 이후에는 황폐해진 농지 개간을 장려하고, 전국적인 양전 사업을 실시하였다. 대표적인 경우가 임진왜란 이후 광해군 시기에 시행된 양전 사업이다.

④ 87% 균역법 시행 이후 국가의 군포 수입을 보충하기 위해 일부 상류층에게 선무군관이라는 칭호를 주고 군포 1필을 납부하게 하였다. 이것을 '선무군관포'라고 한다.

14 근세 > 정치 > 임진왜란의 전개 과정 오답률 30% 답 ④

| 정답해설 | ④ 70% 신립은 충주 탄금대 전투에서 일본군에게 패배하였다. 상주 전투에서 패배한 인물은 이일이다.

15 단원 통합 > 족보 오답률 13% 답 ②

| 정답해설 | ② 87% 현존하는 가장 오래된 족보는 성종 7년(1476) 서거정이 편찬한 『안동 권씨 성화보』이다.

16 근현대 > 현대 > 헌법의 개정 오답률 38% 답 ③

| 정답해설 | (가) 1980년 국가보위비상대책위원회가 주도한 제8차 개헌의 내용이다.

(나) 1948년 제정된 제헌 헌법이다.

(다) 1954년 사사오입을 통해 통과된 제2차 개헌이다.

(라) 1972년 10월 공포된 유신 헌법 내용이다.

③ 62% 진보당 사건은 1958년 발생하였으며, 이 시기는 사사오입 개헌(제2차 개헌)이 적용되던 시점이다.

| 오답해설 | ① 4% 남·북한이 함께 유엔에 가입한 것은 1991년이며, 당시는 제9차 개헌(1987년 개헌)이 적용된 시기이다.

② 8% 휴전협정은 1953년 7월 27일 체결되었고, 이 시기는 발췌 개헌(1952, 제1차 개헌)이 적용되었던 시기이다.

④ 26% 민족 통일을 위한 남북 공동 성명(1972, 7·4 남북 공동 성명)은 유신 헌법 이전에 발표되었다.

17 근현대 > 개항기 > 『조선책략』 오답률 23% 답 ④

| 정답해설 | 제시된 자료는 2차 수신사였던 김홍집이 1880년 국내에 소개한 『조선책략』이다. ④ 77% 최익현의 5불가소(1876)는 강화도 조약에 반대하는 상소였다.

| 오답해설 | ① 7% 육영 공원은 1880년대에 설립된 근대 교육 기관이다(1886).

② 10% 임오군란(1882) 이후 일본과 제물포 조약이 체결되었다.

③ 6% 급진 개화파가 우정총국 개국 축하연을 이용하여 갑신정변을 일으켰다(1884).

오답률 TOP 2

18 근현대 > 일제 강점기 > 조소앙 오답률 42% 답 ②

| 정답해설 | 삼균 제도는 '삼균주의'를 의미하며, 조소앙과 관련된 설명이다. ② 58% 조소앙은 김구, 김규식과 마찬가지로 제헌 국회의원 선거에 출마하지 않았다. 다만 제2대 국회의원 선거(1950. 5. 30.)에서 성북구에 출마하여 국회의원에 당선되었다.

| 더 알아보기 | 조소앙의 삼균주의

> 정치·경제·교육의 균등을 지향하며 보통선거제의 확립, 주요 재산의 국유화, 국비 의무 교육의 실행 등을 강조한 사상이다.

오답률 TOP 1

19 근현대 > 현대 > 시기별 교육 제도 오답률 45% 답 ④

| 정답해설 | ④ 55% 국민교육헌장이 제정된 것은 박정희 정부의 반공 정책이 강화되던 1968년이다.

| 오답해설 | 광복 이후 교육 정책은 미 군정청 산하의 학무국 중심으로 시행되었다. ① 7% 미군정 시기 학무국에서는 미국식 민주주의 교육 실시와 6-3-3-4의 단선형 학제로 결정하였다. 기존의 5년제 중학교를 중학교 3년 및 고등학교 3년으로 분리하고, 학기도 2학기제로 바꾸었다. 한편 대한민국 정부 수립 이후에는 미 군정 시대의 교육 제도를 바탕으로 교육법이 공포(1949. 12.)되어 학제가 공식화되었고(1951년부터 실시), ② 11% 초등 교육을 '의무 교육화'(1950. 6.) 하였다. 한편 ③ 27% 입시 과열을 막기 위해 1969년부터 중학교 무시험 진학 제도가 도입되었다.

오답률 TOP 3

20 근현대 > 현대 > 반민족행위처벌법 오답률 39% 답 ④

| 정답해설 | 제시된 사료는 반민족행위처벌법(1948. 9., 반민법)의 내용이다. ④ 61% 여수·순천 10·19 사건은 1948년 10월 19일 발생하였다.

2017 12월 16일 시행 지방직 9급 추가 (Ⓐ책형)

합격예상 체크

〈지방직 연도별 합격선〉

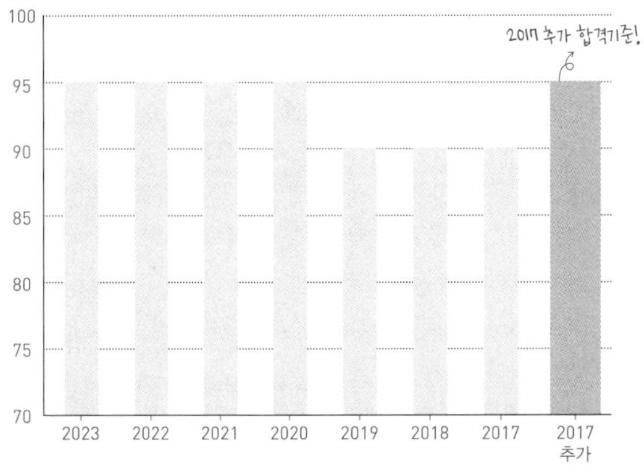

맞힌 개수	/20문항	점수	/100점

➡ □ 합격 □ 불합격

취약영역 체크

문항	정답	영역	문항	정답	영역
1	④	고대 > 경제	11	②	근현대 > 개항기
2	①	근세 > 정치	12	④	근현대 > 일제 강점기
3	②	고대 > 정치	13	②	근현대 > 일제 강점기
4	③	중세 > 경제	14	①	근현대 > 현대
5	①	우리 역사의 기원과 형성 > 국가의 형성	15	①	근세 > 문화
6	①	고대 > 문화	16	②	근대 태동기 > 사회
7	②	중세 > 정치	17	③	근현대 > 개항기
8	③	중세 > 문화	18	②	근대 태동기 > 문화
9	③	고대 > 정치	19	④	근현대 > 일제 강점기
10	④	고대 > 사회	20	②	근현대 > 현대

⬇ 영역별 틀린 개수로 취약영역을 확인하세요!

우리 역사의 기원	/1	고대	/5	중세	/3	근세	/2
근대 태동기	/2	근현대	/7	통합	–/0		

➡ 나의 취약영역: ____________

※ [정답해설]과 [오답해설] 선지의 50% 표시는 〈1초 합격예측 서비스〉를 통해 수집된 선지 선택률을 나타냅니다.

1 고대 > 경제 > 신라 촌락 문서(민정 문서) 오답률 25% 답 ④

| 정답해설 | 신라 촌락 문서(민정 문서)에는 호구, 인구, 토지, 수목(뽕·잣·호두), 가축(소·말) 등을 조사하였으며, 이를 근거로 조세 수취와 노동력 징발의 기준을 정하였다. 촌주가 매년 변동 사항을 조사하여 3년마다 다시 작성하였다. ④ 75% 촌락을 통제하기 위한 촌주는 지방관이 아니라 그 지역의 토착 세력이었다.

2 근세 > 정치 > 세종의 업적 오답률 15% 답 ①

| 정답해설 | 제시된 내용은 세종 때 편찬된 『삼강행실도』이다.
① 85% 세종 때는 압록강과 두만강 지역에 4군(최윤덕의 활약)과 6진(김종서의 활약)을 설치하였다.

| 오답해설 | ② 3% 훈구 세력을 견제하기 위해 사림을 적극 중용한 왕은 성종과 중종이다.
③ 11% 성종 때 『국조오례의』를 편찬하여 국가의 예법과 절차를 정하였다.
④ 1% 인조 때 영정법이 시행되면서 대부분 하등으로 토지의 등급을 정하여, (기존 공법에 비해) 전세가 경감되었다.

3 고대 > 정치 > 백제 성왕의 업적 오답률 26% 답 ②

| 정답해설 | 밑줄 친 '왕'은 백제의 성왕이다. ② 74% 성왕은 수도를 사비로 옮기고 국호를 남부여로 바꾸었다(538).

| 오답해설 | ① 10% 백제의 불교 공인(384)은 침류왕 때이다.
③ 14% 근초고왕은 평양성을 공격하여 고국원왕을 전사시켰다(371).
④ 2% 개로왕은 (고구려 장수왕의 남하 정책을 저지하기 위해) 북위에 국서를 보내 도움을 요청하였으나 실패하였다.

4 중세 > 경제 > 녹과전 오답률 24% 답 ③

| 정답해설 | ③ 76% 개경 환도(1270) 이후인 원종 12년(1271)에 경기 8현을 대상으로, 관료들에게 ㉠ 녹과전을 지급하였다.

| 오답해설 | ① 8% 문종 3년 제정된 공음전(공음 전시과)은 5품 이상 관료에게 지급되는 토지로, 세습이 가능하였다.
② 9% 구분전은 자손이 없는 하급 관리나 군인의 유가족에게 지급되었던 토지이다.
④ 7% 고려 후기부터 조선 초기까지 운영되었던 사패전은 공신사패전(일종의 공신전)과 토지 개간을 목적으로 지급되었던 개간사패전으로 구분되었다.

5 우리 역사의 기원과 형성 > 국가의 형성 > 고구려

오답률 39% 답 ①

| 정답해설 | 제시된 내용 중 "좌식자"와 "부경"(약탈 경제를 상징하는 창고)을 통해 고구려에 대한 사료임을 알 수 있다. ① 61% 전쟁에 나갈 때 우제점(牛蹄占)을 쳐서 승패를 예측한 것은 부여이다.

| 오답해설 | ② 18% 중국 역사서 『후한서』에는 "고구려는 10월에 제천 의식을 지내는데, 밤에 남녀가 모여 노래하고 귀신과 영성(靈星, 농사를 주관하는 별), 사직에 제사를 드린다. 이를 동맹(東盟)이라 부른다."는 기록이 있다.

③ 9% 고구려에서는 금, 은의 패물로써 후하게 장례를 치렀으며(후장제), 돌무지무덤(적석총)을 만들었다.

④ 12% 고구려에서 신랑은 처가 쪽에 머물면서 자식이 장성한 다음에야 부인을 데리고 본가로 돌아왔다. 이를 서옥제라고 한다.

6 고대 > 문화 > 황룡사 9층 목탑

오답률 15% 답 ①

| 정답해설 | 제시된 사료의 "황룡사에 절을 짓다."와 "백제에서 아비지를 데려와 이 탑을 건축하였다."는 내용을 통해 밑줄 친 '탑'은 황룡사 9층 목탑임을 알 수 있다. ① 85% 황룡사 9층 목탑은 선덕여왕 때 자장 율사의 건의로 만들어졌으며, 몽골 침략 시기에 소실되었다.

| 오답해설 | ② 3% 분황사 탑은 돌을 벽돌모양으로 다듬어 쌓은 모전 석탑(벽돌 탑을 모방한 석탑)이다.

③ 10% 백제 미륵사지 석탑은 목탑 양식이 반영된 석탑이다.

④ 2% 선종이 보급되면서 승려의 사리를 봉안하기 위해 승탑이 만들어졌다.

오답률 TOP 3

7 중세 > 정치 > 현종의 업적

오답률 47% 답 ②

| 정답해설 | 제시문의 사건은 '강조의 정변'이다. 강조의 정변으로 목종이 폐위되고, 현종이 즉위하였다. ② 53% 지방관이 없는 속군에 감무를 파견한 것은 예종 때의 사실이다.

| 오답해설 | ① 20% 현종 때 거란의 침략을 부처의 힘을 통해 막고자, (초조)대장경 조판 사업이 시작되었다.

③ 15% 현화사는 현종이 부모의 명복을 빌고자 창립한 사찰이다.

④ 12% 현종 때 개성부를 폐지하고 경중(京中) 5부와 경기를 구획하였다.

8 중세 > 문화 > 의천

오답률 39% 답 ③

| 정답해설 | 속장경(교장)의 목록인 『신편제종교장총록』을 편찬한 승려는 의천이다. ③ 61% 의천은 종파간 화합을 추구한 원효에게서 우리나라 천태교학의 전통을 찾았다.

| 오답해설 | ① 8% 고려 말 보우는 선종의 일파인 임제종을 들여와 전파하였다.

② 9% 지눌은 거조암, 길상사 등에서 정혜결사를 주도하였다.

④ 22% 균여는 성속무애 사상을 주장하며 종단을 통합하려 하였다.

9 고대 > 정치 > 발해의 통치 체제

오답률 17% 답 ③

| 정답해설 | ③ 83% 발해에서는 정당성 아래의 6부(충·인·의·지·예·신)가 정책을 집행하였다.

| 오답해설 | ①②④ 7% 5% 5% 관리 감찰 기관인 사정부, 중앙군인 9서당, 중앙의 6부, 지방의 9주는 통일 신라의 제도이다.

10 고대 > 사회 > 진골 귀족

오답률 18% 답 ④

| 정답해설 | 밑줄 친 "김춘추(이후 무열왕으로 즉위)", "김주원", "김경신"(이후 원성왕으로 즉위)은 모두 진골 출신이다. ④ 82% 진골은 중앙 관부와 지방 행정 조직의 장관직에 오를 수 있었다.

| 오답해설 | ① 5% 진골은 1관등(이벌찬)에서 17관등(조위)까지 모든 관등을 맡을 수 있었으며, 맡은 관등에 따라서 관복 색깔은 달라졌다.

② 6% 신라 하대 6두품은 골품제의 모순을 비판하면서 과거제 도입을 주장하였다.

③ 7% 귀향형(죄를 지으면 본관지로 귀향시키는 형벌)은 고려 시대 지배 계급에게 적용되었다.

11 근현대 > 개항기 > 신미양요, 척화비

오답률 17% 답 ②

| 정답해설 | 제시된 내용 중 "미국이 제너럴 셔먼호 사건을 구실로 (강화도의) 광성보를 침략"과 "어재연의 항쟁"을 통해 신미양요(1871)임을 알 수 있다. ② 83% 신미양요 이후 흥선 대원군은 전국 각지에 척화비를 세워 서양의 침략을 경계하였다.

| 오답해설 | ① 1% 이만손이 주도한 영남 만인소는 『조선책략』의 유포에 대한 반발로 시작되었다.

③ 5% 독일인 오페르트는 흥선 대원군의 아버지인 남연군의 묘를 도굴하려다 실패하였다(1868, 오페르트 도굴 사건).

④ 11% 병인양요(1866) 당시 양헌수 부대는 정족산성에서 프랑스군을 격퇴하였다.

12 근현대 > 일제 강점기 > 신간회

오답률 13% 답 ④

| 정답해설 | 제시된 사료는 신간회(1927)의 강령이다. ④ 87% 신간회에서는 광주 학생 항일 운동의 진상 조사 활동을 벌였다.

| 오답해설 | ① 6% 조선 물산 장려회는 평양(1920), 서울(1923)에서 만들어진 물산 장려 운동 추진 조직이다.

② 1% 조선어 학회에서는 한글 맞춤법 통일안을 제정하였다(1933).

③ 6% 암태도 소작 쟁의는 1920년대의 대표적 농민 운동이다(1923).

13 근현대 > 일제 강점기 > 카이로 선언 오답률 21% 답 ②

| 정답해설 | ② 79% ㉠ 카이로 선언(1943. 11.)에서 미국(루스벨트 대통령), 영국(처칠 수상), 중국(장제스 총통)은 '한국인이 노예적 상태에 있음을 유의하여, 적당한 절차를 거쳐 한국을 독립시킬 것'을 결의하였다.

| 오답해설 | ① 7% 얄타 협정(1945. 2.)에서 미국(루스벨트), 영국(처칠), 소련(스탈린)은 상당 기간 한반도에 신탁 통치할 것을 밀약하였다.

③ 12% 포츠담 선언(1945. 7.)에서 미국(트루먼), 영국(애틀리), 소련(스탈린), 중국(장제스)은 한국의 독립을 재확인하였다.

④ 2% 트루먼 독트린은 1947년에 자유주의 진영에 대한 공산주의 세력의 위협에 힘으로 대응한다는 의사를 명백히 하여 냉전을 공식화하였다.

14 근현대 > 현대 > 제1·2차 경제 개발 계획 오답률 30% 답 ①

| 정답해설 | ① 70% 제1차 경제 개발 5개년 계획(1962~1966), 제2차 경제 개발 5개년 계획(1967~1971) 시기에 해당하는 것은 경부 고속 국도 건설(1970)이다.

| 오답해설 | ② 2% 김영삼 정부 시기 금융 실명제가 전격적으로 실시되었다(1993).

③ 4% 김영삼 정부 시기에 경제 협력 개발 기구(OECD)에 가입하였다(1996. 12.).

④ 24% 연 수출 총액이 늘어나 수출 100억 달러가 달성된 것은 1977년의 일이다.

15 근세 > 문화 > 조선 왕조 『의궤』 오답률 23% 답 ①

| 정답해설 | ① 77% 『가례도감의궤』는 조선 초기부터 제작되었다. 다만 현재 남아 있는 것은 조선 후기에 제작된 것들이다.

오답률 TOP 2

16 근대 태동기 > 사회 > 조선 후기의 평안도 오답률 59% 답 ②

| 정답해설 | ② 41% 조선 후기에는 평안도 지역의 상업 및 광업 발전으로 이주민들의 수가 늘어나 인구가 증가하였다. 두 차례의 호란(정묘호란, 병자호란)에서 평안도 지역은 임진왜란만큼의 대규모 피해를 입지는 않았다.

| 오답해설 | ① 2% 평안도 사람들은 서북인으로 불리며, 지역적 차별을 받았다.

③ 50% 평안도에서 중국과의 교역을 통해 부를 축적한 계층이 늘어나면서 과거를 준비할 여력이 있는 사람이 많아졌고, 그 결과 영조 이후에 문과 합격자의 비중이 높아졌다. 그러나 지역적 차별 때문에 홍문관이나 승문원 등의 청요직에 진출하기는 어려웠다.

④ 7% 중국과의 무역량이 증가하면서 의주의 만상, 평양의 유상, 정주 상인 등이 많은 부를 축적하였다.

17 근현대 > 개항기 > 러·일 전쟁 이후의 역사 오답률 40% 답 ③

| 정답해설 | 러·일 전쟁(1904), 고종의 강제 퇴위(1907), 대동단결 선언(1917)이다. ③ 60% (나) 105인 사건은 신민회 해체와 관련된 사건으로 1911년에 해당한다.

| 오답해설 | ① 9% 독립 협회가 중심이 된 헌의 6조의 결의는 1898년에 해당한다.

② 18% 독도를 울릉군 관할로 한다는 내용의 대한 제국 칙령 제41호는 1900년 발표되었다.

④ 13% 재정 고문 메가타가 주도한 화폐 정리 사업은 1905년부터 시작되었다.

18 근대 태동기 > 문화 > 조선 후기 사상의 동향 오답률 25% 답 ②

| 정답해설 | ㄱ. 서울 부근의 일부 남인 학자들은 천주교를 신앙으로 수용하였다.

ㄷ. 효종 사후 서인과 남인 간의 복상 기간에 대한 견해 차이로 예송 논쟁이 발생하였다.

| 오답해설 | ㄴ. 정조는 문체반정을 통해 기존 문체로 회귀할 것을 명령하였다.

ㄹ. 인성과 물성의 동·이론 논쟁은 노론 내부의 논쟁이었다.

19 근현대 > 일제 강점기 > 의열단 오답률 14% 답 ④

| 정답해설 | 1919년 김원봉, 윤세주 등이 만주 지린성에서 조직한 밑줄 친 '단체'는 의열단이다. ④ 86% 의열단 단원인 김익상은 조선 총독부에 폭탄을 투척하였다.

| 오답해설 | ① 3% 대한민국 임시 정부는 중국 충칭에서 한국광복군을 조직하였다(1940).

② 4% 한국 국민당, 조선 혁명당, 한국 독립당이 통합하여 한국 독립당이 결성(1940)되었다. 한국 독립당은 대한민국 임시 정부의 기초 정당이었다.

③ 7% 양세봉의 조선 혁명군은 중국 의용군과 연합하여 영릉가 전투에서 일본군을 물리쳤다.

오답률 TOP 1

20 근현대 > 현대 > 1990년대 통일을 위한 노력 오답률 64% 답 ②

| 정답해설 | 제시된 사건의 순서는 ㄱ. 남북한 동시 유엔 가입(1991. 9.) → ㄷ. '남북 사이의 화해와 불가침 및 교류·협력에 관한 합의서' 체결(1991. 12.) → ㄹ. '북미 제네바 기본 합의서' 채택(1994. 10.) → ㄴ. 분단 후 첫 금강산 관광 사업 시작(1998)이다.

2023 6월 10일 시행 서울시 9급 (Ⓑ책형)

합격예상 체크

맞힌 개수	/20문항	점수	/100점

➡ □ 합격 □ 불합격

취약영역 체크

문항	정답	영역	문항	정답	영역
1	①	우리 역사의 기원과 형성 > 선사 시대	11	②	고대 > 정치
2	④	고대 > 문화	12	④	중세 > 경제
3	④	중세 > 정치	13	②	근현대 > 개항기
4	④	근세 > 문화	14	③	근현대 > 일제 강점기
5	③	근대 태동기 > 정치	15	③	근현대 > 일제 강점기
6	④	근현대 > 일제 강점기	16	③	고대 > 경제
7	②	근현대 > 현대	17	①	근현대 > 개항기
8	④	근대 태동기 > 문화	18	③	중세 > 문화
9	①	근현대 > 개항기	19	①	근세 > 정치
10	②	근세 > 경제	20	①	근현대 > 일제 강점기

⬇ 영역별 틀린 개수로 취약영역을 확인하세요!

우리 역사의 기원	/1	고대	/3	중세	/3	근세	/3
근대 태동기	/2	근현대	/8	통합	–/0		

➡ 나의 취약영역: ______

※ 해당 회차는 〈1초 합격예측 서비스〉의 데이터 누적 기간이 충분하지 않아 오답률, 선지 선택률 기재를 생략하였습니다.

1 우리 역사의 기원과 형성 > 선사 시대 > 청동기 시대 답 ①

| 정답해설 | ① 청동기 시대에도 반달 돌칼, 바퀴날 도끼, 홈자귀 등 석기 농기구가 사용되었다.

| 오답해설 | ② 청동기 시대에는 (청)동검, 청동 거울, 청동 방울 등을 제작하였다.

③ 청동기 시대에는 생산력이 발전하면서 사유재산제와 계급이 발생하였다.

④ 청동기 시대에는 민무늬 토기, 미송리식 토기, 붉은 간 토기 등이 사용되었다.

2 고대 > 문화 > 고대의 유물 답 ④

| 정답해설 | ④ 「무구정광대다라니경」은 현존하는 세계 최고(最古)의 목판 인쇄물로 불국사 3층 석탑(석가탑)에서 발견되었다.

| 오답해설 | ① (가) 무령왕릉은 중국 남조의 영향을 받은 벽돌무덤이다.

② (나) 발해의 영광탑은 당의 영향을 받아 만들어진 5층 벽돌탑이다.

③ (다) 고구려의 강서 대묘에는 도교의 영향을 받은 사신도 벽화가 그려져 있다.

3 중세 > 정치 > 정방 답 ④

| 정답해설 | ④ 최우(=최이, 집권 시기 1219~1249)는 자기 집에 정방을 설치(고종 12년, 1225)하여 인사권을 장악하였다.

| 오답해설 | ① 교정도감은 1209년(희종 5년) 최충헌이 설치한 최고 권력 기구이다.

② 도방은 1179년(명종 9년) 경대승이 처음 조직한 사병 집단이다.

③ 중방은 고려 시대 상장군과 대장군의 회의 기관이다. 무신정권 초기인 정중부·이의민 집권 시기에는 정치의 중심 기구가 되었다.

4 근세 > 문화 > 『칠정산』 내외편 답 ④

| 정답해설 | ㉠은 『칠정산』 내외편이다. 중국 역법은 중국 수도인 북경을 중심으로 하였다. 북경과 한양은 경도 및 위도가 달랐으므로 태양이 뜨고 지는 시각, 달이 뜨고 지는 시각 등이 달라 예보가 자주 틀렸다. 전통 사회에서는 일식이나 월식과 같은 천문 현상이 제왕의 권위와 정치의 잘잘못을 평가하는 민감한 사안이었다. 이에 우리 실정에 맞는 역법을 갖추려는 세종의 자주적인 의지와 노력에 힘입어 『칠정산』 내외편이 탄생하였다. 『칠정산(七政算)』은 1444년(세종 26년)에 이순지와 김담(金淡)이 우리나라 역대의 역법(曆法)을 정리하고, 중국 및 아라비아의 역법을 참고하여 만든 것으로 내

편(內篇)과 외편(外篇)으로 이루어졌다. 내편은 원나라의 수시력(授時曆)을 이해하기 쉽게 해설하면서 서울(한양)을 기준으로 해와 달, 행성들의 운행을 정리하였고, 외편은 서역(西域)의 회회력법(回回曆法)을 연구하여 해설하였다.

| 오답해설 | ①『향약채취월령』은 세종 10년(1428) 유효통 등이 왕명으로 편찬하기 시작하여 세종 13년(1431)에 완성하였다. 우리나라 약초의 적절한 채취시기를 월령으로 만든 책이다.

②『의방유취』는 당·송·원·명의 중국 의서와 국내 의서 153종을 망라하여 편찬한 동양 최대의 의학 백과사전이다(세종 27년, 1445).

③ 세종 때 정초, 변효문 등이 편찬한『농사직설』은 우리나라에서 편찬된 최초의 농서로서, 중국의 농업 기술을 수용하면서 우리 실정에 맞는 독자적인 농법을 정리하였다. 특히 씨앗의 저장법, 토질의 개량법, 모내기법(이앙법) 등 농민들이 실제 경험한 농사법을 종합했다는 점에서 의의가 있다.

5 근대 태동기 > 정치 > 정조 답 ③

| 정답해설 | 친위부대인 장용영을 통해 밑줄 친 '이 왕'이 정조임을 알 수 있다. ㄴ. 정조는 상공업을 진흥시키기 위해 통공정책(1791, 신해통공)을 단행하였다.

ㄷ. 정조는 젊은 관료들을 재교육하기 위해 초계문신제를 실시하였다.

| 오답해설 | ㄱ. 영조는 탕평의 의지를 반영하여 성균관 입구에 탕평비를 설치하였다(영조 18년, 1742).

6 근현대 > 일제 강점기 > 전시 동원 체제 답 ④

| 정답해설 | 제시한 보기 중 '금붙이, 쇠붙이 밥그릇마저 모조리 긁어 갔다.'라는 내용을 통해 '전시 동원 체제'(1938년 국가총동원법 발표 이후)임을 알 수 있다. ④ 어업령(1911), 삼림령(1911), 광업령(1915) 등은 1910년대 무단 통치 시대에 제정된 법령이다.

| 오답해설 | ① 1943년 조선 식량 관리령을 제정하여 곡물을 강제로 공출하였다.

② 1944년 여자 정신 근로령(여자 정신대 근무령)을 통해 한국 여성에 대한 강제 동원이 이루어졌다.

③ 기업 정비령(1942) 및 기업 허가령(1941)을 시행하여 기업 통제를 강화하였다.

7 근현대 > 현대 > 광복 이후 사건 답 ②

| 정답해설 | 제시된 사건의 순서는 다음과 같다. ② ㄱ. 카이로 선언(1943. 12. 1.) → ㄹ. 얄타회담(1945. 2. 4.~1945. 2. 11.) → ㄷ. 포츠담 선언(1945. 7. 26.) → ㄴ. 모스크바 3국 외상 회의(1945. 12. 16.~1945. 12. 25.) → ㅁ. 5·10 선거(1948. 5. 10.)

8 근대 태동기 > 문화 > 정약용 답 ④

| 정답해설 | 제시된 사료는 정약용의 여전론이다. ④ 정약용은 목민관(수령)의 수신 교과서인『목민심서』를 저술하였다.

| 오답해설 | ① 박제가는『북학의』를 저술하였다.

② 이익은 백과사전인『성호사설』을 저술하였다.

③ 유형원은『반계수록』을 저술하였다.

9 근현대 > 개항기 > 갑신정변 답 ①

| 정답해설 | 밑줄 친 '이 사건'은 갑신정변(1884)이다. ① 임오군란을 진압한 청은 조선과 조·청 상민 수륙 무역 장정을 체결하였다.

| 오답해설 | ② 갑신정변은 우정총국 개국(낙성) 축하연을 기회로 김옥균 등 급진 개화파가 일으킨 사건이다.

③ 급진 개화파는 청과 종속 관계를 청산하여 자주독립을 확고히 하고자 하였다. 급진 개화파들은 정강 14개조를 발표하고 개혁을 추진하려 하였으나 청군의 개입으로 3일 만에 실패하였다.

④ 갑신정변 이후, 조선과 일본 사이에는 한성 조약이 체결되었고 청과 일본 사이에는 톈진 조약이 체결되었다. 톈진 조약을 통해 일본과 청은 향후 조선으로 군대 파견할 때, 상대국에게 알리도록 하였다.

10 근세 > 경제 > 과전법 답 ②

| 정답해설 | 조준의 토지 개혁 상소문이 제출된 후, 1391년 과전법이 공포되었다. 과전법은 신진 사대부의 경제적 기반을 확보하고, 농민 생활 안정을 통해 국가 재정을 확충하려는 목적으로 시행되었다. ② 과전법은 전·현직 관리를 18과로 구분하여 최고 150결에서 10결까지 경기 지역의 토지'만' 수조권을 차등 지급하였으며 농민의 경작권을 법적으로 보장하였다. 한편 과전법에서 주목되는 토지로 수신전(남편 죽은 후 부인에게 지급)과 휼양전(부모 죽은 후 어린 자손들에게 지급)이 있었는데, 이 토지들은 실질적으로 세습되었다.

| 오답해설 | ① 과전법은 전지만 지급하였다. 한편 전시과에서는 전지와 시지를 지급하였다.

③ 과전법을 통해 전·현직 관리 모두에게 토지가 지급되었다.

④ 조선 후기 영정법이 시행(인조 13년, 1635)되면서 토지에 부과되는 세금을 4~6두로 고정하였다.

11 고대 > 정치 > 백제의 제도 답 ②

| 정답해설 | 정사암 회의는 백제의 귀족 회의체이다. ② 백제에서는 전국을 5방으로 나누고, 그 책임자를 '방령'이라 불렀다.

| 오답해설 | ① 고구려는 지방을 5부로 나누고 그 책임자로 욕살을 파견하였다. 그리고 그 휘하의 각 성에는 처려근지가 파견되어 통치를 담당하였다.

③ 신라에서는 각 주에 정을 두고, 진골 출신의 장군이 지휘하였다.

④ 고구려는 제5관등(『한원』 기준 조의두대형) 이상의 귀족들이 제가 회의에 참여하였다.

12 중세 > 경제 > 고려의 화폐 답 ④

| 정답해설 | 해동통보는 고려 숙종 때 설치된 주전도감에서 발행된 화폐이다. ㄴ, ㄹ. 주전도감에서는 동전인 해동중보, 삼한통보, 해동통보와 은병(활구)을 발행하였으나 널리 유통되지는 못했다.

| 오답해설 | ㄱ. 조선통보는 세종 5년(1423), 인조 11년(1633) 발행된 화폐이다.

ㄷ. 십전통보는 효종 2년(1651) 김육의 건의로 제작된 화폐이다.

13 근현대 > 개항기 > 폐정개혁안 12조 답 ②

| 정답해설 | ㄷ, ㅁ. 헌의 6조의 조항이다.

| 더 알아보기 | 폐정개혁안 12조

1. 동학도(東學徒)는 정부와의 원한(怨恨)을 씻고 서정(庶政)에 협력한다.
2. 탐관오리(貪官汚吏)는 그 죄상을 조사하여 엄징(嚴懲)한다.
3. 횡포(橫暴)한 부호(富豪)를 엄징한다.
4. 불량한 유림(儒林)과 양반의 무리를 징벌한다.
5. 노비 문서(奴婢文書)를 소각한다.
6. 7종의 천인 차별을 개선하고, 백정이 쓰는 평량갓(平凉笠)은 없앤다.
7. 청상과부(靑孀寡婦)의 개가(改嫁)를 허용한다.
8. 무명(無名)의 잡세는 일체 폐지한다.
9. 관리 채용에는 지벌(地閥)을 타파하고 인재를 등용한다.
10. 왜(倭)와 통하는 자는 엄징한다.
11. 공사채(公私債)를 막론하고 기왕의 것을 무효로 한다.
12. 토지는 평균하여 분작(分作)한다.

14 근현대 > 일제 강점기 > 한국광복군 답 ③

| 정답해설 | 제시된 내용 중 '충칭', '이범석(한국광복군 참모장)', 'OSS 특별 훈련' 등을 통해 한국광복군을 묻는 문제임을 알 수 있다.

| 오답해설 | ① 조선 의용군은 1942년 화북 지방 사회주의자들이 조직한 조선 독립 동맹의 군사 조직이다. 대표적 인물로는 김두봉과 김무정이 있다.

② 한인 애국단은 1931년 김구가 설립한 단체로서, 이봉창 의거, 윤봉길 의거(상하이 훙커우 공원 의거) 등을 주도하였다.

④ 1936년 조직된 동북 항일 연군은 기존의 동북 인민 혁명군(1933)을 확대한 항일 무장 단체이다.

15 근현대 > 일제 강점기 > 황국 신민 서사 발표 이후의 정책 답 ③

| 정답해설 | 제시된 사료는 1937년 조선 총독부가 제정한 황국 신민 서사이다. 따라서 1937년 이후 역사적 사실을 정답으로 고르면 된다. ③ 조선 사상범 예방 구금령(1941)을 제정·공포하여 항일 세력들을 탄압하였다.

| 오답해설 | ① 일제는 근대적 토지 소유권의 확립을 명목으로 임시 토지 조사국을 설치(1910)하였다. 이후 토지 조사령(1912)을 공포하는 등 토지 조사 사업(1910~1918)을 실시하였다. 그러나 실제로는 토지 수탈을 통한 지세(地稅)의 안정적 확보가 토지 조사 사업의 근본적 목적이었다.

② 일제는 항일 세력과 사회주의자들을 탄압하기 위해 1925년 치안 유지법을 공포하였다.

④ 일제는 자국의 안정적 식량 공급을 위해 1920년부터 산미 증식 계획을 추진하였다. 계획 이후 밭을 논으로 개량하는 등 미(米) 단작화(쌀농사 일변도) 현상이 가속화되면서 어느 정도의 증산은 있었으나, 증산량 이상을 일본으로 수탈하였다. 쌀 증산에도 불구하고 한국인의 미곡 소비량은 크게 줄어들었기 때문에 만주에서 대량으로 잡곡을 들여와 이를 해결하려 했다.

16 고대 > 경제 > 장보고 답 ③

| 정답해설 | 견(대)당매물사를 통해 ㉠이 장보고임을 알 수 있다. ③ 장보고는 산둥반도 적산 지방에 적산법화원(赤山法華院)을 건립하였다.

| 오답해설 | ① 김대문은 『화랑세기』를 저술하였으나 현재 전하지 않는다.

② 발해 무왕 때 장문휴는 당의 등주를 공격하였다.

④ 822년(헌덕왕 14년) 3월 신라 웅천주(熊川州: 지금의 충청남도 공주)의 도독(都督)이었던 김헌창은 신라 조정에 항거해 새로운 정부를 수립하고 국호를 '장안(長安)', 연호를 '경운(慶雲)'이라 하였다.

| 더 알아보기 | 장보고

장보고는 일찍이 당나라에 건너가 무령군 소장(武寧君小將)이 되었으나 신라에서 잡혀간 노비(奴婢)의 비참한 처우에 분개하여 사직하고 귀국했다. 청해진 대사가 되자 해적을 소탕한 후, 당·일본에 파견한 무역선인 교관선과 교역 사절단인 견당매물사와 회역사를 이용하여 동아시아 해상무역을 독점하였다. 일본 승려 엔닌(圓仁)의 『입당구법순례기』에도 장보고와 적산 법화원(장보고가 중국에 세운 절)이 소개되어 있다.
한편 837년(희강왕 3년) 왕위 계승 다툼에서 밀려난 우징(신무왕)이 청해진에 오자 이듬해 우징과 함께 반란을 일으켜 839년 민애왕을 죽이고 신무왕을 왕위에 오르게 하여 감의군사(感義軍使)가 되었다. 신무왕이 죽고 문성왕이 즉위하자 진해장군(鎭海將軍)이 되었다. 845년(문성왕 7년) 딸을 왕의 차비(次妃)로 보내려 했으나 군신들의 반대로 좌절되었다. 846년(문성왕 8년) 그의 세력에 불안을 느낀 조정에서 보낸 자객 염장(閻長)에게 살해되었다. 이후 청해진은 염장이 관리하다가 폐지되었고, 주민들은 벽골군(현재 전라북도 김제)에 강제 이주되었다.

17 근현대 > 개항기 > 1904년의 사건 답 ①

| 정답해설 | 제시된 자료는 러·일 전쟁 직후 체결된 한·일 의정서(1904. 2. 23.)이다. ① 1904년 일본이 제물포에 있던 러시아 군함을 공격하면서 러·일 전쟁이 발발하였다(1904. 2. 8.).

| 오답해설 | ② 일본은 러·일 전쟁 중 독도를 강탈하여 시마네현에 편입시켰다(1905. 2.).

③ 일본은 1907년 한·일 신협약(정미 7조약) 체결 직후, 대한 제국 군대를 해산시켰다.

④ 일본은 헤이그 특사 파견을 빌미로 1907년 고종을 강제 퇴위시켰다.

18 중세 > 문화 > 균여 활동 시기의 사실 답 ③

| 정답해설 | 제시된 인물은 균여이다. 균여는 광종 때 창건된 귀법사의 주지를 맡았으며, 화엄 교학을 정비하였다. 또한「보현십원가」를 지어 불교의 대중화에 이바지하였다. ③ 광종 때 승려 혜거는 중국에서 수용한 법안종을 중심으로 선종을 통합하고자 하였다.

| 오답해설 | ① 거란(요)은 강조의 정변을 빌미로 고려를 침략하였다(거란의 2차 침략, 현종 1년, 1010).

② 의천은 흥왕사에 교장도감(선종 3년, 1086)을 설치하고, 주석서인『교장(속장경)』을 간행하였다.

④ 현화사는 고려 현종 때 창건된 것으로 알려졌다.

19 근세 > 정치 > 임진왜란 답 ①

| 정답해설 | 제시된 사건의 순서는 다음과 같다. ① ㄴ. 한산도 대첩(1592. 7. 8.) → ㄹ. 진주 대첩(1592. 10. 5.~1592. 10. 11.) → ㄱ. 조명 연합군의 평양성 탈환(1593. 1. 6.~1593. 1. 9.) → ㄷ. 행주대첩(1593. 2. 12.)

20 근현대 > 일제 강점기 > 대한민국 임시정부 3차 개헌 이전의 활동 답 ①

| 정답해설 | 대한민국 임시정부는 1927년 3차 개헌을 통해 국무위원 중심의 집단 지도 체제를 채택하였다. ① 1925년 대한민국 임시정부에서는 대통령 이승만을 탄핵하고, 박은식을 임시 대통령으로 추대했다.

| 오답해설 | ② 1941년 11월, 조소앙의 삼균주의에 기초한 대한민국 건국 강령을 발표하였다.

③ 김구는 1931년 상하이에서 한인 애국단을 조직하였다.

④ 김구를 중심으로 1935년 한국 국민당을 조직하여 정당 정치를 운영하였다.

2022 6월 18일 시행 서울시 9급 (Ⓐ책형)

합격예상 체크

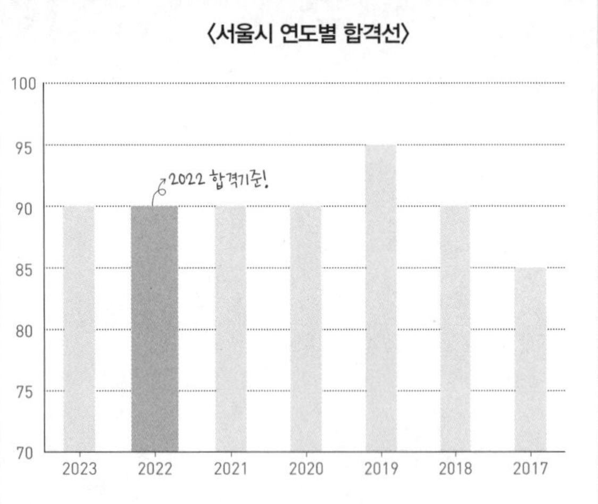

맞힌 개수	/20문항	점수	/100점

➡ □합격 □불합격

취약영역 체크

문항	정답	영역	문항	정답	영역
1	④	우리 역사의 기원과 형성 > 국가의 형성	11	④	근대 태동기 > 문화
2	③	고대 > 정치	12	②	근현대 > 개항기
3	②	근현대 > 일제 강점기	13	①	중세 > 정치
4	①	근현대 > 현대	14	④	고대 > 정치
5	①	중세 > 문화	15	④	근대 태동기 > 경제
6	③	근세 > 정치	16	②	근대 태동기 > 문화
7	①	근현대 > 개항기	17	④	근현대 > 현대
8	②	근현대 > 일제 강점기	18	③	고대 > 정치
9	③	근세 > 정치	19	④	근현대 > 일제 강점기
10	③	근현대 > 개항기	20	②	고대 > 정치

⬇ 영역별 틀린 개수로 취약영역을 확인하세요!

우리 역사의 기원	/1	고대	/4	중세	/2	근세	/2
근대 태동기	/3	근현대	/8	통합	–/0		

➡ 나의 취약영역: ____________

※ [정답해설]과 [오답해설] 선지의 50% 표시는 〈1초 합격예측 서비스〉를 통해 수집된 선지 선택률을 나타냅니다.

1 우리 역사의 기원과 형성 > 국가의 형성 > 청동기 시대

오답률 10% 답 ④

| 정답해설 | 밑줄 친 '이 시대'는 청동기 시대이다. 청동기 시대에는 고인돌, 반달 돌칼, 민무늬 토기가 제작되었다. ④ 90% 슴베찌르개(이음 도구, 창의 역할)는 구석기 시대 후기의 유물이다.

2 고대 > 정치 > 법흥왕

오답률 22% 답 ③

| 정답해설 | 〈보기〉의 "병부와 상대등의 설치", "금관가야 정복" 등을 통해 법흥왕의 업적임을 알 수 있다. ③ 78% 법흥왕은 백관의 공복을 제정하여(520) 귀족을 관료로 등급화시켰다.

| 오답해설 | ① 7% 진흥왕은 백제 성왕과 함께 고구려가 장악했던 한강 유역을 차지하였다.

② 8% 지증왕 때 우산국을 정복(512)하였으며, 이때부터 독도가 우리 영토로 편입된 것으로 본다.

④ 7% 통일 신라까지 포함하여 문무왕 때 삼국 통일을 완성하면서 대동강~원산만까지 영토를 확대하였다.

3 근현대 > 일제 강점기 > 1920년대 '문화 통치'

오답률 22% 답 ②

| 정답해설 | ② 78% 1920년대 '문화 통치' 시기에 시행된 산미 증식 계획으로 한반도에서의 식량 증산이 곧 일본으로의 식량 유출로 이어져 식량 수탈이 더욱 강화되었다.

| 오답해설 | ① 5% 일제는 1910년대 토지 조사 사업(1910~1918)을 통해 근대적 토지 소유권을 확립하고 식민지 지주 소작제를 수립하였다.

③④ 12% 5% 1930년대에 전쟁이 확대되면서 일제는 전쟁에 필요한 물자를 조달하기 위해 군수 공업 중심의 공업화 정책을 추진하였고, 우리 민족을 일본 국민으로 동화시키기 위해 민족 말살 정책을 추진하였다.

4 근현대 > 현대 > 6·25 전쟁

오답률 30% 답 ①

| 정답해설 | 제시된 사건의 순서는 ㄱ. 유엔군 인천 상륙 작전(1950. 9. 15.) → ㄴ. 중국군의 참전(1950. 10. 25.) → ㄷ. 휴전 회담 시작(개성, 1951. 7. 10.) → ㄹ. 반공 포로 석방(1953. 6. 18.)이다.

| 더 알아보기 | 6·25 전쟁의 주요 사건 전개 과정

북한의 남침(1950. 6. 25.) → 국군, 낙동강 방어선까지 후퇴 → 인천 상륙 작전(1950. 9. 15.) → 서울 탈환(1950. 9. 28.) → 38도선 돌파(1950. 10. 1.)

→ 평양 탈환(1950. 10. 19.) → 중국군 참전(1950. 10. 25.) → 흥남 철수 작전(1950. 12.) → 1·4 후퇴(서울 재철수, 1951. 1. 4.) → 서울 재수복(1951. 3. 14.)

오답률 TOP 3

5 중세 > 문화 > 고려의 교육 제도 오답률 50% 답 ①

| 정답해설 | ① 50% 숙종 때 국자감 내에 서적포를 설치하여 여러 책을 출판·인쇄하였다(1101).

| 오답해설 | ② 15% 예종 때 국자감 내에 7재를 설치하여 관학을 진흥시키고자 하였다.

③ 17% 예종은 장학 재단인 양현고를 설치하였다.

④ 18% 충렬왕 원년(1275) 국자감에서 '국학'으로 개칭되었다. 1298년 잠깐 왕위에 오른 충선왕이 관제를 개혁하면서 '성균감'으로 고쳤다가 1308년에 다시 '성균관'이 되었다. 한편 공민왕 5년(1356)에 성균관을 '국자감'으로 복칭하였으나 공민왕 11년(1362)에 '성균관'으로 다시 개칭되어 조선 왕조까지 계속되었다.

6 근세 > 정치 > 과거 제도 오답률 20% 답 ③

| 정답해설 | ③ 80% 조선 시대에도 음서(문음)가 있었으나 대상자가 축소되었고, 음서로 관직에 오른 사람은 고위 관직에 진출하기 어려웠다.

| 오답해설 | ① 3% 소과(생진과, 사마시)의 1차 시험(초시)은 각 도별 인구 비율로 합격자를 할당하였다.

② 5% 문과(대과)의 정기 시험에서는 현직 관원들도 응시할 수 있었고 합격자는 1~4등급의 품계를 올려주었다.

④ 12% 무과 식년시는 3년에 한 번씩 시행되었고 서얼도 응시할 수 있었다.

7 근현대 > 개항기 > 독립 협회 오답률 35% 답 ①

| 정답해설 | 제시문은 독립신문에 대한 내용으로, ㉠ 독립 협회(1896~1898)이다. ① 65% 전제 황권 강화를 표방한 대한국 국제(1899)는 대한 제국에서 공포하였다.

| 오답해설 | ②③④ 21% 12% 2% 독립 협회는 한러 은행 폐쇄, 러시아의 저탄소 설치를 위한 절영도 조차 요구의 좌절 등 반러 운동을 적극적으로 전개하였다. 또한 독립문·독립관·독립공원 등을 조성하였고, 정치·사회적 주제의 각종 토론회를 주최하였다.

8 근현대 > 일제 강점기 > 연해주 지역 오답률 37% 답 ②

| 정답해설 | 제시된 자료는 연해주 동포의 중앙아시아로의 강제 이주에 대한 내용이다. 1937년 소련의 스탈린은 연해주의 한인들이 소련 침략을 계획한 일본과 결탁할 수 있다는 명분으로 한인(고려인) 약 172,000명을 카자흐스탄, 우즈베키스탄 등으로 강제 이주시켰다. ② 63% 1905년 이후 연해주에서는 한인 집단촌(대표적: 블라디보스토크의 신한촌)이 형성되었고, 항일 의병 운동 및 독립운동이 활발하게 전개되었다.

| 오답해설 | ① 25% 경신참변(간도 참변)은 간도에서 발생하였다.

③ 7% 1923년 관동대지진과 한국인 학살은 일본에서 일어났다.

④ 5% 태평양 전쟁 발발 이후 한국 청년들은 중국에서 한국광복군에 합류하거나 미군에 입대하여 일본군과 싸웠다.

9 근세 > 정치 > 세조 오답률 22% 답 ③

| 정답해설 | 진관 체제, 직전법, 보법 실시는 세조의 업적이다. ③ 78% 세조는 조카인 단종을 몰아내고 왕위를 차지한 후 왕권을 안정시키고 중앙 집권 체제를 강화하였다.

| 오답해설 | ① 10% 태종 때 경복궁의 이궁으로 창덕궁을 건설하였다.

② 7% 세종 때 이종무를 파견하여 왜구의 소굴인 쓰시마섬(대마도)을 정벌하였다.

④ 5% 성종 때 『경국대전』을 반포하고 『동국통감』을 편찬하였다.

10 근현대 > 개항기 > 군국기무처 오답률 8% 답 ③

| 정답해설 | ③ 92% 1894년 6월 25일에 설립된 군국기무처는 1차 갑오개혁을 추진했던 개혁 기구이다.

| 오답해설 | ① 2% 교전소는 1897년 3월에 신구 법전의 절충과 새로운 법규 작성을 위해 설립되었다.

② 3% 집강소는 전주 화약 이후 폐정개혁안을 실현하기 위해 동학 농민군이 설치한 개혁 기구이다.

④ 3% 1862년 임술 농민 봉기 이후 삼정의 폐단을 시정하기 위해 삼정이정청을 설치하였으나 실효를 거두지는 못하였다.

오답률 TOP 1

11 근대 태동기 > 문화 > 『일성록』 오답률 57% 답 ④

| 정답해설 | ④ 43% 『일성록』은 조선 후기의 국정 운영 내용을 매일 정리한 기록물로, 국왕의 일기 형식으로 작성되었다. 1760년(영조 36)에 당시 세손이었던 정조가 처음 기록하기 시작하여 1910년(융희 4년)까지 약 151년간 저술되었으며, 2011년 유네스코 세계 기록 유산으로 등재되었다.

12 근현대 > 개항기 > 『조선책략』 오답률 27% 답 ②

| 정답해설 | 제시된 사료는 황쭌셴(황준헌)의 『조선책략』 일부이다. 『조선책략』은 1880년에 2차 수신사 김홍집이 일본에서 가져와 소개한 책으로, 조·미 수호 통상 조약 체결의 배경이 되었다. 『조선책략』의 유포로 인해 이만손 등이 영남 만인소를 올리는 등 유생들의 저항이 계속되자, 고종은 척사윤음을 내려 유생들의 불만을 달래고자 하였다. ② 73% 제물포 조약은 임오군란(1882) 이후 조선과 일본 사이에 체결된 조약이다.

13 중세 > 정치 > 고려의 중앙 정치 제도 오답률 33% 답 ①

| 정답해설 | ① 67% 중서문하성과 추밀원(중추원, 추부)의 2품 이상 고위 관료의 합좌 기구(재추 합좌 기구)인 식목도감은 법제 및 격식 제정에 관한 문제를 담당하였다. 고려 시대에는 삼사가 곡식이나 화폐 출납을 담당하는 회계·재정 기구였다.

14 고대 > 정치 > 고구려의 역사적 사실 오답률 27% 답 ④

| 정답해설 | 제시된 사건의 순서는 ㄹ. 위(魏)의 침략과 환도성 함락(동천왕, 246) → ㄷ. 낙랑군·대방군 축출(미천왕, 313~314) → ㄴ. 백제 근초고왕의 평양성 공격(고국원왕, 371) → ㄱ. 평양 천도(장수왕, 427)이다.

15 근대 태동기 > 경제 > 대동법 오답률 27% 답 ④

| 정답해설 | 제시된 사료는 방납의 폐단에 대한 내용으로, 방납의 폐단을 시정하기 위해 대동법을 실시하였다.

ㄴ. 대동법은 현물로 내는 공납 대신 토지 결수에 따라 쌀, 무명, 동전 등으로 납부하게 한 제도이다.

ㄷ. 대동법 시행 이후 정부에 관수품을 조달하는 상인인 공인이 출현하였다.

| 오답해설 | ㄱ. 인조 때 실시된 영정법은 풍흉에 관계없이 토지 1결당 4~6두의 세금을 걷는 전세 제도이다.

오답률 TOP 2

16 근대 태동기 > 문화 > 호락논쟁 오답률 55% 답 ②

| 정답해설 | ㄱ, ㄷ, ㄹ. 호론에 대한 설명이며, ㄴ. 낙론에 대한 설명이다.

| 더 알아보기 | 노론 내부의 호락논쟁

구분	호론(湖論)	낙론(洛論)
지역	충청도	서울, 경기
인물	한원진	이간
내용	• 인물성 이론 • 청을 오랑캐로 규정	• 인물성 동론 • 청의 본성은 중화와 같다고 평가
영향	위정척사 사상	북학 사상, 실학 운동

17 근현대 > 현대 > 6월 민주 항쟁 오답률 22% 답 ④

| 정답해설 | 제시된 사료는 6·10 대회 선언문(1987)이다. ④ 78% 이후 6·29 선언이 발표되었고 제9차 개헌(대통령 직선제, 임기 5년 단임제)이 이루어졌다.

| 오답해설 | ① 0% 1965년에 한·일 국교 정상화가 이루어졌다(한·일 협정, 한·일 기본 조약).

② 15% 1960년 4·19 혁명의 결과 3차 개헌(내각 책임제, 양원제)이 이루어졌다.

③ 7% 제2공화국(장면 내각)에서 장기적인 경제 발전을 위해 경제 개발 5개년 계획을 수립하였으나 실시되지는 못하였다.

18 고대 > 정치 > 진흥왕 오답률 9% 답 ③

| 정답해설 | 제시된 사료는 진흥왕 12년(551)에 신라가 백제와 연합하여 고구려를 공격한 내용이다. ③ 91% 선덕 여왕 때 자장의 건의로 황룡사 9층 목탑이 건립되었다.

| 오답해설 | ① 5% 진흥왕은 대가야를 정벌하여 가야 연맹을 소멸시켰다(562).

② 2% 진흥왕 때 화랑도가 국가적 조직으로 개편되었다.

④ 2% 진흥왕 때 거칠부가 『국사』를 편찬하였다(545).

19 근현대 > 일제 강점기 > 일제 강점기의 사회·문화 오답률 30% 답 ④

| 정답해설 | 모두 일제 강점기에 해당하는 내용이다.

ㄱ. 음식 조리에 왜간장(일본식 제조 방법으로 만들어진 간장), 조미료 등을 사용하였다.

ㄴ. 도시의 인구 증가로 토막(土幕)집이 등장하였다.

ㄷ. 일제는 몸뻬를 보급하였고 여성의 노동력을 수탈하였다.

ㄹ. 경성의 북촌에는 조선인, 남촌(혼쵸도리)에는 일본인이 주로 거주하였다.

20 고대 > 정치 > 발해 오답률 20% 답 ②

| 정답해설 | ㉠ 발해이다. ② 80% 발해는 당으로부터 해동성국으로 불렸다.

| 오답해설 | ① 7% 궁예는 후고구려를 세운 후 마진, 태봉으로 국호를 변경하였다.

③ 8% 견훤은 백제의 부흥을 표방하면서 완산주(전주)에서 후백제를 건국하였다(900).

④ 5% 패강진은 782년(신라 선덕왕 3)에 지금의 황해도 평산 지역에 설치된 군진이다.

2021 6월 5일 시행
서울시 9급 (Ⓐ책형)

합격예상 체크

〈서울시 연도별 합격선〉

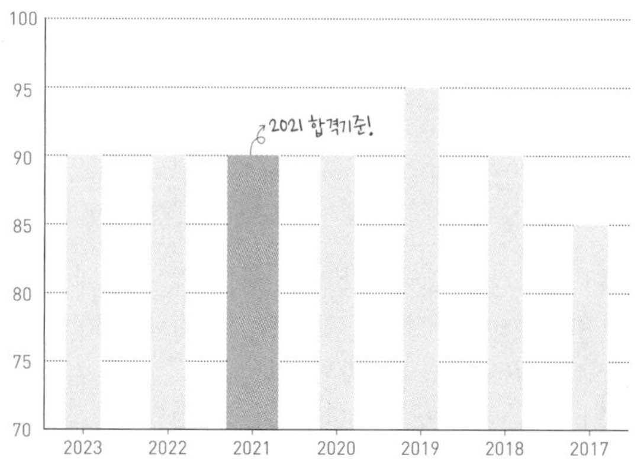

맞힌 개수	/20문항	점수	/100점

➡ □ 합격 □ 불합격

취약영역 체크

문항	정답	영역	문항	정답	영역
1	④	우리 역사의 기원과 형성 > 선사 시대	11	④	근현대 > 개항기
2	①	근현대 > 현대	12	④	고대 > 정치
3	①	근대 태동기 > 정치	13	①	중세 > 정치
4	③	근현대 > 개항기	14	②	근현대 > 일제 강점기
5	④	고대 > 정치	15	①	근대 태동기 > 정치
6	②	고대 > 문화	16	③	중세 > 문화
7	①	근현대 > 일제 강점기	17	②	중세 > 정치
8	④	중세 > 정치	18	③	근세 > 정치
9	②	근현대 > 현대	19	②	근대 태동기 > 문화
10	②	중세 > 정치	20	③	근현대 > 개항기

⬇ 영역별 틀린 개수로 취약영역을 확인하세요!

우리 역사의 기원	/1	고대	/3	중세	/5	근세	/1
근대 태동기	/3	근현대	/7	통합	–/0		

➡ 나의 취약영역: ________

※ [정답해설]과 [오답해설] 선지의 50% 표시는 〈1초 합격예측 서비스〉를 통해 수집된 선지 선택률을 나타냅니다.

1 우리 역사의 기원과 형성 > 선사 시대 > 신석기 시대
오답률 1% 답 ④

| 정답해설 | 제시된 내용은 신석기 시대에 대한 설명이다. ④ 99% 빗살무늬 토기는 신석기 시대의 대표적인 토기이다.

| 오답해설 | ① 1% 고인돌은 청동기 시대 대표적인 무덤이다.

② 0% 세형동검은 초기 철기 시대 유물이며 한국식 동검으로도 불린다.

③ 0% 거친무늬 거울은 청동기 시대 유물이다.

2 근현대 > 현대 > 제8차, 제9차 개헌
오답률 17% 답 ①

| 정답해설 | ① 83% 제8차 개헌은 대통령 선거인단을 통한 '대통령 간선제(임기 7년 단임제)', 제9차 개헌은 '대통령 직선제(임기 5년 단임제)'를 채택하였다.

3 근대 태동기 > 정치 > 영조
오답률 16% 답 ①

| 정답해설 | 밑줄 친 '이 법'은 영조 때 제정된 균역법(군포 2필 → 1필)이다. ① 84% 영조 때 『속대전』을 편찬하였다.

| 오답해설 | ② 8% 정조 때 『대전통편』을 편찬하였다.

③ 6% 고종(흥선 대원군 섭정 시기) 때 『대전회통』을 편찬하였다.

④ 2% 성종 때 『경국대전』을 편찬하였다.

4 근현대 > 개항기 > 동학 농민 운동, 청 · 일 전쟁
오답률 24% 답 ③

| 정답해설 | 청 · 일 전쟁은 1894년 6월 23일에 발발하였다. ③ 76% 따라서 전주 화약(1894. 5. 8.)과 삼례 2차 봉기(동학 농민군의 재봉기, 1894. 9.) 사이에 해당한다.

5 고대 > 정치 > 장수왕
오답률 21% 답 ④

| 정답해설 | 제시된 자료는 고구려 장수왕("고구려 왕 거련")이 백제의 수도인 한성을 함락하고 개로왕을 죽인 내용이다(475). ④ 79% 장수왕 때 고구려는 중국의 남북조와 동시에 교류하였다.

| 오답해설 | ① 2% 백제 성왕이 관산성 전투에서 신라군에게 살해되었다(554).

② 13% 신라 법흥왕 때 '건원'이라는 연호를 사용하였다(536).

③ 6% 고구려 영양왕 때 을지문덕이 살수에서 수의 군대를 물리쳤다(살수대첩, 612).

6 고대 > 문화 > 발해 문화의 고구려 계승 오답률 5% 답 ②

| 정답해설 | ② 95% 발해 문화가 고구려를 계승하였음을 보여주는 문화유산은 ㄱ. 온돌 장치, ㄷ. 굴식 돌방무덤이다.

| 오답해설 | ㄴ, ㄹ. 벽돌무덤과 주작대로는 당 문화의 영향을 받았다.

7 근현대 > 일제 강점기 > 1930년대 이후 항일 운동 오답률 20% 답 ①

| 정답해설 | ① 80% (가) 한국광복군은 미 전략 사무국(OSS)과 협력하여 국내 진공 작전을 계획하였지만, 실행하지는 못했다.

| 오답해설 | ② 6% 1938년에 중국 한커우에서 창설된 조선 의용대는 중국 관내 최초의 한인 무장 부대로, 중국 국민당 정부의 지원을 받았다.

③ 8% 양세봉이 지휘한 조선 혁명군은 중국 의용군과 연합하여 영릉가 전투, 흥경성 전투에서 일본군을 격퇴하였다.

④ 6% 지청천이 지휘한 한국 독립군은 중국 호로군과 함께 쌍성보 전투, 경박호 전투, 사도하자 전투, 대전자령 전투, 동경성 전투 등에서 일본군을 격퇴하였다.

8 중세 > 정치 > 이의민 오답률 17% 답 ④

| 정답해설 | ④ 83% 경주의 노비 출신인 이의민은 무신정변에 참여한 후 중랑장, 장군 등으로 승진하였다.

오답률 TOP 1

9 근현대 > 현대 > 유신 헌법 시기의 민주화 운동 오답률 59% 답 ②

| 정답해설 | 제시된 자료는 유신 헌법(1972. 12. 공포~1980. 10. 제8차 헌법 공포 전)에서 규정된 대통령의 긴급 조치권에 관한 내용이다. 긴급 조치는 1974년 1호를 시작으로 1975년 9호까지 발표되었다. ② 41% 반(反)유신 운동의 일환으로 각계 지도층 인사들이 명동 성당에서 「3·1 민주 구국 선언」을 발표하였다(1976).

| 오답해설 | ① 12% 1969년 3선 개헌 반대 운동이 일어났다.

③ 28% 1987년 5월 27일에 민주헌법쟁취 국민운동본부가 결성되어, 1987년 6월 민주 항쟁을 주도하였다.

④ 19% 신민당(신한 민주당)은 1985년 당론으로 직선제 개헌을 채택하였다. 이후 1986년부터 직선제 개헌을 위한 1천만 명 개헌 서명 운동을 전개하였다.

10 중세 > 정치 > 광종 오답률 10% 답 ②

| 정답해설 | 제시된 사료는 광종 때 시행된 노비안검법에 대한 내용이다. ② 90% 광종은 광덕, 준풍 등의 독자적 연호를 사용하였다.

| 오답해설 | ① 1% 3대 정종, 17대 인종 때 서경 천도를 추진하였다.

③ 6% 성종은 12목을 설치하여 지방관을 파견하고 향리 제도를 마련하였다.

④ 3% 태조는 기인 제도를 최초로 실시하여 호족들을 통제하였다.

11 근현대 > 개항기 > 대한국 국제와 헌의 6조 오답률 44% 답 ④

| 정답해설 | (가) 1899년에 공포된 대한국 국제 중 일부이며, (나) 1898년에 독립 협회가 발표한 헌의 6조 중 일부이다. ④ 56% 대한국 국제는 독립 협회 해산(1898. 12.) 이후에 공포되었다.

| 오답해설 | ① 4% 대한국 국제에서는 입법·사법·행정의 모든 권력이 황제에게 있음을 규정하였다.

② 14% 헌의 6조에서는 정부의 예산과 결산을 인민에게 공표할 것을 명시하였다.

③ 26% 고종 황제는 헌의 6조를 재가하고, 조칙 5조를 반포하였다.

12 고대 > 정치 > 4세기~5세기의 역사적 사실 오답률 13% 답 ④

| 정답해설 | (가) 고국원왕의 전사(371), (나) 광개토대왕의 신라에 침입한 왜 격퇴(400)에 해당한다. ④ 87% 소수림왕은 372년에 태학을 설립하고, 373년에 율령을 반포하였다.

| 오답해설 | ① 3% 장수왕은 국내성에서 평양성으로 천도하였다(427).

② 5% 미천왕은 낙랑군을 축출하고 대동강 유역을 차지하였다(313).

③ 5% 영양왕은 수의 요서 지역을 선제공격하였다(598).

13 중세 > 정치 > 견훤 오답률 32% 답 ①

| 정답해설 | (가) 견훤은 공산 전투(927)에서 고려에 승리하였으나, 고창 전투(930)에서는 고려에 패배하였다. ① 68% 후백제의 견훤은 오월, 후당 등에 사신을 보내 교류하였다.

| 오답해설 | ② 12% 궁예는 송악에서 철원으로 도읍을 옮겼다(905).

③ 17% 궁예는 기훤, 양길의 휘하에서 세력을 키웠고 901년 후고구려를 건국하였다.

④ 3% 태조 왕건은 예성강을 중심으로 성장한 해상 세력이다.

14 근현대 > 일제 강점기 > 1919년 이후의 역사적 사실 오답률 19% 답 ②

| 정답해설 | 제시된 사건의 순서는 ㄴ. 2·8 독립 선언(1919) → ㄱ. 〈동아일보〉, 〈조선일보〉 창간(1920) → ㄷ. 6·10 만세 운동(1926) → ㄹ. 한글 맞춤법 통일안 제정(1933)이다.

15 근대 태동기 > 정치 > 예송 논쟁, 환국 오답률 18% 답 ①

| 정답해설 | 제시된 사건의 순서는 ㄱ. 갑인예송(제2차 예송, 현종 15, 1674) → ㄷ. 경신환국(숙종 6, 1680) → ㄹ. 기사환국(숙종 15, 1689) → ㄴ. 갑술환국(숙종 20, 1694)이다.

16 중세 > 문화 > 고려 시대 회화 오답률 41% 답 ③

| 정답해설 | ㄴ. 부석사 조사당 벽화는 12세기~13세기 작품으로 추정된다.

ㄷ. 예성강도는 이령이 1124년(인종 2)에 사신 이자덕을 따라 송에 갔다가 송 휘종의 요청으로 그린 그림이다. 현재 전하지는 않는다.

| 오답해설 | ㄱ. 고사관수도는 15세기 강희안의 작품이다.

ㄹ. 송하보월도는 15세기 말~16세기 초 이상좌의 작품이다.

오답률 TOP 3

17 중세 > 정치 > 충주 전투 오답률 50% 답 ②

| 정답해설 | 제시된 사료는 몽골의 제1차 침략 당시 발생한 충주 전투(1231)에 대한 내용이다. ② 50% 광명 · 계발의 난은 1200년의 일로, 당시 진주의 공 · 사노비와 합주의 부곡민이 합세하였다.

| 오답해설 | ① 13% 몽골의 제2차 침략 당시 김윤후는 처인성에서 몽골 장수 살리타를 사살하였다(1232).

③ 20% 최우는 수도를 강화도로 옮기고(1232) 주민을 산성과 섬으로 피난시켰다.

④ 17% 몽골의 제3차 침략 당시 경주의 황룡사와 황룡사 9층탑이 소실되었다(1238).

18 근세 > 정치 > 조선 전기의 군사 제도 오답률 35% 답 ③

| 정답해설 | 제시된 자료는 세조 때 처음 실시된 보법에 대한 내용이다. ③ 65% 세조 때 지방군은 지역 단위의 방어 체제인 진관 체제로 조직되었다.

| 오답해설 | ① 13% 5군영은 선조 때 훈련도감 설치를 시작으로 하여 숙종 때 금위영이 창설되면서 완성되었다.

② 13% 2군 6위는 고려 시대의 중앙군이다.

④ 9% 임진왜란 중 속오군을 편성하여(선조 27, 1594) 양반부터 노비까지 속오군에 편입시켰다.

19 근대 태동기 > 문화 > 박지원 오답률 48% 답 ②

| 정답해설 | 제시된 사료는 박지원이 「한민명전의」에서 주장한 '한전론'(토지 소유의 상한선 설정)이다. ② 52% 박지원은 「양반전」, 「호질」 등을 지어 놀고먹는 양반을 비판하였다.

| 오답해설 | ① 5% 박제가는 『북학의』를 저술하여 청 문물의 수용을 역설하였다.

③ 23% 이익은 화폐 제도의 문제점을 지적하며 폐전론을 주장하였다.

④ 20% 정약용은 여전론을 주장하여 마을 단위로 토지를 공동 경작 · 분배할 것을 제안하였다.

오답률 TOP 2

20 근현대 > 개항기 > 홍범 14조 오답률 51% 답 ③

| 정답해설 | 제시된 사료는 1894년 12월(양력 1895년 1월)에 발표된 홍범 14조이다. ③ 49% 홍범 14조를 바탕으로 추진된 제2차 갑오개혁 때 의정부를 내각으로 개편하고, 지방 제도를 8도 체제에서 23부로 개편하였다.

| 오답해설 | ① 11% 1895년 을미개혁 당시 지방에 진위대를 설치하고 건양이라는 연호를 사용하였다.

② 31% 갑신정변 당시 급진 개화파는 정강 14조를 발표하여 내각 제도 수립, 인민 평등권 확립, 조세 개혁 등을 제시하였다.

④ 9% 동학 농민군은 전주 화약 이후 전라도 53군에 집강소를 설치하였다.

2020 6월 13일 시행 서울시 9급 (Ⓓ책형)

합격예상 체크

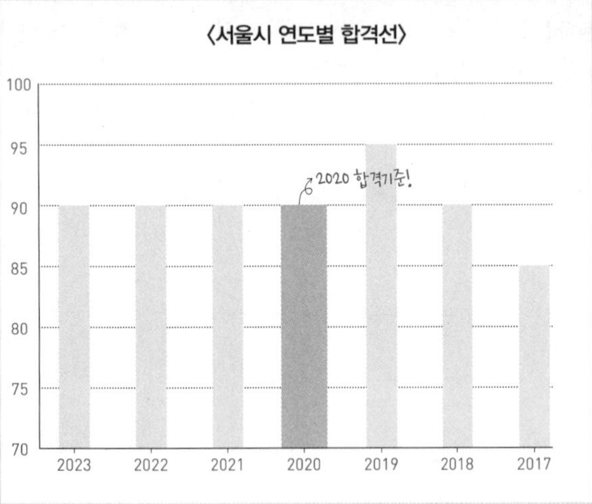

맞힌 개수	/20문항	점수	/100점

➡ □합격 □불합격

취약영역 체크

문항	정답	영역	문항	정답	영역
1	①	근대 태동기 > 경제	11	③	중세 > 경제
2	④	중세 > 정치	12	③	고대 > 정치
3	①	중세 > 정치	13	②	고대 > 정치
4	②	고대 > 문화	14	①	근현대 > 개항기
5	③	근현대 > 현대	15	④	우리 역사의 기원과 형성 > 선사 시대
6	②	근대 태동기 > 문화	16	①	우리 역사의 기원과 형성 > 국가의 형성
7	④	근대 태동기 > 정치	17	④	근현대 > 일제 강점기
8	①	근세 > 문화	18	④	근현대 > 일제 강점기
9	③	근대 태동기 > 경제	19	③	근세 > 정치
10	②	근현대 > 개항기	20	②	근현대 > 개항기

⬇ 영역별 틀린 개수로 취약영역을 확인하세요!

우리 역사의 기원	/2	고대	/3	중세	/3	근세	/2
근대 태동기	/4	근현대	/6	통합	–/0		

➡ 나의 취약영역: ________

※ [정답해설]과 [오답해설] 선지의 50% 표시는 〈1초 합격예측 서비스〉를 통해 수집된 선지 선택률을 나타냅니다.

1 근대 태동기 > 경제 > 광업 오답률 15% 답 ①

| 정답해설 | ① 85% 조선 후기에도 잠채(정부의 허가를 받지 않고 몰래 채굴하는 행위)는 사라지지 않았다.

| 더 알아보기 | 조선 후기의 광업

- 민영 수공업이 발달하자 그 원료인 광물의 수요가 급증하여 광업이 활성화됨
- 특히 청과의 무역이 확대되면서 은의 수요가 증가함
- 개인의 광산 개발을 금지하던 정부도 17세기 이후 개인에게 광산 채굴을 허용하고 세금을 받는 정책으로 전환함
- 민영 광업은 자본주인 물주(物主)가 시설과 자금을 대고 덕대(德大)가 전문적으로 경영하는 형태(자본과 경영의 분리)였음
- 광산 작업 과정은 분업에 토대를 둔 협업으로 진행됨
- 한편 광산 개발을 하면 큰 이익을 얻을 수 있었기 때문에, 몰래 광산을 개발하는 잠채가 유행함

2 중세 > 정치 > 지방 제도 오답률 14% 답 ④

| 오답해설 | ㄱ. 양계 지역은 군사 책임자인 병마사가 관할하였다.

| 더 알아보기 | 고려의 지방 제도

- 5도
  - 일반 행정 구역인 5도에는 안찰사가 파견되어 각 지역을 순찰함
  - 도 아래에는 주·부·군·현과 특수 행정 구역인 향·부곡·소 등이 존재함
  - 수령이 파견되는 주현보다 파견되지 않는 속현이 더 많았음
- 양계(동계, 북계)
  - 북방의 국경 지대에는 양계를 설치하여 군사 책임자인 병마사를 파견함
  - 국방상의 요충지에는 진을 설치함
- 각 지역의 향리는 조세·공물 징수와 노동력 징발 등 행정 실무를 담당함

3 중세 > 정치 > 최충헌 오답률 8% 답 ①

| 정답해설 | 제시된 사료는 '만적의 난'에 관한 내용이며 만적은 ㉠ 최충헌의 가노(家奴, 집안 노비)였다. ① 92% 최충헌은 무신정권의 최고 권력 기구인 교정도감을 설치하여 국정을 장악하였고, 경대승 사후에 폐지되었던 도방을 부활시켜 군사적 기반을 강화하였다.

| 오답해설 | ② 2% 광종은 노비안검법을 실시하여 억울하게 노비가 된 자를 해방하였다.

③ 2% 묘청은 서경길지설을 제시하며 서경 천도를 적극 추진하였다.

④ 4% 이자겸은 예종, 인종에게 딸들을 시집보내 권력을 잡았고, 1126년에 척준경과 함께 난을 일으켰다.

4 고대 > 문화 > 원효 오답률 30% 답 ②

| 정답해설 | 제시된 내용 중 "화쟁국사(和諍國師)로 추앙받았다"를 통해 밑줄 친 '그'가 원효임을 알 수 있다. ② 70% 원효는 『대승기신론소』를 저술하였다.

| 오답해설 | ① 5% 각훈은 『해동고승전』을 저술하였다.

③ 3% 혜초는 인도 등에 다녀와 『왕오천축국전』을 저술하였다.

④ 22% 의상은 화엄 사상의 핵심을 정리한 『화엄일승법계도』를 저술하였다.

5 근현대 > 현대 > 대한민국 정부의 개헌 오답률 11% 답 ③

| 정답해설 | 〈보기〉의 개헌 순서는 ㄷ. 발췌 개헌(제1차 개헌, 1952) → ㄱ. 3선 개헌(제6차 개헌, 1969) → ㄹ. 유신 헌법(제7차 개헌, 1972) → ㄴ. 제9차 개헌(1987)이다.

6 근대 태동기 > 문화 > 박제가 오답률 13% 답 ②

| 정답해설 | 제시된 사료는 박제가가 소비를 강조한 『북학의』 내용의 일부이다. ② 87% 중상주의 실학자 박제가는 상공업 육성, 선박, 수레 등 청의 발전된 기술을 적극적으로 수용하자고 주장하였다.

| 오답해설 | ① 4% 유형원, ③ 8% 정약용, ④ 1% 유득공에 대한 내용이다.

7 근대 태동기 > 정치 > 정조의 업적 오답률 14% 답 ④

| 정답해설 | 〈보기〉의 정책은 정조 때 채제공의 건의로 시행된 신해통공(1791, 육의전을 제외한 시전상인들의 금난전권 폐지)이다. ④ 86% 정조 때는 인재를 양성하기 위한 초계문신제가 시행되었다.

| 오답해설 | ① 7% 영조 때 법령을 정비하여 『속대전』을 편찬하였다(1746).

② 3% 숙종 때 청과 국경선을 정하고 백두산정계비를 세웠다(1712).

③ 4% 인조 때 조세 제도를 개편하여 영정법을 시행하였다(1635).

8 근세 > 문화 > 『향약집성방』 오답률 5% 답 ①

| 정답해설 | ① 95% 제시된 내용은 세종 15년(1433)에 편찬된 『향약집성방』에 대한 설명이다. 『향약집성방』은 세종의 명으로 기존의 『향약제생집성방』을 증보하여 편찬하였고, 우리 풍토에 맞는 약재와 치료 방법을 정리한 책이다.

| 오답해설 | ② 3% 『동의보감』은 허준이 광해군 2년(1610)에 완성한 의서(醫書)이다.

③ 1% 『금양잡록』은 성종 때 강희맹이 금양(현재의 경기도 시흥시·과천시, 서울시 금천구) 지방의 농법을 정리한 농서(農書)이다.

④ 1% 『칠정산』은 세종 때 이순지 등이 편찬한 역법서(曆法書)이다.

9 근대 태동기 > 경제 > 대동법 오답률 7% 답 ③

| 정답해설 | 〈보기 1〉은 광해군 때 이원익이 대동법 실시를 건의하는 내용이다. ㄴ.ㄷ. 대동법은 경기도에서 처음 시행되었으며(1608), 과세 기준을 가호(家戶)에서 토지 결수로 바꾸었다.

| 오답해설 | ㄱ. 대동법 시행 이후에도 별공, 진상 등의 현물 징수는 계속 존재하였다.

ㄹ. 풍흉의 정도에 따라 조세 액수를 조정한 것은 공법(전분 6등법, 연분 9등법)이다.

오답률 TOP 1

10 근현대 > 개항기 > 을사늑약 오답률 50% 답 ②

| 정답해설 | 제시된 〈보기〉의 사료는 〈황성신문〉 등에서 발표된 장지연의 「시일야방성대곡」 일부이다. 「시일야방성대곡」은 을사늑약(1905)을 계기로 발표되었다. ② 50% 일본은 러·일 전쟁에서 승리한 이후, 대한 제국의 외교권을 박탈하고 통감부를 설치하는 내용이 담긴 을사늑약(제2차 한·일 협약) 체결을 강요하였다. 이로써 대한 제국은 일본의 보호국으로 전락하였다.

| 오답해설 | ① 1% 아관파천(1896) 이후, 친러 내각이 수립되어 러시아의 영향력이 강화되었고 열강의 이권 침탈이 심해졌다.

③ 7% 1907년 일본은 헤이그 특사 사건을 문제 삼아 고종을 강제로 퇴위시켰고, 순종 즉위 이후 정미 7조약(한·일 신협약)을 체결하도록 하여 대한 제국의 군대를 해산시켰다.

④ 42% 1910년 총리대신 이완용과 조선 통감 데라우치 사이에 한·일 병합조약이 체결되어 국권을 상실하였다.

11 중세 > 경제 > 전시과 오답률 23% 답 ③

| 정답해설 | (가) 역분전, (나) 시정 전시과, (다) 개정 전시과, (라) 경정 전시과이다. ③ 77% (다) 개정 전시과가 적용되던 시기에는 산관(散官)에게도 토지가 지급되었다.

12 고대 > 정치 > 삼국 시대의 역사적 사건 오답률 7% 답 ③

| 정답해설 | 〈보기〉의 순서는 ㄷ. 낙랑 축출(미천왕, 313) → ㄹ. 웅진 천도(문주왕, 475) → ㄱ. 독자적 연호 건원(建元) 사용(법흥왕, 536) → ㄴ. 대가야 멸망(진흥왕, 562)이다.

13 고대 > 정치 > 신문왕의 업적 오답률 17% 답 ②

| 정답해설 | 제시된 사료는 '만파식적(萬波息笛)'의 고사로, 신문왕 때 신라의 안정된 모습을 반영하고 있다. ② 83% 신문왕은 지방 제도로 9주 5소경을 설치하였다.

| 오답해설 | ① 3% 경덕왕 때 녹읍이 부활하였다(경덕왕 16년, 757).

③ 8% 성덕왕 때 정전이 지급되었다(성덕왕 21년, 722).

④ 6% 문무왕 때 안승을 보덕국왕에 임명하는 등 고구려 부흥 운동을 지원하였다.

14 근현대 > 개항기 > 강화도 조약 오답률 27% 답 ①

| 정답해설 | 제시된 사료는 1876년 체결된 강화도 조약의 일부이다. ① 73% 만동묘는 흥선 대원군 집권 시기(1863~1873)에 철폐되었다.

| 오답해설 | ② 10% 이범윤은 간도 시찰원으로 파견되었고(1902), 이후 간도 관리사로 임명되었다(1903).

③ 9% 개화 정책을 추진하기 위한 개혁 기구인 통리기무아문이 설치되었다(1880).

④ 8% 이만손 등 영남 유생들이 만인소를 올렸다(1881).

15 우리 역사의 기원과 형성 > 선사 시대 > 신석기 오답률 7% 답 ④

| 정답해설 | 제시된 유물들은 신석기 시대의 토기들이다. ④ 93% 신석기 시대에는 갈돌과 갈판 등 간석기를 사용하였다.

| 오답해설 | ① 0% 세형동검, 잔무늬 거울 등은 초기 철기 시대의 유물이다.

② 2% 고인돌과 돌널무덤은 청동기 시대의 대표적 무덤이다.

③ 5% 공주 석장리 유적과 청원 두루봉 동굴 유적은 구석기 시대의 대표적 유적이다.

오답률 TOP 2

16 우리 역사의 기원과 형성 > 국가의 형성 > 부여 오답률 40% 답 ①

| 정답해설 | 제시된 사료는 부여의 제천 행사인 '영고'이다. ① 60% "남에게 상처를 입힌 자는 곡식으로 갚게 했다."는 내용은 고조선의 8조법 중 하나에 해당한다.

17 근현대 > 일제 강점기 > 백남운 오답률 24% 답 ④

| 정답해설 | 제시된 사료는 백남운의 『조선사회경제사』 중 일부이다. ④ 76% 백남운은 한국사의 발전 과정을 사회경제 사학의 관점에서 서술하였고, 식민 사학의 정체성론을 비판하였다.

| 오답해설 | ① 6% 민족주의 사학자들은 '민족정신'을 강조하였고, 우리의 고유한 특색과 전통을 발굴하였다.

② 6% 신채호와 박은식의 사학을 계승한 인물은 정인보이다.

③ 12% 이병도 등 실증주의 사학자들은 역사학의 주관적 해석을 배제하고 문헌 고증을 중시하였다.

오답률 TOP 3

18 근현대 > 일제 강점기 > 항일운동 단체 오답률 38% 답 ④

| 정답해설 | 〈보기〉의 순서는 ㄹ. 대한 광복회(1915) → ㄴ. 의열단(1919) → ㄷ. 참의부(1923) → ㅁ. 근우회(1927) → ㄱ. 조선 의용대(1938)이다.

오답률 TOP 3

19 근세 > 정치 > 조선 전기의 역사적 사건 오답률 38% 답 ③

| 정답해설 | 〈보기〉의 순서는 ㄷ. 계유정난(단종 1년, 1453) → ㄹ. 무오사화(연산군 4년, 1498) → ㄱ. 기묘사화(중종 14년, 1519) → ㄴ. 을묘왜변(명종 10년, 1555)이다.

20 근현대 > 개항기 > 동학 농민 운동 오답률 22% 답 ②

| 정답해설 | ㄱ. 무명의 잡다한 세금은 일체 거두지 않는다. → 제1차 갑오개혁의 '탁지아문으로 재정을 일원화할 것'으로 반영

ㄹ. 젊어서 과부가 된 여성의 재혼을 허용한다. → '과부의 재가허용, 연좌제의 폐지 등 봉건적 악습을 폐지'하는 것으로 반영

| 오답해설 | ㄴ. 토지 제도 개혁은 갑오개혁에 반영되지 않았다.

ㄷ. 갑오개혁은 일본의 간섭 아래 진행되었기 때문에 '왜와 통하는 자는 엄중히 징벌한다'와 같은 반일적 내용은 포함되지 않았다.

2019 6월 15일 시행 서울시 9급 (Ⓐ책형)

합격예상 체크

〈서울시 연도별 합격선〉

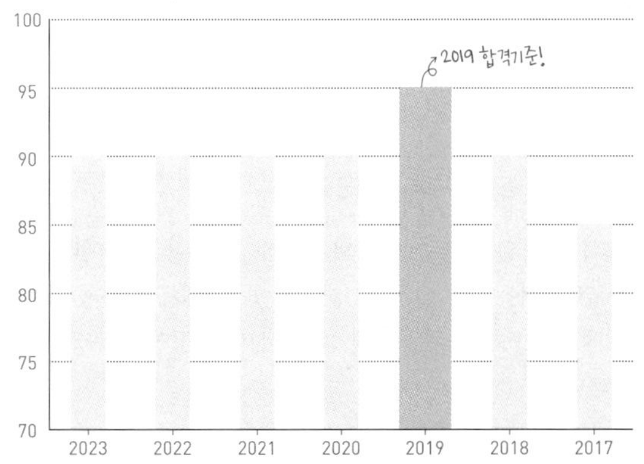

맞힌 개수	/20문항	점수	/100점

➡ □ 합격 □ 불합격

취약영역 체크

문항	정답	영역	문항	정답	영역
1	②	우리 역사의 기원과 형성 > 국가의 형성	11	③	근대 태동기 > 경제
2	②	고대 > 정치	12	①	근대 태동기 > 문화
3	④	고대 > 정치	13	③	단원 통합 > 고려와 조선의 의서
4	③	고대 > 사회	14	④	근대 태동기 > 문화
5	②	고대 > 문화	15	③	근현대 > 개항기
6	①	중세 > 정치	16	④	근현대 > 개항기
7	④	중세 > 정치	17	④	근현대 > 개항기
8	②	중세 > 문화	18	③	근현대 > 일제 강점기
9	①	중세 > 사회	19	④	근현대 > 현대
10	①	근세 > 정치	20	②	근현대 > 현대

⬇ 영역별 틀린 개수로 취약영역을 확인하세요!

우리 역사의 기원	/1	고대	/4	중세	/4	근세	/1
근대 태동기	/3	근현대	/6	통합	/1		

➡ 나의 취약영역: ____________

※ [정답해설]과 [오답해설] 선지의 50% 표시는 〈1초 합격예측 서비스〉를 통해 수집된 선지 선택률을 나타냅니다.

1 우리 역사의 기원과 형성 > 국가의 형성 > 고조선

오답률 2% 답 ②

| 정답해설 | ② 98% 진대법(194)은 고구려 고국천왕 때 빈민 구제를 위해 제정되었다.

| 오답해설 | ① 1% 위만은 중국의 진(秦)·한(漢) 교체기에 무리 1,000여 명을 이끌고 고조선으로 들어왔고, 준왕의 신임을 받아 서쪽 변경을 수비하는 임무를 맡았다. 위만은 이주민 세력을 통솔하며 세력을 키웠고, 고조선의 수도인 왕검성에 쳐들어가 준왕을 몰아내고 왕이 되었다(B.C. 194).

③ 0% 고조선에는 사회의 기본 질서를 유지하는 범금 8조(8조법)가 있었다.

④ 1% 고조선은 랴오닝 지방을 중심으로 성장하여 점차 주변 지역을 통합하면서 한반도 북부까지 세력을 확대하였다. 이러한 사실은 비파형 동검이나 고인돌의 분포를 통해 짐작할 수 있다.

2 고대 > 정치 > 백제의 발전

오답률 16% 답 ②

| 정답해설 | 제시된 내용의 순서는 ㄱ. 6좌평제와 16관등제 및 백관의 공복 제정(고이왕, 260) → ㄴ. 고구려의 평양성 공격(근초고왕, 371) → ㄹ. 불교를 받아들여 통치 이념을 정비(침류왕, 384) → ㄷ. 지방에 22담로 설치(무령왕, 6세기 초)이다.

| 더 알아보기 | 고이왕의 관제 정비

> 내신좌평을 두어 왕명 출납을, 내두좌평은 물자와 창고를, 내법좌평은 예법과 의식을, 위사좌평은 숙위 병사를, 조정좌평은 형벌과 송사를, 병관좌평은 지방의 군사에 관한 일을 각각 맡게 한다. …(중략)… 왕이 영(令)을 내려 6품 이상은 자줏빛 옷을 입고 은꽃으로 장식하고, 11품 이상은 붉은 옷을, 16품 이상은 푸른 옷을 입게 하였다.
>
> -『삼국사기』-

3 고대 > 정치 > 금관가야

오답률 17% 답 ④

| 정답해설 | 제시된 사료는 금관가야의 건국 시조인 (김)수로왕 설화이다. ④ 83% 금관가야에서는 철기를 만들 때 사용하는 덩이쇠를 화폐와 같은 교환 수단으로 이용하기도 하였다.

| 오답해설 | ① 2% 백제는 침류왕 때 동진의 마라난타로부터 불교를 받아들여 왕실의 권위를 높였다(384).

② 2% 정사암 회의는 백제의 귀족 회의체이다.

③ 13% 화백 회의는 신라의 귀족 회의체이다.

4 고대 > 사회 > 발해의 사회 모습 오답률 12% 답 ③

| 정답해설 | ③ 88% 발해는 당, 신라, 거란, 일본 등과 무역하였는데 당과의 무역 비중이 가장 컸다.

오답률 TOP 1

5 고대 > 문화 > 삼국의 사회·문화 오답률 49% 답 ②

| 정답해설 | ② 51% 당나라에 가서 유식론(唯識論)을 발전시킨 원측(진평왕 35, 613~효소왕 5, 696)은 신라의 승려이다.

| 더 알아보기 | 신라의 불교를 통한 왕권 강화

- 진종 사상은 불교를 통한 왕권 강화를 위하여 국왕을 부처와 동일시하고, 진흥왕을 전륜성왕(轉輪聖王)으로 숭배하는 사상이다. 이는 진평왕 때 성골 성립의 근거가 되었다.
- 진흥왕은 동륜과 금륜 두 아들이 있었는데, 장남 동륜이 죽자 그의 아들 백정이 있었음에도 거칠부의 지지로 차남 금륜이 진지왕으로 즉위하였다. 그러나 진지왕은 즉위 4년 만에 폐위되고 백정이 진평왕으로 즉위하였다. 진평왕은 즉위의 정당성과 정통성을 재규정하기 위하여 자신의 가계를 성골이라 명명하고 다른 귀족과의 차별화를 시도하였다.

6 중세 > 정치 > 군사 제도 오답률 31% 답 ①

| 정답해설 | ① 69% 북방의 양계(동계, 북계) 지역에는 주진군이 설치되어 운영되었다.

7 중세 > 정치 > 성종의 업적 오답률 17% 답 ④

| 정답해설 | 제시된 사료는 최승로의 시무 28조 중 일부이며, 최승로의 건의를 받은 국왕은 성종이다. ④ 83% 성종은 연등회를 축소하고 팔관회를 폐지하여 국가적인 불교 행사를 억제하였다.

| 오답해설 | ① 4% 호족과의 혼인 정책은 태조, ② 7% 노비안검법 시행은 광종, ③ 6% 양현고를 설치하고 보문각과 청연각을 세워 관학을 진흥시킨 것은 예종의 업적이다.

8 중세 > 문화 > 불교계의 동향 오답률 33% 답 ②

| 정답해설 | ② 67% 고려 전기에 만들어졌던 대장경 판목(초조대장경)은 몽골의 침입으로 소실되었다.

9 중세 > 사회 > 만적의 난 오답률 32% 답 ①

| 정답해설 | 제시된 내용은 최충헌 집권 시기(1196~1219)에 일어난 '만적의 난'(1198) 사료이다. 따라서 무신정권 시기의 시대 상황이 아닌 것을 고르는 문제이다. ① 68% 최충의 9재 학당은 문종(1046~1083) 때 설립되었으며, 9재 학당(문헌공도) 등 사학 12도가 융성했던 시기는 고려 중기이다.

| 오답해설 | ② 18% 무신정권 시기에는 경주 일대에서 김사미·효심의 난(1193)과 같은 신라 부흥 운동이 일어났다.

10 근세 > 정치 > 태종의 업적 오답률 19% 답 ①

| 정답해설 | ① 81% 태종은 1401년 사섬서를 설치하고, 지폐인 저화를 발행하였다.

| 오답해설 | ② 4% 상평통보는 인조 때 처음 발행되었고, 숙종 때 발행된 상평통보가 전국적으로 유통되면서 화폐 경제를 촉진하였다.

③ 10% 대한 제국은 광무개혁을 통해 지계를 발급하여 근대적 토지 소유권 제도를 확립하고자 하였다.

④ 5% 세종은 공법(연분 9등법, 전분 6등법)을 시행하여 조세 제도를 개편하였다.

11 근대 태동기 > 경제 > 대동법 오답률 32% 답 ③

| 정답해설 | 제시된 사료는 방납의 폐단을 지적한 내용이며, 이를 해결하기 위해 대동법이 실시되었다. ③ 68% 대동법 시행 이후 왕실과 관청에서 필요한 물품을 조달해주던 상인인 공인이 등장하였다.

12 근대 태동기 > 문화 > 정약용과 이익 오답률 25% 답 ①

| 정답해설 | ㄱ. 정약용의 여전론, ㄴ. 이익의 한전론이다.

ㄱ. 여전론은 여(閭)를 단위로, 여민(閭民)들이 토지를 공동으로 경작하며 노동량에 따라 수확량을 분배받는 일종의 공동 농장 제도였다.

ㄴ. 이익의 한전론은 '영업전(한 가족이 생계를 유지할 수 있는 최소 규모의 토지)'의 매매를 법으로 금지하여, 최소한의 농민 생활을 보장하는 것이 핵심이었다.

13 단원 통합 > 고려와 조선의 의서 오답률 25% 답 ③

| 정답해설 | 제시된 의서의 순서는 ㄹ. 『향약구급방(鄕藥救急方)』(고려 고종, 1236~1251) → ㄷ. 『의방유취(醫方類聚)』(조선 세종, 1445) → ㄱ. 『동의보감(東醫寶鑑)』(조선 광해군, 허준, 1610 완성) → ㄴ. 『마과회통(麻科會通)』(조선 정조, 정약용, 1798)이다.

14 근대 태동기 > 문화 > 지도 편찬 오답률 29% 답 ④

| 정답해설 | ④ 71% 일제 강점기에 최남선 등은 「대동여지도」의 판목을 흥선 대원군이 압수하여 소각했다고 주장하였으나, 1995년 국립중앙박물관 수장고에서 대동여지도의 판목이 다수 발견되어 그의 주장이 허구임이 입증되었다.

오답률 TOP 2

15 근현대 > 개항기 > 위정척사 운동 | 오답률 41% | 답 ③

| 정답해설 | ③ 59% 영남 유생들의 만인소(영남 만인소)를 주도한 인물은 이만손이며, 기정진은 1860년대 이항로와 함께 통상 반대 운동을 전개한 인물이다.

| 오답해설 | ① 4% 최익현(호-면암)은 1870년대에 왜양일체론을 내세우면서 강화도 조약 체결을 반대하였다.

② 11% 이항로(호-화서)는 1860년대에 척화주전론을 주장하면서 통상 반대 운동을 전개하였다.

④ 26% 1881년 홍재학은 「만언척사소」를 통해 주화 매국의 신료를 처벌하고, 서양의 물품과 서적을 불태울 것을 주장하였다.

16 근현대 > 개항기 > 미국과의 관계 | 오답률 17% | 답 ④

| 정답해설 | 1883년 (가) 미국에 민영익 등의 보빙사를 파견하였다. ④ 83% 미국은 1896년 운산 금광 채굴권을 차지하였다.

| 오답해설 | ① 10% 1895년 러시아, 프랑스, 독일은 (청·일 전쟁의 결과로 일본이 획득한) 요동반도를 청에 돌려주도록 일본을 압박하였다. 이것을 삼국간섭이라고 한다.

② 4% 1903년 러시아는 용암포를 강제 점령하고 조차를 요구하였다(용암포 사건).

③ 3% 1885년 영국은 러시아의 남하 정책을 저지하고자 거문도를 불법으로 점령하였다(1887년 영국군 철수).

17 근현대 > 개항기 > 한일 신협약(정미 7조약) | 오답률 32% | 답 ④

| 정답해설 | 제시된 사료는 1907년 체결된 한·일 신협약(정미 7조약)이다. ④ 68% 만국 평화 회의에 이상설 등 헤이그 특사가 파견된 것은 한·일 신협약 체결 이전이다.

| 오답해설 | ①② 18% 6% 한·일 신협약 이후 이른바 차관 정치가 시작되었고, 한·일 신협약의 비밀 부수 협약으로 대한 제국 군대가 해산되었다.

③ 8% 1909년 사법권, 1910년 경찰권이 박탈되었다.

18 근현대 > 일제 강점기 > 국내 항일 민족 운동 | 오답률 21% | 답 ③

| 정답해설 | 〈보기〉에 제시된 사건 순서는 ㄴ. 3·1 운동(1919) → ㄱ. 물산 장려 운동(1920) → ㄹ. 6·10 만세 운동(1926) → ㄷ. 광주 학생 항일 운동(1929)이다.

19 근현대 > 현대 > 4·19 혁명 | 오답률 19% | 답 ④

| 정답해설 | 제시된 사료는 1960년 4·19 혁명 당시, 서울대학교 문리과대학 학생들의 선언문이다. ④ 81% 조봉암 등이 진보당을 결성한 시기는 1956년 11월이다. 따라서 4·19 혁명 이전의 사실이다.

| 오답해설 | ① 3% 4·19 혁명의 결과 1960년 4월 26일 이승만 대통령이 하야하였다.

② 2% 이승만 하야 이후 허정의 과도 내각이 구성되었다. 이후 개헌(양원제, 내각 책임제)이 이루어졌고, 총선거에서 민주당이 승리하면서 장면 정권이 수립되었다.

③ 14% 4·19 혁명 이후 통일 운동이 활발해지면서 1960년 9월 '민족자주통일중앙협의회'가 조직되었다.

오답률 TOP 3

20 근현대 > 현대 > 유신 헌법과 유신 체제 | 오답률 35% | 답 ②

| 정답해설 | 제시된 내용은 1972년 10월 제정되고 1972년 11월 국민투표로 확정된 유신 헌법의 일부이다. ② 65% 유신 체제에 반대하는 재야인사들은 명동성당에 모여 '3·1 민주구국선언'을 발표(1976)하였다.

| 오답해설 | ① 17% 1964년 굴욕적인 한일회담에 반대하는 학생 시위가 전개되었다. 이것을 6·3 시위라고 한다.

③ 9% 친일파 청산을 위해 1948년 10월 반민족행위특별조사위원회를 설치하였다.

④ 9% 1961년 5·16 군사 정변 이후 민생안정을 명분으로 농가 부채 탕감, 화폐 개혁 등을 실시하였다.

2018 6월 23일 시행 서울시 9급 (Ⓑ책형)

합격예상 체크

〈서울시 연도별 합격선〉

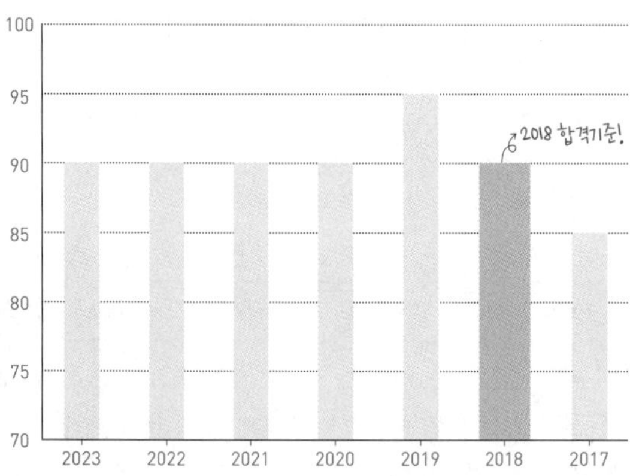

맞힌 개수	/20문항	점수	/100점

➡ □합격 □불합격

취약영역 체크

문항	정답	영역	문항	정답	영역
1	④	근현대 > 현대	11	④	단원 통합 > 조선 시대의 대외 관계
2	④	중세 > 경제	12	②	근현대 > 개항기
3	③	근대 태동기 > 정치	13	②	단원 통합 > 조선 시대의 신분 제도
4	①	우리 역사의 기원과 형성 > 선사 시대	14	③	근현대 > 개항기
5	④	고대 > 정치	15	③	근세 > 문화
6	②	중세 > 문화	16	④	근현대 > 현대
7	①	근세 > 문화	17	④	고대 > 사회
8	④	고대 > 경제	18	③	근현대 > 일제 강점기
9	①	중세 > 사회	19	②	중세 > 정치
10	②	근현대 > 개항기	20	②	근현대 > 현대

⬇ 영역별 틀린 개수로 취약영역을 확인하세요!

우리 역사의 기원	/1	고대	/3	중세	/4	근세	/2
근대 태동기	/1	근현대	/7	통합	/2		

➡ 나의 취약영역: ________

※ [정답해설]과 [오답해설] 선지의 50% 표시는 〈1초 합격예측 서비스〉를 통해 수집된 선지 선택률을 나타냅니다.

오답률 TOP 3

1 근현대 > 현대 > 한·일 기본 조약 오답률 42% 답 ④

| 정답해설 | ④ 58% 1965년 체결된 한·일 기본 조약(한·일 협정)은 다음과 같은 부속 협정을 포함하고 있으며 그 내용은 청구권·경제 협력에 관한 협정, 재일교포의 법적 지위와 대우에 관한 협정, 어업에 관한 협정, 문화재·문화 협력에 관한 협정 등이다.

| 오답해설 | ① 8% 한·일 기본 조약 체결 과정에서 일본군 위안부(일본군 성노예)에 관한 어떠한 논의도 이루어지지 않았다.

② 15% 한·일 기본 조약 체결 논의 과정에서 '굴욕적 대일 외교'에 반대하는 6·3 시위(1964)가 일어났다. 6·10 민주 항쟁(1987)은 6·29 민주화 선언을 이끌어 낸 민주화 운동이다.

③ 19% 한·일 기본 조약 협의 과정에서 당시 대한민국에서는 (중앙정보부장) 김종필이 특사로 파견되었다. 이후락은 7·4 남북 공동 성명(1972)을 논의하는 과정에서 북한에 밀사로 파견된 인물이다.

2 중세 > 경제 > 경제 생활 오답률 34% 답 ④

| 정답해설 | ㄱ. 성종은 철전(鐵錢)인 건원중보를 만들어 전국적으로 유통시키려 하였으나 성공하지 못하였다.

ㄴ. 고려 후기에 관청 수공업이 쇠퇴하면서 사원 수공업과 민간(민영) 수공업이 점차 발달하였다.

ㄷ. 예성강 어귀의 벽란도는 고려 시대 최대의 국제 무역항이었다.

ㄹ. 원 간섭 시기에는 원의 지폐인 보초가 들어와 유통되기도 하였고, 이는 고려 왕실의 원나라 왕래 혹은 사신 파견 등의 소요 경비로 사용되었다.

오답률 TOP 2

3 근대 태동기 > 정치 > 국방 정책 오답률 44% 답 ③

| 정답해설 | 제시된 내용의 순서는 ㄷ. 효종 때 조선에 표류한 하멜이 훈련도감에 소속되어 서양식 무기를 제조 → ㄴ. 숙종 때 금위영이 설치(1682)되어 5군영 체제 완성 → ㄹ. 영조 때 수도 방어를 강화하기 위해 '수성윤음'을 반포(1751) → ㄱ. 세종 때 개성 유수부, 인조 때 강화 유수부, 정조 때 수원 유수부 및 광주 유수부가 설치되면서 서울 주변의 4유수부가 서울을 엄호하는 체제의 완성이다.

4 우리 역사의 기원과 형성 > 선사 시대 > 구석기 시대

오답률 3% 답 ①

| 정답해설 | ① 97% 구석기 시대 사람들은 이동 생활을 하면서 동굴이나 바위그늘 혹은 막집을 지어 거주하였다. 이들은 언어와 불을 사용하였다.

| 오답해설 | ② 1% 단양 수양개 유적, 연천 전곡리 유적, 공주 석장리 유적은 구석기 시대 대표적 유적이지만, 조, 피, 수수 등을 재배하는 밭농사는 신석기 시대부터 시작되었다.

③ 0% 고인돌과 돌널무덤은 청동기 시대의 대표적 무덤이다.

④ 2% 주먹 도끼와 가로날 도끼는 구석기 시대 유물이지만, 민무늬 토기는 청동기 시대의 대표적 토기이다.

5 고대 > 정치 > 통일 신라의 특징

오답률 13% 답 ④

| 정답해설 | ④ 87% 통일 후 신라는 넓어진 영토를 관리하기 위해 9주 5소경 체제로 지방 행정 제도를 정비하였다. 특히 군사·행정적으로 중요한 곳에는 특별 행정 구역인 5소경을 설치해 지방 세력을 통제하고자 하였다.

| 오답해설 | ① 4% 9서당은 통일 후 정비된 신라의 중앙군 체제로, 신라, 백제, 고구려, 보덕국, 말갈족 출신들을 모두 포함하여 조직되었다.

② 6% 천태종은 고려 시대 의천이 교종과 선종을 통합한 종파이다.

③ 3% 신라 중대에는 무열왕의 직계 자손들이 왕위를 계승하였다(중대: 무열왕~혜공왕).

6 중세 > 문화 > 고려의 문화 특징

오답률 17% 답 ②

| 정답해설 | ② 83% 고려는 서양에서의 금속 활자 인쇄 시작 시기보다 200여 년이나 앞선 시기에 『상정고금예문』(1234, 현재 전하지 않음)을 인쇄하였고 유네스코 세계 기록 유산으로 등록된 『직지심체요절』(1377, 현존 세계 최고(最古)의 금속 활자)을 인쇄하였다.

| 오답해설 | ① 10% 고려의 귀족 문화를 대표하는 자기는 청자이며, 상감청자는 12세기 중엽부터 유행하였다.

③ 5% 팔만대장경(재조대장경)은 몽골의 침략을 막기 위한 염원에서 만들어졌다(최우~최항 집권 시기).

④ 2% 고려에서는 유교와 불교문화가 융합된 독특한 문화가 발전하였다.

7 근세 > 문화 > 조선 전기의 서적

오답률 32% 답 ①

| 정답해설 | ① 68% 『본조편년강목』(이칭, 『본국편년강목』)은 고려 충숙왕 4년(1317)에 민지가 편찬한 역사서이며, 현존하지 않는다.

| 오답해설 | ② 7% 『의방유취』: 세종 때 편찬된 의학 백과사전이다.

③ 21% 『삼국사절요』: 성종 때 노사신, 서거정 등이 편찬한 역사서이다.

④ 4% 『농사직설』: 세종 때 정초 등이 우리 환경에 맞는 농법을 수록한 농서이다.

8 고대 > 경제 > 통일 신라의 경제 제도

오답률 20% 답 ④

| 정답해설 | 제시된 내용의 순서는 ㄹ. 관료전 지급(신문왕 7, 687) → ㄴ. 녹읍 폐지(신문왕 9, 689) → ㄷ. 정전 지급(성덕왕 21, 722) → ㄱ. 녹읍 부활(경덕왕 16, 757)이다.

9 중세 > 사회 > 무신정권기의 봉기

오답률 8% 답 ①

| 정답해설 | ① 92% 조위총의 난(1174)은 무신정권에 반발하며 발생한 난이다. 무신집권기 백제 부흥을 명분으로 일어난 난은 이연년의 난(1237)이 대표적이다.

| 오답해설 | ② 3% 망이·망소이의 난은 공주 명학소에서 일어났다(1176). 당시 무신정권은 이들을 회유하기 위해 명학소를 충순현으로 승격시켰다.

③ 3% 김사미와 효심 등은 신라 부흥을 내걸고 반란을 일으켰다(1193).

④ 2% 사노비 만적은 노비 해방을 내세우며 반란을 모의하였다(1198).

10 근현대 > 개항기 > 19세기의 역사적 사실

오답률 21% 답 ②

| 정답해설 | 〈보기〉의 사건 순서는 ㄴ. 전주화약(1894. 5.) → ㄹ. 군국기무처 설치(1894. 6.) → ㄷ. 홍범 14조 발표(1894. 12.) → ㄱ. 아관 파천(1896)이다.

11 단원 통합 > 조선 시대의 대외 관계

오답률 16% 답 ④

| 정답해설 | ④ 84% 조선 후기, 조선이 청과의 외교와 무역에서 '은화'를 사용함에 따라 많은 은이 필요했기 때문에 은광이 활발하게 개발되었다. 한편 조선 상인들은 일본으로부터 은을 수입하고 청으로 수출하여 이익을 남기는 중계 무역을 하였다.

| 오답해설 | ① 3% 세종 때 최윤덕, 김종서의 활약으로 북방의 여진족을 몰아내고 4군 6진을 개척하였다.

② 7% 왜란이 끝난 후 일본은 조선에 국교 재개를 요청하였다.

③ 6% 조선 후기 북벌운동의 한계를 느낀 일부 지식인들은 (청의 선진 문물을 받아들이자는) 북학 운동을 전개하였다.

12 근현대 > 개항기 > 병인양요, 신미양요 오답률 32% 답 ②

| 정답해설 | ② 68% 미국 상선 제너럴 셔먼호는 조선에 통상을 요구하다 거절당하자, 대동강으로 들어와 평양 주민을 약탈하고 사람들을 죽였다. 이에 분노한 평양 관민은 평안도 관찰사 박규수의 지휘 아래, 제너럴 셔먼호를 화공(火攻)으로 침몰시켰다(1866, 제너럴 셔먼호 사건).

| 오답해설 | ① 8% 신미양요 당시 어재연이 이끄는 조선군은 광성보에서 미군을 상대로 격렬한 항전을 벌였지만 패하고 말았다.

③ 7% 병인양요 당시 양헌수 부대는 삼랑성(정족산성)에서 프랑스군을 격퇴하였다.

④ 17% 박규수는 화공 작전을 펴서 제너럴 셔먼호를 공격하였다.

13 단원 통합 > 조선 시대의 신분 제도 오답률 26% 답 ②

| 정답해설 | ② 74% 서얼은 법적으로 문과 응시가 금지되었으나, 무과나 잡과를 통해 관직에 진출할 수 있었다.

14 근현대 > 개항기 > 근대 교육 기관 오답률 32% 답 ③

| 정답해설 | ③ 68% 고종의 교육입국조서(1895)에 따라 설립된 대표적 관립 학교는 한성 사범 학교이다. 경신 학교는 1886년 선교사 언더우드가 설립한 학교이다.

| 더 알아보기 | 개신교 선교사가 설립한 학교

학교	설립연도	설립자
배재 학당	1885	아펜젤러
이화 학당	1886	스크랜턴
경신 학교	1886	언더우드
정신 여학교	1887	엘러스
숭실 학교	1897	베어드

15 근세 > 문화 > 이황 오답률 19% 답 ③

| 정답해설 | 『성학십도』를 집필한 인물은 이황이다. ③ 81% 이황은 기(氣)보다는 이(理)를 중시하였고(주리론), 예안향약을 만들었다.

| 오답해설 | ① 5% 『동몽선습』은 박세무가 저술한 아동용 수신 교과서이다.

② 7% 이황의 학설을 따르는 이들은 처음에는 동인을 형성하였고, 이후 남인으로 분화되었다.

④ 7% 이황은 『주자대전』의 중요 부분을 발췌하여 『주자서절요』를 편찬하였다. 『주자문록』은 기대승이 편찬하였다.

16 근현대 > 현대 > 민주화 운동 오답률 16% 답 ④

| 정답해설 | ④ 84% 1997년 12월 대통령 선거에서 야당 후보였던 김대중이 당선되면서, 여야의 평화적 정권 교체가 실현되었다(1998년부터 김대중 정부-국민의 정부 출범).

| 오답해설 | ① 2% 1954년 사사오입 개헌은 이승만의 장기 집권을 위한 개헌이었다.

② 2% 유신 헌법은 삼권이 모두 집중된 강력한 대통령제를 지향하였고, 긴급조치권 등이 신설되어 인권 탄압을 가능하게 하였다.

③ 12% 1987년 6월 민주 항쟁으로 대통령 직선제 개헌을 쟁취하였으나, 야권 후보의 분열(김영삼, 김대중, 김종필 독자 출마)로 노태우가 당선되었다. 이로써 군사 정권을 종식시키지 못하였다. 한편 문민정부(김영삼 정부)의 출범은 1993년에 해당한다.

17 고대 > 사회 > 빈공과 오답률 14% 답 ④

| 정답해설 | ④ 86% 신라 하대의 인물들인 김운경, 최치원, 최언위, 최승우는 모두 당의 빈공과(외국인 대상의 과거 시험)에 합격했다는 공통점이 있다.

| 더 알아보기 | 6두품 출신의 도당 유학생

> 김운경이 빈공과에 처음으로 합격한 뒤에, 소위 빈공자(빈공과에 합격한 사람)는 매월 특별 시험을 보아 그 이름을 발표하는데, 김운경 이후 당나라 말기까지 과거에 합격한 사람은 58명이었고 5대에는 32명이나 되었다. 그 중 대표적인 사람은 …… 최치원, 최신지(최언위), 박인범, 최승우 등이다.
> -『동사강목』-

18 근현대 > 일제 강점기 > 지청천 오답률 16% 답 ③

| 정답해설 | 제시된 사료에서 "대전자령 공격"을 통해 관련 인물이 한국 독립군을 이끈 지청천임을 알 수 있다. ③ 84% 1931년 만주사변 이후 한국 독립군은 중국 호로군과 연합하여 쌍성보 전투, 경박호 전투, 동경성 전투, 사도하자 전투, 대전자령 전투 등에서 혁혁한 전과를 올렸다.

| 오답해설 | ① 2% (화북) 조선 독립 동맹의 주석으로 선출된 인물은 김두봉이다.

② 9% 양세봉은 조선 혁명군을 이끌고 영릉가 전투, 흥경성 전투에서 대승을 거두었다.

④ 5% 김원봉은 1938년 조선 의용대를 결성하고 대적 심리전 등에서 크게 활약하였다.

19 중세 > 정치 > 금(金)과의 관계 오답률 16% 답 ②

| 정답해설 | 빈칸의 '국가'를 상국으로 대우하는 일(사대 관계를 맺는 일)에 "이자겸, 척준경이 찬성"했다는 내용을 확인할 수 있다. 따라서 빈칸의 나라는 여진족이 세운 금(金)임을 알 수 있다. ② 84% 묘청 일파는 서경 천도 운동을 추진하면서 금(金)을 정벌하고, 칭제 건원(황제국을 표방하고, 독자적 연호를 사용)을 주장하였다.

| 오답해설 | ① 7% 현종은 거란(요)의 2차 침략 당시 나주까지 피난하였다.

③ 4% 고려는 몽골족과 함께 강동성에 포위된 거란족을 격파하였다(강동의 역, 1219).

④ 5% 정종은 거란족의 침략을 방어하기 위해 광군을 설치하였다.

오답률 TOP 1

20 근현대 > 현대 > 통일을 위한 노력 오답률 49% 답 ②

| 정답해설 | (가) 1972년 발표된 7·4 남북 공동 성명이며, (나) 2000년 6·15 남북 공동 선언 중 일부이다. 따라서 1972년부터 2000년 사이의 역사적 사실을 고르는 문제이다.

ㄱ. 1998년부터 금강산 관광이 시작되었다.

ㄴ. 1972년 7·4 남북 공동 성명 직후 남북 관계를 개선·발전시키며 통일 문제를 해결할 목적으로 남북 조절 위원회가 설치되었다.

ㄹ. 1991년 9월, 남과 북이 동시에 유엔에 가입하였다.

| 오답해설 | ㄷ. 2000년 6·15 남북 공동 선언의 결과 경의선과 동해선 철도가 연결되었다.

2017 6월 24일 시행 서울시 9급 (Ⓑ책형)

합격예상 체크

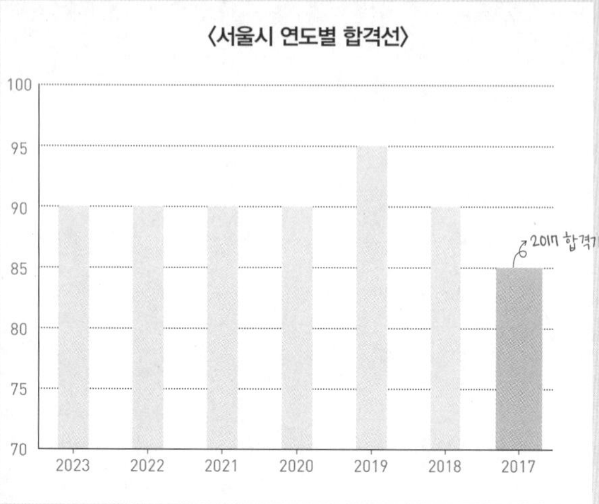

맞힌 개수	/20문항	점수	/100점

➡ □합격 □불합격

취약영역 체크

문항	정답	영역	문항	정답	영역
1	①	근현대 > 개항기	11	②	근세 > 정치
2	①	중세 > 정치	12	④	근세 > 문화
3	①	중세 > 문화	13	③	근현대 > 개항기
4	④	근현대 > 현대	14	④	근현대 > 일제 강점기
5	②	단원 통합 > 단군 조선의 역사를 다룬 책	15	②	우리 역사의 기원과 형성 > 국가의 형성
6	③	근대 태동기 > 문화	16	③	고대 > 정치
7	④	중세 > 정치	17	④	근대 태동기 > 정치
8	①	근대 태동기 > 경제	18	③	근현대 > 개항기
9	③	중세 > 경제	19	②	근현대 > 현대
10	②	근현대 > 현대	20	②	근현대 > 개항기

⬇ 영역별 틀린 개수로 취약영역을 확인하세요!

우리 역사의 기원	/1	고대	/1	중세	/4	근세	/2
근대 태동기	/3	근현대	/8	통합	/1		

➡ 나의 취약영역: ____________

※ [정답해설]과 [오답해설] 선지의 50% 표시는 〈1초 합격예측 서비스〉를 통해 수집된 선지 선택률을 나타냅니다.

오답률 TOP 1

1 근현대 > 개항기 > 거문도 사건 오답률 65% 답 ①

| 정답해설 | 거문도 사건은 1885년 영국이 러시아의 남하를 저지하기 위해 거문도를 불법으로 점령한 사건이다. 문제에서는 "거문도 사건이 전개된 동안"으로 서술했기 때문에 영국군이 철수한 1887년까지이다. 따라서 1885년부터 1887년까지의 역사적 사실을 고르면 된다. ① 35% 당오전은 1883년 묄렌도르프의 건의로 발행되어, 1894년 갑오개혁 이전까지 주조되었다.

| 오답해설 | ② 17% 〈한성순보〉는 1883년 박문국에서 발행되었고, 1884년 갑신정변 직후에 폐지되었다.

③ 30% 유길준의 『서유견문』은 1895년 출간되었다.

④ 18% 강화도 조약 이후 체결된 조·일 무역 규칙에서는 무관세가 규정되었으나, 1883년 개정 조·일 통상 장정이 체결된 후에는 관세가 적용되었다.

오답률 TOP 3

2 중세 > 정치 > 서경파와 개경파 오답률 53% 답 ①

| 정답해설 | (가) 묘청, (나) 김부식이다.

ㄱ. (가) 묘청은 서경 천도에 실패하자, 1135년 서경에서 반란을 일으켰다. 이때 국호를 '대위', 연호를 '천개', 군대 이름을 '천견충의군'으로 정하였다.

ㄷ. (나) 김부식은 당시 개경 중심 문벌 귀족을 대표하는 인물이었다.

| 오답해설 | ㄴ. (가) 묘청은 칭제 건원과 '금'국정벌을 주장하였다.

ㄹ. (나) 김부식이 편찬한 『삼국사기』는 '기전체' 역사서이다.

3 중세 > 문화 > 요세 오답률 32% 답 ①

| 정답해설 | 제시된 자료에서 "참회", "결사"라는 용어를 통해 밑줄 친 '그'는 요세임을 알 수 있다. ① 68% 요세는 참회에 바탕을 둔 법화 신앙을 강조하였고, 강진의 토호(토착) 세력의 지원을 받아 백련사 결사를 결성하였다.

| 오답해설 | ② 3% 고려 말 불교 개혁을 추진했던 보우에 대한 설명이며, ③ 7% 의천, ④ 22% 지눌에 대한 지문이다.

4 근현대 > 현대 > 노태우 정부 오답률 51% 답 ④

| 정답해설 | 제시된 사료는 1991년 12월 채택된 '남북 기본 합의서'의 내용이다. 이때는 노태우 정부 시기였는데, ④ 49% 노태우 정부 시기에는 활발한 북방 외교 정책을 추진하였다.

| 오답해설 | ① 27% 남북 조절 위원회는 박정희 정부의 1972년 7·4 남북 공동 성명 이후 남북 대화를 위해 설치한 기구이다.

② 7% 금융 실명제는 1993년 김영삼 정부에서 전격적으로 실시하였다.

③ 17% 남북 정상 회담은 김대중 정부(2000. 6.)와, 노무현 정부(2007. 10.), 문재인 정부(2018. 4., 2018. 5., 2018. 9.) 시기에 이루어졌다.

5 단원 통합 > 단군 조선의 역사를 다룬 책 오답률 26% 답 ②

| 정답해설 | ② 74% 『표제음주동국사략』은 조선 중종 때 유희령이 『동국통감』을 요약하여 정리한 책으로, 단군 조선부터 고려 시대까지의 내용을 담고 있다.

| 오답해설 | ① 6% 『삼국사기』에는 단군 조선의 역사가 수록되지 않았다.

③ 7% 『연려실기술』은 조선 시대의 정치·문화를 정리한 저술이다.

④ 13% 문종 때 완성된 『고려사절요』와 『고려사』는 '고려 시대의 역사'를 정리한 역사서이다.

6 근대 태동기 > 문화 > 국학 연구 오답률 35% 답 ③

| 정답해설 | ③ 65% 『기언』은 허목의 저서이며, 『해동역사』를 저술한 것은 한치윤이다.

7 중세 > 정치 > 공민왕 대의 사실 오답률 22% 답 ④

| 정답해설 | 지도에서 표시된 지역은 공민왕 때 원으로부터 수복한 쌍성총관부 관할 지역이다. ④ 78% 공민왕은 신돈을 등용하고, 전민변정도감을 설치하여 권문세족의 영향력을 약화시키려 하였다.

| 오답해설 | ① 3% 과전법의 시행은 공양왕 대이다.

② 15% 명이 철령위의 설치를 요구하였던 시기는 우왕 대이다.

③ 4% 이승휴의 『제왕운기』 편찬은 충렬왕 대이다.

8 근대 태동기 > 경제 > 조선 후기의 경제적 변화 오답률 11% 답 ①

| 정답해설 | ① 89% 고려 시대에 존재했던 특수 행정 구역 '소'는 조선 건국 이후에 소멸되었다. 따라서 조선 후기의 경제적 변화와 관련이 없다.

9 중세 > 경제 > 고려의 토지 제도 오답률 7% 답 ③

| 정답해설 | ③ 93% 고려 태조(왕건)는 후삼국 통일 과정에서 공을 세운 사람들에게, 그 공로에 따라 역분전을 지급하였다.

| 오답해설 | ① 3% 공음전은 5품 이상 관료에게 지급되었다.

② 2% 전시과의 지급 대상은 18과로 구분되었다.

④ 2% 왕실 경비를 마련하기 위해 지급된 토지는 내장전이며, 공해전은 관청 경비를 마련하기 위해 지급된 토지이다.

10 근현대 > 현대 > 카이로 회담, 모스크바 3국 외상 회의 오답률 44% 답 ②

| 정답해설 | (가) 카이로 회담(1943)의 선언문, (나) 모스크바 3국 외상 회의(1945. 12.)의 결정문 중 일부이다. ② 56% (나) 모스크바 3국 외상 회의에는 미국, 영국, 소련의 외무 장관이 참여하였다.

| 오답해설 | ① 8% (가) 카이로 회담에서 발표된 내용이다.

③ 30% (나) 모스크바 3국 외상 회의의 결정과 좌우 합작 위원회 구성(1946. 7.)은 관계없는 내용이다.

④ 6% (가) 카이로 회담은 해방 이전(1943)에 발표되었으나, (나) 모스크바 3국 외상 회의는 해방 이후(1945. 12.)에 개최되었다.

11 근세 > 정치 > 세조의 업적 오답률 38% 답 ②

| 정답해설 | 제시된 자료에서 "지역 중심 방어 체제"는 진관 체제를 의미한다. 또한 "과전을 현직 관료에게만 지급하였다."는 것은 직전법에 대한 설명이다. 따라서 밑줄 친 '왕'은 세조이다. ② 62% 세조는 간경도감을 설치하였고, 『월인석보』 등을 언해(한글로 번역)하여 간행하였다.

| 오답해설 | ① 8% 성종, ③ 26% 태종, ④ 4% 세종과 관련된 설명이다.

오답률 TOP 2

12 근세 > 문화 > 이이 오답률 54% 답 ④

| 정답해설 | 밑줄 친 '이 책'은 『성학집요』이며, 선조 8년(1575) 이이가 편찬하여 선조에게 바친 저서이다. ④ 46% 기자와 기자 조선을 강조한 『기자실기』는 이이의 저서이다.

| 오답해설 | ① 13% 조식, ② 34% 이황, ③ 7% 서경덕에 대한 설명이다.

13 근현대 > 개항기 > 흥선 대원군 오답률 17% 답 ③

| 정답해설 | 만동묘와 서원 철폐를 명령한 인물은 흥선 대원군이다. ③ 83% 흥선 대원군은 임오군란 때 권력을 잡은 후, 개화 정책 추진을 위해 설치되었던 통리기무아문을 폐지하였다.

| 오답해설 | ① 6% 김홍집에 대한 설명이다.

② 6% 명성 황후(왕비 민씨) 등 민씨 정권에 해당한다.

④ 5% 화서학파(이항로의 학통을 계승한 위정척사 세력)는 강화도 조약 체결 직전 최익현의 '왜양일체론'을 적극적으로 지지하였다.

14 근현대 > 일제 강점기 > 대한민국 임시 정부

오답률 36% 답 ④

| 정답해설 | ④ 64% 임시 의정원(1919. 4. 10.)이 설립된 이후 대한민국 임시 정부가 수립(1919. 4. 11.)되었다. 임시 의정원을 구성하고 각도 대의원 30명이 모여서 임시헌장 10개조를 채택하였으며, 그 후 한성 임시 정부 등과 통합하여 대한민국 임시 정부를 수립·선포하였다.

15 우리 역사의 기원과 형성 > 국가의 형성 > 초기 국가

오답률 5% 답 ②

| 정답해설 | ㉠ 옥저, ㉡ 부여·고구려, ㉢ 동예, ㉣ 삼한에 대한 설명이다. ② 95% 형사취수제는 부여와 고구려의 혼인 풍습이었다.

| 오답해설 |

① 1% 동맹은 고구려의 제천 행사이다.

③ 2% 민며느리제는 옥저의 혼인 풍속이지만, 족내혼은 해당되지 않는다.

④ 2% 고구려에서는 상가, 고추가 등이 제가 회의를 열어 국가 중대사를 결정하였다.

16 고대 > 정치 > 삼국 통일 과정

오답률 26% 답 ③

| 정답해설 | 제시된 사건의 순서는 (다) 백제 멸망(660) → (라) 백강 전투(663) → (가) 고구려의 멸망(668) → (나) 매소성 전투(675)이다.

17 근대 태동기 > 정치 > 광해군의 정책

오답률 14% 답 ④

| 정답해설 | ④ 86% 진관 체제에서 제승방략 체제로의 개편은 임진왜란 이전인 명종 시기이다.

18 근현대 > 개항기 > 동학 농민 운동

오답률 13% 답 ③

| 정답해설 | 제시된 자료는 전봉준이 체포된 이후의 공초(供招, 범죄인이 범죄 사실을 진술함) 내용 중 일부이다. 전봉준은 (동학 농민군이) 다시 봉기한 이유를 일본이 경복궁을 침범하였기 때문이라고 말하고 있다. 즉, 전주화약 → 일본의 경복궁의 침범 → 동학 농민군의 재(再)봉기 순서이다. 따라서 (가) 전주화약 시기이다. ③ 87% 동학 농민군은 전주화약 이후 전라도 일대에 집강소를 설치하여 폐정개혁안을 실현하고자 하였다.

| 오답해설 | ① 7% 일본은 경복궁을 점령한 후, 청군을 선제 공격하여 청일 전쟁을 일으켰다.

② 2% 법규교정소는 대한국 국제의 제정과 관련이 있다.

④ 4% 제물포 조약은 임오군란 이후 조선과 일본 사이에 체결된 조약이다.

19 근현대 > 현대 > 1980년대 민주화 운동

오답률 49% 답 ②

| 정답해설 | 제시된 사건의 순서는 ㉡ 5·18 광주 민주화 운동(1980) → ㉠ 6·10 민주 항쟁(1987, 6월 민주 항쟁) → ㉢ 6·29 선언(1987)이다.

20 근현대 > 개항기 > 한·일 신협약 이후의 사실

오답률 17% 답 ②

| 정답해설 | 제시된 사료는 순종이 즉위한 후 체결된 한·일 신협약(정미 7조약, 1907)이다. 헤이그 특사 파견을 빌미로 일본이 고종을 강제로 퇴위시킨 후, 순종이 즉위하였다. ② 83% 따라서 고종의 헤이그 특사 파견은 한·일 신협약(정미 7조약) 체결 이전의 사실이다.

편저자 **송운학**

■ 약력
국어교육학 석사 전공의 정통파 교수
대학교 공무원학과 교수 역임
(現) 에듀윌 국어 대표 교수

편저자 **성정혜**

■ 약력
누적 수강생 68만 명*, 에듀윌 공무원 영어 수강생 수 1위
(現) 에듀윌 공무원 영어 대표 교수
(前) EBS 영어 전임 강사
(前) 이투스 영어 전임 강사

*에듀윌 공무원 영어 온라인 수강생 누적 기준(2018.01.~2023.09.)

편저자 **신형철**

■ 약력
(現) 에듀윌 한국사 대표 교수
(前) 농협대학교 한국사 겸임교수
(前) EBS 명품공무원 한국사 대표 강사

여러분의 작은 소리
에듀윌은 크게 듣겠습니다.

본 교재에 대한 여러분의 목소리를 들려주세요.
공부하시면서 어려웠던 점, 궁금한 점,
칭찬하고 싶은 점, 개선할 점, 어떤 것이라도 좋습니다.

에듀윌은 여러분께서 나누어 주신 의견을
통해 끊임없이 발전하고 있습니다.

에듀윌 도서몰 book.eduwill.net
- 부가학습자료 및 정오표: 에듀윌 도서몰 → 도서자료실
- 교재 문의: 에듀윌 도서몰 → 문의하기 → 교재(내용, 출간) / 주문 및 배송

2024 에듀윌 9급공무원 공통과목 7+3개년 기출PACK

발 행 일 2023년 10월 4일 초판
편 저 자 송운학, 성정혜, 신형철
펴 낸 이 김재환
펴 낸 곳 (주)에듀윌
등록번호 제25100-2002-000052호
주 소 08378 서울특별시 구로구 디지털로34길 55
코오롱싸이언스밸리 2차 3층

www.eduwill.net
대표전화 1600-6700